本书的出版得到

吉林大学

“双一流”考古学科建设经费资助

夏商周考古学

井中伟　王立新　编著

（第二版）

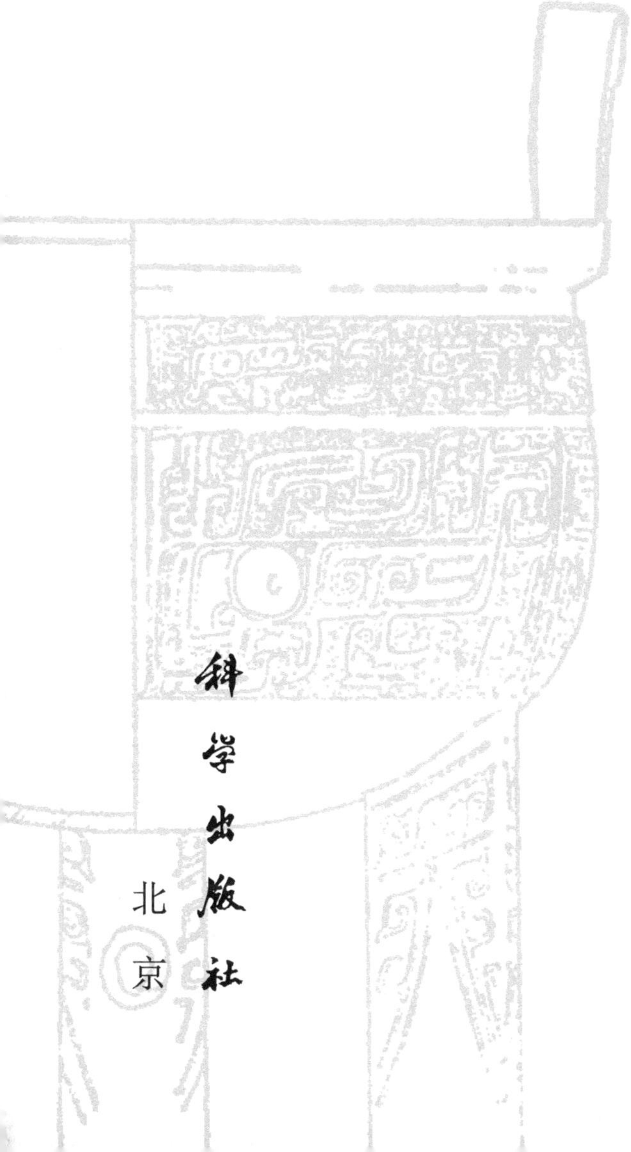

科学出版社
北京

内 容 简 介

本书为吉林大学考古与文博专业“夏商周考古”课程的教材，分为绪论、二里头文化、二里冈文化、殷墟文化、西周文化、东周王畿与列国文化、周边地区的青铜时代文化，共计七章，系统介绍了夏商周时期考古学文化的主要时空框架和部分有代表性的专题研究，展示了夏商周考古的知识主脉及其在史学研究领域所占有的重要地位。

本书可供考古、文博、历史专业的高校师生及相关科研院所的专业人员阅读与参考。

图书在版编目（CIP）数据

夏商周考古学（第二版）/ 井中伟，王立新编著. —2 版. —北京：科学出版社，2020.8

ISBN 978-7-03-065735-0

Ⅰ. ①夏… Ⅱ. ①井… ②王… Ⅲ. ①夏文化(考古)– 高等学校 – 教材 – ①商周考古 – 高等学校 – 教材 Ⅳ. ① K871.3

中国版本图书馆 CIP 数据核字（2020）第132611号

责任编辑：王琳玮 / 责任校对：邹慧卿
责任印制：赵 博 / 封面设计：张 放

科学出版社 出版
北京东黄城根北街 16 号
邮政编码：100717
http://www.sciencep.com
北京厚诚则铭印刷科技有限公司印刷
科学出版社发行 各地新华书店经销
*
2013 年 5 月第 一 版 开本：787 × 1092 1/16
2020 年 8 月第 二 版 印张：36 插页：10
2025 年 9 月第八次印刷 字数：860 000

定价：120.00 元

（如有印装质量问题，我社负责调换）

序

吉林大学考古学专业本科生的“商周考古”这门课，最初安排是由姚孝遂先生开设的。为此学校还曾委派他到安阳小屯工地进修。而由我主讲这门课是从1976年6月开始，是在易县燕下都实习工地为吉林大学考古学专业第二届工农兵学员（1975级）讲的。从1978年起，一般都是在每年下半学期，给二年级学生开“商周考古”课，内容实际上都从二里头文化讲起。1979年出版北京大学历史系考古教研室商周考古组编的《商周考古》讲义也正是从二里头文化讲起的。我担任的这门本科生课，到1985年改由许伟讲了，后来许伟调到北京工作，仍由我担任。一直到1993年，是给1992级本科生讲的。后由王立新、井中伟依次接过去。大概是在许伟主讲期间改名为“夏商周考古”的。

据传，邹衡先生说，没到殷墟发掘过的人是不能讲商周考古的。所以，我这个只到殷墟参观过几次、又很缺乏田野考古实践经验的人，实在是很不够资格的教师。不过，在当时吉林大学考古专业缺乏师资的情况下，我也只有硬着头皮把这门课一直顶了十几年，使它有了一个初步的框架。由于改革开放以来田野考古和学术研究的飞速发展，北大编的教材很快就落后了。起初一直在等北大编新的教材，但迟迟没有音信，就下了自编教材的决心。

我觉得，考古教学之所以要有教材，有两方面基本原因。一是考古遗存必须要有形象的展示，单靠语言和文字是无法使学生切实掌握的。即使现在授课大量使用PowerPoint，学生只记笔记，没有教材在手，还是不能准确掌握遗存的形象特征。因此，好的教材必须有大量照片和线图作为学生学习时的必要参考。二是考古发现和研究成果越来越多，绝非课堂讲授所能穷尽。教材应该成为使学生能具有一定知识面的基本自学材料和随时可以备查的图典。现在终于出版的这本《夏商周考古学》教材能不能在这两方面起到作用，有待时日的检验。

我在教学实践中感到，迄今为止，由于中国考古界在考古学史和考古学理论方法方面的学科建设还不成熟，在世界考古学方面还没有准备好师资队伍，中国考古学的分段课程仍在一段时间中承担着这样的任务：即使学生通过具体实例了解什么是考古学？什么是考古学的理论和方法？怎样通过考古遗存了解历史？因而，实际上起着最基本的主干课的作用。但是，随着主讲教师成年累月在每一分段学习和研究的逐步深入，往往会有扩充讲授内容、增加授课学时的要求。这实际上与当前形势要求学生在科技考古方面掌握新的知识，考古、博物馆、文化遗产学三个专业的学生应该互相掌握基础知识，在总体学时安排上是有矛盾的。所以，我觉得要讲好像夏商周考古这样的中国考古学分段课程，绝不能走不断增加讲授内容、延长讲课时间的路子，而应该走把握重点、少讲精讲的路子。

什么是重点？我认为就是重大发现和主要收获。中国考古学的各分段，每一分段大概可以选二十个左右的重大发现，要求学生掌握。这大体上是属于“死记硬背”的。当然，重大发现是因时而异的，可以不断替补。教材上没来得及写进去的，应该随时增加补充教材。主要收获，则应该是主讲教师本人的心得体会。第一方面是应该抓住每一时段特有的遗存现象。比如，夏商周考古中的建筑，就应该突出讲新石器时代所没有的宫殿遗存，不仅要讲规模、平面布局，而且应该细讲散水、磉墩等特有遗迹。夏商周考古中的墓葬，就应该突出讲有墓道的大型土坑木椁墓，应该细讲如何发现腰坑，如何寻找器物坑等特有遗迹。第二方面则是用典型例子来讲解地层学、类型学、文化因素分析法等方法在夏商周考古中应用的成就和主讲者在研究中的特有心得，如本书中提出的和新石器时代考古学文化有所不同的所谓“国族文化”。第三方面则是选取该分段考古学研究中，从分析考古资料理解历史面貌的实际例子。例如，人牲和人殉所反映的社会历史。这样，就不局限于死记硬背现成的考古研究结论，而使学生日后不管到哪个地区工作，都会有用得到的考古知识和研究方法，而且在和教师进行互动的讨论式学习过程中，训练了学生独立思考解决问题的能力。

这本教材，在一定程度上自然会反映井中伟、王立新和我在夏商周考古重大发现和主要研究成果上的看法，同时也反映了我们在夏商周考古范围内的特有感悟。但这些只能作为使用这本教材的主讲教师可参考的意见，而究竟怎样在这一时段的考古中把握重点，少讲精讲，是和各校实际及主讲者本人的学识和见解有密切关系的，是需要每个主讲者认真研究和思考的。我们非常希望在这本教材出版之后，有更多的有自己特色的中国考古学分段教材陆续出版。在百花齐放的大好形势下，不断推进我们考古学教学的改进和发展，从而推进我国考古学的整体成长。

林　沄

2013年1月28日

目　录

插 图 目 录

图版目录

第一章　绪　　论

第一节　夏商周考古的研究对象与学科特点

一、夏商周考古涉及的时空范围

夏、商、周，即中国文献典籍中人们艳称的“三代”，它们在《史记》中各有独立的本纪。由于我国历史久远、朝代繁多，大家在数说列朝名号时，很容易觉得夏、商、周不过是排在前面的一小段。这其实是一种错觉！用公元纪年来说，夏代的开始约在公元前21世纪，而周朝（包括西周、东周）的结束乃在公元前3世纪中叶，整个三代延续了大约 1800年。与此相比，从秦兼并列国到今天，也只有2200多年。所以，仅从时间跨度来讲，夏、商、周在中国历史上的重要地位就已经不言而喻了。

本课程所涉及的考古遗存的年代范围约相当于传统王朝断代史中的夏、商、周三代，绝对年代大致从公元前19世纪至公元前221年秦始皇统一中国。它与以往开设的“商周考古”课程有所不同，主要是将“战国秦汉考古”课程中的战国部分也包括了进来。为何要将研究对象绝对年代的上限设定于公元前19世纪前后？原因主要有以下两方面。

首先，从现有文献记载中难以考知夏代开始的确切年代。众所周知，夏商周三代是中华文明由兴起走向昌盛的重要时期，而我国有确切纪年的古史只能上溯到《史记·十二诸侯年表》的起始年份——西周晚期的共和元年，即公元前841年。共和元年以前的历史纪年，或多阙失，或彼此分歧，无统一说法。比如武王伐纣克商之年，是三代年代学研究的一个焦点。至迟从西汉刘歆起两千多年来，中外学者提出的见解至少有44种，所定年代自公元前1130～前1018年不等，早晚相差112年[①]。以此为基点，如据《古本竹书纪年》商代496年、夏代471年的说法，则夏代当始于公元前2100～前2000年。如据《左传·宣公三年》“鼎迁于商，载祀六百”及《晋书·束皙传》“夏年多殷”的说法，则夏代当始于公元前2300～前2200年了。

其次，目前尚未确认可以标志夏代开始的考古遗存。学术界从20世纪50年代末

---

①　夏商周断代工程专家组：《夏商周断代工程1996—2000年阶段成果报告·简本》，世界图书出版公司北京公司，2000年，第38页。

掀起探索夏文化的热潮，后来经过偃师二里头遗址的发掘和研究，已确定了一种以嵩山周围为分布中心的“二里头文化”。自该文化发现以来，越来越多的学者意识到它与夏文化有密切的关系。70年代末，这一地区又发现了年代上介于河南龙山文化晚期和二里头文化之间的“新砦期”遗存。但截至目前，学术界仍然未能就“新砦期”遗存、二里头文化与夏文化的具体对应达成共识。只是多数学者倾向于认为二里头文化应是夏代中晚期的文化，“新砦期”也不是最初的夏文化①，更早的夏文化应到豫西地区龙山时代遗存中去寻找。

1996年夏商周断代工程启动以来，西周的起始年代开始有了一个比较确切的说法，即以公元前1046年为武王克商之年。而商代的起始年大致估定为公元前1600年。至于夏的起始年代，则是根据《古本竹书纪年》并以公元前1600年为商代始年上推471年得出的②。这个意见仍然只是基于夏代始于公元前21世纪的传统认识，并没有新的突破。其实，不同文献记载的夏代王世、王数乃至王年并不一致，且相关测年数据也有抵牾③。因此，在更早的夏文化尚未确定之前，目前只能暂将“新砦期”遗存的起始年代作为夏商周考古研究的时代上限。根据最新的^{14}C测年数据，“新砦期”早段的绝对年代为公元前1870～前1790年④。

秦帝国的统一，从政治上开始结束列国长期并存割据的局面，一方面使社会性质演进到了一个更为发达的阶段，即高度集权的帝国阶段，另一方面促使了文化的大发展，使得战国与秦之间在文化上出现了比较明显的变化。加之传统断代史中的“周”，原本就包括战国阶段。所以本课程研究对象的下限就是以秦统一为界。

从地域范围看，本课程研究对象不仅包括中原地区的新砦期、二里头文化、二里冈文化、殷墟文化、西周文化、东周列国文化，而且包括周边地区同时期诸考古学文化。

二、夏商周时期在技术发展史中的位置

从技术发展史角度看，本课程的研究范围涉及青铜时代与早期铁器时代两大阶段。

何谓青铜？

青铜，泛指红铜（即纯铜）和其他化学元素的合金。中国古代青铜器主要是红铜

---

① 北京大学震旦古代文明研究中心等：《新密新砦——1999～2000年田野考古发掘报告》，文物出版社，2008年，第543页。

② 夏商周断代工程专家组：《夏商周断代工程1996—2000年阶段成果报告·简本》，世界图书出版公司北京公司，2000年，第49、73、82页。

③ 刘绪：《夏商周考古探研》，科学出版社，2014年，第65～69页。

④ 张雪莲、仇士华、蔡莲珍等：《新砦—二里头—二里冈文化考古年代序列的建立与完善》，《考古》2007年第8期。

与锡或铅的合金，由于氧化、锈蚀等原因表面常泛青色。相对于红铜来说，青铜具有如下优点：①熔点低，为700～900℃，比红铜熔点（1083℃）低，甚至低于仰韶时代彩陶的烧制温度。②硬度高，含锡10%的青铜，硬度为红铜的4.7倍。③铸造性能良好，熔化的青铜在冷凝时体积略有涨大，所以青铜铸件填充性好，气孔少。④可以根据不同用器的要求来灵活掌握合金成分的比例，以获取不同程度的硬度与韧性[①]。

考古发现与研究表明，我国早期冶铜业经历了从纯铜到合金青铜的技术发展历程。在合金材质的配比上，甘肃河西走廊的四坝文化和新疆地区的天山北路文化基本是从冶炼红铜到砷铜进而发展为锡青铜，中原地区的龙山晚期—二里头文化和甘青地区的齐家文化则是从红铜直接发展到锡青铜，而未经历砷铜合金这一阶段，到二里头文化晚期又创造出高铅合金青铜。在生产工艺上，由锻造（包括冷锻、热锻）技术发展为范铸（包括石范、陶范）技术，由于受石范及锻造技术的制约，西北地区长期未能发展出铸造复杂铜容器的能力，而中原地区的二里头文化发明了泥（陶）范铸造技术，由此跻身于当时世界金属铸造业的前列，为日后商周青铜文明的高度发达打下了坚实的基础[②]。

除了西北地区发现的少量早期砷铜器外，我国古代青铜器的合金成分主要分为三大类：锡青铜（即锡＞2%，铅＜2%；当锡＞10%，称高锡铜合金）、铅青铜（即锡＜2%，铅＞2%；当铅＞10%，称高铅铜合金）和铅锡青铜（即锡＞2%，铅＞2%；当锡＞10%，称高锡铜锡铅合金；当铅＞10%，称高铅铜锡铅合金；当锡＞10%，铅＞10%，称高锡高铅铜合金）。

何谓青铜时代？

这一名词最早是由丹麦考古学家汤姆森（C.J.Thomsen，1788～1865年）提出的，他根据生产工具和武器等的质料将丹麦史前史划分为石器、青铜器和铁器三个相互衔接的时代，其中青铜时代被定义为“以红铜或青铜制成武器或切割器具”[③]的时代。汤姆森是欧洲人，欧洲的青铜时代缺乏青铜容器，故而在他的定义中并未提到青铜容器这一项。在中国，青铜主要被用于铸造容器、兵器和工具，两者特征颇有不同。因此，中国的“青铜时代”被定义为“以青铜作为制造工具、用具和武器的重要原料的人类物质文化发展阶段”[④]，强调了青铜器在古代社会物质文化发展中所处的历史地位和所起的重要作用。

中国的青铜时代起始于夏代。形成这一认识是有一个过程的。

古代中国人早就记载了自己的祖先曾经历过石兵—玉兵—铜兵—铁兵的历史变

---

① 石兴邦：《青铜时代》，《中国大百科全书·考古学》，中国大百科全书出版社，1986年，第399页。朱凤瀚：《中国青铜器综论》，上海古籍出版社，2009年，第7页。

② 李水城：《西北与中原早期冶铜业的区域特征及交互作用》，《考古学报》2005年第3期。

③ 格林·丹尼尔著，黄其煦译，安志敏校：《考古学一百五十年》，文物出版社，1987年。

④ 石兴邦：《青铜时代》，《中国大百科全书·考古学》，中国大百科全书出版社，1986年，第399页。

化。成书于东汉时期的《越绝书·外传记宝剑》篇记载春秋晚期时风胡子对楚王所说的一段话："轩辕、神农、赫胥之时，以石为兵，断树木为宫室，……黄帝之时，以玉为兵，以伐树木为宫室，……禹穴之时，以铜为兵，以凿伊阙、通龙门，决江导河，东注于东海。……当此之时，作铁兵，威服三军。"这里所说的"兵"，并不单指武器，也兼指有锋刃的工具。很明显，这是将中国开始使用金属武器和工具的年代定在了夏禹之时。而且，战国时代的《左传·宣公三年》《墨子·耕柱》也记载了夏后铸九鼎的故事，将青铜容器的出现与夏启的时代联系在一起。正因为文献中有这些记载，现代田野考古在我国兴起以前，金石学家常将历代著录的青铜器称为"三代吉金"或"三代彝器"，意味着这些青铜器除了商代和周代之外，还应包含了夏代的青铜器。但是，以安阳殷墟发掘为开端的中国青铜时代田野考古的不断开展，证实了过去金石学家所称的"三代吉金"几乎没有一件可以早于商代。因而，在二里头文化尚未发现之前，有不少学者怀疑是否有夏代的青铜器存在。而且，二里头遗址发掘初期，也只是发现了少量的小件青铜器，仍使人怀疑夏代能否铸造传说中有纹饰的大鼎。

可是，1949年后在一些新石器时代中晚期的遗址、墓葬中也屡屡发现少量的铜制品，其中有的材质就是青铜。比如甘肃的马家窑文化中就曾发现过铜锡合金的小刀；陕西临潼姜寨遗址属于半坡文化的一间房子居住面上，还发现了铜锌合金的黄铜片。这些现象逐渐引起专家们的注意。以至于唐兰提出，"中国青铜器的起源应在六千多年前……在我国，是先发明冶炼青铜，一直到很晚才冶炼红铜，即纯铜的"[①]。

实际上，由于在天然矿体中的铜通常和其他有色金属共生，而人们在金属冶炼的初期尚未积累起足够的选矿经验，冶炼这类共生矿石往往是很容易获得合金铜的。从技术史角度看，这样的合金铜与后来有意识地加锡或加铅而得到的青铜（或有意识加锌得到的黄铜），有本质的不同。因而"原始合金铜"的概念应运而生，用以概括那些偶然冶炼共生矿而得到的铜合金，强调只有当人们已经熟悉青铜性能，并全面用以取代红铜，青铜时代才真正开始[②]。这比笼统地认为先有青铜，后有红铜的说法更合理。

所以，青铜器的零星发现是不足以作为中国青铜时代开始的证据的。严文明指出，中国的青铜时代应开始于二里头文化，此阶段的青铜器在金属器中占80%以上，与此前新石器时代有别，显然已进入了有意识冶炼的阶段；再者，二里头文化之前出现的铜制品多数只是小件工具，未见武器和大型容器，而二里头文化阶段不仅有各类青铜工具和武器（戈、镞），还出现了较大型的青铜容器[③]。这一主张已得到大多数学

① 唐兰：《中国青铜器的起源与发展》，《故宫博物院院刊》1979年第1期。该文依照东欧习惯将铜锌合金称为青铜。

② 滕铭予：《中国早期青铜有关问题的再探讨》，《北方文物》1989年第2期。

③ 严文明：《论中国的铜石并用时代》，《史前研究》1984年第1期。

者的赞同。当然，随着龙山时代考古的不断开展，也不排除青铜时代始于二里头文化以前的可能。至少目前从考古发现来看，将中国青铜时代的起始定于夏代是比较合适的，且和古代典籍中的流行说法也是相合的。

对于中国青铜时代结束于何时，学术界认识比较一致，即在春秋战国之交。因为战国时代中原地区已进入铁器时代，其标志是出现了大量的铁制农具，这与《越绝书》等文献的记载同样是吻合的。

正如青铜器在青铜时代开始以前就已出现一样，铁器的出现也远早于铁器时代的开始。以往中国境内发现年代最早的铁器是河北藁城台西和北京平谷刘家河出土的铁刃铜钺，年代均属商代中期，经鉴定都是由陨铁锻制。西周早期也有这类陨铁制品，如20世纪30年代在河南浚县出土的一批西周兵器中，就有铁刃铜钺和铁援铜戈各一件。目前中国发现最早的人工冶铁制品是甘肃临潭磨沟遗址寺洼文化墓葬出土的铁条和铁块，年代为公元前14世纪左右[①]，与藁城台西和平谷刘家河陨铁刃铜钺的年代相当。此外，新疆出土的早期铁器不仅数量多，年代亦较早，如天山南麓的和静县察吾乎沟口墓地和轮台县群巴克墓地就出有刀、锥、环等多种铁器，^{14}C测年上限在公元前1100年前后，约当商周之际。中原地区已发现的年代最早的人工冶铁制品是河南三门峡上村岭虢国墓地出土的铁刃铜戈和玉柄铜芯铁剑，时代在西周末至春秋初年。铁制的生产工具大致出现于春秋晚期。目前的考古资料显示，中原人工冶铁制品的出现和流行要晚于新疆等西部地区。因而有学者提出，人工冶铁技术有可能是从西亚通过新疆地区传入中原的[②]。

应当说明的是，自战国至汉代初年，铁虽大量用于制作生产工具，但大量的兵器仍然是用青铜制作的。著名的秦始皇兵马俑坑中出土的大量兵器中几乎全是青铜制作，即是明证。这说明铁器在性能上一时还无法全面超越青铜器，而达到完全取代青铜器的地步。所以，张光直说中国青铜时代的“结束期是一个冗长而逐渐地程序，开始于春秋时代的晚期，但直到公元前三世纪的秦代才告完成”[③]。看来，他是将春秋晚期和战国阶段当成青铜时代向铁器时代演进的过渡阶段。林沄甚至主张将这一过渡时期的结束下限延至西汉前期，即大量的消耗性武器镞全面改用铁制之时为界限。不管怎样，鉴于铁器在战国时代对社会生产力的发展所起的重大作用，还是应当将这一时期与青铜时代区别开来，而称之为“早期铁器时代”。

这里还应指出的是，由于矿产资源分布的有限性和不平衡性，以及冶金术的复杂程度等客观条件的限制，在中国境内的不同地区，金属器（青铜和早期铁器）在出现年代上有早有晚，在地域分布上也不大均衡，甚至各地区因文化传统的不同在应用

① 陈建立、毛瑞林、王辉等：《甘肃临潭磨沟寺洼文化墓葬出土铁器与中国冶铁技术起源》，《文物》2012年第8期。

② 唐际根：《中国冶铁术的起源问题》，《考古》1993年第6期。

③ 张光直：《中国青铜时代》，生活·读书·新知三联书店，1983年，第2页。

范围上也各有特色。所以，上述中国青铜时代和早期铁器时代的开始和结束，我们都只能以黄河中下游地区为准。由于青铜器的昂贵和可改铸等原因，青铜工具在数量上发现不多，其在长时期内无法取代木、石、骨、蚌器，而只有到了铁器冶铸技术出现后，大量的、廉价的铁制工具才真正为生产工具的发展带来了变革。

三、夏商周考古与中国社会史研究的关系

作为历史时期考古学，夏商周考古的主要任务是从考古学的角度研究三代历史，倚重地下出土的当时文字记录，并参照传世文献记载，以期对相关遗存做出符合历史实际的科学解释。换句话说，考古遗存系统化之后，必然会成为历史研究的重要而可靠的资料。但因考古遗存固有的片段性，在研究某一阶段历史时往往需要对该时代的社会结构有基本了解，才有助于对考古资料的理解和分析。

（一）传统史观与“五四”以来的新思潮

夏商周时期已进入成文历史的时代。但早期的文献记录大都非常简略，尤其是西周以前的历史，除了留存下来的三代世系之外，多为一些重大政治和战争事件的片段，或个别人物的言行。如《尚书》的《甘誓》《盘庚》《酒诰》等，其文佶屈。而在这些文本上，又堆砌了大量的秦汉以降经师们的解释。这些解释不可避免地抹上了经师本身所处时代的色彩，所以导致后人描述那段历史时，常常增加了某种出于想象的成分。正是在这样的史料基础上，形成了夏、商、西周的盛世都是“圣王”治下的泱泱大国这样一种传统的三代史观。所谓“溥天之下，莫非王土；率土之滨，莫非王臣”（《诗·小雅·北山》），实际上是一种理想化的概括。

夏商周考古的兴起，正当三代史观受到新思潮强烈冲击之时。一方面，“五四”以后的“疑古学派”对文献的可靠性提出了极尖锐的怀疑。另一方面，许多学者开始借鉴马克思主义和其他西方传入的理论以及其他文明古国的模式来重新构想中国三代的社会结构。于是三代社会就被分别拟想为军事民主制、典型奴隶制社会、早期封建社会、东方式的奴隶社会等等，也有人提出早期国家是城邦制小国的见解。

由于文献资料的贫乏，甲骨金文与考古资料在这种传统史观的改造过程中自然备受重视。然而，在资料积累不足、系统整理不够的情况下，片段性的考古资料可以作多种解释，并不能对解决争论起决定性作用。所以，夏商周考古如要发挥对社会史研究的推动作用，必先立足于本身资料的加紧整理和消化。

（二）关于奴隶制的问题

由于中华人民共和国成立后马克思主义理论成为一种指导性思想，贯穿于各个学科的研究之中。所以，在历史教科书中很自然就将三代社会确定为奴隶制，同时也相信传统史观中关于三代是君主专制的统一大国的观念，认为到春秋因王权衰落方出现

诸侯纷争的局面，到战国时期过渡为封建社会。实际上，这种看法只是对传统的三代史观改造运动中出现的新构想之一。平心而论，这种构想并无文献记载可以信据，相反和不少记载有矛盾。而其所引的考古证据，随着研究的进展，也逐渐暴露出解释资料方面的主观武断性。这种论点的继续流行，只会束缚考古学在重建科学的三代史观中发挥其应有的作用，甚至导入认识上的误区。

其实，马克思本人在提出社会发展阶段的基本思想时，并未提出“奴隶社会”这一名称。他在1847年所著《雇佣劳动与资本》一文中说：“生产关系总合起来就构成为所谓社会关系，构成为所谓社会，并且是构成为一个处于一定历史发展阶段上的社会，具有独特的特征的社会。古代社会、封建社会和资产阶级社会都是这样的生产关系的总和，而其中每一个生产关系的总和同时又标志着人类历史发展中的一个特殊阶段。”[①]即便是在作为“古代社会”标本的罗马，奴隶制也只是多种生产关系中的一种，自由民的小农经济仍是罗马的经济基础，生产奴隶大量集中在城市的大型手工业作坊中，只在特定的城市，基本人口中的奴隶人数才超过自由民。所以，将马克思所说的“古代社会”粗率地概括为奴隶、奴隶主两大对立阶级的奴隶社会，实际上是一种概念上过于简单化的歪曲。

中国是否存在过奴隶社会，中华人民共和国成立前的史学界就曾发生过争论。以郭沫若为代表的一群新史学家坚持将中国的夏代到春秋定性为奴隶社会。有些人承认中国存在奴隶制社会，但在具体阶段的划分上与郭氏不同，比如西周封建论、战国封建论和魏晋封建论等。而以董作宾为代表的一群史学家则根本否认中国古代存在过奴隶社会。近年来，由于思想界民主空气的日渐浓厚，史学界中后一派观点已颇有市场[②]。

我们认为，对中国是否存在过奴隶制社会，应持慎重和客观的态度。对于商周时期的中国社会是否存在奴隶和是否存在奴隶制社会应分开来认识。

众所周知，中原地区的民族一向重视农业，以农为本，以农立国，《国语·周语》云“民之大事在农”。从文献记载看，商周时期的农耕体制是以轮换休耕的畎亩制为主，大面积垦荒成为发展农业的一个重要手段，集体协作成为农业生产中不可缺少的生产方式。当时农村公社组织比较稳定，而独立的农户不能成为基本的生产单位。这些当时社会的基本人口，在商代甲骨文中称为“众”，在周代称“庶人”。他们的身份都是亦耕亦战的自由民，与奴隶显然有别。

至于当时社会是否存在奴隶，回答是肯定的。但在夏商周考古所研究的时代范围内，现在找不到奴隶成为主要生产劳动者和主要人口成分的证据。奴隶的劳动在当时主要局限于贵族家内，有时也从事专门的手工业、畜牧业或大规模建筑，并没有用于农业生产。那么，既然三代社会中奴隶制的生产关系无法成为当时的代表性关系，则

① 卡尔·马克思：《雇佣劳动与资本》，《马克思恩格斯全集》第六卷，人民出版社，2006年，第487页。

② 叶文宪：《关于重构中国古代史体系的思考》，《史学月刊》2000年第2期。

这一历史阶段显然就不能轻易定性为奴隶制社会。

当时社会中还有许多脱离农业生产的阶层和集团，如官吏、军队、手工业匠人、商人等，他们的身份地位和生活来源还需具体分析。特别是在经济生活中地位日趋重要的手工业中的生产关系，文献记载不明，也需进一步研究。

由于社会的复杂性和变动性，即使在现今社会中，如不作全面详细之统计，也很难准确估计并存有多少种生产关系以及它们之间的比例。尤其是通过零星的文献和间接的考古资料去确定"生产关系总和"的时候就更加困难了。所以，在研究当时社会的发展阶段的时候，应采用诸如"城市"这样一种比较明确的综合指标，而应避免以往机械地对号入座的做法。

（三）关于夏商周三代国家形式的问题

按照古书上的说法，夏禹时天下有万国，商汤时有三千，周武王时有八百以上。这里所说的"国"，是指方国，可以看作一种早期国家。这些早期国家大多是由一个位于中心的都及其周围的鄙（边邑）构成的，这种管理体制可称为都鄙制[①]。大体可以看出，以都及其鄙为基本元素的早期国家是由小及大发展的。小国只含一个都鄙，而大国可能含有两个以上的都鄙。但由于每个都鄙本身在经济上自成一体，且有相当大的自治性质，含有多个都鄙的国家在一定条件下可能分裂。直至春秋早期，小国一般等于现在一个中等县的大小。

在方国出现的同时，也可能随即就出现了方国与方国之间的联盟。盟主可能兼有宗教首脑和军事联盟首脑的性质，对方国之间的纠纷也有一定的仲裁权，但各方国内部是自治的。初期的联盟并不稳定，盟主是从各方国的首领中选举产生，要由他们各自的德行和能力而定。这一阶段就是古史传说中的唐虞时代，首领的替换被说成是禅让。

从夏代开始，这种方国联盟变得相对稳定了。原来的一种平等的联盟已变成了一种不平等的联盟关系。主要的变化在于盟主的产生方式由禅让转为某一方国首领的世袭。这样，在原来的联盟中就出现了盟主方国。盟主国的首脑便被称为"王"，王成为参盟各国中的最高宗教首领，并用"受天命"的观念巩固其盟主地位。参盟的其他方国首脑被称为"诸侯"，并逐步等级化，成为历经夏、商、周三代的诸侯制。至西周前期，这种诸侯制度达到比较完善的程度。因此，所谓传统史观中的圣王治下的泱泱大国，实际上都是诸侯制的方国联盟。所谓商代夏、周代商，实质上都是对盟主地位的争夺。相对于唐虞时代来说，三代可看作是方国与方国之间出现等级、地位分化的新时代。

东周时周王已无力维持其盟主地位，旧有方国开始重新组合，并争夺事实上的盟主地位。所谓春秋五霸，就是五个实力盟主。方国之间的兼并形成了前所未有的大

① 林沄：《关于中国早期国家形式的几个问题》，《吉林大学学报》（社会科学版）1986年第6期。

国。但是这些新兴的大国最初仍是采用都鄙制的自治体制，使得内乱频仍，甚至走向分裂。各国从这些严峻的事实中体悟到，必须取消地方的自治权力，而将权力集中于中央，才是唯一可行的道路。于是，至战国阶段，各国逐渐推行中央集权的郡县制，以取代都鄙制。这种体制，客观上又为秦的大一统奠定了基础。

当然，促使郡县制广泛推行还有另一方面的主要原因，春秋晚期铁制农具开始流行，使得独立农户逐渐成为生产的基本单位。农业人口以户为单位的流动开始变得十分活跃，导致原有的农村公社组织的作用和性质出现变化，这种变化客观上也使得传统的都鄙体制难以进一步维持下去。

第二节　夏商周考古研究简史

一、夏商周考古学与金石学

夏商周考古学与传统的金石学既有联系，又有区别；既有继承，又有发展。

金石学形成于北宋时期，欧阳修是金石学的开创者，赵明诚的《金石录》使用“金石”一词。清代王鸣盛、王昶等人正式提出“金石之学”的命名。金石学偏重于著录和考证文字资料，主要研究对象就是有铭铜器和石刻碑碣，希图达到证经补史的目的。

商周青铜器从西汉起就时有发现，所谓“郡国亦往往于山川得鼎彝，其铭即前代之古文”（东汉许慎《说文解字》序）。北宋时古代器物出土渐多，至北宋末年，皇家和私人收藏的商周古器已有数千件。成书于元祐七年（1092年）由吕大临撰写的《考古图》是现存年代最早的金石学著作，对当时所见商周青铜器的器形、花纹、度量、时代、铭文等作了较系统的考察。与其体例相近，大约30年后由王黼撰写的《宣和博古图》还在图旁标注比例，对铜器的分类和定名也有不少贡献。清代中叶以后，由于乾嘉学派的影响，金石学有了很大的发展，钟鼎彝器的著录与考释研究水平都远远超过了宋代。尽管后来随着近代考古学传入中国，金石学作为独立的学问已不复存在，但是其中以青铜器为代表的诸多研究成果已为夏商周考古学所继承，而且成为该学科的一个重要分支。

清末，商代甲骨文的发现无疑是商周考古史的一个重大事件。1899年，由于偶然的机缘，埋没地下三千多年的刻在龟甲兽骨上的商代文字被发现，遂引起金石学家们的极大关注。1903年，刘鹗从自藏的刻辞甲骨中挑选1058片，拓印编撰成中国第一部商代甲骨文字的著录书《铁云藏龟》。1904年，孙诒让的《契文举例》对《铁云藏龟》进行了考释，是第一部研究甲骨文字的著作。后来罗振玉、王国维在甲骨文研究上贡献尤多，不仅查访核实了甲骨的出土地点在安阳洹河南岸的小屯一带，并确认它们是商代后期王室的占卜刻辞[①]。这些不仅成为以安阳殷墟发掘为开端、开展商代考古

① 陈梦家：《殷墟卜辞综述》，中华书局，1988年，第50、51页。

的直接诱因，而且由此产生了一个新的分支学科，即甲骨学。

二、1949年以前的夏商周考古学

自20世纪20年代，中国近代考古学开始兴起，田野调查和发掘工作迅速开展。商周考古方面的主要工作有以下几项。

（一）安阳殷墟的发掘

1928年10月至1937年6月，中央研究院历史语言研究所考古组在安阳殷墟连续进行了十五次发掘，先后由董作宾、李济、郭宝钧、梁思永主持，发掘工作取得了很大收获。在小屯村附近发掘出50余座夯土基址，在侯家庄西北冈发掘出11座大墓和1200余座小墓及祭祀坑，还发掘到包括2.5万多片甲骨刻辞在内的大量遗物。

殷墟发掘的主要意义：①殷墟的发掘，是中国传统金石学与西方田野考古学相结合的产物，是我国近代考古学兴起的重要标志。②殷墟的发掘，几乎完全改变了传统史观中夏商周三代历史的面貌，真实确立了殷商社会作为信史的科学地位，为商周考古确立了可靠的年代学基础，对于上溯早商文化和夏文化起到了基点作用。③殷墟宫殿区、王陵区的发掘，大批青铜器、玉器等珍贵文物的发现，引起了中外学术界的瞩目，确立了中国考古学的国际地位。④1931年梁思永在安阳后冈遗址“三叠层”的发现，第一次从地层学上划定了仰韶文化、龙山文化与商文化的相对年代关系，为中国考古学的地层学的形成奠定了基础。⑤殷墟甲骨文的发现，不仅把我国有文字可征的历史上推了几百年，而且由于甲骨文内容丰富，涉及殷商政治、经济、文化、意识形态等各个方面，对全面复原殷商社会史具有重要意义。⑥殷墟发掘工地成为培养中国考古人才的摇篮，从这里走出了董作宾、李济、石璋如、高去寻、梁思永、郭宝钧、尹达、夏鼐、胡厚宣等中国考古界的第一代精英。

（二）易县燕下都遗址的调查发掘

1929年11月，由马衡率先对河北易县燕下都遗址进行调查。1930年春，成立了以马衡为团长的燕下都考古团，对老姆台建筑基址进行了小规模的科学发掘，并发表了报告。

（三）浚县辛村卫国墓地的发掘

1932～1933年，中央研究院与河南古迹研究会联合对浚县辛村西周卫国墓地先后进行四次发掘，发掘工作由郭宝钧主持。共发掘西周卫国墓葬84座，年代从康叔受封到卫国灭亡，为研究西周时期卫国的历史、葬制、车制及西周青铜戈戟的形制提供了重要资料。这批实物资料与此前殷墟发掘所获资料辗转迁移，于1949年运往台湾。1964年，留在大陆的郭宝钧据当时保留下来的初稿和图像资料整理出版了《浚县辛村》一书[①]。

（四）宝鸡斗鸡台墓地的发掘

1933～1935年，北平研究院史学研究会考古组由徐旭生主持在陕西渭河流域的宝鸡、凤翔、长安等地进行调查和发掘，其中对宝鸡斗鸡台墓地前后进行了三次发掘，共清理墓葬56座。这是在周人发祥地进行的最早的考古工作，成为周代田野考古的开端。由苏秉琦主持整理编写的《斗鸡台沟东区墓葬》考古报告于1948年出版，1954年又补充出版了《斗鸡台沟东区墓葬图说》[②]。他首次运用器物类型学方法分析了周、秦文化的若干特点，为中国考古学中类型学方法的应用奠定了基础，提出的先周、先秦文化的问题，为周秦考古开辟了新的研究方向。

（五）汲县山彪镇与辉县琉璃阁墓地的发掘

1935～1937年，由中央研究院偕同河南古迹研究会、河南大学及河南省博物馆组成以郭宝钧为首的考古发掘团，在汲县山彪镇发掘了8座战国墓和1座车马坑，在辉县琉璃阁发掘商代墓3座、春秋大墓2座、战国大墓6座和中小型墓39座等。以上工作收获文物颇丰，后因战局动荡，文物资料颠沛流离，中华人民共和国成立前大都运至台湾。郭宝钧根据收集的残余图片和副稿，于1959年整理出版了《山彪镇与琉璃阁》一书[③]。近来，由海峡两岸学者联手编著的《辉县琉璃阁甲乙二墓》，将分藏两地、历经沧桑的甲乙墓器物公布于世[④]。

此外，日本侵华期间，日本人还调查发掘了河北邯郸赵王城和山东曲阜鲁故城、临淄齐故城等。

除了以上几项重要考古工作外，这一时期青铜器的发现与研究也值得一提。1923年2月，在山西浑源李峪村被盗掘出土一批春秋末期青铜器。1923年秋，河南新郑李家楼出土了以莲鹤方壶为代表的百余件青铜器，推测为春秋晚期郑公大墓的随葬品。1928～1930年，在河南洛阳金村大墓出土了众多战国铜器，洛阳马坡发现了西周早期“令”“臣辰”诸器。1931～1938年，安徽寿县李三孤堆战国晚期楚王墓多次被盗，一些有铭楚国铜器被发现。在当时社会环境下，这些器物出土后不久多已散失，其中有相当一部分被倒卖至欧美与日本。青铜器研究的代表性成果有罗振玉的《三代吉金文存》（1937年），集录罗氏家藏商周金文拓本4831器，可视为当时商周金文集大成之作。郭沫若的《两周金文辞大系》（1932年）和《两周金文辞大系图录》（1934年），创立了著名的标准器断代法，首次系统地提出了西周铜器断代和东周铜器分国

① 郭宝钧：《浚县辛村》，科学出版社，1964年。

② 苏秉琦：《斗鸡台沟东区墓葬》，北平，1948年；《斗鸡台沟东区墓葬图说》，中国科学院，1954年。

③ 郭宝钧：《山彪镇与琉璃阁》，科学出版社，1959年。

④ 河南博物院、台北历史博物馆：《辉县琉璃阁甲乙二墓》，大象出版社，2003年。

的研究方法。容庚的《商周彝器通考》（1941年），总结了此前中国铜器研究的主要成果，资料详备，图文并茂，是本阶段最重要的青铜器综合性研究著作。

总而言之，这一时期的商周考古工作主要集中于一定范围内的遗址和墓葬，对商周文化面貌有了一定程度的了解，为下一阶段商周考古的蓬勃开展奠定了基础。但是由于当时发掘资料非常有限，探索夏文化的条件还不具备。

三、1949年以后的夏商周考古学

中华人民共和国成立后，为学术研究和配合基本建设，在全国范围内开展了大规模的考古发掘，夏商周考古学获得了突飞猛进的发展。70年来的夏商周考古工作，大多带有明确的学术目的，按照学科发展的要求，提出了商文化的渊源和夏文化的探索、殷墟的布局和文化分期、商周都城的形制和发展、商周的经济生活和周边族群的文化遗存等一系列重要的研究课题[①]。现代夏商周考古学的发展历程大体上可以分为以下三个阶段。

（一）20世纪50～70年代初

1. 夏商考古的主要发现

1950年4月，郭宝钧主持河南安阳武官村商代晚期大墓的发掘，是中华人民共和国成立以后进行的首次考古发掘，它揭开了夏商周考古的新篇章，为研究商代高级贵族的墓葬制度增添了新材料。同年8月，中国科学院考古研究所成立后，由夏鼐带队奔赴河南辉县发掘了琉璃阁晚商遗址和墓葬。自1958年起，中国科学院考古研究所设立安阳工作队，开始长期连续不断地在殷墟进行考古工作。1961年，安阳殷墟被定为全国重点文物保护单位，划分了重点保护区和一般保护区。本阶段主要对一般保护区内的苗圃北地和孝民屯西地的铸铜遗址以及北辛庄南地制骨作坊进行发掘，为了解商代晚期手工业生产情况提供了资料。

从1952年起，河南考古工作者对郑州的商代遗址进行发掘，发现了早于殷墟时期的二里冈期商文化遗存。1956年，又发现了二里冈期规模宏大的郑州商城遗址，为探索商代早期都城提供了重要线索。郑州二里冈期商文化遗存的发现，为殷墟期商文化找到了来源，并唤起了考古学者进一步探索早商文化的来源以及我国第一个王朝——夏王朝的文化遗存的热情。

1959年，中国科学院考古研究所徐旭生率队在豫西地区进行"夏墟"调查，揭开了从考古学上探索夏文化的序幕。偃师二里头遗址发现后，中国科学院考古研究所随

① 中国社会科学院考古研究所夏商周考古研究室：《考古研究所夏商周考古二十年》，《考古》1997年第8期。王巍：《夏商周考古学五十年》，《考古》1999年第9期。王巍：《商代考古七十年》，《考古学集刊（15）》，文物出版社，2004年。

即组队对其进行长期的大规模发掘，发现了早于二里冈下层商文化的二里头文化和规模宏大的一号宫殿基址，引起国内外学术界的广泛关注，为夏代都城与夏文化的探索提供了关键性资料。

2. 两周考古的主要发现

1951年，中国科学院考古研究所陕西考古发掘团奔赴西安沣河两岸，在客省庄、马王村、斗门镇一带进行调查和发掘。随后又在沣西地区进行了两次大规模的调查和发掘，发现了从仰韶到东周时期的文化遗存，认定该地是文献记载中的西周丰京和镐京所在。《沣西发掘报告》（1962年）初步建立了该地区先秦文化序列和西周时期的文化分期，为研究西周时期诸文化的分期断代树立了标尺。

1950～1952年，中国科学院考古研究所发掘了河南辉县琉璃阁和固围村的战国墓葬，首次成功地清理出已腐朽的木制马车，反映出中国田野考古发掘技术水平有了很大提高。《辉县发掘报告》（1956年）对东周高级贵族的墓葬礼制进行了开创性的探讨。

1951～1952年，中国科学院考古研究所发掘了湖南长沙附近的战国墓葬。《长沙发掘报告》（1957年）初步建立了当地战国墓葬的分期标尺，在相当程度上了解了楚文化的面貌，为后来楚文化研究的全面展开奠定了基础。

1954年，中国科学院考古研究所对河南洛阳中州路的周代墓葬进行发掘。《洛阳中路（西工段）》（1959年）发掘报告注重随葬器物的组合及其变化，建立了该地区西周、春秋、战国时期墓葬的分期标尺。

1956～1957年，中国科学院考古研究所黄河水库考古工作队在河南三门峡上村岭发掘了一处虢国墓地，发现墓葬234座、车马坑3座和马坑1座，出土了丰富的铜、玉、陶等各类随葬品。《上村岭虢国墓地》（1959年）发掘报告将其年代定为西周晚期到东周早期，对虢国历史上的某些问题也提出了新的认识。

除以上几处大规模发掘的东周墓地外，重要的发现还有安徽寿县春秋蔡侯墓、河南信阳长台关战国楚墓、山西侯马上马晋国墓地、湖北江陵望山沙冢战国楚墓、山东临淄河崖头春秋齐国大墓等。考古学者开始将考古资料与历史文献相结合，研究东周的丧葬制度。

本阶段经全面勘察和发掘的东周都城遗址有洛阳东周王城（1954年始）、侯马晋都新田（1956年始）、易县燕下都（1958年始）、凤翔秦都雍城（1959年始）、临淄齐故城（1964年始）、新郑郑韩故城（1964年始）、临潼秦栎阳城（1964年始）等，对这些城址的范围、城垣的修建及使用年代、城市布局等有了不同程度的了解。

本阶段周边地区发掘的夏商周时期文化遗存主要有：1950年，裴文中率领东北考古发掘团对吉林西团山石棺墓进行了发掘，这是中华人民共和国成立后对周边地区考古学文化遗存进行的首次发掘。对内蒙古赤峰夏家店遗址的发掘，辨识出夏家店下层文化和夏家店上层文化。在甘青地区，发掘了几处齐家文化、辛店文化和卡约文化遗址。在长江下游的宁镇地区，发掘了多处湖熟文化遗址。在辽宁喀左、四川彭县（今彭州市）、陕西城固、湖南宁乡等地，相继发现了商周时期的青铜器窖藏，这些地区的土著文化与中原商周文化的关系开始成为学界关注的课题。

综上所述，本阶段是夏商周考古学的基础建设期，主要特点为：①以资料积累、学科框架构建为要务，工作重点放在夏商周都城的寻找，了解夏商周时期考古学文化面貌及其大致的发展脉络，初步建立起中原地区夏商周考古学文化序列与编年体系。②周边地区的考古工作，则主要是探索本地区夏商周时期考古学文化的面貌。③本阶段的研究基本上局限于某一城址与墓地的分析，对重大学术课题还未能作全面考察。

（二）20世纪70～90年代前期

1972年，因“文革”而停办的《考古》《考古学报》《文物》复刊，中断多年的考古发掘工作也陆续得以进行，夏商周考古取得了重要进展。

1. 夏商考古的主要发现

此前发现的偃师二里头、郑州商城、安阳殷墟等重要遗址在本阶段继续进行发掘，取得了一系列重要收获。

在二里头遗址，发掘了二号宫殿建筑基址、铜器作坊遗址以及一批中小型墓葬，为全面了解二里头文化的内涵创造了条件。

在郑州商城内东北部，发现了3座宫殿建筑基址。在商城附近，发现多处手工业作坊、铜器窖藏、夯土墙等遗迹，为研究郑州商城的性质、布局以及当时的政治、经济、文化提供了资料。

安阳殷墟的考古发现接连不断，其中尤为突出的有：1973年在小屯南地出土了刻辞甲骨4511片，这批材料在商代卜辞断代和殷墟文化分期等方面具有极高的科学价值。1976年在小屯村西北发现的妇好墓，是迄今发现的唯一一座既能与甲骨卜辞相印证，又能确定墓主身份的商代王室墓葬。1984年在西北冈王陵区发掘了传出司母戊大鼎的甲字形大墓（M260）及祭祀坑。1986年钻探发现一条大灰沟，该灰沟与洹河接合，构成殷墟宫殿宗庙区的外围屏障。1989年在小屯东北地发掘了由3座大型基址构成的面积达5000平方米的凹字形宫殿基址。此外，本阶段在殷墟一般保护区内还发掘了若干族墓地。

1973～1974年发掘的河北藁城台西遗址，是在商代都城之外首次被大规模发掘的商代聚邑遗址，开启了对商代都城之外的一般性聚邑进行发掘与研究的先河。

1974～1979年，发掘山西夏县东下冯遗址，发现了与二里头文化面貌相似、时代相同但又有自身特色的文化遗存，以及时代属于商代早期的东下冯古城址，为研究二里头文化的分布范围及其与周边文化遗存的关系提供了重要资料。

1983年，在偃师县城西南发现一座商代早期城址。随后发掘了部分城墙、城门、宫殿基址等，为探讨商代早期都城的位置、形制与布局等提供了新资料。

此外，本阶段河南罗山天湖、山东青州苏埠屯等晚商墓地的发掘，为研究商王朝政治地理格局提供了重要线索。

2. 两周考古的主要发现

西周方面，在周原遗址，于岐山凤雏和扶风召陈发掘了西周时期的大型夯土基址，还发现多处西周时期的青铜器窖藏。在沣西客省庄、马王村一带发现了10余处西周时期的夯土基址。在张家坡发掘的西周井叔家族墓地，是研究西周时期丰镐地区的墓地制度和高级贵族埋葬习俗的极好材料。在河南洛阳庞家沟、下窑村等地发掘了一批西周墓葬，对于洛阳地区西周墓葬的分期及其与丰镐地区西周墓葬的比较研究颇有意义。在北京房山琉璃河，勘察与发掘了西周燕国的都城与墓地，其中四角各带一条短墓道的M1193燕侯墓是最为重要的收获。在山西翼城与曲沃交界的天马—曲村发掘了西周晋国的文化遗存，为了解西周晋国都城的所在及其文化面貌提供了重要线索。泾阳高家堡戈族墓地、宝鸡弜伯墓地和甘肃灵台白草坡西周泾伯墓、㓨伯墓的发掘，为研究西周时期周王朝对西土的统治方略提供了线索。

东周方面，全面勘察和发掘的重要城址有河北赵邯郸王城、平山中山灵寿城、陕西凤翔秦都雍城、秦咸阳城、山东曲阜鲁故城、滕县薛国故城、湖北荆州楚都纪南城、安徽寿县楚都寿春故城等。发掘的重要墓葬有陕西凤翔秦公陵园、河北平山中山王墓、山西太原金胜村赵卿墓、湖北随州擂鼓墩曾侯乙墓、江陵雨台山楚墓、江陵天星观战国楚墓、江陵马山1号楚墓、荆门包山楚墓、河南淅川下寺楚墓、淮阳马鞍冢战国楚墓及其陪葬坑等。以上东周城址和墓葬的发掘，使我们得以比较全面地了解当时各国的文化面貌、生活习俗及工艺水平等。随着东周墓葬发掘的日益增多，各地区相继建立起本地东周墓葬的分期与编年序列。

本阶段周边地区发掘的夏商周时期文化遗存主要有：内蒙古敖汉旗大甸子遗址、伊金霍洛旗朱开沟遗址，甘肃玉门火烧沟和民乐东灰山四坝文化遗址、庄浪徐家碾寺洼文化遗址，青海乐都柳湾齐家文化墓地、循化阿哈特拉和大通上孙家寨卡约文化墓地，陕西清涧李家崖文化城址，北京昌平白浮西周墓和延庆军都山墓地，黑龙江肇源白金宝遗址，吉林永吉星星哨西团山文化墓地，辽宁朝阳魏营子文化墓地，山东泗水尹家城岳石文化遗址，湖北黄陂盘龙城遗址，江西清江吴城遗址、新干大墓，四川广汉三星堆遗址、新都马家战国蜀墓，云南呈贡天子庙墓地等。

本阶段是夏商周考古学的学科发展期，其特点是：①中原地区三代考古多有突破，可以偃师商城、殷墟小屯东北地宫殿基址、沣西井叔家族墓地、琉璃河西周燕国都城与燕侯大墓为代表。②周边地区的重要考古发现层出不穷，它们不仅为各地青铜文化谱系的建立提供了关键性资料，而且为探索夏商周王畿之外的诸方国、诸部族及其与中原文化的关系奠定了基础。③夏商周考古学文化的分期、年代与谱系关系等基础问题的研究进展迅速。在一些重大学术问题上，持不同学术见解的学者之间展开了持久而热烈的辩论，夏商周考古学成为中国考古学中最具学术活力和社会影响力的学科之一。

（三）20世纪90年代后期至今

1996年5月，国务院正式启动夏商周断代工程。参加该工程的学科有考古学、历史学、古文字学、天文学、测年学等，直接参与工程的学者有200多人。如此规模的多学科联合攻关，在我国人文科学学术史上是没有先例的，有力地促进了夏商周考古学的深入发展。

1. 夏商考古的主要发现

在二里头遗址，宫殿区周围道路网络系统初步探明，二里头文化二期大型夯土基址群的面貌逐渐清晰，首次在宫殿区内发现随葬品丰富的成组贵族墓，全面揭露了一座二里头文化三期的大型夯土台基，首次发现始建于二里头文化四期的大型建筑。

在偃师商城的大城内发掘了小城，平面大致呈长方形，小城的建造早于大城，大城城墙是在小城的基础上扩建而成的。

在郑州西北郊发掘小双桥商代遗址，发现宫殿建筑基址和不少的祭祀遗存，出土遗物有青铜器、象牙器、玉器、瓷器以及相当多的陶器、石器、骨器等，还发现了朱书陶文。这是商代早期晚段文化内涵最为丰富的一处遗址。

在安阳殷墟，洹南花园庄甲骨坑出土刻辞卜甲574片，其中完整者近300版；郭家庄M160的随葬品丰富程度仅次于妇好墓。1999年末发现的洹北商城，城址平面近方形，面积在4平方千米以上，这座城址的发现是殷墟考古70年后又一具有里程碑意义的重大突破。

除以上几项重大发现外，中原地区夏商考古的重要发现还有河南新密新砦遗址、巩义花地嘴遗址、郑州大师姑遗址、新郑望京楼遗址、焦作府城遗址、辉县孟庄遗址、鹤壁刘庄遗址、荥阳关帝庙遗址，河北邢台东先贤遗址、定州北庄子墓地，山东济南大辛庄遗址，等等。

2. 两周考古的主要发现

西周方面，在陕西长安沣河两岸发掘了H18等先周文化遗存和五号大型夯土基址，在扶风云塘发掘了一组西周建筑基址群，在扶风李家发掘了铸铜作坊遗址，在岐山周公庙发掘了西周大型墓葬、大型建筑基址和甲骨坑，在眉县杨家村发掘了一处青铜器窖藏，在宝鸡石鼓山发掘了户氏贵族墓地；在河南鹿邑太清宫发掘了西周初年的长子口墓，在郑州洼刘发掘了西周早期墓葬与车马坑，在三门峡上村岭发掘了虢国墓地，在平顶山滍阳岭发掘了应国墓地，在荥阳娘娘寨、官庄发掘了西周晚期城址；在山西曲沃北赵和羊舌村发掘了晋侯墓地，在绛县横水发掘了倗伯墓地，在翼城大河口发掘了霸伯墓地，在黎城西关发掘了黎国墓地；在湖北随州发掘了叶家山曾国墓地和羊子山鄂国墓地；在山东高青陈庄发掘了西周城址和墓葬，等等。

东周方面，在河南新郑郑韩故城发掘了春秋郑国祭祀遗址，在新郑胡庄发掘了春秋郑国和战国韩国墓地，在桐柏县月河发掘了春秋晚期养国贵族墓；在山东长清仙人台发掘了春秋邿国贵族墓葬，在海阳嘴子前发掘了春秋大墓，在临淄发掘了商王村战国晚期墓葬、相家大型战国墓葬及后李车马坑，在沂水纪王崮发掘了春秋贵族墓；在甘肃礼县大堡子山发掘了春秋城址和秦公墓地；在陕西韩城梁带村发掘了芮国墓地、在丹凤县古城村发掘了战国商鞅封邑；在湖北发掘有潜江龙湾楚宫殿基址、枣阳九连墩楚墓、荆门郭家岗和郭店楚墓、随州文峰塔曾国墓地等。此外，在长江下游发现有无锡阖闾城遗址、苏州木渎古城遗址、苏州真山大墓、鸿山越国贵族墓、绍兴印山越王陵等。

本阶段周边地区发掘的夏商周时期文化遗存主要有：辽宁北票康家屯城址、建昌东大杖子战国墓地，吉林通化万发拨子遗址，内蒙古赤峰二道井子夏家店下层文化聚落遗址、清水河西岔遗址和林西井沟子墓地，山西柳林高红商代遗址，甘肃临潭磨沟齐家文化墓地、张家川战国墓地，青海民和喇家齐家文化遗址，新疆罗布泊小河墓地、巴里坤东黑沟遗址，四川成都金沙遗址、商业街独木棺墓，重庆忠县中坝遗址、云阳李家坝墓地，云南剑川海门口遗址、昆明羊甫头墓地，贵州威宁中水遗址、赫章可乐墓地，湖南宁乡炭河里西周城址，安徽蚌埠双墩一号春秋墓，江西靖安李洲坳东周墓，福建浦城管九村土墩墓，广东深圳屋背岭遗址、博罗横岭山墓地，香港东湾仔北遗址，等等。

本阶段是夏商周考古学的学科成熟期，其特点是：①夏商周断代工程的研究成果，成为本阶段研究水平的重要标志。夏商周断代工程的多学科联合攻关行动，推动了相关田野考古工作的前进，加强了不同学科学者之间的交流，拓宽了学科界面，缩小了一些重大学术问题的分歧，扩大了夏商周考古学的社会影响。②区域文化研究日渐深入，研究重点从中原地区扩展到周边地区，如秦文化、楚文化、燕文化、齐鲁文化、东夷与淮夷文化、吴越与百越文化、巴蜀文化、西南夷文化、北方系青铜文化、东北和西北地区诸考古学文化等，探讨各区域文化间的动态关系，以及各地在中华文明形成与发展过程中的作用与机制。③借助自然科学手段进行研究成为夏商周考古工作的一个显著趋向。

第三节　夏商周考古研究成果与展望

20世纪是夏商周考古学诞生、发展并走向成熟的时期，取得了举世瞩目的辉煌成就。当今的21世纪是中国考古学真正的黄金时代，任重道远。因此，我们不仅有必要对已取得的研究成果作全面、客观的回顾总结，同时还必须准确地把握21世纪夏商周考古学的发展方向①。

一、研究成果概览

（1）中原地区夏商周考古学文化序列与编年体系已经建立。除殷墟发掘持续进

① 王巍：《近年来夏商周考古学研究的主要进展》，《光明日报》2000年3月3日。王巍、杜金鹏：《夏商周考古学论要》，《三代考古（二）》，科学出版社，2006年。

行外，20世纪50年代先后确认了早于殷墟的二里冈文化和早于二里冈文化的二里头文化。日益完善的考古学文化分期体系，由商代后期上延到公元前20世纪。另外，以《沣西发掘报告》和《洛阳中州路（西工段）》报告初步建立的两周考古年代学标尺，也不断地细密充实。

（2）从考古学文化的谱系、族属与国别角度对该时代遗存的研究蔚然成风。对夏商周三代王朝与东周各主要诸侯国的文化面貌及其各自的文化来源和发展脉络已经有较清晰的认识，对三代文化的相互关系的研究也取得了新进展。争讼已久的夏文化探索、商文化来源、周文化的生成等一系列学术课题，随着考古新发现已使多数学者的观点日益接近。以晋、燕、楚、吴、秦等为代表的列国文化研究正处于兴盛阶段。周边地区夏商周时期考古学文化谱系已基本建立起来，对其中部分方国文化面貌的认识也逐渐全面，并开始把研究重点转向探索这些方国与中原王朝及周边其他方国文化的关系上，为在此基础上探索中华文明多元一体格局的形成过程奠定了基础。

（3）夏商周三代王朝与东周主要列国的都城大部分被发现，有些虽然尚未确定，但已有了线索。目前二里头遗址、郑州商城、偃师商城、殷墟、丰镐、洛邑等作为夏商周时期的主要都城，已成为多数学者的共识，对其中多数都城的形制与平面布局已有了基本的了解。在此基础上，对此时期城市的功能及其在中国古代城市发展史上的地位和作用开展的综合研究也取得了阶段性成果。

（4）夏商周三代王朝与东周主要列国的重要大墓和大面积墓地的揭露，目前仍是夏商周考古田野工作的重点。这一时期的墓葬从形式到内容都比新石器时代大大复杂化了，保存的有机质遗存和其他残迹也更多。它们为了解当时的礼制、埋葬习俗、墓地制度及其在中国古代墓葬制度的发展演变过程中的地位与作用提供了更为丰富生动的实物史料，由此对夏商周三代的家族组织、社会结构、宗教信仰、宗法制度等研究也取得了相当的进展。

（5）从宏观上对中国古代青铜文明的发展阶段、区域划分、本质特点以及演进模式等有了总体性认识，对青铜器作为礼乐制度和征伐战争的工具有了基本认识，逐渐勾画出中国青铜文明的轮廓，为与世界其他青铜文明进行比较创造了条件。

（6）对夏商周时期的农业和矿冶、琢玉、制车、制陶瓷、制骨、纺织、髹漆等手工业工艺技术的发展状况及其在三代历史发展过程中的作用有了相当程度的了解，使我们可以逐渐描绘出三代的社会生产生活的画卷。

（7）自然科学技术手段方法的应用已逐渐形成风气。体质人类学、环境考古学、动植物考古学、遥感和物探、食性分析、多种测年方法的综合运用、应用计算机和GPS、GIS等地理信息系统作统计分析、聚类分析和模拟复原等方法被日益广泛地采用，并在诸多方面取得了初步成果。

（8）甲骨文、金文和简帛等出土文字的研究，也可视为夏商周考古学的重要组成部分。文字资料的研究对于考古遗存的正确断代与功能、性质等方面的阐释具有重要意义。

（9）国际合作与交流日益增多，开阔了中国考古学者的视野，更多的新方法被引入研究和探讨夏商周时期的历史和文化中，从而使夏商周考古学研究从来没像现在这样手段多样、内容丰富、充满生机。

二、未来工作展望

（1）考古资料的获取应更科学化、细致化，努力提高田野考古发掘技术，尽可能利用多种科技手段和方法，全面收集各种考古信息，及时、客观、准确地报道资料，这是解决夏商周考古学一系列重要课题的前提。

（2）突出工作重点，强化课题意识，倡导理论多元化、学科层叠化和研究国际化。应合理有效地利用资源，集中对一些亟待解决且具有可行性的学术课题进行工作，如有选择地对某些中心聚落、主要宫殿、大型作坊等遗存进行全面揭露，力求有所突破。

（3）继续加强对三代都城的发掘与研究。重点关注其布局变迁，并从聚落形态的角度对城内外各种遗迹间及城市之间的关系进行深入探究。同时还应积极创造条件，对非都城的一般性城址或中心性遗址、城市和乡村的普通民居遗址进行发掘，以全面掌握夏商周三代城乡发展的特点，了解三代城市在中国古代城市发展史上的地位与作用，探讨三代都与鄙、城与乡的关系，以研究三代王朝的统治机制和社会基础。

（4）注重墓葬资料的全面分析与研究。除了继续做好墓葬形制特征、埋葬习俗与制度、宗教信仰、人骨鉴定等方面的分析外，还应积极开展古代人类遗传基因的研究，了解当时人群的组成和变动，进而探索家族组织及社会结构等课题。

（5）加强区域文化研究，完善周边地区文化谱系。提倡跨区域的文化比较研究，加强中原文化与边疆文化关系的探讨，了解各种互动关系，深入探究三代王朝政治疆域的变迁和对各地统治形式的变化及其原因和背景。

（6）加强三代王权与神权关系的研究，探讨中国古代王权与神权关系的发展、变化及其原因，为世界范围内文明起源与发展模式的研究提供范例。

（7）加强三代农业、手工业和商业方面的研究，探索当时生产技术、工艺流程、组织形式等方面的特征及其在中国古代农业、手工业和商业发展史上的地位和作用，探索古今工艺的异同，寻找契合点，使考古资料的分析更有助于经济建设。

（8）加强环境变化、政治变革与文化变迁之间相互关系的研究，阐释文化变迁的内在动因和演变模式。

（9）总结夏商周断代工程多学科联合攻关的经验，促进自然科学与人文学科的进一步结合，不断拓宽研究领域，对夏商周时期的政治、经济、文化及自然环境等进行多角度、多层次的综合研究，探讨三代社会的总体特征与发展演变规律。

思　考　题

1. 什么是青铜？相对于红铜来说，它具有哪些优点？
2. 什么是青铜时代？中国青铜时代的界限与特征如何？
3. 你如何看待夏商周三代的国家形式？
4. 什么是金石学？它与商周考古有什么关系？
5. 列举1949年前商周考古的几项重要工作。
6. 简述1949年前殷墟发掘的重要意义。
7. 谈谈你对夏商周断代工程研究的看法。

第二章　二里头文化

第一节　文化命名、分期与年代

一、文化命名

二里头文化是以河南偃师二里头遗址命名的。1953年，这类文化遗存最早发现于河南登封县玉村，当时发掘者注意到其陶器特征与郑州二里冈期遗存有别，提出“玉村与二里冈遗址似属于两个文化系统”的看法，只是对其文化性质还不能确定①。1956年，在郑州西郊洛达庙遗址又有发现，出土遗物大致可以分为三期，称之为“洛达庙类型商文化”②。同年秋，在洛达庙遗址东北约3千米处的郑州董砦遗址发现了这类遗存的文化堆积层被二里冈期商文化层叠压，可知其在相对年代上要早于二里冈期商文化。1958年，在洛阳东干沟遗址亦发现这类文化遗存，根据这种文化灰坑打破河南龙山文化晚期灰坑的地层关系③，又确定其在年代上要晚于河南龙山文化。

1959年夏，中国科学院考古研究所徐旭生率队赴豫西地区寻找“夏墟”，其间踏查了偃师二里头遗址，随即发表了调查报告④。同年秋，考古人员开始对二里头遗址进行试掘⑤。鉴于二里头遗址比洛达庙遗址规模更大，文化内涵更丰富，在同类文化遗址中更具有代表性和典型性，所以，夏鼐建议将这类古文化遗存更名为“二里头类型文化”⑥。后来随着二里头遗址不断有重要发现，周围地区发现的同类遗存也不断增多，对其认识逐渐深入，夏鼐遂将其正式命名为“二里头文化”⑦。

---

① 韩维周、丁伯泉等：《河南登封县玉村古文化遗址概况》，《文物参考资料》1954年第6期。

② 河南省文化局文物工作队第一队：《郑州洛达庙商代遗址试掘简报》，《文物参考资料》1957年第10期。河南省文物研究所：《郑州洛达庙遗址发掘报告》，《华夏考古》1989年第4期。

③ 考古研究所洛阳发掘队：《1958年洛阳东干沟遗址发掘简报》，《考古》1959年第10期。

④ 徐旭生：《1959年夏豫西调查“夏墟”的初步报告》，《考古》1959年第11期。

⑤ 中国科学院考古研究所洛阳发掘队：《1959年河南偃师二里头试掘简报》，《考古》1961年第2期。

⑥ 夏鼐：《新中国的考古学》，《考古》1962年第9期。

⑦ 夏鼐：《碳-14测定年代和中国史前考古学》，《考古》1977年第4期。

二、分期与年代

二里头文化的分期，一般都是以偃师二里头遗址的分期为代表的。1959年秋二里头遗址首次发掘后，发掘者将所获文化遗存分为早、中、晚三期[①]。1972年秋，在发掘二里头遗址第一号宫殿基址时，新发现较以前所分三期更晚的文化遗存，被定为第四期，而原早、中、晚三期改为一、二、三期[②]。此后，二里头遗址的发掘简报、报告和相关论文基本上都遵照了四期分法。这四期的文化遗存，从早到晚一脉相承，自成一系，二里头文化的分期框架正式确立起来。

陶器群是二里头文化区别于其他文化的最重要标志。该文化的陶器特征主要表现：①陶器以夹砂灰陶为主，泥质灰陶次之，有部分黑陶、白陶与少量褐陶、红陶。②纹饰主要有绳纹、篮纹、方格纹、附加堆纹、花边装饰、弦纹、划纹、印纹等。③炊器以夹砂中口深腹罐、花边口沿罐（侈口圆腹罐）、扁三角足鼎为主，还有部分单耳或双耳罐、桂叶孔盆形甑等，鬲、甗很少见；盛贮器常见三足盘、盆、高柄豆、刻槽盆、大口尊、瓮、器盖以及少量贯耳壶、碗、单耳杯等；酒器有觚、爵、盉等。

二里头文化各期陶器无论质地、纹饰还是形制、种类都有延续性，亦存在一定的变化。总体来看，二、三期之间的陶器特征区别较大，而比较接近的一、二期陶器和三、四期陶器，可分别代表二里头文化早期和晚期。它们的演变轨迹主要表现为：①从陶系上看，早期虽以灰陶为主，但泥质磨光黑陶仍占一定比例，晚期灰陶比例更大。早期以篮纹或细绳纹为主，另外还有一些方格纹，晚期以中粗绳纹为主，极少见篮纹和方格纹。磨光黑陶、篮纹、方格纹是许多地区龙山时代遗存中非常流行的因素，到二里头文化阶段开始普遍减少，而灰陶、绳纹成为广大地区最为流行的因素，这一趋势可称为“非龙山化过程”。②从器形上看，早期折沿小平底器物较常见，晚期卷沿圜底器很流行。③典型器类方面，深腹罐由折沿、弧腹、平底发展到卷沿、鼓腹、圜底；圆腹罐由高领瘦腹到矮领圆腹，花边口沿作风由多渐少；盆形鼎口径与腹径的比值渐大，腹由深变浅；甑和盆由外侈沿到平沿再到窄沿下斜，鸡冠耳逐渐退化至消失；大口尊由口径小于肩径到口径等于或稍大于肩径；三足盘由深腹到浅腹，三足由瓦状到舌状；豆和器盖的腹壁由折棱明显而渐趋弧壁；觚体由瘦高到粗矮；爵腹由细瘦渐趋粗肥，流尾由短而长；盉由尖顶到圆顶，顶与腹之间由分界不明显到逐渐出现转折（图2-1）。

---

① 中国科学院考古研究所洛阳发掘队：《1959年河南偃师二里头遗址试掘简报》，《考古》1961年第2期。

② 中国科学院考古研究所二里头工作队：《河南偃师二里头早商宫殿遗址发掘简报》，《考古》1974年第4期。

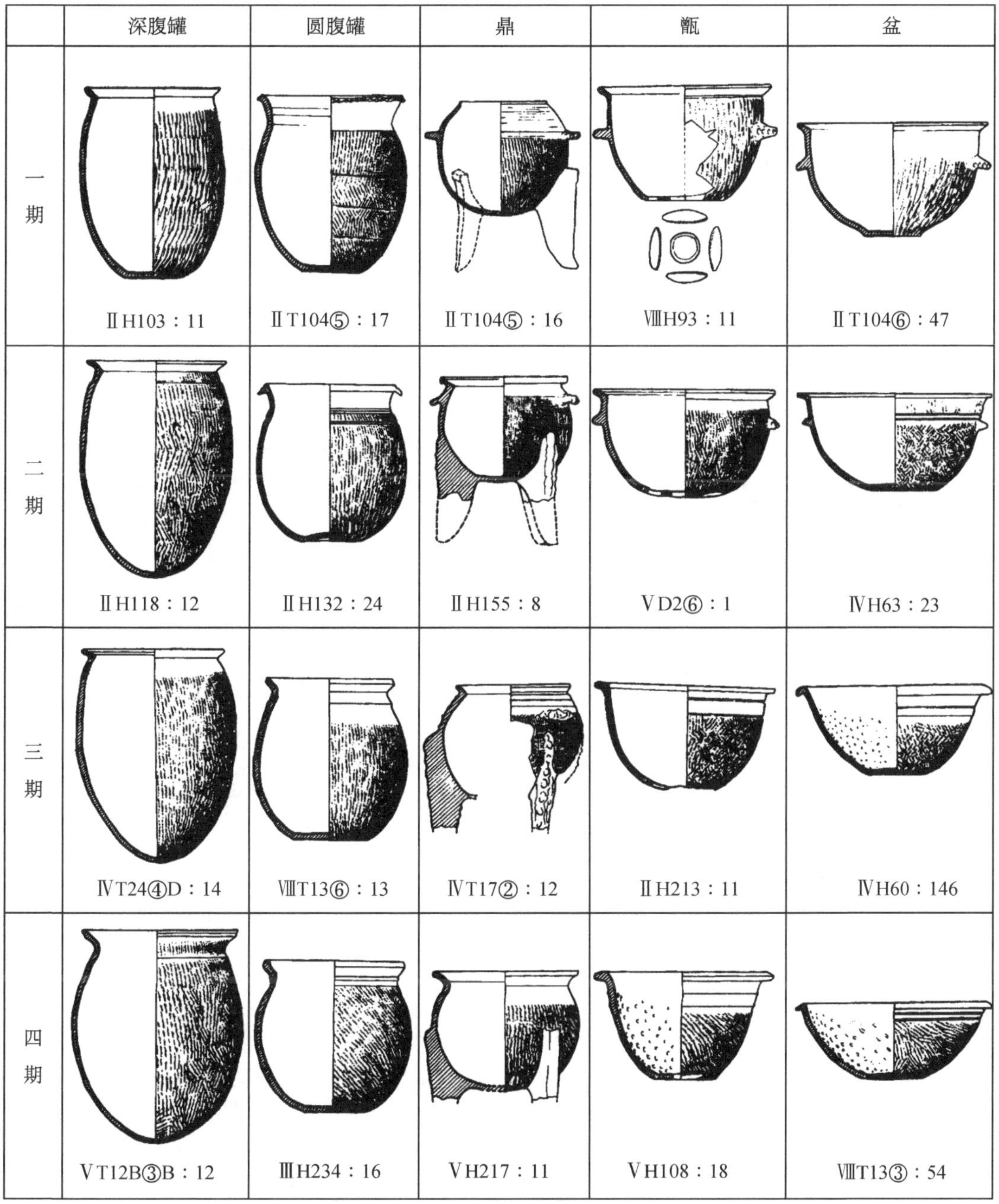

图2-1　二里头文化典型陶器分期图

［采自中国社会科学院考古研究所《偃师二里头（1959～1978年考古发掘报告）》第34页图16-Ⅰ，中国大百科全书出版社，1999年］

通过对洛阳东干沟、煤李和临汝煤山等遗址的发掘，均发现二里头文化叠压或打破豫西地区龙山时代晚期文化堆积的地层关系，而在郑州董砦、偃师二里头等多处遗址又都发现二里冈期商文化叠压或打破二里头文化晚期遗存。由此证明，二里头文化在相对年代上晚于豫西地区的龙山时代晚期文化而早于二里冈期商文化。

根据1983年以前对二里头遗址所做33个^{14}C样品的检测分析，其绝对年代范围为

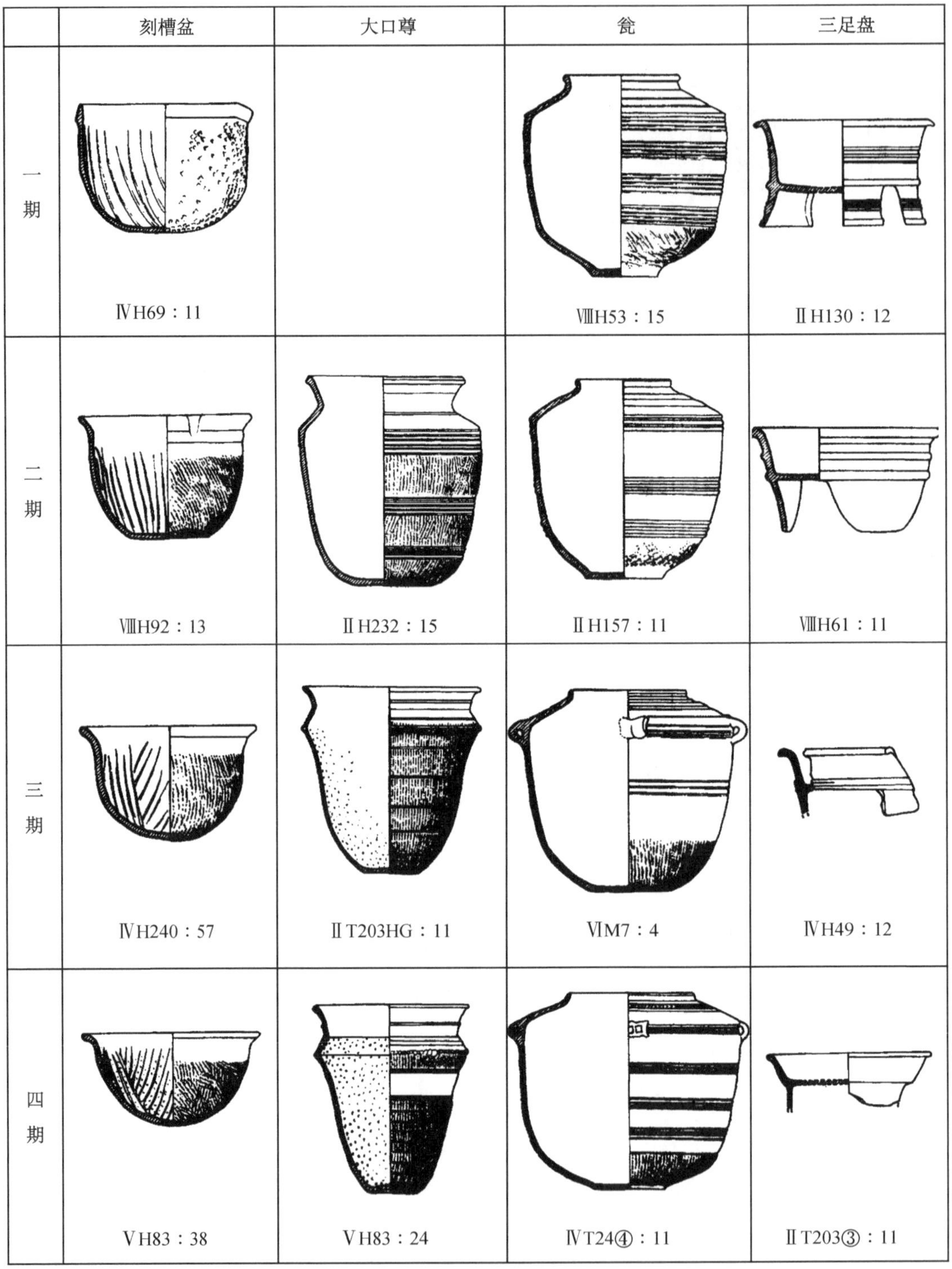

图2-1　二里头文化典型陶器分期图（续）

［依据中国社会科学院考古研究所《偃师二里头（1959～1978年考古发掘报告）》第35～37页图16-Ⅱ-Ⅲ-Ⅳ综合绘制，中国大百科全书出版社，1999年］

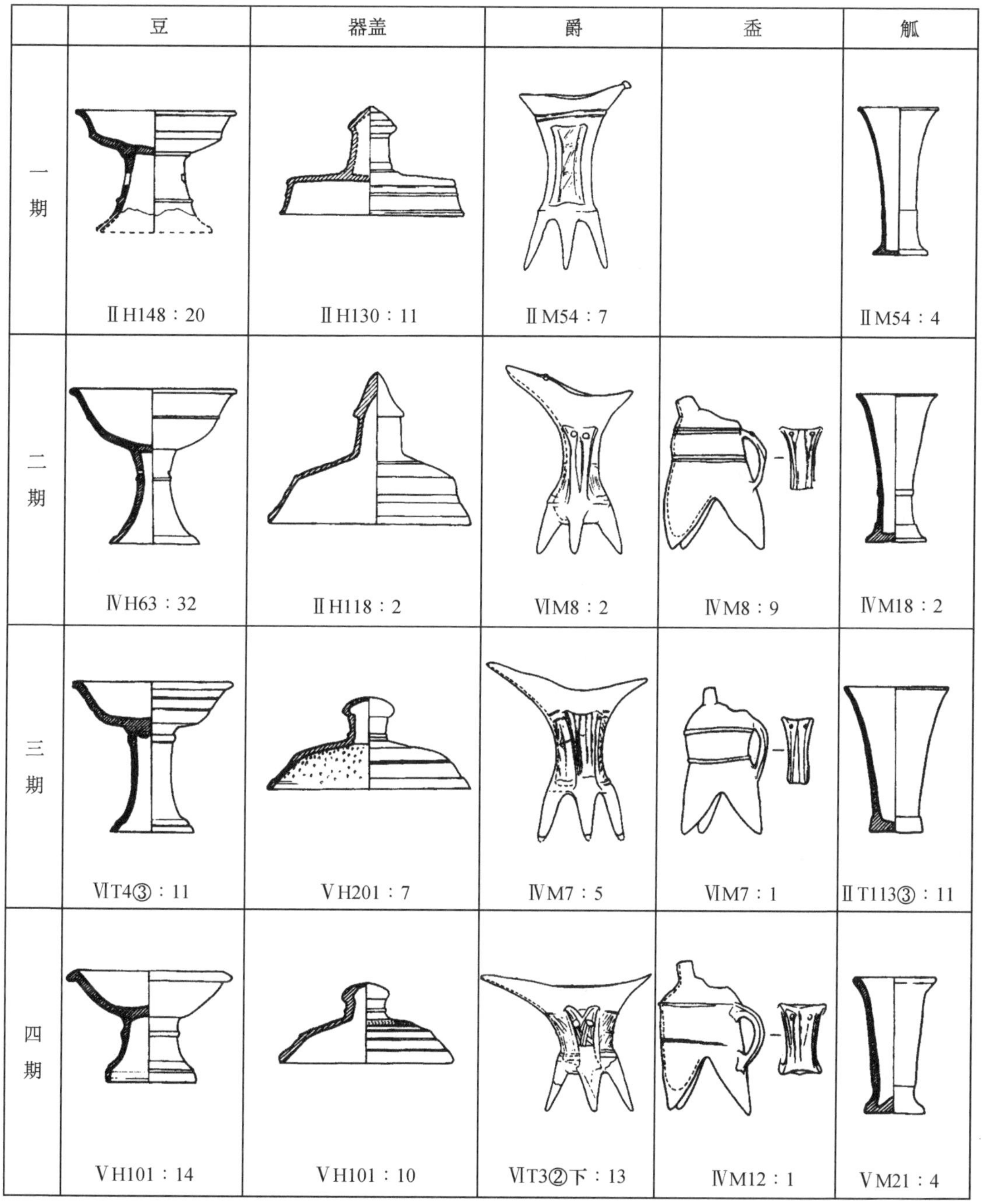

图2-1 二里头文化典型陶器分期图（续）

［依据中国社会科学院考古研究所《偃师二里头（1959～1978年考古发掘报告）》第36、37页图16-Ⅲ-Ⅳ综合绘制，中国大百科全书出版社，1999年］

公元前1900～前1500年①。1996～2000年，夏商周断代工程对二里头遗址采集的18个样品进行了常规^{14}C测年，得出二里头文化一至四期的绝对年代在公元前1880～前1521

① 仇士华、蔡莲珍、冼自强、薄官成：《有关所谓“夏文化”的碳十四年代测定的初步报告》，《考古》1983年第10期。

年[①]。2005～2006年，测年专家又得出新的测年结果，二里头文化第一期的年代约公元前1735～前1705年，第四期的年代约公元前1565～前1530年[②]。

第二节　王都与城邑

一、偃师二里头遗址

二里头遗址位于河南偃师市西南9千米的二里头村南，北邻洛河，南距伊河5千米，所在地势平坦而略高。现存遗址范围北至洛河滩，东抵圪垱头村东，南到四角楼村南，西达北许村东，平面略呈西北—东南向，东西最长约2400米，南北最宽约1900米，总面积约300万平方米。

1959年以来，二里头遗址累计发掘面积已逾4万平方米，取得了一系列重要成果[③]。目前已知整个遗址可分为中心区和一般居住活动区，中心区位于遗址的东南部至中部一带，由宫殿区、贵族聚居区、官营作坊区和祭祀遗存区组成；一般居住活动区位于遗址西部和北部，常见小型地面式和半地穴式房址及以随葬陶器为主的小型墓葬，陶窑在多处地点均有分布（图2-2）。

（一）宫殿区

宫殿区系由4条垂直相交的大道合围而成，面积逾12万平方米。宫殿区内已发现十余座大型夯土建筑基址和一些高规格墓葬。

二里头文化二期时，这里已形成由井字形大道构成的道路网络，显现出方正规矩的布局。兴建于二期的3号和5号大型建筑基址位于宫殿区东中部，东西并列。

二里头文化三期时，出现宫城。宫城平面略呈纵长方形，城墙沿已知井字形大道的内侧修筑，复原合围面积约10.8万平方米。宫城东墙和北墙一般无基槽，平地起建，部分地段发现夯筑墙体时所用夹板和固定木板的木柱遗痕。东北角城墙交接处系一次

① 夏商周断代工程专家组：《夏商周断代工程1996—2000年阶段成果报告·简本》，世界图书出版公司北京公司，2000年，第76、77页。

② 张雪莲、仇士华、蔡莲珍、薄官成等：《新砦—二里头—二里冈文化考古年代序列的建立与完善》，《考古》2007年第8期。

③ 中国社会科学院考古研究所：《偃师二里头（1959～1978年考古发掘报告）》，中国大百科全书出版社，1999年。中国社会科学院考古研究所：《二里头（1999—2006）》，文物出版社，2014年。中国社会科学院考古研究所二里头工作队：《河南偃师市二里头遗址墙垣和道路2012～2013年发掘简报》，《考古》2015年第1期。中国社会科学院考古研究所二里头工作队：《河南偃师市二里头遗址宫殿区1号巨型坑的勘探与发掘》，《考古》2015年第12期。中国社会科学院考古研究所二里头工作队：《河南偃师市二里头遗址宫殿区5号基址发掘简报》，《考古》2020年第1期。

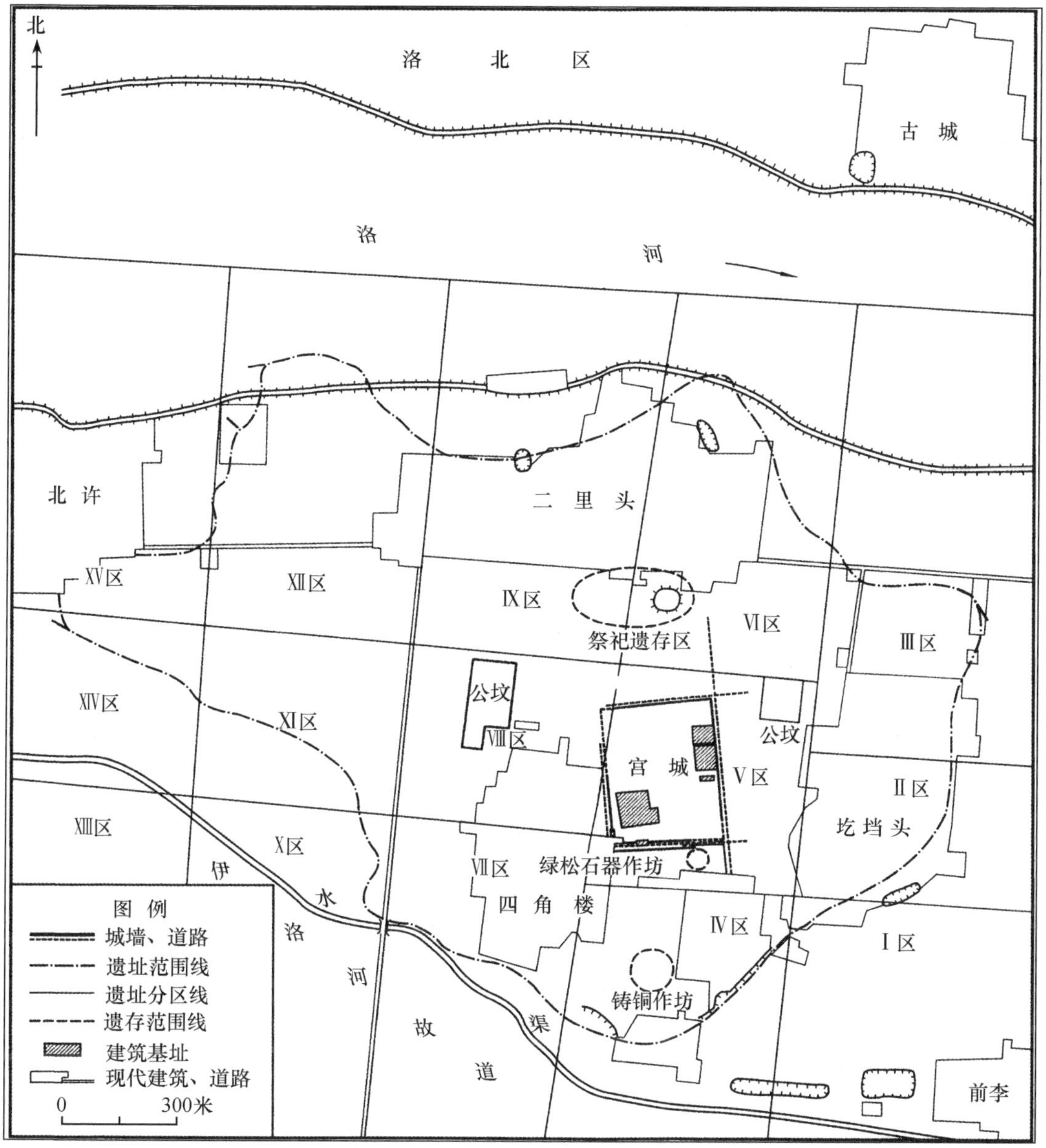

图2-2　二里头遗址平面图

［采自中国社会科学院考古研究所《二里头（1999—2006）》第壹册第7页图1-1-3-3，文物出版社，2014年］

性夯筑而成，未发现接缝或嵌入现象。西墙和南墙的部分地段发现较浅的基槽。兴建于三期的大型建筑有1号、2号、4号、7号、8号和9号基址，其中2号和4号基址位于3号基址的废墟之上，1号、7号、8号和9号基址位于宫城西南部。

兴建于二里头文化四期的大型建筑有3座，6号基址位于宫城东部2号基址以北，面积达2500平方米，是一处复合式的大型庭院建筑。10号基址位于宫城与围垣作坊区之间的大路东部，为一长方形中型夯土建筑。11号基址位于6号基址以西，其面积尚待确认。

就整体布局而言，二里头文化三期的1号与7号基址、2号与4号基址二者之间既相对独立，又拥有同一纵向中轴线，构成了两组大型建筑基址群。与二里头文化二期的3号基址相比，早晚两个时期的建筑格局发生了显著的变化，即由一体化的多重院落布局演变为多个单体建筑纵向排列。与此同时，早晚期的建筑基址又基本上保持着统一的建筑方向和规划轴线。另外，宫城城墙建成后，其外仍为大道，早晚期大道的外缘也大体一致，由此说明宫殿区尽管在晚期筑以围墙，其内的建筑格局大变，但宫殿区的总体规划和范围却未发生大的变化。由于目前所知庞大的宫殿区还只是一个框架和轮廓，具体的空间结构、性质功用及演化过程等诸多细节都还有待于进一步探究。

（二）贵族聚居区

位于宫城周围。中小型夯土建筑基址多发现于这一区域，尤以宫城以东和东北一带最为集中，目前已探明有40余处。中型墓葬（一般有木质葬具，铺朱砂，随葬铜器、玉器、漆器、陶礼器及其他奢侈品）的分布，与中小型夯土建筑基址的分布大体一致。

（三）官营作坊区

位于宫殿区以南，已发现铸铜作坊和绿松石器作坊各1处。铸铜作坊面积约1万平方米以上，北距宫城南墙200余米。绿松石作坊靠近宫城东南角，面积不小于1000平方米，发现大量绿松石石料、废品及半成品。目前来看，它们在二里头文化二期即已存在，年代可晚至二里头文化四期或偏晚。此外，在宫殿区南侧大道以南，还发现4段夯土围垣设施，其中残存的东垣北段与北垣东段（Q5）呈直角相交，在Q5南侧附近有晚期的北垣（Q3），在其西侧有西垣（Q7），二者是否垂直相交尚不清楚（因四角楼民房占压无法开展工作），它们对于深入了解官营作坊区的布局变化具有重要的意义。

（四）祭祀遗存区

位于宫殿区内东北部的1号巨型坑，开始应是为了解决大型夯土基址的建筑用土而挖掘形成，其后被辟为专门的祭祀场所，周围铺垫料姜石块，所用祭品主要是幼猪。在宫殿区外的北部和西北部一带，集中分布着一些可能与宗教祭祀有关的建筑和其他遗迹。有圆形地面式建筑和长方形半地穴式建筑及附属于这些建筑的墓葬，东西绵延二三百米。

此外，整个遗址还发掘了二里头文化的墓葬400余座及大量窖穴、水井、灰坑等遗迹，出土了高规格的铜器、玉器、漆器和铸铜陶范以及大量的陶、石、骨、蚌等普通遗物。其中铜器、玉器等奢侈品的数量和质量，在整个文化分布范围内占有绝对性优势，显示出二里头遗址居住的高级贵族对社会财富的独占性。

以上发现表明，二里头遗址是一处经缜密规划、布局严整的大型都邑。它的学术价值主要体现在以下三方面：①二里头遗址长时间、大面积的发掘积累了丰富的遗物资料，以陶器研究为中心建立起可靠的文化分期框架，二里头文化一至四期的演变序列得到学术界的普遍认可，这是都城遗址研究的重要基础。②二里头遗址地处古代文献记载的夏王朝的中心区域，以其为代表的二里头文化的年代也大体在夏王朝的纪年范围内，因此它理所当然地成为探索夏文化与夏商王朝分界的关键性遗址（详见本章第七节）。③二里头遗址拥有目前所知我国最早的宫室建筑群和宫城遗存、最早的青铜礼器群和最早的青铜冶铸作坊，它是当时中国乃至东亚地区最大的聚落，也是迄今为止可确认的中国最早的王国都城遗址，高度发达的文化内涵和大范围、跨地域的文化吸收与辐射形成辐辏之势，使以其为代表的二里头文化成为中国历史上最早出现的核心文化，与后来的商周文明一道构成华夏文明形成与发展的主流，确立了以礼乐文化为根本的华夏文明的基本特质①。

二、郑州大师姑城址

2002～2003年，郑州大师姑城址的发掘也是二里头文化的一个重大发现。该城址位于郑州市西北郊的大师姑村南地，北距黄河、西南距荥阳市区均为13千米。城址由城垣和壕沟组成，索河河道从城址西部穿过，将其分为东、西两部分。已发现南墙西段长480米，西墙北段长80米，北墙西段长220米，其他地段暂未发现。城壕与已知的城垣平行，除北壕西段因索河间隔和城址西南角暂未发现外，其余地段均已封闭，复原周长约2850米。整个城址的形状基本呈东西长、南北窄的扁长方形，总面积约51万平方米（图2-3）。城内发现有二里头文化时期的地面式建筑与墓葬等遗迹。根据层位关系和出土遗物可知，该城始建于二里头文化二期偏晚，废弃于二里头文化四期偏晚和二里冈下层偏早阶段之间②。

大师姑城址西距偃师二里头遗址约70千米，北依邙山，紧邻黄河，西南有嵩山余脉环绕，东北部是古代的荥泽，东部为开放的郑州盆地。这里地处东西交通要冲，地理位置十分重要，因此其显然是一处具有重要政治和军事意义的二里头文化古城。关于大师姑城址的性质，有可能是夏王朝设置在东境的军事重镇。当然，也不排除是夏王朝某一与国（韦或顾）的都城。

三、新郑望京楼二里头文化城址

望京楼遗址位于河南新郑市新村镇望京楼水库东侧，北距郑州市区38千米。该遗址发现于1965年，以往曾采集到二里头文化时期的铜爵。2010～2012年，在此发现内外相套的两座方形城址，二里头文化城址位于二里冈文化城址之外，城墙几乎被二里

① 许宏：《二里头遗址发掘和研究的回顾与思考》，《考古》2004年第11期。

② 郑州市文物考古研究所：《郑州大师姑（2002—2003）》，科学出版社，2004年。

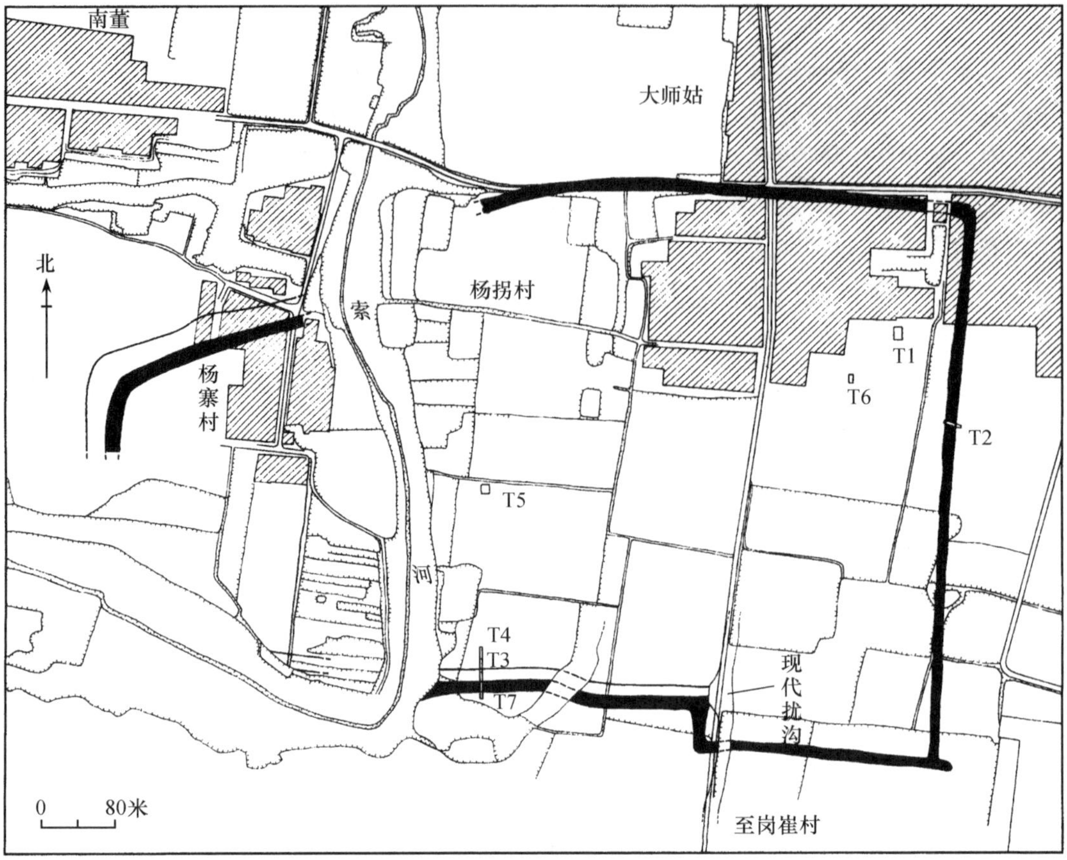

图2-3 大师姑二里头文化城址平面图
［采自郑州市文物考古研究所《郑州大师姑（2002—2003）》第4页图三，科学出版社，2004年，涂黑部分为城壕走向］

冈时期护城壕破坏殆尽，城内遗迹几乎均叠压在二里冈时期遗迹之下，但城址的大体布局仍有迹可循①。

望京楼二里头文化城址由外城和内城组成。外城未发现城墙，西侧的黄水河从遗址西南部折而向东流与黄沟水相连，北部开挖一条人工壕沟将黄水河与东侧的黄沟水相通，由此构成了外围防护圈，平面呈不规则长方形，面积约168万平方米。内城的东城墙、东南角、东北角保存较好，外侧有护城壕。内城的西南角发现有大型夯土基址、夯土墙基以及大型水池，东部及中南部分布较密集的灰坑、窖穴，另有水井、灰沟等生活遗迹，小型建筑及墓葬发现较少，墓葬均发现于居民区，未见专门的墓葬区（图2-4）。

从地层关系及城内出土遗物可推知，该城址始建于二里头文化三期偏早阶段，二里头文化四期最为兴盛，毁弃于二里冈文化城址始建之时。至于该城的性质，一般认

① 郑州市文物考古研究院：《新郑望京楼（2010～2012年田野考古发掘报告）》，科学出版社，2016年。

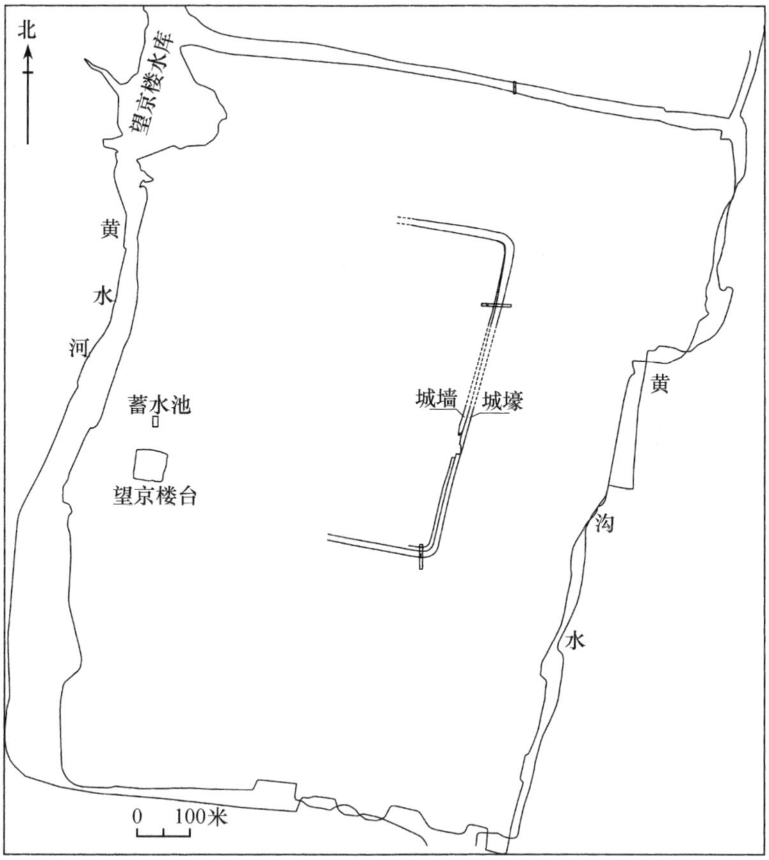

图2-4　望京楼二里头文化城址平面图

［采自郑州市文物考古研究院《新郑望京楼（2010～2012年田野考古发掘报告）》第70页图四二，科学出版社，2016年］

为是夏王朝某一方国的都邑（具体国别又有昆吾、葛等不同看法①）或者军事重镇。望京楼二里头文化城址和二里冈文化城址位于同一地点，对于探讨二里头文化晚期与二里冈文化早期两种文化更替及夏商王朝更迭，研究夏代晚期与商代早期的社会政治、经济、文化交流等方面均具有重要的学术意义。

四、郑州东赵二里头文化城址

东赵遗址位于郑州市高新区沟赵乡东赵村南，北距大师姑城址约6千米，东距郑州商城约14千米。2012～2014年，在此发现内外相套的三座城址，其中小城平面基本呈方形，面积2.2万平方米，始建年代为新砦期，这是在嵩山以北地区发现的第一座确认

① 张国硕：《望京楼夏代城址与昆吾之居》，《苏州大学学报》2012年第1期。李德方、吴倩：《夏末商汤居亳与韦地同域说——议新郑望京楼二里头文化城址性质》，《中国国家博物馆馆刊》2011年第10期。秦文生：《新郑望京楼遗址城址性质初探》，《华夏考古》2012年第4期。

的新砦期城址。中城整体呈梯形，面积7.2万平方米，始建于二里头文化二期，废弃于二里头文化四期，城内北部为主要建筑区并发现有祭祀遗存，南部应为一般居民区，发掘者推断东赵中城应为二里头文化时期的一处重要据点①。

五、平顶山蒲城店二里头文化城址

蒲城店遗址位于河南平顶山市区以东约9千米的东高皇乡蒲城店村北，现存面积约18万平方米。该遗址发现龙山和二里头文化时期两座城址，其中二里头文化城址位于龙山城址的南面，略呈东西向长方形，城墙外有城壕环绕，面积约5.2万平方米（图2-5）。城内发现的房址分布集中，排列有序，一般多间相连，基本东西成排，属于专门规划的聚居区，并且可能有夯土墙作为界限。此外，还有窖穴、墓葬等遗迹②。

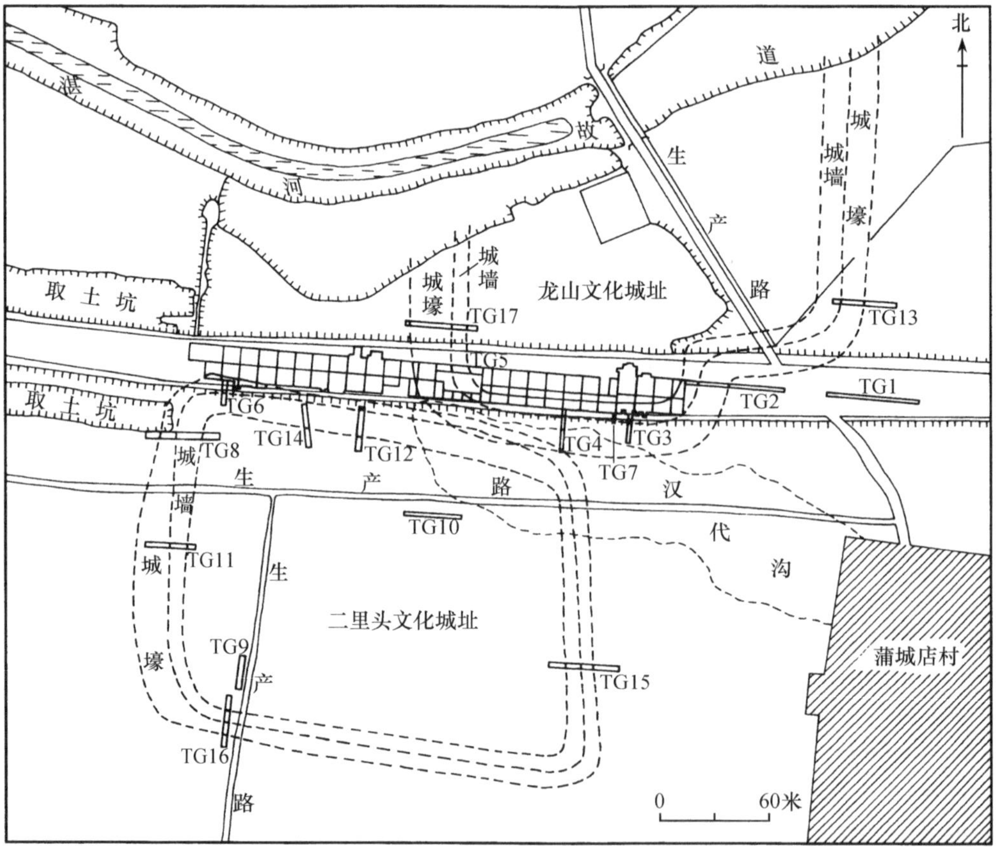

图2-5　蒲城店二里头文化城址平面图

（采自河南省文物考古研究所等《河南平顶山蒲城店遗址发掘简报》图四，《文物》2008年第5期）

① 顾万发、雷兴山、张家强：《夏商周考古的又一重大收获——河南郑州东赵遗址发现大中小三座城址、二里头祭祀坑和商代大型建筑基址》，《中国文物报》2015年2月17日第5版。

② 河南省文物考古研究所等：《河南平顶山蒲城店遗址发掘简报》，《文物》2008年第5期。

根据陶器特征可知，蒲城店二里头文化遗存与洛阳盆地的二里头文化面貌一致，年代相当于该文化一、二、三期，其中城址的使用时间主要在二里头文化一期。它是迄今发现的年代最早的二里头文化城址，由于其面积较小，且地处古今南北向交通要冲，很可能是当时夏王朝设置在南方边缘地带的军事重镇①。

第三节 文化分布与区域类型

一、文化分布

可以设想，一支延续时间较长的考古学文化，分布范围恐非一成不变，在不同时期可能会随着文化势力的强弱而有所扩张或收缩。从动态的角度考察二里头文化的分布，就会发现二里头文化遗址最初主要集中在以嵩山为中心的河南省中西部，这里是二里头文化的中心分布区。到了二、三期之交，二里头文化至少向东扩展到了开封、商丘一带，向南突入信阳、南阳等地，向西占据了陕西华县以东，西北隔黄河与东下冯文化相望，东北则越过黄河，隔沁水下游与下七垣文化分野（图2-6）。

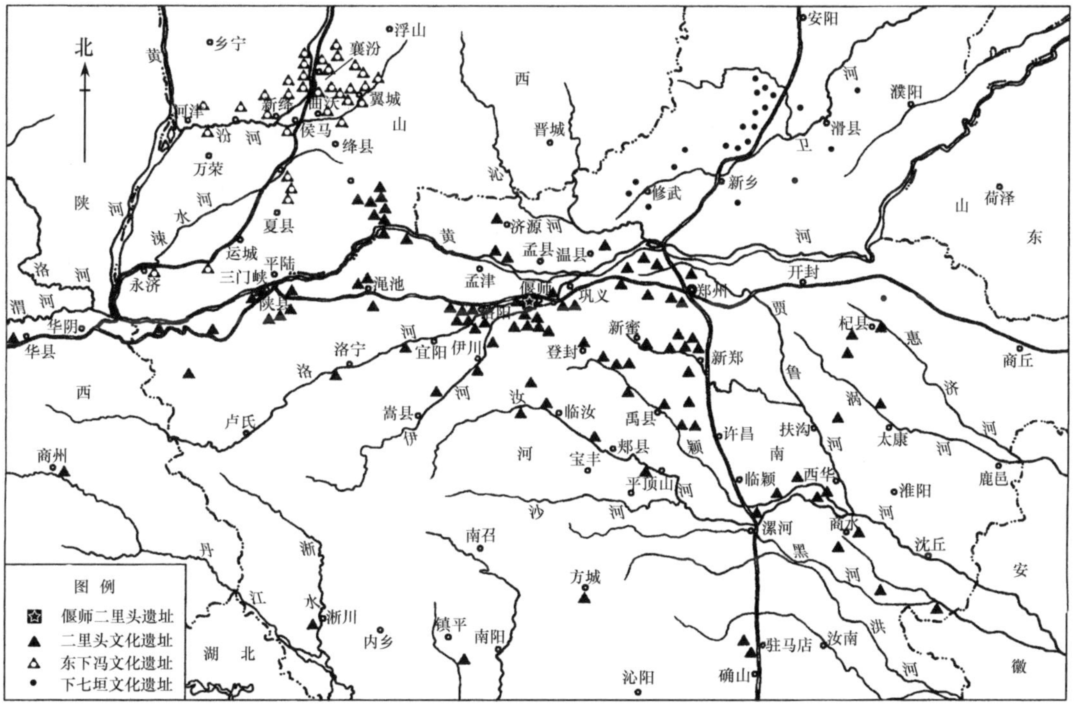

图2-6 二里头文化分布形势示意图

（据中国社会科学院考古研究所《中国考古学·夏商卷》第87页改绘，中国社会科学出版社，2003年）

① 魏兴涛：《蒲城店二里头文化城址若干问题探讨》，《中原文物》2008年第3期。

二、区域类型

类型是文化的分支，它强调的是同一考古学文化在不同区域内所表现出的文化特征上的差异。根据目前资料，二里头文化可划分五个区域类型。

（一）二里头类型

以偃师二里头遗址命名，分布于二里头文化中心区，是产生最早、延续最长、分布最广、文化内涵最为丰富的一个类型。

二里头类型是由嵩山南北的煤山文化与王湾三期文化碰撞融合而形成的。陶器群特征显著，炊器以夹砂深腹罐为主，也有较多的圆腹罐与鼎，食器、水器、盛贮器种类多、功能全，高规格的酒器也占有相当比重。分布范围之内既有像偃师二里头这样的都邑性质的遗址，也有像郑州大师姑这样的地区中心。既有大型夯土建筑，也有高等级的墓葬。二里头遗址出土的以青铜礼乐器为代表的许多珍贵物品亦为其他类型所不见。由聚落等级的严格性以及礼器的分布状况看，应是文化发展水平最高、礼制推行最普遍的一个区域。

（二）牛角岗类型

以杞县牛角岗遗址①命名，主要分布于郑州以东的开封地区。该类型目前尚未发现中心性遗址，也未见青铜礼器等重要遗物，年代约相当于豫西二里头类型二期末至四期。

牛角岗类型是由东进的豫西二里头类型的因素与岳石文化因素及下七垣文化因素融合而形成的，主体陶器同于二里头类型，同时又具有自身特色，如方格纹（包括坑窝纹）较常见，少见鼎，爵、盉等酒器则基本不见。最引人注目的是，它含有特征鲜明的岳石文化和下七垣文化因素，如红褐陶粗砂罐、折腹豆、细绳纹鬲、橄榄形罐、弦纹束颈盆等（图2-7：A）。

（三）杨庄类型

以驻马店杨庄遗址②命名，分布范围尚不明确。杨庄遗址是该类型的地区性中心，已发现具有防御功能、环绕聚落周围的人工壕沟，有人工专门营造的祭祀场地。以水稻为主要作物。仅发现一件红铜凿形器，未见铜礼器、漆器、玉器等高级别用品。年代约相当于二里头二、三期。

杨庄类型陶鼎较二里头类型流行，贯耳圆腹罐、无流鬶、敛口垂腹大圜底鼎等陶

---

① 赵芝荃：《关于二里头文化类型与分期的问题》，《中国考古学研究（二）》，科学出版社，1996年。

② 北京大学考古学系等：《驻马店杨庄》，科学出版社，1998年。

器不见于二里头类型和其他类型中。有些文化因素如形体粗矮的大口尊、球状腹的捏口罐等，当是承继淮河中游地区的龙山文化（图2-7：B）。

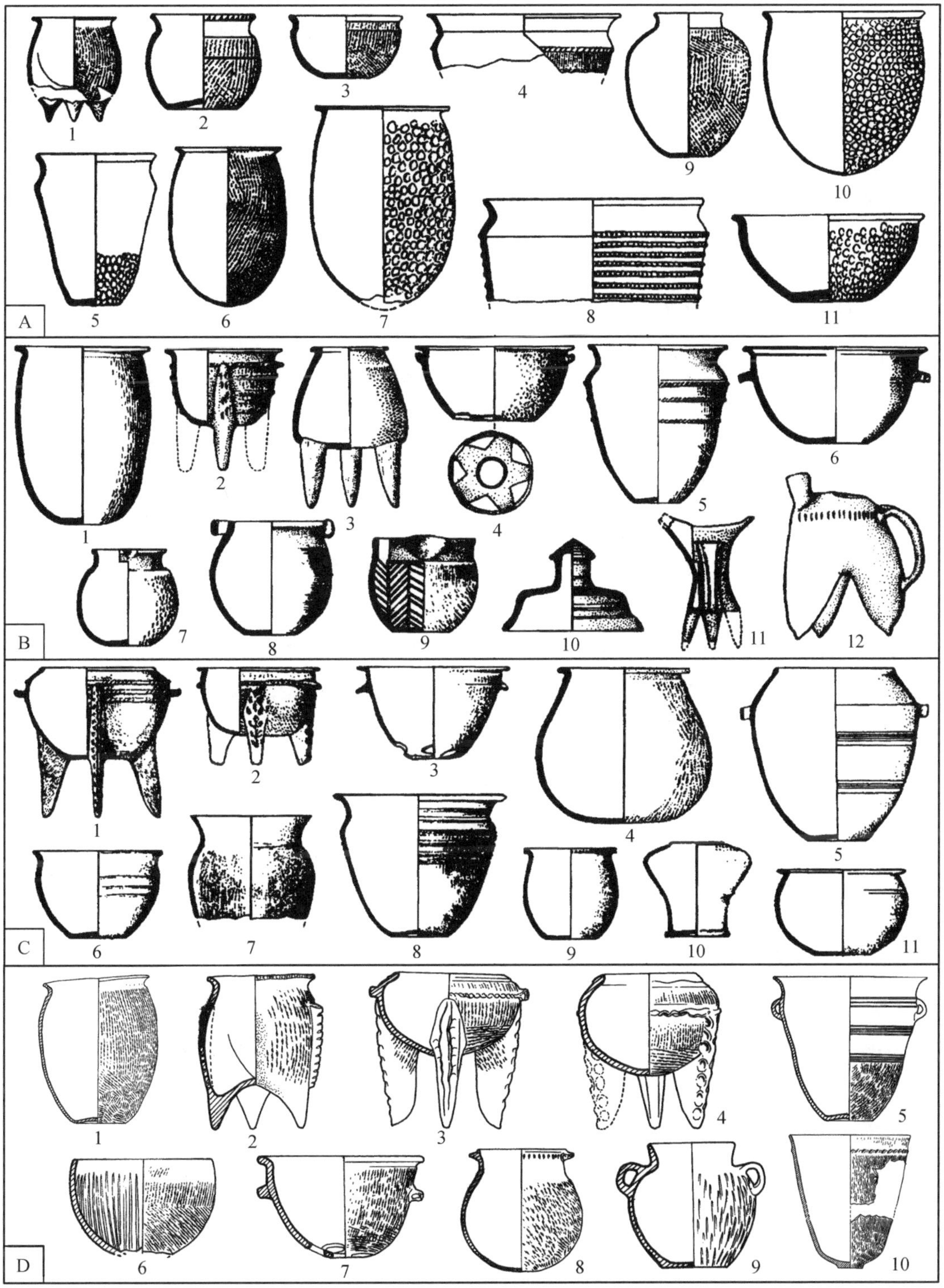

图2-7　二里头文化区域类型陶器图

A. 牛角岗类型　B. 杨庄类型　C. 下王岗类型　D. 东龙山类型（器名器号均省略）

（四）下王岗类型

以淅川下王岗遗址[①]命名，分布范围大体在伏牛山以南的豫西南地区。需要指出的是，下王岗遗址早、晚两段遗存文化性质有别，其中晚段约当二里头三期，二里头文化的特征比较浓厚，可以视为二里头文化的一个类型。而早段遗存面貌与龙山文化遗存十分接近，难以归入二里头文化范畴。

下王岗类型未见高规格建筑、青铜礼器、漆器等高级别用器，陶礼器亦不多见。多数陶器种类与豫西二里头类型三期陶器相同或相似，而其垂腹罐（釜）、刻槽罐（盂）独具特色（图2-7：C）。

（五）东龙山类型

以商洛东龙山遗址[②]命名，分布范围大致在丹江上游地区。该类型目前尚未发现中心性遗址，年代约相当于二里头三、四期。

东龙山类型陶器中的深腹罐、大口尊、盆、甑、敛口瓮、缸、器盖等与豫西二里头类型三、四期陶器相同或相似，而陶鼎多流行敛口钵形或釜形，深腹鬲、圆腹圜底罐、双耳罐等也具有自身特色（图2-7：D）。

以上五个区域类型中，二里头类型无疑是核心类型，是原生类型。而其余四个类型皆非当地龙山文化的自然或直接的延续，年代上限也不超过二里头二期。从文化面貌看，主体因素与二里头类型相一致，次要因素大多来自当地先前或邻近地区异质文化的影响。所以，一般推测它们的产生很可能与二里头类型的人群向外扩张有关，是受二里头类型影响而产生的，属于次生类型。

第四节　礼制与信仰

一、宫室建筑

在汉代及以前的文献中，一般将三代及更早的房屋住宅统称为“宫室”。“宫”通常指整栋建筑或建筑院落，“室”是“宫”的组成部分，即单体建筑或房间，称谓上并没有等级贵贱之分。汉代以降，“宫室”开始特指社会上层尤其是君王所使用的具有政治性、礼仪性等社会等级意义的大型建筑物。

偃师二里头遗址宫殿区发现的大型建筑组群，是目前可以确认的中原地区较早的与礼制相关的宫室建筑。在已揭露的十余座大型建筑中，始建于二里头文化三期的1

---

① 河南省文物研究所等：《淅川下王岗》，文物出版社，1989年，第264～306页。

② 陕西省考古研究院等：《商洛东龙山》，科学出版社，2011年，第135～186页。

号与位于其南大门正前方的7号基址、2号与位于其南大门正前方的4号基址以及增筑于二里头文化四期、位于其北的6号基址两列建筑之间既相对独立，又拥有同一纵向中轴线，分别构成了以1、2号基址为核心南北有序排列的两组宫室建筑群。建筑群的周围有夯土城垣加以防御保护，形成了封闭的宫城（图2-8）。

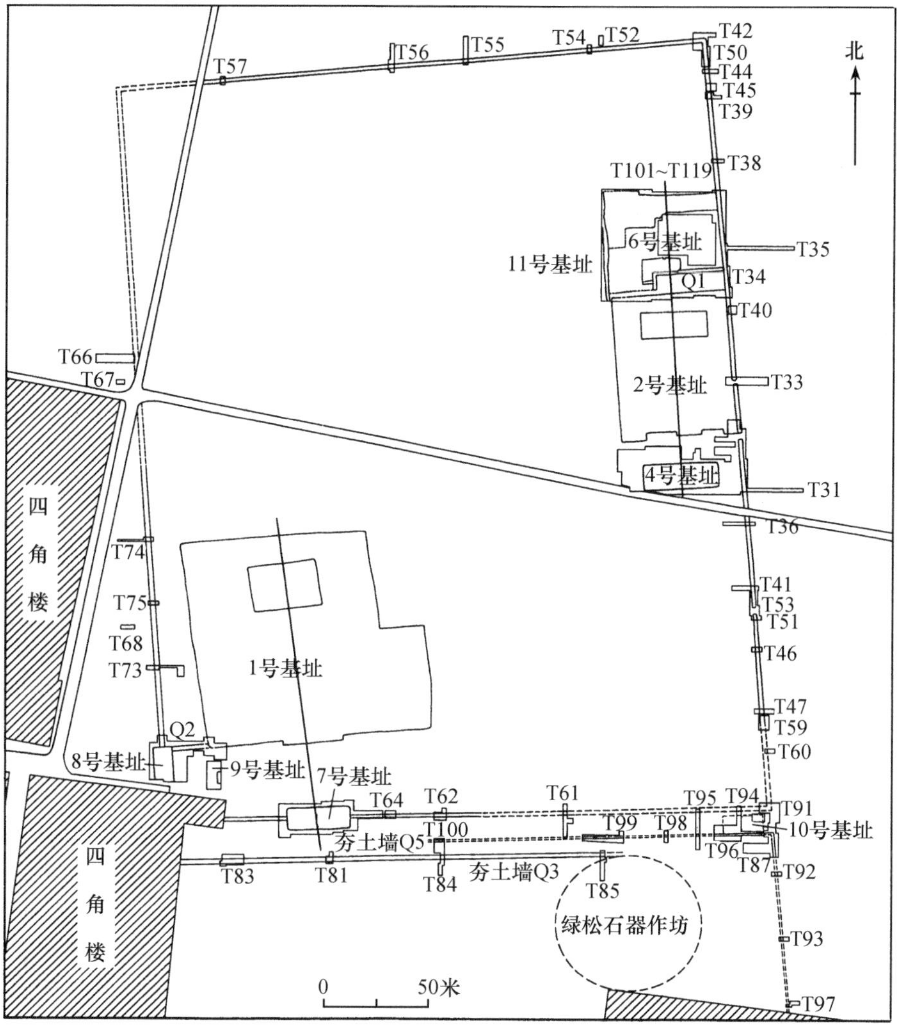

图2-8　二里头遗址宫室建筑分布图

[采自许宏《宫室建筑与中原国家文明的形成》图一，《三代考古（五）》，科学出版社，2013年，稍作改动]

（一）二里头宫城西组宫室建筑群

位于宫城西南部的1号基址是一座大型庭院式建筑。整个建筑建立于平面略呈方形（东北部内凹一角）的大型夯土台基上，总面积达9585平方米。现存台基面大体平整，高出当时地面约0.8米，夯筑质量极佳，其上建筑布局由主体殿堂、廊庑、大门和庭院组成。主体殿堂位于台基北部正中，坐北朝南，下有基座，平面呈长方形，东西长36、南北宽25米，面积900平方米。根据殿基上残存的立柱遗迹，可复原为面阔8

间、进深3间、周围有回廊的双开间四坡出檐式木构建筑。主殿以南是宽阔平整的庭院，面积不小于5000平方米。大门在南庑的中部，对应主体殿堂，带有门塾和3条门道。外围有廊庑和围墙，其中北、东、南三面廊庑都有内、外廊，中间以木骨墙相隔，墙内外各有成排的廊柱，形成宽约3米的廊道。西庑只有内廊而无外廊，廊道宽约6米。四周廊庑均可复原为两面坡的带顶回廊。建筑物下还发现由陶水管铺设而成的地下排水管道设施（图2-9；图版1：1）。1号基址主体殿堂周围发现若干祭祀坑，其中位于主殿后面的椭圆形祭祀坑周围埋葬3人，死者或下肢作折跪状，或肢骨脱位，或俯身似被捆绑，他们均应为祭祀时的人牲。

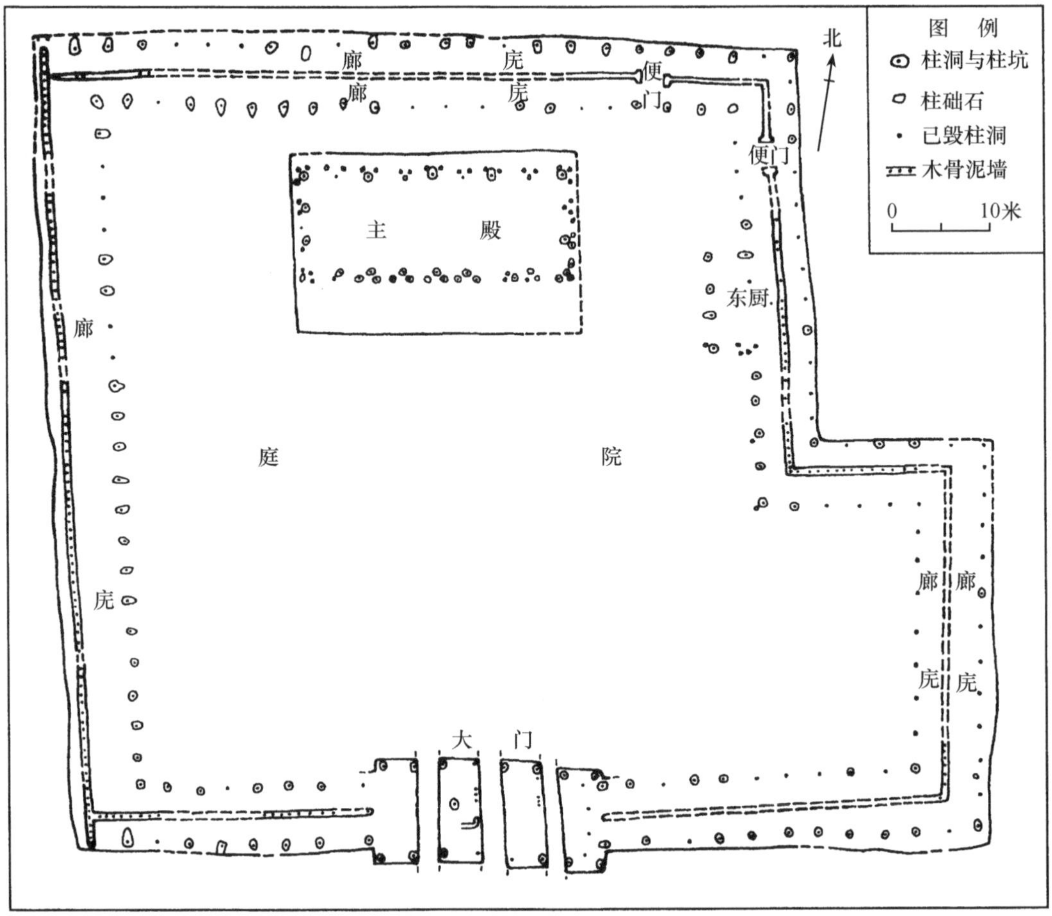

图2-9 二里头遗址1号基址平面图

［采自许宏《宫室建筑与中原国家文明的形成》图三，《三代考古（五）》，科学出版社，2013年］

7号基址系一座大型单体夯土建筑，位于1号基址南大门以南31.8米处的宫城南墙上。基址东西长32.5、南北宽11米，根据在台基中部残存的3个柱坑与础石判断，其单排柱础数应为8个，柱础间距约4米（图版1：2）。此外，位于1号基址西南不远处的8号和9号基址仅发掘了局部，具体布局不详。

（二）二里头宫城东组宫室建筑群

位于宫城东部偏北的2号基址依托宫城东墙而建，亦为大型庭院式建筑。其平面呈长方形，南北长约73、东西宽约58米，面积逾4000平方米。整个建筑也是由主体殿堂、庭院、门塾、廊庑和围墙共同组成，其中主体殿堂处于基址北部正中，坐北朝南，下有基座，殿基长约33、宽约13米，其上有木骨墙和廊柱遗迹，可复原为面阔三间、四周有回廊的四面坡式木构建筑。主殿以南为庭院。东、西夯土围墙的内侧设有一面坡的廊庑，南面木骨围墙内、外两侧皆有廊庑。大门及东西塾房位于南围墙的中间偏东处。在东廊庑南、北侧发现两处地下排水设施，分别用石板和陶水管垒砌铺设而成。在主体殿堂与北围墙之间还发现1座大约同时期的水井①（图2-10）。

4号基址位于2号基址的正南方，主殿台基北距2号基址南庑和南大门12～14米，东庑距宫城东墙3米多，已发掘部分包括坐北朝南的主体殿堂和坐东面西的东庑北段。主殿夯土台基平面呈圆角长方形，面积460多平方米。从台基两侧的柱础排列情况看，南北两侧边缘应各有柱坑13个，基本上两两对应。东庑基址上的建筑遗迹有呈曲尺形的木骨墙墙槽和其内的若干柱础，东墙北端发现有宽1.5米的门道。

6号基址位于2号基址的北墙外，也是一座依托宫城东墙而建的大型庭院式建筑，由主体殿堂、庭院、西庑和东、南围墙组成。整个基址略呈长方形，总面积逾2500平方米。6号基址始建和使用年代均为二里头文化四期晚段，与2号基址东西宽度大体相当，又均依托宫城东墙而建，西庑柱础南北一线，应属于2号基址使用一段时期后增建的建筑。

如上所述，带有明确中轴线的建筑群格局、主体殿堂坐北朝南、以廊庑环绕庭院的封闭式院落布局以及规模宏大、技术复杂的建筑结构，构成了二里头文化宫室建筑的最大特色，彰显出王都中枢所特有的恢宏气势。具体言之，中轴对称格局反映了权力中心的秩序性和威仪感，封闭式院落布局反映了政治决策的隐秘性和排他性以及宗教祭祀的垄断性，规模宏大、技术复杂的建筑结构所花费的巨大用工量反映了统治机构权力的高度集中和行政管理流程的高效运作。总之，作为早期国家政治组织形式的物化反映，宫室建筑具有的秩序性、封闭性和排他性特征，构成了中国早期文明若干特质的一个侧面②。

关于二里头宫室建筑的性质与功能，有学者推测西南组的1号基址可能属于朝堂性质的宫殿建筑，7号基址应为宫城南门的门塾建筑，很可能是宫城的正门；东组的2号与4号基址构成一个功用不同的同组宗庙建筑群，位居北面的2号宫室四围严谨，应是夏人祖先神祇委身之所，即时王供奉其先王神主的地方，也是举行日常祭祖活动的地方，而南面殿堂敞亮的4号宫室则专为举行某些特殊祭祖典礼的场所③。

---

① 中国社会科学院考古研究所：《二里头（1999—2006）》第贰册，文物出版社，2014年，第635页。

② 许宏：《宫室建筑与中原国家文明的形成》，《三代考古（五）》，科学出版社，2013年。

③ 杜金鹏：《夏商周考古学研究》，科学出版社，2007年，第28～106页。

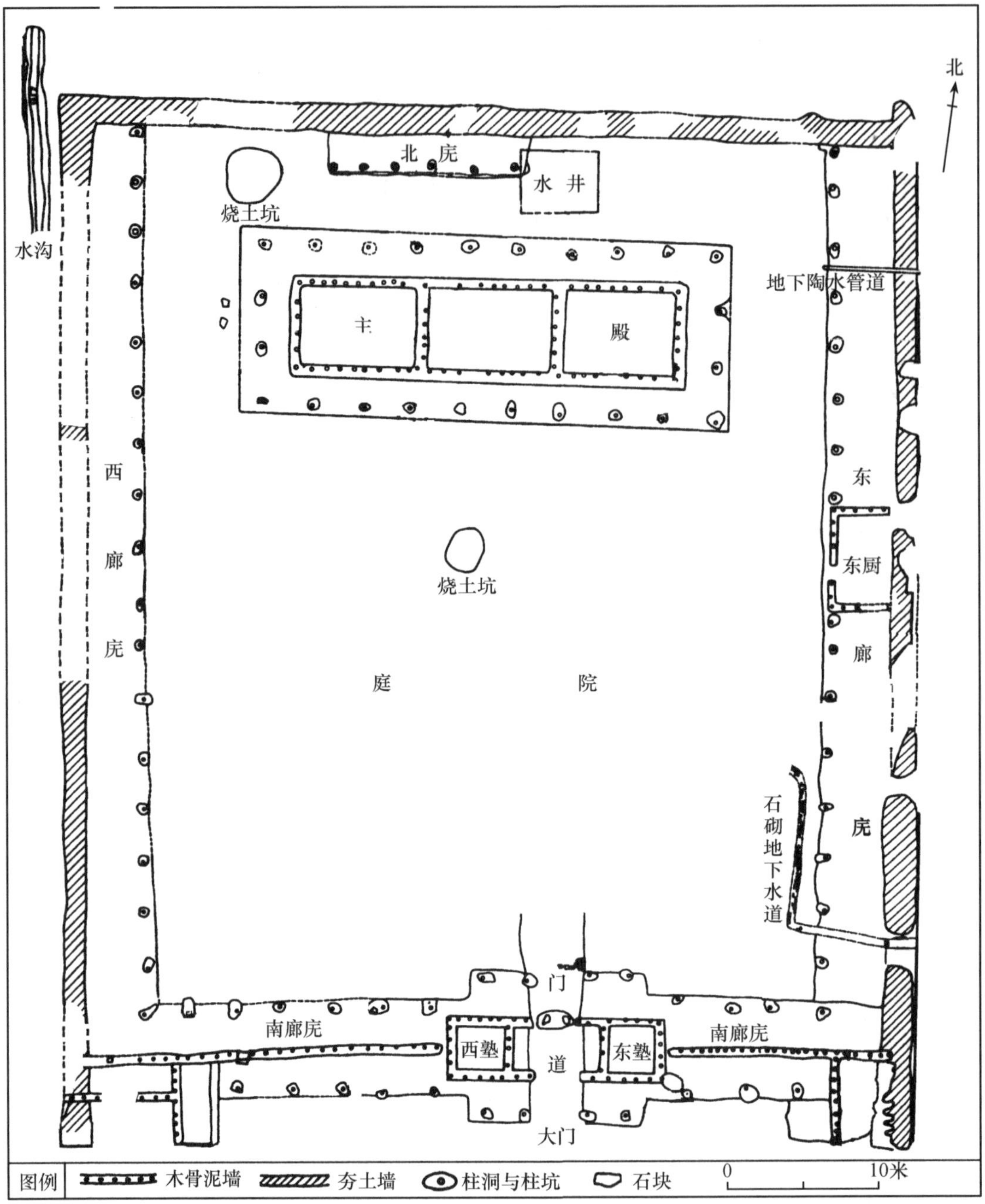

图2-10　二里头遗址2号基址平面图

（采自中国社会科学院考古研究所《偃师二里头1959～1978年考古发掘报告》，中国大百科全书出版社，1999年，图93，稍作改动）

二、墓葬特征

二里头文化墓葬主要发现于洛阳地区，数量最多的是偃师二里头遗址，在此发掘的二里头文化墓葬有400余座[①]。这些墓葬一般散布于遗址各处，与居住区无严格区分。以二里头遗址为例，墓葬往往与早于或晚于它的二里头文化堆积相互打破、叠压，说明墓葬与居址随时间的推移可相互转换。目前虽未发现集中分布且长期沿用的墓地，但多数墓葬大致是分区分片的。每个墓区的墓葬少则两三座，多则十几座不等。通常东西排列成行，墓穴为南北向。死者的头向或一致，或相邻的两排墓葬内的死者头向相反，但是同一排的墓葬内死者的头向是一致的。在同一排墓葬内，相邻墓葬的间距一般只有几十厘米。随葬铜器、玉器、漆器和陶礼器的贵族墓主要分布在宫殿区的周围，以东北部最为集中。

（一）墓葬层级

在二里头遗址或其附近地区，迄今尚未发现与规模宏大的宫室建筑相应的、可以认定为“王墓”或“王陵”的大型墓葬。根据墓穴规模大小、葬具之有无和随葬品之多寡，可将已发现的墓葬划分为四类。

第一类墓穴面积一般在2平方米以上，目前发现20余座，墓内一般有木质葬具，墓底铺撒朱砂，随葬青铜礼器和玉石礼器，往往还有漆器、白陶器、原始瓷器和比较精致的陶礼器以及成组蚌饰、海贝等，人骨多腐朽无存。

第二类墓穴面积一般在1平方米左右，多见木质葬具、朱砂，随葬成组的陶质酒器等，其中不乏白陶器。一般还伴出陶质食器和盛贮器，以及漆器、小件玉器和铜铃等。

第三类墓穴面积不足1平方米，一般不见棺木，无朱砂，随葬少量日用陶器，甚至无随葬品。

第四类为非正常埋葬的所谓“乱葬墓”，死者被用做人牲而埋葬在祭祀场所，或被随意弃置在灰坑、灰沟中。有的是单人葬，有的是多人丛葬；有的尸骨完整，有的则凌乱不全或身首异处。

除非正常埋葬外，上述三类墓葬层级与数量的关系成反比，反映了当时金字塔式的社会结构。

（二）随葬品组合

二里头文化墓葬中的随葬品以陶器最多，其次是玉器和铜器，另外有漆、石、骨、角、蚌、象牙器，以及海贝、龟甲等。

在随葬陶器中，酒器最多，核心是爵，基本组合为爵、盉或爵、鬶，有时加配觚，有的墓中还有壶、杯、尊等。在贵族墓中，常见青铜爵与陶盉相配套，有的还配以漆觚。盛贮器主要是豆、盘、盆、簋等，炊器有鼎、圆腹罐等。日常生活中用量很

① 李志鹏：《二里头文化墓葬研究》，《中国早期青铜文化——二里头文化专题研究》，科学出版社，2008年。

大的陶器如深腹罐、甑等，很少用于随葬。陶鬶、圈足盘、折沿盆、管流爵等主要见于一、二期墓，卷沿盆、簋等主要见于三、四期墓，其余的从早到晚都在使用，只是各自所占比重和器物形态有所不同而已。

随葬玉器种类有10余种，礼仪用器圭、璋、钺、戚、戈、刀、柄形器等主要见于贵族墓，大多制作精美，刃部并无明显使用痕迹（图2-11）。另有装饰用的镯、管、鸟首饰等。不明用途的玉器有月牙形器、尖状器和玉板等。目前出土的二里头文化玉礼器大多属于三、四期①。绿松石制品在墓葬中也比较常见，一般用于项链上的珠形坠饰，亦可琢磨成片镶嵌于某种物体上，如偃师二里头02ⅤM3出土的大型绿松石龙形器、84ⅥM11出土的绿松石铜牌饰（图版2：2）等。

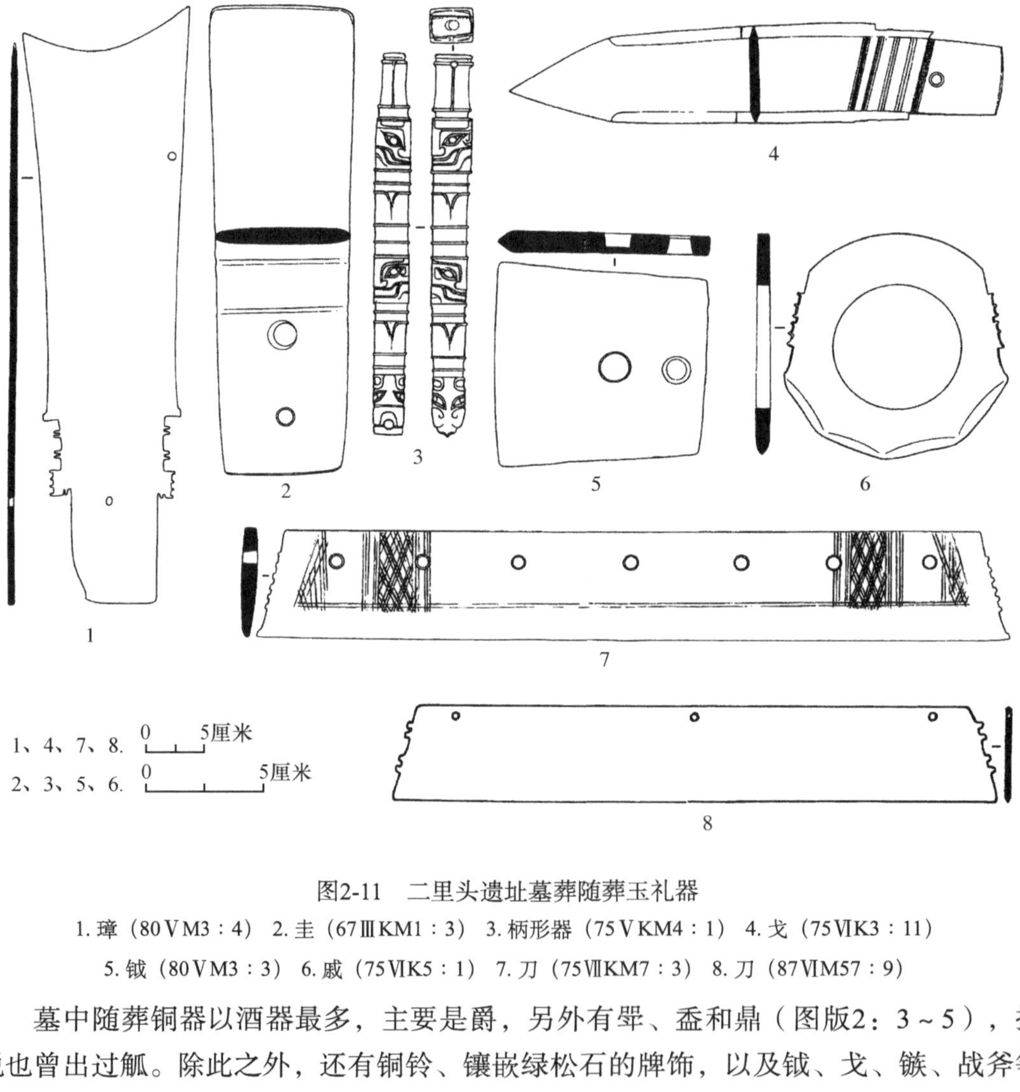

图2-11　二里头遗址墓葬随葬玉礼器

1. 璋（80ⅤM3：4）2. 圭（67ⅢKM1：3）3. 柄形器（75ⅤKM4：1）4. 戈（75ⅥK3：11）

5. 钺（80ⅤM3：3）6. 戚（75ⅥK5：1）7. 刀（75ⅦKM7：3）8. 刀（87ⅥM57：9）

墓中随葬铜器以酒器最多，主要是爵，另外有斝、盉和鼎（图版2：3～5），据说也曾出过觚。除此之外，还有铜铃、镶嵌绿松石的牌饰，以及钺、戈、镞、战斧等

① 陈雪香：《二里头遗址墓葬出土玉器探析》，《中原文物》2003年第3期。郝炎峰：《二里头文化玉器的考古学研究》，《中国早期青铜文化——二里头文化专题研究》，科学出版社，2008年。

物。这些铜器基本上都是三、四期的。

综上可知，二里头文化墓葬的随葬品主要是礼器和生活用品，极少用生产工具随葬。随葬品基本组合为爵、盉，其中盉多为陶质，爵在三期以后多为铜质；个别墓葬中出现铜铃和绿松石器的组合，有铜铃的墓葬必有绿松石器，或为铜牌饰或为其他绿松石器。玉礼器的主体地位呈下降趋势，逐渐被新兴的铜礼器取代。二里头四期晚段还出现了新的铜礼器，包括铜盉、斝、鼎、鬲等。由于当时尚处在青铜文明的早期阶段，青铜礼器的专门组合使用并不普遍，其往往与其他质料礼器（如陶盉、漆觚等）搭配共同组成礼器群，构成二里头文化礼器制度的重要特征。

三、祭祀占卜遗存

甲骨文的“祭”像以手持带血的生肉敬献于神灵，“祀”则像人跪在神主（示）前祈祷之形。二里头文化的祭祀遗迹主要发现于偃师二里头遗址，这里不仅有连绵二三百米的专门祭祀活动区，也有与宫室建筑和铸铜作坊有关的以人和动物为牺牲的特定祭祀坑，祭祀成为二里头文化先民精神信仰乃至政治宗教活动的重要内容①。其主要特点表现为：①专门祭祀活动区附近有密集分布的贵族墓，其与南面不远的宫殿区、官营作坊区呈南北一线排列，不仅可以方便社会上层贵族在此举行频繁的祭祀活动，也反映了当时的都城规划对不同功能的分区布局做了较为周详的设计。由此表明当时国家级的祭祀制度已经形成，统治者可以借助祭祀的等级化来规范社会秩序。②祭祀遗迹与不同功能的活动区相联系，无论宫殿区、贵族居住区还是官营作坊区都有发现，表明当时凡有重大活动皆举行祭祀活动。③特定的祭祀场所往往经过特殊处理，十分整洁，少有日常废弃物，这与祭祀活动要求的神圣、庄严、洁净的环境氛围相适应。在专门祭祀区发现的祭祀遗迹既有高出地表的圆形建筑，也有低于地面的长方形建筑，它们可能分别是古代文献记载的祭祀设施“坛”和“墠”。坛面和坛下有经踩踏形成的路土，坛上布列着一圈或两圈圆形“土墩”（在坛体上挖出大小相若的圆坑，坑中填不同于坛体的土形成土墩），其周围是平整干净的场地（图2-12）。墠是在浅穴内铺垫层层净土，几乎每层垫土上都有因人踩踏而形成的路土面，往往还有成片的烧土面。一般不见柱洞，应是没有屋顶的“场地”。④祭祀供品既有动物（狗、猪、羊）牺牲，也有大量的人牲，人祭制度似已形成。总之，当时形式多样的祭祀活动中种种行为规范和仪式已深深烙上社会等级化的印记，构成了“礼”的重要组成部分，可谓“治人之道，莫急于礼；礼有五经，莫重于祭”（《礼记·祭统》）。

占卜习俗是反映二里头文化先民精神信仰和宗教活动的又一重要内容。“占”意为观察，“卜”字的字形乃是模仿以火烧灼兽骨（或龟甲）时出现的裂纹，其发音大概也是拟声的，即从爆裂时的噗噗声响而来。所谓“占卜”，就是观察裂纹方向，

---

① 李志鹏：《二里头文化祭祀遗迹初探》，《三代考古（二）》，科学出版社，2006年。

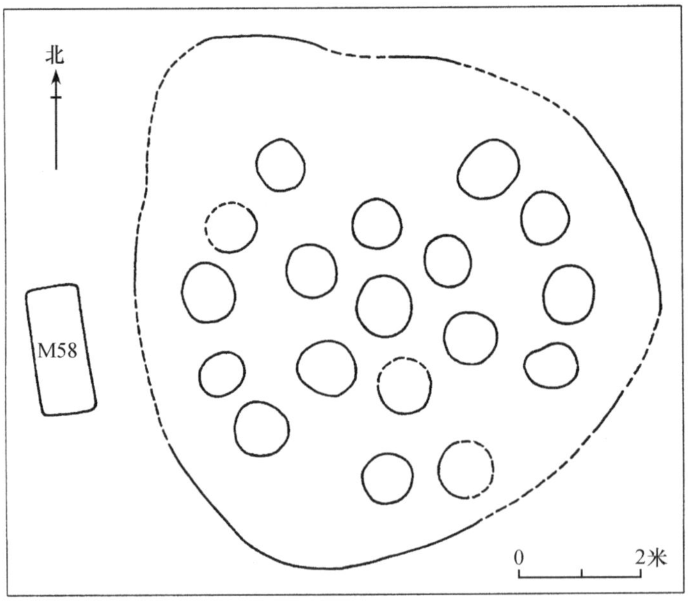

图2-12　二里头遗址87ⅥF8坛祭遗迹

（采自中国社会科学院考古研究所《中国考古学·夏商卷》第130页，中国社会科学出版社，2003年）

预知未来之事。这种习俗来源于史前时代宗教信仰中的前兆迷信，认为吉凶祸福的发生，上天都会通过一定的途径和方式进行警示，反之人们在生产生活中如果对未来不可预知，也可以进行占验，以求平安，正所谓“卜以决疑，不疑何卜”（《左传·桓公十一年》）。

目前所知，二里头遗址出土了不少于600件的卜骨，但尚未发现卜甲[①]。这些卜骨经过动物种属鉴定，主要为黄牛、绵羊、猪和梅花鹿等动物。卜骨全部选取动物的肩胛骨，部分卜骨经过整治，整治部位主要包括肩胛冈、肩臼及肩胛骨的两个前角。卜骨上均有灼烧痕迹，部分兼有钻孔。灼烧痕迹和钻孔位置多位于肋面一侧，少数位于外侧和肩胛冈上，其排列无明显规律。灼痕为圆形或椭圆形，中间较重，边缘颜色较浅。钻孔多为圆形，大小不一，深浅不同。由于大多数卜骨出自灰坑中，占卜以后随意丢弃的可能性很大，目前很难判断这些卜骨究竟用于占卜何事。不过，少数出自建筑基址夯土层内的卜骨可能是在建造施工过程中占卜产生的。根据卜骨整治、钻后施灼等现象分析，当时的占卜者对动物骨骼的形态与物理属性均有相当的了解，对卜骨整治、钻灼的部位以及钻灼方式和兆纹解读都有一定的规制，表明当时已经有了相对固定的“卜师”阶层。由于在仅有灼痕的卜骨上对兆纹的研判，并不一定能够达到占卜者“决疑”之目的，所以对卜骨整治、继而施钻和灼烧，其目的是更好地掌控占卜的结果。这一时期铜质工具的较多使用，为占卜者提供了便利条件。

① 陈国梁、李志鹏：《二里头文化的占卜制度初探——以二里头遗址近年出土卜骨为例》，《三代考古（五）》，科学出版社，2013年。

第五节 生产与经济

一、农业、家畜饲养与渔猎业

根据已有资料，二里头文化的栽培作物以粟、稻为主，还发现有黍、小麦、大豆等。二里头遗址炭化稻谷的数量约占出土农作物总数的三分之一，仅次于炭化粟粒的数量。对陶容器内残留物的检测分析结果表明，二里头先民的食物结构是以粟谷、稻米为主食的[①]。小麦可能是由西亚传入中国的，在龙山时代的黄河流域即有发现。此外，在洛阳市关林镇皂角树遗址发现这一时期的农作物有粟、黍、水稻、大麦、小麦、大豆、高粱等[②]。在驻马店杨庄遗址发现的二里头文化农作物以水稻为主，另有芝麻、蓼、菜豆等[③]。以上多品种农作物的种植不仅能提高农业的总体产量，还可减少单系粮食种植的危险系数，是当时农业发展水平的一个重要标志。

二里头文化的农具以石质为主，另有部分骨、蚌、陶、木质者。种类主要有器身琢制、刃部磨制的长方形或方柱形石斧，长方形扁平磨光石铲或带肩石铲、骨铲、蚌铲，平面呈梯形的穿孔石刀、陶刀，背部呈弧形的石镰、蚌镰等，另在坑壁和墓壁常见木耒的痕迹，它们分别用于砍伐、起土、中耕松土、除草和收割诸农事。目前尚未发现可确认为农具的青铜器，也未见与犁耕有关的农具。由此看来，当时的农业生产还具有一定的原始性。

二里头文化的家畜饲养业比较发达。二里头遗址出土的大量动物遗存经鉴定至少代表45种动物，其中可以确定狗、猪、山羊、绵羊和黄牛是当时饲养的家畜，它们所占比重很大，野生动物的比例始终没有超过25%，由此看出二里头先民获取肉食资源的方式应属于“开发型”，其肉食结构复杂、来源丰富，猪、牛、羊、梅花鹿这四种动物构成了当时二里头先民重要而稳定的肉食来源，其中又以猪最为突出[④]。洛阳皂角树遗址出土的动物遗存经鉴定有13种，其中猪、狗和黄牛的数量占动物总数的52%，由此推测当时人获取肉食的来源也是以家畜为主[⑤]。需要说明的是，除了提供肉食外，二里头先民饲养家畜（如黄牛、绵羊、猪）也可以为当时频繁的祭祀占卜活动提供大量的牺牲和卜骨。

---

① 赵春燕、赵海涛、陈国梁、许宏：《从陶容器内残余物的分析考察二里头遗址先民的饮食状况》，《三代考古（四）》，科学出版社，2011年。

② 洛阳市文物工作队：《洛阳皂角树》，科学出版社，2002年，第152页附表四。

③ 北京大学考古学系等：《驻马店杨庄》，科学出版社，1998年，第204、207页。

④ 杨杰：《二里头遗址出土动物遗骸研究》，《中国早期青铜文化——二里头文化专题研究》，科学出版社，2008年。

⑤ 洛阳市文物工作队：《洛阳皂角树》，科学出版社，2002年，第119页。

除了农业和家畜饲养业外，渔猎业也是二里头文化先民获取日常生活资料的有效补充方式。二里头遗址出土了多种渔具，如鱼钩、鱼镖、网坠等，表明当时的捕鱼活动是比较常见的。驻马店杨庄遗址出土了极少量田螺等水生动物遗骸，捕捞工具极罕见，推测捕捞活动在当时或许是偶尔为之，而大量石镞及野生鹿科骨骼的发现，则表明当时的狩猎活动很常见①。

二、青铜器冶铸业

二里头铸铜作坊遗址位于宫殿区以南的官营作坊区内，面积1万平方米左右，使用时间与二里头文化相始终，这是迄今所知中国最早的青铜器铸造作坊。发现的遗迹主要包括浇铸工场、陶范烘烤工房和陶窑等，与青铜冶铸有关的遗物有陶范、石范、坩埚、炉壁、炼渣、铜矿石、木炭、铅片和小件铜器等，其中以陶范数量最多，多为铸器后废弃的破碎外范，其内壁光洁，有的还有兽面纹饰。

二里头文化铜器可分为容器、乐器、武器、工具和其他礼仪用器等。容器包括爵、角、盉、鼎、斝、鬲等，以爵数量最多。乐器仅有铜铃。武器包括戈、钺、战斧、镞等，以镞数量最多。工具有刀、锥、凿、锛、锯、钻、纺轮、鱼钩等。其他礼仪用器包括铜牌饰和圆形器等。青铜容器的年代主要属于三、四期，铸造采用复合范技术，即需要由多块内、外范拼合才能铸出整器。器壁一般很薄，有的装饰简单花纹或镂孔。这种复合范铸造技术的出现，在中国金属冶铸史上具有划时代的意义。青铜容器、乐器、武器及其他礼仪用器均出自高等级的贵族墓中，作为“国之大事，在祀与戎”（《左传·成公十三年》）的物化形式，已被赋予“器以藏礼”（《左传·成公二年》）的社会意义。青铜工具绝大多数出土于二里头铸铜作坊遗址，应与青铜冶铸生产密切相关，而不是用于农业或其他生产活动。

二里头文化时期，中原及其周围地区拥有生产铜及其合金的矿产资源。中条山区、长江中下游地区、豫西山地和山东半岛等地区都可能成为矿料的来源。但是要说明二里头文化铜器的具体矿产资源来源，还需对各地区的铜、锡、铅及其多金属共生矿的古代开采遗址进行系统的、深入的调查研究。20世纪80年代起，中国历史博物馆（现为中国国家博物馆）考古部在中条山南侧的垣曲发现了多处采、冶铜遗址。21世纪初，中国国家博物馆等单位又在中条山北侧的绛县、闻喜等地发现了多处先秦冶铜遗址，其中位于绛县古绛镇的西吴壁遗址就是规模较大、内涵丰富的一处，2018年在此考古发掘面积1100平方米，发现大量二里头和二里冈时期冶铜遗存，包括房址、窖穴、干燥坑、木炭窑、冶铜炉以及铜矿石、铜炼渣、石范等②。作为目前中原地区已

① 北京大学考古学系等：《驻马店杨庄》，科学出版社，1998年，第207页。

② 戴向明、田伟、崔春鹏：《山西绛县西吴壁遗址发现大量夏商时期冶铜遗存》，《中国文物报》2018年12月14日第8版。

确认的时代最早、规模最大、专业化程度最高的冶铜遗址，西吴壁遗址的发现填补了早期青铜器产业链的空白，为研究早期冶铜手工业技术及生产方式等问题提供了直接证据。

研究表明，二里头文化的铜器铸造具有以下特点：①在铜器中，工具的数量居多、武器次之、容器数量最少。②随着铸造技术的进步，人们对铜及其合金的属性逐渐熟悉，在铸造不同器类时，用料已经有所选择。铅青铜、锡青铜、铅锡青铜这种二元及三元合金逐渐增加，反映出冶炼技术的进步。③在冶炼中已经懂得添加铅、锡等金属元素来改变铜制品的物理性能，但是还没有完全掌握不同器类需要添加的各种金属成分的具体比例。④铜矿原料的产地在二里头文化时期可能并非一处[①]。

二里头文化铜器的出现不是偶然的，而是时代发展的必然。维持礼乐制度和保障军事需要是青铜容器与兵器得以成批出现的原动力，这一需要适应了生产力的发展，适应了社会分化的要求，是二里头文化时期铜器获得发展的主要原因。铸铜技术的提高，使以铜容器为代表的铜礼器的铸造成为可能。二里头文化青铜礼器的出现，改变了以往以玉器和特殊陶器为主要礼器的局面，开始形成了以青铜器为中心的礼器群，这一新的趋势为随后的二里冈文化所继承并加以发展。

三、玉石器加工业

二里头文化的玉器以礼器和装饰品为主，种类主要有刀、璋、钺、戚、圭、戈、柄形器和铃舌等。此外，绿松石制品中的坠饰、串珠和镶嵌物也应归入其中。二里头文化玉器明显具有多元的文化因素，在吸收史前玉器因素的基础上进一步发展，形成了自身鲜明的文化特色。与史前良渚、龙山文化的玉器相比，二里头文化玉器的巫术风格不太浓重，更侧重用于举行祭祀和某种庄重而严肃的仪仗典礼场合，其中圭、璋、钺、多孔刀以及新出现的玉戈、柄形器、绿松石器等在这些场合可能扮演着重要的角色。

二里头文化玉石器加工工艺的特点，主要体现在：①善于制造大而薄的礼器。如玉刀、牙璋通长达50～60厘米，厚度一般在0.5厘米左右，剖割巨大玉料并使如此大型的玉器规整、光洁、轻薄需要相当高的技术。②运用先进的工艺技术为玉器雕刻精美的扉齿和花纹。如璋、钺、戚、刀甚至戈上都有齿状饰，而且一般越晚齿状饰越大越繁复。少数器物如刀、戈、璋、柄形器等饰有直线刻纹和浅浮雕兽面纹等，线条的粗细与深浅始终如一，非常规整。尤其分节兽面花瓣纹玉柄形器综合了研磨切削、勾线、阴刻、阳刻浮雕、钻孔、抛光等多种技法，工艺极其精湛。③具有高超的镶嵌技术。二里头文化不仅有镶嵌绿松石的玉器，更有镶嵌绿松石的铜器，且工艺精美绝

① 陈国梁：《二里头文化铜器研究》，《中国早期青铜文化——二里头文化专题研究》，科学出版社，2008年。

化。二里头遗址宫城以南不仅存在1处范围不小于1000平方米的绿松石制造作坊遗址，而且发现的1处绿松石废料坑（04ⅤH290）出土了数千枚绿松石块粒，其中相当一部分带有切割、琢磨痕迹[①]。绿松石在二里头文化中发现的数量如此巨大，足见当时人们对其的喜爱和重视程度。绿松石镶嵌工艺有三种情况：其一，镶嵌于铜底座上，如圆牌状铜器和铜牌饰。其二，镶嵌于其他有机质上，如二里头02ⅤM3出土的绿松石龙形器，龙身长64.5、中部最宽4厘米，龙头置于长13.6～15.6、宽11厘米的近梯形托座上，全器由2000余片、每片大小仅有0.2～0.9、厚度仅0.1厘米左右的各种形状的绿松石片组合而成，头部用绿松石拼合出有层次的图案，器体用绿松石组成象征鳞纹的菱形主纹，曲伏有致，尾尖内卷，非常形象生动（图版2：1）。其三，镶嵌于玉器上，如璋、柄形器、月牙形器等，器身上特意钻出嵌孔，除了装饰外，具体代表什么含义，现在还没有足够的证据来说明。

总之，二里头文化的玉石器风格可以概括为：器类多样礼兵化，器体大型薄片化，制作意念复杂化。

四、漆器制造业

用漆涂在器物表面制成的各类物品，一般统称为“漆器”。生漆是从漆树割取的天然液汁，用它作涂料，有耐潮、耐高温、耐腐蚀等特殊功能，加入矿物颜料，可以调制出不同色漆。中国使用漆器的历史，至少可以上溯到距今七千多年以前的河姆渡文化。龙山时代长江和黄河流域的考古学文化（如良渚文化、陶寺文化等）中，均有漆器出土。由于早期漆器均为木胎，易于腐朽，保存状况大都较差。

二里头文化的漆器主要出土于二里头遗址的贵族墓中，已发现数十件，这些漆器多与铜、玉和陶礼器等共存（譬如漆觚一般与铜爵、陶盉配组），且数量和器类组合通常与墓葬等级相对应。其中器形明确者以觚最多，另有匣、豆、盒、钵、匕、勺、瓢状器以及漆鼓、漆棺、漆木柱等[②]。漆器上髹红、黑、褐、白四色漆，以红色最为多见。有的漆觚用两种以上的色漆髹饰兽面花纹，线条圆润流畅，图案繁复精美。此外，在驻马店杨庄遗址也发现过一件木胎漆觚残件，髹红、白二色漆。

可见，二里头文化的漆器使用比较广泛，不仅用于日常生活，也用于木构建筑、礼乐祭祀和丧葬用具等。随着田野工作中起取、保护和研究水平的提高，对这一时期漆器和髹漆工艺发展水平可望有更清楚的了解。

---

① 中国社会科学院考古研究所二里头工作队：《河南偃师市二里头遗址中心区的考古新发现》，《考古》2005年第7期。

② 中国社会科学院考古研究所：《中国考古学·夏商卷》，中国社会科学出版社，2003年，第117、118页。

五、陶器烧造业

二里头文化的陶器种类繁多，做工讲究。陶坯的成型工艺，兼用手制、模制、轮制。简单的小型器物多用快轮成型，空三足器的足部采用模制，大型器物多为泥条盘筑，耳、鋬、流等附件为捏制，器物口沿一般都经过轮修。陶器装饰，运用了磨光、滚压、拍印、刻划、堆塑等手法。

最能代表二里头文化制陶技术水平的当属酒器，它们往往被随葬于贵族墓中，成为当时践行等级礼仪和彰显身份地位的礼器群的组成部分。陶鬶流行用高岭土烧制成白陶，器壁厚薄均匀，造型规整优雅。陶盉结构复杂，顶部利用流、口结合小泥饼做成兽面的样子，颇具艺术性。陶爵一般胎薄体轻，流尾修长，器壁经反复刮削，腹部刻划纹饰。这些酒器制作的标准化程度明显高于普通陶器，当时很可能已经实现了专业化生产，存在着专门服务于贵族阶层的高水平专业陶工①。

值得一提的是，在二里头遗址发现较多的陶水管，直径达三四十厘米，长在半米以上，它们被用作地下排水管道，在当时属于高级建筑材料。此外，在二里头遗址还发现少量相当于二里头文化早期的印纹硬陶（鸭形壶）和原始瓷（长流平底盉）残片，薄胎呈紫褐色或青灰色，坚硬致密，吸水性弱，器表拍印几何花纹。

目前二里头遗址发现的陶窑较为分散，未见规模较大的陶窑群。不过，在郑州洛达庙遗址却发现6座二里头文化陶窑集中分布，它们构造相同且居于同一个层位，应该是当时的一处制陶作坊②。

六、骨角蚌牙器制作业

在二里头文化中，骨器的制作和使用非常广泛。譬如农具有铲，工具有锥、凿、锛、刀，渔具有钩、镖，兵器有镞，生活用具有匕、叉、簪、针等。铲一般是用大型动物的肩胛骨或下颌骨制成的，而匕则多是用动物的肋骨制成的。其他的器具，是用动物的肢骨制造的。

在二里头遗址，与制作骨器相关的出有废骨料、骨器半成品和砺石的灰坑等遗存在多处地点都有发现，以宫城外东北区域最为集中，这里应有制骨作坊。从废骨料上遗留的锯割痕迹看，当时裁取骨料，是先把无用的关节部分锯掉，然后根据需要用锯作横向或纵向截剖。骨料上的“锯路”一般只有2毫米宽，即锯身的厚度显然不足2毫米。另外，在一些二三十厘米长的骨料的纵向解剖面上，锯痕显现锯子几乎都是与骨

① 彭小军：《陶爵的制作与生产——以二里头遗址出土资料为例》，《三代考古（五）》，科学出版社，2013年。

② 河南省文物研究所：《郑州洛达庙遗址发掘报告》，《华夏考古》1989年第4期。

料平行拉动的，这表明锯子应有一定的长度。由此分析，截割骨料使用了青铜锯。二里头遗址出土铜器中确有铜锯。骨料备好后，要进行粗加工，大约是用刀刮、削出器物的大体形状，二里头遗址出土许多铜刀，可用来加工骨器。接着是精加工，即用砺石磨。砺石是用细砂岩制造的，其上往往有磨砺骨器而留下的平面或凹槽。最后，有些骨器表面还要抛光。

与骨器相比，二里头文化的角、蚌器发现不多，如角制的锥、叉、钩，蚌制的刀、镰及装饰品等。另外，在二里头遗址贵族墓中还出土了长近50厘米的大型象牙簪。

七、制车业

1994年，在二里头遗址西北部发现了一段二里头文化三期的两道大体平行的车辙印痕，两辙中线之间距为1.2米，辙沟内的灰褐色土极为坚硬。无独有偶，2003年在二里头遗址宫殿区南侧大路上又发掘出一段长5米多、属于二里头文化二期的东西向双辙痕，两辙间距约1米，辙沟呈凹槽状，其内可见下凹而起层的路土和灰土。

上述车辙的发现，证明二里头文化确实已经有了双轮车，其轨距与1996年在偃师商城东北隅发现的商代早期车辙①大致相当。由此，又将我国双轮车的出现时间提早了约200年，这为探索我国古代车的起源与双轮车制造技术提供了重要的资料。

八、纺织业

在二里头遗址贵族墓中出土的铜器和玉器上经常发现纺织品的实物或痕迹，由此可知当时有用纺织品包裹铜、玉器下葬的习俗，最多的包有6层纺织品，有数毫米厚。据鉴定，这些纺织品大部分是平纹织物（绢），个别织物是斜纹，似为“绞经”织法。组织纤维较粗的可能是麻布，每平方厘米的经纬线在8根×8根至10根×10根；较细的应属丝织品，每平方厘米的经纬线则在30～50根。

第六节　文化成分与形成机制

一、文化成分分析

“一个考古学文化的形成和发展不是孤立的，它既有对其先行文化的变革与继

① 中国社会科学院考古研究所河南第二工作队：《河南偃师商城东北隅发掘简报》，《考古》1998年第6期。

承，又有对与其同时的周围其他文化的借鉴、吸收与融合。”[①]一般来说，一个新形成的考古学文化都不是由年代在其之前的一种当地文化直线发展而来的，认为一支文化会因量变的积累而最终质变为一支新的考古学文化的看法，大都是先入为主的主观臆测。一个新形成的考古学文化，若从成分构成上看，往往都是多源的，但复杂程度会有区别。假如没有外来文化因素的冲击，没有不同风格的文化因素的相互融合，一种新的文化就不会诞生。同时，一种考古学文化在其发展过程中也会不断地向外输出其自身的影响。因此，文化因素分析法是解读考古学文化形成和发展过程的有效手段。

（一）基本陶器组合

二里头类型是二里头文化的原生类型，追溯这一文化的渊源应从二里头类型成分构成的分析入手。根据二里头文化已有的分期成果，夹砂深腹罐、圆腹罐（包括有颈圆腹罐和侈口圆腹罐）、鼎（包括侈口罐形鼎、敛口罐形鼎和盆形鼎）、觚、爵、鬶式盉、豆（包括高柄浅腹和深腹豆、矮柄碗形豆）、敞口大平底盆、敞口弧腹盆（甑）、三足盘、敞口弧腹刻槽盆、不带双耳的小口广肩罐（瓮）、大口尊、捏口罐、蘑菇状纽器盖等器类不仅出现频率高、分布广，而且有比较清晰的演变规律可循，因此可视为二里头文化的基本陶器组合，代表着二里头文化陶器群的主体面貌。

分析二里头文化的形成与发展过程，不能不首先考虑上述器类的产生与流变。从来源或产生机制的角度看，构成二里头文化基本陶器组合的器类大致可分为五群。

A群：包括夹砂深腹罐、鬶式盉、高柄浅腹豆、三足盘、敞口弧腹盆（甑）、敞口弧腹刻槽盆、蘑菇状纽器盖等，还有少量的圈足盘、鬶等。这群器物在嵩山以北郑洛区的王湾三期文化和嵩山以南颍汝区的煤山文化中都可见到，形制风格相类，彼此看不出数量上的悬殊差别，只宜视为二者的共同因素。二里头文化所含此群因素应即嵩山南北龙山时代晚期遗存同类器的继承和发展。就两大时段相比，鬶式盉在龙山晚期虽已产生，然并不多见，尚未成为代表性器类。但至二里头文化，这类器物却大放异彩，成为该文化礼器系统中最具代表性的器类。在二里头文化的墓葬中，能否随葬盉，已成为区分墓主人身份地位高低的一个显著标志。敞口深弧腹盆虽在龙山晚期已流行，但带鋬手的却很少，至二里头文化阶段已普遍带鋬。如此变化，多半是出于使用方便的考虑。不仅如此，流行于龙山晚期的深腹罐形甑亦被形体与敞口深弧腹盆相同或相近的甑所取代。蘑菇状纽器盖也是在二里头文化阶段才突然增多的。

B群：包括侈口圆腹罐、侈口鼓腹罐形鼎、盆形鼎、觚、矮柄碗形豆、不带双耳的小口广肩罐（瓮）等。与此群器物类似者多见于嵩山以南，属于煤山文化的代表性器类。构成二里头文化陶器组合的此群成分，当主要来源于煤山文化。在龙山晚期，嵩山以南是鼎类器最为流行的区域。器身形态有侈口鼓腹、侈口垂腹、敞口

---

① 李伯谦：《文化因素分析与晋文化研究》，《中国青铜文化结构体系研究》，科学出版社，1998年。

弧腹诸型，鼎足亦形式多样，以扁三角形高足和乳状矮足最为多见，此外还有柱状足、宽扁形足、凿形足等形式。至二里头文化阶段，侈口鼓腹罐形鼎和敞口弧腹盆形鼎得以继续流行，而足却仅盛行扁三角形或刀形高足而罕见矮足，体现了一种对原有器形选择、淘汰和改变的过程。这里既有出于改善功能的考虑，又有制陶技术在广大范围内进一步规范的因素。煤山文化中不仅有形制与二里头文化所见基本一致的陶觚，也见有不少形态相近的折腹觚形器和瓶，这三类器物的功能无疑是接近的。它们的并存，体现了煤山文化区别于周边诸考古学文化的一个非常突出的特色，而在新形成的二里头文化中仅仅保留陶觚，也不能不视为一种对旧有器类淘汰和选择的结果。

C群：以敞口大平底盆为代表。此类陶器多见于嵩山以北的王湾三期文化，故二里头文化所见者当溯源于此。

D群：以有颈圆腹罐为代表，还有少量的单耳鬲、有腰隔甗等。此群器物很可能直接源自晋西南的东下冯文化或渭河流域所谓的“老牛坡类型远古文化”。以往有人曾提出这类器物起源于地域更为偏北的鄂尔多斯高原。但从具体比较结果来看，二里头文化所见者倒更有可能直接源自晋西南或渭河流域的同时期文化。

E群：包括敛口罐形鼎、爵、高柄深腹豆、大口尊、捏口罐，以及未列入基本陶器组合的四足方鼎、单耳圆腹罐形鼎、角等。目前在龙山晚期中原诸考古学文化并未见到与其形制相同者，它们很可能都是二里头文化新创生的器类。从器形构成上看，这些器类多半与旧有的一些器类有联系。如敛口罐形鼎，敛口、或有竖直的短领、缓折肩，形体近似王湾三期文化和煤山文化中均可见到的敛口瓮，故此型鼎可能就是敛口瓮与高扁足鼎相结合的产物。爵、角皆有流与单把，从器形看与鬶有一定的相似性，可能是鬶的衍生品种。高柄深腹豆整体形态近似高柄浅腹豆，唯豆盘较深，推测应是从高柄浅腹豆派生出来的。其他如大口尊与折肩瓮、捏口罐与有颈圆腹罐、单耳有颈圆腹罐形鼎与单耳有颈圆腹罐，从形体上都有某种程度的相似性。上述器类，有些是通过对某种旧有器类的改造而创制出来的，而有些则是由两种旧有器类的因素相结合而创制出来的。四足方鼎的创制无疑代表一种新观念的产生，但从夏后氏铸鼎“四足而方”的文献记载和部分陶方鼎上有仿铜作风看，这种方鼎在初创时倒很有可能是铜的。

上述五群器物大都在二里头文化一期开始出现，并贯穿这一文化始终。总体来看，二里头文化的主体陶器群就是在继承嵩山南北的煤山文化和王湾三期文化的基础上发展起来的，而且E群陶器中的多数器类也是在这两个文化旧有器类的基础上创制出来的。所以，嵩山南北的煤山文化与王湾三期文化相互整合以及由此而来的器类的选择、淘汰和变异在二里头文化的形成过程中无疑起到了主导性作用①。

① 王立新：《从嵩山南北的文化整合看夏王朝的出现》，《二里头遗址与二里头文化研究》，科学出版社，2006年。

（二）外来文化因素

除前述D群因素之外，二里头文化在发展过程中还吸纳一些周边地区同期诸考古学文化的因素。这些外来文化因素往往数量很少，且只在部分期段尤其是二里头文化的中晚期出现。按照来源的不同，可将其分为四组。

Ⅰ组：主要包括夹砂灰陶薄胎卷沿垂腹分裆细绳纹鬲、薄胎橄榄状深腹小平底细绳纹罐、泥质灰（褐）陶侈口束颈深鼓腹盆、蛋形瓮等（图2-13：上），此组陶器来自于豫北冀南的下七垣文化。

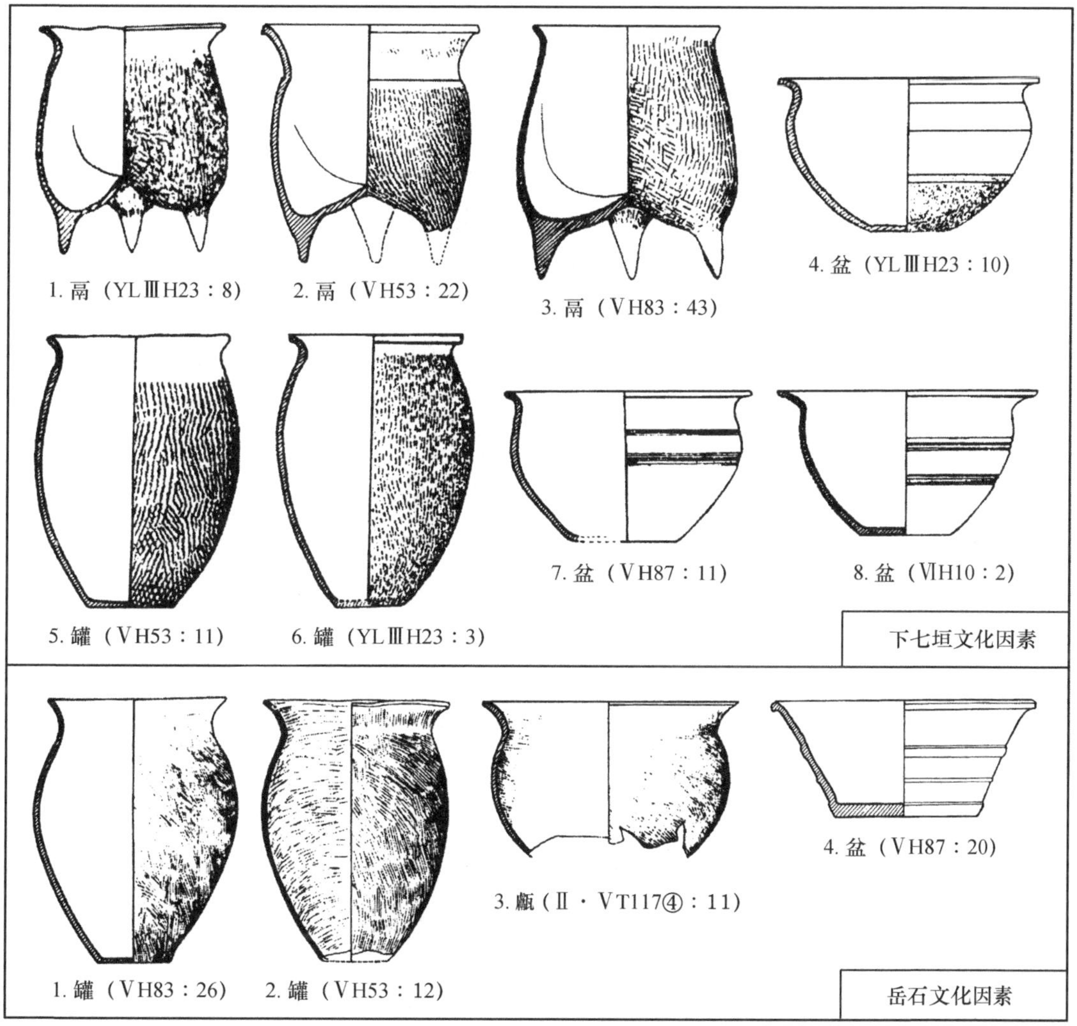

图2-13　二里头遗址出土下七垣文化和岳石文化因素

Ⅱ组：主要包括夹粗砂红褐陶侈口鼓腹弧裆素面鬲、深腹或圆腹篦状刮痕罐、素面甗、深斜腹凸棱纹盆等（图2-13：下），此组陶器来自于山东地区的岳石文化。

Ⅲ组：主要包括花边口圆腹罐、单耳罐、双耳罐等，此组陶器来自于甘青地区的齐家文化。

Ⅳ组：包括几何印纹硬陶鸭形壶、釉陶尊等，此组陶器来自于东南沿海的马桥文化、江淮地区的斗鸡台文化。

除陶器外，二里头文化还包含了少量来自北方草原地带和西北高原的青铜文化因素，如柄部有镂孔纹饰的环首铜刀、被称为“铜戚”的窄刃厚长体战斧等①，这些器类在中原地区找不到更早的传统。而且，二里头文化新出现的青铜容器，也可能是在受到西北方乃至中亚地区青铜文化因素的影响下才根据相应陶器的形制创制出来的，如有学者推测中原铜器制作技术很可能是通过史前时期的“丝绸之路”进入中国的②，二里头铜爵和觚与伊朗沙赫德遗址的带流罐和铜杯可能存在联系③。另外，二里头文化的许多玉器，诸如戚、多孔刀、璋等，目前在当地没有找到明确的源头，但是与海岱、江淮、江浙地区龙山时代同类玉器之间，显然存在某种亲缘关系。

（三）对外影响因素

在山东地区，岳石文化陶器受到二里头文化的影响，如王推官庄遗址出土的绳纹圆腹罐、敞口卷沿深腹罐等陶器明显具有二里头文化的特征。

在安徽江淮地区，现已发现若干具有二里头文化特征的遗物。如潜山薛家岗遗址H25中出土的圆腹罐、浅盘豆、陶爵、陶鬶，肥东吴大墩遗址出土的圆腹罐、觚，含山大城墩遗址出土的高领瓮，寿县斗鸡台遗址出土的圆腹罐、深腹盆，霍邱小堌堆遗址出土的瓮形鼎等，与中原地区二里头文化的同类陶器近似。另外，江淮地区还发现过雷同于二里头文化的铜器，如肥西出土的铜铃和铜斝（图2-14：上）。

在东南沿海地区的上海、浙江一带，如上海马桥遗址第4层出土的盆、觚、三足皿、管流鬶、器盖等，被认为是来自二里头文化的因素。浙江江山肩头弄遗址出土的浅盘豆、三足皿、管流鬶，长兴上莘桥遗址出土的觚等，也都可以在二里头文化中找到很相似的陶器。

在江汉和峡江地区发现的二里头文化因素，如湖北江陵荆南寺出土的圆腹罐、刻槽盆、觚、鼎、鬶（图2-14：中），宜昌白庙遗址出土的圆腹罐、觚，宜昌中堡岛出土的圆腔罐、深腹罐，宜都红花套、毛溪套、向家沱出土的陶盉，秭归朝天嘴出土的陶盉、鬶、盆、圆腹罐、器盖等。

在成都平原，三星堆遗址出土的陶盉和玉璋、玉圭、玉戈，其文化源头都能追寻到二里头文化中去。三星堆还出土两件铜牌，其中一件镶嵌着绿松石，其造型、风格、图案等都与二里头遗址出土的青铜牌饰有些相似。

在甘青地区的齐家文化中，也可见到一些二里头文化因素，如甘肃天水出土的象

① 林沄：《早期北方系青铜器的几个年代问题》，《内蒙古文物考古文集》第1辑，中国大百科全书出版社，1994年。

② 安志敏：《试论中国的早期铜器》，《考古》1993年第12期。

③ Louisa G. Fitsgerald-Huber：Qijia and Erlitou：The Question of Contacts with Distant Cultures. *Early China 20*，1995：17-67.

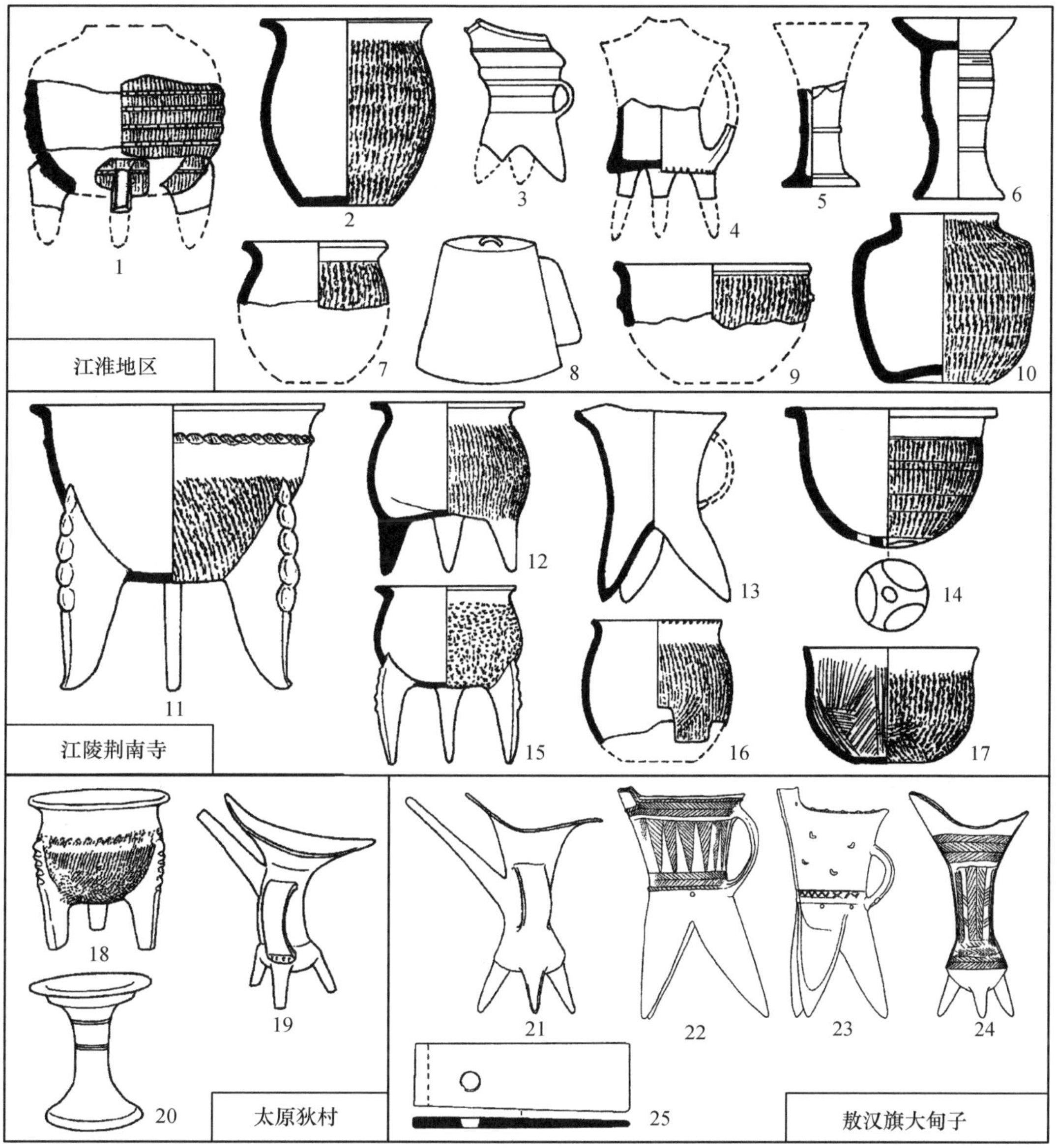

图2-14　周边地区所见二里头文化因素

（采自中国社会科学院考古研究所《中国考古学·夏商卷》第133页，中国社会科学出版社，2003年，器号省略）

鼻陶盉、镶嵌绿松石的兽面纹铜牌饰[①]，甘肃临夏出土的陶盉等，都与二里头文化的同类器物近似。

在山西太原狄村、东太堡及太谷白燕等遗址出土的陶爵、鼎、豆、盆等（图2-14：下左），与二里头文化同类陶器无明显区别。

在燕山以北地带，如内蒙古敖汉旗大甸子遗址夏家店下层文化墓葬中出土的24件陶爵、鬶分别具有敞流与管流两种，其形态与偃师二里头、洛阳东马沟等遗址出土的

① 张天恩：《天水出土的兽面铜牌饰及有关问题》，《中原文物》2002年第1期。

二里头文化二、三期同类器基本相同或近似；造型富有土著文化特征的彩绘陶器上的兽面纹，则与二里头文化陶器、青铜牌饰及漆器上的兽面纹十分相像；玉圭及五角刃缘玉器等也与二里头遗址出土同类玉器相似（图2-14：下右）[①]。另外，大甸子墓葬中还发现过漆觚的痕迹。

综上所述，二里头文化在形成与发展过程中所融合进来的因素是十分复杂的，它所代表的人们共同体，已较龙山晚期中原地区诸文化要复杂得多。其中，嵩山南北的煤山文化和王湾三期文化应是孕育二里头文化的主要源泉。大体上说，二里头文化与周边地区的文化交流，就传播的广度和所占比重看，是以二里头文化对周边文化的影响为主，而周边文化对二里头文化的影响居次。就时间来看，二里头文化主要在二、三期时对周边地区有较大影响，对于江淮、江汉、成都平原、晋中盆地、甘青地区以及北方草原地区，二里头文化是以文化输出为主；而与马桥文化之间，吸收和输出似乎是平行的和对等的。体现在器物上，主要是陶质酒礼器（如爵、鬶、盉、觚等）和玉质礼器（如圭、璋等）。这就是说，二里头文化对周边地区的文化输出，主要是向对方传播属于上层建筑领域的礼制及其载体（礼器）。而二里文化主动吸收的外来文化因素主要为玉器、绿松石、白陶、原始瓷等高级物品，即使有一些外来日用陶器因素，也被消融化解，充分体现出其核心文化的强势地位。二里头文化接受周边地区下七垣文化、岳石文化的影响，则主要是在第四期尤其是偏晚阶段，且很可能与商族和东夷联盟西进灭夏的大规模军事入侵和人群迁徙有关，面对外来文化的侵入，处在衰落期的二里头文化已经无力改造它，只能被动地接受。与此相表里，二里头文化早期将其具有礼制性质的器物远播到长城内外、大江南北，但四期以后其影响力已很难看到了[②]。

二、文化形成机制

从上述陶器分群情况来看，二里头文化除继承煤山文化和王湾三期文化的共有因素之外，承袭嵩山以南煤山文化的特征性因素相对要多于嵩山以北的王湾三期文化因素。考古资料显示，在龙山末期煤山文化因素已开始陆续向北渗透甚至穿插在王湾三期文化的分布区中，其传布的路线似乎是沿嵩山东侧北上，经由郑州地区而进入王湾三期文化的腹地。可以说所谓的“新砦期”（详见本章第七节），正是煤山文化与王湾三期文化相互碰撞、整合的开始。所以，在嵩山南北的文化由各自独立而走向整合的过程中，煤山文化可能居于更为主动的地位，扮演着更为重要的角色。

聚落考古调查与研究表明，龙山时代晚期，黄河以南的伊洛河下游平原和黄河以

① 杜金鹏：《试论夏家店下层文化中的二里头文化因素》，《华夏考古》1995年第3期。邓聪：《夏家店下层文化中的二里头文化玉器因素举例》，《三代考古（三）》，科学出版社，2009年，第171～175页。

② 朱君孝、李清临：《二里头晚期外来陶器因素试析》，《考古学报》2007年第3期。

北的济源—焦作平原一带的聚落分布最为密集，方圆200多平方千米的范围内，共发现龙山晚期聚落251处。其中包括Ⅰ级聚落4处（面积40万～100万平方米），Ⅱ级聚落7处（面积15万～40万平方米），其余均为Ⅲ、Ⅳ级聚落（面积分别5万～15万和5万平方米以下）。这一区域内地势开阔，遗址分布呈散点状，较为均匀，无明显集结成群现象，构成了一个大的主体性聚落群（A群）。在其西、南、东三面分布的聚落则有明显的结群现象，可明确辨识的共15群（B、C群）。作为从属性聚落群，它们看似呈内外两圈分布带环绕主体性聚落群，整体呈现出一种主从式分布格局（图2-15）。赵春青据此认为，龙山晚期的郑洛地区极有可能已经存在一个空前统一、坚强有力的社会集团，并足以控制整个郑洛地区的聚落分布格局①。

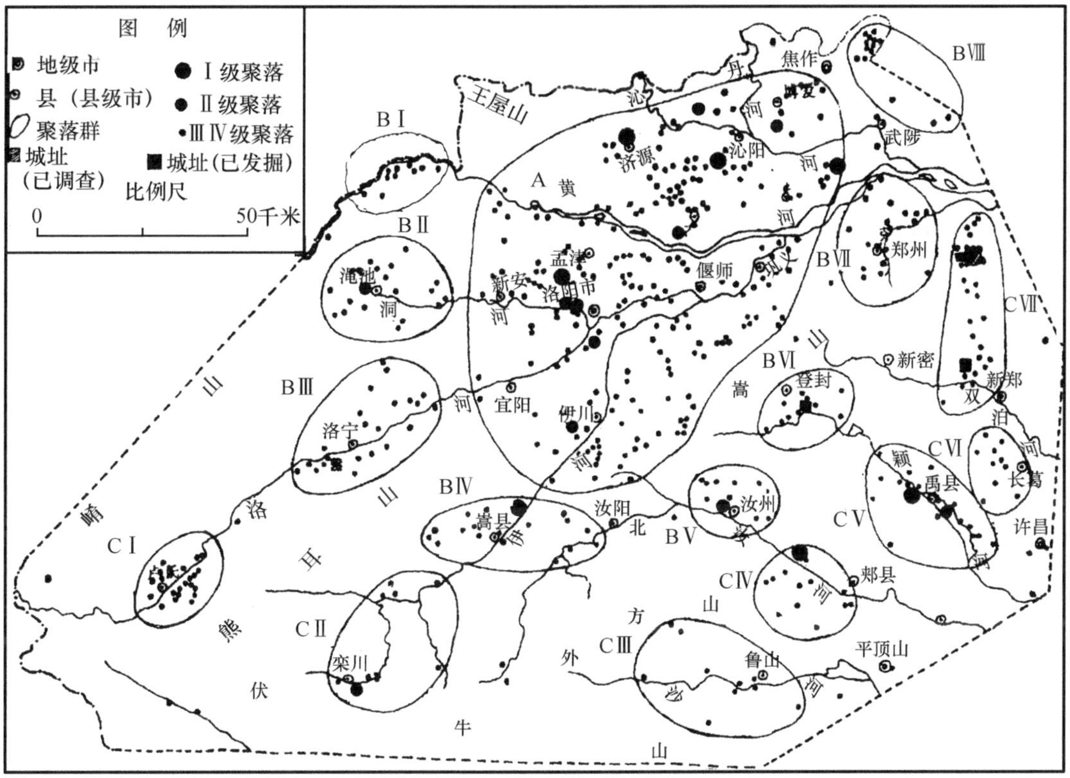

图2-15　郑洛地区龙山晚期聚落分布示意图

（采自赵春青《郑洛地区新石器时代聚落的演变》第141页，北京大学出版社，2001年）

然而值得注意的是，其一，外围的15个聚落群相互之间乃至于与主体性聚落群之间皆有明显的遗址“空白区”作为缓冲地带，且多半以Ⅰ、Ⅱ级聚落构成自己的中心性聚落。有的中心聚落还建有城址，城内发现有高规格建筑。缓冲地带的存在，表明聚落群所居人群之间的区分，而众多中心聚落的存在及彼此规模的相若则凸显了各聚落群之间相互的抗衡。即使是在主体性聚落群内，也还并存有至少4个规模相差不大的Ⅰ级聚

① 赵春青：《郑洛地区新石器时代聚落的演变》，北京大学出版社，2001年。

落，而未见一个可居主导地位的中心性聚落。若从更为详细的大比例地图上观察，主体性聚落群中的这些Ⅰ级聚落和部分Ⅱ级聚落，或许仍旧构成了各自所在的小聚落群的中心，仍有一定程度的独立性。其二，这一时期的聚落遗址中常见反映暴力冲突的现象。登封王城岗、新密古城寨、新密新砦以及郾城郝家台等城址的出现，恰恰表明了当时各部族之间军事冲突的存在。而且这些城址的存在时间都很短，始建和使用年代多属所在遗址分期中的某一期，仅使用一期就废弃。与山东、长江中下游史前城址多长期沿用的状况有很大的不同。不少学者认为这种现象的存在恰恰表明这一时期社会的不稳定，反映了部族之间矛盾的激化和战争的频繁。登封王城岗西城这个不足1万平方米的小城内，已发现埋有人骨的奠基坑13座，坑内人骨杂乱，个体多少不一，显系非正常死亡。这些死者中既有成年男、女，又有儿童，很可能是在部族冲突中掳掠来的战俘。洛阳矬李、王湾、孟津小潘沟、临汝煤山等遗址中也发现有死者被捆绑活埋或被肢解的所谓“乱葬坑”或“灰坑墓”，类似的现象也频见于其他地区的龙山时代晚期遗址中。

以上所分析的各聚落群之间的相对独立性和相互抗衡性，以及各种迹象所体现出的暴力冲突现象的存在，似乎表明当时的嵩山南北尚没有形成一个统一的政治秩序，以规范和协调各部族之间的行为。考虑到主体性聚落群内缺乏明显的缓冲地带的事实，这一开阔区域内的人群可能业已以某种方式凝聚在一起，或形成某种联盟关系，也不怀疑这一人群密集之地对周边各社团可能存在的吸引作用，但从诸多考古现象的观察看，嵩山南北的龙山晚期聚落群大多仍处于相对独立、相互抗衡的状态，甚至彼此之间的冲突、战争也频繁发生，远没有达到政治上的完全统一。这种情形，恰与文献所记尧舜禹时“万邦”林立的社会局面相吻合。

至二里头文化阶段，伴随嵩山南北的文化面貌由相对独立而走向整合，至少在原王湾三期文化和煤山文化的分布范围之内，聚落形态较此前发生了重大变化。

从目前的发现来看，二里头文化一期遗存的分布以嵩山为中心，集中见于其北的伊洛平原和其南的北汝河、颍河上游一带，正好覆盖原王湾三期文化和煤山文化的主要分布区。迄今发现的含此期遗存的遗址仅20处左右，除此时的二里头遗址（面积约100万平方米）外，规模均不大，无相对集中的遗址群的发现。近年洛阳盆地开展的区域性考古调查，共发现含二里头文化时期遗存的遗址125处，年代多在二里头二期之后。与该区域龙山时期遗址（95处）相比，不仅数量继续增多，单个面积在20万平方米以上的遗址（22处）数量也多于龙山时期（20处），而且，面积在40万～80万平方米的即有8处。此时的二里头遗址已步入全面兴盛阶段，总面积即使是达不到其最大时的范围（300万平方米），恐怕也相差无几。这一超大型聚落的出现，在洛阳盆地的同期聚落中恰如鹤立鸡群。从宫殿区、贵族聚居区、专业化的铸铜作坊区、祭祀活动区到一般居住活动区及井然有序的道路网的发现及其在空间上的安排，无不显示出这是一处经过严整规划的大型都邑①。面积在20万～80万平方米的大型聚落多沿伊河、洛河

① 许宏、陈国梁、赵海涛：《二里头遗址聚落形态的初步考察》，《考古》2004年第11期。

及两河合流后的伊洛河两岸的二级阶地布列，而面积在20万平方米以下的一些中小型聚落多分布于这些大型聚落的附近或两岸的支流区域内。聚落无明显的结群现象，也未发现大型聚落及其与中心都邑之间的对立或对抗迹象。整个调查区域内的聚落已俨然形成了一种金字塔式的分布格局。

中、澳合作调查的巩义境内伊洛河的两条支流地区，地域位于洛阳盆地调查区域以东。调查区内共发现二里头文化遗址52处，龙山时代遗址44处。考虑到龙山时代延续近1000年，而二里头文化不足400年，可以认为这一带二里头文化时期的人口密度也当大大超过龙山时代。但是从更细的时间段来观察，这里从龙山晚期到二里头一期，无论是聚落数量还是聚落面积，都呈下降的趋势，随后在二里头二期开始回升。这或许与二里头遗址自二期之后成为稳定的中心性都邑有关。调查区域东部的坞罗河流域，遗址明显可分大、中、小三级，大型遗址（20万平方米以上）仅有坞罗河与伊洛河交汇处的稍柴一处，面积约60万平方米。该遗址与洛阳盆地所发现的同级遗址，共同构成了二里头都邑之外的次一级中心。稍柴遗址可能是二里头时期它所在区域的一个手工业生产中心和行政管理中心，同时它控扼伊洛河水道的独特地理位置，显示其可能也肩负着将巩义及其以东地区的重要物资输入首都地区的重要职能。

颍河上游地区的调查共发现二里头文化的遗址25处，面积超过25万平方米的仅有登封境内的八方王城岗和石道遗址，余均为面积在20万平方米以下的中小型遗址。

从以上三项调查的结果来看，二里头文化的聚落遗址从规模上可分四个等级。第一等级仅有二里头遗址。第二等级的聚落（面积20万～80万平方米）有24处，且有22处分布于二里头遗址所在的洛阳盆地，其性质可能比较复杂，多半属地区性的物资集散、手工业生产或行政管理中心。第三、四等级聚落虽然在规模上有大小之别，但从内涵上看基本没有本质的区别，绝大多数都应是当时一般的村落遗址，在局部地区有以第二等级聚落为中心的结群现象。可见，在二里头文化的分布区内以二里头遗址为中心业已形成一种内部凝聚的、金字塔式的聚落分布格局。龙山时代晚期那种众多聚落群分庭抗礼的局面消失了，代之而起的是这样的一种状况：二里头聚落成为至高无上的中心，它所在的洛阳盆地也成为整个文化区之内的政治、经济和文化中心。越靠近中心区，越多规模大、级别高的聚落。

上述分析表明，由龙山晚期至二里头文化阶段，伴随嵩山南北地区的两支考古学文化由南北对峙而走向整合，聚落形态亦由多中心、对抗式聚落布局演进到单中心、凝聚式的布局结构。这显然是统一的政治秩序得以建立以及由此所造成的区域内背景复杂的不同人群得以整合的结果。值得注意的是，也许正因为二里头文化的分布范围内建立了统一的政治秩序，所以中心区的二里头遗址和其他众多的地区级中心才会迄今不见大规模的防御性设施①。而仅在边缘地区才会发现类似郑州大师姑、新郑望京楼

① 王立新：《从嵩山南北的文化整合看夏王朝的出现》，《二里头遗址与二里头文化研究》，科学出版社，2006年。

那样的城堡和驻马店杨庄那样的有深壕环绕的聚落。在文化分布区之外，晋西南的东下冯文化由于内含大量的二里头文化因素，显示了该区域的人群与二里头文化的人群有着异常亲密的关系，加之文献中不乏夏人在晋南地区活动的记载，将这一地区看作是夏王朝的实际控制区或殖民地是完全可以的。来自嵩山周围的人群源源不断地向晋南一带渗透，其动机或许就与掠夺那里丰富的盐业和铜矿资源有关[①]。

第七节　二里头文化与夏文化的关系

二里头遗址发现后，立即引起学术界的关注。这主要是因为以二里头遗址为代表的二里头文化的年代介于河南龙山时代晚期文化和商代早期的二里冈文化之间，主要分布于以嵩山为中心的豫西地区，与文献记载夏王朝的存在时间和活动地望基本吻合，自然成为探索夏文化最重要的对象，或者说最有资格担当“夏文化”的称号。

一、夏文化概念与夏商分界问题

中国历史上在商王朝以前还有一个夏王朝，这在先秦文献典籍中多有记载。西汉时代的司马迁根据他所见到的史料写成的《史记·夏本纪》和《史记·殷本纪》，比较具体而系统地记述了夏、商时代的事迹。20世纪初，王国维对安阳殷墟出土甲骨文进行释读研究，证明了《史记·殷本纪》所列商王世系表基本可靠，确认了商王朝的事迹为信史[②]。由此推想《史记·夏本纪》及先秦文献中关于夏王朝的记载绝非杜撰，进而相信夏王朝的存在，这一由已知推未知的研究路径得到广泛认可，成为中国学术界的基本共识，也是从考古学上探索夏文化的前提所在。

夏文化是一个与中国考古学几乎与生俱来的学术课题。1926年，被誉为“中国考古学之父”的李济依循文献提供的线索寻找夏王朝的遗迹，赴晋西南“传说的夏朝王都”——夏县一带考察“夏后氏陵”，随后在夏县西阴村进行了由中国学者首次主持的考古发掘[③]。20世纪30～40年代，一些史学家将已发现的仰韶文化或龙山文化遗存作为探索夏文化的对象，如徐中舒[④]、翦伯赞[⑤]曾怀疑仰韶文化是夏文化，而范文澜则提

---

① 刘莉、陈星灿：《中国早起国家的形成——从二里头和二里岗时期的中心和边缘的关系谈起》，《古代文明（第1卷）》，文物出版社，2002年。

② 王国维：《殷卜辞中所见先公先王考》、《殷卜辞中所见先公先王续考》，《观堂集林》卷九，中华书局，1959年。

③ 李济：《山西南部汾河流域考古调查》，《考古》1983年第8期，原载美国《史密森研究院各科论文集刊》第78卷第7期，1927年；《西阴村史前的遗存》，清华学校研究院丛书第三种，1927年。

④ 徐中舒：《再论小屯与仰韶》，《安阳发掘报告》第三期，1931年。

⑤ 翦伯赞：《诸夏的分布与鼎鬲文化》，《中国史论集》，文风书局，1947年。

出龙山文化是夏文化之说[①]。当时他们虽然注意到了时间、空间和文化特征等条件，把当时的考古发现与文献记载作简单的时空排比，但皆因考古资料极其有限、文化序列尚未建立，故而得出的结论与历史实际相差太远，不久就被否认了。但这毕竟是试图从考古学上探索夏文化迈出的第一步，无疑是有益的尝试。

1928年开始的安阳殷墟考古发掘，确认这里就是商王朝的晚期都邑所在，从考古学上确立了高度发达的殷商文明，为上溯中国早期文明提供了一个可靠的时间和文化特征上的基点。进入20世纪50年代，由于早于安阳殷墟而文化特征与之近同的二里冈文化和郑州商城遗址的发现，考古学上的商文化遂被上推至二里冈期[②]。1959年，徐旭生等在梳理文献的基础上赴豫西地区实地踏查"夏墟"，发现了偃师二里头遗址[③]。中国学术界从此进入了有目的、有计划地通过大规模的田野考古调查与发掘为基本手段探索夏文化的新时期，研究范围集中到河南中、西部与山西西南部的龙山时代晚期文化和二里头文化上。至20世纪80年代初期，所取得的研究进展主要包括：①郑州洛达庙、偃师二里头等遗址的发掘与二里头文化的研究，确认二里头文化早于二里冈商文化，二者年代上大体前后衔接或略有交错，文化面貌上各具特征又有一定联系，偃师二里头是早于郑州商城的一处夏商时期的重要都邑遗址。②在豫西晋南地区调查发现了一大批与夏文化探索有关的遗址，临汝煤山、密县新砦、登封王城岗等遗址的发掘和研究，把二里头文化与伊洛地区王湾三期文化紧密地联系了起来，为追溯二里头文化的渊源创造了条件。③夏县东下冯、襄汾陶寺等遗址的发掘和研究，把夏文化探索的范围扩展到了晋南地区。④对二里头遗址和郑州商城两大都邑遗址的性质进行探讨，提出了不同的解说。这一阶段，围绕夏文化的概念、哪种考古学文化是夏文化、夏商文化分界等问题的讨论，出现了百家争鸣的局面。

关于夏文化的概念，1959年，徐旭生提出"夏文化一词很可能指夏氏族或部落的文化"。1977年，夏鼐指出"'夏文化'应该是指夏王朝时期夏民族的文化"[④]。此后，多数学者接受了这一概念或对其有所修正。例如，邹衡从年代、分布地域、文化特征、文化来源以及社会发展阶段五个方面进行全面考察，认为"二里头文化就是夏文化，也就是夏王朝所属的考古学文化"[⑤]。高炜等学者认为"'夏文化'是指夏代在其王朝统辖地域内以夏族为主体创造的物质文化和精神文化遗存，核心内容是关于夏王朝（国家）的史迹"[⑥]。王立新则提出"夏代的夏人不仅包括了夏族，还包括了与其

① 范文澜：《中国通史简编》，新知书店，1947年。

② 邹衡：《试论郑州新发现的殷商文化遗址》，《考古学报》1956年第3期。河南省博物馆等：《郑州商代城遗址发掘报告》，《文物资料丛刊（1）》，文物出版社，1977年。

③ 徐旭生：《1959年夏豫西调查"夏墟"的初步报告》，《考古》1959年第11期。

④ 夏鼐：《谈谈探讨夏文化的几个问题——在登封告成遗址发掘现场会闭幕式上的讲话》，《河南文博通讯》1978年第1期。

⑤ 邹衡：《试论夏文化》，《夏商周考古学论文集》，文物出版社，1980年。

⑥ 高炜、杨锡璋、王巍、杜金鹏：《偃师商城与夏商文化分界》，《考古》1998年第10期。

结盟或被其兼并的诸多族氏，此夏人显然已指夏国之人，即一种国族”，换言之，夏文化是“夏代夏国之人的文化”[①]。可以看出，考古学上讨论的“夏文化”，包含了狭义史学中确切的时空范围（夏王朝及其活动地域）和具体的族属（夏族），其并非囊括夏代的所有文化，而是指以夏族为代表的国族文化。这种以族属命名的文化并非严格意义上的考古学文化，但在具体的研究实践中，学者们往往会把二者等量齐观。大家知道，创造考古学文化的人们共同体，在历史上曾经历过从血缘纽带到地缘纽带的变化。早期的族群体小，文化传统单纯。后来群体扩大，形成了联盟集团，与外界联系增多，出现了来自其他集团的文化因素，但主体因素仍是本族文化的传统。当某一族群建立国家后，就会逐渐扩大到包含着其他不同的族群，因而一国之内可能存在着不同的考古学文化，其中主体族群的文化因其统治权力作用而处于核心地位，其他不同族群的文化则是处于从属地位的区域性文化[②]。所以，具有考古学意义的“夏文化”也并非一国一族之文化，使用“夏国族”比“夏氏族（或夏民族）”来界定概念显得更明确些。

若想从考古学上判定一种文化遗存属于夏文化，就必须考虑文献记载的夏王朝的年代、夏国的地域范围和夏人应当具备的文化特征这三个方面与这种遗存是否吻合，其中年代和地域因素尤为重要。在地域上，文献记载比较清楚，以嵩山为中心的豫西地区确与夏人的兴亡有密切关系。《古本竹书纪年》：“太康居斟鄩，羿亦居之，桀亦居之。”关于斟鄩的地望，《史记·夏本纪·正义》引臣瓒曰：“斟鄩在河南。”此外，《逸周书·度邑》：“自雒（洛）汭延于伊汭，居易无固，其有夏之居。”《国语·周语上》：“昔夏之兴也，融降于崇山。”“昔伊洛竭而夏亡，河竭而商亡。”《战国策·魏策一》：“夏桀之居，左河济，右泰华，伊阙在其南，羊肠在其北，修政不仁，汤放之。”由此可知，太康、弈、桀诸王之都斟鄩应在伊洛平原，该区域属于夏国的范围。此外，《左传》记禹之父曰“崇伯鲧”，表明夏人的先世为嵩山地区的首领。所以，探索夏文化必须着眼于这一区域。年代方面，以嵩山为中心的豫西地区业已建立起自新石器时代早期至商代的考古学文化编年序列。在这一文化序列中，究竟从哪一阶段开始可以算作夏文化则成为关键问题。由于文献中对公元前841年之前无明确纪年，史书关于夏商积年的记载又不一致，导致无法从绝对年代上去确定何种考古学文化为夏文化或从哪一阶段开始是夏文化，而只能依靠考古学上的相对年代的分析来解决这一问题。从相对年代上判定夏文化又必须具备两个前提条件：其一，只有确定早商文化，才能往前推定夏文化。其二，只有确定成汤亳都之所在，才能确定早商文化。至于所谓的“夏商分界”问题，即试图从考古学遗存中辨析出文献所载国史中最早的两个王朝的更替，从对夏商文化分界的探究入手，最终确认夏商王

① 王立新：《也谈文化形成的滞后性——以早商文化和二里头文化的形成为例》，《考古》2009年第12期。

② 俞伟超：《考古学中的汉文化问题》，《古史的考古学探索》，文物出版社，2002年。

朝分界[①]。这两个学术课题与二里头遗址的文化性质归属是相伴共存、密切联系的，有一个长期的辨认论争过程。

1959年徐旭生调查“夏墟”的本意是寻找夏文化，结果夏文化未能明确，却认为在二里头遗址发现的“遗物与当时已知的郑州洛达庙、洛阳东干沟的遗物性质相类似，大约属于商代早期”，又根据古代文献中西亳在偃师的记述，推测该遗址可能是商汤都城。这一推断恰好与当时已知的郑州商城早于安阳殷墟、“洛达庙类型”又早于二里冈文化的认识相呼应，构成了商代早、中、晚三期的年代序列。20世纪60～70年代，在二里头遗址相继发现了二里头文化三期的1、2号大型宫室建筑基址、中型墓葬、铸铜作坊等，陆续出土了青铜器、玉器等高规格遗物，这就证明二里头遗址确实具有都邑性质，很自然地被视为商代早期汤都西亳的最有力证据。由此原来推定二里头遗址为商汤都城西亳的认识得以强化，这一观点在当时得到了不少学者的赞同，主导学术界将近20年。直到20世纪70年代前半，二里头遗址为汤都西亳，二里头文化一、二期为夏文化，三、四期为早商文化[②]；郑州商城为商代中期仲丁所迁隞都[③]，二里冈文化为中商文化的观点在考古界得到了普遍认同，几成定论。1977年，河南省考古工作者在登封告成镇王城岗发掘出一座龙山时代中晚期的小城堡，因年代和地望与文献记载的“禹都阳城”相合，以其为代表的河南龙山时代晚期文化自然被定为早期夏文化。至此，夏商文化的辨认似乎已基本得到解决。然而，在当年召开的“河南登封告成遗址发掘现场会”上，邹衡发表了与众不同的观点，他否定了多数人所主张的二里头遗址为成汤亳都、郑州商城为仲丁隞都的看法，认为郑州商城为成汤亳都，二里冈文化是早商文化，二里头文化一至四期都是夏文化[④]。从而引发了一场围绕二里头遗址与二里头文化之王朝归属、成汤亳都和夏商文化分界问题的旷日持久的激烈论争，明显形成了两大派。

一派是久已存在的二里头遗址西亳说，都相信《汉书·地理志》中关于偃师尸乡“殷汤所都”的说法，认为二里头遗址即是成汤亳都，也即西晋皇甫谧所说的“西亳”。具体又可细分为两种认识。

（1）以发掘者赵芝荃、殷玮璋为代表，坚持夏商更替在二里头文化第二、三期之间，认为二里头三、四期有大型夯土基址，具备了王都的气势，文化上呈现出一种飞跃式的发展，这种现象是某种重大政治变革即王朝更替的反映，应是汤都之亳，故二里头文化三、四期应是成汤都亳时期的早商文化；同时又考虑到豫西毕竟有“有夏之居”的记载，为了落实夏文化，就将二里头一、二期视为晚期夏文化[⑤]。

---

① 许宏：《方法论视角下的夏商分界研究》，《三代考古（三）》，科学出版社，2009年。

② 许顺湛：《夏代文化探索》，《史学月刊》1964年第7期。这是最早明确提出二里头文化中（即后来划分的第二期）、晚期（即后来的第三期）之交为夏商文化分界的文章。

③ 安金槐：《试论郑州商代城址——隞都》，《文物》1961年第4、5期。

④ 邹衡：《关于探索夏文化的途径》，《河南文博通讯》1978年第1期。

⑤ 中国科学院考古研究所二里头工作队：《河南偃师二里头早商宫殿遗址发掘简报》，《考古》1974年第4期。殷玮璋：《二里头文化探讨》，《考古》1978年第1期。

（2）20世纪70年代中期，二里头遗址又发现了属于二期的大型夯土基址（即3号基址），似乎二期也具备了王都气象。于是发掘者郑光随即提出了二里头文化二期西亳说的观点，认为二里头二、三期为早商文化，四期时宫殿废弃，王都已迁往郑州商城即隞都；二里头一期和豫西龙山文化为夏文化；夏文化与商文化是同一族系文化的不同发展阶段，其间无质的差别①。

另一派是新出现的郑亳说，认为郑州商城是成汤亳都，二里头遗址是夏都。具体也可细分为两种。

（1）以邹衡为代表，认为与郑州商城年代平行的二里冈文化是早商文化；二里头遗址可能是夏代晚期的国都，二里头文化一至四期不可分割，都是夏文化；二里头夏文化与后来的商文化是来源不同的两支考古学文化②。

（2）基本同意邹衡说法的同时，又指出二里头文化并非整个夏代的夏文化。其中孙华提出二里头文化一至三期是夏文化，二里头四期的年代已入商初，是夏商文化融合之后的遗存③。李伯谦则认为二里头文化应是太康失国、后羿代夏之后的夏文化，以煤山二期为代表的豫西龙山晚期是早期夏文化④。

上述两派对立的观点，在认识和确定夏文化时，都有共同的立足点，即立足于商汤亳都的确定。但是，由于这两派对汤都亳的认识不同，因此对二里头文化的性质就产生了不同的看法。前者则把汤都亳确定为二里头遗址，因而把二里头三、四期或二、三期遗存定为早商文化，这之前的二里头一、二期或一期和河南龙山文化，均被判定为夏文化。而后者把汤都亳确定为郑州商城，因此定早于二里冈期的二里头文化是夏文化。所以，对二里头文化性质的判定出现分歧，实际是来源于对郑州商城和二里头遗址的性质有不同的认识。

就在两派观点激烈论辩、持续对峙之时，豫西考古又有新发现。1983年在距偃师二里头遗址东北约6千米的尸乡沟又发现一座二里冈文化城址，即偃师商城。从而把夏文化探索和早商文化研究从过去主要围绕二里头、郑州商城的年代与性质展开讨论，扩展到对二里头、郑州商城、偃师商城三处遗址的年代与性质的讨论，焦点集中在二里头遗址（代表夏或商）与偃师商城（理应为商）的关系上。不久即有学者根据文献上有“尸乡，殷汤所都”的记载，认为偃师商城是汤都西亳⑤。尽管目前学术界对其性质还存在着不同的认识，然而对其年代都肯定它是早商城址。偃师商城的发现，证明这里才是《汉书·地理志》中所说的“殷汤所都”，于是二里头遗址西亳说受到了很

① 郑光：《试论二里头商代早期文化》，《中国考古学会第四次年会论文集》，文物出版社，1985年；《二里头陶器文化论略》，《二里头陶器集粹》，中国社会科学出版社，1995年。

② 邹衡：《郑州商城即汤都亳说》，《文物》1978年第2期；《试论夏文化》，《夏商周考古学论文集》，文物出版社，1980年。

③ 孙华：《关于二里头文化》，《考古》1980年第6期。

④ 李伯谦：《二里头类型的文化性质与族属问题》，《文物》1986年第6期。

⑤ 赵芝荃等：《河南偃师商城西亳说》，《殷都学刊》1985年增刊。

大冲击，绝大多数坚持者转而指认新发现的偃师商城是西亳，承认二里头遗址应是夏代的国都，即文献所载“斟鄩”故址。

20世纪80年代中期至90年代，部分学者接受了孙华最初提出的看法，即认为二里头文化第一至三期属夏代、为夏文化，而二里头文化第四期和偃师、郑州两座城址代表的二里冈文化为商代早期[①]。这一论点主要是基于二里头遗址显著衰败于第四期而偃师商城发展为设防城市的考古学材料，而该现象被认为是文献所载商灭夏这一历史事件的反映[②]。事实上，关于二里头遗址衰败于第四期的核心证据，是面积近1万平方米的1号大型宫室建筑的废弃。它建于第三期之初，而被属于第四期的墓葬、灰坑和陶窑打破，表明其废弃于第四期[③]。这一结论似乎过于简单，其中有两个问题需要回答。第一，除1号基址外，第四期是否真的显现出衰败的迹象？第二，1号基址在第四期时被打破，是否就足以说明它已被废弃？第一个问题的答案显然是否定的。如第二节所述，根据最新的发掘与研究成果，二里头文化第四期时，宫室建筑（如6号、10号、11号）还在兴建，依附于王室或贵族的手工业作坊（如铸铜作坊、绿松石器作坊）仍在继续沿用。关于第二个问题，有学者已明确指出，目前没有证据表明1号基址在第三期之后即告废毁，对二里头遗址衰落时间的认识上的变化，取决于发掘者夏商分界观的改变。在该基址最初的发掘简报中，所有可断代的遗迹都被定为第四期，不少墓葬还被认为是与宫室建筑相关的人牲遗迹。这意味着宫室建于第三期，而且一直使用至第四期，这一认识是与发掘者在20世纪70年代所持夏商分界观相一致的，即夏商更替于第三期初，而第三、四期属于商。但自1980年以来，发掘者关于1号基址性质的观点有了显著的变化，在1999年出版的发掘报告中，某些曾被断为第四期的遗迹又被改定为第三期，宫殿基址则被解释为废弃于第三、四期之间。这一解释上的变化似乎与发掘者夏商分界观的变化相一致，此时发掘者由于偃师商城的发现而将夏商更替的年代推后到第三、四期之间[④]。

近年来，又有学者根据二里头文化第四期出现的极少量商文化因素，而将其细分为早、晚两段，认为二里头文化第四期早段仍属于夏文化，而到偏晚阶段则进入商代。换言之，夏商分界很可能在二里头文化第四期早、晚段之间[⑤]。目前来看，二里头遗址第四期宫殿区布局及相关遗存的文化面貌还不很清晰，其早、晚段之间的界限并

---

① 赵芝荃：《关于二里头文化类型与分期的问题》，《中国考古学研究——夏鼐先生考古五十年纪念论文集（二）》，科学出版社，1986年；《探索夏文化三十年》，《中国考古学论丛》，科学出版社，1995年。

② 赵芝荃：《论夏文化起止年代的问题》，《夏文化研究论集》，中华书局，1996年。高炜、杨锡璋、王巍、杜金鹏：《偃师商城与夏商文化分界》，《考古》1998年第10期。

③ 赵芝荃：《论二里头遗址为夏代晚期都邑》，《华夏考古》1987年第2期。

④ 许宏、刘莉：《关于二里头遗址的省思》，《文物》2008年第1期。

⑤ 杜金鹏：《偃师商城初探》，中国社会科学出版社，2003年，第186页。岳洪彬：《二里头文化第四期及相关遗存再认识》，《三代考古（一）》，科学出版社，2004年。

不明朗。

目前，考古界对二里头文化主体是夏文化的观点已基本达成共识。存在的分歧主要在于：一种意见认为二里头文化一至四期就是夏文化，包括新砦期遗存在内的早于二里头文化的文化遗存和晚于二里头文化的文化遗存，都不是夏文化。另一种意见认为二里头文化的主体是夏文化，但夏文化的上限应前推至二里头文化一期之前，早期夏文化应包括新砦期遗存，甚至包括王湾三期文化晚期遗存。

二、早期夏文化与“新砦期”遗存

偃师商城的发现及其始建年代的判定，使得关于夏文化问题的讨论出现重大转折。邹衡提出的二里冈文化是早商文化，二里头文化就是夏代的夏文化的学术体系得到了越来越多学者的认可。然而，以往据^{14}C测年数据仅将二里头文化的上限年代估计在公元前1900年前后①，与据现存文献所推定的夏代的起始年代相差至少在百年以上。例如，夏商周断代工程对夏代积年和始年的估定，采纳的是《太平御览》卷八二引《竹书纪年》“自禹至桀十七世，有王与无王，用岁四百七十一年”之说；对夏代始年则依据商代始年为公元前1600年之估定，上推夏积年471年，暂定为公元前2070年②。这自然会促使学者们思考：二里头文化是否就是整个夏代的夏文化？在二里头文化之前是否还应当有一个“早期夏文化”？若要彻底解决这一问题，必先探索二里头文化的形成机制，并重新审视嵩山南北龙山时代晚期遗存的面貌与性质。

由第六节可知，嵩山南北的煤山文化和王湾三期文化是孕育二里头文化的主要源泉，在它们由各自独立而走向整合的过程中，煤山文化可能居于更为主动的地位，扮演着更为重要的角色。那么，诱发二里头文化形成的动因又是什么？

文献记载，夏王朝建立之初，先有“益干启位”之争和“有扈氏不服”“启伐有扈”之战。据考证，禹、启的居地一般认为在今嵩山以南的煤山文化区内，而有扈氏则居于嵩山以北的王湾三期文化分布范围内。尤其是“禹都阳城”的阳城即今登封王城岗龙山城的说法得到了不少学者的认可。“夏启有钧台之享”（《左传·昭公四年》）的钧台，则在今禹县一带。夏人的老家本在嵩山以南，但为何得以在伊洛地区建都（斟鄩）？文献中为什么又会有“自洛汭延于伊汭，居易无固，其有夏之居”，“伊洛竭而夏亡”等说法？恐怕当和夏启继任联盟首领之初夏人对分布于嵩山以北的有扈氏等敌对势力的大规模征伐、占领有关。很有可能，正是因为这种大规模的征伐和强权的推行才真正导致了嵩山南北不同背景人群的整合，并由此带来两种不同性质

① 仇士华、蔡莲珍、冼自强、薄官成：《有关所谓“夏文化”的碳十四年代测定的初步报告》，《考古》1983年第10期。

② 夏商周断代工程专家组：《夏商周断代工程1996—2000年阶段成果报告·简本》，世界图书出版公司北京公司，2000年，第74～82页。

的考古学文化之间的整合以及聚落形态由多中心向单一中心聚落布局的转变。从这一意义上说，正是夏王朝的出现方才导致二里头文化最终形成于嵩山南北。这一过程，恰与“商汤十一征而有天下”之后形成早商文化的过程十分相似，从而再一次证明政体的变革或王朝的更迭与考古学文化的变迁之间存在紧密的联系。鉴此，我们认为二里头文化应当就是夏启征伐敌对势力并在广大区域内推行强权之后所形成的以夏人为代表的一种国族文化。它的形成前提，乃是夏王朝在嵩山南北的出现及其地位的确立。当然，二里头文化的最终形成，从时间上应相对滞后于夏王朝的出现。因此，王湾三期文化与煤山文化的末期或“新砦期”的绝对年代，都有可能已入夏代。但是作为可确定的夏代的夏文化则只有二里头文化。在此之前显然不能有，也不可能有所谓的“早期夏文化”。因为那时，作为一种国族文化的夏文化还未形成①。

“新砦期”遗存是近年来学术界关注的一个热点问题，它得名于河南新密市东南22.5千米的新砦遗址，是以新砦遗址第二期文化遗存为代表的一类遗存。新砦遗址自1979年以来进行了数次勘察与发掘，取得了一系列重要收获②。根据层位关系和出土遗物，新砦遗址主体遗存可分为三期6段，即第一期早、晚段为王湾三期文化，第二期早、晚段为新砦期遗存，第三期早、晚段为二里头文化早期，其中以第二期文化内涵最为丰富，第一期遗存稍显逊色，第三期遗存仅零星分布。^{14}C测年数据显示，新砦期的绝对年代大致在公元前1880～前1740年。

新砦遗址面积约100万平方米，目前发现并确认它实为由三重防御设施构成的古代城址。在遗址北边发现一条人工壕沟与自然冲沟相结合的东西向外壕，是为第一道防御设施。在外壕之南，由东、北、西三面城墙及墙外壕沟构成第二道防御设施，其中西城墙中部有一处豁口，可能是城门所在。第三道防御设施分布在遗址西南部，由东、北、西三段壕沟构成内壕，圈围面积5万～6万平方米，属于中心区。在中心区偏北处已发掘出一座现存东西长99.2、主体部分南北宽14.5米的大型浅穴通体式建筑基址，可能与“墠”或“坎”类祭祀活动场所有关。遗址最南边以双洎河为天然屏障，且受冲蚀破坏严重（图2-16）。这些发现使得新砦城址布局初具规模，显现出都邑气象。

另一处重要的新砦期设防聚落位于巩义市花地嘴遗址，现存面积约30万平方米，4条环壕大致呈内外双重，它们与伊洛河及其支流共同构成防御体系，聚落内发现房

---

① 王立新：《从嵩山南北的文化整合看夏王朝的出现》，《二里头遗址与二里头文化研究》，科学出版社，2006年。

② 中国社会科学院考古研究所河南二队：《河南密县新砦遗址的试掘》，《考古》1981年第5期。北京大学震旦古代文明研究中心等：《新密新砦——1999～2000年田野考古发掘报告》，文物出版社，2008年。中国社会科学院考古研究所河南新砦队等：《河南新密市新砦遗址2002年发掘简报》《河南新密市新砦遗址东城墙发掘简报》《河南新密市新砦遗址浅穴式大型建筑基址的发掘》，《考古》2009年第2期。赵春青、顾万发：《新砦陶器精华》，科学出版社，2016年。

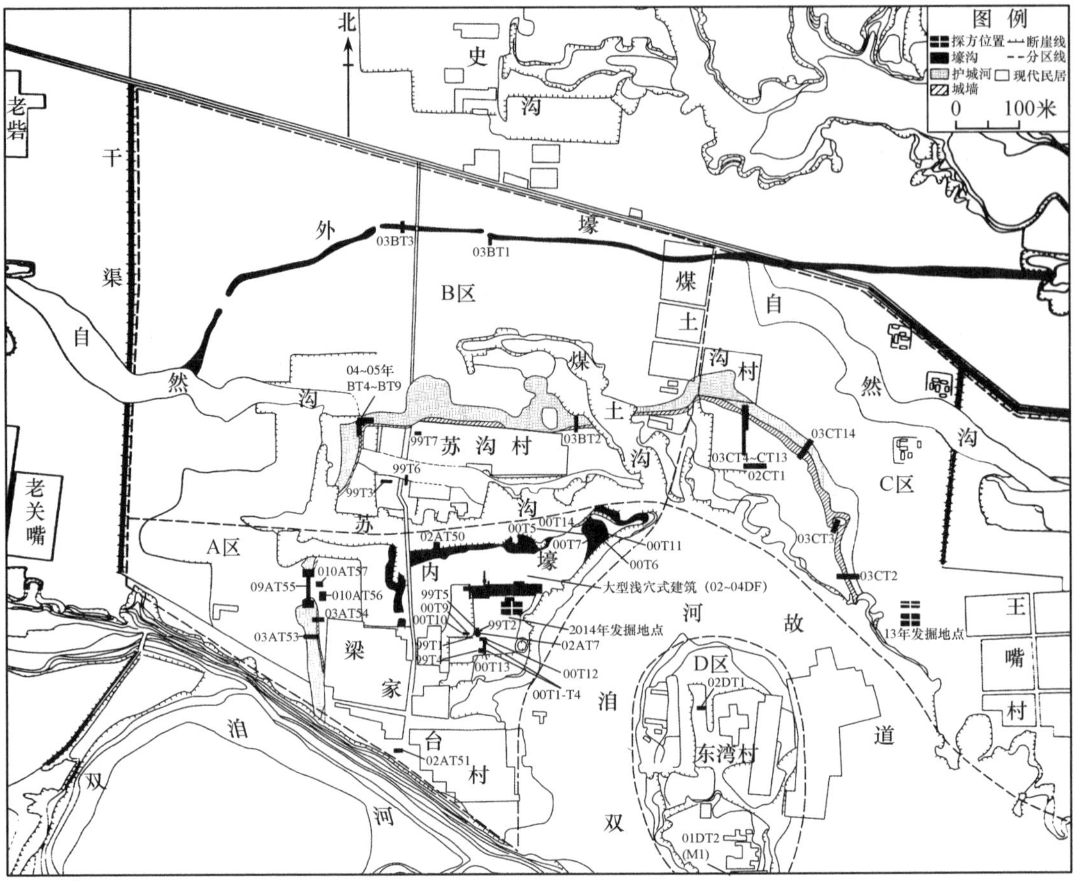

图2-16　新密新砦遗址平面图

（采自赵春青、顾万发《新砦陶器精华》插图二，科学出版社，2016年）

址、祭祀坑、陶窑、窖穴等，出土了大型玉牙璋、朱砂彩绘陶瓮等高规格遗物[①]。

目前一般认为，新砦期遗存既不同于龙山时代晚期文化又不同于典型的二里头文化，不过总体上与后者的相似性更大。至于其文化归属和性质判定问题，考古学界尚存在不同的看法。例如，以邹衡为代表的学者主张新砦期遗存应纳入二里头文化范畴，属于二里头文化一期的偏早阶段，二里头一期文化就是早期夏文化[②]。以李伯谦为代表的学者认为新砦期遗存可能是文献记载“后羿代夏”时期形成的即以河南龙山文化系统因素为主又融合有山东龙山文化因素的夏文化，二里头文化则是少康中兴以后直至夏桀亡国时期的夏文化，而登封王城岗遗址大城可能即史籍所载的“禹都阳

① 郑州市文物考古研究所等：《河南巩义市花地嘴遗址“新砦期”遗存》，《考古》2005年第6期。顾问、张松林：《花地嘴遗址所出“新砦期”朱砂绘陶瓮研究》，《中国历史文物》2006年第1期。

② 邹衡：《综述夏商四都之年代和性质》，《殷都学刊》1988年第1期；《二里头文化的首与尾》，《二里头遗址与二里头文化研究》，科学出版社，2006年。

城”，以其为代表的河南龙山文化晚期遗存属于最早的夏文化[①]。以杜金鹏为代表的学者提出将新砦期与二里头文化一期遗存合并成一个独立的考古学文化——新砦文化，夏文化主要包括新砦文化和二里头文化[②]。我们认为，新砦遗址的文化面貌体现了嵩山南北煤山文化和王湾三期文化在当地此消彼长的过程——第一期属于王湾三期文化、第三期属于二里头文化一期，而第二期即新砦期则是煤山文化北上与王湾三期文化及其他近邻文化整合的产物，不宜归属于其前其后的任何一个考古学文化，而且这种文化的整合过程正是夏王朝产生的机制。新砦期城址的年代当进入夏初，又是同时期豫西地区规模最大的城址，是夏启之都的可能性很大。此城仅短期使用后即遭废弃，很可能与启子太康徙都斟鄩有关。

应当指出的是，上述论争各方都是以后世文献记载的夏王朝的真实存在为讨论前提的，研究思路大同小异。与之相对，也有学者认为在没有获得决定性证据（即出土像甲骨文那样的内证性文字材料）的前提下，夏王朝的实际存在仍需存疑（即便存在也无法在考古学上得到确认），所以以往关于夏文化探索的诸种学术收获在很大程度上属于假说或推论。由于目前的考古学与文献史学研究尚不足以支持以夏王朝的史迹为核心内容的“夏文化”以及“夏代”的最终确立，因而建议将这个约略与文献所载夏王朝的存在相当的时段称为“二里头时代”[③]。

附：东下冯文化

一、发现与命名

不少学者认为，晋西南也是探索夏文化必须重视的地区。原因是文献上记载夏人主要活动地也包括了晋西南地区，并且素有“夏墟”和“大夏”之称。

为探索晋西南的夏文化，1959年中国科学院考古研究所组建山西工作队，在这一地区开展工作。1974年开始选择夏县东下冯遗址进行发掘。1977年在登封召开的夏文化讨论会上，东下冯考古队提出晋西南二里头时期文化与河南西部的二里头文化既有共性又有区别，建议称二里头文化东下冯类型，后来在发掘简报和报告中正式命名为“东下冯类型”[④]。这一提法得到了许多学者的赞同。当然，也有学者认为所谓的东下冯类型

① 李伯谦：《文明探源与三代考古论集·前言》，文物出版社，2011年。

② 杜金鹏：《新砦文化与二里头文化——夏文化再探讨随笔》，《三代考古（一）》，科学出版社，2004年。许宏：《“新砦文化”研究历程述评》，《三代考古（二）》，科学出版社，2006年。

③ 许宏：《略论二里头时代》，《三代考古（一）》，科学出版社，2004年。

④ 东下冯考古队：《山西夏县东下冯遗址东区、中区发掘简报》，《考古》1980年第2期。中国社会科学院考古研究所等：《夏县东下冯》，文物出版社，1988年。

遗存与豫西典型二里头文化相比，有着质的区别，建议另命名为“东下冯文化”①。

通过对其与二里头文化遗存进行比较研究，发现二者之间在文化面貌上虽有较多的共同因素，但差异也很大，再结合相关文献记载，可知它们当属于不同的考古学文化，故应命名为“东下冯文化”。

二、分期、年代与分布

根据层位关系和出土遗物，东下冯文化可分为四期，分别与二里头文化一至四期大致对应。相对年代晚于当地龙山时代的三里桥文化与陶寺文化，而早于二里冈文化的早期。绝对年代参照二里头文化，为公元前1900～前1600年。

从动态的角度观察，东下冯文化有从南向北发展的趋势，即一、二期时，东下冯文化主要分布在运城盆地及与此邻近的侯马地区。三、四期时，东下冯文化分布范围已向北扩展到临汾盆地的大部分地区。

三、主要文化特征

东下冯文化发现的平面呈回字形的里外双重围沟的聚落与窑洞式建筑，二里头文化不见。而二里头文化的夯土、平台式与长廊式建筑基址则不见于东下冯文化。

东下冯文化发现的窑洞墓不见于二里头文化，墓葬中极少见有酒器随葬。

东下冯文化的陶器群中褐陶所占比例较高，仅次于灰陶。自早到晚均以绳纹为主，而篮纹、方格纹很少。炊器为罐、鼎与鬲、甗、斝等空三足器并重，而后者在二里头文化中少见。

在东下冯文化与二里头文化共见的器类中，同类器的形制或比例上有一定差异。如东下冯文化的深腹罐和深（浅）腹盆多卷沿凹底，而二里头文化同类器则多折沿圜底；东下冯文化单耳罐多，而二里头文化少；蛋形瓮在东下冯文化中习见，而二里头文化几乎没有；三足盘、刻槽盆、觚、鬶、盉等二里头文化典型器类在东下冯文化中几乎不见；东下冯文化的豆多碗形豆，少见二里头式的细高柄浅盘豆；东下冯文化带绳纹的盆形钵也不见于二里头文化（图2-17）。

以上特征表明，东下冯文化的形成受到了二里头文化的较大影响，但自始至终保持自身的独特文化面貌。

四、源流与性质

东下冯文化是承继了龙山时代三里桥文化的较多因素，并吸收了陶寺文化和晋

① 如郑杰祥：《夏史初探》，中州古籍出版社，1988年。张立东：《论辉卫文化》，《考古学集刊》第10集，地质出版社，1996年。

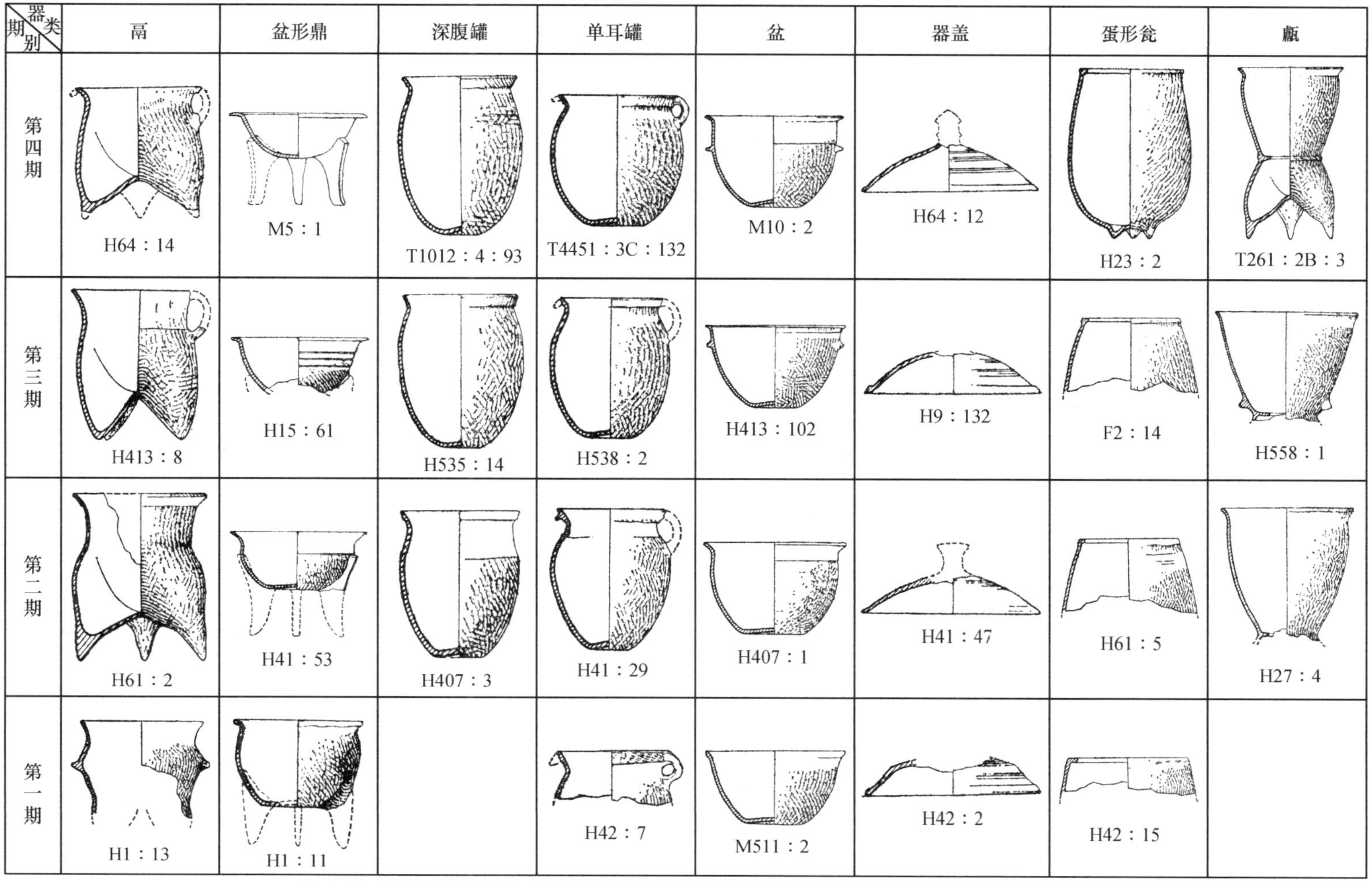

图2-17　东下冯文化典型陶器分期图

（采自中国社会科学院考古研究所等《夏县东下冯》第211～213页，文物出版社，1988年）

中龙山文化的少量因素而成长起来的。有学者指出，“东下冯类型”不是二里头文化的一个地方类型，而是由三里桥文化经过其后裔发展起来的一支独立的考古学文化[①]。随着夏商王朝更迭，商人势力接踵而来，分布范围基本覆盖了东下冯文化的分布区，并且在此建立了两个军事功能突出的早商城池——东下冯商城和垣曲商城。

关于东下冯文化的性质，存在着两种观点：①视其为二里头文化一个地方类型的学者，或认为其可能是夏族的发祥地域内早期原生的夏文化；或认为其是夏人向西北方扩张而产生的；更有学者认为是夏杼率领夏人越过黄河来到晋南之后所创造的文化，是夏文化的一部分。②视其为独立的考古学文化的学者，认为这支文化可能是唐人（唐虞族或有唐氏）的遗存。通过对东下冯文化与二里头文化关系的比较及文化渊源的分析，不难看出，两者应属于不同的文化系统。二里头文化属于夏人文化，东下冯文化似不属于夏人的文化，可能为夏代唐人的遗存。东下冯文化与二里头文化似乎为联盟的关系[②]。

《左传》定公四年记周成王封叔虞于唐，“命以唐诰，而封于夏墟，启以夏政，疆以戎索”。昭公元年又云：“昔高辛氏有二子，伯曰阏伯，季曰实沈，……迁实沈于大夏，主参。唐人是因，以服事夏、商。其季世曰唐叔虞。……及成王灭唐，而封大叔焉，故参为晋星。”显然，此“夏墟”当指“大夏之墟”。而许多学者将此“夏墟”理解为夏都所在，与殷墟一般，实则不然。可见，晋西南虽有“夏墟”之名，却并非夏人的原居地。在夏、商两代，居于此地的土著“大夏”之人应是唐人，他们臣服于夏商，说明本身既非夏又非商。在夏代，唐人既然是臣服于夏王朝的部族，那么在文化上受到豫西夏文化的强烈影响并与之保持密切的交流是很自然的事。

值得注意的是，夏人曾于晋西南一带活动，甚至控制或占领此地都是可能的。如文献记载商汤与夏桀曾战于鸣条之野，其中“鸣条”，诸家考证在晋西南。《战国策》述及夏桀王国的四至时云“左河济，右太华，羊肠在其北，伊阙在其南”。其中的“羊肠”，一说即在霍山一带。从考古学文化上看，此地的东下冯文化中确实含有大量二里头文化的因素，所以将晋西南理解为夏人的重要活动地区甚至是殖民地性质也是可以的。

思　考　题

1. 名词解释：大师姑城址、望京楼城址、宫室建筑、坛墠、复合范铸、新砦期、

---

① 张忠培、杨晶：《客省庄与三里桥文化的单把鬲及其相关问题》，《宿白先生八秩华诞纪念文集》，文物出版社，2002年。

② 于孟洲：《东下冯文化与二里头文化比较及相关问题研究》，《文物春秋》2004年第1期。

东下冯文化。

2. 简述二里头遗址的重要发现与学术意义。

3. 简述二里头文化的分布与区域类型。

4. 简述偃师二里头宫殿区宫室建筑布局特点。

5. 简述二里头文化墓葬的主要特点。

6. 从谱系角度分析二里头文化是如何形成的。

7. 在探索夏文化问题中，你赞成何种观点？为什么？如何认识早期夏文化？

第三章 二里冈文化

第一节 文化命名、分期与年代

一、文化命名

二里冈文化遗存，是1950年秋由郑州市南学街小学教师韩维周在郑州老城东南的二里冈一带业余调查时首次发现的。随后文物考古部门派人进行调查，确认地下文物埋藏丰富。次年5月，成立郑州市文物管理委员会，负责该地区的文物保护工作。

1952年秋，由中央文化部文物局、中国科学院考古研究所和北京大学联合举办的第一届考古人员训练班曾在二里冈遗址进行田野考古发掘实习[①]。1953年1月，又配合基本建设，进行了较大规模的发掘，发现了比较丰富的文化遗存。二里冈遗址出土的商代文化遗存面貌特征与安阳殷墟文化既有联系又有区别，开始被称为“商代二里冈期”文化，随后迳称“二里冈文化”[②]。

二、分期与年代

二里冈文化的分期，是以各发掘地点文化层之间的叠压打破关系为基础，并结合陶器的形制演变研究得出来的，前后共提出两种分期方案。20世纪50年代，研究者曾将二里冈文化分为两期，称为“郑州殷商早期”和“郑州殷商中期”[③]。而发掘报告则提出了“二里冈期下层”和“二里冈期上层”的概念[④]。此后，考古界通常以“二里冈下层”和“二里冈上层”来指称二里冈文化的早、晚期。到了80年代，发掘者将原有的两期各自细分出两小期，即二里冈下层一、二期和二里冈上层一、二期[⑤]。该分期方案已被考古界所接受，且习惯上大家又将二里冈下层的一、二期称作二里冈下层偏早

---

① 安志敏：《1952年秋季郑州二里冈发掘记》，《考古学报》第八册，1954年。

② 郑州市文物工作组：《郑州市人民公园第廿五号商代墓葬清理简报》，《文物参考资料》1954年第12期。河南省文化局文物工作队：《郑州二里冈》，科学出版社，1959年。

③ 邹衡：《试论郑州新发现的殷商文化遗址》，《考古学报》1956年第3期。

④ 河南省文化局文物工作队：《郑州二里冈》，科学出版社，1959年。

⑤ 安金槐：《关于郑州商代二里冈期陶器分期问题的再探讨》，《华夏考古》1988年第4期。

和偏晚阶段，将二里冈上层的一、二期称作二里冈上层偏早和偏晚阶段。

二里冈文化的陶器群是该文化区别于其他文化的最重要标志。该文化陶器特征主要表现为：①以夹砂和泥质灰陶为主，有少量褐陶、硬陶和釉陶。②流行绳纹，另有少量弦纹、圆圈纹、压印纹和附加堆纹等。③炊器以分裆鬲、甗、斝为主；盛贮器主要包括簋、（真腹与假腹）豆、盆、大口尊等；酒器有爵、（泥质）斝，少见盉。各期陶器无论质地、纹饰还是形制、种类都有延续性，亦存在一定的变化。其总体演变趋势表现为：①二里冈下层陶器多薄胎、细绳纹，而二里冈上层陶胎普遍增厚，绳纹变粗。②鬲、甗多由卷沿圆唇演变为折沿方唇（且鬲的颈部多有同心圆装饰），体形由瘦高向矮胖发展；斝多由敞口圆唇高领演变为敛口方唇矮领。③簋由敞口宽沿下折、浅弧腹、高圈足演变为直口（或微敛）窄平沿、深腹略鼓、矮圈足；豆由敞口、浅盘、喇叭状粗圈足演变为直口、圈足上部略鼓的假腹形；盆由卷沿束颈、深腹、口径小于腹径演变为平折沿、浅腹、口径与腹径基本相当；大口尊由体粗矮、肩部明显、口径略等于肩径演变为体瘦高、肩退化、口径大于肩径。④爵由椭圆形敞口长流尖尾、细腰演变为圆形敛口长流无尾、直腹略曲（图3-1）。

根据郑州二里冈、洛达庙、南关外、人民公园等遗址的地层关系可知，二里冈下层一期晚于郑州洛达庙三期（相当于二里头文化四期）和南关外期，二里冈上层二期则早于人民公园一期（相当于殷墟文化一期）。从相对年代说，二里冈文化晚于二里头文化，早于殷墟文化。需要指出的是，二里冈上层二期与人民公园一期之间虽然存在先后承袭关系，但两者陶器之间的衔接还不够紧密①。换言之，二里冈文化与殷墟文化之间还有一定的年代缺环。根据夏商周断代工程公布的^{14}C测年数据，二里冈文化的绝对年代约为公元前1600～前1400年②。后来的测年结果显示，二里冈下层第一期的绝对年代为公元前1509～前1465年③。

第二节　王都与城邑

一、郑州商城

郑州商城位于今郑州市区的东部，京广铁路以东，陇海铁路以北。其西、南两侧是由嵩山余脉延伸而来的丘陵高地，东、北两侧则是一望无际的平原和低洼的沼泽、

① 河南省文物考古研究所：《郑州商城——1953～1985年考古发掘报告》，文物出版社，2001年。

② 夏商周断代工程专家组：《夏商周断代工程1996—2000年阶段成果报告·简本》，世界图书出版公司北京公司，2000年。

③ 张雪莲、仇士华：《关于夏商周碳十四年代框架》，《华夏考古》2001年第3期。

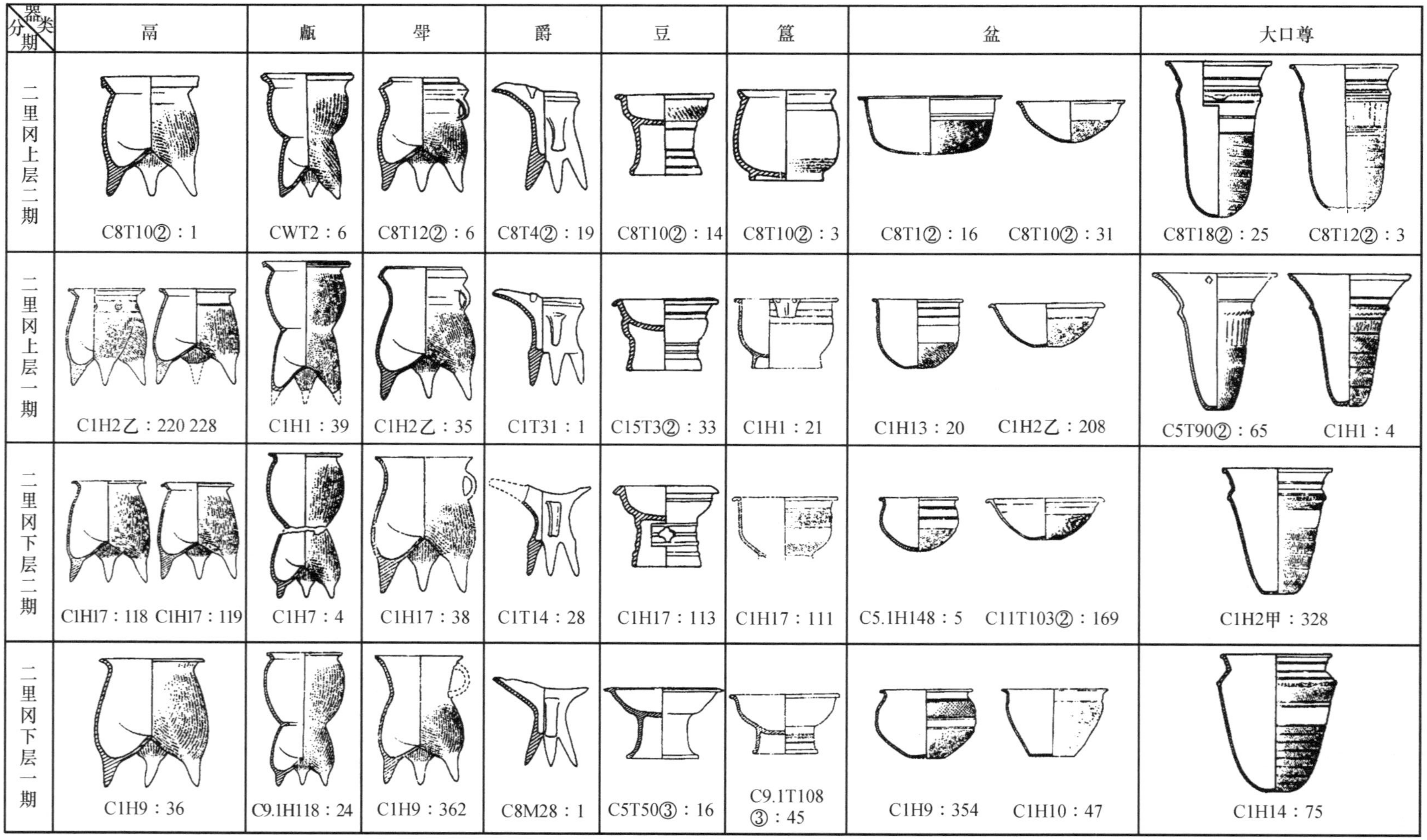

图3-1　二里冈文化典型陶器分期图

（采自河南省文物考古研究所《郑州商城—1953～1985年考古发据报告》图八七，文物出版社，2001年）

湖泊。这里自古以来就是东西、南北交通的咽喉要道，素为兵家必争之地[①]（图3-2）。

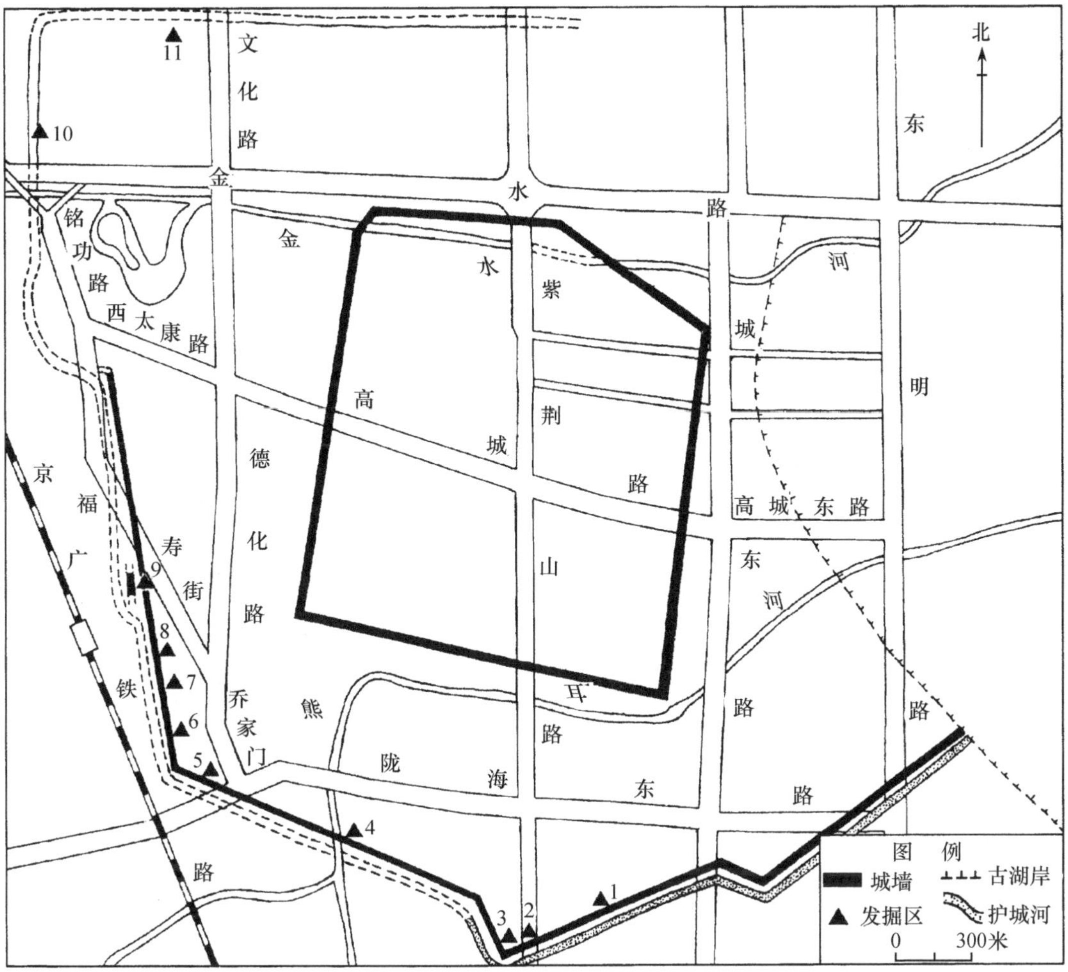

图3-2　郑州商城平面图

（采自河南省文物考古研究所《郑州商城外郭城的调查与试掘》图一，《考古》2004年第3期，发掘地点省略）

（一）城墙

郑州商城发现于1955年，目前已确认其由内城和外郭城构成。内城城垣呈东北略有切角的南北向长方形，周长约6960米，面积约25平方千米。在四面城墙上共发现大小不同的缺口11处，其中有的是城墙废弃后被挖土损毁的，有的可能与内城城门有关。城墙主体大部分损毁严重，极少部分城墙高出现今地面之上4～5米，墙底宽一般为20～30米。经解剖可知，城墙一般先挖基础沟槽、用土分层夯筑而成，每层夯土的

① 河南省文物研究所：《郑州商城考古新发现与研究（1985～1992）》，中州古籍出版社，1993年。河南省文物考古研究所：《郑州商城—1953～1985年考古发掘报告》，文物出版社，2001年；《郑州商城外郭城的调查与试掘》，《考古》2004年第3期。

表面都分布有密集的圆形尖底或圜底的夯窝，表明城墙是用集束木棍夯打而成的。城墙中部的夯层一般稍厚，夯打质量较差，边缘部分夯层较薄，夯打质量较好。墙体横剖面略呈梯形，分为主墙和护坡两部分。主墙的夯层呈水平分布，系用版筑法建成，其与护坡的接缝处有近乎垂直的壁面，壁面上留有横向支撑的木板痕迹。护坡的夯层则向两侧倾斜夯筑，为了减少雨水冲刷，一般在其顶面上铺设一层料姜石块加以保护。

外郭城墙仅发现于内城之东南、南和西南三面，大体呈弧形，已知长度约5000米，目前难以断定外郭城是否闭合。在认定原来没有闭合的前提下，学者们提出了两种可能：一是郑州商城的东北方向比较低洼，有的地方古代还分布有沼泽，因而这些沼泽和洼地就构成了天然的屏障，它们与外郭城的南端和西端共同构成了郑州商城的外围防御设施①；二是因为工程浩大而放弃②。目前所知外郭城墙大多只剩下基槽部分，其筑法是先挖一条口部略宽于底部的基础槽，然后填土夯实。外城墙之外是10余米的过渡地带，还有宽40余米的护城河。

（二）宫殿区

宫殿区位于内城东北部一带，略呈东西向长方形，面积约40万平方米。在宫殿区的部分边缘处，已发现有夯土墙、石筑水管道、石筑水槽和壕沟等遗迹，它们可能与宫殿区周围的宫城遗存有关。

夯土墙已发现东、西两段。西段夯土墙（W22）位于宫殿区中部偏北处，仅存基槽部分，略呈东北—西南走向，向北延伸与北城墙东段接近垂直。东段夯土墙位于宫殿区东北边缘处，亦仅存基槽部分，略呈西北—东南走向。这两段夯土墙宽度不一，显然不是一道围墙的两个部分，而可能分属于不同的建筑群。

大壕沟位于宫殿区的西北角，呈东西向，已知部分长80余米，口宽6.5米。残存壕沟下部的南北两壁和平底大都保存得相当整齐，说明这是当时人工挖筑比较规整的一条大壕沟，有学者推断它可能是宫殿区北边的防护沟③。

宫殿区内已发现夯土建筑基址数十处，面积大的有2000多平方米，小的有100余平方米。在夯土台基上揭露出房基残迹，其中3座大型基址（C8F10、C8F15、C8F16）可能为宫室建筑，在其周围还分布着若干中小型基址群。至今发掘的夯土基址多是一些各自孤立的单体建筑，且往往残损严重，只有少数几处可以看出不同建筑之间的关系，估计宫殿区内很可能存在多座夯土墙围成的建筑群。但由于宫殿区内现代建筑林立，无法进行全面勘探和发掘，目前对宫殿区布局与宫殿建筑形制变迁尚难做出细致归纳。

---

① 安金槐：《对于郑州商城“外夯土墙基”的看法》，《郑州商城考古发现与研究》，中州古籍出版社，1993年。

② 宋镇豪：《夏商社会生活史》，中国社会科学出版社，1994年，第49、50页。

③ 安金槐：《试论郑州商城的地理位置与布局》，《中国商文化国际学术讨论会论文集》，中国大百科全书出版社，1998年。

（三）供排水系统

金水河流经城北，熊耳河在城南的内、外城墙之间，自西南流向东北，它们不仅是护城河的主要水源，而且为城内居民生产生活提供用水。城内发现的大小不一的壕沟，包括城墙外侧的护城河，在雨季可以排水，也应是排水系统的组成部分。

在内城宫殿区东段夯土墙东北侧相隔8米处，发现一条与夯土墙基相平行、呈西北—东南向的石筑水管道。其筑法是：先在地面下挖出一条口宽11、底宽3米的壕沟形基础槽，然后在基槽底部用青石板平铺，两侧用青石板和草拌泥重叠铺砌，再用大石板覆盖其顶，从而形成口宽与高度均约1.5米的方形石筑水管道（图版3：1）。在水管道相隔一定距离处，还修筑有用石板砌筑的平面呈长方形的竖井式设施，已发现4个，间距均为8米，南半部均有二层台。它们向下打破夯土，与石板水管道相通，可能用于汲水。在石筑水管道西北约70米处修建有石板蓄水池，初步测知二者似在西北至东南的一条直线上。蓄水池平面呈长方形，东西长约100、南北宽约20米，水池底部用掺有料姜石的白土分层铺垫之后，再用方形或长方形青灰色石板平铺。池壁先用掺有料姜石的白土分层平夯，然后用略呈圆形的砾石垒砌。修建如此精致，显然是为了防止渗漏。这一设施与石板水管道相通，共同构成一套比较完整的供水系统。

目前在郑州商城还发现一些铺设陶水管的供排水设施和水井，其中带井坑的水井比较讲究，所见3眼均位于宫殿区内，如在商城路南侧郑州电力学校发现的J3有木框支护，木框的四周还涂抹青膏泥，井底铺垫一层破碎陶片，对井水起过滤作用。

（四）其他重要发现

普通居住址主要分布于郑州商城内城与外郭城之间。在内城发现的多座小型房基都建筑在叠压着城墙的文化层之上，均位于城内的北半部，而远离宫殿区的今商城路以南，已颇为稀少。这种现象可能与郑州商城内城南半部是唐宋以来最繁华的市区、后期破坏也最为严重有关。

手工业作坊均位于郑州商城内城与外郭城之间，已经确认的主要有南关外铸铜作坊、紫荆山北铸铜和制骨作坊、铭功路制陶作坊等。南关外和紫荆山北铸铜作坊分别位于内城南、北墙外侧，发现有烘范窑、铸铜场地、房基、窖穴等遗迹和铜矿石、熔炉残块、炼渣、木炭、陶范等遗物。在紫荆山北铸铜作坊北侧发现的骨料坑出土了千余件骨器的成品、半成品、骨料、废料，还有加工骨器用的砺石、青铜小刀等，说明附近应有一处制造骨器的作坊。铭功路制陶作坊位于内城西墙以西，发现有陶窑、房基、墓葬、灰坑、白灰地面等遗迹，出土有大量的日用陶器、未经火烧的陶坯、烧坏的陶器废品及各种制陶工具。

青铜器窖藏坑发现3处，张寨南街窖藏坑在内城西墙北段外侧，向阳回族食品厂窖藏坑在内城东南墙角外侧，南顺城街窖藏坑在内城西墙南段外侧，出土的铜器有大方鼎、大圆鼎、扁足鼎、尊、罍、斝、鬲、提梁壶、簋、觚、爵、盂、盘等容器，钺、戈等兵器，合计28件[①]（图版3：3）。目前来看，这些青铜器都应该是商王室的重器，学术界认识一致。然而关于这3处窖藏坑的性质却有着不同的看法，有的认为可能与商王室举行的重大祭祀活动有关[②]；或认为可能在商王室遇险时无法带走大批青铜重器而临时掩埋地下形成的[③]。

墓葬主要分布于郑州商城内城的周围、内城与外郭城之间，如白家庄、杨庄、郑州烟厂、北二七路、人民公园和铭功路等地。内城里面的墓葬较少，而且大都分布在靠近城墙的地方。已发现的墓葬多混杂于遗址区，均为土坑竖穴墓，绝大多数是小型墓，中型墓较少。

（五）年代与性质

郑州商城早于安阳殷墟，早已是学术界的共识。但其具体始建于何时，以往的意见大致可归纳为三种：一是以安金槐为代表，主张始建于二里冈下层二期[④]。二是以高煦为代表，主张始建于二里冈下层一期[⑤]。三是以邹衡、陈旭为代表，主张始建于南关外期[⑥]。其中第三种说法的“南关外期”是包括南关外下层、中层和公认的二里冈下层一期典型单位二里冈C1H9在内的。近年来随着考古材料的不断积累，关于郑州商城始建年代的认识逐渐趋同，即以内城东北部宫殿区（或曰宫城）的营建为开端，郑州商城应始建于洛达庙晚期即二里头文化四期晚段，早于二里冈下层一期[⑦]。

目前发现的属于二里冈下层一期或更早的宫殿建筑为数不多，此时与都城相称的铸铜作坊也刚刚建成使用，反映出郑州商城建城伊始的状况。到二里冈下层二期之时，郑州商城开始进入繁荣时期，此期兴建了大批宫殿，南关外铸铜作坊的规模得以迅速扩展，表明当时对铸铜业的需求加剧，铭功路制陶作坊和紫荆山北制骨作坊均建于此期偏晚，外郭城至迟在此期已经修建，这应视为城市规模扩张的结果。二里冈上层一期，郑州商城在原有的基础上持续兴盛，南关外铸铜作坊已不能满足当时对铸铜业的需求，又兴建了紫荆山北铸铜作坊，宫殿建筑群有新建、改建现象。到二里冈上

① 河南省文物考古研究所等：《郑州商代铜器窖藏》，科学出版社，1999年。

② 安金槐：《再论郑州商代青铜器窖藏坑的性质与年代》，《华夏考古》1997年第1期。

③ 宋国定、王文华、曾晓敏：《商代王室重器在郑州重见天日》，《中国文物报》1996年4月21日第1版。

④ 河南省文物考古研究所：《郑州商城——1953～1985年考古发掘报告（中册）》，文物出版社，2001年，第1024页。

⑤ 高煦：《略论二里冈期商文化的分期和商城年代——兼论其与二里头文化的关系》，《中原文物》1985年第2期。

⑥ 邹衡：《试论夏文化》，《夏商周考古学论文集》，文物出版社，1980年，第107页。陈旭：《郑州商城宫殿基址的年代及其相关问题》，《中原文物》1985年第2期。

⑦ 李伯谦：《对郑州商城的再认识》，《古代文明研究通讯》总第二十三期，2004年。袁广阔：《郑州商城始建年代新证》，《中国文物报》2017年11月3日第6版。李伯谦：《再谈郑州商城的始建年代》，《华夏文明》2017年第12期。

层二期时，郑州商城开始走向衰落，大批的宫殿建筑被晚期遗存所叠压或打破，两处铸铜作坊也至迟在此期偏晚时废弃。总体上看，郑州商城经历的始建、繁荣、兴盛与衰落过程，是与二里冈文化基本相并行的。

城址年代的确定，是正确判断其为何王所都的前提。郑州商城发现以后，围绕着其为何王所都问题，先后提出了商王“仲丁隞都”说①和“成汤亳都”说②，这两种主要意见长期以来争论不决。随着偃师商城和郑州小双桥遗址的相继发现、发掘与研究，为解决这一商代考古的重大难题提供了重要契机。夏商周断代工程明确做出“郑州商城和偃师商城基本同时或略有先后，是商代最早两处具有都邑规模的遗址”③的论断，虽说不上精准，但还算公允，已得到大多数学者的赞同。而小双桥遗址也被推定为仲丁所迁之隞都（详后），基于这两种认识，郑州商城当系成汤至仲丁迁隞之前诸代商王所居之亳都。

二、偃师商城

偃师商城位于今偃师市城关镇，西南隔洛河距二里头遗址约6千米，东距郑州商城约110千米。该城址发现于1983年，目前已确认其主要由宫城、小城和大城构成，它们并非一次建成，而是经过了不同的发展时期陆续改建、扩建而成的④（图3-3：1）。

（一）宫城

宫城位于大城的西南部、小城中央偏南的高地上，平面略呈方形，四周环绕厚约2米的夯土墙，第二期时宫城围墙向西扩建，最大面积近5万平方米。宫城内由南向北分为宫殿区、祭祀区和池苑区三部分（图3-3：2）。

1. 宫殿区

宫殿区占据宫城的南半部，已发现10座宫室建筑基址，朝向皆南偏西，大体分属偃师商城三个不同的发展时期。

偃师商城第一期（约当二里冈下层一期），已知宫城有一门位于南墙中部，门道宽约2米，其南北轴线较小城的南北轴线略偏东。已发现的5座建筑基址分为东、西两组，东组为四号宫室建筑，其南面有宽阔的广场。西组从南到北分别是七、九、十号建筑，其中七号和九号建筑前后有门道连通，十号建筑南距九号宫殿约20米，三者大体上南北一线，相互间平行排列，形成前、中、后的“三进院落式”建筑群。一号建筑规模相对

① 安金槐：《试论郑州商代遗址——隞都》，《文物》1961年第4、5期。

② 邹衡：《郑州商城即汤都亳说》，《文物》1978年第2期。

③ 夏商周断代工程专家组：《夏商周断代工程1996—2000年阶段成果报告·简本》，世界图书出版公司北京公司，2000年。

④ 杜金鹏、王学荣：《偃师商城遗址研究》，科学出版社，2004年。中国社会科学院考古研究所：《偃师商城（第一卷）》，科学出版社，2013年。

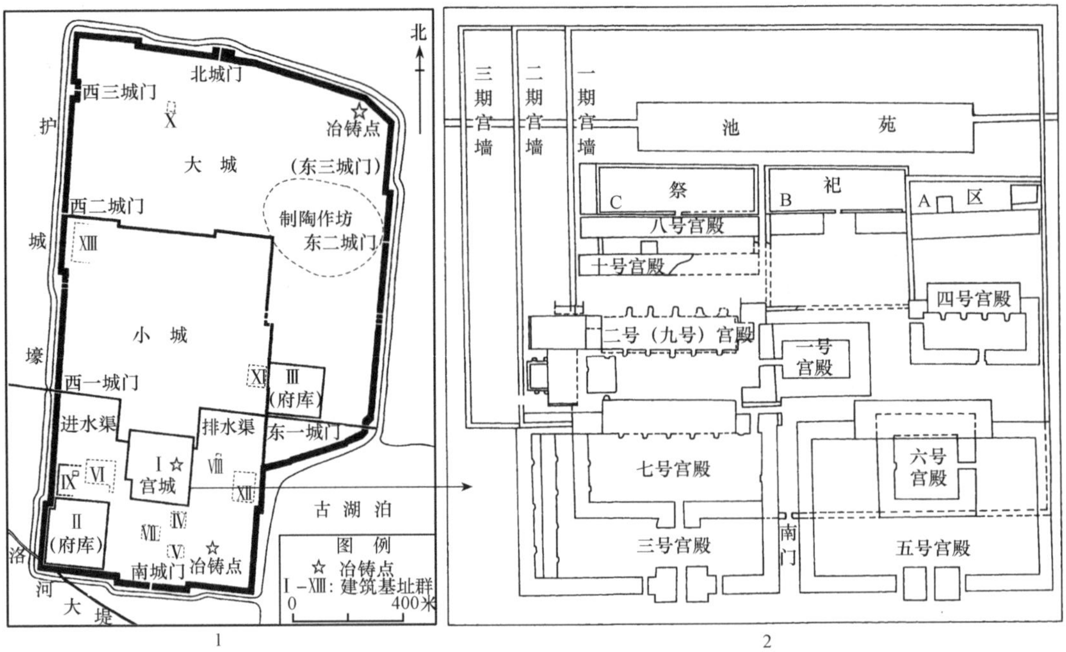

图3-3　偃师商城总平面与宫城平面布局示意图

1. 偃师商城遗址总平面图　2. 宫城平面布局示意图

［1. 采自陈国梁《偃师商城聚落形态的初步考察》图一，《三代考古（六）》，科学出版社，2015年。2. 采自中国社会科学院考古研究所河南第二工作队《河南偃师商城宫城第三号宫殿建筑基址发掘简报》，《考古》2015年第12期，稍作改动］

较小，依附于九号建筑东侧，其内发现不少生活垃圾，有学者推测可能是庖厨所在[①]。

偃师商城第二期（约当二里冈下层二期），宫殿区进行首次改扩建。扩建后的宫殿区仍旧维持封闭状态，其东、西两组并列的建筑格局并未发生根本性变化。四、七号建筑和宫城南门继续使用，四号建筑南面，新建成六号建筑。九、十号建筑废弃，一号建筑在二期晚段也废弃了，在原十号建筑北面新建八号建筑，在九号建筑旧址上经向西扩展建成二号建筑。为适应扩建二号建筑的需要，宫城西墙相应西移。

偃师商城第三期早、中段（约当二里冈上层一期），宫殿区又经历了第二次大规模改扩建。此时，四、八号建筑继续使用；二号建筑又经局部改建；六、七号建筑废弃；新建三、五号建筑。五号建筑位于四号建筑之南，叠压在原六号基址上。三号建筑叠压在原七号基址上，它同五号建筑位置东西并列，二者规模和建筑形制相似，大大突破了宫城西、南面围墙所界定的范围，在它们的外侧又都未发现新的围墙，这使得宫殿区的南部呈“半开放”状态。

2. 祭祀区

祭祀区位于宫城北部，东西绵延达200米，主体部分自东向西分为A、B、C三个

① 王学荣：《夏商王朝更替与考古学文化变革关系分析——以二里头和偃师商城遗址为例》，《古代文明研究》第一辑，文物出版社，2005年。

区域，总面积约3100平方米①。A区由若干个“祭祀场”和祭祀坑组成，作为牺牲的有人、牛、羊、猪、狗、鱼类，粮食祭品有水稻、小麦等，祭祀内容多样。B区和C区是两个东西并列、自成一体、规模庞大的“祭祀场”，均呈长方形斗状，四周有宽约1米的夯土围墙，门道皆位于南墙中部，门道外有宽阔的广场，两区的祭祀内容都是以猪作为主要牺牲。

从使用时间看，偃师商城第一、二期时，祭祀活动主要集中在B、C两区。进入二期时在B区东侧又扩建出A区，表明此期祭祀范围和祭祀规模有所扩大。第三期早段时，祭祀遗存在A、B、C三区分布均比较普遍。到第三期中段时，由于B、C两区的堆积已经饱和，祭祀活动的中心转移到了祭祀A区。

3. 池苑区

池苑区位于宫城最北部，南邻祭祀区，东、西、北三面以宫城城墙为界，总面积约1万平方米②。位居池苑区中央的主体部分是一长方形斗状水池，池边以石块围护，池壁用大小不一的石块垒砌而成。现存池槽东西长约128、南北宽19～20、槽底中部一带深1～1.4米，以附近生土面复原，水池最深约2米。已发掘的北岸部分池壁相当陡峭，石壁收分很小。池底西高东低，有淤泥，出土陶质和汉白玉的网坠以及大量螺壳（图版4：1）。

水池的东西两侧各有一条石砌的水渠相连通，水渠均为早、晚两次修建使用，早期修建的水渠内壁宽1.5～1.6、深1～1.4米，晚期改建的水渠主要是将水渠宽度缩小到0.4～0.6米。其中东水渠由明渠改为石条封顶的暗渠，西水渠则由暗渠改为明渠，渠上有用石条搭成的小桥。在经过早期宫城城墙下面时，水渠变窄至近0.3米，使之不能容人从此钻过。在经过晚期宫城城墙下面时，则使用石板分隔水渠上下两部分，这种分层设施可阻止有人顺水渠潜入宫城。经测量，东、西水渠之间有0.5米的高差。西水渠用作引水，在宫城外往北折行，再西折经西一城门下与护城壕以西的南北向古河道相通。东水渠用作排水，出宫城后折行，穿东一城门下排出城外。

上述池苑设施显然是经过认真规划、精心施工的。作为与宫城南部宏伟壮观的大规模宫室建筑群相映衬的园林的重要组成部分，它是目前所知我国时代最早的人工凿池引水造景的帝王池苑设施，同样由水池和引水、排水渠以及护城壕等组成的城市流动水系，也是我国目前发现的年代最早的城市人工水利系统。这些发现将我国帝王御用池苑及辟园造林的建造历史上溯至商代早期，对研究我国都城制度、宫室制度、园林史、水利史等都具有重要意义。

偃师商城宫城南部宫殿群较全面的揭露和北部池苑遗址的发现，为了解商代早期

---

① 王学荣、杜金鹏、李志鹏、曹慧齐：《偃师商城发掘商代早期祭祀遗址》，《中国文物报》2001年8月5日第1版。中国社会科学院考古研究所：《河南偃师商城商代早期王室祭祀遗址》，《考古》2002年第7期。

② 中国社会科学院考古研究所河南第二工作队：《河南偃师商城宫城池苑遗址》，《考古》2006年第6期。杜金鹏：《试论商代早期王宫池苑考古发现》，《考古》2006年第11期。

宫殿建筑格局提供了具体例证，对研究商代宫殿规制及其在中国古代宫殿建筑史上的地位，具有重要科学价值。关于各座（组）宫殿的性质、用途，以及它们在布局、结构上所体现的意义，尚待更深入地研究。

（二）小城

小城南临洛河，平面呈长方形，南北长约1130、东西宽约766米，面积约86万平方米。四面城墙宽度多为6～7米，大体呈直线走向，但每隔一段距离城墙有所转折。城墙基槽较浅，深度一般不足0.5米，内外两侧有附属堆积。考古发掘与研究表明，小城始建于偃师商城第一期（约当二里冈下层一期），小城城墙在大城建好后仍延续使用，可能最迟在偃师商城第三期中段（约当二里冈上层一期）时才被废弃。

（三）大城

大城是在小城基础上建立起来的，平面呈厨刀形，南部较窄形似刀把。城墙有的部位随地形而曲折或人为拐折，面积约190万平方米。西城墙西二城门以南约1100米长的地段、南城墙全部以及东城墙南段约430米长地段系在早期小城城墙的基础上，从内外两侧加宽而成。西城墙西二城门以北地段、北城墙全部和东城墙大部，系扩建时一次性夯筑而成。

大城已基本确认城门7座，即西城墙3座，东城墙2座，南、北城墙各1座。已发掘的4座城门都是窄长的单门道，两侧皆有紧贴大城城墙夯土的木骨夯土墙。从城门所在位置看，西一城门和西二城门将大城西城墙基本分为三等份，分别与东一城门、东二城门遥相对应。西一城门和东一城门的门道路土下面还有地下水道，与宫城北部大水池和城外的护城壕及自然河道相沟通。2002年在探查东城墙时，与西三城门大致对应的东城墙北部亦发现一处内凹现象，依据对称关系它可能是东城墙另一城门——东三城门。这种一侧三门的布局与《考工记》所载“匠人营国，方九里，旁三门”之情形是一致的，应对后世城市营建起到了重要影响。

需要指出的是，西三城门所在位置的城墙呈凹字形，整体形制类似后代的瓮城，具有明显的防御功能。西一城门外还找到了商代早期的桥梁遗迹，为了解当时人们的过河方式提供了新资料。

环绕大城城墙之外的护城壕与城墙之间距离多在10米以上，开口宽16～20、深约6米，外侧坡度比较陡峭，内侧则相对较缓，底部堆积有淤土。

（四）其他重要发现

宫城的西南和南侧、属于小城内地势略高之处，已发现有数处大型建筑或建筑群，其中位于小城西南隅的第Ⅱ号建筑群规模宏大，封闭性强，平面大体呈方形，外围有宽约2米的夯土墙，面积约4万平方米，西、南部靠近城墙，东北距宫城不足100米。围墙之内布满东西成行、南北成列、形制统一的长方形建筑，总数在百座以上。

有的位置则预留有形状、大小与长方形建筑相似的水池。第Ⅱ号建筑群上下叠压的三层基址虽结构上稍有变化，但室内地面皆高于室外地面，空间都被纵向分隔成三部分，纵向密集成排的木柱、木桩或矮墙，似为支撑案板类设施所置，室外则以简易的浅沟组成网状的排水系统[①]。从其内部结构特点看，不适宜人员居住，而且使用时间虽很长，建筑群内部洁净异常，不见生活废弃物堆积，未发现用火痕迹，路土踩踏也相对较轻，专用色彩浓厚，显非当时人活动频繁和集中之地，推测应是仓储之所。规模如此庞大的仓储群无疑为国家所有，称之为府库恰如其分[②]。《礼记·王制》云："国无九年之蓄，曰不足；无六年之蓄，曰急；无三年之蓄，曰国非其国也。"虽有夸张成分，但足以表明物资储存对于维持国家安定发展的重要性。

第Ⅲ号建筑群位于宫城的东北方，小城的东墙外侧，总体平面略呈方形，东西、南北各约140米，面积稍小于Ⅱ号建筑群。它也是由若干长条状夯土基址组成，排列整齐有序，性质当与Ⅱ号建筑群类似。

偃师商城的道路系统大体可分三类：第一类是穿过城门的大道，如通过大城西二城门的大道，大体沿小城北城墙外侧径直东行；通过大城北城门径直向南大道已知长约380米，路土厚约0.3米。第二类是城墙内外侧的顺城大道，如发现于大城西城墙外侧和护城河之间的顺城大道，所知长度近千米；发现于北墙东段内侧的顺城大道紧靠城墙并直接压在城墙内侧护坡上，路土总厚度1米左右，其间包括四层含料姜石的坚硬路面，在最下面一层路面上，发现两道相互并行的车辙印迹，轨距宽1.2米左右。第三类指通向各主体建筑或建筑群内的道路，如位于宫城南墙正中的宫城南大门已经被发掘，门道有较厚的路土。至于宫城内连接各宫殿的道路网，虽有线索，但多破坏严重。

偃师商城的手工业作坊有铸铜、制陶、制骨和石器加工作坊，其中铸铜作坊分别发现于大城东北隅和城南东城墙内侧，发现了陶范、石范、铜矿渣等遗存。制陶作坊位于大城北部，发现了集中分布的9座陶窑，陶窑附近发现一些可能是制陶工房或工匠居住的简易房舍以及制陶工具和烧造变形的陶器等。制骨作坊位于宫殿区附近，石器作坊位于城内东北部。

偃师商城已发掘100多座土坑竖穴墓，除极少的中型墓外，大多数规模小、等级低，一般不见棺木痕迹。腰坑也少见，近半数以上没有随葬品，有随葬品的也主要为日用陶器。

（五）年代与性质

根据明确的层位关系及丰富的陶器资料，偃师商城已建立起自身三期7段的编年序

---

① 中国社会科学院考古研究所河南第二工作队：《偃师商城第Ⅱ号建筑群遗址发掘简报》，《考古》1995年第11期。

② 王学荣：《河南偃师商城第Ⅱ号建筑群遗址研究》，《华夏考古》2000年第1期。

列，其中第一期（早、晚段）与二里冈下层一期相当或稍早，第二期（早、晚段）与二里冈下层二期相当，第三期早、中段与二里冈上层一期相当，第三期晚段与二里冈上层二期相当。偃师商城始建于第一期早段，以第四号等最初的宫室建筑和宫城的兴建为标志，到第三期晚段时宫殿区及城内主要建筑物已经荒废。偃师商城的废弃有一定的突然性，其直接原因可能是商代政治中心转移。

关于偃师商城的性质，有学者认为该城就是董仲舒《春秋繁露·三代改制质文》所记的商汤在“下洛之阳”所建的“宫邑”，即《汉书·地理志》所载殷汤在“尸乡”所建之都，也即西晋皇甫谧《帝王世纪》所称的“西亳”。而以郑州商城为成汤所居之亳的学者，则认为是商初的陪都、太甲的“桐宫”或商灭夏后在此所建立的一座军事重镇①。

从偃师商城的规模、内涵和布局来看，其重心自始至终是屡经扩建、改建的庞大宫室建筑群，城内中部和北部分布着多处贵族或平民居住址，还有铸铜作坊等重要遗迹，说明它绝不是存在很短时间的单纯军事据点，也并非王室的离宫别馆，而是一座具有国家行政、宗教祭祀、日常生活和军事防御诸种功能的商代早期都城遗址。若认为偃师商城为汤都西亳，郑州商城是仲丁所迁的隞都，则偃师商城比郑州商城的建造时间要早150余年，这明显有违于目前二都基本同时并存的共识。将其与郑州商城比较，从规模上看，郑州商城居于主要地位，偃师商城居于次要地位；从经济文化功能来看，郑州商城要强于偃师商城；从军事功能上看，偃师商城的军事意图则强于郑州商城。因此，偃师商城很可能是成汤灭夏之后所建的别都，以镇抚夏遗民为主要目的，如同周人克商不久即在洛阳营建的成周②。

三、郑州小双桥遗址

小双桥遗址发现于1989年，位于郑州商城遗址西北约20千米、淮河支流索须河南岸的台地上，东北为古荥泽，向北约8千米为邙山和黄河。遗址范围呈西北—东南向长方形，总面积不少于144万平方米③。

遗址中心区域商代遗存极为丰富，发现的重要遗迹有一段夯土墙基槽、8座夯土建筑基址、3座居住址、由祭祀坑群组成的祭祀场以及与青铜器冶铸有关的遗迹等。其中，夯土墙可能为宫城的北墙，夯土建筑基址应为宫城内的大型宫室建筑，由于后期破坏严重，布局结构已无法复原。祭祀场地发现数量丰富的人牲丛葬坑、人祭坑、牛头坑、牛角坑、牛角器物坑、多牲埋葬坑、祭器坑等，非常引人注目。在祭祀场内有

① 夏商周断代工程专家组：《夏商周断代工程1996—2000年阶段成果报告·简本》，世界图书出版公司北京公司，2000年，第65、66页。

② 潘明娟：《从郑州商城和偃师商城的关系看早商的主都和陪都》，《考古》2008年第2期。

③ 河南省文物考古研究所：《郑州小双桥——1990～2000年考古发掘报告》，科学出版社，2012年。

些灰坑中出土较多的铸铜遗物，有熔炉残块、炼渣、残陶范、孔雀石块、烧土块和炭屑等，表明应有铸铜作坊。

小双桥遗址出土的高规格遗物有青铜建筑构件、爵、斝、原始瓷尊、绿松石装饰品等，用朱砂作颜料书写在陶质礼器（以陶缸最具代表）上的朱书文字，尤为重要。

根据层位关系和出土陶器判断，小双桥遗址延续时间较短，主体遗存属于二里冈上层二期，绝对年代约为公元前1435～前1412年①，其时正当郑州商城与偃师商城衰落之际。关于小双桥遗址的性质，主要有两种意见：其一，认为小双桥遗址很可能是文献中记载仲丁所迁的隞都②。其二，认为小双桥遗址可能是与郑州商城有密切关系的“商代王室的祭礼场所，或是一处离宫别馆”③。基于小双桥遗址的文化内涵已具备都邑遗址的条件，年代与郑州商城的废弃年代相衔接，地理位置与文献记载的隞都地望相合等证据，我们倾向于前者。

四、夏县东下冯商城

东下冯商城位于山西夏县城关东北15千米处的运城盆地东缘、涑水河支流青龙河上游东岸的开阔阶地上。考古勘探和发掘仅查明了一条西北—东南向大冲沟以南的该城城墙，以及西南隅圆形建筑基址群的结构与分布④（图3-4）。其中西墙南段长140米，另在其北向延长线上发现有城墙残迹，已探出的部分较直，未发现转折的迹象。南墙则在中部有一转折，东段内收，西段外凸。东墙仅发现52米，北墙尚不清楚。若以西墙计，城的方向应为45°左右。已探出的三个城角均比较圆转。城墙为平地起建，由夯筑墙体和两侧的护坡组成，城墙外侧有护城壕。

城西南隅探明有一片横成列、纵成行的圆形建筑址群，层位与城墙一致，是城内建筑的一个重要组成部分。估计该建筑群至少有7排圆形建筑址，每排6或7座，总数有40～50座。这些建筑的形状、结构几乎完全相同，直径8.5～9.5米，其下都有高出当时地面0.3～0.5米的台基。以每座基址的中心点计算，其间距为13～17米。每座基址上均有十字形的沟槽，其中心都有一个直径约1.2米的柱坑，周边有比较密集的柱洞。虽经仔细清理，始终没有发现门道。以往有学者据其形状结构并结合民族学材料，推测是

---

① 夏商周断代工程专家组：《夏商周断代工程1996—2000年阶段成果报告·简本》，世界图书出版公司北京公司，2000年，第70页。

② 陈旭：《商代隞都探寻》，《郑州大学学报（哲学社会科学版）》1991年第5期；《郑州小双桥商代遗址的年代和性质》，《中原文物》1995年第1期；《郑州小双桥遗址即隞都说》，《中原文物》1997年第2期。

③ 河南省文物研究所：《郑州商城考古新发现与研究（1985～1992）》，中州古籍出版社，1993年，第5页。

④ 中国社会科学院考古研究所等：《夏县东下冯》，文物出版社，1988年，第148～153页。

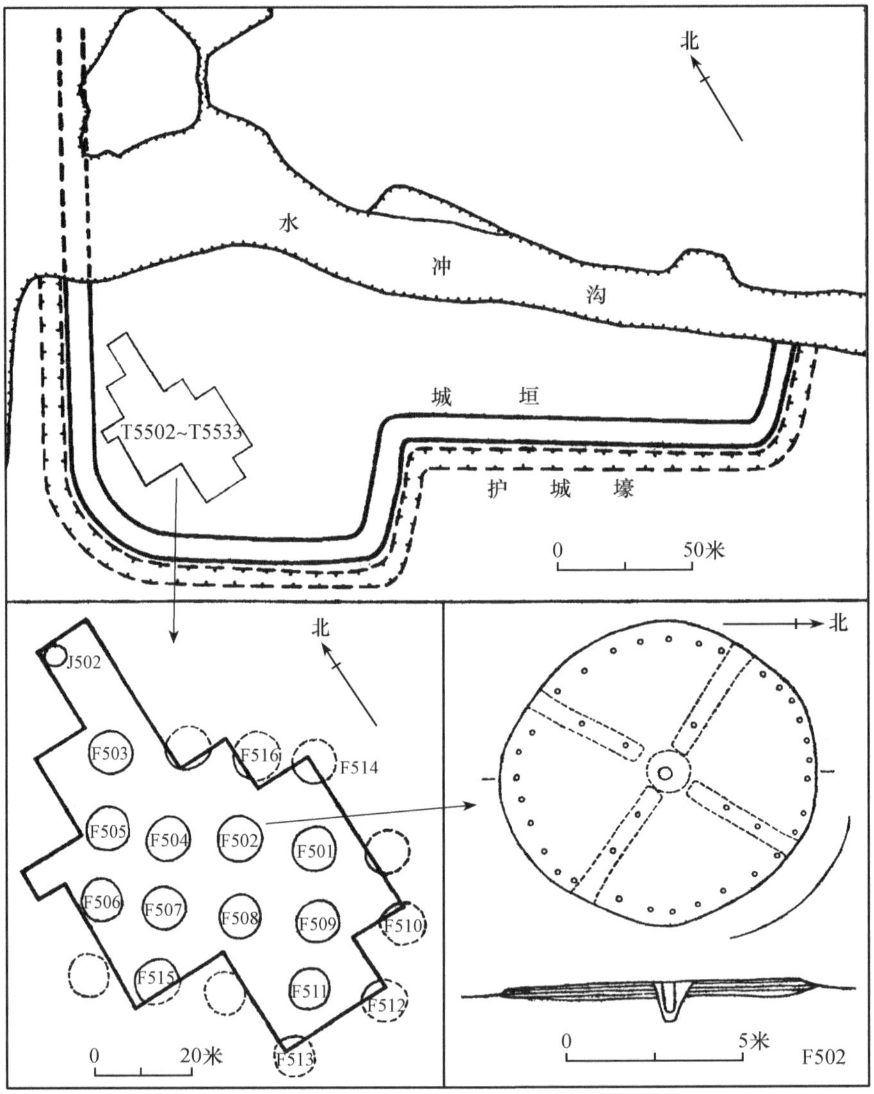

图3-4 夏县东下冯商城平面与仓储建筑分布图

干栏式的仓储设施[①]，也有人认为是粮仓[②]或盐仓[③]。最近有学者通过对这批建筑基址上采集土样的分析，发现钠化合物的比重较高，从而确认其很可能就是储盐的专用仓库[④]。

东下冯商城直接建筑在二里头文化时期的环壕聚落之上，始建年代约当二里冈下层二期，一直沿用至二里冈上层偏晚阶段。

---

① 杭侃：《夏县东下冯的圆形建筑浅析》，《中国文物报》1996年6月2日彩版。

② 程平山、周军：《东下冯商城内圆形建筑基址性质略析》，《中原文物》1998年第1期。

③ 刘莉、陈星灿：《城：夏商时期对自然资源的控制问题》，《东南文化》2000年第3期。

④ 赵春燕：《东下冯遗址圆形建筑土壤的化学成分分析》，《考古学集刊》第18集，科学出版社，2010年。

五、垣曲商城

垣曲商城位于山西垣曲县古城镇南关，地处黄河及其支流亳清河交汇处的三级台地之上，北、东、南三面环水，唯西面有陆路相通，所凭地势颇有利于军事防御。该城平面略呈梯形，南宽北窄，墙体较直，东墙与南墙因临近河流和冲沟，部分地段已被冲毁。依据现存状况估测，城址周长约1470米，总面积约13万平方米[①]（图3-5）。

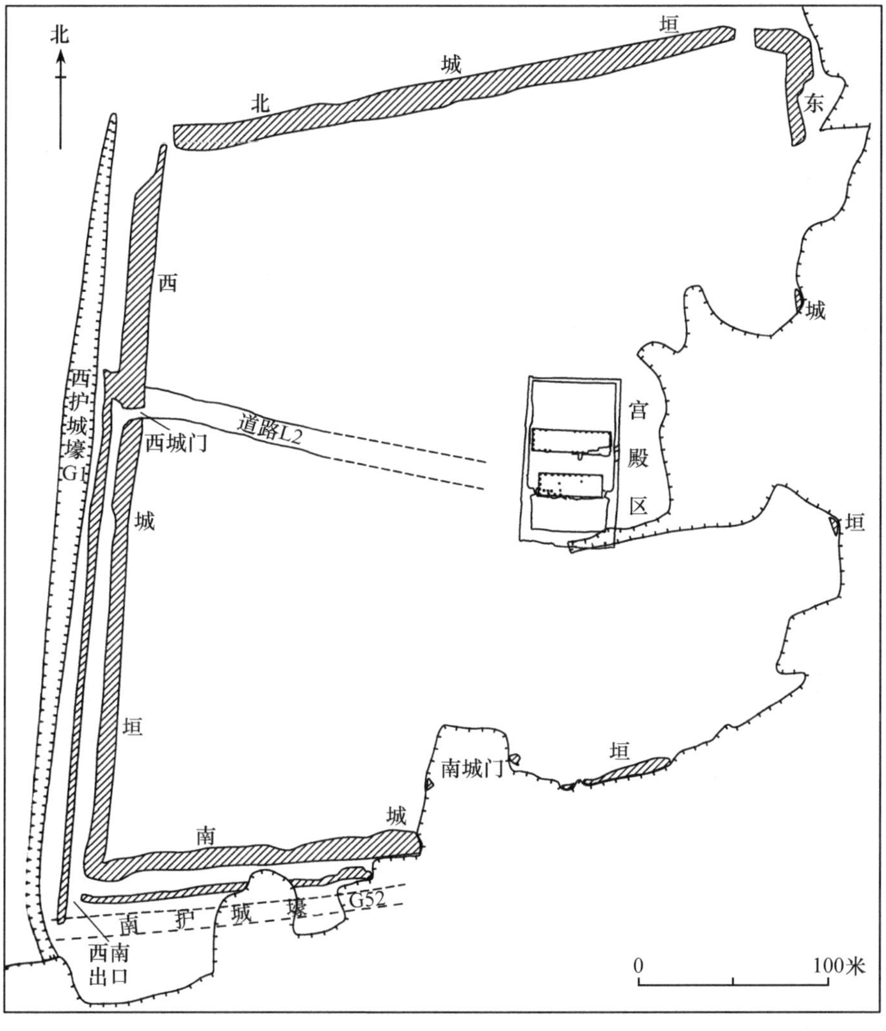

图3-5　垣曲商城平面图

［采自中国国家博物馆田野考古研究中心等《垣曲商城（二）——1988～2003年度考古发掘报告》图二，科学出版社，2014年］

---

① 中国历史博物馆考古部等：《垣曲商城1985—1986年度勘查报告》，科学出版社，1996年。中国国家博物馆田野考古研究中心等：《垣曲商城（二）——1988～2003年度考古发掘报告》，科学出版社，2014年。

勘探与试掘表明，该城东墙与北墙为单墙，而西墙和南墙至少半段由内外两道夹墙构成，西墙外侧还挖有护城壕，对西侧外墙和南侧外墙之间的门道略呈环抱之势。北、西、南三面城墙发现的缺口，应为城门。由西面陆路而来者，皆须先过城壕，再由西南城角经内、外两墙之间的长通道，才能进入西门或南门，显示了极强的军事防御意图。我们认为，该夹墙的设置不仅仅是为了军事防御，更可能是作为城内作坊冶炼出的铜料运输到南城外的隐秘通道①。与西南入口相对应的城址东北角的北城门，出门即为亳清河岸阶地，此门的设置，多半出于城内居民平时生产、生活的需要。

宫殿区位于城内中部偏东，平面呈南北向长方形，是由南北并列的两座大型夯土基址为中心、四周环以围墙所构成的一组前后三进的院落式建筑群，其基本布局遵循东西对称的原则。两座夯土台基平面均为长方形，基本为正方向，间距11.5米。城内已发现的道路不多，其中以宫殿区与西城门之间的一条最为重要。在西城门内外，分布着一些祭祀遗迹，有的内有人牲。城内的东部、南部则为当时主要的居住区、作坊区和墓葬区。所发现的房址为半地穴式，单间或双间。墓葬就分布在居址附近，多为小型长方形土坑竖穴墓。在城内南部和西南部都发现有制陶作坊和冶铜遗存。

垣曲商城始建于二里冈下层二期，延续使用至二里冈上层二期而废弃。需要说明的是，垣曲商城也直接营筑于二里头文化晚期的大型环壕聚落之上，不仅二里头文化时期部分地段的壕沟与商城的城墙大体重合，甚至由西城门通往宫殿区的路沟直接利用了二里头文化时期即已存在的道路。

六、黄陂盘龙城商城

盘龙城商城位于湖北武汉市黄陂区滠口镇，南濒府河（即涢水），东、北临盘龙湖。以往所说的盘龙城商城，实际是一个以小型城址为中心及其附近的王家嘴、李家嘴、杨家嘴、杨家湾、楼子湾等遗址点共同构成的遗址群。城址平面略呈平行四边形，城垣周长约1100米，面积约7.5万平方米。四面城垣外陡内坡，四角呈圆弧状，中部均有一座城门。城垣分主体墙和护坡两部分，墙体与护坡之间残留有分段版筑的印痕。城垣外有护城壕，与城垣走向基本一致，但各段口部宽窄不同。城内东北高地是大型建筑群所在，已揭露出F1、F2两座大型夯土建筑基址和F3局部。城内西南部是低洼地，耕土层下即为很深的淤土，推测应是一处池塘②（图3-6）。

盘龙城遗址群是二里头、二里冈文化向南扩张过程中在江汉地区形成的规模最大的中心聚落，其聚落布局大体经历了起始、繁盛、衰落三个阶段性变化：约当二里头文化三、四期时，聚落在王家嘴一带开始形成，虽有丰富堆积，但规模不大，尚未见高等级的遗迹现象；进入二里冈下层一期时，在王家嘴聚落区以北开始兴建大型夯土建筑，稍晚以F1、

① 胡子尧、井中伟：《垣曲商城夹墙设施功能探析》，《考古与文物》2019年第4期。

② 湖北省文物考古研究所：《盘龙城——1963～1994年考古发掘报告》，文物出版社，2001年。

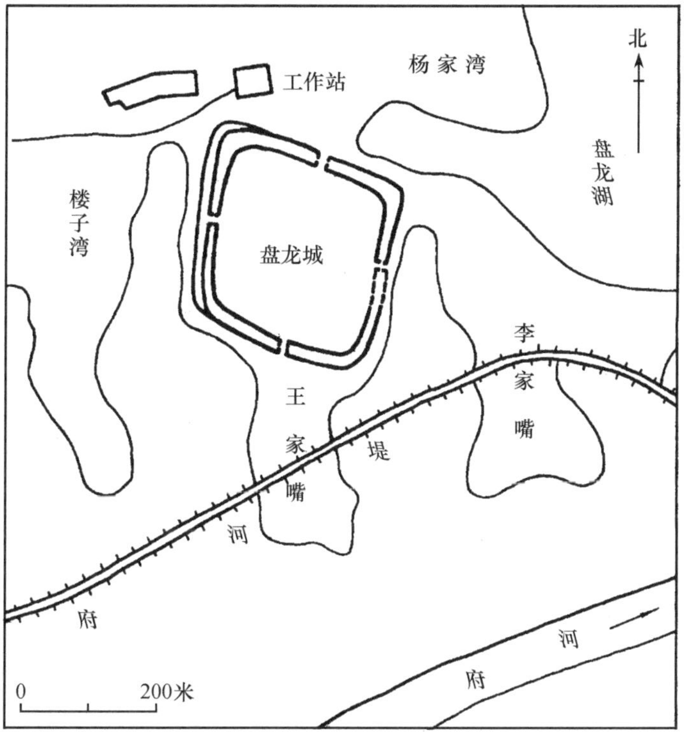

图3-6　黄陂盘龙城商城平面图

（采自湖北省文物考古研究所《盘龙城——1963～1994年考古发掘报告》图三，文物出版社，2001年）

F2为标志的宫殿区形成，其外有城垣拱卫，东南侧的李家嘴一带被辟为高等级的墓葬区；至二里冈上层二期，原有的宫殿区被废弃，新的大型建筑和贵族墓地出现在盘龙城以北的杨家湾一带，普通居民点明显萧条①。总体来看，盘龙城的聚落布局变化以高等级社会活动场所为重心，呈现出北移、迁高、向湖以及联动性，其演进背景和动因尚需深入探究。

七、焦作府城商城

府城商城位于河南焦作市西南郊府城村西北部的台地上，北依太行，南临沁河。城址平面近正方形，面积约8.5万平方米。在城内北部偏东处共发现夯土基址4处，四者之间有叠压打破关系。从已发掘的一号基址西半部看，整个基址系由南北三进殿堂和两座庭院组成，所谓的“前殿”实际上可能是与东西两侧廊庑相连的门塾类建筑，而左右的“配殿”“北殿”及北院东西两侧的回廊从现存宽度来看，都远逊于“正殿”的宽度，可能都属廊庑一类的建筑②（图3-7）。

① 张昌平、孙卓：《盘龙城聚落布局研究》，《考古学报》2017年第4期。

② 杨贵金、张立东：《焦作市府城古城遗址调查报告》，《华夏考古》1994年第1期。袁广阔、秦小丽、杨贵金：《河南焦作市府城遗址发掘简报》，《华夏考古》2000年第2期。袁广阔、秦小丽：《河南焦作府城遗址发掘报告》，《考古学报》2000年第4期。

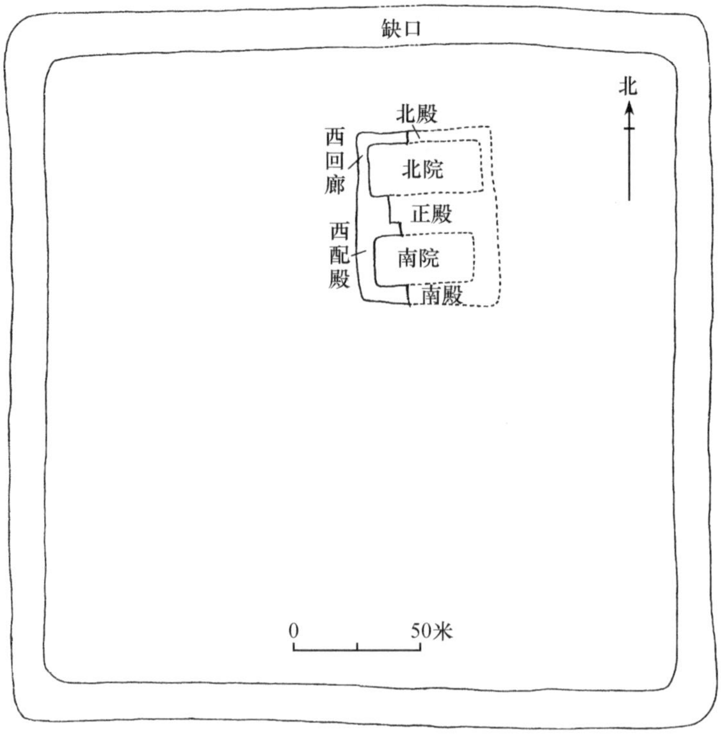

图3-7　焦作府城商城平面图

（采自袁广阔、秦小丽《河南焦作府城遗址发掘报告》图一八，《考古学报》2000年第4期）

经钻探，城内东部间杂分布有路土、夯土、烧土和灰坑，推测为居住区。还发现一小片石料和石器半成品集中堆放的场所，似为石器作坊。在东城墙内侧发现分布较为密集的灰坑，加之出土有不少陶质生活器皿、制陶工具以及骨镞、骨匕等生产、生活用具，推测当时城内也应存在制陶和制骨作坊。而在城墙以外，调查时未发现任何商代遗物，表明当时的居住和活动主要局限在城内。

根据层位关系及出土陶器，发掘者认为一号基址的始建和使用年代当不晚于二里冈下层二期，那么叠压于一号基址之下的三号、五号基址要相对更早些。至于城墙，发掘者推测至迟是与一号基址同时修建的，城墙和夯土基址的废弃年代皆为二里冈上层二期偏晚。

八、新郑望京楼商城

望京楼商城位于河南新郑市区北4千米的新村镇望京楼水库东侧，北距郑州市区38千米。城址是在二里头文化城址的基础上建造而成，亦由外城和内城组成。外城沿袭使用二里头文化城址的外城，平面形状一致。内城较之于二里头文化城址的内城收缩了一圈，平面形状近菱形，面积约37万平方米。经解剖，城墙由基槽、主体墙及护坡组成。东城墙上每隔20米均匀分布有墙墩，用以加固城墙。护城壕紧贴城墙护坡，宽13～15、最深4.5米。目前城墙上共发现城门3座，东城墙2座、南城墙1座，东一城门和东二城门将东城墙分成三等份。东城墙在城门处向内拐折形成凹字形，城门两侧有立柱及附属设施，近似后来的瓮城功能，体现了浓重的军事防御色彩。目前城址内发现并发掘遗迹包括道路、大型夯土基址、祭祀坑、房基、灶、陶窑、灰坑、水井、墓葬等，大致可以划分出宫殿区、居住生活区、作坊区等功能区，井字道路网将各个功能区贯通起来。城内中南部发现一处大型回廊式夯土建筑基址，主殿坐北朝南，西、南、东有庑，中部为庭院[①]（图3-8）。

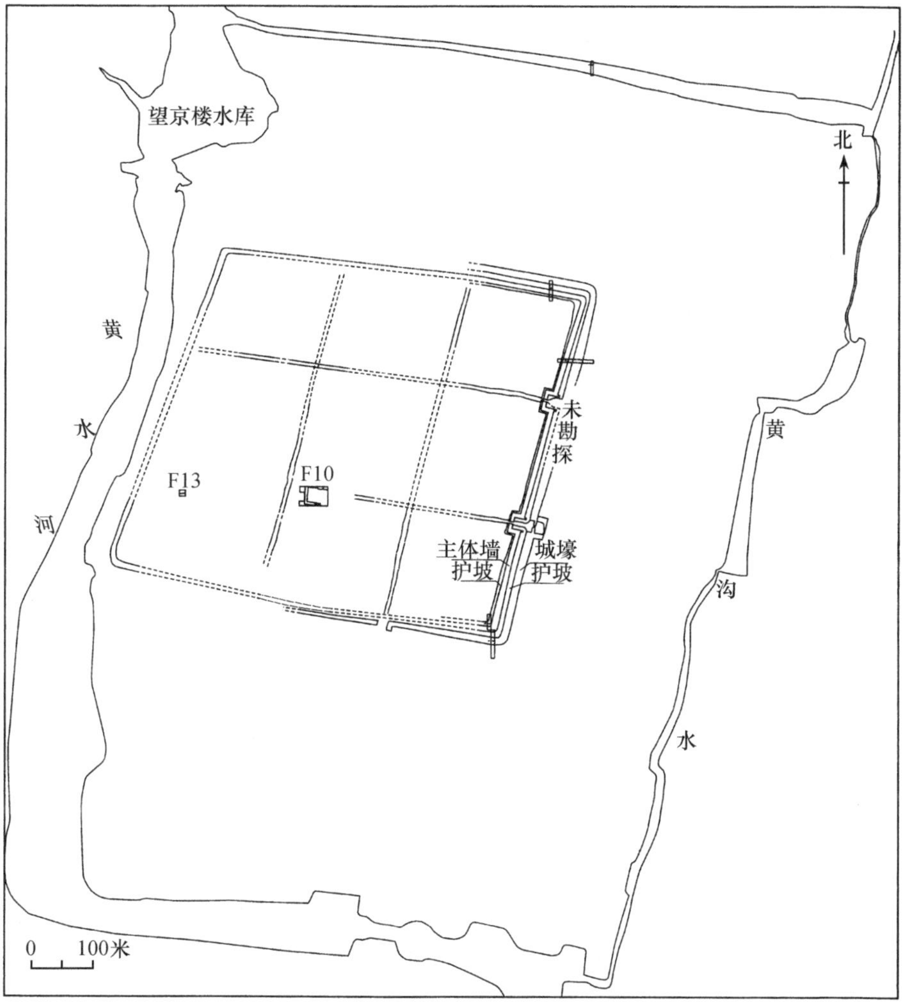

图3-8　新郑望京楼商城平面图

［采自郑州市文物考古研究院《新郑望京楼（2010～2012年田野考古发掘报告）》图三五五，科学出版社，2016年］

从地层关系及城内出土遗物推知，望京楼商城的始建年代不晚于二里冈下层二期，繁荣于二里冈上层一期，二里冈上层二期或略晚一段被废弃。

根据城址的规模、布局与遗存内涵的差异，可将上述城址划分为两类，其中前3处

① 郑州市文物考古研究院：《新郑望京楼（2010～2012年田野考古发掘报告）》，科学出版社，2016年。

为第一类，后5处为第二类。

第一类被绝大多数学者认可为具有王都性质的商代城址。尽管对三者开展工作的程度不同，却仍可归纳出这类城址已经或应当具备的共同特点：①均由内城（或宫城）与外郭城一起构成了内城外郭的城郭式布局。其中内城或宫城主要是宫殿区的防护设施，而郭城中则是中下层居民日常生活和从事各种活动的场所，体现了“筑城以卫君，造郭以守民”的礼制观念。②都有相当可观的聚落规模。最大的郑州商城内城面积可达25平方千米，直逼晚商的国都安阳殷墟（36平方千米）。偃师商城小城的面积也有86万平方米，大城达到190万平方米。这显然都是当时普通聚落面积的几倍到几十倍，体现了王都内人口的高度集中。③都有位置突出、规模巨大、布局严谨的宫殿区或宫城。《吕氏春秋·慎势》云：“古之王者，择天下之中而立国，择国之中而立宫。”第一类城址的确在一定程度上反映了“择中立宫”的建筑思想。④宫城、内城乃至主要的宫室建筑的朝向大都为南偏西，与二里头夏都宫城及主要建筑面向东南有别[①]，暗示出商人在建城、作宫室方面已形成一套自身特色的制度。⑤郭城内外有多处大小不等、功能各异的手工业作坊。其中郑州商城、偃师商城与小双桥遗址都已发现铸铜、制陶和制骨作坊或其迹象，这在一定程度上体现了都城作为经济中心的重要职能。

第二类城址存在如下几点共同特征：①规模较之第一类城址都要小得多，面积相差几倍到几十倍。②从布局较清楚的垣曲商城、府城商城和盘龙城商城看，都有高级别的大型建筑区，这些大型建筑区都有围墙与同时期的普通居民点、墓葬区和手工业作坊区相隔离，体现出分层社会的特征。这种布局模式显然也具备了城郭式布局的基本特点，只不过规模大小有别，围墙宽厚不等，实际上可谓是第一类城址内城外郭式布局的缩影。而新发现的新郑望京楼早商城址则是明显的内城外郭式布局。当然，5处城址的具体布局亦有不同。地处晋南和豫北的3处城址，其城垣不仅将大型建筑区，亦将一般的居民点、墓葬群、手工业作坊围护在城内。新郑望京楼城址也可能属此类布局。而盘龙城商城的城垣却只将大型建筑区环卫其中，其他功能区则置于城外。之所以如此，很可能就是由盘龙城遗址群所处的复杂地势所决定的。③新郑望京楼、垣曲、府城与盘龙城商城都有一组庭院式的大型建筑，院内有一两座相对独立的长方形夯土建筑基址。推测东下冯商城亦当如是。从已发掘的盘龙城商城F1和F2来看，居于南侧的F2规模略小，无木骨泥墙隔间，居于北侧的F1规模稍大，为木骨泥墙分隔成四间。这种布局与结构特点，与偃师商城宫殿区西区建筑中的南部和中部的夯土基址类同，而缺少后者居于北侧的排房式建筑。表明这第二类商城中所见的大型建筑区只具备第一类商城宫殿区建筑中的部分功能。④垣曲、东下冯、府城、盘龙城4座城址都已

① 杨锡璋：《殷人尊东北方位》，《庆祝苏秉琦考古五十五年论文集》，文物出版社，1989年。1995年杨鸿勋先生在“中国商文化国际学术讨论会”上明确提出夏商两代宫殿建筑的朝向不同，见《“中国商文化国际学术讨论会”述要》，《考古》1995年第9期。

发现一些手工业作坊或与作坊有关的迹象。其中垣曲商城已发现制陶作坊，盘龙城商城发现有制陶作坊和冶铜作坊，府城商城曾勘探到石器作坊。东下冯商城虽发掘面积有限，却发现有铸造小件青铜器的石范和一些铜炼渣，表明至少也当存在铸铜作坊。结合出土遗物看，这些商城在各自所处的地区都无疑扮演着区域性经济中心的角色。⑤在建筑朝向上，除垣曲商城及其内“宫殿区”大体坐北朝南、接近正方向之外，东下冯、府城、盘龙城三座城址方向皆为北偏东，偏差4°～45°。大型建筑的方向皆与城址方向相同，面朝南偏西。⑥5处城址从选址到筑城，都体现出不同程度的军事色彩。其中尤以垣曲商城和盘龙城商城最为突出，二者皆三面环水，据守险要地势，且城外依然设壕，甚至在入口处筑出类似瓮门的夹墙①。望京楼城址不仅有外郭城和城壕，已发掘的内城东门还设计成凹字形，更加类似于后世的瓮城。东下冯商城的城外亦有壕，城内西南隅还有大片仓储设施。凡此都体现出几处商城作为区域性军事中心的职能。

关于第二类城址的性质，主要有军事重镇和方国之都两种意见。通过与第一类城址比较，可知它们在聚落规模与布局、高规格建筑选址与朝向、手工业作坊及军事防御等方面基本一致，有些即使存在差别，也多半是程度上的差异，而最明显、最富本质性的差异体现在第一类城址有宗庙建筑，第二类则无。至于大型建筑附近的祭祀区与池苑区的有无，也是二者的显著标志。《左传·庄公二十八年》：“凡邑有宗庙先君之主曰都，无曰邑。”由此可知，第二类城址应当是由商王室直接设置和控制的“邑”，我们姑且称之为直辖邑，它们绝非一般的城邑，而是所在地区的政治、军事和经济等方面的综合性中心②。

第二类城址的始建大致都在二里冈下层偏晚阶段或稍早，此时正值郑州与偃师商城这两大都城同时繁荣的时期，是早商王朝实力强盛之时。它们在初建时均选在彼时二里冈文化分布的边缘地带或是交通要道上，有的还靠近重要的资源产地，在设置上具有明显的军事目的，很可能正是出于商王朝向周边扩张实力、掠夺和控制资源的需要。东下冯商城位于水热条件优越、物产富饶的晋西南运城盆地，属于二里冈文化分布的西北边缘，该城西南距著名的盐池仅约30千米，加之城内西南隅建有高规格的仓储设施，所以它很可能是一处控制和集结晋西南重要物资的军事性质的城邑。垣曲商城地处当时偃师商城、郑州商城所在的王畿之地通往蕴藏有丰富铜矿和盐矿资源的晋西南地区的交通要冲，这种依凭天险、控扼要津的城堡更有可能是由商王朝直接控制的城邑。而且，二城所选的具体位置还正好是二里头文化时期的环壕聚落之上，所以无论是从控制晋西南的土地和矿产资源的角度，还是管控夏遗民或土著居民的角度，二城的设置都体现出很强的军事意图。府城商城始建于二里冈下层晚段及稍早，正是

① 董琦：《瓮城溯源——垣曲商城遗址研究之一》，《文物季刊》1994年第4期。

② 王立新：《从早商城址看商王朝早期的都与直辖邑》，《新果集——庆祝林沄先生七十华诞论文集》，科学出版社，2009年。

原先商文化主要分布区居民大量外迁而导致豫北冀南地区出现“文化空白”的阶段，所以初建时的府城商城亦可谓文化分布的边缘地带。盘龙城商城位于二里冈文化分布的南缘，又靠近当时主要的铜矿产地，自身又有相当规模的冶铜遗迹，所以多被学者认为是控扼长江水道、保障铜矿资源向国都供应的一个重要军事据点。而新发现的望京楼城址则不仅是拱卫郑州商城南面的一个军事重镇，同时也是南下连接鄂东北与江淮地区的一个重要节点。目前这类直辖邑的辨识和将来的进一步确认，对于深入认识商王朝的国家形式，无疑具有十分重要的意义。

第三节　文化分布与区域类型

一、文化分布

分期研究表明，二里冈文化的空间分布范围并非自始至终处于稳定状态，其在不同时期（或阶段）会有扩张或收缩。因此，这就需要我们从发展的、动态的角度来认识二里冈文化的分布过程及其文化分布态势背后所蕴含的史实①。

二里冈下层一期时，二里冈文化的分布范围比较小，主要分布于河南省中西部的郑州—伊洛一线，兼及晋南和关中东部地区，这一分布范围大致与二里头文化的中心分布区相重合（图3-9：1）。目前来看，属于此期的遗址虽然发现不多，但其中郑州商城和偃师商城两个王都性质的遗址已经出现，而且偃师商城就设在距夏朝王都二里头遗址仅6千米的洛河北岸。这种分布态势说明商汤灭夏之后的一段时间内，商人的经略重点放在了“有夏之居”的范围内，而此时位于二里头遗址附近的偃师商城很可能是为统治夏遗民而专设的，这也正是该城在始建之初既已步入繁荣期的内在需要。

需要说明的是，位居长江沿岸的黄陂盘龙城遗址也发现有二里冈下层一期或稍早阶段的遗存，文化面貌与郑州地区同期遗存十分接近，尤其是与南关外期遗存有着更为直接的联系。这个地点在鄂东北地区的出现很突兀，类似于“飞地”性质，说明刚刚在郑洛地区立足的商人立即显示出对此地的关注②。

二里冈下层二期时，二里冈文化的分布范围有所扩大，向北抵达冀南邯郸一带，向东占据豫东和江淮地区西部，向南已占据鄂东北的长江沿岸。从此期二里冈文化的总体分布态势看，商人扩展势力的重点显然是针对东南方和南方的（图3-9：2）。而此时郑州商城开始步入自身的繁荣期的现象恐怕也不是偶然的巧合，似乎正是适合于商人向东南和南方等地扩张的需要。江淮地区和鄂东北一带所迫近的皖南—赣东北地

① 王立新：《早商文化研究》，高等教育出版社，1998年，第123～134页。

② 王立新、胡保华：《试论下七垣文化的南下》，《考古学研究（八）——邹衡先生逝世五周年纪念文集》，科学出版社，2011年。

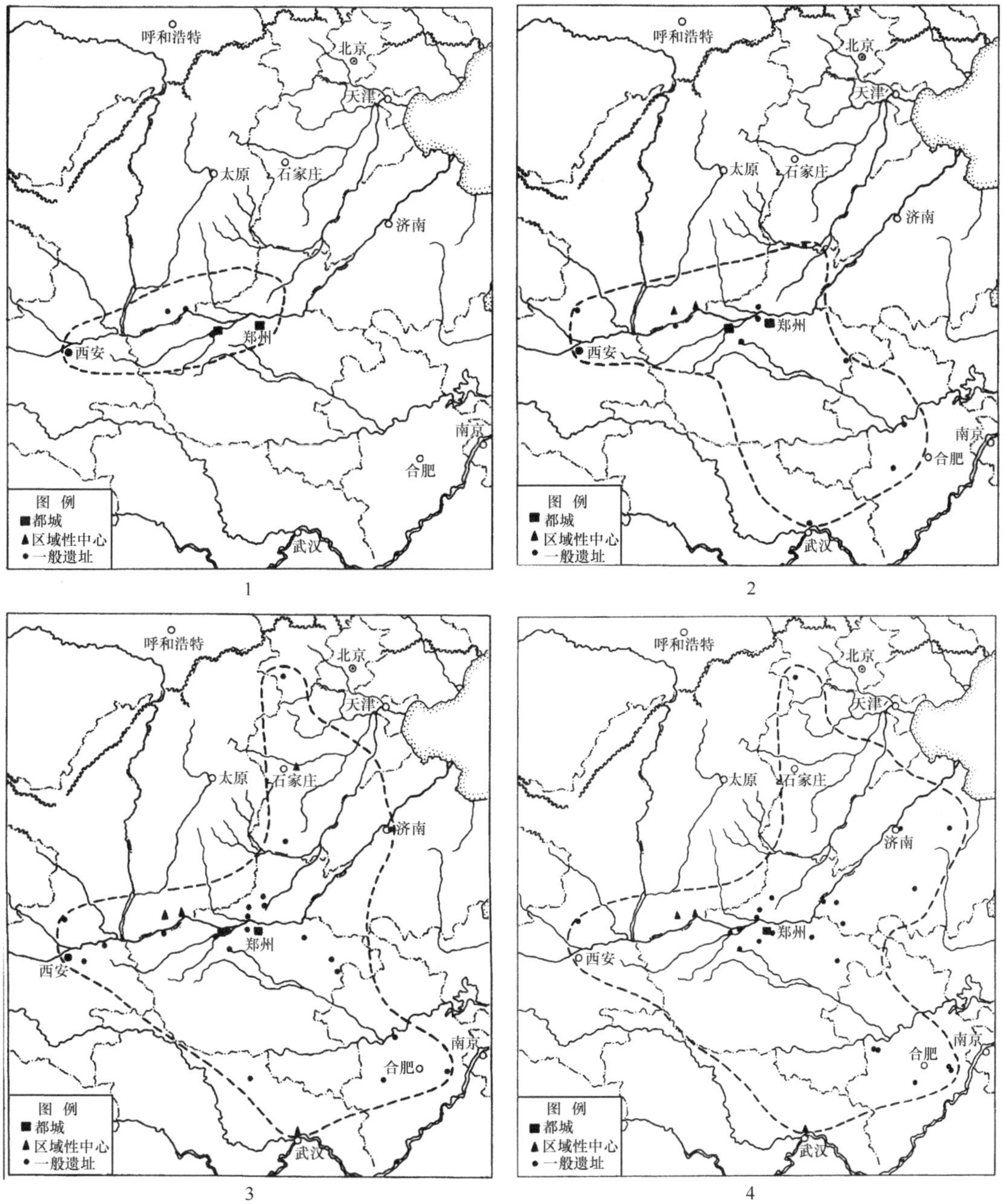

图3-9 二里冈文化动态分布示意图

1. 二里冈下层一期 2. 二里冈下层二期 3. 二里冈上层一期 4. 二里冈上层二期

（依据王立新《早商文化研究》图五至图八绘制，高等教育出版社，1998年）

区，不仅是当今我国铜矿的一大产地，也是古代著名的产铜中心。在《禹贡》所描绘的蓝图里，这里古扬州的居民即已开始向中原王朝“贡奉”制作青铜器具的原料。灭夏之后的商人自然不会放弃对此事的关心，所以商人势力进入江淮地区和鄂东北而直逼铜矿产地，控制和攫取铜矿资源的意图相当明显。不过，从郑州以西发现的此期遗址点渐多的现象看，在前期二里冈文化分布所及的范围内，商人的势力似乎也得到了一定程度的加强。而且东下冯商城和垣曲商城此时都已成为晋西南地区的军事重镇，其目的当是更便于控制和攫取当地的河东池盐和铜、锡、铅等金属矿藏①。

二里冈上层一期时，二里冈文化达到全盛，偃师商城和郑州商城同处于繁荣时期，商人已对以两都为中心的广大地区实行了有效的控制，其势力已达巅峰状态。至少与此同时，晋西南的东下冯商城和垣曲商城、鄂东北的盘龙城商城和冀中的藁城台西遗址等，从其规格上看都已成为区域性的控制中心。文化分布范围北抵太行山以北的壶流河流域，向东延伸至山东省的西半部和江淮地区的东部。此期二里冈文化的分布之广，是商代以前任何一个考古学文化所无法比拟的。此时商人虽然进一步加强了对豫东、江淮和鄂东北地区的控制，而更重要的扩张目标显然是针对北方（图3-9：3）。商文化遗址向北方的扩展与其先前向西部渭河流域的突入，即沿黄土高原东、南两翼的伸展，恰好形成了对西北方晋陕高原的“钳形包围”或“犄角拱卫”之势②。联系到晚商武丁时期与西北方异族之间的频繁战争，则此时商文化的分布态势，很可能已体现了商人抵抗或遏制西北方业已强大起来的敌人的战略意图。

二里冈上层二期时，二里冈文化向外扩张的迅猛势头有所减弱，只是向山东腹地有所纵深（图3-9：4）。此时正当商王仲丁、外壬居隞时期前后。从文献上看，大约商王仲丁—河亶甲之时，东方蓝夷、班方等夷人不断侵扰商王朝，商王朝对其采用了征伐的手段。很可能是伴随着这种大规模的军事行动，商人的势力才深入到潍河以西之地。

二、区域类型

由于二里冈文化在扩大分布的过程中和新占区的原有文化发生碰撞和融合，使各地间的文化面貌在保持总体一致性的情况下还存在一定的自身特色。根据不同地区文化内涵的差异，可将二里冈文化区分为七个小区，即七个地方类型③（图3-10）。

（一）二里冈类型

以郑州二里冈遗址为代表。该类型的分布范围，东至鹿邑—柘城，西达华县，北抵邢台，南临桐柏山，中心区域为郑州—伊洛一线。时间上，二里冈类型贯穿于二里冈文化的全过程。

二里冈类型的郑州商城和偃师商城，均构筑有比较完整的防御体系。城内有大、中、小型建筑基址，与大型夯土宫殿相配套的还有供水与排水设施，如水井和排水沟等。中型基址的建造方法与大型基址略似；小型房基则多为半地穴式和地面式建筑，

① 刘莉、陈星灿：《城：夏商时期对自然资源的控制问题》，《东南文化》2000年第3期。

② 林沄：《商文化青铜器与北方地区青铜器关系之再研究》，《考古学文化论集（一）》，文物出版社，1987年。张忠培、朱延平、乔梁：《晋陕高原及关中地区商代考古学文化结构分析》，《内蒙古文物考古文集》（第一辑），中国大百科全书出版社，1994年。

③ 王立新：《早商文化研究》，高等教育出版社，1998年，第148～198页。

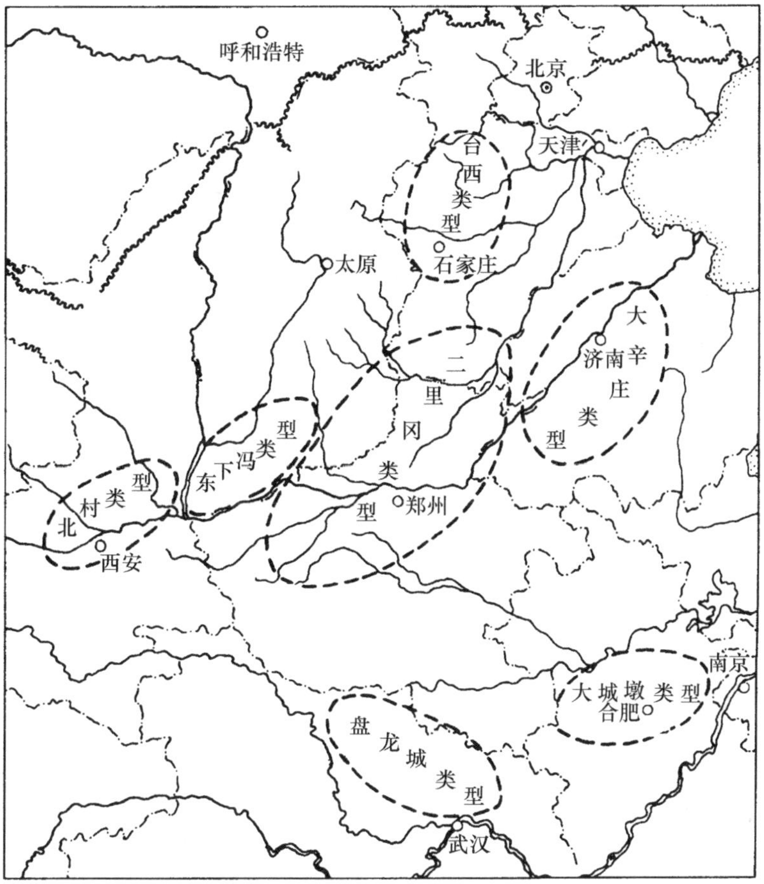

图3-10　二里冈文化区域类型分布示意图

（依据王立新《早商文化研究》图十一绘制，高等教育出版社，1998年）

有的在室内地面铺设白灰面。

二里冈类型普遍流行长方形竖穴土坑墓，墓内常见木棺（少数有椁）、熟土二层台和腰坑等设施。葬式多为仰身直肢或俯身。墓底腰坑内大多埋有殉狗。中型墓二层台上有的埋葬殉人。一般小墓多随葬鬲、盆、豆、簋、爵、斝等陶器中的几种，有的墓还随葬（涂朱）圆陶片。较高级的墓中多随葬青铜礼器、兵器和玉器等，其中青铜礼器基本组合以觚、爵、斝（或有鼎）为常见，玉器以柄形器最为多见。

二里冈类型流行圆形或长方形的深窖穴。发现埋有牲畜的祭祀坑。除普通的近方形或长方形竖穴式水井外，还有一种带有井坑、结构颇为复杂的水井。陶窑多为圆形，由窑室、窑箅、火膛、火门等部分组成，有的在火膛内还设有窑柱。

二里冈类型遗物种类丰富，其中最常见、最具代表性的仍是陶器，关于其基本构成详见本章第六节。至于青铜、玉、石、骨、角、蚌、牙器等，详见本章第五节。

二里冈类型遗址中多发现卜骨，一般是用牛、羊等肩胛骨修制而成，先钻后灼或直接灼，但未见有凿者。此外，二里冈遗址还出土了刻字骨的残片。

（二）北村类型

以陕西耀县（今铜川耀州区）北村遗址为代表[①]，属于该类型的遗址还有西安老牛坡、蓝田怀珍坊等。分布范围东至蓝田、华县之间，西达岐山、扶风一带，向北不过铜川，向南不逾秦岭，大致占有关中中部地区。时间上，北村类型也延续了整个二里冈文化时期。地域上，该类型是先占据西安—铜川一线以东，然后才向西推进到岐山、扶风一带。

北村类型的遗迹发现不多，灰坑有圆形、长方形和不规则形几种，缺乏二里冈类型中流行的深窖穴。墓葬均为小型长方形竖穴土坑，有的有腰坑，坑内有殉狗，葬式也见仰身直肢或俯身两种，随葬品多为1～2件陶鬲。此外，蓝田怀珍坊还发现有铸铜遗迹。

北村类型的遗物与二里冈类型大同小异。陶器都以泥质灰陶和夹砂灰陶为主，并有少量的黑陶、红陶和釉陶，只是北村类型早期夹砂褐陶的比例稍大。纹饰方面，北村类型的动物划纹、方格纹与雷纹的组合纹饰，圆圈纹和方格纹的组合纹饰等，不见于二里冈类型。器形方面，北村类型圜底器的比例远小于二里冈类型，而三足器正好相反。以鬲为主要炊器，兼用甗、豆、簋和圆腹罐，它们在全部器物中所占比例高于二里冈类型。体形粗矮的小型鬲颇有特色，与瘦高体者共存。圆腹罐领部较高，大都在口沿附加或按压花边，少数为双耳或双錾。小口瓮体形瘦高，折肩者数量较多，肩部多为素面，与二里冈类型者体形粗肥、多在肩部饰绳纹有所不同。甑底有7～9个圆孔，多于二里冈类型者。二里冈类型常见的深腹罐、鬲式斝、捏口罐、甑、爵等不见或少见于北村类型。北村类型的石、骨器及卜骨与二里冈类型者略同，但是石镰、蚌器却比较少见。

（三）东下冯类型

以夏县东下冯遗址第Ⅴ、Ⅵ期文化遗存为代表[②]，属于该类型的重要遗址还有垣曲商城。主要分布于原东下冯文化所占据的晋西南地区，其西、南两面以黄河为界，北面大致不逾霍山，东界尚难确定。年代上，基本处于整个二里冈文化时期。

东下冯类型发现有城址。城墙系夯土版筑，平地起建，两侧筑有护坡。东下冯商城城墙外侧挖有城壕，垣曲商城西、南两面建有双道墙体。垣曲商城城内中部偏东钻探出数座夯土台基，而东下冯商城城内尚未发现规格较高的大中型建筑基址，却在城内西南部发掘出一片排列整齐的圆形建筑基址，此类建筑尚未见于其他早商遗址。

东下冯类型墓葬均为长方形竖穴土坑墓，墓内随葬少量陶器，以鬲、盆、豆较多见，个别随葬铜器的仅见爵，未发现腰坑。灰坑形式有圆形、椭圆形和不规则形等，缺乏二里冈类型中圆形和长方形的深窖穴。

东下冯类型的陶器，陶系与二里冈类型大致相同，而其夹砂陶多于泥质陶和不见黑陶的特点却有别于后者。纹饰以绳纹为主，素面和弦纹次之，并有少量的附加堆纹、

---

① 北京大学考古系商周组等：《陕西耀县北村遗址1984年发掘报告》，《考古学研究（二）》，北京大学出版社，1994年。

② 中国社会科学院考古研究所等：《夏县东下冯》，文物出版社，1988年，第148～207页。

人字纹、方格纹、云雷纹等。圜底器较少，平底器和凹圜底器相对较多。器类大多与二里冈类型互见，只是有些器物所占比例及其形态与二里冈类型有一定差异。如鬲领饰绳纹及袋足肥鼓；深腹罐领饰绳纹、鼓腹、凹圜底等；小口瓮肩部饰有竖绳纹、方格纹、菱形纹等；壶口为杯状、无圈足等特点均与二里冈类型者有别。东下冯类型的蛋形瓮、大口罐、甗式斝、三足杯等，均罕见或不见于二里冈类型；后者常见的刻槽盆、爵、斝等则少见于东下冯类型。常见的石、骨、角、蚌器等形制大都与二里冈类型者基本相同，铜工具、武器有刀、镞等小件器物，另发现有铸造铜斧的石范。

（四）盘龙城类型

以湖北黄陂盘龙城遗址为代表①。盘龙城类型主要分布于汉水以东，桐柏山以南，长江以北的地区。年代上，该类型自二里冈下层第一期延续至殷墟文化一期之前。

盘龙城商城是目前发现位置最偏南的一座早商文化城址，其夯土城墙略呈方形，城墙分段版筑，有护城坡，城墙外侧挖有城壕，宫殿基址位于城内东北部，城外设置手工业作坊和墓地等。因地势关系，其城墙的起伏状况和平面形状不甚规则。城内的三座大型基址都坐落在一个巨型的夯土台基之上。盘龙城商城附近发现的墓葬均为长方形竖穴土坑式，多有二层台和腰坑，坑内殉狗。使用木质棺椁，随葬青铜礼器和兵器等现象都与二里冈类型基本相同。

盘龙城类型陶器与二里冈类型的共性和差异都很明显。前者的鬲、甗、爵、斝、簋、豆、深腹盆、刻槽盆、单把圈足杯、大口尊、小口瓮等器类的形态与后者同类器相似。这组陶器在盘龙商城约占已复原器物的60%，显然在整个陶器群中居于主导地位。差异主要体现在：①从陶系来看，红陶所占比例过半，制法以手制为主。②二里冈类型的若干器类如深腹罐、盆形鼎、平口瓮、捏口罐等罕见或不见于盘龙城类型。另外，有些与二里冈类型相似的器物上也表现一些地方特色，如陶鬲作弧裆、平裆者为数较多，鬲沿下少见圆圈纹。③红褐色的厚胎粗陶大口缸数量特多且多饰方格纹。④硬陶和原始瓷器（尊、壶、瓮等）比例较高。

盘龙城类型发现大量的青铜容器、兵器和工具等，除了甗、簋等少数几种尚未见于二里冈类型外，其余均和二里冈类型的同类器比较接近，不过盘龙城类型青铜容器的独特之处也很明显。例如，有的觚细腰处外鼓、有的斝足断面为圆形等。兵器有钺、戈、矛、镞等；工具有锸、镢、斧、锛、凿、刀、鱼钩等。其中的矛和锸尚未见于二里冈类型。除了人字纹和菱形纹外，大多数铜器纹饰均同于二里冈类型。

（五）大城墩类型

以安徽含山大城墩遗址为代表②。大城墩类型主要分布在安徽江淮之间、霍山—巢

① 湖北省文物考古研究所：《盘龙城——1963～1994年考古发掘报告》，文物出版社，2001年。

② 安徽省文物考古研究所：《安徽含山大城墩遗址发掘报告》，《考古学集刊》第6集，中国社会科学出版社，1989年；《安徽含山大城墩遗址第四次发掘报告》，《考古》1989年第2期。

湖一线之北的大部分地区。年代上，该类型从二里冈下层晚段开始，延续到殷墟文化一期之前。

大城墩类型的陶器以灰陶为主，外表多饰绳纹，石器有锛、刀、璧、镞等，青铜器有斝，形制均同于二里冈类型。但夹砂陶远多于泥质陶，红褐陶所占比例较高，有一定数量篮纹。以鬲为主要炊器，兼用深腹罐、甗等。二里冈类型常见的直壁深腹盆、捏口罐、刻槽盆、平口瓮等均不见或少见于大城墩类型；大城墩类型的二足器、小口广折肩瓮等则不见于二里冈类型。大城墩类型与二里冈类型的同类器也有一定差别，如鬲的高宽比、口部特征、外表纹饰等均有所不同；大口尊不见特长颈、口径远大于肩径者。此外，还有些当地文化因素，其中有的是由斗鸡台文化延续下来的，如平沿罐、短沿粗陶缸等；有的可能是属于岳石文化因素，如有颈饰附加堆纹的深腹罐、内壁有凹槽的盘形豆、外表有凸棱的碗形豆以及半月形双孔石刀等。

（六）台西类型

以河北藁城台西遗址为代表①。分布范围北抵张家口地区，南与邢台地区为邻，东西两侧当以古黄河与太行山为界，遗址主要位于太行山东—东南麓的冲积平原上。年代上，台西类型自二里冈上层延续至殷墟文化一期之前。

台西遗址发现有半地穴式和地面夯土版筑式房基以及带木框的水井等，所见墓葬均为竖穴土坑式，多有二层台与腰坑，腰坑内殉狗，葬具多有木棺及墓中随葬陶器、铜器种类等与二里冈类型墓葬基本相同，但台西遗址还发现4座带壁龛的墓葬，壁龛设在死者头前，龛内放置随葬品。此外有些墓室狭长，并出现合葬墓，有的墓还随葬卜骨等，这些现象目前都不见于二里冈类型。

台西类型的陶器，常见器类鬲、甗、豆、簋、盆等与二里冈类型基本一致，有肩深腹、口径小于肩径的尊形器、敛口钵等则不见于二里冈类型。后者常见的大口尊、刻槽盆、捏口罐、大口缸等，台西类型少见或不见。此外，捏口罐是二里冈类型中的主要汲水用具，而在台西类型，除木桶用于汲水外，可能还用一种平底圆腹的小罐。青铜礼器和兵器形制与二里冈类型同类器相仿，但是兵器中的有銎戈、陨铁刃铜钺、戈矛联装戟及挹食器羊首匕等则独具特色。此外，台西类型的石、骨、蚌器基本同于二里冈类型，唯少数马鞍形凹背石刀不见于后者。

（七）大辛庄类型

以山东济南大辛庄遗址为代表②。大辛庄类型分布于山东省潍河以西的大部分地区，西南可至河南商丘的东北部，西北至少到达山东聊城东部和德州南部，这一分布范围基本包括了原岳石文化的主要分布区。年代上，该地区商文化遗存大致延续了二

---

① 河北省文物研究所：《藁城台西商代遗址》，文物出版社，1985年。

② 方辉：《大辛庄遗址研究》，科学出版社，2013年。

里冈上层至整个晚商时期。

大辛庄类型的陶器群明显地分为两类。第一类与典型的二里冈类型同类器相同或相近，多为饰绳纹的灰陶，包括绳纹鬲、绳纹甗、深腹罐、圆腹罐、簋、豆、爵、斝、大口尊、腹壁外敞或近直的深腹盆、中腹盆、小口瓮、捏口罐等。第二类与当地岳石文化因素有颇多的共同之处，多为夹砂红褐陶，多素面而常见刮抹痕，器类有素面鬲、素面甗、素面大口罐、素面罐形鼎、高圈足簋等。其中第一类比例较大，居于主导地位，决定了其文化性质；第二类比例较小，居于次要地位①。青铜容器和兵器、石质工具及卜骨等均与二里冈类型者大体一致，而半月形双孔石刀则应属岳石文化遗风。

上述七个类型均为二里冈文化的组成部分，其共性远远大于个性。二里冈文化的分布范围超过了二里头文化及以前任何一种考古学文化，甚至比晚商殷墟文化还要大。这种文化格局的形成应有多方面的原因，其中最重要的应是商王朝中央实力的增强和政治组织的完善。二里冈类型分布于二里冈文化的中心位置，是当时文化的辐辏之地。它肇始于成汤灭夏，在七个类型中形成年代最早。其社会发展水平最高，在二里冈文化的一统格局中显然处于主导地位，属于中心类型。其他六个类型都是由它派生出来的，是在二里冈类型向四外扩张传播的过程中吸收当地原有文化因素而逐渐形成的，它们犹如花瓣围拱着中心的“花蕊”——二里冈类型。

二里冈文化在自身发展、壮大的过程中，还不断向周边地区施加文化影响，不仅分布范围大于二里头文化，而且其影响范围和力度都远超二里头文化。尤其是在南方长江流域，二里冈式的陶器一直分布到湘江和赣江流域，铜器的分布似乎更远。前已述及，二里冈文化向南方的传播和渗透，其目的主要是商人为了控制铜矿产地，掠夺铜矿资源。而且，在商人向外扩张的过程中，黄陂盘龙城这样的区域性中心城邑就成了重要的跳板和战略上的桥头堡。在北方，二里冈文化不仅在分布上形成了针对晋陕高原地区的钳形包围之势，而且对被包围地区的文化也施加了很大程度的影响，甚至远在河套地区的朱开沟遗址中都发现有商文化风格的墓葬。

第四节　礼制与信仰

一、宫室建筑

如本章第二节所述，目前已知的8座二里冈文化城址中，除东下冯商城外，其余

① 徐基：《从济南大辛庄遗址的第二类遗存探索岳石文化的发展去向》，《辽海文物学刊》1990年第1期；《济南大辛庄商代文化遗存的再认识》，《中国商文化国际学术讨论会论文集》，中国大百科全书出版社，1998年。

7座城址均发现了大型夯土建筑基址。其中只有偃师商城宫城内宫殿区进行过全面勘探与发掘，虽然其经历了两次改扩建工程，但主体建筑东西分列的总体格局并没有发生根本性变化，东组建筑群始终以四号宫室建筑为核心，西组建筑群则始终保持前、中、后“三进院落式”布局，为研究商前期宫室建筑礼仪制度提供了最佳材料（图3-3：2）。

（一）偃师商城宫城东组建筑群

四号建筑基址东西全长51、南北宽约32米，面积约1632平方米。基址全系夯土筑成，原始地面已被破坏。正殿坐北朝南，台基四周立面使用白灰粉饰，沿残存台基夯土表面四周发现一周断断续续的圆形或椭圆形的“夯土柱墩”，南面有四个台阶，两侧用石片包嵌。正殿东、西、南三面均有庑，中间是宽阔的庭院，大门位于南庑中部偏东处。东庑的北、东、南三面围以木骨夯土墙，内部以夯土墙分隔成5室。西庑和南庑结构类似于东庑，其中西庑偏北部发现有侧门，门道宽约1米[①]（图3-11；图版4：3）。

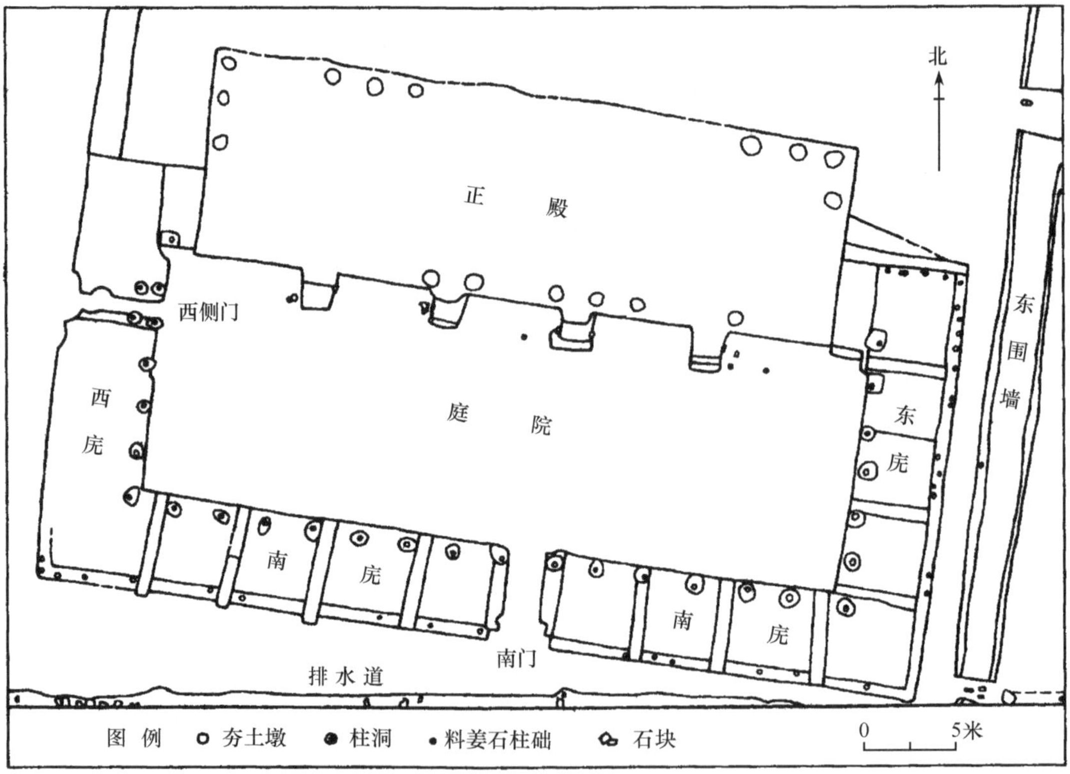

图3-11 偃师商城宫城四号宫室建筑基址平面图
（采自中国社会科学院考古研究所河南第二工作队《1984年春偃师尸乡沟商城宫殿遗址发掘简报》图二，《考古》1985年第4期）

① 中国社会科学院考古研究所河南第二工作队：《1984年春偃师尸乡沟商城宫殿基址发掘简报》，《考古》1985年第4期。

位于四号建筑南面的五号建筑基址东西长104、南北宽约91.3米，面积9000多平方米。总体布局与四号建筑相似，但其面积接近四号建筑的6倍。不同的是正殿东、西两侧有与正殿方向一致且较长的北庑，南庑的中部有宽大的门塾。正殿台基周边发现一周廊柱遗存，按位置复原，原应有廊柱48个，柱间距2.2 ~ 3.1米。正殿南面发现四处台阶，每处台阶两侧各有一埋狗的长方形小坑，狗头皆朝向大门①。

（二）偃师商城宫城西组建筑群

偃师商城宫城西组早期建筑群从南到北依次是七号、九号和十号基址，晚期建筑群从南到北依次是三号、二号和八号基址，早、晚期三个建筑单元的年代基本相同或交叠，彼此之间有过道或台阶相通，南北贯穿构成一个前、中、后“三进院落式”建筑群。

七号与后来原地新建的三号建筑位于西组建筑群的最南面，均由正殿、台阶、配殿、东庑、南庑、西庑等组成，中间是宽阔的庭院，宽大的门塾开在南庑中部，其南庑和西庑外墙皆充当了宫城的围墙。由于正殿基址上只发现一周外围柱洞，内部没有分隔空间的木骨墙遗迹，应属于敞亮的厅堂建筑。尽管一、二期宫城有南门，然则通过南庑大门及北庑东侧的过道同样可以进入宫城深处。其中三号建筑基址东西长104、中宽80.5米，面积近8000平方米②（图3-12）。

位于西组建筑群中间的九号与后来原地改扩建的二号建筑，正殿居中，左右厢均有附属建筑，庭院远不及七号和三号建筑的宽敞，台基南北两侧皆发现有台阶，方便人们从南、北方向进出殿堂，尤其显示出与北面建筑之间的联系是非常密切的。

位于西组建筑群最北面的十号与后来在其北侧新建的八号建筑，均为东西向单体排房式建筑，坐北朝南，没有附属建筑，规模较小。其中八号夯土台基东西长71、南北宽约7.7米，面积623.7平方米。根据木骨墙槽遗迹可知，房屋分8间，进深约4.6米，每间房屋都有单独朝南开的门，各房间彼此都不相通，似乎不存在主次从属关系③（图3-13；图版4：2）。

根据空间位置、建筑规模、结构组合以及院落遗迹等考古信息，并结合相关文献记载，一般认为偃师商城宫城以四号基址为核心的东组建筑群属于宗庙建筑，是供奉和祭祀商先公先王神主的地方④；西组“三进院落式”建筑群则属于朝寝建筑，即南面和中间的建筑应是与处理朝政有关的殿堂，分别相当于文献中所说的“外朝”和“内

① 中国社会科学院考古研究所河南第二工作队：《河南偃师尸乡沟商城第五号宫殿建筑基址发掘简报》，《考古》1988年第2期。

② 中国社会科学院考古研究所河南第二工作队：《河南偃师商城第三号宫殿建筑基址发掘简报》，《考古》2015年第12期。

③ 中国社会科学院考古研究所河南第二工作队：《河南偃师商城宫城第八号宫殿建筑基址的发掘》，《考古》2006年第6期。

④ 王学荣：《偃师商城第一期文化研究》，《三代考古（二）》，科学出版社，2006年。王震中：《商代都邑》（商代史·卷五），中国社会科学出版社，2010年。

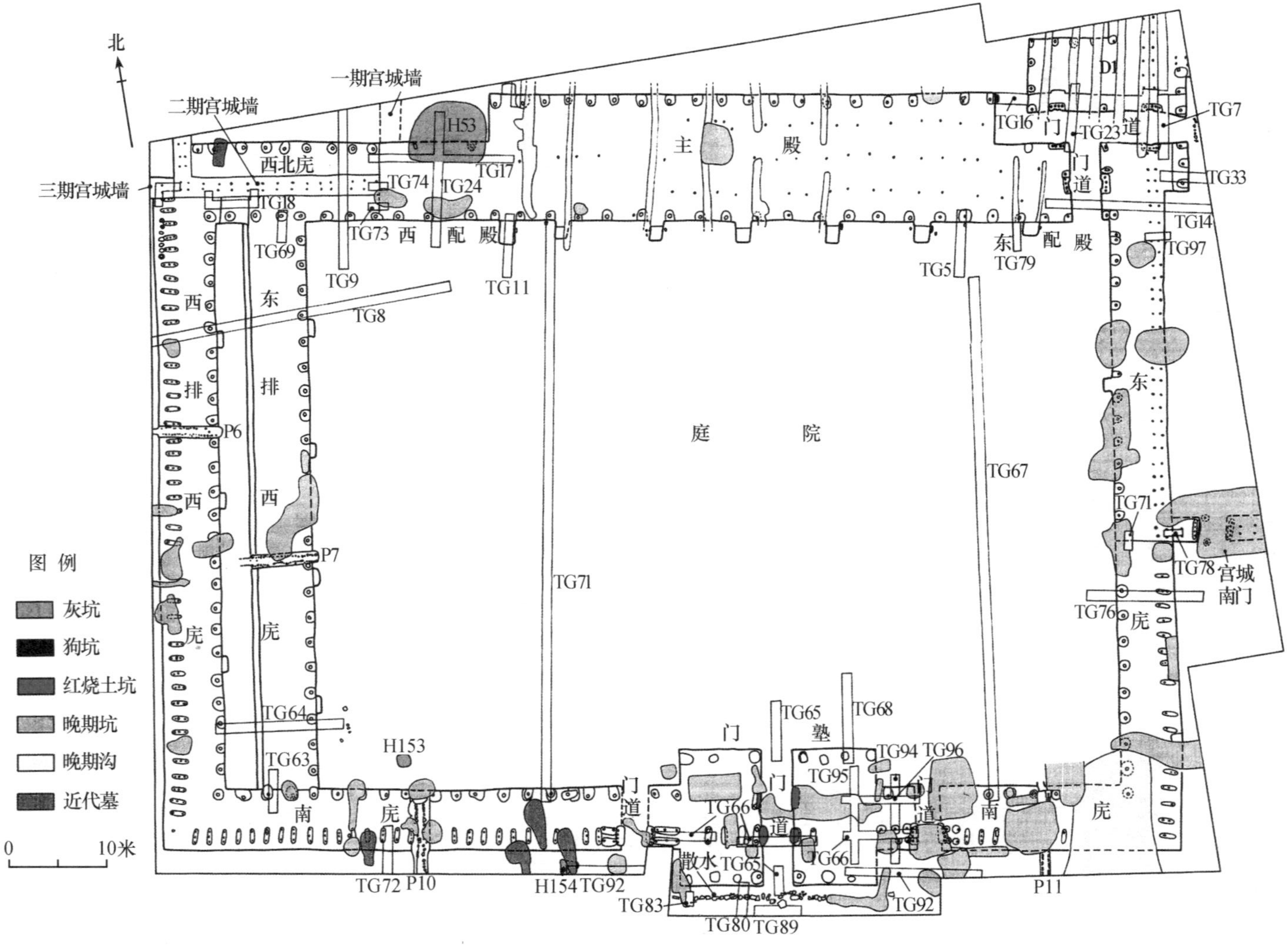

图3-12　偃师商城宫城三号宫室建筑基址平面图

（采自中国社会科学院考古研究所河南第二工作队《河南偃师商城宫城第三号宫殿建筑基址发掘简报》图三，《考古》2015年第12期）

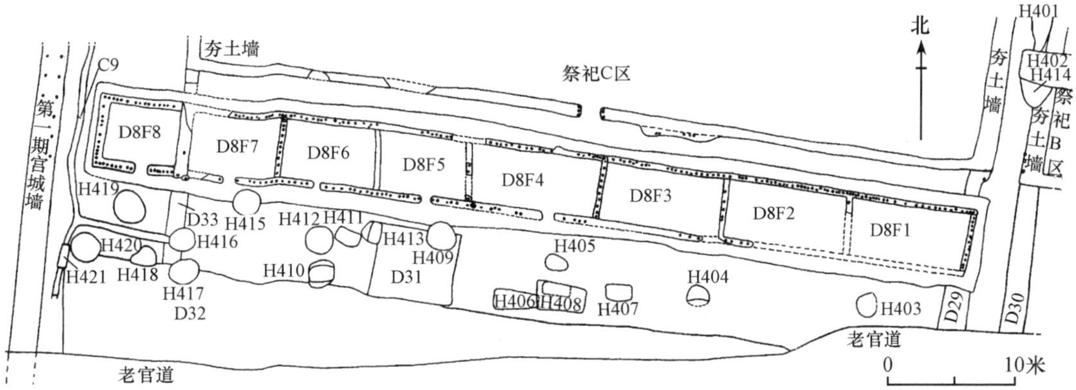

图3-13　偃师商城宫城八号宫室建筑基址平面图
（采自中国社会科学院考古研究所河南第二工作队《河南偃师商城宫城第八号宫殿建筑基址的发掘》图二，《考古》2006年第6期）

朝”中的“治朝”，北面的建筑当是商王及其配偶的居所，相当于“内朝”中的“燕朝”，也就是后世所谓的“寝殿”“后宫”①。由此形成了“宫庙分列”和“前朝后寝”的宫室礼仪制度。

值得一提的是，黄陂盘龙城商城也发现了一组“三进院落式”建筑群。三座建筑自西南向东北平行布列，F2居南，长方形夯土台基长29.95、宽12.7米，台基边缘有一周共28个大柱洞，形制似为一座宽敞的厅堂。F1居中，长方形夯土基址东西长39.8、南北宽12.3米，台基边缘有一周43个大柱洞，台基中央以木骨泥墙隔出并列的四室，东西两室南向开门，中间两室前后开门，室壁与檐柱之间形成一周回廊。这两座大型建筑皆坐北朝南，与城址方向基本一致。F3在F1的北侧，仅清理局部，台基为东西向长方形，南北宽仅5.1米，其余情况不明（图3-14）。

关于盘龙城这组宫室建筑的性质，杨鸿勋推定F1是“四室寝宫”，F2属于朝堂，F3可能是环绕F1、F2之外的廊庑建筑的一部分②。杜金鹏分析认为盘龙城这组宫室建筑与偃师商城宫城西组建筑群布局一致，位于南面的F2是“前殿”，为举行重要典礼的场所，即所谓“外朝”；位于中间的F1是日常理政场所，亦即所谓“内朝”；位于北面的F3是寝殿；这种南北贯通 “三进院落式”的“前朝后寝”格局与前者的复原方案存在差异③。此外，盘龙城东垣内侧、F2东南约80米处还发现有大柱洞，可能存在着东组建筑基址。这种方位错落的相对位置关系，虽然有别于偃师商城“宫庙”东西并列的布局，却与安阳殷墟晚商朝寝建筑和宗庙建筑的相对位置关系大致相同，需要引起关注并深入探究。

综上所述，与二里头文化宫室建筑相比，二里冈文化的宫室建筑在规划设计、总

① 杜金鹏：《偃师商城第八号宫殿建筑基址初步研究》，《考古》2006年第6期。

② 杨鸿勋：《从盘龙城商代宫殿遗址谈中国宫廷建筑发展的几个问题》，《文物》1976年第2期；《盘龙城商方国宫殿建筑复原研究》，《盘龙城——1963～1994年考古发掘报告》附录一一，文物出版社，2001年。

③ 杜金鹏：《盘龙城商代宫殿基址讨论》，《考古学报》2005年第2期。

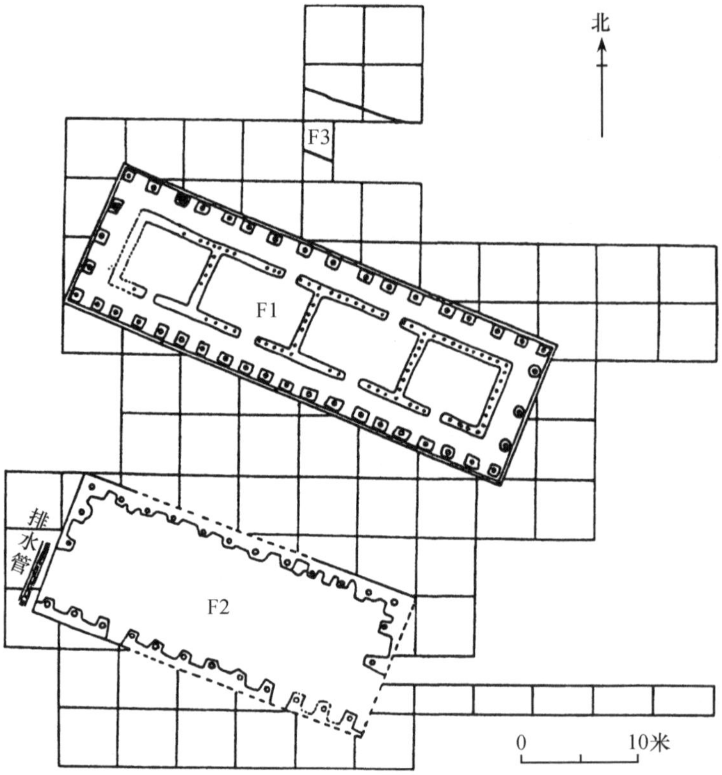

图3-14　黄陂盘龙城商城宫室建筑基址平面图

（采自湖北省文物考古研究所《盘龙城—1963～1994年考古发掘报告》图二三，文物出版社，2001年）

体布局、主殿结构以及礼仪制度等方面既有传承又有发展。主要体现在：①传承二里头文化“择中立宫”的规划思想，如偃师商城、垣曲商城和望京楼商城的大型宫室建筑均位于城址中心偏南位置。而郑州商城、府城商城和盘龙城商城的宫室建筑偏居城址东北，则体现了因地制宜的设计理念。②传承二里头文化宫室建筑非严格的中轴线对称的总体布局，即整个建筑（群）虽沿着一条南北中轴线左右对称，但大门一般偏于中轴线东侧[①]。二里头文化宫室建筑的朝向为南偏东，与磁北方向接近；而二里冈文化宫室建筑的朝向却为南偏西，与地理子午线方向接近，且城址与重要墓葬的方向与其大体一致，二者形成差异的原因很值得深入探讨[②]。③传承二里头文化宫室建筑主体殿堂坐北朝南、中间为庭院、四周有廊庑、南面开大门的相对封闭性院落结构，但二里冈文化宫室建筑的主体殿堂向北移，左右两侧连接北庑或配殿。④传承二里头文化宗庙与朝堂建筑东西并列的宫室礼仪制度，二里冈文化已形成了前、中、后“三进院落式”的朝寝建筑群，而二里头遗址宫城内尚未发现属于寝殿的建筑基址。假如存在的话，二里头寝殿当处在1号宫室建筑中轴线的北向延长线上，距离不会太远，规模要小于前者，有待将来的考古发掘予以验证。

① 郭明：《简论夏商周时期大型院落式建筑对称布局的演变》，《考古》2015年第3期。

② 杜金鹏：《偃师二里头夏都规划探论》，《夏商周考古学研究》，科学出版社，2007年。

二、墓葬特征[①]

（一）墓葬分布

目前已发现的二里冈文化墓葬有数百座，主要分布于以郑州商城和偃师商城为中心的郑州—洛阳一线。

郑州商城遗址内的墓葬，大致分为白家庄、人民公园、铭功路、杨庄、郑州市卷烟厂、二里冈、南关外、紫荆山等地点。目前郑州商城内城东北部的白家庄一带发现较多铜器墓，等级较高，内城的西、北、东城墙内侧发现有些墓葬打破城墙夯土。已发掘的内、外城之间的墓葬多分布在内城之外的东南、南、西、东北等地势较高处，且都未超出外郭城的范围。铭功路制陶作坊遗址中的墓葬普遍随葬较多陶器，应与作坊有密切关系，不少墓葬位于作坊房址内，可能具有奠基性质。南关外、紫荆山发现的墓葬有些形不规则或墓圹不明，死者姿势多不自然，似经捆缚，此类非正常埋葬或与附近铸铜作坊址的祭祀活动有关，应属祭祀性遗存。

偃师商城遗址内的墓葬，主要位于小城北墙和大城城墙内外两侧，以内侧居多，一般打破城墙附属堆积或与路土相互叠压，个别直接打破城墙夯土。这与郑州商城中沿内城城墙埋葬的现象类似。此外，在宫城内北部、大城内小城外也发现不少墓葬。值得注意的是，偃师商城有不少墓葬是埋在路土上的，如西二城门内的墓葬都叠压或直接打破城内路土，类似的现象还见于小城内外、小城东北隅及西南Ⅱ号建筑群内。发掘者认为这些墓葬都是在路土使用过程中埋入的，人死后选择正在使用的道路作为埋葬之所，似乎是一种有意识的行为[②]。

此外，二里冈文化墓葬还散见于豫北的辉县孟庄[③]和琉璃阁[④]、焦作南朱村[⑤]、武陟大驾村[⑥]，冀中的藁城台西，晋西南的夏县东下冯和垣曲商城以及湖北黄陂盘龙城等遗址。其中盘龙城遗址群内的墓葬，主要分布在城外四周的岗地上，以李家嘴铜器墓在当地等级最高。

（二）墓葬形制

二里冈文化墓葬的形制可分为长方形土坑竖穴墓、瓮棺葬、火葬墓和石棺墓四

① 郜向平：《商系墓葬研究》，科学出版社，2011年。

② 中国社会科学院考古研究所河南第二工作队：《河南偃师商城Ⅳ区1999年发掘简报》，《考古》2006年第6期。

③ 河南省文物考古研究所：《辉县孟庄》，中州古籍出版社，2003年。

④ 中国科学院考古研究所：《辉县发掘报告》，科学出版社，1956年。

⑤ 马全：《焦作南朱村发现商代墓》，《华夏考古》1988年第1期。

⑥ 武陟县文化馆：《武陟县早商墓葬清理简报》，《河南文博通讯》1980年第3期。

类。其中长方形土坑竖穴墓占绝大多数，一般使用木质棺椁作葬具或无葬具，葬式有仰身、俯身和侧身之分。瓮棺葬仅在垣曲商城发现2座，其中1座两罐对置，内葬一个儿童。火葬仅在郑州铭功路西侧发现1座，在墓底中间偏南处有一件陶瓮，瓮内盛有烧过的骨头，在瓮的下边有一个腰坑，坑内有一只殉狗。石棺墓仅在偃师商城发现1座，该墓为南北向竖穴，墓室四周用不规则石块垒砌，人骨周围撒有朱砂，有一腰坑，坑内埋有兽骨，随葬有青铜器（斝、爵）、陶器（鬲、盆、尊、簋、圆陶片）以及玉柄形器、石匕等。

根据墓穴规模、葬具和随葬品，长方形土坑竖穴墓又可分为大、中、小三型。

大型墓的墓穴面积在12平方米左右，有棺椁、腰坑和殉人，随葬品丰富，青铜容器有二三十件，还有大量青铜兵器、工具、大型玉戈等。以盘龙城李家嘴PLZM2为代表，墓坑口小底大，填土夯打得非常结实，棺椁具备。从填土坍塌、铜器被砸扁的情形，或推测原有紧贴墓壁的外椁。椁板内壁涂朱漆，外壁有用朱、黑二色漆绘的精细雕花，尚可见兽面、云雷纹图案残迹。墓底中部偏东有一腰坑，坑内的骨骼因腐朽难辨殉物，放置被打断三截的玉戈1件。墓内内外椁之间有殉人两具，其一是儿童；椁板上的人骨残缺散乱，且与随葬品混在一起，应为人牲。随葬铜器63件，包括容器、兵器和工具，凡酒器大都置于棺椁之间，只有罍置于内椁外的北端，而炊食器则都在内椁外，这种摆设方式应是商代礼器重酒组合的具体反映。玉器以大型玉戈最引人注目，还有柄形器、笄等，都放在棺内或棺椁之间。漆木器集中置于棺外的西北隅，有的雕饰花纹，因腐朽难辨器形。另有陶鬲、罐、缸及印纹硬陶尊、瓮等。该墓年代为二里冈上层一期或稍晚（图3-15）。

中型墓的墓穴面积一般在2～4平方米，有腰坑，有棺或无棺，有的有殉人。随葬少量青铜容器、兵器、陶器和玉器。青铜容器一般只有爵、斝各1件，或配以铜鼎、鬲或觚1件。

小型墓的墓穴面积在1平方米左右，多无木棺和腰坑。随葬品以陶器为主，或无随葬品，铜、玉器以及陶酒器罕见，随葬的陶器一般为用于日常生活的鬲、豆、簋、盆、罐等。

（三）墓室结构

1. 墓向

墓向一般是指墓葬中死者的头向。总体上看，二里冈文化的墓葬以北向为主，南向者次之，东、西向者数量很少。不同地点墓葬在方向上的差异当与不同人群的信仰、习俗有关，同时又可能会受到墓地环境、死者性别、死亡原因等因素的影响。

2. 葬具

二里冈文化墓葬的葬具主要是木质棺椁和用苇草等编织的席子，极个别墓则以石板和陶器为葬具。由于木质棺椁和席子都是易于腐朽的有机物，考古所见多为朽灰痕迹。

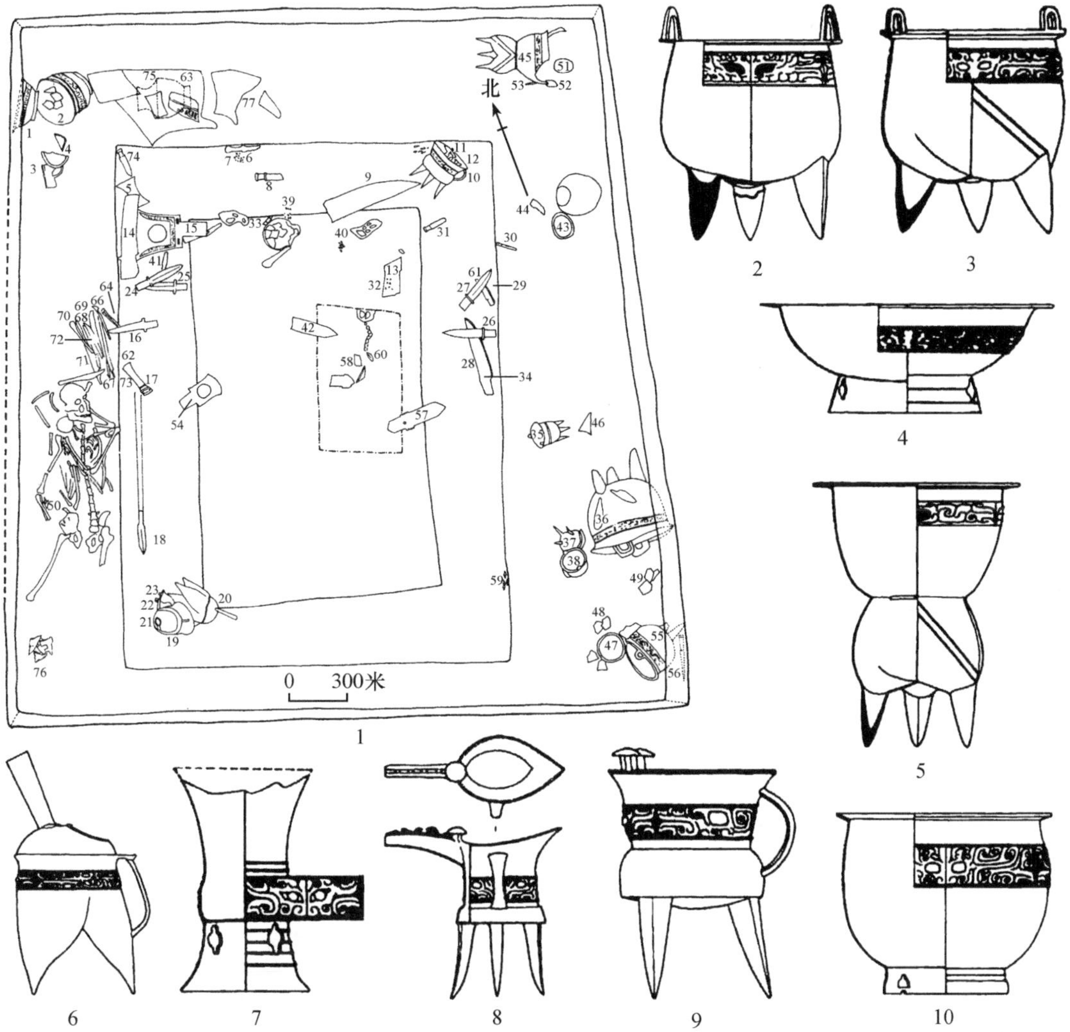

图3-15　黄陂盘龙城PLZM2平面图及随葬青铜礼器

1. 盘龙城PLZM2　2. 鼎（M2：55）　3. 鬲（M2：38）　4. 盘（M2：1）　5. 甗（M2：45）　6. 盉（M2：20）　7. 觚（M2：5）　8. 爵（M2：12）　9. 斝（M2：19）　10. 簋（M2：2）

从时间上看，二里冈下层时期有木质葬具的墓葬仅为少数中型墓，个别墓中发现棺木上的漆皮痕迹。一般来说，墓内熟土二层台的有无和棺椁的关系很大，熟土二层台应是在棺椁外填土而形成的。这一阶段的墓葬中熟土二层台很少见，说明木质葬具并不普遍。二里冈上层时期，大中型墓葬普遍使用木棺，少数有棺有椁，棺椁板上常见雕花、髹漆和彩绘装饰；个别小型墓也使用了木棺。

3. 葬式

二里冈文化墓葬死者的葬式以仰身直肢葬和俯身直肢葬为主，另有少量的屈肢葬和侧身葬。以郑州商城葬式清楚的111座为例，仰身葬和俯身葬都以下肢伸直者最多，有少量下肢屈曲者；侧身葬则以下肢屈曲者多见。上肢多伸直置于体侧或屈置于胸前，也有一臂伸直，一臂屈置于胸前的。仰身葬者基本都应是正常埋葬；侧身葬者多位于铸铜遗址附近，墓葬级别较低，多屈肢，有的肢体不全，推测不少应属于非正常死亡；俯身葬中级别较低、位于铸铜遗址附近者有的也可能是非正常死亡，但也有一些俯身葬者级别较高，有铜、陶、玉器等随葬品，应属于正常埋葬。

4. 腰坑

腰坑一般是指在墓底中央墓主腰部下的位置有意挖出的小坑，坑内殉牲或葬物，较高等级的墓葬腰坑内还常见殉人。它是商代墓葬的显著特征之一。

根据已知的发掘资料，腰坑的设置可能有一定的等级指示意义。二里冈文化大中型墓葬大都有腰坑，而小型墓中有腰坑的则极少。腰坑的有无也许是身份、地位的体现。从时间上看，年代属于二里冈下层时期的墓葬已发现60余座，其中有腰坑的墓葬仅1座，坑内殉狗，似乎表明腰坑葬俗在当时尚未流行。二里冈上层时期，腰坑主要见于大中型墓葬中，腰坑内常见殉狗，殉狗的头向与墓主基本一致。此外，盘龙城PLZM2和PLZM3的腰坑中还埋葬玉戈。

5. 殉人与人牲

殉人是为墓主陪葬的人，人牲则是用人作为祭祀的牺牲。一般而言，殉人都肢体完整，放置相对规整，有的有葬具 和随葬品。人牲则姿态多不自然或肢体不全，没有葬具。有殉人和人牲的墓葬一般规模较大，往往随葬青铜或陶礼器，墓主身份较高（如盘龙城PLZM2）。不过有些情况下两者难以明确区别开，不少论著中“殉人”一词往往包括了人牲在内。

（四）随葬品组合

二里冈文化墓葬中的随葬品种类有铜器、陶器、玉石器、骨器、蚌器等。

青铜礼器方面，二里冈下层时期以爵、斝最为常见，此外还有盉、鬲、鼎。组合以爵、斝搭配为主，也有爵、盉的组合，后者与二里头文化墓葬中的常见礼器组合相似。爵、斝或爵、盉组合一般一墓只有一套。二里冈上层时期，器类以爵、斝数量最多，觚次之，此外有鼎、鬲、盉，新出现罍、尊、壶、甗、簋、盘等。爵、斝搭配的组合形式仍占据主导地位，但觚的增多和爵、斝、觚组合的普遍出现，意味着礼器组合形式在孕育着新的变化。与此同时，铜盉已少见，且不见单纯的爵、盉组合，表明二里头式的礼器组合形式已遭扬弃。

随葬陶器方面，二里冈下层时期以盆、鬲的数量最多，其次是豆、斝，其余器类所占比例很小。酒器组合通常是一斝一爵搭配，也有不少是单独随葬的。食器种类较多，通常是在鬲的基础上，加以数量不等的其他器类构成，但也有的仅随葬盆、罐而无鬲。二里冈上层时期，酒器组合仍以斝、爵搭配为主，出现了斝、爵、觚的组合形式，另发现有陶爵、斝与铜爵、斝相搭配的现象，一般是陶斝与铜爵组合。食器组合形式多样，一般以鬲为主，配以豆、簋、盆；也有的不含鬲，如豆、簋，豆、盆等形式。在级别较高的墓中，有时还随葬原始瓷器和印纹硬陶器，以贮酒的尊为主。此外还常见随葬圆形陶片的习俗，陶片器表及边缘常稍加打磨，有的表面还涂有朱砂，且多与青铜礼器、玉石器或成组陶器共存。这种葬俗在二里头文化墓葬中已属常见，至晚商有所减少，但在殷墟高等级墓葬中仍有发现。虽然至今对于圆陶片的功用尚不清楚，但其与高等级墓葬关系密切是显而易见的。

随葬玉石器方面，玉柄形器的数量最多，其次为戈，其他器类数量都很少。

其他随葬品方面，还见有卜骨、骨笄、骨镞、蚌镞、穿孔海贝等。

三、祭祀占卜遗存

目前在以郑州商城、偃师商城和郑州小双桥遗址为代表的二里冈文化王都内均发现了数量可观的祭祀遗迹和卜骨、卜甲，部分大型夯土基址应为宗庙建筑，它们在一定程度上反映了商代早期的宗教信仰。

（一）郑州商城祭祀遗迹

在郑州商城内外的二里冈下层二期与上层一期的文化堆积中，曾发现相当多的祭祀遗迹，包括单独掷埋人、猪、狗、牛、羊的祭祀坑、人与兽（猪、狗或牛）共存的祭祀坑、铜器坑等，有些祭祀坑分布密集，构成了专门的祭祀场①。举例如下：

C9.1H111位于二里冈遗址一条季节性小河旁的台地上，是一个呈南北向长方形的竖穴土坑。坑内埋有完整或比较完整的骨架包括成人2具、儿童6具、大猪5具、小猪3具、狗1具和狗头1个，另有一些人的零散盆骨、股骨和猪骨、狗骨等，他们分别出在已知的四层填土中。从这些人、兽骨架的姿态看，有些肢体弯曲极不自然，似被捆绑着掷埋在坑内的。填土中还夹杂有相当于二里冈下层二期的陶器残片、石斧以及经过直接灼的卜骨等遗物。已知与该坑相距较近的二坑（C5.1H171、C9.1H110）内也都发现人、兽合埋现象，在它们附近还发现一些小墓。综合来看，这些坑内掷埋的人和兽应与祭祀活动有关，这里在当时很可能是一处祭祀场所。

在郑州商城内城东北部的平坦高地上发现一处祭祀场地，在100余平方米的范围内，发掘出埋在地下的石头6块（发掘者称为“埋石”），均为不甚规整的扁平状红砂石，其中3块埋在这片祭祀场地的靠西南部空地中间。以“埋石”为中心，在中心大石的南侧、东侧和北侧有序地排列着烧土坑2个、烧土面1片、殉狗坑8座、单人坑14座，以及被殉狗坑打破的商代方形房基1座（图3-16）。8座殉狗坑分两排位于“埋石”的西北和东南两侧，它们方向一致，均为东北至西南向，已清理出犬头骨92个，加上未清理者，估计殉狗总数在100只以上。14座单人坑分布在殉狗坑的外侧附近，坑体短窄，勉强容纳1人，除2座有很少随葬器物外，其余坑内均无任何器物，死者应该是用作祭祀的人牲。从所在位置和分布格局来看，该祭祀场地位于北城墙东段内侧，西南距宫殿区东北边沿处约50米，这里很可能是一处专供宫室贵族祭祀“埋石”的场所。

① 河南省文物考古研究所：《郑州商城——1953～1985年考古发掘报告》上册，文物出版社，2001年，第483～519页。

综合在江苏铜山丘湾遗址发现的晚商时期同类祭祀遗迹①、甲骨卜辞中有关“社祀”内容以及文献记载“殷人之礼，其社用石”（《淮南子·齐俗训》）等信息，多数学者认为这处祭祀场所应是商代早期商人的社祀遗址②。

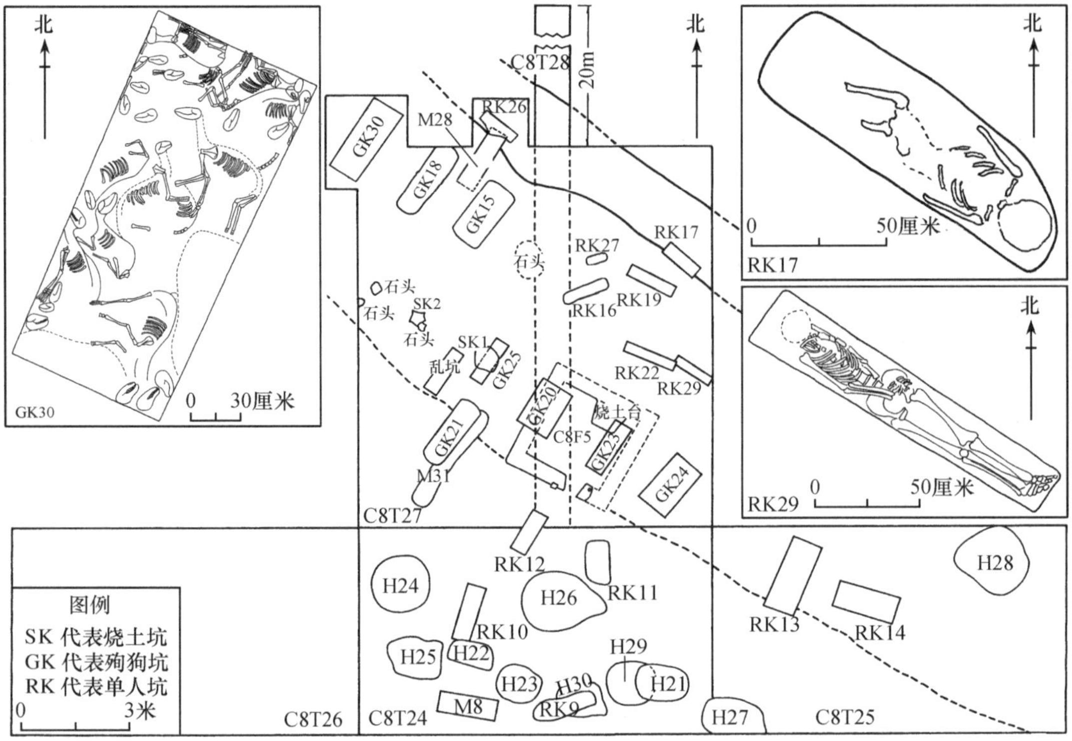

图3-16　郑州商城内城东北部祭祀场平面图

（综合河南省文物考古研究所《郑州商城——1953～1985年考古发掘报告》图三一六、图三一七、图三二六、图三三一绘制，文物出版社，2001年）

（二）偃师商城祭祀遗迹

偃师商城的祭祀遗迹主要集中发现于宫城中部偏北的祭祀区内，东西绵延达200米，主体部分自东向西分为A、B、C三个区域。

针对不同的祭祀对象或目的，“祭祀场”或祭祀坑中的堆积物有所不同。A 区的祭祀内容比较多样，作为牺牲的有人、牛、羊、猪、狗、鱼类，粮食祭品有水稻、小麦等。而B区和C区都是以猪作为主要牺牲，尤以C区为甚。在C区发掘的近总面积三分

---

① 南京博物院：《江苏铜山丘湾古遗址的发掘》，《考古》1973年第2期。俞伟超：《铜山丘湾商代社祀遗迹的推定》，《考古》1973年第5期。

② 郝本性：《试论郑州出土商代人头骨饮器》，《华夏考古》1992年第2期。宋镇豪：《夏商城邑的建制要素》，《商承祚教授百年诞辰纪念文集》，文物出版社，2003年。谢肃：《简论商代的社》，《中原文物》2008年第5期。常玉芝：《商代宗教祭祀》（商代史·卷八），中国社会科学出版社，2010年。

之一的范围内，出土猪的个体数超过100头，估计C区祭祀用猪的总数应接近300头。它们有的头部被砍去，有的肢体被剖为两半，有的则单独使用猪头，也有的仅用猪肢体的一部分，其中以完整的居多。猪头的位置以东、西向为多。猪的体位显然系有意摆放，可见到侧身、俯身和仰身三种，以侧身者居多。在多数坑内仅埋一头完整的猪，也有的坑内埋2～4头不等，但个体一般较小。从体位特征判断，有的猪系被活埋，有的则可能被杀死后再掩埋。多种动物牺牲共存最常见的组合有猪、牛、羊，它们都被肢解，掩埋地点多在沟或坑的中部，且常常有陶器共存。个别地点的情况表明，牺牲可能原本是放置在漆案（盘）之上。除猪、牛和羊之外，还发现有比较完整的鹿的后半部。

在A区及B、C以外区域，有的“祭祀场”或祭祀坑中的堆积基本全是松软的黑灰，其中有的夹杂大量稻谷籽粒，有的除农作物籽粒外，还伴出被打掉底部的陶器；有的利用水井作为祭祀坑，每间隔一定深度埋入一条狗，与狗共存的还有一定数量的石块；有的单独使用牛头作为牺牲，之后又埋入大量的鱼；还有的祭祀坑中埋入陶制的乌龟、特制的异形陶器和盆、罐等完整器。还有一种长方形或方形斗状坑，形制非常规整，但其内几乎没有什么遗物，它们也可能与祭祀有关。如H282是一处长方形斗状大坑，四壁比较规整，南、北两壁上距坑口1.3米处皆发现呈圆弧状成组分布的“壁龛”。另外，在坑口部位发现木桩，其用途可能是用于悬挂祭祀仪仗之物。由上往下，坑内堆积可分14层，在若干不同的层位中分别发现有祭祀遗存，主要以人牲、动物牺牲（牛、猪等）和积石为基本组合，在有的层位还发现了大量陶器。人牲有的被肢解，有的被腰斩，有的则为全尸。另外，在坑的下部还发现整个坑被大火焙烧的迹象。

（三）郑州小双桥祭祀遗迹

在郑州小双桥遗址中心区的宫殿建筑附近，发现多座祭祀坑，形成了一定规模的祭祀坑群。依据祭祀坑中包含物的不同，可初步区分出五种不同的类型：①人牲祭祀坑，数量多，集中分布于主体宫殿建筑的北部。平面形状有不规则圆形、椭圆形、长方形、不规则形等，排列无一定规律。其中3个坑内埋有人骨架近百具，人骨均肢解零散，分层叠置，一般上层多为头颅，下层多为肢骨，这些人骨暴力致伤的痕迹明显，如在头骨部位多发现有锐器击穿的洞孔或被钝器击打的凹痕，有的肢骨也有外力导致的断裂和损伤。经鉴定，性别以青壮年男性为主，也有妇女、老人和儿童，但所占比例很小。这些祭祀坑的成因可能与用战俘作为“人牲”而举行某种仪式后集中埋葬有关。②牛头祭祀坑，位于主体宫殿建筑的南北两侧，平面多呈不规则椭圆形。大坑所埋牛头骨数量在70头以上，一般较小的坑用牛数量多在10～30头，个别坑内则仅埋1头。这些坑用牛数量多少应与祭祀规模有关，其祭祀性质都是相同的。③综合类祭祀坑，仅发现2座，位于主体宫殿建筑的南侧。坑口均为不规则形，长约5米，坑内包含物丰富，除牛头骨和牛角外，还发现象头骨、象牙、猪、鹿、狗、鸡、鹤等动物骨骼以及蛤蜊等水生物躯壳，此外还有陶缸、原始瓷尊等残器及铜器、玉饰、孔雀石、熔炉残片以及石器等。④牛角器物坑，数量较多，坑口多呈不规则形，坑内所埋以牛角为主，另有陶缸等器物残片及石器共存。⑤陶器与散骨坑，数量较少，位于宫殿建筑基础部分。多为1件被压碎的陶器如鬲、盆、瓮及几块散乱的动物骨骼，它们可能属于宫殿建筑的奠基坑，原完整并盛有肉食的陶器在建筑形成过程中被挤压破碎。

关于上述小双桥遗址祭祀遗迹的性质，有学者认为与宗庙祭祀有关①，也有学者认为当时在宗庙区从事的祭祀活动实际上包含了诸如祭天、祭祖、社祭、奠基祭祀等多方面内容②，还有人认为可能主要是对自然神或战争进行祭祀的场所③。

综合以上发现可知，二里冈文化的祭祀遗迹特征主要表现在：①数量众多，形式多样，祭祀活动频繁。②祭祀用牲多为人牲和牛、羊、猪、狗等动物，且人与动物往往同坑祭埋，另见有鱼、鹿等用于祭祀，尚未见用马作牺牲的实例。③用牲方式主要有焚烧、活埋、砍伐、肢解、砸（戳）击、割杀、对剖等，大部分与晚商甲骨卜辞所记录的用牲法相同。④宗教祭祀在一定程度上促进了当时农业、手工业和文化方面的发展，这集中体现在牲畜的养殖、铜器的铸造、文字的成熟等。

（四）占卜遗物

二里冈文化占卜所用质料主要有动物的肩胛骨和龟甲两种，另发现个别牛的肋骨。肩胛骨以牛最为常见，猪和羊次之，鹿和狗较少。猪、羊肩胛骨多未加整治，牛肩胛骨多经过整治。整治方法：有的骨臼部分保持原状，只是把肩胛骨的棱脊切削修整；也有的将骨臼的一半，连同棱脊及两侧较厚的部分切去磨平；还有的将两侧较厚的部分保留，但大多数是保留棱脊的一边，另一边与骨面磨平。棱脊部分有的经过削磨后与骨面齐平，也有的由于修整粗糙，棱脊根仍凸出骨面。龟甲的整治比较简单，主要对腹面骨脊稍加修整，有的边沿部分也略加削磨。钻灼方法有不钻而灼、钻而后灼、钻而未灼等情况。钻法一般是在肩胛骨的正面和龟甲的背面施钻，但也有少数正反两面都施钻，钻孔深浅不一，疏密不等，底面有尖圆、平圆、钝圆等几种。灼痕排列似有规律，但由于多数卜骨和卜甲残破较甚，不易看出排列情况（图3-17）。

就郑州商城出土卜骨、卜甲而言，二里冈下层一期的卜骨以羊肩胛骨数量为多，一般是保留肩胛骨的骨臼部分，并把肩胛骨板一面用火直接灼制而成；未见卜甲。二里冈下层二期的卜骨以牛肩胛骨为主，羊次之，猪较少；牛肩胛骨一般去掉棱脊，略加修整，即在骨面上直接用火灼制，有些灼痕似排列有序；卜甲较少且均为碎片，是将龟甲稍加修整，在背面直接用火灼制。二里冈上层一期的卜骨仍以牛肩胛骨为主，

① 裴明相：《论郑州市小双桥商代前期祭祀遗址》，《中原文物》1996年第2期。

② 宋国定：《商代中期祭祀礼仪考——从郑州小双桥遗址祭祀遗存谈起》，《夏商周文明研究·六——2004年安阳殷商文明国际学术研讨会论文集》，社会科学文献出版社，2004年。

③ 黄可佳：《试论郑州小双桥商代祭祀遗存的有关问题》，《中原文物》2005年第5期。

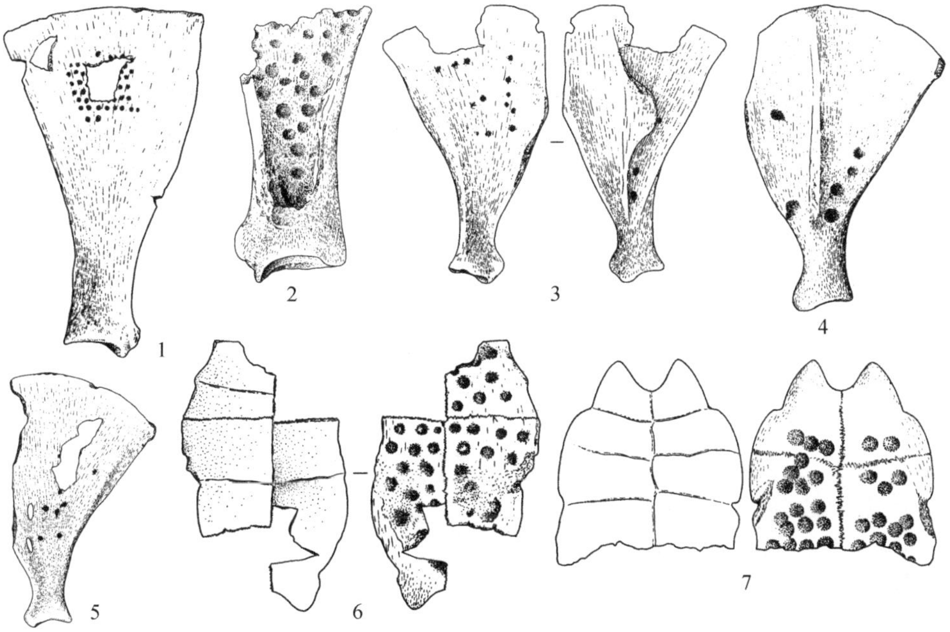

图3-17　郑州南关外遗址出土的卜骨和卜甲

1、2. 牛肩胛骨（C5H19：4、C5H10：36）　3、4. 猪肩胛骨（C9.1H105：15、C9.1H108①：84）

5. 羊肩胛骨（C5.3H317：2）　6、7. 龟甲（C9.1H167：7、C5H39：7）

猪次之，羊较少；牛肩胛骨多经先钻后灼，猪、羊等肩胛骨除少数钻而后灼外，仍多是直接用火灼制；卜甲数量增多，与牛肩胛骨一样，也是钻而后灼。由此可见，二里冈文化占卜在选料、整治、钻灼等方面随着时间的推移而有着明显的发展。

四、文字符号

二里冈文化既发现有刻画符号，又有文字。在郑州商城出土的大口尊、盆、豆等陶器上，经常发现刻画符号，一般一器一个符号，个别刻有相同的两个符号，或者两个符号的合文，已知的刻画符号有30多种[①]（图3-18：1～7）。关于这些符号的意义，有人认为有的可能是“陶器容量的符号”，有的则很可能是象形文字[②]。1953年，在郑州二里冈遗址考古工地采集1件刻字牛肋骨，残长7.3、宽3.8、厚0.3厘米，上有三竖行刻11字[③]（图3-18：8）。同时在该遗址T30内还出土1件刻字牛肱骨，其上刻一“有”字。1989～1990年，在郑州商城又发现两块刻字骨片[④]。近年来，学者们对二里冈遗址那块牛肋骨上的11字刻辞进行了热烈的讨论。李维明将其释读为“又𠃌（乇）土羊乙丑

---

① 裴明相：《郑州商代陶文试释》，《河洛文明论文集》，中州古籍出版社，1993年。

② 安金槐：《商代的粮食量器》，《农业考古》1984年第2期。

③ 河南省文化局文物工作队：《郑州二里冈》，科学出版社，1959年，第38页。

④ 河南省文物研究所：《郑州商城考古新发现与研究》，中州古籍出版社，1993年。

贞从（比）孚（俘）七月”，认为“乇土”与“亳土”相同，充实了郑州商城为汤都“乇”（亳）说的证据[①]。郑杰祥则释读为“又（侑），乇土，羊。乙丑贞：从受……七月”，并认为“乇”是一种割裂动物牺牲肢体用于祭祀的祭名，刻辞大意“就是用割裂的羊的牲体侑祭于社”[②]。比较来看，后者的意见较为可信。

在郑州小双桥遗址出土的朱书文字，是用朱砂作颜料书写于陶缸等器物的表面与内壁，目前仅发现于祭祀区的地层和遗迹中，它们记载的内容应与祭祀活动有关，反映了当时祭祀档案的一个侧面。这些文字内容既有数目字（如“二”“三”等），也有徽记类象形文字（如“帚”“天”“尹”等），多数只见一次，且以单独书写为主，多数文字保存完好，字迹清晰[③]（图3-18：9～12）。

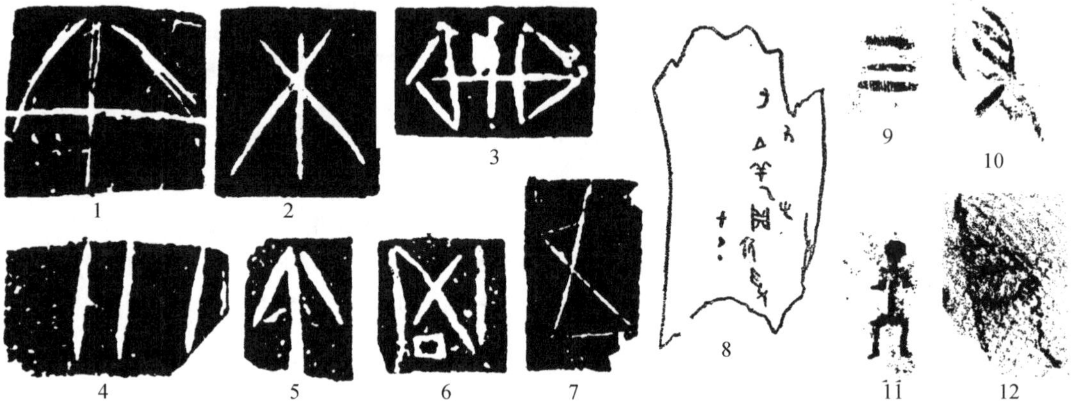

图3-18　二里冈文化的文字符号

1～7. 出自郑州商城　8. 采自郑州二里冈　9～12. 出自郑州小双桥（具体器号省略）

与殷墟甲骨文、金文相比，二里冈文化发现的文字具有较多的原始性，以单体字为主，少见多字组合而成的词组或句子。同时，二者在字形结构与表现手法等方面的发展传承关系又十分明显，应属于同一体系的中国古代文字。它们的发现，对研究中国古文字的起源与早期发展具有重要意义。

第五节　生产与经济

一、农业、家畜饲养与渔猎业

二里冈文化遗址出土的农具，以质料而言，有铜、石、木、蚌和骨器等。其中铜工具较少见，木质工具易于腐朽，故考古发现的主要是石、骨和蚌质生产工具。依据

---

① 李维明：《“乇”辨》，《中原文物》2006年第6期；《郑州出土商周时期“乇”声字辞与汤亳探寻》，《故宫博物院院刊》2010年第1期。

② 郑杰祥：《郑州二里冈甲骨卜辞的发现及其意义》，《中原文物》2008年第3期。

③ 宋国定：《郑州小双桥遗址出土陶器上的朱书》，《文物》2003年第5期。

农具的用途划分，有砍伐、翻土、中耕和收割四类。

常见的砍伐类农具，主要是斧和镬。以青铜制成的斧、镬均有“空头”的銎，如在郑州商城、黄陂盘龙城和藁城台西等遗址出土的铜镬均作上厚下薄的窄长方形，上端长方形或梯形銎口外侧加厚，下端锋刃或平或弧（图3-19：1、2）；铜斧一般呈较宽的梯形，扇形刃（图3-19：3、4）。此外，在郑州商城南关外铸铜遗址中还发现有铜镬外范和范芯。不过，当时大量的砍伐工具依然是长方形或梯形石斧，其安柄方式一般在木柄上凿孔嵌入再捆绑固定，而青铜斧、镬则直接将木柄纳入銎中，或加销钉固定即可。

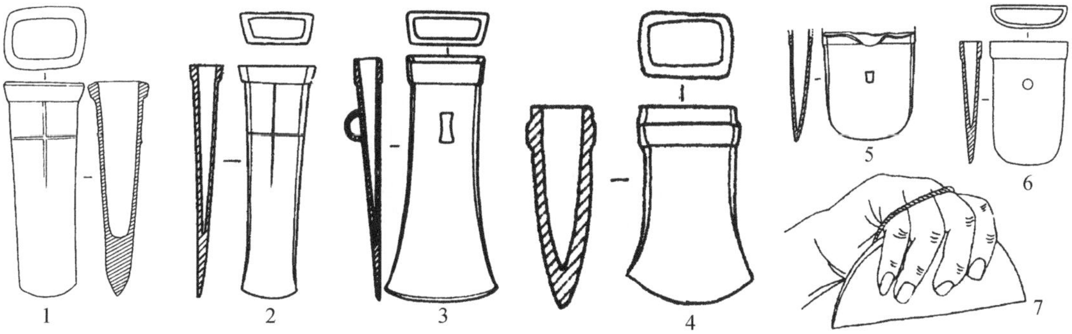

图3-19　二里冈文化的农具

1、2. 铜镬　3、4. 铜斧　5、6. 铜臿　7. 穿绳石刀使用方式

翻土工具主要是耒和耜。耒，《说文》云：“手耕曲木也。”徐中舒认为古文“以”字即耜[①]。林沄认为“力”字即耜，协田之“协”字与多人合用耜有关。耒是呈凹字形的双齿工具，一般为尖齿，也有方齿者。耜是宽刃工具，或称锨。耒、耜多为木质，不易保存下来。由于耒、耜均可用于挖坑，所以常常会在坑壁上留下齿痕。如在河南柘城孟庄二里冈文化遗址中的窖穴壁上，通常留有两种不同的工具痕迹，其中一种刃宽约6厘米，挖痕有弧度，可能是耒痕；另一种刃宽约10厘米，像似耜痕[②]。考古上常发现其刃端的铜质套件，称为臿，目前在黄陂盘龙城遗址已发现了此类器物（图3-19：5、6）。

中耕工具主要是铲，有石铲、骨铲和蚌铲，尚未见青铜铲。根据装柄方式的不同，铲也可作锄用。它们主要用作松土和除草，个体较大的石铲可能还用来起土。

收割工具主要是镰和刀。镰又称艾、刈，是从根上割庄稼。《方言》云：“艾即钩，自关而西谓之镰。”二里冈文化的镰大多是石质的，少数为蚌质，长条形尖首，柄端较宽，刃部或弧或平。如在郑州市木材公司发现的一个陶罐中出有18件大型石镰和1件小镰[③]。刀又称铚、爪镰，不安柄，有孔可穿绳，只割谷穗。《说文》云：

① 徐中舒：《耒耜考》，《中央研究院历史语言研究所集刊》第二本第一分，1930年；《农业考古》1982年第1、2期重刊。

② 中国社会科学院考古研究所河南一队等：《河南柘城孟庄商代遗址》，《考古学报》1982年第1期。

③ 河南省文物研究所郑州工作站：《近年来郑州商代遗址发掘收获》，《中原文物》1984年第1期。

“铚，获禾短镰也。”考古上发现有大量石刀、蚌刀、陶刀，以半月形、矩形最常见，背上有1或2个穿孔，以便穿绳，结成一套环，套在手指上（图3-19：7）。

综合来看，当时的农业生产较前有了很大发展。以郑州商城遗址为例，主要表现为以下几个方面①。

第一，当时的石、骨、蚌等质料的农具较前有了很大的改进。数量上，郑州商城遗址出土的可以作为农具使用的石镬、铲、镰、刀和骨铲、刀以及蚌铲、镰、刀等，约占生产工具总数的2/3左右。形制上亦明显改进，如扁平长方形石铲中部多有两面对钻的圆孔，可以纳直柄，也可以纳弯头柄作锄地用。

第二，青铜农具在农业生产中已经有了较多使用。在郑州商城铸铜遗址出土的各种铜器范模中，如果按残块计算，铸造青铜农业生产工具陶范模的数量最多，铸造青铜容器的陶范模次之，铸造青铜兵器的陶范模较少。由此说明，当时的青铜农具并不在少数，由于其用坏后就回收到铸铜作坊再行熔炼铸造，因而保存下来的较少；而青铜容器和兵器则多作为随葬品埋入墓中，于是就有较多得以保存下来。

第三，农业与各种手工业的进一步分工，也会促进当时农业生产较前有更大的发展。郑州商城的铸铜、烧陶、制骨等手工业不仅已从农业中分化出来，而且各手工业内部又进行了再分工。再分工的结果使得参与各手工业生产的工人数量增加，所需生活粮食得靠农业生产供给。再者，郑州商城内的统治阶层、驻守的大量军队等生活用粮也需要农业生产供给。

第四，郑州商城遗址出土了大量陶质与青铜酒器，说明饮酒的人多，而酿酒的原料是粮食，这样酿酒所需粮食必然要多。在保证人们日常生活用粮外，还能有多余的粮食进行酿酒，说明当时的农业生产较前有了很大的发展。

除农业外，家畜饲养与渔猎业也都是二里冈文化时期生活资料的重要来源。

在二里冈文化遗址中，发现了很多家畜饲养的牛、猪、狗、羊等动物骨骼。由偃师商城宫城祭祀区和小双桥遗址祭祀坑的发掘资料看，当时频繁的祭祀活动中使用了大量的家畜。因此在某种意义上说，除了获取日常所需肉食、保证墓葬殉牲外，祭祀也是刺激家畜饲养业发展的重要动力之一。

在二里冈文化遗址中，也发现了许多野生动物骨骼，如鹿、鱼、龟等，还有许多渔猎工具，如镞、鱼镖、弹丸、网坠和鱼钩等，说明当时的渔猎业也比较发达。

二、青铜器冶铸业

（一）铸铜遗址

郑州商城的两处铸铜作坊遗址，一处位于商城南墙外约700米处的南关外；一处位

① 河南省文物考古研究所：《郑州商城—1953～1985年考古发掘报告》，文物出版社，2001年，第1028、1029页。

于商城北墙外200米的紫荆山北①。两处铸铜遗址出土大量与青铜器铸造有关的遗迹和遗物。其中南关外铸铜作坊始建于二里冈下层一期，紫荆山北铸铜作坊始建于二里冈上层一期，二者均废弃于二里冈上层二期或偏晚。这两处铸铜遗址是目前研究二里冈文化青铜器冶铸业的主要材料来源。此外，偃师商城、小双桥遗址、东下冯商城、垣曲商城、盘龙城商城等地亦发现有与铸铜有关的遗迹、遗物。

南关外铸铜遗址面积约8000平方米，发现有烘范窑、铸造场以及铜矿石、熔炉碎块、炼渣、木炭屑、陶范、陶模等（图3-20：1～3）。铸铜场分布着11片附有铜锈和火烧痕迹的硬土地面，其南侧有一块较周围地面高起约0.2米的硬土台，土台上的地面颇为平坦，留有火烧的痕迹。土台中部有一块长约2、宽约1.1米的绿色铜锈面，上面遗留16个圆口尖底小凹窝，其中14个窝内存有多次积成的铜渣，无铜渣的两窝内壁烧成红色，发掘者推断这些凹窝应与固定陶范位置有关。

紫荆山北铸铜遗址发现6座铸铜工房基址，除2座残缺不全外，其余4座均为东西并列的双间房。房内后墙根处都筑有取暖或炊食用的长方形的灶台或火塘，地坪上遗留有铜锈面，与南关外铸铜基址相同。另在隔墙门处，堆放着排列整齐的19件刀范。还有一些室外铸造场地，工作面上也有铜锈面和圆形凹窝。遗址内发现有铜矿石、铅块、熔炉残块、炼渣、木炭、陶范等遗物。

以郑州商城铸铜遗址为例，二里冈文化青铜器以生产工具为主，武器和容器数量较少。从时间上看，早期工具范占绝大多数，晚期容器范呈上升趋势。工具造型简单，铸造工艺也较简单，而铸造容器则要复杂很多。

（二）铸造工艺

青铜器的生产，一般要经过采矿、冶炼和铸造三大阶段，其中采矿包括找矿、开采和选矿等工序；冶炼包括粗炼和精炼等工序；铸造包括制范、熔铜、浇铸、打磨、装饰等工序②。

二里冈文化的青铜器铸造工艺秉承了传统的范铸法，铸范以陶范为主，亦有少量石范。石范可多次使用，但不易制作，难以普遍应用。造型简单的实心青铜器（如刀、镞等），只需两块平板范；而铸造空心的容器类青铜器则需要多块外范和内范（或称“范芯”）套合使用（图3-20：7）。

用来制作陶范的材料均经过选择和处理。一般外范土质细腻，含砂粒小，植物茎叶少；内范土质较粗，含砂粒大，植物茎叶相对较多。这样外范就能使铸造出的青铜器外表滑润，而且能够刻出精美的花纹；内范则具有良好的透气性，浇铸时不会形成阻隔。范的泥料一般就地取材。有学者曾对郑州商城南关外铸铜遗址出土的陶范和文

① 河南省文物考古研究所：《郑州商城—1953～1985年考古发掘报告》，文物出版社，2001年，第307～384页。

② 刘诗中：《中国青铜时代采冶铸工艺》，江西科学技术出版社，1997年。

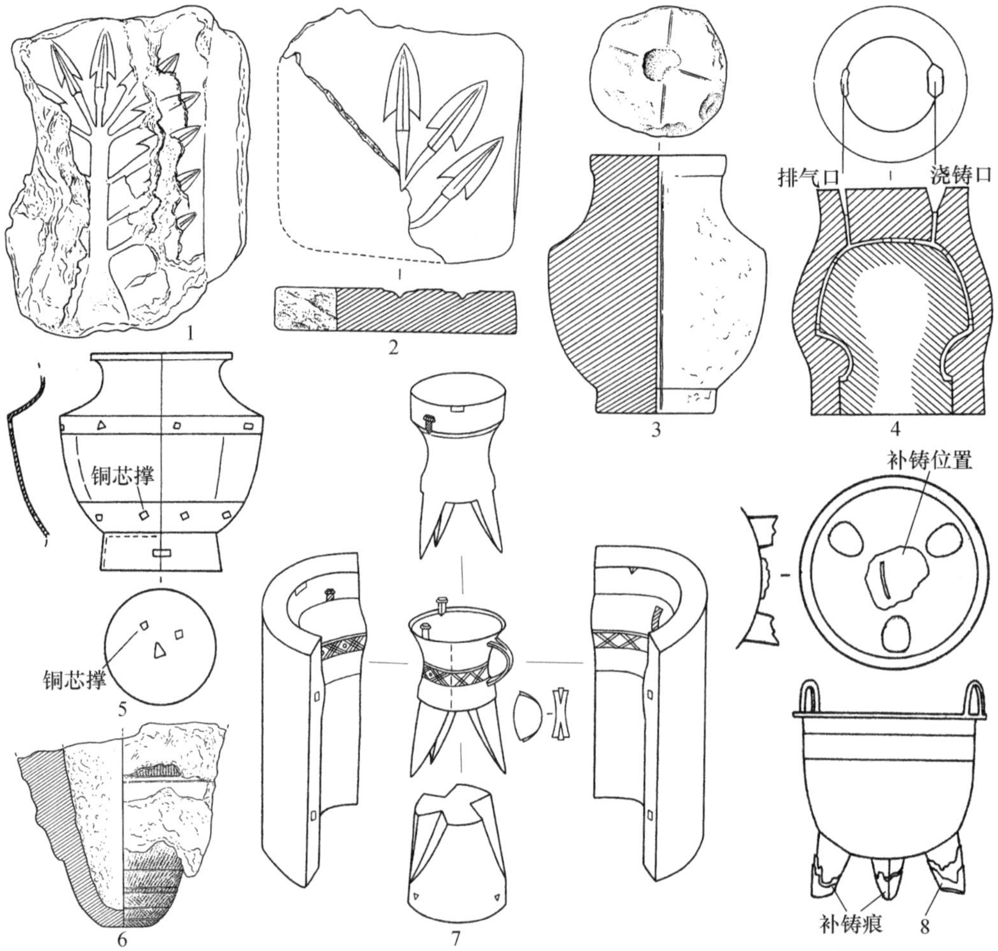

图3-20　二里冈文化的陶模、陶范、坩埚与铸造工艺

1. 镞模（南关外C9T126①：20-4）　2. 镞范（南关外C5.3H318：28-1）　3. 罍模（南关外T126①：24）
4、5. 盘龙城89HPCYM1：7铜罍的浇铸工艺与腹、底部铜芯撑　6. 陶坩埚（南关外C5.3T302②：83）
7. 盘龙城PWZH7：1铜斝范芯组合示意图　8. 盘龙城PLZM1：1铜鼎的足、底部补铸

化层下的原生土进行化学分析，结果二者成分相近，只是陶范的二氧化硅偏高，表明曾掺入砂粒[①]。

制范又分制模、制范、合范等步骤。所谓制模，先用泥塑出一个与铸造的铜器完全相同的模型，如果需要花纹，则还需在模上用毛笔绘出花纹、再用刀雕刻出花纹。模型作用主要是制范。所谓制范，是以细腻的陶泥套敷于模型之上，以得到模型的外廓，这样花纹就印在外敷泥片的内侧。待外敷泥片阴半干（避免陶范变形）后，按器型要求分割成块剖开取下。铸造无空腔的工具和武器，两块范对扣即可。但铸造空心容器则需有内范、外范，还要有必要的填范。范与范之间留有扣合的榫眼，以便合范时固定位置。内范比模型稍小一点，以往认为内范制作主要是采用刮模法。最新研究表明，用外范翻制内范，是商周青铜器内范的主要制作方法。方法是在外范内腔贴上

① 谭德睿：《商周青铜器陶范处理技术研究》，《自然科学史研究》第5卷第4期，1986年。

一层泥片，合拢后内填范料即成内范。剥除泥片，内外范之间的空腔即为器物壁厚[1]。个别器物上的附件和装饰物是单独做的，如经模拟实验，发现一些青铜壶或卣的绳索状提梁系采用焚失法铸造而成。填范是指留在铸件中的泥芯，多包在足内、耳内等部位。以上各种范都要经反复捶实和缓慢烘烤干燥，尽可能使范料收缩率降至最低（1%左右）。合范即在内范外将分块的外范合在一起。内外范之间置有铜芯撑以支撑内范，各块外范间以榫卯扣合固定好，然后在外面涂抹草拌泥封闭，预先留出浇铸口和排气孔（图3-20：4、5）。小件可埋在土中，大件则需在地下挖坑，将范包泥后埋在坑里，只在地面留出小孔，以槽注法注入铜液。

郑州商城铸铜遗址发现用来熔铜的熔炉主要有三种：一是大口尊，均将口沿打掉，内外糊草拌泥（图3-20：6）；二是以陶缸为外壳的缸熔炉；三是由泥条盘筑法特制的泥质熔炉[2]。

青铜器的浇铸主要有正浇、倒浇两种。一般无空腔的青铜工具和武器，浇注口和排气孔都设在范体的上部，采用正浇法。而青铜容器，浇注口和排气孔都设在器物底部一端，采用倒浇法。器形较简单的器物（如圆鼎、觚等）通常采用浑铸法一次浇铸而成。器形较复杂的则采用分铸法，即分别铸成器物的主体和附件。分铸法还有先、后之分。后铸法是在铸造器物时，在预定放附件的部位铸出榫头，然后在已铸成的器体上安放附件的范，再浇铸。先铸法是先铸好附件，然后把附件放在欲铸器物外范的相应部位，浇铸后，附件即与器体结合为一体了。

铜器铸好之后，需要修整，锯截、锤击或打磨，有的还要补铸某一部分（图3-20：8）。

三、玉石器加工业

二里冈文化诸城址中都发现有玉器，但数量不多，种类比较简单，而且总体制作水平、质量也不是很高。以郑州商城出土玉器为例，可以看出二里冈文化玉器具有如下几个特征[3]。

从文化传承性上来讲，郑州商城玉器基本上继承了二里头遗址玉器的特征。如仪仗类的戈，礼器类的璋、柄形器与二里头文化所见者非常相似。但两遗址在器物的种类上又有一定的差异，如二里头遗址出土较多的玉钺、刀、圭、璧戚等，而郑州商城基本不见或少见。郑州商城作为玉礼器的璧、璜及各种装饰品的种类和数量则要比二里头遗址丰富些。

此外，郑州商城玉器虽然远比不上商代后期殷墟玉器丰富多彩、绚丽多姿，但却是殷墟玉器大发展的前身。比如在器物种类上，两者都以礼器类的璜、璧、柄形器多见，琮、璋、牙璧（或称璇玑）少见；武器工具或仪仗类都以戈的数量最多，凿、铲等也较

① 谭德睿：《商周陶范铸造科技内涵的揭示》，《中国文物报》1998年5月6日。
② 李京华：《河南冶金考古的发现与研究》，《河南考古四十年》，河南人民出版社，1994年。
③ 宋爱平：《郑州商城出土商代玉器试析》，《中原文物》2004年第5期。

常见；尤其是装饰品比商代以前有了很大发展。但相对殷墟极为丰富的玉器数量、种类来说，郑州商城的玉器则略显单调、简单，所以它仅是商代玉器发展的初级阶段。

玉柄形器特别发达是二里冈文化玉器的另一个特征。如郑州商城柄形器数量达53件，占其玉器总数的近25%。黄陂盘龙城发现柄形器39件，占其出土玉器总数的近40%。如此大量的柄形器在商代早期出土，并且在随葬玉器的墓中大都会有发现，反映了当时人们非常喜欢使用柄形器随葬的习俗。

总之，以郑州商城为代表的二里冈文化玉器虽然总体水平不是很高，却上承史前及二里头文化玉器的直接影响，下启商代晚期殷墟文化玉器的辉煌。而其玉器的使用，虽然还没有后代玉器严格的规范化、制度化，但器物种类却也粗具定制，尤以随葬和使用柄形玉器、玉璜、玉戈等为盛，既有自己的特点，又开辟了后代用玉习俗的先河，是我国玉器发展史上一个承前启后的重要发展时期。

四、漆木器制造业

目前所知，二里冈文化的漆木器资料较少，在藁城台西遗址曾发现少量漆器残片①。

藁城台西居址T6西房发现漆器残片26块，木胎虽已腐朽无存，但原来涂在器物内的朱红和器外的漆皮依然存在，而且色彩绚丽，保持如新。其中标本T6：57都是先在木胎表面用利刃雕成各种各样的花纹，然后再涂朱红、髹漆、镶嵌。这样在漆器的表面，就显露出黑红两色浮雕式的美丽花纹，花纹的种类有兽面纹、夔纹、圆点纹、雷纹和蕉叶纹等，在兽面纹上的眼睛部位镶嵌有绿松石。从出土环境观察，器形至少有圆形浅腹盘和圆形带盖盒两种。

藁城台西墓葬出土的4件漆器都已腐朽，只能从墓底残存的痕迹及零星的漆片看出其大致轮廓。标本M14：23是一件扁长方体带盖漆盒，黑漆朱彩，纹饰不清，长27、宽18厘米，内放一件“砭镰”，似乎是专用以盛放这件医疗工具的。标本M14：8漆盒上残存的半圆形金饰片正面阴刻云雷纹，背面有朱漆痕迹，显然是原来贴在漆盒上的金箔，厚仅0.1厘米。

上述资料表明，当时的漆木工匠在制作薄板木胎、雕花、调色、髹漆、镶嵌、贴金等工艺技术方面已达到了相当高的水平。

五、陶瓷器烧造业

二里冈文化遗址中发现有不少陶窑，但略成规模的只有郑州商城、偃师商城和垣曲商城3处。其中郑州商城的陶窑集中发现于西城墙北段外侧约700米处，另有房基、墓葬、灰坑、白灰地面等遗迹，出土了大量的日用陶器、未经火烧的陶坯、烧坏的陶

① 河北省文物研究所：《藁城台西商代遗址》，文物出版社，1985年，第86、145页。

器废品及各种制陶工具等遗物，为一处大型的制陶作坊[①]。已知的14座陶窑均为圆形或近圆形，由火门、火膛、窑箅、窑室、窑前操作坑组成。由残存的窑室推测，原窑室上部略呈馒头形。火膛均低于当时的地面，是由地面下挖而成的。多数在窑箅之下、火膛的中间设有窑柱。从窑壁烧烤温度和窑场散布的陶泥和废品等遗存看，这些陶窑大都是烧制普通陶器的。陶窑附近的房址，推测是窑工们的住房。作坊的中部有白灰地面，地面平整而坚硬。其南部发现的成堆陶泥，红褐色，质地细腻，显然经过处理。白灰地面的周围，散布着大量的陶坯、陶泥及一些制陶工具。种种现象表明，这处白灰地面应是制作陶坯的场地。

二里冈文化的陶器以模制为主，其次为轮制，手制者较少。典型器类如鬲、甗、斝全系轮、模兼制，甗的制作过程较为复杂，先分别轮制出甗的上部、腰部，模制出甗足，再挖去甗腰的底部，然后将甗上部、腰部和足部黏结在一起，并加装甗足足尖，即制成形体高大的敞口、细腰、袋足甗。斝的制法较甗简单，先用范芯模制出三个袋足，再于足的上部轮制出口部，并在其颈部外面加装手制的斝鋬。陶器装饰以滚印的绳纹为主，其他还有拍印的方格纹、篮纹，模印的兽面纹、云雷纹和夔纹，贴附的附加堆纹、鸡冠耳；刻划的弦纹、划纹以及各种镂孔等[②]。

二里冈文化的原始瓷器以郑州商城遗址出土数量较多。胎质多呈灰白色和黄灰色，器表多印制有方格纹、云雷纹、S形纹、席纹、附加堆纹，釉色多呈黄绿、淡绿、豆绿和黄灰色，器类以敞口、折颈、折肩或折腹、圜底的尊类器较多，另有罍、罐等。关于原始瓷器的产地问题，学术界的讨论由来已久，长期存在着两种截然不同的认识：一种观点认为中原地区出土的原始瓷器是在当地烧造的[③]；另一种观点认为大部分北方出土的原始瓷器应为南方所烧制[④]。

六、骨角蚌牙器制作业

二里冈文化的骨器生产已是高度专业化的行业。目前所知，郑州商城内的制骨作坊不止一处。紫荆山北制骨作坊位于郑州商城内城北墙外约300米处，多处地点发现大量的骨器成品、半成品、骨料和废料，以及用于制骨的砺石、青铜小刀等，主要用于制作当时人们日常使用的锥、簪、匕、镞等，经鉴定不仅有牛、猪、鹿的肢骨与鹿角，而且还

---

① 河南省文物考古研究所：《郑州商城——1953～1985年考古发掘报告》，文物出版社，2001年，第384～460页。

② 裴明相：《郑州商代二里冈期陶器制作中的几个问题》，《华夏考古》1991年第4期。

③ 安金槐：《谈谈郑州商代瓷器的几个问题》，《文物》1960年第8、9期；《河南原始瓷器的发现与研究》，《中原文物》1989年第3期。

④ 周仁、李家治、郑永圃：《张家坡西周居住遗址陶瓷碎片的研究》，《考古》1960年第9期。罗宏杰、李家治、高力明：《北方出土原始瓷烧造地区的研究》，《硅酸盐学报》第24卷第3期，1996年。

有人的肢骨。锯制人头骨作坊遗址位于郑州商城内城东北部的宫殿区中部，在一条壕沟内出土了百余个人头盖骨，其中绝大多数的边沿处都带有明显的锯痕，显然是专供宫殿区内的居住者作为器皿使用的，以显示其身份高贵①（图版3：2）。

二里冈文化骨、角、蚌器的制造通常有选材、切割、刮削、钻孔、雕刻、打磨等工序，许多原料或半成品上都可见清晰的加工痕迹。其使用范围非常广泛，生产工具有铲、锥、凿等；生活用具有匕、笄、针、梳等；武器有骨镞、蚌镞等。

二里冈文化的象牙器制作精致，比较罕见。郑州白家庄墓地C8M2出土1件象牙杯，底残失，但器内底部周壁有一圈安装器底的浅凹槽痕迹，说明底是另加的。底部下为高圈足，上有三个等距离的十字镂孔，口径9.4～14.5、通高19厘米。C8M3出土1件象牙梳，呈扁平竖长方形，中间厚，两侧边稍薄，下部雕出排列整齐的10个梳齿，梳纵长8.5、齿长3.5厘米。

七、制车业

在偃师商城大城东北隅，发现两道与城墙并行的车辙印，轨距约为1.2米。辙沟呈凹槽状，其两侧的路土因受到车轮碾压而隆起，有的部位发现车辙呈交错状，车辙之间与两侧附近的路土面明显凹凸不平，布满不规则小坑，可能是驾车动物踩踏所致②。

在郑州商城紫荆山北铸铜遗址，出土了2件铸造青铜车軎的陶质外范，如标本C15T29②：54车軎陶范的范面印痕，一个粗端朝上，另一粗端朝下，范残长37、残宽12、厚8厘米③。此外，在偃师商城也曾发掘出1件青铜车軎④。

由二里头遗址发现的车辙印痕，证明我国在夏代已经有了双轮车。商代早期，这种双轮车得到发展，至少可知车轴两端开始使用青铜套件加以保护。目前所知，夏至早商时期的双轮车的轨距只有1.2米左右，车体较窄，而殷墟发现的晚商马车的轨距一般为2.2～2.4米。很显然，二者之间的功用应有所不同。

八、商业

商业的发展是以社会分工的深化为基础的。社会分工的深化提高了劳动效率，并

---

① 河南省文物考古研究所：《郑州商城——1953～1985年考古发掘报告》，文物出版社，2001年，第461～483页。

② 中国社会科学院考古研究所河南第二工作队：《河南偃师商城东北隅发掘简报》，《考古》1998年第6期。

③ 河南省文物考古研究所：《郑州商城——1953～1985年考古发掘报告》，文物出版社，2001年，第381页。

④ 杜金鹏、王学荣、张良仁、谷飞：《试论偃师商城东北隅考古新收获》，《考古》1998年第6期。

形成社会资源配置的互补或相互依赖关系，从而为贸易的发展铺平了道路。从现存文献记载看，最早的商品交换活动发生于夏代。在《周易》《楚辞·天问》《山海经·大荒东经》《古本竹书纪年》等先秦文献中，记载一则王亥“丧牛于易”的故事。王亥是商族的先公之一，王亥赶着牛羊远涉有易氏境内（今河北易水流域），显然不是放牧，而是一种经商性质。不少学者指出，后世之所以将从事商品交换的人称为商人，应与商族大规模从事经商活动有关。

二里冈文化时期，除不同手工业之间的分工外，同一部门内部也有分工，这在陶器烧造业和青铜器铸造业即有反映。在郑州铭功路西侧的制陶作坊内发现的陶坯和烧坏的残毁陶器都为泥质陶，如盆、甑、簋、瓮等，其中尤以盆、甑为最多，而缺乏鬲、甗等夹砂陶。在郑州南关外铸铜作坊发现的工具和武器范以䦆为最多，镞、刀次之，另有斧、戈等；而紫荆山北铸铜作坊发现的工具和武器范则仅有刀、镞两种。由此说明，这种大规模制作单一品种的生产，显然不是为了某些人自己的需求，其中的绝大部分产品应是用于交换的商品。此外，大量手工业者日常所需粮食也必然是在市面上交换得来的。

不同阶层的人们所需的物品有不同的获取渠道。作为最高权力阶层的王室，他们所需的物品主要是通过政权方式所获得的，即由王室直接经营的产业生产或由地方贵族纳贡。一般贵族的生活必需品除受赐得来外，主要是由其领地自产的。但有些奢侈物品如玉料、海贝、龟甲、象牙、原始瓷等，是王室和一般贵族势力所难以达到的地域出产的，它们很可能是通过远程贸易得来的。作为平民阶层，在商品交换中也是很活跃的，他们对市场的要求与贵族有所不同，主要是交换日用陶器、小件青铜器、食盐等日常必需品。

第六节　二里冈文化源流与先商文化

一、渊源与流向

本章第三节述及，二里冈类型分布于二里冈文化的中心位置，是当时文化的辐辏之地。它肇始于成汤灭夏，其社会发展水平最高，在二里冈文化的一统格局中显然处于主导地位。从来源上看，二里冈类型的陶器大致可分五群[①]。

A群：主要包括分裆细绳纹鬲、甗、深腹盆、橄榄状平底罐等，约占整个陶器群的45%以上，来源于下七垣文化。

B群：主要包括爵、豆、簋、中口深腹圜底罐、捏沿罐等，约占整个陶器群的25%左右，来源于二里头文化。

① 王立新：《早商文化研究》，高等教育出版社，1998年，第153～162页。

C群：主要包括大口尊、敛口折肩瓮、小口瓮、缸等大型盛贮器及器盖等，约占整个陶器群的18%左右，属于下七垣文化和二里头文化共同的地域因素。

D群：主要包括鬲、鬲式斝、深腹簋、假腹豆、锥足盆形鼎等，约占整个陶器群的10%左右，属于新创生的器类。

E群：属于受周边其他文化影响而产生的因素，其中某些器物的局部特征较之来源地已发生了一定程度的改变。如源自山东岳石文化的夹砂红褐陶素面甗、素面罐、泥质素面盆等；源自北方地区的晋中深弧腹鬲、河套无足根鼓腹鬲；源自东南沿海的几何印纹硬陶、原始瓷器等。该群陶器数量很少，总体不超过整个陶器群的5%。

总体上看，以二里冈类型为核心的二里冈文化主要是继承下七垣文化发展而来的，同时又吸收了二里头文化及周边的多种文化的成分，并经过不断地创新和改造，形成了自身独特的风格。

二里冈文化的最终流向是殷墟文化。但目前二者之间还有一段时间的缺环，此段遗存目前在豫北、冀南、鲁西与豫东等地都有发现，而在原中心区伊洛—郑州地区则极少见到。说明此期商文化的分布重心发生了转移，这应与文献记载自商王仲丁之后商人的几次迁徙行为有关。

二、先商文化探索历程

二里冈文化属于早商文化，比二里冈文化更早的商人系统的文化通常被称作先商文化。所谓“先商文化”，具体是指从始祖契至成汤灭夏之前以商人为主体的人群创造和使用的考古学文化[①]。确定何种考古学文化为先商文化，必须遵循两个基本条件：首先确定早商文化，由早商文化的主体因素的构成往前追溯；二是判定的先商文化应当集中分布在史传商先公的活动地域内。由于先商文化同夏文化基本共时，且分布地域相邻，所以探索先商文化与探索夏文化是两个密不可分的课题。

作为三代考古的重大课题之一，先商文化经过了漫长的探索历程。1936年，中央研究院历史语言研究所李景聃曾赴豫东调查和发掘[②]，由此揭开了先商文化探索的序幕。20世纪50年代，随着二里冈文化和二里头文化的相继发现，先商文化问题被正式提出。邹衡首次使用“先商文化”一词，指成汤以前的先公时代商“部落”创造的文化，具体所指分布于黄河两岸的晚于龙山文化、早于郑州二里冈文化的考古遗存，并把它分为南、北两个系统[③]。70年代末，他又发表对先商文化的新看法，将先商文化从

① 张立东：《先商文化浅议》，《中国商文化国际学术讨论会论文集》，中国大百科全书出版社，1998年。

② 李景聃：《豫东商丘永城调查及造律台黑孤堆曹桥三处小发掘》，《中国考古学报》第二册，1947年。

③ 北京大学历史系考古专业：《商周——青铜时代》，《中国考古学》第三编，1960年。

北向南划分为漳河型、辉卫型、南关外型三个类型①。此后，先商文化问题引起广泛关注。1981年，刘绪对沁河下游三处遗址进行试掘，指出沁河中下游是二里头文化和先商文化的分界②。1986～1987年，沈勇通过在徐水、容城等地的调查，提出“先商文化保北型”③。1989年，李伯谦将以郑州南关外遗址下层为代表的南关外型排除先商文化之外，认为它是夏代夏人某一与国的遗存，另将漳河型与辉卫型合并，命名为“下七垣文化”④。1996年，张立东在发掘河南淇县宋窑遗址的基础上提出“辉卫文化”的命名，认为是夏至商初韦族的文化遗存⑤。1998年，王立新认为构成南关外期遗存的文化因素颇为复杂，“至少目前不宜将其归入与之相关的任何一支考古学文化，……还无法将其视为早商文化的直接前身”⑥。2009年，王立新通过对二里冈下层早段为开端的早商文化形成前夕郑洛地区出现的以洛达庙三期、南关外期等为代表的几类遗存进行分析，认为它们都属于汤革夏命前后文化的动荡与重组时期的过渡性遗存，而早商文化这一统一的、结构稳定的物质文化的形成，在时间上已滞后于商汤灭夏这一政治事件。如是，则所谓早于“早商文化”的“先商文化”，也应有一部分已延续于“商汤灭夏”以后；所谓“先商”并非先于“商汤灭夏”，而是先于早商文化。这里所说的“早商文化”，已非单一部落、部族之谓，而是商代商国之人的文化，是一种以商族为代表的国族文化⑦。

需要说明的是，邹衡提出先商文化这一概念时，尽管已赋予其考古学文化的含义，但它同夏文化一样，毕竟这种以族属命名的文化并非严格意义上的考古学文化。由于目前学术界在夏商文化分界问题上仍然存在较大分歧，而且对于先商文化内涵及其所追溯的时空范围认识也不甚一致，所以我们认为“下七垣文化”是当前更具学术合理性的称呼，会更有利于本课题的深入研究。

三、下七垣文化

下七垣文化是以河北磁县下七垣遗址第3、4层遗存为代表而命名的。它作为二里冈文化的主源和先行文化，陶器总体特征表现为：①以夹砂灰陶为主，泥质灰陶次之，褐陶亦占有一定比例。陶胎由厚渐薄。②纹饰以绳纹为主，早期绳纹较乱，

① 邹衡：《关于探讨夏文化的几个问题》，《文物》1979年第3期。

② 刘绪：《论卫怀地区的夏商文化》，《纪念北京大学考古专业三十周年论文集》，文物出版社，1990年。

③ 沈勇：《保北地区夏时代的两种青铜文化之探讨》，《华夏考古》1991年第3期。

④ 李伯谦：《先商文化探索》，《庆祝苏秉琦考古五十五年论文集》，文物出版社，1989年。

⑤ 张立东：《论辉卫文化》，《考古学集刊·10》，地质出版社，1996年。

⑥ 王立新：《早商文化研究》，高等教育出版社，1998年，第203～207页。

⑦ 王立新：《也谈文化形成的滞后性——以早商文化和二里头文化的形成为例》，《考古》2009年第12期。

晚期细而规整，楔点纹颇具特色。③以深腹罐、鬲、甗等为主要炊器，早期深腹罐多于鬲，晚期鬲的数量增多，成为最主要的炊器。深腹罐可分弧腹与有肩二型，均由矮胖向瘦高演进。鬲口颈部由高渐矮，束颈程度减小，腹由浅而深。④盛贮器中仅饰弦纹或楔形点纹的深腹盆、大敞口的浅腹平底盆以及腹部浑圆的小口瓮、鼓腹的平口瓮和平底的蛋形瓮等很有特色（图3-21）。此外，其他器物如石镰、骨匕等数量较多。

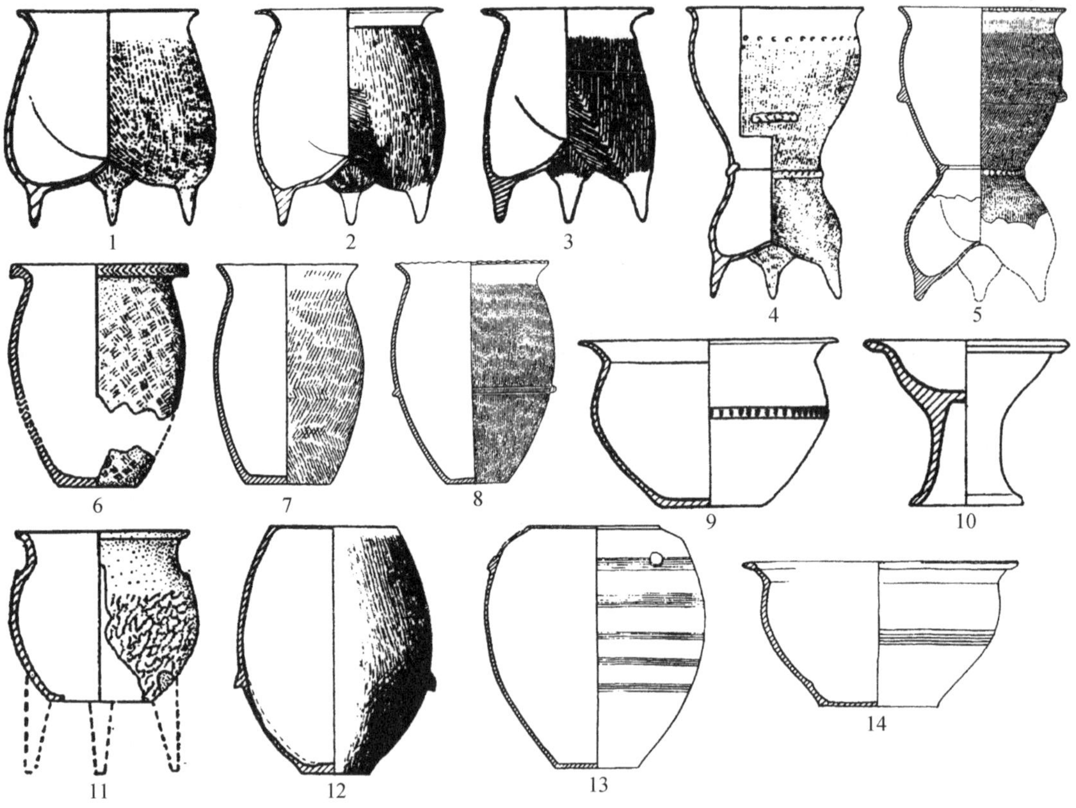

图3-21　下七垣文化典型陶器图

1～3. 鬲（邯郸涧沟H8：6、永年何庄H6：1、磁县下潘汪T31r：21）　4、5. 甗（邯郸涧沟T10②：14、邢台葛家庄H02：3）　6～8. 深腹罐（磁县下七垣H61：787、邯郸峰峰电厂义西H5：50、邢台葛家庄W1：1）　9、14. 盆（永年何庄T11②：1、邢台葛家庄96H30：82）　10. 豆（邢台葛家庄H31：4）　11. 鼎（磁县下七垣T7④：1334）　12. 蛋形瓮（永年何庄T12②：1）　13. 敛口瓮（邢台葛家庄99H119：1）

经过半个多世纪的田野考古工作，目前已发现的下七垣文化遗址多达上百处。各地的下七垣文化遗存虽有较强的共性，但也存在明显的个性。根据各遗址的文化内涵，并综合诸家意见，可将下七垣文化分为三个类型：漳河型、辉卫型和保北型[①]（图3-22）。

漳河型以漳河、滏阳河一带的邯郸、磁县为中心，主要分布于唐河以南、洹河以

① 胡保华、王立新：《试论下七垣文化的类型与分期》，《早期夏文化与先商文化研究论文集》，科学出版社，2012年。

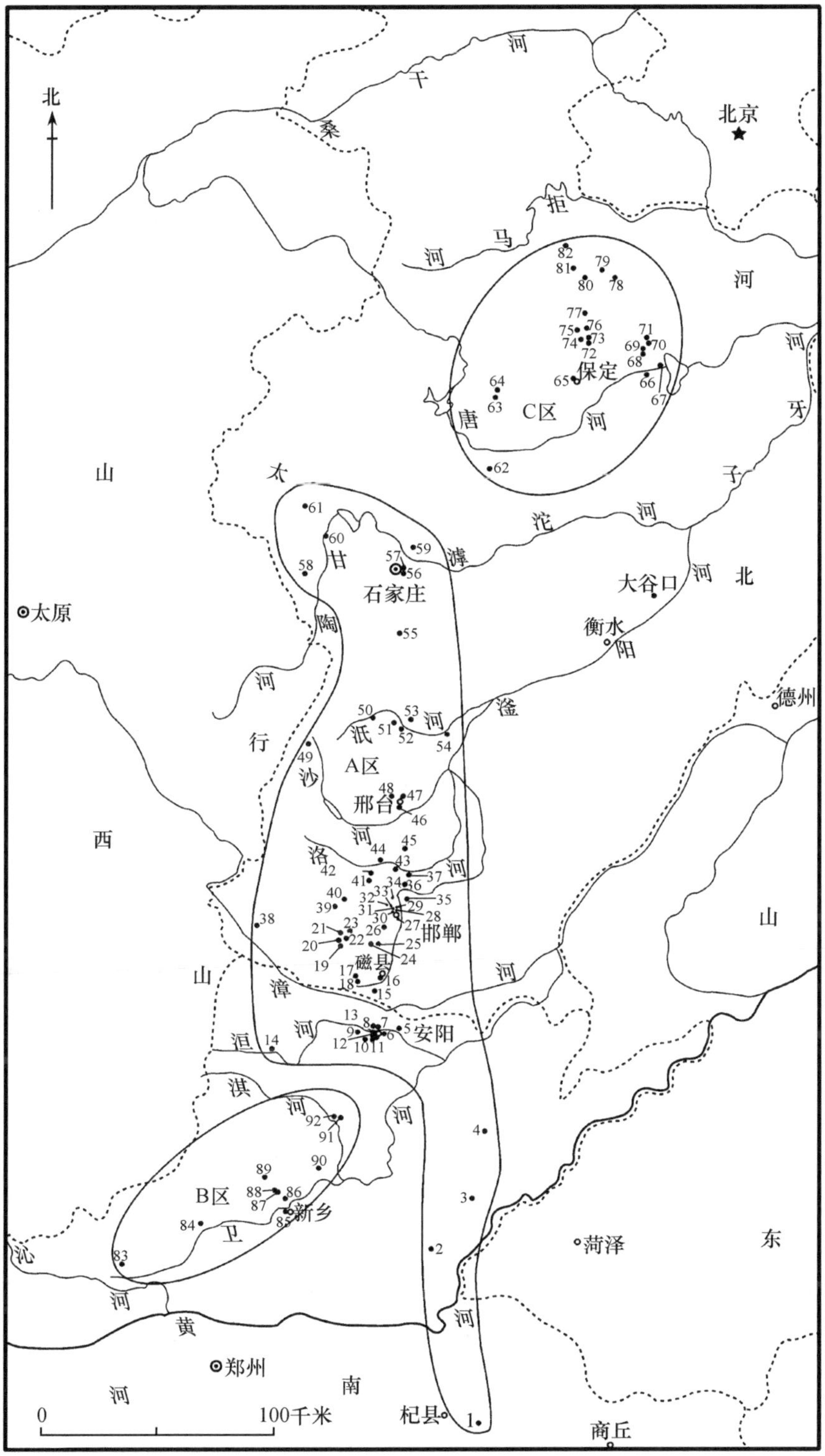

图3-22　下七垣文化遗址分布图

A区：漳河型分布区　B区：辉卫型分布区　C区：保北型分布区

（采自胡保华、王立新《试论下七垣文化的类型与分期》图一，《早期夏文化与先商文化研究论文集》，科学出版社，2012年，遗址名省略）

北的太行山东麓。以磁县下七垣遗址最具代表，典型遗址还有邢台葛庄、邯郸薛庄、安阳梅园庄。灰坑多种多样，深窖穴少。陶窑有专门化倾向，如下七垣遗址两座陶窑以烧制陶鬲为主。陶器整体流行平底器和三足器，流行绳纹，楔形点纹也很有特色。以深腹罐、无腰隔甗、扁三足鼎、弦纹深腹平底盆等为代表的一组器物来自当地涧沟型龙山文化，而以鬲、有腰隔甗、蛋形瓮为代表的一组器物来自于晋中龙山—夏代遗存。石器以铲最多，镰次之。卜骨大多只灼不钻。

辉卫型的分布范围大致为淇河以南，黄河以北，包括沁水下游、卫河上游一带。以新乡潞王坟、淇县宋窑遗址为代表，典型遗址还有辉县孟庄、鹤壁刘庄、新乡李大召。辉县孟庄发现有目前所知唯一的下七垣文化城址，而鹤壁刘庄则是迄今发现的规模最大的一处下七垣文化墓地。墓葬多小型土坑竖穴墓，少量有石棺葬具，随葬陶器有鬲、盆、豆等。该类型中平底深腹罐、鬲、深弧腹盆、素面有肩深腹盆、小口瓮、宽沿豆、蛋形瓮、盆形鼎，与漳河型同类器相似，应有共同来源。而凹底或圜底深腹罐、花边罐、圆腹罐、矮领平口瓮、折腹器盖、大口尊、捏沿罐、刻槽盆、盉则可能是来自于二里头文化的因素。总体来看，由于辉卫型在地域上更接近二里头文化，所以吸收二里头文化的因素要多于漳河型。此外，该类型中也含有少量源自东下冯文化、岳石文化的因素。

保北型（或称下岳各庄型）主要分布于拒马河以南、唐河以北的太行山东麓，南界已达保定南部地区。以易县下岳各庄遗址为代表，典型遗址还有容城午方、任丘哑巴庄。该类型主要炊器为鬲、甗，深腹罐颇少，多数器类的形制、特征与漳河型相同，其中高领弧腹有足根鬲，是下七垣文化陶鬲中的较早形态。

至于所谓的“鹿台岗类型”①，目前所知仅在杞县鹿台岗遗址发现3个灰坑、1座房址，且出土遗物与漳河型基本相似，可直接归入漳河型。有学者指出，“濮阳—滑县东部—杞县—鹿邑一线均发现有漳河型一类文化遗址和遗物”，这一狭长区域有可能是漳河型南进的“通道”所在②。

综合上述三个类型主要遗址的陶器分期研究成果，可将下七垣文化划分为四期，其年代相当于二里头文化二期早段至四期晚段。

下七垣文化是否是整个先商时期的文化，也是值得探讨的。文献记载商人始祖契兴于唐虞大禹之际，而目前所知的下七垣文化只能早至二里头文化二期，显然，它并非整个先商时期的文化。关于下七垣文化的渊源，尽管学者间具体结论有所不同，但多认为分布于冀南漳河流域的龙山期文化和晋中地区同时期文化应是下七垣文化的两支主源③。

---

① 郑州大学文博学院、开封市文物工作队：《豫东杞县发掘报告》，科学出版社，2000年，第88～116、254～259页。

② 宋豫秦：《夷夏商三种考古学文化交汇地域浅谈》，《中原文物》1992年第1期。

③ 王立新、朱永刚：《下七垣文化探源》，《华夏考古》1995年第4期。

关于商族起源地问题，历来学界说法不一，近年商族起源晋中说颇为引人注目。有学者从考古学文化的角度出发，认为下七垣文化第二期时包括高领鬲、带三足蛋形瓮等在内的大量晋中文化因素突然涌入豫北冀南地区，暗含着上甲微征伐有易氏的重大军事行动，并具体论证了下七垣文化是上甲微灭有易氏之后的先商文化，而此前相当长的时间内，商族则居住在晋中一带[①]。《诗经·商颂》云：“有娀方将，帝立子生商。”有娀氏是分布于山西中部的一个古族，商人的母系很可能源出山西。另外，先秦古籍中有关于契至成汤多次迁徙的记载，如《尚书序》云：“自契至于成汤八迁，汤始居亳，从先王居。”据《世本》《左传》《荀子》相关记载，成汤之前商人的居地有蕃、砥石、商、商丘和亳五处，除亳地可能在郑州外，其余四处的具体地望，目前诸家异说纷呈，难成共识。

最后需要指出的是，先商文化的探索虽然取得了一些成果，但还有很多工作要做。首先，辉县孟庄下七垣文化城址的考古工作开展不足，还有待在区域性调查的基础上，继续寻找和确定更多的中心性聚落，并系统地开展考古勘探和发掘工作。其次，即使一般性的文化遗存，现有资料也非常有限，至于下七垣文化早期的资料则更为零星。目前对先商文化进行分期断代、类型区分及文化因素分析等研究，困难仍然很大。在这种资料条件下，尽管学者们对早期先商文化的追溯用力颇深，但进展一直不大，已有的各种认识仍基本处于假说阶段。

思　考　题

1. 名词解释：小双桥朱书文字、腰坑、人牲、社祀、耒耜、范铸法。
2. 简述二里冈文化的城址特征与性质。
3. 简述二里冈文化的动态分布与地方类型。
4. 简述偃师商城宫城宫室建筑布局特点。
5. 简述二里冈文化墓葬的随葬品组合特点。
6. 从谱系分析的角度看二里冈文化是如何形成的。
7. 评述郑州商城与偃师商城的关系。
8. 评述先商文化与下七垣文化的关系。

① 魏峻：《下七垣文化的再认识》，《文物季刊》1999年第2期。

第四章　殷墟文化

第一节　殷墟发掘与分期年代

一、发现与发掘

殷墟文化是以河南省安阳市洹水之滨小屯村一带的殷墟遗址命名的。殷墟原本是殷商王朝的国都所在，后因亡国而沦为废墟。直到19世纪末，随着甲骨文的发现，这个湮埋在地下三千多年的古都才闻名于世。

清朝末年，安阳小屯一带的村民经常在农田中掘出一些古老的龟甲和兽骨，其中有的甲骨上刻有文字。因不知其为何物，往往就地处理掉或当成药材“龙骨”卖给中药铺。据说1899年，时任国子监祭酒的金石学家王懿荣因病服药，偶然发现在入药的“龙骨”上契刻有古朴的文字，经过认真研究，他初步认定这些刻字即是商代的文字。这个故事的真实程度，已经无人知晓。但世人皆知王懿荣是最早认识甲骨文的人，也是第一个大力收购带字甲骨的学者。与王懿荣大约同时鉴定和收藏甲骨的，还有天津的王襄和孟定生，他们在甲骨学史上也占有一定的地位。随后加入甲骨搜购收藏行列的还有刘鹗、端方、罗振玉及以加拿大人明义士为代表的外国传教士。1903年，刘鹗从自藏的甲骨中挑选了1058片墨拓，编成《铁云藏龟》一书出版，这是著录商代甲骨文的第一部著作。1904年，孙诒让根据《铁云藏龟》所录资料，完成了第一部考释甲骨文的著作《契文举例》。为了牟取暴利，古董商人往往对甲骨出土地秘而不宣。1908年，经罗振玉细心查访，始知甲骨出土于“洹滨之小屯”，他还考证出甲骨是殷王室之物，确定小屯是殷墟之所在。这是殷墟遗址首次为学界所知。1917年2月，王国维发表《殷卜辞中所见先公先王考》和《殷卜辞中所见先公先王续考》两篇著名文章[①]，考证出一系列商先公先王名号及其次序，证实了《史记·殷本纪》所载商人世系的可靠性[②]。殷墟甲骨文的史料价值得到了进一步的肯定。随着研究的深入，

---

① 王国维：《观堂集林》，中华书局，1959年，第409～450页。

② 侯乃峰：《〈史记·殷本纪〉“三报”世系次序再议》，《历史研究》2016年第4期。该文指出《殷本纪》中“报丁—报乙—报丙”的世系次序正确，王国维根据甲骨刻辞将“三报”的世系次序校正为“报乙—报丙—报丁”，似是出于对甲骨材料的误解。

以及当时西方田野考古学知识逐渐传入中国，学术界要求发掘殷墟遗址的呼声渐高。1928年8月，董作宾受当时新成立的中央研究院历史语言研究所委派，赴殷墟作甲骨出土情况的实地考察。并于同年10月在小屯村发掘，拉开了殷墟田野考古的序幕。

殷墟考古发掘可分前后两大阶段：第一阶段为1928～1937年，发掘工作由当时的中央研究院历史语言研究所考古组主持，共发掘15次。发掘地点集中在小屯北地、侯家庄西北冈和后冈，主要发现有宫殿宗庙建筑基址、其他建筑基址、灰坑、王陵、祭祀坑及族墓地等，出土了数以万计的各类器物以及24918片甲骨等。第二阶段为1950年至今，自1958年起，中国科学院考古研究所设立安阳工作队，长期在此进行勘探、发掘，取得了一系列重要考古成果，基本搞清楚了殷墟的范围和布局，确立了殷墟文化的分期编年体系①。特别是1999年秋，在殷墟保护区东北外缘发现了洹北商城，其时代稍早于殷墟的主体遗存。这座城址与殷墟的关系，成为近年来殷墟考古研究的热点课题。

二、分期与年代

《尚书·盘庚》云："盘庚迁于殷。"也就是说，殷作为商代王都是从盘庚开始的。《史记·殷本纪》正义引《古本竹书纪年》云："自盘庚迁殷至纣之灭，七百七十三年，更不徙都。"夏商周断代工程指出，"七百七十三年"不同版本有异，明嘉靖四年汪谅刻本、群碧楼藏明嘉靖王廷喆刊本及清乾隆武英殿刻本作"七百七十三年"，武昌书局翻王延喆刻本以及日本泷川本皆作"二百七十五"，金陵书局本作"二百五十三"。七百七十三年显然有误，虽然大多数学者改作"二百七十三年"，但这样改动缺乏依据，从文献上难以判定275年、273年、253年三说之正误。"武王克商之年为公元前1046年，如采用275年，则盘庚迁殷在公元前1320年；如采用273年，则盘庚迁殷在公元前1318年；如采用253年，则盘庚迁殷在公元前1298年。因武丁元年确定为公元前1250年，考虑到盘庚、小辛、小乙一代三王总年数的合理性，以253年说较妥，则盘庚迁殷在公元前 1298年，今取整为公元前1300年"②。如是，殷作为商代后期王都延续了253年，历时八代十二王。在这样长的时间内，殷墟文化也经历了不同的发展阶段。

分期断代是殷墟文化研究中的重要课题。1956年，邹衡依据30年代殷墟发掘的层位和出土遗物，将安阳小屯的殷商文化分为早、中、晚三期③，这是学术界首次对殷

---

① 中国社会科学院考古研究所：《殷墟的发现与研究》，科学出版社，1994年，第1～24页。杨锡璋、刘一曼：《殷墟考古七十年的主要收获》，《考古学集刊·15——纪念殷墟发掘七十周年论文专集》，文物出版社，2004年。

② 夏商周断代工程专家组：《夏商周断代工程1996—2000年阶段成果报告·简本》，世界图书出版公司北京公司，2000年，第60页。

③ 邹衡：《试论郑州新发现的殷商文化遗址》，《考古学报》1956年第3期。

墟文化进行综合性分期研究。1961年，当时中国科学院考古研究所安阳工作队（以下简称“安阳队”）根据发掘大司空村遗址所得地层关系与遗物标本，将殷墟文化分为两期，即“大司空村一期”和“大司空村二期”，并根据大司空村一期灰坑出土的甲骨资料，指出其年代相当于甲骨文第一期即商王武丁时期①。1964年，邹衡根据50年代新发现资料，又对殷墟文化作了全面系统的分期，共分四期七组，并据出土有甲骨刻辞的典型单位推定了各期的年代（王年），认为第一期相当于商王盘庚、小辛、小乙时期；而且首次根据伴出遗物将“自组卜辞”归属于殷墟文化第二期，即相当于武丁或稍晚，这是对甲骨学的重要贡献②。几乎同时，安阳队又根据1962年在大司空村新获得的具有分期意义的考古资料，在原有的一期、二期之间增加了一期，又把原来的第二期细分为两期，这样就把殷墟文化分成四期，即大司空村一至四期③。70年代继小屯发现相当于大司空村一期的陶器与刻辞甲骨共存之后，安阳队又在小屯发掘了妇好墓和十八号墓，认为商王武丁一代跨殷墟文化第一、二期④。到了80年代，在殷墟北部边缘的三家庄遗址发现早于大司空一期的遗存，这样安阳队在后来的殷墟文化分期中又将大司空村第一期细分为偏早、偏晚两个阶段，仍沿用四期的划分⑤。后来，安阳队唐际根详细论述了一期早、晚段的文化特征，认为二者年代衔接，同属晚商文化，但在遗存分布、规格、典型器物乃至随葬品组合方面都存在一定差异⑥。他还指出尽管殷墟文化第四期最末阶段的部分遗存在文化性质上仍属于商文化，但其年代应已进入西周初年⑦。

由于殷墟发现了大量的甲骨文，依据陶器与甲骨文的共存关系，再结合甲骨文的分期断代成果，可以确定殷墟文化各期的绝对年代。综合分析以上两家的分期认识，在把握殷墟文化遗存特别是遗物的演变趋势上并无根本的矛盾，所归纳的殷墟文化的发展规律基本是一致的。但若细加比较，他们在断代上稍有差别。邹衡将殷墟文化第一期推定为盘庚、小辛、小乙时期，第二期即武丁、祖庚、祖甲时期，第三期即廪辛、康丁、武乙、文丁时期，第四期即帝乙、帝辛时期。而安阳队推定殷墟文化一期约相当于武丁前期或稍早，其中偏早阶段约为盘庚迁殷后至小辛、小乙时期，偏晚阶段约为武丁前期；二期约相当于武丁后期及祖庚、祖甲时期，三期约相当于廪辛、康丁、武乙、文丁时期，第四期约相当于帝乙、帝辛时期。由此可知，二者的差别仅体现在一、二期的分界是在小乙与武丁之间还是武丁在位期间而已，总体的分期断代研

---

① 中国科学院考古研究所安阳发掘队：《1958～1959年殷墟发掘简报》，《考古》1961年第2期。

② 邹衡：《试论殷墟文化分期》，《北京大学学报（人文科学）》1964年第4期。

③ 中国科学院考古研究所安阳发掘队：《1962年安阳大司空村发掘简报》，《考古》1964年第8期。

④ 郑振香、陈志达：《论妇好墓对殷墟文化和卜辞断代的意义》，《考古》1981年第6期。

⑤ 郑振香：《论殷墟文化分期及其相关问题》，《中国考古学研究——夏鼐先生考古五十年纪念论文集》，文物出版社，1986年。

⑥ 唐际根：《殷墟一期文化及其相关问题》，《考古》1993年第10期。

⑦ 唐际根、汪涛：《殷墟第四期文化年代辨微》，《三代考古（一）》，科学出版社，2004年。

究成果已达成共识。需要说明的是，殷墟文化是连续发展的，各期的绝对年代只是粗略的对照，文化的变化绝不会与王位的更替完全同步。鉴于安阳队多年来的田野考古工作积累了比较丰富的遗物资料，使殷墟文化的分期编年体系在实践中得到修正与反复检验，本书拟采用安阳队的殷墟文化四期划分法。

殷墟文化的分期，以层位关系和常见陶器的变化为主要依据，出自居址和墓葬的陶器不仅数量多，而且形制演变规律清晰。

居址中日用陶器的陶系可分为夹砂灰陶、泥质灰陶、夹砂红陶和泥质红陶，另有少量的白陶、硬陶和釉陶，其总的变化规律是夹砂灰陶的比例不断下降，泥质灰陶和红陶的比例不断上升，第三、四期泥质红陶的数量增多是一显著特点。纹饰方面，以绳纹为主，弦纹次之，另有少量的兽面纹和三角划纹，其中早期有部分绳纹较细，晚期普遍变粗；兽面纹主要见于第一期，第二期晚段已罕见；而三角划纹出现于第二期晚段，第三、四期所占比例增大。陶器种类主要有鬲、甗、甑、簋、豆、盆、罐、瓮、盘、尊、杯、器盖等，其中以鬲、簋、豆、盆的时代变化最为敏感。大体上看，鬲由长方体变为方体，最后变为扁体，由高裆高足向矮裆矮足发展，最后鬲裆近平，足尖消失。此外，在一、二期时，流行一种小口窄沿、鼓腹、腹饰绳纹和圜络纹的小型鬲，至第三期已基本不见。簋的腹部由早期下腹斜收的倒梯形发展为晚期下腹弧鼓的半球形，圈足由矮变高。豆圈足由矮变高，常见于一至三期，四期已极少见。盆腹壁渐外张，由弧壁而斜腹，底径逐渐缩小（图4-1）。

墓葬中的随葬陶器主要有觚、爵、鬲、簋、豆、盘等几种器类，其中鬲、簋、豆的变化规律与居址中的同类器基本一致。觚、爵、盘较少见于居址中，属陶礼器，其形制特征随时代变化明显。第一期觚形体较肥矮；爵流较长，腹圆而鼓。第二期觚较第一期体态趋瘦；爵为侈口，流变短，下腹外鼓但腰仍较粗。第三期觚向瘦高发展，腹直而长；爵口部只捏出小流，腹向外鼓，腰部明显收束。第四期觚、爵均显著明器化，体形小而粗糙，常常只有数厘米高。另外从组合关系上看，一、二期墓葬中鬲相对多见，至三、四期鬲很少用于随葬，而簋、盘常见，其中第三期开始出现的盘逐渐取代了豆的地位，其形体由大变小。此外，第四期中还出现了仿铜陶器（图4-2）。

第二节　殷墟的范围与布局

一、殷都的形成过程

殷墟遗址群分布在河南安阳西北郊的洹河两岸。经过90年来的科学发掘，目前可知其鼎盛时期的最大范围，东起今安阳市北的郭家湾，向西经高楼庄、薛家庄、郭家庄、刘家庄、梅园庄、戚家庄、孝民屯、北辛庄、范家庄，再北过洹河向东经侯家

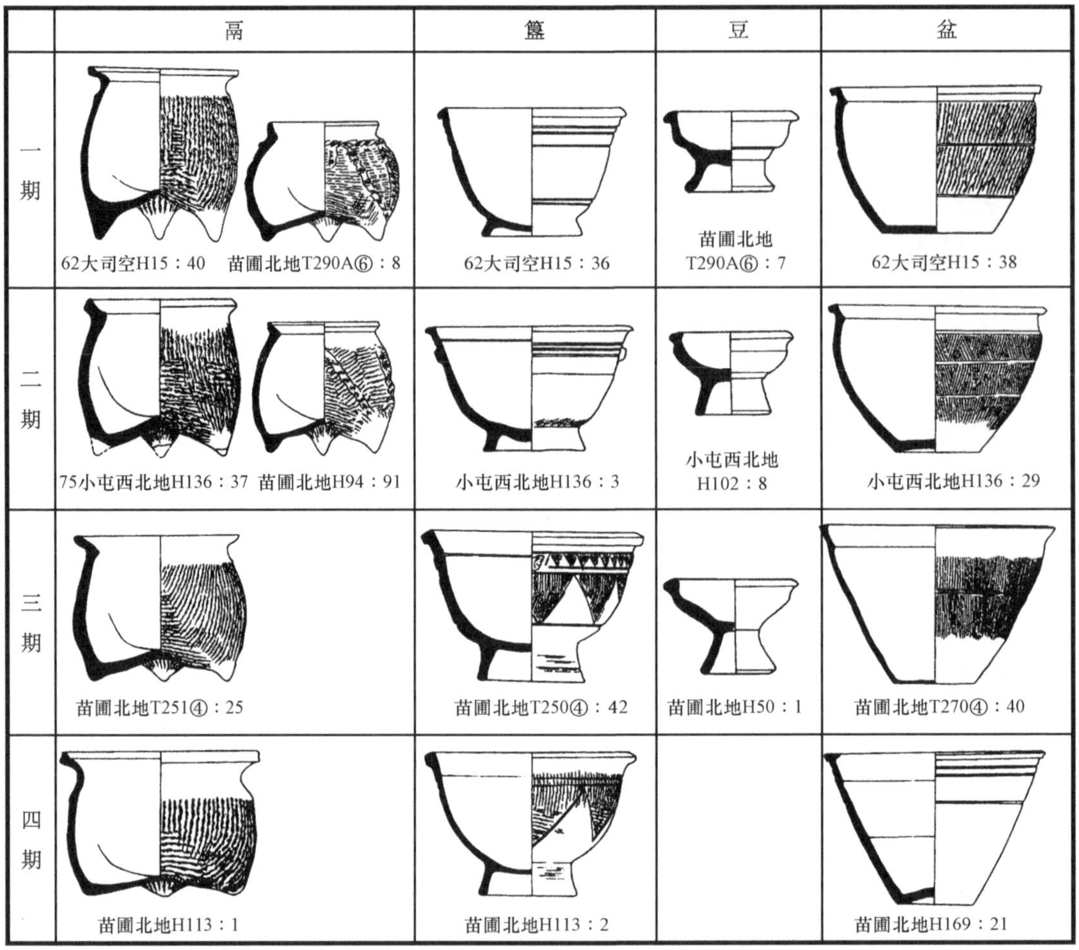

图4-1　殷墟文化居址典型陶器分期图

（采自中国社会科学院考古研究所《中国考古学·夏商卷》第291页，中国社会科学出版社，2003年）

庄、武官村、小营、小司空村、大司空村至郭家湾，总面积约36平方千米（图4-3）。

殷墟有两个中心点：洹河南以小屯、花园庄为中心的宫殿宗庙区和洹河北以侯家庄、武官村北为中心的王陵区，两块地势相对较高。在洹河两侧，分布着其他的居住址及手工业作坊，族墓地则分布在居住区附近及外围地区。

目前学术界普遍认为殷墟文化一期晚段即武丁早期时，殷墟作为都城从洹北商城迁到了以小屯为中心的洹河南岸。关于殷都的动态发展过程，以往有学者认为其在形成初期并无严格的规划，大体是由中心逐步向外发展，中心是宫殿宗庙区，其外为居民区和作坊区，再外为墓葬区；后来随着时间的推移，人口不断增加，居民区和作坊区也不断向外膨胀，同时墓葬区也随之再向外扩展[①]。也有学者指出殷都属于一种大邑

① 中国社会科学院考古研究所：《殷墟的发现与研究》，科学出版社，1994年，第128页。杨锡璋、刘一曼：《1980年以来殷墟发掘的主要收获》，《中国商文化国际学术讨论会论文集》，中国大百科全书出版社，1998年。

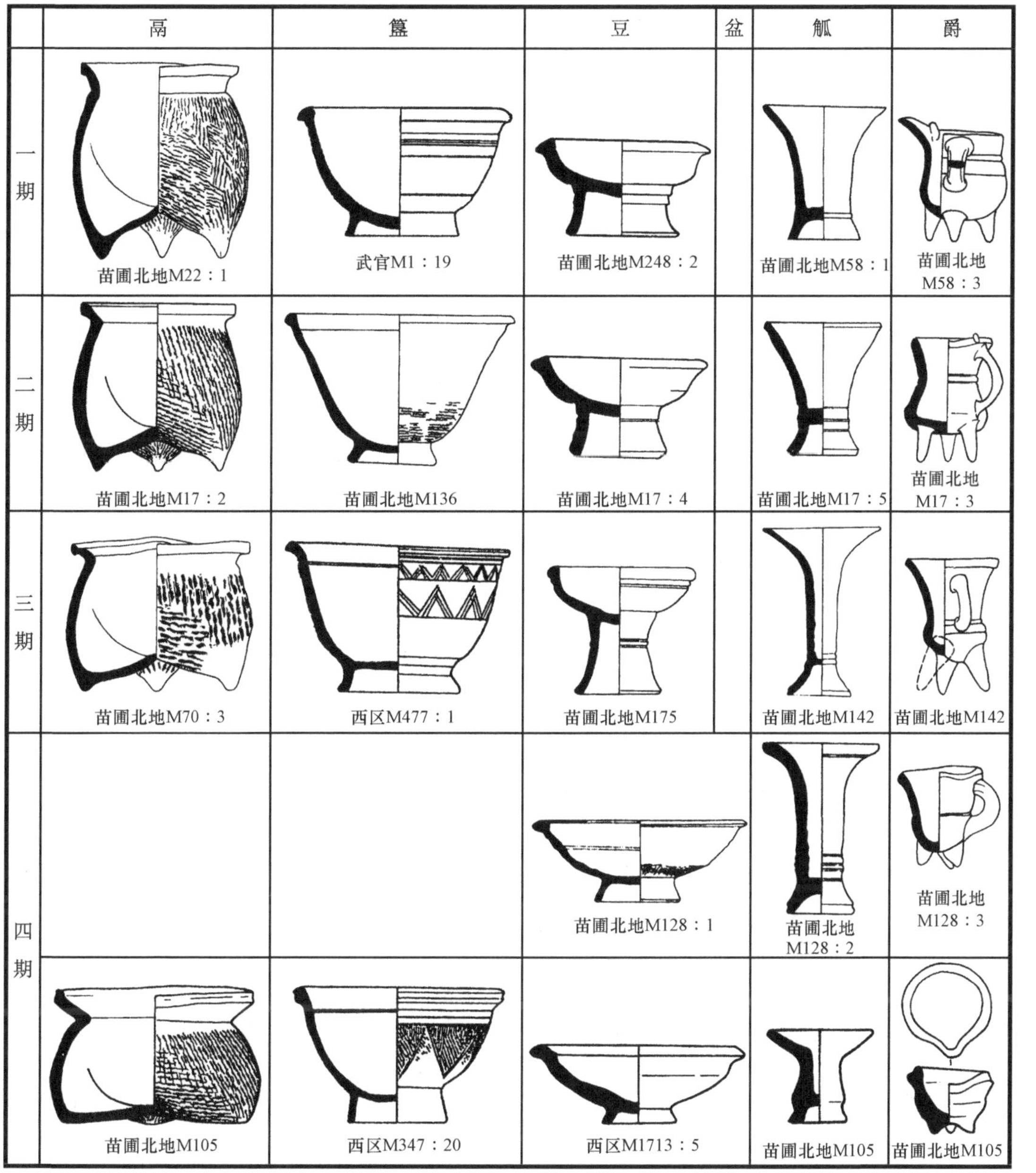

图4-2　殷墟文化墓葬典型陶器分期图

（采自中国社会科学院考古研究所《中国考古学·夏商卷》第293页，中国社会科学出版社，2003年）

聚落的形态，它是通过星罗棋布式的小族邑簇拥着王族族邑而构成的，王族族邑是殷墟“大邑商”的中心，分布在其周围的各个族邑是相对独立的聚落单元，每个族邑都是由居住区、生产区和墓地组成的综合体，层层族邑彼此沟通联结，形成了似无实有的聚落人墙，起到了聚落屏障或城墙的作用①。这两种不同的认识分别被形象地表述为

① 郑若葵：《殷墟“大邑商”族邑布局初探》，《华夏考古》1996年第4期。

单点扩张的“卷心菜”模式和多点连片的“族邑模式”[①]。随着殷墟考古发掘空间范围的不断扩大，越来越多的资料证明“族邑模式”的解读是基本正确的。

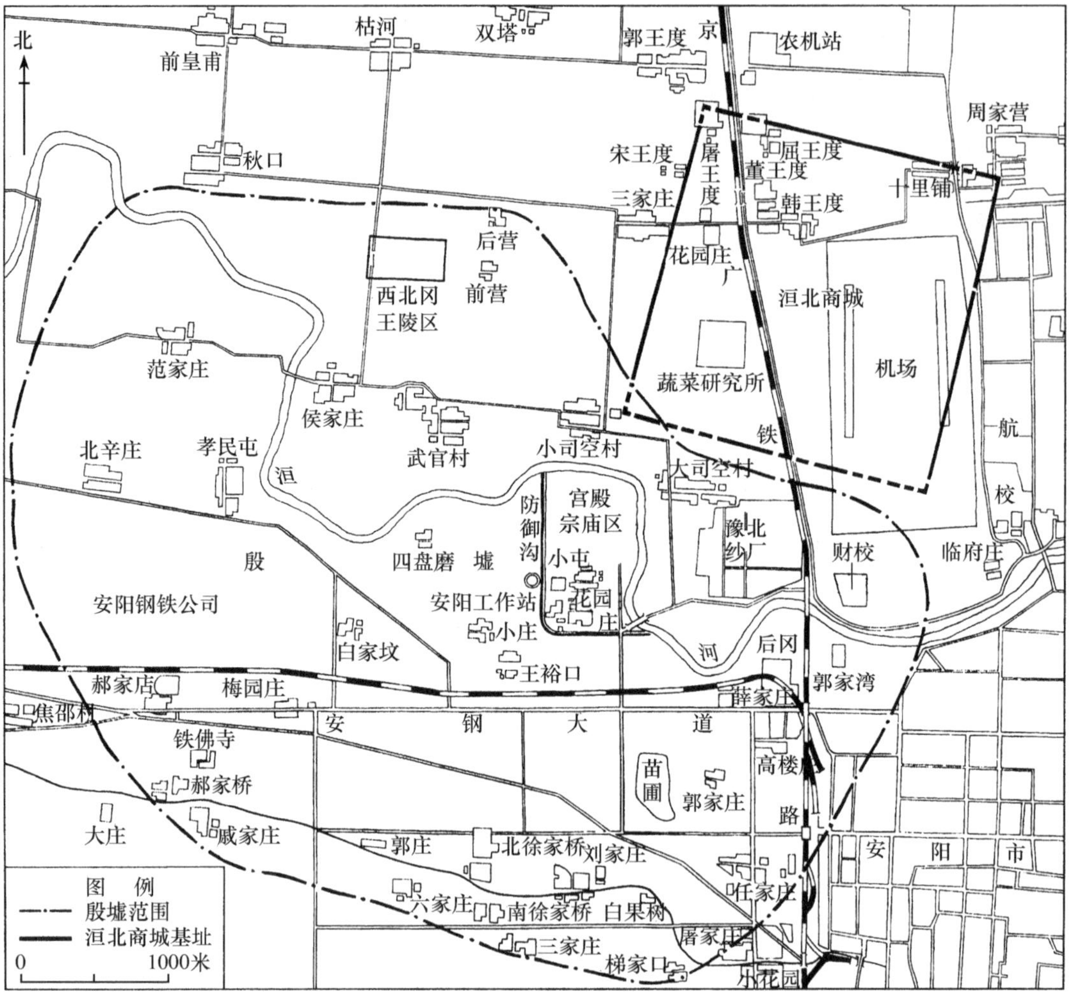

图4-3　安阳殷墟范围示意图

（采自中国社会科学院考古研究所《中国考古学·夏商卷》图6-1，中国社会科学出版社，2003年）

考古发现与研究表明，无论是王族的族邑还是非王族的各族邑聚落，都是殷都形成发展过程中的一个社会单元。虽然它们之间存在着等级的差别和层级特征，但其内部所包含的诸如居址、作坊、墓葬、防御设施等基本文化要素是相同的。各族邑聚落在殷墟文化一期时分布较稀疏，彼此间有很大的空白地带，反映在殷都布局上就是几个“点”的分布。但随着各族邑聚落的自身发展（包括人口和生活生产设施的增加、生存空间的扩张等），彼此间的空白地带越来越少，由多“点”逐渐连成“面”，最终形成了殷墟都城——“大邑商”。

---

① 岳洪彬、何毓灵、岳占伟：《殷墟都邑布局研究中的几个问题》，《三代考古（四）》，科学出版社，2011年。

二、小屯宫殿宗庙区

小屯宫殿宗庙区的北、东两面有洹河环绕，西、南两面至迟在殷墟文化二期时开挖一道具有防御功能的L形“大灰沟”（南北长1100、东西长650、宽7～24、深3～10米）与洹河相接，由此构成一个总面积约70万平方米的相对封闭区域[①]。这是目前学术界普遍认可的小屯宫殿宗庙区范围，然而它仅占殷墟遗址总面积的1/57，二者规模相差悬殊，显得极不协调。

最近的研究表明，小屯西地“大灰沟”的性质不仅仅是防御性壕沟，很可能在殷墟文化晚期时一度成为宫殿宗庙区的祭祀区域（沟内发现有人祭遗存和刻辞卜骨），所以殷墟文化晚期宫殿宗庙区的范围可能更大，其西部边界或许到达今四盘磨村东侧的冲沟附近[②]（图4-4）。

（一）夯土基址群

1928～1937年，中央研究院历史语言研究所在殷墟进行了15次发掘，其中有12次集中在小屯村附近，在小屯村东北地发掘了53座夯土基址，发掘者将其分为甲、乙、丙三组，由东北向西南排列，并分别推定为寝宫、宗庙和社坛建筑遗迹[③]。甲组基址有15座，其范围南北长100、东西宽90米左右，基址平面形状有长方形、凹字形等，大多无础石（图版5：1）。乙组有21座，其范围南北长200、东西宽100米左右，基址平面形状有长方形、近方形和凹字形等。丙组有17座，其范围南北长约50、东西宽约35米，建筑都比较小。与此同时，还揭露出与基址相关联的水沟、窖穴、中小型房基、祭祀坑、墓葬等。由于当时田野工作水平和经验的限制，20世纪30年代发掘出的遗迹中仅有少数可据伴出遗物或遗迹推知期别。属于殷墟第一期的基址有甲十三基址、乙五基址、乙七基址、乙十一基址等，另有丙九、丙十三、丙十五、丙十七等基址的上限可早到殷墟第二期，下限大致不晚于第三期。

20世纪50年代以来，在甲、乙、丙三组基址的以西、以南区域又发现大量的夯土基址，这些基址的分期或年代基本清楚。其中1989年在乙二十基址东南发掘了南北西三面各一排、整体呈凹字形的半封闭状夯土基址（即54号，原来可能为四合院式建筑，其东庑已被洹河冲毁），分为上下两层，下层基址年代不清，上层基址出土陶器

① 中国社会科学院考古研究所：《殷墟的发现与研究》，科学出版社，1994年，第44、77、78页。

② 岳洪彬、岳占伟、何毓灵：《小屯宫殿宗庙区布局初探》，《三代考古（二）》，科学出版社，2006年。岳洪彬、何毓灵、岳占伟：《殷墟都邑布局研究中的几个问题》，《三代考古（四）》，科学出版社，2011年。

③ 石璋如：《小屯第一本·遗址的发现与发掘乙编·殷墟建筑遗存》，历史语言研究所出版，1959年。

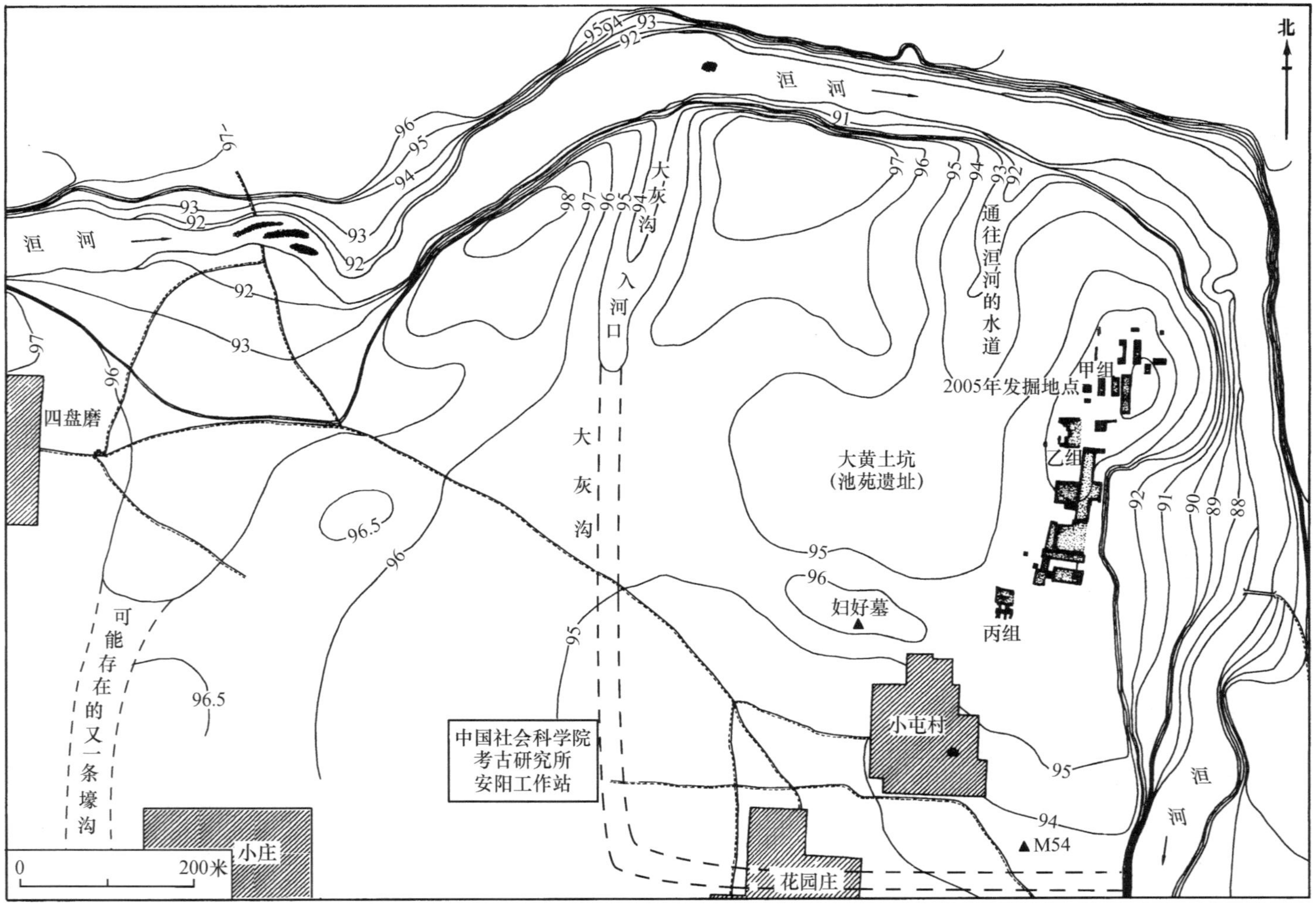

图4-4　殷墟宫殿宗庙区及附近区域地形图

［采自岳洪彬等《殷墟都邑布局研究中的几个问题》图八，《三代考古（四）》，科学出版社，2011年，稍作改动］

属于殷墟第一期，并且所出铜盉上铸有铭文“武父乙”（即武丁的父亲小乙）三字，故上层建筑应不晚于武丁时期[1]。2004～2005年，为配合殷墟申报世界文化遗产，考古人员在甲、乙、丙三组基址附近进行了全面勘探和重点发掘，又发现了近百座规模不等的夯土基址[2]。其中甲组基址附近新发现的14座夯土基址，规模较大者均呈南北长方形，东西长方形的基址多规模较小，在甲五基址的西北侧发现一玉料坑，在甲十三基址西侧发现的灰土堆积应是长期堆弃生活垃圾的区域。在乙五基址附近发现大面积夯土，估计有多座不同时期的建筑基址。丙组基址西北侧的大型建筑基址紧邻大黄土坑（池苑遗迹），东侧的建筑基址可能属于乙二十基址的组成部分（图4-5）。这些新的发现，对于深入探讨殷墟宫殿宗庙区建筑基址群的布局与功能具有重要意义。

值得注意的是，1958年在小屯西地发现的数座夯土建筑基址和用碎陶片、小砾石铺成的道路[3]，以及后来在安阳工作站院内发现的夯土基址，均位于“大灰沟”的西侧。这些建筑基址与“大灰沟”东侧的建筑群遥相呼应，在殷墟第三期“大灰沟”被填平以后，两处建筑基址群则连成一片。

（二）池苑遗迹

在小屯宫殿宗庙区多年来的勘探和发掘中，已经发现一些与池苑设施相关的遗迹。

2004年在甲组和乙组基址的西侧、丙组基址的西北侧发现一个面积不小于4.5万平方米、深12米以上的大黄土坑，其东北部向北伸出一水道，南北长约350、宽75～100米。黄土坑的平面形状近似一靴形，向南深入宫殿宗庙区内，向北与洹河相通。在该坑东、南侧附近均探出数座夯土基址，东侧的均为南北方向，南侧的为东西方向，这些基址可能是旁临池苑的台榭类建筑。根据层位关系，此坑至迟在战国时期已基本填平。

20世纪30年代发掘小屯夯土基址时发现的数条水沟都向西汇入大黄土坑或水道，它们和乙九基址下的方形水池（K1）可能既是宫殿宗庙区的排水系统，也是池苑的组成部分。

以大黄土坑为核心的相关发现，表明这里应该就是文献记载殷商王室营造的“台榭陂池”之池苑场所[4]，从而使得小屯宫殿宗庙区的总体布局豁然开朗。它不仅为大规模的宫室建筑提供了夯土来源，同时也解决了宫殿宗庙区的消防安全与排水问题。

---

① 中国社会科学院考古研究所安阳工作队：《河南安阳殷墟大型建筑基址的发掘》，《考古》2001年第5期。

② 中国社会科学院考古研究所安阳工作队：《2004—2005年殷墟小屯宫殿宗庙区的勘探和发掘》，《考古学报》2009年第2期。

③ 中国社会科学院考古研究所：《殷墟发掘报告（1958—1961）》，文物出版社，1987年，第94～99页。

④ 《尚书·泰誓》记载武王伐纣之誓师词曰：“今商王受（纣）……惟宫室台榭陂池侈服，以残害于尔万姓。”

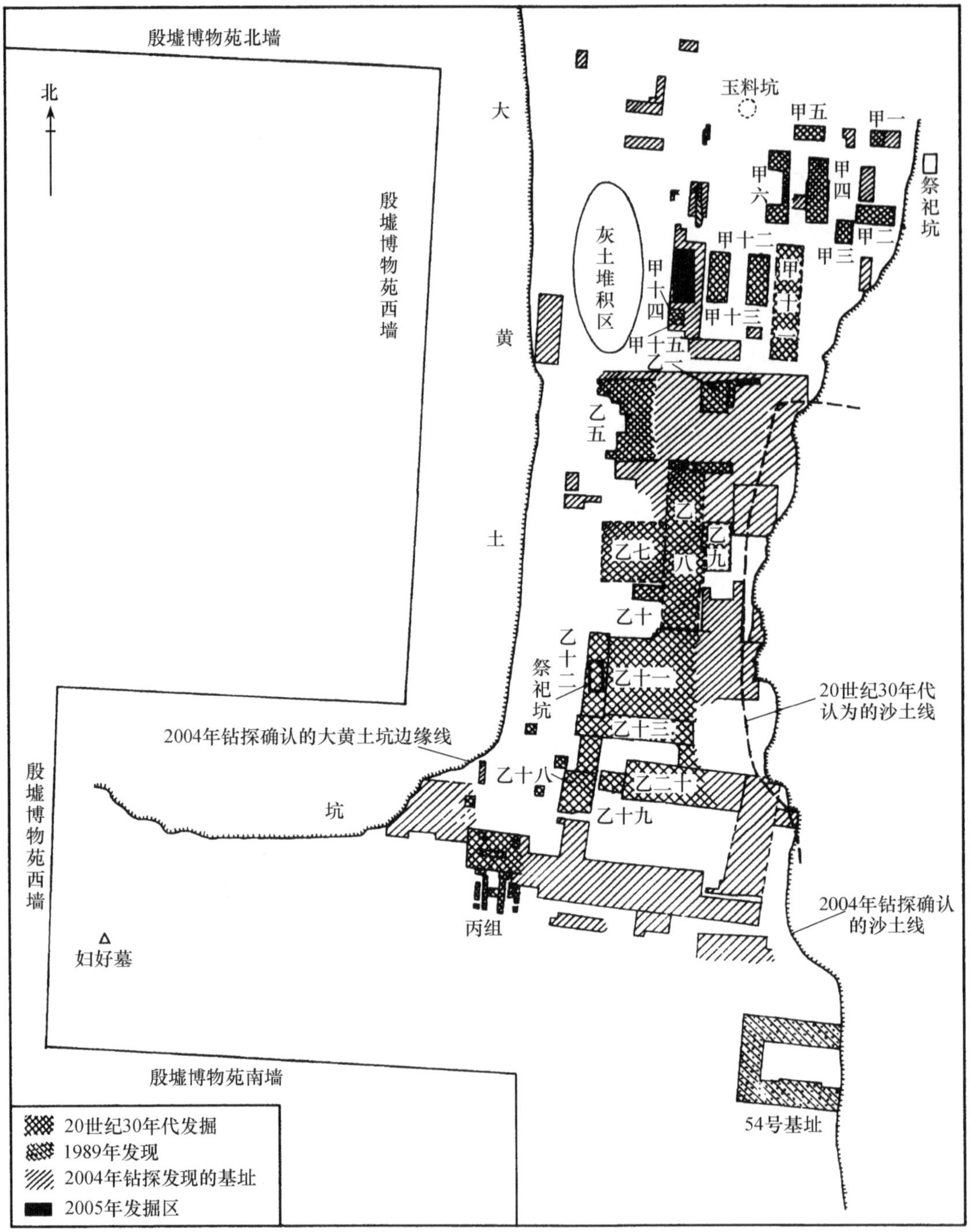

图4-5　小屯宫殿宗庙区夯土基址分布图

（采自中国社会科学院考古研究所安阳工作队《2004—2005年殷墟小屯宫殿宗庙区的勘探和发掘》图二，《考古学报》2009年第2期）

（三）其他重要发现

经勘探，在丙组基址和54号基址以南大约100米见方的范围内，确无建筑基址，更无灰土堆积，局部发现踩踏面。该区域很可能是殷商王室的大型公共活动场所，也是宫殿宗庙区的重要组成部分。

小屯附近出土的刻辞甲骨相对集中于宫殿宗庙区的南、北两端和中部区域。北端在甲组基址以北邻近洹河的河滨台地上，甲骨文中有不少关于水患的记载，可能与洹河涨水威胁到宫殿宗庙区的安危，商王室在此频繁举行祭祀活动有关。中部区域出土的刻辞甲骨以“史语所”发掘的大连坑和YH127为中心，多分布于乙组基址附近，均为商王卜辞，这从一个侧面证实了学术界通常认为的乙组基址为商王宗庙区的观点。南端在以小屯南地为中心的小屯村和花园庄附近，除出土商王卜辞外，还发现大量的非王卜辞，此处可能曾为非时王的商王室贵族举行祭祀活动的场所。

在甲组基址及其附近区域，已发现与制造相关的各类遗迹遗物，如在甲六基址夯层和近旁窖穴中都出土许多炼渣和铜锈等，在甲六基址西北侧也发现一处玉料坑，甲九基址附近的水井中出土数百件石镰，在甲一基址下一个较大的窖藏坑中发现大量的龟甲和鹿角等，表明这里有可能存在冶铸青铜、加工玉石、制作骨角、烧造陶器等作坊址。若从所处地理位置（位居小屯宫殿宗庙区的北端，其北、东两面临洹河，西侧与池苑遗址相邻）考虑，该区域也非常适合手工业作坊的存在①。此外，在乙组基址附近发现大量的青铜碎片和陶范碎块，估计存在着青铜器铸造作坊。位于丙组基址西侧约50米处、两座殷墟四期的半地穴式房址内出土大量的圆锥形石料、磨石残块和部分玉石雕刻品、原始瓷器等②，这里可能是加工玉石器的场所。

小屯宫殿宗庙区内还发现了300座以上的墓葬，年代从殷墟一至四期均有。若排除与夯土基址相关的祭祀坑和奠基坑外，仍有一些高规格墓葬和为数不少的小型墓。其中小屯北地的妇好墓是迄今发现无墓道的竖穴土坑墓中规格最高、保存完好的一座，墓底有一腰坑，坑内殉1人1犬，墓内共殉人16具、殉犬6只，随葬品多达1928件，其中铜礼器200余件、玉器755件，学术界一般认为该墓主妇好是殷王武丁的法定配偶③。如此身份，为何没有葬入西北冈王陵区呢？最近有学者认为妇好墓虽具备殷墓的一般特点，但在所处位置、殉葬及随葬品分层埋葬等诸方面也存在着特殊之处，将其视作以F7为代表的宗庙建筑的附属遗存，可能具有献祭的性质④。花园庄东地M54与妇好墓同属殷墟文化二期晚段，规格略低，葬具一椁一棺，墓内共殉人15具、殉犬15只，随葬青铜器265件（未计铜镞、铜泡），玉器222件，墓主是一位军权在握、备受商王恩宠的“长”族高级贵族⑤（图版5：2）。2004年在安阳工作站内发现一座带两条墓道的大

① 岳洪彬、孙玲：《殷墟小屯宫殿区甲组基址的年代和性质探析》，《三代考古（五）》，科学出版社，2013年。

② 中国社会科学院考古研究所安阳工作队：《1975年安阳殷墟的新发现》，《考古》1976年第4期。

③ 中国社会科学院考古研究所：《殷墟妇好墓》，文物出版社，1980年。

④ 郜向平：《殷墟小屯M5再探讨》，《中国国家博物馆馆刊》2011年第12期。

⑤ 中国社会科学院考古研究所：《安阳殷墟花园庄东地商代墓葬》，科学出版社，2007年。

墓，时代为殷墟四期，东距大灰沟70米，而大灰沟在殷墟三期已被填平，那么这座大墓也就处在向西拓宽的宫殿区内了。

综上所述，小屯宫殿宗庙区内不仅发现有规模宏大的大型夯土基址、复杂多样的祭祀遗存、池苑遗迹、大型活动场地和防御性壕沟，也有与日常生活息息相关的各类作坊，倾倒垃圾的灰土堆积区，数量众多的灰坑、窖穴、水井和小型夯土基址、半地穴式房基以及为数不少的中小型墓葬等，它们作为基本文化要素构成了一个相对独立、层级分明的社会单元——王族族邑。尽管如此，该区域内仍有多处盲区尚未涉足，如宫殿宗庙区内的道路网络、大黄土坑北侧的高台地、大灰沟以西四盘磨以东的广大区域都需要加大考古工作力度。即便已知的遗存也存在诸多疑点，如各大型夯土基址的分期年代、结构布局、功能分区及其相互关系都不甚清楚，使用时期的宫殿宗庙区内为何会埋入为数不少的墓葬，小屯商王族邑的动态发展演变过程，等等。

三、西北冈王陵区

王陵区位于洹河以北的武官村和侯家庄一带的高地上（当地村民称作西北冈），东南距小屯宫殿宗庙区约2.5千米。陵区范围东西长约450、南北宽约250米，共发掘大墓14座，祭祀坑近1500座（图4-6）。

王陵区的大墓分为东、西两区。西区有四条墓道的大墓7座（HPKM1001～HPKM1004、HPKM1217、HPKM1500、HPKM1550），一条墓道的大墓1座（78AHBM1）以及未完成的大墓1座（HPKM1567，有墓坑但无墓道，考古界俗称“假大墓”）。东区有四条墓道的大墓1座（HPKM1400），两条墓道的大墓3座（HPKM1443、M1129和50WGKM1），一条墓道的大墓1座（84AWBM260）。一些大墓的墓道之间存在打破关系，如HPKM1217打破HPKM1500和78AHBM1，HPKM1002打破HPKM1004，HPKM1004和HPKM1550打破HPKM1001，HPKM1400打破HPKM1443。这些大墓墓室规模很大，椁室呈方形、长方形或亚字形。墓室四侧、南北两侧或南侧有坡形或阶梯形的长墓道，墓底有一或数个腰坑。有殉人及用作祭祀的人牲和牺牲。下面以HPKM1001、50WGKM1和84AWBM260为例，将带四条、两条和一条墓道的大墓分别予以介绍。

HPKM1001位于王陵区的西区，墓口呈亚字形，东西长21.3、南北宽18.9、墓室深10.5米。椁室由木板筑成，高约3米，椁底以92块柏木板铺成。底板之下有规律地分布9个方坑，每坑埋有1犬和1执戈人（其中1坑无犬）。椁外侧西南角填土中有殉人1具，椁顶附近有11个殉人，部分有棺，有的殉人身上还有绿松石佩饰。四条墓道中南墓道填土中埋人头骨14组42个，无头人架8组59具；北墓道埋人头骨6组14个，带随葬品的全躯人架1具；西墓道埋人头骨4组11个，带随葬品的全躯人架1具；东墓道埋人头骨3组6个，无头人架1具。这些被杀者应是落葬过程中的牺牲。该墓多次被盗，随葬品所剩不多。但在二层台和墓道内的殉人坑中发现少量铜器，并在盗坑中清理出一批玉、石、骨、角、牙、蚌器和白陶、金

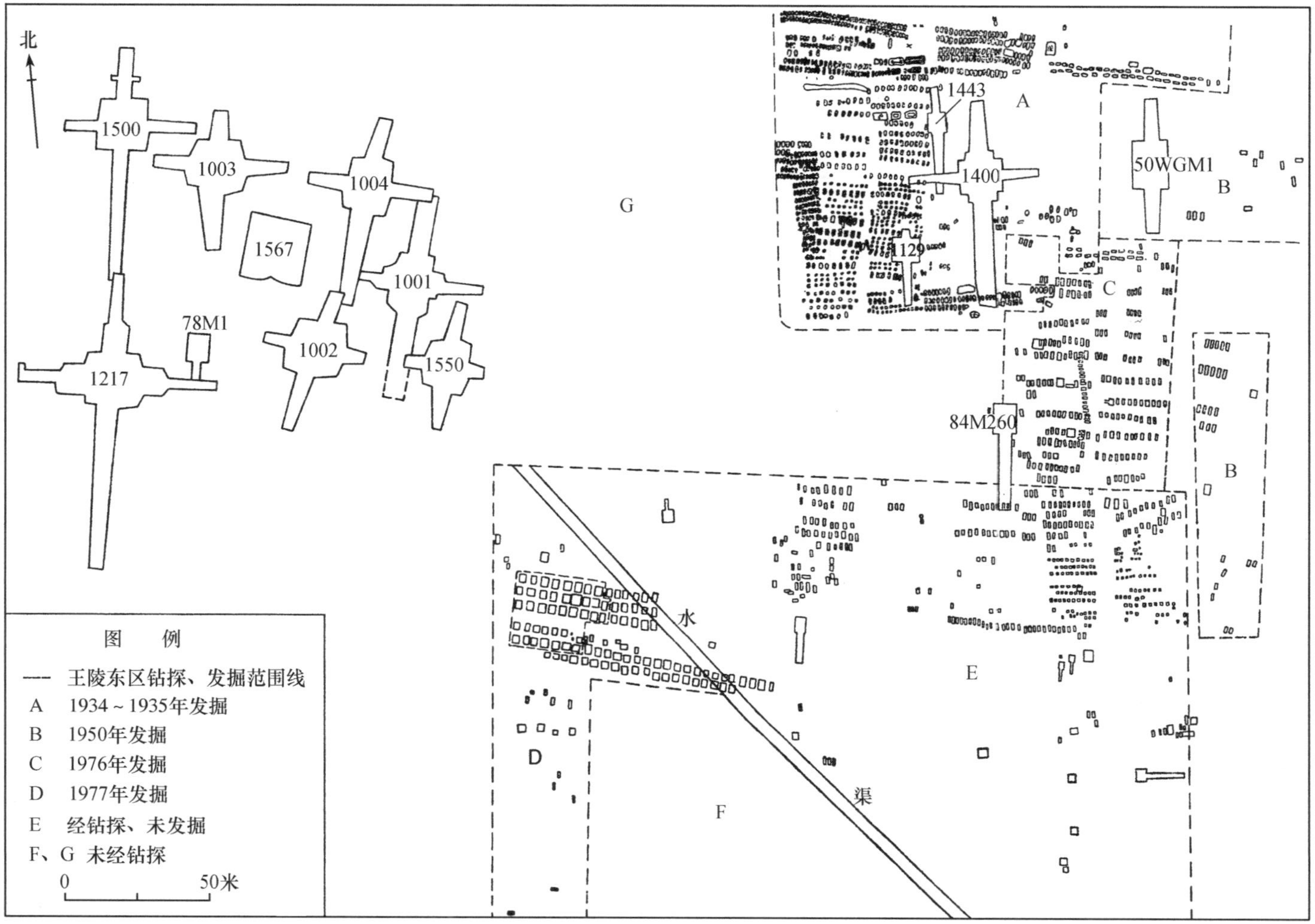

图4-6 殷墟西北冈王陵区大墓与祭祀坑分布图

（采自中国社会科学院考古研究所《中国考古学·夏商卷》图6-6，中国社会科学出版社，2003年）

饰等。沿HPKM1001南北墓道的东部边缘，较有规律地排列37个埋人和动物的坑。其中22个埋人坑共埋68人，面积较大者有棺椁和腰坑，伴出成组青铜器，并有殉人。这些人可能是墓主生前的侍从，属陪葬墓性质。马坑7个，坑中的马头骨上有华丽的辔头、铜泡及绿松石等饰物。另有内容不明者2个，被破坏者6个[①]（图4-7）。

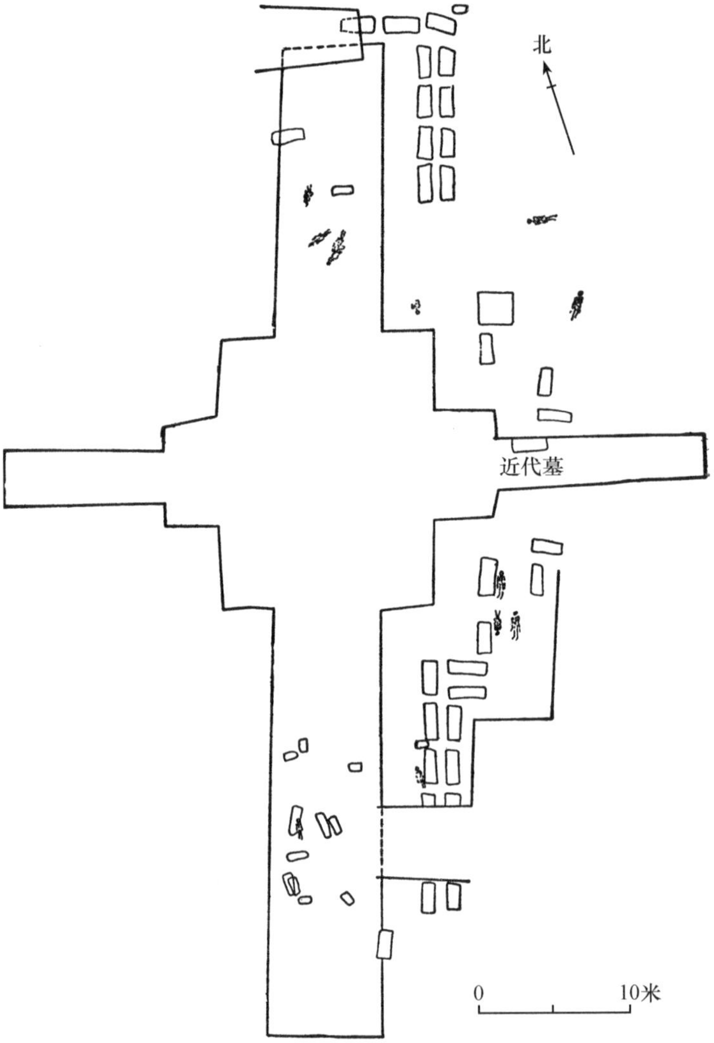

图4-7　殷墟西北冈王陵区HPKM1001平面及陪葬墓位置图

（采自中国社会科学院考古研究所《殷墟的发现与研究》图五四，科学出版社，1994年）

50WGKM1位于王陵区的东区，墓室作长方形，上口长14、宽12、深7.2米。椁室保存尚好，四壁用较粗的原木筑成，椁顶板可能雕有花纹并涂朱漆。椁外的夯土二层台上散布许多人殉坑，总体上左右对称。随葬的礼乐器也放在二层台上。椁内置棺，棺木无存。墓底中心有一腰坑，内埋一持戈人。两条墓道中南墓道内发现马坑3个，呈

① 梁思永、高去寻：《侯家庄·1001号大墓》，历史语言研究所出版，1962年。

品字形排列，每坑埋马4匹，近墓室外有一跪葬人，旁有一犬；北墓道内发现长方形坑4个，呈十字花形排列，东、北、西三坑分别埋马6匹、6匹和4匹，南坑内有2具对蹲的殉人。墓内发现大量殉人、殉牲和杀祭的人牲。与墓主同穴者有人头骨34个，身首完全的人骨架45具，各种动物骨骼52具。此墓几经盗掘，但仍余部分玉、石、铜器和白陶器，还有腐朽的漆木器痕迹①（图4-8）。

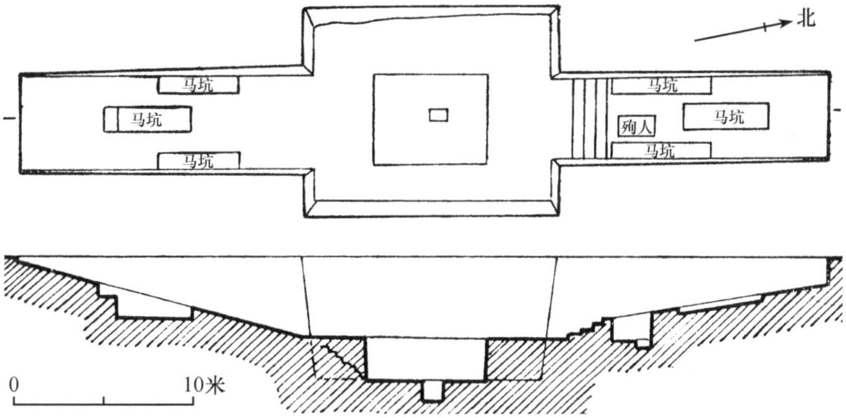

图4-8　殷墟西北冈王陵区50WGKM1平、剖面图

（采自中国社会科学院考古研究所《殷墟的发现与研究》图五六，科学出版社，1994年）

84AWBM260位于王陵区的东区，据传1939年该墓曾出土著名的司母戊方鼎，1984年进行了正式发掘。南向单墓道呈斜坡状，方向5°。墓室为一长方形竖穴，口大底小。墓口长9.6、宽8.1、深8.1米。墓道与墓底相接处有一条土隔梁，隔梁南侧有一方形小坑，内埋人骨架4具，已被扰乱。墓底正中有一腰坑，内埋1人1狗，并出1件大玉戈。椁室底部由14块宽22、厚8厘米的木板铺成，四壁每边都由9根径约23厘米的圆木垒成。墓室和椁室填土中分别有6个、5个个体的人骨。墓道中段填土内发现集中堆放的人头骨22个。因被盗掘，只在盗坑中收集到一些小铜泡、铜牛形饰、铜镞、骨镞、刻花骨匕柄、白陶片、玉饰等，另在墓室西北角清理出8把木锨②（图4-9）。

王陵区是殷墟都城的标志性文化内涵之一，长期以来学者们围绕这些大墓的结构布局、早晚排序、对应商王等问题进行了不懈探讨。目前学术界普遍认可带四条墓道的大墓属于商王陵寝，不过如何将其与商王对应、如何判定带两条和一条墓道的大墓墓主身份，则歧见迭出，莫衷一是③（表4-1）。

由于西北冈王陵区尚有未勘探或未发掘区域，不敢断言大墓数量与布局完全清

---

① 郭宝钧：《一九五〇年春殷墟发掘报告》，《中国考古学报》第五册，1951年。

② 中国社会科学院考古研究所安阳工作队：《殷墟259、260号墓发掘报告》，《考古学报》1987年第1期。

③ 李维明：《殷墟西北冈王陵区商代大墓分析》，《四川文物》2014年第5期。

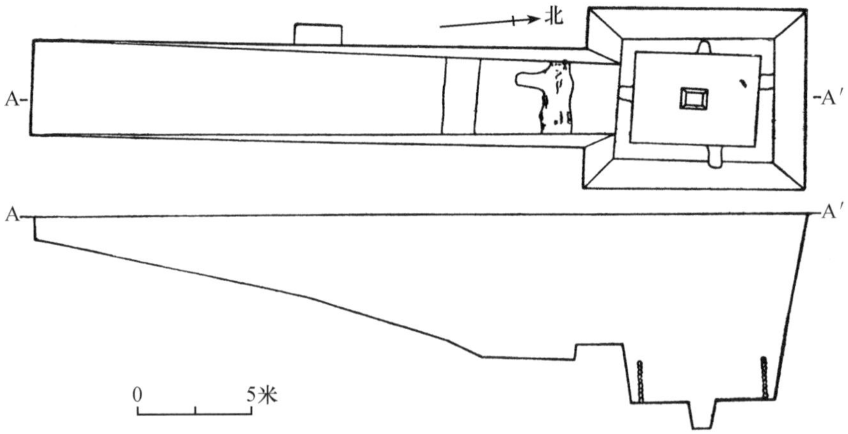

图4-9　殷墟西北冈王陵区84AWBM260平、剖面图

（采自中国社会科学院考古研究所《殷墟的发现与研究》图五七，科学出版社，1994年）

楚。《史记·殷本纪》记载盘庚迁殷至帝辛亡国历8世12王，王位传承有父子相继和兄终弟及两种形式，甲骨卜辞显示受祭商王与文献记载略有出入，且12王与14座大墓数量不符，说明大墓不一定全是王墓。尤为不幸的是，这些大墓均遭到多次盗掘，其中以早期盗掘坑的破坏最为严重，以致有些墓室内的随葬品几乎被洗劫一空，墓主身份或许会成为永远的谜了。研究表明，西北冈王陵区大墓上的早期盗掘坑具有明显的共时性特征，当发生于西周早期，很可能与周公东征平定武庚叛乱的史实有关①。

在王陵区大墓旁，还有一些陪葬墓。这些墓葬通常棺椁齐备，甚至有包括铜礼器在内的随葬品，有的还有殉人，但规模远逊于大墓。墓主身份有别于祭祀坑中的人牲，应与大墓主人有较密切的从属关系，如M1001东侧的一些长方形土坑竖穴墓以及1984年发掘的M259等应是典型的陪葬墓。

表4-1　部分学者关于西北冈王陵区大墓早晚排序与商王对应方案表

<table>
<tr><th>王世
方案</th><th>盘庚</th><th>小辛</th><th>小乙</th><th>武丁</th><th>祖庚</th><th>祖甲</th><th>廪辛</th><th>康丁</th><th>武乙</th><th>文丁</th><th>帝乙</th><th>帝辛</th></tr>
<tr><td>邹衡[1]</td><td></td><td></td><td></td><td colspan="3">1001、WKGM1</td><td colspan="4">1004、1217、1550</td><td colspan="2">1003、1400</td></tr>
<tr><td>邹衡[2]</td><td colspan="3">1500、1217</td><td colspan="3">1001、WKGM1</td><td colspan="4">1002、1004、1550、M260</td><td colspan="2">1003、1400</td></tr>
<tr><td>凯恩[3]</td><td>1443</td><td>1129</td><td>1500</td><td>1001</td><td colspan="6">1550→1400→1004→1002</td><td>1003</td><td></td></tr>
<tr><td>杨锡璋[4]</td><td></td><td></td><td></td><td colspan="3">1001、1550、1400</td><td colspan="4">1004、1002、1500、1217</td><td>1003</td><td>1567</td></tr>
<tr><td>曹定云[5]</td><td></td><td></td><td></td><td>1001</td><td></td><td></td><td></td><td></td><td></td><td></td><td></td><td></td></tr>
<tr><td>尹盛平[6]</td><td>1217</td><td colspan="2">1550</td><td>1400</td><td colspan="7">1001→1002→1004→1003</td><td>1567</td></tr>
<tr><td>郑振香[7]</td><td></td><td></td><td></td><td>1001</td><td></td><td></td><td></td><td></td><td></td><td></td><td></td><td></td></tr>
<tr><td>陈志达[8]</td><td colspan="3">78M1</td><td>1004</td><td colspan="2">1001、1550</td><td colspan="3">1002、1500、1217</td><td></td><td>1003</td><td>1567</td></tr>
<tr><td>胡进驻[9]</td><td></td><td></td><td>78M1</td><td>1001</td><td colspan="2">1550→1400</td><td colspan="4">1004→1002→1500→1217</td><td>1003</td><td>1567</td></tr>
<tr><td>范毓周[10]</td><td>1129</td><td>1443</td><td>WM1</td><td>1001</td><td>1550</td><td>1004</td><td></td><td>1002</td><td>1500</td><td>1217</td><td>1003</td><td>1567</td></tr>
</table>

① 井中伟：《殷墟王陵区早期盗掘坑的发生年代与背景》，《考古》2010年第2期。

续表

王世 方案	盘庚	小辛	小乙	武丁	祖庚	祖甲	廪辛	康丁	武乙	文丁	帝乙	帝辛
魏凯[11]		1129	1443	1400	1567	1001	1550	1004	1002	1003	1500	1217
朱凤瀚[12]	78M1	1443		1001	1550	1400	1004	1002	1003	1500	1217	
沟口孝司、内田纯子[13]		1443 WM1	1001	1400	1004	1003		1002	1500	1217	1567	

说明：同期单位以顿号隔开；→表示早晚排序。［1］邹衡：《试论殷墟文化的分期》，《北京大学学报（人文科学版）》1964年第4、5期。［2］邹衡：《试论殷墟文化的分期》，《夏商周考古学论文集》，文物出版社，1980年。［3］V. Kane. *A Re-examination of Anyang Archaeology*. Arc Orientalis Vol.Ⅹ 1975.［4］杨锡璋：《安阳殷墟西北冈大墓的分期及有关问题》，《中原文物》1981年第3期；《殷代墓地制度》，《考古》1983年第10期；杨锡璋将WKGM1、M260、78M1、M1443和M1129判定为殷墟二期，并认为M260墓主可能是武丁或祖甲的配偶。［5］曹定云：《论殷墟侯家庄1001号墓墓主》，《考古与文物》1986年第2期；并认为WGKM1墓主可能是武丁的配偶妣癸（曹定云：《殷墟武官村大墓墓主试探》，《中原文物》1988年第3期）。［6］尹盛平：《神权变革一千年》，《中华文明传真·2（商周）》，商务印书馆（香港），2001年，还认为M260墓主为武丁配偶，M1443和M1129为武丁之子墓。［7］郑振香：《侯家庄1001号大墓的年代与相关问题》，《揖芬集——张政烺先生九十华诞纪念文集》，社会科学文献出版社，2002年。［8］陈志达：《殷墟》，文物出版社，2007年。［9］胡进驻：《殷墟晚商墓葬研究》，北京师范大学出版社，2010年，该文将WKGM1、WKGM260、WKGM1443判定为殷墟二期。［10］范毓周：《殷墟王陵年代谈论》，《殷墟与商文化——殷墟科学发掘80周年纪念文集》，科学出版社，2011年，该文认为M1400墓主为“周祭”祀谱中“小王祖己”，而廪辛未入“周祭”祀谱，故没有葬入西北冈王陵区。［11］魏凯：《殷墟西北冈王陵区大墓的建造次序与埋葬制度》，《考古》2018年第1期，该文认为WGKM1墓主可能是祖己。［12］朱凤瀚：《殷墟西北冈大墓年代序列再探讨》，《考古学报》2018年第4期。［13］Koji Mizoguchi（沟口孝司），Junko Uchida（内田纯子）.*The Anyang Xibeigang Shang royal tombs revised: a social archaeological approach*. Antiquity，2018，92（363）：709-723. 该文认为M1550墓主可能是祖己。

在王陵区东区，还有大量祭祀坑，总数超过2500座，现已清理1487座（该统计数字可能包括一部分陪葬坑），主要集中于王陵区东区大墓的西、南和西南部。它们大多呈长方形，小部分为方形，都集中而有规律地排列。根据坑口大小、方向、深度，坑内埋葬内容、骨架姿势和数量等线索，这些密集排列的坑均可分成不同的组。有的一排一组，有的数排一组。各排坑的距离在1.5～2米，同一排坑间距在0.5米左右。每一组坑的数目从一个到几十个不等，一组坑可能代表一次祭祀活动。祭祀坑的内容以人祭坑为主，也有少数兽祭坑和器物坑。

人祭坑有方形和长方形两种，最多时一组坑埋人数百名，通常为几十人或百人左右。长方形坑大部分呈南北向，少数呈东西向，坑内所埋之人可分全躯葬、头躯分离葬和无头躯体葬等。方形坑内所埋之人为无体人头葬，人头数目少者3个，最多达39个。据鉴定，这些用于祭祀的死者，大部分为男性，年龄一般在15～35岁；少数为年龄在20～35岁的女性和儿童。此外，在人祭坑中有男女分坑，女性及儿童全躯埋葬，在同一男性祭祀坑中被斩杀者之间显示同辈年龄层的特点。

兽祭坑中所埋动物有马、猪、牛、象、犬、羊、猴、狐、鹰等，其中马是最主要的祭品。此外，有的动物与人埋在一起，如人马合葬、人象合葬、人犬合葬等。

殷墟甲骨文中常见商王为祭祀祖先而用人牲的记载，其祭祀的先王有时是一位，有时是几位。用人数量少则几人，多则数百人。杀人方法有伐、燎、埋、沉等。这些记载可与王陵区发现的祭祀坑中的人牲及其不同的处死方法相印证。又从甲骨文中“伐羌”“获羌”和“用羌”等记载可知，这些被用作牺牲的人当是商人对外征战中俘获的来源不同的异族人员。因此，上述排列有序的数千座祭祀坑，应是商王历年祭祀其先祖的公共祭祀场所。

四、普通族邑居址

在小屯宫殿宗庙区以外，分布着众多的普通族邑居址，它们大都经历了由小到大的发展过程。这些居址虽然发现甚多，但迄今仍缺乏全面揭露的聚落资料。目前在孝民屯、白家坟、戚家庄、王裕口、苗圃北地、徐家桥、刘家庄、薛家庄、大司空村等地，曾发掘出部分居址的建筑遗存。这些族邑居址中的贵族住宅，相对小屯宫殿宗庙区内供王室成员使用的宫室而言，尽管规模较小，但大都经过精心规划，建筑也比较讲究。

在刘家庄北地发现的近百座商代房基中，95%以上为地面夯土建筑，多数单体面积在30～100平方米，少数达150平方米，时代从殷墟一至四期皆有。它们集中分布在同时期南北向道路的东、西两侧和东西向道路的南、北两侧，或围绕在巨型灰土坑的周围，有的巨型灰坑边缘局部还铺有石子路面并放置景观石等。这些巨型灰坑应是当时取土建房留下的，并经过修整，成为周围夯土建筑所围绕的小型池苑设施。由于商人在此长期居住，活动频繁，仅有少数四期晚段的基址保存较好。如F79整体呈方形四合院形，坐北朝南，面积近450平方米（含庭院）。整个基址上有三周柱础石，应与当时建筑的前后墙及廊相对应，北部为堂屋，东西有厢房，中部过廊直通南庑大门，将庭院分为东西两部分，过廊南端有两侧门分别通向东西两院，东西两院内的废水可经木门槛下埋设的陶水管汇集至过廊正中的蓄水坑，再经南部陶水管排向F79东南的巨型灰坑（H2456）内①（图4-10）。

在徐家桥村也曾发现一处规模宏大、分布密集的商代四合院式夯土建筑基址群，这群夯土基址的范围南北长约170、东西宽约160米，中心建筑群体分为6排，南北纵向排列，每排4或5组，排列有序，布局严谨，设计规划明确。每座夯土基址大体由堂屋、庭院、厢房、南庑组成四合院式建筑形式，单体建筑四周铺设有散水。院落之间有便道相通，外围亦有夯土基址零星分布。发掘者推测，这些夯土建筑应为当时聚族于此的族长府邸或族氏宗庙②。

在白家坟东南，已发现的51处建筑基址分为北、中、南三段，相互间以二三百米的空地隔开，可能分属3个不同的族邑。其中南、北两段的建筑群各自表现出一定的布

---

① 中国社会科学院考古研究所安阳工作队：《河南安阳市殷墟刘家庄北地2008年发掘简报》，《考古》2009年第7期；《河南安阳市殷墟刘家庄北地2010～2011年发掘简报》，《考古》2012年第12期。

② 安阳市文物工作队：《安阳徐家桥村殷代遗址发掘报告》，《华夏考古》1997年第2期。孟宪武、李贵昌：《殷墟北徐家桥村四合院式建筑基址考察》，《夏商周文明研究·六——2004年安阳殷商文明国际学术研讨会论文集》，社会科学文献出版社，2004年。

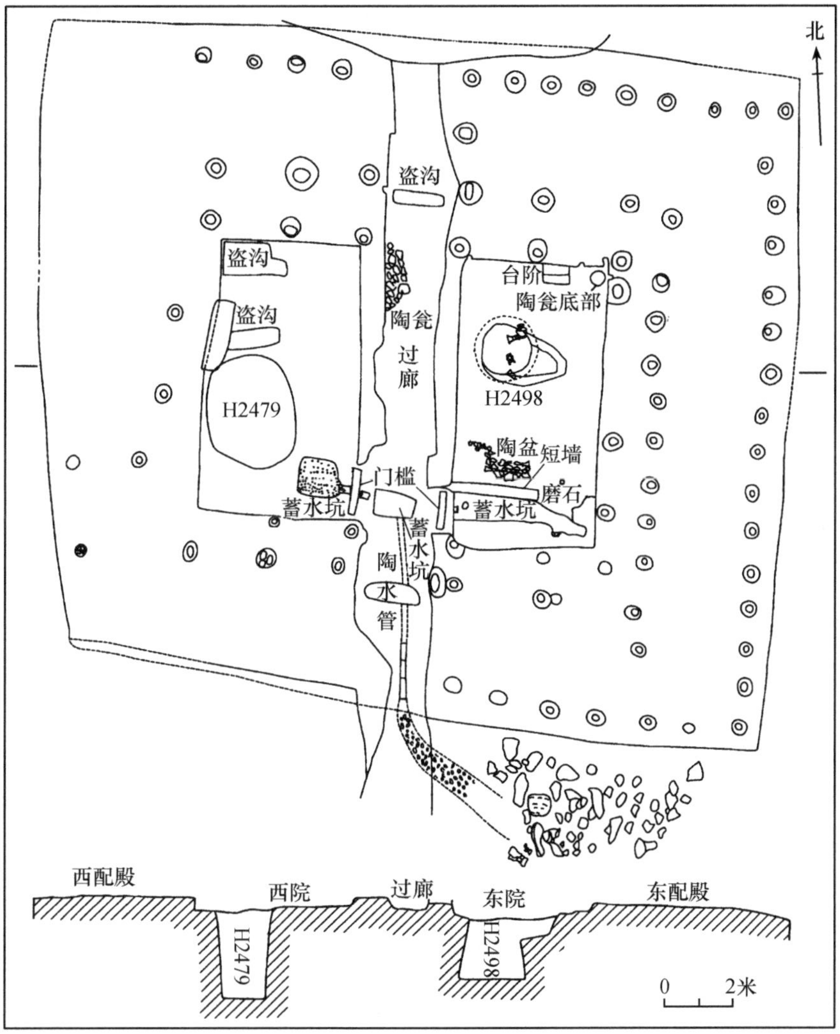

图4-10 殷墟刘家庄北地F79平、剖面图
（采自中国社会科学院考古研究所安阳工作队《河南安阳市殷墟刘家庄北地2010～2011年发掘简报》图五，《考古》2012年第12期）

局特点，南段皆为地面建筑，规模稍大些的建筑相对集中，基址周边有排列整齐的柱础，夯土中发现成排的儿童瓮棺葬，当是建筑过程中奠基的牺牲。北段的建筑基址大小相若，存在明显的相互并列关系。在白家坟西遗址，曾发掘出由多节陶水管组成的丁字形的排水系统，其中有一节是“三通”水管[①]。

较多的平民住宅在规模上无法与贵族住宅相比，但体现出形式多样的特点。通常以地面建筑为主，也有部分半地穴或地穴式建筑。地面建筑面积一般不超过30平方米，多数只有10余平方米，通常作长方形或方形，也有凹字形的，单间和多间并见。这种建

① 中国社会科学院考古研究所安阳工作队：《殷墟出土的陶水管和石磬》，《考古》1976年第1期。

筑一般有灶，灶的位置多数靠墙，少数在房屋中间。半地穴和地穴式建筑也以长方形为主，另有圆形和椭圆形的。通常只是单间或者单间分前后室。面积都不大，一般在10平方米以下。灶（或火膛）多位于墙壁附近，为解决通风排烟问题，有的穴居后部还留出通气孔。门道一般都做成台阶式，有的门道两旁立柱加盖顶棚以防雨水。这类地穴或半地穴式房子的房顶可能多数是苇秆、茅草一类，稍讲究者则覆以草拌泥。

五、手工业作坊

殷墟范围内已发现多处手工业作坊。较大的铸铜遗址有苗圃北地、孝民屯南和小屯东北地3处，在小屯西北地、小屯南地、大司空南地和王裕口东南地等遗址中虽也出土少量陶范，但未发现与铸铜有关的遗迹。近年新发现的安阳辛店大型铸铜遗址地处殷墟范围之外，清理出一批商代晚期与铸铜活动有关的烘范窑、阴范坑、房址、墓葬以及陶范、工具等铸铜遗物①。已确认的制骨作坊有北辛庄、大司空村、薛家庄南（或铁三路）3处，花园庄与小屯村附近也发现了制骨遗存（如废骨坑），但尚不能肯定存在大型的专业制骨作坊。已确认的制陶作坊有刘家庄北地1处。另外，在小屯宫殿宗庙区内还发现了加工玉石器作坊的线索（详见本章第五节）。

从作坊的分布看，刘家庄北地制陶作坊与东部的苗圃北地铸铜作坊及薛家庄南制骨作坊，孝民屯铸铜作坊与西部的北辛庄制骨作坊分别构成了小屯宫殿宗庙区以南和以西两个规模庞大且相对集中的“手工业园区”，这些作坊可能分属于居住在附近的各个族邑，它们与小屯宫殿宗庙区比邻而居，便于商王监督生产与管理。研究表明，殷墟手工业生产管理模式以商王为最高管理者，下设各级职官，如甲骨文中有“司工”“尹工”“百工”“多工”等，采取类似军队的左、中、右编制方式进行管理②。具体生产则由“世业”家族完成，其内部各成员的身份地位也有高低之别，族长可能担任一定职官，直接对上级乃至商王负责，掌握核心生产技术的高级工匠位居中间，处于最底层的应该是从事一般体力劳动或技术含量较低工作的普通工人。当时的手工业以家族世袭的方式传承，所谓“工之子恒为工”（《国语·齐语》），实行严格的管控措施，不仅可以有效地限制核心生产技术外流，同时也是关涉国家礼制甚至统治策略的需要。

六、族墓地

通常所说的族墓地，是指商代宗族系统中，以血缘和亲属关系为纽带的同族人

---

① 孔德铭、申明清、李贵昌、孔维鹏：《河南省安阳市辛店商代铸铜遗址发掘及学术意义》，《三代考古（七）》，科学出版社，2017年。

② 何毓灵：《殷墟手工业生产管理模式探析》，《三代考古（四）》，科学出版社，2011年。常淑敏：《殷墟手工业遗存与卜辞“司工”“多工”及“百工”释义》，《江汉考古》2017年第3期。

埋在一起的墓地。这里的“族”既包括由若干个家族组成的氏族，也包括由几代人组成的包含若干核心家庭的家族。但有些墓葬如陪葬墓、祭祀坑等，不能简单地归入族墓地。

已发现的殷墟族墓地分布点包括孝民屯以南和白家坟以西地带（殷墟西区）、梅园庄东南、后冈及其附近、大司空村东南地、苗圃北地、小屯西北地、刘家庄南地、刘家庄北地、戚家庄东南地、郭家庄、新安庄、王裕口南地等，发掘墓葬的总数已超过10000座。殷墟族墓地具有如下特点：

（1）墓地内墓葬大多较有规律地成片分布，根据分布情况，可以分为若干个相对独立的墓区，这些墓区之间有空地隔开。而每个墓区内根据墓葬的群聚现象，亦可细分若干个墓组。如殷墟西区墓地自20世纪60年代末至80年代中期发掘商墓1800多座，可分成10个墓区[①]或8区41组[②]。后冈商墓107座（含祭祀坑2座），可分为3区8组[③]。郭家庄商墓191座，可分为3区19组[④]等。

（2）不同墓地或墓区出土铜礼器的族徽铭文有所区别，且一般出自规格较高的墓中，而同一墓区中的主要铜器铭文基本一致。如殷墟西区墓地第七墓区的铜器族徽常见“共”字，第八墓区常见“妖”字；郭家庄墓地北区以“亚址”为主；戚家庄墓地以“爰”“箙”为主[⑤]等。不同的族徽铭文，代表着不同的族别。

（3）各墓地或墓区随葬的陶器组合有一定的差异。譬如，殷墟西区墓地一区晚期墓用鬲很少，三区则用鬲极多，八区多单独用觚。后冈一区墓随葬鬲较多，二区觚、爵、罐多，三区则以觚、爵为主。簋在后冈墓地出土不多，但在大司空村则较普遍。陶器组合上的不同，反映出不同族别在生活习俗上存在着一定差异。

（4）墓地的死者有阶层之分。在一个墓地或大墓区中，既有随葬品丰富的大墓（带墓道的大墓或大的竖穴土坑墓），也有随葬品贫乏甚至无随葬品的小墓，反映出宗族内部不同支族、家族的政治地位与经济实力有较大的差异，他们生前分属不同的阶层，但由于彼此间仍保留着相同的血缘纽带关系，死后都可以共葬于同一墓地中。

（5）在同一墓地或同一墓区中，规格相同的墓常聚在一起。譬如，后冈墓地一区分5组，居北且所在地势较高，墓室面积大，在第1、2、5组中均有殉人，其中5座带两条墓道和1座带一条墓道的大墓均集中于第1组；二区分2组，居南且地势较低，墓室面积小，大多无腰坑，没有殉人（图4-11）。可见，墓葬的分布体现出明显的等级差别。

---

① 中国社会科学院考古研究所：《殷墟的发现与研究》，科学出版社，1994年，第121～128页。

② 葛英会：《殷墟墓地的区与组》，《考古学文化论集（二）》，文物出版社，1989年。

③ 刘一曼、徐广德：《论安阳后冈殷墓》，《中国国际商文化学术讨论会论文集》，中国大百科全书出版社，1998年。

④ 中国社会科学院考古研究所：《安阳郭家庄商代墓葬（1982年～1992年考古发掘报告）》，中国大百科全书出版社，1998年。

⑤ 安阳市文物工作队：《殷墟戚家庄东269号墓》，《考古学报》1991年第3期。

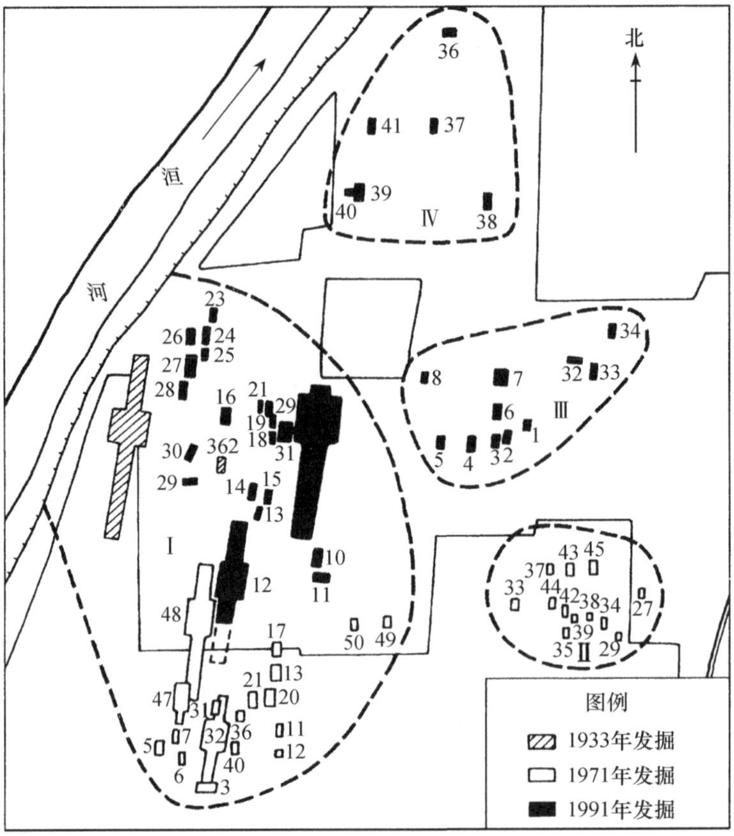

图4-11　殷墟后冈墓地部分墓组分布示意图
（采自刘一曼、徐广德《论安阳后冈殷墓》图2，《中国商文化国际学术讨论会论文集》，中国大百科全书出版社，1998年）

（6）在殷墟族墓地中，经常发现大小相近、彼此相邻、左右并列或前后相随的墓葬成对排列在一起。这些墓葬形制相似、时代相近、随葬品组合一致，而且墓主人的头向相同。有学者称这种现象为“异穴并葬”①。人骨鉴定表明，“异穴并葬”墓主的性别往往正好相反而年龄却比较接近，这些墓主很可能是夫妻关系。在殷墟西区、大司空村、戚家庄、刘家庄等墓地中，该类墓占到墓葬总数的一半，反映出这是殷代较为流行的埋葬习俗。此外，也有少数“同穴并葬”的例子。如西区墓地一区的1座小墓（M2686），墓底有一条南北向的土梁，把墓室分为东西两个小坑，东坑为俯身直肢的男性骨架，西坑为仰身直肢的女性骨架，两坑均无随葬品。殷墟发现的异穴（或同穴）并葬墓，墓室面积一般较小，随葬几件陶器，也有少数墓室面积稍大，随葬成组的青铜礼器，反映出这类并葬墓主的身份大多是自由民，也有部分是小贵族，他们生前过着一夫一妻的家庭生活，在家庭内部地位基本平等，与商王和高级贵族一夫多妻的婚姻形态是不同的。

① 孟宪武：《试析殷墟墓地“异穴并葬”墓的性质——附论殷商社会的婚姻形态》，《华夏考古》1993年第1期。

（7）殷墟族墓地中的祭祀遗存，部分见于墓穴内，部分在墓穴之外独成一个单位。前者最常见的是殉犬，殉犬主要见于腰坑、二层台以及填土中；殉人现象也很常见，殉人数量与墓葬规格有关，殉人位置多数在二层台或棺椁顶板上。如1933年发掘的后冈大墓，墓室填土中发现28个人头，有的带有部分颈椎，有的则连下颌骨都被砍去，这些应是该墓落葬过程中举行祭祀活动时被杀的人牲①。墓穴外的祭祀遗存有车马坑、人坑、兽坑等，车马坑一般与同墓地的某座大墓有关，可以认为是某大墓下葬时的陪葬或者下葬之后留下的祭祀遗存，而圆形或方形的人坑和兽坑应是后人到墓地举行祭祀活动留下的遗存。最著名的后冈圆形祭祀坑坑口盖一层含碎陶片的红烧土块，坑壁经过加工，坑底夯实并垫有一层含碎陶片的黄土。坑内堆积分三层：上层有全躯人骨16具、人头7个、无头躯体2个，伴出戍嗣子鼎以及爵、卣、戈等铜器和32件陶器，还出有成堆的贝、谷物以及烧焦的丝麻织物；中层有全躯人骨19具、人头9个、无头躯体1具，有的骨架旁有骨笄和玉饰；下层有全躯人骨7具、人头10个，另有人腿骨和上颌骨各1块，骨架旁发现骨笄和贝，骨架上都撒有朱砂，有的有捆绑痕，有的则可见刀砍痕，这些个体大都为青壮年男性，也包括少量青年女性和儿童②。类似的圆形人祭坑还见于小屯南和大司空村等地。族墓地中的兽祭坑以马坑居多，还有牛坑、羊坑，有时人、兽同埋。

第三节　文化分布与地方重要发现

一、文化分布

盘庚迁殷后，商王朝结束了频繁迁都的历史，进入了政治上相对稳定的新时期。根据甲骨卜辞、金文和先秦古籍的相关记载，商王直接统治的以殷都为核心的地区为内服区（或曰王畿区），其周围由商王派驻地方的统治据点、接受商王赐封的附属国族（其实即后世之诸侯）共同构成外服区（或曰四土），在驻防据点和附属国族之间及外围则是一些被称为某“方”的部族③。他们与商王朝的关系是不稳定的，有时臣服于商王朝，纳贡朝拜；有时则与商王朝处于敌对状态，干戈相向。

考古资料显示，殷墟期商文化的分布范围大致东到淄河和浰河附近，南达淮河流域，西至关中东部，北抵拒马河流域。与二里冈期相比，最显著的变化是商文化的分布重心已由原来以郑州商城和偃师商城为中心的河南中西部的伊洛—郑州一带转移

① 石璋如：《河南安阳后冈的殷墓》，《中央研究院历史语言研究所集刊》第十三本，1948年。

② 中国社会科学院考古研究所：《殷墟发掘报告》，文物出版社，1987年，第265～279页。

③ 孙亚冰、林欢：《商代地理与方国》（商代史·卷十），中国社会科学出版社，2010年，第30～32页。

到以安阳殷墟为中心的豫北冀南地区。其次，商文化除向东仍保持着微弱的进取势头外，在南、西、北三面有所收缩。长江北岸的盘龙城商城已经放弃，桐柏山以南基本不见商文化分布，陕西境内的商文化已从岐山、扶风一带退缩至西安附近，晋南的东下冯商城和垣曲商城也已废弃，冀北几乎不见商文化遗址。造成这种情况可能有多种原因，而其中地方性文化对商文化的排挤可能是最重要的。晚商时期，长江中游一带伴随着商文化盘龙城类型的衰落，吴城文化、费家河文化和周梁玉桥文化等地方文化相继崛起。而北方与西北方则出现了围坊三期文化、李家崖文化、西岔文化、碾子坡文化、刘家文化等一系列与商文化异质的地方性文化。其中吴城文化、李家崖文化均发现有大型城堡，地方势力的壮大使得商王朝面临南北交困的局面。

尽管晚商文化的分布较前有所退缩，然而通过青铜礼器、玉器等礼仪层面的文化因素的传播，其影响所及范围则是极大的，东到大海，南达洞庭湖和鄱阳湖以南，西至陇蜀，北抵辽河流域。这些外围地区大部分是受与商王朝关系不稳定的方国部族所控制。由于各地情况不同，他们受殷商文明的影响程度也不一样。总体来看，外围地区考古发现的青铜容器和部分兵器基本上属于殷商文化系统，但有些兵器、工具和装饰品则显示了浓郁的地方特性，日用陶器已完全是土著的了。此外，晚商文化在向外施加影响的同时，也会接受一些来自外围地区的文化因素，如殷墓中出土的兽首刀、管銎斧等，当是由北方草原地区青铜文化传入的。一些高级别殷墓中随葬的印纹硬陶和原始瓷器，则可能来源于长江下游地区。

二、地方重要发现

目前所知，以安阳殷墟为中心的豫北冀南地区是殷商王朝的内服区（或曰王畿区），分布在其周围的多项重要晚商考古发现，可能是商王派驻地方的统治据点或接受商王赐封的附属国族遗存，它们共同构成了殷商王朝的外服区（或曰四土）。

（一）东方地区

这里的“东方”，主要指今山东省的大部分地区。从二里冈上层偏晚阶段遗存的分布态势看，商王朝对东方进行了大规模扩张，此时山东大部分地区基本纳入了商文化的版图。晚商时期基本延续了这种态势并有所加强，鲁北和鲁西南成为商王朝的重点经略区域。

鲁北地区的晚商文化遗存大致沿泰沂山脉北侧分布，西起阳谷，东抵潍河，北界约在今滨州市一带，覆盖并超出原二里冈文化大辛庄类型的范围。其中以济南大辛庄遗址和青州苏埠屯墓地等级最高，是商王朝经略东方的重要聚邑所在。

大辛庄遗址的商文化遗存一直延续到晚商时期，已发现的晚商遗迹有房址、水井、窖穴和贵族墓地等。贵族墓地多见腰坑殉狗现象，且时代越晚殉狗之风越普遍，凡随葬青铜礼器的高等级墓葬均有殉人，1～4具不等。其中规格最高的M106和M139年代相当于殷墟一期或稍早，墓圹面积基本相当，葬具为一棺一椁，分别有殉人4具和3具。M106随葬觚、爵、斝、尊和卣等青铜器11件，玉器有钺、戚、戈、圭、璜和柄形器等计11件，另有一组海贝。M139虽遭盗扰，仍出土包括鼎、罍、卣、盉、爵、斝、觯、斗、钺、矛、镬等青铜器14件（图4-12：1、2），玉石器有磬、簪和柄形器各1件，另有金箔残片和涂朱圆陶片，其中铜鼎、钺和彩绘石磬器形硕大，在同时期同类器中实属罕见，表明墓主身份很高。此外，M72和M86出土铜爵上所铸“[illegible]”字像手持一种凿形工具（图4-12：4），这种族氏铭文尚属首次发现，其所代表的族氏与大辛庄遗址的关系现在还难以确定，这里有可能是“[illegible]”族墓地[1]。大辛庄遗址出土甲骨卜辞的年代介于殷墟二、三期之间，不论甲骨修整钻凿形态还是字形文法，都与殷墟甲骨卜辞属于同一系统，仅行款和个别字的写法略带自身特点，它是郑州商城与安阳殷墟之外首次发现的商代地方性甲骨卜辞，意义非常重大[2]。

苏埠屯墓地位于青州市东北20千米的苏埠屯村东，东距淤河1.5千米。与之相关的居址尚未找到，估计在墓地附近。早在20世纪30年代，这里就出土过两批铜器[3]。60年代在此发掘商代墓葬4座、车马坑1座。其中M1带四条墓道，这是殷墟之外发现的唯一一座带四条墓道的亚字形大墓，有腰坑、殉人48具、殉狗6只。此墓早年被盗，残存的多件铜器上铸有“亚醜”铭文，其中2件大铜钺尤为引人注目[4]（图4-12：3）。70年代征集一批出自该墓地的铜器，以车马器为主，可能是M1南面车马坑内的遗物[5]。80年代对墓地进行了全面勘探，除发现大量商代中小型土坑竖穴墓外，还有带两条墓道和一条墓道的大墓各1座，已清理的6座商墓中以M7、M8保存完好，均有腰坑殉狗，M7所出铜器有铭文“亚醜”，M8所出铜器有铭文“融”和“册融”两种[6]（图4-12：5～7）。根据随葬品特征判定，这些墓葬的年代大体相当于殷墟三、四期。除个别因素外，苏埠屯墓地在墓葬形制、埋葬制度（如腰坑、殉狗、殉人）、随葬青铜容器、兵器及陶器（以觚、爵为主）的形制及组合等方面都与殷墟保持着高度的一致性，学术界普遍认为其属于商文化系统。目前所知铸铭“亚醜”的晚商铜器多达百余件，除几件据传出于河南外，其余皆出自青州苏埠屯一带，表明这里应该就是“亚醜”族的领地。“醜”字是约定俗成的释读，未必妥当。近来有学者将其释作“酌”，认为“亚酌”族氏来源于甲骨卜辞“小臣醜（酌）”（《甲骨文合集》36419，以下简称

① 山东大学东方考古研究中心等：《济南市大辛庄商代居址与墓葬》，《考古》2004年第7期；《济南大辛庄遗址139号商代墓葬》，《考古》2010年第10期。

② 山东大学东方考古研究中心等：《济南大辛庄遗址出土商代甲骨文》，《考古》2003年第6期。

③ 祁延霈：《山东益都苏埠屯出土铜器调查记》，《中国考古学报》第二册，1947年。殷之彝：《山东益都苏埠屯墓地和“亚醜”铜器》，《考古学报》1977年第2期。

④ 山东省博物馆：《山东益都苏埠屯第一号奴隶殉葬墓》，《文物》1972年第8期。

⑤ 夏名采、刘华国：《山东青州苏埠屯墓群出土的青铜器》，《考古》1996年第5期。

⑥ 山东省文物考古研究所等：《青州市苏埠屯商代墓发掘报告》，《海岱考古》第一辑，山东大学出版社，1989年。

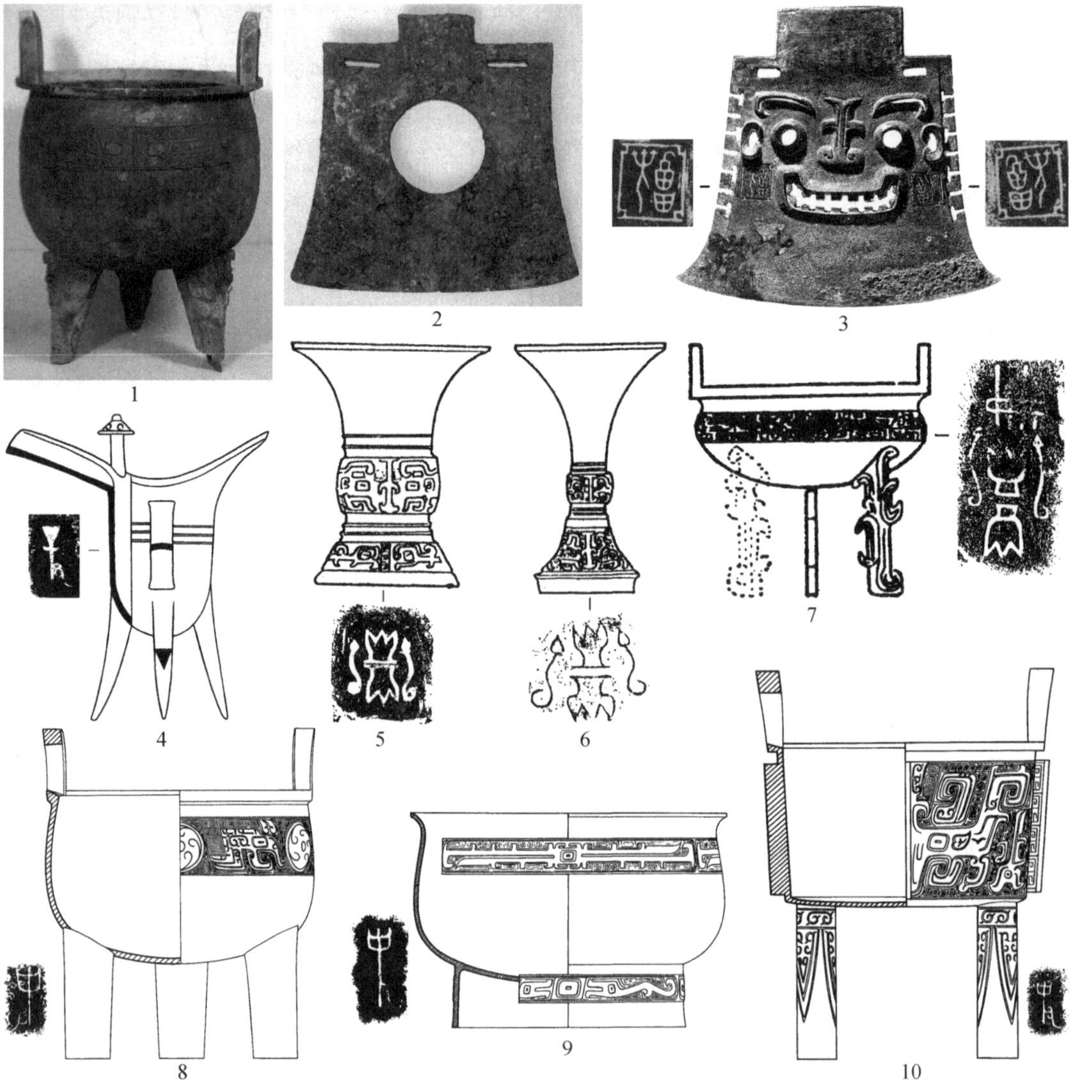

图4-12　东方地区出土晚商铜器及族氏铭文

1、7、8、10. 鼎（济南大辛庄M139：1、青州苏埠屯M8：17、滕州前掌大M38：48、滕州前掌大M11：92）

2、3. 钺（济南大辛庄M139：6、青州苏埠屯M1）　4. 爵（大辛庄M72：8）　5. 尊（青州苏埠屯M8：8）

6. 觚（青州苏埠屯M8：3）　9. 簋（滕州前掌大M21：34）

《合集》）之名字，殷末商王为防御人方，命小臣酉率其族人戍守东方边境[①]。苏埠屯墓地远在大辛庄遗址以东，似乎说明到晚商后期，商王朝在鲁北的统治重心由西向东转移，进一步加强了对东土边疆的控制。商王朝指派以M1墓主为首的“亚醜（酉）”族人（也包括M8所见“融”族）驻守青州一带，当与征伐东夷，控制攫取鲁北渤海湾之盐业资源有关。

鲁西南地区晚商文化遗存的分布范围大体以曲阜、滕州一带为中心，西以京杭

① 董珊：《释苏埠屯墓地的族氏铭文“亚醜”》，《古文字与古代史》第四辑，历史语言研究所出版，2015年。

运河、微山湖一线为界，东界或可到临沂地区西部。其中以滕州前掌大遗址最具代表性。

前掌大遗址位于滕州市南20余千米处的官桥镇前掌大村，1981～2004年发掘110余座墓葬，分为南、北两区，时代属于晚商到西周早期①。在北区墓地清理带双墓道的大墓3座、单墓道的大墓9座和无墓道的中小型墓11座，多座大墓上发现有建筑遗迹，如北Ⅰ区的BM4，在墓室、墓道底部留有立柱的柱洞，墓口周围分布多个排列有序的柱洞以及散水设施等，这应是一座精心营造的墓上建筑物。南Ⅰ区墓地清理无墓道的中小型土坑竖穴墓76座，车马坑5座、马坑4座以及殉牛坑、殉马坑和殉狗坑各1座。这些墓葬与殷墟一样设腰坑，坑内殉狗，并盛行落葬祭祀，故填土中往往留有动物骨骼或与之相关的遗物。墓中随葬的陶器以商文化因素居多，青铜礼器以酒器为主，食器为辅，水器较少，其中60余件青铜礼器上发现有“史”字铭文，而单铸“史”字者就有52件（图4-12：8～10）。据此判断，这里当是晚商“史”族墓地。武丁时期的甲骨卜辞中有“妇史”（《合集》21975）之称，说明当时史族与商王室存在通婚关系。前掌大墓地西侧约1千米为著名的周代薛国故城遗址（详见第六章第四节），1975年陕西岐山北寨子村出土一组商末周初铜器②，其中鼎铭“亚薛父己史”，“薛”和“史”属于复合族氏。传世的薛侯鼎铭文作“薛侯戚作父乙鼎彝史”（《殷周金文集成》4.2377），表明薛侯属于史族。也就是说，薛可能是从史族分化出来的，即薛国可能是史族的一支在商代受封而建立的。因此，前掌大一带可能就是商代薛国的领地。商王朝赐封史族驻守滕州并有联姻，如此重视鲁西南地区，可能与控制或获取重要资源有关。

（二）南方地区

这里的“南方”是相对于以安阳殷墟为中心的殷商王畿区而言的，主要指今河南省的中南部及邻近的皖西北地区。至迟从殷墟二期开始，商文化在南方全面退缩，此时盘龙城类型与大城墩类型已不复存在，文化边界分别收缩至桐柏山—大别山以北的淮河流域。

目前所知晚商文化分布最靠南的罗山天湖墓地，是商王朝控扼南方的重要门户所在。自1979年发现以来，这里共清理晚商中小型土坑竖穴墓42座，多数有腰坑、殉狗，中型墓棺椁之间或填土中还有殉人现象，随葬铜器组合通常以觚、爵、鼎为主，有的还有卣、斝、尊以及戈、矛、钺、刀、锛、凿、铲、臿等兵器和工具。多数墓葬中所出铜觚、爵都有数量上的对应关系，各类铜器形制与殷墟所出者基本类同，少数

① 中国社会科学院考古研究所：《滕州前掌大墓地》，文物出版社，2005年。滕州市博物馆：《滕州市前掌大村南墓地发掘报告（1998～2001）》，《海岱考古》第三辑，科学出版社，2010年；《山东滕州前掌大遗址新发现的西周墓》，《文物》2015年第4期。

② 祁建业：《岐山县北郭公社出土的西周青铜器》，《考古与文物》1982年第2期。王恩田：《陕西岐山新出薛器考释》，《考古与文物》丛刊第二号《古文字论集（一）》，考古与文物编辑部，1983年。

铜器花纹填漆的装饰风格带有自身特色。陶器组合最常见的是鬲、簋、罐相配，或者单用鬲或罐，不见觚、爵组合。此外，漆木豆也备受青睐，一般成对出现。总体来看，墓葬年代相当于殷墟二至四期。所出40件有铭铜器中带“”（息）字铭文者多达26件，出“息”字铭文铜器墓有9座，尤其10座中型墓中就有8座出土“息”铭铜器①（图4-13：1～4）。据此，学术界普遍认可罗山天湖墓地为晚商“息”族墓地。武丁时期的甲骨刻辞中有“妇息”（《合集》2354臼）之名，表明息族与商王室存在婚姻关系。此外，1985年安阳刘家庄南M63出土一套2件铜觚、爵上均有“息”铭②，该墓主人可能与息族存在某种联系。

罗山天湖墓地以东130余千米，东距淮河南支流史河约0.5千米，是固始葛藤山墓地。这里发现的6座晚商小型土坑竖穴墓分布集中，墓向一致，不见腰坑，但在棺椁之间或填土中殉狗现象较为普遍，大都随葬青铜兵器和生产工具，间有少量玉器和漆木器，不见青铜礼器和陶器，年代大体同时，约当殷墟二期③。该墓地规格较低，可能是一处普通的晚商家族墓地。

罗山天湖墓地以北80余千米，隔淮河遥相呼应的是正阳闰楼遗址。这里不仅有墓地，也有居址。居址位于墓地西南不远处，已发现房基、灰坑、灰沟、水井等遗迹。已发掘的255座晚商中小型墓葬多成组排列，大多数设有二层台、腰坑，殉狗数量1至6只不等，随葬青铜礼器以觚、爵为主，有的外加鼎、斝、尊等，以及钺、戈、矛、镞等兵器和刀、锛、凿等工具，其中M71出土的一套觚、爵上铸有“亚禽”铭文（图4-13：5、6）。陶器有鬲、簋、豆、罐、盘、觚、瓿等，多单件，以簋为主。从随葬品形制来看，这批墓葬的年代相当于殷墟一期晚段至三期④。以往这一带就出土过晚商青铜器，1981年刘楼村民曾在一个土坑（可能系墓葬）中掘出4件晚商铜器（鼎、觚、爵和戈），其中鼎、爵上均铸有“癸甲”铭文⑤。正阳闰楼一带地处商王朝通往南方的要道上，当是殷商王朝在淮河上游地区设立的另一处重要据点或方国。

皖西北的阜南、颍上与河南正阳大致处在同一纬度上，这里是商文化由江淮地

---

① 信阳地区文管会等：《河南罗山县蟒张商代墓地第一次发掘简报》，《考古》1981年第2期；《罗山县蟒张后李商周墓地第二次发掘简报》，《中原文物》1981年第4期；《罗山天湖商周墓地》，《考古学报》1986年第2期；《罗山蟒张后李商周墓地第三次发掘简报》，《中原文物》1988年第1期。河南省文物研究所等：《1991年河南罗山考古主要收获》，《华夏考古》1992年第3期。

② 安阳市文物工作队等：《安阳殷墟青铜器》，中州古籍出版社，1993年，第90、91页。

③ 詹汉清：《固始发现五座商代墓》，《中国文物报》1986年3月2日第2版。信阳地区文管会等：《固始县葛藤山六号商代墓发掘简报》，《中原文物》1991年第1期。

④ 刘文阁、余新宏、刘群、李安娜：《河南正阳闰楼商代墓地》，《中国重要考古发现（2009）》，文物出版社，2010年。驻马店市文物考古管理所：《河南驻马店闰楼商代墓地发掘报告》，《考古学报》2018年第4期。

⑤ 王文男、孙亚轩：《河南正阳出土商代铜器》，《考古》1992年第12期。

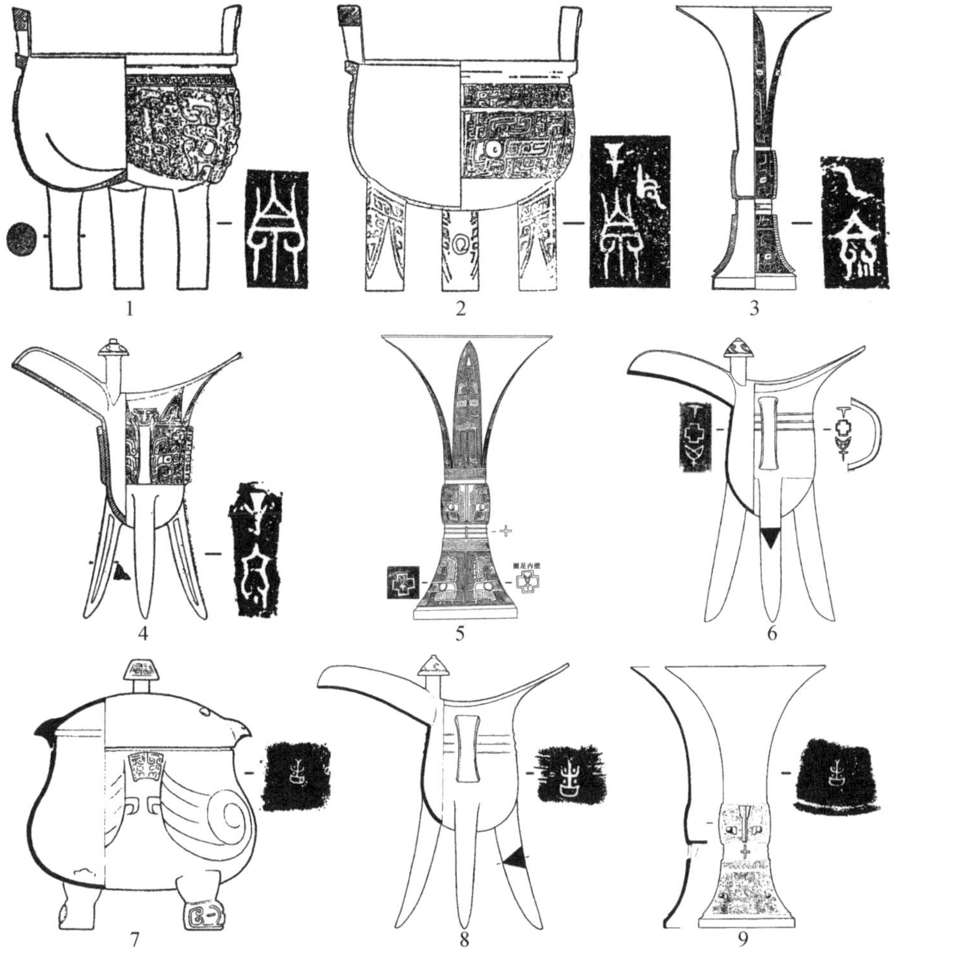

图4-13　南方地区出土晚商铜器及族氏铭文

1、2. 鼎（罗山天湖M28：11、M28：10）　3、5、9. 觚（罗山天湖M8：5、正阳闰楼M71：1、荥阳小胡村M28：7）
4、6、8. 爵（罗山天湖M8：2、正阳闰楼M71：2、荥阳小胡村M28：5）　7. 卣（荥阳小胡村M28：4）

区退居淮河以北的前沿地带。阜南台家寺遗址位于阜南县朱寨镇白庄村，流经该遗址的淮河支流润河河道内曾出土过两批殷商青铜器，器类有方鼎、鬲、觚、爵、斝、尊等，其中龙虎尊非常引人关注①。近年来，在台家寺遗址考古发现了完整的方形围沟、大型建筑、铸铜作坊、奠基坑、祭祀坑、贵族墓葬等商代重要遗迹，其中东部的大型建筑平面呈品字形布局，北部的铸铜作坊出土陶范多达1137块，半数以上为容器范，贵族墓均有殉狗的腰坑，随葬铜觚、爵、戈以及玉器、漆器等②。台家寺遗址的年代自早商晚期延续至晚商早期，其大型建筑基址体量略逊于盘龙城，陶范数量和可铸造的器类也仅次于殷都，遗存性质属于商文化系统，它应该是商王朝设在东南方的一个重

① 葛介屏：《安徽阜南发现的殷商时代青铜器》，《文物》1959年第1期。

② 陈冰白、何晓琳：《安徽阜南台家寺遗址发现高等级聚落》，《中国文物报》2017年4月28日第8版。武汉大学历史学院考古系等：《安徽阜南县台家寺遗址发掘简报》，《考古》2018年第6期。

要的战略据点。位于台家寺遗址以东的颍上县王岗、赵集一带，以往多次发现晚商青铜器，其中3件铜爵上铸有铭文“夕己”“酉”字，年代约为殷墟二、三期。据现场调查，它们均出自墓葬[①]。“夕己”铭文的铜器尚未见著录，“酉”字当系族氏铭文，相传安阳也有出土。现有材料虽不能说明此处可能就是“夕己”或“酉”族墓地，但是他们与商文化关系密切却是不争的事实。

长期以来，豫中地区被视为晚商文化遗存分布近乎空白的地带，不过近些年相继开展的考古工作正在逐步填补。2006年，在荥阳小胡村墓地清理晚商中小型土坑竖穴墓58座，葬具多为一棺一椁，基本有腰坑殉狗，且墓葬规模越大，殉狗数量越多。大多数仅随葬青铜器、玉石器和海贝等，陶器少见，尤其M13还出土了1件特磬。铜器中礼器有鼎、簋、觚、爵、卣等，兵器有钺、戈、矛、镞等，车马器有軎、铃、弓形器、策錣等，工具有刀、锛、凿等。其中20余件铜器铸有“舌”字铭文（图4-13：7～9），这里应是一处晚商“舌”族墓地[②]。“舌”铭铜器以往在安阳和郑州均有出土。1933年安阳薛家庄一座被盗殷墓曾出土11件“舌”铭铜器，年代约为殷墟三期，该墓主可能为“舌”族高级贵族或者就是族长一级的人物[③]。1993年郑州市博物馆从黄河大观项目筹建处征集到6件“舌”铭铜器，年代亦为殷墟三期[④]。黄河大观处于荥阳与郑州的接壤地带，与小胡村相距仅4千米左右，可归为同一区域。需要提及的是，在荥阳至郑州一带已发现的晚商文化遗存还有郑州人民公园[⑤]、荥阳竖河[⑥]和关帝庙[⑦]三处，既有居址也有墓葬，社会等级明显低于小胡村墓地。

（三）西方地区

这里的“西方”也是相对于以安阳殷墟为中心的殷商王畿区而言的，主要指今关中东部、豫西及晋西南地区。至迟从殷墟二期开始，商文化在西方大范围退缩。目前，除西安老牛坡遗址、闻喜酒务头、浮山桥北和临汾庞杜墓地外，在晋西南、豫西

---

① 阜阳地区博物馆：《安徽颍上王岗、赵集发现商代文物》，《文物》1985年第10期。

② 贾连敏等：《河南荥阳胡村发现晚商贵族墓地》，《中国文物报》2007年1月5日第5版；《河南荥阳小胡村晚商贵族墓地》，《中国重要考古发现（2006）》，文物出版社，2007年。河南省文物考古研究院：《河南荥阳小胡村墓地商代墓葬发掘简报》，《华夏考古》2015年第1期。

③ 汤威：《舌族探微——1933年安阳薛家庄殷墓稽考》，《中原文物》2011年第3期。

④ 河南省文物管理局、郑州市文化局：《辉煌的历史记忆》，香港国际出版社，2002年。苗利娟：《商代舌族地理蠡测》，《中国历史文物》2010年第2期。汤威：《郑州出土舌铭铜器考》，《国家博物馆馆刊》2011年第10期。

⑤ 河南省文物考古研究所：《郑州商城——1953～1985年考古发掘报告》，文物出版社，2001年，第875～951页。

⑥ 河南省文物研究所：《河南荥阳竖河遗址发掘报告》，《考古学集刊》第10集，地质出版社，1996年，第34、35页。

⑦ 河南省文物考古研究所：《河南荥阳关帝庙遗址商代晚期遗存发掘简报》，《考古》2008年第7期。

特别是洛阳以西地区，很少见到晚商文化遗存。这里曾是二里冈期商文化的重要分布区域，为什么在晚商时突然衰落，这是一个颇为值得关注的现象。

老牛坡遗址位于西安市东约27千米处的灞河北岸，已发掘出的晚商文化遗存包括大型夯土基址、冶铜遗存、普通房址、灰坑、陶窑、墓葬、车马坑、马坑等。其中大型夯土基址虽遭严重破坏，但仍可看出某些局部结构，如二号夯土基址分布有南北向5列柱础，每列8个，复原为面阔7间、进深4间的大型建筑。冶铜遗存有冶铜炼渣堆积和各种陶范残块。墓葬为中小型土坑竖穴墓，约82%的墓葬设有腰坑，葬式以仰身直肢葬为主，也有俯身葬和侧身屈肢葬。殉人之风盛行，1～10具不等。随葬品中常见陶鬲，有时加罐。铜容器以觚、爵为主，或加入鼎或斝，形制与殷墟铜器相同。车马坑内埋1车2马，马坑内埋1马1犬1人，埋葬方式同于安阳殷墟。当然，老牛坡遗址也具有明显的地方文化特色，如墓葬设有头龛、脚龛和角龛，随葬品流行鬲、罐组合，典型陶器如鬲、豆、罐等，与殷墟同类器形制差异较大。尤其拥有高规格的夯土建筑，能够自己铸造青铜礼器，表现出较强的政治独立性。发掘者认为老牛坡遗址已具备作为一个方国都邑的必要条件，可能与殷商王朝在西方的一个重要与国崇国有关①。如上所述，目前在豫西地区极少见到晚商遗址，这样老牛坡与以安阳殷墟为中心的商文化之间便存在着一个相当大的近乎空白的地带，二者之间是怎样的一种政治关系，应引起学术界深思。

晚商时期的汾河谷地，基本上是典型商文化与非商文化的分界所在。以闻喜酒务头、浮山桥北、临汾庞杜以及灵石旌介等墓地为代表的商文化自南向北呈线状分布在汾河东岸附近，这种分布态势很显然与竭力抵御来自汾河以西吕梁山地的李家崖文化人群有关。

闻喜酒务头墓地位于山西闻喜县河底镇酒务头村西北，处于运城盆地与垣曲盆地、临汾盆地交汇的要冲之地。该墓地于2015年因被盗而发现，近两年考古勘探和发掘晚商墓葬12座、车马坑6座以及部分灰坑②。其中，5座带一条墓道的甲字形大墓东西排列，墓道朝南，有台阶、斜坡两种。墓室为横长方形，均有生土二层台。葬具为一椁一棺，椁底正中设长方形腰坑。墓葬西或西南多陪葬车马坑1～2座。出土器物以青铜器为主，容器有鼎、甗、簋、斝、爵、觚、尊、卣、罍、盘、盉，乐器有铙和铃，车马器包括弓形器、车衡饰、车軎、轭、镳、衔、当卢、泡等，兵器有钺、戈、矛、刀、胄饰、镞等，工具有锛、凿等。铜器上多见族氏铭文，主要有、匝（匿）、天黿等。根据墓葬形制与出土遗物判断，酒务头墓地的时代约为殷墟三、四期。该墓地是运城盆地首次发现的商代晚期高等级贵族墓地，为近年来商代考古的一次重大突破，对于研究殷墟文化的分布范围、政治地理以及晋西南地区在商代晚期的政治地位具有

① 刘士莪：《老牛坡》，陕西人民出版社，2001年。

② 山西省考古研究所：《山西闻喜酒务头发现商代晚期大型高等级贵族墓地》，《中国文物报》2018年12月28日第8版。

重要的历史价值和学术意义。

浮山桥北墓地位于临汾盆地东缘，西南距闻喜酒务头墓地约130千米。该墓地从1998年开始被盗，2001年在公安部门缴回的文物中有7件带“先”字铭文的晚商铜器，分别为6件觚和1件方罍[①]（图4-14：1、2）。2003年，山西省考古研究所在此抢救性清理晚商墓葬10余座，包括5座带1条墓道的大型墓和9座不带墓道的中型墓，填土均经夯打，都有腰坑、殉狗和殉人，因遭盗掘残存随葬品很少，其中大型墓M1和M18的墓道内还各葬1辆马车[②]。2004年以来，在公私收藏品中又发现8件带有“先”字铭文的晚商铜器，与2001年缴获的6件“先”铭铜器年代大致相当，约为殷墟二期晚段，它们很可能属于带墓道的M1或M18的随葬品，因被盗而流散出去[③]。殷墟甲骨卜辞中不仅有“先”族，也有用作方国名者，学者考订“先”族（国）当在山西境内[④]，恰与浮山桥北墓地的发现相合。所以，浮山桥北一带当是商代晚期“先”族（国）的领地。根据甲骨文记载，先族主要见于武丁到廪辛时期，是位于殷都之西，地近羌方的商代重要方国。在武丁前期，先国曾与商王朝为敌而受到征伐，随后臣服于商，并向商王进贡羌人，也经常受王令参与祭祀和军事活动。武丁之后，无论在金文还是甲骨文中，有关先族的文字资料很少见，这一现象也许反映出当时其在商王朝中的地位迅速下降，或已退出政治舞台[⑤]。

临汾庞杜墓地位于浮山桥北墓地西北约35千米处，2002年在此抢救性发掘了4座墓葬，其中M1出土铜鼎、爵、銎内戈各1件，镞2件，曲内戈4件；M2出土“息父庚册”鼎、“息父乙册”簋、“息册”尊和“息册”卣各1件，觚、爵各2件（1件爵的鋬下铸铭“子戊”），三角援戈、弓形器、刀、斧、锛、凿、管状器各1件，曲内戈3件，铃4件，镞和铜泡各6件[⑥]。这批青铜器的时代约为殷墟四期，下限或进入周初。从铭文内容与器物组合来看，以M2为代表的庞杜墓地应与上述罗山天湖“息”族墓地存在密切关联。这里的“息册”很可能是被册命的军事职官，即商王朝从南方征调“息”戍守西土边疆，也有可能周克商后，作为殷遗民的“息”族被迁封此地。

自临汾庞杜墓地向北120余千米到达灵石旌介村，是商王朝派驻西北边域的重镇

---

① 佚名：《山西临汾破获文物案 缴获商晚期“先”族青铜器》，《中国文物报》2001年6月3日第1版。田建文、李俊峰：《山西桥北墓地“先”字铭文》，《古代文明研究通讯》第36期，2008年。韩炳华主编：《晋西商代青铜器》，科学出版社，2017年，第513～530页。

② 国家文物局：《山西浮山桥北商周墓》，《中国重要考古发现（2004）》，文物出版社，2005年。桥北考古队：《山西浮山桥北商周墓地》，《古代文明（第5卷）》，文物出版社，2006年。

③ 崎川隆：《先族铜器群初探》，《饶宗颐国学院院刊》创刊号，2014年。

④ 张亚初：《殷墟都城与山西方国考略》，《古文字研究》第十辑，中华书局，1983年。

⑤ 严志斌：《商代青铜器铭文研究》，上海古籍出版社，2013年，第290～293页。崎川隆：《先族铜器群初探》，《饶宗颐国学院院刊》创刊号，2014年。

⑥ 谢尧亭：《晋南地区西周墓葬研究》，吉林大学博士学位论文，2010年，第134页。临汾市文物局：《临汾文物集萃》，三晋出版社，2012年，第192～194页。

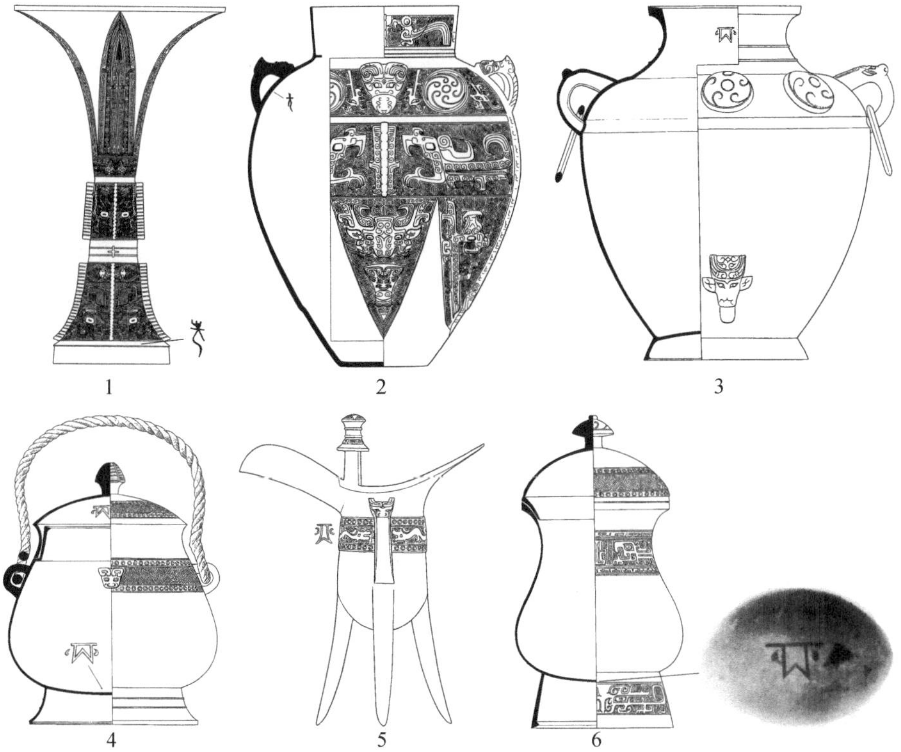

图4-14　西方地区出土晚商铜器及族氏铭文

1、2.追缴的浮山桥北“先”铭铜爵、方罍　3～6.灵石旌介M1出土的“丙”铭铜器（M1：32罍、M1：17卣、M1：23爵、M1：19觯）

所在。

灵石旌介位于太岳西麓，霍山之阴，汾河以东。1976年和1985年在此共发掘3座晚商中型土坑竖穴墓，年代相当于殷墟三、四期。M1有三具形制大小相同的木棺整齐排列在一椁内，中间木棺内的男性墓主仰身直肢葬，两侧棺内的女性死者均侧身直肢面向男性墓主，墓底正中有一殉狗腰坑，填土中还发现殉狗、殉人、牛头骨和鼍鼓各一。M2葬具为一椁两棺，墓底有一殉狗腰坑，墓室填土中还发现人牲、牛腿骨和陶鬲各一。M3曾被扰动，葬具为一椁一棺。三墓出土青铜容器、兵器和车马器合计127件，其中铸铭“丙”（丙）字者多达34件（图4-14：3～6）。发掘者推测其墓主当为世代承袭卫戍殷商西北边疆的军事贵族[①]。从墓葬形制、葬具、殉人、腰坑、用牲及随葬青铜礼器组合等方面来看，旌介商墓体现出与殷墟葬制较多的相通性，但也有些地方特点，如两棺或三棺共置一椁的男女合葬现象，四觚十爵的礼器配备，矛多戈少的武器装备，还有兽首铜刀、融合型陶鬲等器物。因此，多数学者认为这里就是商王朝丙国之所在[②]，或指出以其为代表的旌介类型

① 山西省考古研究所：《灵石旌介商墓》，科学出版社，2006年。

② 殷玮璋、曹淑琴：《灵石商墓与丙国铜器》，《考古》1990年第7期。

应属于商文化的一个分支[①]。武丁时期的甲骨卜辞中有“丙邑”（《甲骨文合集》4475）和“妇丙”（《合集》18911反）之名，前者可能为丙国之都，后者表明丙国与商王室存在婚姻关系。

（四）北方地区

现有资料表明，太行山以东地区的晚商文化大范围收缩至拒马河左近，保定及其以北已被围坊三期文化所占据。重要发现以河北定州北庄子晚商墓地为代表。

北庄子墓地位于定州市西北郊的北庄子村，1991年在此发掘晚商中小型墓42座，大致分东西两区，西区墓葬大多呈口小底大的覆斗形，有的墓底竟长出墓口近1米。东区墓壁大多竖直，口底大小相差无几。墓壁多加工规整，个别墓发现脚窝。除少数墓有生土二层台外，其余皆为熟土二层台，有的还在二层台以上设有不规则的壁龛。墓底皆有南北向长条形腰坑，一部分墓还在腰坑的南北各有一条东西向的垫木。葬具皆为木质棺椁，其中一棺一椁墓数量最多，棺一般偏于椁的一侧；有的椁室中间置一南北向隔板，东西两边分别放墓主和殉人；小墓仅有一棺，无殉人。墓中殉狗1～10只不等，除腰坑中殉埋1只外，其余皆放置在二层台平面以上的填土中，大多数为分层生殉填埋。在较大型墓中还同时随葬有牛腿或羊腿。随葬品中铜器所占比重很大，觚、爵或爵、戈的组合比较常见，其他器类有鼎、簋、斝、鬲、觯、觶、卣、壶、方彝、斗、铃、钺、矛、镞、弓形器、斧、锛、凿等，其中鼎、觯、爵、戈上普遍铸有“”族氏铭文[②]（图4-15）。北庄子墓地的总体年代相当于殷墟二、三期，有的可能晚到四期，这里应当是商代晚期“”族（国）的领地所在。

在定州至石家庄之间的正定新城铺[③]、藁城前西关、赵县双庙[④]等地集中发现了较多的晚商有铭铜器，涉及（冉）、（圉）、庚等多个族氏。这里属于商王朝北方边域的外服区，他们与北庄子“”族一起同围坊三期文化集团相对峙。在其南面的邢台、邯郸一带则属于商王畿区，根据出土的有铭铜器，武安赵窑[⑤]一带可能是（矢）族所在地，磁县下七垣[⑥]一带可能是（启）族所在地。

综上所述，东方的济南大辛庄、青州苏埠屯和滕州前掌大，南方的罗山天湖、正阳闰楼和阜南台家寺，西方的西安老牛坡、闻喜酒务头、浮山桥北、临汾庞杜和灵石

---

① 李伯谦：《从灵石旌介商墓的发现看晋陕高原青铜文化的归属》，《中国青铜文化结构体系研究》，科学出版社，1998年。

② 河北省文物研究所等：《定州北庄子商墓发掘简报》，《文物春秋》1992年增刊。

③ 刘友恒、樊子林：《河北正定出土商周青铜器》，《文物》1982年第2期。正定县文物保管所：《河北正定县新城铺出土商代青铜器》，《文物》1984年第12期。

④ 石家庄地区文化局文物普查组：《河北省石家庄地区的考古新发现》，《文物资料丛刊（1）》，文物出版社，1978年。

⑤ 河北省文物研究所等：《武安赵窑遗址发掘报告》，《考古学报》1992年第3期。

⑥ 罗平：《河北磁县下七垣出土殷代青铜器》，《文物》1974年第11期。

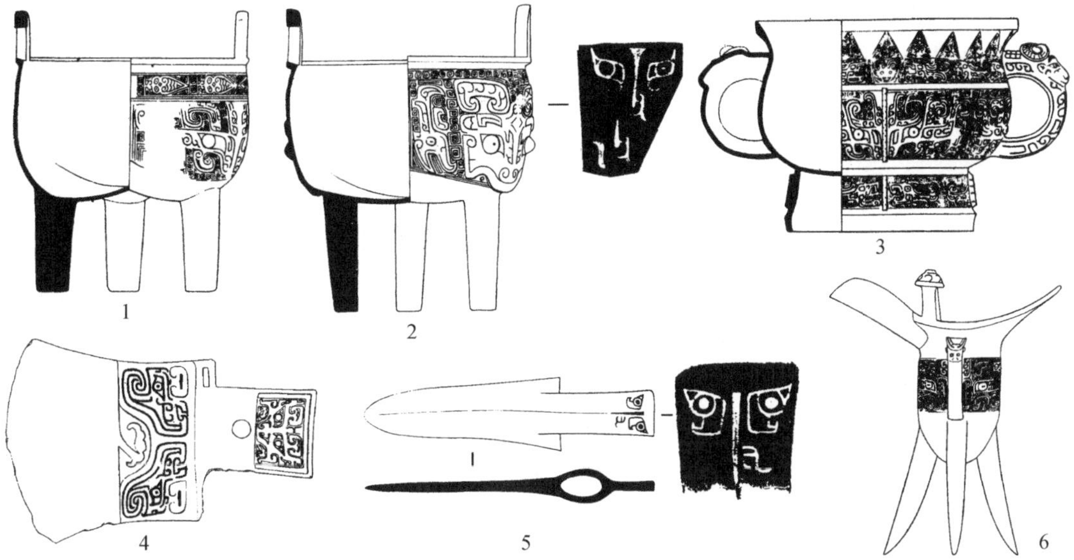

图4-15　北方地区出土晚商铜器及族氏铭文

1、2. 鼎（M5∶6、M95∶1）　3. 簋（M67∶33）　4. 钺（M61∶31）　5. 戈（M83∶3）　6. 爵（M98∶3）

（均出自定州北庄子墓地）

旌介，以及北方的定州北庄子等重要考古发现，几乎都处于商文化分布的边缘地带，驻守这些边域要地的族氏有别，有的与商王室保持通婚关系，有的族人居住殷都为官任职，这是很值得关注的考古现象。这些地方的重要发现对于深入探讨商代家族组织的构成、族群之间的关系、强族（或方国）与商王朝的关系、殷商国家政体形式等问题，具有非常重要的历史意义。

第四节　礼制与信仰

一、宫室建筑

如本章第二节所述，目前已知的晚商宫室建筑集中分布在殷墟小屯宫殿宗庙区。石璋如认为甲组基址“看不出含有宗教意味的痕迹，可能住人的”①；乙组基址“可能为宗庙”，其中乙五、乙七、乙八基址与铸铜有关，复原建于乙二十之上的乙二十一基址可能相当于后世的塾、观、阙之类的建筑②；丙组基址中“丙九、丙十、丙十二、丙十三等四基址，东西相对，且均为长方形，很像住人的房子”，“丙一、丙二、丙

① 石璋如：《小屯第一本·遗址的发现与发掘乙编·殷墟建筑遗存》，历史语言研究所出版，1959年。

② 石璋如：《河南安阳小屯的三组基址》，《大陆杂志》第二十一卷一、二期合刊，1960年；《殷代地上建筑复原的第二例》，《民族学研究集刊》第29期，1970年。

三、丙四、丙七、丙八、丙十一等基址的一带，为祭祀区域”，“南段的丙十六、丙十七两基址，窄而长，可能为路或廊”[①]。邹衡主编的《商周考古》指出乙七基址之南的北、中两组墓葬都是祭祀坑，“大概都是从武丁以来几次大规模的杀人祭祀埋下的”，认为乙七、乙八基址“应该是用于祭祀的宗庙遗址”[②]。陈志达具体从甲四、甲十一、甲十三等基址的规模、间数等方面考察，认为它们可能是“寝殿”和享宴之所，甲一、甲三、甲五、甲十五等基址形制较小，基面上无础石，有可能是“寝殿”的附属建筑，有些可能是侍者的住处，有些可能是储藏室；乙组基址中，乙五大概是一处铸铜场所，乙七、乙八等大型基址可能是宗庙建筑，乙四、乙六、乙十四、乙十七等小型建筑可能是住人的；丙组基址中，丙三、丙四、丙五、丙六可能为祭坛之类的建筑，与乙组中的宗庙基址有密切关系，丙二、丙十二、丙十三等大概是住人的房子，分布在丙二周围的小葬坑有可能是祭祀宗庙中先公先王的牺牲[③]。杜金鹏根据小屯宫室建筑的相对位置关系，在甲、乙、丙组基址的基础上，将1989年发掘的由3座单体基址组成、整体呈凹字形的54号建筑基址编为丁组，认为这四组建筑均是从商王武丁时开始修建的，其后又各有改建、扩建和增建，一直沿用到帝乙、帝辛时期。它们在时间上虽有先后，但总体布局始终如一，显然是经过预先规划的，即甲组居北，乙组在南，二者构成宫殿区中轴线建筑群；丙组在西南，丁组在东南，二者分处乙组基址之左右。其中乙组建筑是宫室礼仪建筑的核心，它不仅位置居中，而且建筑规模最大，建筑体量最宏伟，建筑组合最复杂。他指出这四组基址的布局形式不仅具有前朝后寝、左祖右社、内外朝堂具备、中央衙署随列的布局思想，辨方正位、坐北朝南、中轴对称、四围闭合、屏阙拱卫、厨廪旁设的设计理念，若从地理位置看，还具有王者居中、据阜而建、以水为屏、凿池为景的风水观[④]。

由于小屯宫殿宗庙区东部遭受洹河冲毁严重，又限于20世纪30年代的发掘面积、工作水平以及发掘时间的影响（因1937年抗日战争爆发而被迫中断），目前已不可能对宫殿宗庙区内的建筑基址逐个加以分期，并在分期断代的基础上更为科学地探讨其建筑布局与演变。但可以确认的是，殷墟建都之初即已考虑了宫殿宗庙区内的建筑格局[⑤]。以乙七、乙八、乙二十、54号基址等为代表的几处大型建筑基址，是目前学术界比较公认的殷墟宫室建筑。

---

① 石璋如：《小屯丙组基址及有关现象》，《“中央”研究院历史语言研究所集刊外编第四种》下册，1961年，第801页。

② 北京大学历史系考古教研室商周组：《商周考古》，文物出版社，1979年，第68页。

③ 陈志达：《安阳小屯殷代宫殿宗庙遗址探讨》，《文物资料丛刊（10）》，文物出版社，1987年。陈志达：《小屯东北地的殷代宫殿宗庙遗址》，《殷墟的发现与研究》，科学出版社，1994年，第51、69页。

④ 杜金鹏：《殷墟宫殿区建筑基址研究》，科学出版社，2010年。

⑤ 中国社会科学院考古研究所：《中国考古学·夏商卷》，中国社会科学出版社，2003年，第326页。

（一）宗庙

乙七、乙八基址很可能是殷墟小屯宫殿宗庙区内属于宗庙性质的建筑，在此供奉并祭祀商王祖先。

乙七基址位于乙组基址的中部，呈东西向长方形，未做全面揭露，面积不少于1100平方米。与基址夯土直接发生关系的葬坑共19个，其中打破基址的7座，或为基址修建之后某种祭祀活动留下的遗迹。压在已发掘乙七基址之下的3座，以及发现于夯土之中的9座，可能是修建基址时的奠基坑。葬坑中埋葬的动物主要有牛、羊、狗等，个别埋人。乙七基址以南，发现大批成排分布的小葬坑，发掘者将它们划为北、中、南三组。其中北、中两组与基址有关，当是殷人祭祀祖先留下的遗迹。北组的54座祭祀坑以5座车马坑为中心，其两侧为其他祭祀坑。坑内埋人多数头躯分离，一般每坑3～5人，有的6或7人，罕见随葬品。中组80座祭祀坑大多为南北向，少数为东西向，大部分所埋之人身首分离，数目2～13具不等，罕见随葬品。葬兽坑只有1座，系羊、犬合埋。这些祭祀坑可能属于庙祭遗存，祭祀活动至少在两次或两次以上（图4-16）。

（二）朝寝

乙二十基址和54号基址均属于四合院式建筑单元的主体，可能是殷墟小屯宫殿宗庙区内属于朝堂性质的建筑。

乙二十基址位于乙组基址的最南部，为东西向长方形。据杜金鹏研究，乙二十基址复原长约60、宽约11米，是一座坐北朝南、巍峨宽敞的大型殿堂。乙十八基址属于其西厢建筑，乙十九为耳庑，乙十六是连接其与北侧以乙十一基址为主殿的四合院式建筑单元的通道。他认为以乙二十为主殿的这组建筑单元应该属于商王举行重要国事活动的礼仪场所，或即后世所谓的“外朝”①。另据钻探所知，在乙二十基址东、西和南侧各发现一处夯土基址，从其空间位置来看，很可能是乙二十基址的东、西和南庑，这样就使乙二十基址成为一座完整的“四合院”建筑群②。

54号基址位于乙二十基址东南约80米处，占地面积约5000平方米，由南、北、西三排房基组成，整体呈凹字形的半封闭状建筑群。南排基址长约75、宽约7.5米，居中位置发现北向门道一个。西排基址长约50、宽约7.5米，发现东向门道一个。北排基址长61～62、宽约7.5米，发现南向门道三个、北向门道一个。这三排房基都有排列整齐的墙柱和擎檐柱，各门道宽都在2米左右。该组建筑原也有可能是一座

① 杜金鹏：《殷墟宫殿区乙二十组建筑基址研究》，《三代考古（三）》，科学出版社，2009年。

② 岳洪彬、何毓灵、岳占伟：《殷墟都邑布局研究中的几个问题》，《三代考古（四）》，科学出版社，2011年。

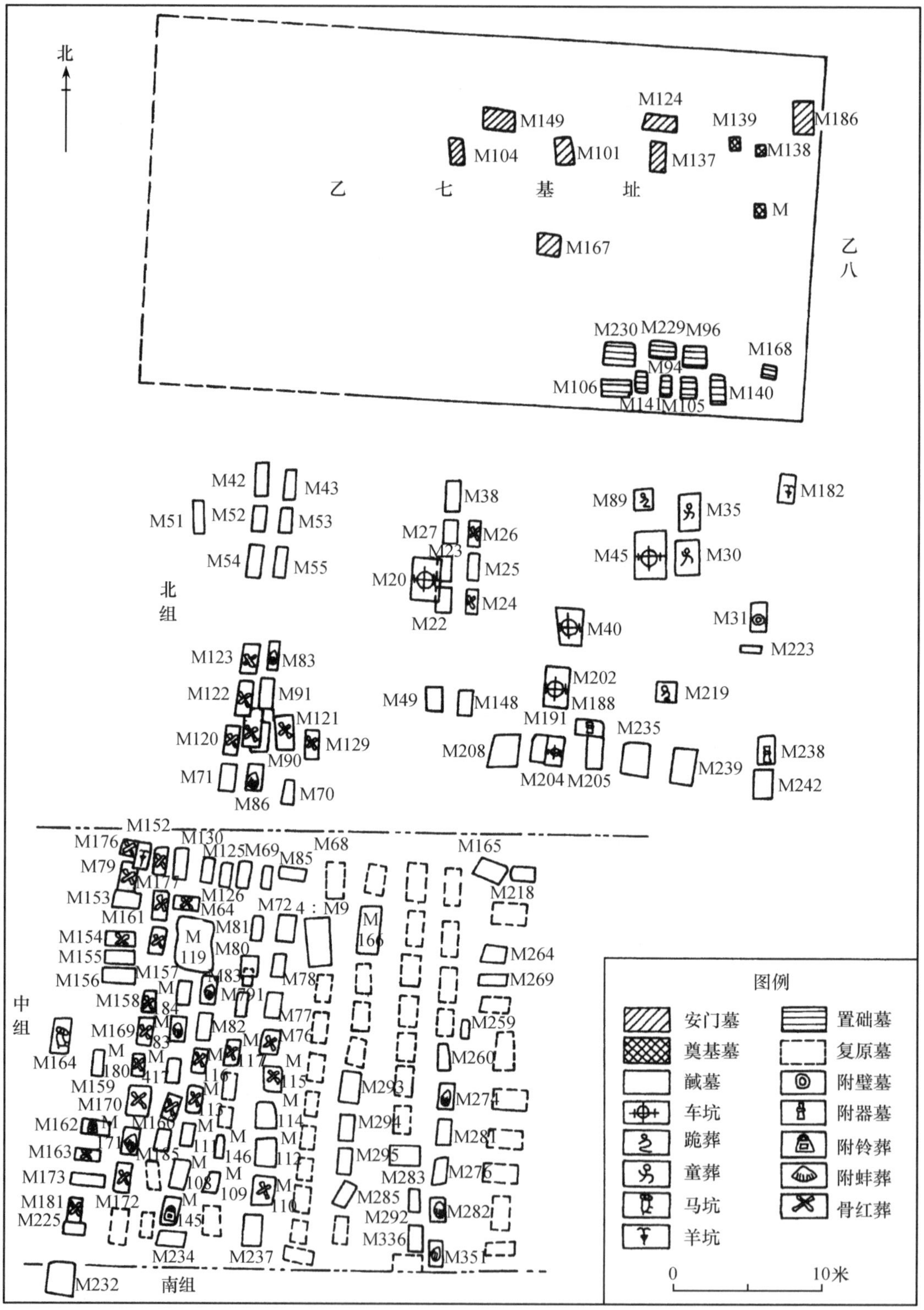

图4-16　殷墟小屯宫殿宗庙区乙七基址与祭祀坑分布图

（综合中国社会科学院考古研究所《殷墟的发现与研究》图二二和《中国考古学·夏商卷》图6-19绘制）

坐北朝南的四合院式建筑单元，其东庑可能被洹河冲毁。杜金鹏依据主殿前有人牲祭祀坑、台基上埋置陶、铜器等祭器，联系其位置在乙组基址之东侧，推测其应是宗庙所在[①]。

如上所述，以往学术界普遍认为甲组基址中规模较大者可能是商王室的“寝殿”和享宴之所。后来也有学者相继提出“庙堂”说[②]、“离宫”说[③]，近年来又出现新认识。唐际根认为甲组基址（至少其中大部分）从年代上属于早于殷墟都邑时期的中商时期建筑，因而与作为都邑的殷墟宫庙建筑无关，“实际上为洹北商城外围的一个居民点”[④]。岳洪彬结合新的钻探资料，提出甲组基址很可能是小屯宫殿区王族族邑内的手工业作坊区[⑤]。值得注意的是，无论20世纪30年代发掘的还是近年来新勘探出的甲组基址中规模较大者均呈南北向长方形，建筑朝向无非坐西朝东或坐东朝西，这不仅与乙组基址主体殿堂坐北朝南的总体布局格格不入，也有违于洹北商城、郑州商城、偃师商城乃至二里头宫城主体殿堂坐北朝南的传统。由此看来，将甲组基址中规模较大者视为寝宫或庙堂的认识仍需要深入探究。

二、墓葬特征

（一）墓葬分布

目前已发现的殷墟文化墓葬超过1万座，它们绝大多数分布在安阳殷墟遗址的范围内。

殷墟遗址等级较高的墓地包括王陵区、后冈以及小屯防御沟内的几处墓地，都分布在以小屯宫殿区为中心的洹河两岸高地上。其中殷墟王陵区大墓与小屯防御沟内的几座高等级墓葬，是脱离族墓地而存在的。而其他墓葬皆以族墓地的形式而存在，邻近相应族邑。同一墓地中往往高等级墓葬与低等级墓葬共存。一般的族墓地所处地势较低，且相对远离小屯宫殿区。从墓地和其他遗存的关系来看，殷墟遗址群中既有文化层较薄、比较单纯的墓地，如西北冈王陵区、后冈、大司空北地、殷墟西区、梅园庄东南地、戚家庄东南地、刘家庄及高楼庄南地等；也有与居住址相重叠的墓地，如小屯防御沟内、苗圃北地、大司空东南、王裕口南地等。墓葬与居

① 杜金鹏：《殷墟宫殿区建筑基址研究》，科学出版社，2010年。

② 石璋如：《殷墟建筑遗存的新认识》，《中研院国际汉学会议论文集（历史与考古组）》上册，历史语言研究所出版，1981年；《殷墟地上建筑复原第五例——兼论甲十二基址与大乙九示及中宗》，《“中央”研究院历史语言研究所集刊》64本3分册，1993年；《殷墟地上建筑复原第六例——兼论甲十三基址与祊示》，《“中央”研究院历史语言研究所集刊》65本3分册，1994年。

③ 杨鸿勋：《宫殿考古通论》，紫禁城出版社，2001年，第63、65页。

④ 唐际根：《安阳殷墟宫庙区简论》，《三代考古（一）》，科学出版社，2004年。

⑤ 岳洪彬、孙玲：《殷墟小屯宫殿区甲组基址的年代和性质探析》，《三代考古（五）》，科学出版社，2013年。

住遗存存在叠压打破关系的这种现象，说明居住和活动在这一地点的人群前后有所变动。

殷墟以外其他遗址中的墓地，一般位于地势较高的台地、岗坡上，多为单纯的墓地，与居住址分隔开来。

（二）墓葬形制

墓葬形制可分为无墓道和带墓道的土坑竖穴墓两种，其中无墓道的墓葬占绝大多数，平面形状一般呈长方形；带墓道的墓葬数量较少，目前见于安阳殷墟、辉县琉璃阁、青州苏埠屯、滕州前掌大、罗山天湖、闻喜酒务头和浮山桥北，根据墓道数量的多少，又可分为三类[①]。

第一类为带四条墓道的大墓，计9座，包括殷墟西北冈王陵区8座和青州苏埠屯M1。除殷墟西北冈M1001和M1400墓室平面呈亚字形外，其余墓室平面一般呈长方形，面积多在200平方米以上。四条墓道中以南墓道为主墓道，呈斜坡状，一般直通到墓室底部；其余三条墓道则多呈台阶式，底端位于三面墓壁的中部，下距墓底和椁顶都有一定距离。多数学者已认可带四条墓道的大墓当是商王的墓葬[②]。

第二类为带两条墓道的墓葬，计12座，包括殷墟西北冈王陵区、后冈、大司空和安阳钢厂西南发现的10座以及辉县琉璃阁M150、滕州前掌大BM4。不同地点的带两条墓道墓葬规模相差较大，从10平方米至100余平方米不等。都以南墓道为主墓道，一般呈斜坡状，直通墓室底部；北墓道则为台阶式，底端位于墓壁中部。

第三类为带一条墓道的墓葬，见于报道的有26座，其中安阳殷墟西北冈、后冈、大司空、殷墟西区、郭家庄西南和安阳钢厂西南等地已发现13座，青州苏埠屯2座，闻喜酒务头和浮山桥北各有5座，罗山天湖1座。墓室多呈南北向的长方形，也有东西向的（如安阳郭家庄西南M172）。墓道一般开在墓室南侧，多呈斜坡状，也有台阶式的（如青州苏埠屯M11），一般直通墓室底部。少数墓道开在墓室北侧，如罗山天湖M1和1958年在安阳大司空发掘的2座墓。

关于墓道的功能，一般认为既有方便筑墓取土、运送葬物（棺椁和随葬品）的实际功能，又是权力和地位的象征。甚至还有人认为可作为墓主灵魂出入的通道。

（三）墓室结构

1. 墓向

带墓道的墓葬大多数为南北向，这代表了包括商王在内的多数高级贵族对墓葬方

---

① 参考郜向平：《商系墓葬研究》，科学出版社，2011年。

② 韩国河：《简论坡形墓道》，《郑州大学学报（社会科学版）》2000年第5期。魏建震：《商代墓道初探》，《2004年安阳殷商文明国际学术研讨会论文集》，社会科学文献出版社，2004年。

向的选择。但这些南北向墓葬中墓主的头向究竟向南还是向北，由于被盗扰大多已难以确定。

无墓道的墓葬方向多样，以北向为主，南向者次之，东、西向者也占有一定数量。不同地点墓葬在方向上的差异当反映了不同墓地族群构成的复杂性。

2. 葬具

墓葬普遍使用木质葬具。带墓道墓葬基本都有棺有椁，规模较大的无墓道墓葬也多棺椁具备，棺椁多髹黑或红漆，高等级者还有彩绘或雕花。有些墓葬用隔板将椁室分割为多个空间，如定州北庄子的一些墓葬用一块隔板将椁室分为两部分，分别放置墓主和殉人；西安老牛坡的大型墓葬则以两块隔板将墓室分为主（棺）室和左、右边箱；罗山天湖不少墓葬在椁室内用隔板隔出头箱；殷墟大司空也发现个别带头箱或脚箱的墓葬。规模较小的无墓道墓葬多有棺无椁，少量仅以席子殓葬或无任何葬具。

值得注意的是，殷墟花园庄东M54椁室下发现用以支撑椁室的横向木条即垫木（或称枕木）。殷墟以外，还见于武安赵窑和定州北庄子的部分墓葬中。

3. 葬式

墓葬中死者的葬式有仰身、俯身和屈肢葬三种，仰身和俯身葬基本都是下肢伸直，双手置于腹、胸部或伸直置于体侧；屈肢葬者多为仰身，也有侧身和俯身的。统计显示，殷墟墓葬以仰身直肢葬为主，所占比重达60%～70%；俯身直肢葬次之，占25%～35%；屈肢葬数量最少，一般在5%左右。

4. 腰坑

带墓道的大墓基本都有腰坑，无墓道的中小型墓设腰坑的比重较前显著增加。大中型墓的腰坑内除殉狗外，还常殉人，或仅殉人而无狗。个别墓中发现有在腰坑殉鸡、鱼的现象。殷墟墓葬腰坑内殉狗的头向大多与墓主相反，昭示着与早商阶段不同的丧葬观念。

5. 殉人与人牲

殷墟墓葬中的殉人常见于二层台上和棺椁之间，一般放在墓主两侧或足端，还有位于棺、椁盖顶上或腰坑内的。人牲多见于墓葬填土中，通常是身首分离，分别埋葬，有些墓的二层台上放置人头，也应属人牲。

殉人和人牲的有无以及数量的多少，与墓葬的等级及其所在墓地密切相关。与殉人相比，人牲受到的是非人化处理方式。使用人牲的墓葬在等级上更高，所处墓地的等级也较高，表明人牲的来源及其使用都是受到高等级贵族控制的。甲骨文中的人牲多来自异族，由战争、贡纳、田猎等获得，其中以“羌”最多。

（四）随葬品组合

殷墟文化墓葬的随葬品组合主要是青铜礼器和陶器两大类。

青铜礼器方面，殷墟一、二期酒器组合以等量搭配的爵、觚最常见，食器组合有鼎、簋或鼎、甗，数量不多。殷墟三期的酒器组合仍延续爵（或角）、觚的等量搭配，鼎、簋的食器组合也趋于多见。殷墟四期的酒器组合仍以爵、觚为核心，此外常配以尊、卣，斝、觯也较多见。食器组合以鼎、簋为核心。

陶器方面，殷墟一、二期随葬陶器以觚、爵、豆、鬲为主，这是最基本的酒器加食器组合。殷墟三期随葬陶器仍以觚、爵、豆为主，鬲的比重明显减少。殷墟四期随葬陶器以觚、爵为主，豆的数量骤减，取而代之的是盘的数量剧增。以上典型陶器随着时间推移而不断趋于明器化。

此外，殷墟二至四期随葬贝的墓葬数量逐渐增加，墓主口含或手握、足部放置的贝以1～3枚最为常见，未见明显的等级差别。

三、祭祀占卜遗存

与商代早期相比，以安阳殷墟为代表的晚商宗教祭祀遗存数量更多，规模庞大，祭祀活动更加频繁。有学者曾对殷墟遗址数以千计的祭祀坑做过很好的梳理总结，并就人牲身份、人殉与人祭的区别等相关问题做了讨论[①]。商代晚期使用人牲数量庞大，不但有青壮年男性和年轻女性，而且儿童也是常用的牺牲。动物牺牲除了牛、羊、猪、狗等外，大量的马开始用作牺牲。祭祀活动中使用甲骨占卜达到顶峰，在殷墟遗址中发现了大量的龟甲和牛肩胛骨，有些刻有文字。当时商王几乎事事都要占卜，所涉内容极为广泛，上至国家大事，下至生老病死，无不占卜。

占卜所用材料主要为龟腹甲和牛肩胛骨，均经过整治。龟甲要刮磨平整，牛肩胛骨要切去臼角和削去骨脊。经过整治的甲骨背面都要先“钻”，而后在钻痕底部施“凿”，“钻”“凿”排列整齐，有一定间距。占卜时用烧红的木条烧炙甲骨版上的“钻”“凿”处，使其正面出现“卜”字形的裂纹，名曰“兆枝”。占卜者即据此兆枝判断凶吉，最后把占卜经过用文字刻在甲骨上，此即“甲骨文”，或称卜辞。甲骨上刻的卜辞有长有短，这固然与占卜内容有关，但也与卜辞的完整性有关。一条完整的卜辞，应包括叙辞、命辞、占辞和验辞等项，但大部分卜辞并不如此完整。

甲骨卜辞中的祭名有200余个，祭祀对象包括上帝及帝廷诸神，风、云、雨、日、四方、东母、西母、土地、鸟、山、川诸自然神和高祖、先公、先王、先妣诸祖先神以及异族神等，其中对祖先神的祭祀活动有一定的内祭与外祀场所。晚商前期祭祀祖先神所祈求的内容多与农业生产有关，祖先神与自然神有着某种关联，带有某些原始宗教的特性；后期形成了有规律、成系统的“周祭”制度，表现为具有宗法性质的成熟宗教[②]。所谓“周祭”，是甲骨卜辞所见商王及王室贵族用翌（日）、祭、壹、劦（日）、彡（日）五种祀典对自上甲以来的先公、先王和自示壬之配妣庚以来的先妣

① 杨宝成：《殷墟文化研究》，武汉大学出版社，2002年，第97～118页。

② 常玉芝：《商代宗教祭祀》（商代史·卷八），中国社会科学出版社，2010年。

轮番和周而复始地进行的一种非常重要的祭祀制度，五祀周期有36旬和37旬两种，两个祭祀周期相当于两个太阳年的时间，通过复原商末三王的周祭祀谱，进而可以推算他们的在位年数[①]。

四、文字

（一）甲骨文

殷墟甲骨文自1899年发现以来至今已有120多年了。百年来，殷墟出土的刻辞甲骨文约15万片，其中属于正规考古发掘所获约3.5万片。出土甲骨文最多的是小屯，次为花园庄东地与侯家庄南地，其余地点均属零星出土，内容多为习刻。殷墟甲骨文发掘中有三次重大发现[②]。

（1）1936年发掘的小屯东北地H127坑内出刻辞甲骨17096片，其中卜甲17088片、卜骨8片，完整的有字卜甲近300版。这是武丁时代埋放甲骨的窖穴，甲骨文的内容非常丰富，对甲骨文与商代历史等的研究有重大意义。

（2）1973年发掘的小屯南地甲骨坑出土刻辞甲骨5335片，其中卜骨5260片、卜甲75片，大版而完整的刻辞卜骨近百版，内容涉及祭祀、田猎、征伐、天象、农业、王事等。这批甲骨出土层位明确，并与陶器共存，为甲骨文的分期、殷墟文化分期以及商史研究提供了宝贵资料。

（3）1991年发掘的花园庄东地H3出土甲骨1583片，其中卜甲1558片，上有刻辞的574片；卜骨25片，上有刻辞的5片。此坑甲骨以大版的卜甲为主，其中完整的刻辞卜甲有300多版，刻辞内容主要涉及祭祀、田猎、天气、疾病等方面（图版6：1）。根据地层关系、共存陶器及卜辞内容判断，此坑甲骨属武丁前期。

作为商代晚期的文字，殷墟出土的甲骨文有单字5000多个，其中为各家公认释出的字有1000多个。它能完整地记录语言，无论从字形、造字原理还是句子的语言结构上，都与今天的汉字一脉相承，在汉字的发展史中占有重要地位。

（二）金文

金文即青铜器铭文。晚商时期青铜器上的铭文以所谓的“族氏铭文”最为常见，一般认为此种铭文即家族之名号，用以表明作器者的族属。根据组成族氏铭文的文字多寡，又可分为单一氏名和复合氏名两类。前者多为单个文字，如“戈”“息”等（图4-17：1、2），有时连缀有职事性铭文“亚”（如亚醜）、“册”等；后者由两个或两个以上的文字构成固定的组合，如“戈北单”等（图4-17：3）。有些铜器上在

① 常玉芝：《商代周祭制度》，线装书局，2009年。

② 杨锡璋、刘一曼：《殷墟考古七十年的主要收获》，《考古学集刊》第15集，文物出版社，2004年。

图4-17　晚商金文举例

1、2. 单一氏名　3. 复合氏名　4. 单一氏名＋日名　5. 我方鼎铭文

铸有铭族氏名号的同时，还铸有本族过世先人的“日名”，即以天干（甲、乙、丙、丁、戊、己、庚、辛、壬、癸）连缀在亲称“祖”“父”“匕”“母”等之后（图4-17：4），或仅有日名而略去亲称，表明此铜器是专门用来祭祀该族具有这一日名的先人之祭器[①]。利用族氏铭文不仅有助于了解各个族氏组织的迁徙、演化与发展，也有助于探讨殷商时期的家族形态、家族结构关系以及社会等级制度、日名制度等问题。

晚商后期的少数青铜器也有较长的铭文，如我方鼎铭文，不包括末尾的族氏铭文“亚若”，共有41个字（图4-17：5）。长铭内容一般都是讲器主因有功于王室而受赏赐，乃铸器纪念荣宠，祭告祖先。此类铭文大多具有明确的周祭纪时形式，有助于研究商代晚期的周祭制度与王年、历法问题。有些铭文采用大事纪时法，主要涉及商人对东夷的重要战事，有相当重要的史料价值。

总体来看，晚商金文具有鲜明的时代特点，主要表现为：①文字字数少，象形程度较高。②绝大多数笔画浑厚，首尾出锋。③字形大小不一，布局亦不规整。

这里需要提及的是，西方一些学者认为甲骨文和金文都生成于宗教仪式的语境之下，前者在于预测未来，后者在于纪念过往，这些记录仅仅是被写下来，并不意味着其切实反映了历史真相，并且在相当程度上受其所处语境和主人主观意图的左右。显然，这种认识是很片面的。已有研究表明，商代已有相当发达的甲骨文档案保存系统，商周青铜器铭文所载的重要事件和引用的大量册命文本只是当时文书档案中的一小部分，它们对于中国历史学的意义是不言而喻的[②]。

---

① 朱凤瀚：《中国青铜器综论》，上海古籍出版社，2009年，第624～626页。何景成：《商周青铜器族氏铭文研究》，齐鲁书社，2009年。

② 〔美〕夏含夷：《中国历史与铭刻》，《海外夷坚志——古史异观二集》，上海古籍出版社，2016年。

第五节　生产与经济

一、农业、畜牧业与渔猎业

现代地质学、物候学和甲骨文的研究成果表明，安阳地区3000多年以前的气候比较温暖湿润，雨量充沛。良好的自然环境不仅为商代农业经济的发展提供了优越的自然条件，而且适宜于喜温湿环境的圣水牛、獐、竹鼠、野象等在此繁衍生息[①]。

农业是商代社会经济的基础。由甲骨文可知，商王对农业十分重视，经常举行祭祀占卜如祈年、求雨、告秋、登尝等活动，并任命管理农业事务的官吏，如“小耤臣”“小刈臣”分别执掌耕耤和刈割之事。从事农业生产的主要劳动者是“众”或“众人”，商王经常指示他们到某一地点去种黍，还要他们参加祭祀祈年活动，如“王大令众人曰：协田，其受年。十一月”（《合集》1）；“戊寅卜，宾贞：王致众黍于冏”（《合集》10）。众人在官吏（如“小众人臣”）的管理下以集体协作的形式大规模地翻耕土地，即为“协田”。种植的农作物以粟、黍为主，还见有麦、稻、豆的记载[②]。

农具有铜、石、木、蚌和骨器等，其中铜质农具较少见，木质农具易于腐朽。常见的砍伐类农具，主要是斧和镬。翻土农具主要是木质的耒和耜（锹），耒的双齿有大小之分，如殷墟孝民屯H116壁上的耒痕齿长8、宽5、齿距5厘米，大司空村H312壁上留下的耒痕齿长10～18、齿距4厘米[③]。西北冈M260的墓壁上也有这种双齿耒的痕迹，在墓室填土中发现8把木锹朽痕，锹头呈簸箕形，弧刃，长20～30、宽17～19厘米，柄长105～120厘米[④]。此外，罗山天湖M27出土1件凹字形的铜臿，三边有刃，长8.5、銎宽9.3厘米[⑤]。中耕农具主要是石铲或骨铲，目前殷墟发现的铜铲有17件，大多数刃部都有使用痕迹，銎内残留有已朽木柄，它们大多与其他质料的农具共存，当是供贵族们从事诸如“籍田礼”一类礼仪活动时使用的工具[⑥]。收割农具主要是镰和刀，如1929～1932年在

---

① 杨钟健、刘东生：《安阳殷墟之哺乳动物群补遗》，《中国考古学报》第四册，1949年。竺可桢：《中国近五千年气候变迁的初步研究》，《考古学报》1972年第1期。王宇信、杨宝成：《殷墟象坑和殷人服象的再检讨》，《甲骨商史录》，生活·读书·新知三联书店，1982年。

② 于省吾：《商代的谷类作物》，《东北人民大学学报（人文科学）》1957年第1期。

③ 中国社会科学院考古研究所：《殷墟发掘报告（1958～1961）》，文物出版社，1987年，第65、78页。

④ 中国社会科学院考古研究所安阳工作队：《殷墟259、260号墓发掘报告》，《考古学报》1987年第1期。

⑤ 信阳地区文管会等：《罗山县蟒张后李商周墓地第二次发掘简报》，《中原文物》1981年第4期。

⑥ 杨宝成：《殷墟文化研究》，武汉大学出版社，2002年，第189～192页。

殷墟发掘的7处灰坑中出土石镰3640件，其中一个灰坑即出444件[①]。

除农业外，畜牧业与渔猎业也都是殷墟文化时期生活资料的重要来源。

在历年的殷墟考古发掘中，出土了大量动物骨骼。它们不仅发现于灰坑中，还散见于文化层中。如1960年大司空村制骨作坊出土的半成品、骨料及废料35000余件；1959年和1973年在北辛庄遗址清理的兽骨数万件；1986～1987年在花园庄南地一座灰坑中清理的各种兽骨数十万块。大司空村和北辛庄出土的兽骨都以牛和猪居多，其次为马、羊、狗。花园庄的兽骨种类比较单纯，绝大多数是废弃的牛骨。殷墟各族墓地中，大量用犬随葬，用马坑陪葬或以马殉葬的例子也很多。而墓中盛装在各种随葬器皿中的肉食，则主要是羊、猪、鸡等。西北冈王陵区祭祀场中，一部分祭祀坑中使用狗、马、牛、羊等动物。1978年西北冈王陵区发现的一头亚洲幼象的身旁有一件铜铃，说明此象是经过驯养的。从妇好墓等殷墓出土的鹅、鸭圆雕玉石制品看，当时可能还饲养鹅、鸭等家禽。

甲骨文记载，商代王室在王畿内外设有许多专门的牧场，如“左牧”“右牧”（《合集》28769）。从事畜牧业生产的劳动者称“芻”，管理芻牧之人的职官称“芻正”，作为总管王室畜牧业的职官称“牧”。此外还有“马小臣”“牛正”“牛臣”等，他们可能是主管马、牛饲养之官。各牧场的管理者要定期向商王室报告本牧场的经营情况，称为“牧告”。为了掌握牧情，商王亲自或派员到各牧场监督巡察，如“省牛”（《合集》11175）；对经营好的，商王要给予奖励，如“商（赏）牧”（《合集》5597）。商人常用牲畜祭祖，猪、牛、羊动辄数十头、数百头，甚至上千头，如“丁巳卜，争贞：降𦎫千牛。不其降𦎫千牛千人”（《合集》1027正）。可见，除了获取日常所需肉食、保证墓葬殉牲外，祭祀也是刺激畜牧业发展的重要动力之一。

渔猎业方面，殷墟出土的鱼骨，经鉴定有鲻鱼、黄颡鱼、鲤鱼、青鱼、草鱼和赤眼鳟，除鲻鱼属海鱼外，其余都是今天豫北常见的鱼类[②]。20世纪30年代，在殷墟发掘的哺乳类动物骨骼，经鉴定共29种，其中除作为家畜饲养的猪、羊、狗、马、牛及作为宠物饲养的猴外，还有一些是捕获来的野生动物，如象、虎、兕、鹿、狐、兔和麋等。

在大量的甲骨卜辞中，狩猎活动通称为“田”，常见的田猎方法有狩、逐、焚、阱、网、射等。商王一次出猎可以捕获许多野兽，如“乙未卜，今日王狩光，擒。允获虎二、兕二、鹿二十一、豕二、麑一百二十七、虎二、兔二十三、雉二十七，十一月”（《合集》10197）。

二、青铜器冶铸业

（一）铸铜遗址

晚商铸铜遗址主要见于安阳殷墟，目前所知它们分布于苗圃北地、孝民屯、薛家

① 石璋如：《第七次殷墟发掘：E区工作报告》，《安阳发掘报告》第四期，1933年。

② 伍献文：《记殷墟出土之鱼骨》，《中国考古学报》第四册，1949年。

庄和小屯东北地等处。此外，在西安老牛坡遗址也发现了冶铜遗存。

以苗圃北地铸铜作坊①为例，该遗址位于小屯宗庙宫殿区的东南约1000米处，是殷墟一至四期均在使用的大型铸铜作坊。分为居住区与生产区两部分，居住区位置偏西，分布有较多的带灶的房基。生产区位置偏东，发现制模、制范、浇铸用的场地或房舍遗迹、熔炉遗迹、各式陶范及制范的工具等。制模、制范的遗迹主要是一种用料姜石铺成的直径1～2米的圆形或椭圆形工作场地，有的还用火烧过。发掘过程中，这种场地伴出陶范和泥坯，陶范的烘烤有单独的工作间。

在苗圃北地遗址发现一种烧土硬面，这种硬面通常比较平坦，出土时多已烧成蓝色或暗蓝色。其中一处烧土硬面上发现3个被烧成红色的草泥土柱，其下还残存有带明显流向的流面，可能是铜液的流道，这种硬面可能与熔铜、铸铜有关。铸铜的浇铸间为一种类似“工棚”的建筑，有的建于地表，工作面以黄土和料姜石筑成。有的工作面低于地面，作半地穴式。

在苗圃北地发现大量与铸铜有关的遗物，如熔铜工具鼓风管、用于制范和修饰铜器的铜刀、铜锥、骨锥、骨刮刀、磨石等。陶模、陶范出土总数在2万件以上，大多数为礼器范，器形有方鼎、圆鼎、簋、方彝、卣、觯、角、觚、爵等，工具范和武器范数量较少。另外还发现一块重46.7克、含铜达97.21%的方形铜锭，其可能是在矿场冶炼之后作为铸铜原料运至殷墟的。

（二）铸造工艺

近年来的铜器合金成分检测分析表明，殷墟文化一至四期的殷墟铜器属于三元合金的约占51%，已经形成了以高锡、高铅三元合金为主的合金体系，时人已经掌握了锡铅含量对不同器类（如容器、兵器等）性能影响的技术，标志着青铜冶铸技术发展到了一个新的阶段②。然而，殷墟铜器大部分无磁性，而少部分有较弱的磁性，其铜料应不是单一来源，更非单一类型的铜矿石所炼就③。有的学者强调长江中游铜矿资源对于商代青铜文明的重要性，业已发现的江西瑞昌铜岭与湖北大冶铜绿山等铜矿遗址应是当时重要的采铜中心④。

1928年至今，安阳殷墟出土了大量的青铜器，它们为研究商代青铜冶铸工艺提供

① 中国社会科学院考古研究所：《殷墟发掘报告（1958—1961）》，文物出版社，1987年，第11～60页；《殷墟的发现与研究》，科学出版社，1994年，第83～91页。

② 赵春燕：《安阳殷墟出土青铜器的化学成分分析与研究》，《考古学集刊》第15集，文物出版社，2004年。

③ 申斌：《商代科学技术的精华》，《全国商史学术讨论会论文集》，《殷都学刊》编辑部，1985年。

④ 华觉明、卢本珊：《长江中下游铜矿带的早期开发和中国青铜文明》，《自然科学史研究》第15卷第1期，1996年。

了丰富的实物资料。石璋如[1]、李济、万家保[2]、华觉明[3]等学者在不同时期都对殷墟铜器铸造技术进行了系统的考察和研究，取得了一系列重要成果。

殷墟青铜器基本都是用范铸法铸造的，器形简单的铜器采用浑铸法，器形较复杂的铜器则用分铸法。经分析出自妇好墓的43件青铜礼器中，完全采用浑铸法的有19件（图4-18：1），采用分铸法的有24件。可见当时的分铸法使用已十分普遍，工艺也日趋娴熟。附件中活块模、活块范的出现，是对青铜冶铸工艺的新发展。为了保证浇铸过程中不至于发生型腔的位移，当时工匠采用设置型座的方法，使范芯置于型座上，用型座来控制范芯。另外，又在型腔内广置芯撑（有陶质和铜质两种）来防止位移，取得了很好的效果。著名的司母戊大方鼎的铸造方法，经反复检视，基本可以确定整个铸型由4块腹范（内嵌24块分范）、顶范、芯与底范以及4块浇口范组成（图4-18：2；图版6：2）。外范用草拌泥加固，鼎耳为分铸。司母戊大方鼎重达833千克，浇铸这样的巨型铜器需由若干个竖炉同时熔铜，然后采用槽注法将铜液导入浇注口，型腔内铜液未到达的局部还需后期补铸。司母戊大方鼎的成功铸造，体现了商代晚期冶铜工艺的成熟与高度发展。

三、玉石器加工业

殷墟文化的玉器主要发现于安阳殷墟，其他地区发现的玉器无论在数量、种类及艺术性上都不如殷墟。玉器及部分质材上佳的石器制作，在晚商时期被列为专门的生产部门，受到王室高度重视。1975年在安阳小屯西北的殷墟宫殿区范围内发现一制造玉石器作坊[4]，很可能是专门为商王室生产玉石器的场所。

殷墟玉器绝大多数都出自大中型墓葬，由于古今的盗掘、劫掠，流失与被毁的玉器难以计数。仅妇好墓就出土各类玉器755件，可想而知历代商王陵墓随葬的玉器数量相当可观。据《逸周书·世俘解》记载，武王克商之时，“商王纣取天智玉琰五，环身厚以焚。凡厥有庶告，焚玉四千。……凡武王俘商旧宝玉万四千，佩玉亿有八万”。由此也可看出，殷商王朝拥有的玉器数量相当惊人。

殷墟玉器种类繁多，型式各异。依据功用大致可分为礼玉、兵器、工具、用具、

---

① 石璋如：《殷代的铸铜工艺》，《“中央”研究院历史语言研究所集刊》第二十六本，1955年。

② 李济、万家保：《殷墟出土青铜觚形器之研究》，历史语言研究所出版，1964年；《殷墟出土青铜爵形器之研究》，历史语言研究所出版，1966年；《殷墟出土斝形器之研究》，历史语言研究所出版，1968年；《殷墟出土青铜鼎形器之研究》，历史语言研究所出版，1970年；《殷墟出土五十三件青铜容器之研究》，历史语言研究所出版，1972年。

③ 华觉明等：《妇好墓青铜器群铸造技术的研究》，《考古学集刊》第1集，中国社会科学出版社，1981年；《司母戊鼎铸造工艺的再研究》，《考古》1981年第2期。

④ 中国社会科学院考古研究所安阳工作队：《1975年安阳殷墟的新发现》，《考古》1976年第4期。

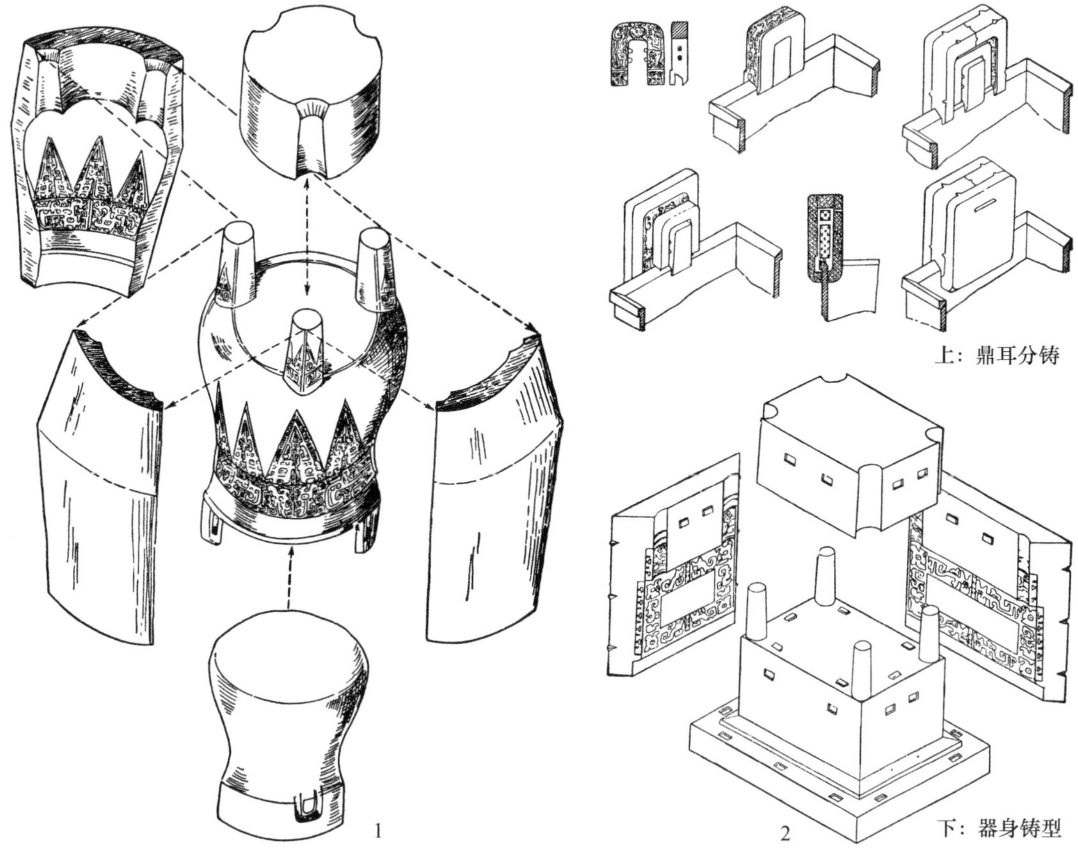

图4-18　晚商铜鼎的铸型及其装配法

1. 圆鼎铸法示意图　2. 司母戊大方鼎铸法示意图

（采自中国社会科学院考古研究所《殷墟的发现与研究》图一三三和图一三四，科学出版社，1994年）

用具附件、装饰艺术品等。礼玉包括琮、圭、璋、璧、环、瑗、璜等，它们执行的功能往往与礼仪、宗教祭祀相关。兵器有戈、矛、戚、钺、刀、镞等，它们都是模仿青铜兵器制作的，一般没有使用痕迹，主要用作仪仗。玉质工具包括斧、凿、锛、刻刀、锯、槌、铲、镰、纺轮、扳指、马衔等，其中有的制作比较精致，又未见使用痕迹，大约也是一种象征性工具。日常用具有作为食器的簋、盘、匕，有用于研磨的臼、杵，还有调色盘、梳、笄、耳勺等。装饰品和艺术品往往很难严格区分，数量最多，有用于佩带的头饰、冠饰、服饰，有用于陈设的摆件，题材各式各样。艺术品中有人、禽、兽、畜、昆虫的形象，以鱼、鸟造型最多，其他有牛、羊、马、虎、象、熊、鹿、猴、犬、兔、蝙蝠、鹳、鹰、鸱鸮、鹦鹉、雁、鸽、燕雏、鸬鹚、鹅、鸭、蛙、龟、鳖、螳螂、蚱蜢、蝉、蚕、螺蛳等。此外还有部分非写实性动物玉雕，如龙、凤、怪兽、怪鸟等。

殷墟玉器的色泽绚丽多彩，表面光洁度较高。器表颜色有绿、黄褐、棕褐、白、灰、黄、蓝、黑、银灰、橘红等，而以前五色较常见。纯色玉器较少，相当数量的玉器都含有与主色相异的玉斑或沁斑。经鉴定，它们绝大部分为产自新疆和田的透闪石软玉（近来也有不同意见），少量为产自河南南阳的独山玉和辽宁的岫岩玉。

殷墟玉器的琢制工艺成熟，工序井然。通常制成一件玉器，需经过选料、开料、造型设计、钻孔、琢纹、抛光等步骤①。殷墟玉器成品反映出当时玉工对选料十分讲究，如立体圆雕通常是就砾石形玉料的原来形状和大小设计造型，以省切削琢磨的劳力。而有的玉料玉色接近或者同一玉料剖开之后，常常用来琢制成对的玉器。扁平体玉器是将玉料锯割成薄片，然后再在其一面或两面琢磨出花纹。当时的开料工具可能既有片锯或砣子一类的硬性片状切割工具，也有动物筋条一类的柔线切割工具，二者都需加水和解玉砂才能有效工作。多数玉器如兽形佩饰和其他动物形艺术品都要经过琢纹，即将动物的口、耳、鼻、目等雕出，花纹有阴线刻、减地阳刻、浮雕和镂孔等。最能代表殷墟琢玉技术水平的当属“俏色”工艺。所谓“俏色”，就是因料制宜，别具匠心地将玉石料的天然色泽纹理恰好琢成作品的相应部位，使其与作品融为一体。由于巧妙地利用了玉石料的材型和色泽变异，故又称 “巧色”。如1975年发现于安阳小屯村西北的2件圆雕玉石鳖均为“俏色”作品：玉鳖的头、颈和腹部均呈灰色，但背部呈黑色；石鳖的双目、背甲以及爪呈褐色，微发黑，腹部呈肉色。它们不仅形态生动，更兼色调逼真（图版6：3）。

殷墟石器主要是实用性的劳动生产工具，器类有斧、锛、凿、钻、刀、镰、铲、锤、杵、纺轮、网坠、磨石、弹丸、调色器等。还有作为乐器的石磬，以及作为武器的石镞与石戈等。

四、漆木器制造业

殷墟发现的漆木器，有用具类的豆、盘、俎，乐器类的鼓，兵器类的戈矛之柲、盾，工具类的耒、耜等。此外在贵族墓葬的椁、棺木以及马车上通常都有髹漆的痕迹。

各种漆木器在殷墟西北冈王陵区大墓中均有数量不等的发现，但都严重腐朽。如M1001椁室顶面发现17处漆痕，其中有4件形体较大的“抬盘”，呈长方形，中部稍凹，长1.7、宽0.6、厚0.2米左右，两端各有2个短柄，器面两端雕出兽头与两足，并用蚌、牙、石片镶嵌而成，制作极其精致华丽（图4-19：1）。另看出形状的还有雕花（虎纹、夔龙纹、鸟纹、蝉纹等）彩绘、似作仪仗用的长木杆，口大底小、一侧带流且雕花彩绘的圆形盘洗类器皿②。M1500和M1217的西墓道中也各有雕花长杆的仪仗器出土。在M1217西墓道东段还出土有鼓和鼓架，鼓呈粗腰的圆桶形，体腔中空，鼓面蒙鳄鱼皮，周身彩绘，中部纹饰由蚌贝镶嵌。鼓架系拆散放置，四根木柱均已腐朽（图4-19：4）。鼓的南面还伴出1件石磬，当是一组之物③。M1004出土70件带柲有銎

① 陈志达：《殷墟玉器的工艺考察》，《中国考古学研究》，文物出版社，1986年。

② 梁思永、高去寻：《侯家庄第二本·1001号大墓》，历史语言研究所出版，1962年。

③ 梁思永、高去寻：《侯家庄第六本·1217号大墓》，历史语言研究所出版，1968年。

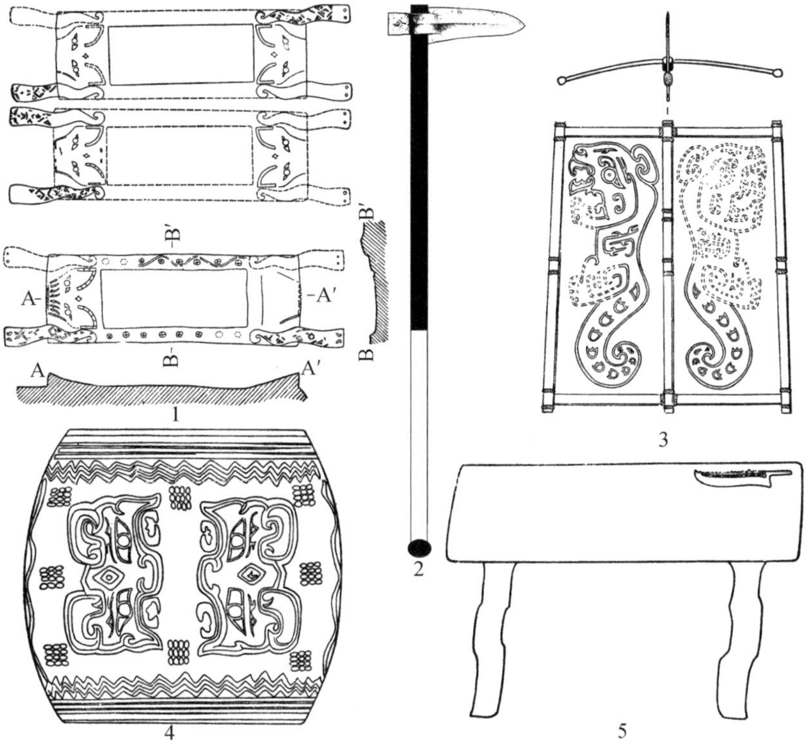

图4-19　殷墟出土的漆木器

1. 西北冈M1001出土的抬盘　2. 西北冈M1004出土的带柄铜戈　3. 小屯M167出土的盾

4. 西北冈M1217出土的鼓　5. 小屯M186出土的俎

铜戈，木柲全长100厘米，横截面呈椭圆形，下端装有直径约4厘米的扁球形木“镦”，柲上段58厘米的长度涂红色，下段38厘米的长度涂白色，“镦”涂红色，柲顶端伸出銎口约1.5厘米①（图4-19：2）。此外，安阳小屯M186曾出土漆盘、漆豆各2件，木俎1件，俎面上放置铜刀1件②（图4-19：5）。

商代晚期漆器主要是以木器为胎骨，如木棺、木盘、木豆等。有时也以皮革为胎，如殷墟西北冈王陵区M1004南墓道北段的最下第一层发现有2件“皮甲”，其上用漆涂饰出以折线间开的菱形和卷枝纹图案；M1001东侧随葬坑M2124中则发现一顶“皮盔”的痕迹；小屯M167填土中发现一组戈、盾，盾作梯形，盾架由三根竖木、两根横木构成，连接处用绳捆扎，中间竖木两侧的长方形框内可能用皮革作盾面，以深棕色为地，绘出红色的侧立虎纹，盾高0.84、宽0.65～0.7米（图4-19：3）。

最常见的调漆颜色是红、黑、黄、白四色。不少殷墟墓葬中的棺木外表可以看到白地红彩、黑地红彩或红地黑彩的花纹装饰。晚商时期的髹漆业还包括漆器镶嵌工艺，用于镶嵌的材料主要是蚌片、绿松石片、贝片等细小饰物。

① 梁思永、高去寻：《侯家庄第五本·1004号大墓》，历史语言研究所出版，1970年。

② 石璋如：《殷墟墓葬之四·乙区基址上下的墓葬》，历史语言研究所出版，1976年，第63～66页。

五、骨角蚌牙器制作业

在殷墟大司空村和北辛庄发现两处制骨作坊①，其中在大司空村制骨作坊已发掘工作间1座、骨料坑12个、灰坑3个。地穴式工作间位于整个作坊的中心部位，房内留有大量骨料和若干制骨工具。位于工房南北两端的圆形或椭圆形的骨料坑则堆放有骨料、废料或半成品。

骨器有工具、生活用器、礼乐器、武器、装饰品和艺术品等，其中工具类骨器有刀、凿、锥、铲等，生活用器有笄、勺、梳、针、匕等，乐器有骨埙。贵族墓中还有作礼器用的骨豆、觚形器等。另有大宗雕刻成动物形的装饰品，如蛙形饰、鸟形饰、鱼形饰等。

制骨作坊中同时还制造角、蚌、牙器。在大司空村制骨作坊遗址中，曾发现角料250余块。鹿角占各类角料中的绝大多数，器类以锥最常见，还有纺轮、镞、挂钩、环、铃舌、棒槌形器、管状器等。工具或用具类蚌器有镰、铲、锯、刀、纺轮、颜料器等。武器类蚌器数量极少，有戈、镞等。蚌制饰品有鱼形、蛙形、葵花形、长条形、圆形、牙形、爪形等，这类蚌片和蚌泡一般用于镶嵌。牙制品原材料主要是象、猪、獐等类动物的长牙，象牙制品大都是实用器，有尊、盂、筒、杯、梳、笄以及各种形制的饰片或镶嵌片。许多牙制品具有极高的艺术价值。妇好墓出土的3件单鋬象牙杯是牙器中的珍品，满身雕刻繁缛的花纹，并镶以绿松石片，其中带流杯通高42厘米，另2件觚形杯通高分别为30.3、30.5厘米（图版6：4）。

六、编织与纺织业

殷墟墓葬中曾发现一些可能是用芦苇或竹篾编织而成的席子痕迹，有的覆盖在棺上，有的黏着于人骨架的上下（以席裹尸而葬），有的垫在棺下，如苗圃北地M104中曾发现呈人字形的苇编图案，条宽0.5厘米②。郭家庄M160中发现小竹篓1件，器体呈圆锥形，最下部竖排8根经篾，然后随着器物口部的不断加大而逐渐增加数量，横排的纬篾较细，与经篾交互叠压。由于小竹篓出于铜尊腹内，发掘者认为该器可能与过滤酒糟有关③。

从甲骨文和文献记载看，商周时期人们用以蔽体御寒的衣服主要有裘和衣，分别是用兽皮和纺织品制成。纺织物的原料主要有麻、丝、毛三类，可能还有少量的野生

---

① 中国社会科学院考古研究所：《殷墟发掘报告（1958—1961）》，文物出版社，1987年，第79～89页。

② 中国社会科学院考古研究所：《殷墟的发现与研究》，科学出版社，1994年，第413页。

③ 中国社会科学院考古研究所：《安阳殷墟郭家庄商代墓葬——1982年～1992年考古发掘报告》，中国大百科全书出版社，1998年，第123页。

棉[①]。麻、丝织物在棉花未被推广以前，一直是中原人民的主要衣料，而毛织物则主要流行于边疆地区。纺织业包括纺和织两部分，纺是将纤维纺成线，使用的工具是纺轮，而织是将纺成的线经纬交错织成布。我国古代素有男耕女织的传统，普通的麻、毛布纺织操作较简单，大概是由家庭手工业生产的。《诗・豳风・七月》："无衣无褐，何以卒岁。"郑笺云："褐，毛布也。"孔疏谓："毛布用毛为布，今夷狄作褐皆织毛为之，贱者所服。"说明当时下层人士中除了穿麻衣就是粗毛织物，对高档的丝织品是不敢问津的。丝织品的生产比较复杂，包括养蚕、采茧、缫丝、打拈、织造、染色等程序，这需要分工协作才能完成，因此丝织品最能反映当时纺织业的发展水平。

据统计，商代甲骨文中与纺织业有关的文字多达231个[②]，反映了当时纺织业的发达情况。有商一代的纺织品在考古发掘中屡有发现，且品种多样。藁城台西遗址出土的商代早中期纺织品中，麻布属于平纹组织，原料是大麻纤维，有些麻纤维中还发现有山羊毛，似乎当时还掌握了麻、毛混纺技术；丝织品以蚕丝纤维为原料，品种有平纹组织的"纨"和"纱"、绞纱组织的"罗"以及平纹绉丝的"縠"，尤其生产"縠"这种有美丽绉纹而轻盈透明的丝织物，需要较复杂的拈丝技术[③]。此外，有学者认为该遗址出土的骨匕有可能是纺织上用的割丝刀[④]。

殷墟妇好墓中有50余件铜器的器表黏附有纺织品残片，经鉴定多数为丝织品，至少包括5个品种：①平纹绢，数量多，其密度粗疏者每平方厘米有经线20根、纬线18根；中等密度者为每平方厘米约有经线50根、纬线30根；最细密者为每平方厘米有经线72根、纬线26根。②经朱砂染色的平纹丝织物（称纨或缟），密度为每平方厘米有经线60根、纬线20根。③单经双纬（或称缣）和双经双纬（或称绢绸）织物各1例，前者每平方厘米经线32根、纬线14对，后者每平方厘米经线18对、纬线14对。④回形纹绮1例，花纹呈菱形。⑤大孔罗类织物，密度为每平方厘米经线32根、纬线12根，孔眼较大，经纬都是正手加拈，每米有1500～2000个拈。这是目前中国所知年代最早的纠经机织罗实物。除了朱砂染色工艺外，当时还出现了刺绣工艺，即用丝线在丝织品上绣出菱形和折角波浪形花纹。麻织品均为平纹组织，布料有粗细之别，密度粗疏者每

① 在中国，棉布成为普通人的衣料，大致是在宋代前后。但是，1975年张秉权先生整理1936年殷墟发掘YH127所出甲骨时，发现有些碎甲片上黏附有布纹痕迹。经电子显微镜和生物化学分析，确定为棉类织物（参见张秉权：《中国古代的棉织品》，《"中央"研究院历史语言研究所集刊》第52本2分，1981年）。另一例棉布实物是在福建崇安武夷山白岩崖洞的一座船棺内发现的，经^{14}C测定和树轮校正年代大致相当于商代早期（参见福建省博物馆等：《福建崇安武夷山白岩崖洞墓清理简报》，《文物》1980年第6期）。

② 胡厚宣：《殷代的蚕桑和丝织》，《文物》1972年第11期。

③ 河北省文物研究所：《藁城台西商代遗址》，文物出版社，1985年，第88、89、145、146页。

④ 王若愚：《从台西村出土的商代纺织物和纺织工具谈当时的纺织》，《文物》1976年第6期。

平方厘米经线12根、纬线10根，细密者每平方厘米经线22根、纬线12根[①]。

在有些殷墓中，常发现彩绘的“幔帐”痕迹，一般在红地上用黑、白、黄三色绘出几何形花纹。这类棺或椁上的覆盖织物，很可能是麻织品。

据研究，商代晚期的丝织品已相当进步，主要有三种织法：一是普通的平纹织，经纬线大致相等，每平方厘米30～50根。二是畦纹的平纹织，通常经线比纬线多出1倍，细者每平方厘米经线72根、纬线35根，粗者经线40根、纬线17根，由经线显出畦纹。三是文绮织，即地纹是平纹组织，而花纹是三上一下的斜纹组织，由经线显花[②]。

此外，商代晚期的纺织情况还可从一些玉石雕的人像上略窥一斑。殷墟曾多次发现圆雕的玉人和石人形象，其中多数都有衣裙。如西北冈M1004所出跪坐石人、妇好墓所出的跪坐分尾玉人和传出四盘磨的踞踞石人等，皆刻画出华丽的服饰（图4-20）。由此可以了解到当时人的衣服既有衣长过膝、袖长及腕、宽带束腰的交领宽衣，也有衣长及小腿、窄袖束腕的高领紧身衣，还有裙装。领边、袖口及衣下缘以及腰带等处的花边纹，当是刺绣纹饰。可见商代晚期的纺织业已相当发达。

图4-20　殷墟出土的玉、石人像

1. 西北冈M1004出土的石人　2、4. 妇好墓出土的玉人　3. 安阳四盘磨出土的石人

七、制车业

制车是一项复杂的工艺，不仅要有铸铜及木工技术，还要有机械知识。作为实物遗迹的晚商车子，迄今已发现100余辆，主要集中于安阳殷墟[③]，其他地区如滕州前掌

① 中国社会科学院考古研究所：《殷墟妇好墓》，文物出版社，1980年，第17、18页。

② 夏鼐：《我国古代蚕、桑、丝、绸的历史》，《考古》1972年第2期。

③ 杨宝成：《殷墟文化研究》，武汉大学出版社，2002年，第119～152页。

大、青州苏埠屯、西安老牛坡、浮山桥北、闻喜酒务头亦有少量发现。车与马常作为随葬和祭祀品埋在一个坑内，即为车马坑。

（一）车马坑的埋葬方式

（1）基本上按照马车原来使用的情况埋葬，即驾马与车子套在一起，两马侧卧在车辕两旁。在坑底挖有轮槽、轴槽、辕槽和一长方形坑，共埋一车二马二人。两马侧卧，腹部相对，车衡压在二马颈部上（图4-21）。

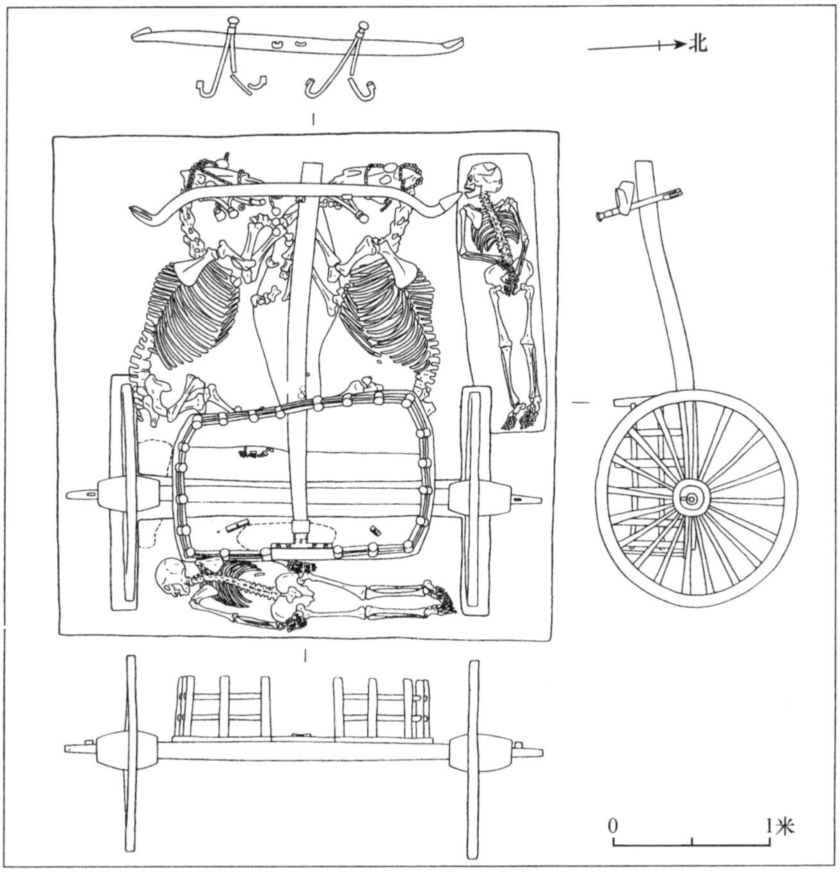

图4-21　殷墟郭家庄车马坑（M52）
（采自中国社会科学院考古研究所《安阳殷墟郭家庄商代墓葬——1982年～1992年考古发掘报告》图100，中国大百科全书出版社，1998年）

（2）拆车葬。下葬时，驾马与车子脱套，将马车的主要部件拆开后再埋入坑内。如小屯M20和刘家庄北M339。

（3）整车与拆散的车件共存于一坑。在殷墟数十座车马坑中，只有梅园庄M40属于此类，坑内埋二车，甲车为整车，乙车为散车，二马二人。

（4）大多数车马坑是成组排列的。20世纪30年代发掘的小屯宫殿宗庙区的5座车马坑为一组，位于乙七基址之南。离基址最近的M45、M20是最大的2座，东西并列，其余3座在中部，南北成行，稍大的M40、M202在中部，最小的M204在最南。排列有序，可见事先是有一定规划的。

（5）车马坑的性质可分为祭祀与殉葬两类。前者如小屯宫殿宗庙区乙七基址之南的5座车马坑。后者又可分两种情况：①与大墓同穴，放在墓道或墓室中的车与马，当是大墓墓主的随葬品。②与大中型墓异穴，即车马坑位于大中型墓的附近，它们存在着密切的联系。

（二）马车的结构与用途

已发现的晚商马车都是木质双轮单辕车，辕前端有一驾马的衡，载人的车舆位于辕后部车轴的上方。除车轮以外，其他几个部件均附少量的青铜零件、饰件。根据车马坑内是否出有兵器，可将晚商马车的用途分为战车和乘车两类，它们在结构上没有什么差别。

车辕是一根圆木或圆角方形木，后部位于车轴上方，长2.3～2.9米。除个别车外，辕的后端一般有铜踵饰。

车衡是一根圆木，位于辕之前端，形制有直、曲之分。直衡较常见，长1.1～1.4米。曲衡中部较粗，两端较细，形如弓状，通长多在2米以上。衡木上常有青铜附件如轙、筒状饰、衡末饰。

每车有两轭，在衡木中段内侧，辕之左、右。轭为木质，其外包有铜饰。铜轭饰有两种：木轭外全部被铜饰所包裹，这种轭饰大多分两部分，上部为菌状轭首，下部为人字形轭肢，呈半管状，肢脚做钩状外翘，末端做扁管形；木轭外面部分裹以铜饰，饰件有轭首、轭颈、轭箍、轭脚四部分。

车舆即车厢，位于轴、辕相交处的上面，平面形状有长方形、椭圆形、外长方内椭圆形与梯形四种。第一种是长方形舆，车轸为长方形的木框，在其上均匀地排列着20多根小圆木柱，立柱之间有两排横杆相连。这类车厢的高度多在0.5米左右，面积小的舆广1.29～1.33米，进深0.74米；大的舆广1.68～1.72米，进深1.06～1.09米。第二种是椭圆形舆，面积较小，一般不超过1平方米。第三种是外长方内椭圆形舆，如西安老牛坡M27，外廓长方，面积约1.15平方米。第四种是近梯形舆，如梅园庄M40甲车，面积大于1平方米，这种车厢有车轼，长1.45米，稍高于车厢，中部有支撑的横木与前阑相交。上述几种车厢，车门均位于车厢后面的中部。

车轴是一根中部较粗，至两端渐细的圆木，它位于车箱底部辕的下面，横穿轮毂而出。轴长一般3米多，两端套有铜軎，軎孔自上而下插入辖，有的木辖外有一铜套或铜套头。

车轮呈圆形，直径1.2～1.56米，以1.4米左右为多。辐条16～26根，以18根最为常见。两轮之间的轨距，大致在2.2～2.4米。

八、商业

晚商时期的商业贸易形式，既有以物易物的实物交换，同时也应存在以海贝为一般等价物的货币交易。

殷墟甲骨文中，常见“赐贝”“取贝”的记录。如“庚戌（卜），𡧊贞易多女又贝朋”（《合集》11438），“……征不死，易贝二朋。一月”（《合集》40073）。晚商青铜器铭文中，也常见赏贝之事。被赏赐者受贝后，往往以贝为资金铸造铜器并作铭记事以示永久留念。如殷墟西区M1713①铜鼎铭“壬申，王易亚鱼贝，用作兄癸尊。在六月，隹王七祀翌日”。该墓铜爵与簋同铭“辛卯，王易𡧊鱼贝，用作父丁彝”。上述保存于甲骨卜辞和铜器上的文字记录，反映了贝在晚商时期具有特殊的价值和用途。这与《尚书·盘庚》中“兹予有乱政同位，具乃贝玉”的记载是一致的。

在殷墓中以贝随葬的习俗十分普遍，其位置通常放在墓主人的口中、手中、腰部或者足端，数量不一。如殷墟郭家庄100多座墓中有80多座墓随葬了302枚贝，妇好墓随葬贝数高达6800多枚。

考古发现的商代贝类包括货贝、大贝、阿拉伯绶贝多种，以货贝占绝对多数，它们大都来自中国南部沿海地区。货贝形态小巧，便于携带，且因产地远离中原，平时不易获取。这些特征正是其作为流通货币的重要条件。用作货币时，要对其进行简单加工，主要是在壳面前端钻出一个近圆形小孔。除自然海贝之外，商代还有少量贝的仿制品，材质有铜、骨、蚌、石等。如殷墟西区墓葬M620和大司空村M312出土的铜贝长度都在1.7厘米左右，背部铸出小孔，与自然货贝相仿②。

从金文来看，作为货币的贝，其计量单位是朋。金文的“朋”字皆作二系相连形，就是串贝在一起的意思。以往或以十贝一朋，或以五贝一朋，还有二贝一朋的说法③。具体多少贝为一朋，目前还没有统一认识。

第六节　殷墟文化与二里冈文化的关系

一、殷墟文化与二里冈文化之间的过渡期

以郑州商城和偃师商城为代表的二里冈文化和以安阳殷墟为代表的殷墟文化，是商代考古学文化编年的早、晚两个重要阶段。从文化内涵来看，郑州商城遗址出土的大量陶器，从陶系、纹饰、制法乃至器形等，在殷墟文化中都得到了继承和发展。殷墟遗址的大量青铜容器、兵器和工具，也都是由二里冈文化的青铜器直接发展而来的。两处遗址出土的石、骨、角、蚌器等生产工具，在器类、形制和制作方法等方面也十分相似。而殷墟遗址中发现的大型夯土基址、各类房舍、灰坑、窖穴等遗迹，墓

① 中国社会科学院考古研究所安阳工作队：《安阳殷墟西区一七一三号墓的发掘》，《考古》1986年第8期。

② 中国社会科学院考古研究所：《殷墟的发现与研究》，科学出版社，1994年，第322页。

③ 北京大学历史系考古教研室商周组：《商周考古》，文物出版社，1979年，第176～178页。

葬中流行的腰坑、人殉和人祭葬俗，以及硬陶、白陶、釉陶、玉器和卜骨等代表性遗物都可以从二里冈文化中找到渊源。在传承发展中，也表现出一些文化因素的新旧更替，如敛口斝、深腹罐、浅腹圜底盆、大口尊等趋于减少乃至消失，圜络纹鬲、圈足盘、高领圈足尊等不断出现和流行。从类型学排比来看，二里冈文化与殷墟文化共有的典型器类尽管在形态上一脉相承，但二者之间的衔接还不够紧密。从分期断代来看，二里冈文化的绝对年代相当于成汤至外壬六世十二王在位时间，下限约为公元前1400年；而殷墟文化的绝对年代相当于盘庚迁殷至帝辛八世十二王在位时间，上限在公元前1300年左右。

由上可知，殷墟文化是继承二里冈文化发展而来的，但二者之间还存在着一定的过渡期，其年代大致相当于河亶甲至盘庚迁殷之前五世七王在位时间。根据《竹书纪年》《尚书序》《世本》《史记·殷本纪》等文献记载，这一期间商人曾迁都三次，即河亶甲迁相、祖乙迁邢（或耿或庇，经考证三者实为一地）、南庚迁奄。这三处都邑在今何地，虽迄无定说，但随着有目的的考古工作不断开展，目前这段薄弱环节的考古材料正在逐步充实。

二、过渡期中的重要考古发现

（一）邢台商代遗址群

祖乙迁邢是商代数次迁都之一，探索祖乙迁邢、确认邢都地望成为商文化和商史研究的重要环节。关于邢都之地望，主要有山东定陶、河东耿乡、河内邢丘、河北邢台四说。早年邹衡结合邢台一带的商代考古发现对邢台说做了进一步论证[①]，后来这里商周考古的新进展为此说提供了更为有力的证据。

河北邢台地区商代考古工作开展较早，20世纪50年代曾发掘曹演庄遗址，后来还对这一地区的古代遗址特别是商代遗址做过调查。迄今为止，在邢台附近已发现20余处商代遗址，比较重要的有曹演庄、东先贤、南大郭、贾村、西关、尹郭、葛家庄等[②]。这些遗址主要位于邢台市区及其西南的七里河两岸，分布密集，组成了一个较大规模的遗址群。从规模上看，邢台商文化遗址远大于一般的遗址，而仅次于郑州、偃师和安阳殷墟等商代都邑。遗址沿河分布的特点也与安阳殷都的分布格局极其相似，说明在商代

① 邹衡：《论汤都郑亳及其前后的迁徙》，《夏商周考古学论文集》，文物出版社，1980年。

② 河北省文物管理委员会：《邢台曹演庄遗址发掘报告》，《考古学报》1958年第4期。邢台东先贤考古队：《邢台东先贤商代遗址发掘报告》，《古代文明（第1卷）》，文物出版社，2002年。唐云明：《邢台南大郭村商代遗址探掘简报》，《文物》1957年第3期。河北省文物管理委员会：《邢台贾村商代遗址试掘简报》，《文物》1958年第10期。唐云明：《河北邢台东先贤村商代遗址调查》，《考古》1959年第2期。河北省文化局文物工作队：《邢台尹郭村商代遗址及战国墓葬试掘简报》，《文物》1960年第4期。

这里绝非普通聚落。从文化内涵上看，邢台商文化遗存除具有典型的商文化特征外，还有明显的本地特点，如陶器类别比较简单，主要有鬲、盆、豆、小口罐、小口瓮等，其他器类及数量很少。邢台商代遗址虽与安阳殷墟距离较近，但两者的主要器类仍有一定区别，如前者一直以鬲为主要炊器，甗、甑少见，而后者中的鬲、甗逐渐减少，甑则逐期增多。从分期断代上看，以邢台东先贤一期为代表的商代遗存（图4-22），上限晚于被认为是商王仲丁所迁隞都的郑州小双桥遗址，下限早于商王盘庚迁殷之后的殷墟文化一期，而与安阳洹北花园庄早期（详后）的年代大体相当。从遗存丰富程度上看，东先贤一期时的邢台，一些遗址不仅规模相当大，而且文化遗存十分丰富。如东先贤遗址总面积不少于18万平方米，曹演庄遗址今压于邢台市区下，面积已难作估计，出土包括铸有族徽铭文的铜戈在内的大量文化遗存，其主体年代与东先贤一、二期相当。可见，东先贤一期阶段正是邢台商代遗址群的繁盛时期。从文献记载上看，邢为商人故地，周灭商后在其地封建邢国。关于西周的邢国，早年有学者根据传世铜器铭文认为在今邢台一带①。后来在邢台西南葛家庄又发现了两周邢国贵族墓地②，足证邢台为西周邢国所在地。那么，商王祖乙迁邢的地望很可能就在今天的邢台。

综上所述，以东先贤一期为代表的邢台商代遗存最有可能是商王祖乙居邢时期的

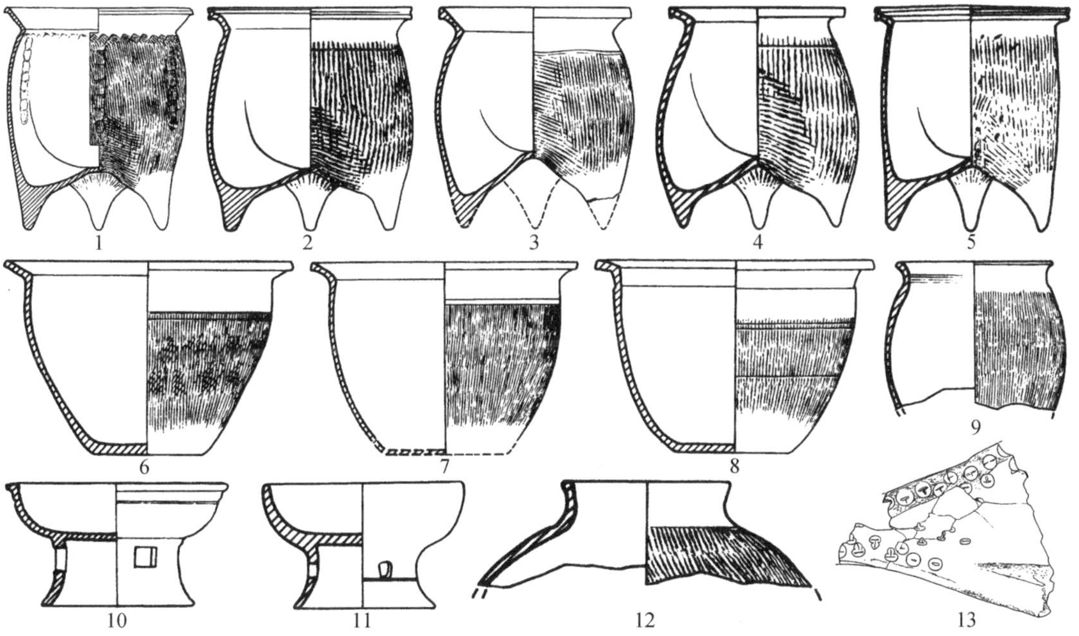

图4-22　邢台东先贤商代一期陶器与卜骨

1～5. 鬲（H34：1、H15：14、H72：2、H15：41、H15：15）　6～8. 盆（H34：13、H15：18、H34：14）
9. 小口罐（H15：23）　10、11. 豆（H72：3、H34：16）　12. 小口瓮（H15：26）　13. 卜骨（H33：4）

① 李学勤、唐云明：《元氏铜器与西周的邢国》，《考古》1979年第1期。

② 任亚珊、郭瑞海、贾金标：《1993～1997年邢台葛家庄先商遗址、两周贵族墓地考古工作的主要收获》，《三代文明研究（一）》，科学出版社，1999年。

文化遗存。

（二）安阳洹北商城

洹北商城位于安阳市北郊，南邻洹河，与传统的殷墟遗址范围略有重叠。据勘探和试掘可知，该城址深埋于现今地表2.5米以下，主要由郭城、宫城和小城三部分构成[①]（图4-23：1）。

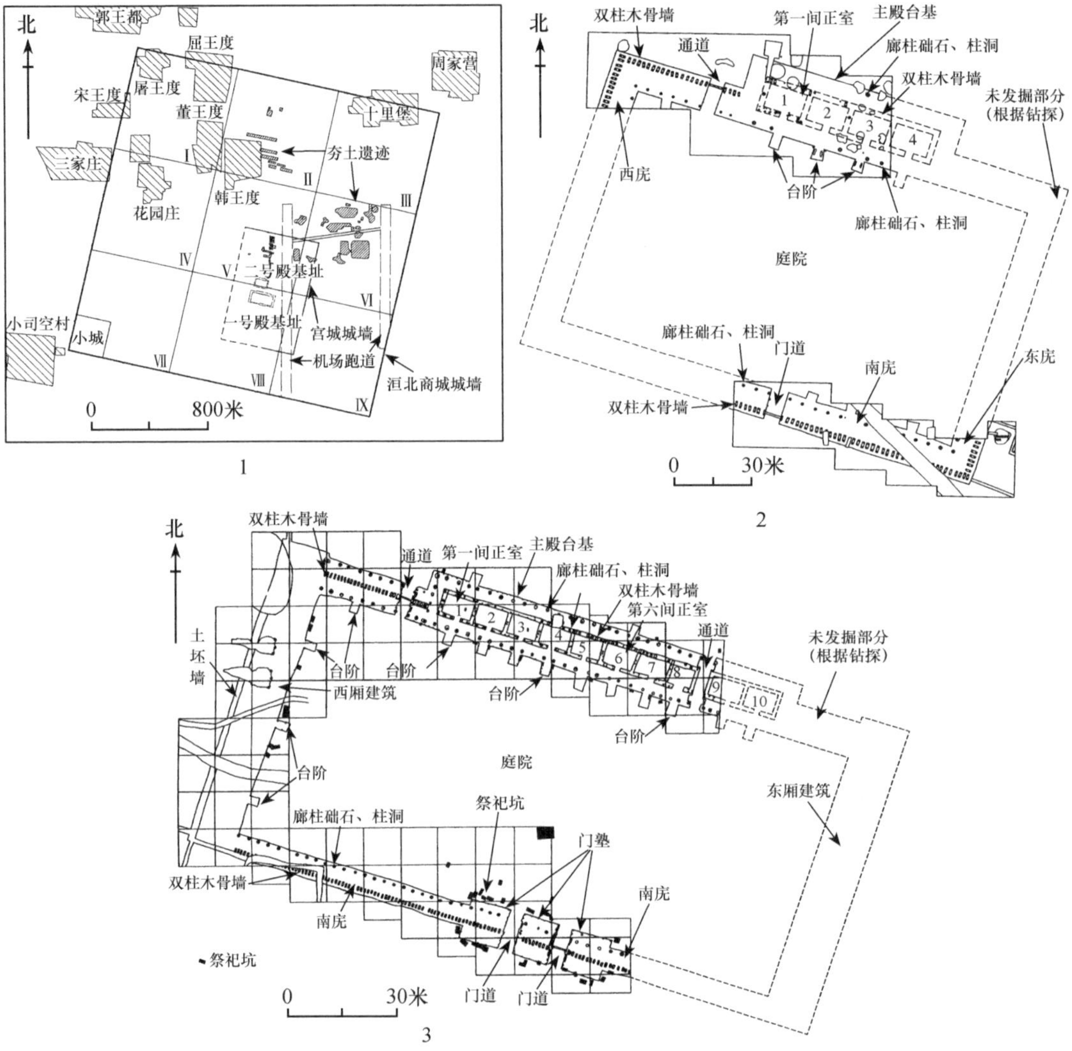

图4-23　安阳洹北商城与宫城大型建筑基址平面图

1. 洹北商城平面图　2. 宫城二号基址平面图　3. 宫城一号基址平面图

（1. 采自中国社会科学院考古研究所安阳工作队《河南安阳市洹北商城遗址2005～2007年勘察简报》图一，《考古》2010年第1期　2、3. 采自唐际根、荆志淳、何毓灵《洹北商城宫殿区一、二号夯土基址建筑复原研究》，《考古》2010年第1期）

---

① 中国社会科学院考古研究所安阳工作队：《河南安阳市洹北商城的勘察与试掘》，《考古》2003年第5期；《河南安阳市洹北商城遗址2005～2007年勘察简报》，《考古》2010年第1期。

郭城平面略呈方形，方向13°，面积约470万平方米。四周城墙基槽大部分地段宽7～11、深约4米，其中东墙基槽完全夯筑填实，部分墙体高于当时地面0.3米左右。北墙和西墙基槽也夯实至当时地面，不过均未见夯起的墙体。值得注意的是，在东、北、西城墙基槽上的4条解剖沟的剖面均观察到“内、外双槽相叠”的现象，即城墙基槽分两次垫起：先垫靠城内的一侧，垫土未经夯打，垫至当时地面后，形成宽约1.5米的一道“内槽”；“外槽”以“内槽”为依托，用不同于“内槽”的黑土夯筑而成。城墙基槽的外围未见护城河（沟）遗迹。在郭城中部偏东和偏北地带钻探出不同规格、不同形制的夯土遗迹50处，形状有方形、长方形、长条形等，面积小者不足100平方米，最大者超过10000平方米。

宫城位于郭城南部略偏东，平面呈长方形，面积约41万平方米。宫城墙体宽5～6米，基槽宽6～7米。宫城内已局部发掘的一号和二号大型夯土建筑基址前后排列，均为四合院结构，规模宏大。一号基址已发掘约2/3的主体建筑部分（东部属现今安阳航空运动学校机场范围），为平面呈“回”字形的封闭式四合院，主殿坐北朝南，对面是廊庑，门塾大致在南庑中部，主殿的东西两侧各有对称的带台阶附属建筑。整座基址总面积近1.6万平方米，中间是面积约1万平方米的庭院。其中主殿夯土台基为东西向长方形，台基上柱网结构清晰，已清理出一字排开的9间正室和正室外围的走廊，各正室面积基本一致，面阔7.6～8.4、进深4.9～5.4米，走廊宽约3米。另外，基址夯土中以及庭院内外共发现40余处祭祀遗存①（图4-23：3）。有学者推测一号基址可能为宗庙建筑②。二号基址南距一号基址29米，规模相对较小。平面亦呈回字形封闭式四合院，北部正中为主殿，主殿两侧有“耳庑”，南部是带单个门道的廊庑，东、西面也是廊庑建筑。整个基址总面积（包括庭院部分）5992平方米，其中主殿夯土台基上柱网结构清晰，已清理出正室3间、台阶3个。如果主殿系对称结构，当有正室4间，每间面阔约7.5、进深4.7米。另外，东庑东南的附属建筑内发现一水井③（图4-23：2）。有学者推测二号基址可能与王室生活有关④。

小城位于外郭城西南隅，平面近方形，面积6万余平方米，其东墙南端与郭城南墙衔接，北墙西端与郭城西墙衔接。小城现存墙基宽约9米，下部基槽剖面呈锅底状。由于未经发掘，与上述遗迹关系尚不明确。其布局与偃师商城情形相似，表明二者之间可能有传承关系。

洹北商城的发现是长期考古探索与实践的结果。20世纪30年代及60年代初调查

① 中国社会科学院考古研究所安阳工作队：《河南安阳市洹北商城宫殿区1号基址发掘简报》，《考古》2003年第5期。

② 杜金鹏：《洹北商城1号宫殿基址初步研究》，《文物》2004年第5期。

③ 中国社会科学院考古研究所安阳工作队：《河南安阳市洹北商城宫殿区二号基址发掘简报》，《考古》2010年第1期。

④ 唐际根、荆志淳、何毓灵：《洹北商城宫殿区一、二号夯土基址建筑复原研究》，《考古》2010年第1期。

时，在城址范围内发现了商代遗迹。随后在三家庄、董王度先后两次出土商代铜器①。1980年又在三家庄东清理过一批商代墓葬，由此划分出“三家庄阶段”，时代早于大司空一期②。1997～1999年连续在城内西北部的花园庄东、西两地进行发掘，揭露面积1200余平方米，将所获商代遗存分为早晚两期：早期不仅晚于二里冈上层二期（即白家庄期），而且很可能还有一定时期的缺环；晚期早于大司空一期，并与年代相当于武丁早期的大司空一期前后相接无缺，那么洹北花园庄晚期应相当于盘庚、小辛、小乙阶段；而洹北花园庄早期的年代则应早于盘庚、小辛、小乙时期，至于能早到何时，具体跨年能涵盖几个王世，还有待深入探讨③。

洹北商城遗址地处传统殷墟的外围，城址规模宏大，且城内分布着大型夯土建筑基址群，显示其绝非一般聚邑，应当是一处都城遗址。从时间上看，整个洹北商城的建造过程应是先建邑，后营宫城、再造郭城。近年学术界已就洹北商城的性质及其与殷墟的关系展开讨论，但意见分歧较大，可概括为三种：第一种观点认为洹北商城可能是河亶甲居相之所④；第二种观点认为可能是盘庚所迁之殷⑤；第三种观点认为既不排除盘庚迁殷的可能，也不可忽视“河亶甲居相”的可能性，甚至可能是“先后相继”⑥。综合来看，以第二种观点更值得重视。盘庚所迁之殷即洹北商城，在经历了盘庚、小辛、小乙后，由于某种尚不可确知的原因（大概缘于火灾），武丁时将自己的宫殿区由洹北商城移到洹河南岸的现今小屯一带。这样，在小屯宫殿区的文化堆积自然主要是殷墟一期晚段（大司空一期）以来的文化遗存，在小屯宫殿区发现的甲骨卜辞也自然是武丁以来的甲骨卜辞。由于文献所载的“盘庚迁殷”足以说明盘庚与殷的关系，故殷墟理应包括洹北商城一带，殷墟文化也应包括洹北花园庄晚期遗存⑦。

---

① 孟宪武：《安阳三家庄发现商代窖藏青铜器》，《考古》1985年第12期；《安阳三家庄、董王度村发现的商代青铜器及其年代推定》，《考古》1991年第10期。

② 中国社会科学院考古研究所安阳工作队：《安阳殷墟三家庄东的发掘》，《考古》1983年第2期。

③ 中国社会科学院考古研究所安阳工作队：《河南安阳市洹北花园庄遗址1997年发掘简报》，《考古》1998年第10期；《1998年～1999年安阳洹北商城花园庄东地发掘报告》，《考古学集刊》第15集，文物出版社，2004年。

④ 文雨：《洹北花园庄遗址与河亶甲居相》，《中国文物报》1998年11月25日第3版。

⑤ 唐际根、徐广德：《洹北花园庄遗址与盘庚迁殷问题》，《中国文物报》1999年4月14日第3版。杨锡璋、徐广德、高炜：《盘庚迁殷地点蠡测》，《中原文物》2000年第1期。岳洪彬、何毓灵：《洹北商城花园庄东地商代遗存的认识》，《2004年安阳殷商文明国际学术研讨会论文集》，中国社会科学出版社，2004年。何毓灵、岳洪彬：《洹北商城十年之回顾》，《中国国家博物馆馆刊》2011年第12期。

⑥ 唐际根、刘忠伏：《安阳殷墟保护区外缘发现大型商代城址》，《中国文物报》2000年2月20日第1版。

⑦ 王震中：《“中商文化”概念的意义及其相关问题》，《考古与文物》2006年第1期。

三、商文化的考古编年序列

将商代的考古学文化划分为早、中、晚三个时期，可以追溯到20世纪50年代末60年代初。但当时所谓的“早商文化”指的是洛达庙期（即二里头期）文化，“中商文化”指的是二里冈期文化，“晚商文化”指的是殷墟期文化。另将成汤居亳到盘庚迁殷的五次迁都，也按商代的早、中、晚三期进行了划分，即“汤居毫应属于商代早期，盘庚迁殷应属商代晚期，而仲丁迁隞、河亶甲迁相和祖乙迁耿（邢），都应该是属于商代中期”[①]。进入70年代后期，邹衡提出著名的“郑州商城为汤都亳说”，原归属早商的二里头文化应是夏文化[②]。他将整个商文化分为三期7段14组，其中第一期（包括第1段第Ⅰ、Ⅱ组）为先商期（或称先商文化），绝对年代约相当于成汤灭夏以前；第二期（包括第2至4段第Ⅲ～Ⅷ组）为早商期（或称商代前期、早商文化），绝对年代约自成汤灭夏前后至武丁以前；第三期（包括第5至7段第Ⅸ～ⅩⅣ组）为晚商期（或称商代后期、晚商文化），绝对年代约自武丁至帝辛直到西周初年[③]。邹衡这种新的编年体系在学术界产生了广泛影响，除某些细节如个别单位的归属问题上还存在一些分歧外，总体上被越来越多的学者所接受。例如，王立新将早商文化分为三期6段：第一期为二里冈下层时期（包括早、晚两段），第二期为二里冈上层时期（包括早、晚两段），第三期包括二里冈期与殷墟期之间的过渡遗存和邹衡所分的“殷墟文化第一期”[④]。当然，还有许多学者将殷墟文化一至四期都看作商代后期文化。如夏商周断代工程以盘庚迁殷为界，将商代文化分为前后两期[⑤]。此外，也有个别学者依然把二里头文化第三、四期或者仅第四期（或所谓“洛达庙文化晚期”）视为早商文化。

20世纪90年代以来，随着二里冈文化和殷墟文化的分期编年逐渐细化，以及二者之间的“过渡性”遗存日益丰富，有些学者认为这种过渡期遗存的文化风格自有特色，商文化的考古学编年采用三期分法可能更为合适，于是一个新的“中商文化”的概念应运而生了。

1998年，董琦以郑州小双桥遗址为线索，对“中商文化”的概念、上下年限、分期、重大事件和时代特征等方面给予了简要论述，他认为“中商文化”始于仲丁迁隞，终于武丁前的小乙；所分三期中的早期以郑州白家庄遗址上层和小双桥遗址为代

---

① 安金槐：《试论郑州商代遗址——隞都》，《文物》1961年第4、5期。

② 邹衡：《郑州商城即汤都亳说》，《文物》1978年第2期。

③ 邹衡：《试论夏文化》，《夏商周考古学论文集》，文物出版社，1980年。

④ 王立新：《早商文化研究》，高等教育出版社，1998年，第102～122页。

⑤ 夏商周断代工程专家组：《夏商周断代工程1996—2000年阶段成果报告·简本》，世界图书出版公司北京公司，2000年。

表，中期以藁城台西M14为代表，晚期以“殷墟文化第一期”为代表①。同年，杨锡璋和唐际根对豫北冀南地区早于殷墟、晚于二里冈期商文化的几个典型遗址进行梳理后明确指出，以“中商”指代早、晚商文化间的缺环，可以完善商文化序列②。随后，唐际根对“中商文化”的分期序列，分布与类型，与早、晚商文化的关系以及分布格局的演变等进行了全方位的论述，所分三期中的第一期以白家庄遗址上层及小双桥遗址为代表（即二里冈上层二期或称白家庄期），第二期以安阳洹北花园庄早期及藁城台西早期墓葬为代表，第三期以安阳洹北花园庄晚期及藁城台西晚期居址与晚期墓葬为代表③。以至于有学者认为自此“具有历史学、考古学双重意义的中商时期、中商文化已经可以站立起来了”④。

毋庸置疑，“中商”这一时段概念使得商代考古学文化的编年序列似乎变得更加阶段分明，更加容易表述。此外，有人认为它在历史学上也有重要意义。我们说在商王朝的历史中有两个相对稳定的时期，即商汤至仲丁时期和盘庚至帝辛时期，而这两个时期正好一个处于早商阶段，另一个处于晚商阶段。在这两个阶段之间，是所谓“九世五迁”的时期。《史记·殷本纪》云：“自仲丁以来，废適而更立诸弟子，弟子或争相代立，比九世乱，于是诸侯莫朝。”若从历史学着眼，商代的历史显然应该划分为三个大的阶段，即成汤至仲丁迁隞之前、仲丁迁隞至盘庚迁殷之前和盘庚迁殷至帝辛时期。三个时期各有其历史特征及王都所在，考古学上的中商文化正可与历史上的中商时期大致对应起来。所以，有些历史学者认为在商代考古学文化的编年体系中，采用早商、中商、晚商这三个阶段的分法显然比采用早商与晚商这两个阶段的分法更合适⑤。

但是，也有学者对这种划分法提出了不同意见。许宏认为“所谓‘中商文化’，应是分属于不同系统的考古学文化分期与历史学分期的混合概念，而建立在遗存分析基础上的考古学文化分期与主要建立在对社会政治变化分析基础上的历史学分期是应当做严格区分的。……从考古学的角度看，以郑洛地区为中心的二里冈文化末期和以豫北冀南为中心的殷墟文化初期组合而成‘中商文化’，无法独立成为一个完整的文化发展阶段”⑥。我们认为，“中商文化”的划分更多的是从历史学角度来考虑，究竟这一阶段

① 董琦：《关于中商文化研究的几个问题》，《中国文物报》1998年7月29日、8月5日、8月12日第3版连载。

② 杨锡璋、唐际根：《豫北冀南地区的中商遗存与盘庚以先的商都迁徙》，《三代文明研究（一）》，科学出版社，1999年。

③ 唐际根：《中商文化研究》，《考古学报》1999年第4期；《商王朝考古学编年的建立》，《中原文物》2002年第6期。

④ 徐基：《由山东地区商遗存考察中商文化分期》，《夏商周文明研究·六——2004年安阳殷商文明国际学术研讨会论文集》，中国社会科学出版社，2004年。

⑤ 王震中：《“中商文化”概念的意义及其相关问题》，《考古与文物》2006年第1期。

⑥ 许宏：《都邑变迁与商代考古学的阶段划分》，《二十一世纪的中国考古学——庆祝佟柱臣先生八十五华诞学术文集》，文物出版社，2006年。

的商文化遗存在考古学文化自身演变过程中能否成为一个特征明显的大阶段还有待进一步考察。实际上，这种划分法在考古学上也并没有真正解决二里冈文化与殷墟文化之间的所谓“缺环”问题。缺环是靠发现来填补的，不是拿出来一个概念就补上了。而且，这个所谓的“中商”期，反倒是把连续发展的二里冈文化分割出一段，再把连续发展的殷墟文化分割出一段，拼凑出了一个新的期别，以迎合历史学意义上的分期。

综合现有的考古分期研究成果，商文化的考古学编年序列由早及晚依次如下：

二里冈下层一期→二里冈下层二期→二里冈上层一期→二里冈上层二期（或称白家庄期）→过渡阶段（洹北花园庄早期、藁城台西一期墓葬、邢台东先贤一期）→殷墟一期早段（与其约略同时的还有洹北花园庄晚期、藁城台西二期墓葬、邢台东先贤二期）→殷墟一期晚段→殷墟二期→殷墟三期→殷墟四期。

若将考古学文化与历史文献结合来看，二里冈文化以郑洛地区为中心，绝对年代相当于商王成汤至外壬在位时间的商前期，王都为“亳”（郑州商城）和“隞”（郑州小双桥）。殷墟文化以豫北冀南为中心，绝对年代相当于盘庚迁殷至帝辛亡国的商后期，王都为“殷”（即安阳洹北商城和殷墟）。商代前、后期之间的过渡阶段，尽管作为政治中心的都邑有所变迁（河亶甲迁相、祖乙迁邢、南庚迁奄），但由于间隔时间很短，考古学文化面貌并未发生突变，在商文化系统中起着承上启下作用。

思考题

1. 名词解释：妇好墓、墓道、甲骨文、周祭、协田、俏色、挂缰钩、朋、洹北商城。

2. 简述殷墟文化的分期与年代。

3. 安阳殷墟的范围与布局。

4. 简述安阳殷墟族墓地的特点。

5. 简述晚商文化的空间分布与原因。

6. 列举晚商文化地方重要考古发现。

7. 简述殷墟宫殿区宫室礼仪建筑特征。

8. 简述晚商文化墓葬的基本特征。

9. 评述商文化的考古学编年序列。

第五章　西周文化

按照学界流行的观点，西周文化应是指西周时期周人的文化。但是，“周人”这一概念在不同历史时期有着不同的内涵，发生了由姬姓周人到周邦之人，再到周王朝之人的转变。据文献记载，文王时周仅有方百里之地，人口不多，对强大的殷商自称“小邦周”。继文王东进，建立丰京，武王又定都镐京之后，领地才有所扩大。至武王克商，不久周公又东征平叛，由周王朝所管控的区域方有“邦畿千里”之广。随着领地的不断扩张以及在广大被占领区域内封建亲戚，以藩屏周，致使原先商人或其他族群所居区域均被纳入周王朝的控制之下。所以确切地说，西周文化在考古学上应是指以周原、丰镐和洛邑遗址出土西周时期遗存为代表的考古学文化。创造和使用这类遗存的人群不仅包括了姬姓周人的“亲戚”之族，也包括了因联盟或被征服而纳入的大量异姓族群，各地的西周文化面貌既有共性，又有一些差异。在西周早中期的局部边缘地区，西周文化与土著文化还曾存在过交叉并行的现象。

第一节　分期年代与文化分布

一、分期年代

长期以来，西周文化缺乏统一的分期方案。1955～1957年，在陕西长安县沣河以西张家坡一带的丰京遗址进行了较大规模的发掘，发掘者根据地层关系和陶器的形制变化，把居址和墓葬分别划分为两期和五期，它们的早晚序列依次为：早期居址→第一期墓葬→第二期墓葬→第三期墓葬→晚期居址和第四期墓葬→第五期墓葬。其中早期居址的年代约在成康以前，其上限或可到周文王“作邑于丰”之时；第一期墓葬的年代大约是成康时期，第二期墓葬约为穆王时期，晚期居址和第三、四、五期墓葬的年代均相当于西周晚期，下限在西周末至春秋初年①。1967年对张家坡墓地进行第二次发掘，由于在墓葬方面又有新的发现，于是在前面增加了一期，而将原先的五期往后顺延，成为六期②。1983～1986年，张家坡墓地第三次发掘的西周墓葬共分五期，第一期相当于武成

① 中国科学院考古研究所：《沣西发掘报告》，文物出版社，1962年。

② 中国社会科学院考古研究所沣西发掘队：《1967年长安张家坡西周墓葬的发掘》，《考古学报》1980年第4期。

康时期，第二期相当于昭穆时期，第三期相当于共懿孝时期，第四期相当于夷厉共和时期，第五期相当于宣幽时期[①]。张家坡墓地的这三次发掘，先后对分期研究成果作了必要的检验、修订和补充，为西周墓葬分期树立了比较可靠的标尺。但在居址分期方面仍然存在缺陷和不足：一是居址的早、晚期之间还有空缺，二是早期居址的年代上限似不够明晰。关于前一个问题，根据沣河以东镐京遗址的地层关系，西周文化层可以分为早、中、晚三期[②]。关于后一个问题，1997年在沣西马王村97CMT1发现了一组典型层位关系，即时代相当于西周初期的地层T1④叠压在先周文化晚期灰坑H18之上，而叠压或打破T1④和H18的单位有属西周早期的H11、H16和西周中期的T1③、H3和H8，以上单位均出土具有各时期典型特征的陶器群[③]。这样，丰镐遗址的周文化居址可以分为四期，墓葬可以分为六期，而第一期居址和第一期墓葬均为先周末期的遗存。

丰镐作为西周时期的都邑遗址，它的文化分期具有典型意义，可以作为其他地区西周文化分期断代的参考。但是由于丰镐遗址历年的发掘资料尚未进行过系统梳理，以往分期对典型器物尤其是一些陶器的形制演变还缺乏准确地把握，致使其分期结果在一定程度上还难以为其他地区西周遗存的分期断代提供参照。近来有学者在以往丰镐遗址分期研究的基础上，对该遗址西周墓葬的分期进行了重新归纳，所分六期中鬲、罐、簋、盂、豆等器类的常见器形都有了明确的演变规律可循，是目前有关该遗址西周墓葬分期研究中最为系统的一个方案[④]。

丰镐遗址出土陶器以夹砂和泥质灰陶为主，流行绳纹。炊器以鬲为主，另有少量的甗、甑和鼎。盛贮器主要有罐、簋、豆、盂，另有少量的折肩瓮（尊）、三足瓮和盘等。酒器少见。总体演变趋势为早期红、黑、褐陶所占比例较大，晚期皆灰陶。绳纹由细密、纹痕清晰向粗疏、纹痕模糊发展，且素面陶比例渐增，中晚期还流行简单的几何形印纹，题材有云雷纹、S纹、重圈纹等。墓葬方面，早中期随葬的陶器组合主要是鬲、罐、豆、簋，晚期则为鬲、罐、豆、盂。典型器类中鬲有弧裆鬲、仿铜鬲和分裆鬲之分，诸型鬲共同的演进趋势表现为整体多由瘦高渐趋宽矮，裆由高渐低，由宽颈弧肩变为束颈鼓肩。罐有折肩和圆肩之分，折肩罐的肩转折处逐渐下移，由折肩变成折腹；圆肩罐最大径处也逐渐下移，由鼓肩变成鼓腹。簋有绳纹簋和素面簋（或S纹簋）之分，早期绳纹簋多见（腹由深而浅，口逐渐外张），中期素面簋（或S纹簋）流行，晚期簋被盂取代。豆由早期的粗高柄、弧盘豆，发展为中晚期的细矮柄、折盘豆（图5-1）。

除丰镐遗址之外，位于西周洛邑的洛阳北窑西周墓葬分为三期[⑤]。作为晋国早期都邑

---

① 中国社会科学院考古研究所：《张家坡西周墓地》，中国大百科全书出版社，1999年。

② 中国科学院考古研究所丰镐考古队：《1961—62年陕西长安沣东试掘简报》，《考古》1963年第8期。

③ 中国社会科学院考古研究所丰镐工作队：《1997年沣西发掘报告》，《考古学报》2000年第2期。

④ 张礼艳：《丰镐地区西周墓葬分期研究》，《考古学报》2012年第1期。

⑤ 洛阳市文物工作队：《洛阳北窑西周墓》，文物出版社，1999年。

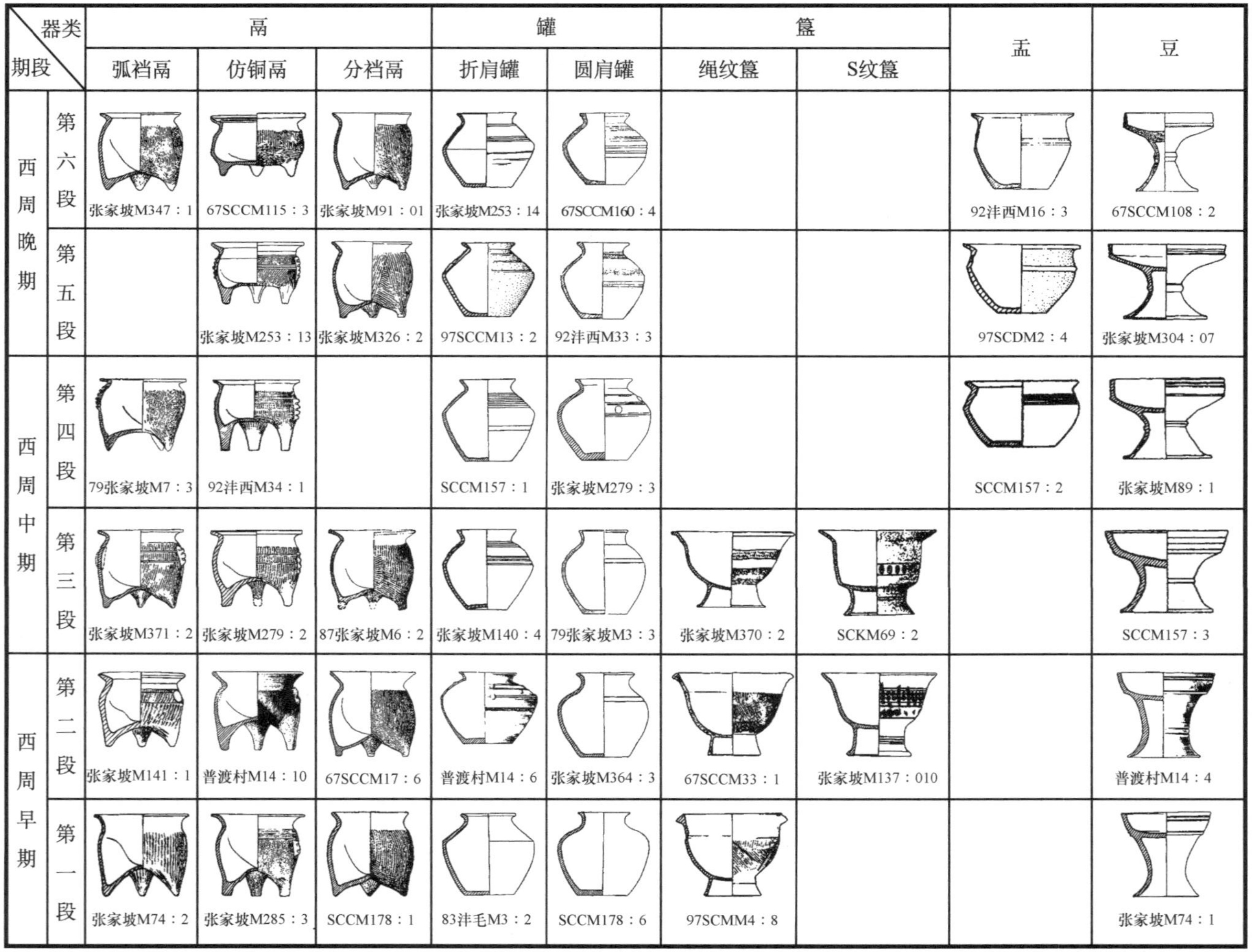

图5-1　丰镐地区西周墓葬出土典型陶器分期图

（依据张礼艳《丰镐地区西周墓葬分期研究》图一～图三综合绘制，《考古学报》2012年第1期）

的山西曲沃天马—曲村遗址，西周文化遗存非常丰富，其居址和墓葬各分三期，每期又细分早晚两段，合计为三期6段①。作为西周燕国都邑的北京房山琉璃河遗址，20世纪70年代发掘的墓葬被分为三期②，后来发掘的居址也分三期③，墓葬则被细分为三期6段。

尽管不同地区的西周文化在陶器组合、器形变化上略有差异，使得分期结果也会小有出入，但基本上还是相同的，都可大致归纳为早、中、晚三期。

文献记载，西周自武王克商到幽王亡国，共11世12王。司马迁《史记·十二诸侯年表》给出了自共和元年（前841年）以下的纪年，而此前的西周年代范围，可采用夏商周断代工程的阶段性研究成果。大体上，西周文化早期约相当于武、成、康、昭时期（前1046～前977年），中期相当于穆、共、懿、孝、夷时期（前976～前878年），晚期相当于厉、共和、宣、幽时期（前877～前771年）④。

二、文化分布

从现有材料看，西周文化的分布范围是随周初武王、成王的分封而急剧扩大的（图5-2）。中心分布区大致在关中—伊洛地区，但洛阳地区的周文化含有较多的商文化成分。除此以外的地区，周文化的因素分布很广。原因主要是周王朝在周原、丰镐和成周以外的地区分封了很多国家，并实行殖民统治。这些外围地区的文化面貌因所属封国类型的不同而大致分为两种情况：一是实际的封国，如中原的晋、邢、卫，北方的燕，东方的鲁、齐等国，主要分布于黄河流域，除燕国外，大多是此前商文化曾经布及并加以开拓的地区，华夏化的步伐较快，周人势力此时占据主导，文化上与周王畿区的一致性较多，而差异并不显著，可归入西周文化。这些国家所在地区有的是商文化曾经占据，有的则是随周人分封去了一些商人，所以除周文化成分之外，文化中多已融入了较强的商文化因素。二是名义上的封国，如东南的吴、南方的楚等国，可能是由于周人势力并未到达或殖民人数较少，文化结构中虽有周文化成分，但仍以当地土著文化为主，这样从考古学上就难以划归西周文化了。

第二节　西周都邑遗址

一、周原

周原在金文中称“周”，先秦文献又称“岐周”“岐邑”。它系周人在公亶父

① 北京大学考古学系商周组等：《天马—曲村（1980—1989）》，科学出版社，2000年。

② 北京市文物研究所：《琉璃河西周燕国墓地（1973—1977）》，文物出版社，1995年。

③ 琉璃河考古队：《琉璃河遗址1996年度发掘简报》，《文物》1997年第6期。

④ 夏商周断代工程专家组：《夏商周断代工程1996—2000年阶段成果报告·简本》，世界图书出版公司北京公司，2000年。

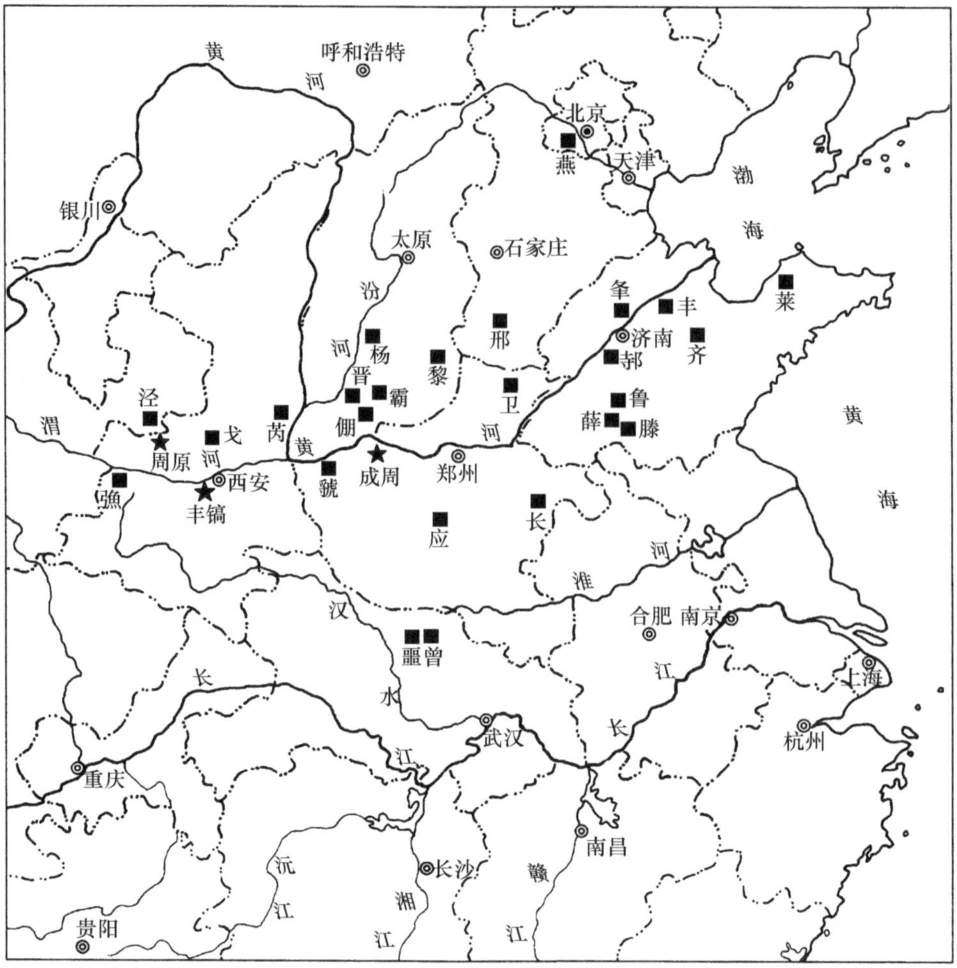

图5-2　西周都邑与主要封国分布示意图
（根据相关重要考古发现绘制）

时，受北方戎狄的侵扰，由邠（豳）地渡漆沮，越梁山，迁至岐山下所建的早期都邑。《诗·大雅·绵》："古公亶父，来朝走马，率西水浒，至于岐下。……周原膴膴，堇荼如饴。……筑室于兹。"歌颂的就是周族迁于岐下，营建宫室这件大事。当文王、武王迁都丰、镐以后，这里仍是周人祖庙之所在，同时也是西周王朝诸多贵族的重要聚居地，《逸周书·作洛》还有武王死后暂殡于岐周的记载。终西周一代，岐邑一直是西周王朝重要的政治、经济、文化中心之一。至西周末年西戎入侵，该都邑毁于战火，沦为废墟。

周原有广义与狭义之分。广义的周原是一个自然地理单元，位于今关中平原西部，千河以东，漆水以西，北倚岐山，南临渭河，东西绵延70余千米，南北宽20余千米[①]。狭义的周原即指今周原遗址，位于今陕西扶风、岐山两县北部的交界地带，大致包括扶风县的法门镇和岐山县的京当镇所辖的大部分地区，北抵岐山脚下，南界为关

① 史念海：《周原的变迁》，《河山集（二）》，生活·读书·新知三联书店，1981年。

中环线公路，东至美阳河，西达岐山县的岐阳堡，面积约33平方千米[①]。遗址范围内周文化遗存非常密集，时代从先周晚期至西周末年（图5-3）。

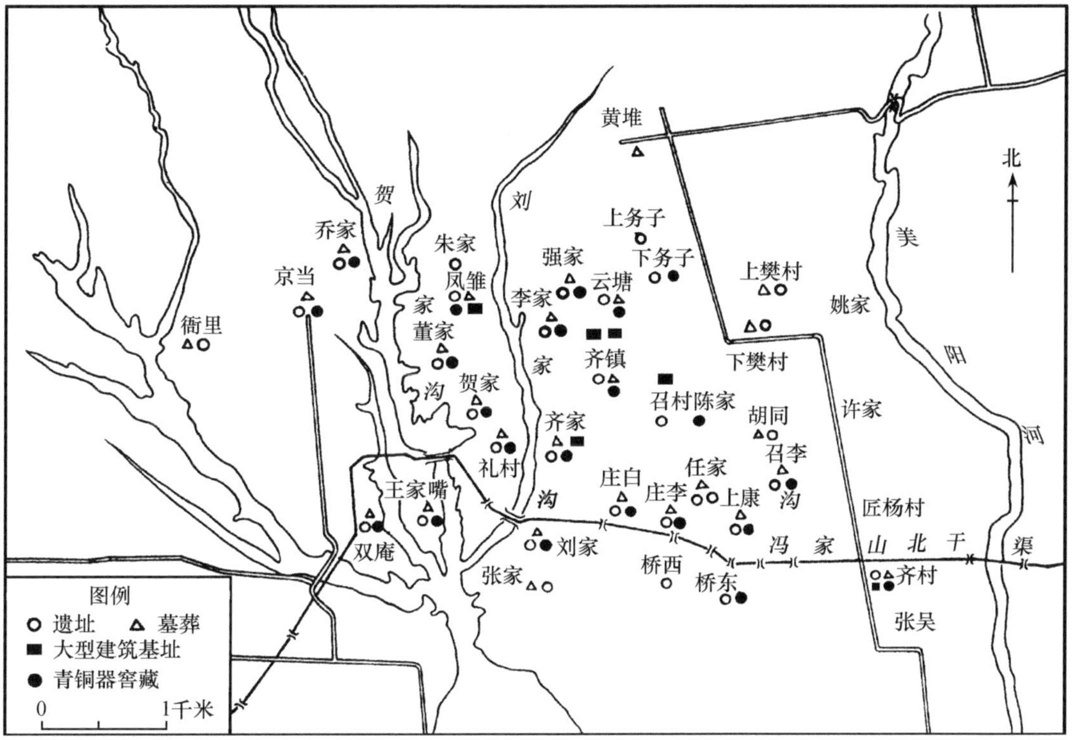

图5-3 周原遗址重要遗存分布示意图

（采自曹玮《周原遗址与西周铜器研究》第6页，科学出版社，2004年，有改动）

（一）大型建筑基址

在周原遗址范围内，经正式发掘的大型夯土建筑基址主要分布于岐山凤雏、扶风召陈、云塘和齐镇，其中云塘和齐镇建筑基址处于周原遗址中心地带，西北是凤雏建筑基址，东南为召陈建筑基址，西南有齐家建筑基址。另据调查，在下务子、下樊村、强家、礼村、庄白、流龙嘴、董家村南、凤雏村东、朱家村北、齐镇村东等地都发现了夯土、柱础石、卵石散水或采集到建筑用瓦，且有些地点瓦的数量很大，可以明确判断属于大型建筑，由此可以比较准确地获悉周原遗址大型建筑的分布状况[②]。

1. 凤雏建筑基址群

1977年发掘的凤雏甲组建筑基址坐落在一个南北长45.2、东西宽32.5、高约1.3米

① 陕西省考古研究院等：《周原遗址东部边缘2012年度田野考古报告》，上海古籍出版社，2018年。

② 周原考古队：《2001年度周原遗址调查报告》，《古代文明（第2卷）》，文物出版社，2003年。徐良高：《周原遗址西周大型建筑基址的发现与研究》，《周原（第1辑）》，三秦出版社，2013年。

的长方形夯土台基上[①]。整个建筑坐北朝南，以门道、前堂、后室为中轴，东西两侧配置厢房，且以回廊相连，形成一个前后两进、东西对称的封闭式院落。门道在南面中央，两侧有东西门房（塾），大门外有一道夯土影壁墙。前堂是基址的主体建筑，面积约105平方米，根据柱洞排列情况可知面阔6间，进深3间。堂前为中院（中庭），有三个斜坡状台阶正对前堂门。由前堂或经廊道向北通往后室，后室东西一排，共5间，东西长23、进深3.1米。基址两侧有对称的厢房，东西各8间。这组建筑的墙体均由夯土筑成，墙体表面和室内地面均用泥浆掺和细砂和白灰涂抹，光洁坚硬。院内发现两处排水设施，其中北侧的陶水管道为东西走向，在后庭从西小院经过廊、东小院、东厢房向外流出；南侧的一条为南北走向，沟壁及底部用卵石砌筑，上铺棚木，从中院经东门房流出院外（图5-4：左）。

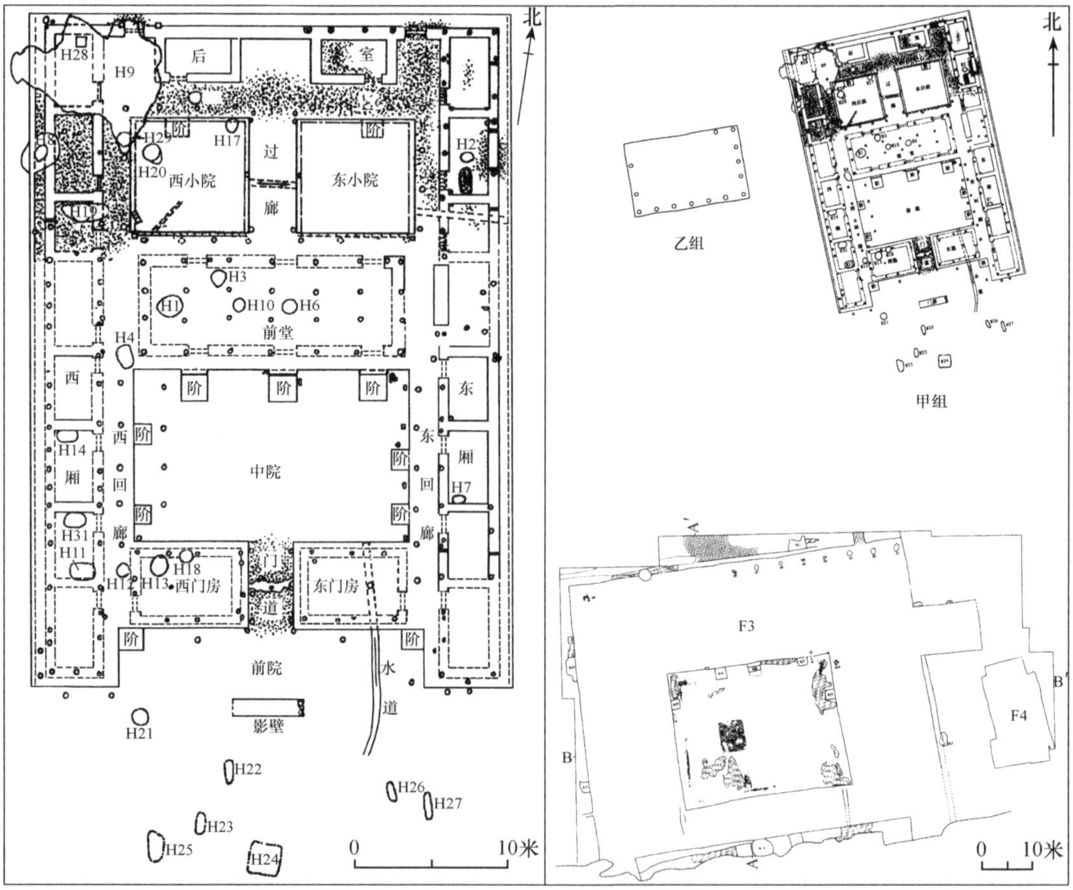

图5-4　岐山凤雏西周建筑基址平面图

（左：采自陕西周原考古队《陕西岐山凤雏村西周建筑基址发掘简报》图四，《文物》1979年第10期；右：采自宋江宁《对周原遗址凤雏建筑群的新认识》，《中国国家博物馆馆刊》2016年第3期）

在发掘过程中，发现凤雏甲组建筑基址上覆盖一层很厚的红烧土，表明其是被火

① 陕西周原考古队：《陕西岐山凤雏村西周建筑基址发掘简报》，《文物》1979年第10期。

焚毁的。根据地层关系和遗物特征，发掘者认为其始建年代约在武王灭商前，使用至西周晚期。关于凤雏甲组建筑基址的性质，有宗庙、朝寝或贵族宅院诸说，其中宗庙说最为流行。最近有学者质疑宗庙说，认为是生活居住之所[①]。值得注意的是，在凤雏甲组建筑西侧约12米处还有乙组建筑基址，二者大致东西并列。另据1978年末的钻探资料，在甲组基址东侧约20米处，也发现与建筑有关的大片红烧土和夯土遗存。但这两处考古资料尚未发表，具体情况不明。

2014年发掘的凤雏三号基址位于甲、乙组基址以南约40米处，基址平面呈回字形，四面为夯土台基，其东部偏北处有一向东凸出部分，中间为长方形庭院，总面积约2180平方米。庭院中发现一处特殊的立石和铺石遗迹，外围出土了金箔、绿松石、原始瓷器残片等贵重物品。该基址始建于西周早期，中期前后曾大面积失火，庭院中的立石、铺石遗迹在西周晚期彻底废弃。凤雏三号基址是迄今发掘的规模最大的西周单体建筑，其回字形布局在同时期建筑中尚属首次发现。结合相关文献记载，发掘者认为它可能是一处西周时期的社宫，庭院中的立石和铺石遗迹分别为社主和社坛[②]。有学者具体论证该建筑是西周时期居住在周原地区殷遗民所建的亳社[③]。也有学者将其与甲、乙组基址相关联，认为甲、乙组基址属于“左祖右社”，而处于其南的三号基址则为“天位”（天室、圜丘），主要功能是祭天[④]（图5-4：右）。

2. 召陈建筑基址群

召陈建筑基址群位于凤雏基址东南约2.5千米的扶风召陈村北，已发掘西周建筑基址15座，其中下层建筑2座（F7、F9），保存不完整；上层建筑13座，部分保存较好[⑤]。上层建筑基址中，F3、F5和F8规模较大，均坐北朝南。F3台基面积360平方米，室内发现柱础41个，都是用卵石筑成的，直径约1米。东西有七排柱础，中间三排柱础之间的间距较宽，为5.5米，两侧的两排间距只有3米。中间三排柱础为五个，两侧的两排各有六个，而且两侧还各有一条南北向、宽0.8米的夯土隔墙。由此推测该建筑可能是中央为面阔4间、进深也是4间的堂，两侧则是进深5间的厢房。F5夯土台基长32、残宽7.5米，发现柱础34个，该建筑可复原为面阔8间、进深3间。F8夯土台基面积234平方米，有柱础东西八排，间距3米，中间四排柱础靠边的两排各有4个，间距3米，中央两排中心减去二柱，而两侧的两排各有四个柱础，而且两侧也各有一条南北向的夯土墙。由此可知F8和F3的结构基本相同，不同的只是堂的开间有奇偶之分（图5-5）。

---

① 郭明：《周原凤雏甲组建筑“宗庙”说质疑》，《中国国家博物馆馆刊》2013年第11期。

② 周原考古队：《周原遗址凤雏三号基址2014年发掘简报》，《中国国家博物馆馆刊》2015年第7期。曹大志、陈筱：《凤雏三号基址初步研究》，《中国国家博物馆馆刊》2015年第7期。

③ 孙庆伟：《凤雏三号基址与周代的亳社》，《中国国家博物馆馆刊》2016年第3期。张天恩：《凤雏三号建筑的祭祀遗存浅谈》，《中国国家博物馆馆刊》2016年第3期。

④ 王恩田：《凤雏三号基址与周武王“祀于天位”》，《中国国家博物馆馆刊》2016年第3期。

⑤ 陕西周原考古队：《扶风召陈西周建筑群基址发掘简报》，《文物》1981年第3期。

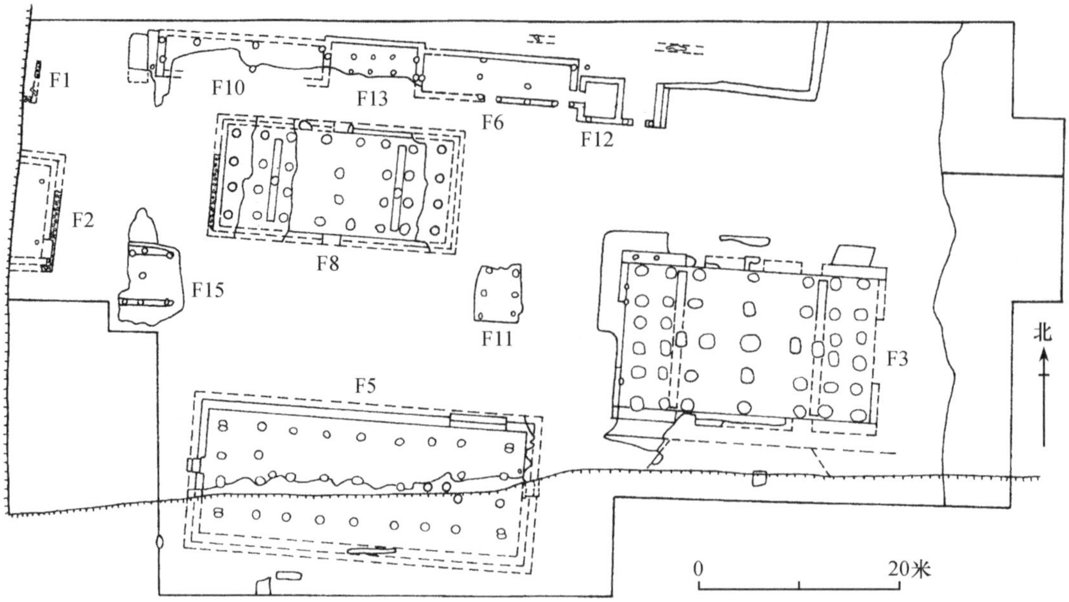

图5-5　扶风召陈西周建筑基址群（上层）平面图

（采自陕西周原考古队《扶风召陈西周建筑群基址发掘简报》图四，《文物》1981年第3期）

召陈建筑基址群面积大，不像凤雏甲组建筑基址自成院落，各个建筑基址之间的关系不易确定。在基址四周发现卵石散水和大量的板瓦、筒瓦残片。根据地层关系和出土遗物，发掘者推测下层建筑可能建于周初，约废弃于西周早期偏晚；上层建筑约始建于西周中期，一直沿用到西周晚期。上述建筑修建讲究，其性质主要有贵族府邸和朝寝宫室两种说法。

3. 云塘和齐镇建筑基址群

1999～2000年，在扶风的云塘和齐镇发现两组夯土建筑基址①。西面的一组由正房、东西厢房、门塾和外围墙组成一个独立的院落。主体建筑的正房（F1）平面呈凹字形，南面中央向内凹入，长22、最宽16.5米。台基表面有圆形柱础坑，东西向七排中，两侧的两排，每排有南北向的柱础坑6个；中间的三排，或3个，或4个，共计37个。台基四周铺筑卵石散水。屋前中央有左右两个门道，门道有三级台阶，台阶前各有一条用卵石铺砌的石子路，路面拼砌出三角形纹样。这两条石子路在门塾后身相连接，呈U字形。西厢房（F2）在正房的西南，为南北向长方形，面积63.8平方米，台基上有11个柱础坑，门道和台阶在东侧的中间两排柱础之间。东厢房（F3）大部分已被破坏，从残存的部分可知是与西厢房对称的。门塾（F8）在主体建筑的正前方，相距14米。门塾为东西向长方形，面积约87.1平方米，台基上有南北两排柱础，每排4个，可知是面阔3间的门房。在门塾的两侧各有一道围墙向东西延伸，将正房和东西厢房围成一个凸字形的独立的院落（图5-6：左；图版7：1）。

① 周原考古队：《陕西扶风云塘、齐镇西周建筑基址1999～2000年度发掘简报》，《考古》2002年第9期。

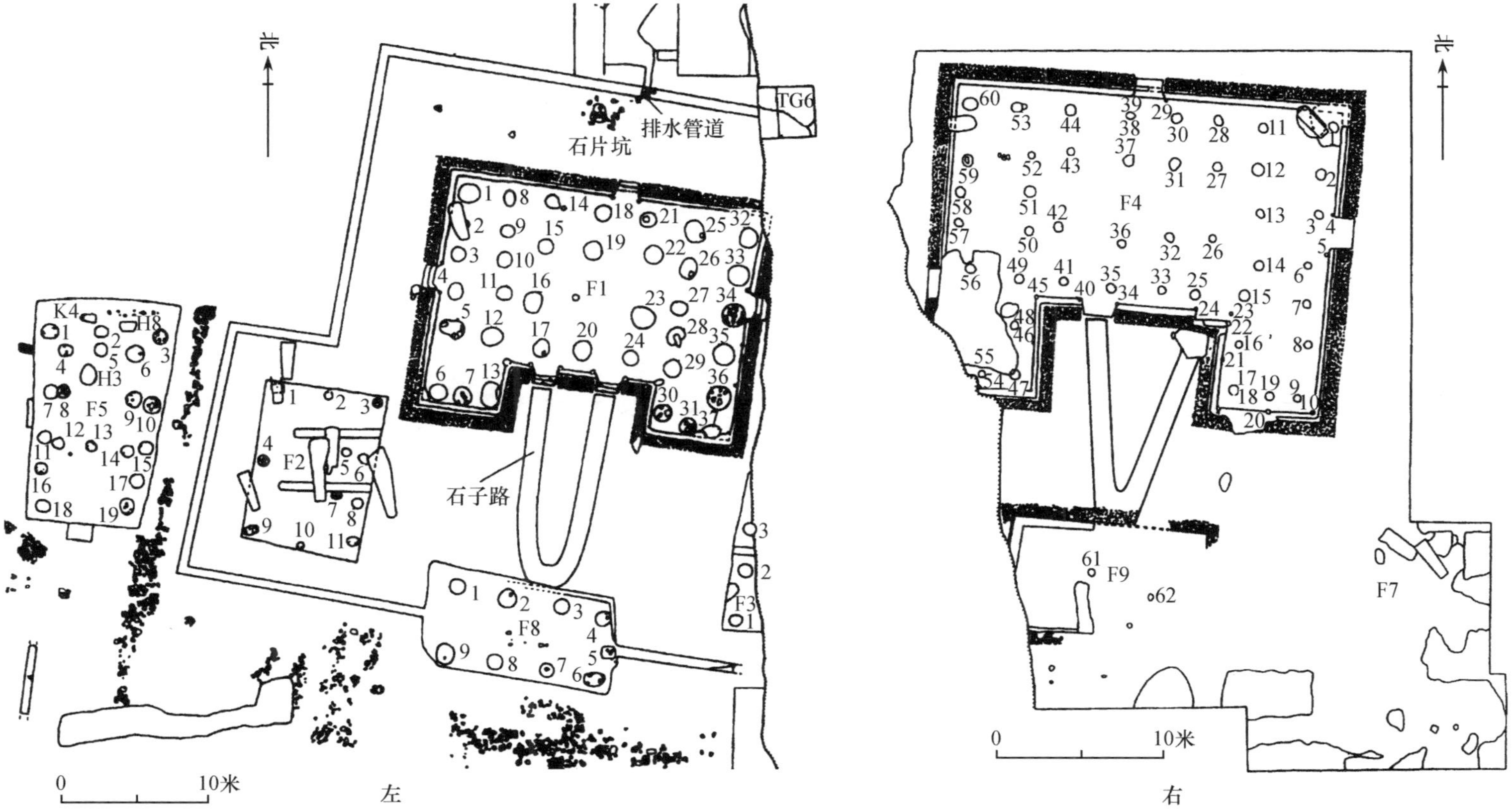

图5-6　扶风云塘和齐镇西周建筑基址平面图

（采自周原考古队《陕西扶风云塘、齐镇西周建筑基址1999～2000年度发掘简报》图二、图八，《考古》2002年第9期）

东面一组建筑由正房（F4）和门塾（F9）组成，其形制与西组相同，正房平面也呈凹字形，周边有卵石散水，房前有双阶，阶前有卵石铺砌的U字形石子路。门塾也呈长方形，周边也有散水。只是未发现东西厢房和外围墙（图5-6：右）。

根据这两组建筑基址的地层关系和出土遗物，发掘者判定它们的使用年代应在西周晚期。其性质可能属于西周高级贵族的家族宗庙，东西两组应为同一个宗庙建筑群中的不同建筑单元①。

近年，周原博物馆等单位在云塘建筑基址附近勘探发掘一处西周早中期面积达4万平方米的池塘遗迹，池壁及局部底面用河卵石、片石以及料姜石加以砌筑，另发现有同时期的人工水渠与之相连②。其是否为当时的池苑园林设施，与云塘、齐镇大型建筑基址群之间存在怎样的关联，非常值得深入探究。

（二）青铜器窖藏

周原出土的西周青铜器，最早可追溯到西汉宣帝神爵四年（前58年）。《汉书·郊祀志》记载当时的美阳（今周原）出土西周铜鼎，被进献给朝廷。两千多年来，这里出土了数以千计的西周青铜器，被誉为“青铜器之乡”。

据初步统计，周原遗址发现青铜器窖藏已有120余次，出铜器数量较多且有长篇铭文的重要发现就有十几起，如早年在任家、康家发现的克器、梁其器、函皇父器等，1960年在扶风齐家发现几父壶、柞钟等39件，1960年在扶风召陈发现散伯车父器21件，1974年在扶风强家出土师𩛥鼎、即簋等8件，1975年在岐山董家村发现裘卫诸器37件，1976年在扶风云塘发现伯公父、伯多父器9件，1976年在扶风庄白发现微史家族铜器103件，1981年在黄堆下务子村发现师同鼎等2件，1982年、1984年在齐家村出土周我父簋盖等12件，1991年、1996年和1998年分别在齐家、庄白和召陈村出土师汤父鼎、盆、簋、甬钟等6件③。近年来，又有新的重要发现，如2006年在扶风五郡西村发现琱生铜器26件（组）④。

周原遗址发现的青铜器窖藏具有数量多、分布密、器精美、铭文长等特点。从埋藏地点看，一般都在当时居住址的近旁，说明窖藏铜器与其附近的房舍建筑可能属于同一主人⑤。从窖藏形制看，埋藏环境相对明确的窖藏大致可分两类：第一类是精心挖设的专门埋藏铜器的窖藏，形状多不规整，面积小且很浅，窖藏中的铜器数量往往

---

① 徐良高、王巍：《陕西扶风云塘西周建筑基址的初步认识》，《考古》2002年第9期。

② 宝鸡市周原博物馆等：《周原遗址池渠遗存的钻探与发掘》，《周原》第1辑，三秦出版社，2013年。

③ 北京大学考古文博学院等：《吉金铸国史——周原出土西周青铜器精粹》附录，文物出版社，2002年。

④ 宝鸡市考古研究所等：《陕西扶风五郡西村西周青铜器窖藏发掘简报》，《文物》2007年第8期。

⑤ 丁乙：《周原的建筑遗存和铜器窖藏》，《考古》1982年第4期。朱凤瀚：《商周家族形态研究（增订本）》，天津古籍出版社，2004年，第375～381页。

较多，除铜器外一般没有其他器物，填土较纯净，有的用草木灰填充，以保护铜器；第二类是利用原有灰坑作为铜器窖藏，铜器数量少且放置零乱，主要为铜器残件，填土中夹杂较多的废弃陶片或其他遗物。这两种不同的埋藏方式，或许反映了不同的埋藏原因。从埋藏背景看，大多数铜器窖藏的埋藏年代为西周晚期，且集中分布在这样一个有限的区域内，一般认为是缘于社会变动而导致的埋藏行为（如西周厉王时期的“国人暴动”和西周末年的“犬戎入侵”，迫使周原地区的西周贵族仓促出逃而将其宝器埋在地下），少数可能为青铜原料储藏坑①。从铜器铭文看，这些窖藏的铜器多为一家或一族所有，涉及重要人物如周王、周公、虢季、微史、裘卫、矩伯、邢叔、毛公、南宫、膳夫克、梁其、函皇父、散伯车父、伯公父等，这些姬姓和非姬姓世家大族铜器的密集出土，反映了当时岐周公卿麇聚、权贵扈从的局面，由此结合大型建筑与墓地分布状况，可以作为进一步研讨周原遗址性质的重要依据。

（三）手工业作坊

目前在周原遗址范围内已发现多处西周手工业作坊，如扶风县的庄李铸铜作坊、云塘制骨作坊、齐家制石作坊、姚家西制角作坊和岐山县的流龙嘴制陶作坊等（详见本章第五节）。这些发现无疑会极大地推动对西周时期手工业发展状况、组织形式、生产技术、产品流通以及生产者身份和地位，乃至对聚落布局和遗址性质等问题的深入研究。

研究表明，庄李铸铜作坊和齐家制玦作坊均具有“居葬合一”的聚落模式，即手工业者的生产居所与墓葬共存一处②。也有分析指出，在西周晚期偏早阶段，庄李铸铜作坊的陶范器类发生了由车马器、容器为主到工具为主的重要转变，齐家制玦作坊的石料材质和产品种类也发生变化，而云塘制骨作坊则逐渐停止了生产，这些变化的出现可能与厉王时期贵族家族的变动所导致的作坊管理者的变化有关③。

（四）墓地

在周原遗址范围内，已发现的西周墓地主要分布在齐家、云塘、庄白、庄李、贺家、礼村、双庵、衙里、黄堆、老堡子、姚家等乡村附近，至少有数十处。各墓地互不相连，间距远近不一，规模大小有别。大多为中小型墓葬，少数贵族墓还陪葬有车马坑和马坑。墓地密集的分布状况一方面反映了当时这里的居民人口稠密，族群复

---

① 郭沫若：《扶风齐家村器群铭文汇释》，《扶风齐家村青铜器群》，文物出版社，1963年。张懋镕：《殷周青铜器埋藏意义综述》，《文博》1985年第5期。罗西章：《周原青铜器窖藏及有关问题的探讨》，《考古与文物》1988年第2期。马赛：《周原遗址青铜器窖藏性质的再认识》，《周原》第1辑，三秦出版社，2013年。

② 雷兴山：《论周原遗址西周时期手工业者的居与葬——兼谈特殊器物在聚落结构研究中的作用》，《华夏考古》2009年第4期。孙周勇：《西周手工业者“百工”身份的考古学观察——以周原遗址齐家制玦作坊墓葬资料为核心》，《华夏考古》2010年第3期。

③ 马赛：《从手工业作坊看周原遗址西周晚期的变化》，《中国国家博物馆馆刊》2016年第3期。

杂，同时在相当程度上也是“聚族而居”的真实写照。

根据空间分布状况，周原遗址的西周墓地可以分为单纯墓地和“居葬合一”类墓地。前者墓地范围内不见或几乎不见居址遗存，如贺家、黄堆、姚家等墓地，一般位于周原遗址的外围区域。以姚家墓地为例，它是一处不同等级、不同族群的公共墓地，西区与北区的周系族群是统治者，南区殷遗民族群是周系族群的附庸，体现了周原遗址西周中晚期时“血缘组织地缘化”和“血缘组织政治等级化”的社会组织特征①。“居葬合一”类墓地是指居址和墓葬共存一处，彼此间常见叠压打破现象，如齐家、庄李、云塘等墓地，大都处于周原遗址的腹心地带。

除上述重要发现外，据1986～1990年陕西省考古研究所和陕西省地质矿产局地质矿产研究所联合对周原遗址进行的遥感、物探结果②，后经考古发掘证实，在岐山凤雏村南甲组建筑基址的南北各有一道长约700、宽约8米的东西向夯土墙，其中北墙被战国时期的堆积所叠压，南墙墙基下发现西周中期的灰坑，其外侧有一条与之平行的长600余、宽2～13米的壕沟。最新的调查还发现了若干池渠壕沟，其中大面积水池4处，沟渠遗迹40余条，多为引水渠（有些则可能是聚落或居址的环壕），干渠与水池相连，由此构成了以水池为中心的四大水系，形成聚落的给排水系统。这些夯土墙、池渠遗存的发现，对于了解周原遗址的聚落布局具有重要意义。

二、丰镐

丰镐，是丰邑与镐京的合称，二者距离甚近。《诗·大雅·文王有声》：“文王受命，有此武功，既伐于崇，作邑于丰。……考卜维王，宅是镐京。维龟正之，武王成之。”是言周文王伐崇侯，将都城自岐迁至丰邑。武王即位，又将都城由丰邑迁到镐京。以镐为都后，丰邑仍然使用，且一直保存着周王宗庙，西周诸王亦常居丰处理国政，因而史家向来“丰镐”并称。公元前771年，西戎入侵，周幽王被杀，都城为战火所毁。次年，周平王东迁洛邑，丰镐被弃用。

同其他许多早期都城一样，丰镐在废弃后不久就逐渐为人们所遗忘，淹没在漫漫黄土之下。史书记载，汉武帝元狩三年修建昆明池时，曾“穿池得黑土，举朝不解”，询之东方朔，不知。一西域胡人曰：“此劫烧之余灰也。”③按照我们今天的认识，汉代昆明池挖出所谓的“黑土”正是镐京之废墟，可见至迟在西汉时期人们已经无从知晓丰镐的所在了。唐宋以降，学者们对丰镐遗址的位置有许多研究，但多是根据文献进行推测，对丰镐遗址的实地考察则是20世纪30年代才开始的。

---

① 陕西省考古研究院等：《周原遗址东部边缘2012年度田野考古报告》，上海古籍出版社，2018年，第493页。

② 谢辰生等：《遥感、物探新技术在周原考古中的应用试验研究》，《周秦文化研究》，陕西人民出版社，1998年。

③ 陈直：《三辅黄图校正》，陕西人民出版社，1980年，第95、96页。

为了寻找丰镐遗址，1933年前北平研究院史学研究所徐旭生率先在文献记载丰镐位置较为集中的长安县沣河沿岸展开考古调查工作，并在调查报告中提出关于丰镐位置的看法[①]。1943年，当时中央研究院历史语言研究所石璋如又进行了第二次考古调查[②]。自1951年开始，中国社会科学院考古研究所在沣河两岸做了大量的调查和发掘工作，基本确定了丰镐遗址的范围[③]。

丰镐遗址位于今西安市西南约12千米沣河中游东西两岸的斗门镇、马王镇一带，总面积近20平方千米。据最新的勘查结果，丰邑遗址位于沣河西岸，西邻灵沼河，东至沣河，北到郿坞岭北缘，南达冯村、新旺村南一线，面积约8.62平方千米。镐京遗址位于沣河东岸，西邻滈河故道，东至昆明池故址，北到洛水村，南达斗门镇，面积约9.2平方千米[④]（图5-7）。

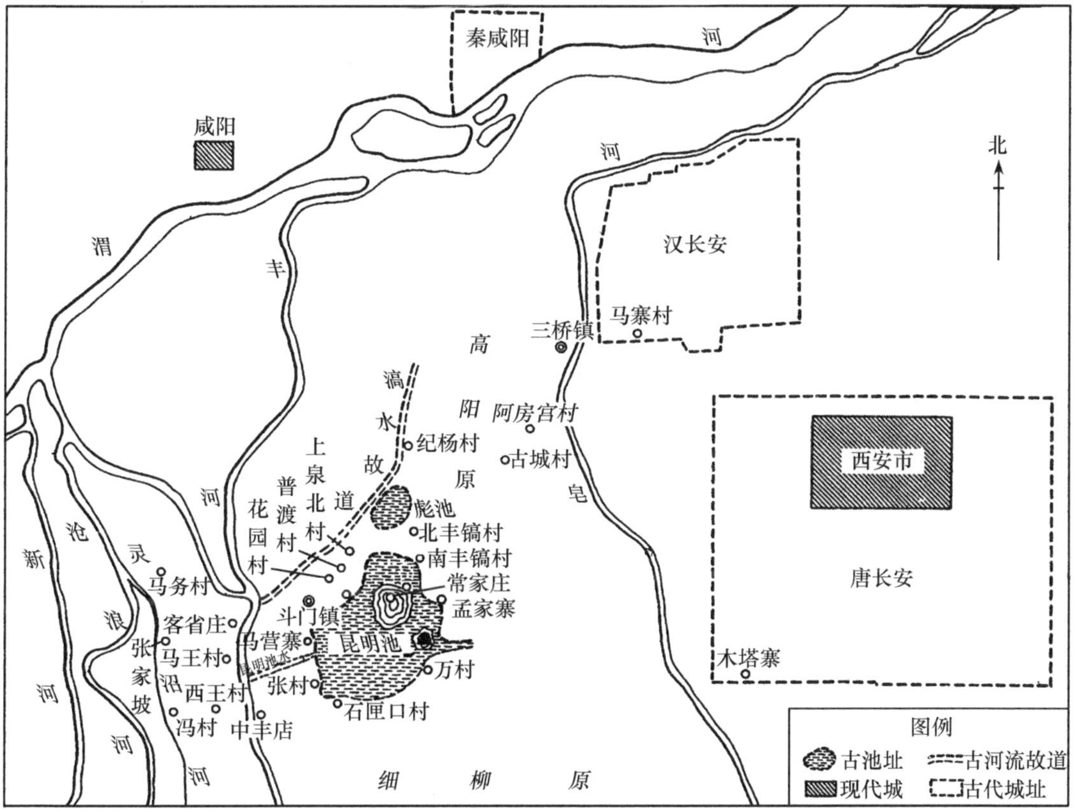

图5-7　丰镐遗址位置示意图

（根据胡谦盈《周文化及相关遗存的发掘与研究》第4页图一改绘，科学出版社，2011年）

① 徐炳昶、常惠：《陕西调查古迹报告》，《国立北平研究院院务汇报》第4卷6期，1933年。

② 石璋如：《传说中周都的实地考察》，《中央研究院历史语言研究所集刊》第20本下册，历史语言研究所出版，1943年。

③ 胡谦盈：《丰镐考古工作三十年（1951—1981）的回顾》，《文物》1982年第10期。

④ 中国社会科学院考古研究所等：《丰镐考古八十年》，科学出版社，2016年。

（一）大型建筑基址

丰镐遗址发现了一定数量的大型夯土建筑基址，应是当时的宫室建筑。

1. 丰邑建筑基址群

在沣西的客省庄和马王村之间，共发现大型夯土建筑基址14座（图5-8），发掘了其中的4座。第四号夯土基址规模最大，平面略呈长方形，西端略宽，面积约1827平方米。夯土基址由上下两层组成，而下层夯土又分东西两块，似为不同时期扩建而成的。但在基址的表面没有发现柱础之类的遗迹，大概已被后期破坏了。根据层位关系判断，该基址建于西周早期晚段或早中期之交，废弃于西周晚期早段①。此外，在其附近发现有残瓦、陶水管套接的排水设施以及一条现长200、宽10～15米的道路。

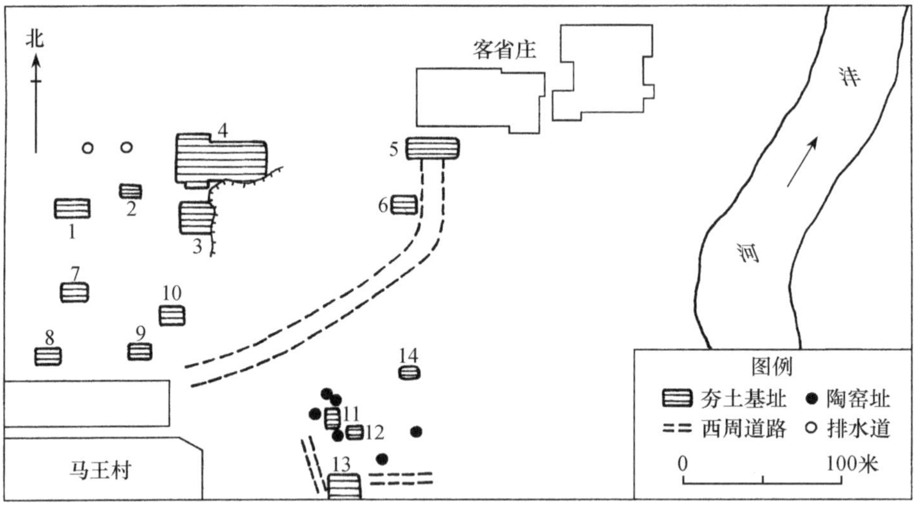

图5-8　长安客省庄西周夯土基址分布图

（采自中国社会科学院考古研究所《中国考古学·两周卷》第57页图2-7，中国社会科学出版社，2004年）

2. 镐京建筑基址群

经考古调查，在沣东的普渡村、花园村、官庄村和洛水村等地已发现13处西周夯土建筑基址及大量的建筑用瓦。其中位于花楼子附近的第五号夯土基址②，面积约3393平方米，坐落其上的宫室建筑坐北朝南，南北长59、东西宽23米，面积1357平方米。由主体建筑和左右两翼的附属建筑组成，整体布局呈工字形。根据其规模及营建方式，推测应是一座重檐式的宫寝建筑，建于西周中期晚段，毁于西周厉王或幽王时期。

五号基址东南约600米处，钻探发现一段呈东南—西北走向的壕沟，形成于西周初年，废弃于西周晚期或稍后。这一壕沟是否为镐京的防护沟，有待进一步认识。此外在靠

① 中国社会科学院考古研究所沣西发掘队：《陕西长安沣西客省庄西周夯土基址发掘报告》，《考古》1987年第8期。

② 陕西省考古研究所：《镐京西周宫室》，西北大学出版社，1995年。

近壕沟处，发现4节西周时期的陶水管道，东西走向，西高东低，应为聚落内的排水设施。

（二）青铜器窖藏

丰镐遗址也发现了一些铜器窖藏。在沣西，已公布铜器窖藏有8处，分布于张家坡、新旺村、马王村等地，共出土铜器95件，其中1961年发现的张家坡窖藏出土铜器53件，有铭者32件[①]（图5-9）。在沣东，已发现铜器窖藏有2处，分布于下泉西村和斗门中学西南，出土铜器20余件[②]。

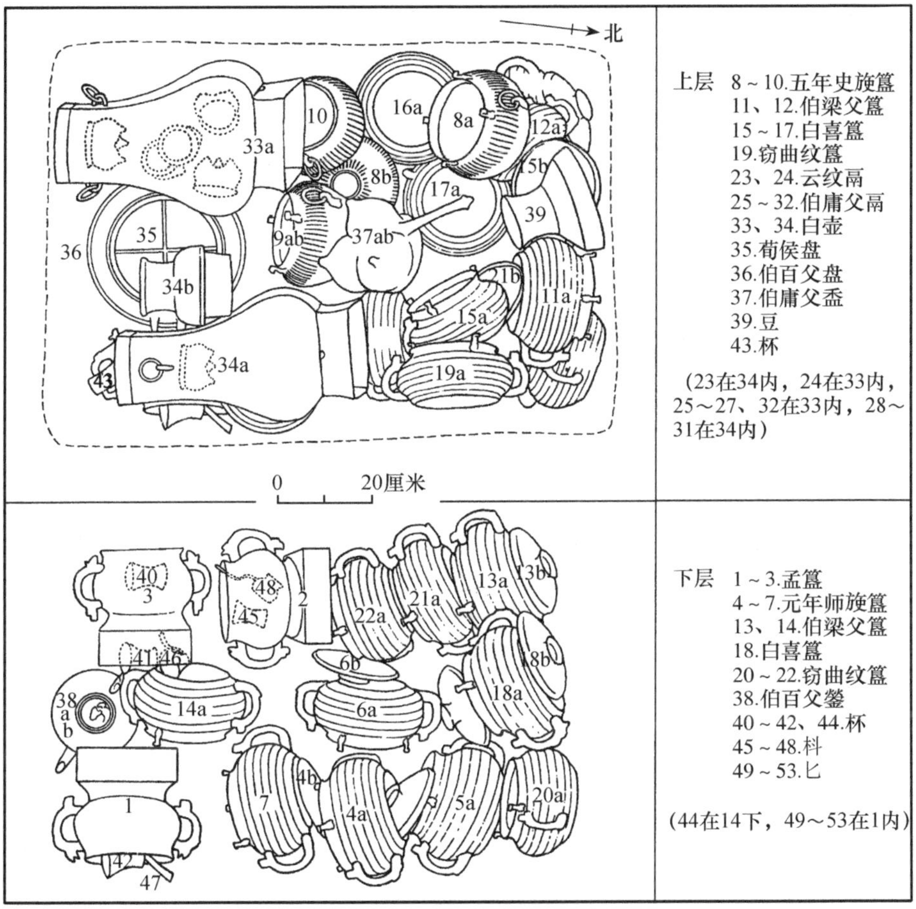

图5-9　长安张家坡西周铜器窖藏分层平面图

（根据中国科学院考古研究所《长安张家坡西周铜器群》第12页图二和第3页图三绘制，文物出版社，1965年）

从出土地点看，目前发现的丰镐铜器窖藏不如周原数量多，附近也没有发现保存较好的大型建筑基址。从窖藏形制看，有长方形、圆角长方形、椭圆形、不规则圆形等，窖内铜器放置显得较乱。从埋藏时间看，上述窖藏铜器的埋藏时间多为西周末

① 中国科学院考古研究所：《长安张家坡西周铜器群》，文物出版社，1965年。

② 田醒农、雒忠如：《多友鼎的发现及其铭文试释》，《人文杂志》1981年第4期。中国社会科学院考古研究所等：《丰镐考古八十年》，科学出版社，2016年。

年。从铜器铭文看，如张家坡窖藏铜器“既非作于一时，亦非作于一家”[①]。综合来看，丰镐铜器窖藏的埋藏原因亦当与西周末年犬戎入侵的突发性事件有关。

（三）手工业作坊

在沣西发现铸铜遗存2处、制骨遗存5处以及70多座陶窑，在沣东也发现了一些铸铜、制骨和制陶遗存。铸铜遗存仅见少量的陶范和铜炼渣，提供了青铜冶铸业的线索。制骨遗存多为坯料、下脚料、半成品及成品等，加工生产场所尚不清楚。丰镐遗址发现的陶窑虽有百余座，但地点相对分散，除了烧制器皿外，有的还生产建筑瓦件，如镐京宫室建筑附近的洛水村西周陶窑中出土了大量烧结的板瓦碎片[②]。总体来看，丰镐遗址内虽然发现一些铸铜、制骨和制陶遗存，但相应的手工业作坊详情尚不明晰，还有待开展大量的考古工作。

（四）墓地

根据历年考古调查、钻探和发掘资料，丰镐遗址内分布有大量西周时期的墓葬，应分属若干个墓地。沣西的西周墓葬可分为相对集中分布的六个区，其中A区尤以张家坡墓地最为集中，包括井叔家族墓、洞室墓和其他中小型墓等在内超过了两千座，显然是一处大型的公共墓地[③]。井叔家族墓包括1座双墓道大墓、3座单墓道大墓和若干较大的竖穴墓以及车马坑、马坑，这些墓中大多出土有井叔自作的青铜礼器，因此可以确认其墓主人乃是不同世代的井叔[④]。洞室墓集中分布在井叔家族墓的东北部，墓葬形制特殊，其墓主人可能是来自西北地区的羌戎族群。沣东的西周墓葬主要分布在斗门镇、花园村、普渡村一带，比较重要的发现有普渡村长由墓[⑤]、花园村贵族墓及车马坑[⑥]等。

此外，丰镐遗址还发现许多西周时期的普通居址区，它们对了解丰镐遗址的聚落结构与布局变迁也具有重要意义。

三、洛邑

洛邑是西周王朝的东都，初营于武王时期。《史记·周本纪》称武王克商后

① 郭沫若：《长安县张家坡铜器铭文汇释》，《长安张家坡西周铜器群》，文物出版社，1965年。

② 中国社会科学院考古研究所等：《丰镐考古八十年》，科学出版社，2016年，第74～82、120～124页。

③ 中国社会科学院考古研究所等：《丰镐考古八十年》，科学出版社，2016年，第85～108页。

④ 中国社会科学院考古研究所：《张家坡西周墓地》，中国大百科全书出版社，1999年。

⑤ 陕西省文物管理委员会：《长安普渡村西周墓的发掘》，《考古学报》1957年第1期。

⑥ 陕西省文物管理委员会：《西周镐京附近部分墓葬发掘简报》，《文物》1986年第1期。

“至于周”，“营周居于洛邑而后去”。成王即位后，“使召公复营洛邑，如武王之意”。据考证，此“周”当为洛邑，“周居”应是武王用以称建于洛邑之临时的“行在”[①]。《尚书·召诰》记载召公先周公相宅，但成周的营建是周公完成的，此事在《尚书》中《康诰》《召诰》《洛诰》诸篇及《史记·周本纪》均有记载，亦见于何尊铭文。因有前述之武王营“周居”一事，才有周公新筑之“新邑”“新大邑”“新邑洛”等称谓，至成王时又称“成周”。成周地位的重要性不言而喻，在西周王朝的政治、军事、经济等方面均具有非常重要的作用。西周王朝利用成周四方辐辏、天下之中的特殊地理位置，以协调北土、东土、南土诸侯及四夷的关系，同时汇集天下的物资和人力，推动周文化的传播。而最重要的是，这里屯驻被称为“八师”的军队，对被征服者起到震慑作用，担当着保卫东方安宁的重任。

《逸周书·作洛》记载，洛邑“南系于洛水，北因于郏山”。《尚书·洛诰》云：“召公既相宅，周公往营成周。……我乃卜涧水东、瀍水西，惟洛食；我又卜瀍水东，亦惟洛食。”据考证，西周初年营建成周所卜的瀍、涧二水当为现今的瀍河和史家沟的“史家涧水”，故址具体位于今史家沟以东、焦枝铁路以西、北窑村以南、洛阳老城南关以北的瀍河两岸，面积约6平方千米[②]（图5-10）。

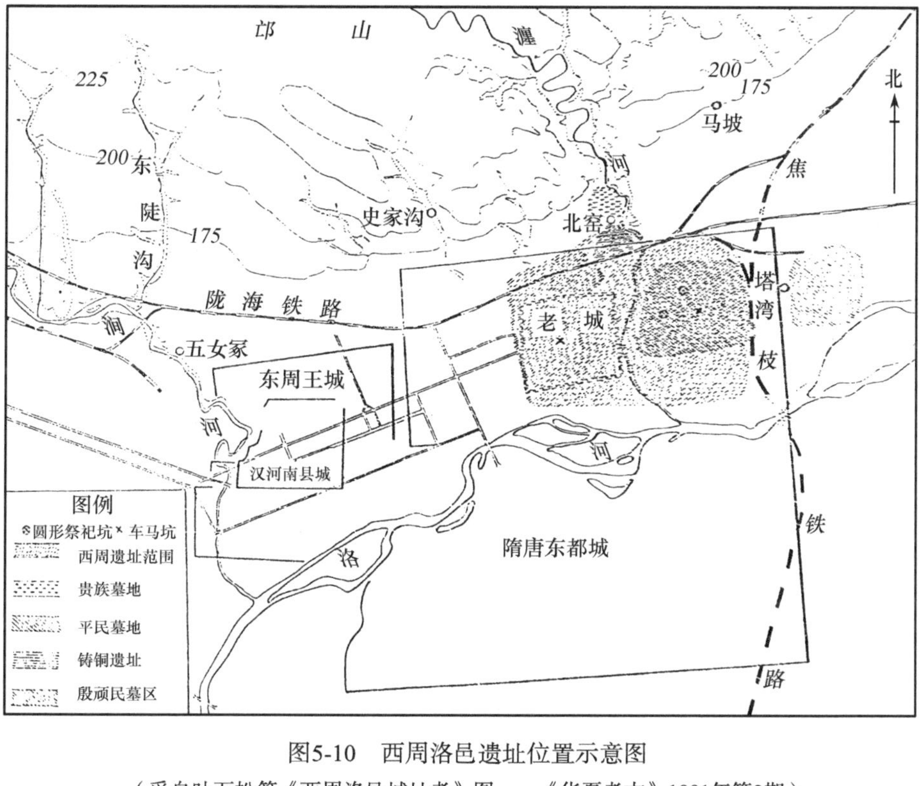

图5-10 西周洛邑遗址位置示意图
（采自叶万松等《西周洛邑城址考》图一，《华夏考古》1991年第2期）

① 陈公柔：《西周金文中的新邑、成周与王城》，《庆祝苏秉琦考古五十五年论文集》，文物出版社，1989年。

② 叶万松、张剑、李德方：《西周洛邑城址考》，《华夏考古》1991年第2期。

（一）重要发现

瀍河以东，主要为西周居址区，除发现内涵丰富的西周早、中期文化堆积外，还发现西周的灰坑和水井遗迹。但由于洛水泛滥和后期人为活动频繁，遗址已遭受严重破坏。在东面的塔湾一带发现大量的“殷遗民”墓，大多为竖穴土坑墓，有的带有曲尺形墓道，绝大多数设有腰坑，皆随葬青铜或铅质礼器及仿铜陶礼器，铜器以觚、爵、觯为组合，陶器组合多见鬲、簋、罐，有些青铜器带有殷人的族氏铭文[1]。在泰山庙一带发现车马坑4座[2]，附近的洛阳林校发现车马坑1座[3]，此外还发现有圆形祭祀坑，坑内堆积分为数层，分别埋有人、马、犬。

瀍河以西，由于隋唐以来是人口稠密的都会或府、县治所，早期文化层屡遭严重破坏，很少发现完整的西周文化遗迹。在其西北邙山南麓的北窑村一带发现西周贵族墓地[4]，已发掘西周墓葬370余座，个别墓带有南北墓道，还发现一些马坑，殉马数匹至数十匹不等。随葬的有铭铜器中，铭文涉及的高级贵族有十余位，如王妊、太保、叔造、康伯和白懋父、毛伯、丰伯、虢公、蔡叔等。在该贵族墓地西南至今陇海铁路以南的含嘉仓城遗址一带发现西周平民墓地，均为小型土坑墓，墓底无腰坑，多随葬有鬲、豆、罐等陶器，不见酒器，与瀍河以东的殷遗民墓迥然不同。

在西周贵族墓地南面、今洛阳东车站一带，是西周大型铸铜遗址，面积10余万平方米，发现房址、奠基坑、地下水管道、窖穴等遗迹，出土了大量的陶范和熔铜炉壁[5]。在该铸铜遗址的南部，发现一条南北走向的西周早期大道。此外，还发现可能属于建筑台基的夯土遗存以及鱼窖群[6]。

综合上述资料，瀍河两岸西周遗址规模大，既有大型手工业作坊、居址、大道，又有周人贵族和平民墓地、殷遗民墓地和祭祀遗存等。由此可以确认，这里即是西周东都成周所在。

（二）成周考辨

无论文献记载还是考古发现显示，位于瀍河两岸的洛邑成周兴盛于西周早、中期，到西周晚期已经衰落，而恰在此时涧河两岸和今汉魏洛阳故城一带的西周遗存开

---

① 张剑：《洛阳两周考古概述》，《洛阳考古四十年》，科学出版社，1996年。

② 中国社会科学院考古研究所洛阳唐城队：《洛阳老城发现四座西周车马坑》，《考古》1988年第1期。

③ 洛阳市文物工作队：《洛阳林校西周车马坑》，《文物》1999年第3期。

④ 洛阳市文物工作队：《洛阳北窑西周墓》，文物出版社，1999年。

⑤ 洛阳博物馆：《洛阳北窑村西周遗址1974年度发掘简报》，《文物》1981年第7期。洛阳市文物工作队：《1975—1979年洛阳北窑西周铸铜遗址的发掘》，《考古》1983年第5期。

⑥ 杨育彬、袁广阔：《20世纪河南考古发现与研究》，中州古籍出版社，1997年，第409页。

始丰富起来[①]。1984年在汉魏洛阳故城内发现了一座始建于西周晚期、面积逾4平方千米的横长方形城址，春秋晚期时在其北部扩建，并且略有修补和增筑，发掘者认为新扩后的东周城址无疑是周敬王时期的成周（即文献所谓“东周成周”）[②]。至于西周晚期在成周旧地以东地势更为开阔的汉魏洛阳故城一带筑城，或认为应是出于“淮夷入寇”形势下的军事原因，因而瀍河两岸的西周成周与汉魏洛阳故城下的西周城具有承继关系[③]。更有学者指出，该城址很可能就是始建于西周宣王时期的成周，至敬王入居以前它的主要功能是军事防御，敬王扩建之后才成为周王朝政治中心的都城[④]。

最后需要说明的是，自汉代以来，洛邑两城说在史学界一直比较流行。随着洛阳地区两周考古资料的日益丰富，关于“洛邑”、“成周”与“王城”三者之间的关系逐渐明晰起来，即西周早期周公营建的洛邑与成周是同城异名，在今瀍河两岸，而无“王城”。至西周晚期，瀍河之成周衰落，继之而起在今汉魏洛阳故城所在地重建成周城，后经春秋晚期增扩，周敬王避子朝之乱迁都于此，文献中谓之东周成周。至周赧王时为东周君所居，直至周亡。东周时期的王城位于今涧河两岸（详见第六章第一节）。

第三节　西周地方重要发现

众所周知，周人灭商前的活动地区主要在陕西关中，这里可谓是周人西土的腹地。随着武王克商以及周公东征后，西周王朝着力营建东都洛邑，视其为天下之中，向北、东、南三个方向大举扩张，将殷商国土分封给亲戚、功臣、盟友及先圣之后，所谓“选建明德，以藩屏周”。据《左传·僖公二十四年》记载，西周初期分封了26个姬姓诸侯，他们分别为文王、武王及周公、召公之子。而《左传·昭公二十八年》则提到共有40个姬姓诸侯。此外，《荀子》记载周公摄政期间，共分封71个诸侯，其中姬姓多达53人。虽然我们很难搞清西周初期究竟有多少个地方封国及其具体位置，但目前相关的重要考古发现可以为重建西周社会结构和统治网络提供一些可靠的基点。

一、西方地区

除前面介绍的周原遗址和丰镐遗址外，作为西周王朝腹心地带的西土及外围地区还有多项重要考古发现。

---

① 刘富良：《洛阳西周陶器墓研究》，《考古与文物》1998年第3期。朱世伟、范新生：《西周早期的成周与王城》，《安金槐先生纪念文集》，大象出版社，2005年。

② 中国社会科学院考古研究所洛阳汉魏城队：《汉魏洛阳故城城垣试掘》，《考古学报》1998年第3期。

③ 徐昭峰：《成周与王城考略》，《考古》2007年第11期。

④ 侯卫东：《论西周晚期成周的位置及营建背景》，《考古》2016年第6期。

（一）陕西岐山周公庙遗址

周公庙遗址位于广义周原的西部，东距周原遗址约20千米，北依岐山支脉凤凰山，向南4千米即岐山县城（凤鸣镇），西邻凤翔县界。该遗址是近年来“大周原”考古的最重要发现，主要体现在如下几方面①。

（1）共发现7处西周墓地（有的上限可到先周），墓葬900多座。这些墓地多位于遗址外围，有明显的等级之别，其中以遗址北部山梁上的陵坡墓地规格最高，已探明带四条墓道的大墓10座，带三条、两条和一条墓道的大墓各4座，另有长方形竖穴土坑墓或车马坑15座，环绕该墓地东、西、北三面依山脊走势而建的长达1700、宽约5米的夯土墙，可能是陵园围墙。这是迄今为止发现的西周时期等级最高的墓地。白草坡墓地位于陵坡墓地以西约600米处，是一处以中型墓为主的贵族墓地，已钻探出墓葬200余座，其中有3座为带一条墓道的甲字形大墓。其余5处墓地分别位于折树棱、佛爷殿、樊村、蒋家沟和董家台，以小型墓葬为主，有少量中型墓，还有马坑或车马坑，可能是低等级贵族和一般平民的墓地。

（2）发现的50余处夯土建筑基址主要集中于陵坡墓地的西南，分布呈东北—西南走向。已发掘的北部一处建筑由大小不等的多块夯土组成，仅见建筑基槽的下部，形制结构不明，根据出土砖、瓦等建筑材料，可知其始建年代不早于先周晚期，废弃年代不晚于西周中期。建筑群的南端发现有西周晚期的板瓦堆积，由此推测整个建筑群的年代可能早晚不一。

（3）在折树棱北发掘一处西周铸铜作坊，出土了大量陶范和铸铜工具。另外，在祝家巷北的一座先周晚期的灰坑中还发现若干陶范，首次确认了先周文化的铸铜作坊遗存。

（4）在祝家巷北、庙王村北和陵坡南等8个地点出土先周晚期至西周时期的卜骨和卜甲8000余片，其中有刻辞者780余片、2500多字，内容涉及记时、记事和军事等，人名数见“周公”，地名有“周”“新邑”“唐”“先”“薄姑”等。

关于周公庙遗址的性质，多数学者认为是周公家族的采邑。郑玄《毛诗·周南召南谱》：“周、召者，《禹贡》雍州岐山之阳地名。……文王受命，作邑于丰，乃

---

① 周公庙考古队：《陕西岐山周公庙遗址考古收获丰硕》，《中国文物报》2004年12月31日第2版；《周公庙西周墓葬群重大发现专家谈》，《文博》2004年第5期。孙庆伟：《“周公庙遗址新出甲骨座谈会”纪要》，《古代文明研究通讯》总第20期，2004年。种建荣：《岐山周公庙遗址新出西周甲骨文》，《收藏》2004年第9期。种建荣、雷兴山：《周公庙遗址西周大墓与夯土围墙发现记》，《文博》2005年第3期。徐天进：《陕西岐山周公庙遗址》，《中国重要考古发现（2005）》，文物出版社，2006年。徐天进：《周公庙遗址的考古所获及所思》，《文物》2006年第8期。种建荣、雷兴山：《先周文化铸铜遗存的确认及其意义》，《中国文物报》2007年11月30日第7版。凤凰山（周公庙）考古队（刘静）：《2004年夏凤凰山（周公庙）遗址调查报告》，《古代文明（第6卷）》，文物出版社，2007年。

分岐邦周、召之地为周公旦、召公奭之采地，施先公之教于己所职之国。”可见周公采邑受封是在文王“作邑于丰”之后，其年代为商末周初，而此时恰是周公庙遗址繁盛之时。该遗址既有大型建筑基址、铸铜作坊，又有包括四条墓道大墓在内的各等级墓葬，还发现了大量的甲骨文，在西周考古中独树一帜。相信随着考古工作的深入开展，必将对周文化与西周史研究产生重大影响。

（二）陕西岐山赵家台遗址

赵家台遗址（又名孔头沟遗址）位于周公庙遗址与周原遗址之间，东距周原遗址约11千米。早在20世纪70年代，这里就出土过一件方座乳丁纹铜簋。80年代末，考古人员在此调查发现西周时期的陶窑，出土了较多的用于高级建筑的空心砖和条形砖[①]。2006～2008年，周公庙考古队对该遗址进行全面勘查和重点发掘，发现铸铜作坊、制陶作坊和烧砖作坊以及高等级墓地[②]。其中墓地位于遗址偏北处，面积约6万平方米，包括2座带墓道的大型墓（分别带两条墓道和一条墓道）在内的墓葬总数约900座，另有少量车马坑。勘探出的所有墓葬均为东西向，大型墓的主墓道亦朝东。这与目前可以确认的所有带墓道的姬姓高级贵族墓主墓道在南的现象不同，至少在关中地区西周墓葬中十分罕见，此墓地很可能属于非姬姓周人之墓地。又由于墓葬中不见腰坑，罕见殉狗，有别于殷遗民葬俗，故墓主可能是西土集团的成员。综合来看，赵家台遗址当是西周王畿内又一处重要采邑，其主人属于非姬姓高级贵族。

此外，2004～2005年周原考古队在凤翔水沟遗址调查时发现了4000余米的夯土城墙，在宝鸡附近调查时发现了面积达250万平方米的蒋家庙城址，城墙残长2190米。

（三）陕西眉县杨家村铜器窖藏

杨家村遗址位于陕西眉县北部的马家镇北，渭河北岸的二级台塬上，西北距岐山县城约16千米，属于大周原的南缘地带。迄今为止，在杨家村一带先后出土过4批西周青铜器，其中3处为单氏家族窖藏青铜器，分别为1955年发现的盠驹尊诸器5件，1985年发现的逨钟诸器18件，2003年发现的逨盘诸器27件，另外1972年发现的旗鼎也许与单氏家族有关[③]。

2003年发现的铜器窖藏形制特殊，窖穴入口通道呈南北向长方形竖穴土坑，口大底小，除北壁外，其余三壁底部均有宽窄不一的二层台，由坑底向南掏挖一穹隆形窑

① 陕西省考古研究所宝鸡工作站等：《陕西岐山赵家台遗址试掘简报》，《考古与文物》1994年第2期。

② 种建荣、张敏、雷兴山：《岐山孔头沟遗址商周时期聚落性质初探》，《文博》2007年第5期。种建荣、雷兴山：《孔头沟遗址商末周初遗存与先周文化探索》，《考古与文物》2009年第3期。

③ 陕西省考古研究院等：《吉金铸华章——宝鸡眉县杨家村单氏青铜器窖藏》，文物出版社，2008年。

洞，洞内套放27件青铜容器，夯土封门（图版7：2）。该窖穴入口上部被西周晚期灰坑打破，其埋藏原因可能不是因突发事件（如西戎攻镐）仓促之间形成，而是有计划地从容进行的[①]。这批铜器除铜盂略早外，其他铜器均为西周宣王时期所作，从而为确定西周宣王时期的青铜器提供了标尺。从铜器铭文来看，逨盘记述了中国第一部完整的单氏家族史，从皇高祖单公到逨8代人，同时也是金文所见的第一部基本完整的西周诸王世系，从文王直至宣王12代周王，其间无“共和”纪年。

我们知道周原铜器窖藏、居址和分布于其附近规模不等的墓地具有三位一体的关系。从打破杨家村铜器窖藏的西周晚期灰坑出土瓦的现象可知，其附近应该有高规格的建筑基址。1955年发现的盠驹尊诸器年代为西周昭穆时期，从盠驹尊器铭有“王弗忘厥旧宗小子”可知盠与周王室同姓。所以，杨家村一带至迟在西周早中期之际就成为姬姓单氏家族的采邑之地。单氏在周王朝享有很高的地位，西周晚期的单伯任司徒，应是单的正支，直到春秋时单氏仍是王朝重臣，历见《春秋》经传。

（四）陕西宝鸡強伯墓地

1974～1981年，宝鸡市博物馆等单位在宝鸡市区渭河两岸的纸坊头、竹园沟、茹家庄三处地点共清理发掘墓葬27座、车马坑2座和马坑4座，出土较多青铜礼器，其中茹家庄M1和M2还带有一条墓道。前两个地点的墓葬年代均属西周早期，后一地点则延续到西周中期之初。由铜器铭文可知，这里是以強伯为首的族墓地[②]。墓地所在一带，应是強伯的封邑。

茹家庄M1为带一条斜坡墓道的甲字形土坑竖穴墓，中部的椁室被分隔成甲乙两室，椁室底部有一长方形腰坑，坑内殉狗。墓主葬于东部乙室，殉葬的侍妾居西部甲室。两室均为髹漆彩绘双棺，死者均仰身直肢葬，头向南，上身撒有朱砂。在椁室两侧的二层台上分别放置1个和3个车轮，另发现殉人或人牲7具。墓中共出土遗物563件（组），属于墓主的青铜礼乐器包括食器为五鼎四簋组合，并有鬲、甗、豆等，酒器组合以尊、卣、爵、觯为主，水器组合则以盘、壶为主，乐器为一套3件的编钟和大铜铃。M1年代在西周穆王晚期，墓主为“強伯”。M2紧邻M1东侧，方向一致且略打破M1东壁。亦为带一条斜坡墓道的甲字形土坑竖穴墓，墓主葬具一椁两棺，北、东二层台上发现2具殉人，均有简单葬具。随葬的青铜礼器包括食器为五鼎四簋组合，水器为盘、鑵组合，缺少酒器、乐器和兵器。M2墓主为強伯的夫人井姬，两者属于夫妻异穴合葬墓（图5-11：1）。

強伯墓地与关中地区周人墓有一定差异，具有自身文化特点。形制方面，虽然以土坑竖穴墓为主，但墓圹头宽足窄，平面略呈梯形。葬俗方面，在椁室上部的填

① 李伯谦、徐天进：《陕西眉县出土窖藏青铜器笔谈》，《文物》2003年第6期。

② 卢连成、胡智生：《宝鸡強国墓地》，文物出版社，1988年。宝鸡市考古研究所：《陕西宝鸡纸坊头西周早期墓葬清理简报》，《文物》2007年第8期。

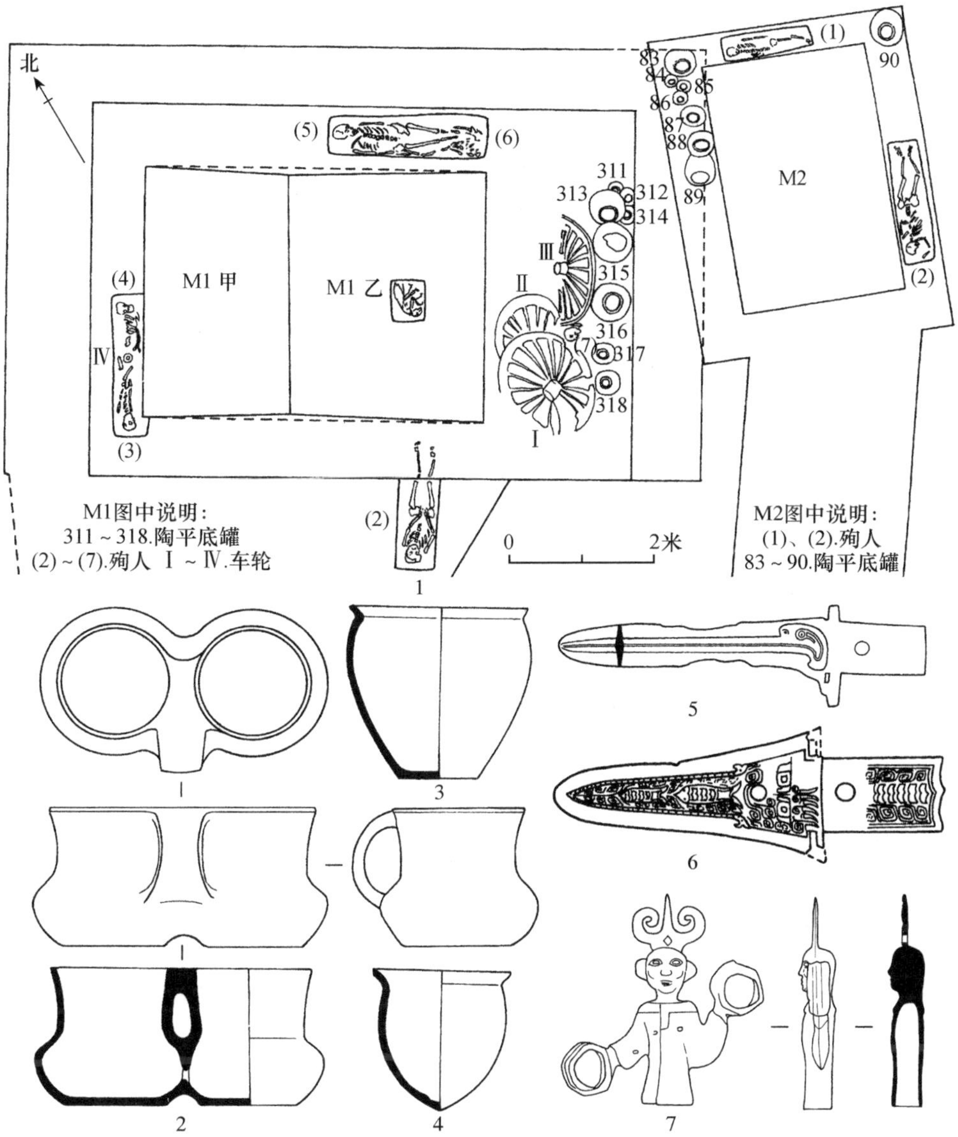

图5-11 宝鸡强伯墓地墓葬及出土部分器物举例

1. 茹家庄M1、M2平面位置图 2. 陶双联罐（竹园沟M1：5） 3. 陶平底罐（竹园沟M1：6） 4. 陶尖底罐（竹园沟M1：272） 5. 铜戈（竹园沟M18：30） 6. 铜戈（竹园沟M7：146） 7. 铜人（茹家庄M2：22）

土中或椁室内发现砾石随葬，在一些较大的墓葬椁室内也发现成组小石块；高等级墓存在着侍妾殉死的现象，殉妾都位于墓主椁室的一侧，她们有一定的地位，拥有自己的葬具和随葬青铜礼器、用具等。随葬品方面，除出土较多与周王畿相同或近似的西周青铜礼器外，还有一些独特的青铜容器如尖底罐、平底罐、浅盘器等。以尖底罐、双联罐为代表的陶器群最具特色，鬲、罐或鬲、豆、罐组合极少。此外，青铜兵器以三角援戈为主，装饰鸟纹、鱼纹等，铜人造型流行椎髻（图5-11：2～7）。这些发现反映了当地与西周早中期周文化、寺洼文化和早期巴蜀文化等文化因素共存交融的现象。关于强伯墓地的族属，发掘者认为是古代氐人一支，后迁入四川，与早期蜀文化关系密切。也有学者认为是早期巴族的一支，经陕南进抵到宝鸡渭河两岸。虽然存在不同看法，但都认为其与姬姓通婚，应属于非姬姓之族。

（五）陕西宝鸡石鼓山墓地

石鼓山墓地位于宝鸡市东南6千米渭河南岸的石鼓镇石嘴头村，西距弜伯墓地约8千米，其东北隔渭河与戴家湾相望，直线距离约5千米。1983年和1992年这里先后出土两批西周早期青铜器，可能为墓葬遗物①。2012～2013年，这里又发现4座墓葬，其中M1、M2形制不明，M3、M4经过考古发掘，在勘探中还发现与墓葬同期的灰坑、房址和陶窑等遗迹80余处②。

M3、M4距离很近，均为规模相当的长方形竖穴土坑墓，墓室东、北、西壁设置壁龛，龛内放置大量青铜礼器，时代呈现商末周初的特征，北壁西龛内均无青铜器，但都有陶高领袋足鬲，南壁均无龛，四周有熟土二层台，木质葬具均为一椁两棺，不见腰坑，年代均为西周初年。尽管两墓在形制与随葬品等方面显示出较多的共性，但也存在一些差异，如M3头向朝南，而M4头向朝北；M3随葬有较多的兵器和车马器，而M4则不见；M4有以较多玉珠组成的串饰，而M3无串饰，却有玉璧2件。根据两墓的相对位置、形制规模和随葬品的种类数量及铜器铭文等信息，M3墓主为户氏男性贵族，M4为女性，二者级别相近，关系密切，可能是夫妻关系。

关于石鼓山墓地的族属，一般认为源自刘家文化的姜戎（古羌人的一支）系统，属于非姬姓贵族墓地。需要说明的是，在宝鸡市区东西约15、南北约7千米的范围内，类似弜伯墓、石鼓山贵族墓还有多处发现，等级最高的如戴家湾墓地③，次级的如旭光④、林家村⑤、峪泉墓地⑥等。这些墓地分布相对集中，时代基本相当，主要属于西周早期，中期铜器墓已不多见，西周晚期便消失了。这一变化过程，可能有深层的历史原因。

（六）陕西泾阳高家堡戈族墓地

1971年和1991年，陕西省考古研究所在陕西泾阳高家堡村东北先后发掘了6座长

---

① 高次若：《宝鸡市博物馆藏青铜器介绍》，《考古与文物》1991年第5期。高次若：《宝鸡石嘴头发现西周早期墓葬》《文物》1993年第7期。

② 石鼓山考古队：《陕西省宝鸡市石鼓山西周墓》，《考古与文物》2013年第1期。石鼓山考古队：《陕西宝鸡石鼓山西周墓葬发掘简报》，《文物》2013年第2期。陕西省考古研究院等：《周野鹿鸣——宝鸡石鼓山西周贵族墓出土青铜器》，上海书画出版社，2014年；《陕西宝鸡石鼓山商周墓地M4发掘简报》，《文物》2016年第1期。

③ 任雪莉：《宝鸡戴家湾商周铜器群的整理与研究》，线装书局，2012年。

④ 王桂枝：《宝鸡下马营旭光西周墓清理简报》，《文博》1985年第2期。

⑤ 阎宏斌：《宝鸡林家村出土青铜器和陶器》，《文物》1988年第6期。

⑥ 王光永：《陕西省宝鸡市峪泉生产队发现西周早期墓葬》，《文物》1975年第3期。陕西省考古研究所等：《陕西省宝鸡市峪泉周墓》，《考古与文物》2000年第5期。

方形竖穴土坑墓，其中5座墓为南北向，墓主头向北。5座墓底有腰坑，有的坑内有殉牲。M2的椁盖和M3的二层台上还发现有殉人。葬具均有一椁一棺，M2和M4还加盖帷帐和竹席。葬式皆作仰身直肢葬。出有成组青铜礼器的M1～M4距离很近，排列有序，方向一致，没有相互打破现象[①]（图5-12）。

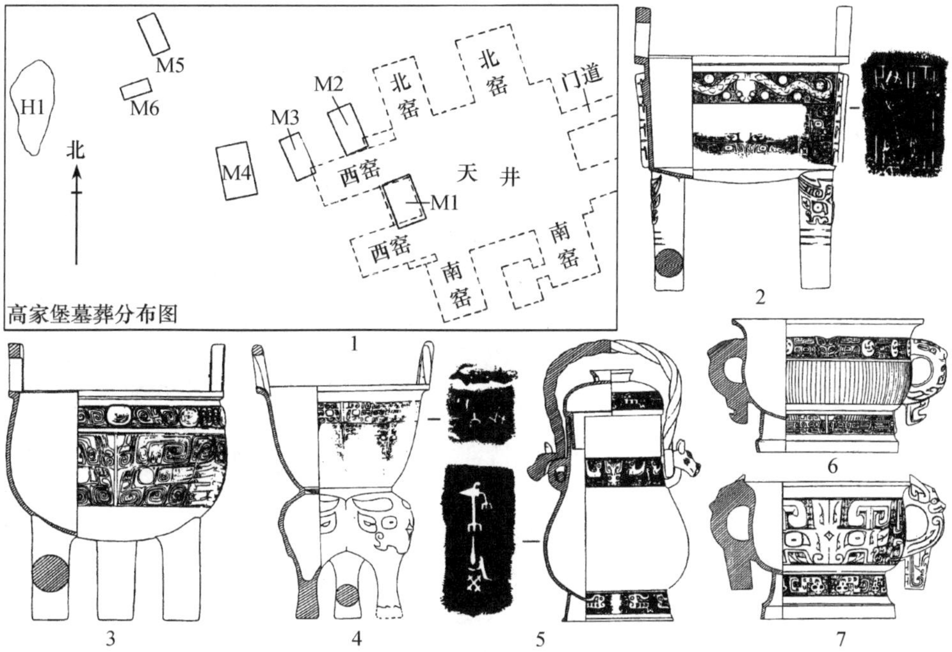

图5-12　泾阳高家堡戈族墓葬分布与M3随葬铜器

1. 高家堡戈族墓葬　2. 方鼎（M3：5）　3. 圆鼎（M3：1）　4. 甗（M3：2）　5. 卣（M3：6）　6、7. 簋（M3：3、M3：4）

根据随葬器物造型、纹饰以及器物组合关系分析，可知这处墓群的时代均属西周初年。由于出土铜器上多有族氏铭文“戈”字，表明这里是戈族的族墓地，高家堡一带可能是周初分封的戈族采邑之地。果真如此，它是现知距离西周国都丰镐最近的一处封邑。

（七）甘肃灵台白草坡墓地

1967年和1972年，甘肃省博物馆在甘肃灵台县城西北5千米的白草坡村南先后发掘了9座墓葬和1座车马坑[②]。这批墓葬均为长方形土坑竖穴墓，除M9向东外，其余均向北（图5-13：1）。除M6、M9为小型墓外，其余均为中型墓。M2、M3、M7有椁有棺，其余墓葬仅有棺。

M1受自然破坏，墓主仰身直肢，性别不详，随葬青铜礼器、兵器、铜泡和玉器等总计340余件。根据器物造型和纹饰判断，该墓年代在西周康王时期。发掘者将铜尊、

① 陕西省考古研究所：《高家堡戈国墓》，三秦出版社，1995年。

② 甘肃省博物馆文物队：《灵台白草坡西周墓》，《文物》1972年第12期；《甘肃灵台白草坡西周墓》，《考古学报》1977年第2期。

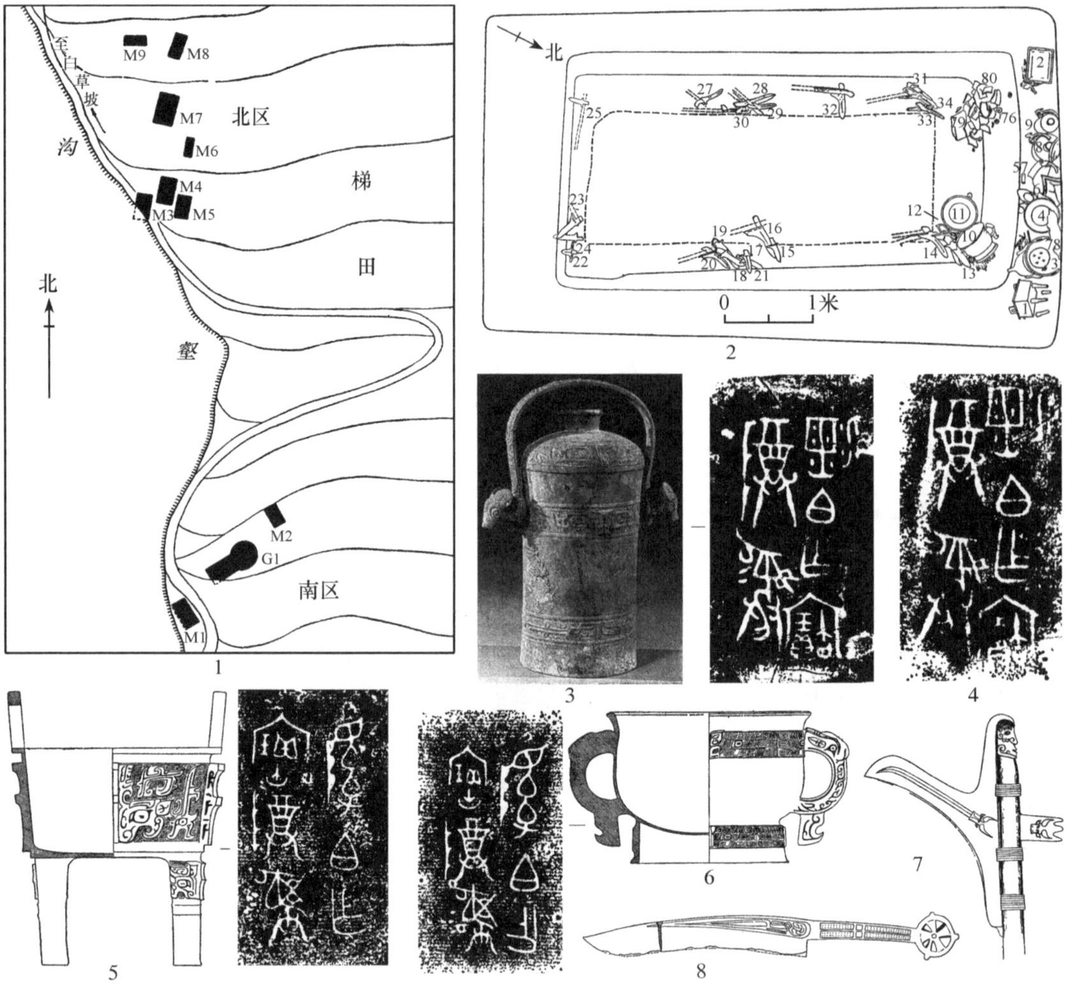

图5-13　灵台白草坡西周墓葬分布、M2平面图及随葬铜器

1. 灵台白草坡西周墓葬分布图　2. 白草坡M2分层平面图　3. 卣（M1：13）　4. 尊铭（M1：16）
5. 方鼎（M2：2）　6. 簋（M2：11）　7. 人头銎戟（M2：30）　8. 铃首刀（M2：38）

卣的铭文释为“潶伯作宝尊彝”（图5-13：3、4），由此认为M1是潶伯之墓。有学者指出所谓“潶”字应释作“泾”，M1墓主为泾伯①。M2保存完好，墓主为男性，仰身直肢，随葬有青铜礼器、兵器、车马器和工具等，其中有8件为“㥯伯”作器。M2年代与M1大体同时，墓主应为㥯伯（图5-13：2、5、6）。

有学者认为灵台白草坡地近密须，周文王时灭密须，建立姬姓封国，即文献上记载的“密”，“泾伯”和“㥯伯”为姬姓密国贵族②。事实上，该墓地的中型墓都有腰坑，其中M2、M7腰坑内均有殉狗，这并非姬姓周人的葬俗传统。青铜礼器方面，M1除泾伯尊、泾伯卣之外，还随葬了多件带有不同族氏铭文加日名的铜器，显示作器者来自不同的族氏，铜器时代亦有早有晚，组合上有拼凑之嫌，并不合乎中原礼制。根

① 刘钊：《泾伯器正名》，《文物研究》1989年第5期。

② 李学勤：《西周时期的诸侯国青铜器》，《新出青铜器研究》，文物出版社，1990年。

据新出的㶷王作夨姬尊铭文[1]，㶷王为娶自夨国的妻子夨姬作器，西周夨国青铜器多出现在陕西陇县一带，与甘肃灵台相去不远，可知㶷王并非姬姓，且与灵台白草坡M2㶷伯应为同一族属[2]。另外，该墓地出土的部分青铜兵器如人头銎戟、啄锤和工具如饰三角纹+粟点纹的柱柄刀、铃首刀等带有明显的北方文化色彩（图5-13：7、8）。

在灵台白草坡墓地的周邻地带，已发现多处西周墓葬，如灵台姚家河、洞山、西岭[3]和崖湾东庄[4]、崇信于家湾[5]、宁县焦村西沟[6]等，这些墓葬分布在泾河上游各支流域，时代都属于西周早中期，墓葬规模次于白草坡M1和M2，缺少成组的有铭铜器。此外，地处泾河中游支流的旬邑下魏洛也发现了西周早期墓，腰坑和殉人兼备，随葬铜器所见族氏铭文多样，成对的兵器（如钺、戟）体现出浓厚的军事色彩[7]。由此将以白草坡墓地为中心的泾河上游和以高家堡墓地为代表的泾河下游区域连接起来，具有重要的战略意义。总之，灵台白草坡墓地出土的“泾伯”和“㶷伯”诸器为研究西周早期甘肃灵台附近的历史地理和周王朝经营西北边疆的战略意图提供了重要线索。

（八）宁夏彭阳姚河塬遗址

姚河塬遗址位于宁夏彭阳县新集乡红河支流李儿河、小河切割形成的塬地上，是2017年考古人员在彭阳红河流域开展区域性考古调查时发现的。经钻探发掘获知，该遗址分为居址区、作坊区和墓葬区，面积60余万平方米。居址区发现有水网、路网、壕沟、灰坑等，其中水网系统位于遗址中部，包括蓄水池、输水渠、出水渠和引水渠四部分。作坊区内已勘探出道路、窑址、水渠、蓄水池等遗迹，出土大量铸铜陶范，表明应存在铸铜、制陶作坊。墓葬区位于遗址东北部，探明墓葬、马坑、车马坑、祭祀坑60余座，多数为南北向，已发掘2座甲字形大墓、中型墓6座、小型墓4座、马坑6座、车马坑1座，出土青铜器、玉器、骨器等文物3000余件。根据出土遗物判断，该遗址从商代晚期延续到西周中期，以西周遗存为主[8]。

姚河塬遗址的墓葬几乎全被盗掘，目前没有发现能证明墓主人身份的文物。但墓葬中发现牛、羊、马等殉牲，墓底有腰坑殉狗，具有殷遗民葬俗特征。尤为值得一提的是，甲字形大墓M13的墓道填土中出土1片牛肩胛卜骨，正面有刻辞2行35字，内容

① 吴镇烽：《近年新出现的铜器铭文》，《文博》2008年第2期。

② 陈昭容：《从青铜器铭文看两周夷狄华夏的融合》，《古文字与古代史》第二辑，历史语言研究所出版，2009年。

③ 甘肃省博物馆文物队等：《甘肃灵台县两周墓葬》，《考古》1976年第1期。

④ 史可晖：《甘肃灵台县又发现一座西周墓葬》，《考古与文物》1987年第5期。

⑤ 甘肃省文物考古研究所：《崇信于家湾周墓》，文物出版社，2009年。

⑥ 庆阳地区博物馆：《甘肃宁县焦村西沟出土的一批西周墓葬》，《考古与文物》1989年第6期。

⑦ 咸阳市文物考古研究所等：《陕西旬邑下魏洛西周早期墓发掘简报》，《文物》2006年第8期。

⑧ 李政：《商周考古的重要发现——宁夏彭阳姚河塬遗址发现西周早期诸侯级墓葬，铸铜、制陶作坊等重要遗迹》，《中国文物报》2017年12月5日第2版。

大致是卜问派遣两人，分别率30人巡查于夜、宕等五地，有无灾祸？该卜骨钻凿形态与陕西周原甲骨基本相同。

彭阳地处六盘山脉东侧，是东西方文化交流的重要通道。姚河塬遗址如此大规模、各种社会形态要素齐全的一系列重要发现，显示其很可能是一处西周封国都邑遗址，这里应是周王朝经略西北地区的前哨基地①。

二、北方地区

这里的北方地区主要指黄河以东、以北的古冀州之域，以太行山为界又分为山西和豫北至京冀两大部分。目前在该区域内发现的西周封国（或封邑）遗址，主要有晋、倗、霸、杨、楷（黎）、燕、邢、卫等。另外，黄河以西的陕西韩城梁带村—澄城刘家洼芮国遗址和黄河以南的河南三门峡李家窑—上村岭虢国遗址因与晋西南地区紧邻，所以一并在此介绍。

（一）山西曲沃天马—曲村晋国遗址

据《史记·晋世家》记载："武王崩，成王立，唐有乱，周公诛灭唐。"成王"于是遂封叔虞于唐，唐在河、汾之东，方百里，故曰唐叔虞。……唐叔子燮，是为晋侯"。郑玄《诗谱·唐谱》云："成王封母弟叔虞于尧之故墟曰唐侯，南有晋水，至子燮改为晋侯。"30多年来，西周晋国考古工作取得突破性进展，发现了早期晋都天马—曲村遗址和晋侯墓地。

天马—曲村遗址位于山西西南部曲沃与翼城两县之间的天马—曲村一带，地处曲沃盆地北部边缘，总面积达8.75平方千米。1980～1989年，北京大学考古系与山西省考古研究所合作在此发掘居址3700余平方米，清理西周春秋时期房址、水井、陶窑、灰坑等276个；墓地揭露面积约13400平方米，清理西周春秋时期墓葬641座，车马坑6座，主体遗存的年代为西周早期至春秋早期②。1992～2001年，对该遗址中部的北赵晋侯墓地先后进行六次发掘，共清理晋侯及夫人墓9组19座，以及附属的陪葬墓、祭祀坑等③。

北赵晋侯墓地与曲村以北的中小型墓葬区相距约1200米，其南北均有一条壕沟，似与外围相隔而形成一个相对独立的专用墓区。9组晋侯及夫人墓位依父子先后排列基

---

① 李伯谦：《周人经略西北地区的前哨基地——姚河塬遗址》，《华夏文明》2018年第2期（中）。

② 北京大学考古学系商周组、山西省考古研究所：《天马—曲村（1980～1989）》，科学出版社，2000年。

③ 北京大学考古系等：《1992年春天马—曲村遗址墓葬发掘报告》，《文物》1993年第3期；《天马—曲村遗址北赵晋侯墓地第二次发掘》，《文物》1994年第1期；《天马—曲村遗址北赵晋侯墓地第三次发掘》，《文物》1994年第8期；《天马—曲村遗址北赵晋侯墓地第四次发掘》，《文物》1994年第8期；《天马—曲村遗址北赵晋侯墓地第五次发掘》，《文物》1995年第7期；《天马—曲村遗址北赵晋侯墓地第六次发掘》，《文物》2001年第8期。

本有序，分为南北三排。由早及晚先由中间一排东侧的M114（M113）组开始，向北至北排东侧的M9（M13）组，然后向西经M6（M7）组，至M33（M32）组后，又折向中间一排西侧的M91（M92）组，然后又在南面另起一排，由东M1（M2）组向西经M8（M31）组排至M64（M62、M63）组，最后在北排西侧另起M93（M102）组（图5-14）。除M102无墓道、M93和M63带南北双墓道外，其余皆设一条南墓道，在各组墓东侧均祔葬一座车马坑，其中属于M8的一号车马坑中夯筑一道南北向隔梁，东侧葬马至少105匹，西侧葬车48辆[1]（图版8：1）。墓地被大规模盗扰，M1、M2、M6、M7、M32几乎被盗一空，破坏严重；M8、M33、M114虽被盗，但残留若干遗物；其余墓葬保存完整。根据墓葬形制、随葬铜器铭文及相关遗物，学术界基本推定这9组墓主为西周早期至两周之际9代晋侯及其夫人，即晋侯燮父、武侯、成侯、厉侯（𤞞马）、靖侯（喜父）、釐侯（对）、献侯（苏）、穆侯（邦父）、文侯（或殇叔）[2]。

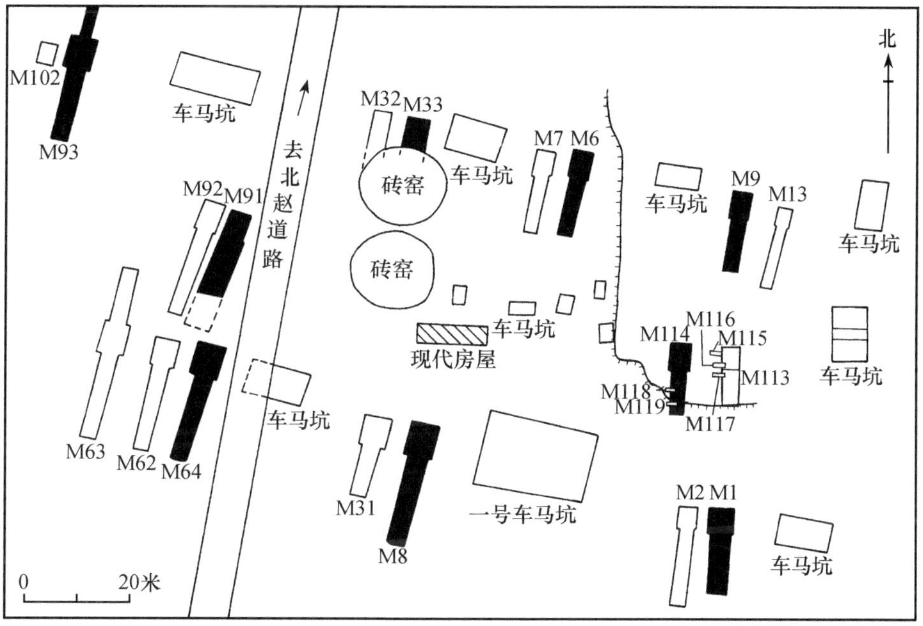

图5-14　曲沃北赵晋侯墓地墓葬分布图

（采自山西省考古研究所等《山西北赵晋侯墓地一号车马坑发掘简报》图一，《文物》2010年第2期，图中涂黑者为晋侯墓）

关于天马—曲村遗址的性质，早在发掘工作开展之初，邹衡即提出此处可能为晋国故都[3]。后来，他明确认为该遗址是叔虞始封之唐地[4]。北赵晋侯墓地发现之后，邹

① 山西省考古研究所等：《山西北赵晋侯墓地一号车马坑发掘简报》，《文物》2010年第2期。

② 李伯谦：《晋侯墓地发掘与研究》，《晋侯墓地出土青铜器国际学术研讨会论文集》，上海书画出版社，2002年。

③ 北京大学考古专业商周组等：《晋豫鄂三省考古调查简报》，《文物》1982年第7期。

④ 邹衡：《晋始封地考略》，《尽心集——张政烺先生八十庆寿论文集》，中国社会科学出版社，1996年。

衡否定晋国都城在西周时期曾几次迁徙的说法，认为天马—曲村遗址的兴废过程正与侯马新田（新绛）遗址相衔接，前者既是唐，又是晋景公迁都新田以前的故绛，期间只有较短的时间可能以翼为都①。李伯谦也主张晋国在西周时期不曾迁都，但他相信顾炎武"窃疑唐叔之封以至侯缗之灭，并在于翼"的看法，认为天马—曲村遗址既是唐，又是翼，而只是从晋献公开始，才又迁都于绛（故绛）②。王立新认为该遗址既非故绛，又非翼，也非叔虞所封之唐，而最有可能是燮父所徙的晋水（天马—曲村遗址东南缘的滏河或许即是年久失载的晋水）傍，也就是晋国和晋侯之所以名晋的由来③。随后，觊公簋及其铭文的披露对于讨论这一问题具有非常重要的学术价值。朱凤瀚根据簋铭"王令（命）昜（唐）伯侯于晋"，认为"燮父所居晋国都邑'晋'并不在唐叔初封之'唐'旧地，而是其新迁之都"④。结合上述北赵晋侯墓位排序始于燮父的研究成果，基本可以确定天马—曲村遗址作为晋都是从燮父开始的。那么叔虞始封之唐在哪里？目前主要有两种意见：其一，王立新指出洪洞县城东北的坊堆村和永凝东堡一带已发现有西周早期的遗址、铜器墓以及刻辞卜骨，性质非同一般，若能对此遗址继续开展一些工作，可能对最终解决叔虞始封的唐地所在会有很大帮助⑤。有学者考证晋国始封地名"昜"，可以追溯到商代卜辞中的"昜"国，推测其与西周杨国均位于今山西洪洞坊堆—永凝堡一带⑥。其二，李伯谦建议到临汾尧都区庞杜遗址去寻找，该遗址发现有铜器墓，有的铜器上铸有铭文，年代可早到商末周初⑦。

2005年，山西省考古研究所在曲沃史村镇羊舌村南的岭地上新发现一处晋侯墓地，与其西北方向的北赵晋侯墓地隔滏河相望，直线距离约4.5千米。整个墓地南北长400、东西宽300米，北部沿岭地边缘东西分布至少5座带南北墓道的中字形大墓和1座车马坑，南部为中小型墓区。已发掘的M1和M2是一组异穴并列、带南北墓道的中字形土圹竖穴积石积炭大墓，东侧有一东西向车马坑和大量祭祀活动遗迹。M1居东，稍大；M2居西，较M1略小，它们下葬不久即被严重盗掘⑧（图5-15）。两墓规模与北赵晋侯及夫人墓相当而略大，其时代与北赵晋侯墓地M63和M93有明显的继承发展关系。因此，羊舌墓地的两组大墓应是继北赵晋侯墓地之后的两代晋侯及夫人墓。至于M1、M2墓主具体是谁，学界看法不一，或曰文侯夫妇，或曰文侯之子昭侯夫妇⑨。

① 邹衡：《论早期晋都》，《文物》1994年第1期。

② 李伯谦：《晋国始封地考略》，《中国文物报》1993年12月12日；《天马—曲村遗址发掘与晋国始封地的推定》，《中国青铜文化结构体系研究》，科学出版社，1998年。

③ 王立新：《关于天马—曲村遗址性质的几个问题》，《中原文物》2003年第1期。

④ 朱凤瀚：《觊公簋与唐伯侯于晋》，《考古》2007年第3期。

⑤ 王立新：《关于天马—曲村遗址性质的几个问题》，《中原文物》2003年第1期。

⑥ 孙亚冰、林欢：《商代地理与方国》，中国社会科学出版社，2010年，第330～338页。

⑦ 李伯谦：《觊公簋与晋国早期历史若干问题的再认识》，《中原文物》2009年第1期。

⑧ 山西省考古研究所等：《山西曲沃羊舌晋侯墓地发掘简报》，《文物》2009年第1期。

⑨ 孙庆伟：《试论羊舌墓地的归属问题》，《古代文明研究通讯》总第33期，2007年。

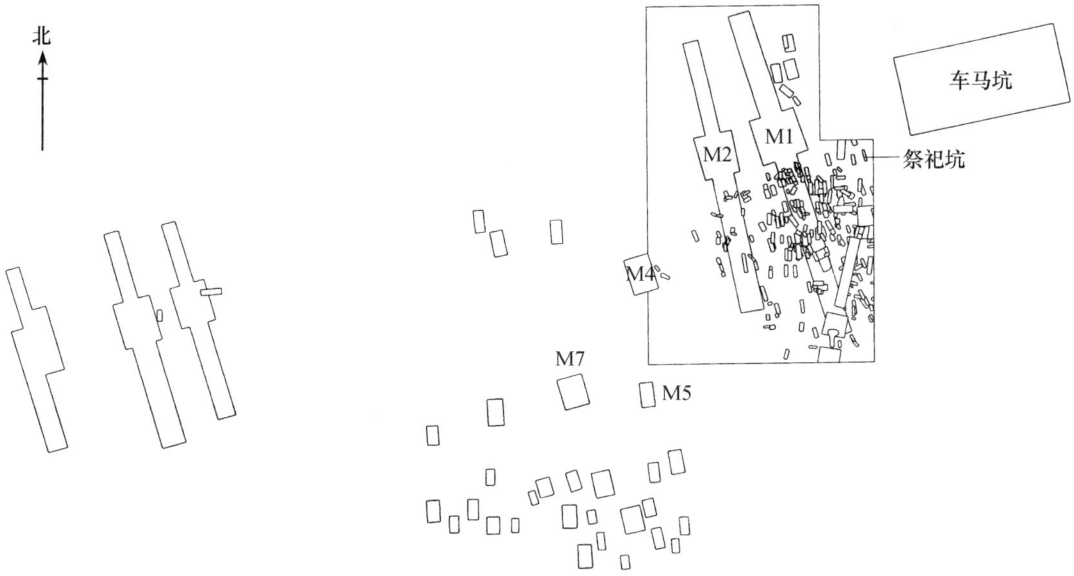

图5-15　曲沃羊舌晋侯墓地墓葬分布示意图

（采自山西省考古研究所等《山西曲沃羊舌晋侯墓地发掘简报》图一，《文物》2009年第1期）

羊舌晋侯墓地与北赵晋侯墓地时代衔接，且附近没有发现与之相应的单独遗址，所以它应属于天马—曲村早期晋都遗址的重要组成部分。目前来看，天马—曲村遗址作为早期晋都虽已基本得到确认，但除了晋侯墓地、普通生活居址和族墓地外，该都城遗址还没有发现城垣、大型建筑基址和宗教祭祀遗存，手工业作坊（J7区）和道路系统也不明确，需要做的工作还很多。

（二）山西绛县横水倗伯墓地

横水墓地位于山西绛县横水镇以北，居绛山之阳，地势高平而开阔。2004年该墓地因被盗发现，墓地南北长约1000、东西宽150米，共发掘墓葬1299座，发现车马坑33座，大部分保存完好。墓地从西周早期延续至春秋初年，墓葬规模大、中、小皆有，绝大多数为东西向，墓主头向多朝西。3座带墓道的大墓平面呈一字形，墓道在墓室西侧。大中型墓常见殉人、腰坑，多数男性墓为俯身葬，而女性基本为仰身葬。出土铜器铭文中有倗伯、倗公、倗孟、倗叔、倗姬等，以倗伯最多。大中型墓大都有车马坑或马坑①。

M1和M2均为带斜坡墓道的竖穴土坑墓，一椁两棺，棺椁之间葬有殉人，葬具上覆盖有精美的荒帷，年代均为西周中期。M1墓主仰身直肢葬，随葬的青铜礼乐器有鼎、簋、甗、鬲、盂、盘、盉、提梁壶、贯耳壶、觯、甬钟等计25件，铜器铭文曰“倗伯作毕姬宝旅鼎（或簋、盘、甗）”，内容是倗伯为其夫人毕姬作器。M2规模较M1稍小，墓主俯身直肢葬，随葬的青铜礼乐器有鼎、簋、甗、卣、盘、盉、爵、觚、

① 宋建忠等：《山西绛县横水西周墓地》，《中国重要考古发现（2005）》，文物出版社，2006年。山西省考古研究所等：《山西绛县横水西周墓地》，《考古》2006年第7期。

尊、甬钟等计16件，铜器铭文有“倗伯肇作宝鼎”等内容，应是倗伯为自己作器[①]（图5-16）。由此推定，M2墓主为倗伯，M1是其夫人毕姬。此倗伯夫妇的头向均朝西并有殉人，与一般姬姓周人墓葬俗判然有别，随葬的礼器组合皆杂凑而成，并非成套，且夫人墓的五鼎五簋多于倗伯墓的三鼎一簋，也有违于一般夫人墓待遇低于丈夫一级的惯例。

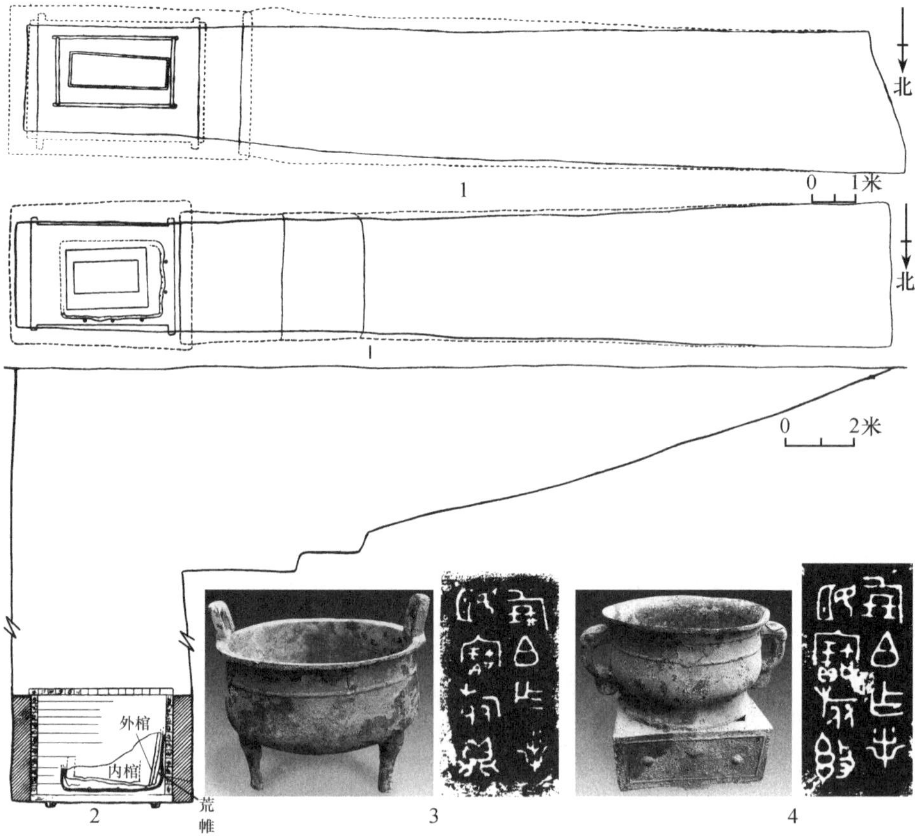

图5-16　绛县横水倗伯墓地M1、M2形制与随葬铜器

1. M2平面图　2. M1平、剖面图　3. 铜鼎（M1：212）　4. 铜簋（M1：199）

M2158虽无墓道，但规模较大，墓底面积20.6平方米，深达14.3米，墓口东侧有3个柱坑，南北两侧有4个斜洞。墓内有腰坑、2只殉狗和6具殉人，墓主一椁两棺，头向西，为35～40岁的男性。随葬品种类丰富，其中27件青铜礼器年代有早有晚，组合亦属拼凑，铭文不仅有“伯”“倗伯”“倗姬”，还有“鲁侯”“太保”“芮伯”以及日名铜器等。该墓东侧还有一座较大的用来陪葬的车马坑。综合来看，该墓年代为西周中期早段，略早于M1和M2，墓主亦为一代倗伯[②]。

传世的倗仲鼎（《殷周金文集成》4.2462，以下简称《集成》）铭曰：“倗仲作毕媿媵鼎其万年宝用。”说明倗仲为嫁到毕国去的本家女子作器，可知倗为媿姓。学

① 山西省考古研究所等：《山西绛县横水西周墓发掘简报》，《文物》2006年第8期。

② 山西省考古研究所等：《山西绛县横水西周墓地M2158发掘简报》，《考古》2019年第1期。

界一般认为媿姓诸器铭文之媿，即《左传·宣公四年》记载周成王封叔虞于唐时曾赐予“怀姓九宗”的“怀姓”[①]。“怀姓九宗”属于商周时期活跃于北方的戎狄部族。除上述铭文外，倗伯还娶芮国的姬姓女子为妻，如横水墓地M1006有“倗伯肇作芮姬”簋、M2158有“芮伯作倗姬宝媵簋四”铭文[②]；还将本家女子嫁入晋国，如北赵晋侯墓地M91出有伯喜父为其媿姓妻子倗母作簋[③]。由此看出，出身戎狄的倗伯不仅接受宗周礼制，学习使用汉字，而且经由政治联姻往来，顺利融入了华夏主流社会[④]。𠭯鼎铭文有“晋侯令𠭯追于倗”的内容[⑤]，说明晋与倗相距不会太远。而绛县与曲沃南北相邻，横水墓地距天马—曲村遗址确实不远。关于横水墓地的性质和倗伯的政治地位，目前学界还存在不同认识。一种意见认为横水墓地为媿姓倗伯的家族墓地，倗为独立的封国[⑥]。李学勤推测此倗国就是《国语·郑语》记载周幽王八年“当成周者，……西有虞、虢、晋、隗、霍、杨、魏、芮”中的隗国[⑦]。也有学者认为倗伯为晋国臣属，属于唐叔虞受封时领有的“怀姓九宗”，以倗伯为首的横水墓地乃是晋国卿大夫的采邑墓地，充其量为晋之附庸[⑧]。综合来看，倗伯虽来自媿姓狄人族群，但未必属于“怀姓九宗”；倗伯虽较晋侯社会地位低，但在政治、外交、文化方面均有一定的自主性，以横水倗伯家族墓地为代表的族群应是西周时期一个较为独立的国族[⑨]。

（三）山西翼城大河口霸伯墓地

大河口墓地位于山西翼城县城以东约6千米处的大河口村北台地上，西距天马—

---

① 王国维：《鬼方昆夷猃狁考》，《观堂集林》卷十三，中华书局，1961年。陈公柔：《说媿氏即怀姓九宗》，《古文字研究》第十六辑，中华书局，1989年。

② 谢尧亭：《倗、霸及其联姻的国族初探》，《金玉交辉——商周考古、艺术与文化论文集》，历史语言研究所出版，2013年。

③ 李伯谦：《晋伯卣及其相关问题》，《古代文明研究通讯》总第四十期，2009年。

④ 陈昭容：《从青铜器铭文看两周夷狄华夏的融合》，《古文字与古代史》第二辑，历史语言研究所出版，2009年。

⑤ 马承源：《新获西周青铜器研究二则》，《上海博物馆集刊》第六辑，上海古籍出版社，1992年。

⑥ 吉琨璋、宋建忠、田建文：《山西绛县横水西周墓地研究三题》，《文物》2006年第8期。马保春：《山西绛县横水西周倗国大墓的历史地理问题》，《考古与文物》2007年第6期。

⑦ 李学勤：《绛县横北村大墓与倗国》，《中国文物报》2005年12月30日第7版。

⑧ 张天恩：《考古发现的西周采邑试析》，《周秦文化研究论集》，科学出版社，2008年；《晋南已发现的西周国族初析》，《考古与文物》2010年第1期。田伟：《试论绛县横水、翼城大河口墓地的性质》，《中国国家博物馆馆刊》2012年第5期。韩巍：《横水、大河口西周墓地若干问题的探讨》，《两周封国论衡——陕西韩城出土芮国文物暨周代封国考古学研究国际学术研讨会论文集》，上海古籍出版社，2014年。“附庸”一词最早见于《孟子·万章下》，所谓领地“不能五十里，不达于天子，附于诸侯，曰附庸”。

⑨ 谢尧亭：《简论横水与大河口墓地人群的归属问题》，《有实其积——纪念山西省考古研究所六十华诞文集》，山西人民出版社，2012年。

曲村遗址约21千米。2007年该墓地因被盗发现，至2016年12月，整个墓地全部发掘完毕，共发掘西周墓葬2200余座。墓地从西周早期延续至春秋早期，均为长方形竖穴土坑墓，未见带墓道者，多数口小底大，墓葬之间很少有打破关系。绝大多数墓为东西向，以头向西为主，少量头向东，南北向墓很少。大中型墓分布没有明显的规律，也没有发现夫妻并穴合葬现象。墓葬填土大多经过夯打，部分墓葬发现有脚窝和生土二层台，个别墓葬有壁龛。葬具为一棺、一棺一椁或两棺一椁。墓主多为仰身直肢，个别的仰身屈肢葬。有腰坑和坑内殉狗的墓葬较多，未发现殉人。大型墓随葬青铜器较多，且有使用日名的习俗。车马坑均位于大中型墓的东侧，除1座为南北向外，其余均为东西向。下面以M1、M1017和M2002为例，介绍如下。

M1墓底面积约17.4平方米，深9.75米，墓口平面四角外发现4个通向墓壁的斜洞，在二层台之上四壁发现11个壁龛。墓内一椁一棺，有腰坑。墓主仰身直肢，头向西。壁龛内放置漆木器（俎、罍、豆等）、陶器及原始瓷器等，在东部二层台上发现漆木俑，另三侧二层台上发现有青铜兵器、漆盾等。棺椁之间的随葬品以青铜器数量最多，包括礼器、乐器、兵器、工具、车马器等，其中礼器有70多件，仅鼎就多达24件，部分青铜礼器上有铭文，如鼎铭“伯作宝尊彝”、簋铭“芮公舍霸马两玉金用铸簋”、卣铭“燕侯旨作姑妹宝尊彝”等。该墓年代为西周早中期之际，墓主系一代霸伯①。

M1017墓底面积约19.8平方米，深10.02米，墓内一椁一棺，椁底有腰坑。墓主头向西，葬式尚不清楚（此墓移入室内，正在清理中）。随葬青铜器数量众多，种类俱全，仅容器就达50件，其中13件鼎中有方鼎5件，多件铜器为伯和霸伯作器（图5-17）。铭文内容显示，霸伯与王室重臣伯老和井叔直接来往，且有周王赐霸伯贝及霸伯对扬王休等事。多件霸伯自作器、霸伯搏戎、霸伯作太庙祭器及倗伯盆等的发现，表明霸伯具有一定的政治、经济、军事、宗教和外交权力。该墓年代属西周中期早段，晚于M1，墓主是一位名尚的霸伯②。

M2002墓室面积仅11平方米，明显小于M1和M1017，墓内一椁一棺，有腰坑殉狗，但无殉人。墓主头向西，为35～39岁男性。随葬青铜器中没有乐器和酒器，多件容器上有“霸仲”和“格仲”作器。该墓年代属西周中期早段，与M1017同时或略晚，墓主应是霸伯尚之弟霸（格）仲③。

大河口墓地出土铜器铭文中，“霸伯”最常见，还有“霸仲”之器，这里应是霸伯家族墓地。铭文显示，霸与燕、晋等姬姓国族联姻，且与芮公、井叔等周王室重臣

---

① 山西省考古研究所大河口墓地联合考古队：《山西翼城县大河口西周墓地》，《考古》2011年第7期。

② 山西省考古研究所等：《山西翼城大河口西周墓地1017号墓发掘》，《考古学报》2018年第1期。

③ 山西省考古研究所等：《山西翼城大河口西周墓地2002号墓发掘》，《考古学报》2018年第2期。

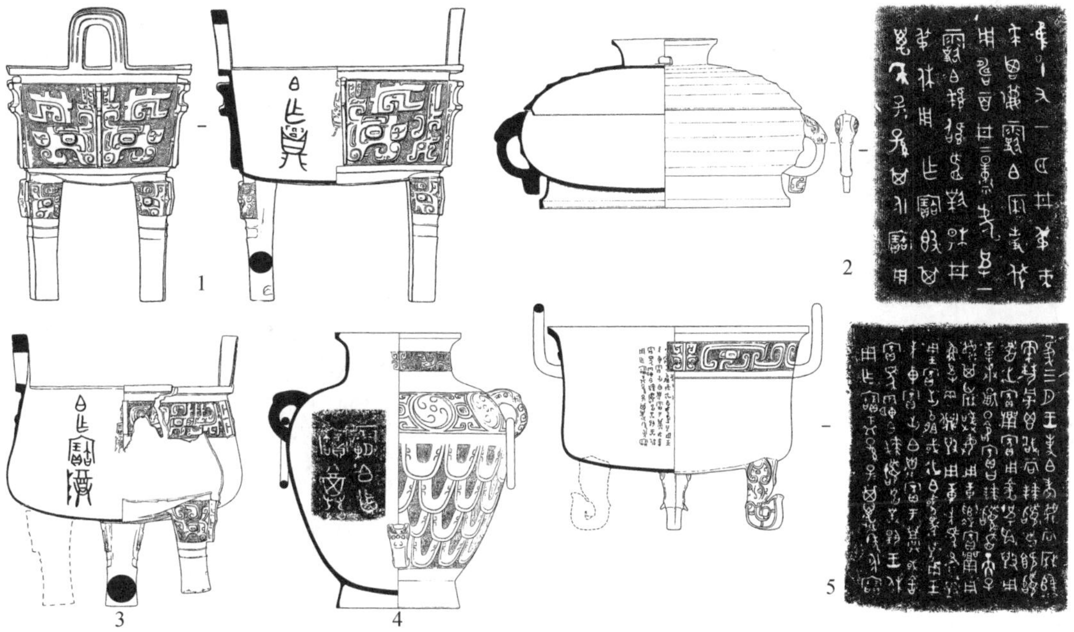

图5-17　翼城大河口霸伯墓地M1017随葬有铭铜器

1. 伯方鼎（M1017：3）　2. 霸伯簋（M1017：8）　3. 伯圆鼎（M1017：25）

4. 霸伯罍（M1017：66）　5. 霸伯盂（M1017：6）

有政治来往。其虽不见于传世文献记载，但从大河口墓地与绛县横水墓地存在诸多相似性（如头向西、大量腰坑殉狗等葬俗）来看，其族群可能与倗一样来自戎狄，也是西周时期一个较为独立的国族。

（四）山西洪洞坊堆—永凝堡杨国遗址

坊堆村位于山西洪洞县（原“洪赵县”）东北约7.5千米处，东临霍山。1954年在此清理西周墓葬18座，均为东西向长方形土坑竖穴，葬式以仰身直肢为主，另有屈肢葬4例、俯身葬1例，头向皆朝东，随葬有青铜礼器、兵器、工具和车马器以及陶鬲等。值得注意的是，当时在该遗址中部及西部还出土2件卜骨残片和包括鼎、簋、甗在内的8件铜器①。根据出土遗物判断，坊堆遗址西周遗存的年代可以早到西周早期，尤其所出卜骨具有非同寻常的意义。

永凝堡位于山西洪洞县城东北约6千米处，东距坊堆村约2.5千米。1957年，当地群众打窑烧砖时破坏一座西周墓，出土铜器300余件②。1980年在此考古勘探13000多平方米，共发现灰坑20个、墓葬56座（大部分为西周墓，个别较晚），已发掘的22座西周墓均为长方形竖穴土坑墓。葬具以一椁一棺为主，较大者有一椁两棺，

① 畅文斋：《山西洪赵县坊堆村在古代遗址下部发现了很多铜器》，《文物》1955年第3期。山西省文物工作委员会：《山西洪赵县坊堆村古遗址墓群清理简报》，《文物》1955年第4期。

② 解希恭：《山西洪赵县永凝东堡出土的铜器》，《文物》1957年第8期。

个别小墓仅一棺。可辨葬式以仰身直肢为主，仰身屈肢仅1例，头向朝北或略有偏角，朝西南者仅1例。多数墓虽被盗掘，但仍出土较多遗物，其中青铜礼器墓有13座，有些为夫妻异穴并葬墓（如BM5、BM6），最高规格者随葬3鼎，部分铜器有铭文，如“恒父”簋、“屯鼍”簋等。随葬陶器以鬲最常见，女性墓葬陶器较多（图5-18）。发掘者认为这批墓葬的年代贯穿西周，上限不晚于成、康时期[①]。

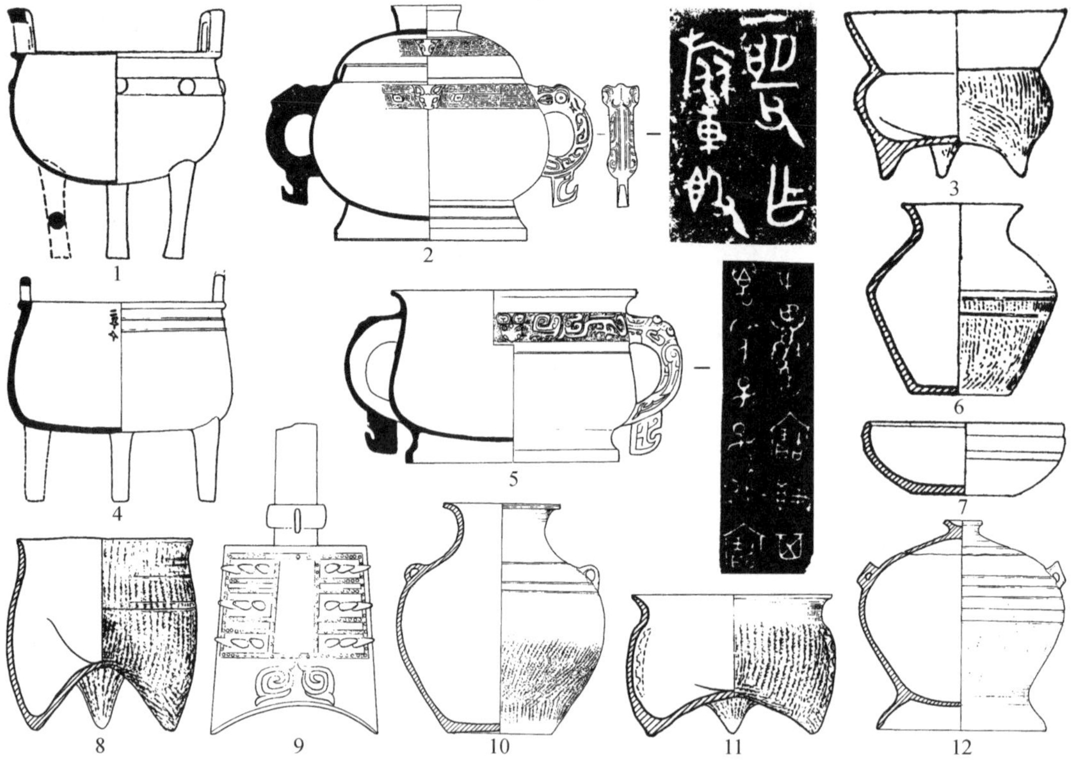

图5-18　洪洞永凝堡西周墓葬出土典型器物

1、4. 铜鼎　2、5. 铜簋　3、8、11. 陶鬲　6、10. 陶罐　7. 陶钵　9. 铜甬钟　12. 陶簋

（1～3、6、7. 出自NM9；4、5、8、9. 出自YM12；10～12. 出自YM9；器号省略）

尽管坊堆—永凝堡西周遗址没有出土标示国别的有铭铜器，但文献明确记载洪洞在汉代称杨县、东周属杨邑，因此坊堆—永凝堡西周遗址属于杨国基本得到了学术界的认同。不过，这个杨国是姬姓还是姞姓还未达成共识，争论焦点集中在北赵晋侯墓地M63出土的2件有铭铜壶上，铭曰“杨姞作羞醴壶”。一种意见认为由此铭可证杨国属于姞姓，杨姞是杨国之女，铜壶出自晋侯夫人墓中，有可能是杨国嫁女于晋时的媵器，墓主可能就是杨姞；为避免《左传》等文献记载杨为姬姓[②]的矛盾，提出了先

① 山西省文物工作委员会等：《山西洪洞永凝堡西周墓葬》，《文物》1987年第2期。临汾地区文化局：《洪洞永凝堡西周墓葬发掘报告》，《三晋考古》第一辑，山西人民出版社，1994年。

② 《左传·襄公二十九年》叔侯曰：“虞、虢、焦、滑、霍、杨、韩、魏，皆姬姓也，晋以是大。若非侵小，将何所取？武、献以下，兼国多矣，谁得治之？”

有姞姓之杨、后封姬姓之杨的看法[①]。另一种意见认为杨姞是嫁入杨国的姞姓之女，提出在“周宣王子尚父封为杨侯”（《新唐书·宰相世系表》）之前，并没有一个姞姓杨国[②]。2003年，眉县杨家村铜器窖藏出土的四十二年逨鼎铭文记载，周宣王册命逨时说到“余肇建长父侯于杨”[③]。有学者指出逨鼎铭文中此语与上面提到的《新唐书·宰相世系表》所记相合，“长父”与尚父相通，从而证明姬姓杨国受封于周宣王四十二年[④]。近来又有学者撰文对“先有姞姓之杨、后封姬姓之杨”之说提出反驳，理由是杨姞作为作器者，不可能自己为自己作媵器，杨姞壶的制作年代为西周晚期宣、幽之世，是作为赙赗之物葬于晋侯夫人墓中，洪洞坊堆—永凝堡墓地从西周早期沿用至春秋早期，葬俗上未见因国族更替而发生的显著变化[⑤]。综合来看，我们倾向于认为洪洞坊堆—永凝堡西周遗址可能先后属于姞姓之杨和姬姓之杨，即杨国可能有过二次分封。

（五）山西黎城西关楷（黎）国墓地

西关墓地位于晋东南黎城县西关村水库西岸的坡地上，2005～2006年在此进行考古勘探与发掘，已探明墓葬92座，其中带墓道的大型墓3座、中型墓15座、小型墓74座。已发掘大型墓2座、中型墓5座、小型墓3座。总体特征表现为：大、中、小型墓杂处于一个墓地，看不出排列规律。墓室多口小底大，但也有口大底小者。墓室四壁都非常不整齐，每座墓都有一个壁龛。大型墓相距较远，不存在夫妻并穴合葬现象。没有专设的车马坑，车子都随葬在墓葬内。大中型墓葬具有一椁两棺和一椁三棺，有些墓有腰坑、殉牲和殉人[⑥]。

M1和M10均为带一条南向斜坡墓道的甲字形大墓。M1墓道与墓室衔接处残存3具车辕、衡及轭，其中一具车轭上保存有青铜轭饰，车舆部分随着墓室塌陷而未发现痕迹。在墓室东、北、西侧的生土二层台上，排列车轮14件。葬具仅发现一椁，棺的情况不详。除在棺椁之间残留一些车马器之外，其余随葬品基本被盗一空。M10 与M1

---

① 山西省考古研究所等：《天马—曲村遗址北赵晋侯墓地第四次发掘》，《文物》1994年第8期。李学勤：《晋侯邦父与杨姞》，《中国文物报》1994年5月29日第3版。王光尧：《从新出土杨姞壶看杨国》，《故宫博物院院刊》1995年第2期。李伯谦：《也谈杨姞壶铭文的释读》，《文物》1998年第2期。

② 王人聪：《杨姞壶铭释读与北赵63号墓主问题》，《文物》1996年第5期。孙庆伟：《试论杨国与杨姞》，《考古与文物》1997年第5期。

③ 刘怀君、辛怡华、刘栋：《四十二年、四十三年逨鼎铭文试释》，《文物》2003年第6期。

④ 李学勤：《眉县杨家村新出青铜器研究》，《文物》2003年第6期；《续说晋侯邦父与杨姞》，《宝鸡文理学院学报》（社会科学版）2005年第6期。王辉：《四十二年逨鼎铭文笺释》，《第四届国际中国古文字学研讨会论文集》，香港中文大学，2003年。

⑤ 李建生：《“梁姬”、“杨姞”及其相关问题》，《中国历史文物》2009年第5期；《周伐猃狁与“长父侯于杨”相关问题》，《中原文物》2012年第1期。

⑥ 张崇宁、杨林中：《山西发掘黎城西关西周墓地》，《中国文物报》2007年4月25日第2版。张崇宁：《山西黎城黎国墓地》，《中国重要考古发现（2007）》，文物出版社，2008年。

相距16米，其墓道宽于墓室，墓道中发现马、牛、羊、狗等祭牲57 具。葬具为一椁两棺。随葬品基本被盗空，墓主身上有少量玉器，腰部发现1件铜柄铁剑。

M7、M8、M9 是未遭盗掘的中型墓，葬具皆为一椁。M7和M9有两棺，M9 棺盖上有朱红色和黑色线条构成的图案花纹。M8有三重棺，每层棺底板下都铺有木质方格网架，每个方格均为 10厘米见方的正方形，网架上铺有橘黄色编织物，类似丝织品，每层棺外都有2道或3道麻绳捆扎的棺束；棺内墓主人身上有多层衣物残留的痕迹；椁底板下有腰坑，坑内殉狗。随葬品方面，M8出土的青铜礼器有鼎、簋、甗、壶、匜、盘等计8件，其中鼎铭“楷宰中考父……”，壶铭“楷侯宰□作宝壶永用”（图5-19）。另有漆器3件，器形不明。M7中也出有相同形式的青铜礼器，但没有甗。M9出土的青铜礼器均为明器，有簋2、壶2、匜1、盘1，无鼎。

图5-19　黎城西关黎国墓地M8墓室与随葬铜器

1. M8　2. 鼎　3. 簋　4. 壶

根据出土器物判断，此次发掘的黎城西关墓葬年代为西周中晚期，下限或可晚到春秋初年。关于该墓地的性质，尽管被盗严重，但就M1、M10的形制规模而言，与晋侯墓相当，应属诸侯级别。M8虽为不带墓道的中型墓，随葬的青铜礼器数量不多，组合规格亦不高，但其中却有“楷侯”作器。有学者指出“楷”与“饥”“耆”“黎”

古音相同可通假，“楷侯”即“黎侯”，并结合相关文献记载，认为黎城西关墓地应是西周时期的黎国墓地①。

既然“楷”“黎”可通假，楷国就是后世文献所载的黎国。根据西周早期的献簋（《集成》8.4205）铭文内容，作器人“献”系“楷伯”之臣，自称“十世不忘，身在毕公家，受天子休”。因此有学者认为楷伯可能是周文王之子毕公高的子嗣，分封于楷，自然是姬姓国，师趛盨（《集成》9.4429）铭文“师趛作楷姬旅盨”可以证实这一点②。由此推知，黎城西关墓地当是西周姬姓黎国墓地。再根据周代诸侯国通常封建于原有国族旧地的一般惯例推测，《尚书》所云“西伯既戡黎”、《说文》所指“黎，殷诸侯国，在上党东北”的商代黎国可能就在黎城西关一带。1986年，黎城博物馆在西关村一带采集的青铜鼎、觚、爵等具有显著的商代晚期特征③，当是商代黎国的遗存。不过，也有学者根据《吕氏春秋·慎大览》“武王胜殷，……封帝尧之后于黎”和《史记·五帝本纪》正义引《帝王纪》云“帝尧陶唐氏，祁姓也”的相关记载，认为西周黎国应为祁姓④。目前来看，从商末“西伯戡黎”之后到公元前594年晋国“立黎侯”（《左传·宣公十五年》）之前，传世文献中基本不见黎国的相关记载，在这数百年间，黎国是否发生变迁，晚出文献所载的“祁姓之黎”是否存在，都还有待于深入探讨。

（六）山西长子西南呈西周墓地

西南呈墓地位于山西长子县东南的南漳镇西南呈村。2012～2014年，山西省考古研究所在此抢救性发掘西周墓葬15座，包括14座小型墓和1座大型墓（M15）⑤。小型墓中除1座被扰动外，其余均保存完好，大致呈三排分布于大型墓的南部，绝大多数为北向，无腰坑，葬具均为一棺一椁，葬式除1例为侧身屈肢外，其余未经扰动者都是仰身直肢葬。随葬品以陶鬲、陶罐、海贝为主，亦有玉石器、骨器等，个别随葬铜鼎、戈、镞和车马器。M15为带一条墓道的南北向甲字形大型墓，斜坡墓道中随葬马车14辆，是迄今发现的西周墓墓道葬车数量最多的，与长安张家坡井叔墓内葬车数量接近。墓室上部被早期椭圆形大盗坑完全打破，深达熟土二层台和椁室顶部，盗坑内发现石磬碎块、绳纹陶片、纺织品痕迹等，二层台上有殉狗1只，葬具为一棺一椁，墓主除头骨外，其余骨骼不存，随葬品已被劫掠殆尽。这批墓葬的年代分别属于西周中、晚期。此外，在M15西侧新探明另一座甲字形大墓与之并列，可能属于夫妇异穴并葬墓。

---

① 张崇宁：《揭开古黎国的神秘面纱》，《发现山西——考古人手记》，山西人民出版社，2007年。高智、张崇宁：《西伯既戡黎——西周黎侯铜器的出土与黎国墓地的确认》，《古代文明研究通讯》总第34期，2007年。

② 李学勤：《䓞簋铭文考释》，《中国古代文明研究》，华东师范大学出版社，2005年。

③ 张崇宁：《山西黎城黎国墓地》，《中国重要考古发现（2007）》，文物出版社，2008年。

④ 张天恩：《晋南已发现的西周国族初析》，《考古与文物》2010年第1期。

⑤ 山西省考古研究所：《山西长子县西南呈西周墓地发掘简报》，《考古》2016年第3期。

综合墓道南向、墓道内大量葬车、二层台殉狗、随葬石磬、夫妇异穴并葬等现象可知，M15墓主的身份应接近于井叔和晋侯等西周中晚期高等级贵族，可能也是姬姓诸侯。

（七）北京房山琉璃河燕国遗址

燕，甲骨金文写作“匽”，或加邑旁写作“郾”，战国以后的史书多以“燕”代“匽”[①]。文献记载，燕是西周初年召公奭的封国，但召公本人一直留任宗周，未曾就封，而由其元子代之。考古发现与研究表明，北京房山琉璃河遗址为西周燕国的始封地，这一点已得到学界的普遍认同。

琉璃河遗址位于北京房山区琉璃河镇东北2.5千米处，包括董家林、刘家店、黄土坡、洄城、立教和庄头六个自然村，总面积达5.25平方千米。1962年以来，考古工作者对遗址进行了多次考古发掘，为了解琉璃河遗址的布局与性质以及早期燕文化面貌积累了丰富资料[②]。

琉璃河遗址由城址和墓地两部分组成（图5-20）。城址位于遗址中部的董家林村及其周围，由于南城墙被大石河冲毁，现存形状呈冂形；北墙保存较好，长约829米；东、西城墙北段残长约300米；原有城址可能为长方形。城内发现有西周早期的筒瓦、陶范及大型排水设施，城外发现有护城河。根据遗迹间叠压打破关系以及96H108出土卜甲上的“成周”刻辞等，可知该城址始建于西周初年，作为燕国都城的使用时间是在西周早中期，衰落于西周晚期。

墓地位于遗址中部的黄土坡村北及城址东侧一带，已累计发掘西周墓葬近300座，车马坑20余座。大型墓带有墓道，墓室面积大，目前仅发现2座。中小型墓则无墓道，数量多。部分大中型墓祔葬车马坑，也有将车置于椁顶之上的，有的小型墓随葬车马器。葬具主要是木质棺椁，棺椁的多少或有无与墓葬大小成正比。随葬器物一般置于棺椁之间，有的则放在二层台上。葬式多为仰身直肢，个别为侧身屈肢。部分墓葬发现殉人和殉狗现象。

大型墓M1193所带四条墓道设置很特殊，分别位于墓室四角，墓道短而窄。有学者认为它们作为墓道过于狭窄，推测是系棺木下葬的通道[③]。墓室葬具为一椁一

---

① 曲英杰：《说匽》，《考古与文物》2000年第6期。

② 北京市文物工作队：《北京市房山县考古调查简报》，《考古》1963年第3期。北京市文物研究所：《琉璃河西周燕国墓地（1973～1977）》，文物出版社，1995年。琉璃河考古队：《北京附近发现西周奴隶殉葬墓》，《考古》1974年第5期；《1981～1983年琉璃河西周燕国墓地发掘简报》，《考古》1984年第5期；《北京琉璃河1193号大墓发掘简报》，《考古》1990年第1期；《1995年琉璃河周代居址发掘简报》，《文物》1996年第6期；《1995年琉璃河遗址墓葬区发掘简报》，《文物》1996年第6期；《琉璃河遗址1996年度发掘简报》，《文物》1997年第6期；《1997年琉璃河遗址墓葬发掘简报》，《文物》2000年第11期。

③ 赵福生：《西周燕都遗址》，《北京文博》1995年第1期。

棺，原先覆盖有帐幔一类物品。此墓虽被盗，仍出土两件弥足珍贵的青铜礼器——克罍、克盉，两器铭文记录了周王褒奖太保，“令克侯于匽”，并授民授土之事（图5-21）。棺椁内的随葬品因被盗所剩无几，二层台上残留器物存在明显的“毁

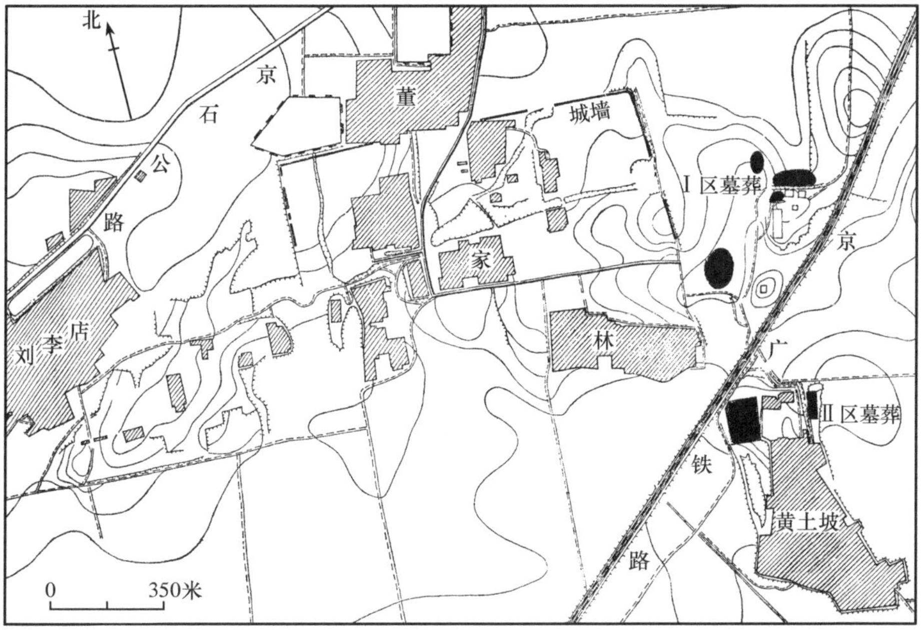

图5-20　房山琉璃河西周燕国遗址平面图

［采自北京市文物研究所《琉璃河西周燕国墓地（1973～1977）》第5页图二，文物出版社，1995年，图中涂黑部分为墓葬区］

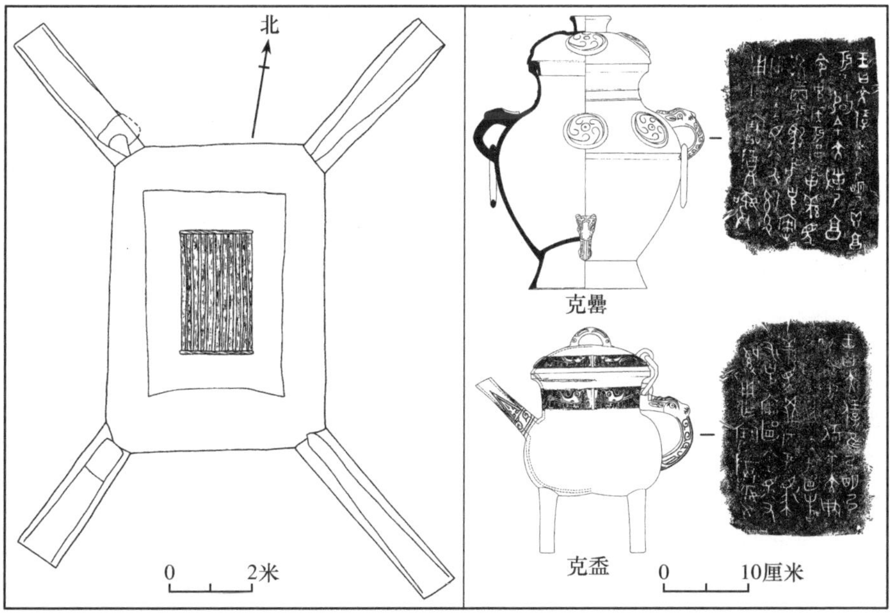

图5-21　房山琉璃河西周燕国墓地M1193平面图及出土铜器

（采自琉璃河考古队《北京琉璃河1193号大墓发掘简报》，《考古》1990年第1期）

兵”葬俗，出土铸有“成周”铭文的铜戈和“匽侯舞”“匽侯舞昜”铭文的铜泡。根据墓葬形制与出土器物判断，该墓年代在西周成康时期，墓主为召公之子“克”，系第一代燕侯。

中型墓M251和M253保存较好，随葬品丰富。M251一椁一棺，随葬铜礼器22件，其中伯矩鬲铭文记录了匽侯赏伯矩贝之事。M253一椁二棺，随葬铜礼器20件，其中堇鼎有“匽侯令堇饴大保于宗周，庚申，大保赏堇贝……”4行26字铭文。

从城址内出土遗物看，主要为周式和商式文化因素，可知燕都内主要居住周人和殷遗民。这一现象在墓地中也有所反映，京广铁路以西的Ⅰ区墓葬多在填土与腰坑中殉狗，规格较高的墓葬多有殉人，出土铜器铭文多有族徽，陶器组合以鬲、簋、罐居多；京广铁路以东的Ⅱ区内少见殉狗，不见殉人，且随葬陶器以鬲、罐为主，两者形成了鲜明差别。多数学者认为Ⅰ区很可能为殷遗民墓地，而Ⅱ区则是以燕侯为首的周人墓地。若详加分析，两大区墓葬的分布都有一定规律，各自又可细分若干小区，各小区之间有一定的空白地带，如分布在Ⅱ区的燕侯级大型墓又相对集中于同一小区，与其他小区存在明显分界，可能是一处专门的公墓区①。燕都外围区域的西周早期文化成分颇为复杂，除了周、商文化因素外，还含有较多的以深筒腹鬲为代表的当地张家园上层文化因素。进入西周中期，随着周文化不断扩大影响，最终导致了土著的张家园上层文化的消失。

（八）河北邢台南小汪—葛家庄邢国遗址

邢，甲骨金文写作“井”或“丼”。文献记载，邢是西周初年周公庶子的封国。《左传·僖公二十四年》富辰曰：“凡、蒋、邢、茅、胙、祭，周公之胤也。”20世纪90年代以来，河北邢台市区的西周考古工作取得了重要进展，基本可以确认这里就是西周邢国的始封地②。

以南小汪遗址为代表的邢台市区西北部一带的西周遗存非常丰富，面积达300万平方米。已发现分布密集的居址、灰坑（含窖穴）、水井、陶窑、墓葬、马坑等，出土了丰富的陶器、骨器、石器、青铜器、玉器以及刻辞卜骨③，表明这里应是当时的核心聚落（图5-22：1）。

---

① 刘绪、赵福生：《琉璃河遗址西周燕文化的新认识》，《文物》1997年第4期。

② 段宏振：《邢墟考古简论》，《中国考古学跨世纪的回顾与前瞻》，科学出版社，2000年。张渭莲、段宏振：《邢台西周考古与西周邢国》，《文物》2012年第1期。下文引述此文内容不再另注。

③ 河北省文物研究所等：《邢台南小汪周代遗址西周遗存的发掘》，《文物春秋》1992年增刊。石从枝：《河北邢台市出土一件嵌青铜兽首玉戈》，《文物》1997年第11期。李军、石从枝、李恩玮：《邢台南小汪西周遗址考古新收获》，《三代文明研究（一）》，科学出版社，1999年。石从枝、李军：《河北邢台市南小汪发现西周墓》，《考古》2003年第12期。李军：《邢台南小汪28号西周墓》，《文物春秋》2005年第2期。河北省文物研究所等：《河北邢台南小汪周代遗址发掘简报》，《文物》2012年第1期。

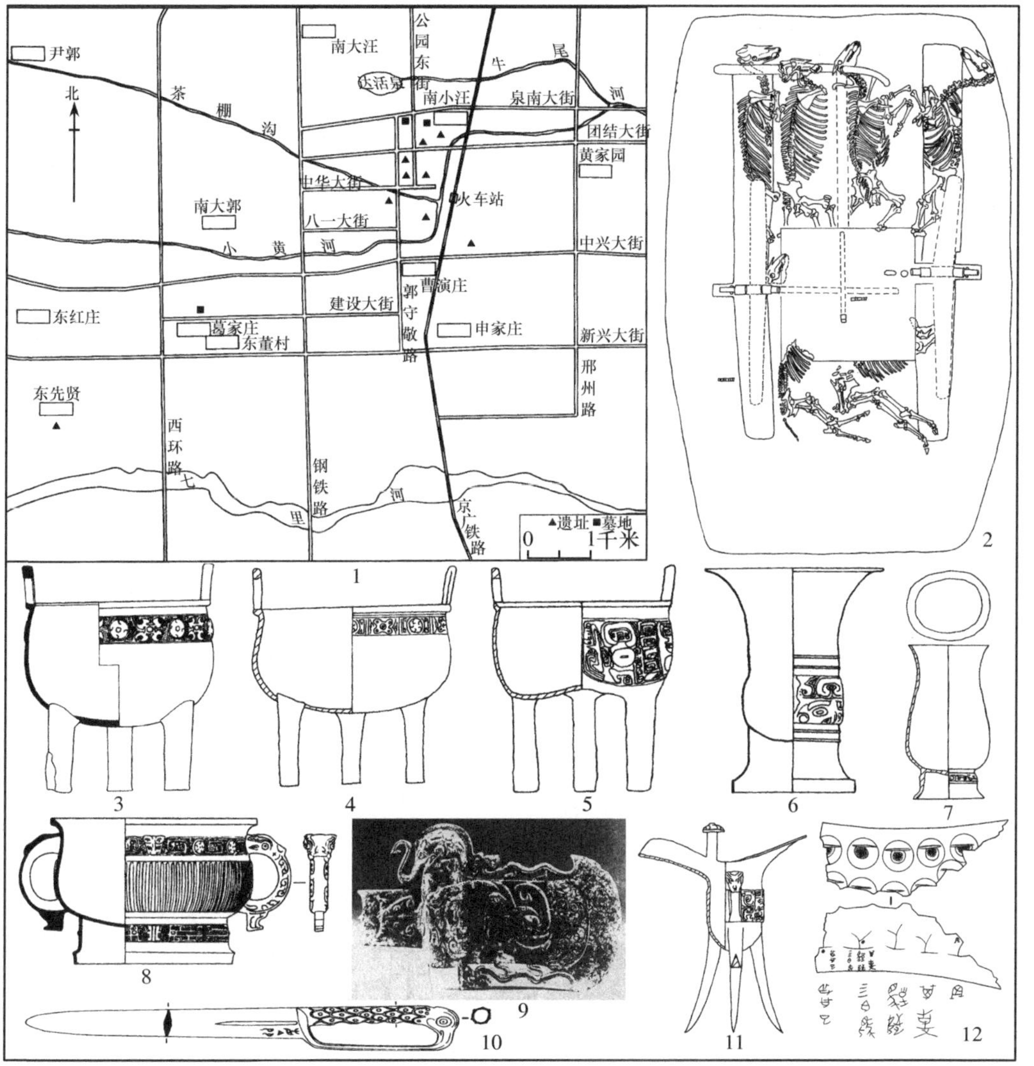

图5-22　邢台西周邢都遗址分布、车马坑及出土器物

1. 西周邢都遗址分布图　2. 葛家庄2号车马坑　3～5. 铜鼎　6. 铜尊

7. 铜觯　8. 铜簋　9. 铜钺　10. 铜剑　11. 铜爵　12. 刻辞卜骨

（2、3、8～10. 出自葛家庄墓地；4～7、11、12. 出自南小汪遗址M28、H75）

在南小汪大型居址区西南4.5千米处的葛家庄一带，是高等级的墓葬区。目前已探明西周墓葬500多座，车马坑50余座。1993～1998年，河北省文物研究所在此发掘西周墓葬240座、车马坑29座（含马坑），其中5座大型墓既有带两条墓道的中字形墓，也有带一条墓道的甲字形墓，它们位于墓地中部，东西排列，在其周围分布着中、小型墓和车马坑。车马坑内埋有一车两马、一车四马、一车六马不等（图5-22：2），马坑内葬马有6、8、12匹，最多达36匹。有些马车被拆散后放置在大型墓内，如在甲字形

墓M202墓道与墓室连接处放置有被拆散的六辆车①。虽然大部分墓葬被盗扰，出土随葬品较少，但根据大墓规模、形制以及祔葬的车马坑等信息分析，墓主当是诸侯一级的人物。结合文献记载的邢国地望，可知这里应是西周邢侯墓地。

从出土遗物看，邢台地区的西周遗存可以分为早、中、晚三期，其文化成分主要由商、周两种文化因素构成。浓厚的商文化因素不仅反映在陶器如分裆鬲、粗柄弧盘豆、深腹盆、小口瓮和青铜器如盆形鼎、鬲式鼎、觚形尊、敞口觯、卵腹爵（图5-22：4～7、11）等遗物上，还体现在腰坑殉狗等葬俗方面，更有深刻的历史背景，这里曾是商王祖乙所迁的邢都所在，商王武丁诸妇中地位显赫的妇井（妌）来自井方，而学界一般认为晚商的井方就活动在今邢台一带②。西周早期偏晚阶段，大量典型的周文化因素（陶器如弧裆鬲、圆肩罐，铜器如浅腹鼎、垂珥簋、契刻"卲曰"习语的卜骨等）突然涌入邢台地区（图5-22：3、8、12），只能与当时发生的重大政治事件即分封邢国有关。除了商、周文化因素外，邢国还受到了北方戎狄文化的影响，如有銎铜钺、鸟首铜剑、有銎石锤斧等（图5-22：9、10）。根据金文与史书记载，邢国与北方戎狄经常发生战争。1978年在元氏县西张村出土一组青铜器③，其中铸于西周成康时期的臣谏簋铭曰："隹（唯）戎大出【于】軝，井（邢）侯搏戎，延（诞）令臣谏㠯（以）□□亚旅处于軝，【从】王□□。……"大意是位于邢国以北、泜水流域的軝国在遭到戎狄大举侵犯之时，邢侯出兵解救，并派臣谏到那里主持防务。春秋早期，势力强大的北方戎狄多次东出太行山侵扰邢国，迫使齐桓公帅诸侯之师"救邢""逐狄人"，"邢迁于夷仪（今山东聊城西南）"（事见《左传》庄公三十二年、闵公元年、僖公元年）。1974年内蒙古扎鲁特旗巴雅尔吐胡硕窖藏出土的"井（邢）姜大宰巳"簋为西周晚期邢国铜器④，可能是被戎人所掠而流传到此地的，可作为西周晚期至春秋早期戎狄侵邢之物证。

从地理位置来看，邢国地处太行山东麓与北流汇入渤海的古黄河之间这一走廊地带的中间站，南、北分别与卫、燕遥相呼应。在邢与燕之间较长的走廊地带，西周早期至少存在着两个封国，一个是上面提到的地处河北元氏县一带的軝国，1978年在西

① 任亚珊、郭瑞海、贾金标：《1993—1997年邢台葛家庄先商遗址、两周贵族墓地考古工作的主要收获》，《三代文明研究（一）》，科学出版社，1999年。贾金标：《中国考古学年鉴（1999）》，文物出版社，2001年，第103页。

② 杨文山：《商代的"井方"与"祖乙迁于邢"考》，《河北学刊》1985年第3期。李民、朱桢：《商代祖乙迁都考辨》；孟世凯：《甲骨文中井方新考》，此二文均刊于《邢台历史文化论丛》，河北人民出版社，1990年。庞小霞：《释井——兼论甲骨文、金文中井（邢）方、井（邢）氏、井（邢）国之关系》，《中国历史文物》2008年第6期。

③ 河北省文物管理处：《河北元氏县西张村的西周遗址和墓葬》，《考古》1979年第1期。李学勤、唐云明：《元氏铜器与西周的邢国》，《考古》1979年第1期。

④ 李殿福：《巳簋初释》，《社会科学战线》1980年第3期。张柏忠：《霍林河矿区附近发现的西周铜器》，《内蒙古文物考古》1982年第2期。

张村发现的34件铜器系一座西周早期墓的随葬品，其中尊、卣和簋铭文分别提到“軝侯”和“軝”，这里不仅有专门的西周墓地，附近还发现西周居址遗存。另一个是地处河北涞水县一带的北（邶）国，清光绪十六年（1890年）涞水张家洼曾出土一组北伯铜器①。它们一方面可以有效阻止戎狄东出太行，另一方面可以保障中原与北疆之间通道的畅通，便于周王朝加强对广大北土的控制，因而具有极其重要的战略意义。

（九）河南浚县辛村卫国墓地

文献记载，卫是武王同母少弟康叔封的封国。清华大学藏战国竹简《系年》第四章云：“周成王、周公既迁殷民于洛邑，乃追念夏商之亡由，旁设出宗子，以作周厚屏，乃先建卫叔封于康丘，以侯殷之余民。卫人自康丘迁于淇卫。”②《史记·卫康叔世家》记载成王、周公平定“武庚之乱”后，“以武庚殷余民封康叔为卫君，居河、淇间故商墟”。《周本纪》亦云：“周公奉成王命，伐诛武庚、管叔，放蔡叔，……颇收殷余民，以封武王少弟封为卫康叔。”可见，册封卫国的重要性在于其地理位置距殷都很近，担负着管理二次东征中刚刚臣服的殷遗民的重任。

据说1931年6月，浚县辛村出土一组包括半环形钺、三环銎卷首刀、翘首曲刃刀、铁刃铜钺、铁援铜戈、十字形戟、管銎斧、小铜矛各1件以及有胡戈4件在内的12件青铜兵器，当年10月由古董商人褚德彝记录，后经端方收藏并著录，再后来辗转流入美国③。有学者指出它们的“形态距商末不远”，年代为西周早期，根据三环銎卷首刀所铸铭文“康侯”二字，认为这组兵器当是周武王同母少弟、就封卫国的“卫康叔”之遗物④。另据郭宝钧记述，位于淇河北岸的浚县辛村因村民凿窑或河水冲刷，常有古墓暴露，1931年春季此地又有大批古物出土，遂前往调查，并于1932～1933年先后对辛村墓地进行了四次发掘，清理带双墓道的中字形大墓5座、带单墓道的甲字形大墓3座、无墓道的中型墓6座、小型墓54座、车马坑2座、马坑12座，时代从西周早期至两周之际⑤。其中中字形大墓M1填土中发现12具车轮分列墓室东西两壁，另葬车舆1辆，并殉1人。甲字形大墓M21内发现井字形椁室，M42填土中放置车舆1辆，东西两壁各放置6具车轮，椁室四周发现荒帷残迹。辛村墓地处于文献所载“河、淇间”的卫国地域内，且出土有“卫”“侯”铭文的铜戟和“卫自易”铭文的铜泡（图5-23），加之带两条和一条墓道的大型墓葬及陪葬的车马坑等信息，表明此处应是包括卫侯在内的卫国公室墓地。

---

① 唐兰：《西周青铜器铭文分代史征》，中华书局，1986年，第58页。

② 清华大学出土文献研究与保护中心：《清华大学藏战国竹简》（贰），中西书局，2011年，第144页。

③ The Staff of the Freer Gallery of Art. *A Descriptive and Illustrative Catalogue of Chinese Bronzes.* Washington, 1946, Plate 46.

④ 沈融：《一组外流中国青铜兵器评述》，《中原文物》1995年第2期。

⑤ 郭宝钧：《浚县辛村》，科学出版社，1964年。

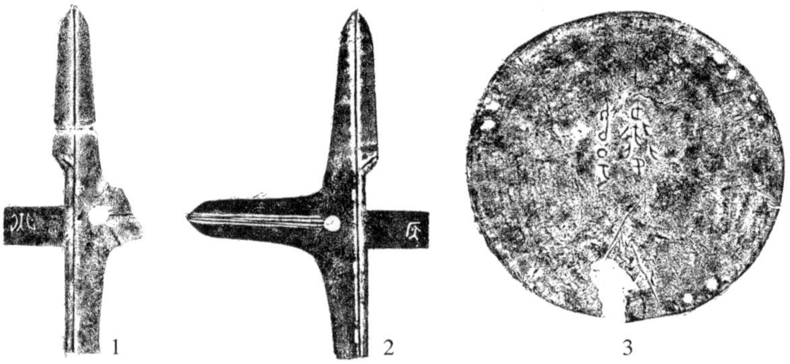

图5-23　浚县辛村卫国墓地出土有铭铜器

1、2. 有铭铜戟（M2：90、M2：81）拓片　3. 有铭铜泡（M68：2）拓片

位于淇河南岸的淇县杨晋庄墓地面积约3万平方米，西北与辛村墓地隔河相望，直线距离仅1.3千米。整个墓地被盗严重，2016年在此清理西周中小型墓葬224座、马坑5座、房址1座，出土各类随葬品近400件，时代为西周早期偏早至中期。墓葬之间无打破关系，多有一棺或无棺，少数一棺一椁，随葬陶器以鬲、罐为大宗，流行“毁兵”葬俗。此外，10余座墓葬有腰坑，坑内殉狗。总体来看，这里应是一处以中下层周人为主，兼有部分殷遗民的卫国邦墓地①。另据报道，近年来为配合鹤壁市快速通道拓宽工程，考古人员又确认了天桥西制骨作坊区、福兴寺南铸铜作坊区、草莓园一般居住区、葡萄园商墓地点以及大量殉人、殉牲坑等，辛村遗址应是集公室墓地、铸铜作坊区、制骨作坊区及其他功能于一体的、具有都邑性质的超大型聚落群②。

与康侯有关的传世有铭铜器还有康侯丰方鼎、康侯斧、作册疐鼎、康侯簋（又名“沬司土疑簋”）等，其中康侯簋（《集成》4059）铭文“王朿伐商邑，诞令康侯鄙于卫”与上文提到的清华简《系年》第四章记述内容基本一致。康叔在周初时已称“康侯”，当是因甫克商时，周人势力向东实际只抵达卫地商人旧都一带，故封康叔为康侯，以武力在此边域防范殷余民。其后虽为卫国的始封之君，但在其受封时尚未以“卫侯”称之，“卫”在此时亦尚非封国名称。《史记·卫康叔世家》则只言封康叔为卫君，称之为“康叔之国”，而且康叔卒后其后六世皆称“伯”，已不再称“侯”。直到第七世顷侯时因厚赂夷王方得“夷王命卫为侯”。这固然与成王“举康叔为周司寇”做王朝卿士有关，但也应该与此后卫地已非周之边域，渐无防范异族的军事需要不无关系③。关于康叔的始封地问题，传统说法在今河南临汝县，后来又有禹州康城④、殷都附

① 韩朝会、高振龙：《河南淇县杨晋庄发现卫国墓群》，《中国文物报》2017年6月30日第8版。

② 郭戈、王风娇：《鹤壁辛村遗址发现铸铜及制骨作坊》，《河南日报》2018年11月28日第4版。

③ 朱凤瀚：《关于西周封国君主称谓的几点认识》，《两周封国论衡——陕西韩城出土芮国文物暨周代封国考古学研究国际学术研讨会论文集》，上海古籍出版社，2014年，第275页。

④ 陈昌远、陈隆文：《“三监”人物疆地及其地望辨析——兼论康叔的始封地问题》，《河南大学学报（社会科学版）》2004年第2期。

近的洹水流域之说[①]。综合考古发现、铜器铭文和出土文献来看，康叔始封地很可能在今河南淇县、浚县境内的淇河流域，康侯（叔）和卫叔之先后称谓的产生可能与卫国都城变迁有关[②]。

（十）陕西韩城梁带村—澄城刘家洼芮国遗址

芮，金文写作“内”。《左传·桓公三年》（前709年）：“芮伯万之母恶芮伯之多宠人也，故逐之，出居于魏。”孔颖达疏：“《世本》芮魏皆姬姓。”《史记·秦本纪》穆公二十年（前640年）“秦灭梁、芮”。

梁带村墓地位于陕西韩城市东北约7千米的黄河西岸台塬上，2005～2009年陕西省考古研究院在此考古勘探发现墓葬1300多座，已发掘带墓道的中字形和甲字形大墓7座、中小型土坑竖穴墓63座、马坑2座，出土包括金器、青铜器在内的大量遗物，部分青铜器上铸有“芮公”“芮太子”作器等铭文，基本确定这里是一处西周晚期至春秋早中期之际的姬姓芮国墓地[③]。在该墓地以东不远的化石村附近，考古人员曾采集到周代陶片、瓦片，断崖上暴露有灰坑和文化层等迹象，其中西周晚期遗存最为丰富。如此居址与墓地东、西有意分开，这一带很可能就是芮国故地之所在。

M27为带两条斜坡状墓道的中字形大墓，葬具为一椁两棺，内、外棺均发现有棺束，外棺似有三层丝绢的棺罩。椁室东侧放置青铜礼器24件，其中7件鼎形制纹饰相同，大小相次；6件簋形制纹饰大小相同，簋盖捉手内铸有“内（芮）公作为旅簋”铭文（图5-24：2、4）。椁室东北部放置青铜乐器编钟、钟钩、錞于和钲以及漆木建鼓。此外，还发现青铜兵器如钺、戈、矛、镞以及大量的车马器。棺内墓主身旁随葬包括金鞘玉剑在内的大批精美玉器和金器。该墓年代约为两周之际，墓主为一代国君芮公。

M19、M26、M28和M502均为带一条斜坡状墓道的甲字形大墓，墓室形制结构、大小相当，墓向基本一致，葬具为一椁两棺。M19随葬青铜礼器18件，其中鬲口沿分别铸有“内（芮）公作铸鬲”和“内（芮）太子作铸鬲”字样的铭文。M26随葬青铜礼器22件，其中鼎、簋、甗分别铸有“中（仲）姜”作器的铭文（图5-24：3、5），鬲铸有“内（芮）太子白”作器的铭文（图5-24：6）。M19、M26与M27年代相当，紧邻其西侧，呈东西排列，但墓葬规格低于M27，且均未出兵器，墓主应为女性；从

---

① 路懿菡：《从清华简〈系年〉看康叔的始封》，《西北大学学报（哲学社会科学版）》2013年第4期。

② 刘光胜：《“康丘之封”与西周封建方式的转进——以清华简<系年>为中心的考察》，《史学月刊》2019年第2期。

③ 陕西省考古研究院等：《陕西韩城梁带村遗址M19发掘简报》，《考古与文物》2007年第2期；《陕西韩城梁带村遗址M26发掘简报》，《文物》2008年第1期；《陕西韩城梁带村遗址M27发掘简报》，《考古与文物》2007年第6期；《梁带村芮国墓地——二〇〇七年度发掘报告》，文物出版社，2010年；《金玉华年：陕西韩城出土周代芮国文物珍品》，上海书画出版社，2012年。

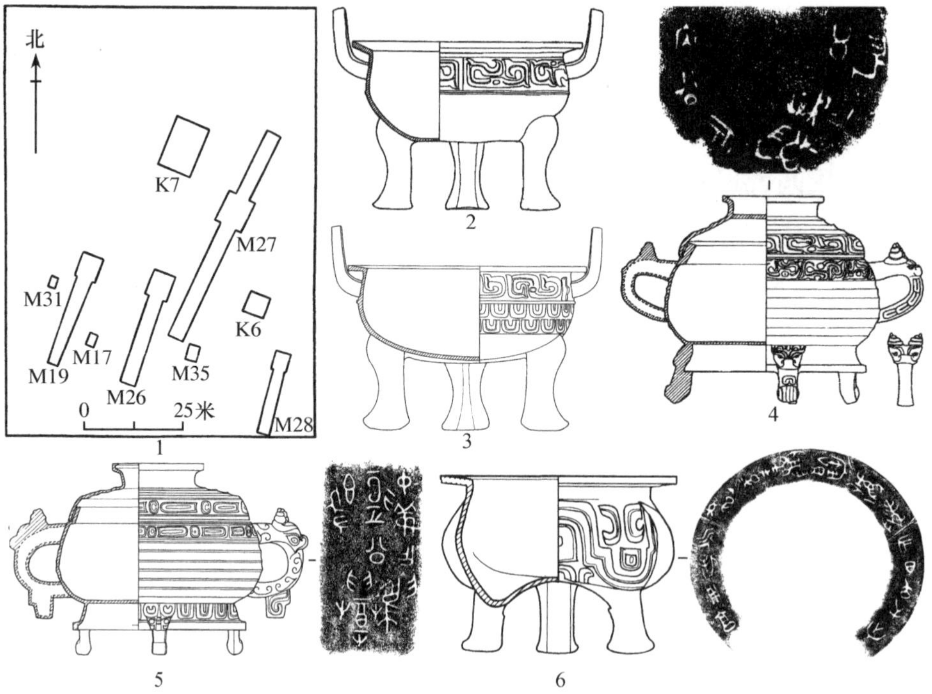

图5-24　韩城梁带村芮国墓地南区墓葬分布与随葬铜礼器

1. 芮国墓地南区墓葬分布　2、3. 鼎（M27：1006、M26：143）　4、5. 簋（M27：1007、M26：154）

6. 鬲（M26：150）

礼器组合上看，M19又略次于M26。通过与北赵晋侯墓地的比较，基本可以判定M26和M19应分别为M27芮公的夫人仲姜及次夫人之墓。位于M27东南约30米的M28随葬的18件青铜礼器均无铭文，根据出土的戈、矛、镞、盾、铠甲等青铜兵器，可知M28墓主当为男性。M28五鼎四簋的核心组合虽与M26相同，但却有乐器青铜编钟8件、石磬10件，且M28的墓葬规格和礼乐器组合介于M27和M26之间，年代晚至春秋早期晚段，推测该墓主可能是一代芮国国君或公室贵族。M502位于M27西北侧，距离较远，随葬青铜礼器11件，年代属于西周晚期，约在宣王之世，墓主可能是芮国的公室贵族。

刘家洼遗址位于陕西澄城县王庄镇刘家洼村西的鲁家河两岸，东北距韩城梁带村墓地约90千米。该遗址西、南、北三面以自然冲沟为界，东面由一条人工壕沟与外界相隔，壕沟南、北两端与自然冲沟相接，由此构成一个相对封闭的区域，面积约3平方千米。鲁家河穿遗址区中心而过，将遗址分为东、西两区。在遗址东区中部，调查和勘探发现有一面积10余万平方米城址，其西邻鲁家河河道，南、北、东三面由夯土墙相围合，形成一个相对闭合的城址区，位置居中、地势险要。城址内采集到陶鬲、盆、罐、豆、三足瓮等春秋陶器残片以及陶范残块，勘探发现大量灰坑和板瓦等建材堆积，属重要建筑所在，应是高等级人群居住区。城址区外围为一般居址区和墓葬区。勘探发现4处墓地共220余座墓葬，其中东区墓地3处，西区南部墓地1处。东Ⅰ区墓地已发掘墓葬73座、车马坑2座、马坑1座，其中带墓道的中字形大墓2座（M1、M2），大型竖穴土坑墓1座（M3）。中字形大墓西北部各有1座车马坑。西区南墓地发掘的44座墓葬均为中小型墓。所有墓葬均为南北向竖穴土坑，头向以北向为主，个别为南向。除M3有壁龛殉人外，其余均未见腰坑、殉人等迹象。大墓和部分中型墓虽遭严重盗掘，但仍出土青铜器、金器、玉器、漆木器等大量珍贵文物。根据遗物形制、纹饰等特征判断，刘家洼遗址的时代属春秋早中期。根据遗址内的夯土建筑、城墙、壕沟等遗迹，铸铜、制陶等手工业遗存，墓葬形制、丧葬习俗以及青铜礼器有七鼎六簋、五鼎四簋等组合形式，并结合“芮公”“芮太子”等铜器铭文综合分析，这里应是芮国后期的都城遗址①。

根据传世文献和出土金文资料，芮国的起始年代很早。传世文献中以周文王调解虞、芮争田之事最为著名，时在商代末年。《尚书·顾命》记成王病危时召集大臣交代后事，其中有芮伯，说明西周早期芮仍存在，尽管其与商末之芮未必同姓，但其封地应在芮。西周早期的荣仲方鼎铭文也提到“芮伯”，翼城大河口霸伯墓地M1出土铜簋铭文有“芮公舍霸马两玉金”等内容，时代属西周中期偏早，传世的芮伯方座簋也属于西周中期。可见西周早中期的芮伯（或芮公）社会地位很高，在周王朝政治体系中占有重要席位。关于芮国的始封地及迁封问题，学界大多认为商末周初的芮国可能在今陕、甘交界的千河（古汧水）上游一带，其后向东迁封的地点有陕西大荔或山西芮城两种传统说法，而目前确认的韩城梁带村和澄城刘家洼芮国遗址均在大荔以北，其二者关系、迁徙路线及历史背景都有待深入探讨。

（十一）河南三门峡李家窑—上村岭虢国遗址

大约周克商前夕，文王的母弟虢叔被封于今陕西宝鸡一带，史称西虢。西周晚期，西虢东迁至今河南三门峡一带。考古人员在三门峡市区北部的上村岭发现了虢国墓地，位于虢国墓地以南2千米的李家窑遗址规模大、内涵丰富，结合文献相关记载，可能即是虢都上阳城之所在②。

虢都上阳城南临青龙涧河，北依上村岭，地势平坦开阔。城垣大致呈长方形，南城墙被河水冲毁，城垣东西长1000～1050、南北残宽560～600米。城垣外有两重城壕。宫城位于城内西南部，近正方形，外侧环绕一道壕沟。宫城内发现较大面积的夯土和直径近1米的柱础，可能是宫殿基址。宫城外西北侧分布着由多个排列整齐有序的圆形窖穴组成的粮库，东北侧发现制骨作坊，冶铜作坊在城垣内东北角，制陶作坊在

① 陕西省考古研究院：《周代封国考古的新发现——陕西澄城刘家洼春秋墓地发掘取得重要收获》，《中国文物报》2018年1月12日第8版。陕西省考古研究院等：《陕西澄城县刘家洼东周芮国遗址》，《考古》2019年第7期；《陕西澄城刘家洼春秋芮国遗址东Ⅰ区墓地M49发掘简报》，《文物》2019年第7期。

② 宁景通：《三门峡发现周代窖仓和铸铜作坊》，《中国文物报》1991年5月19日第1版。三门峡市文物工作队：《三门峡李家窑遗址发掘简报》，《华夏考古》1993年第4期；《三门峡李家窑四十四号墓的发掘》，《华夏考古》2000年第3期。李家窑遗址考古发掘队：《三门峡发现虢都上阳城》，《中国文物报》2001年1月10日第1版。

城垣西墙南段外侧，发现了大量保存较好、分布密集的陶窑。此外还清理一些墓葬。根据层位关系和出土物推断，城垣的使用年代在西周末期至春秋早中期之际。

上村岭虢国墓地北距现今黄河岸边600米，占地面积32.45万平方米。20世纪50年代和90年代，共发掘墓葬252座、车马坑7座和马坑3座①。考古勘探、发掘与研究表明，该墓地的墓葬总数在500座以上，排列有序，等级齐全，所有的墓葬可分八组，国君墓位于墓地最北端，其余中小型墓由北向南各自成组且顺序排列，总体呈现出若干中小型墓围绕数座大型墓的族葬制特征。这种布局与前述曲沃北赵晋侯墓地是断然不同的。

根据棺椁设施与随葬青铜礼器等因素，可将已发表的虢国墓葬划分为四个等级。

第一等级有M1052、M2001、M2009②、M2012、M2011和M1810，葬具均为一椁两棺。M1052随葬七鼎六簋，有陪葬的车马坑，根据所出铜戈铭文“虢大子元徒戈”，可知该墓主为虢国太子。M2001随葬七鼎六簋，墓主为虢国国君虢季（图5-25；图版8：2）。M2009随葬青铜礼器200余件，一般铸有虢仲作器字样的铭文，墓主为虢国国君虢仲。M2012随葬五鼎四簋，墓主为虢季夫人梁姬。M2011随葬七鼎八簋，墓主为虢太子。M1810随葬五鼎四簋，缺乏可以证明墓主身份的铭文。但考虑到M1810与虢太子墓M1052东西并列而形制略小，在其西侧有祔葬的车马坑，且其随葬的鼎簋组合与M2012相同，推测其墓主可能是M1052虢太子的夫人。

第二等级以M2010③、M2008虢宫父墓④、M2006孟姞墓⑤、M2013丑姜墓⑥和M1820虢姪妃墓为代表。M2010和M2008墓主均为男性，前者一椁两棺，随葬五鼎四簋；后者一椁一棺，被盗严重，出土的11件青铜礼器中的鬲、匜上均有“虢宫父”铭文。另3座墓主均为女性，M1820一椁两棺，随葬三鼎四簋；M2006一椁一棺，随葬三鼎二盨；M2013一椁一棺，随葬三鼎二簠。该等级墓主当为虢国大夫及其配偶。

第三等级以M2016和M2017为代表，一椁一棺，随葬二鼎一簋，墓主当是士一级贵族。

第四等级以M2018和M2019为代表，一椁一棺，不见随葬鼎簋或其他青铜礼器。

关于虢国墓地的年代上限，大部分学者推断在西周晚期，约为宣王时期或其前

---

① 中国科学院考古研究所：《上村岭虢国墓地》，科学出版社，1959年。河南省文物考古研究所等：《三门峡虢国墓地（第一卷）》，文物出版社，1999年。

② 河南省文物考古研究所等：《虢国墓地发掘又获重大发现》，《中国文物报》1992年2月2日第1版。

③ 河南省文物考古研究所等：《三门峡虢国墓地M2010的清理》，《文物》2000年第12期。

④ 河南省文物考古研究所等：《河南三门峡虢国墓地M2008发掘简报》，《文物》2009年第2期。

⑤ 河南省文物考古研究所等：《三门峡虢国墓地M2006的清理》，《文物》1995年第1期。

⑥ 河南省文物考古研究所等：《三门峡虢国墓地M2013的清理》，《文物》2000年第12期。

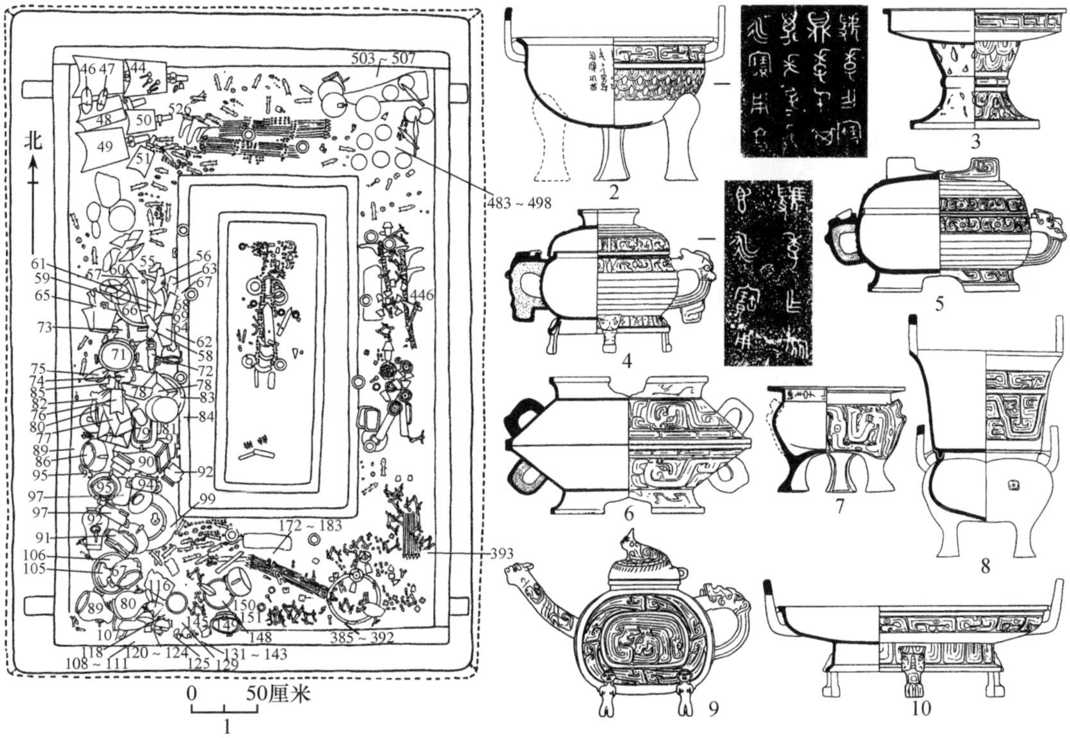

图5-25　三门峡上村岭虢国墓地M2001与随葬铜礼器

1. 虢国墓地M2001　2. 鼎（71）　3. 豆（105）　4. 簋（95）　5. 盨（81）　6. 簠（78）　7. 鬲（70）　8. 甗（65）　9. 盉（78）　10. 盘（91）

后①。也有学者认为在西周末年的幽王之世②，甚至是春秋早期③。今本《竹书纪年》说虢国在幽王七年（前775年）灭掉了原在三门峡地区弱小的焦国，由此可知西虢东迁的时间当在此之前，最有可能发生在宣王时期。《左传·僖公五年》："晋侯复假道于虞以伐虢……八月甲午晋侯围上阳……冬十二月丙子朔，晋灭虢。虢公醜奔京师。"《史记·晋世家》："（晋献公）二十二年……其冬，晋灭虢。虢公醜奔于周。"由此发掘者断定该墓地的年代下限为晋灭虢之年（前655年），学界无异议。

三、东方地区

据文献记载和相关考古发现，周公东征之前周王朝的东土大致在今河南中北部的京

① 林寿晋：《〈上村岭虢国墓地〉补记》，《考古》1961年第9期。李丰：《虢国墓地铜器群的分期及其相关问题》，《考古》1988年第11期。

② 王龙正、赵成玉：《季嬴铜鬲与虢石父及虢国墓地年代》，《中国文物报》1998年11月4日第3版。宁会振：《上村岭虢国墓地时代刍议》，《虢国墓地的发现与研究》，社会科学文献出版社，2000年。

③ 李学勤：《三门峡虢墓新发现与虢国史》，《中国文物报》1991年2月3日第3版。俞伟超：《上村岭虢国墓地新发现所揭示的几个问题》，《中国文物报》1991年2月3日第3版。

广铁路线附近，周公东征后，周王朝的东土已扩张到今山东大部分地区。目前在河南中东部和山东地区发现的西周封国（或封邑）遗址，主要有管、长、鲁、滕、夆、丰等。

（一）河南郑州洼刘西周墓地

洼刘遗址位于河南郑州市西北郊石佛镇洼刘村北的岗地上，面积近30万平方米，其中西北部居住区已被破坏殆尽，唯东南部墓葬区尚存①。1999～2000年考古人员在此抢救性清理西周墓葬70余座，出土了大量器物，并发现2座车马坑。已报道的ZGW99M1为长方形竖穴土坑墓，方向6°，一椁一棺，出土青铜礼器11件，兵器戈、盾昜各3件以及一批车马器等，该墓年代为西周初年武成时期②。这些青铜礼器大都具有明显的殷商遗风，族氏铭文较杂。但该墓不见腰坑、没有殉人，礼器组合似为拼凑而成。值得注意的是，洼刘M1所出青铜礼器一尊二卣铭文皆为“陆作父丁宝尊彝”，墓主可能是参与武王克商的有功贵族，该墓地可能是以“陆”为代表的家族墓地。

《史记·周本纪》记载周武王“封弟叔鲜于管”，管叔作为周初“三监”之一，戍守殷畿，监视以纣子武庚为首的殷遗民，后因参与叛乱而被剪除。尽管管国历史很短，但在西周初期的地位却极为重要。根据传世文献和出土文字资料，学界一般认为商周管邑位于今郑州市区的西北郊一带③。郑州洼刘西周早期贵族墓的发现，为探寻西周管国之所在提供了重要线索。

（二）河南鹿邑太清宫长子口墓

长子口墓位于河南鹿邑太清宫镇，是一座带南北斜坡墓道的中字形大墓，一椁两棺，墓主为60岁左右的男性，殉人15具，墓底有一方形腰坑。随葬青铜礼器属于重食重酒组合，以鼎、簋、觚、爵为核心，其中食器有鼎、簋、鬲、甗4种29件，酒器有觚、爵、觯、尊、卣、角、罍、斝、觥、壶和斗11种48件（图5-26）。此墓的年代当在西周初年，最晚不过成王时期④。

长子口墓内大量殉人、腰坑中殉人以及随葬的青铜器均具有鲜明的殷商遗风，出土的54件铸铭青铜礼器中有35件铭“长子口”，3件铭“子口”，此外还有单独的“子”字，可知墓主即为“长子口”。从墓葬规模与随葬品规格来看，墓主长子口应是一位诸侯级人物。有些学者认为“长”应释作“微”，长子口墓与周初封微子于宋

① 张松林：《郑州市西北郊区考古调查简报》，《中原文物》1986年第4期。

② 郑州市文物考古研究所：《郑州洼刘西周贵族墓出土青铜器》，《中原文物》2001年第2期；《郑州市洼刘西周早期墓葬（ZGW99M1）发掘简报》，《文物》2001年第6期。

③ 程平山、周军：《商周管邑地望考略》，《中原文物》2000年第4期。陈隆文：《关于商周管邑地望问题》，《陕西师范大学学报》2003年第2期。汤威：《周初“三监”新证——兼谈叔鲜封于管的时机》，《两周封国论衡——陕西韩城出土芮国文物暨周代封国考古学研究国际学术研讨会论文集》，上海古籍出版社，2014年。

④ 河南省文物考古研究所等：《鹿邑太清宫长子口墓》，中州古籍出版社，2000年。

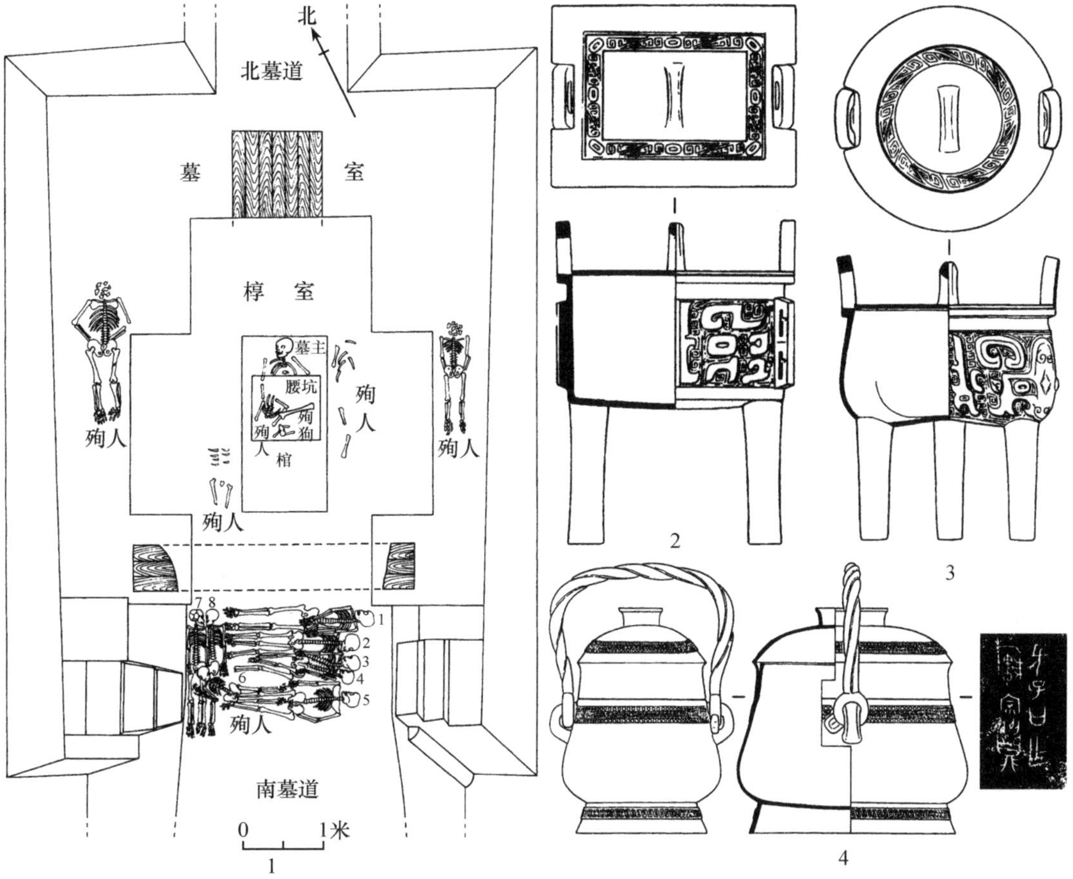

图5-26 鹿邑太清宫长子口墓平面与随葬铜器

1. 太清宫长子口墓 2. 方鼎（M1：88） 3. 圆鼎（M1：78） 4. 卣（M1：129）

有关，应是周初宋国微子启或其后人之墓①。对此已有学者明确指出“长”“微”两字写法有明显区别，该墓并非微子墓②。商末周初的豫东鹿邑一带处于中原商周王朝与东夷、淮夷的交界之地，战略地位十分重要。作为殷遗贵胄的长子口臣服于周后，担负着守卫周王朝东大门的重任。

目前所见与“长”或“长子”相关的甲骨金文材料还有数例，主要有三种认识，即“长子”表示国族；“长”表示国族，“子”为爵称或身份；“长子”有“首子”之意③。上文提到长子口墓出土铜器铭文除了“长子口”外，还有“子口”和“子”等

① 张长寿：《商丘宋城和鹿邑大墓》，《揖芬集——张政烺先生九十华诞纪念文集》，社会科学文献出版社，2002年。王恩田：《鹿邑太清宫西周大墓与微子封宋》，《中原文物》2002年第4期。松丸道雄：《文献与考古学的邂逅——实地考察鹿邑周初大墓》，《中国文物报》2004年2月6日第7版。高西省：《从“长子口方鼎”谈太清宫大墓墓主身份》，《中国文物报》2004年4月23日第7版。

② 林沄：《长子口墓不是微子墓》，《黄盛璋先生八秩华诞纪念文集》，中国教育文化出版社，2005年。杨升南：《商代的长族——兼说鹿邑“长子口”大墓的墓主》，《中原文物》2006年第5期。

③ 各家观点参见唐锦琼：《鹿邑太清宫“长子口”墓国属问题的一点思考》，《三代考古（二）》，科学出版社，2006年。

写法，有意突显“子”的身份标示，而“长”在铭文内容中似乎处于从属地位，甚至可以忽略，并且“长”与“子”可以分开使用，说明“长子”并非是表示国名的合成词。综合来看，“长”表示国族应该可信，结合长子口墓葬规制，这里的“子”可能标示的是殷商子姓王族或长族族长身份。

（三）山东曲阜鲁国故城遗址

文献记载，鲁是周公旦的封国，但以其元子伯禽就封，建都于山东曲阜，是周王室设在东方的一个重要诸侯国。目前见有年代为西周早期偏早的鲁侯鼎，表明鲁国始封君伯禽已称“鲁侯”[①]。

鲁国故城位于泰沂山脉西南麓的山东曲阜市，在洙河、沂河之间[②]（城址布局详见第六章第四节）。一般认为，鲁立国建都于曲阜，直至亡国未曾徙都。但有学者指出，曲阜鲁都在整个西周时期并没有营建外郭城墙，最早的可确认的城墙建筑年代约当两周之交或略晚，因而相信《世本》“炀公徙鲁”的说法，认为此城并非鲁国最初的都城[③]。

曲阜鲁故城内发现的西周墓葬可分为两组。

甲组墓主要集中于西北部的药圃和西南部的“斗鸡台”墓地，墓圹相对较宽，墓底流行腰坑殉狗，绝大多数墓主头向南，随葬品多置于头端的棺椁间，随葬陶器有鬲、豆、盂、簋、圜底罐、平底罐（图5-27：上）。这些特点反映了甲组墓主可能是当时的土著东夷人，也有学者认为是周初分迁此地的殷遗民[④]。

乙组墓主要分布在西部偏东的“望父台”墓地，墓圹相对较窄，墓底不见腰坑殉狗葬俗，流行铜鱼、蚌鱼等棺饰，墓主大多头向北，随葬品基本置于头端二层台上，不见盂、圜底罐和豆、簋，随葬陶鬲大多为仿铜陶鬲（图5-27：下）。这些特点与关中地区周人墓基本一致，因此乙组墓主当为殖民到此的周人。

关于鲁故城西周墓的分期与年代，发掘者将甲组墓分为三期，最早的为西周初年；乙组墓分为三期，即西周中期、西周晚期和西周末年[⑤]。有学者认为这些墓葬最早不过西周晚期[⑥]，也有学者认为它们的年代上限均不早于西周中期[⑦]。分歧如此明显，

---

① 朱凤瀚：《关于西周封国君主称谓的几点认识》，《两周封国论衡——陕西韩城出土芮国文物暨周代封国考古学研究国际学术研讨会论文集》，上海古籍出版社，2014年，第273页。山西省考古研究所等：《山西绛县横水西周墓地M2158发掘简报》，《考古》2019年第1期。

② 山东省文物考古研究所等：《曲阜鲁国故城》，齐鲁书社，1982年。

③ 许宏：《曲阜鲁国故城之再研究》，《先秦城市考古学研究》，北京燕山出版社，2000年。

④ 魏训田：《鲁城“甲组墓”族属考》，《文物春秋》1998年第4期。

⑤ 张学海：《试论鲁城两周墓葬的类型、族属及其反映的问题》，《中国考古学会第四次年会论文集》，文物出版社，1985年。

⑥ 王恩田：《曲阜鲁国故城的年代及其相关问题》，《考古与文物》1988年第2期。

⑦ 许宏：《曲阜鲁国故城之再研究》，《先秦城市考古学研究》，北京燕山出版社，2000年。王青：《海岱地区周代墓葬研究》，山东大学出版社，2002年，第139、140页。

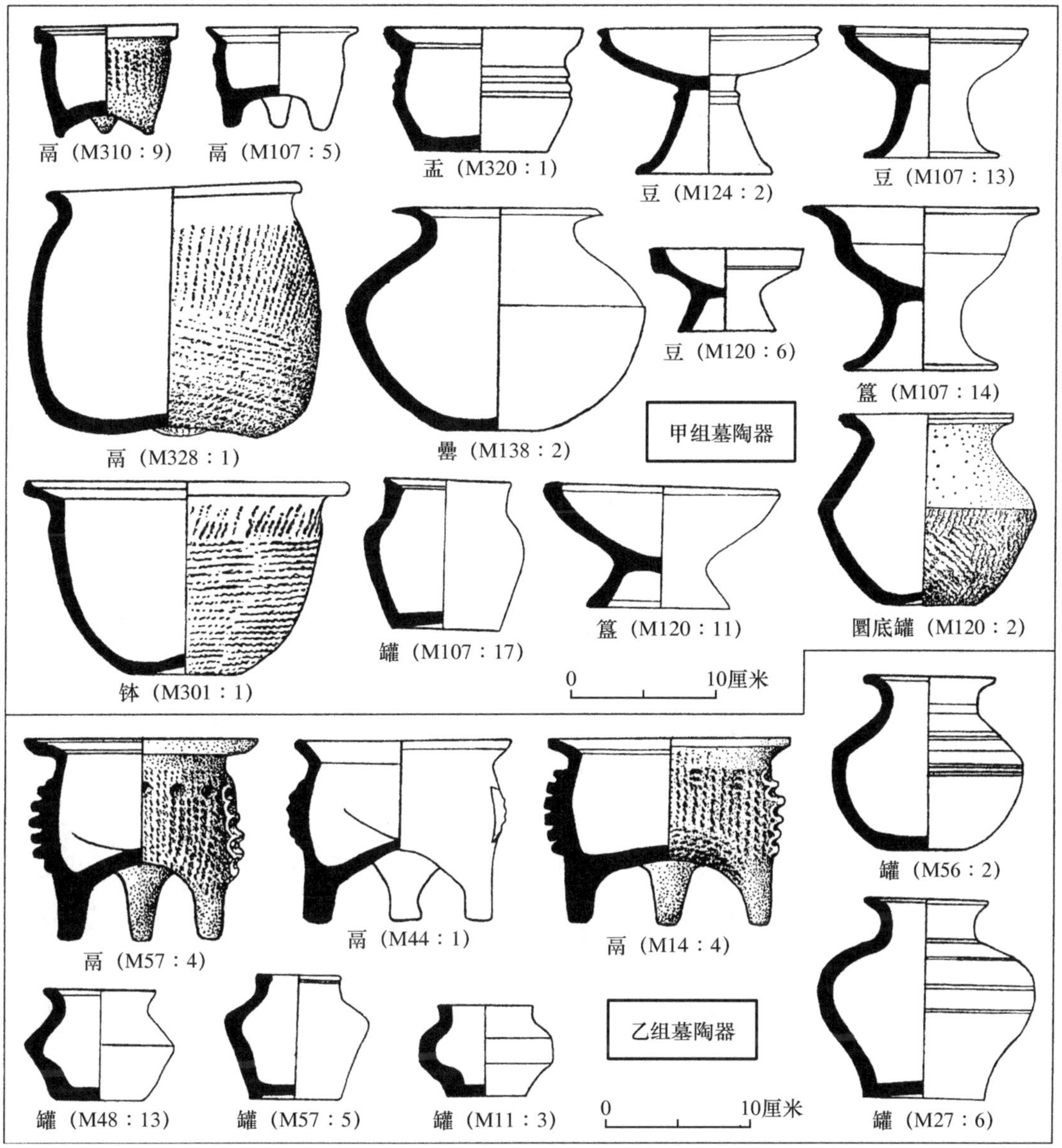

图5-27　曲阜鲁国故城西周墓葬分组随葬陶器对比图

（采自中国社会科学院考古研究所《中国考古学·两周卷》第117页图3-25，中国社会科学出版社，2004年）

仍有待于进一步研究。

（四）山东滕州滕国故城遗址

滕，金文作“媵”，文献或写作“滕”。据《左传·僖公二十四年》等文献记载，滕为周文王之子错叔绣的封国，战国时为宋所灭，历时700余年。

滕国故城位于今山东滕州市西南7千米的东、西滕村一带，荆水流经城东南部。据早年调查，城址呈不规则的长方形，周长2795米。城墙上发现7处缺口，可能是城门所在。城内东北有一略呈长方形的高大土台，相传为滕国国君的寝宫基址，土台东侧与北侧断崖上发现西周文化层[1]。

1978年，与东滕村毗邻的庄里西村发现1座西周早期墓葬，一椁一棺，出土铜鬲1、簋2件，其中鬲铭“吾作滕公宝尊彝”[2]（图5-28：1、2）。据研究，此鬲铭中的“滕公”当是西周初之滕侯，有可能是始封君叔绣[3]。1982年，在庄里西村又发现1座西周早期墓，一椁一棺，墓主人骨腐朽无存，墓底有腰坑，出土铜鬲2及方鼎、扁足圆鼎、方座簋、壶各1件，其中方鼎铭“滕侯作宝尊彝”，簋铭“滕侯作滕公宝尊彝”，鬲铭“𨙵作宝尊鼎，其万年用鄉各”[4]（图5-28：3～6）。1989年，该墓地遭人为破坏，滕州市博物馆随即抢救性清理了7座西周早期墓，均为南北向长方形竖穴土坑，其中2座墓底有腰坑，坑内殉狗，3座墓发现“毁兵”葬俗，随葬的部分青铜礼器上铸有铭文[5]。1995年，在此发掘一座西周晚期墓，出土铜礼器10余件[6]。上述发现表明，庄里西村一带应是西周滕国国君与贵族墓地所在。

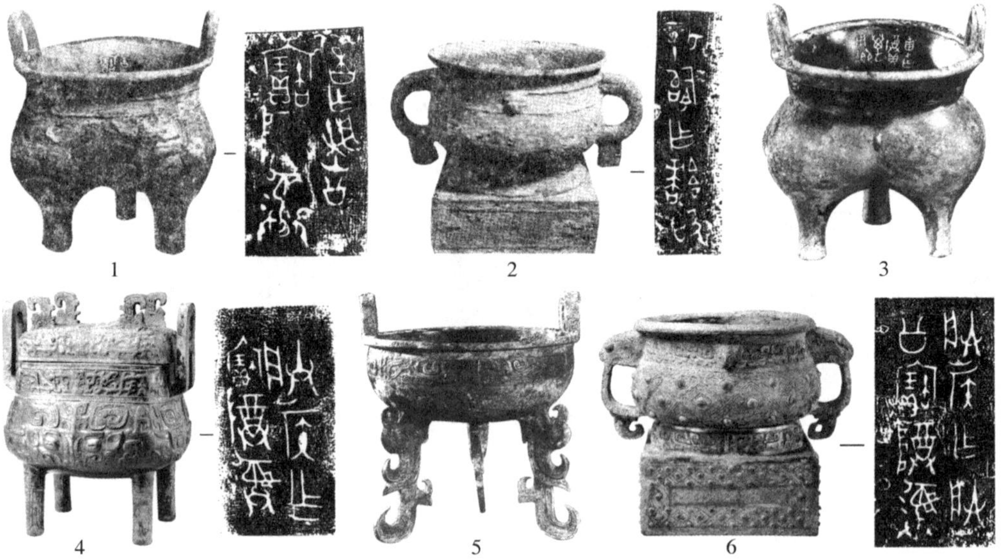

图5-28　滕州庄里西村西周墓出土铜器

1、3. 鬲　2、6. 簋　4、5. 鼎

（1、2.1978年出土；3～6.1982年出土）

---

① 中国科学院考古研究所山东工作队：《山东邹县滕县古城址调查》，《考古》1965年第12期。

② 滕县博物馆：《山东滕县出土西周滕国铜器》，《文物》1979年第4期。

③ 李学勤：《东周与秦代文明》，文物出版社，1984年，第116页。

④ 滕县博物馆：《山东滕县发现滕侯铜器墓》，《考古》1984年第4期。

⑤ 杜传敏、张东峰、魏慎玉、潘晓庆：《1989年山东滕州庄里西西周墓发掘报告》，《中国国家博物馆馆刊》2012年第1期。王峰、李鲁滕：《近见鬻器铭文略考》，《中国国家博物馆馆刊》2012年第1期。

⑥ 山东省文物考古研究所：《滕州庄里西遗址考古发掘获重要成果》，《中国文物报》1996年7月28日第1版。

（五）山东济阳刘台子夆国墓地

刘台子墓地位于山东济阳县姜集乡刘台子村西约200米处，南距黄河10余千米，面积约2万平方米。二十世纪七八十年代，在此发掘了数座西周早中期的墓葬[①]。其中，M2、M3东西并列紧邻，均为长方形竖穴土坑墓，一椁一棺，死者头向北，仰身直肢。M2墓主身上遍撒朱砂一层，无腰坑，随葬5件青铜礼器，其中鼎铭“季作宝彝”，2件簋形制、铭文相同，均有“夆彝”2字。M3略大于M2，墓底有腰坑，内殉一犬，随葬铜鼎、簋、戈各1件，其中鼎铭 “王季作鼎彝”，簋铭“夆彝”。综合来看，这两座墓有可能属一组夫妻异穴合葬墓，M3墓主为男性，M2为其夫人，两墓年代约当西周穆王时期。M6是目前在该墓地所见规模最大的一座长方形竖穴土坑墓，一椁一棺，墓主仰身直肢，头向北，无腰坑。随葬青铜礼器21件，其中1件圆鼎有8字铭文“王姜作龏姞宝尊彝”[②]，1件方鼎有铭“夆宝尊鼎”，另2件方鼎、觯与盉、盘均单铭“夆”字（图5-29）。发掘者定该墓年代为西周昭王时期，也有学者认为其年代下限当在西周穆共时期[③]。比较来看，M6年代略晚于M2、M3，约在西周穆共时期前后，墓主应可能是王姜鼎铭之“龏姞”，为夆国君夫人。

上述铜器铭文“夆”字，学者多认为即先秦典籍所载的“逄国”[④]。《左传·昭公二十年》：“昔爽鸠氏始居此地，季萴因之，有逄伯陵因之，薄姑氏因之，而后太公因之。”逄伯陵，杜预注：“殷诸侯，姜姓。”逄国原在临淄一带，殷末时可能为薄姑占据，逄国被迫西迁至今济阳一带。铭文内容显示，西周逄国通过联姻与周王室保持密切关系，济阳刘台子墓地应该就是西周逄国的墓地。

（六）山东高青陈庄齐国丰邑遗址

陈庄遗址位于山东高青县城西南约12千米的陈庄与唐口村之间，北距黄河约18千米。该遗址东西长约350、南北宽约300米，为西周时期的城址及东周时期的环壕聚落，发现大量灰坑、窖穴和房址、道路、水井、陶窑等生活遗迹，以及西周贵族墓、马坑、车马坑、祭祀台基等重要遗迹[⑤]。

西周城址近方形，城内面积不足4万平方米。东、北两面城墙保存略好，西墙大部

① 德州地区文化局文物组等：《山东济阳刘台子西周早期墓发掘简报》，《文物》1981年第9期；《山东济阳刘台子西周墓地第二次发掘》，《文物》1985年第12期。山东省文物考古研究所：《山东济阳刘台子西周六号墓清理报告》，《文物》1996年第12期。

② 此鼎铭文释读意见纷呈，参见朱继平：《金文所见商周逢国相关史实研究》，《考古》2012年第1期。

③ 高西省、秦怀戈：《刘台子六号墓的年代及墓主问题》，《文博》1998年第6期。

④ 李学勤：《有逢伯陵与齐国》，《齐文化纵论》，华龄出版社，1993年。

⑤ 山东省文物考古研究所：《山东高青县陈庄西周遗址》，《考古》2010年第8期；《山东高青陈庄西周遗存发掘简报》，《考古》2011年第2期。

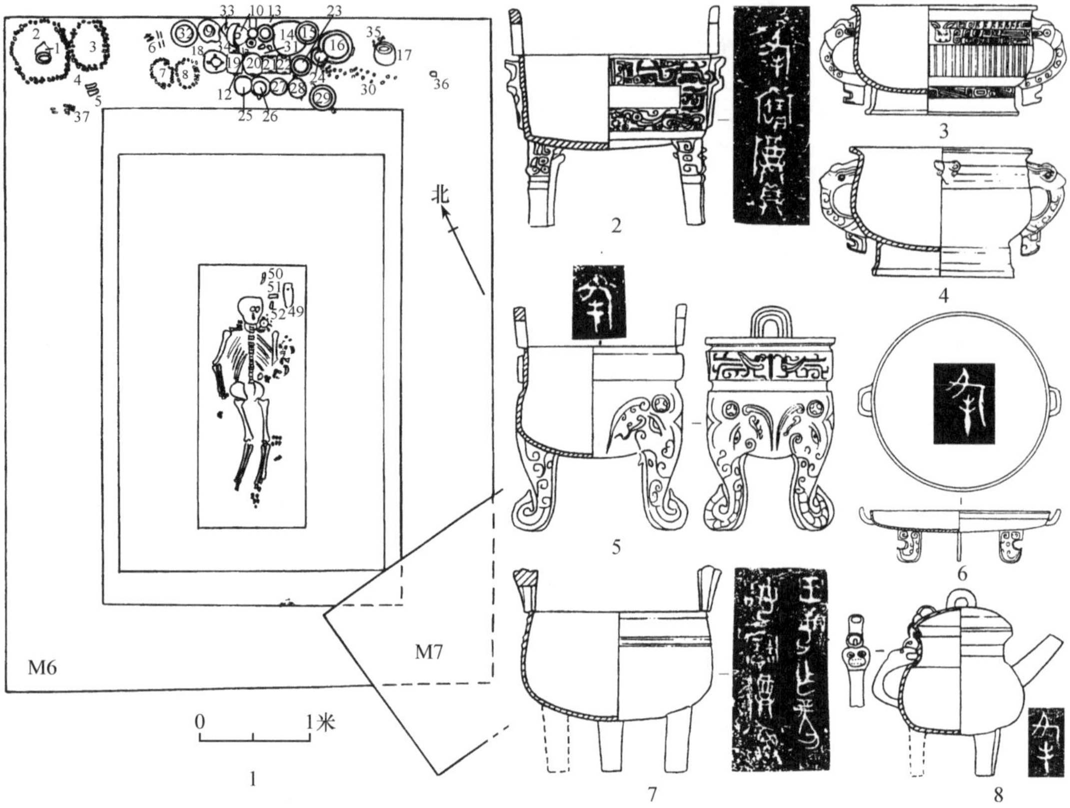

图5-29 济阳刘台子夆国墓地M6平面与随葬铜器

1. 夆国墓地M6 2. 夆方鼎（M6：19） 3、4. 簋（M6：29、M6：16） 5. 夆方鼎（M6：22） 6. 夆盘（M6：14） 7. 王姜鼎（M6：23） 8. 夆盉（M6：13）

分尚存，南墙基本被水冲掉。城内有宽20～25米的道路通往南墙中部，可知南墙应有城门，但已被破坏。墙外四周有壕沟环绕，与城墙间距2～4米，西北角有小块洼地，可能为积水区，东北角壕沟向东北方向延伸，应为城外排水沟（图5-30：左上）。根据东城墙及墙外壕沟的解剖情况判断，陈庄西周城址可能始建于西周早期，至中期废弃，但仍有人在此居住，并持续到西周晚期；壕沟的下层与西周城墙同时，上层为东周时期。

祭坛（TJ2）位于城内中部偏南，形制较特殊。中心部位近圆台形，北部略凸，面积近20平方米。平面从内向外依次为圆圈、方形、长方形及圆圈、椭圆形圈相套叠的夯筑花土堆积，土色深浅有别。据解剖分析，中心的小圆圈及外套的方形皆是在长方形的夯筑土台上挖浅坑，再填土夯筑而成。中心小圆圈正下方又挖一个方形坑，打破了台基起建的黄沙土地面，内埋置一具小动物骨架。中心圆台的外围仍有多层水平状的堆积向外延伸，有的两层间夹杂薄层白色沙土或灰烬，也有活动面，推测为中心圆形台基使用期形成的堆积。从台基保存的现状看，尽管周缘堆积被晚期遗迹破坏，但中心夯土圆台一直到战国时期仍无人破坏，且东周时期的南北干道绕行圆台的西侧，说明在西周时期建立台基后的几百年内，人们对该遗迹似乎还保持利用。

已清理的14座西周墓葬包括带一条墓道的甲字形大墓2座、中小型墓9座、儿童瓮棺

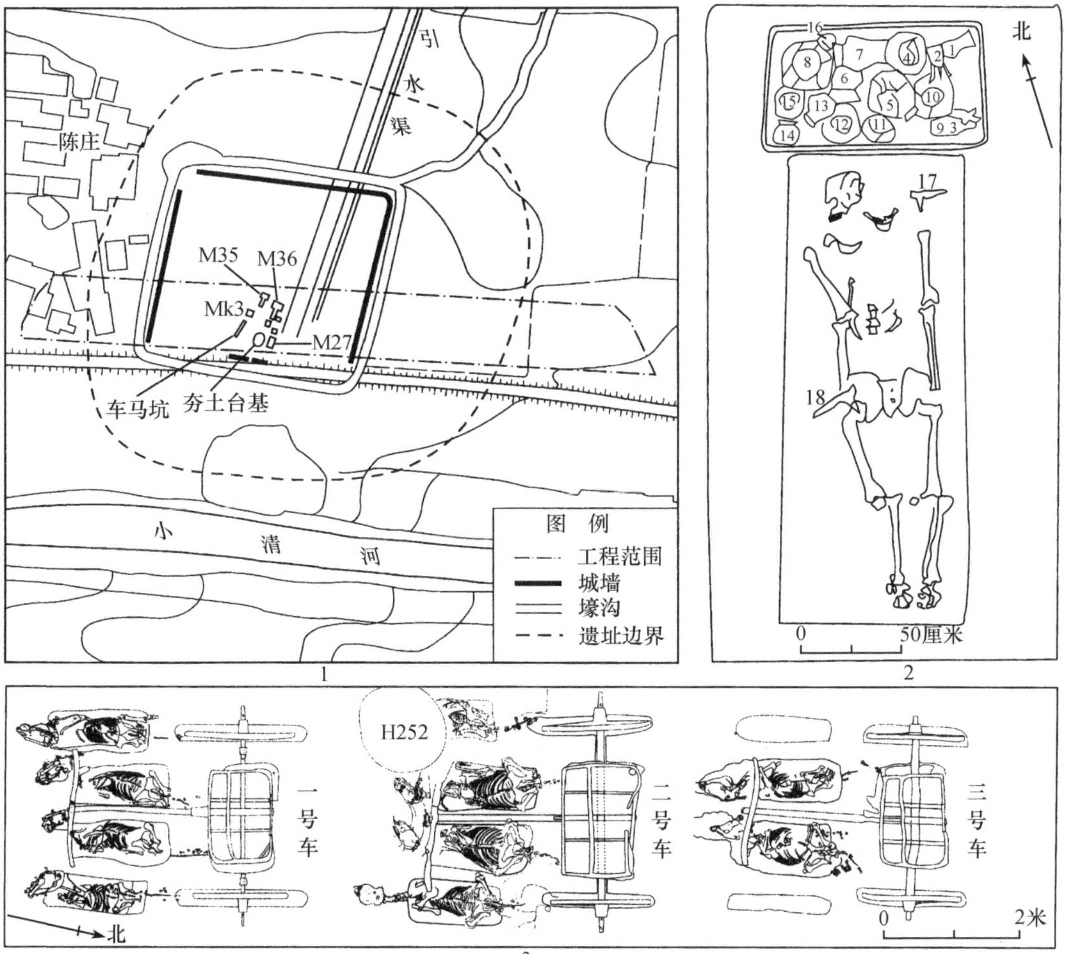

图5-30　高青陈庄西周城址、M18与车马坑CMK1平面图

1. 高青陈庄西周城址　2. M18　3. 车马坑CMK1

葬3座，墓葬皆口大底小，未发现腰坑，葬具有一椁一棺或仅有单棺，在棺、椁之间放置陶器、铜器，或在棺外的头端置木框器物箱，个别棺内有少量玉器或海贝串饰。6座铜器墓中，M18的器物箱内随葬鼎、簋、爵、觯、觥、甗、尊、卣、斗各1件（图5-30：右上），除爵、斗外，其他7件皆有铭文，内容有“丰启作厥祖甲齐公宝尊彝”“丰启作文祖齐公尊彝”“丰作厥祖齐公尊彝”“丰启作祖甲宝尊彝”等，该墓年代约为西周早期晚段。M17出土铜簋上也有“丰启作祖甲宝尊彝”铭文，与M18铜甗铭文内容一致，书体大致相同，说明二墓时代相近，关系密切。上述“丰启”诸器铭文中的“齐公”即指齐国始封君姜太公，日名为“甲”。由此可知，M17、M18两墓主均与姜齐公室关系密切。甲字形大墓M35出土铜簋铭文显示，器主“引”是替周王朝管理“齐师”的军事指挥官，作器用来祭祀其祖“幽公”，该墓年代约为西周中期晚段。

在甲字形大墓与祭坛（TJ2）之间，还发现马坑5座、车马坑1座。马坑皆为长方形竖穴土坑，坑内马骨无马具或马饰，均有意摆设。其中3座马坑马头朝南，面向南或东南，四肢蜷曲，分成两排侧卧，左右紧密相邻，四肢与相邻马均有不同程度的交叉或叠压。坑内葬马数量不一，其中8匹和6匹马的坑各2座、2匹马的坑1座。车马坑（CMK1）内自南向北纵向放置3辆车，车辕朝向东南，南面的1号车和中间的2号车各驾4匹马，北面的3号车驾2匹马（图5-30：下）。

关于陈庄西周城址的性质，学者们讨论热烈，大致可归纳为三种意见[①]：一是封邑说，认为“丰启”的“丰”是地名，“启”是私名，此处原是丰伯故邑，周公东征灭“丰伯、薄姑”之后将姜齐的一支分封于此。二是都城说，认为该城是齐都营丘或薄姑。三是军事城堡说，认为该城面积不足4万平方米，仅有一个南城门，且使用时间较短，浮选出的与牲畜饲养有关的豆科植物所占比例甚高，铜器铭文中有管理“齐师”的内容，这些都表明该城址作为军事城堡的可能性很大。综合来看，我们认为第一种意见比较可信。

四、南方地区

根据金文和传世文献记载，西周王朝很重视对南土的经营，在广大区域内分封了不少诸侯国。其中淮河中上游诸封国是抵御淮夷侵扰的重要防线，而汉水以东随枣走廊一带的封国则可以控制和保障“金道锡行”[②]。

（一）河南平顶山滍阳岭应国墓地

应国墓地位于河南平顶山市郊区薛庄乡北滍村西的滍阳岭上，墓地南面白龟山水库，西临应河。20世纪70～80年代，这里先后出土多件与西周应国相关的青铜器，1986年以来又相继发掘周代墓葬40余座，可知这是一处包括应侯墓在内的应国墓地[③]。

M84、M95和M8是从早到晚的3座应侯墓，葬具均为一椁一棺，出土了较多的青铜器。M84为长方形竖穴土坑墓，不带墓道，铜器铭文（图5-31：1、2）显示墓主为应侯爯，年代在西周共王时期[④]。M95为带一条斜坡墓道的甲字形大墓，年代在西周中晚期之际[⑤]。M8是一座带台阶式短墓道的凸字形大墓（图5-31：3），出土的铜鼎铸铭“应公作尊彝簟鼎”（图5-31：4、5），下葬年代约在两周之际[⑥]。

关于西周应国的始封君，一说是武王子，《左传·僖公二十四年》富辰曰：

---

① 李学勤、刘庆柱、李伯谦、李零等：《山东高青县陈庄西周遗址笔谈》，《考古》2011年第2期。张天恩：《陈庄西周诸侯采邑的初步认识》，《两周封国论衡——陕西韩城出土芮国文物暨周代封国考古学研究国际学术研讨会论文集》，上海古籍出版社，2014年，第372～378页。

② 于薇：《“汉阳诸姬”：基于地理学的证伪》，《历史地理》第二十四辑，上海人民出版社，2010年。

③ 河南省文物考古研究所等：《平顶山应国墓地（Ⅰ）》，大象出版社，2012年。

④ 河南省文物考古研究所等：《平顶山应国墓地八十四号墓发掘简报》，《文物》1998年第9期。

⑤ 河南省文物考古研究所等：《平顶山应国墓地九十五号墓发掘简报》，《华夏考古》1992年第3期。王龙正：《平顶山应国墓地九十五号墓年代、墓主及相关问题》，《华夏考古》1995年第4期。

⑥ 河南省文物考古研究所等：《河南平顶山应国墓地八号墓发掘简报》，《华夏考古》2007年第1期。

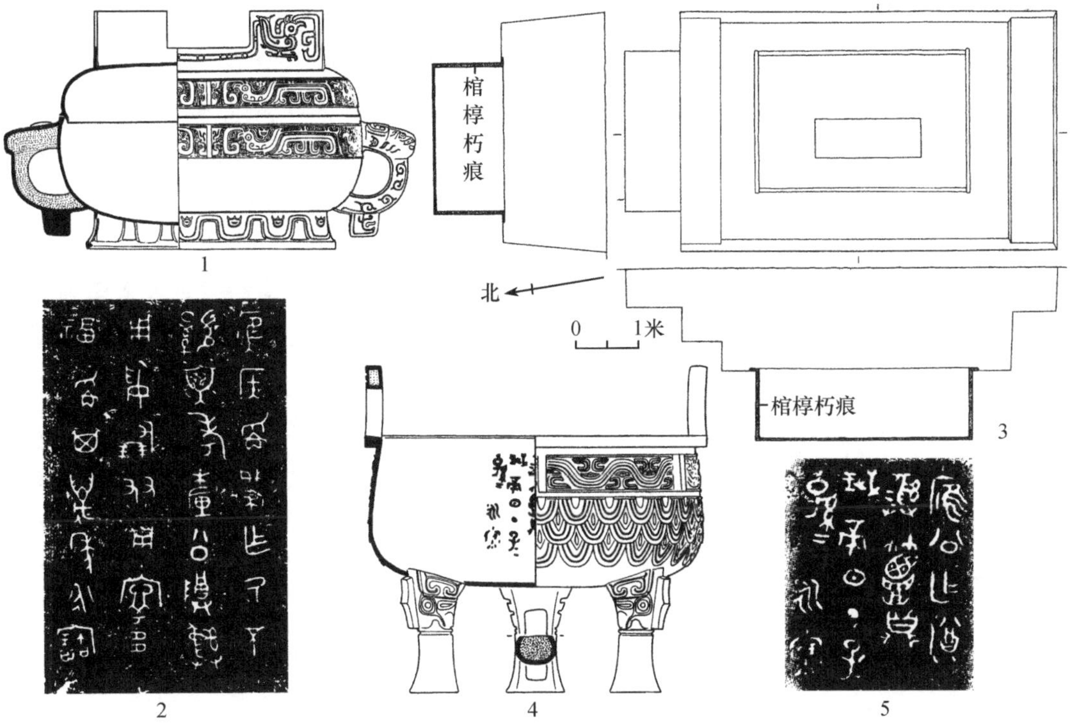

图5-31　平顶山应国墓地大型墓葬形制与有铭铜器

1、2. 应侯爯盨及其铭文拓片（M84：68）3. M8平、剖面图　4、5. 应公鼎及其铭文拓片（M8：33）

“邘、晋、应、韩，武之穆也。”杜预《集解》：“四国皆武王子。”另一说为武王弟，见《汉书·地理志》班固注。根据西周早期应国铜器铭文所见其国君均生称“应公”，即受王命称公，其辈分同于周公、召公，为成王长辈，当以后说可信。《汉书·地理志》记载“古应国在颍川郡父城县之应乡”，《括地志》：“故应城，因应山为名，在汝州鲁山县东三十里。”1964年淹没于白龟山水库西北隅的原滍阳镇西南角曾发现一处约16万平方米的方框形遗迹，可能是西周应国都城应城的大致轮廓。

从地理位置来看，西周应国位于淮河支流汝河中上游，扼守南北交通要道，具有重要的军事战略地位。因其地处周王朝东都洛邑的南大门外，每当南淮夷向北进攻时，应国必然首当其冲，担负着重要的军事屏障作用①。另据文献记载，商代已有应国，今本《竹书纪年》：“盘庚七年，应侯来朝。”商时应国位于何处，目前尚不清楚②。

（二）湖北黄陂鲁台山西周遗址

鲁台山遗址位于湖北武汉市黄陂区，地处长江北岸的滠水河畔，居址在北，南部为墓地，总面积达130万平方米。1977～1978年，考古工作者在此发掘了一批西周早期

① 王龙正、宋茜：《论应国在两周时期的军事战略地位》，《湖南省博物馆馆刊》第八辑，岳麓书社，2011年。

② 一说在今山西东南的长子县，参见何光岳：《应国略考》，《江汉考古》1988年第2期。

遗存，包括1个灰坑和5座墓葬①。其中墓葬大体呈西南—东北纵向排列，均随葬青铜器，以M30规格最高。M30是一座带一条台阶式墓道的甲字形大型木椁墓，椁室周围填充白膏泥，无腰坑，出土青铜礼器有方鼎、圆鼎、簋、甗、卣、爵、觚等14件，其中8件有铭铜器可分为两组，一组是“长子狗”为其“父乙”作器，另一组是“公大史”为“姬蚕”作器，墓葬年代约在西周康昭时期（图5-32）。有学者指出，器铭中的“公大史”不是毕公高之子就是召公奭之子，毕、召都是姬姓，“公”是尊称，“大史”即“太史”，为其职称②。所以，“公大史作姬蚕宝尊彝”诸器应是公大史为其女儿姬蚕所作之媵器。因M30尸骨不存，墓主性别不明，对墓主究竟是长子狗（或其父乙）还是姬蚕，难以做出判断。但作为出嫁之女，应从夫而葬。能与周王室姬姓重臣之女联姻者，说明长子狗（或其父乙）绝非姬姓，其社会地位很高，应相当于诸侯一级的人物，这与M30墓葬规模也是相匹配的。因此，黄陂鲁台山西周墓地很可能是以“长子狗”为代表的家族墓地。

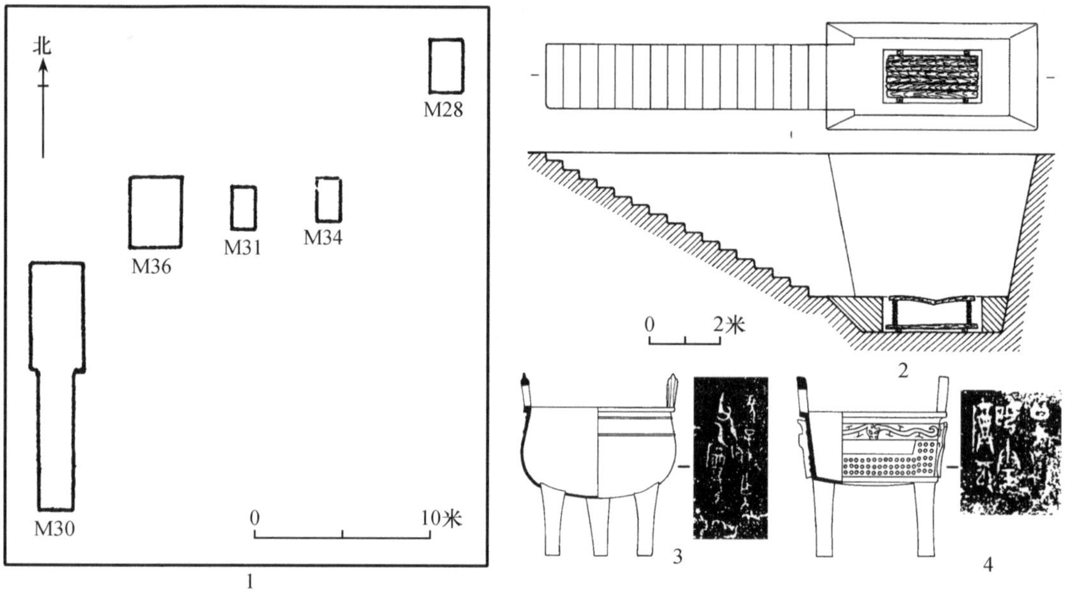

图5-32　黄陂鲁台山西周墓葬分布与M30形制及出土铜鼎

1. 鲁台山西周墓葬分布　2. M30　3. 圆鼎（M30：1）　4. 方鼎（M30：6）

联系上述河南鹿邑太清宫长子口墓，可知长子狗也属于“长”族。考虑到鲁台山遗址已发掘的5座西周墓的年代均晚于长子口墓，我们推测大约西周成康之际，位于豫东淮河支流涡河中游的长国被迁封到了长江北岸的黄陂一带，用以保障“金道锡行”的畅通。

① 黄陂县文化馆等：《湖北黄陂鲁台山两周遗址与墓葬》，《江汉考古》1982年第2期。陈贤一：《黄陂鲁台山西周文化剖析》，《江汉考古》1982年第2期。

② 张亚初：《论鲁台山西周墓的年代和族属》，《江汉考古》1984年第2期。黄锡全：《黄陂鲁台山遗址为“长子”国都蠡测》，《江汉考古》1992年第4期。

（三）湖北随州叶家山曾国墓地

叶家山西周墓地位于湖北随州市淅河镇一处南北长约400、东西宽约100米的椭圆形岗地上，西北邻近涢水支流漂水。2011年和2013年两次考古发掘140座墓葬、7座马坑，出土铜器、陶瓷器、玉石器、漆木器等各类文物达2100件（套），其中有些铜器上铸有“曾侯”铭文[①]（图5-33），基本可以确认这是一处西周早期的曾国墓地。

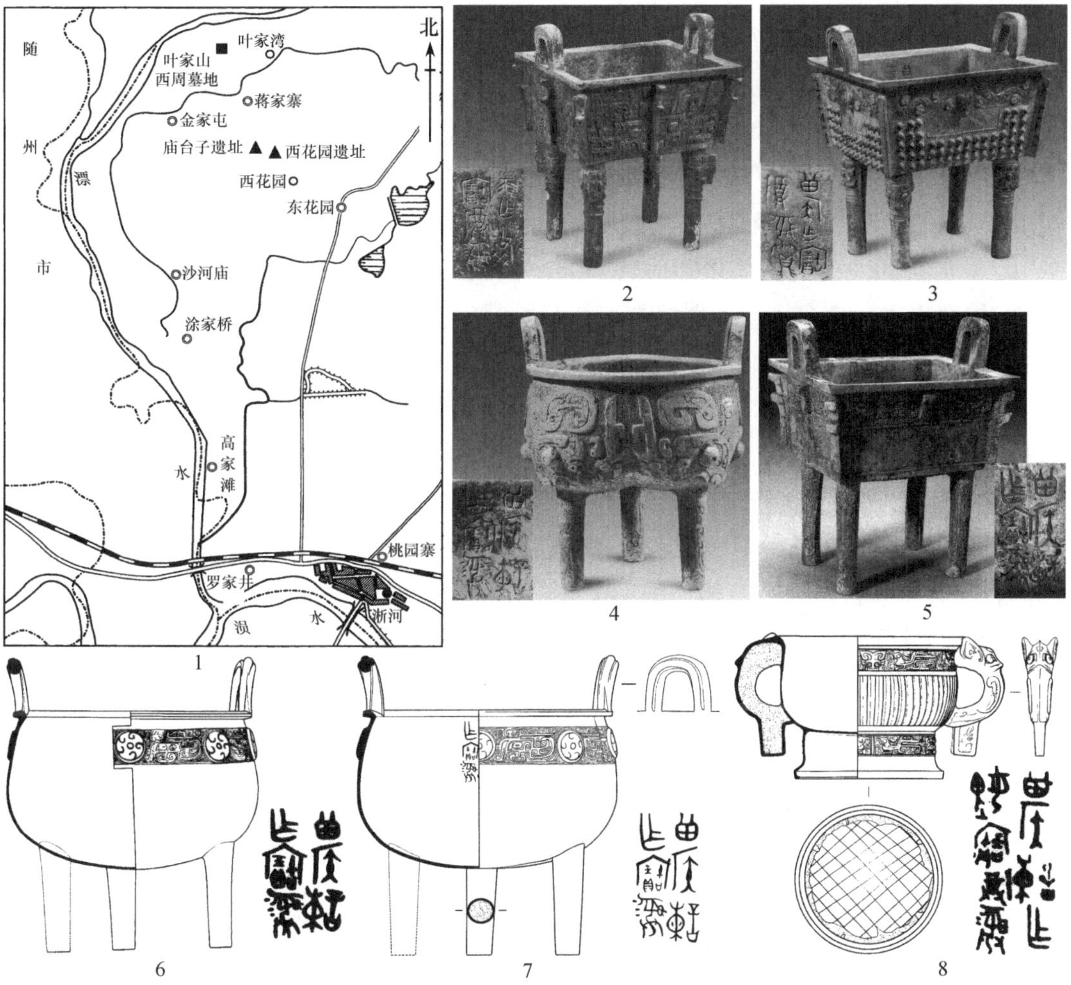

图5-33　随州叶家山曾国墓地位置图与出土铜礼器

1. 曾国墓地位置示意　2. 师方鼎（M1：12）　3. 曾侯方鼎（M27：23）　4、6、7. 曾侯谏圆鼎（M2：5、M2：6、M65：44）　5. 曾侯谏方鼎（M65：47）　8. 曾侯谏作媿簋（M2：9）

① 湖北省文物考古研究所等：《湖北叶家山M65发掘简报》，《江汉考古》2011年第3期；《湖北随州叶家山西周墓地发掘简报》，《文物》2011年第11期；《随州叶家山西周早期曾国墓地》，文物出版社，2013年。

曾侯墓M65、M28和M111呈南北纵向排列，它们占据叶家山岗地的至高位置，构成了墓地的核心。M2、M27分别位于M65、M28之东，其间不见其他墓葬，它们作为曾侯夫人墓体现了与曾侯密切的关系。M111之东的M50、M46规模较大，从随葬品类别来看可能属于女性墓，其墓主也可能是曾侯夫人。曾侯及其夫人墓周围分布着中型墓，墓口面积多在8平方米，出土青铜器多在6件左右，墓主社会等级较高。更外围是一些小型墓，墓口面积多在4平方米，出土青铜器3件左右，有些墓仅出土陶器，墓主可能为低级贵族和平民。总之，整个叶家山墓地从核心到周边，对应墓主身份地位由高及低的变化。所有墓葬均为头朝东的东西向排列，特别是曾侯及其夫人墓形成头足相对的位置关系，显得非常特殊。

为了探寻叶家山墓地主人的生前居地，发掘者对以叶家山墓地为中心，方圆10千米的范围开展了区域性考古调查。除其西、北部为大片山地外，在其南及东部都发现了较多的商周时期遗址，其中墓地以南约1千米、以庙台子为代表的诸多遗址构成了一个面积达30万平方米的聚落群，庙台子遗址周围有环壕遗迹，在其周边还发现城墙迹象①。早年在此发掘的主体遗存时代为西周前期，文化面貌与中原存在着广泛的一致性②。综合来看，庙台子遗址群极有可能是与叶家山墓地相匹配的西周早期曾国的都城所在。

曾国在历史文献中没有明确的记载，但西周晚期至战国早期曾国青铜器的出土数量却相当可观，主要分布在湖北随州中部涢水中上游、枣阳中南部滚河中游和京山北部漳河上游谷地③。由于这一分布区域与历史文献记载的随国所在区域有相当程度的重合，李学勤率先提出曾、随是一国两名④，属姬姓，这一说法后来成为学术界的主流认识⑤。当然，也有些学者认为曾、随二国不可混同⑥。叶家山西周早期曾国墓地出土的有铭铜器虽无标明曾侯为何族姓，但是该墓地全部墓葬皆呈东西向，已发掘的墓主头向一律朝东，M1设殉狗腰坑，M65墓口四角有斜洞，铜器铭文中多见日名等，这些特征与一般姬

---

① 黄凤春、陈树祥、凡国栋：《湖北随州叶家山新出西周曾国铜器及相关问题》，《文物》2011年第11期。

② 武汉大学历史系考古教研室等：《西花园与庙台子》，武汉大学出版社，1993年。

③ 张昌平：《曾国铜器的发现与曾国地域》，《文物》2008年第2期；《曾国青铜器研究》，文物出版社，2009年。

④ 李学勤：《曾国之谜》，《光明日报》1978年10月4日；《论汉淮间的春秋青铜器·二“再论曾国之谜”》，《文物》1980年第1期。

⑤ 石泉：《古代曾国——随国地望初探》，《武汉大学学报（哲学社会科学版）》1979年第1期。舒之梅、刘彬徽：《论汉东曾国为土著姬姓随国》，《江汉论坛》1982年第1期。何浩：《从曾器看随史》，《江汉考古》1988年第3期。吴良宝：《再说曾国之谜》，《新果集——庆祝林沄先生七十华诞论文集》，科学出版社，2009年。

⑥ 杨宽、钱林书：《曾国之谜试探》，《复旦大学学报（社哲版）》1980年第3期。曾昭岷、李瑾：《曾国和曾国铜器综考》，《江汉考古》1980年第1期。

姓周人墓明显有别，有些学者据此认为叶家山西周曾国可能并不属于姬姓[①]。发掘者根据随州叶家山曾侯犺墓（M111）出土铜簋和文峰塔春秋晚期的曾侯與墓[②]出土编钟所见“南公”铭文的对比考证，认为叶家山曾国应是南宫适的封国，始封于西周成王或康王之世，与东周曾国同源，其族姓为姬姓[③]。最近，随州枣树林墓地发现的春秋中期曾侯宝及夫人随仲芈加墓证明了曾即为随，从而为“曾随之谜”基本画上了句号[④]。

50余年来，随着湖北京山苏家垄、枣阳郭家庙、随州熊家老湾、擂鼓墩、义地岗、文峰塔、汉东东路、叶家山以及枣树林等一系列重要墓地的考古发现，基本揭示出西周早期至战国中期大约700年相对完整的曾国历史全景。在如此长的时段中，曾国的活动区域虽一直稳定在随州一带，但不同时期的政治中心发生了位移，大体以春秋中期为界，此前的曾国与中原周文化面貌基本一致，春秋中期及其后则与楚文化面貌相同[⑤]。

（四）湖北随州羊子山噩国墓地

羊子山墓地位于湖北随州市以西20千米的安居镇羊子山，地处涢水北岸。1975年，农民在此地发现青铜鼎、簋、尊、爵各1件，据说簋和尊在一起出土，其中铜尊有铭“噩侯弟𢄂季作旅彝”2行8字[⑥]（图5-34：1）。此外，上海博物馆和洛阳博物馆还分别收藏有“噩侯弟𢄂季”自作的觯[⑦]、簋[⑧]，它们极有可能出自同一墓葬。1980年，这里又发现1座墓葬，出土青铜圆鼎、簋、卣、觚形尊、爵、觯、虎纹戈、牛面饰、圆泡共计18件[⑨]。2007年11月，因犯罪分子在此盗掘古墓未遂，随州市博物馆抢救性清理了一座西周墓（编号为羊子山M4），墓内出土青铜方鼎、圆鼎、簋、甗、爵、斝、觯、卣、觚形尊、方罍、圆罍、盘、盉等27件，其中大部分铜器上有“噩”或“噩侯”铭文，如方鼎铭“噩仲作宝尊彝”，方罍铭“噩侯作厥宝尊彝”，卣、圆罍、盘等铭文为“噩侯作旅彝”[⑩]（图5-34：2～6）。根据器形与铭文判断，以上诸器的年代

① 李伯谦、朱凤瀚：《湖北随州叶家山西周墓地笔谈》，《文物》2011年第11期。

② 湖北省文物考古研究所等：《随州文峰塔M1（曾侯與墓）、M2发掘简报》，《江汉考古》2014年第4期。

③ 黄凤春、胡刚：《说西周金文中的“南公”——兼论随州叶家山西周曾国墓地的族属》，《江汉考古》2014年第2期。黄凤春、胡刚：《再说西周金文中的“南公”——二论叶家山西周曾国墓地的族属》，《江汉考古》2014年第5期。

④ 湖北省文物考古研究所等：《湖北随州枣树林墓地2019年发掘收获》，《江汉考古》2019年第3期。郭长江、李晓杨、凡国栋、陈虎：《嬭加编钟铭文的初步释读》，《江汉考古》2019年第3期。

⑤ 张昌平：《从五十年到五年——曾国考古检讨》，《江汉考古》2017年第1期。

⑥ 随州市博物馆：《湖北随县发现商周青铜器》，《考古》1984年第6期。

⑦ 原称“卣”，后更名为“觯”。参见马承源：《记上海博物馆新收集的青铜器》，《文物》1964年第7期。张昌平：《论随州羊子山新出噩国青铜器》，《文物》2011年第11期。

⑧ 张剑：《洛阳博物馆收藏的几件青铜器》，《文物资料丛刊（3）》，文物出版社，1980年。

⑨ 随州市博物馆：《湖北随县安居出土青铜器》，《文物》1982年第12期。

⑩ 随州市博物馆：《随州出土文物精粹》，文物出版社，2009年。

图5-34　随州羊子山噩国墓地出土铜礼器

1. 噩侯弟尊　2. 噩仲方鼎　3. 噩侯罍　4. 尊　5. 卣　6. 噩侯方罍

均为西周早期，其中羊子山M4墓主应是噩侯，由此可以认定羊子山墓地是一处西周早期噩国公室墓地①。

金文之噩，在传世文献中写作“鄂”。鄂原为商代古国，《史记·殷本纪》记载商纣时“以西伯昌、九侯、鄂侯为三公。……鄂侯争之强，辨之疾，并脯鄂侯”。西周立国后，噩国臣服于周，并通过联姻与周王室保持着密切关系。传世的西周晚期噩侯簋铭“噩侯作王姞媵簋”（《集成》3928～3930）显示，噩侯为王姞作媵器，王姞乃噩侯之女，嫁给周王为妻，噩侯为姞姓。西周王朝也非常倚重噩国来经营和控制南方，这在中甗（《集成》949）、静方鼎②以及噩侯驭方鼎（《集成》2810）等铜器铭文中得到证实。中甗铭文记载中为周王南巡打前站时到达噩地，继而在曾设立行宫。静方鼎铭文记载周王命静统率在曾、噩两个诸侯国的军队。两器年代均为西周昭王时期，铭文中噩与曾并举，是拱卫周王朝南疆的两支重要力量。西周中晚期的噩侯驭方鼎铭文记载了周王在南征的归途中，与噩侯行宴射之礼，并对其进行赏赐之事。不过

① 李学勤：《由新见青铜器看西周早期的鄂、曾、楚》，《文物》2010年第1期。张昌平：《论随州羊子山新出噩国青铜器》，《文物》2011年第11期。

② 徐天进：《日本出光美术馆收藏的静方鼎》，《文物》1998年第5期。

此事不久，噩侯则叛乱反周。据禹鼎（《集成》2833）铭文记载，噩侯驭方率领南淮夷、东夷侵犯周王朝的东南疆土，周王命令西六师和殷八师"撲伐噩侯驭方，勿遗寿幼"，但未能成功；随后武公派遣禹率战车百乘、车兵二百、步兵千人协助西六师和殷八师作战，最终噩侯兵败被擒。值得一提的是，"驭方"一般被认为是噩侯的私名，但也有学者将其释作边界守护者，是一种头衔①。

关于噩国的地望，以往主要有河南南阳和湖北鄂城一西一东两种说法。根据上述羊子山墓地的重要发现，可以确证西周早期的噩国当在今湖北随州安居镇一带。羊子山噩国墓地东距叶家山曾国墓地约25千米，前面提到的中甗、静方鼎铭文中噩与曾同时并存的记载由此得到了考古印证。如此看来，西周早期的曾、噩两国均不大，其东、西并立的政治地理格局大约维持到了西周厉王时期，噩国因反叛受征伐而迁离此地。

（五）河南南阳夏饷铺噩国墓地

夏饷铺墓地位于河南南阳市东北的新店乡夏饷铺村，西距白河1.5千米。2012～2014年，为建设南水北调工程考古人员在此清理西周晚期至春秋早期墓葬80多座，其中规格较高的墓葬位于墓地中部，均为南北向长方形竖穴土坑墓。根据随葬器物形制、组合关系及铜器铭文内容，M6和M5、M19和M20、M7和M16构成一排三组噩侯及其夫人的夫妻异穴合葬墓，同一墓组东侧为噩侯墓，西侧为夫人墓。处于此排最西侧的M1为噩侯夫人墓，考虑到其与东面的M16间距较大，可能是为一代噩侯预留的墓位。从年代上看，这四组墓葬大致是自东向西由早及晚进行排列的②。

据文献记载，西周宣王时迁封泾河上游地区的元舅申伯于南阳盆地，一同被南迁的还有姜姓吕国（《诗·大雅·崧高》）。1981年在南阳市北郊出土的西周晚期仲爯父簋铭文印证了这一史实③。以往认为，这一战略举措可能是出于填补噩侯驭方被灭后重新屏藩南土的需要。鉴于夏饷铺噩国墓地的考古新发现，有学者指出周厉王平定鄂侯驭方叛乱后，将噩国从随州北迁到南阳盆地，申伯封于南阳的最初目的可能是监视噩人④。不过，南阳夏饷铺与随州羊子山两处噩国墓地的关系如何，是同一噩国的异地迁徙还是使用同一国名的不同族群，是首要深入探讨的。此外，夏饷铺M1还出土了"养伯"所作方壶。这些都有助于深入研究西周晚期至春秋早期周王朝南土的政治地理格局及其变化。

综上所述各区重要考古发现，结合铜器铭文和传世文献以及相关研究成果，可以概括如下几点认识。

---

① 夏含夷：《温故知新录：商周文化史管见》，台北稻禾出版社，1997年，第42页。

② 崔本信、王伟：《南水北调中线工程南阳夏响铺鄂国贵族墓地发掘成果》，《中国文物报》2013年1月4日第8版。河南省文物局南水北调办公室、南阳市文物考古研究所：《河南南阳夏饷铺鄂国墓地M19、M20发掘简报》、《河南南阳夏饷铺鄂国墓地M7、M16发掘简报》、《河南南阳夏饷铺鄂国墓地M1发掘简报》，均见《江汉考古》2019年第4期。

③ 崔庆明：《南阳市北郊出土一批申国青铜器》，《中原文物》1984年第4期。

④ 田方成：《申氏铜器与楚申氏的族属》注33，《考古》2016年第12期。

（1）西周王朝在西土腹地分赐较多的采邑，同时在西土外围边缘地带还设有若干军事据点或封国，大致构成扇形防线，防范西北方羌戎集团的意图比较明显。

（2）西周王朝通过“封建亲戚”（《左传·僖公二十四年》）、“兴灭继绝”（《论语·尧曰》）、“柔远能迩”（《尚书·顾命》）等政策稳固国家政权，采取授民授疆土等具体措施，将殷遗势力有效瓦解分散开来加以钳制，甚至有些殷商族氏被迁徙到周原和丰镐这样的周人大本营，使得殷商遗民再也形不成对周王朝的威胁，并能为新生政权服务。

（3）西周王朝分封的诸侯国中，有些国家沿用了商时原有方国（国族）之名，从而出现了国名相同而族姓有别的“异姓同名”现象，如唐、应、鄂等，这种现象可能正是由商时人名、族名、地名三位一体至西周时开始出现人名、族名、地名分离过程的反映①。

（4）朱凤瀚先生指出，西周时期的“公”主要是指周王授予身为王朝卿士的内服高级职官，只有部分可能与王室有近亲关系的近畿姬姓封国国君曾被命为“某（国名）公”，如芮公、应公。“侯”是王朝派驻边域的外服军事职官，西周早期所封畿外侯国主要是出于军事防御与扩张之目的，为侯者多数为姬姓，也有部分非姬姓成员。“伯”是封君所在家族内的宗子，体现了西周时期的宗法制度。以上三种称谓并不具有后来所谓“五等爵”那种表示政治等级地位的爵称性质②。这些认识很有道理，不过我们认为，不能因此否认那些称“公”的诸侯（如虢公、芮公）在用鼎制度上要高于一般称“侯”的诸侯国君，可能在墓道规格上也有区别，“公”与“侯”还是应该有级差的。

（5）有些封国或采邑遗址存续时间很长，有些仅见于西周早中期，之后就消失了，有些则先后异地徙封。其存续长短在一定程度上反映了西周政治中同姓、异姓贵族群体之间因亲疏差异而此盛彼衰的变化③。异地徙封既有西周王朝扩张疆域、经略开发的目的，也有防御外寇、巩固统治的需求。总之，它们体现了西周分封制下血缘因素和地缘因素的交织共存与此消彼长，这其中既有西周王朝统治策略的调整等内因作用，又有来自外部势力威胁等外因作用。

第四节　礼制与信仰

一、宫室建筑

迄今发现的西周宫室建筑主要位于周原和丰镐两处都邑遗址，其中周原遗址的宫

① 李伯谦：《试说周初封国与商时方国异姓同名现象》，《两周封国论衡——陕西韩城出土芮国文物暨周代封国考古学研究国际学术研讨会论文集》，上海古籍出版社，2014年。

② 朱凤瀚：《关于西周封国君主称谓的几点认识》，《两周封国论衡——陕西韩城出土芮国文物暨周代封国考古学研究国际学术研讨会论文集》，上海古籍出版社，2014年。

③ 徐良高：《考古发现所见西周政治中的亲疏盛衰现象》，《两周封国论衡——陕西韩城出土芮国文物暨周代封国考古学研究国际学术研讨会论文集》，上海古籍出版社，2014年。

室建筑较为丰富，以岐山凤雏甲组建筑、扶风召陈上层建筑、云塘和齐镇东西两组建筑为代表（参见本章第二节），为研究西周宫室建筑礼仪制度提供了最佳材料。

（一）建筑类型

根据建筑组合的布局特征，可将上述周原遗址的4处建筑基址分为两大类①。

甲类为“密联式”组合，以凤雏甲组建筑为代表，主体殿堂居中，前有门塾，后有寝室，左右连以廊庑，由此构成前后两进的四合院。这种“密联式”组合的最大特点是主体建筑与附属建筑紧密联结为一体，构成一个封闭的建筑组群，外围不需要另设专门围墙。

乙类为“散点式”组合，以云塘和齐镇建筑为代表，主体殿堂居中，东西厢房居左右前方，门塾在正前方。这种“散点式”组合的最大特点在于主体建筑与附属建筑多呈品字形布列，且各自独立、互不连属，用专设围墙构筑建筑组群的外围轮廓。

需要说明的是，召陈上层建筑基址之间的组合关系有些复杂，仅就平面而言，似乎以F8为主体，与左右前方的F11、F15基本构成品字形布列，若将南面的F5视为门塾，则其与F8不在同一南北向中轴线上，略显偏东。另外，F8与以F13为核心的北排建筑似乎也可构成前堂后室的组合形式，那么F11、F15是否为左右厢房的一部分，值得考虑。

（二）空间结构

根据建筑台基上的柱网分布特征，可将周原遗址主体建筑的空间结构分为三型。

A型以凤雏甲组主体建筑为代表，建筑台基为长方形，长宽比约为1∶2.3，柱网结构为等距均匀布列、纵横对称式。室内空间为横向、等量、平行分割，几乎没有堂、室分别。

B型以召陈F3、F8为代表，建筑台基为长方形，长宽比为1∶1.6～1∶2.2，柱网结构为非等距布列、纵横对称式。室内空间横向分割为三个区间，中间为堂，宽大敞亮，平面呈长方形或近方形，两侧的厢房狭长，有南北向隔墙。

C型以云塘F1、齐镇F4为代表，建筑台基呈凹字形，长宽比约为1∶1.3，柱网结构为非等距、纵轴对称而横轴非对称布列。室内空间分割为中、左、右、后四个区间，堂居中偏前，宽大敞亮，其余空间相对狭窄。

（三）营造方式

建筑朝向方面，凤雏甲组建筑为南偏东，而召陈、云塘、齐镇建筑为南偏西。《诗·小雅·斯干》：“似续妣祖，筑室百堵，西南其户，爰居爰处，爰笑爰语。”从中透露出周人宫室建筑朝向西南，此与周原遗址所见多数建筑朝向基本吻合。

---

① 杜金鹏：《周原宫殿建筑类型及相关问题探讨》，《考古学报》2009年第4期。

建筑材料使用方面，凤雏甲组建筑用瓦很少，可能仅在屋脊、檐口和天沟等处铺瓦。而召陈、云塘、齐镇建筑普遍用瓦。此外，有些大型建筑还使用砖。

庭院设施方面，云塘、齐镇建筑均见卵石铺砌的散水和庭院路径现象，而凤雏甲组建筑则不见此类现象。

就目前发现而言，召陈、云塘、齐镇等处宫室建筑是周原流行的建筑形制，尤其云塘、齐镇建筑的基本特质后来为秦人所继承。凤雏甲组建筑则是周原宫室建筑中的特例，其与中原夏商宫室建筑具有一脉相承的共同特点，或可认为就是商代宫室在周原的移植。

二、墓葬特征

在西周都邑遗址及其附近，迄今还没有发现西周王陵。已经发掘的墓葬在墓葬形制、墓室结构、棺椁设置、随葬品组合等方面，均表现出强烈的文化共性和明显的等级色彩，它们最能体现周人的埋葬制度和习俗。

（一）墓葬形制

西周墓葬形制主要有土坑竖穴墓、洞室墓、瓮棺葬等，以土坑竖穴墓最为常见。根据墓道有无和墓室面积，土坑竖穴墓葬可分为五个等级，由高到低依次如下。

第一等级是带四条和三条墓道的大墓。目前仅在岐山周公庙陵坡墓地钻探出四条墓道者10座，三条墓道者4座。仅就墓葬规模和墓道设置情况而言，这是目前所发现的西周时期等级最高的墓地，尤其是四条墓道（本章第三节提到的琉璃河燕国墓M1193应属于带四条墓道墓葬的变体）和三条墓道的发现，填补了以往西周墓葬形制方面的空白，使得西周墓葬形制有了一个完整的序列。

第二等级是带两条和一条墓道的大墓。带两条墓道者平面基本呈中字形，带一条墓道者平面大多呈甲字形，少数呈一字形。此类墓主身份多为王室重臣，或地方诸侯及其夫人。值得一提的形制罕见者，洛阳铸铜遗址和老城东郊发现的大墓墓道呈方折拐角的曲尺形，它们属于殷遗民贵族之墓。周原姚家西区墓地M8单墓道弯弧，墓口平面近似香蕉状；M7不仅有一字形单墓道，且墓室四角各有一条墓角斜道，根据多方面信息分析，它们可能为周系族群之墓①。

第三等级为无墓道的大型土坑竖穴墓，墓室面积一般在10～15平方米。该等级墓葬通常一椁重棺，随葬较多的青铜礼器，各种器用比较齐全。墓主身份比较复杂，既有地方诸侯及其夫人，也有卿大夫一级的高级贵族。

第四等级为中型土坑竖穴墓，墓室面积一般在4～10平方米。该等级墓葬通常一椁

① 陕西省考古研究院等：《周原遗址东部边缘2012年度田野考古报告》，上海古籍出版社，2018年，第327页。

一棺或有棺无椁，随葬成套的青铜礼器，但数量较少，组合亦不完整，一般以三鼎或一鼎墓为主。墓主身份可能为士一级的中小贵族。

第五等级为小型土坑竖穴墓，墓室面积在4平方米以下。该等级墓葬有的有一棺，有的无葬具，一般不随葬青铜礼器或仅1件礼器，随葬品以陶质器皿为主，多数随葬1件或数件青铜兵器。墓主多为平民，但不排除少数可能为沦落的低等贵族。

此外，西周洞室墓仅在丰镐遗址张家坡墓地中有少量发现。这类墓葬是先挖一个土坑竖穴，然后在一侧掏一个横穴，不再构筑木椁，直接将棺木和随葬器物放置在横穴内，在洞口用木板遮挡，再填土将竖穴夯实。洞室墓在张家坡墓地中分布比较集中，可能是一处葬俗相同的族墓地。但是，从随葬器物的形制来看，无论是陶器还是青铜器，都和土坑竖穴墓所出的没有区别。这种墓葬形制来源也许和周原遗址刘家发现的先周时期的洞室墓有关①。

（二）墓室结构

1. 墓向

西周墓葬的墓向以南北向为主，东西向亦占有相当的比重。

2. 葬具

西周墓葬以木质棺椁为主要葬具。

（1）棺椁形制。椁室平面通常为长方形，其构筑方式：先垫枕木，再铺椁底板，再筑椁室四壁框架，最后预留盖板，待放入棺后再盖上椁顶板。有的在长方形椁室内再隔出头箱或边箱，用以放置随葬器物。木棺一般为长方形箱状，棺内死者的身下还有些复杂的设施，棺内底部一般先垫一块床板（拾床），铺麻布，再铺粗席，撒一层朱砂，再铺细席，最后放置尸体，尸体周围还常撒花椒粒之类的香料。

（2）棺椁重数。从文献记载看，不同等级的贵族使用棺椁重数有别。《荀子·礼论》："天子棺椁十重，诸侯五重，大夫三重，士再重。"《庄子·天子》："天子棺椁七重，诸侯五重，大夫三重，士再重。"《礼记·檀弓》："天子之棺四重。"（郑玄注：诸公三重，诸侯再重，大夫一重，士不重）可见，上述文献对不同等级贵族使用棺椁规格的说法分歧明显。从考古发现看，棺椁数目的多少虽与墓主身份等级有一定关系，但与上述任何一条文献记载都不是完全对应的。而且，即使是同一等级的贵族，使用的棺椁重数也不一样。目前所见西周墓葬的棺椁重数有二椁一棺、一椁二棺、一椁一棺、单棺无椁，其中使用前两种三重棺椁的墓葬多数为第二、三等级墓葬（第一级棺椁重数不明，应当更多），第三、四等级墓葬常见一椁一棺，平民多为单棺。表明自西周早期以来虽出现棺椁多重之别，但在棺椁重数之多寡上还没有严格的等级区分。

（3）棺椁修饰。西周墓的棺椁除普遍髹漆或下铺上盖苇席外，还通常在棺椁上覆

① 梁星彭：《张家坡西周洞室墓渊源与族属探讨》，《考古》1996年第5期。

盖帐幔，有的还在帐幔上缀挂许多铜鱼、蚌鱼、玉鱼或海贝作为垂饰。这种帐幔即是文献中所说的“荒帷”。《周礼·缝人》云“柩有柳”“柳上饰帷荒”。《礼记·丧大记》：“荒，蒙也。在旁曰帷，在上曰荒。”另据《礼记·丧大记》记载，不同等级的贵族使用荒帷的规格也是有别的，所谓“君龙帷黼荒，大夫画帷画荒，士布帷布荒”，但在考古上往往不易验证。荒帷的设置乃是对死者生前居室中帷幄一类设施的模仿，出殡时它还可起到“华道路”的作用。

（4）棺椁防护。西周高等级墓中已出现积石积炭的现象，这种方式在东周棺椁防护方面广为流行。关于积石积炭的作用，一般认为与固墓、防盗、防潮、防虫有关[①]。《吕氏春秋·节葬》：“题凑之室，棺椁数袭，积石积炭，以环其外。”高诱注：“石以其坚，炭以御湿。”目前西周墓葬中填充膏泥的现象不多见，可能与地域有关。

3. 葬式

西周墓的葬式以仰身直肢葬为主，其他形式的葬式较少。

4. 腰坑

西周腰坑墓分布很不均匀，腰坑的使用与墓葬等级的关系比较复杂，在确定属于姬姓周人的西周高等级墓中不见腰坑，如张家坡4座井叔墓（图版8：3）、北窑带双墓道大墓M446和M451、周公庙遗址已发掘带四条墓道的M18和双墓道的M32等。表明姬姓周人，至少其高级贵族不存在设置腰坑的习俗。少数有腰坑的大中型墓葬，如洛阳摆驾路口M1和M2、老城东郊C5M99和东大寺M101等，墓主皆属殷遗民。

5. 二层台

有熟土二层台和生土二层台之分。前者是指在葬具和墓圹四壁之间填土夯实而形成的平台。也有一些墓在挖造墓穴时，预先就留出一周二层台，这种二层台有别于前者，一般称为生土二层台。在二层台的周壁上往往留有葬具的侧板和挡板痕迹，二层台的宽窄、高矮与墓圹大小及葬具的高低成正比，即墓圹越大，二层台越宽；棺椁越高，二层台也就越高。二层台上用以放置随葬品、殉人、殉牲或祭肉等，文献中称为“四阶”。

6. 墓壁修整

西周高级贵族墓葬中常见墓壁修整之后涂抹各种涂料的现象，如洛阳北窑西周贵族墓常见墓壁涂抹朱漆，形似椁室。少数墓葬在接近二层台的墓壁上掏挖壁龛，龛内放置部分随葬品。

（三）随葬品组合

西周墓随葬青铜礼器组合以食器为核心，代表性器物是鼎、簋。酒器以爵、觯为基本组合，见于西周早中期，晚期基本绝迹。西周早期水器沿袭晚商以来的盘、

① 田伟：《试论两周时期的积石积炭墓》，《中国历史文物》2009年第2期。

盉，中期以后形成盘、匜的固定组合。乐器以编钟组合最为常见。高级贵族墓还普遍随葬原始瓷器。随葬陶器总体上以鬲、罐为核心，簋、豆、盆次之，瓿、大口尊、壶、三足瓮等器较少。此外，西周墓还随葬青铜兵器、工具、车马器、漆木器、玉石器等。

值得注意的是，西周早期的高等级墓中常随葬晚商铜器、玉器，多种族氏铭文的铜器往往共葬同一墓中。除了婚姻和赙赗之外，其更多被视为战争掠夺后的“分器”现象[①]。《逸周书·世浮》记载武王克商时洗劫了殷都大批的铜器、玉器等，随后将这些战利品分给了参战的功臣将士。《尚书》书序：“武王既胜殷，邦诸侯，班宗彝，作《分器》。”《史记·殷本纪》也有相同的记载。

（四）特殊葬俗

西周高级别的周人墓葬罕见人殉与人牲，所见人殉的墓葬主人可能与殷遗民有关。

西周墓中常见“毁兵”葬俗，即在死者入殓或下葬前，先将用于随葬的青铜兵器如戈、戟、矛、剑等人为地进行不同程度的毁坏，再有意识地放在棺椁内或墓室内不同的位置。这种葬俗可能反映了周人“偃兵、禁暴”的“礼治”思想[②]。

西周贵族墓中还流行拆车葬，即将马车拆散，将轮、舆、车器等置放于墓道、二层台或椁顶的现象，这也是不同于商人墓葬的一个非常重要的特点。

（五）族葬制

在都邑、封国遗址及其附近大都发现有较大的墓地，这类墓地通常包含了西周各个时期的若干家族墓地，只是由于各个家族墓地之间的界域不易辨认，因而难以区划，不过也有根据墓葬形制的规模、随葬铜器铭文等因素而大致可以确定的。比如张家坡墓地中的井叔家族墓地，是包含了1座双墓道大墓、3座单墓道大墓以及若干竖穴墓和随葬的车马坑等组成的一个西周中晚期墓地，这是迄今在丰镐遗址内仅见的规模最大的带墓道的墓群。这几座大墓的主人由各墓所出的有铭铜器可以推知是几位不同世代的井叔[③]。井叔其人见诸曶鼎等传世铜器的铭文中，是西周中期的朝廷重臣，诸墓出土的青铜礼乐器有井叔鼎、井叔方彝、井叔饮杯、井叔钟等，显示出这个家族的权势。在洛阳北窑墓地也有类似的发现，该墓地发现的2座双墓道大墓左右并列，附近还有若干较大的竖穴土坑墓，它们也很可能是一个家族墓地，但是由于墓葬被盗，墓主身份已无从探寻。

---

① 黄铭崇：《从考古发现看西周墓葬的“分器”现象与西周时代礼器制度的类型与阶段》，《“中央”研究院历史语言研究所集刊》第八十三本第四分（2012年12月）、第八十四本第一分（2013年3月）。

② 井中伟：《西周墓中所见“毁兵”葬俗的考古学观察》，《考古与文物》2006年第4期。

③ 中国社会科学院考古研究所：《张家坡西周墓地》，中国大百科全书出版社，1999年。

西周族墓地（尤其贵族墓地），基本都选择在地势高亢、靠近河流之地，相对于居址而言，通常选择居址的北方或西方作为茔地。如扶风黄堆墓地位于涝池北岸的高地上，南面约3千米处即为岐山凤雏和扶风召陈建筑基址。长安张家坡墓地位于灵沼河与沣河之间的"郿坞岭"岗地，东临丰邑夯土建筑基址群。洛阳北窑墓地北靠邙山、东临瀍河，南面大型铸铜遗址等。《礼记·檀弓下》云："葬于北方北首，三代之达礼也，之幽之故也。"

族墓地中大中型墓一般采用夫妇异穴合葬，两座规模相当的墓，左右并列，有的将同组的随葬器物分置两墓。至于小型墓葬则少见夫妻异穴合葬①。

这里值得一提的是，在研究西周墓地性质时，学者们往往引用文献中"公墓"和"邦墓"概念。《周礼·春官》："冢人掌公墓之地，辨其兆域而为之图。先王之葬居中，以昭穆为左右，凡诸侯居左右以前，卿大夫士居后，各以其族。凡死于兵者，不入兆域。凡有功者居前。以爵等为丘封之度与其树数。……墓大夫掌凡邦墓之地域，为之图。令国民族葬，而掌其禁令，正其位，掌其度数，使皆有私地域。凡争墓地者，听其狱讼，帅其属而巡墓厉，居其中之室以守之。"按此说，这样的"公墓"应该包括历代王陵，还有其他诸侯、卿大夫士及其族人等，他们在昭穆、左右、前后的规则下入葬。"邦墓"之中只葬"国民"。 然而，《周礼》所言之公墓、邦墓制度不排除为后人的理想规划，与西周之实际情况有较大的出入，目前考古发现的西周墓地并不存在这样严格的"公墓"与"邦墓"之分。不过，如果重新对这两个概念加以界定也未尝不可，即用"公墓"来指代国君或国君与族人同埋一处的墓地，用"邦墓"来指代一般贵族与族人共同埋葬的墓地。

三、礼乐器物

礼乐制度是西周文明的象征。西周的乐器大都出于高级贵族墓和铜器窖藏，器形有铜铙、钟、钲和石磬，都是打击乐器。尚未发现丝竹之类的管弦乐器，可能此类乐器为有机质，易腐朽而难以保存下来。

铜铙发现很少，只见于鹿邑长子口墓和宝鸡強伯墓地（竹园沟M13）。前者出土铜铙6件，分属两套，每套3件，大小依次递减，组成编铙（图5-35：1～3），后者只出了1件铜铙。编铙在安阳殷墟的大中型墓中常有发现，除妇好墓所出为5件一套外，其余皆3件一套，铙的钲部饰兽面纹，有的还有铭文。另外，在湖北、湖南、江西、安徽、江苏、浙江、福建等广大的南方地区还发现一类形体高大厚重的铜铙，通高在30厘米以上，有的竟高达100多厘米，重量从几千克到上百千克不等，流行年代约为晚商至西周初年。南方铜铙往往以单件窖藏（成套的编铙极少见）的形式出土于山川河流

① 刘绪、徐天进：《关于天马—曲村晋国墓地的几个问题》，《晋侯墓地出土青铜器国际学术研讨会论文集》，上海书画出版社，2002年。

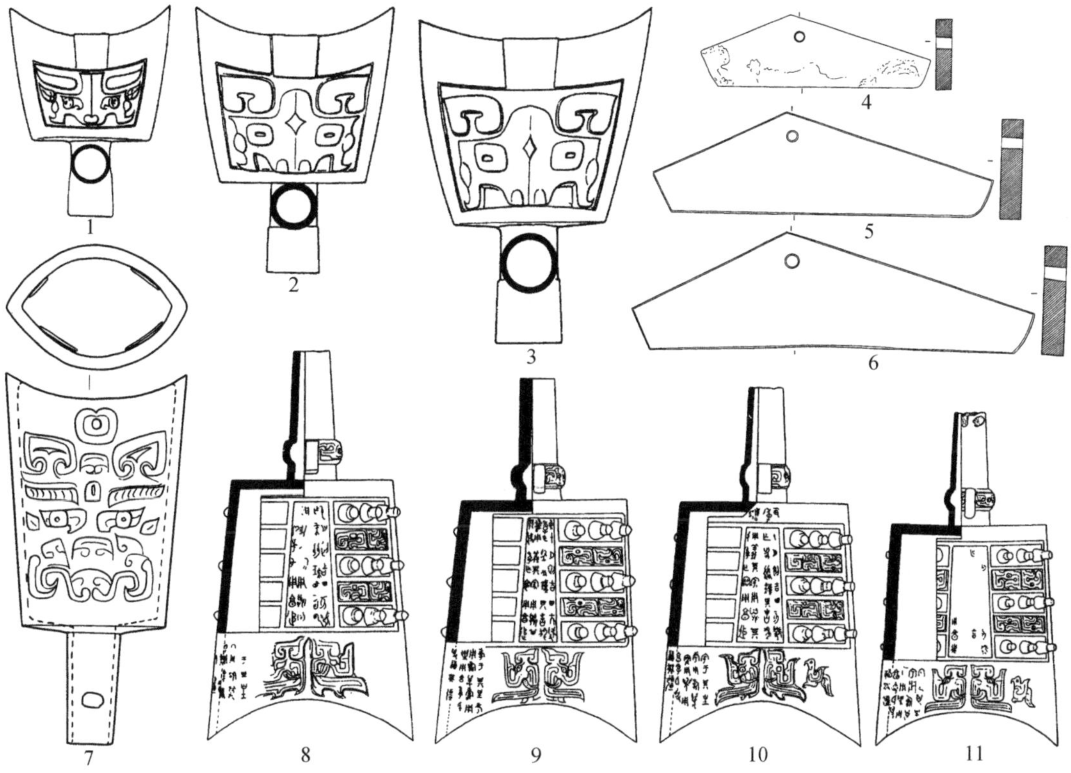

图5-35　西周时期的乐器

1～3. 长子口墓编铙　4～6. 张家坡M157编磬（部分）7. 铜钲　8～11. 编钟（部分）

（7～11出自三门峡虢季墓M2001）

近旁，可能与当时祭祀后瘗埋有关。由于形体高大厚重，它们不可能像北方地区小铙那样手执敲击，应该是“植座而鸣”，有些铙出土时甬腔内尚存朽木痕迹。为了增加铜铙的稳定性，甬腔与木柄的套合较深，接触面必然较多，当敲击时部分声波就会经木柄传导给器座，从而影响到发音效果。一旦将其悬挂起来，铙体与外物的接触面减少，腔体内的高频率振动就基本不受外物影响，这样便会得到纯正的乐音，因此甬柄的凸旋上加铸“干”（即环耳）也就成了顺理成章的事。演奏方式由器口朝上的“植座而鸣”改为器口朝下的“侧悬而鸣”，铜铙也就演变成了甬钟[①]。目前来看，铜铙在西周早期已成为孑遗，甬钟开始广为流行。

甬钟是西周乐器中发现数量最多的一种。西周前期的编钟流行3件一套，如长安普渡村长囟墓[②]、宝鸡㢸伯墓地竹园沟M7和茹家庄M1出土者；后期则常见8件一套，如曲沃北赵晋侯墓、三门峡虢季墓（图5-35：8～11）所出者。考古发现与测音结果表明，西周晚期8件一套的编钟已成定制，前二钟用正鼓音，后六钟鼓右有侧音标记，兼用正鼓、侧鼓双音。其音阶构成为“羽、宫、角、徵”四声结构，五音缺“商”。双音钟两音之间多为小三度音程，每套编钟的音域为三个八度加一个小三度。

① 井中伟：《我国南方出土商周铜铙的类型学研究》，《文物春秋》2002年第1期。

② 陕西省文物管理委员会：《长安普渡村西周墓的发掘》，《考古学报》1957年第1期。

铜钲是西周晚期才出现的一种乐器。钲一般单件与编钟配套伴出，如北赵晋侯邦父墓（M64），随葬有8件一套的编钟，同出1件铜钲。三门峡虢季墓、韩城梁带村M27亦是如此（图5-35：7）。

石磬是和铙、钟配合演奏所谓“金石之声”的乐器。西周早期一般为单个的特磬，如鹿邑长子口墓出两套编铙，而石磬只有1件。西周中期石磬已由特磬发展成编磬，如张家坡M157井叔墓出土一套5件的编磬，形状相同，大小相次（图5-35：4～6；图版8：3）。西周晚期编磬的件数增多，如保存完整的北赵晋侯墓M64出石磬16件、M93出石磬10件；三门峡虢国墓M2001出大小依次递减的石磬10件、M2011出两组石磬18件，每组9件大小相次。

四、文字

（一）甲骨文

西周甲骨文发现不多，除了前面提到的陕西岐山凤雏甲组基址和周公庙、宁夏彭阳姚河塬、山西洪洞坊堆、北京房山琉璃河、河北邢台南小汪等遗址外，在扶风齐家①、长安张家坡②、昌平白浮西周墓③也有少量的刻辞甲骨出土。

与殷商相比，西周卜甲卜骨的修治与卜辞形式均有明显差别。甲首部分从背面掏挖而留有宽边，有排列整齐而密集的方钻，钻的一侧有纵向凿槽。卜骨或不去臼角，而以骨臼向下为正，背面有圆钻或圆角方形的钻，钻内有槽，钻的排列不甚规整。卜辞字体纤小，刻辞守兆，而格式简单，仅见前辞、贞辞和占辞④。此外，还有一种以数目字组成的文字符号，数目字有一、五、六、七、八，由三个数字或六个数字组成，这在凤雏、齐家和张家坡诸遗址出土的西周甲骨上均有发现，也曾见于西周的青铜器铭文中。张政烺认为这类文字乃是筮法易卦符号⑤，已为学术界所认同。

（二）金文

西周青铜器在继承殷商传统的基础上，又有新的发展。西周早期除了出现新型的方座簋、涡体夔纹、飞射状扉棱等，最大的变化体现在铜器铭文上。铸有长篇铭文的铜器数量大大超过殷商晚期，铭文内容涉及武王伐商（如利簋）、周公东征（如壆方鼎）、成王营建洛邑（如何尊）、封建诸侯（如克盉）、对外征伐（如小盂鼎）等一系列重大历史事件，对于构建周初史实具有极其重要的价值（图版9：

① 陕西周原考古队：《扶风齐家村西周甲骨发掘简报》，《文物》1981年第9期。
② 中国科学院考古研究所：《沣西发掘报告》，文物出版社，1962年。
③ 北京市文物管理处：《北京地区的又一重要考古收获》，《考古》1976年第4期。
④ 李学勤：《西周甲骨的几点研究》，《文物》1981年第9期。
⑤ 张政烺：《试释周初青铜器铭文中的易卦》，《考古学报》1980年第4期。

1、2）。

西周中期长篇铭文居多，一般以册命为主，内容主要为册封、世袭、赏赐等事宜，有比较固定的格式。但也出现一些反映社会现象的新内容，涉及土地交换（如裘卫诸器）、法律诉讼（如倗匜）、家族世系的追述等。此外还涌现出大量的纪年铭文，多记载年、月、日等，尤其是王年、月序、月相、干支齐全者，对于研讨西周历法、拟定金文历谱、推定西周列王的在位年数，具有重要的意义。

西周晚期铭文多鸿篇巨制，如毛公鼎（499字）、逨盘（372字）、散氏盘（357字）、多友鼎（278 字）、禹鼎（207字）等，都是国之重器。铭文内容除征伐南淮夷、抵御玁狁入侵等具有重要的史料价值外，一般多为流于形式的册命以及为追孝祖考而自作礼器的记录而已。

第五节　生产与经济

一、农业

农业是西周社会经济的基础。《尚书·尧典》《左传·昭公二十九年》《史记·周本纪》等记载，周人先祖弃善农，在帝舜时任稷官，后被尊为农神，受到祭祀。《诗·大雅·生民》《公刘》等篇记载先周时期有关周人农业活动的情况，说明周人历来就有重视农业的传统。西周农业活动包括播种、农田管理、收割、入藏等过程，每个过程需要相应的工具，主要农具有斧、镬、耒、耜、铲、刀、镰、杵臼等，它们在周代文献中经常被提到。

用于砍伐的镬在文献中称“斤”，如“取彼斧斤，伐彼远扬”（《诗·豳风·七月》）；“斧斤以时入山林”（《孟子·梁惠王上》）。除了常见的斧、镬外，当时还使用锯截木头，如洛阳北窑西周早期墓出有青铜锯，锯齿密集，锯背上有安装木柄的痕迹（图5-36：1～4）。

作为翻耕农具的耒、耜在文献中最常见，如《诗·豳风·七月》：“三之日于耜，四之日举趾。”《周礼·考工记》：“匠人为沟洫，耜广五寸，二耜为耦。”《礼记·月令》：“孟春之月……天子亲载耒耜。……季冬之月……命农计耦耕事，修耒耜，具田器。”说明到了西周，耒耜的使用更为普遍，是耦耕的主要农具，有时也成为农具的总称。

用作松土和除草的中耕农具铲，在文献中或称“钱”。如《诗·周颂·臣工》：“命我众人，庤乃钱镈，奄观铚艾。”《诗·周颂·良耜》：“其镈斯赵，以薅荼蓼。荼蓼朽止，黍稷茂止。”“钱”与“镈”并举，二者虽同为除草农具，但使用方式应有所区别。镈类似锄，《释名》：“镈，迫也，迫地去草也。”《广雅》：“镈，锄也。”二者皆安装短柄，但铲为直柄，往前推使；镈为弯柄，向后拉。考古发现西周

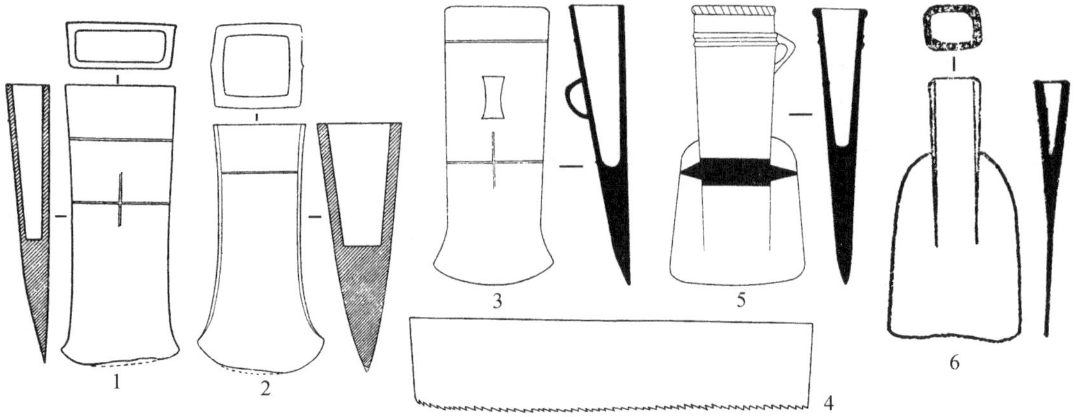

图5-36　西周时期的青铜农具

1、3. 镬　2. 斧　4.锯　5、6.铲

（1、2. 岐山贺家村M1出土，采自《考古》1976年第1期

3～5. 采自《洛阳北窑西周墓》，文物出版社，1999年　6. 临潼零口铜器窖藏出土，采自《文物》1977年第8期）

时期各类质料的铲，器柄均已朽毁无存，仅剩头部，刃口可见使用痕迹。铜铲数量较晚商时期有所增多，如偃师南寨出土1件①，洛阳北窑西周墓出土3件，临潼零口西周铜器窖藏出土4件②（图5-36：5、6）。

用于收割的刀、镰，在上举文献《诗・周颂・臣工》中分别称“铚”和“艾”。刀一般呈矩形或半月形，横刃，近背有孔，以双孔为多。部分刀可能为木或骨背镶嵌石刃或铜刃，刃较小，一般不被注意，这种刀应该很多。石、骨、蚌质镰的形制与今天农用铁镰基本相似。

此外，考古发现商周时期的杵臼可能用来加工谷物，如洛阳出土1件，圆柱形，上部略细，呈羊头形③。甲骨文、金文的“舂”字，均做双手执杵在臼中舂谷之状。当时可能还使用目前很难发现的木杵和地臼，如“断木为杵，掘地为臼”（《周易・系辞下》）。

西周农作物品种多，有“百谷”和“六谷”之称。《诗・周颂・噫嘻》：“率时农夫，播厥百谷。”《周礼・天官・膳夫》：“食用六谷。”郑玄注：“稌、黍、稷、粱、麦、苽。”《诗经》中谷类名称有黍、稷、禾、谷、粱、麦、稻、稌、秬，豆类名称有菽、荏菽、藿，麻有麻、苴、纻等④。西周铜器铭文上也记有农作物种类名称，如伯公父簠铭“用盛穛稻糯粱”，史免簠铭文也有“用盛稻粱”之语。考古发现有炭化的粮食遗物，如长安丰镐遗址出土的小米⑤。西周遗址中常见很多窖穴，有些应是用于储藏粮食的仓库。《诗经》中描绘了当时丰收的年景，“我黍与与，我稷

① 蔡运章：《谈偃师南寨村出土的西周铜铲》，《中原文物》1984年第3期。

② 临潼县文化馆：《陕西临潼发现武王征商簋》，《文物》1977年第8期。

③ 余扶危、叶万松：《洛阳农业考古概述》，《农业考古》1986年第1期。

④ 中国农业科学院等：《中国农学史》，科学出版社，1959年。

⑤ 中国社会科学院考古研究所丰镐工作队：《1997年沣西发掘报告》，《考古学报》2000年第2期。

翼翼。我仓既盈，我庾维亿”（《小雅·楚茨》）。“获之挃挃，积之栗栗。其崇如墉，其比如栉。以开百室，百室盈止，妇子宁止”（《周颂·良耜》）。其中虽有夸张成分，但也应是丰年的反映。

二、青铜器冶铸业

周人在灭商以前已有自己的青铜冶铸业，先周文化遗存中发现不少青铜器。西周前期是青铜铸造的鼎盛时期，铜器种类繁多，制作精美，后期制作趋于简化，但多铸有长篇铭文。青铜器铸造技术也有新的发展，并趋于规范。从西周王畿以及地方诸侯国出土的大量青铜器（尤其那些具有铭文和区域特征的青铜器）看，各地大都有相对完整且独立的青铜器铸造场所。

位于周原遗址中心区域的庄李西周铸铜作坊遗址所出铸铜遗物中以陶范和模数量最多，器类以车马器、装饰品和工具为主，礼乐器和兵器较少，所见纹饰有夔龙纹、虎头纹、牛头纹、鸟纹、涡纹、云雷纹、重环纹、鳞纹、贝纹等，范块背面常见类似用以对接拼合的刻槽或标记。另有一些可能用来制作模范的工具、熔铜的炉壁等。由于大部分遗物出自灰坑中，目前尚未发现与铸铜生产流程直接相关的遗迹。这处铸铜作坊从西周早期一直延续到晚期，以西周中晚期遗存最为丰富①。

位于洛邑成周的洛阳北窑铸铜遗址是目前考古发现的西周时期最大的铸铜遗址，东临瀍河，北倚邙山，西北与北窑西周墓地相邻，面积20余万平方米。已发掘出房址及柱基、地下管道、路面、烧窑、窖穴、祭祀坑等遗迹，出土各类遗物非常丰富②。其中陶范数以万计，器形有礼器、兵器、车马器等，以礼器类居多，兵器、车马器少。陶芯、范的质色略有不同，芯较松软，呈红砖色或青灰色。范一般分两层，面料细腻、坚硬，青灰色；背料松软，夹有较大的沙粒以及稻壳、草秸等，灰红色。范的做法是将厚1～1.5厘米的面料泥片贴于模上，周缘做出高约3厘米的边框，内填背料，然后在分型面上做出三角形或长方形的卯口③。陶范纹饰主要为浅浮雕式，一般是用小刀在模上雕刻，然后翻制于范上。铭文的制作，阴文直接刻于芯范上，阳文则是用模翻制阴刻文字后做成活块嵌于芯、范的相应部位而成。该遗址出土的上千块熔炉炉壁系泥条盘筑而成，泥条为泥、砂、草拌制。据测算，当时的小型熔炉直径为0.5～0.6米，中型为0.9～1.1米，大型为1.6～1.7米，其中以中型炉最多。有的炉壁下缘残留三处鼓风口，如

① 周原考古队：《陕西周原遗址发现西周墓葬与铸铜遗址》，《考古》2004年第1期；《2003年秋周原遗址（ⅣB2区与ⅣB3区）的发掘》，《古代文明（第3卷）》，文物出版社，2004年；《周原庄李西周铸铜遗址2003与2004年春季发掘报告》，《考古学报》2011年第2期。

② 洛阳博物馆：《洛阳北窑村西周遗址1974年度发掘简报》，《文物》1981年第7期。洛阳市文物工作队：《1975～1979年洛阳北窑西周铸铜遗址的发掘》，《考古》1983年第5期。

③ 华觉明：《中国古代金属技术——铜和铁造就的文明》，大象出版社，1999年，第158页。

此多处鼓风，可以提高炉温[①]。该遗址出土较多的骨锥、骨凿、骨匕、铜三棱椎形器、铜刀、砾石等，可能是铸铜工匠使用的工具。此外，还发现很多的生活日用陶器，除典型的周式联裆鬲、折肩罐外，最为突出的是带有浓厚商式风格的鬲、簋、尊等。从铸铜技术和铜器种类、形制及纹饰看，周承商制，西周铸铜技术与商人必有联系。文献记载，大批殷遗民被迁于洛邑。那么，北窑铸铜作坊的工匠有相当数量可能属于殷遗民。

总体来看，西周青铜器的生产大致包括制模、制范、熔铜、浇铸等一连串作业。其中，铸造仍采用浑铸法和分铸法，以前者为主，至于分铸法如何使用，要根据具体器物的形制、性能要求和工艺决定，如簋耳为先铸，簋身后铸；卣和提梁壶则相反，先铸器身，后铸提梁。较大型青铜器的铸造一般使用泥或铜质芯撑，芯撑可以保证铸型的规整、稳定，便于浇铸成功。西周中晚期，随着模、范翻制技术的推广，与之前一套范（模）仅铸造一器相比，现在可以使一种器类成组铸造，达到器物的大小、形制、纹饰和铭文完全相同的效果。

值得一提的是，西周时期还出现了铁制品。浚县辛村卫国墓地出土铁刃铜钺和铁援铜戈各1件，其中铜钺的铁刃具有陨铁特征[②]。三门峡市上村岭虢国墓地出土6件铁刃兵器和工具，其中玉柄铜芯铁剑等3件为人工冶铁制品，还有3件则是由陨铁制成的[③]。很多学者认为中国内地约在两周之际已发明冶铁术[④]，也有人认为中国内地的冶铁术是自新疆传入的[⑤]。目前与西周冶铁有关遗物的发现比较少，关于中国内地冶铁术的起源问题还需要新的资料来研究。

三、玉石器加工业

西周玉器出土地域广阔，在周文化分布区以及外围的其他考古学文化中多有发现。其中以西周都邑、诸侯国的高级贵族墓葬出土玉器数量最多，质量最好。如丰镐遗址张家坡井叔墓地、宝鸡弶伯墓地、曲沃北赵晋侯墓地、房山琉璃河燕国墓地、三门峡上村岭虢国墓地等出土了大量代表西周制玉最高水平的玉器。

西周玉器常见绿色以及近似于绿色的青色和褐色，器类可分为礼玉、兵器和工具、葬玉、装饰品等，其中最能代表当时制玉水平的是制作精细的人像和动物形饰品。如仅在上村岭虢国墓地出土的玉雕就有龙、虎、鹿、牛、猪、兔、鹰、龟、蛇、鹦鹉、蚕、蝉、蜘蛛、鼠等40余种动物，或正面形象，或侧身，或片状线雕，或圆雕，体表再饰以当时青铜器上流行的纹样，线条流畅，整体形象逼真自然，具有很强的艺术魅力。

---

① 李京华：《河南冶金考古的发现和研究》，《河南考古四十年》，河南人民出版社，1994年。

② Gettens RJ, Clarks Jr RS, Chase WT. *Two Early Chinese Bronze Weapons With Meteorite Iron Blades*. Freer Gallery of Art, Occasional Papers, Vol. 4, Washington, D. C. lPTl.

③ 河南省文物研究所等：《三门峡虢国墓》附录三，文物出版社，1999年。

④ 韩汝玢：《磨砺集——韩汝玢冶金史论文选》，科学出版社，2014年。

⑤ 唐际根：《中国冶铁术的起源问题》，《考古》1993年第6期。

西周玉器中，由多类单体玉组成的组合玉饰如组玉佩、缀玉面罩等最为精致，在高级贵族墓中多有发现。三门峡上村岭虢季墓随葬的缀玉面罩、组玉佩保存完整，前者由58件不同玉饰组成，后者以七块玉璜为核心，从小到大依次相连，其间又串以左右对称的两排两行玛瑙与琉璃串珠。曲沃北赵晋侯墓地出土有六璜连珠、五璜连珠、四珩四璜、四璜连珠、三璜连珠双玦等各种样式的组玉佩，还出土多组缀玉面罩，有的用多达79件不同形状的玉、石片缀合而成，甚至还有双层的面罩（图5-37）。所谓面罩，又称幎目、覆面。《仪礼·士丧礼》："商祝掩、瑱、设幎目。"据郑玄注，掩乃以布裹首，瑱是以物塞耳，而幎目则是一块黑面红里且中间填以丝絮的织物覆盖在死者的面部。除了单纯的丝织幎目外，考古发现的幎目系用玉石片做成眉、眼、鼻、口等面部五官形状，按部位连缀在丝织品上，再覆于死者面部。目前玉幎目最早发现于西周中期（如张家坡井叔墓M157），它是高等级贵族的专用之物，春秋晚期以后，成为各阶层皆可使用的丧葬用器，其固有的等级意义已不复存在。

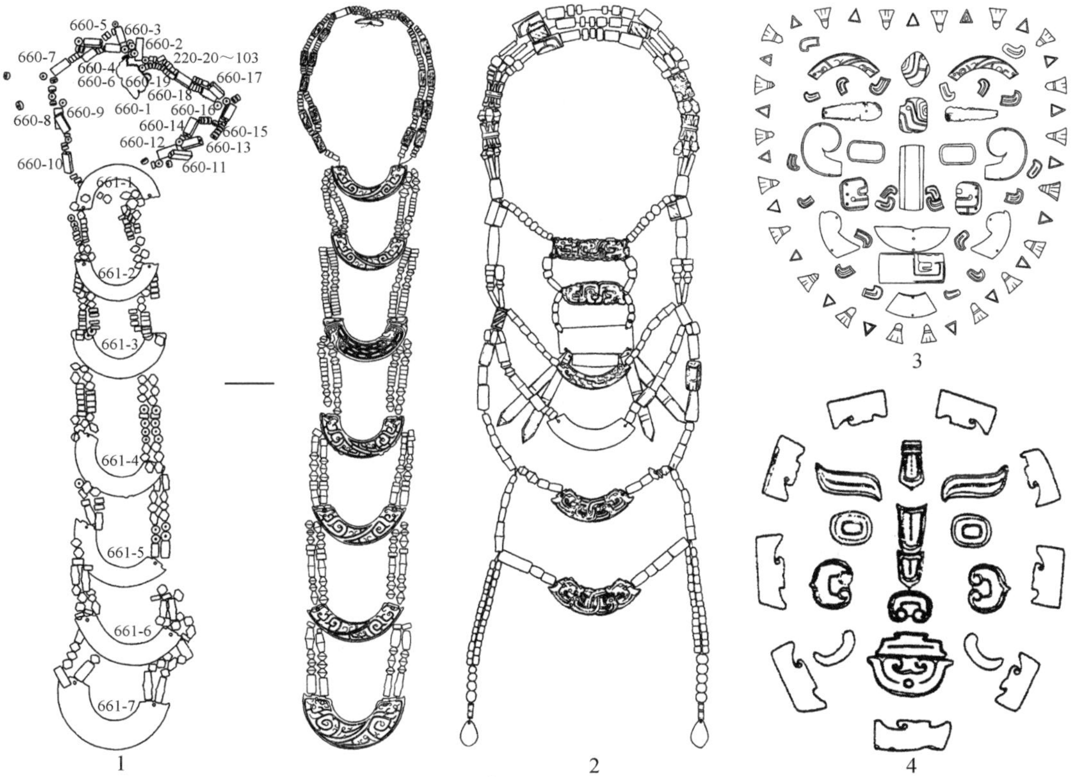

图5-37　高级别西周墓随葬的组玉佩与缀玉面罩

1. 上村岭虢国墓M2001七璜联珠玉佩的出土情况与复原　2. 北赵晋侯墓地M92四珩四璜联珠玉佩

3、4. 北赵晋侯墓地M31、M92缀玉面罩

总体来看，西周玉器的造型、组合、制玉工艺上承商代，与商代晚期基本相同，纹饰则与同时期的青铜器保持一致。一些大墓中常出的缀玉面罩和组玉佩等在中、小型墓中少见甚至不见，从一个侧面反映了在宗法制度下礼制的规范和强化。

西周石器的生产情况，可以周原遗址齐家制玦作坊为例[①]。齐家制玦作坊使用的石料主要有页岩、泥灰岩、方解石和大理石，另有少量的石英石。制玦工序分四步，即采掘运输石料，利用石砧敲击琢制修整制出毛坯，利用砺石打磨毛坯制成圆饼，利用石钻敲凿钻出圆孔制成圆环，利用石锉或锯分割锉磨玦口成形。产品种类以石玦为主，应具有“商品”性质，另有少量的副产品——石刀。齐家制玦作坊拥有特定的操作间，分工细而明确，生产规模庞大，“居葬合一”的聚落结构反映了手工业者的生活形态、生产组织和社会地位。

四、漆木器制造业

考古所见西周漆器的出土地点和数量较多，分布范围较广，说明漆器制造业较以前有了新的发展。种类有觚、簋、壶、罍、豆、碗、杯、盘、尊、盒、俎、案、盾等，出土时多已朽毁，要进行全面系统地研究尚有难度，但通过对部分西周漆器的重点考察[②]，仍可大致了解当时的制作工艺和水平。

最能反映西周漆器制作工艺进步的是漆绘、雕花、镶嵌、贴金等多种工艺的综合运用，很多地点出土的西周漆器遗痕上，往往见有蚌泡、蚌片、绿松石片、珠等附饰，有的漆器上还贴有带状金箔，说明漆器的制作不单以髹漆为限，而是又采用了镶嵌、贴金等工艺，使镶嵌的主纹与贴金条带、器物底色相互映衬，器物上纹样立体化，从而使器物更为美观。

西周的雕花漆器，以房山琉璃河燕国墓地发现的漆觚、罍最具代表性[③]。在漆觚的下部，雕出三组变形夔纹。从雕刻痕迹看，刻纹均匀，深浅一致，转角比较圆滑，刀法显得比较熟练（图版9：4）。漆罍木胎分多段制作，然后黏合，复原高度为54.1厘米，有盖，弇口，折肩，双耳，腹微鼓，圈足。盖上矗立4个木雕兽头，兽头间又隔以圆涡纹。器耳为带冠凤鸟形象，颈部的主体纹饰为凤鸟纹，肩、上腹为圆涡纹，下腹为兽面纹，各组主体纹带以漆绘弦纹相隔。全器以红漆为底色，主体纹饰用镶嵌的蚌片、漆绘组合而成，圈足上镶嵌着多组长方形蚌片，其间绘以长方形块。整器制作工艺高超、精制，纹饰繁缛。特别值得一提的是，这件器物上作为主体纹饰的凤鸟、兽面纹、兽头等，其细部如口、眼、耳、角等用小蚌片镶成，蚌片表面和边缘光滑平整，接缝严密（图版9：3）。这种在漆器上镶嵌蚌饰以组成花纹的技法后来通称为螺钿工艺。所谓“螺钿”，是指用螺壳、蚌壳与海贝磨制成人物、花鸟、几何图形或文字等薄片，根据画面需要而镶嵌在器物表面的

---

① 周原考古队：《周原——2002年度齐家制玦作坊和礼村遗址发掘报告》，科学出版社，2010年。

② 殷玮璋：《北京琉璃河出土的西周漆器》，《考古》1984年第5期。张长寿、张孝光：《西周时期的铜漆木器具——1983～1986年沣西发掘资料之五》，《考古》1992年第6期。张永山：《西周漆器概述》，《华夏考古》1988年第2期。

③ 琉璃河考古队：《1981～1983年琉璃河西周燕国墓地发掘简报》，《考古》1984年第5期。

装饰工艺的总称。由此可知，螺钿漆器制作工艺在西周早期已相当娴熟。

西周时期还有漆木、铜质构件组成的复合器。在长安张家坡墓地，M152随葬的3件达盨（自铭为盨，形制实为带耳簋）出土时每器残存一个长方形板状铜盖片和圆形圈足；M170出土的铜足漆案，案面为木胎，以黑色为地，再用红漆在案面绘两周长方形框，中部、边缘各一周，边缘侧面描一周窃曲纹，下接4个兽足①。用这种工艺制作的漆器在后代被称为“釦器”。《说文·金部》：“釦，金饰器口。”所谓“釦器”，泛指用金属（如铜、金、银等）加固和装饰器身（如口沿、腰腹、圈足等）的器物。

五、陶瓷器烧造业

制陶手工业是西周社会经济生活的重要组成部分，《左传·定公四年》记载周王曾赏给卫康叔“殷民七族”，其中就有烧制陶器的陶氏，说明在当时制陶手工业已专业化。

考古发现的西周陶窑往往几座或十多座连在一起，形成一个个颇具规模的制陶作坊。陶窑形制大体可以分为两种：一种是圆形，直径在2米左右，由火膛、窑室和窑箅组成。另一种为圆形和椭圆形竖式窑，直径约1.6米，不设窑箅。产品分为日用陶器（如鬲、甗、罐、甑、鼎、簋、盂、盆、豆、盘、碗、瓮、器盖等）、建筑构件（如水管、板瓦、筒瓦、砖等）、生产工具（如陶拍、垫、纺轮、模、范等）以及专门用于随葬的明器（如仿铜鬲、簋、豆等）。

中原及北方地区发现的西周原始瓷器较晚商增多，常见器类有豆、罍、尊、瓿、簋、瓮、罐等，基本属于生活用器。它们主要出于周原、丰镐、洛邑以及各诸侯国的都邑遗址，如洛阳北窑西周墓地出土的原始瓷器可复原者达 224 件，这批原始瓷器表面施的是石灰釉，釉层极薄，一般呈青色或草绿色；胎体以高岭土为原料，细密坚硬，呈灰白色，烧成温度1100℃以上，其吸水率极弱②。这些基本上接近现代瓷器的标准，可见当时原始瓷器的烧制已达到了相当高的水平。

六、骨角蚌牙器制作业

西周时期，还有相当数量的骨、角、蚌、牙制品等。在扶风云塘③和长安新旺村④西周遗址发现有骨器、骨器半成品以及铜、石、蚌、角器，两地还出土了大量骨料，研究者推测当地是以制骨为核心的手工业作坊遗址。

---

① 张长寿、张孝光：《西周时期的铜漆木器具——1983～1986年沣西发掘资料之五》，《考古》1992年第6期。

② 洛阳市文物工作队：《洛阳北窑西周墓》，文物出版社，1999年。

③ 陕西周原考古队：《扶风云塘西周骨器制造作坊遗址试掘简报》，《文物》1980年第4期。

④ 中国社会科学院考古研究所丰镐工作队：《陕西长安县新旺村西周制骨作坊遗址》，《考古》1992年第11期。

在云塘制骨遗址发现2处石板路面、1处石砌台阶、墙基和活动地面等，填土中有大量骨料、半成品、骨、蚌器和陶片，仅骨料就有1万多千克。骨料种属有牛、羊、马、猪、狗、鹿、骆驼，其中以牛骨数量最多，马骨较少。出土遗物石质者有刀、斧、铲、砾石，铜器有刀、锯、钻、镞，骨制品有铲、凿、锯、刀、笄、锥、针、镞、雕花骨片，角器有锥、铲，蚌器有刀。以骨器最多，主要是骨笄、锥、骨镞，有的骨笄顶镶嵌绿松石。在新旺村发掘两个探方，发现灰坑3座，出土骨料70多千克。原料以牛骨为主，其次为鹿骨，猪、马骨数量较少。骨器成品多为笄、针和锥。西周骨器制造包括选材、切割、削锉、钻孔、磨光、镶嵌等多道工序，大量骨料的集中出土说明制骨手工业已是当时社会的独立生产门类。相比而言，角质制品的数量少，种类与骨器相近。周原遗址姚家西居址确认一处角镞作坊，主要以鹿角为原料制作角镞，生产规模较小，可能属于自给自足式的家庭作坊①。

蚌制品主要有镰、刀等，另有动物形饰品如鱼、鸟等。蚌制品中最具特点的是扶风召陈建筑基址出土的雕有人头像的2枚笄帽，长脸，高鼻深目，头带高尖帽，帽尖被削平，为仿真人形象雕刻而成，一般认为属于中亚人种，这反映了西周时期中原与新疆乃至中亚地区交往的情况②。

牙器一般为生活用具和装饰品，有匕、锥、杖首等，纹饰基本与青铜器上的纹饰接近，常以兽面纹或夔纹、鸟纹为主纹，以云雷纹为地纹。牙器的数量很少，其制作往往集多种工艺于一身，融实用与观赏于一体，自然属于艺术珍品。如长安张家坡M170出土1件虎头形象牙杖首，阴线雕刻而成，虎头的五官很清晰，体上阴线刻槽内还镶嵌绿松石，以象牙本色为地，配以绿色花纹，色彩斑斓绚丽，为罕见珍品。该墓主井叔是西周王朝重臣，这件象牙杖很可能是他权力和地位的象征。

七、纺织业

考古所见的西周纺织品已不在少数，除了青铜器上常见附着包裹的纺织品痕迹外，有的高级别墓葬还发现华丽的荒帷和缀玉幎目痕迹。譬如，信阳孙砦遗址出土的2件西周时期织物均系平纹组织的绢纺织物，经纬线都是由丝纤维拈制而成的③。在宝鸡㚄伯墓地，竹园沟7座西周墓出土的因包裹而附着在青铜器表面上的纺织物绝大多数是平纹组织的丝绢，仅1例是山形斜纹组织的丝带；茹家庄M1乙室出土青铜短剑的柄部缠绕的细绳是用苎麻三股合拈而成的，甲室棺内人骨下出土的纺织品系刺绣制品，带有很鲜艳的朱红和石黄两种颜色，原物可能是衾被之类，其地帛为平纹丝绢，经线密度每平方厘米30根，纬线密度每平方厘米25根，刺绣系锁线绣，绣圈每平方厘米10

① 张俭、种建荣、陈钢：《论周原姚西居址鹿角镞的制作工艺》，《中国国家博物馆馆刊》2017年第1期。

② 尹盛平：《西周蚌雕人头像种族探索》，《文物》1986年第1期。

③ 赵丰：《信阳孙砦西周遗址出土丝织物的鉴定》，《华夏考古》1989年第2期。

个[①]。在三门峡上村岭虢国墓地，虢仲墓的椁外发现保存相对完整的两件套穿在一起的合裆麻裤和一块矩形领口的麻上衣残片，在棺内的尸体上有衣服残片及随葬玉饰穿系中残留的一些织物，可辨出绮、绢、组、绣、罗、印绘等纺织种类[②]。在绛县横水倗伯墓地，附着在青铜器上的4块纺织品残片均为平纹组织的麻织品，纺织原料属天然纤维素纤维，分为苎麻和大麻两种[③]。

与商代晚期相比，上述西周纺织品在原料、种类和技术等方面没有出现明显的变化，这可能与目前报道的鉴定结果较少有关。不过，西周金文所见赏赐衣物在册命活动中是十分重要的内容，衣物的分类比较详细，如“戠（织）衣”是用多次染色之丝线织成的布帛所做成的衣物（豆闭簋），“玄衣”是用染过的丝织成的赤黑色衣服（颂鼎），“玄衮衣”是绘有衮龙纹之衣（蔡簋），等等。这些颜色、图案有别的赏赐之衣，在一定程度上反映了受赏之人的身份和社会地位。此外，西周墓葬中经常出土玉、石蚕和刻画出华丽服饰的玉人，由此说明西周时期的纺织业也是相当发达的。

八、制车业

马车作为礼制的重要载体，在西周时期被特别强调出来。与晚商相比，西周的车马埋葬在诸多方面既有传承，也有变革。

西周马车的埋葬方式有两种：一种是主墓旁专设车马坑，另一种则是大多将马车拆散埋葬于墓室或墓道内。车马坑又有“死马整车”埋葬和“活马散车”埋葬之分，以前者最常见。以丰镐地区为例，“死马整车”埋葬的车马坑中所埋车子数量1～4辆不等，马的数量均为偶数，为相应的车子数量的倍数或倍数加2，可分为4车12马、3车8马、3车6马、2车6马、2车4马、1车4马、1车2马等7种形式；西周早期多辆马车并排放置，中期既有并放又有顺放，晚期则为顺排放置；部分车马坑中车厢附近埋有殉人，可能为御者[④]。

《周礼·考工记》：“周人上舆。故一器而工聚焉者车为多。”西周时期的马车结构与晚商基本一致，局部有所发展[⑤]。车辕出舆前逐渐上曲，辕前端高在1.15～1.3米。车衡有曲、直之分，曲衡比较长，一般在2.5米左右，衡的两端高高翘起，末端

① 李也贞、张宏源、卢连成等：《有关西周丝织和刺绣的重要发现》，《文物》1976年第4期。赵承泽、区秋明：《宝鸡茹家庄和竹园沟出土的有关西周纺织品和刺绣品资料分析》，《宝鸡强国墓地》附录六，文物出版社，1988年。

② 赵丰、金琳：《纺织考古》，文物出版社，2007年。

③ 宋建忠、南普恒：《西周倗国墓地出土纺织品的科学分析》，《文物》2012年第3期。

④ 张礼艳：《丰镐地区西周墓葬研究》，社会科学文献出版社，2015年。

⑤ 张长寿、张孝光：《殷周车制略说》，《中国考古学研究》，文物出版社，1986年；《井叔墓地所见西周轮舆》，《考古学报》1994年第2期。

各插一支镂空矛形衡末饰。车舆结构趋于规范化，以竖栏建构车厢四壁，而晚商以粗疏方格建构车厢四壁的马车已不见。车轮轮径在1.25～1.4米，辐数有18、20、21、22、24条不等，车毂多附加铜饰。车轴一般长约3米，轴上有铜饰，两端有軎、辖固定车轮。

西周青铜礼器墓中多随葬车马器，且种类、数量与墓葬级别成正比。西周早期，除不见軛饰，车马器类与晚商基本一致，部分器物（如矛形衡末饰）在形式上有所区别，另加入銮、犄角形当卢、马冠、马笼嘴等。西周中晚期，墓内葬车的规模扩大，但车马器类却大为简化，除实用型车马器（軎、辖、镳、衔、节约）外，装饰性的銮有被强调的趋势①。

九、商业

西周时期由于农业和手工业生产的进一步发展，商业成为不可缺少的社会经济部门。政府多方鼓励人们经营商业，周公还奉劝殷遗民“奔走事厥考厥长，肇牵车牛，远服贾，用孝养厥父母”（《尚书·酒诰》），其目的显然是安抚殷遗民并繁荣商品经济。

当时的市场按不同的交易对象而分时间进行。《周礼·地官·司市》：“大市，日昃而市，百族为主。朝市，朝时而市，商贾为主。夕市，夕时而市，贩夫贩妇为主。”作为交换的商品是多种多样的，除了粮食、青铜器、陶瓷器、玉石器、布帛等各项产品之外，甚至还有人。《周礼·地官·质人》：“掌成市之货贿，人民、牛马、兵器、珍异，凡卖价者质剂焉。”郑玄注：“人民，奴婢也。”西周中期的曶鼎铭文和《左传·昭公元年》也记有奴婢的买卖现象。

作为商品交换的媒介，西周的主要货币仍然是贝，币材有海贝、蚌贝、龟贝、玉贝等，以朋为单位。西周早期的亢鼎铭文明确记录了用贝购买珠或玉，并另付有价值物品的货币交易②。西周中期的卫盉铭文则记录了实物和田地的交易，矩伯先后两次从裘卫处取得瑾璋、赤琥等物品，前者价八十朋，后者二十朋，矩伯分别舍田十田和三田。西周金属货币以铜为币材，以寽为铜块的称量单位，如西周晚期的偞匜铭文中有“罚汝三百寽”的记载。此外，根据居后敦铭文“货余一斧，舍余一斧”以及《易·旅》中“得其资斧”等记载推断，西周时期农具斧、斤可能已充当了货币的角色③。

---

① 吴晓筠：《商至春秋时期中原地区青铜车马器形式研究》，《古代文明（第1卷）》，文物出版社，2002年；《西周时期车马埋葬中的礼制意涵》，《故宫学术季刊》2005年第4期。

② 马承源：《亢鼎铭文——西周早期用贝交易玉器的记录》，《上海博物馆集刊·8》，上海书画出版社，2002年。黄锡全：《西周货币史料的重要发现——亢鼎铭文的再研究》，《中国钱币论文集》第四辑，中国金融出版社，2002年。

③ 罗西章：《从周原出土文物试论西周货币》，《中国钱币》1985年第2期。

第六节　西周文化的渊源与“先周文化”

一、西周文化的渊源

一般认为，追溯西周文化的渊源应以关中地区的西周文化为基点。从文化因素分析的角度看，西周文化的陶器群大致分为五群。

A群：主要包括卷沿弧裆鬲、圆肩或折肩罐、印纹深腹盆、折肩瓮等，来源于郑家坡文化。

郑家坡文化是以武功郑家坡遗址而命名的，主要分布在关中西部偏东的漆水中下游地区，涉及麟游、永寿、乾县、武功、杨陵等县区，以及泾河中游的彬县、旬邑、淳化一带。陶器流行联裆鬲、联裆甗、折肩罐、印纹深腹盆，其他还有高领袋足鬲、圆肩罐、簋、豆、折肩瓮等（图5-38：上）。郑家坡文化可分为五期，年代约当二里冈上层至殷墟四期，下限有可能进入西周初年[①]。该文化由早及晚存在自东北向西南发展的趋势，大致在殷墟二期之后迁出旬邑和彬县相邻区域。

B群：主要包括高领袋足鬲、斜腹簋、浅盘豆、高领罐、盆、甑等，来源于碾子坡文化。

碾子坡文化是以长武碾子坡遗址而命名的，主要分布在泾水中上游的陕西长武、麟游和甘肃灵台一带。典型陶器有高领袋足鬲、分裆甗、折肩罐、敛口钵等，另有豆、甑、簋、瓮等，其中高领袋足鬲数量最多，联裆鬲甚少，为该文化一大特色（图5-38：下）。墓葬以长方形竖穴土坑为主，男性流行俯身葬，女性流行仰身直肢葬，晚期墓随葬陶器以1鬲或1鬲1罐为主，且常设壁龛。碾子坡文化可分为三期6段，年代相当于殷墟一期至四期[②]。

这里需要提及的是以扶风刘家墓地[③]而命名的刘家文化，主要分布于周原以西的关中西部，也涉及陇东的平凉、庄浪、会宁和宁南的隆德等县区。墓葬多见偏洞室墓和带头龛的土坑竖穴墓，随葬陶器多为双耳高领分裆袋足鬲和单耳、双耳、腹耳的高领圆腹罐，罐大多用石块盖住口部。这些特点与碾子坡文化墓葬存在明显差别。刘家文化的年代约当二里冈上层至殷墟四期，由早及晚存在自西向东发展的趋势，大致于殷墟二期商文化退出之后进入周原地区，起源地可能在甘肃东部的陇山以西地区，该文化是古羌族文化的一支。

---

① 刘军社：《郑家坡文化与刘家文化的分期及其性质》，《考古学报》1994年第1期。张天恩：《关中商代文化研究》，文物出版社，2004年，第197～237页。

② 张天恩：《关中商代文化研究》，文物出版社，2004年，第319～334页。

③ 陕西周原考古队：《扶风刘家姜戎墓葬发掘简报》，《文物》1984年第7期。

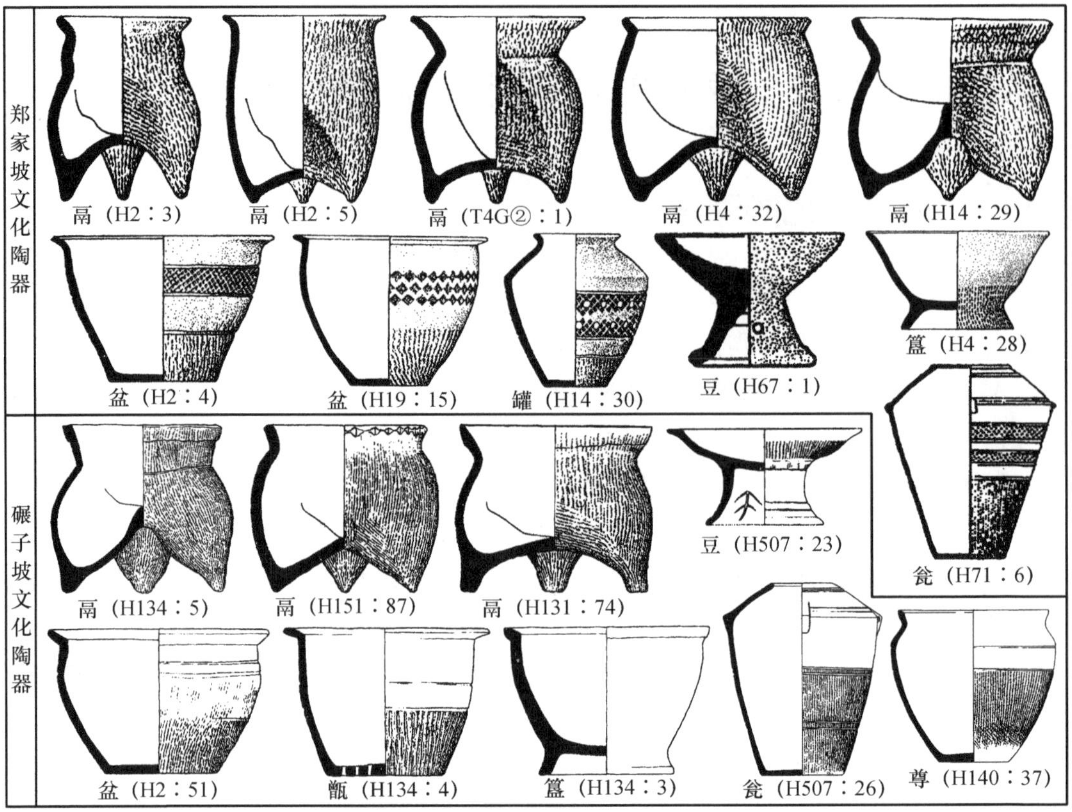

图5-38　西周文化探源陶器

（上. 均出自郑家坡遗址　下. 均出自碾子坡遗址）

C群：主要包括折沿方唇分裆鬲、分裆甗、簋、假腹豆、绳纹深腹盆、矮直领罐等，来源于关中商文化，典型遗址主要有扶风壹家堡、华县南沙村、西安老牛坡和耀县（今铜川耀州区）北村等遗址。

D群：主要包括仿铜弧裆鬲、折腹簋、折盘豆、觚形尊、贯耳壶、瓿等，属于新创生的器类。

E群：包括少量的三足瓮、马鞍形口双耳罐、尖圜底罐等，它们分别是受陕北的李家崖文化、陇东的寺洼文化和陕南嘉陵江流域的早期蜀文化影响而出现的。

总体来看，西周文化主要是继承郑家坡文化并融合碾子坡文化的许多成分而形成的，同时又吸收了关中商文化以及周边地区多种文化的因素，经过不断地创新和改造，形成了自身独特的风格。

二、“先周文化”的探索

追寻周人建立西周王朝以前的文化遗存，与探索夏、商文化相同，都是从考古遗存的年代、地域和文化特征等几方面去考虑是否与文献记载相吻合，是三代考古的重要课题之一。

（一）“先周文化”的概念

“先周文化”这一名称最早由邹衡提出，认为“先周文化是指武王克商以前周人的早期文化”，并强调先周文化是“考古学文化”的概念，“先周文化既包含了特定的年代和分布地域，也有其显著的文化特征，可以作为一种考古学文化单独存在”①。史书记载，周人始祖弃曾受封于“邰”，到了不窋时代，周人“自窜于戎狄之间”（《国语·周语上》），至公亶父迁于岐下，乃“贬戎狄之俗”（《史记·周本纪》）。由于文献记载简单模糊，许多人怀疑不窋以前周人历史的真实性。公亶父以来的周先公先王的世系基本清楚，那么至少从公刘至公亶父的周人历史应该可信，只是目前对其文化面貌以及分布地域还不确知，正处于探索中。

“先周文化”的族属无疑是周族。但周人的历史有一个不断吸收、接纳和融合其他部族文化的过程，邹衡将其描述为姬周文化→姬姜文化→西周文化②。他所指的“周人”不仅为姬姓周人，也包括了与其联姻的姜姓戎人。后来又有学者将“先周文化”分别解读为“周族”“周民族”“姬姓周族（人）”等的文化。这些做法实质上是将自己所理解或建构的“周族”或包含了周族在内的一个人群，给某一种考古学文化或遗存直接贴上了标签。我们不赞成继续采用含义存在诸多歧见的“先周文化”这样的概念。但是以考古材料与文献史料相结合，探寻考古材料与文献所记姬姓周人早期历史在年代、地域、文化特征、社会发展阶段等多方面的契合点，判断关中西部地区晚商阶段的何种文化可能是姬姓周人所使用的文化，仍然是中国考古学能够预期的重要学术目标③。

（二）“先周文化”探索的主流观点

自20世纪30年代以来，考古学探索“先周文化”已有80余年的研究历程。雷兴山以考古资料的发现及其相关研究成果为标志，将这一历程划分为四个阶段④：20世纪30～40年代是“先周文化”探索的肇始阶段，以1933年北平研究院史学研究会徐旭生率队在陕西长安、兴平、凤翔、宝鸡等地进行考古调查为标志。第二阶段是20世纪50～80年代初，虽然有关“先周文化”的遗存仅有零星发现，但“先周文化”研究课题被明确提出。第三阶段是20世纪80～90年代初，以长武碾子坡、武功郑家坡、扶风刘家为代表的有关“先周文化”研究的发掘资料取得突破性进展，研究成果层出不穷，但意见分歧甚大。第四阶段是20世纪90年代初以来，虽然郑家坡、碾子坡、刘家

① 邹衡：《论先周文化》，《夏商周考古学论文集》，文物出版社，1980年；《再论先周文化》，《夏商周考古学论文集（续集）》，科学出版社，1998年。

② 邹衡：《再论先周文化》，《夏商周考古学论文集（续集）》，科学出版社，1998年。

③ 王立新：《“先周文化”探索的再思考》，《新果集（二）——庆祝林沄先生八十华诞论文集》，科学出版社，2018年。

④ 雷兴山：《先周文化探索》，科学出版社，2010年，第1～13页。

等文化序列基本建立，但“先周文化”的研究基本上仍处于僵持局面。

目前学者们虽然都使用“先周文化”这一考古学文化范畴的概念，但具体内容却大相径庭，使得讨论前提严重不统一。据不完全统计，有关何为“先周文化”歧见迭出，观点有50余种[①]。总体来看，可以归纳为以下三种[②]。

第一种观点认为以郑家坡遗址为代表的、以弧裆鬲为主要特征的考古学文化为“先周文化”。例如，尹盛平认为以郑家坡文化为代表的弧裆鬲是先周文化的主要特征，而以刘家文化为代表的高领袋足鬲属于姜戎文化[③]。先周文化包括以武功郑家坡遗址为代表的郑家坡类型，以彬县断泾遗址为代表的断泾类型和以岐山贺家村先周墓地、沣西毛纺厂H18、马王村H11等为代表的岐邑、丰邑类型，并自成一个发展系统[④]。这一观点运用的主要方法是以西周早期和沣西的先周晚期文化为起点，利用文化因素分析法向前追溯到以弧裆鬲为主的郑家坡文化。该观点存在的主要问题在于郑家坡文化的分布范围与文献记载的周人早期活动区域不符。在相当于公亶父迁岐以后的一段时间内，被认为岐邑的周原遗址却是以高领袋足鬲为主的文化遗存。

第二种观点认为以碾子坡遗址代表的、以高领袋足鬲为主要特征的考古学文化为“先周文化”。例如，胡谦盈认为只有分裆袋足鬲为代表的遗存属于先周文化，刘家墓葬全属先周文化，而郑家坡遗存属西周早期文化，碾子坡遗存是先周文化的典型代表，姬周文化源于寺洼文化[⑤]。王巍、徐良高则认为刘家文化是姜戎文化，郑家坡遗存是商文化京当型的延续，碾子坡类型才是姬周文化[⑥]。这一观点立论的主要依据在于文献记载中比较可靠的“都邑”遗址，在其所认为的豳、岐、丰三地，与周人活动时间相当的诸文化遗存被视为“先周文化”。该观点除了注重“都邑”在研究中的重要性之外，也没有放弃考古学上常用的文化因素分析法来进行追溯，虽然其进行追溯的起点也是沣西的先周晚期遗存，但为了与“都邑”的考古学文化面貌相结合，强调“联裆鬲和高领袋足鬲共存”这一事实，然而这一观点对于哪类文化因素占主体这一问题多避而不谈。雷兴山在借鉴“追溯法”和“都邑法”的基础上，主要利用

① 宗礼、刘栋：《先周文化研究六十年（1933—1993年）》，《周秦文化研究》，陕西人民出版社，1998年。

② 马赛：《考古学文化与族群关系的思考——“先周文化”研究反思》，《文博》2008年第5期。

③ 尹盛平、任周芳：《先周文化的初步研究》，《文物》1984年第7期。尹盛平：《关于先周文化的几个问题》，《周秦文化研究》，陕西人民出版社，1998年。

④ 刘军社：《先周文化研究》，三秦出版社，2003年。张天恩：《关中商代文化研究》，文物出版社，2004年。

⑤ 胡谦盈：《试探先周文化及相关问题》，《中国考古学研究——夏鼐先生考古五十年纪念文集（二）》，科学出版社，1986年；《姬周族属及其文化探源》，《亚洲文明》，四川人民出版社，1986年；《南邠碾子坡先周文化居住址和墓葬发掘的学术意义》，《周秦文化研究》，陕西人民出版社，1998年；《南邠碾子坡先周文化遗存的性质分析》，《考古》2005年第6期。

⑥ 王巍、徐良高：《先周文化的考古学探索》，《考古学报》2000年第3期。

“考古背景”分析认为碾子坡文化（包括由“碾子坡早期类”“王家嘴类”“蔡家河类”“沣西类”所组成的“碾子坡一类居址遗存”，以及由“碾子坡早期类”“王家嘴类”“碾子坡晚期类”“西村类”所组成的“碾子坡一类墓葬遗存”）为“先周文化”，但碾子坡文化的族属中尚包括其他非姬姓周人的族群；郑家坡文化不是“先周文化”，其族属不是文献记载的公刘、公亶父那一支姬姓周人；“刘家一类墓葬遗存”的族属是姜姓之族①。

第三种观点是将斗鸡台、碾子坡、郑家坡（或刘家）为代表的遗存均视为“先周文化”，认为其中的差异为一个文化内部的不同类型之间的差异，同时认为这些遗存都是灭商之前的周人所使用的遗存。例如，邹衡认为“先周文化”主要是由姬周文化、姜戎文化、商文化相互融合形成的。虽未详细论证郑家坡遗存的性质，但他承认弧裆鬲尤其是长方体瘪裆鬲可能是姬周文化所固有的特征，分裆鬲尤其是其中的高领袋足鬲则可能是姜炎文化的鲜明特征②。李峰将刘家墓地排除在外，认为早期“先周文化”以碾子坡早期居址和早、晚两期墓葬为代表，晚期先周居址以郑家坡为代表，墓葬以扶风北吕、宝鸡斗鸡台、凤翔西村、岐山贺家村为代表，并认为其与西周文化有着明确的渊源关系③。

以上三种主流观点中又各自存在着若干个不同的局部分歧，由于各家对“先周文化”概念界定的不同，对遗址的分期与年代也会不同，对“先周文化”面貌特征的认识便有差异，进而对其渊源的追溯也就不同。究其原因，主要在于以族属作为命名方式的所谓“先周文化”并不是严格意义上的考古学文化。然而，考古学文化与族属的相关性虽然颇为复杂，但由周初分封在考古学上的反映来看，以联裆鬲、折肩罐、深腹盆为代表的器物群就是姬姓周人及其“亲戚”之族所使用的文化，基于文化传承的相对稳定性原则，由此器物组合及用器习俗上溯，郑家坡文化应当就是姬姓周人所使用的文化。大约在殷墟三期前后，出现在周原的以王家嘴H94为代表的遗存或许代表了自“古豳地”或邻近地区迁徙而来的一支姬姓周人所使用的文化。另外，关中西部商周之际的考古遗存在较大范围内呈现出交融性及结构上的非稳定性，应属于“过渡期”遗存，其中以丰镐遗址先周晚期、周原遗址第6段和斗鸡台沟东区先周晚期墓葬为代表的遗存属于碾子坡文化、郑家坡文化相互融合所形成的一类遗存，在性质上已不宜归入已命名的任何一种文化④。

① 雷兴山：《先周文化探索》，科学出版社，2010年，第301页。

② 邹衡：《论先周文化》，《夏商周考古学论文集》，文物出版社，1980年；《再论先周文化》，《夏商周考古学论文集（续集）》，科学出版社，1998年。

③ 李峰：《先周文化的内涵及其渊源探讨》，《考古学报》1991年第3期。

④ 王立新：《“先周文化”探索的再思考》，《新果集（二）——庆祝林沄先生八十华诞论文集》，科学出版社，2018年。

思 考 题

1. 名词解释：四阶、荒帷、幎目、螺钿、釦器、先周文化。
2. 简述西周文化的分期与年代。
3. 列举西周都邑遗址重要考古发现。
4. 列举西周地方重要考古发现。
5. 简述西周宫室建筑特点。
6. 简述西周王畿区墓葬的基本特征。
7. 评述先周文化探索的主流观点。

第六章　东周王畿与列国文化

公元前771年，西戎攻镐，周都沦陷，周平王被迫放弃丰镐于次年东迁洛邑。因洛邑在旧都丰镐之东，史称东周。东周是中国历史上一个波澜壮阔的大分化、大动荡、大变革的时代，前后分春秋和战国两大阶段。春秋阶段，作为天下共主的周王室权威衰落，诸侯国势力日益强大，弱肉强食，兼并战争频繁，竞相争夺霸权。进入战国阶段，周王权威彻底丧失，经过长期的兼并战争，诸多小国已被邻近的大国吞并，形成了韩、赵、魏、燕、齐、楚、秦七雄并立的竞争格局。逮至公元前221年，强秦攻灭诸侯，一统天下。秦帝国的建立，导致了夏商周三代诸侯制的最终解体，使中国古代国家制度走向中央集权的郡县制。

第一节　王畿地区的东周文化

现今洛阳一带是东周时期的王畿之地。据《史记·周本纪》记载，自周平王东迁（公元前770年）至公元前249年秦灭东周，周居王城和成周凡500余年。

一、东周王城

东周王城遗址位于今河南洛阳市涧河与洛河交汇处，自1954年发现以来，由于文献记载与考古发现相互印证，不仅得到确认，并取得了一系列重要收获（图6-1）。

（一）城址

东周王城外围城圈平面呈不规则的长方形，除东南部因地势低洼未发现城墙遗迹外，其他部分城墙基本上可以连接。北墙保存较好，全长2890、宽8～10米，北墙外还发现一条与之平行的深约5米的护城壕。东墙仅存北段，残长2000、宽约15米。南墙仅存西段，残长850、宽约14米。西墙因跨涧河而建，北部在涧河东岸，南部在涧河西岸且向外凸出，南北两端相距约3200米①。

① 中国科学院考古研究所洛阳发掘队：《洛阳涧滨东周城址发掘报告》，《考古学报》1959年第2期。中国社会科学院考古研究所：《洛阳发掘报告（1955～1960年洛阳涧滨考古发掘资料）》，北京燕山出版社，1989年。

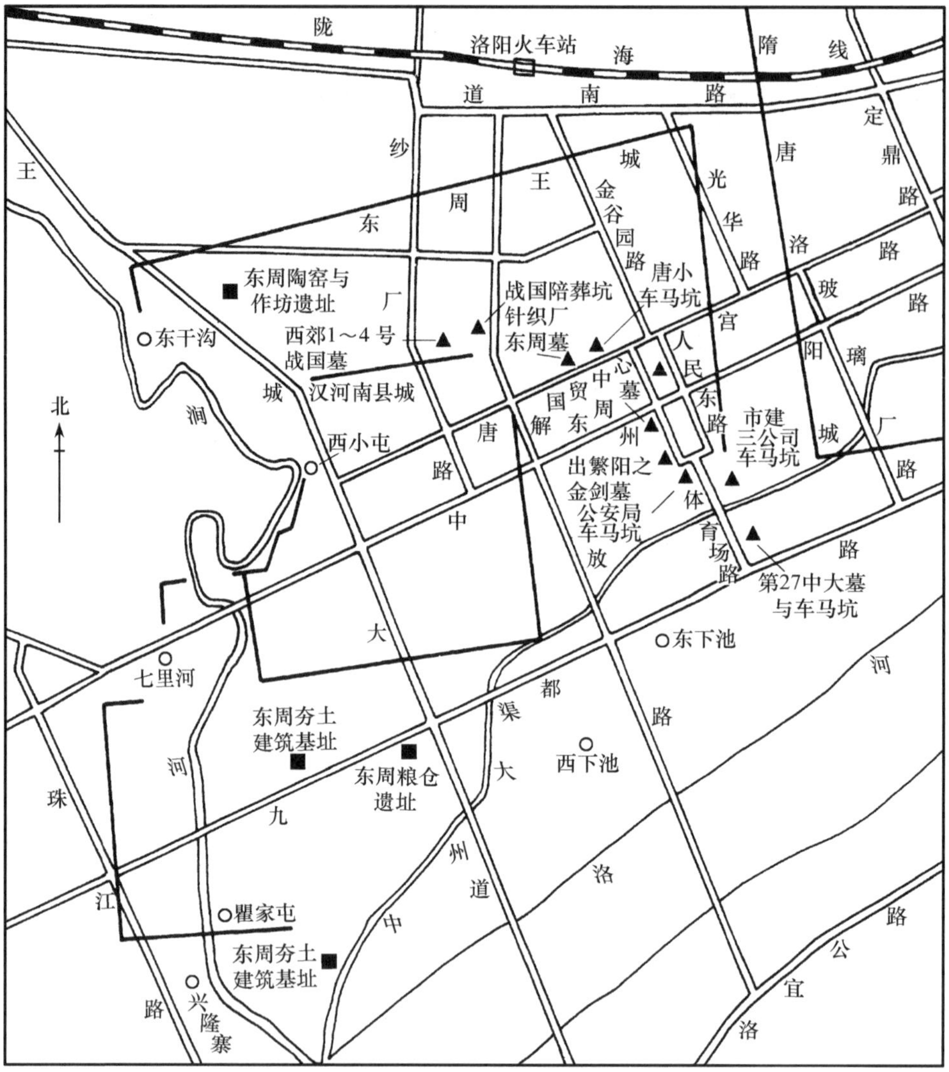

图6-1　洛阳东周王城遗址平面与主要遗迹分布示意图

（据洛阳市文物工作队《洛阳王城广场东周墓》第2页图一绘制，文物出版社，2009年）

东周王城城墙究竟始建于春秋还是战国时期，以往尚有不同的认识。21世纪以来对东城墙多次解剖发掘，确认其始建年代为战国早中期或不早于战国早中期，战国晚期至秦汉时期又进行了修补和增筑①。作为完整的防御设施，其余三面城墙的始建、使用年代自然应与东城墙大体一致，到西汉时原东周王城城墙可能作为汉河南县城的外城城墙仍在使用。关于战国早期东周王城始筑城垣的历史背景，有学者推测系公元前

① 洛阳市文物工作队：《洛阳市东周王城东城墙遗址发掘简报》，《考古与文物》2002年增刊“先秦考古”。郑州大学历史学院、洛阳市文物工作队：《洛阳东周王城东城墙遗址2004年度发掘简报》，《文物》2008年第8期。洛阳市文物考古研究院：《洛阳东周王城城墙遗址2013年度发掘简报》，《洛阳考古》2015年第4期。

440年“（周）考王封其弟于河南”（《史记·周本纪》），建立西周公国时所为①。如是，则战国时期的王城，主要是西周公国的领地和都城。值得注意的是，从春秋时期重要遗存（如瞿家屯东北夯土建筑基址、东城墙两侧高等级墓地）的分布状况看，周平王东迁之王城也应在此范围内，只不过春秋时期的王城没有郭城。

（二）宫殿区

东周王城的宫殿区位于城址西南部的瞿家屯一带，这里地势较高，已发现多处春秋战国时期的大型建筑基址以及与建筑有关的遗存。

1960年在瞿家屯东北发现的两组大型夯土建筑基址西邻涧河故道，北侧有东西向壕沟。北组建筑的四周有一道夯土墙围护，在围墙内有南北并排、相距约6米的两块长方形夯土基址，应是本组建筑的主体。在主体建筑的西南另有一块长方形夯土基址，西侧与围墙相连，南面有一凸出部分，可能是台阶之类的建筑。南组建筑紧靠北组建筑，整体呈长方形，也有围墙，但围墙内没有发现大面积的夯土基址。在夯土基址的东部还探出一条已知长900余、宽约20米的南北向大路。根据层位关系和附近出土的大量瓦件，发掘者认为这两组建筑的时代属于春秋时期②。

1999年在汉河南县城以南约150米处发现一处战国时期的大型夯土建筑基址，平面呈长方形，东西长55、南北宽30米。在其北侧25米处有一条与之平行、宽3.5米、东西长达数百米的墙垣，墙外有深达7米以上的沟渠，推测可能是护城壕③。该护城壕应为宫殿区的北界，向东与粮仓区东侧的南北向古河道相通。

2004年在瞿家屯东南发现的大型建筑基址群位于东周王城南城墙以南、涧河与洛河交汇处的三角地带，它是由夯土墙围护的一个超大型院落，拥有成组的夯土建筑基址、散水、给排水设施、池苑、暗渠、窖藏坑、水井等遗迹以及大量建筑材料与其他遗物。其始建和使用年代约当战国中晚期之交至战国晚期④。发掘者认为这一建筑基址群的中部为具有王宫性质的封闭院落，东西两侧有同样呈院落布局的附属建筑，可能为战国晚期迁回王城的周赧王之居所⑤。当然，也不排除是西周国君宫殿之所在⑥。

以上三处夯土建筑基址群规模大、规格高，都被认为是东周王城的宫殿基址。在瞿家屯东南涧洛交汇的三角地带、东周王城南城墙以南，还发现大量破坏春秋文化层而早于战国时期的冲积沟，联系到《国语·周语》中“榖（即涧水）、洛斗，将毁王

① 徐昭峰：《试论东周王城的城郭布局及其演变》，《考古》2011年第5期。

② 中国社会科学院考古研究所：《洛阳发掘报告（1955～1960年洛阳涧滨考古发掘资料）》，北京燕山出版社，1989年，第138～140页。

③ 王炬：《洛阳东周王城内发现大型夯土基址》，《中国文物报》1999年8月29日第1版。

④ 洛阳市文物工作队：《洛阳瞿家屯发掘报告》，文物出版社，2010年。

⑤ 徐昭峰、朱磊：《洛阳瞿家屯东周大型夯土建筑基址的初步研究》，《文物》2007年第9期。

⑥ 潘付生、薛方：《洛阳瞿家屯大型夯土基址的性质分析》，《中国文物报》2006年3月31日第7版。

宫”的记载，临近涧洛交汇处的这一高岗地带应是东周王城宫殿区之所在[①]，这一点已得到学者们的认同。总体来看，由西侧的涧河故道、北侧的城垣和护城壕、粮仓区东侧的南北向古河道和南城墙外的洛河所圈围起的这一相对封闭区域，或可称为宫城[②]。需要指出的是，战国时期的宫殿区还包括东部的粮仓区，考古发现的74座战国粮仓分布密集，排列整齐，应是当时国家粮库所在[③]。

（三）手工业作坊

东周王城城址北部发现有制陶、制骨、玉石加工和铸铜作坊的遗存，其中尤以西北部战国时期的制陶窑场面积最大，既生产日用陶器，也生产砖瓦建筑材料[④]。

城址中部被汉河南县城叠压，原有遗迹大都遭到破坏，曾清理一座烧造冶炼工具的窑址，出土坩埚27件，推测这一带应有冶铁作坊遗址[⑤]。

此外，城址南部粮仓区的62号窖穴曾出土大量铜、铁、玉、石、角、象牙等质料的成品和半成品；以及炼渣、木炭、工具等遗物，其附近可能也是一个多种手工业作坊的集中区。

（四）陵墓区

东周王城宫殿区东北一带分布着较多带墓道的大墓和车马坑、殉葬坑，时代上大体呈现出由东南向西北逐渐分布的态势，即东南部属春秋早期，中部属春秋中晚期，北部属战国时期。其中，在王城东城墙外约30米处的洛阳市第27中学附近发现1座带四条斜坡墓道的亚字形大墓和2座带两条墓道的中字形大墓及陪葬的车坑和马坑，且亚字形大墓出土的铜鼎、鬲上有“王乍鬻彝”铭文（图6-2），年代属于春秋早期早段，发掘者判断这组墓葬主人可能为周平王及其夫人[⑥]。在其西北500余米的洛阳市公安局附近，发现了春秋晚期带一条墓道的甲字形大墓和车马坑[⑦]，在王城广场还发掘出规模最大的“天子驾六”车马坑[⑧]（图版10：1）。它们位于王城东城墙以内，相距仅数十

---

① 徐昭峰：《“谷、洛斗，将毁王宫”事件的考古学观察》，《中原文物》2007年第4期。

② 徐昭峰：《试论东周王城的城郭布局及其演变》，《考古》2011年第5期。

③ 洛阳博物馆：《洛阳战国粮仓试掘纪略》，《文物》1981年第11期。

④ 中国社会科学院考古研究所：《洛阳发掘报告（1955～1960年洛阳涧滨考古发掘资料）》，北京燕山出版社，1989年，第126～138页。洛阳市文物工作队：《洛阳东周王城内的古窑址》，《考古与文物》1983年第3期；《洛阳东周王城战国陶窑遗址发掘报告》，《考古学报》2003年第4期；《东周王城战国至汉代陶窑遗址发掘简报》，《文物》2004年第7期。

⑤ 洛阳市文物工作队：《洛阳东周王城遗址发现烧造坩埚古窑址》，《文物》1995年第8期。

⑥ 洛阳市文物工作队：《洛阳体育场路东周墓发掘简报》，《文物》2011年第5期；《洛阳体育场路春秋车坑、马坑发掘简报》，《文物》2011年第5期。

⑦ 洛阳市文物工作队：《洛阳东周王城第5239号大墓发掘简报》，《考古与文物》2000年第4期；《洛阳东周王城内春秋车马坑发掘简报》，《考古与文物》2003年第4期。

⑧ 洛阳市文物工作队：《洛阳王城广场东周墓》，科学出版社，2009年。

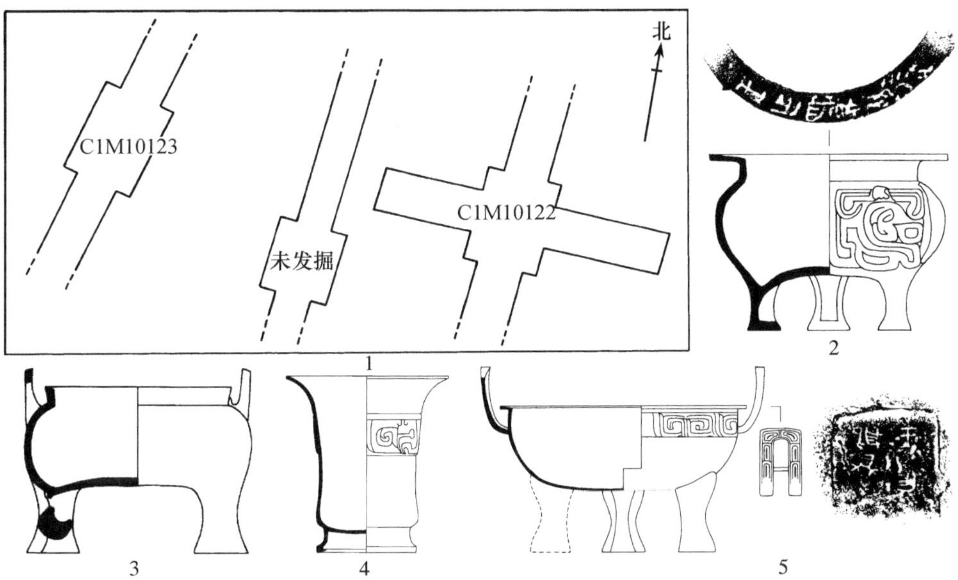

图6-2　洛阳第27中学东周大墓及随葬青铜礼器

1. 东周大墓　2. C1M10122：96　3. C1M10123：63　4. C1M10123：64　5.C1M10122：76

米。东周王城东城墙内外春秋时期的高等级墓葬和车马坑连为一体，这一带都应是春秋时期王陵区的组成部分。值得注意的是，上述现象暗示着战国时期建筑郭城东城垣时将春秋时期王陵区一分为二，显然已无视其存在了。

在汉河南县城东北城角门外发现的5座战国中晚期甲字形积石积炭大墓东西毗邻排列，墓道均朝南，其中M1棺西侧出土一件墨书“天子”二字的石圭①。这些大墓的周围大都分布有高规格的陪葬墓、车马坑和器物坑②，充分显示出墓主人的尊贵地位。

根据目前考古勘探和发掘资料推测，东周王城遗址应存在两处陵区：一处位于今九都路与中州路之间的体育场路一带，可能是埋葬周平王至敬王迁成周之前的周王陵区；另一处位于今唐宫路以北、纱厂路至金谷园路之间，这里可能为“西周君”陵区。③

二、东周成周

（一）城址

1984年，在汉魏洛阳故城城垣的解剖发掘中发现了一座始建于西周时期，分别增扩于

① 考古研究所洛阳发掘队：《洛阳西郊一号战国墓发掘记》《考古》1959年第12期。洛阳市文物工作队：《洛阳西郊四号墓发掘简报》，《文物资料丛刊（9）》，文物出版社，1985年。

② 洛阳博物馆：《洛阳中州路战国车马坑》，《考古》1974年第3期。洛阳市文物工作队：《洛阳解放路战国陪葬坑发掘报告》，《考古学报》2002年第3期。

③ 潘付生、李惠君：《洛阳西周君陵墓位置探析》，《中原文物》2011年第6期。吴迪、李德方：《东周王城内的大墓与东周王陵》，《中国古都研究》第23辑，三秦出版社，2008年。徐昭峰：《西周君陵区考辨》，《华夏考古》2012年第3期。

春秋晚期和战国晚期的城垣遗迹①（图6-3）。因该城址位于偃师市韩旗屯，根据考古遗址以小地名命名的通则，一般称其为“韩旗城址”或“韩旗周城”。其中西周城址平面呈横长方形，城墙周长约8740米，城墙夯土下灰坑所出包含物的年代均为西周晚期，夯土中所出遗物的年代不早于西周晚期。此外，城址中西部发现西周晚期铜器墓②，城址西约500米处有白马寺西周晚期墓地。综合来看，西周城址的始建年代应为西周晚期。

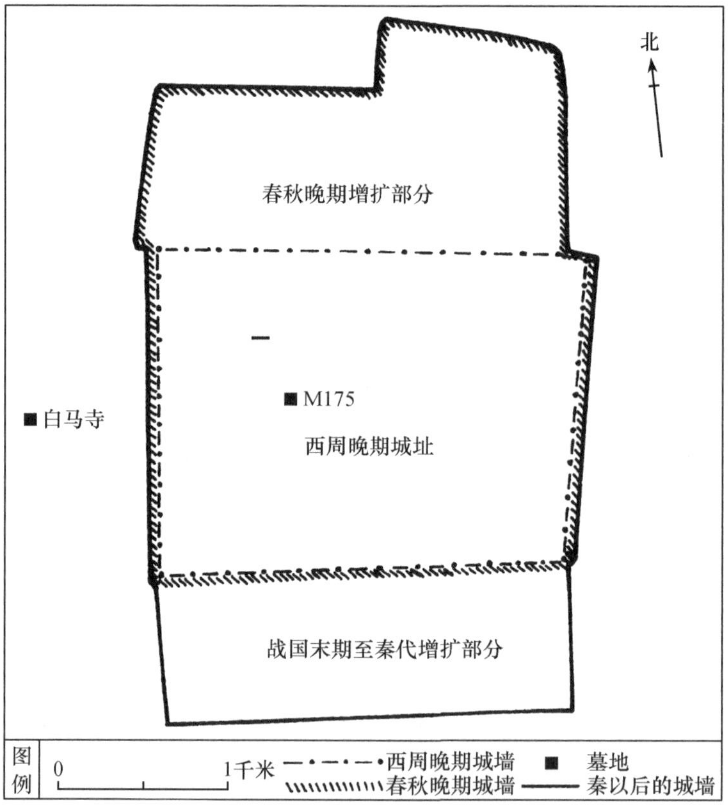

图6-3　偃师市韩旗周城平面示意图
（据中国社会科学院考古研究所洛阳汉魏城队《汉魏洛阳故城城垣试掘》图一六改绘，《考古学报》1998年第3期）

至春秋晚期，在修补增筑西周晚期城址的基础上，又在其北部加以扩建，城圈面积扩大到7平方千米余。这一春秋晚期扩建后的城址，一般认为应是周敬王为避子朝之乱迁居此地时所筑的，是《春秋》经、传记载的鲁昭公三十二年（前510年）周敬王“城成周”的反映，即该城是周敬王以来周王所居的成周城。

到了战国末期至秦代，韩旗城址又向南扩建，达到汉魏洛阳城的规模与形制。发掘者认为这一扩建应是《读史方舆纪要》引陆机《洛阳记》所载“秦封吕不韦为洛阳

① 中国社会科学院考古研究所洛阳汉魏城队：《汉魏洛阳故城城垣试掘》，《考古学报》1998年第3期。

② 中国社会科学院考古研究所洛阳汉魏城队：《河南洛阳市汉魏故城M175西周墓发掘简报》，《考古》2014年第3期。

十万户侯，大其城”的修缮和增扩活动①。

（二）陵墓区

20世纪20年代，在韩旗城址北部偏西的金村墓地发现8座带一条墓道的甲字形大墓，分为南北两排，其中有些大墓的墓道两侧各有殉葬的马坑，出土的许多铜器上有铭文，有些显然属于周王室用器，时代大体在战国早期至晚期之间，因此有学者认为这处墓群很可能包括周王及其附葬臣属②，是为成周陵区。《国语·周语》韦昭解："狄泉，成周之城，周墓所在也。"《左传·僖公二十九年》杜预注："翟泉，今河南洛阳城内太仓西南池水也。"翟泉，即狄泉，位于汉魏洛阳城东北隅的太仓之西南，金村距太仓、翟泉很近，战国大墓发现于此，与韦昭所说的周墓位置基本一致。

文献记载，东周自平王东迁至赧王被灭历时25王，这一期间敬王因避子朝之乱徙居成周，赧王又迁回王城，不同时期所营陵区位置有别。除了上述王城陵区和成周陵区外，周山陵区（包括灵、景、悼、赧四王）可能位于洛阳西南的三山村一带③。洛阳市第二文物工作队曾在这里进行过考古调查，现存4座高大的覆斗形封土堆东西排列，方向基本一致，西侧的1座封土堆平面略呈正方形，夯土筑成，边长105～110、高约20米，目前只在南侧发现了墓道；东侧的3座东西相连，外形似山形，中间大，两侧稍小，南北两侧均发现有墓道，调查者推测它们为东周王陵④。总之，目前东周王陵虽有重要线索，但需要做的考古工作还有很多。

三、东周墓葬特征

据统计，目前在洛阳地区发掘的东周时期墓葬总数已超过7000座，分布范围东至东花坛，西至谷水，南不过龙门，北止于邙山。这些墓葬绝大多数位于东周王城内的东部，此外在东周王城东墙外附近也有一定数量的发现⑤。

（一）墓葬分类

洛阳地区东周墓葬形制分为土坑竖穴墓和洞室墓两种，以土坑竖穴墓最为常见，洞室墓数量较少且均为战国晚期。根据墓道有无和墓室面积，土坑竖穴墓葬可分为五个等级，由高到低依次如下。

第一等级是带四条墓道的亚字形墓，目前仅在第27中学发现1座。

第二等级是带两条墓道的中字形墓和带一条墓道的甲字形墓。目前在东周王城

① 中国社会科学院考古研究所洛阳汉魏城队：《汉魏洛阳故城城垣试掘》，《考古学报》1998年第3期。

② 李学勤：《考古发现与东周王都》，《新出青铜器研究》，文物出版社，1990年。

③ 李德方：《东周王陵分区考辨》，《中原文物》1987年特刊。

④ 洛阳市第二文物工作队：《洛阳西郊周山东周王陵调查记》，《中原文物》2005年第6期。

⑤ 洛阳市文物工作队：《洛阳王城广场东周墓》，科学出版社，2009年，第465页。

遗址发现中字形墓3座、甲字形墓10座，在东周成周城附近的金村墓地发现甲字形墓8座。墓室长度在6～10米，多两椁一棺，四周积石积炭，均被多次盗扰。此类墓主身份多为王室成员或重臣。

第三等级为无墓道的大型土坑竖穴墓，墓室长度在4米以上，多一椁一棺或棺椁俱有，随葬较多的青铜礼器，各种器用比较齐全。墓主身份比较复杂，多数应为卿大夫一级的高级贵族。

第四等级为中型土坑竖穴墓，墓室长度在3～4米。该等级墓葬通常一棺一椁或有棺无椁，多随葬成套的仿铜陶礼器，铜容器数量少或不见。墓主身份可能为士一级的中小贵族。

第五等级为小型土坑竖穴墓，墓室长度在3米以下，多一棺，有的无葬具，随葬品以陶质器皿为主，有的还随葬有青铜兵器或工具。墓主多为平民。

（二）墓葬分期

洛阳东周墓葬的考古分期，主要是根据中州路墓地的发掘资料而确定的。20世纪50年代该墓地西工段共发掘东周墓260座，除4座为洞室墓外，其余皆为竖穴土坑墓。随葬铜容器墓9座，共出土铜容器60余件；随葬陶器者161座，总计出土陶器700余件。根据鬲、罐、鼎、壶、豆、盒等几种主要器类的组合与形制变化，可将这些东周墓分为7期，第1～3期分属春秋早、中、晚期；第4期为战国早期，第5、6期属战国中期，第7期为战国晚期[①]。这一分期方案，成为后来全国东周墓分期断代的重要标尺。但是由于未配相应的分期图，使用起来多少有些不便。

20世纪80年代末，有学者将洛阳地区东周陶器墓划分为六期13段，即春秋早期包括第1段，春秋中期包括第2、3段，春秋晚期包括第4、5、6段，战国早期包括第7、8段，战国中期包括第9、10、11段，战国晚期包括第12、13段，其中陶器组合、装饰及部分典型器类的形制有较明显的演变规律可循[②]。但由于分期刻度过细，有些器类的演变规律体现得不很明显。

从陶器组合看，春秋早期墓主要为鬲、盆、罐或鬲、盆、豆、罐，多为实用器。春秋中期陶器组合与早期基本相同，但出现了少量仿铜陶鼎和盖豆，实用器所占比例有所下降。春秋晚期仿铜陶鼎和盖豆开始流行，鬲多为釜所取代，无盖的盘形豆趋于消失，陶器组合变为釜、鼎、盖豆、盆、罐、盘。自春秋中期平民开始使用仿铜陶礼器的现象，说明原来“礼不下庶人”的传统已被突破。战国早期，最常见的组合是仿铜的鼎、盖豆、壶，有的还搭配盘、匜等，釜、罐等实用陶器又进一步减少。战国中期的陶器组合与战国早期相仿，只是器形有所变化。战国晚期，最常见的陶器组合是鼎、盒、壶（图6-4）。需要说明的是，以上各阶段的陶器组合近似于一种此消彼长

① 中国科学院考古研究所：《洛阳中州路（西工段）》，科学出版社，1959年。

② 张辛：《中原地区东周陶器墓葬研究》，科学出版社，2002年。

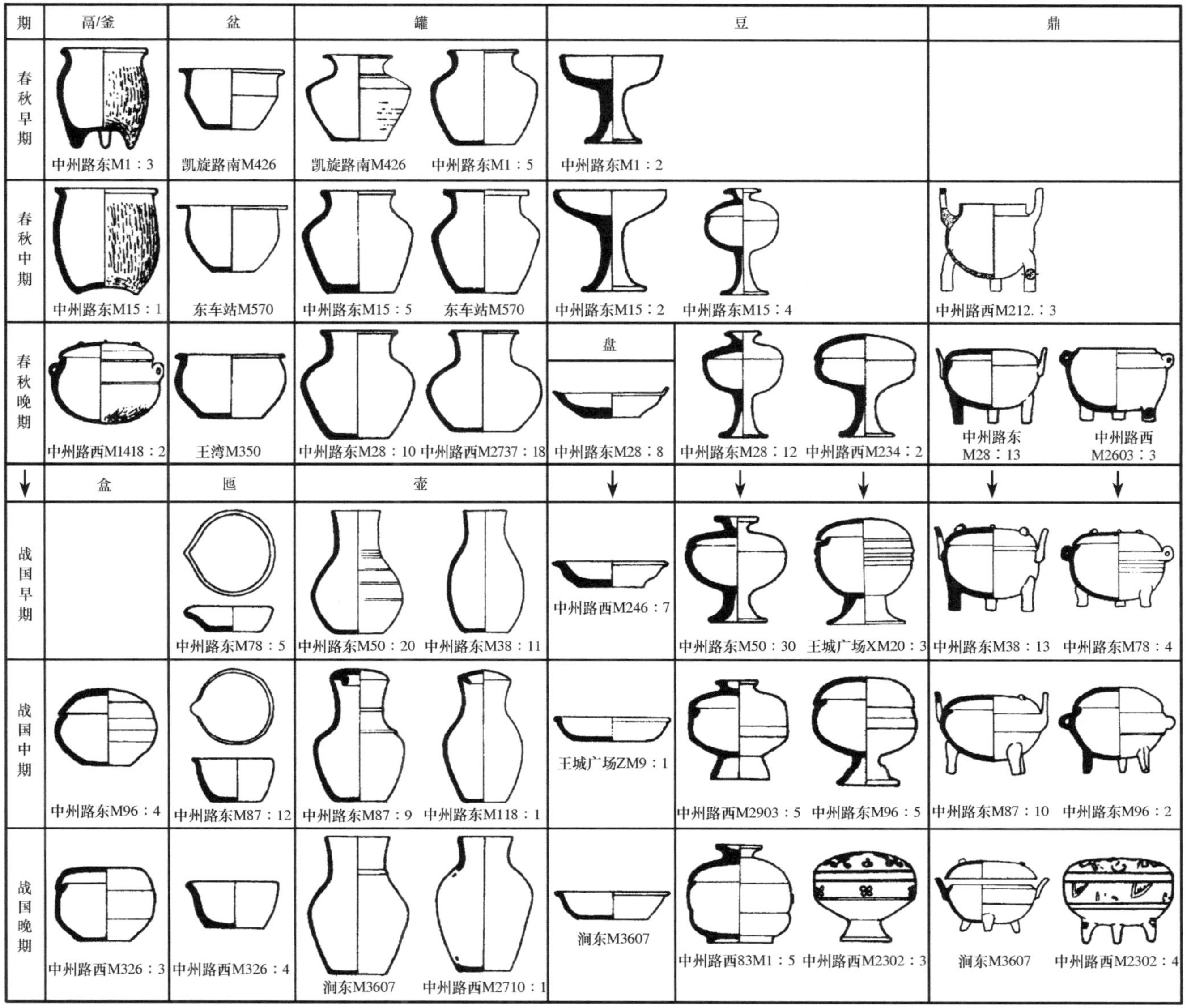

图6-4　洛阳东周墓随葬典型陶器分期与组合

的状态，前一种组合往往与后一种组合有一段时间的并行。主要器形的演变表现为：弧裆鬲三足渐趋退化，裆渐矮，并派生出釜。盆由侈沿到平沿再到沿面下斜，口逐渐内敛。盘形豆腹部渐浅，柄部渐高；盖豆则柄部渐矮，腹部加深，体形由瘦高渐趋矮胖。罐由矮领到高领。鼎口及上腹渐外张，耳、足趋于退化。

从铜礼器组合看，春秋早期食器以鼎、簋、鬲、甗、铺（豆）为基本器类，簠、盨仍有少量使用；酒器不发达，重要器类仅有方壶；水器有盘、匜和盘、盉两种组合，匜、盉不共出；多另配一组明器，器类常见缶、爵、觯等酒器和盘、盉等水器，器形有“复古”倾向。春秋中期墓食器组合以鼎、敦为核心，辅以簠；酒器常见钘，辅以壶和罍；水器以盘、匜为基本组合，开始出现鉴。春秋晚期墓食器中豆的地位明显上升，组合以鼎、豆为核心；水器与酒器组合与中期基本一致。战国早期墓食器仍以鼎、豆、甗为核心，辅以簠、敦；酒器常见壶，钘有所减少；水器仍为盘、匜组合。战国中晚期墓铜器组合与战国早期大体一致，器形有所变化（图6-5）。主要器形的演变表现为：鼎的腹部由浅变深，三蹄足由内聚到开放，足底出台，战国早期立耳鼎消失，新出现有盖鬲鼎。盖豆柄由高到低，由细到粗，腹部由浅到深。方壶的盖顶捉手由盘形变为莲瓣状，颈部由长到短，腹部最大径逐渐上移，由垂腹上升为鼓腹。盘由圈足变为三足。匜的椭圆形腹由纵长型变为横宽型，流部由长变短，尾部鋬手由兽形简化为环状纽再到消失，蹄足由矮到高再到圈足最后变为圜底。

此外，墓葬中普遍流行玉石料器，有礼器（圭）、装饰品（玦），高级别墓葬常见玉石幎目。春秋中期，中小型墓开始流行卷曲程度较轻的屈肢葬。大约从春秋晚期开始流行竖穴壁龛墓。战国中期偏晚出现洞室墓，但数量并不多。

这里值得一提的是，近年来新发现的伊川徐阳墓地。该墓地位于洛阳市西南伊川县鸣皋镇徐阳村，周围为低山丘陵，西靠陆浑西山，东临伊河西岸开阔谷地，北距东周王城遗址约50千米。2013年以来，考古人员在此抢救性清理一批东周墓和车马坑，其中大型土坑竖穴墓和陪葬的车马坑均为东西向。大墓虽经盗扰，仍出土部分青铜礼乐器；车马坑内除了埋车葬马外，还出土大量马、牛、羊头蹄。这与春秋战国时期西北地区戎人墓葬中的殉牲习俗相似，在中原地区属首次发现。多数小型土坑竖穴墓亦为东西向，随葬陶器组合以单耳罐、绳纹罐和盆为主，一般置于侧边壁龛内或死者身体一侧，有的还葬有羊头。这也明显有别于中原常规的丧葬习俗。根据出土遗物判断，徐阳墓地的年代约为春秋中晚期，考古调查所知墓地总面积约20万平方米。另在徐阳村西约2千米处的顺阳河上游两大支流夹河地带，今宜阳县白杨镇南留村东发现一座古城，初步考证其为两汉时期的陆浑县城遗址。据《左传·僖公二十二年》（公元前638年）记载：“秋，秦、晋迁陆浑之戎于伊川。”公元前525年秋，晋国出兵剿灭陆浑戎。发掘者综合分析认为伊川徐阳墓地应为春秋时期陆浑戎贵族墓地①。陆浑戎

① 吴业恒：《河南伊川徐阳墓地发现春秋陆浑戎贵族墓葬和东马坑》，《中国文物报》2015年11月20日第8版；《河南伊川徐阳发现东周陆浑戎贵族墓地》，《中国文物报》2016年4月22日第8版。

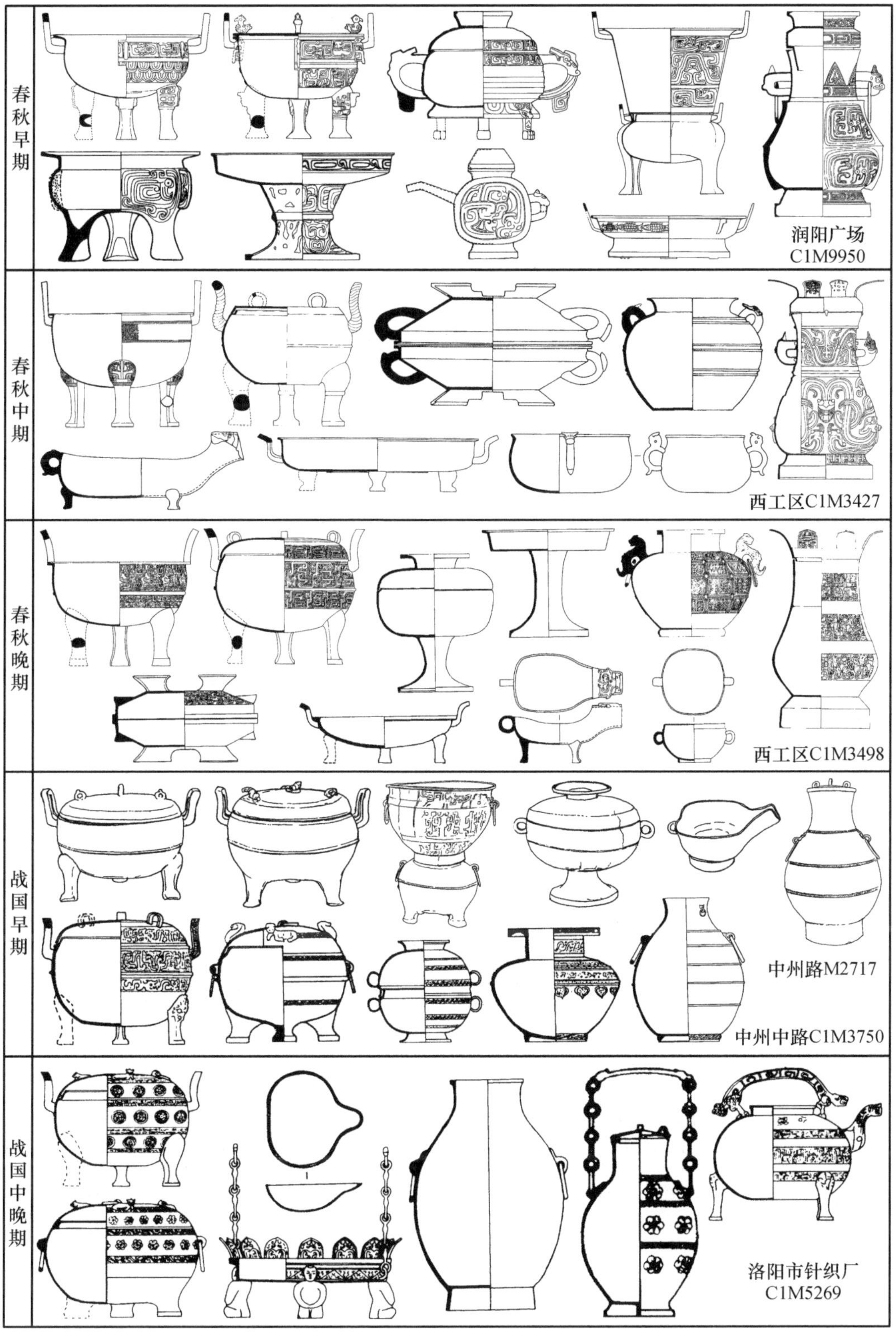

图6-5 洛阳东周墓随葬典型青铜礼器分期与组合

［润阳广场C1M9950采自《考古》2009年第12期；西工区C1M3427、C1M3498采自《文物》2010年第8期；中州路M2717采自《洛阳中州路（西工段）》；中州中路C1M3750采自《文物》1995年8期；洛阳市针织厂C1M5269采自《文物》2001年12期］

内迁后，虽积极接纳中原礼制文化，但仍保留了部分殉牲和用器习俗。徐阳墓地的发现，为寻找东周时期活跃在伊洛河流域的戎人遗存提供了重要线索，对研究古代族群迁徙和融合、中原华夏文明的形成与发展具有重要意义。

第二节　东周晋文化

关于考古学上的“晋文化”概念，以往有学者作过专门讨论。刘绪指出：“由于晋文化是文献中晋国的考古学文化，所以，严格地讲晋文化的年代就是晋国存在的年代，其上下限应以叔虞被封和桓公被废为标志。叔虞以前为唐或其他某种文化，桓公以后则分属韩、赵、魏三文化，统称三晋文化。但考虑到韩、赵、魏三家均出自晋，他们对晋君的取代不同于夏商周王朝的更替，在考古学文化方面并未因晋君被废而发生本质变化，这有如田齐取代姜齐一样。因此，广义地说，三晋文化也属晋文化。基于这个原因，我们可把晋文化的下限断在三晋最后一家被亡之年——公元前225年。”[①]后来他又作了进一步申论：“所谓晋文化是指两周时期晋系考古学文化。由于这一考古学文化以文献记载的国名命名，故确切地说，晋文化应是西周、春秋时期晋国和战国时期韩、赵、魏三国的考古学文化。时间始于叔虞被封，终于韩、魏、赵灭亡；分布地域包括晋国与三晋的领地，所包含的族类以姬姓为主体，还有‘怀姓九宗’等他族。”[②]对此有学者表示同意：“晋文化的概念，应指从周初叔虞封唐到三晋被秦所灭这一时期内，在晋国及三晋地域范围内，以晋国人及三晋国民为主体所创造和使用的、具有共同特征的考古遗存。……晋文化圈或晋文化系统不仅包括两周时期晋国及三晋疆域之内的晋文化遗存，还应包括晋国及三晋疆域之外同时期且与晋文化具有共同文化特征的考古遗存。例如，……战国中期以后的中山国遗存，其文化面貌已彻底被统领中原的晋文化所同化。鉴此，完全可将其视为晋文化圈或晋文化系统的一部分。”[③]我们认为，一种面貌基本一致、结构相对稳定的考古学文化的形成在时间上要滞后于国家的建立，“国”“族”与“文化”三者之间不能简单地画等号[④]。就晋国而言，建国时的族群构成是复杂的，至少包括了来自关中的周人、土著居民以及来自北方的族群。他们的文化传统不同，由族群融合到文化融合，需要经过一个较长的时段。所以，真正考古学意义上的晋文化的形成年代肯定要晚于叔虞受封之时。至于上述将战国时期的三晋文化、中山国遗存纳入晋文化范畴的意见，则基本可从。由于文

---

① 刘绪：《晋与晋文化的年代问题》，《文物季刊》1993年第4期。

② 刘绪：《晋文化》，文物出版社，2007年。

③ 宋玲平：《关于晋文化的概念问题》，《考古与文物》2004年第5期。

④ 林沄：《由“文化形成的滞后性”所引起的新思考》，《甲骨文与殷商史（新六辑）罗格斯商代与中国上古文明国际会议论文专辑》，上海古籍出版社，2016年。

献记载的春秋早期晋都如“翼”①、“绛”（故绛）②所在何处，目前还难以确定，这里主要介绍春秋中期晋景公迁都新田到三晋被秦所灭这一时期内晋国及三晋地域（包括郑、卫等国）的重要考古遗存，此外还包括战国时期的中山国遗存。

一、侯马晋都新田

文献记载，晋景公十五年（前585年）由故绛迁都于新田（《左传·成公六年》）。公元前403年，周威烈王命魏斯、赵籍、韩虔为诸侯，晋公室名存实亡。公元前376年，韩、赵、魏三家分晋，晋桓公迁出新田。新田作为晋国晚期都城历时209年，文献又称为“新绛”。

晋都新田遗址位于今山西侯马市西北汾河与浍河交汇处的三角地带，自1952年发现以来，在东西约9、南北约5千米的范围内发现数座古城址、宫殿建筑基址、祭祀与盟誓遗址、手工业作坊、居址与墓地等大量遗存，主体时代约当春秋中期至战国早期③（图6-6）。

（一）城址与建筑

晋都新田遗址共发现8座大小不等的东周城址，即平望、台神、牛村、马庄、呈王、北坞、北郭马④和凤城古城。其中前三者集中分布于遗址西部，面积较大，相互连接，呈品字形布局。平望古城位居北部，呈南北向长方形，东城墙北段略有转折，长约1200米，南城墙长600余米，城内中部偏西有1座自下而上分三级的大型夯土基址，周围发现有瓦片等坍塌堆积。台神古城位于西侧，呈东西向长方形，西墙长1250、南墙长1660米。在台神古城西北角外不远处，紧邻汾河南岸有三座东西并列、间距40米的夯土台基。牛村古城位于东侧，略呈梯形，南北长1340～1740、东西宽1100～1400米，在东、南城墙上都发现似为城门的缺口（东城墙1处、南城墙2处），城内北部中央有1座边长52.5米的大型正方形夯土台基，周围堆积有许多筒瓦、板瓦残片。城墙外有护城河。关于这三座城址的年代，或认为平望古城最早，其余两座为扩建晋都时增

---

① “翼”作为晋国都城最早见于《左传·隐公五年》，持续到晋国正宗被灭时的公元前679年。有学者认为天马—曲村遗址就是晋国的“翼”都所在（谢尧亭：《重读〈晋国史〉札记》，《陟彼阿丘：首届晋学与区域文化学术研讨会论文集》，科学出版社，2016年）。

② 翼都之后晋国的都城是故绛，“绛”都最早见于《左传·庄公二十六年》：“士蔿城绛，以深其宫。”

③ 山西省考古研究所侯马工作站：《晋都新田》，山西人民出版社，1996年。

④ 王金平：《侯马市北郭马古城》，《中国考古学年鉴（2001）》，文物出版社，2002年。另外，在以往的资料中还提及被台神和牛村二城叠压的白店古城。不过，在20世纪80年代所做复查工作中并没有发现城墙。参见田建文：《“新田模式”——侯马晋国都城遗址研究》，《山西省考古学会论文集（二）》，山西人民出版社，1994年。

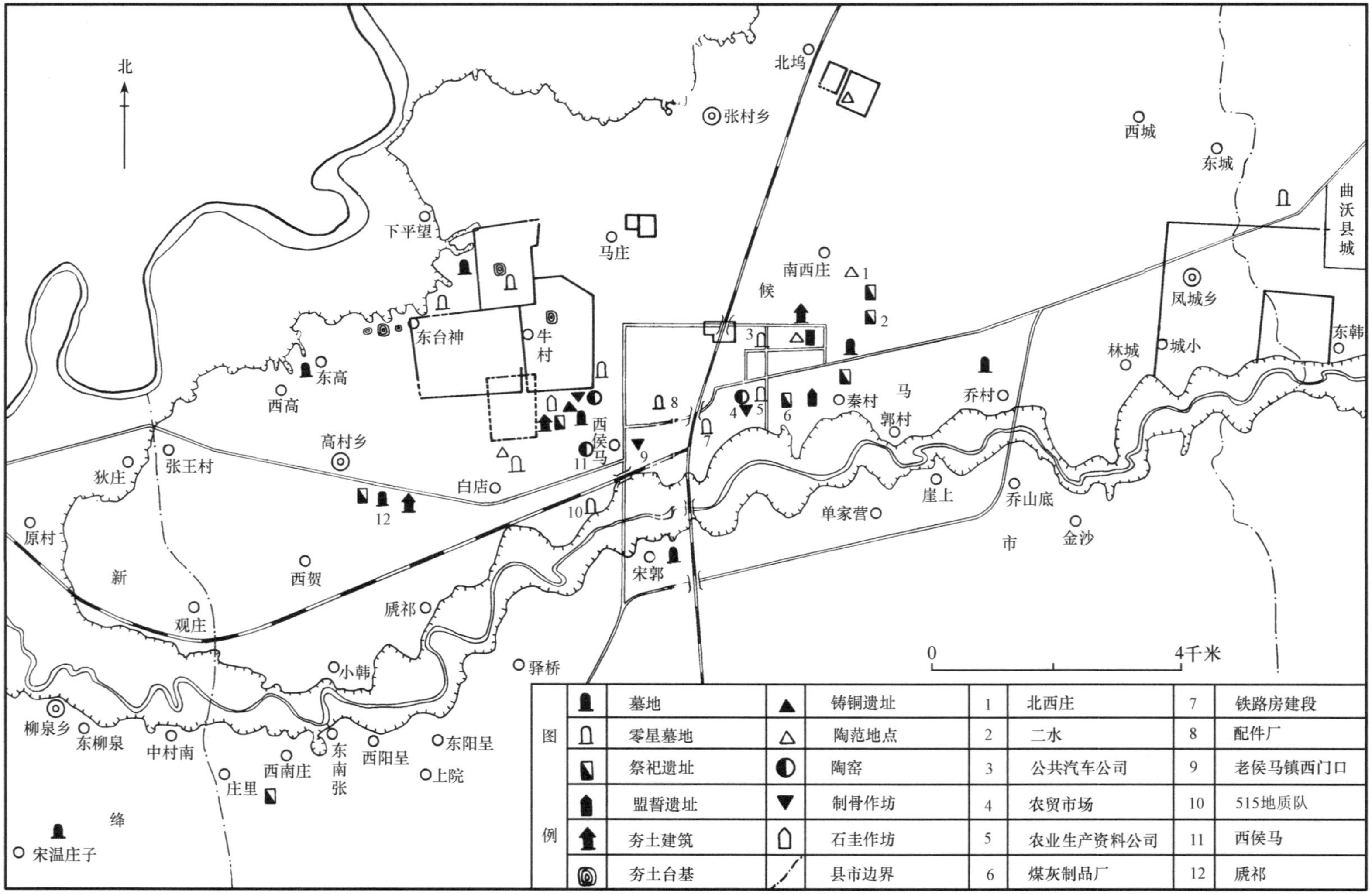

图6-6 侯马晋都新田遗址平面图

（采自山西省考古研究所侯马工作站《晋都新田》，山西人民出版社，1996年）

筑的城圈，或认为平望古城晚于其他两座。从现知三城的平面布局看，台神、牛村两城的南城墙以及台神北城墙和平望南城墙基本在同一直线上，三城的建筑年代虽可能略有早晚，但大体上属于修补、增建后同时使用。

位于其东的马庄、呈王、北坞、北郭马4座城址规模都较小，均由并列或相连的两座小城组成。最小的呈王古城南城的面积仅2万多平方米，最大的北坞古城东城则为20余万平方米。这4座城址内也都发现有夯土建筑基址，其年代大致与平望、台神、牛村古城相当。

最东面的凤城古城位于曲沃县城西南，西距牛村古城约9千米。该城分为内城和外城，均近方形，方向一致，应属统一规划。内城位于外城中部略偏东南，北墙长1100米，东、西墙分别残长600米和1000米。外城北墙残长3100、西墙残长2600米，城墙外有护城壕。

（二）祭祀与盟誓遗址

祭祀遗址共发现13处，各处均由密集的祭祀坑组成，少者数十，多者逾千，个别地点还有与祭祀相关的建筑基址。其中牛村古城南约250米处发现的一处面积近1500平方米的祭祀建筑遗址，由主体建筑和环绕于东、北、西三面的“垣墙”基址组成。基址南部发现祭祀坑59座，均属于建筑基址使用时期的遗迹①。

呈王古城以东约1200米处，在12万平方米的范围内已探明形制规整的夯土建筑基址78处，最大者面积达3000平方米，此外还发现了大量祭祀坑②，被认为是一组宗庙建筑群。

在呈王宗庙建筑群以南的秦村附近发现盟誓遗址，在长70、宽55米的范围内共发现祭祀坑400余个，绝大多数为南北向长方形，最大者面积不足1平方米。坑底一般埋有一牲，大坑多为牛、马，小坑以羊为主，也有不埋牲之坑。其中埋盟书之坑共40个，另有3坑出有卜筮文字。它们存在打破现象，表明在此举行盟誓活动不少于三次。盟书多书写在玉石圭上，有5000余件，分为朱书盟誓和墨书诅咒、卜筮之辞。盟誓内容表示要尽心以事其主，不背叛，不侵夺他人资产，不与敌对方来往等，事涉晋末赵、中行、范氏之间的权力争斗，目的是通过对天地的盟誓以达到对参盟者行为的约束。发掘者认为主盟人为赵简子（鞅），盟誓之年在公元前495年③，多数学者认为主盟人为赵桓子（嘉）④。盟誓在东周时期比较流行，作为盟誓之辞的盟书在文献中又称

① 山西省考古研究所侯马工作站：《山西侯马牛村古城晋国祭祀建筑遗址》，《考古》1988年第10期。

② 山西省考古研究所侯马工作站：《侯马呈王路建筑群遗址发掘简报》，《考古》1987年第12期；《侯马发掘一组春秋时期晋国大型宗庙建筑夯土基址》，《中国文物报》1995年7月2日第1版。

③ 山西省文物工作委员会：《侯马盟书》，文物出版社，1976年。

④ 唐兰：《侯马出土晋国赵嘉之盟载书新释》，《文物》1972年第8期。高明：《侯马载书盟主考》，《古文字研究》第一辑，中华书局，1979年。冯时：《侯马盟书与温县盟书》，《考古与文物》1987年第2期。

载书。目前除了侯马盟书外，在河南温县武德东周盟誓遗址也发现了盟书，多处盟辞与侯马盟书类同，发掘者认为其主盟人为韩简子①，也有学者认为温县盟书属赵②。

（三）手工业作坊

晋都新田发现的手工业作坊遗址有铸铜、制骨、制陶、石圭四类，其中以铸铜遗址分布范围和规模最大。不同性质的手工业作坊分区设置，同一性质的手工业作坊按产品种类又有地点之分。

铸铜遗址位于牛村古城南，面积4.7万多平方米，发现房址、水井、灰坑、窖穴、烘范窑以及熔炉、鼓风管、坩埚、陶范、铜锭、铅锭等遗存，其中陶范数量多达5万余块，完整或能配套的近千件③。

在牛村古城以南和东南还分布着制骨、制陶、石圭作坊，其中制骨作坊出有大量被锯截下来的骨料和骨器半成品等，其上切、锯、刮、锉、磨痕迹明显，与之伴出的有削刀、磨石等工具。制陶作坊的陶窑分布集中，各处窑址烧制的产品有所不同，有的以豆为主，有的以瓦为主。石圭作坊的不少工房和灰坑底层出土大量的石料、石圭成品与半成品，以及磨石、石刀等生产工具。

（四）墓葬区

晋都新田遗址及附近，发现多处东周时期的墓葬群。其中规模最大的上马墓地位于浍河南岸，总面积约20万平方米，共发掘墓葬1370余座、车马坑和马坑各3座、牛坑1座，除19座铜礼器墓和1座仿铜陶礼器墓外，其余皆为日用陶器墓及无随葬品墓，年代从西周晚期至春秋战国之际④。在平望、台神古城以西的下平望和东高村附近及牛村古城南还发现3处墓地，都以小型铜器墓和陶器墓为主，年代均为春秋晚期到战国中期。综合来看，这4处墓地距城址较近，可能均具有“邦墓”性质。

乔村墓地位于晋都新田遗址的东部，已发掘墓葬1038座，其中45座战国中晚期带有围沟的墓葬较为特殊。而且，以土圹竖穴、仰身直肢葬、随葬鼎、盖豆、壶等为特征的晋文化墓葬与以土圹洞室、屈肢葬、随葬罐、壶等为特征的秦文化墓葬共处同一墓地，为研究晋、秦文化的发展融合提供了丰富资料⑤。

在盟誓遗址东北的秦村村北一带还发现467座所谓的“排葬墓”，它们布局规整有序，由北往南共有31排，每排多者20余墓，排与排、墓与墓间距相当，墓向也基本一致，均为长方形竖穴土坑，规模较小，填土纯净，未经夯打，已发掘的85座墓中男性67人，且多为壮年，墓主或无头，或少足，有些人骨发现刀砍痕迹，有的人骨上留有

① 河南省文物研究所：《河南温县东周盟誓遗址一号坎发掘简报》，《文物》1983年第3期。
② 冯时：《侯马、温县盟书年代考》，《考古》2002年第8期。
③ 山西省考古研究所：《侯马铸铜遗址》，文物出版社，1993年。
④ 山西省考古研究所：《上马墓地》，文物出版社，1994年。
⑤ 山西省考古研究所：《侯马乔村墓地（1959—1996）》，科学出版社，2004年。

刺入的铜矛或镞，均无葬具及随葬品。发掘者判断，“这是一处晋国晚期阵亡战士集体埋葬墓茔”①，与上述“邦墓”墓地的性质完全不同。

位于侯马市西南15千米的浍河南岸峨嵋岭北麓的新绛县柳泉墓地，可能是春秋中期至战国中期的晋公陵区。该墓地面积约15平方千米，已发现四组大墓，每组有一大两小并列，大者居中，两侧较小，周围散布数量不等的中小型墓葬及车马坑。

上述侯马新田布局在东周列国都城遗址中独具一格，当有其特殊原因。根据城址规模与相关遗迹推测，规模较大且呈品字形布局的平望、牛村和台神古城应为当时晋国公室的宫城，牛村古城以东的呈王古城可能是宗庙区，其他规模较小的城址当属于晋国拥有相当权势的卿大夫一类人物的居邑②。有学者指出晋都新田由东、西两组构成，最迟在公元前453年到公元前376年，西组品字形宫城被废弃，晋公可能离开西组宫城搬进了东组的凤城古城，因两地相邻无所谓迁不迁都③。总体来看，品字形宫城是晋公直接控制区，虽无郭城，但北、西、南有汾、浍河流经交汇，加上东面的诸小城，自然起到郭的作用；宫城以东是宗庙祭祀区，东南是手工业作坊区和邦墓地，西南是晋公陵区，其中新田宫城品字形的布局对后来的邯郸赵王城等影响很大，而被称为“新田模式”④。

二、太原晋阳故城

文献记载，春秋晚期晋国势力向北达到晋中，中心在太原附近的晋阳，这里是晋国正卿赵氏的早期封邑。晋定公十五年至二十三年（前497～前489年），晋国六卿韩、赵、魏、知、范和中行争斗期间，赵简子始终以晋阳为基地。此后，知、韩、魏三家联军围攻赵襄子，曾用汾水灌晋阳，赵襄子利用离间计拉拢韩、魏，最后灭知氏，从而奠定韩、赵、魏三家分晋的基础。

（一）城址

晋阳故城位于今太原西南郊晋源镇附近，西依吕梁山余脉，东临汾河，所在区域属于山前冲积扇，地势西高东低、北高南低（图6-7：左）。按文献记载，晋阳城始建于春秋中晚期，初为赵简子的封邑，后为赵国的初都。又经历汉晋、南北朝、隋唐、五代，最终毁于宋代。明代的太原县城叠压其上，因历代叠建使用，故早期遗迹

① 山西省考古研究所侯马工作站：《侯马排葬墓发掘报告》，《晋都新田》，山西人民出版社，1996年。

② 许宏：《先秦城市考古学研究》，北京燕山出版社，2000年，第88页。

③ 田建文：《晋都新田的两个问题》，《中国文物报》2008年9月12日第7版。田建文：《晋都新田新认识》，《李下蹊华——庆祝李伯谦先生八十华诞论文集》，科学出版社，2017年。

④ 田建文：《“新田模式”——侯马晋国都城遗址研究》，《山西省考古学会论文集（二）》，山西人民出版社，1994年。

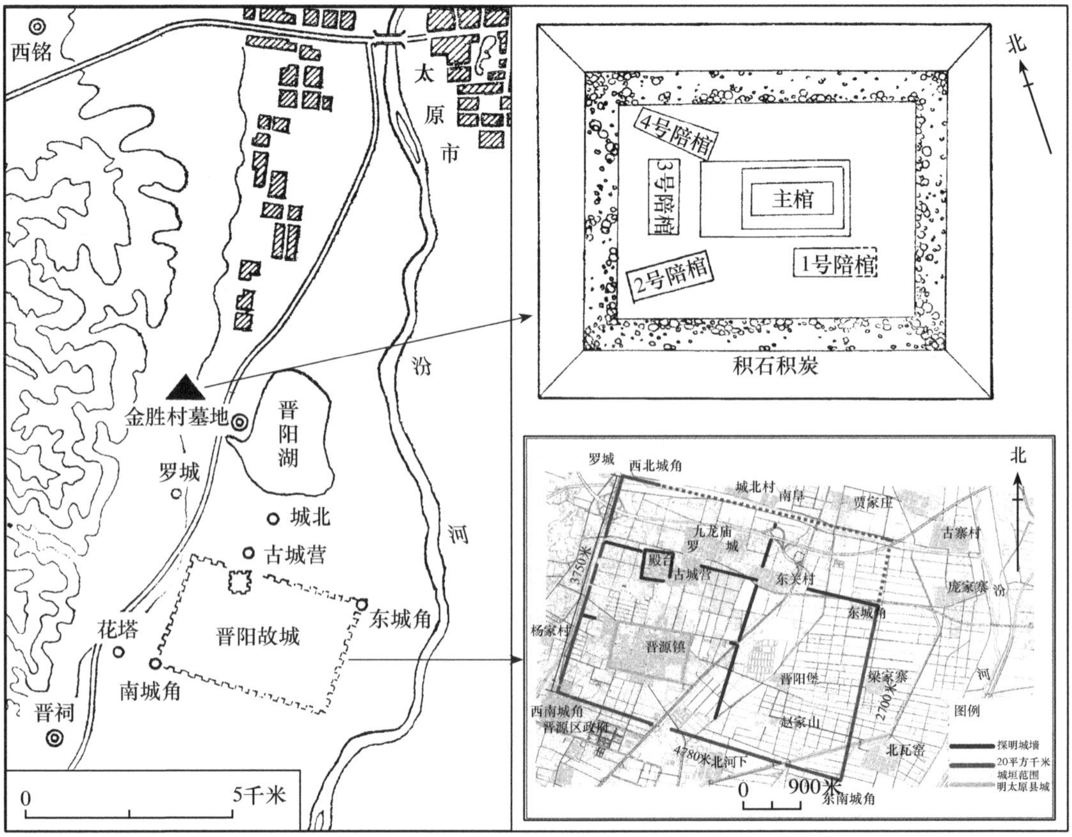

图6-7　太原晋阳故城与金胜村大墓平面图

（左与右上图采自山西省考古研究所等《太原晋国赵卿墓》图一、图二，文物出版社，1996年；右下图采自太原市文物考古研究所《晋阳古城遗址2002—2010年考古工作简报》图八，《文物世界》2014年第5期）

损毁严重①。21世纪以来的考古工作探明了基本完整的东周晋阳城城圈，大致呈东西向长方形。推测春秋时期的晋阳城外围有护城河，其内是一个面积约12平方千米的郭城，郭城之内的宫城总体偏向西部，平面可能也是长方形，面积应在50万平方米左右②（图6-7：右下）。上述推测意见，还有待于进一步的考古工作来检验。

（二）墓葬区

墓葬区位于晋阳城外西北侧约3千米的金胜村一带。重点发掘的M251为东西向长方形土坑竖穴墓，无墓道，积石积炭。葬具为一椁三棺，墓主仰身直肢，头向朝东，为70岁左右的老年男性。主棺南侧和西侧分置4副单棺，各葬1人，皆为仰身直肢，应为殉人。经鉴定，1号和4号分别为年龄20～22岁的青年女性和男性，3号可能为成年女性，2

---

① 谢元璐、张颔：《晋阳古城勘察记》，《文物》1962年第4、5期。山西省考古研究所等：《太原晋国赵卿墓》，文物出版社，1996年。

② 太原市文物考古研究所：《晋阳古城遗址2002—2010年考古工作简报》，《文物世界》2014年第5期。常一民：《东周晋阳城建制蠡测》，《文物世界》2014年第5期。

号亦是成年人，但性别不明。该墓随葬品丰富，总数达3421件，其中包括7件列鼎在内的青铜礼器有99件。年代为春秋战国之交，约在公元前453年前后（图6-7：右上）。该墓东北侧约7.5米处祔葬一座车马坑，由车坑和马坑垂直相连呈曲尺形，两者之间有一生土梁相隔。车坑在西，发现车子15辆，分南北两排。马坑在东，埋马44匹，马头一律向西。因最东一车的辀压在马身上，可知下葬顺序是先马后车。根据墓葬位置、规模与随葬礼器规格及铜戈铭文，发掘者推断该墓主人为晋卿赵简子（鞅）①，也有学者认为是赵简子之子赵襄子（无恤）②。比较来看，后者的可能性更大。

在金胜村M251的西、西北部还钻探出40余座中小型东周墓，但未发掘。1994年在M251东侧不远处发掘6座相对独立、排列有序的中型铜器墓，墓葬均呈南北向长方形，面积不足20平方米，不见殉人，铜器组合以鼎、壶、鉴、编镈为主，年代与M251大体相当③。由此基本确认，这里应是晋卿赵氏及其臣属的墓地。而当地大量战国中小型墓葬的存在，尤其是战国墓（M504）打破了M251车马坑，则可能是赵国迁都，政治中心转移的结果。

三、邯郸赵国故城

文献记载，公元前425年赵襄子死，立其孙浣为献侯，赵由晋阳徙治中牟，政治中心开始向豫北冀南转移。关于赵都中牟地望，古今存在着多种说法，近年来根据考古发现并结合相关历史文献考证，主要有今河南鹤壁市南的鹿楼古城④、今河北磁县讲武城⑤、今河南林州隆虑古城⑥诸说。目前赵都中牟虽有重要线索，但尚难最终确认。

《史记·赵世家》《汉书·地理志》均载，赵敬侯元年（公元前386年），赵由中牟迁都于邯郸，至赵王迁八年（前228年）被秦攻破，邯郸作为赵国都城历时158年。

（一）城址与建筑

赵都邯郸故城遗址位于今河北邯郸市区西部，沁河和渚河穿城流过。其西依太行山，东临滏阳河，城址在南，墓地在北，选址与晋阳古城颇为相似（图6-8：左）。1940年，日本人在此做过调查和试掘⑦。1957年以来，河北省与邯郸市文物部门先后对邯郸故城开展大量的考古工作，基本搞清了该城市的总体布局。

---

① 山西省考古研究所等：《太原晋国赵卿墓》，文物出版社，1996年，第244页。

② 渠川福：《太原金胜村大墓年代的推定》，《文物》1989年第9期。陈秉新：《读金文札记二则》，《东南文化》2000年第5期。

③ 李建生：《辉县琉璃阁与太原赵卿墓相关问题》，《中国国家博物馆馆刊》2012年第2期。

④ 张新斌：《河南鹤壁鹿楼古城为赵都中牟说》，《文物春秋》1993年第4期。

⑤ 胡进驻：《赵都中牟新考》，《文物春秋》2004年第3期。

⑥ 张增午：《赵都中牟林州说的推定》，《中原文物》2005年第6期。

⑦ 驹井和爱：《邯郸——战国时代赵都城址的发掘》，东亚考古学会，1954年。

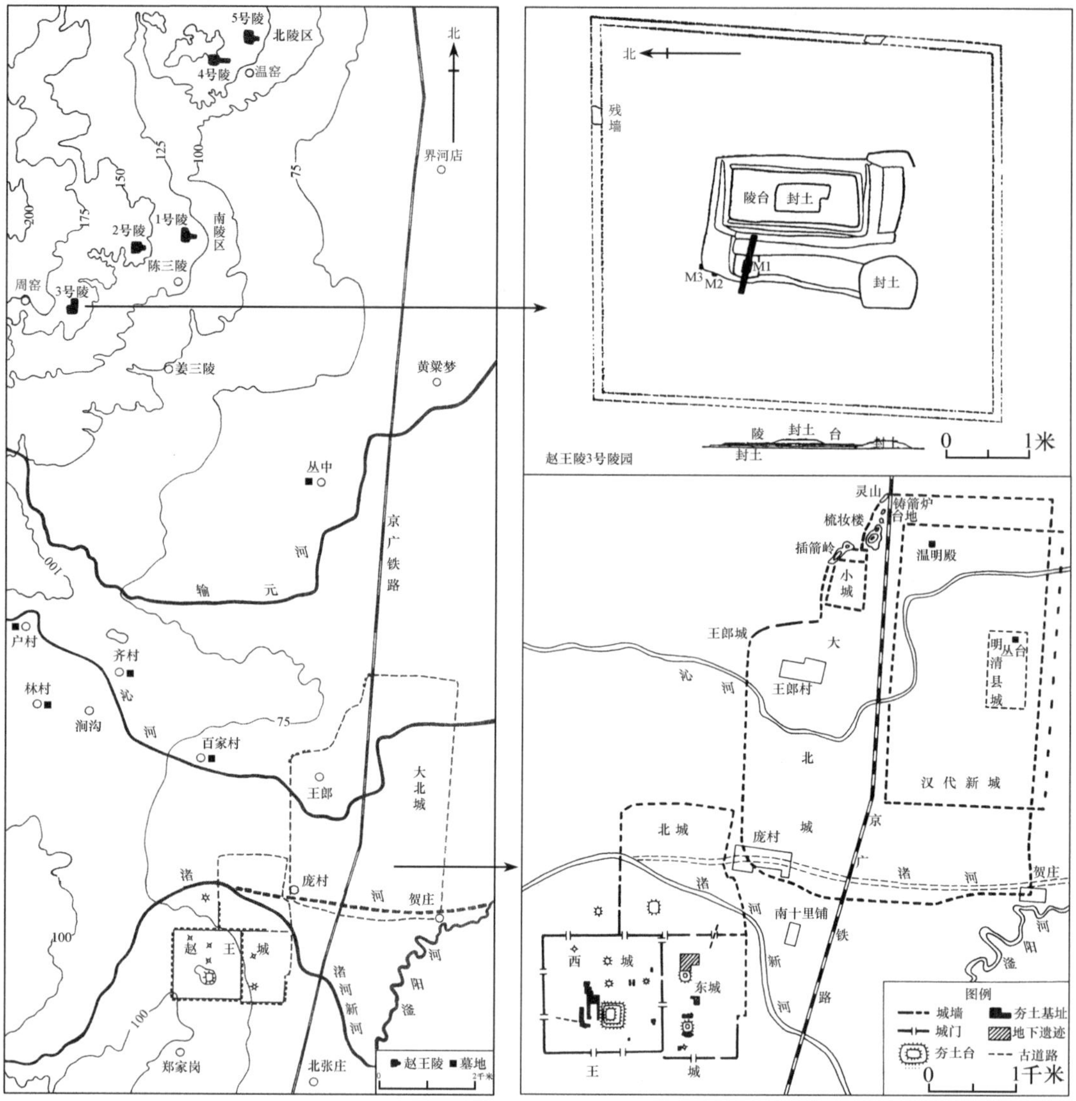

图6-8　邯郸赵国故城与赵王陵平面图

（左与右下图据段宏振《赵都邯郸城研究》图二三、图二四绘制，文物出版社，2009年；右上图采自河北省文管处等《河北邯郸赵王陵》图五，《考古》1982年第6期）

赵都邯郸全城总面积17.19平方千米，分为“赵王城”和“大北城”两大部分，彼此并不连接（图6-8：右下）。“赵王城”是赵都王宫所在地，“大北城”是赵都的居民区和手工业区。作为宫城的“赵王城”始建于赵都迁入邯郸前后的战国早期晚段，而作为郭城的“大北城”要略早些①，很可能是在春秋晚期赵氏封邑的基础上扩展而成的②。

① 邯郸市文物保管所：《河北邯郸市区古遗址调查简报》，《考古》1980年第2期。河北省文物管理处等：《赵都邯郸故城调查报告》，《考古学集刊（4）》，中国社会科学出版社，1984年。

② 侯仁之：《邯郸城址的演变和城市兴衰的地理背景》，《历史地理学的理论与实践》，上海人民出版社，1979年。杨宽：《中国古代都城制度史研究》，上海古籍出版社，1993年，第93、94页。

“赵王城”由东城、西城和北城三个小城组成，近似品字形布局，可能继承了侯马晋都新田的宫城布局模式。西城近方形，周长约5680米，城内中部偏南处的“龙台”是一座大型夯土建筑台基，南北长296、东西宽264、残高19米，为迄今所见战国时期最大的夯土台基。城内北半部还有夯土台5座，其中2座与“龙台”处于同一条南北向的中轴线上。另在“龙台”的西部和西北部还钻探出大面积的夯土建筑基址，城内其他地点也有零星发现。东城略呈长方形，周长约4828米，城内中西部2座大型夯土台基处在一条南北轴线上，其附近还发现数处夯土基址和1座较小的夯土台基。北城略呈长方形，周长约5848米，西墙南段内外有2座大型夯土台基东西照应。“赵王城”还发现门阙11处，门阙的位置往往与城内中心建筑相对应。门阙附近多瓦片堆积，说明城门有门楼类防卫性建筑。另在城垣内侧发现5处专门防雨的排水设施，用筒瓦、板瓦覆盖城墙，并在墙壁上挖沟槽，埋置排水槽以泄水。西城南城垣外还发现城壕遗迹。从夯土台基的长宽比和地势看，“赵王城”的总体布局应是坐西朝东的①。

“大北城”位于“赵王城”的东北部，两城最近距离约80米。城址平面呈不规则的长方形，南北最长4880、东西最宽3240米，面积约13.8平方千米。城垣保存状况较差，部分城垣尚未找到，但西北角的插箭岭、梳妆楼、铸箭炉、灵山诸夯土台基与城垣遗迹仍高出地面，这些台基遗迹应是战国至汉代的一个建筑群。在其南面还发现一座平面略呈梯形的小城，南北长约700、东西宽290 ~ 400米。“大北城”内发现战国至汉代的制陶遗址5处、冶铁作坊遗址3处、铸铜作坊、制骨作坊和石器作坊遗址各1处，大都集中分布在中部偏东一带。

（二）墓葬区

赵国王陵区位于邯郸市区西北约8千米的邯郸县陈三陵村至永年县温窑村一带，地处紫山东麓丘陵地带。现有坐西朝东的5座赵王陵园，呈东北—西南走向分布（图6-8：左）。它们均筑有高大的陵台，以自然山丘为基，周围夯筑拦土坝，内填土石筑成，有的加铺护坡石。陵台南北长、东西短，呈长方形，东面有神道，自西向东顺斜坡而下。各陵台顶部中央有封土墓冢，其中1号、3号、5号陵各有1座（图6-8：右上），2号、4号各有2座。陪葬墓多位于陵台东侧台下、神道两侧，陪葬的车坑、车马坑等多设在主墓的东侧②（图版10：2）。赵国以邯郸为都期间，自赵敬侯到赵王迁共传8代。赵亡国后，赵王迁被流放于房陵（今湖北房县），未葬入邯郸赵王陵区。这样，该陵区5座陵台上7个陵墓的墓主应分别为赵敬侯、成侯、肃侯、武灵王、惠文王、孝成王和悼襄王。二号陵北冢出土1件刻有“三十一年”铭文的金牌饰，而上述七位国君中只有惠文王在位时间超过31年（前298 ~ 前265年）。由此推测，二号陵北冢的墓主

① 罗平：《对赵王城内外建筑布局的探讨》，《文物春秋》1996年第2期。

② 河北省文管处等：《河北邯郸赵王陵》，《考古》1982年第6期。赵建朝、李海祥：《河北邯郸赵王陵二号陵出土的战国文物》，《文物》2009年第3期。

很可能就是赵惠文王。以此为基点，赵王陵可能是自东北向西南依次埋葬上述七位国君的。

在邯郸故城西郊的百家村、齐村、林村、户村附近，发现数量众多的战国墓分布在沁河两岸。20世纪50年代在齐村和百家村发掘过一批战国墓和陪葬坑[①]，墓葬均为长方形土坑竖穴，口大底小，个别较大的墓有封土和积石，少数小型墓设有壁龛，大部分墓为北向，有些墓成对并列，一般有棺有椁，葬式以直肢为主，少数墓有殉人，随葬品以仿铜陶礼器为主，以鼎、豆、壶为基本组合，几乎每墓都有。陪葬坑有马坑和车马坑，其中车马坑形状有长方形、凸字形和曲尺形三种，后两者坑内车与马分开放置，中间有土梁相隔。综合来看，这些墓地具有"邦墓"性质。

若将视野扩大，有学者曾以聚落考古为视角将邯郸故城及其周边的聚落集群划分为四个层次：第一层次为邯郸故城本身，是赵国政治、经济、军事、文化的中心；第二层次主要包括西郊和西南郊的近郊聚落，也是贵族墓地的主要分布区；第三层次是远郊城镇，主要包括西边的固镇—午汲集群区和北边的阳城集群区，其中固镇—午汲集群区附近有铁矿，应是一处重要的采矿和冶铁中心；第四层次包括更远的柏人、邢台、北界城—讲武城集群区，其中柏人城是赵国北方的门户和重镇，讲武城则南滨漳河，是邯郸的南大门。而邢台可能是赵国的一个重要副都或陪都。这样，以邯郸为中心就形成了一个层次分明的超大型聚落群体，代表了东周列国都城布局中的一种多层次的多城制布局类型[②]。

四、新郑郑韩故城

文献记载，公元前806年，周宣王始封其弟友（或多父）于郑，居棫林（今陕西凤翔一带）。公元前774～前771年，郑桓公东迁其民至成周，东虢、郐两小国让出十邑供其居住。不久郑武公伐灭东虢和郐国，并其地而邑于此，从而建立了郑国在中原地区的新基地[③]。关于郐之地望，传统文献多认为位于今河南新密市东北，考古学者指出新密市以东35千米的曲梁镇大樊庄古城即为郐国故城[④]。东虢在荥阳，史家无异议。近些年，考古人员在荥阳相继发现两座重要的周代城址。娘娘寨城址由内城、外城组成，内城位于外城内西北部，平面略呈方形，面积约14万平方米，内城垣始建于西周晚期，四面城垣中部均发现有缺口，应为城门，城外有围壕。城内发现西周晚期的若干夯土建筑基址、陶窑、墓葬和道路等遗存，其中陶窑集中于内城东北部，或为作坊

① 北京大学、河北省文化局邯郸考古发掘队：《1957年邯郸发掘简报》，《考古》1959年第10期。河北省文化局文物工作队：《河北邯郸百家村战国墓》，《考古》1962年第12期。

② 段宏振：《赵都邯郸城研究》，文物出版社，2009年。

③ 李峰：《西周金文中的郑地和郑国东迁》，《文物》2006年第9期。

④ 马世之：《郐国史迹初探》，《史学月刊》1984年第5期。梁晓景：《郐国史迹探索》，《中原文物》1987年第3期。

区。外城则始建于春秋时期，战国时有所扩建①。官庄城址东南距娘娘寨城址直线距离约10千米，地处连接郑州和伊洛盆地的重要通道上，由外壕、南北并列的大城和小城以及小城的内外环壕组成，外壕的围合面积超过130万平方米，考古发掘表明官庄城址的始建年代不晚于西周晚期，以西周晚期至春秋时期遗存最为丰富②。这两座城址的发现，对于探讨东虢、郑等相关历史具有重要意义。

公元前767年，郑国迁都于今河南新郑一带。公元前375年，韩哀侯灭郑，自阳翟（今河南禹州市老城③）迁都于此。直至公元前230年，秦灭韩。这个先后作为郑韩两国都城、历时长达537年的城邑，现在通称为郑韩故城。

（一）城址与建筑

郑韩故城位于今河南新郑市城区及其外围，地处双洎河和黄水河交汇的三角地带，选址颇似汾浍之交的侯马晋都新田。城垣依双洎河和黄水河而建，曲折不齐，中部有一道长约4300米的南北向隔墙将城址分为东、西两城，整个城址呈不规则的长方形，面积约16平方千米（图6-9）。考古解剖表明，城墙始建于春秋早期，春秋和战国时期续有修补，春秋夯层均为圆形圜底夯，战国夯层皆为圆形平底夯。

西城北墙保存较好，全长2470米，西墙和南墙可能被双洎河冲毁，在北墙中部、东墙（即隔墙）北部和中部各发现1座城门及路基遗迹。西城的中部和北部分布有密集的大小夯土建筑基址，有的基址面积有1万余平方米，部分基址还彼此叠压或打破，表明这里应是郑、韩两国的宫殿区所在④。西北部现存地上唯一的高台建筑基址（俗称“梳妆台”），基底南北长约135、东西宽约80、高约8米，台上发现有用陶井圈构筑的水井和埋入地下的陶排水管道，该夯土台基始筑于春秋，战国时期沿用。在这片建筑基址区的南部，有一座规模较小的城址，四周有夯土围墙，平面呈长方形，东西长约500、南北宽约320米，已发现北门和西门遗迹，城内北部发现有大型夯土建筑台基，推测该小城可能是宫城。此外，在宫殿基址的西北部还发掘出一处战国晚期的地

① 发掘者认为娘娘寨城址的时代和地理位置与郑桓公东迁其民之事相合，有可能是郑桓公东迁其民的居邑。参见张松林、张家强、黄富成：《河南荥阳娘娘寨遗址发掘出两周重要城址》，《中国文物报》2009年2月18日第2版。马世之：《娘娘寨城址性质问题试探》，《中原文物》2010年第5期。

② 郑州大学历史学院等：《河南荥阳市官庄西周城址》，《中国文物报》2013年3月15日第5版。河南省文物局：《荥阳官庄遗址》，科学出版社，2015年。

③ 刘东亚：《阳翟故城的调查》，《中原文物》1991年第2期。徐团辉：《韩国迁都宜阳、阳翟考辨》，《华夏考古》2015年第2期。

④ 河南省博物馆新郑工作站等：《河南新郑郑韩故城的钻探和试掘》，《文物资料丛刊（3）》，文物出版社，1980年。李德保等：《郑韩发现一座韩国大型建筑基址》，《中国文物报》1987年10月23日第2版。杨育彬、袁广阔：《20世纪河南考古发现与研究》，中州古籍出版社，1997年。

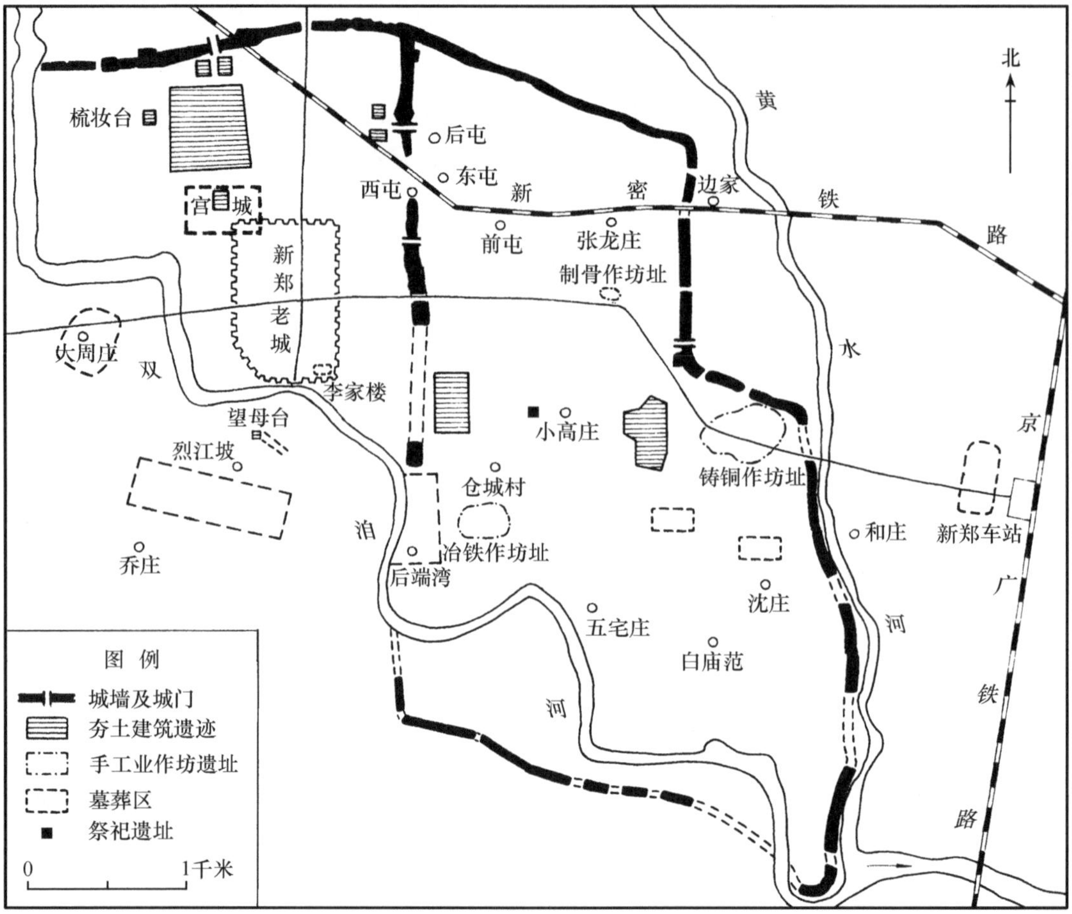

图6-9　新郑郑韩故城平面图

（综合《中国考古学·两周卷》第236页图7-4和《新郑郑国祭祀遗址》第13页图二绘制）

下冷藏室遗迹①。它事先由地面向下挖成一个口大底小的长方形阶梯状土圹，口部周围的地面上发现一些圆形残柱洞，四壁分层夯筑，东南角挖有一条台阶式走道，以便出入。室内墙壁贴砖，地面上也铺地砖。在地下室内底部偏东侧，有南北成行的水井5眼，均以陶井圈逐层叠筑而成，约占室内地面的1/3。在地下室和井内出土了大量猪、牛、羊、鸡骨等，约占所有遗物总数的2/3。由此推测，这可能是一处以储藏肉类食物为主的冷藏室。此类冷藏室在文献中被称为“凌阴”。《诗·豳风·七月》：“二之日凿冰冲冲，三之日纳于凌阴。”《周礼·天官·凌人》：“凌人掌冰，正岁，十有二日，令斩冰，三其凌。”即冬日里凿冰储于凌阴，用于暑天食物保鲜。

东城北墙斜直，长约1800米；东墙曲折，全长约5100米，北段发现1座城门；南墙在双洧河南岸，长约2900米。在东城中部钻探发现密集的春秋时期大型夯土基址，分布范围约4万平方米，以其为中心，可将周围发现的一些夯土建筑基址关联起来，组

① 河南省文物研究所：《郑韩故城内战国时期地下冷藏室遗迹发掘简报》，《华夏考古》1991年第2期。

成一片规模宏大的建筑群，可能为郑国宗庙祭祀遗址。在其附近清理出各类祭祀坑上百个，尤以青铜礼乐器坑和殉马坑引人注目。例如，在中行新郑支行发现青铜礼器坑7个、乐器坑11个和殉马坑45个，东侧还有一段长30余米的夯土围墙，其中礼器坑出土包括鼎、簋、鬲、壶、鉴、豆等在内的青铜礼器共计142件，乐器坑中保存完好的8个坑各出1架编钟，每架均由一套4件的镈钟和两套20件（每套10件）的纽钟组成，1个坑出土镈钟一套4件和纽钟一套10件，共计206件（图版11：1、2）。乐器坑多为3个坑一组，大多数乐器坑附近有1或2个礼器坑相配置，两者有明显的组合关系，无论礼器还是乐器均摆放或悬挂整齐，应属从容有意所为。殉马坑分为8排，多的殉马4匹，少的殉马2匹，均被处死后放入。马坑之间及与个别乐器坑之间有打破关系，说明祭祀活动不止一次。发掘者推断这些祭祀坑的年代属于春秋中期，为郑国社祭遗存①。另在金城路发现青铜礼乐器坑和殉马坑各3座，出土青铜礼器61件、编钟24件②；在城市信用合作社发现青铜礼乐器坑8座（其中6座被盗）、殉马坑55座，出土青铜礼器33件、编钟24件。此外，在东城南部的白庙范村北发现1座青铜兵器窖藏坑，出土180件兵器，多有铭文③。在仓城村附近发现大量窖穴，有的不但规模大，且有炭化的粮食，有的窖穴底部还残留有所铺木板和席子的痕迹，这里可能是国家的仓廪区。

（二）手工业作坊

各类手工业作坊主要分布在东城内。

铸铜作坊遗址位于东城东部的小吴楼村北，面积约10万平方米，出土有大量铜炼渣、熔炉、鼓风管、陶范、木炭屑等遗物，其中陶范主要为镢、铲、镰、锛和凿范等。此外，还发现战国布币陶范和印制铜兵器铭文的石模④。这表明这里是一处以铸造生产工具为主、兼铸钱币和兵器的作坊。

制陶作坊遗址位于东城内铸铜作坊的北侧，工房内发现有醒泥池、制陶工作面和工具以及生活场地，房外南面有铺砖走道，沿走道向南约10米即为陶窑。房基外围亦发现大量制陶工具，有陶垫、陶拍、陶刮板、陶圆盘、陶支架等。此作坊以生产瓦类器物为主，时代属战国时期⑤。

制骨作坊遗址位于东城北部的张龙庄南，面积7000余平方米，发现大量骨器成品、半成品和带有工具痕的骨料以及细砂砾石、铜刀等制骨工具。在可辨器形的产品

---

① 河南省文物考古研究所：《新郑郑国祭祀遗址》，大象出版社，2006年。

② 蔡全法、马俊才：《新郑郑韩故城金城路考古取得重大成果》，《中国文物报》1994年1月2日第1版。

③ 郝本性：《新郑“郑韩故城”发现一批战国铜兵器》，《文物》1972年第10期。

④ 河南省文物研究所：《河南新郑发现的战国钱范》，《华夏考古》1994年第4期。

⑤ 河南省文物研究所：《河南新郑郑韩故城制陶作坊遗迹发掘简报》，《华夏考古》1991年第3期；《郑韩故城发现战国时期大型制陶作坊遗址》，《中原文物》2003年第2期。

中，笄的数量最多，其次是锥，另有珠、环、匕、针、扣、贝、镞等[①]。

冶铁作坊遗址位于东城西南部的仓城村南，面积约4万平方米。已发掘焙炉1座、烘范窑2座，出土一批铁器和陶范，以镢和锄数量最多。由此可见这是一处以铸造生产工具为主、兼铸兵器的冶铁作坊，年代为战国时期。值得一提的是，该作坊北500米处发掘一座钱范坑，主要是面文为“蔺”和“离石”的圆首圆足布陶范。赵国布币何以在韩都铸造，颇为耐人寻味。

（三）墓葬区

迄今发现的郑韩故城东周墓葬类型比较齐全，既有郑韩国君的大型陵墓，也有属于郑韩贵族的中型墓，又有属于郑韩平民的小型墓。其中春秋时期的贵族墓葬在东城内的仓城村、兴弘花园与热电厂[②]、白庙范、张龙庄、大吴楼等附近均有发现。中小型墓地多分布于郑韩故城城外，如城西的周庄墓地，城南的烈江坡与蔡庄墓地及城东的李马墓地等。

郑公墓区在西城南部的李家楼附近至东城西南的后端湾周围，除国君墓外尚有许多中、小型墓。1923年发现的李家楼大墓出土铜器88件，器类有鼎、簠、簋、鬲、壶、鉴、盘、匜、炉、钟等，其中铜炉上有“王子婴次之燎卢”7字铭文。该墓年代为春秋中晚期，墓主以郑成公或郑僖公的可能性最大[③]。后端湾一带目前至少已探出六座中字形墓，另有甲字形墓及无墓道者，共计800余座。2002年清理了一座带两条墓道、全长45米的中字形大墓，墓道内随葬45辆车，由于屡遭盗扰，仅出土鼎、簋、鬲、方壶等铜器残片。该墓西侧还陪葬有规模宏大的方形车马坑，应为一代郑君之墓[④]。

战国中晚期韩王陵区分布于郑韩故城外西南一带，目前至少发现11处陵区和数百座陪葬墓（或车马坑）。许岗陵区发现4座带双墓道的大墓应为两组韩王和王后的异穴合葬墓，北侧均有车马坑[⑤]。胡庄韩王陵由三重兆沟和其内的两座中字形大墓组成一代韩王与王后之独立陵园，韩王墓在西，王后墓居东。两墓均为南北向土坑竖穴，主墓道朝南，封土呈中字形夯土冢，冢上覆盖中字形建筑，王墓旁所设建筑可能是守卫房。墓室以夯土、砌石、垒木以及涂料构筑成房屋形状，葬具均为双椁双棺。两墓早年被盗，残存的铜鼎和釦器银箍上可见刻铭“王后”“王后官”“太后”等，其他铜器上还有“少府”“左库”等，年代属于战国晚期[⑥]。此外，在王行庄“韩陵Ⅴ区”还

① 河南省文物研究所：《郑韩故城制骨遗址的发掘》，《华夏考古》1990年第2期。

② 河南省文物考古研究所：《郑韩故城兴弘花园与热电厂墓地》，文物出版社，2007年。

③ 郭宝钧：《商周铜器群综合研究》，文物出版社，1984年。李学勤：《东周与秦代文明》，文物出版社，1984年。

④ 新郑市文物管理局：《新郑市文物志》，中国文史出版社，2005年。

⑤ 河南省文物研究所新郑工作站：《新郑县辛店许岗东周墓调查简报》，《中原文物》1987年第4期。

⑥ 河南省文物考古研究所：《河南新郑胡庄韩王陵考古发现概述》，《华夏考古》2009年第3期。

发现一大型葬马坑，坑内共埋马56匹，马头向东[1]。

五、夏县魏都安邑

据《史记·魏世家》记载，晋献公十六年（公元前661年），西周毕公高之后裔毕万因辅助晋献公伐灭霍、耿和魏有功，而被封为大夫并获赐魏地（今山西芮城北有古魏城[2]），其后“从其国名为魏氏”。晋悼公十一年（公元前562年）魏绛“徙治安邑”，魏文侯十二年（公元前403年）魏始立为诸侯。至魏惠王九年（公元前362年）迁都大梁，安邑作为魏之封邑和国都前后历时约200年。

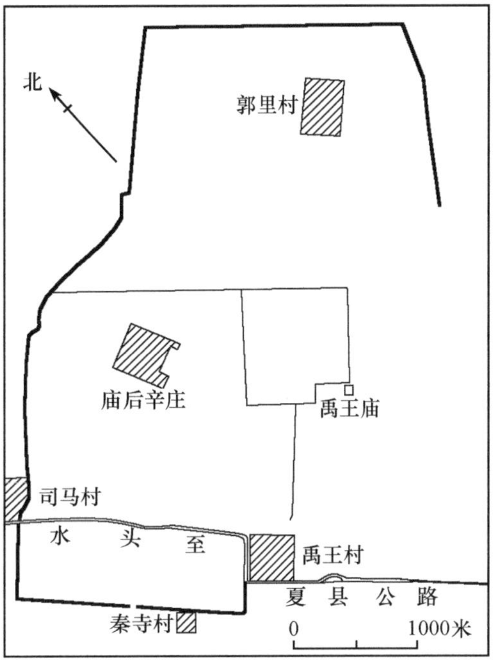

图6-10　夏县魏都安邑城址平面示意图
（采自中国科学院考古研究所山西工作队《山西夏县禹王城调查》图二，《考古》1963年第9期）

安邑故城位于山西夏县西北7.5千米处，俗称“禹王城”，所在地势西高东低，城址东南约15千米为中条山。城址分大城、中城和小城三部分[3]（图6-10），大城平面略呈梯形，南宽北窄，东南城垣已不存在（可能被青龙河冲毁），西墙北段之外发现护城壕遗迹，总面积约13平方千米。大城内庙后辛庄村北发现一处与冶铸有关的手工业作坊址，出土农具、构件、布币等各类陶范以及筒瓦、板瓦和陶器残片等，时代属战国中晚期[4]。小城位于大城中部，平面近方形，南墙东段有一内折角，城垣周长3270米。小城东南角外有一座俗称“禹王台”的夯土台址，台面略呈方形，东西约65、南北约70、现高9米，其下部夯土年代较早，含有东周陶片。调查者推测大城的时代约属战国前期，而小城可能是与大城同时建造的宫城。至于将大城西南部圈起的中城垣，面积约6平方千米，则可能是秦汉时期作为河东郡治时修筑的。由于大、中、小城城垣均未经正式发掘，故这些城垣的始建年代

---

① 河南省文物研究所：《新郑县韩陵V区葬马坑》，《中国考古学年鉴（1989年）》，文物出版社，1990年。

② 陶正刚、叶学明：《古魏城与禹王城调查简报》，《文物》1962年第4、5期。山西省文管会等：《山西芮城永乐宫新址墓葬清理简报》，《考古》1960年第8期。

③ 陶正刚、叶学明：《古魏城与禹王城调查简报》，《文物》1962年第4、5期。中国科学院考古研究所山西工作队：《山西夏县禹王城调查》，《考古》1963年第9期。

④ 张童心：《夏县禹王城庙后辛庄战国手工业作坊遗址调查简报》，《文物季刊》1993年第2期。黄永久：《禹王城遗址发现的铸币范》，《山西省考古学会论文集（二）》，山西人民出版社，1994年。

及相互关系目前尚不清楚，上述推断尚有待于科学发掘来检验。

关于开封魏都大梁，其地望与形制依据文献记载有所考证①，目前尚无考古资料加以确认，兹不赘述。

这里需要提及的是，20世纪50年代发掘的河南辉县固围村战国大墓②。该墓地背倚山冈，坐北朝南，中部为隆起2米多高的长方形平台，系就天然岗坡人工修造而成。平台上东西并列3座大墓，均为南北向中字形，中间的规模最大，两侧的规模略小，西侧还有2座陪葬墓。大墓上原有享堂建筑，基址范围略大于墓圹，周围有砾石散水，墓室积石、积炭、积沙，根据被盗后残存随葬品判断，3座大墓的年代当在战国中晚期。关于墓主身份，一般认为是魏王和王后的陵墓③，也有学者推测可能为赵都中牟时赵献侯、烈侯和武公的陵墓④。从时代上看，固围村3座大墓的年代明显晚于赵都中牟的时间（前425～前386年，属于战国早期），且文献记载韩、赵、魏三家灭知氏后，辉县一带属魏，所以其很可能为魏国王室之墓。

六、平山中山灵寿

文献记载，中山国为北方白狄（狄族的一支）所建，春秋时称鲜虞。战国初期中山国建都于顾，公元前406年，魏国灭中山。10余年后再次复国，“桓公徙灵寿”（《世本》），其时应不晚于公元前380年，至公元前296年中山为赵国所灭，中山以灵寿为都80余年。

（一）城址与建筑

灵寿故城位于河北平山县三汲乡境内，西北为太行山脉，东部为冀中平原。城址北倚东灵山，南临滹沱河，城外东西两侧为高坡，有数条源自灵山的河沟由北向南蜿蜒汇入滹沱河。城垣依托自然地形而建，平面呈不规则椭圆形，南北最长约4.5、东西宽约4千米⑤（图6-11）。城垣上发现4处附属建筑，应是加强防卫的军事设施。城内地势北高南低，高差达40米，中间有一道长约5100米的南北向隔墙将城址分为东、西两城。东城西北部有一名为“黄山”的小山丘，与《水经注》中关于中山国都“城俗以

---

① 李合群：《战国魏都大梁考辨》，《太原大学学报》2001年第3期。刘顺安：《战国魏都大梁》，光明日报出版社，2006年。

② 中国科学院考古研究所：《辉县发掘报告》，科学出版社，1956年。

③ 王世民：《中国春秋战国时代的冢墓》，《考古》1981年第5期。王仲殊：《中国古代墓葬制度》，《中国大百科全书·考古学》，中国大百科全书出版社，1986年，第145页。李学勤：《东周与秦代文明（增订本）》，文物出版社，1991年。

④ 张新斌：《辉县固围村战国墓国别问题讨论》，《中原文物》1994年第2期。

⑤ 河北省文物研究所：《战国中山国灵寿城——1975～1993年考古发掘报告》，文物出版社，2005年。

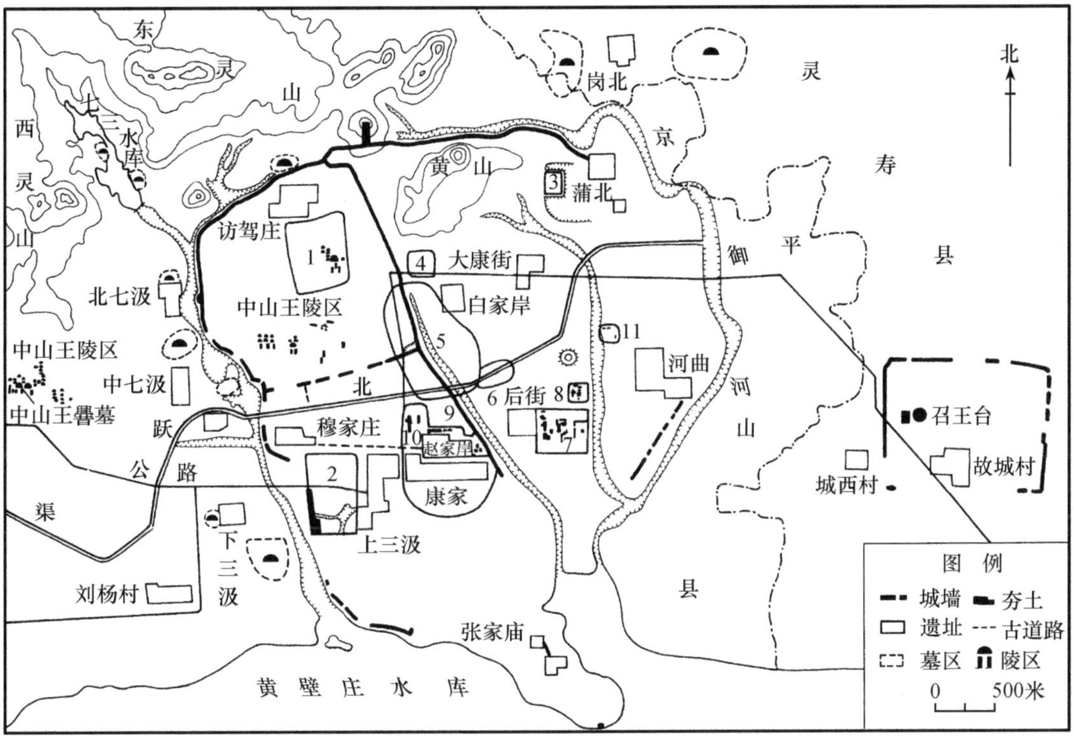

图6-11　平山中山灵寿城平面图

（采自河北省文物研究所《战国中山国灵寿城——1975～1993年考古发掘报告》图二，文物出版社，2005年）

山在邑中”的记载相吻合。东城内的大型夯土建筑基址群以3号为主体，连接中部的11号和南面的8号、7号基址，基本构成一条南北向的中轴线。其中位于东城北部高地的3号基址有较厚的夯土墙基和成排的大型夯筑柱基、柱础石以及大量瓦件，显然是一处大型宫殿基址。7号、8号基址南北相邻，各自由3座东西排列的南北向建筑组成，应属当时的官署类建筑。西城中部偏北处有一道全长1320米的东西向隔墙，北部为王陵区，陵区内有2座王墓和若干陪葬墓。南部有2处相连的建筑基址群（9号和10号），中部有一条宽11米的东西向干道直通西城门。王陵区内和东西向干道南侧分别有一处较大的居住址，前者（1号）可能为守陵戍卒的驻地，后者（2号）则可能是城内的主要居民区。

此外，在城址以东约1.5千米处的故城村高坡上还发现一座小城，东西长1400、南北宽1050米，城内西部有一座方形夯土台（俗称“召王台”），地面上见有板瓦、筒瓦、箭镞等。此城处于灵寿城通往华北平原的要冲地带，可能是为拱守灵寿城而建的军事防卫城。小城以东较远处发现夯筑土台，可能属于烽火台性质的建筑。

（二）手工业作坊

灵寿城内的手工业作坊位于东城内西部，制陶作坊在北，铸铜、冶铁作坊在南。

制陶作坊遗址（4号）面积4万余平方米，发现有陶窑、制陶工具及大量烧结变形的陶器残片。从分布情况看，遗址内西南区主要烧制日用陶器，东南区主要烧制瓦件，中部主要为制陶场所。

铸铜、冶铁作坊遗址（5号）面积达55.7万平方米，发现大片的铜渣、铁渣和大量的陶范，以及分布密集的炼炉。遗址西南部有大量的瓦砾堆积和夯土建筑遗迹，可能是作坊的管理机构或居住区。东部是制范作坊，有废弃的残陶范。东南部发现铲范、镢范和大批残铁铲。此外，遗址内外出土“成白”刀币范和成捆的刀币，有直背“成白”刀币、燕国的弧背“匽刀”币及赵国的“甘丹”和“白化”刀币。

（三）墓葬区

中山国王陵区有两处，分别在西城内北部和城西2千米处的西灵山南坡上。

西城内王陵区的两座王墓（M6、M7）相距约700米，其中M7位于陵区东北，封土呈覆斗形，原有享堂建筑，东侧有2座规模略小的大墓，西侧有6座陪葬墓，南侧有2座车马坑，车马坑的北部有1座外藏坑，三者呈品字形分布。已发掘的M6位于陵区西南，为带南、北两条墓道的中字形积石积炭大墓，椁室两侧分设东库和西库，墓外有3座陪葬墓、2座车马坑。发掘者推断，M7为中山桓公之墓，其东侧的2座为桓公“后”或“夫人”之墓；M6为中山成公之墓。在成公陵墓以西还有3座南北向大墓东西排列，其南侧偏东处各有1座车马坑，墓主应属中山王族成员。

西城外王陵区已发掘的M1有陪葬墓6座、车马坑2座、葬船坑和杂殉坑各1座①。该墓为积石积炭的中字形大墓，有高大封土和结构复杂的享堂建筑，该建筑遗存被复原为回廊环绕的三层楼阁式覆瓦建筑，殿堂建筑矗立于两层夯土基座之上②。墓室内设有东库、西库和东北库，葬具为二椁二棺。所出铜鼎、方壶等174件器物上发现2967个文字，属于三晋文字体系，由此既揭示了中山国的语言文化及其历史（如中山国国君世系、称王之时和中山伐燕等），也反映出中山国之外的某些历史情况（如燕国的子之之乱、楚灭越国的年代等）。M1墓主为中山王譻，年代约为公元前310年（图6-12）。值得一提的是，中山王譻墓椁室内还出土了“兆域图”铜版，平面呈长方形，长94、宽48、厚1厘米，重量达32.1千克，为一次铸造而成，其背面有铺首一对，正面则以金银片、条镶嵌成兆域的图形，用阳文标示出包括坟茔和宫垣等在内的兆域诸部位之名称、位置、规模和间距以及中山国王之诏命，它是目前发现的中国现存最早的建筑设计平面图（图版11：3）。

普通墓葬区有11处，主要分布在城外周围③。墓葬一般为中小型的长方形竖穴土坑，有的带壁龛，中型墓葬具多为一棺一椁，绝大多数为仰身直肢，少数为仰身屈肢

① 河北省文物研究所：《譻墓——战国中山国国王之墓》，文物出版社，1995年。

② 杨鸿勋：《战国中山王陵及兆域图研究》，《考古学报》1980年第1期。

③ 康保柱：《河北平山县三汲村发现战国墓》，《考古》1958年第6期。河北省文物管理处：《河北省平山县战国时期中山国墓葬发掘简报》，《文物》1979年第1期。贾金标、杨书经：《朔黄铁路河北段抢救发掘获丰硕成果》，《中国文物报》1998年6月3日第1版。徐海峰：《灵寿岗北墓地发掘又有重大成果》，《中国文物报》1998年8月30日第1版。刘连强、夏素颖等：《河北平山考古新收获》，《中国文物报》1999年2月14日第1版。

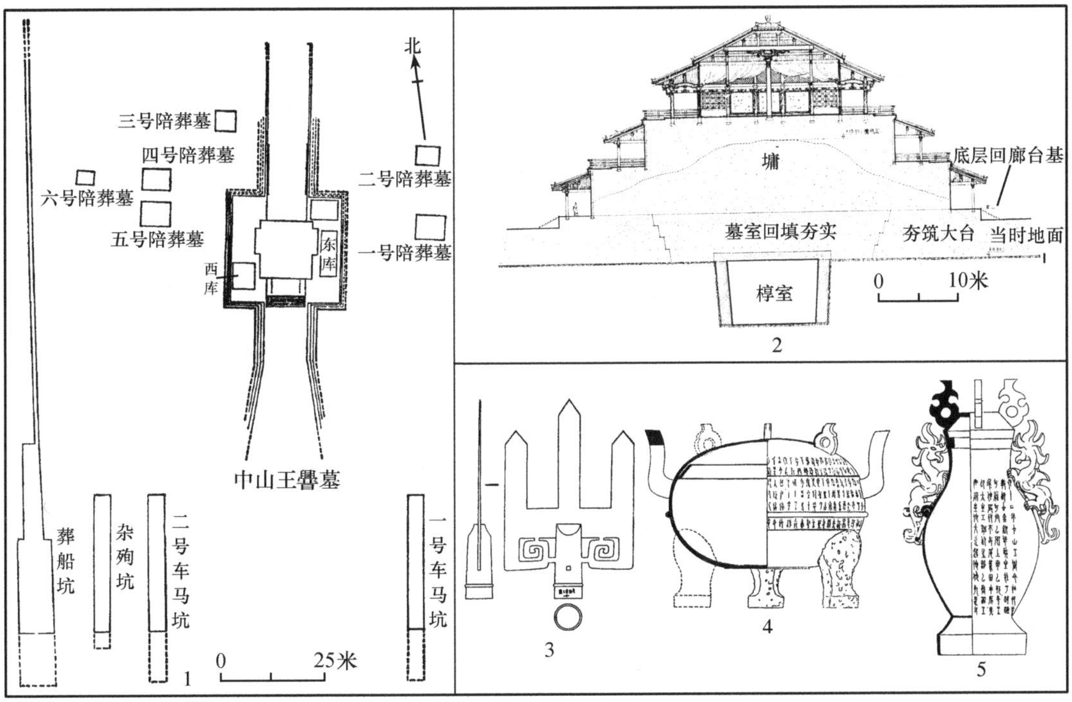

图6-12　中山王嚳墓平面布局、墓上建筑复原与部分随葬品

1. 中山王嚳墓　2. 中山王嚳墓上建筑复原剖面图　3. 山字形铜器　4. 铁足铜鼎　5. 铜方壶

葬。随葬品以陶器为主，春秋墓中常见鬲、豆、罐，战国墓以鼎、豆、壶、盘、匜为基本组合，仿铜陶礼器多为精美的带暗纹的磨光黑陶，另有少量的彩绘陶。其中年代属于春秋至战国早期的墓区主要分布于城外西北部，属于战国中晚期的墓区主要分布于城外的东、东北、西、西南部。这些墓区的分布情况，在一定程度上反映了灵寿城建立前后居民由西北向东南的扩展态势。

（四）祭祀区

在灵寿城西南的郭村西发现大面积的祭祀遗址，已发掘祭祀坑142座，实际探明数量超过500座。它们分布密集，排列有序，单坑面积在1平方米左右，东西两壁均有上下用的脚窝。每坑均葬有四肢捆绑的牛、羊等祭牲1头，同时随葬玉器1件，玉器有龙形玉佩、虎形玉佩、玉璧、玉剑首等。从祭祀坑的位置及所出玉器形制风格看，应为战国中山国的遗迹①。由于郭村祭祀区距离中山王陵区较远，当不会是用来祭祀王陵。考虑其正处于滹沱河岸，可能与河祀或社祀有关。

综上所述，中山灵寿城的城墙范围、宫殿区、官署区、作坊区、居民区、墓葬区等都已基本明确，为深入研究中山灵寿城的布局演变提供了框架。有学者指出，春秋中、晚期时中山鲜虞族仅在西城北部一带活动，到战国早期时其活动范围已由西城的北部扩展到南部，到战国中期“桓公徙灵寿”后，灵寿城的布局开始由西城向东城扩展。而东

① 刘连强、夏素颖等：《河北平山考古新收获》，《中国文物报》1999年2月14日第1版。

城内的布局是由北向南扩展的，即北部宫殿区营建在先，南部官署区营建在后，随之东城西部的作坊区、6号居住区和西城南部偏东的商业活动区也逐步发展起来。由于中山桓公死后葬于西城北部，西城中间的东西向隔墙可能建于成公在位期间，此时1号居住区被改建成王陵区①。总之，战国时的中山国无论在都城布局还是墓葬特征方面均与中原三晋地区十分接近，当然中山国也保留了一些本民族的文化特色，如大墓椁室两侧设器物库、大型山字形铜器、错银双翼铜神兽、皮帐以及帐内取暖所用器具等。

这里还需提及的是，近年来新发现的行唐县故郡东周遗址②。该遗址位于河北行唐县城以北约10千米的故郡村北，西南距中山国灵寿城遗址约50千米，地处太行山东麓的山前地带。已发现城址、居址、墓地等各类遗迹共存，文化内涵丰富，年代自春秋晚期延续至战国中晚期，与鲜虞和中山国文化密切相关。据调查，位于居址南部的城址为方形，边长约400米，试掘南城垣时还发现了壕沟，为探寻早期中山国都城——武公所居之“顾”以及战国晚期赵国设置的“南行唐”邑所在地提供了重要线索。已发掘的墓葬形制以积石墓为主，一般在木棺（或椁）的四周垒砌鹅卵石块，部分墓葬设壁龛，龛内放置器物或羊的头蹄。高等级积石墓的东侧通常陪葬车马坑，并附设单独的殉牲坑，二者共用一生土隔梁并以填砌卵石的沟槽相通，车马坑内葬车马或车，殉牲坑内分层埋葬马、牛、羊等动物头蹄，这种独特的葬俗系首次发现。墓葬随葬品既有晋、燕等华夏系统文化因素的青铜礼器、兵器、车马器等，也有鲜明北方族群特色的青铜鍑、包金铜泡、盘丝金耳环等，强烈地反映出北方族群文化与华夏系统文化之间的融合与嬗变，为研究北方狄人的华夏化进程与中华民族多元一体格局的形成提供了珍贵的实物资料。

七、东周晋文化特征

（一）文化分期

晋与三晋地区东周时期的考古学文化分期与洛阳地区基本相同，即把春秋和战国各分为早、中、晚三期，各期又可细分为两段。由于春秋中期以后墓葬中广泛使用仿铜陶礼器随葬，居址与墓葬的陶器差异明显，所以应各自分期，然后寻找二者的对应关系。关于各期的年代，刘绪以公元前453年韩、赵、魏共灭知氏形成三家分晋格局作为春秋与战国的分界，春秋三期各约105年，战国三期各约77年，各期年代范围：春秋早期（前770～前665年）、中期（前664～前559年）、晚期（前558～前454年），战国早期（前453～前377年）、中期（前376～前300年）、晚期（前299～前225年）③。这一分期断代方案要比笼统地将东周积年平均分配合理些。当然，由于文化是连续发

① 武庄：《中山国灵寿城初探》，郑州大学硕士学位论文，2010年。

② 河北省文物研究所等：《河北行唐县故郡东周遗址》，《考古》2018年第7期。

③ 刘绪：《晋与晋文化的年代问题》，《文物季刊》1993年第4期。

展的，各期年代区间有少许调整当属正常，但不应相差太多。

三晋地区的陶器组合与洛阳地区基本相同，但部分器类形态已形成自身特征。日用陶器以鬲、盆、甑、豆、罐、钵最为常见，鬲多耸肩、平裆，盆、甑多折沿、深腹，豆多折腹、细高柄，罐有矮颈鼓肩和高领扁腹之分，钵为折沿、小平底。墓葬中日用陶器与仿铜陶礼器往往共存，用鬲随葬比较普遍，以鬲、鼎、盖豆、壶为基本组合。鬲自春秋早期一直沿用到战国晚期；鼎、盖豆在春秋中期偏晚出现，沿用到战国晚期；壶有高领折肩和长颈圆腹两种，高领折肩壶在春秋中期出现，沿用到战国中期，长颈圆腹壶在战国早期出现；盒出现于战国晚期等。仿铜陶礼器表面常施暗纹和彩绘，以动物图案最具代表性。

三晋地区的青铜礼器形制与组合特征同洛阳地区十分接近，无须赘述。

（二）城址特点

选址方面，城址一般依山面水，因地制宜，注重交通畅达和军事防御。

布局方面，都城大致可分四类：一是晋都新田，有宫城无郭城，宫城呈品字形布局；二是赵都邯郸，宫城与郭城南北斜向毗邻，宫城继承了新田模式；三是魏都安邑，郭城与宫城大小相套，中心突出；四是郑韩故城，郭城与宫城以墙分隔，东西对称并立，中山灵寿城借鉴之，并在西城分隔出城内王陵区。可见它们并无统一的规制。

规模方面，三晋都城规模均大于东周王城。以郭城周长计算，东周王城约12490米，郑韩故城约14100米，赵都邯郸约15314米，魏都安邑约15500米。晋都新田与三晋都城的宫城内均发现有高大的夯土台，其单体面积远大于东周王城西南的夯土基址。这在很大程度上可以视为当时社会等级制度遭到严重破坏的间接反映。

（三）墓葬特征

墓地选址方面，一般位于城址附近，在方位上多居北，但似无定制①。

墓地性质方面，大致分为三类：第一类是国君与高级贵族的墓地（或称“公墓”），已发现有曲沃羊舌晋侯墓地、新绛柳泉晋公墓地、邯郸赵王陵和新郑韩王陵以及平山中山王陵等。第二类是普通贵族与平民的墓地（或称“邦墓”），此类墓地发现较多，以侯马上马墓地、乔村墓地、临猗程村墓地②、长治分水岭墓地③、陕县后川墓地④等比较有代表性。各墓地又可划分为若干小的墓区，墓区之间的分界比较明显。同一墓区的墓向多一致，葬俗多相近。高身份的人通常集中分布在同一墓区。

---

① 刘绪：《晋文化》，文物出版社，2007年，第169、170页。

② 中国社会科学院考古研究所等：《临猗程村墓地》，中国大百科全书出版社，2003年。

③ 山西省考古研究所等：《长治分水岭东周墓地》，文物出版社，2010年。李夏廷、李建生：《也谈长治分水岭东周墓地》，《中国国家博物馆馆刊》2012年第3期。

④ 中国社会科学院考古研究所：《陕县东周秦汉墓》，科学出版社，1994年。

有学者认为，西周以来的“集中公墓制”在战国中期开始解体，取而代之的是意在淡化宗族血缘关系、凸显国君至高无上地位的过渡性“独立陵园制”，到秦汉时期最终确立真正的独立陵园制。西周时期传统意义上的“邦墓”乃是举国民众的族坟墓，春秋时期开始分化为以家族为核心的家族墓地，战国早中期又开始分化演变为突出“家庭”的家庭墓地①。第三类是非正常埋葬的墓地，如前面提到的侯马秦村北“排葬”墓，另有汤阴五里岗“排葬”墓②、高平永录1号“丛葬”坑③等，这些发现都被认为是战争的牺牲者。《周礼·春官·冢人》：“凡死于兵者不入兆域。”既然不能入葬族墓地，自当另葬他处。若战争规模大，死亡者众，就要为他们独辟墓地，集中埋葬。

墓葬形制与规格方面，除不见带四条墓道的亚字形大墓外，其余洛阳地区的东周墓葬形制在三晋地区均有见到，且有无墓道是等级差别最显著的标志。目前来看，春秋至战国早期仅国君（如晋、郑）使用带两条墓道的中字形墓葬，战国中晚期除国君继续沿用外，为国君陪葬的高级贵族开始使用中字形墓，有些普通贵族也随之使用甲字形墓，这应是礼制僭越发展到极致的突出体现。

墓室结构与棺椁方面，三晋地区春秋晚期以前仅有国君及其夫人墓享用积石积炭设施，春战之际，卿大夫之墓开始使用积石积炭；战国时期积石积炭之风颇为盛行，随葬铜鼎墓大都积石积炭；战国中期，有些大墓中新出现积沙现象；战国晚期，个别无鼎铜器墓也积石积炭。春秋早期，晋侯及其夫人墓使用一椁二棺，高级贵族墓既有一椁一棺，也有一椁二棺；春秋中期，普通贵族墓大都使用一椁一棺；春秋晚期，卿大夫之墓使用一椁三棺，普通贵族墓使用一椁二棺的现象增多，随葬陶礼器的平民墓除一椁一棺外，还出现了一椁二棺；战国时期，棺椁重数的僭越现象更加普遍。可见，三晋东周墓中棺椁重数与墓主等级没有严格的对应关系。

随葬器用与殉葬方面，随葬品中以鼎、编钟为代表的青铜礼乐器组合或以鼎、豆、壶为代表的仿铜陶礼器组合数量与墓主身份等级有一定的联系，但没有严格的对应关系。自春秋中期开始，无论贵族墓还是平民墓，均流行随葬石圭，战国时期更加盛行。墓内葬车是西周大中型晋墓的常见现象，但春秋至战国早期，晋墓中极少见葬车，战国中晚期墓内再度使用葬车，但发现很少，这与他国情况有所不同。相对于东方的齐和西方的秦而言，三晋东周墓的殉人和殉狗现象也很少见。据统计，在数以千计的东周晋墓中仅19座墓有殉人现象，有殉狗的墓葬不足10座④。

墓上建筑与车马坑方面，目前所见三晋地区战国国君和王室成员的陵墓上一般都有高大封土和建筑瓦件，如新绛柳泉晋公墓地、辉县固围村墓地、邯郸赵王陵、新郑许岗和胡庄韩王陵、中山王陵等，说明至迟在战国中期已经出现墓上建筑。一般三

① 宋玲平：《晋系墓葬制度研究》，科学出版社，2007年，第106～131页。

② 杨育彬：《河南考古》，中州古籍出版社，1985年，第190页。

③ 山西省考古研究所侯马工作站：《长平之战遗址永录1号尸骨坑发掘简报》，《文物》1996年第6期。

④ 刘绪：《晋文化》，文物出版社，2007年，第181～187页。

鼎以上的贵族墓才可单独陪葬车马坑，墓主身份越高，车马坑规模越大，所葬车马越多。从性别上看，车马坑似专为男性贵族而设。春秋晚期至战国早期，车马坑形制发生变化，除以往常见的长方形外，还出现了曲尺形和凸字形。

总之，墓葬规模与墓主等级通常成正比。同时期墓葬，墓主等级越高墓葬形制与设施就越复杂、随葬品就越丰富；同级别墓葬，时代越晚墓葬规模就越大、僭用内容就越多。

第三节　东周燕文化

燕文化的命名与上述晋文化类似，也是一个考古学意义上的周代封国文化。根据北京房山琉璃河西周遗址的考古发现，西周早中期的燕国文化构成是以周、商文化因素为主体，并吸收土著文化因素的复合体。西周晚期以后，本地的土著文化消失，其文化因素与原有的周、商文化因素彼此融合在一起，才形成独具特征的燕文化。

一、燕都临易与易

据《世本》记载，燕“桓侯徙临易”。燕桓侯于公元前697～前691年在位，时当春秋早期。东汉宋衷注：“（临易）今河间易县是也。”有学者考证，燕都临易应在今河北雄县、容城境内[1]。

河北容城南阳遗址面积约74万平方米，发现有东周时期大型夯土建筑基址，四周城墙遗迹也有线索可循，类似的夯土建筑基址还见于以北2.5千米处的晾马台遗址，其附近的南剧村还有燕国墓葬[2]。这一带以往曾出土过东周铜鼎、壶、戈等，其中铜壶上有铭文“西宫”“左征”“右征尹”，铜戈上有“匽侯载”和“匽王职”铭文，另有带“易市”陶文的陶器以及数百枚燕国刀币[3]。此外，在南阳遗址以东3千米处的雄县西北古贤村还发现了面积逾100万平方米的城址，即北宋《太平寰宇记》所载的“大易故城”（图6-13）。

北魏郦道元《水经·易水注》记载：“易水又东迳易县故城南，昔燕文公徙易，即此城也。”这里的“易水”即今大清河。唐《括地志》云：“易县故城在幽州归义县东南十五里，燕桓侯徙都临易是也。”有学者认为“桓侯徙临易”与“燕文公徙

① 傅振伦：《燕下都的营建》，《中国历史博物馆馆刊》1993年第2期。

② 国家文物局：《中国文物地图集·河北分册》，文物出版社，2013年，第602页。段宏振：《白洋淀地区考古学文化的演进历程》，《中国文物报》2017年5月19日第5版。

③ 孙继安、徐明甫：《河北省容城县出土的战国铜器》，《文物》1982年第3期。孙继安：《河北容城县发现四批燕国货币》，《文物春秋》1992年第1期；《河北容城县南阳遗址调查》，《考古》1993年第3期；《河北容城发现三批燕国货币》，《考古》1994年第5期。

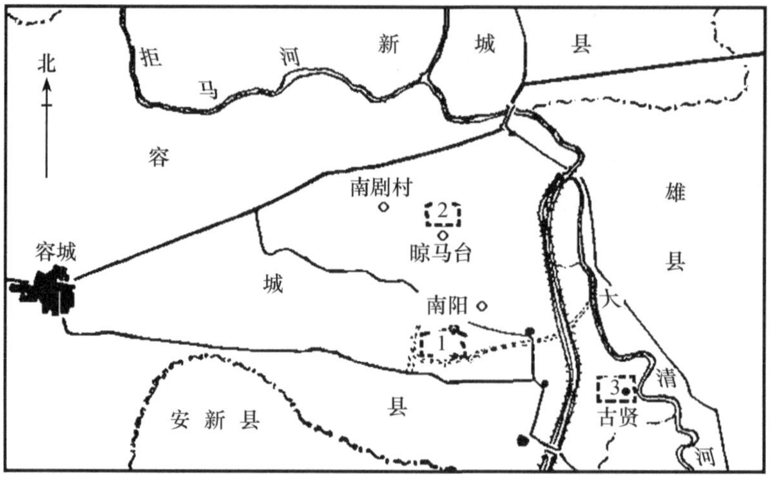

图6-13　容城南阳遗址与雄县古贤遗址位置图

1.南阳遗址　2.晾马台遗址　3.古贤遗址

（采自孙继安《河北容城县南阳遗址调查》图一，《考古》1993年第3期）

易”是两次迁都，此燕文公为桓公之子，公元前361～前333年在位，进而推测上述考古发现的容城南阳遗址可能为春秋早期燕桓侯所徙的“临易”，雄县古贤村遗址则为战国中期燕文公所徙的“易”[①]。

二、燕上都蓟

《韩非子·有度》：“燕襄王以河为境，以蓟为国。”《史记·燕召公世家》：“燕王喜二十九年（前226年），秦攻拔我蓟。”表明燕襄王至燕王喜时期，以蓟为都，又称“燕上都”。

20世纪50～70年代，在北京广安门外和宣武区韩家潭先后发现燕国饕餮纹半瓦当，与之共出的还有陶瓦、砖、鬲、豆等以及燕明刀币；在宣武门至和平门一带发现分布密集的战国至汉代陶水井210余眼，有的陶井圈或井内出土的陶罐上有典型的燕国陶文；在北京近郊还发现许多战国秦汉墓、东周钱币窖藏坑等[②]。这些考古发现都应与战国燕上都蓟城有关，但至今未找到遗址中心。

三、燕中都窦店古城

据《太平寰宇记》记载，河北道幽州良乡县“在燕为中都，汉为良乡县，属涿

---

① 陈平：《关于“桓侯徙临易”》，《燕史纪事编年会按》上册，北京大学出版社，1995年，第192～195页；《燕都兴废、迁徙谈》，《北京社会科学》1998年第1期；《燕文化》，文物出版社，2006年，第129、151页。

② 相关考古资料索引参见陈平：《燕文化》，文物出版社，2006年，第134～140页。

郡”。目前考古发现的窦店古城可能即为文献所载的“燕中都”。

窦店古城位于今北京市房山区窦店乡，南距西周燕国董家林古城约3千米。城址分大城、小城两部分，大城平面呈梯形，周长约4500米，有内外两道城墙，西、南、东三面城墙各有城门1座，中间有道路相通。北墙现为河滩洼地，无从寻找城门。发掘者根据试掘资料推断，大城兴建于战国早期，战国晚期曾进行修筑，废弃于北朝时期[①]。小城位于大城西北部，可能是大城废弃后兴建的，兹不细述（图6-14）。

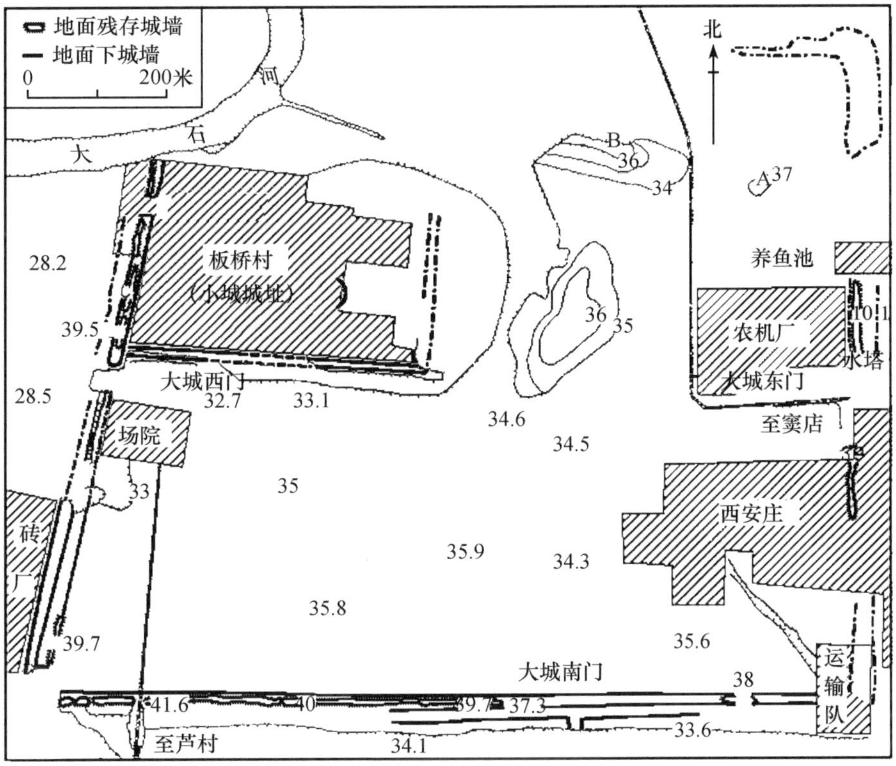

图6-14　房山窦店古城平面图

（采自北京市文物研究所拒马河考古队《北京市窦店古城调查与试掘报告》图二，《考古》1992年第8期）

有学者论及燕都变迁时曾推测，大约在西周中、晚期，燕国自房山琉璃河董家林古城迁都于“蓟”，蓟城始为燕都，春秋时为避山戎再由蓟迁都“临易”，春秋晚期为避齐师又由临易迁于“中都”或“蓟”，战国中期由于伐齐师两次获胜而再回迁“易”[②]。目前来看，在北京市西南城区尚未发现商与西周时期的遗物，蓟城作为燕上

① 北京市文物研究所拒马河考古队：《北京市窦店古城调查与试掘报告》，《考古》1992年第8期。

② 陈平：《燕都兴废、迁徙谈》，《北京社会科学》1998年第1期；《燕文化》，文物出版社，2006年，第151页。

都能否早到西周时期，不能不令人怀疑。至于河北容城、雄县境内东周燕国资料多为调查所得，北京房山窦店古城大城内的布局情况不明。总之，目前燕都临易、易、上都蓟与中都等虽然已有重要线索，但还未最终确认。

四、燕下都武阳

据《水经·易水注》等文献记载，燕下都武阳在今河北易县，燕昭王始营建①，直至公元前222年燕为秦所灭，下都武阳废弃。

燕下都城址位于今河北易县东南2.5千米的北易水和中易水之间，地处山前平原地带，北连上都蓟，南通于赵，东达于齐，西南直趋中山，是燕国南北交通和军事战略要地。早在清末，这里便常有燕国兵器、货币等文物出土，光绪十八年（1892年）在老姆台遗址出土了著名的“齐侯四器”，1914年在老姆台东又出土了重达36斤的青铜龙，此后燕下都才开始引起国内学者注意。1929～1930年，马衡率团在此进行考古调查，并对老姆台建筑基址做过小规模发掘。1957年以来，考古工作者对燕下都进行了系统勘探和部分发掘工作，取得了一系列丰硕成果②。

（一）城址与建筑

城址平面呈不规则凸字形，东西长约8、南北宽4～6千米，中部有一条古河道（相传为“运粮河”）纵贯南北，东侧还有与之平行的一道南北向城垣，二者将燕下都分为东、西两城，其中东城的始建年代不晚于战国中期，西城稍晚于东城，约营建于战国中期前后（图6-15）。

东城是燕下都的主体，四面都有城垣，保存较好的北垣长4594、东垣长3980米。东城垣外有城壕环绕，它与西城垣外的古运粮河道、南城垣外的中易水以及北城垣外的北易水共同构成了东城的防护设施。东、北、西三面各发现1座城门，其中北门有宽10米左右的路土，往北直通老姆台。东城中部偏北处有1道横贯东西的“隔墙”，把东城分为南北两部分。“隔墙”城门位于中段，中间有路土直达北门，是老姆台通向武阳台中心建筑的一条主要道路。在隔墙的南北两侧有许多夯土台基，应是燕下都的宫殿区所在。规模较大的4座由南向北依次为武阳台、望景台、张公台和北城门外的老姆台，它们基本坐落在一条中轴线上。其中武阳台是宫殿区的中心建筑，高出地面约

---

① 关于燕下都的营建年代，目前学术界还存在不同的认识，如春秋晚期燕文公始建说、战国初期说、战国中期燕桓公或文公（成侯）说等。参见陈平：《燕文化》，文物出版社，2006年，第126～129页。

② 中国历史博物馆考古组：《燕下都城址调查报告》，《考古》1962年第1期。河北省文化局文物工作队：《河北易县燕下都故城勘察和试掘》，《考古学报》1965年第1期。河北省文物研究所：《燕下都》，文物出版社，1996年。

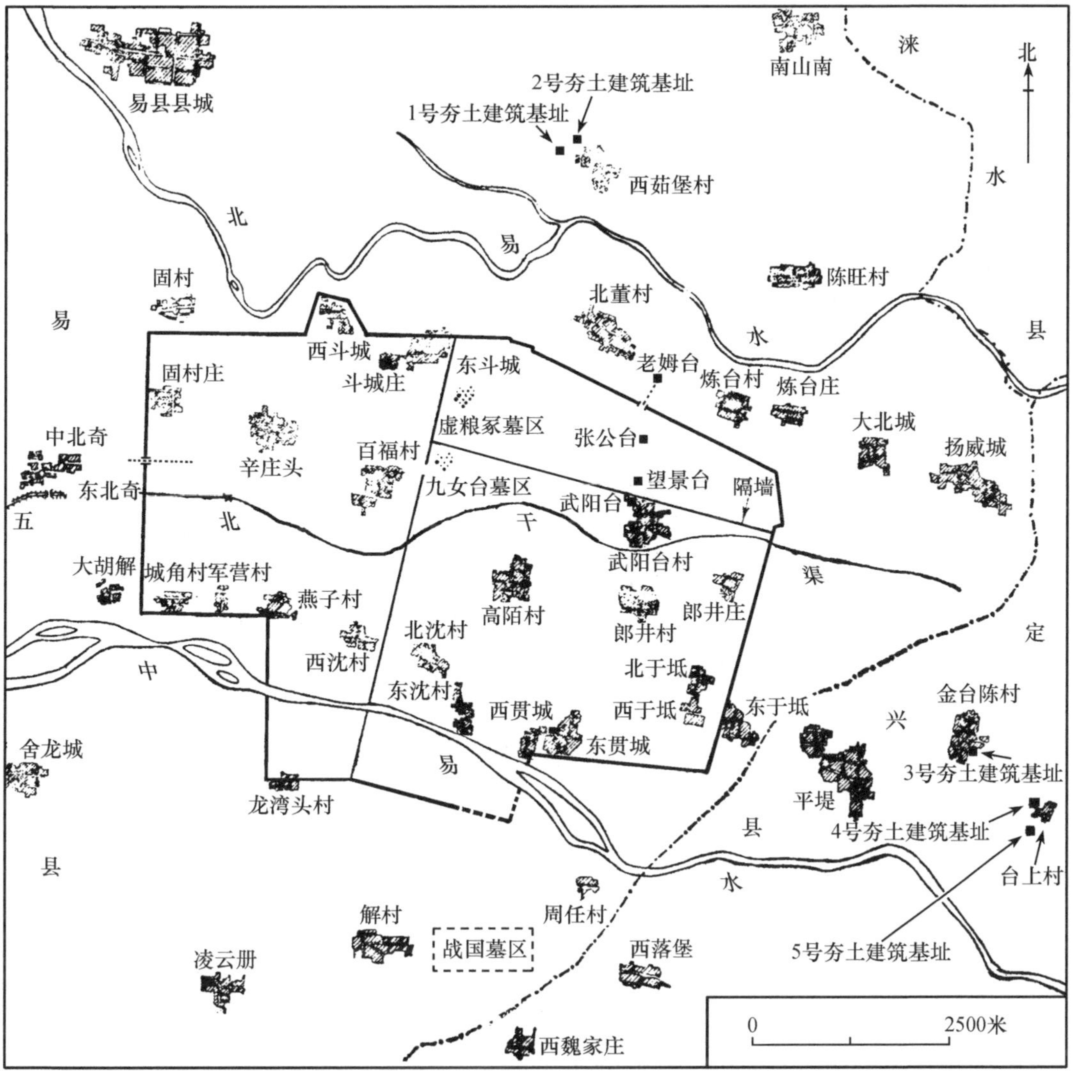

图6-15　易县燕下都平面图

（采自河北省文物研究所《燕下都》图二，文物出版社，1996年）

11米，分为上下两层，其中下层近方形，面积达15400平方米，出有双龙饕餮纹半圆形瓦当、板瓦、筒瓦、陶水管等遗物（图版12：1）。此外，东垣北段、北垣东段和“隔墙”东段上各发现1座凸出于城垣的夯土建筑基址，当属驻扎戍卒、守卫宫殿区的防御设施。在东城南部，分布着17处面积较大、堆积较厚、出土遗物丰富的遗址，这一带应是普通居民区。

西城紧接东城西垣，中间隔古河道与东城相望。保存较好的西城北垣长4452、西垣长3717米（图版12：2）。西垣中部有1座城门，其外有宽70～80米的城壕沟通北易水和中易水。西城内文化遗存很少，可能是为了屯兵和加强保护东城而建的具有防御性质的附郭城。

（二）手工业作坊

已确认的手工业作坊遗址有11处，分布在东城宫殿区的西北、西南、南部和东部，靠近河渠。

冶铁作坊位于高陌村西北650米处，面积9万平方米，出有铁渣、铁块、红烧土以及斧、锛、镰、铲、镢及犁铧等铁器。

制钱作坊位于高陌村西北300米处，面积约0.8万平方米，出有残刀币范、残刀币、炼铜渣、炭渣等。

铸铜作坊位于郎井村西北，面积约20.6万平方米，出有陶范341件，器形有环首刀、凿、镢、带钩、刀、戈、剑等。

制兵器作坊4处，其中3处在东城西北部。21号遗址位于武阳台村西北约1350米，内出有镞范、軎内范、辖范、弩机悬刀范及铁铜兵器、胄甲片、车马器、工具、农具等，其南部出土大量的铸铜器所用陶范和铜渣，北部出土了大量的铁兵器、铁农具等。23号遗址面积约17万平方米，出土铜戈100余件，大部分戈上有“郾王”铭刻。

制骨作坊位于武阳台村西北约1200米，面积约3万平方米，出有较多的骨料、角料和骨器。

制陶作坊位于郎井村东南约30米处，面积3.06万平方米，发现残破的窑址，文化层内包含有大量陶片和瓦片、红烧土块堆积等。

（三）墓葬区

燕下都城内有3处墓区，即东城西北角的虚粮冢和九女台墓区、西城中部的辛庄头墓区，共计31座大墓，它们均有高大的夯筑封土，带有墓道，有的北墓道东侧祔葬车马坑，2墓或3墓一组东西并列，这些墓主一般被视为燕国国君及其夫人或其他高级贵族。

虚粮冢墓区有大墓13座，分南北四排，北排4座，东西两两成组；中间两排，每排3座，东西并列；南排3座，呈鼎足式排列。已发掘的XLM8为带南、北墓道的中字形大墓，现存封土平面略呈圆角方形，边长18米，高出地面7.2米。北墓道中有一杂殉坑，其外东侧有方坑和车马坑各1座。长方形墓口面积396平方米，墓室内填土经夯打，有积炭层，二椁二棺，随葬器物几乎被盗一空，残存铜兵器、车马器、陶器等，其中陶釜颈部有阳文“王”字。该墓的年代为战国晚期。

九女台墓区有大墓10座，北排5座分两组，西组3座，东组2座；南排4座分东西两组，每组2座；墓区西南角1座。已发掘的JM16带南北墓道，墓室四壁经烧烤，墓室下部的二层台是用白灰和蚌壳筑成，颇具特色。此墓被盗，陶器组合以鼎、豆、壶、盘、匜为主。该墓年代约为战国早中期。陪葬的车马坑位于北墓道以东23米，因被盗破坏，结构已不清楚。

辛庄头墓区有大墓8座，其中6座墓为两墓1组，东西并列。已发掘的XZHM30为带南、北斜坡墓道的中字形墓，墓口面积114平方米，从墓口向下设3级台阶。墓室由椁室和头箱组成，葬具为一椁一棺。该墓虽被盗扰，但仍出土了较多的随葬品。贵重的金银器出自椁室，头箱内放置陶礼器、兵器和车马明器等，年代为战国晚期。该墓随葬的2件金柄铁剑和87件金银饰品应属北方草原文化因素，无胡短内铜戈则与东北地区存在着密切联系[①]（图6-16）。

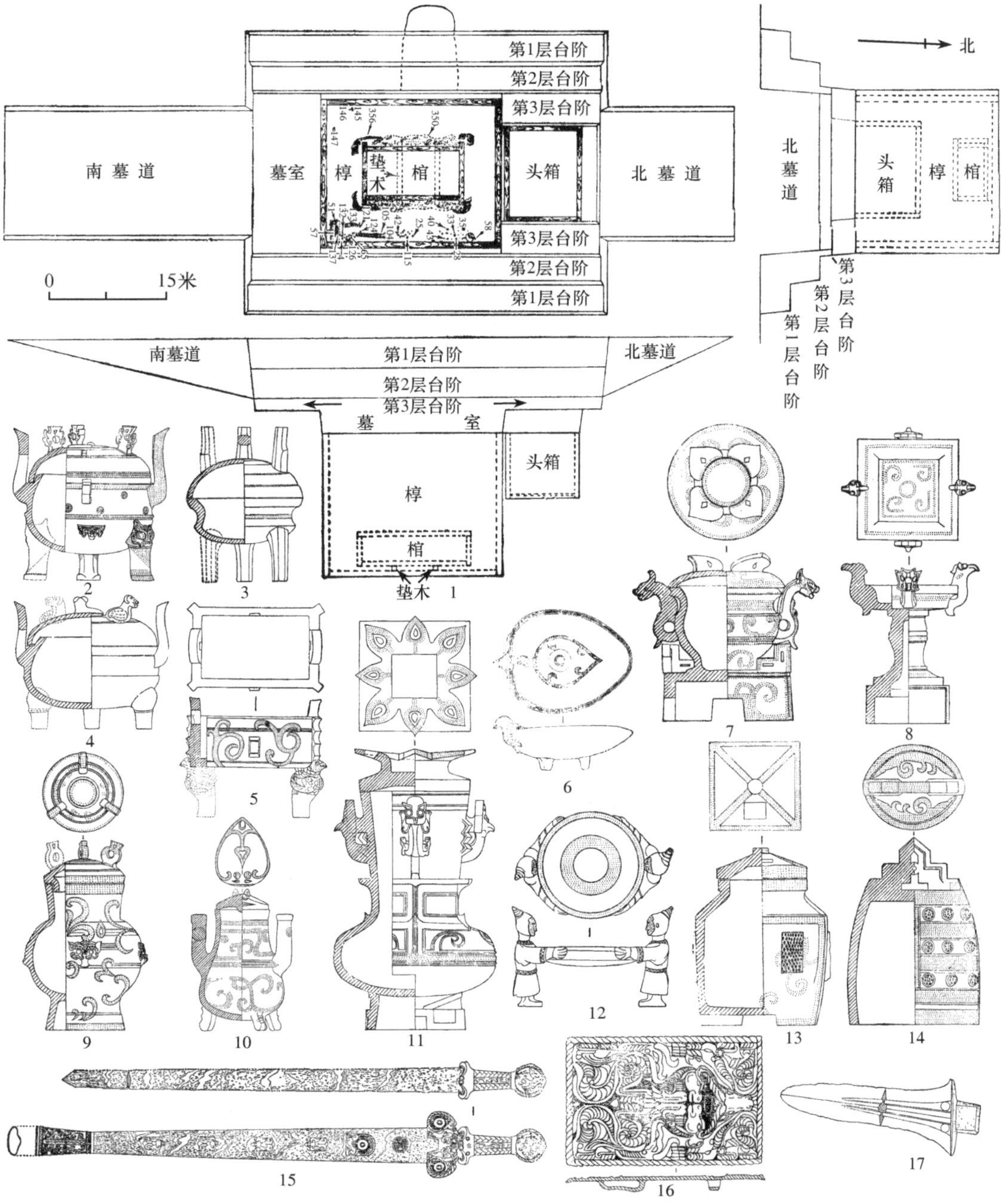

图6-16　易县燕下都辛庄头M30平、剖面及部分典型随葬品

1. 燕下都辛庄头M30　2、4. 陶升鼎　3. 陶釜形鼎　5. 陶方鼎　6. 陶匜　7. 陶簋　8. 陶豆　9. 陶圆壶　10. 陶三足壶　11. 陶方壶　12. 陶盘　13. 陶仓　14. 陶镈钟　15. 金柄铁剑　16. 金牌饰　17. 铜戈

① 乔梁：《辛庄头30号墓的年代及其他》，《华夏考古》2004年第2期。

燕下都城南外的周任村和解村之间也有1处战国墓区，面积约16.5万平方米，已探明墓葬480余座，均为长方形竖穴土坑，墓上有封土，有的带1条墓道，墓内填土均经夯打。值得一提的是，在解村东发现人头骨丛葬坑14座，它们东西一字排列，间距60～90米不等，每座丛葬坑上原来均有夯筑封土。丛葬坑与墓区之间地势平坦，无任何文化遗存。其中5号坑曾被村民挖出人头骨百余个，后经考古人员抢救发掘出人头骨1446个，估计该坑实际掩埋人头骨约在2000个以上。除在扰沟中发现1段人腿骨外，未见人体其他部位骨骼。因填土后夯打，人头骨绝大部分破碎，完整者罕见，放置杂乱无序，其中有2例人头骨刺入铁铤铜镞，3例下颌骨被砍去一部分，还有的枕骨被砍去一部分。经鉴定的221个个体均为男性，属于18～35岁的青壮年约占80%，年龄最小者约17岁，最大者约50岁。根据5号坑人头骨数量推算，解村东14座丛葬坑掩埋人头骨总数3万个左右。发掘者认为这些丛葬坑的时代约在战国中期，可能与燕王哙将王位禅让给国相子之，招致太子平和将军市被的反对而引发燕国内乱的政治事件有关，具体埋葬年代在公元前311年燕昭王即位前4年，即公元前315年，齐、中山未伐燕之前。对此有学者提出质疑，认为丛葬坑所埋的人头骨不会是本国人，而可能是燕昭王二十八年（前284年）燕国大将乐毅伐齐的战争中斩获的齐国人首级，丛葬坑性质当系史书所载的“京观”遗迹①。所谓“京观”，古已有之。《左传·宣公十二年》记载（公元前596年）晋楚邲之战中楚获胜后，潘党曾对楚庄王建议：“君盍筑武军，而收晋尸以为京观。臣闻克敌必示子孙，以无忘武功。”杜预注：“积尸封土于其上谓之京观。”由此可知，“京观”是古代战争中胜者为了炫耀武功，收集敌人尸首，堆积掩埋于特定的区域，封土而成的高冢。比较来看，后一种认识更合理些。

综观上述考古资料，燕下都的布局并非在其成为都城之初就全部形成，而应有一个发展演进的过程。春秋时期的遗存仅见于东城西南和中部一带，战国早期遗存的分布有所扩大，但也仅限于东城的南部和西城东南一隅，均为一般性居址和小型墓葬，遗址的性质应属普通聚落。到了战国中期，遗存遍及隔墙以南的东城范围内，开始出现与都城规格相应的各种重要遗存，包括大型夯土建筑基址、作为“公墓”的九女台墓区和诸如铸币等重要手工业作坊，东城城垣也极有可能始建于此时。战国晚期遗存的分布范围进一步扩展，东城隔墙以北区域兴建的一系列大型夯土建筑基址、虚粮冢墓区及隔墙以南区域的若干重要手工业作坊（如铸造兵器、铸铁等）都属于这一时期，其中前者很可能是战国晚期都城扩建过程中新辟出的宫城和公墓用地。随着武阳台—望景台—张公台—老姆台中轴线的出现，东城北部作为都城之中枢的格局愈益鲜明，燕下都的总体城市布局才最终确立②。

① 赵化成：《燕下都“人头骨丛葬遗迹群”性质刍议》，《中国文物报》1996年4月21日第3版。

② 许宏：《燕下都营建过程的考古学考察》，《考古》1999年第4期。

五、东周燕文化特征

（一）文化分期

以往关于东周燕文化分期研究，主要是从陶器墓和铜器墓两方面分别进行的①。陈光首次根据遗址中存在的地层关系并结合墓葬资料，把东周燕文化分为12段，认为其典型器物群形成于春秋中期，流行时间最晚可至战国末年②。周海峰将周代燕文化分为九期，其中后六期属于东周燕文化，年代分别相当于春秋早、中、晚期和战国早、中、晚期③。综合以上研究成果，将东周燕文化划分为六期比较合理些。以燕下都遗址为代表，归纳东周燕文化陶器特征如下。

陶系方面，春秋至战国早期以夹砂灰陶为主，泥质灰陶次之，夹砂红陶占有一定比例。战国中晚期以泥质灰陶为主，夹砂灰陶和红陶均相应减少。

纹饰方面，春秋至战国早期流行较粗的细绳纹，凹弦纹占有一定比例，暗纹逐渐增多。战国中晚期绳纹分为粗、细两种，粗绳纹多施于炊器上，细绳纹多施于盛贮器上。此外，刻划纹和朱绘纹先后出现于春秋中期和战国早期，至战国中期达到鼎盛，战国晚期走向衰落。

器类方面，以鬲、釜、盆、豆、罐最为常见，且早晚变化明显。鬲有垂腹和鼓腹之分，春秋时期均鼓肩、鼓腹，裆部由低平逐渐下凸形成圜底；战国早中期鼓肩消失、多深弧腹、圜底；战国晚期下腹壁外张形成垂腹、平底。釜有鼓腹和深弧腹两种，春秋时期均折沿、束颈，战国时期口沿多外翻上翘、束颈消失、鼓腹变为深弧腹、深弧腹变为直筒腹（尤其到战国晚期腹壁多向外斜张）、凸圜底发展为圜底近平。东周燕文化的鬲和釜因造型独特而被称作“燕式鬲”“燕式釜”，它们均是春秋早期开始出现的新器形，前者是在弧裆鬲三足完全退化、不易立稳的情况下，于器底原足位置附加手制三足而形成的；春秋早期的釜底部正视呈圆角三角形，这是夹砂红陶鬲三足退化后的痕迹。燕式鬲和釜不仅出于遗址，在墓中亦有随葬，且演变速率基本同步，它们是东周燕文化综合分期的关键性桥联器物。盆（甑）有弧腹和折腹两种，均由卷沿、深腹、圜底发展为平折沿、浅腹、平底，其中折腹盆由早及晚转折部位逐渐下移。豆主要有高柄浅盘豆和矮柄曲腹豆，均由深腹、圈足周缘规整发展为浅

---

① 陶器墓分期成果参见贺勇：《试论燕国墓葬陶器分期》，《考古》1989年第7期。郑君雷：《战国时期燕墓陶器的初步分析》，《考古学报》2001年第3期。铜器墓分期成果参见赵化成：《东周燕代青铜容器的初步分析》，《考古与文物》1993年第2期。杜廼松：《论东周燕国青铜器》，《文物春秋》1994年第2期。

② 陈光：《东周燕文化分期论》，《北京文博》1997年第4期；1998年第1、2期连载。

③ 周海峰：《燕文化研究——以遗址、墓葬为中心的考古学考察》，吉林大学博士学位论文，2011年。

腹、圈足周缘起凸棱，战国早期开始出现的矮柄深腹豆，在战国中晚期均无明显变化，曲腹豆至战国晚期发展为折腹。罐主要有鼓肩罐和鼓腹罐两种，均由矮领、浅腹向高领、深腹发展，口部逐渐外张，至战国晚期可能受尊的影响又派生出大口、高领、深腹罐（图6-17）。

值得一提的是，东周燕国瓦当独具特色，纹饰富于变化。春秋早期仅见少量素面。春秋中期除素面外，新出现了卷云饕餮纹和双龙饕餮纹。战国早期仍以卷云饕餮纹和双龙饕餮纹为主，但后者的双龙造型多样。战国中期纹饰趋于多样化，除原有纹样外，新出现了山形饕餮纹、双龙纹、山云纹、人面纹等。战国晚期山云纹成为主体纹样，还出现了双鸟纹、窗棂纹、山形锯齿纹等①。总体来看，饕餮纹是东周燕国瓦当的纹饰母题，卷云饕餮纹和双龙饕餮纹几乎贯穿始终。

（二）墓葬特征

目前见于报道的东周燕墓数量不多，已发掘的大型墓均被盗扰，除10余座墓随葬青铜礼器外，其余均为陶器墓。

墓地性质方面，公墓有燕下都城内虚粮冢、九女台、辛庄头三墓区，邦墓有徐水大马各庄墓地②、怀柔城北墓地③等，非正常埋葬的墓地有解村东丛葬坑群。

墓葬形制与结构方面，燕下都发现带两条和一条墓道的大墓多座，其余为无墓道的长方形土坑竖穴，个别墓带壁龛。墓向以北向占绝对多数。大型墓有积炭，墓外设车马坑。大中型墓棺椁具备，小墓有单棺或无葬具，这些与三晋地区东周墓基本相同。车马坑置于大墓北墓道东侧，九女台JM16墓室下部的二层台用白灰和蚌壳筑成，辛庄头M30墓室内设头箱等，则为燕国大墓的自身特点。儿童流行瓮棺葬，葬具以釜、盆、罐、瓮等日用陶器相扣合而成，也具有东周燕地特色。

随葬陶器方面，春秋时期常见鬲、罐或鬲、尊组合。战国早期随葬仿铜陶礼器以鼎、豆、壶、盘、匜组合为主，纹饰发达，器盖兽形纽流行，兽面足、高圈足常见。战国中期的陶礼器组合与战国早期相仿，但蹄形足的兽面纹减少，高圈足器变矮，器物的仿铜性开始减弱。战国晚期的陶器组合除鼎、豆、壶、盘、匜外，还出现了盒、仓等。小型墓随葬的器物简陋，器盖多见一小纽或无纽，足部基本不见兽面纹，圈足器数量减少，平底器流行。高级别墓还随葬大量的仿铜陶乐器。

随葬青铜礼器方面，铜礼器墓的年代基本属于战国早中期，其他时段的铜礼器墓资料尚缺。器物组合以鼎、豆为核心，辅以簋、敦、壶、钫、盘、匜等。除附耳有盖鼎、环耳椭圆形盖豆属于中原常见器外，其他器类地域性特征鲜明，且沿用时间长。如鼎有的作曲折附耳、鼓腹、高蹄足，有的作双环耳、鸟兽形盖纽、深腹，有的作铺

① 吴磬军：《燕下都瓦当文化考论》，河北大学出版社，2008年。

② 河北省文物考古研究所等：《河北徐水大马各庄春秋墓》，《文物》1990年第3期。

③ 北京市文物工作队：《北京怀柔城北东周两汉墓葬》，《考古》1962年第5期。

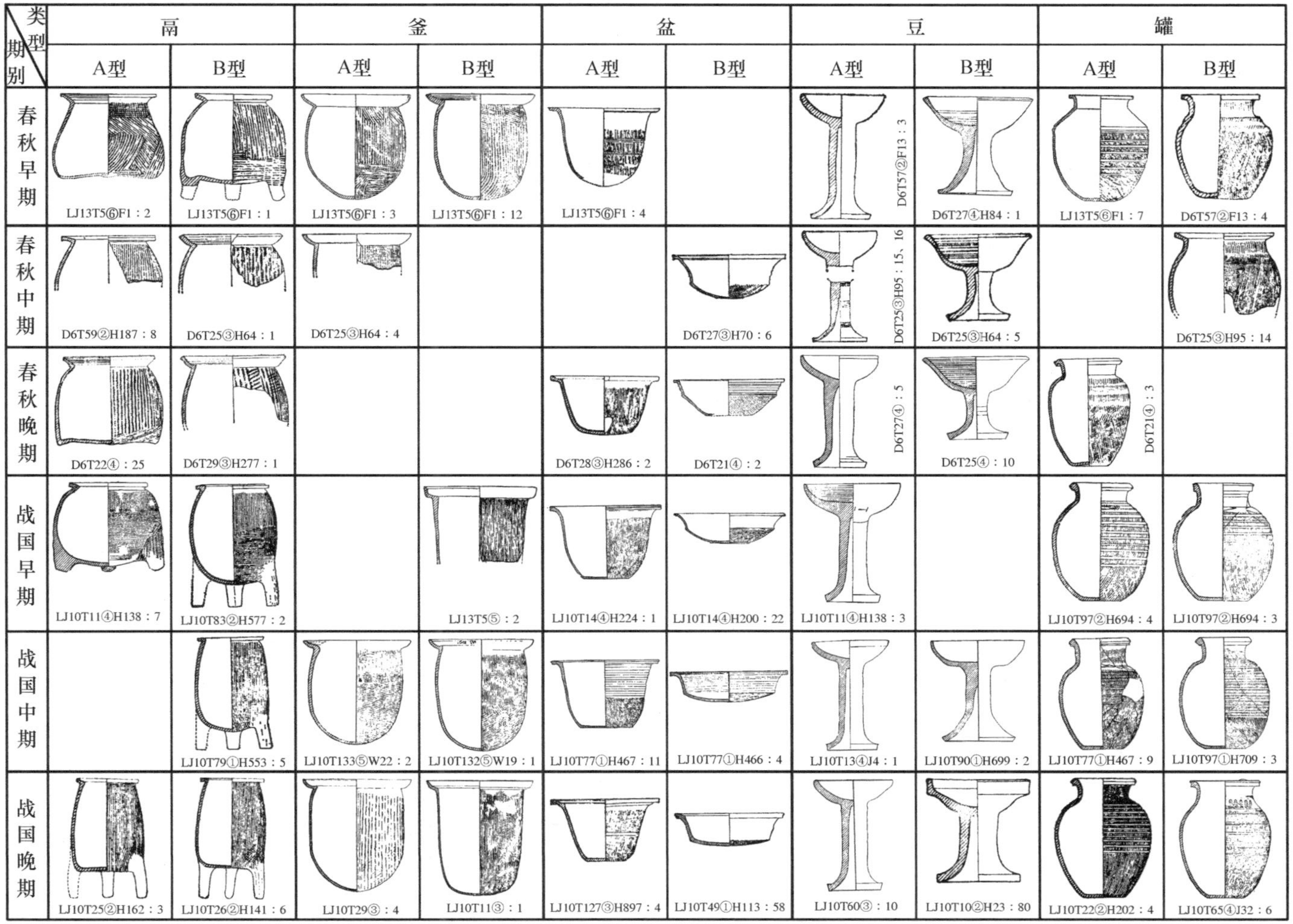

图6-17　东周燕文化典型陶器分期图

（LJ10、LJ13代表郎井村10号、13号作坊址，D6代表东沈村6号居住址，均采自河北省文物研究所《燕下都》，文物出版社，1996年）

首銜环耳、三环纽盖、扁圆腹；有的豆作双环耳、盖上有三蹄足纽、合盖后呈球形、细高柄；其他还有双环耳、鸟兽形纽盖、深腹、坡状圈足的簋，双环耳、有角足形环纽盖、合盖呈长椭圆形的敦，鸟首形流、鸟状鋬、深腹、高蹄足的匜等。凡此，均与中原铜器存在明显的差别。有些纹饰如长方格围以雷纹边框、中间夹以相背的两个S形变形虺纹，交错三角形内填以对称的变形虺纹以及菱格纹带等，也有别于中原铜器纹饰[①]（图6-18）。

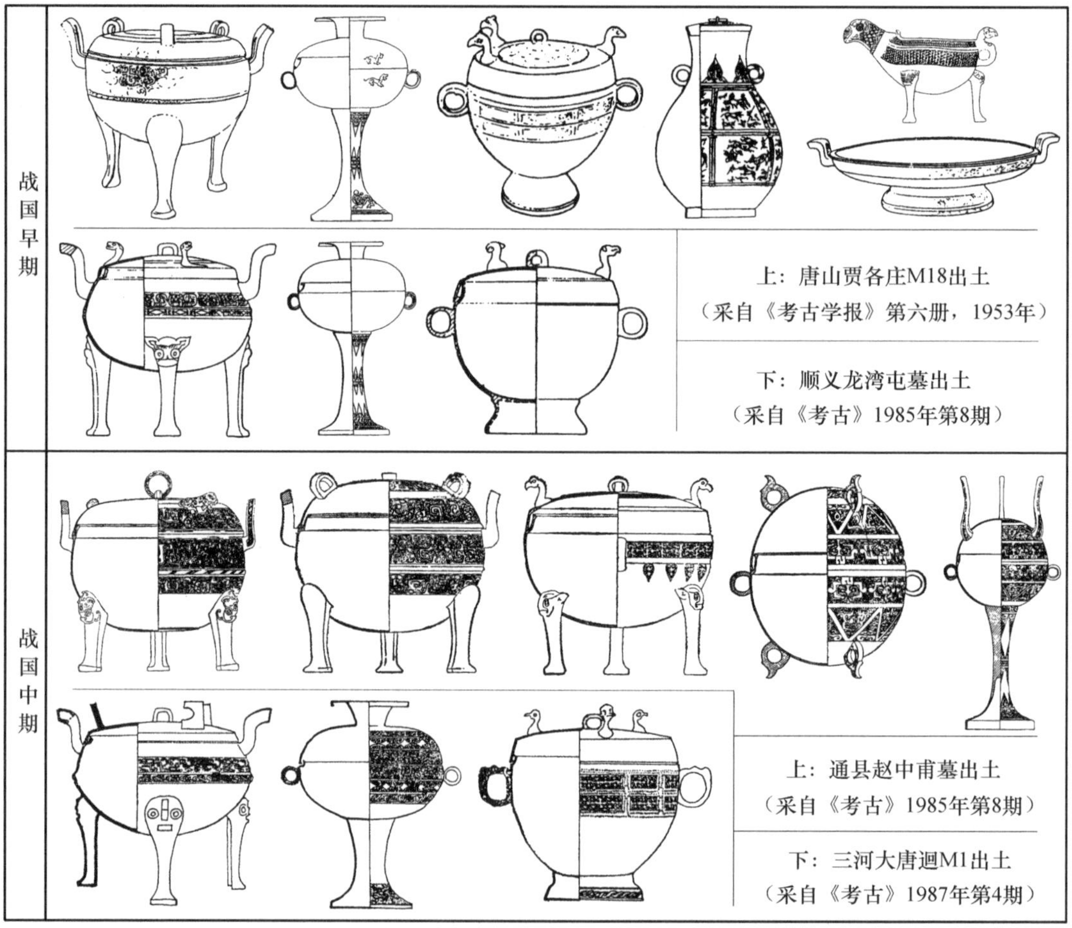

图6-18　东周燕文化墓葬出土青铜礼器组合

第四节　东周齐、鲁文化

据文献记载，齐、鲁两国是周初分封于东方的两个最重要的诸侯国，与之为邻的还有滕、薛、纪、莱、邾、莒等数十个小国。进入东周时期，随着齐国势力的扩张，

① 朱凤瀚：《中国青铜器综论》下册，上海古籍出版社，2009年，第1981～1993页。

周邻小国多被齐所灭而成为齐邑。鲁国虽在春秋时期开始衰弱，但直至战国晚期才为楚所灭。考古资料显示，迟至西周晚期，处于主体地位的周文化与当地夷人文化传统或商文化因素相互融合，形成了各具区域特色的地方性文化，如齐文化、鲁文化、莒文化等。东周时期，周文化的地方化程度越来越深，由此构成了“周代华夏文化圈下的海岱文化亚圈”①。

一、齐文化

据《史记·齐太公世家》记载，西周初年太公姜尚受封于齐，都营丘。五世哀公因遭邻国纪侯谗言而被周王烹杀，六世胡公为避纪国锋芒被迫迁都薄姑，七世献公率领营丘人袭弑其兄胡公而自立，由薄姑徙都临淄，时在西周夷王时期。公元前386年，齐相田和迁齐康公于东海，篡权自立，位列诸侯，史称“田氏代齐”。公元前379年，齐康公死，姜姓齐国遂绝其祀。田氏取代姜齐后未改国号，仍都临淄，直至齐王建四十四年（前221年）为秦所灭，史称“田齐”。

齐国由周初立国的方百里之地，历经春秋齐桓公开疆拓土，至战国齐湣王时疆域达到全盛。在其由小到大、由弱到强的发展进程中，齐文化主要分布在鲁北地区，战国时期扩展到鲁南及鲁东南地区，文化内涵也不断地变化，其中都城所在区域应构成了齐文化的中心。考古发现于鲁北地区的莱国文化遗存仅以城址、贵族墓和有铭铜器体现出来，而基层文化面貌则属于齐文化。

（一）临淄齐国故城

临淄齐国故城位于今山东淄博市临淄区齐都镇，由大城和小城两部分组成②（图6-19）。该城东临淄河，西依乌河支流系水，北为鲁北冲积平原，南有鲁山余脉牛山。作为姜齐与田齐的国都，其历时630余年。

1. 城址与建筑

大城呈不规则的南北向长方形，城垣周长14158米，面积约14平方千米。南、北城垣外设护城壕，东、西城垣外以淄河、系水为天然屏障。发现城门8座，其中北城垣3座，东、南城垣各有2座，西城垣1座，各城门均有东西向、南北向交通干道相连接。城垣上还发现排水道口3处，均用未经修整的大石块堆砌而成。城内东、西部各有排水河道，另有排水涵道5处，它们将天然河流、城壕和城内涵道紧密联系在一起，构成完整的供排水系统。夯土建筑基址主要集中分布在大城东南部，以刘家寨与邵院为中

① 王青：《海岱地区周代墓葬研究》，山东大学出版社，2002年。

② 山东省文物管理处：《山东临淄齐故城试掘简报》，《考古》1961年第6期。群力：《临淄齐国故城勘探纪要》，《文物》1972年第5期。山东省文物考古研究所：《临淄齐故城》，文物出版社，2013年。

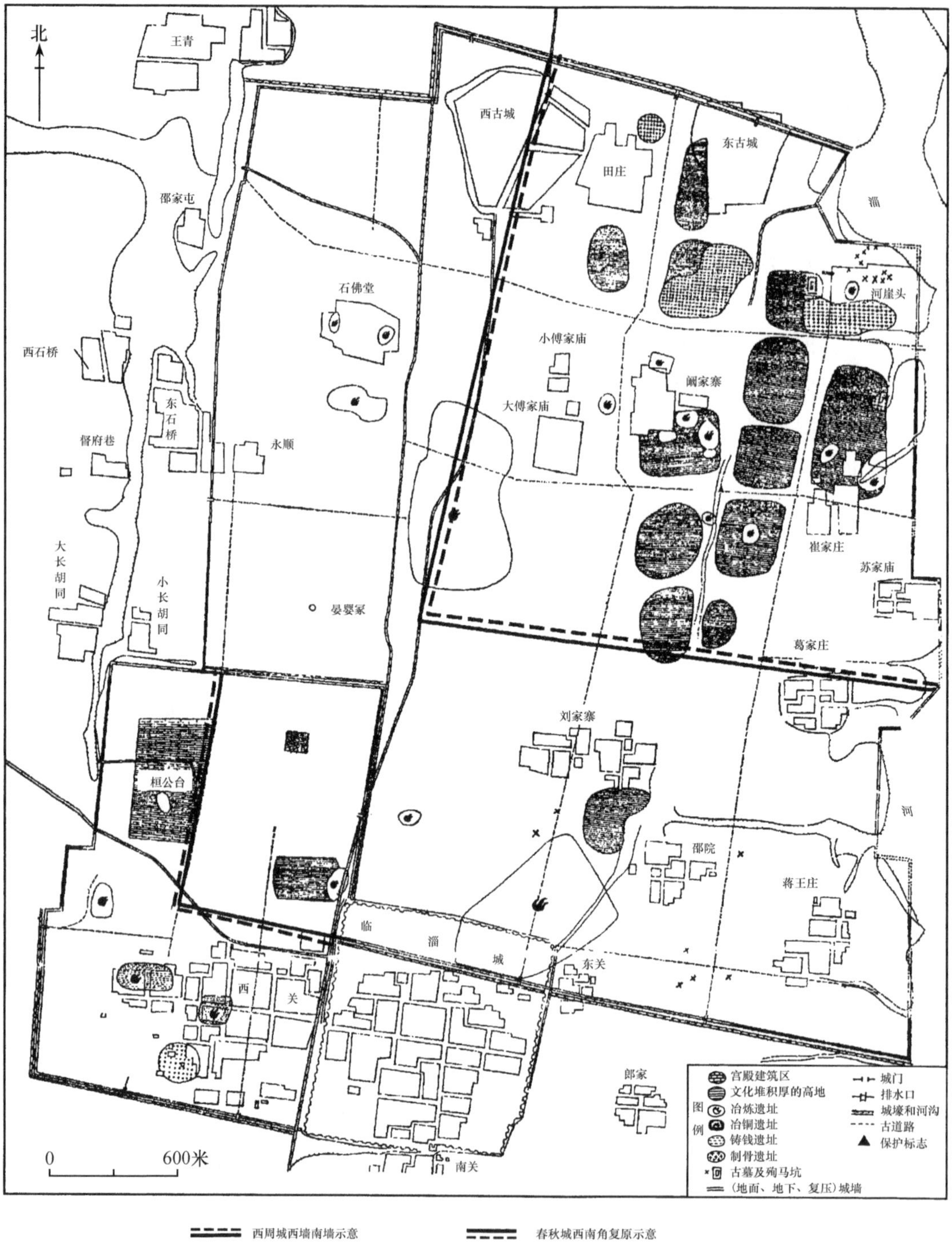

图6-19　临淄齐国故城平面及扩展过程示意图

（山东省文物考古研究所《临淄齐故城》图四四八，文物出版社，2013年）

心，最大面积者约5万平方米，小的有数百平方米。夯土建筑基址在大城西部、中部和东部也有发现，但比较分散。大面积的居住址主要分布在大城东北部的阚家寨、崔家庄、河崖头和东古城一带，分布范围约占大城总面积的三分之一。

小城位于大城西南，其东北部嵌入大城的西南隅。亦呈不规则长方形，城垣周长7275米，面积约30万平方米。发现城门5座，东、西、北城垣各1座，南门2座。城垣外侧也有护城壕，在正对城门的护城壕两岸，地下发现有石块和夯土，似是桥墩遗迹。城内发现南北向干道2条、东西向干道1条，主要排水系统在西北部。北部偏西的“桓公台”是一座南北108、东西96、高15.6米的椭圆形夯土台，其周围有许多夯土建筑基址，历年来出土许多建筑砖瓦及大批带有树木双兽、树木双马、树木卷云等纹饰的瓦当，这一带应是以“桓公台”为主体建筑的大片宫殿建筑群。中部的夯土基址也比较集中，但大多呈小型块状分布，并有路土穿插其间，其北部紧靠桓公台宫殿区，可能非一般平民住宅，而是官署或为中上层贵族居住地。

2. 手工业作坊

临淄齐国故城内发现的手工业作坊遗迹种类有冶铁、炼铜、铸钱和制骨等，主要分布在大城的中部、西北、东南和东北部，在小城靠近城垣的东、南和西部也有少量发现。

冶铁作坊遗址18处，分别为大城16处、小城2处，规模最大的1处在大城东北部的傅家庙村东一带，面积约40万平方米。

炼铜作坊遗址7处，分别为大城5处、小城2处，根据出土的炼渣、烧土等遗物判断，炼铜与冶铁经常在同一冶炼作坊进行。

铸钱作坊遗址5处，分别为大城4处、小城1处，发现有“齐法化”“半两”钱范。

制骨作坊遗址2处，均位于大城北部，发现较多的骨料、骨器半成品等。

3. 墓葬区

在临淄齐国故城大城内发现多处西周至春秋时期的墓葬，其中东北部的河崖头村西和南部的刘家寨、邵院一带墓葬分布比较集中。1964年在河崖头一带初步探出大中型墓和殉马坑20余座，当时清理的墓葬中有4座带一条南墓道的甲字形大墓，均被盗严重，年代属于春秋时期。1973年发掘的M5也是甲字形大墓，墓室面积614平方米，墓道内侧和墓室周围挖有浅沟，填土中殉埋有狗、猪和其他动物，石构椁室遭受破坏形制不明，椁室北侧有器物坑，随葬品被盗一空。环绕于M5东、西、北三面的曲尺形殉马坑全长215、宽4.8米左右，已清理出部分殉马228匹，估计全部殉马在600匹以上。M5及殉马坑的年代为春秋晚期，墓主很可能是齐景公①。1989年在对M5殉马坑进行防潮处理施工中又发现3座西周中期墓葬，它们均部分叠压在殉马之下。现已确认这里是一处西周中期到春秋时期的齐国上层贵族墓地，有可能为姜齐公墓之所在。

在临淄齐国故城东南约7.5千米的牛山和鼎足山一带有两组宏伟的陵墓，即“四王冢”和“二王冢”（图版12：3）。两者相距约1000米，均依山而建，方基起台，圆形封土，东西并列。经勘查，“四王冢”陵台底东西长789、南北宽188米。北坡分布有

① 山东省文物考古研究所：《齐故城五号东周墓及大型殉马坑的发掘》，《文物》1984年第9期。

陪葬墓30座，其中3座墓有封土，带一条南墓道，东西并列，贴近四王冢；另27座无封土，分为带一条墓道的甲字形（20座）和曲尺形（7座）两种。除4座埋葬散乱外，其余26座分作四排，东西并列有序。陪葬墓的东、北面发现人工挖设的壕沟，应是“四王冢”茔域的界沟。“二王冢”陵台底东西长296、南北宽172米，周围有陪葬墓8座。有学者考证，它们分别为田齐六位国君侯剡—桓公午—威王因齐—宣王辟彊—湣王地—襄王法章的陵墓，号称“田齐六陵”①。报告则认为田侯剡为桓公午篡权所杀，湣王于燕将乐毅伐齐时被楚将淖齿杀于莒，他们不可能葬于此地②。

在临淄齐国故城和田齐王陵之间的宽阔地带，密集分布着数以千计的东周齐墓，当是齐国“邦墓”之所在，其中不乏高级贵族墓。兹举例如下。

郎家庄1971M1位于临淄齐国故城南墙外约1000米处，原有高大封土，墓室南部因受破坏严重，有无墓道不明。墓室中间用大石块构筑石椁，椁顶用卵石和蛤蛎壳分层铺盖。二层台上有17个殉葬坑，每坑1人，保存完好的7个殉人均有葬具，一椁一棺，仰身直肢，头向椁室，其中6人均为年龄在15～30岁的年轻女性。墓室内还有9具人骨，分上下两层，无一定葬式，可能是人牲。该墓多次被盗且焚烧，随葬品所剩无几。根据殉人随葬品，可知其年代为战国早期③（图6-20：左）。

淄河店LZM2位于田齐王陵以北不远处，为带一条南墓道的甲字形墓，夯筑封土，石构椁室，椁室后部有殉葬坑，坑内殉葬的12人经鉴定均为年轻女性。随葬的陶礼器为七鼎六簋组合，另有乐器青铜编钟、石编磬以及22辆车等。该墓北侧祔葬的1座殉马坑内殉马69匹。根据随葬器物形制与铜戈铭文，可知该墓年代为战国早期，墓主名为“国楚”④。

综上所述，临淄齐国故城由大城和小城组成的基本格局是从西周到战国多次大规模扩建的结果。大城最迟始建于西周中期，只是营建之初范围局限于东北部，随着齐国不断对外扩张，其都城规模也逐渐扩大，经过西周晚期、春秋早中期、春秋晚期至战国早期的不断增扩建，逐步形成目前的规模。姜齐政权的宫城虽然尚未发现，但据文献记载，其宫城应位于郭城之中⑤。值得关注的是，由两条东西向干道和向西曲折的南北向干道围起的阚家寨一带，很有可能是姜齐宫城之所在⑥。与大城相比，小城始建

---

① 张学海：《田齐六陵考》，《文物》1984年第9期。

② 山东省文物考古研究所：《临淄齐墓》第一集，文物出版社，2007年，第31页。

③ 山东省博物馆：《临淄郎家庄一号东周殉人墓》，《考古学报》1977年第1期。

④ 山东省文物考古研究所：《山东淄博市临淄区淄河店二号战国墓》，《考古》2000年第10期。

⑤ 《左传·襄公十八年》记载晋国伐齐，十二月“乙亥，焚雍门及西郭、南郭。刘南、士弱率诸侯之师焚申池之竹木。壬寅，焚东郭、北郭”。《史记·齐太公世家》：“晋兵遂围临淄，临淄城守不敢出，晋焚郭中而去。”晋师攻伐临淄，东南西北四郭均被焚烧，而临淄城仍然可守，证明春秋时期临淄宫城位于郭城的中心位置。

⑥ 许宏：《先秦城邑考古》，西苑出版社，2017年，第283页。

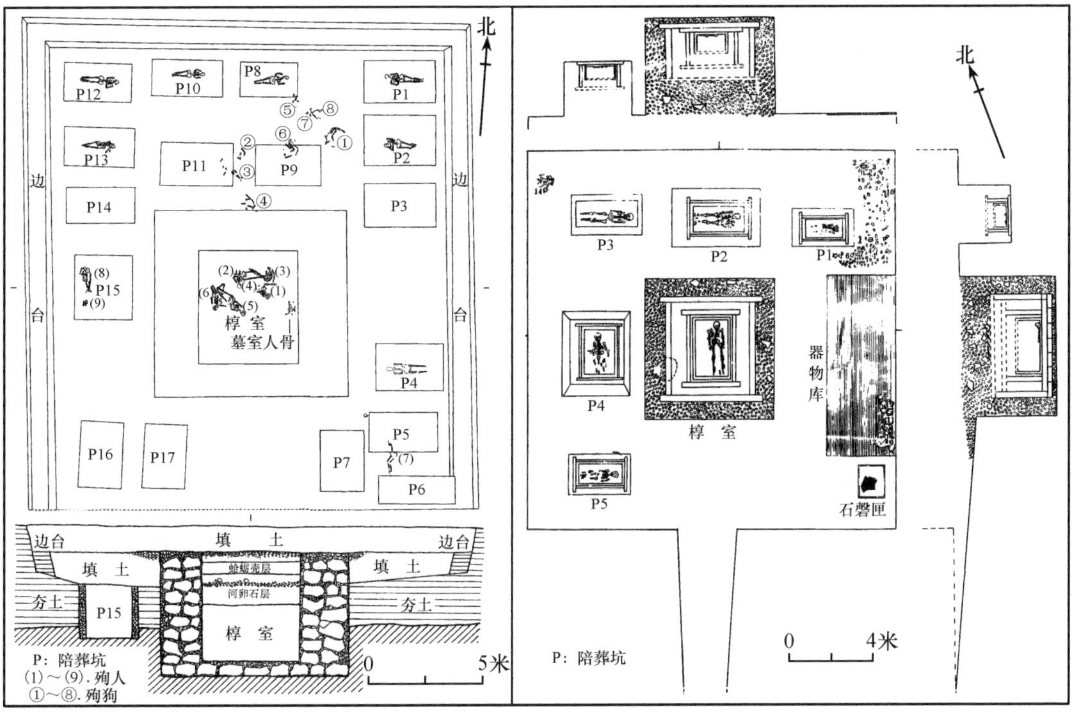

图6-20　临淄郎家庄M1和章丘女郎山M1平、剖面图

（左：采自《考古学报》1977年第1期；右：采自山东省文物考古研究所《济青高级公路章丘工段考古发掘报告集》，第116页图二，齐鲁书社，1993年）

于战国早中期之际，与田氏代齐立为诸侯的时间基本相合，应是田氏代齐后营建的新宫城。由此看出，临淄齐国都城经历了由“内城外郭”到“城郭并立”的发展过程。

（二）东周齐墓特征

目前考古发现的东周齐国墓地数量多、分布地域广。从时代上看，春秋时期主要集中分布于以都城临淄为中心的鲁北地区，战国时期随着齐国对外扩张，分布几乎遍及山东全省[①]。

东周齐墓有所谓“公墓”和“邦墓”之分，形制均为长方形土坑竖穴，大型墓往往有封土、带墓道，流行单人仰身直肢葬，大约春秋中期，墓葬开始随葬仿铜陶礼器，时代越晚随葬仿铜陶器越流行。凡此均与中原地区东周墓基本相同。当然，东周齐墓也有不少自身特点[②]，归纳如下。

① 王青：《海岱地区周代墓葬研究》，山东大学出版社，2002年，第95～138页。山东省文物考古研究所：《山东20世纪的考古发现和研究》，科学出版社，2005年，第411～427页。山东省文物考古研究所：《临淄齐墓（第一集）》，文物出版社，2007年。

② 靳桂云：《东周齐国贵族埋葬制度研究》，《管子学刊》1994年第3期。张明东：《试论齐国的墓葬特色》，《管子学刊》1995年第2期。王青：《海岱地区周代墓葬研究》，山东大学出版社，2002年，第95～138页。

（1）因有“田氏代齐”政权更替，东周齐公室墓地不在一处，春秋姜齐“公墓”位于临淄齐故城大城内东北部，战国田齐王陵分布于临淄齐故城东南的山麓地带。

（2）大型墓虽常见高大封土，但没有发现类似中原地区的墓上享堂建筑。战国大型墓往往设有数量不等的阶梯状台阶，一般没有台阶或台阶少的大墓时代较早，台阶数量较多的大墓时代较晚。墓室一般用石块构筑，内壁多有修饰，其内放置木质棺椁，往往在其四周宽大的二层台上挖设陪葬坑或器物坑，分置殉人和随葬品。多在椁顶或墓道另有殉人。墓主以头向北为主。大墓外围多有殉马坑或车马坑。临淄地区以外的高级别战国齐墓，可以章丘绣惠女郎山M1为代表[①]（图6-20：右）。

（3）春秋晚期至战国时期人殉之风盛行，绝大多数殉人在陪葬坑内都有自己的葬具，以一椁一棺为主。殉人的葬式均为仰身直肢葬，头多朝向墓室中央的椁室。绝大多数殉人拥有随葬品，以随身配饰为主，种类、多寡有所不同，有些殉人还随葬一组由鼎、豆、壶、盘组成的陶礼器，有的还随葬乐器如石磬，车马器如軎、节约、镳等，个别的殉人还随葬铜剑。经鉴定的殉人大多为年轻女性，少数为男性，其身份可能属于墓主家奴、宠妾爱婢或幸臣亲信。究其历史原因，主要有二：一是齐处东夷故地，而殉人本是夷人旧俗，齐建国伊始推行“因其俗，简其礼”（《史记·齐太公世家》）的国策使得殉人葬俗得以延续成为可能；二是与“齐国好厚葬”（《韩非子·内储说上》），尤其春秋晚期以后田齐政权推崇的人殉制和从死之风密切相关。

（4）绝大多数中小型墓有二层台，带壁龛者占有一定比例，墓底设腰坑，坑内常见殉狗，战国中晚期殉狗基本不见，腰坑内多置豆或盘1件，且部分墓还出现在葬具顶部或二层台上或墓底铺一层石块或河卵石的做法。中型墓多见一椁一棺，小型墓一般为单棺或无葬具。战国时期出现棺下设底箱做法。头向东者较多，头向北者也有相当数量。

（5）随葬陶器方面，春秋早期主要延续西周以来的鬲、簋、豆、罐组合，且以奇数组合形式出现，同时开始出现鬲、盂、豆、罐的新组合，簋、盂不同出，另外部分中型墓还出现随葬陶俑、陶兽的习俗。春秋中晚期陶器常见鬲1、盂1、豆2、罐1的组合形式，簋已很少见，另出现少量仿铜的鼎。进入战国早期，除了鬲、盂、豆、罐组合仍有少量延续外，最常见的是鼎、豆、盖豆、壶、盘、匜、敦、钘的偶数组合，有的配以仿铜的方座簋、罍、甗、鉴等。战国中期在上一阶段基本组合中开始加入盒，战国晚期有的还加入釜。此外战国时期大型墓随葬陶俑的风俗比较普遍。典型陶器如绳纹鬲和素面鬲的弧裆由高渐低，袋足由深变浅乃至消失，最后出现矮小足尖；簋折沿渐宽，腹渐浅，圈足由粗矮变细高；盂由平沿到坡状沿，下腹逐渐斜收；无盖豆和盖豆腹部由深渐浅，柄部由矮渐高、由空变实；鼎腹由浅渐深，三足逐渐上移；壶有平底、圈足和无底假圈足之分，器盖由弧顶变台状平顶，腹最大径逐渐上移；敦和钘

① 济青公路文物考古队绣惠分队：《章丘绣惠女郎山一号战国大墓发掘报告》，《济青高级公路章丘工段考古发掘报告集》，齐鲁书社，1993年。

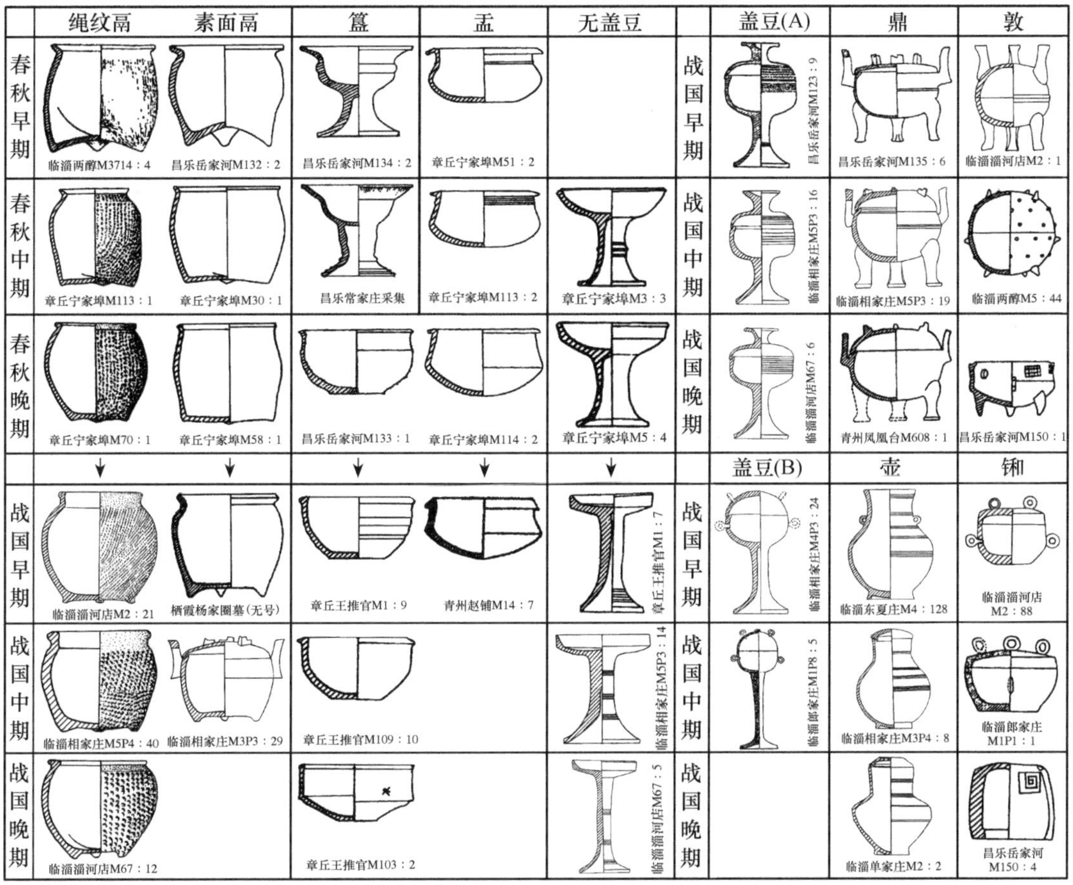

图6-21　东周齐墓出土部分典型陶器分期图

均由分体变连体，盖纽、腹耳逐渐退化（图6-21）。

（6）随葬铜礼器方面，春秋时期主要为鼎、敦、鉌、盘、匜组合，春秋早期绝大多数器类形制与中原地区相同，春秋晚期的平盖、浅腹、高蹄足鼎，器盖均有蹄足的乳丁纹敦，链状提梁短颈圆腹壶，直口盖的鉌等，已具有地方特色。战国早、中期组合则主要为鼎、豆、壶、敦、鉌、盘、匜，战国晚期主要是鼎、豆、壶、盘、匜组合，敦已基本退出组合。战国时期除平盖高蹄足鼎和直口盖的鉌继续使用外，还流行高柄、浅盘与高柄、器盖合成圆球形的豆，双环耳、三环纽、三环足的敦，折腹、圈足盘，以及提梁鹰嘴圆壶等。此外，凡出提链壶者，多数有盘而无匜（图6-22）。东周齐国盛行形制相同、大小相等、呈偶数组合的鼎制，而且主要是有盖鼎，中原地区流行的形制相同、大小相次、多奇数组合的鼎制在齐国并不被重视[①]。

① 王恩田：《东周齐国铜器的分期与年代》，《中国考古学会第九次年会论文集（1993）》，文物出版社，1997年。朱凤瀚：《中国青铜器综论》下册，上海古籍出版社，2009年，第1680～1688、2009～2038页。

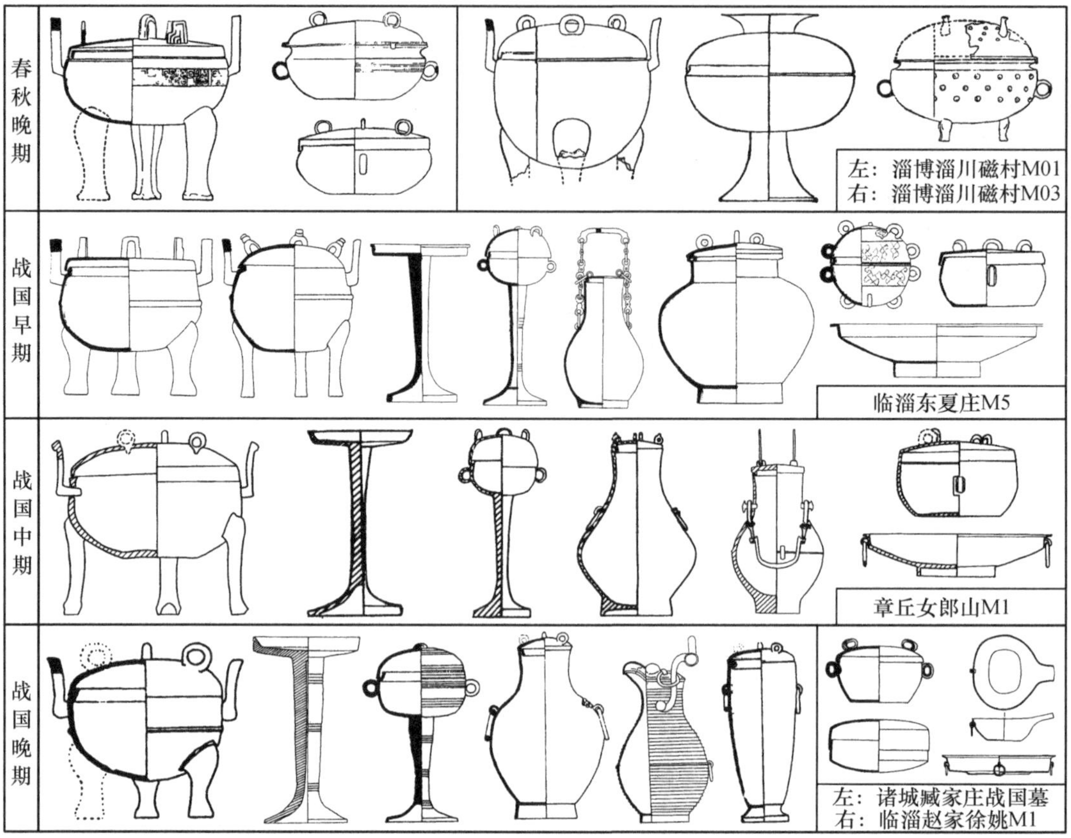

图6-22　东周齐墓出土部分典型青铜礼器组合

［淄博淄川磁村M01、M03采自《考古》1991年第6期；临淄东夏庄M5采自《临淄齐墓（第一集）》；诸城臧家庄战国墓采自《文物》1987年第12期；临淄赵家徐姚M1采自《考古》2005年第1期］

（三）莱国重要考古发现

莱为东夷古国。《史记·齐太公世家》记载西周初年齐太公就国时“莱侯来伐，与之争营丘。营丘边莱”。春秋时期，齐侯多次伐莱，最终于公元前567年，齐灭莱（《春秋》宣公七年和九年、《左传》襄公二年和六年）。杜预注：“莱国，今东莱黄县。”黄县（今龙口市）一带曾多次出土包括“莱伯鼎”在内、带“莱”字铭文的周代青铜礼器，在龙口归城遗址发现了双重城垣的周代城址，归城城址所在的黄水河流域还密集分布着大量的周代墓葬，这里很可能是莱国的统治中心[①]。

归城城址位于烟台市龙口黄城东南6千米处的山前丘陵地带，南倚莱山，北面渤

① 李步青、林仙庭：《山东黄县归城遗址的调查与发掘》，《考古》1991年第10期。中美联合归城考古队：《山东龙口市归城两周城址调查简报》，《考古》2011年第3期。中国社会科学院考古研究所等：《龙口归城——胶东半岛地区青铜时代国家形成过程的考古学研究（公元前1000～前500年）》，科学出版社，2018年。

海。城址由外城和内城组成。外城大致呈不规则椭圆形，面积约8平方千米，南侧因背倚险峻的莱山，未构筑城墙，其余三面城墙为堆土夯筑而成，多依托山势而建，顺山脊延伸分布（图6-23：左）。内城位于外城中部，平面呈曲尺形，面积约22.5万平方米。若干地段城垣外侧发现壕沟，城内西侧一条水沟纵贯南北，将内城分为东西两部分。城内共发现17座夯土基址和2条道路，其中较大的基址多为南北向长方形，小型或为东西向长方形（图6-23：右）。根据采集遗物，调查者推测归城城址的始建年代可能不早于西周中期，年代下限可能晚到战国时期。由于该城址范围广大，外城城墙坚厚，内城夯土建筑集中，具有“内城外郭”式布局，很可能是莱国的都城。

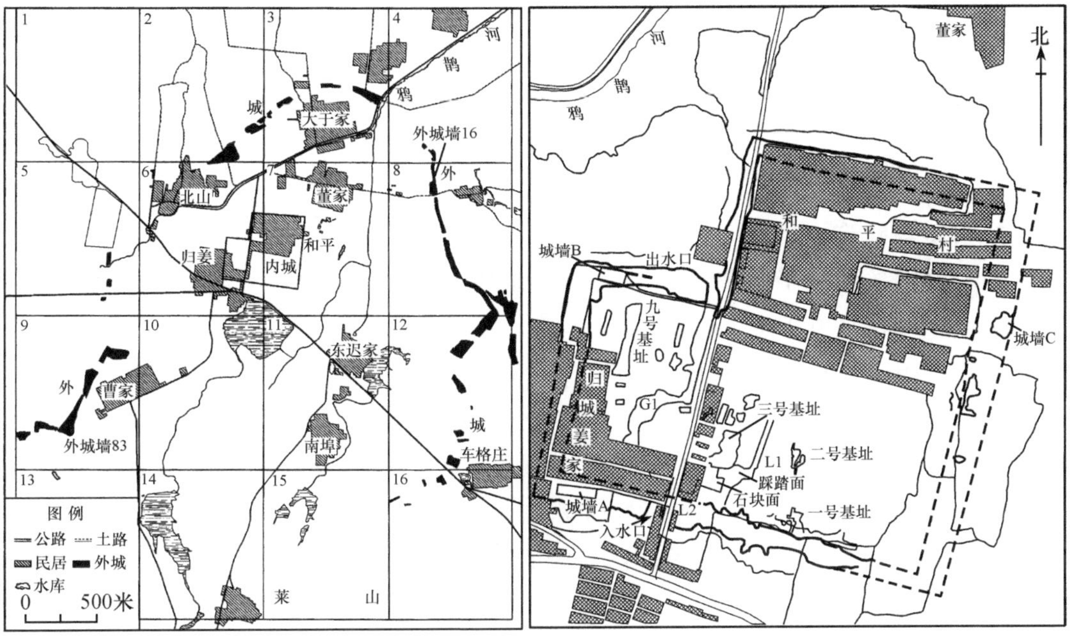

图6-23　龙口归城周代城址平面图

左：外城　右：内城

（采自中美联合归城考古队《山东龙口市归城两周城址调查简报》，《考古》2011年第3期）

目前发现可能属于莱国的墓葬主要集中分布于龙口、蓬莱、栖霞等地，其他地点比较零散①。墓葬形制均为中小型的土坑竖穴，多无二层台，设二层台者往往置有殉人，少量带壁龛，未发现大型墓。墓向以东向为主，葬具多为一椁一棺，部分墓在椁外四周填膏泥，海岛或沿海墓葬有的在填土中埋海卵石和海蛎壳。多在棺内或棺椁之间设头箱放置主要随葬品。墓底设腰坑、坑内殉狗或殉人习俗比较普遍。随葬陶器始终为鼎、鬲、簋、豆、罐组合，偶数形式较常见。其中圜底釜形鼎、素面弧裆鬲、宽沿鼓腹圈足簋、兽头式把纽簋、折腹乳丁纹罐等，具有明显的本地特色。铜器数量少，组合上似无明显规律，其中立耳外敞、三蹄足接于圜底的鼎，两侧置双半环耳的罍和壶以及带盖小罐等有一定特色。自春秋晚期，来自齐文化的因素开始大量涌入本

① 王青：《海岱地区周代墓葬研究》，山东大学出版社，2002年，第186～201页。

地，当是莱被齐所灭的结果。

二、鲁文化

据《左传·定公四年》《史记·鲁周公世家》记载，周武王灭商后，封其弟周公旦于少昊之墟曲阜，尔后周公子伯禽代父就封于鲁，至鲁顷公二十四年（公元前249年）被楚所灭，历时700余年。

鲁文化以鲁国都城曲阜为中心，主要分布在汶泗流域、鲁南与西南地区。文献记载这一区域古国较多，有所谓“泗上十二诸侯”之说。目前考古所见除鲁外，还有薛、滕、邿、郳、小郳、𪱶等国遗存。尽管这些古国族属不同，有些还受周边文化影响，但就地缘政治和一般文化特征而言，它们大致可纳入鲁文化范畴。

（一）曲阜鲁国故城

1. 城址与建筑

曲阜鲁国故城位于山东曲阜市城区及其附近，城垣平面呈不规则的圆角横长方形，总面积约10平方千米①（图6-24）。北、西垣沿洙水而建，南、东两城垣外挖护城壕与洙水相连。发现城门11座，其中东、西、北三面各3座，南门2座。近年在对南垣东门的发掘中，发现门道两侧有两大夯土台基，应属墙体外的附属建筑基址，或为“阙台”②。城内已探出东西向和南北向主要干道各5条，都连接城门与大型建筑遗迹。大型夯筑基址集中分布于城内中部偏东，在周公庙高地的边缘地带曾发现断续分布的宽约2.5米的夯土墙，夯土墙圈围起的面积约25万平方米，发掘者认为应属宫城。近年在周公庙建筑群周围又发现了夯土墙和壕沟，西墙上还有一门道，圈围面积约12万平方米，通过解剖夯土墙和发掘其中大型夯土建筑基址、水井等遗存，发掘者判断这里就是曲阜鲁都宫城之所在，其建筑和使用年代在春秋晚期至战国晚期③。有学者指出，若将其与其他东周都城中的宫城相比，上述围垣设施与外郭城面积之比相差悬殊，更像是宫庙区内稍大的庭院④。不过，《春秋》中提及鲁国曾于成公九年（前582年）和定公六年（公元前504年）先后两次“城中城”，一般认为这里的“中城”即鲁都的宫城。所以，由考古与文献材料推断春秋时期鲁都的宫城位于郭城之中，应是大致可信的。另有迹象显示，城内西南部的“汉城”，其始建年代可上溯至战国，这一

---

① 山东省文物考古研究所等：《曲阜鲁国故城》，齐鲁书社，1982年。

② 高明奎、董文斌、杨孝喻：《曲阜市鲁故城南东门遗址》，《中国考古学年鉴（2013）》，文物出版社，2014年。

③ 韩辉、徐倩倩、高明奎等：《曲阜鲁国故城考古工作取得重要成果》，《中国文物报》2017年3月10日第5版。

④ 许宏：《先秦城邑考古》，西苑出版社，2017年，第279、280页。

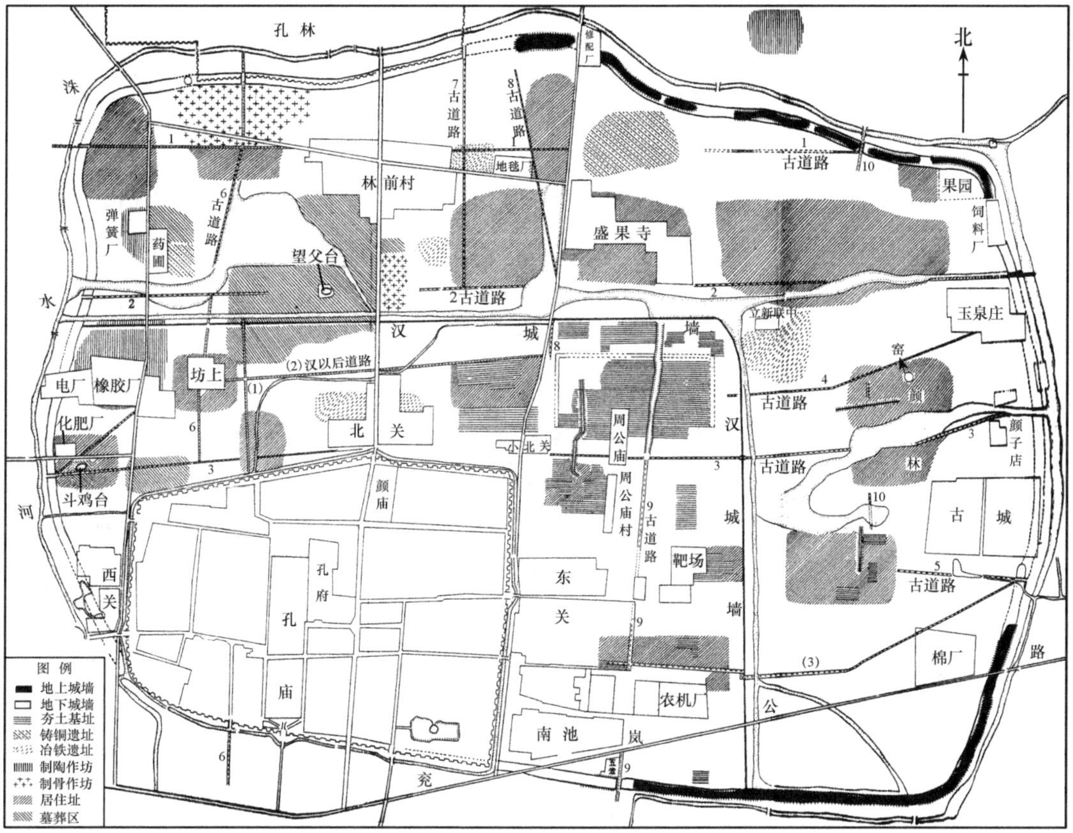

图6-24　曲阜鲁国故城平面图

（采自山东省文物考古研究所等《曲阜鲁国故城》图三，齐鲁书社，1982年）

范围可能是战国时期鲁都的宫城①。

自周公庙高地有一宽约15米的大道直通南城垣东门，此门在春秋时称“鹿门”②。出鹿门1700米处的小沂河南岸有“舞雩台”基址，是求雨祭祀的郊坛。郊坛、鹿门、宫城三者处于一条南北向的直线上，构成了鲁城的一条中轴线。

2. 手工业作坊

城内北部和西部发现铸铜、冶铁、制骨和制陶等手工业作坊遗址10处，东北城外还发现1处制陶作坊遗址。这些遗址的使用时代主要为东周时期，个别遗址可能始于西周。

盛果寺、药圃铸铜遗址面积分别为8.75万平方米和1.4万平方米，均出有铜渣、红烧土和砂质陶范等。

北关、立新联中冶铁遗址面积分别为5.4万平方米和5万平方米，发现多处圆形炼炉及大量的铁渣、铁块、炭块和红烧土块等。

① 中国社会科学院考古研究所：《中国考古学·两周卷》，中国社会科学出版社，2004年，第255页。

② 《左传·襄公二十三年》：“臧纥斩鹿门之关，以出奔邾。”杜注：“鲁南城东门。”孔疏：“邾在鲁之东南，奔邾出此门以为便。”

林前村制骨作坊遗址有两处，总面积约16.2万平方米，出土不少骨料。

橡胶厂和城东北墙外的制陶作坊遗址面积分别约16万平方米和2.25万平方米，均发现有密集的陶窑。

3. 墓葬区

在曲阜鲁国故城内西部的药圃、望父台、林前村西、斗鸡台、城西北角和孔府后花园等6处墓地共发掘159座两周墓葬，根据墓地分布、葬制、葬俗及随葬器物风格，药圃、斗鸡台和孔府花园三处墓地的墓葬属于甲组，望父台和林前村西墓地的墓葬属于乙组①。

甲组墓分布于城内西南和西北，墓室较宽，大都有棺椁，流行仰身直肢葬。西周墓头向多朝南，流行腰坑殉狗，随葬陶器为“四偶加一”的组合，即由鬲、簋、豆、罐各用二、四偶数，另加1件罍所组成，均为明器。春秋墓头向一般向南或向北，腰坑殉狗现象消失，春秋早、中期陶器大都为鬲、盂、罐和鬲、盂、豆组合；春秋晚期陶器组合开始发生显著变化，出现了盖豆、华盖豆、罐和盖豆、华盖壶、簋、罐、华盖笾的组合，缺少陶鼎（图6-25：左）。铜器方面，仅春秋中晚期部分墓单出1件铆。

乙组墓分布于城内北部偏西，数量较甲组少，且多数属西周时期，其次为战国时期，而春秋时期只见有个别较大型的墓葬。乙组墓墓圹较窄，头多向北。墓内无腰坑和殉狗。西周时期，小墓一般随葬陶鬲和罐，多数鬲仅1件，而罐有2件以上，少见簋、豆、盂等器类，中小型铜器墓以鼎、簋搭配，另有盘、匜或盨、簠、壶。至春战之际，陶器组合以釜、罐、壶、罍为主，鬲基本被釜取代，不见盖豆，壶是罍式圈足壶，与甲组墓的华盖壶形体区别很大（图6-25：右）。战国时期青铜礼器组合为鼎、壶、盘、匜、鐎。

甲、乙两组墓从西周早期直到春战之际，各方面的区别都很大，应属于不同的族系。一般认为甲组墓应是鲁城内数量众多的国人，主要是“商奄之民”和“殷民六族”的后裔，而乙组墓则很有可能是姬姓周人。两组墓葬各有自己的墓地，说明他们生前也可能是以族为单位而分开居住的，其中望父台墓地似属于“公墓”性质。从文献记载看，曲阜鲁都内确有姬姓周人与商奄后裔这两种不同礼俗的集团。《左传·定公六年》记阳虎曾“盟公及三桓于周社，盟国人于亳社”。说明直到春秋末年，姬姓周人与商奄遗民仍是各有自己的社坛，礼俗上分得很清楚。

（二）滕州薛国故城

据文献记载，薛为任姓古国，与夏、商王朝关系密切。《左传·定公元年》：“薛宰曰：‘薛之皇祖奚仲居薛，以为夏车正，奚仲迁于邳。仲虺居薛，以为汤左相。’”周武王灭商后，“复以其胄为薛侯”。至战国初，薛为齐所灭，成为田氏食邑。

① 张学海：《试论鲁城两周墓葬的类型、族属及其反映的问题》，《中国考古学会第四次年会论文集（1983）》，文物出版社，1985年。

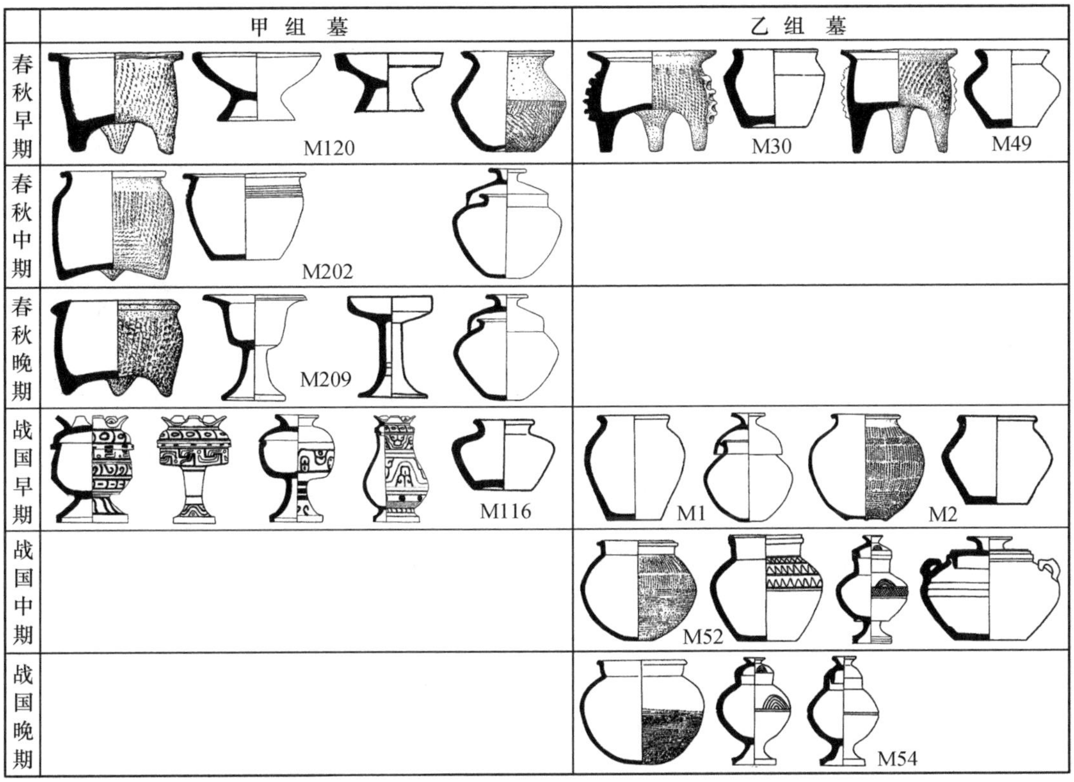

图6-25　曲阜鲁国故城东周墓出土陶器分期图

（图中单位年代依据王青《海岱地区周代墓葬研究》第139～143页表六，山东大学出版社，2002年）

薛国故城位于今滕州市官桥镇西南的皇殿岗村一带，包括大城和小城两部分[①]（图6-26）。大城平面略呈平行四边形，东西最长5000、南北最宽3500米。城垣保存较好，大部分在地表仍可见到，东、南城垣基本上成直线，西、北城垣曲折多弯。四面城垣上各有3处豁口与古道路相连，可能是城门所在。城垣外30米左右均发现与之走向一致的护城壕。据解剖东城垣断面判断，大城可能建于春秋中晚期，战国时期于墙体内外侧先后进行过两次增筑，可能与薛归齐后靖郭君田婴、孟尝君田文父子先后维修扩建有关。小城在大城内东南隅，似由“郭城”和“宫城”组成，“郭城”东西最长913、南北最宽700米，东、南墙与大城的东、南墙重叠，西、北两墙中部外凸，南、西、北三面中部有城门。“宫城”位于“郭城”中部，平面近方形，面积约2.55万平方米。“宫城”南门与“郭城”南门相对应，中有道路连接，两者的时代应一致。据“郭城”南墙的解剖情况判断，小城始建于西周初年或商末，一直延续到战国时期。

大城中部的皇殿岗村一带散布较多的东周至汉代瓦片，已探出夯土面积达8.75万平方米。在其东侧的尤楼村一带发现较多残陶器、残陶拍、红烧土块、铁矿石、残铁器、炼渣等遗物，这里可能是东周时期的制陶、冶铁作坊区。

---

① 山东省济宁市文物管理局：《薛国故城勘查和墓葬发掘报告》，《考古学报》1991年第4期。山东省文物考古研究所：《薛故城勘探试掘获重大成果》，《中国文物报》1994年6月26日第1版。

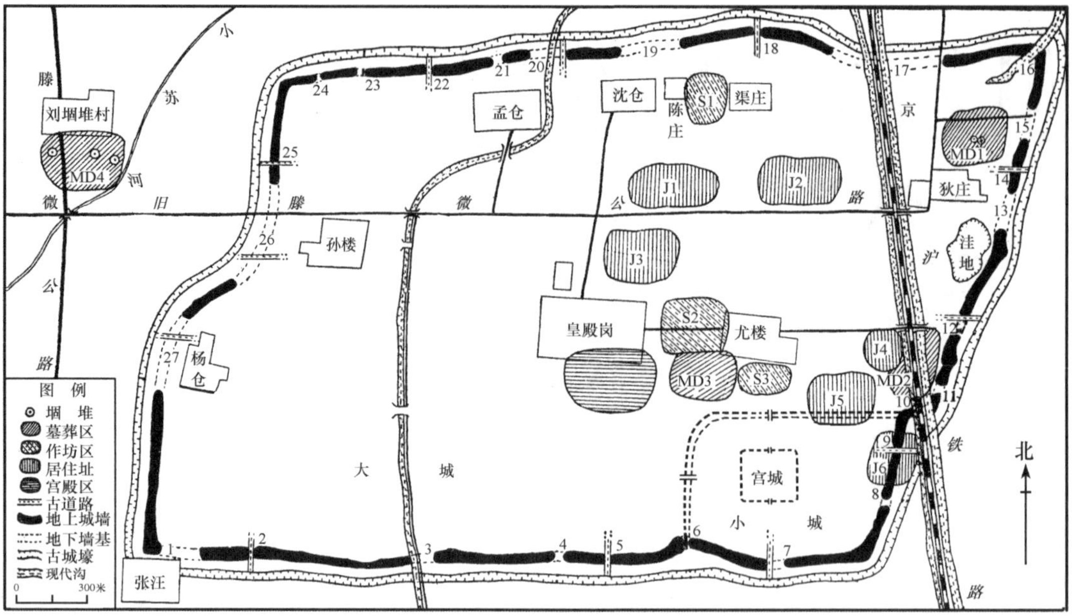

图6-26　滕州薛国故城平面图

（图中大城、小城和宫城范围分别据《考古学报》1991年第4期、《山东20世纪的考古发现与研究》第374页和《中国文物报》1994年6月26日第1版叠加绘制而成）

墓地分布于大城内东北部的狄庄、东南部的尤楼村东西两侧，以及西城外的刘堌堆村南。其中狄庄墓地中部有2座大型积石积砂墓，其封土已被平，暴露地表的石椁墓室间填以贝壳和粗砂，并发现少量骨器、串珠，年代应属战国，当地传为孟尝君田文墓。1978年在尤楼村东墓地探出墓葬20座，当时发掘了其中的9座，M3出土带“薛侯”铭文的铜壶，加之1973年出土的“薛子”铜簠，证明这里是一处春秋中期至战国早期的薛国贵族墓地。这9座墓葬均为大中型长方形土坑竖穴墓，无墓道，多仅在头端设生土二层台，并在台上置器物库，内放主要随葬品。墓主头向北，葬具有双椁双棺、双椁一棺、一椁双棺、一椁一棺不等，棺椁之间和墓底腰坑内常有殉人。随葬的主要器物多为偶数组合形式，春秋时期陶器组合为鬲、豆、罍，战国时期陶器组合为鼎、鬲、豆、壶，铜礼器组合为鼎、簋、鬲、簠、壶、钘、盘、匜。其中殉人、设器物坑以及随葬的平盖环纽铜鼎、鼓肩弧裆陶鬲、罍等，都具有浓郁的东夷文化特征。由于薛国在东夷诸国中距中原较近，且国力弱小，受中原与邻近的鲁、滕等姬周文化影响较强，能够反映自身文化传统的器物显得较少。

值得一提的是，1998年在滕州市东沙河镇漷河以南的东小宫发掘了21座西周晚期至春秋早中期的薛国小型墓①，均为长方形土坑竖穴，多有生土二层台，头向在108°～130°，多为单棺，棺下或棺侧常设器物坑，随葬品以陶器为主，基本组合为鬲、盂、

① 山东省文物考古研究所等：《山东滕州市东小宫周代、两汉墓地》，《考古》2000年第10期。

豆、罐、罍，有的加铜、钵。据文献记载，薛、鲁两国以漷水为界，南为薛，北属鲁，这批墓葬为考证薛、鲁分野提供了重要信息。

（三）邹城邾国故城

文献记载，邾为曹姓古国，邾始封君侠为颛顼苗裔。西周邾国都城所在尚不清楚。公元前614年，邾文公“卜迁于绎”（《左传·文公十三年》）。杜预《左传集解》：“绎，邾邑。鲁国邹县北有绎山。”“绎”作为邾之都城存续到楚顷襄王十八年（公元前281年）灭邾（《史记·楚世家》），历时330余年。

邾国故城位于今邹城市东南约10千米的峄山镇纪王城村周围，北依峄山，南临廓山，发源于峄山之阳的金水河自东北向西南斜穿城址中心区域。考古勘查与发掘获知[①]，该城址平面呈不规则的长方形，面积约6平方千米。城墙多依山势而建，保存基本完好，城外大部分地段还有护城壕。城内北部居中位置有一高出地表约4米的台地（俗称皇台），面积约17万平方米，勘探发现数十个夯土基址，外围有窄墙围护。这一带应为宫殿区，但暂未发现宫垣。在宫殿区附近发掘出房址、窖穴、水井、窑炉等遗迹，年代多属春秋、战国和秦汉时期。从遗存分布状况判断，宫殿区的南北两侧可能分别为战国时期的仓储区和官营冶铸作坊区。以上考古发现无论在时代上还是遗存特征方面，都与文献记载的春秋中期邾文公迁都于此直到灭国后设置邹（驺）县县治大致相符。

（四）枣庄东江小邾国墓地

东江墓地位于枣庄市西北山亭区东江村东南一台形高地上，6座春秋贵族墓分为两排，呈南北向排列。已发掘的3座墓均为东西向竖穴土坑，一椁一棺。M1和M2为带一条墓道的甲字形墓，墓道开在西侧，M3无墓道。出土的63件青铜器中有24件带铭文。根据器物形制与铭文内容，该墓地应是春秋早期小邾国贵族墓地[②]。

小邾是由曹姓邾国分离出来的小国，文献称郳（或作倪、兒）。据考证，邾国自邾子侠受封，五世至夷父颜。当周宣王时，封其子肥（或名友）于倪，为小邾。夷父颜死后由其弟叔术为邾君，不久又让位于夷父颜之子夏父。叔术出居于滥，为滥国[③]。

---

① 中国科学院考古研究所山东工作队：《山东邹县滕县古城址调查》，《考古》1965年第12期；《山东邹县古代遗址调查》，《考古学集刊（3）》，中国社会科学出版社，1983年。山东大学历史文化学院考古系等：《山东邹城市邾国故城遗址2015年发掘简报》，《考古》2018年第3期。王青：《邾国故城遗址田野考古工作的主要收获》，《考古》2018年第8期。

② 李光雨、张云：《山东枣庄春秋时期小邾国墓地的发掘》，《中国历史文物》2003年第5期。李光雨、刘爱民：《枣庄东江小邾国贵族墓地发掘的意义及相关问题》，《东岳论丛》第28卷第2期，2007年。枣庄市博物馆等：《枣庄市东江周代墓葬发掘报告》，《海岱考古》第四辑，科学出版社，2011年。

③ 王献唐：《春秋邾分三国考》，齐鲁书社，1982年。

2003年在东江墓地西、北两侧勘探出两段夯土墙，墙外有护城壕，有可能是小邾国的城址所在。

（五）枣庄徐楼滥公夫妇墓

2009年，考古人员在枣庄市峄城区徐楼村附近抢救性发掘两座东周墓，两墓南北并列，间距仅5米。均为东西向的近方形竖穴土坑墓，墓壁斜直收分，填土均经夯打。墓室分南北两部分，分置葬具和木构器物箱。葬具为一椁一棺，器物箱专门放置随葬器物。M1椁室外壁涂有青灰色膏泥，棺内墓主人骨已腐朽，且遭到扰乱，葬式、性别、年龄不详。根据M2人骨腐朽痕迹及棺内玉石装饰品的出土位置判断，人骨头向都应朝东。根据出土器物与铜器铭文，发掘者明确指出两墓年代为春秋晚期，M2墓主为濫公，M1墓主是宋共公固之女“叔子”嫁与濫公为妻的濫夫人[①]。有学者认为濫为“瀸”的异体字，通“滥”，是大约于西周末年由邾国分化出来的小国[②]。

我们认为，枣庄徐楼M1滥夫人的墓室内器物箱与棺椁葬具呈东西向南北并立，当是遵从了夫家的葬俗。不过滥夫人拥有的青铜礼乐器要比滥公丰厚许多，这有违于周代贵族妇女较其丈夫“礼降一等”的惯例。滥夫人出身于实力雄厚的宋国公室，在夫家享有较高的地位和拥有丰厚的财富，所以能够采用比其丈夫规格高的葬制。春秋中晚期，“尊王攘夷”成为当时诸侯大国争夺霸权最响亮的口号。作为出身东夷族群的弱小国君滥公为了寻求生存，迎娶强邻宋国公室之女，积极融入华夏主流社会，通婚联姻自然便是非常重要的融合手段[③]。枣庄徐楼滥公夫妇墓的发现犹如雪泥鸿爪，为这个由邾国分化出来的东夷小国留下了重要的历史记录，也为探讨周代夷夏关系、夷人华夏化的历史进程提供了新线索。

（六）长清仙人台邿国遗址

仙人台遗址位于长清县城东南20千米处的五峰镇北黄崖村南，北距济南市25千米。1995年，山东大学考古系在这里发掘出两周时期的房址、窑址、灰坑、墓葬等遗存，其中6座周代贵族墓保存完好，自西向东排列有序，均为长方形土坑竖穴墓，面积略有差别，最小的M4不足10平方米，最大的M6超过20平方米。墓室中部放置棺椁，少者一椁一棺，多者二椁二棺。墓主均仰身直肢，头朝西北，棺底铺撒朱砂。墓底均有腰坑，内殉一犬，犬的头向与墓主相反。除M5外，其余墓葬均有一个或两个木结构边

---

① 枣庄市博物馆等：《山东枣庄徐楼东周墓发掘简报》，《文物》2014年第1期。

② 赵平安：《宋公圝作濫叔子鼎与滥国》，《中华文史论丛》2013年第3期。

③ 井中伟：《论枣庄徐楼春秋墓的几个问题》，《青铜器与山东古国学术研讨会论文集》，上海古籍出版社，2017年。

箱，专门用来放置随葬品。M5虽不设边箱，但有专放陶礼器的壁龛[①]。

发掘者认为M3的年代约为西周晚期，M1、M2为两周之际，M4、M5和M6则为春秋墓，并根据出土带有“邿”字的铜器铭文，判断这是一处邿国贵族墓地，邿为东夷小国[②]。有学者指出长清仙人台墓地的地理位置虽然靠近鲁北，但其两周之际的墓葬在主要随葬品上与鲁文化基本一致，而葬俗上与鲁文化并不相同，与薛国故城墓葬倒有一定相似性，另外年代为春秋晚期的M5应归入齐文化[③]。

（七）齐、鲁文化差异

齐、鲁均为周初受封立国，有着周文化的深厚基础，由于共处夷人故地，在长期发展中也都吸收了不少土著文化内容，其文化共性是显而易见的。下面主要根据齐、鲁两国中心区的考古资料并结合文献记载，将其文化差异择要归纳如下。

（1）都城布局方面，临淄齐国故城在战国以前没有小城，只有大城，且大城也是逐年扩建而成，战国早期在大城西南部修筑小城，即宫城，而大城遂成为郭城，形成城郭交错的新格局，这符合《管子·乘马》《小匡》中“因天材，就地利”“城郭不必中规矩，道路不必中准绳”的主张，是当时社会变革的产物。曲阜鲁国故城的郭城环绕宫城，宫城居中，宫城以北为手工业作坊集中的“市”，以宫城、鹿门（南城东门）和郊坛（舞雩台）为南北中轴线的城市布局，反映了《周礼·考工记》所载“匠人营国……左祖右社，面朝后市”的都城建制规划原则，为周代各国都城布局所罕见，构成了鲁文化的一个重要特征。

（2）墓葬习俗方面，临淄大中型齐墓盛行厚葬，有封土，带墓道，石筑椁室，周围二层台上常殉人或设器物库，墓外多置殉马坑或车马坑。曲阜望父台乙组大中型墓均无墓道、器物库、陪葬坑及殉人，葬具为一椁两棺，不见石筑椁室，亦未见随葬陶俑、陶兽习俗。

（3）陶器特征方面，齐、鲁墓葬随葬的陶器种类与组合变化详见前述，二者迥然有别。尤其战国以前绳纹鬲的变化多样与战国时期豆类器的迅速衰退，是鲁文化陶器不同于齐文化的显著特征。此外，齐文化遗址出土陶器多见陶文，瓦当流行树木、禽兽与人物等题材的纹饰；而鲁文化遗址出土陶器不见陶文，瓦当多卷云纹。

（4）夷人因素方面，齐文化中的东夷文化因素较鲁文化要多，如墓内常设器物

---

① 山东大学考古系：《山东长清县仙人台遗址发掘简报》，《考古》1998年第9期；《山东长清县仙人台周代墓地》，《考古》1998年第9期；《长清仙人台五号墓发掘简报》，《文物》1998年第9期。山东大学历史文化学院考古与博物馆学系：《山东济南长清仙人台周代墓地M4发掘简报》，《文物》2019年第4期。

② 任相宏：《山东长清县仙人台周代墓地及相关问题初探》，《考古》1998年第9期；《邿中簠及邿国姓氏略考》，《文物》2003年第4期。

③ 王青：《海岱地区周代墓葬研究》，山东大学出版社，2002年，第167页。

箱、头向多向东、大中型墓多殉人，流行实用素面鬲、高圈足簋等[①]。

齐、鲁文化之间存在的上述差异，可能与两国所处的地域条件、实施的治国方略有关[②]。齐处鲁北、盐卤之地，推行“因其俗，简其礼”（《史记·齐太公世家》）和“劝其女功”“通鱼盐”（《史记·货殖列传》）的国策，因势利导，提倡社会创新，发展工商经济，遂跻身为春秋五霸和战国七雄之列。鲁在齐南、商奄之地，采取“启以商政，疆以周索”（《左传·定公四年》）和“变其俗，革其礼”（《史记·鲁周公世家》）的国策，固守传统，重视周礼教化，抑制夷人礼俗，导致鲁“政不简不易，民不有近”，始终弱小而难以称雄于东方。

三、莒文化

鲁东南地区曾是周代莒、向、郯、鄫、郯等国的分布之地，其中以莒国势力最强，屡与齐、鲁、宋等大国会盟，并一度入向、灭鄫，统治范围几乎覆盖整个沂沭河流域，是春秋时期鲁东南地区政治、文化的主导力量。因此，这里所谓的“莒文化”是受周文化影响形成的一支地方性文化，墓葬结构与习俗、器物形态与组合均具有鲜明的自身特色，其以莒国都城为中心，主要分布于沂沭河流域及向东至黄海的区域。考古发现的郯、鄫等国文化遗存具有浓厚的东夷文化风格，总体上可纳入莒文化范畴。

（一）莒县莒国故城

文献记载，莒为东夷古国，有嬴姓或己姓之说。莒初都介根（或作计基、计斤，今胶州西南），春秋初年迁都于莒（今莒县），公元前431年，楚北伐灭莒，后莒地入齐。

莒国故城位于今山东莒县县城的四周，东临沭河，西依柳青河。城址西北地面上尚存一段长400、高3米的城墙，西南角至东南角有断续残墙700余、高约8米。城墙外有护城壕，城内发现周代半瓦当、窑具、刀币陶范等。南城墙外还试掘过莒国铸钱遗址，出土了一批窑炉、陶范、坩埚、铜渣、陶器等[③]。由于所做考古工作有限，莒国故城的形制、布局等情况还不十分清楚。

莒国墓葬大都环城分布，如莒县西大庄[④]、大沈刘庄[⑤]、王家山、天井汪、老营、

---

① 王迅：《东夷文化与淮夷文化研究》，北京大学出版社，1994年，第102～107页。

② 张光明：《齐文化的考古发现与研究》，齐鲁书社，2004年，第160～162页。

③ 苏兆庆：《考古发现与莒史新征》，中国文史出版社，2015年。

④ 莒县博物馆：《山东莒县西大庄西周墓葬》，《考古》1999年第7期。

⑤ 张开学等：《山东莒县大沈刘庄春秋墓》，《考古》1999年第1期。

于家沟、崔家峪等[①]。外围稍远些的高等级墓葬有莒南大店M1、M2[②]和东上涧春秋墓[③]，沂水刘家店子M1、M2[④]和纪王崮春秋墓[⑤]以及沂南西岳庄大墓[⑥]等，这些墓大都距离莒国国都三五十千米，其中莒南大店和沂水刘家店子大墓从出土铜器铭文判断，可能属于莒国国君夫妇或高级贵族之墓。

（二）兰陵鄫国故城

文献记载，鄫为姒姓古国，系夏少康少子曲烈的封地。西周初年封为诸侯，后附庸于鲁。公元前567年，鄫为莒所灭，事见《左传·襄公六年》。

鄫国故城位于今山东兰陵县以西10千米的向城镇季文子河与阳明河之间，北依鲁中山区，南临淮河平原。城址平面近方形，面积25万平方米。夯筑城墙现存最高7.5米，城外有护城壕，南、北、东三面城墙设有城门。城内中部有一长方形夯土台基，东西长240、南北宽80米，可能为宫殿区，周边分布面积不等的10处夯土基址。城东约700米发现一处以生产建筑材料为主的制陶手工业作坊，城北的黄龙山和城西的抱山、玛瑙埠一带发现多处墓地。这些墓地和手工业作坊的外围是否存在郭城，目前尚无相关线索。其中在黄龙山西坡的茔盘墓地M7是一座高规格的竖穴土坑墓，墓底凿入基岩，东侧留有较宽的生土二层台，居中的椁室两侧分设南、北器物箱，其中北器物箱内陶器上覆盖大量兽骨，南器物箱残存鼎足、鎏金车马器等，椁内一棺，墓主人头向东。椁外东、南侧有殉人4具。该墓年代约为春秋中晚期，墓主可能是一代鄫国国君[⑦]。

（三）临沂鄅国故城

鄅为东夷妘姓小国，公元前524年因遭邾国侵袭才载入史籍，事见《左传·昭公十八年》。

鄅国故城位于临沂市兰山区南坊街道鄅古城村，据传该村南为鄅子墓地。1982年在临沂凤凰岭清理1座由墓室、器物坑和车马坑三部分组成的春秋晚期贵族墓，器物坑位于墓室以北25米，车马坑位于墓室西北20余米。墓室口大底小，无墓道，分为南、北两部分，南室一椁一棺，墓主为男性，仰身直肢葬，头朝东，椁室内外发现殉人14具，北室为器物箱。此墓虽被盗，但仍出土大量青铜礼器、乐器和兵器等，且青铜器

---

① 刘云涛：《莒县博物馆》，文物出版社，2015年。

② 山东省博物馆等：《莒南大店春秋时期莒国殉人墓》，《考古学报》1978年第3期。

③ 张子晓等：《山东莒南县发掘春秋大型木椁墓葬》，《中国文物报》2008年7月4日第5版。

④ 山东省文物考古研究所等：《山东沂水刘家店子春秋墓发掘简报》，《文物》1984年第9期。

⑤ 郝导华等：《山东沂水纪王崮发现大型春秋墓葬》，《中国文物报》2012年10月12日第8版。山东省文物考古研究所等：《山东沂水县纪王崮春秋墓》，《考古》2013年第7期。

⑥ 刘延常等：《西岳庄大墓——解读一段东夷小国历史》，《文物天地》2004年第6期。

⑦ 山东大学历史文化学院等：《山东兰陵县鄫国故城遗址考古调查与发掘》，《考古》2018年第5期。

上明显有铭文被错磨、砍砸、敲打等人为毁坏的迹象。根据器物年代、埋葬习俗及所在地望，该墓主人很可能是春秋晚期一代郯国国君①。

（四）莒文化墓葬特征

莒文化墓葬主要发现于沂沭河流域的沂水、沂南、临沂、兰陵、莒县、莒南、郯城以及东临黄海的五莲、日照等地②。

墓葬形制流行方形或近方形的土坑竖穴，墓室多分成南北两部分，分置葬具和木构器物库，有些器物库与葬具之间筑一道隔梁。葬具常见一椁一棺，有的为双椁一棺。椁外四周涂抹膏泥，器物库外壁亦涂抹膏泥。墓主头向以东向为主，常见腰坑和殉狗。大型墓多有墓道，普遍殉人，数量较多，也有殉马现象，但少见车马坑（图6-27：左）。

随葬品方面，春秋早中期陶器基本组合为鬲、簋、罐、罍，春秋晚期出现鼎、豆、壶组合，有的加入甗、投壶或杯。其中鼓肩、高弧裆、深袋足鬲和折腹、喇叭形高圈足簋极富地域特色。春秋早中期青铜礼器多数器类形制虽与同时期中原铜器相同，但组合多不完备，常见鼎、鬲、盘、匜，少见壶、钿，不见甗、敦等。春秋晚期器类减少，且组合更简单，由于受齐、楚（或吴）青铜器的影响，形制与同时期中原铜器有较大差异。春秋莒国青铜器中最富本地特征的器物主要有立耳外侈、腹壁斜直、垂腹的鼎，圆鼓肩、高弧裆、深袋足的鬲，莲花瓣盖顶、镂孔高柄的豆，圆腹、

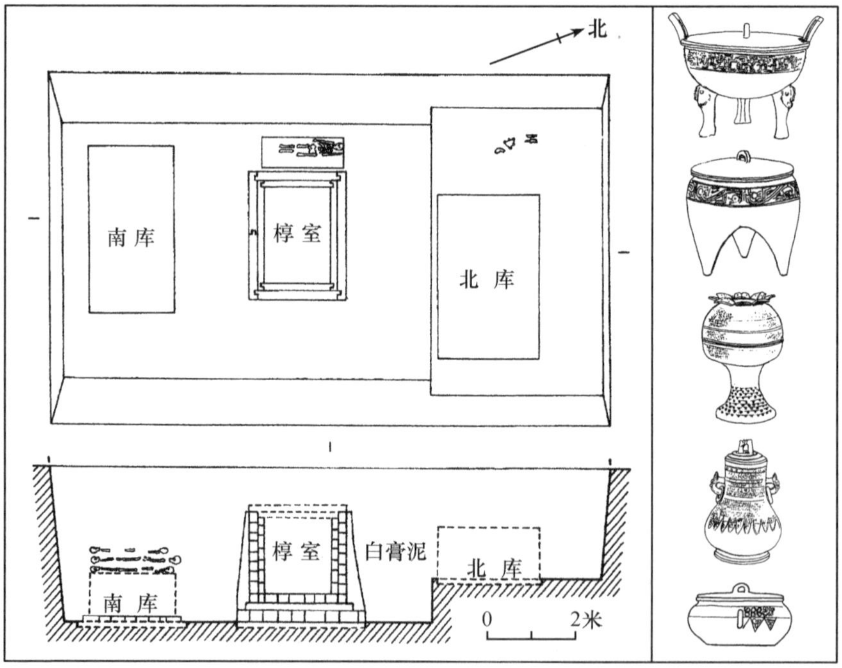

图6-27　沂水刘家店子M1形制与随葬部分青铜礼器

① 山东兖石铁路文物考古工作队：《临沂凤凰岭东周墓》，齐鲁书社，1987年。

② 王青：《海岱地区周代墓葬与文化分区研究》，科学出版社，2012年，第150～156页。

兽首流的匜，带盖的罍和圈足小罐等，其中盖纽多作环形、伏兽或鸟形。此外，沂水刘家店子M1大量使用平盖鼎，以横棍贯穿盖纽和鼎耳密封鼎盖的现象，反映了春秋莒文化的礼俗特色（图6-27：右）。

文化因素构成方面，葬俗如方形墓室多分南北两部分、头向多朝东以及殉人等特征继承了当地更早的夷人文化传统。青铜礼器形制与组合接受了周文化的影响，有些是东夷文化与周文化融合而成的创新产品。

第五节　楚　文　化

商朝末年楚人首领鬻熊曾投奔周文王，至西周成王之时，鬻熊之曾孙熊绎受封于楚蛮，居丹阳，中原诸国称“楚子”[①]。东周楚国势力日益强大，楚庄王时曾饮马黄河，问鼎中原，足见其气势之盛。与之邻境的诸多小国或为楚所灭，或沦为楚之附庸。在考古学文化面貌上他们也显现出较浓厚的楚文化风格，总体上可纳入楚文化的范畴。

考古学上的楚文化，是指最初由楚人在楚国境内创造的一种文化，这种文化有不同于其他文化的自身特征，当然这种特征是随着历史的进展不断变化，而基本具有这种特征的文化遗存，都可看作楚文化的范畴[②]。楚文化内容丰富多彩，其中作为当时楚国政治、经济和文化中心的都城应是首要研究对象。

一、楚都探索

据统计，目前发现的楚文化城邑有166处，可以分为都城、别都、县邑和军事城堡四类[③]。其中除荆州纪南城、淮阳陈城和寿县寿春城明确为战国楚都外，还有宜城楚皇城和当阳季家湖楚城可能与春秋楚都有关。

（一）宜城楚皇城

楚皇城遗址位于湖北宜城东南7.5千米处，东距汉水6千米。城址分大城和小城两部分。大城平面呈不规则梯形，面积约2.2平方千米。城墙底部叠压春秋中晚期的地层和灰坑，主体城墙始筑于战国时期，西汉增修的城墙叠压其上。大城内西南部发现有制

① 徐少华：《从包山楚简论楚之始封立国》，《荆楚历史地理与考古探研》，商务印书馆，2010年，第79～91页。

② 俞伟超：《关于当前楚文化的考古学研究问题》，《先秦两汉考古学论集》，文物出版社，1985年，第243～246页。

③ 陈振裕：《东周楚城初探》，《楚文化与漆器研究》，科学出版社，2003年，第33～53页。许宏：《先秦城邑考古》，西苑出版社，2017年，第294页。

陶作坊遗址，城外西部和西南部分别有雷家坡、魏岗、罗岗楚墓区。小城位于大城内东北隅台地上，面积约0.38平方千米。其东南、西部皆有夯土城垣，由于其北部及东北部借用了外城的城墙，初步断定其内城与外城是统一规划修建的。小城内东北有夯土台基，可能为宫殿区，曾出土1件春秋时期的铜壶以及“郢爰”金币等文物[①]（图6-28）。

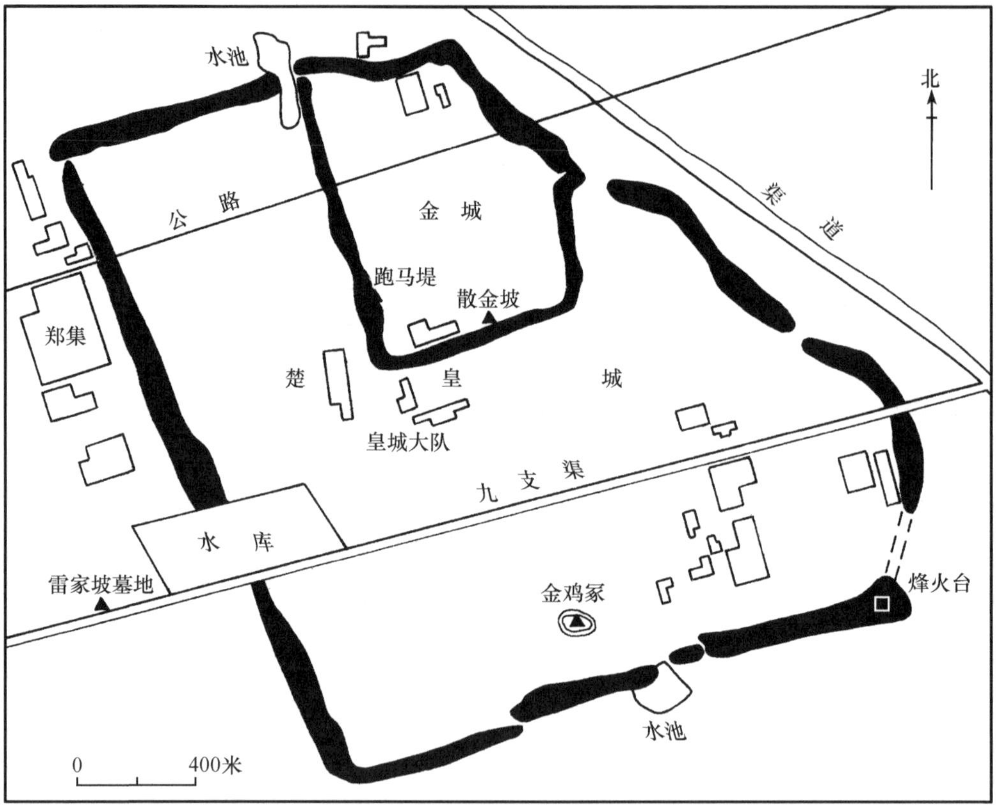

图6-28　宜城楚皇城平面图

（采自楚皇城考古发掘队《湖北宜城楚皇城勘察简报》图二，《考古》1980年第2期）

关于楚皇城遗址的性质，有学者推测它可能是楚之鄢都，属于别都[②]。也有学者认为是楚文王元年（前689年）或武王始都之“郢”[③]。但该城垣的始建年代明显与楚人于春秋早期始都郢的年代不合，目前要判定该城就是楚郢都，似乎证据不足。不过值得注意的是，从文物普查资料看，宜城楚皇城遗址及其周围地区存在一个巨大的东周聚落群，计有东周遗址和墓地80余处，其中面积超过10万平方米的就有14处之多，更为重要的是相当多的遗址有西周和春秋时期的文化堆积。从地理环境看，宜城平原地

① 楚皇城考古发掘队：《湖北宜城楚皇城勘察简报》，《湖北宜城楚皇城战国秦汉墓》，《考古》1980年第2期。湖北省文物考古研究所等：《湖北宜城罗岗车马坑》，《文物》1993年第12期。

② 杨权喜：《楚文化》，文物出版社，2000年，第47页。

③ 张正明：《楚都辨》，《江汉论坛》1982年第4期。石泉：《楚郢都、秦汉至齐梁江陵城故址新探》，《古代荆楚地理新探》，武汉大学出版社，1988年。

势平坦，水系发达，不仅适合发展水稻生产，具有承载大量人口的资源系统，而且这里地控汉水中游，北望南阳盆地，东临随枣走廊，南瞰江汉平原，是楚人由北往南发展的必经之地。从历史背景和当时的战略形势看，此地无论窥伺中原诸夏，抚绥汉阳诸姬，制驭巴、濮、蛮、越，均便于策应。因此，宜城楚皇城遗址群仍是目前已知探索早期郢都所在的最重要的聚落群，只不过我们的视野不能仅仅局限于楚皇城城垣之内，而要综合考察整个聚落群的兴起与发展过程，系统探索这一区域内聚落群的分布规律，才能对其性质有正确的认识①。

（二）当阳季家湖楚城

季家湖楚城位于湖北当阳县城东南约40千米的季家湖西岸，南距长江约15千米，东距沮漳河约3千米，东南距荆州纪南城约35千米。城址平面略呈长方形，面积2.24平方千米。已发现有内外护坡的土筑南城墙，南城墙外有城壕。城内发现夯筑台基、制陶作坊和窖穴等遗迹，其中1号台基出土了春秋时期"秦王卑命"铜甬钟、曲尺状铜构件以及筒瓦、板瓦等遗物②。城外附近楚文化遗存丰富，城北有当阳赵家湖楚墓群，出土带"楚子"铭文的重要青铜器；城西有枝江青山楚墓群，分布着多座高大的封土墓。根据所在位置、城址特征和出土遗物规格，季家湖楚城有可能是春秋时期的楚国郢都。不过由于所做考古工作不多，目前尚难确定。

（三）荆州楚都纪南城

纪南城遗址位于湖北荆州市江陵城北5千米处的纪山之南。城址平面略呈长方形，东西长约4500、南北宽约3500米，总面积约16平方千米③。除东南角外的其他三处城角均呈切角，南墙东部有一向外凸出部分。对南城墙最新的发掘成果显示，城墙的始建年代不早于战国早期④。已发现城门7座，东墙有1座，其他三面各有2座，其中北墙东门和南墙西门为水门。城垣外四周有宽阔的护城河。城内已探明4条古河道，其中3条同现今河流的位置和走向基本一致，与护城河和水门相通。城内已发现东周夯土建筑基址80余处，大多包含战国时期的遗存，主要分布在城内东部，尤以城内东南部最密集，排列亦有一定规律，周围还发现了夯土墙遗迹，南北长906、东西宽802米，面积72万余平方米，一般认为应是宫城所在。有学者认为，这种以东部为重心的楚都内部布局与楚简《日书》所反映的建筑住宅的方位吉凶观念大体相合，体

---

① 王红星：《楚都探索的考古学观察》，《文物》2006年第8期。

② 湖北省博物馆：《当阳季家湖楚城遗址》，《文物》1980年第10期。

③ 湖北省博物馆：《楚都纪南城的勘查与发掘（上、下）》，《考古学报》1982年第3、4期。湖北省文物考古研究所：《1988年楚都纪南城松柏区的勘查与发掘》，《江汉考古》1991年第4期；《纪南城新桥遗址》，《考古学报》1995年第4期。

④ 湖北省文物考古研究所：《荆州纪南城烽火台遗址及其西侧城垣试掘简报》，《江汉考古》2014年第2期。

现了楚人方位观念中对“东”的重视①。城内东北、西南发现有制陶、铸铜手工业作坊遗址，还发现400余眼水井，多有木、竹或陶质井圈，有的井底有大陶瓮，可能系冰窖或冷藏窖（图6-29）。

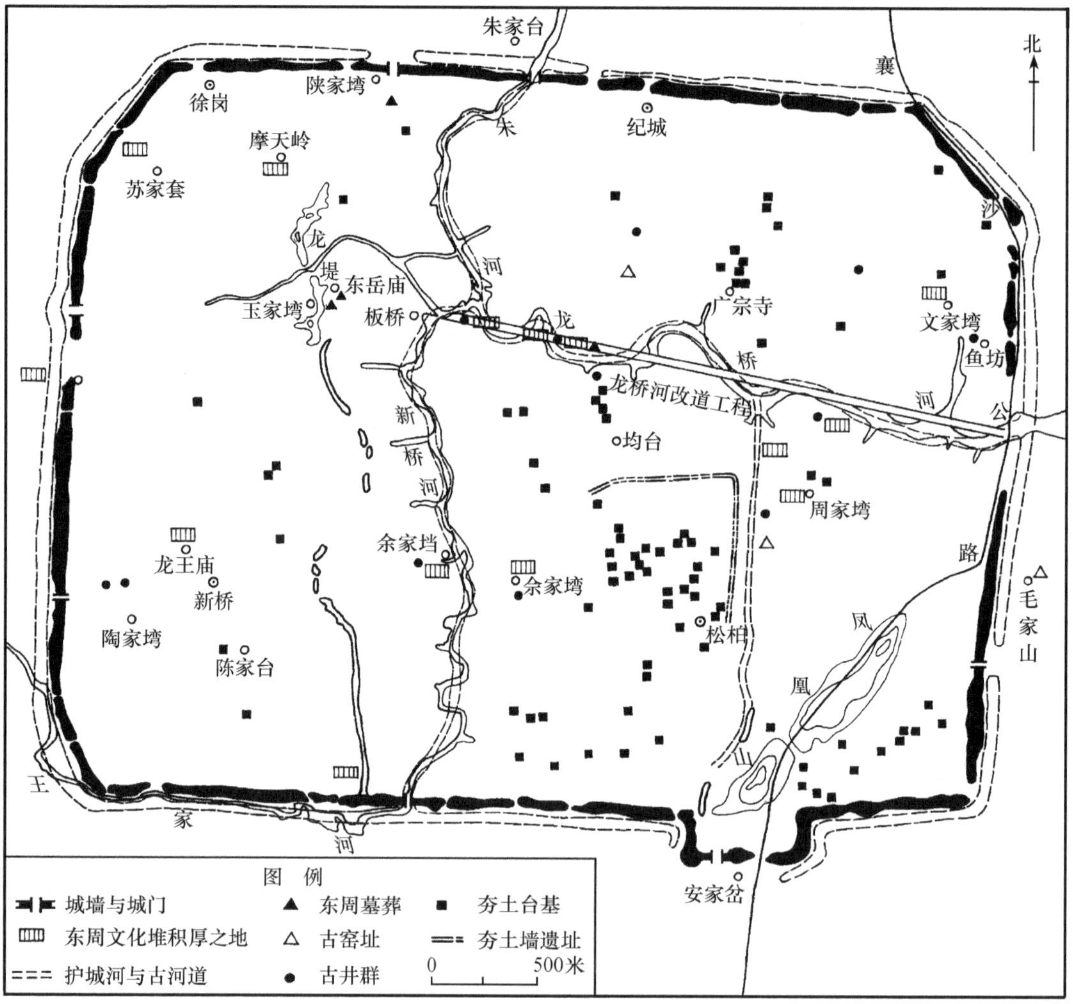

图6-29　荆州楚都纪南城平面图

［采自湖北省博物馆《楚都纪南城的勘查与发掘（上）》，《考古学报》1982年第3期］

纪南城外的东周文化遗存也极为丰富。城东的毛家山发现有制陶作坊遗址，更远些的潜江龙湾镇有章华台离宫遗址，发现夯土台基10余座②。城南的拍马山一带分布若干夯土台基，可能与祭祀或都城守卫有关。城西和城北则有密集的居址。在城外四周数十千米的范围内还发现数千座东周楚墓，已知墓区25处。地面有封土的数百座楚墓主要分布于城西至城北连绵起伏的丘陵岗地上，其中尤以八岭山、马山、纪山、望山

① 晏昌贵：《楚国都城制度再认识》，《社会科学》2008年第8期。

② 湖北省潜江博物馆、荆州博物馆：《潜江龙湾：1987～2001年龙湾遗址发掘报告》，文物出版社，2005年。

一带最为密集，其中大者可能为楚王陵，该区域很可能是楚国的“公墓”区[①]。另外，在纪南城东北的雨台山、九店、武昌义地、官坪、朱家台至城南的拍马山、太晖观、张家山、付家台等处也有大量中小型楚墓，这些应该是楚国的“邦墓”地。

纪南城是目前在楚地范围内发现的规模仅次于寿县寿春城的东周城址，具备楚都的综合条件，一般认为这里是春秋早期楚国自丹阳南迁于此的“始都之郢”。但也有学者根据新的考古分期序列提出异议，认为纪南城可能只是战国中期早段至楚顷襄王二十一年（前278年）被秦将白起攻陷的楚郢都[②]。无论如何，带有外郭城的纪南城属于战国时期，是没有问题的。基于现有考古资料并结合文献记载，纪南城在春秋时期可能仅分布在东南部松柏村区域，当时并无郭城，到战国时期才开始修筑大城，从而形成现存的“内城外郭”式布局。

（四）淮阳陈楚故城

陈城原是陈国都城，为陈胡公所筑。楚惠王十一年（前470年）灭陈置县，作为经略中原的重要基地。公元前278年，秦将白起拔郢，楚顷襄王东迁陈城。楚考烈王十年（公元前253年）又徙于钜阳，楚人以陈城为都仅25年（《史记·楚世家》）。

楚都迁陈后，称“陈郢”或“郢陈”，位于今河南淮阳县城一带。考古勘探与试掘显示，淮阳县城城墙始建于春秋晚期或稍早，后经多次修复，其中尤以战国晚期的修复规模为大[③]。城垣扩宽4.4、增高1米有余。夯土以横木作栓，分四层安放。据推算，全城共用横木4万～6万根，可见工程之浩大。应是楚都陈城后的增修扩建，以适应作为楚都和战略防御的需要。目前陈楚故城的考古工作开展不多，还难以理清城内外各时期的建筑格局和结构。

在淮阳县城外东南地带分布一大批规格不等的楚墓，应属于楚都陈郢时期的墓葬[④]。其中规模最大者当属“马鞍冢”楚墓，两墓封土残高10米以上，南北相连，东西长70余、南北宽50多米，状如马鞍，分别带有两条和一条墓道，墓室有多级台阶，棺椁多重，大墓西侧还祔葬2座大型车马坑，坑内埋葬车、马众多，该组墓主很可能是楚顷襄王及其夫人[⑤]。

---

① 江陵县文物工作组：《湖北江陵楚冢调查》，《考古学集刊》第4集，中国社会科学出版社，1984年。荆门市博物馆：《纪山楚冢调查》，《江汉考古》1992年第1期。

② 王红星：《楚都探索的考古学观察》，《文物》2006年第8期。尹弘兵：《纪南城与楚郢都》，《考古》2010年第9期。

③ 曹桂岑：《楚都陈城考》，《中原文物》1981年特刊。

④ 曹桂岑等：《淮阳县平粮台四号墓发掘简报》，《河南文博通讯》1980年第1期。河南省文物研究所：《河南淮阳平粮台十六号楚墓发掘简报》，《文物》1984年第10期。曹桂岑：《淮阳楚墓论述》，《楚文化研究论集（1）》，荆楚书社，1987年，第60～70页。

⑤ 河南省文物研究所等：《河南淮阳马鞍冢楚墓发掘简报》，《文物》1984年第10期。马全：《马鞍冢楚墓墓主考》，《楚文化研究论集（1）》，荆楚书社，1987年，第235～239页。

（五）寿县楚都寿春

楚考烈王二十二年（前241年），“楚东徙都寿春，命曰郢”。楚王负刍五年（前223年），秦军灭楚置郡，寿春作为最后的楚都历时18年。

楚都寿春城位于今安徽寿县城南，东、北两面有淝水。从1983年开始，考古人员对寿春城进行了系统的考古勘探和发掘，并采用了航空遥感的方法来寻找楚寿春城的城墙、街道和大型建筑群的线索①。1985年在柏家台发掘和勘探的一座大型建筑，面阔54、进深约42米，总面积达3000平方米，推测柏家台及其附近地区很可能就是楚寿春城宫殿区所在②。目前认为今寿县城大致就是楚寿春城所在，楚寿春城只是南城墙向外扩展了300米，复原南北长2100、东西宽2050米，周长8500米。此前发现的战国晚期楚国重要遗存，包括柏家台建筑址，在当时均位于城外，是高级贵族和官僚宅第的遗迹③。

寿县城关周围分布有大批战国晚期楚墓，城西南的双桥一带是中型墓葬区，城北的八公山南侧是小型墓葬区，城东南的长丰县朱集一带为大型墓葬区，著名的李三孤堆楚王墓即坐落于此，曾被盗掘出土数千件王室用器，推测可能是战国末年楚幽王墓④。

楚都的探索及楚国政治、经济、文化中心的转移是楚文化研究中的重要课题。西周时期的楚都“丹阳”所在，先后有当涂、枝江、秭归和丹淅等不同说法，随着考古发现与研究工作的不断深入，探寻范围虽已缩小在枝江、丹淅两说之间，且丹淅说要比枝江说更可信些⑤，但迄今并未确定。春秋早期楚始都之“郢”，目前来看很有可能在宜城平原。纪南城可能是战国早中期的楚都，战国晚期楚都“陈郢”和“寿郢”虽已确认，但布局情况尚不清楚。

“郢”是楚国都城的通称，《越绝书·吴内传》曰：“郢者何？楚王治所。”“惟楚人自文王由丹阳徙郢后凡四迁，每迁新都，亦必以郢名。……则其迁居新地，仍以故地名之者，便于管理安排。楚人喜保其故习。”楚国屡次迁都，都是有原因的。开国之初，楚人礼承于周，进入春秋，楚人崛起，开疆拓土，灭国无数，并逐步彰显自身文化特色。所以早期的迁移，是为了寻求发展空间，于是由西北逐步到江汉平原。战国晚期强秦进逼，此时楚人被迫辗转流徙，则主要是为躲避战乱。

---

① 丁邦钧：《楚都寿春城考古调查综述》，《东南文化》1987年第1期。丁邦钧、李德文：《寿春城遗址遥感调查的新收获》，《楚文化研究论集（二）》，湖北人民出版社，1991年。

② 丁邦钧：《寿春城考古的主要收获》，《东南文化》1991年第2期。

③ 孙华：《楚国国都地望三题》，《华中师范大学学报》2005年第4期。

④ 李景聃：《寿县楚墓调查报告》，《田野考古报告》第1册，1936年。

⑤ 尹弘兵：《楚国都城与核心区探索》，湖北人民出版社，2009年。徐少华、尹弘兵：《楚都丹阳探索》，科学出版社，2017年。

二、楚墓特征

目前已发掘的楚墓数以万计，在东周列国考古中可谓首屈一指。楚墓一般保存较好，对深入研究东周楚国的埋葬制度、探索楚文化的演进历程提供了丰富多彩的实物资料。

（一）分期编年

目前已发现的楚墓，时代最早的在两周之际，最晚的到战国末年。西周时期的楚墓，暂时还不认识。这样，基本上可以把楚墓分为春秋和战国两大阶段。

春秋楚墓年代学的建立，是在河南淅川下寺楚墓发现之后才明确的。1978 ~ 1980年在河南淅川下寺发掘了25座春秋楚墓，其中M1和M3所出铜器上多有“楚叔之孙倗”作器之名，M2出土了7件“王子午”（即卒于公元前552年的楚令尹子庚）升鼎，鼎上还加刻“倗”铭①。据考证，“倗”即“冯”，是卒于楚康王十二年（前548年）继王子午为楚国令尹的蔿子冯②。这三座墓应是蔿子冯的家室墓，年代属春秋晚期早段。此后在附近的和尚岭、徐家岭两地又相继发现了蔿子受（和尚岭M2）、蔿子孟升嬭（徐家岭M3）、蔿子昃（徐家岭M10）等人的墓葬③，证明这一地区确为楚国蔿氏家族墓地所在。根据当阳赵家湖墓地的分期结果，基本确认该墓地赵家塝M2和M3、金家山M9、赵巷M4四座铜器墓的年代属于春秋早期至春秋中期早段④。此外，河南叶县旧县M4墓主为许灵公宁，公元前591 ~ 前547年在位⑤。安徽寿县蔡侯墓墓主为蔡昭侯申，公元前518 ~ 前491年在位⑥。这两座墓虽不是楚墓，但均为楚之附庸，由它们去推断春秋晚期早、晚段楚墓应是比较可靠的。

1978年湖北随县曾侯乙墓的发现，为战国楚墓年代序列的确立提供了一个坚实的基点。曾侯乙墓虽非楚墓，但所出大量铜器均表现出楚式风格，其中有一件镈钟带有纪年铭文，“唯王五十又六祀，返自西阳，楚王酓章，作曾侯乙宗彝，奠之于西阳，其永时用享”。楚王酓章即楚惠王熊章，楚王中在位超过56年的也仅此一人，因此该镈钟当铸于楚惠王五十六年，即公元前433年。由此可知曾侯乙墓的年代属于战国早期早段⑦。荆门包山M2墓主为楚国左尹邵佗，所出遣策简记载“大司马邵滑救郙之岁”

① 河南省文物研究所等：《淅川下寺春秋楚墓》，文物出版社，1991年。

② 李零：《“楚叔之孙倗”究竟是谁》，《中原文物》1981年第4期。

③ 河南省文物研究所等：《淅川和尚岭与徐家岭楚墓》，大象出版社，2004年。

④ 湖北省宜昌地区博物馆等：《当阳赵家湖楚墓》，文物出版社，1992年。

⑤ 平顶山市文物管理局等：《河南叶县旧县四号春秋墓发掘简报》，《文物》2007年第9期。

⑥ 安徽省文物管理委员会等：《寿县蔡侯墓出土遗物》，科学出版社，1956年。

⑦ 湖北省博物馆：《曾侯乙墓》，文物出版社，1989年。

即为左尹邵佗下葬之年，据考证当在公元前316年[①]，属战国中期晚段。江陵天星观M1墓主为楚邸阳君番勅，墓中所出竹简记有"秦客公孙鞅问王于纪郢之岁"一语，公孙鞅于公元前361年入秦，因变法之功于公元前340年被封于商，史称商鞅，公元前338年被诛杀，由此可知秦客公孙鞅访楚之时当在公元前361～前340年，该墓的下葬年代约稍晚于此时[②]，属战国中期。此外，淮阳马鞍冢即战国晚期楚顷襄王墓，安徽寿县李三孤堆大墓即战国末年楚幽王墓。

根据以上年代明确的标准墓或墓群，可将目前发现的东周楚文化系统的重要墓葬排列出前后相继的年代序列：

春秋早期　当阳赵家塝M2

春秋中期　当阳赵家塝M3、金家山M9、赵巷M4，淅川下寺M7、M8、南阳西关彭宇墓[③]

春秋晚期　淅川下寺M1、M2、M3、M10、M11，和尚岭M1，南阳彭射墓[④]、叶县许公宁墓、寿县蔡侯申墓

战国早期　淅川和尚岭M2、徐家岭M1、M9、长沙M89（即浏城桥71M1）[⑤]、随州曾侯乙墓

战国中期　荆门包山M2，江陵天星观M1、M2[⑥]，望山M1、M2[⑦]，新蔡平夜君成墓[⑧]

战国晚期　淮阳马鞍冢楚顷襄王墓、寿县楚幽王墓

其他墓葬的断代可以参照此墓葬序列。

（二）墓葬分区

楚墓主要发现于湖北、湖南、河南、安徽四省，尤以湖北江陵、湖南长沙最为集中，此外在江苏、上海、江西等地也有零星发现。根据各地楚墓所显现出的文化面貌和时空分布上的差异等要素，可将楚墓划分为若干个大的墓葬分布区，它们昭示着楚国不断发展壮大、拓疆殖民与都城迁徙的历史进程[⑨]。

---

① 湖北省荆沙铁路考古队：《包山楚墓》，文物出版社，1991年。

② 湖北省荆州地区博物馆：《江陵天星观1号楚墓》，《考古学报》1982年第1期。

③ 王儒林、崔庆明：《南阳市西关出土一批春秋铜器》，《中原文物》1982年第1期。

④ 南阳市文物考古研究所：《河南南阳春秋楚彭射墓发掘简报》，《文物》2011年第3期。

⑤ 湖南省博物馆等：《长沙楚墓》，文物出版社，2000年。

⑥ 湖北省荆州博物馆：《荆州天星观二号楚墓》，文物出版社，2003年。

⑦ 湖北省文物考古研究所：《江陵望山沙塚楚墓》，文物出版社，1996年。

⑧ 河南省文物考古研究所：《新蔡葛陵楚墓》，大象出版社，2003年。

⑨ 中国社会科学院考古研究所：《中国考古学·两周卷》，中国社会科学出版社，2004年，第348～357页。

1. 江汉平原区

江汉平原为楚国的腹心地带，楚墓主要分布于汉水中下游的湖北荆州、当阳、荆门、宜城、襄阳等地，是最大的楚墓分布区，以宜城楚皇城和荆州纪南城周围为中心。此区多含大型墓地，墓葬数量众多，各等级墓葬类别齐全且大中型墓葬集中，延续时间长，在楚墓中具有典型性。

2. 湘江洞庭湖地区

这是仅次于江汉平原的楚墓的第二大分布区。大体指衡山以北、长江及古云梦泽以南的湘江中下游和洞庭湖地区，包括今湖北省江南部分的松滋、公安、石首一带，湖南北部和中部的常德、岳阳、益阳、长沙等地。该区系楚国较早开发的地区之一，目前在洞庭湖沿岸的澧县、岳阳等地发现了春秋中期的楚墓，春秋晚期的楚墓已达于湘中地区，几乎遍布全区。战国时期尤其是战国中晚期的楚墓数量急剧增多，下限与秦汉时代相接。在埋葬制度上有一定的越文化因素，如春秋中晚期中型墓的墓圹多窄长而带龛，随葬越式鼎、印纹硬陶器、兵器等。但随着时间的推移，原有的越文化因素逐渐减少，而在典型楚文化基础上发展起来的具有地方特色的文化因素不断增加，如葬具上流行平底方棺，以铜镜、玺印、铁器等随葬的情况远较江汉平原地区多见。战国晚期墓葬中又显现出较浓的秦文化因素，如鼎、盒、壶组合的出现等。

3. 豫南鄂西北地区

大体指汉水上游、桐柏山、淮水上游及其以北直至楚之北境的区域，包括今豫南及豫、鄂两省交界处的信阳、南阳、十堰等地。该区目前所知最早的楚墓，约当春秋中期偏早，下限则至楚都陈郢时期（前278 ~ 前241年）。从春秋中晚期直至战国中晚期，都发现有大、中型墓。由于地近中原，在墓地规划、棺椁制度、随葬器物的组合与形制、车马坑的埋葬方式等诸多方面，都显现出与中原文化的密切联系。就随葬器物而言，若干陶器的形制与彩绘风格、组合中多见豆等，都与中原文化较为接近；而与江汉平原区相比，战国时期仿铜陶礼器中不见鼎、缶的组合，日用陶器中未见小口罐形鬲、弦纹长颈罐等楚文化的典型器物。战国晚期的淮阳一带一度成为楚的腹心地区，此期楚墓具有典型性，大中型墓随葬的鼎、敦、簠等器物趋于简化，制作粗糙。

4. 淮河中游与长江下游区

大体指大别山以东的淮河中游与长江下游一带，包括今安徽中南部等地。该区的楚墓绝大多数属战国晚期，极少数可上溯至战国早中期，这与文献记载的战国时期楚人东进及战国晚期楚都东迁的情况相一致。个别墓所出器物具有越文化风格，战国晚期墓中出现盒、钫等器物，有些显然含有秦文化因素。

5. 湘西山地

沅水和澧水上游流经的湘西山地，目前已发现零星的春秋晚期楚墓。战国时期的楚墓中见有含巴、蜀、濮文化因素的遗物，表明楚人与上述周边族群有直接的接触。墓葬类别不多，形制与湘江洞庭湖区相同但较简单，随葬物品也不甚丰富。日用陶器组合中多见豆而罕见鬲，出土铜镜的数量也较湘江洞庭湖区为少。

6. 湘江上游区

指衡山以南的湘江上游地区，即今湖南南部一带。该区较为明确的楚墓时代最早属战国早期，春秋时期的墓葬则多为越人墓，说明在楚人进入之前这里属越人活动区。该区墓葬中有不少呈现出楚越文化因素交融的现象，墓葬一般不使用白膏泥保护棺椁，保存状况普遍较差，墓葬等级较低，多为小型墓，中型墓较少。战国晚期墓中出现鼎、盒、壶或鼎、豆、钫的组合，应是接受秦文化影响的结果。

（三）墓葬形制

楚墓形制由春秋至战国发生了较大变化。春秋时期均为土坑竖穴墓，未发现带墓道的大墓，地表没有封土，墓坑内不设台阶，平民墓多有壁龛。战国时期仍为土坑竖穴墓，中层以上的贵族墓都有封土，荆州纪南城北的纪山楚王陵区有许多大墓的封土直径在40～100、高10米以上。有封土的大型墓葬一般都有斜坡墓道，多数为一条，有的设两条，如淮阳马鞍冢楚顷襄王墓。大中型贵族墓坑壁往往设有多级台阶，一般规模越大，墓坑越深，台阶越多，如江陵天星观M1有15级、枣阳九连墩M1和M2各有14级[①]（图版13：1）、荆门包山M2有14级、新蔡平夜君成墓有7级、江陵望山M1有5级（图6-30）。小贵族墓有的也有1、2级台阶或墓道，但一般无封土。平民墓则无墓道、封土和台阶。

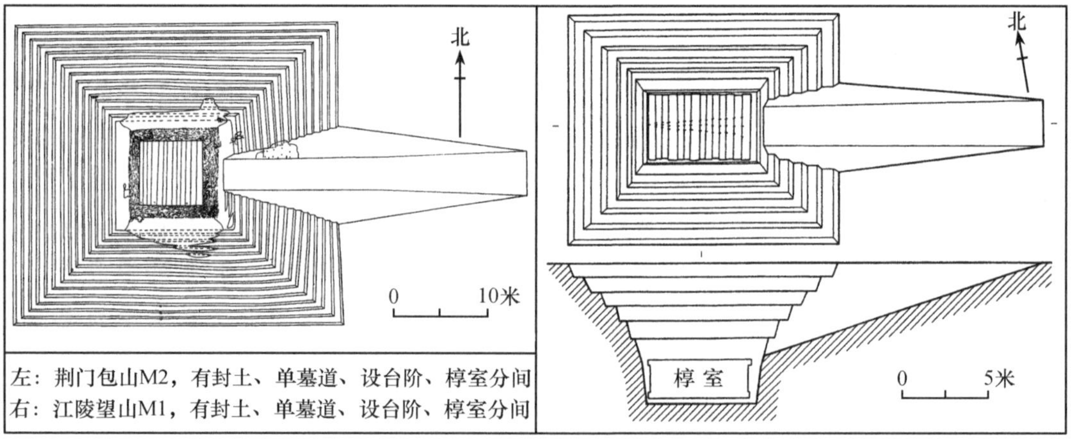

左：荆门包山M2，有封土、单墓道、设台阶、椁室分间
右：江陵望山M1，有封土、单墓道、设台阶、椁室分间

图6-30　东周楚墓平、剖面图举例

（四）墓室结构

楚墓的棺椁周围多填以青（白）膏泥，一般保存较好。春秋时期大中型墓的椁近方形，小型贵族墓多为井字形椁，平民墓一般有棺无椁；棺均为悬底方棺，有些中型墓则用双层套棺。战国时期椁室内一般分隔成多室，其数量多少直接反映了墓主身份

---

① 湖北省文物考古研究所等：《湖北枣阳九连墩M1发掘简报》，《江汉考古》2019年第3期；《湖北枣阳九连墩M2发掘简报》，《江汉考古》2018年第6期。

等级的高低，如江陵天星观M1、信阳长台关M1有七室，荆门包山M2、新蔡平夜君成墓有五室，江陵望山M1有三室，一棺室一头箱的二室墓比较多见。战国时期除了悬底方棺外，还流行悬底弧形棺，战国中晚期还出现了长方盒形棺，目前发现的二至四棺者一般是长方盒形棺与悬底弧形棺套合使用。

文献记载先秦丧葬礼制，棺柩由殡宫赴圹时要进行饰棺，由内向外饰有棺束、褚、池、荒帷等，这些棺饰在楚墓中均有发现。棺束即捆扎棺的绳带，按周制，棺束使用的等级是君三束，大夫、士二束。从目前楚墓棺束来看，似乎与周制不尽相同，并且春秋战国也有变化。春秋早中期有横向用麻绳捆扎九束、七束、五束、三束者，这种奇数字体现了贵族的身份等级。到战国时期，贵族墓均是横向捆扎三束，也有捆扎两层者，如江陵望山M1、M2外层捆扎三横二竖，内层则分别捆扎七横四竖、七横三竖。褚是紧贴棺盖的丝织物棺罩，只有大夫以上的贵族才能用，荆门包山M2即发现有此类织物。褚之上是池，即罩在棺盖上的竹编棺罩。楚墓棺盖上多铺竹帘，即文献所载的池。《礼记·丧大记》记载，在池之下有“鱼跃拂池”。楚墓中棺的两侧经常发现有散落的铜鱼，正好是“鱼跃拂池”之证。在池之外有荒帷，为一件大的丝织物棺罩，顶面的曰荒，四周的曰帷，这种荒帷在荆门包山M2、江陵马山M1等楚墓中均有发现①。

楚国贵族墓一般头向东，中、小型墓因墓地和地区而各异，甚至一个墓地，方向也不一致。楚墓葬式几乎均为仰身直肢葬，两手多交于腹部，这当是由于尸体入殓时所进行的一系列殓葬仪式而形成的。《仪礼·士丧礼》记载，死者在沐浴饭含后要进行小殓，小殓仪节则有设掩、瑱、幎目、握等，再绞衾，然后大殓于棺。这些仪节在楚墓中基本上得到印证。

（五）随葬品组合

青铜礼器组合方面，春秋早期以鼎、簋为核心，有的辅以鬲、簠。春秋中期鼎、簋组合依然延续，新出现了以鼎、簠和鼎、盏为核心组合，另加浴缶、盘、匜，有的还辅以钿，其中鼎、簠组合具有鲜明的楚文化特色。春秋晚期在前期的基础上，器类和数量均有所增加，仍以鼎、簠为核心组合，钿基本不见，新加入了尊缶和壶，个别墓出现的敦只是作为簠的辅器。战国早期以鼎、敦为核心组合，簠已少见，壶成为组合中不可或缺的器类，前期的尊缶、浴缶、盘、匜延续使用。战国中晚期的组合形式仍以鼎、敦、壶为核心，一般成偶数出现，晚期新出现了高柄壶②（图6-31）。值得一提的是，楚式升鼎是一种流行于楚地且具有较强区域性特征的器物，其形制为立耳、束腰、浅腹、大平底，往往有自铭。与周式升鼎不仅形制迥异，而且组合、用法也不

① 高崇文：《考古楚文化》，《文物天地》2003年第2期。

② 刘彬徽：《楚系青铜器研究》，湖北教育出版社，1995年。杨宝成：《楚国青铜礼器组合研究》，《华夏考古》2000年第2期。王乐文：《江北地区楚墓研究》，吉林大学博士学位论文，2010年。

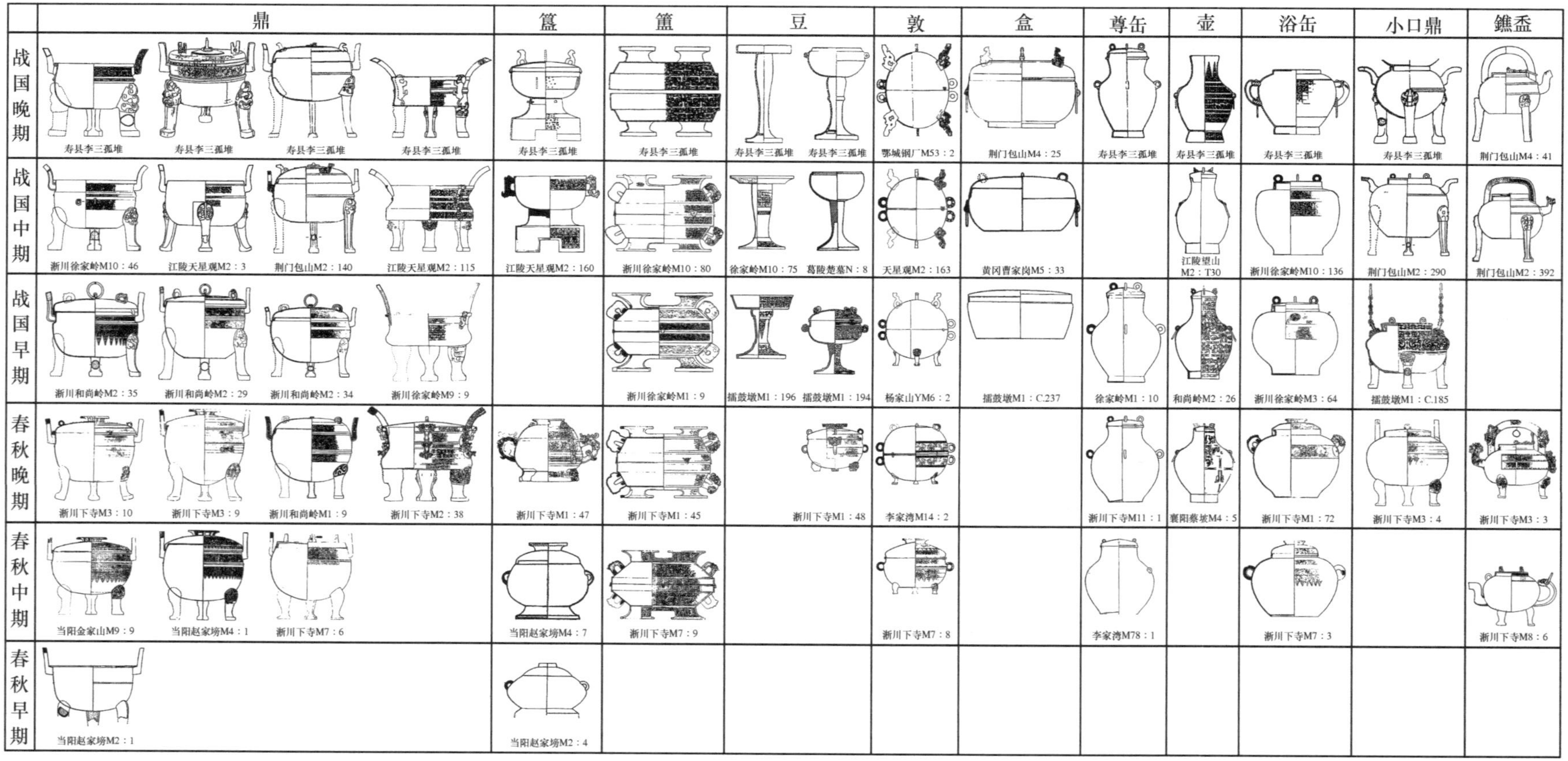

图6-31　东周楚墓出土典型青铜礼器分期图

（根据王乐文《江北地区楚墓研究》图二·一综合绘制）

相同。楚墓中所见升鼎多为偶数组合，少见大小相次陈列。从春秋中期开始，它成为代表高级贵族身份的专用器之一。楚式升鼎的出现，标志着楚相对独立于中原文化系统之外，而形成自己的文化特色。春秋时期，楚国高级贵族均以升鼎为正鼎计数，如淅川下寺M2随葬7件青铜升鼎（图版13：2）。至战国时期，升鼎只有最高层统治者才能享用，如寿县楚幽王墓葬9件升鼎。小口罐形鼎有自铭“汤鼎”者，应是一种与南方的生活习惯相适应的温水器，仅见于楚和受楚影响极深的地区。因其口小不易散热，搬动时所盛液体不易晃出，用来盛装热水正合适。《楚辞·九歌·云中君》云“浴兰汤兮沐芳”，可知有些鼎烧水时可能会放入香草，加热后香味四溢。此外，在楚墓的礼器组合中还见有主要用作温水的鐎盉、用作贮水的浴缶、用作盛酒的尊缶等，都是流行于楚地的颇具特色的器物。

由于陶礼器大多仿自青铜礼器，其器类形制、组合形式及时代变化均与青铜礼器十分近似，它们常与青铜礼器共存，在一定程度上作为青铜器用制度的有效补充（图6-32）。需要指出的是，鼎、簠、缶的组合，是最先在楚地上层贵族中出现和应用的。陶礼器鼎、簠、缶组合仅存在于楚地，流行于春秋晚期至战国晚期，使用者主要为中、下层贵族。簠作为礼器之一，在楚国的地位要远超过中原。鼎、簠加上楚地特有的浴缶或尊缶，就构成一种较稳固的、为楚所特有的组合形态。用鼎、簠、缶组合来区别于中原的礼器组合，意味着楚与中原礼制的分道扬镳。就使用范围而言，使用青铜鼎、簠、缶的，多为中层以上贵族，使用仿铜陶鼎、簠、缶的，多为下层贵族。除少数贵族使用铜鼎、敦、壶外，多数下层贵族乃至平民则更多地使用仿铜陶鼎、敦、壶，因此使用鼎、敦、壶的地域、阶层更广泛。有的贵族墓同时使用上述两种组合，或有铜、陶并用者，混合使用的情况较为复杂。战国楚地鼎、敦、壶的组合，与中原同期盛行的鼎、盖豆、壶的组合形成鲜明的对比。

日用陶器中最具特色的是楚式鬲及以其为主构成的鬲、盂、豆、罐组合。楚式鬲有大口和小口之分，弧裆，袋足上往往包裹较高的柱状实足根，俗称“包足鬲”。其主要变化是腹部普遍由深变浅、裆部由弧趋平。而中原地区的周式陶鬲却朝着另一个方向发展，其裆部越来越低矮，足根也愈加短小，进入战国阶段，鬲已较少见，陶器墓中往往以鼎代鬲。春秋中期前后，楚与中原陶器墓的组合及器物形态大体一致，均以鬲、盂、浅盘豆、罐为主。从春秋晚期开始，中原地区已基本没有鬲、盂、豆、罐的组合，而普遍代之以鼎、盖豆、罐，成了一种仿铜陶礼器和日用陶器相混杂的组合形式。而春秋晚期楚陶器墓，一方面保留着大量的鬲、盂、豆、罐类日用陶器组合，一方面又出现了鼎、簠、敦、壶类仿铜陶礼器组合。其中以楚式鬲为主体的日用陶器组合，已显然不同于中原同类器的组合。当楚式鬲出现后，与之结合的盂、豆、罐，也均显现出各自在形制和纹饰上的特色。

楚墓中往往随葬精美且独具特色的漆木器。春秋时期仅少数墓出土木器，很少有漆器。战国时，等级稍高的墓葬几乎必备漆木器。漆木器中最具楚文化风格的是虎座鸟架鼓、虎座飞鸟和镇墓兽等。虎座鸟架鼓，系由双伏虎上立双鸟组成的乐器

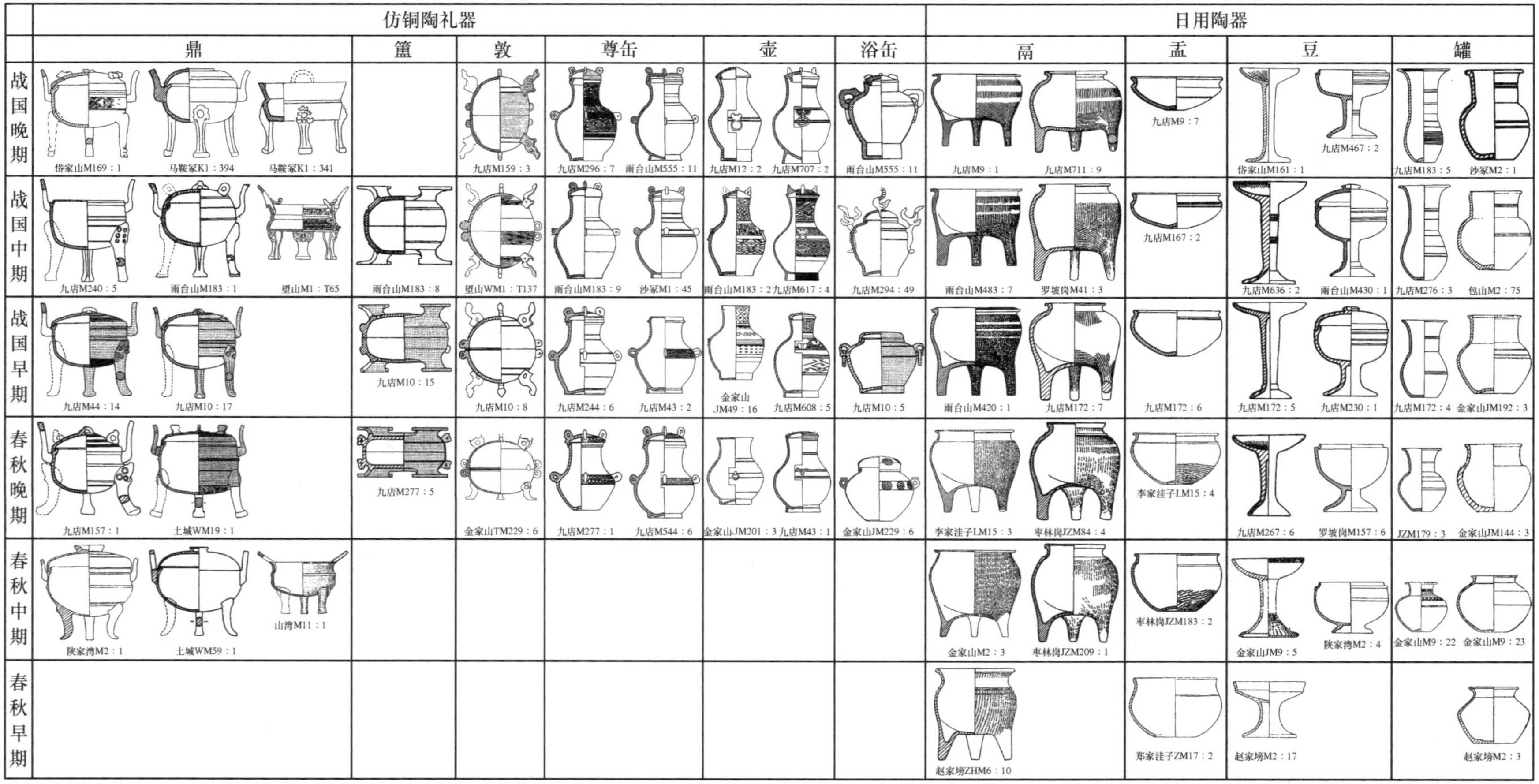

图6-32　东周楚墓出土典型陶器分期图

（根据王乐文《江北地区楚墓研究》图二·二综合绘制）

悬鼓[①]（图版13：3）。虎座飞鸟的基本形态皆为一展翅飞鸟立于一虎座之上，在鸟背上还插有一对鹿角。有学者认为这种器物象征古代的风神，定名“飞廉”[②]。镇墓兽的形象为方座上立一人首或兽首，兽头插双鹿角，或有一座双头相连者，有学者考证此类漆雕器物为丧葬所用的“祖重”，即死者灵魂所依附的木偶[③]。这些带有浓郁宗教神话色彩的特殊器物造型反映了楚人的爱好与崇尚，是楚人某种思想意识和宗教信仰的产物。

至于楚墓出土的其他漆器、丝织品、简牍、帛书等重要文物，参见本章第七节相关内容。

第六节　秦　文　化

《史记·秦本纪》记载，西周中期秦人祖先“非子居犬丘”，为周孝王在汧渭之间养马立功，被“分土为附庸”“邑之秦”“赐姓嬴氏”“号曰秦嬴”，始有“秦”之称。周宣王时，非子的曾孙秦仲讨伐西戎，不幸战死。宣王命秦仲之子庄公昆弟五人率兵再伐西戎，取得胜利。秦庄公被封为“西垂大夫”，并赐以新收复的犬丘之地。周平王东迁洛邑时，秦襄公因率兵护驾有功被封为诸侯，并受赐“岐以西之地”，自此秦始立国。秦国先后历经了西犬丘（西陲）、秦邑、汧邑、汧渭之会、平阳、雍城、泾阳、栎阳和咸阳等多处都、城、邑，史称“九都八迁”。及秦王政二十六年（公元前221年），灭六国并天下，分为三十六郡，最终建立了大一统的秦帝国。

考古学上的秦文化概念与楚文化相似，其文化特征随着秦族活动中心和秦国统治中心的先后迁移而出现阶段性变化，其中最能代表秦文化特色的当属中心性遗址。

一、甘谷毛家坪遗址

毛家坪遗址位于甘肃甘谷县盘安镇毛家坪村，东距甘谷县城25千米。以往考古发现的周代文化遗存可分为以绳纹灰陶为代表的秦文化遗存和以夹砂红褐陶为代表的戎人文化遗存，其中秦文化遗存包括居址和墓葬两部分，发掘者赵化成曾将该遗址居址的最早遗存判断为西周早期[④]。在清水李崖遗址发掘之后，将该类遗存的年代上限判

① 陈振裕：《谈虎座鸟架鼓》，《江汉考古》1980年第1期。

② 郭德维：《楚系墓葬研究》，湖北教育出版社，1995年，第207～214页。

③ 高崇文：《楚“镇墓兽”为“祖重”解》，《文物》2008年第9期。

④ 甘肃省文物工作队等：《甘肃甘谷毛家坪遗址发掘报告》，《考古学报》1987年第3期。赵化成：《甘肃东部秦与羌戎文化的考古学探索》，《考古类型学的理论与实践》，文物出版社，1989年。

定为不早于西周中期偏晚，下限仍为战国晚期[①]。由于西周时期考古遗存材料较少，是否代表了西周时期秦人的整体文化面貌，尚不清楚。房址均被破坏，灰坑小而浅，出土陶器有联裆鬲、绳纹深腹盆、折肩盂、肩部带鸟首錾的绳纹罐等，与丰镐地区西周文化中常见的同类器极为相似。在葬俗方面，毛家坪墓葬与丰镐地区西周墓也表现出一定的相似性，如形制均为长方形竖穴土坑，有熟土或生土二层台，随葬陶器均以一组炊煮器、盛食器和水器为基本组合。当然，二者还存在某些差异，其中以葬式差异最引人注目。周墓绝大多数为直肢葬，而毛家坪秦墓没有见到直肢葬，绝大多数为胫骨与股骨叠压在一起的屈肢葬，蜷曲程度十分严重，这种在人死后立即对尸体进行捆绑处理的特殊葬式与特定的埋葬习俗有关，而特定的埋葬习俗往往与特定的族群有关（图6-33）。毛家坪秦墓在葬式上表现出的一致性，说明这一人群的成员构成是单纯的。由于墓葬级别较低，其墓主应为秦文化社会层次较低的人群[②]。

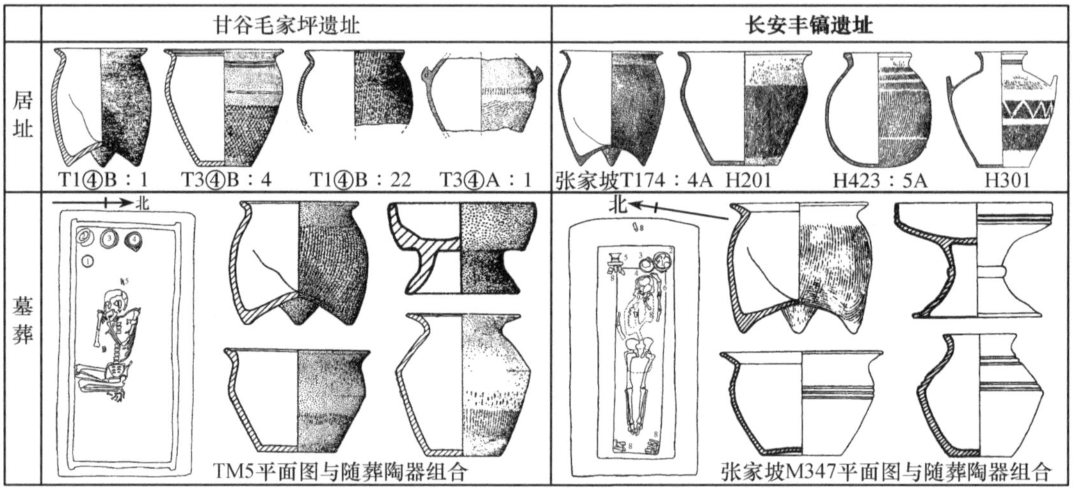

图6-33　毛家坪秦文化遗存与丰镐西周文化遗存比较

（图左采自《考古学报》1987年第3期；图右上采自《沣西发掘报告》、右下采自《张家坡西周墓地》）

2012年以来，早期秦文化联合考古队对毛家坪遗址进行全面勘探后确认其面积约60万平方米，以自然冲沟为界划分东西两部分，沟西的北部为居址区，沟西的南部和沟东为墓葬区，已探出墓葬千余座。在此基础上选择10处地点发掘出灰坑、墓葬、车马坑等东周遗迹，其中等级最高、年代为春秋中期的M2059无墓道，墓壁上开五个壁龛，龛内殉5女1男计6人，殉人均有棺和少量随葬品，椁室分隔为西部的头箱和东部的棺室，头箱内放置鼎、簋、盂、方甗、方壶、盘、匜等青铜容器15件和大口罐、小罐等陶器13件，棺室分内外双棺，墓主为男性，头向西，仰身屈肢，其右臂旁放置的1件

① 早期秦文化联合考古队：《甘肃清水李崖遗址考古发掘获重大突破》，《中国文物报》2012年1月20日第8版。

② 滕铭予：《秦文化：从封国到帝国的考古学观察》，学苑出版社，2002年，第48～60页。

铜戈上有“秦公作子车用……”字样的铭文，此外棺内还有铜戈和铜短剑各2件。该墓旁还有陪葬的车马坑（K201），内埋三辆马车。这些新发现极大地丰富了毛家坪遗址周代秦文化内涵，发掘者认为该遗址可能是公元前688年秦武公所设冀县县治，“子车”铜戈铭文可与文献记载“三良从死”的故事[①]相印证，毛家坪沟西墓地可能是秦国子车氏的家族墓地[②]。

毛家坪遗址地处陇东渭河上游谷地，为探索秦文化起源与早期秦人的活动地望提供了一个比较可靠的基点，将秦文化的编年上溯到西周时期，开辟了考古学上探索早期秦文化的先河。

二、礼县大堡子山遗址群

大堡子山遗址位于甘肃礼县永兴乡和永坪乡交界处的西汉水北岸，西距礼县县城约13千米。20世纪90年代，大堡子山秦公大墓遭到严重盗掘，造成大批珍贵文物流失[③]。甘肃省文物考古部门随即在此抢救性发掘南北排列的2座东西向中字形大墓，墓道和墓室二层台上有殉人，墓底设有腰坑，坑内殉犬，大墓之南有2座瓦刀形车马坑[④]。2004年始，早期秦文化联合考古队在礼县西汉水上游地区调查发现40余处早期秦文化遗址，其中大堡子山城址与其西北的盐土崖墓地、正南的山坪城址和东南的圆顶山墓地均处在方圆3千米的范围内，它们构成了当地春秋早中期规模最大、等级最高的中心性遗址群[⑤]。

（一）大堡子山城址

大堡子山城址是一个由夯土城墙环绕、其内分布众多夯土建筑、居址和墓地的城址。城址依山而建，夯土城墙断续分布，形状很不规整，总面积约55万平方米。已发掘的2座秦公大墓及祔葬的车马坑位于城内北部，东距夯土城墙约40米。在秦公大墓以

① 《左传·文公六年》：“秦伯任好卒。以子车氏之三子奄息、仲行、鍼虎为殉，皆秦之良也。国人哀之，为之赋《黄鸟》。”《诗经·黄鸟》曰：“交交黄鸟，止于棘。谁从穆公？子车奄息。”

② 早期秦文化联合考古队：《2014年甘谷毛家坪遗址发掘丰富了周代秦文化内涵》，《中国文物报》2014年11月14日第1版。

③ 见于报道的资料主要有：李学勤、艾兰：《最新出现的秦公壶》，《中国文物报》1994年10月30日。韩伟：《论甘肃礼县出土的秦金箔饰件》，《文物》1995年第6期。李朝远：《上海博物馆新获秦公器研究》，《上海博物馆集刊》第7期，上海书画出版社，1996年。李朝远：《上海博物馆新藏秦器研究》，《上海博物馆集刊》第9期，上海书画出版社，2002年。

④ 戴春阳：《礼县大堡子山秦公墓地及有关问题》，《文物》2000年第5期。礼县博物馆等：《秦西垂陵区》，文物出版社，2004年。

⑤ 甘肃省文物考古研究所等：《西汉水上游考古调查报告》，文物出版社，2008年。早期秦文化联合考古队：《甘肃礼县三座城址调查报告》，《古代文明（第7卷）》，文物出版社，2008年。

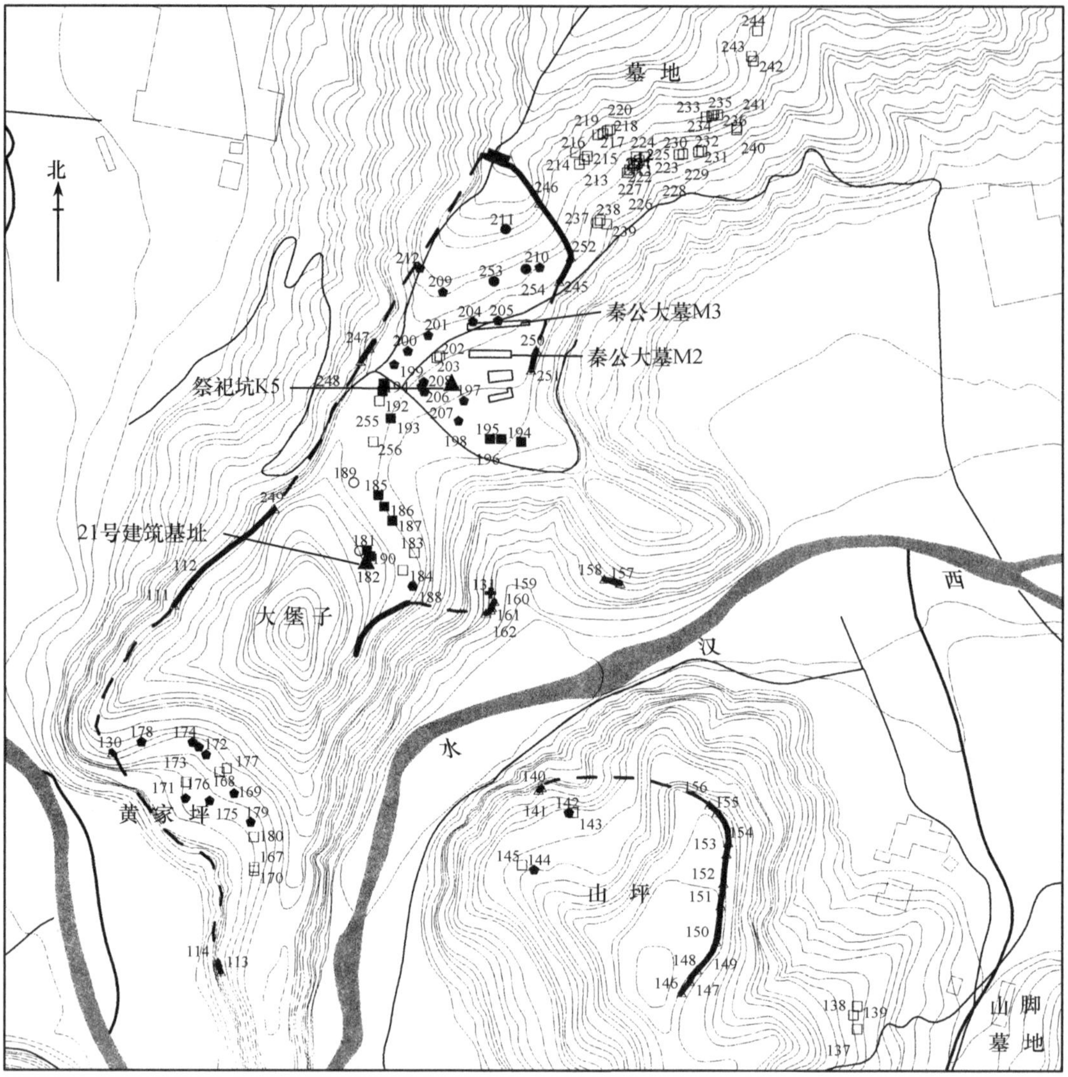

图6-34　礼县大堡子山城址与秦公大墓位置示意图
（采自李峰《礼县出土秦国早期铜器及祭祀遗址论纲》图三，《文物》2011年第5期）

南的城址中部发现多处夯土建筑基址，在城外东北部的山坡上还有规律地分布着由东西向中小型墓葬构成的墓地（图6-34）。2006年，早期秦文化联合考古队在城址中、北部发掘了大型建筑基址和祭祀遗迹各1处、中小型墓葬7座①。其中21号建筑基址南北长107、东西宽16.4米，结构设施简单，没有发现门道、台阶和室内隔墙，可能是大型府库类建筑，始建年代约为春秋早期偏晚或春秋中期偏早，与上述被盗的秦公大墓年代相当或稍晚，使用至战国时期被废弃。祭祀遗迹包括乐器坑1座、人祭坑4座，其中

① 早期秦文化联合考古队：《2006年甘肃礼县大堡子山21号建筑基址发掘简报》《2006年甘肃礼县大堡子山祭祀遗迹发掘简报》《2006年甘肃礼县大堡子山东周墓葬发掘简报》，《文物》2008年第11期。

乐器坑与被盗秦公大墓、车马坑方向相同且距离很近，呈东西向长方形，坑内南侧放置悬挂于钟架且一字排开的8件青铜甬钟和3件镈钟，北侧放置悬挂于磬架上的两组各5件石磬。

目前综合各方面资料，可能出自大堡子山秦公大墓带“秦公”铭文的铜器多达22件，种类有鼎、簋、壶、钟、镈等（图版14：1～4）。另外还有些虽无铭文，但从纹饰、锈色、铸造特点等方面基本可以认定为秦公大墓所出的铜簋、壶、镈、鍑等10余件。随着此地流散铜器的不断披露，学者们通过器型、纹饰、铭文字体等对相关铜器进行断代，并参考文献记载，对上述两座大墓的墓主展开了热烈讨论，分别有秦仲、庄公、襄公、文公、宪公、静公诸说，认为分属于其中二公或一公夫妇①。比较来看，M2为庄公、M3为襄公之墓的可能性较大②。

（二）山坪城址

山坪城址与大堡子山城址北隔西汉水相望，直线距离仅120米。目前仅发现东、北城墙各1段，尚不能闭合。其中东墙依陡坡而建，残长约390米，墙体保存最好的地段高5米，版筑痕迹清晰可见，估计城址面积8万多平方米。

（三）圆顶山墓地

圆顶山墓地位于大堡子山城址东南的圆顶山北麓，考古人员在此抢救性发掘贵族墓葬4座、车马坑1座，探明被盗车马坑1座③。这4座贵族墓均为圆角长方形直壁竖穴土坑，墓向均朝西。墓内填土经夯打，但夯层不明显。葬具均为一椁一棺，椁底板下铺有黄膏泥。人骨腐朽，葬式不明。墓室有生土二层台，墓壁上掏挖弧顶长方形龛，龛内殉人，均屈肢葬，身体或仰或侧。墓底或有腰坑，坑内殉狗。残存的随葬品多寡不一。这批秦墓虽经盗扰，但大致面貌清楚，其葬制显示出高度的统一性。发掘者判定为春秋早期，根据出土器物的对比考察，其年代应以春秋中期或偏早为宜。从地理位置上判断，这里应是秦国早期的国人墓地④。

三、凤翔秦都雍城

《史记·秦本纪》记载，秦德公元年（前677年）“初居雍城大郑宫”始，至秦献

① 各家观点参见：李峰：《西周的灭亡——中国早期国家的地理和政治危机》，上海古籍出版社，2007年，第306～309页。赵化成、王辉、韦正：《礼县大堡子山秦子“乐器坑”相关问题探讨》，《文物》2008年第11期。

② 李峰：《礼县出土秦国早期铜器及祭祀遗址论纲》，《文物》2011年第5期。

③ 甘肃省文物考古研究所等：《礼县圆顶山春秋秦墓》，《文物》2002年第2期；《甘肃礼县圆顶山98LDM2、2000LDM4春秋秦墓》，《文物》2005年第2期。

④ 祝中熹：《试论礼县圆顶山秦墓的时代与性质》，《考古与文物》2008年第1期。

公二年（前383年）“城栎阳”，雍城作为春秋中期至战国早期的秦都长达294年。秦迁都栎阳后，这里仍为秦国西方重要的城市。

雍城遗址位于今陕西凤翔县城南，地处关中平原西部的渭河北岸。考古资料显示，它由城址、城内外众多建筑址、秦公陵区、国人墓地等部分组成，分布范围约51平方千米①（图6-35）。

（一）城址与建筑

最新考古发现表明，秦都雍城是在战国时期才开始构筑城垣的。初期雍城外围分别以雍水河、纸坊河、塔寺河等自然河流作为主要的城防设施，即所谓“城堑河濒”（《史记·六国年表·秦表》），以水围城，并将临水的河谷挖深，使河堤陡直、河岸增高以加强城防安全，从而形成“顺河而建，沿河而居”的城市布局特点②。战国时期构筑的城址平面呈不规则梯形，总面积10.56平方千米。其中东、南城垣分别依纸坊河和雍水河蜿蜒而建，北城垣大部分为现今凤翔县城所压。东、南、西三面城垣均发现有城门遗迹，城内有东西向和南北向干道纵横相交，各功能区间也有道路相通。

雍城遗址发现多处大型建筑基址，时代早晚有别。位于雍城西部的姚家岗建筑基址，面积约2万平方米，有残墙和卵石铺砌的散水以及半瓦当、筒瓦和板瓦等，先后发现3批64件铜质建筑构件，它们属于壁柱门窗上的装饰件，即汉代所谓“金釭”③。在姚家岗建筑基址的南部发现分布密集的祭祀坑，坑内出有牛、羊骨和玉璧、璜、圭等遗物，似与建筑主体有关。在姚家岗建筑基址的西部发现一处“凌阴”遗址，平面近似方形，四周有夯土围墙，中部夯土基址上有一个加工考究、可藏冰190立方米的长方形窖穴，四周为回廊，西侧设置五道槽门，有水道与附近河流相通，是窖穴的排水措施④。以上各类遗迹时代均为春秋时期，且共处于一个台地上，应同属姚家岗宫殿区。

雍城中部的马家庄一带也发现春秋宫殿宗庙建筑基址群，由四组建筑构成，总面积达数万平方米。其中一号建筑基址是一座保存比较完整的全封闭式宗庙建筑群，坐北朝南，四周有围墙环绕，墙内建筑由北部正中的祖庙、东部的昭庙、西部的穆庙、南部的门塾以及中庭五部分组成，面积约6660平方米。祖庙坐北朝南，平面呈凹字形，前朝后寝，有东西夹室。建筑四周有回廊，回廊之外有用河卵石铺成的散水，北

---

① 陕西省社会科学院考古研究所凤翔队：《秦都雍城遗址勘查》，《考古》1963年第8期。陕西省文管会雍城考古队：《秦都雍城钻探试掘简报》，《考古与文物》1985年第2期。韩伟、焦南峰：《秦都雍城考古发掘综述》，《考古与文物》1988年第5、6期。

② 田亚岐：《秦都雍城布局研究》，《考古与文物》2013年第5期。

③ 凤翔县文化馆等：《凤翔先秦宫殿试掘及其铜质建筑构件》，《考古》1976年第2期。杨鸿勋：《凤翔出土春秋秦宫铜构——金釭》，《考古》1976年第2期。

④ 陕西省文管会雍城考古队：《陕西凤翔春秋秦国凌阴遗址发掘简报》，《文物》1978年第3期。

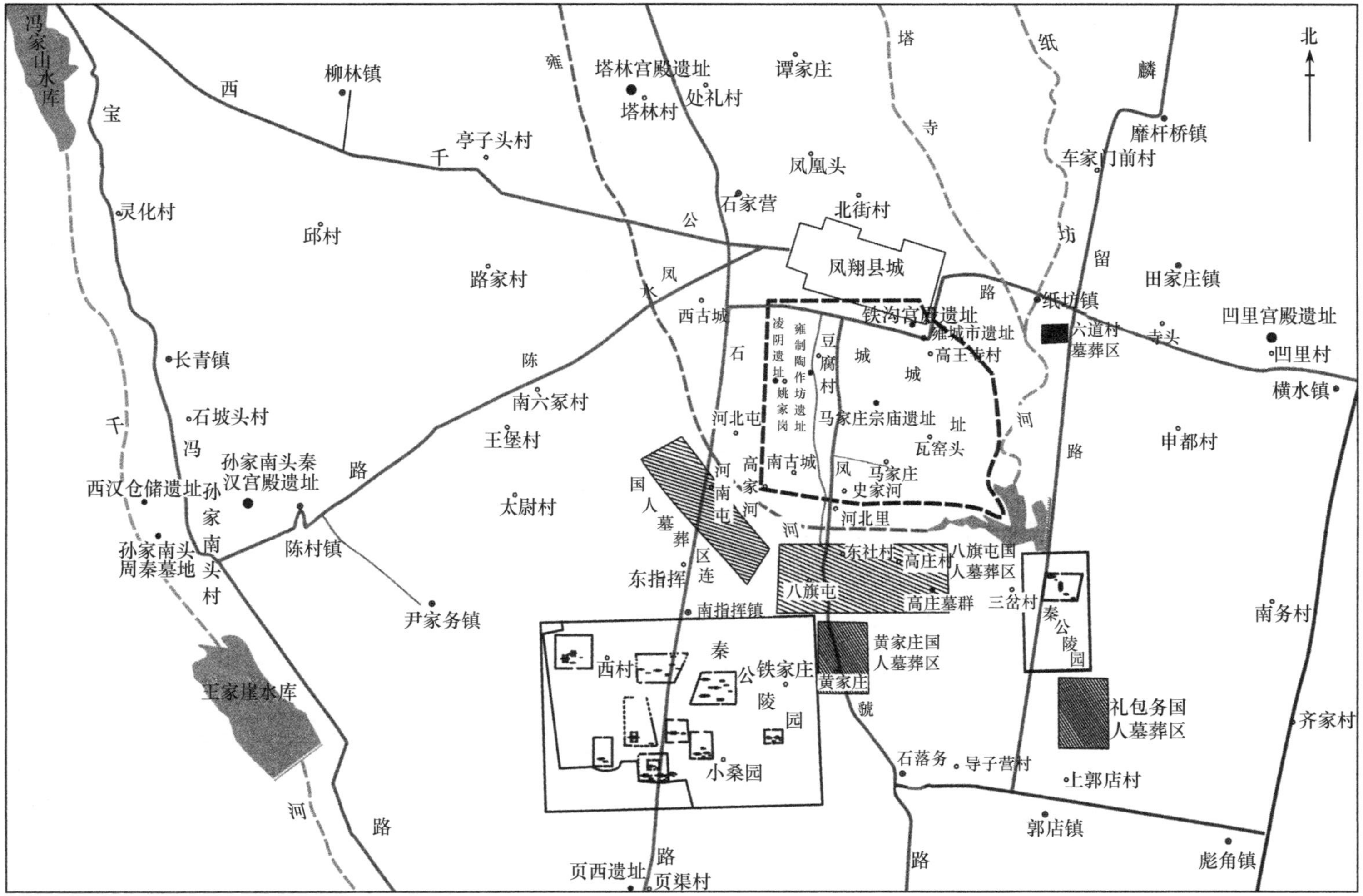

图6-35　凤翔秦都雍城遗址各功能区位置示意图

（采自陕西省考古研究院等《秦雍城豆腐村战国制陶作坊遗址》图二，科学出版社，2013年，略有改动）

有一亭台式建筑，平面呈长方形，四周亦有散水环绕。昭庙坐东朝西，平面布局与祖庙建筑相似，穆庙坐西朝东，与昭庙对称，但破坏严重。南部的门塾面阔5间。中庭为一中间凹下、四周稍高的空地。在中庭和祖庙夹室内共发现各类祭祀坑181个，可分牛坑、羊坑、人坑、牛羊坑、人羊坑、车坑和空坑七类，此外坑内还有金银器、玉器、骨器、漆器和陶器等。祭祀坑之间存在复杂的打破关系，应是多次祭祀的结果。据推断，这座宗庙始建于春秋中期后段，废弃于春秋末至战国初期[①]（图6-36）。

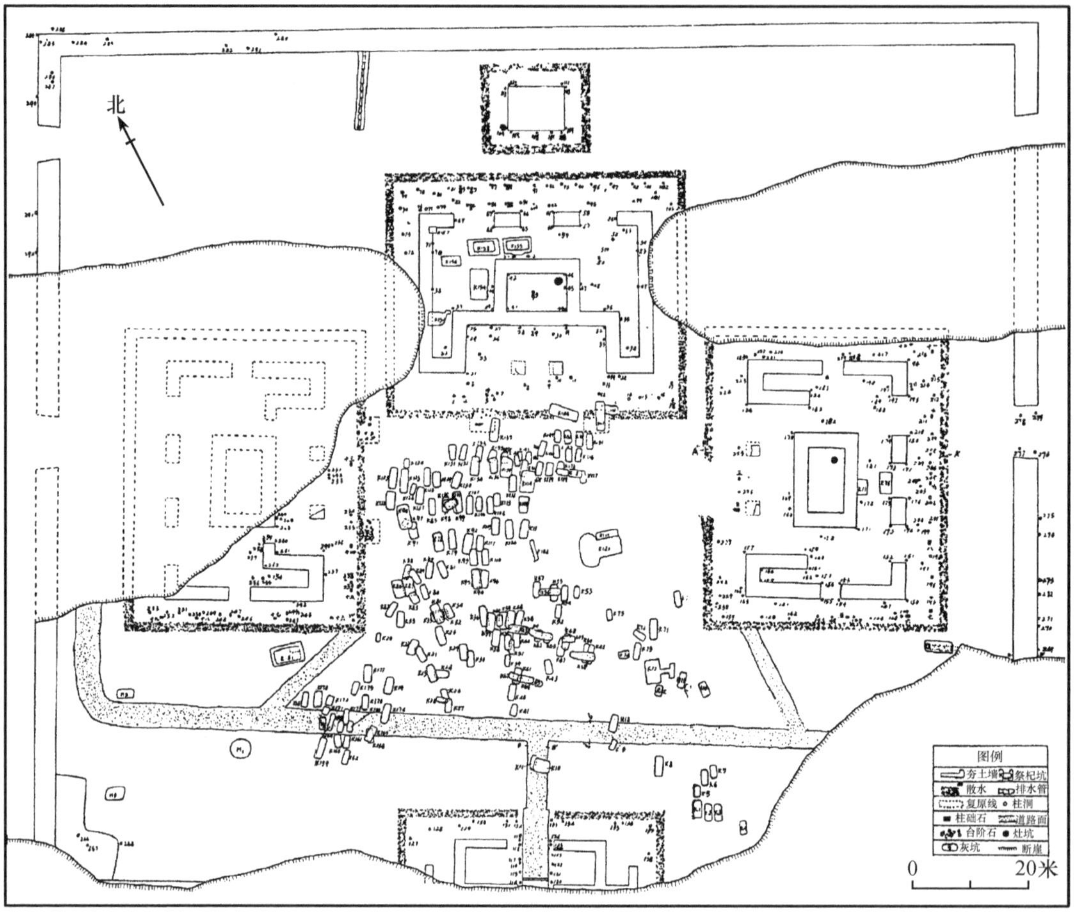

图6-36　凤翔马家庄一号宗庙建筑基址平面图

（采自陕西省文管会雍城考古队《凤翔马家庄一号建筑群遗址发掘简报》图六，《文物》1985年第2期）

马家庄三号建筑基址东距一号宗庙建筑基址约500米，面积约21849平方米，四周有围墙，共分五进院落。其中第五进院落内正中偏北及其前方两侧各有一座建筑，成

① 陕西省文管会雍城考古队：《凤翔马家庄一号建筑群遗址发掘简报》，《文物》1985年第2期。雍城考古队：《〈凤翔马家庄一号建筑群遗址发掘简报〉补正》，《文博》1986年第1期。韩伟：《马家庄秦宗庙建筑制度研究》，《文物》1985年第2期。徐杨杰：《马家庄秦宗庙遗址的文献学意义》，《文博》1990年第5期。滕铭予：《秦雍城马家庄宗庙遗址祭祀遗存的再探讨》，《华夏考古》2003年第3期。

品字形排列，大小相等，建筑周围有散水石、板瓦筒瓦残片。根据瓦砾残片推断，该基址的年代为春秋中晚期，可能是秦国国君的宫寝所在。

近年来，在雍城东南的瓦窑头村一带又发现一处大型宫室建筑，系多进院落结构，与马家庄三号建筑外形相似，又与岐山凤雏甲组基址的四合院式组合相类，但结构更复杂，显现出“五门”“五院”“前朝后寝”的主体格局，包括屏、门塾、厢房、回廊、阶、阙等辅助建筑单元。从所在区域采集的板瓦、筒瓦判断，该组建筑应早于马家庄三号建筑。这里距马家庄宫殿区很近，不排除是其组成部分。这一发现为探讨秦国都城最高礼制建筑的渊源、传承与发展脉络提供了重要的实物资料。

雍城北部的铁沟、凤尾村、翟家寺等地曾发现多处战国建筑基址，在高王寺村还发现战国铜器窖藏，这一带可能是秦躁公时期的“受寝”所在①。在高王寺村西曾勘探发现一处四周有夯土墙围绕、墙上有门、面积近3万平方米的长方形封闭式场所，以往学者多根据《周礼・考工记》所载“前朝后市”的布局原则，并结合战国早期至秦汉之际文物标本，认为是当时的露天市场。这种认识是基于其与马家庄宫室的相对位置关系，但两者的年代早晚有别，难以对应。最近有学者提出，若依据文献将其视为秦躁公时期“受寝”的组成部分较为合乎实际②。

上述姚家岗、马家庄、铁沟—高王寺三大宫殿区的确认，以及它们之间的早晚关系，说明雍城立都近三百年间曾经历拆迁异地改建宫室的过程。按照先后次序，瓦窑头一带系目前所知雍城营建最早的宫室建筑，之后是邻近其西北方向的马家庄、姚家岗宫室建筑，最后则是位于东北的铁沟—高王寺宫室建筑。由此分析，雍城的城市规模当是从东南逐渐向中部和东北部扩展的，到了战国阶段，约11平方千米的区域才被城垣圈围起来。

（二）手工业作坊

雍城城址内外已发现各类手工业作坊多处，如在史家河、马家庄和今凤翔县城北街一带发现铸铜作坊的线索，冶铁作坊见于史家河、东社、高庄一带，制陶作坊发现于城内豆腐村、铁丰、瓦窑头以及城外的姚家小村、八旗屯等地。这些作坊一般分布于四周城墙的内侧，由此可以窥见城墙修筑前后聚落布局的变化。在城墙外侧至河道的城边一带，曾发现多处平民墓地，如邓家崖、瓦窑头等地。这一带的墓葬往往打破作坊遗址，作坊存在时的河道内侧应为城内，而后世修筑城墙时则将边缘区域置于墙外，作坊随之弃用，而改作城墙外侧的墓地。与此相反，城址北区如雷家台、翟家寺等地小型秦墓的时代却早于建筑遗存，推断这里之前属于城外，墓葬区在都邑扩大、

① 陕西省雍城考古队：《一九八二年凤翔雍城秦汉遗址调查简报》，《考古与文物》1984年第2期。韩伟、曹明檀：《陕西凤翔高王寺战国铜器窖藏》，《文物》1981年第1期。马振智、焦南峰：《蕲年、棫阳、年宫考》，《考古与文物》丛刊第三号，1983年。

② 田亚岐：《秦都雍城布局研究》，《考古与文物》2013年第5期。

修建城墙之前业已形成。

（三）秦公陵园

秦公陵园位于今凤翔县城南塬的雍岭一带，与雍城隔雍水相望，总面积约23平方千米。目前已钻探出的49座大墓可分为14座陵园，每座陵园由不同类型的2～8座大墓组成。陵园大多坐西朝东，仅14号陵园坐北向南。1座丰字形、18座中字形大墓作为主墓居右或居中，5座甲字形、1座刀把形大墓作为袝葬墓依次排列在左下方，6座凸字形、17座目字形车马坑排列在右前方。每座陵园及部分中字形大墓的周围都设有中兆沟或内兆沟，将陵园区分为双兆、单兆及组合三种类型。陵区的西、南、北侧均发现有兆沟作为其界沟和防护屏障。已发掘的秦公一号大墓平面为中字形，坐西向东，全长300、深24米，是目前所知最大的东周墓葬。墓室由主椁室、副椁室、箱殉72具、匣殉94具等组成（图版14：5）。虽屡经盗扰，该墓仍出土铜、铁、金、陶、玉、漆器及纺织品等各类文物3500多件。根据墓中所出石磬刻文，基本确定墓主为春秋中晚期的秦景公。该墓中用柏木段堆垒而成的长方形框式主椁，被认为是我国古代最早的一套"黄肠题凑"葬具。

总体来看，雍城秦公陵园具有如下特点：①已出现陵园兆域观念，通过不同层次的兆域对陵区、陵区内的各陵园以及陵园中的大墓进行区划。②陵园的方向多为坐西朝东，主墓多偏在陵园南侧。③墓上地表没有封土，但见有墓上建筑。④盛行人殉。

（四）国人墓地

国人墓地位于雍城南郊，秦公陵园以北。20世纪70年代以来，已在八旗屯、高庄、南指挥西村、邓家崖等地发掘小型墓葬8批，清理墓葬174座、车马坑7座。大致可分长方形竖穴土坑墓和洞室墓两大类，春秋时期均为长方形竖穴土坑墓，早期为狭窄式，中期出现宽敞式。战国中期出现平行式、垂直式、直线式三种类型的洞式墓，晚期直线式洞室墓成为主要的墓葬形式。墓主头向大都朝西，葬式以屈肢为主。上述墓葬的年代包括了从春秋早期到秦统一的各个时期[①]。

四、阎良秦都栎阳

《史记·秦本纪》记载，秦献公二年（前383年）"城栎阳"。一般认为秦国曾短暂以栎阳为都，至孝公十二年（前350年）迁都咸阳，秦都栎阳仅35年。也有学者对此质疑，认为栎阳并非秦都[②]。

---

① 焦南峰、段清波：《陕西秦汉考古四十年纪要》，《考古与文物》1998年第5期。

② 王子今：《秦献公都栎阳说质疑》，《考古与文物》1982年第5期；《栎阳非秦都辨》，《考古与文物》1990年第3期。

栎阳城址位于今陕西西安市阎良区武屯街道一带。20世纪60～80年代，考古人员曾两次对栎阳城进行勘察和试掘[①]。为进一步确定栎阳城遗址保护范围，2013年以来在此做复查勘探和发掘时发现3座古城，其中已确认年代最早的三号古城为战国中期至西汉早期，已发现该古城的城墙、宫殿核心区高规格建筑以及带有陶文“栎阳”“宫”等建筑材料，表明三号古城即文献所载的栎阳[②]。

栎阳城外西北及东北为秦汉帝王和贵族的陵墓区，东南为秦汉时代的平民墓地。秦都栎阳35年间，只有秦献公和孝公。《史记·秦始皇本纪》记载“献公葬嚻圉”，“孝公葬弟圉”。“嚻圉”所在不详，秦孝公陵所在的弟圉应在栎阳城东、下邽镇以西一带（《水经·渭水注》）。考古勘探所知，栎阳城的东北郊为王陵，东南郊为一般人的墓葬。那么献公的陵墓也应位于孝公陵附近。秦献公和孝公二陵在《云梦秦简·法律答问》中也有提及，“何为甸人，守孝公献公冢者殹”。何为冢呢？扬雄《方言》：“冢，秦晋之间谓之坟。”《周礼·冢宰》：“山顶曰冢。”《周礼·序官·冢人》：“冢，封土为丘陇象冢而为之。”由此说明献公、孝公陵上已开始筑起封土了。

有学者指出，秦献公和孝公的陵墓在秦东陵[③]，这种观点是值得商榷的。秦东陵所埋葬的秦王，史书均有记载，而献公、孝公的陵墓，史书记载根本不在东陵，而在栎阳附近。两个陵区之间无必然的联系，在这两个陵区之间，还存在着一个咸阳西北的秦“公陵”和“永陵”区。

五、咸阳秦都故城

《史记·秦本纪》记载，秦孝公十二年（前350年），“作为咸阳，筑冀阙，秦徙都之”，至秦二世三年（前207年）秦亡，秦以咸阳为都143年。

（一）城址

咸阳秦都故城位于今陕西咸阳市以东约15千米的窑店镇一带，地处关中平原中部的咸阳原上，所在地势北高南低。自20世纪50年代末迄今，虽然发现了大量与秦都咸阳密切相关的各类遗存，但由于渭河河床北移等多种原因，尚未发现大城城垣，都城整体布局不甚清楚。目前所知，咸阳故城区现存的大、中型夯土建筑遗址共33处，大都集中分布于窑店镇以北的台塬上，由此组成了庞大的宫室建筑群。另在该地带中部探明一处战国时期略呈东西向长方形的夯土围垣设施，周长2747米，现存南、西城门

① 陕西省文管会：《秦都栎阳遗址初步勘察记》，《文物》1966年第1期。中国社会科学院考古研究所栎阳发掘队：《秦汉栎阳城遗址的勘探和试掘》，《考古学报》1985年第3期。

② 李政：《商鞅变法的“改革之都”——秦汉栎阳城遗址渐露真容》，《中国文物报》2017年10月13日第2版。

③ 韩伟、程学华：《秦陵概论》，《考古学研究》，三秦出版社，1993年。

各1处，西、北墙内外均发现与夯土墙同一走向的城壕遗迹。上述夯土建筑基址中的8处分布于夯土围垣之内，已发掘的3处时代均属战国时期。其中一号建筑依台而起，平面呈东西向凹字形，分为上下两层，上层中部为主体宫室，其两旁及下层南北两侧环绕着卧室、休息室、沐浴室、卫士室等，外侧为回廊。布局紧凑、结构独特、技术先进、高大宏伟。遗址中出土有壁画、各类砖、戳印瓦、瓦当、竹席、纺织品等遗物。综合来看，这里应为秦都咸阳的宫城——咸阳宫①（图6-37）。史载秦灭六国，都要在咸阳北坂上仿建该国宫殿。今在城北阶地东、西两端分别发现了具有楚国和燕国风格的瓦当，说明这里应是战国末期统一进程中所扩展的部分。

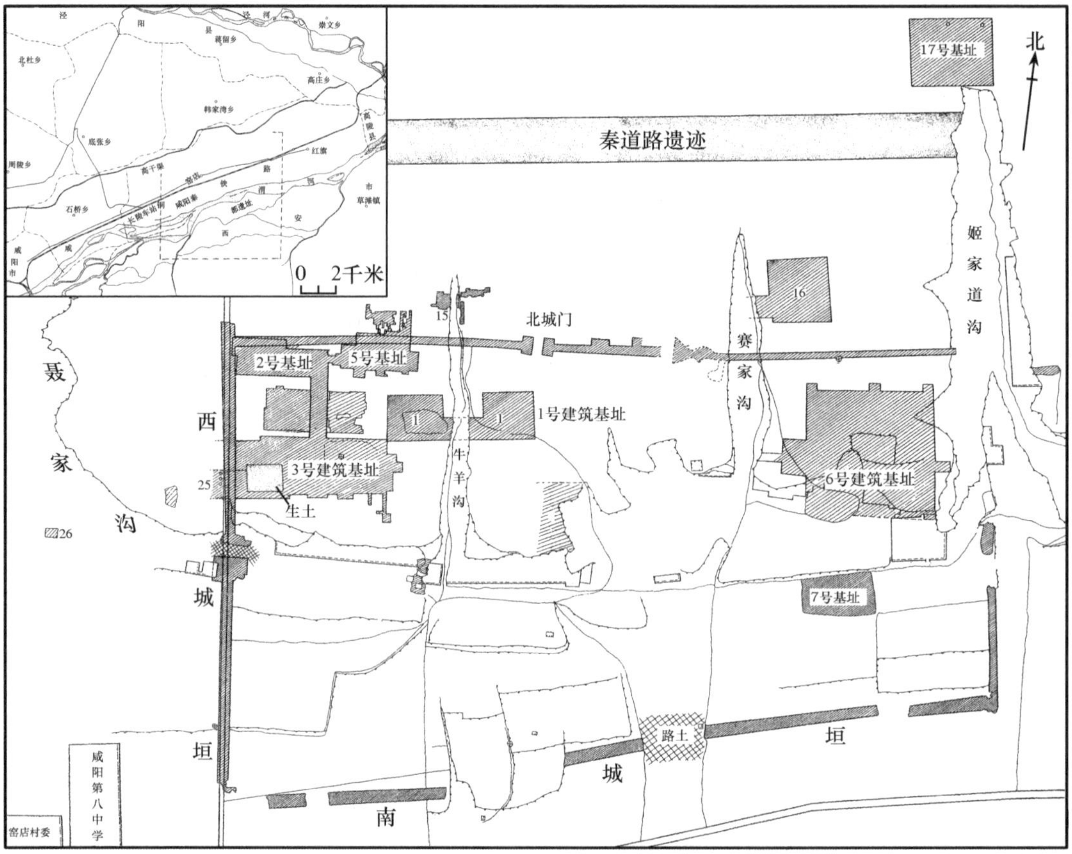

图6-37　秦都咸阳宫城垣范围及其建筑基址分布图

（依据陕西省考古研究所《秦都咸阳考古报告》图一、图二，科学出版社，2004年）

在宫殿区西侧的聂家沟附近发现一处包括冶铁、铸铜和制陶（砖瓦等宫廷建筑材料）等功能的大型手工业作坊区，同样位于宫殿区西部的胡家沟也发现大面积的生产

---

① 王学理：《秦都咸阳》，陕西人民出版社，1985年。刘庆柱：《论秦咸阳城布局形制及其相关问题》，《文博》1990年第5期。王学理：《咸阳帝都记》，三秦出版社，1999年。陕西省考古研究所：《秦都咸阳考古报告》，科学出版社，2004年。

宫廷建筑用砖瓦的作坊遗址。这些遗址应属于中央官署直接管辖的手工业作坊。在城址范围内的西南部即长陵火车站附近发现有许多烧制日用陶器的窑址、水井和较厚的文化堆积，这一带应属主要居民区。从陶文内容看，这里的手工业作坊多为民营，也有少量为市府所辖。

普通墓葬区位于咸阳城的西北，东西长达4千米，集中分布着中小型墓葬，年代约当战国中期至秦末汉初，与秦都咸阳的时间大体一致。

（二）王陵区

秦都咸阳时期的王陵区有二：一处在城址西北部的渭北咸阳原上，距都城较近；另一处在渭河以南的西安临潼区内骊山西麓，因位于都城以东，又称“东陵”。

咸阳原王陵区位于咸阳市北的周陵镇一带，Ⅰ、Ⅱ号陵均为以围沟（隍壕）环绕的大型陵园，陵园中部均有2座亚字形大墓，墓葬南北排列，规模宏大，应分别为秦惠文王及其夫人的“公陵”、秦悼武王及其夫人的“永陵”，其中南面的是王陵，北面的是王后陵；Ⅲ号陵由两座中字形大墓组成，未发现围沟，墓主可能为秦国的高级贵族[①]（图6-38）。总的来看，秦“公陵”和“永陵”在规模和建制上比起前代的凤翔秦公陵园有了很大的发展，具有如下新特点：①“公陵”和“永陵”陵园平面呈南北向长方形，陵墓位于陵园中央，南北向排列。而凤翔秦公陵园除了南北向长方形外，东西向的长方形、梯形也占有一定比例，其陵墓大多数位于陵园南半部，均为东西向排

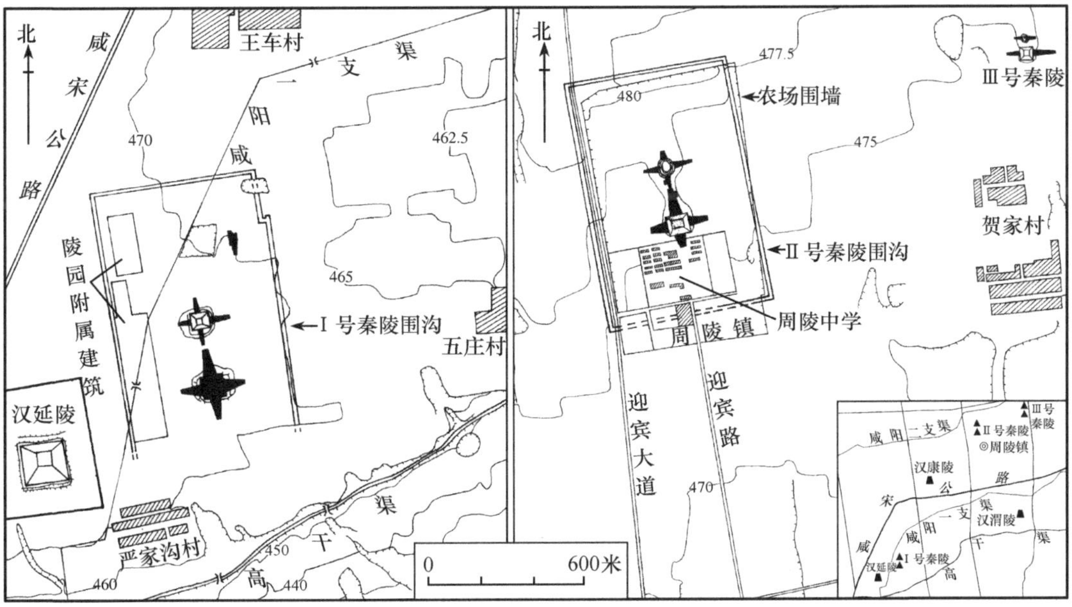

图6-38　咸阳原秦公陵园平面图

（据刘卫鹏、岳起《咸阳原上“秦陵”的发现和确认》，《文物》2008年第4期）

① 刘卫鹏、岳起：《咸阳塬上“秦陵”的发现和确认》，《文物》2008年第4期。

列。②“公陵”和“永陵”皆有高大封土，凤翔秦公陵园未发现封土。③“公陵”和“永陵”皆为带有四条墓道的亚字形墓，凤翔秦公陵园基本是带有东西墓道的中字形墓。其中以新出现的覆斗形和圆丘形高大封土和四出墓道最为突出。

秦东陵位于今临潼韩峪乡骊山西麓、灞河东岸的铜人原上，南起洪庆沟，北至武家沟，总面积约24平方千米。因其地为秦芷阳县所在，故《史记·秦本纪》《史记·秦始皇本纪》等记载部分秦王公贵族（昭襄王与唐太后、庄襄王与帝太后、悼太子、宣太后）“葬芷阳”。在这一“芷阳”陵区内，共发现4座陵园，应是秦始皇之前的三代国君及太后太子的茔地[①]。与凤翔秦公陵园相比，战国晚期的秦“芷阳”陵区表现出较大的变化：①充分利用自然沟壑加以修整作为各陵园的区划，在没有自然沟壑的情况下再辅以人工开凿的兆沟。②主墓中出现了四条墓道的亚字形大墓，均以东墓道为主墓道，主墓和陵园的方向为坐西朝东。③在主墓地表均修筑高大的封土堆。④陵园内的地面建筑修建在陵墓附近而不是墓上。

秦始皇骊山陵园直接继承了“芷阳”陵区的特点，表现为：①由地宫和墓道情况可知秦始皇陵墓以东向为主，陵园方向仍为坐西朝东。②以双重城墙作为陵墓的兆域，以偏于南部的陵墓构成陵园的中轴线，陵城以东的陪葬墓区和兵马俑都分别位于这一中轴线的南、北两侧。③陵墓地表建有高大的封土堆，寝殿建筑修建在陵城内陵墓旁，而不是在陵墓上。这种在墓侧建寝的做法，与文献所载“秦始出寝，起于墓侧”（《后汉书·祭祀志》）相符，此外陵园方向坐西朝东，以及在陵前以陶俑象征皇帝出行的仪仗等，都被后来的西汉帝陵所继承。东汉以后虽然有些许变化，但在陵侧设寝殿之制一直到明代以前都是中国古代陵墓制度中一个非常重要的组成部分[②]。

六、秦墓特征

考古资料显示，战国中期以前的秦墓主要分布于甘陕一带，战国中期以后随着秦国向外扩张，秦墓开始遍及全国，其中陇东和关中地区的秦墓最能反映自身特征。

（一）墓葬分期

由于已发掘的秦公大墓均被盗扰，秦墓的分期编年研究主要是围绕中小型墓葬而开展的。2001年，王学理、梁云将关中秦墓分为七期，即春秋和战国各分出三期，最后一期为战国末至秦代[③]。2002年，滕铭予将陇东和关中地区的秦墓分为十期：西周

① 陕西省考古研究所等：《秦东陵第一号陵园勘察记》，《考古与文物》1987年第4期；《秦东陵第二号陵园调查钻探简报》，《考古与文物》1990年第4期；《秦东陵第四号陵园调查钻探简报》，《考古与文物》1993年第3期。赵化成：《秦东陵刍议》，《考古与文物》2000年第3期。

② 滕铭予：《秦文化：从封国到帝国的考古学观察》，学苑出版社，2002年，第146、147页。

③ 王学理、梁云：《秦文化》，文物出版社，2001年，第175～185页。

早、中、晚三期，春秋早、中、晚三期，战国早、中、晚至秦代三期，第十期为西汉初年；进而归纳整合成代表秦文化形成、确立、发展和转型的四大阶段①。比较来看，后者建立的秦墓分期编年全面而系统地反映了秦文化的演进历程。

西周时期，秦文化主要分布在天水地区，流行直壁长方形竖穴土坑墓，头向西，屈肢葬，随葬品以一套日用陶器鬲、盆、豆、罐为主，除头向和葬式外，在文化面貌上表现出与周文化极大的相似性，晚期出现的喇叭口罐有别于周文化，因此西周时期可视为秦文化的起源与形成阶段。文献记载西周嬴秦一族居于陇东一隅，与周王室有着密切关系。大骆之嫡子成居于犬丘，庶出的非子因为周孝王养马有功而被封为附庸居于秦，他们为周王室与西戎间建立和睦关系起到了重要作用。

春秋早中期，秦文化主要分布在天水、长陇和宝鸡地区，口大底小的竖穴土坑墓出现并有所增加，头向以西为主，亦有少量北向、南向者，葬式仍流行屈肢葬，有少量直肢葬，部分墓有殉人，随葬的青铜礼器以鼎、簋、方甗、方壶、盘、匜为主，不见鬲、豆、敦等，器形由制作规整趋于明器化，纹饰由重环纹、窃曲纹和瓦纹发展为蟠虺纹。日用陶器以鬲、盆、喇叭口罐为主，器底拍印麻点纹的鬲和大喇叭口罐成为典型的秦式器，出现了少量陶釜、仿铜陶礼器和陶囷（图6-39）。这些表明秦文化开始逐渐形成可明显区别于周文化以及其他国家和地区文化的自身特点，标志着秦文化的确立。秦因护送周平王东迁有功被封为诸侯后，开始逐步向关中地区扩展，其间文公卜居汧渭之会、宪公徙居平阳、德公居雍，并多次征伐诸戎，收周余民，与晋争夺河西之地，直至穆公时“开地千里，遂霸西戎”，才在关中地区真正站稳脚跟，其开拓疆土的事业得到了周王室的认同。

春秋晚期至战国中期，墓葬形制仍为直壁或口大底小的长方形土坑竖穴墓，头向绝大部分向西，葬式以屈肢葬为主，同时存在着直肢葬的墓地。随葬的青铜礼器明器化显著，仿铜陶礼器趋于简单，日用陶器仍以鬲、盆、喇叭口罐为主，豆减少，釜增多，圜底上多拍印麻点纹，出现圜底茧形壶。这一阶段秦文化沿着前期已形成的轨迹稳定发展，并将其自身特点发展到极致。在继续巩固疆域的基础上，至战国中期秦孝公任用商鞅变法，使秦国在政治、经济、军事上强大起来，迁都咸阳之举不仅“复缪公之故地”，洗“诸侯卑秦”之耻，同时也表现出东向之心。这些举措使秦得到东方诸侯国的认同，并成为战国诸雄中的强者。

战国晚期至秦汉之际，秦文化分布范围遍及整个陇东和关中地区，在墓葬形制、头向及葬式等方面均发生了较大变化。长方形土坑竖穴墓中口大底小者占多数，出现了洞室墓并趋于增加，头向已无一定规律，直肢葬渐趋普遍，随葬的青铜礼器均为中原列国式，但已没有规律性组合。出现了日用铜器蒜头壶和鍪。原有的秦式仿铜陶礼器代之以一套中原列国式的带盖鼎、带盖豆、盒和壶。日用陶器组合多样化，普遍用釜，秦式鬲减少。由于秦文化在这一阶段大规模向外扩张，一方面将自身特点带入其

① 滕铭予：《秦文化：从封国到帝国的考古学观察》，学苑出版社，2002年，第37～42页。

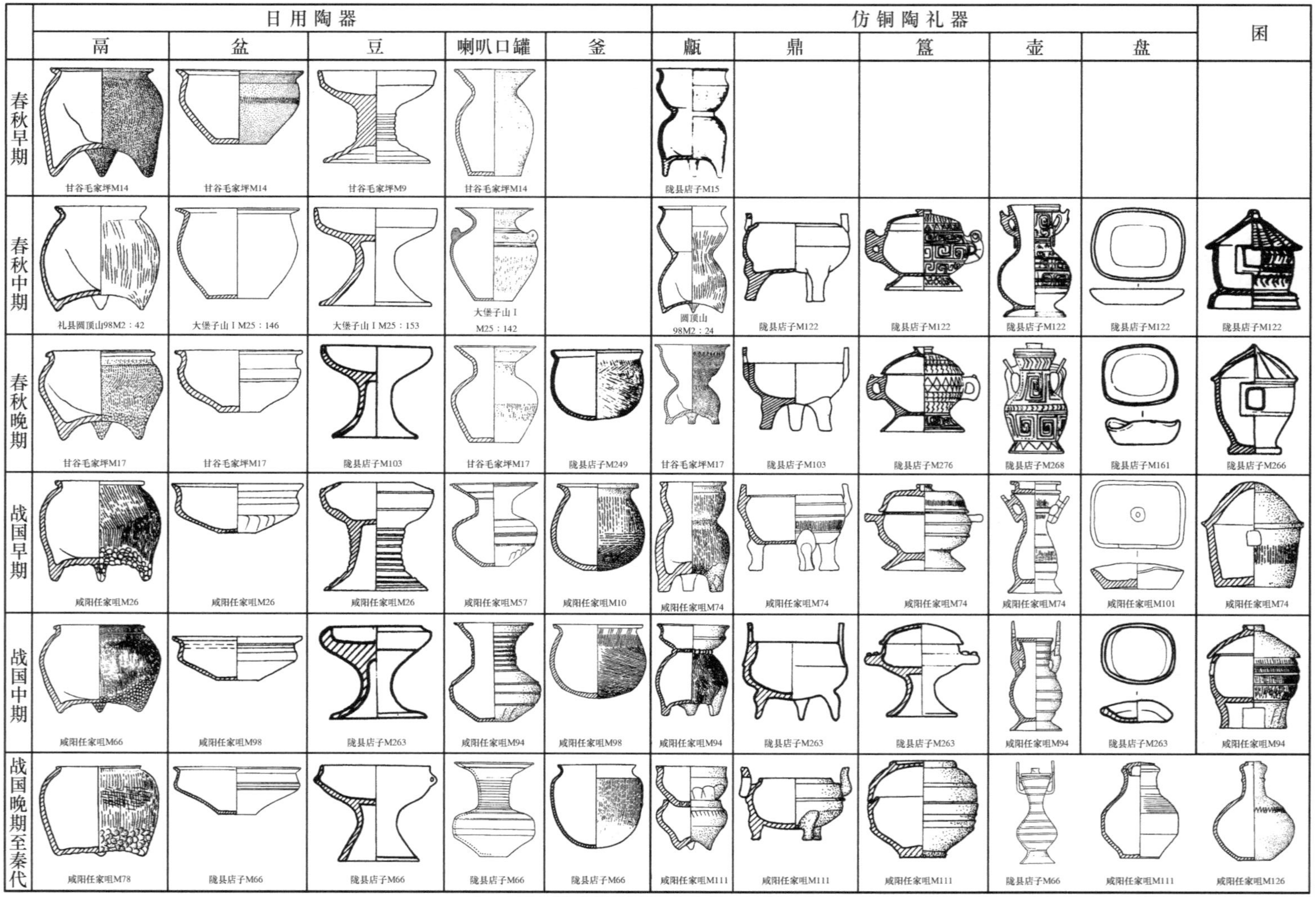

图6-39　东周秦墓出土典型陶器分期图

势力所及地区和帝国版图之内，另一方面则大规模吸收所到之处的当地文化，从而使自身的文化面貌和性质发生了明显的变化。秦自商鞅变法后，国势渐强，惠文君称王取得了与齐、魏等诸侯平等的地位。通过司马错灭蜀，遂将秦岭以南的广大西南地区作为自己的大后方，从此开始了征伐六国的战争。至秦王政二十六年终于并吞天下，建立了大一统的秦帝国。

（二）典型葬俗

西首屈肢葬是秦墓的典型葬俗之一。秦人墓流行头向西、蜷曲程度特甚的屈肢葬。有些学者援引民族学资料认为秦文化的屈肢葬蜷曲呈胎儿状是为了投胎转世，西首象征日落归西，希望生命如太阳般周而复始地轮回①。

围墓沟也是东周秦墓的常见葬俗。除上述雍城秦公陵园、咸阳原秦公陵园和铜人原秦东陵外，在河南三门峡和山西侯马乔村也有发现。乔村较大的墓葬均有方形围沟，有的两墓一组，有的单独分布，沟与沟之间毗邻或连接，很多墓空无一物，但沟内又有多具殉人②。有学者认为秦围沟墓源于西北羌戎文化，日本弥生时代的方形围沟墓可能是由移居东瀛的秦人传播过去的③。

殉人习俗在秦墓中也比较流行。据《史记·秦本纪》记载，（前678年）“武公卒，葬雍平阳。初以人从死，从死者六十六人”，到春秋中晚期，殉人之风越演越烈。“穆公卒，葬雍，从死者百七十七人。”前述已发掘的雍城秦景公大墓殉人186具，20人埋在填土中，166人用箱匣殓葬在二层台上。诸侯以下的各级贵族墓同样殉人，只不过人数多寡有别。如前述甘谷毛家坪沟西墓地、礼县大堡子山墓地、圆顶山墓地和凤翔八旗屯墓地等，殉人通常置于二层台上、壁龛内或填土中，有直肢、屈肢、肢解等。此外，殉人墓中还常见腰坑和殉狗习俗。战国中期以后，墓葬中殉人常用木俑或陶俑替代，殉人习俗开始逐渐被摒弃。

第七节　东周时期的生产经济与文字

一、农业

《国语·周语上》：“民之大事在农。”在古代中国，农业是立国之本。随着

① 赵化成：《寻找秦文化渊源的新线索》，《文博》1987年第1期。戴春阳：《秦墓屈肢葬管窥》，《考古》1991年第8期。

② 山西省考古研究所：《侯马乔村墓地（1959—1996）》，科学出版社，2004年。

③ 俞伟超：《关于“卡约文化”与“唐汪文化”的新认识》，《先秦两汉考古学论集》，文物出版社，1985年，第206页；《日本方形周沟墓与秦文化的关系》，《中国历史博物馆馆刊》1993年第2期，收入《古史的考古学探索》，文物出版社，2002年。

生产工具、农作技术及管理制度的进步，东周时期的农业比以前又有了较大发展。

从文献上看，商周时期的农作形式主要有三种：①火耕燎荒制，即砍倒烧荒，用点播棒插种，不翻耕，不中耕，《盐铁论》记汉代荆阳地区仍是“伐木而树谷，燔莱而播粟”。②轮换休耕的畎亩制，即先烧荒，然后制畎亩。畎，垄沟也；亩，垄也。《考工记》云：“一耦之伐，广尺深尺为之畎。”田间有路（或修土围子）以为界，是为畺（疆）。第一年新开垦的地称“菑”，第二年此地土壤有所改善，为“新”，第三年已成固定农田，名“畬”（《尔雅·释地》）。《周礼》中有专门负责除草木开田地的官，如柞氏、薙氏。一般连续耕种几年之后，就需将耕地抛荒，使地力自然恢复，休耕时间的长短可据土地的肥沃程度而定。另一个优点是，将土地制成畎亩，还有利于灌溉。《诗·小雅·白华》：“滮池北流，浸彼稻田。”可见，周代已有引水灌溉大田的技术。当时大面积的灌溉取决于不同地区的人力、物力，尚不能完全普及。大田灌溉在水资源丰富的地区大概是可以实行的，所谓“量力不足，不敢渠地而耕”（《吕氏春秋》）。③园圃灌溉制，一般是以篱笆围起，于房前屋后种瓜果蔬菜，当时可能主要依赖于井溉。这种农作形式是农业经济的有效补充。

春秋时期，经济上先进的中原列国基本上沿袭着西周的井田制。《国语·齐语》：“陵阜陆墐，井田畴均，则民不憾。”《左传·襄公十三年》记载子产治郑时，实行“田有封洫，庐井有伍”。这些表明，管理好井田，成为施政内容不可缺少的部分。自春秋中期开始，实行田地分区休耕的辕田（爰田）制，这样就提高了土地的利用率。春秋晚期至战国初，铁器开始在农业生产中使用，大约与之同时也开始用牛耕田，由此普遍推行深耕技术，不仅大大增强了开荒能力，扩大了耕种面积，提高了田亩产量，还可有效地减少虫、旱之灾。《孟子》说“深耕易耨”，《韩非子》说“耕者且深，耨者熟耘”。深耕还可使“大草不生，又无螟蜮”（《吕氏春秋》），进而能获得好收成。战国中期秦孝公任用商鞅变法，推行“废井田，开阡陌”、奖励农耕等政策，各国纷纷效仿，兴修水利灌溉工程（如秦的蜀郡都江堰和关中郑国渠、魏的圃田渠和漳水渠等），沤草或焚草积肥，还出现了农学著作（如《管子·地员篇》和《吕氏春秋》的《上农》《任地》《辨土》《审时》四篇），这些都极大地促进了战国时期农业的发展。

从目前考古发现看，夏至春秋时期的农具仍然是以木、石、骨、蚌器为主，青铜农具很少，与新石器时代相比似乎并无革命性的变化。二里头文化时期，青铜器中还未发现有可确指为农具者。二里冈文化时期出现了青铜制作的斧、䦆之类的工具，湖北黄陂盘龙城一带还出现了臿一类的工具，说明当时在开辟农田、伐木除草方面的能力有所提高。殷墟至西周初，北方地区出现了铜制的铲、镈，南方大致在西周时也出现了青铜的铚、镰。到了春秋时期，北方可作农具的青铜器除斧、䦆之外，主要流行铲、镈，故由此类青铜工具逐渐衍生出青铜铸币空首布。布与镈古音相同，布仿镈形。而南方多水田，不用中耕工具，所以出现了较多的收割类工具铚和镰。上述情况表明，青铜工具在使用上是有限的，且地域上有不同特点。而且，东周时期南方发现的青铜农具数量上要多于北方，这可能与南方铜矿资源丰富，铜料易得有关。春秋末至战国早期铁农具已开始使用，但数量很少，战国中晚期铁农具普遍推广，不仅取代了青铜农具，甚至大大改变了木、石、骨、蚌器长期占主导地位的局面，其中砍伐工具斧、䦆，翻耕工具耒、耜的套头（臿），中耕工具铲、镈（锄）和收割工具镰等都出现了铁制的（图6-40）。铁农具种类繁多，形式多样，而且在一般战国遗址出土的生产工具中农具占比都是最高的，说明铁器在农业中应用的广泛性和其主导地位。

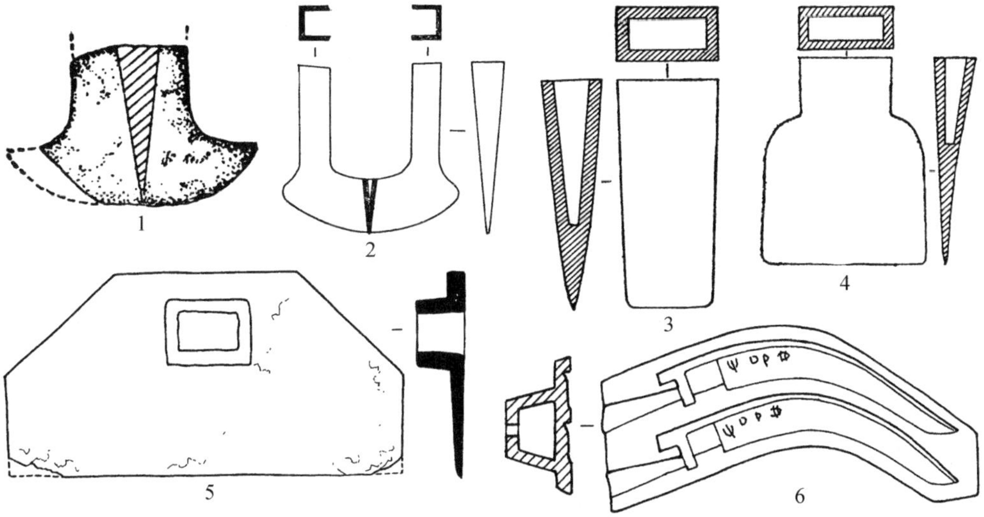

图6-40　东周时期的铁农具

1.斧　2.臿　3䦆　4.铲　5.镈（锄）　6.铁镰范

（1、2.江陵纪南城出土，采自《考古学报》1982年第4期；3、4.邯郸赵王陵出土，采自《考古》1982年第6期；5.易县燕下都M44出土，采自《考古》1975年第4期；6.兴隆寿王坟出土，采自《考古》1956年第1期）

这里需要讨论的问题是：①中国青铜时代为什么青铜农具非常少？②商周时期既然农具无革命性变化，那么当时的农业生产是如何发展的？20世纪50～80年代，学术界对这两个问题长期争论不休。

关于第一个问题，代表性认识主要有四种：①认为青铜农具当时是大量存在的，之所以发现少是因为青铜贵重，用残后不会随便丢弃，要重新熔铸，且替换缓慢[①]。②认为青铜农具少的原因是因奴隶主害怕奴隶破坏工具，青铜贵重，所以愿意让他们用木、石、骨、蚌器，反映了奴隶社会从一开始就有阻碍生产力发展的一面[②]。③认为青铜农具虽然不多，但青铜农具确有缓慢排斥木、石、骨、蚌器的发展趋势[③]。④认为国之大事在祀与戎，当时青铜主要用于制造礼乐器和兵器，而较少用于农业生产，所

① 唐兰：《中国古代社会使用青铜农器问题的初步研究》，《故宫博物院院刊》1960年第2期。郭宝钧：《中国青铜器时代》，三联书店，1963年，第16～19页。

② 北京大学历史系考古教研室商周组：《商周考古》，文物出版社，1979年，第39页。

③ 佟柱臣：《二里头文化和商周时代金属器代替石骨蚌器的过程》，《中原文物》1983年第2期。

以青铜农具发现少是正常的，这是中国文明的重要特征之一[①]。比较看来，第一种观点的核心是合理的，农业是一项高尚劳动，不会吝惜铜，故青铜农具的数量在当时并不一定少。但灰坑中确实不易发现，因为这类金属农具即使残毁也不会乱扔。再者，青铜农具与玉质工具一样，常出于贵族墓或窖藏中。从长期来看，金属农具代替石骨蚌器的趋势也是客观存在的。

关于第二个问题，大家都相信，孕育商周文明必定要有发达的农业生产做基础。在阶级社会里，脱离农业生产的人如贵族、军队、手工业匠人很多，要供养这些人，农业水平不应太低，较之新石器时代肯定会有大的发展。但青铜农具发现的少，生产工具无革命性变化，而农业又是如何进步的呢？目前暂无合理解释。但有以下几方面值得注意：①青铜斧、斤的数量不算太少，以往总将其视为与木工有关，实际上其用途不限于木工，还广泛用于开辟农田，这大大增强了垦荒的能力。②北方与南方青铜农具有差异，南方水田不用中耕，故多收割类工具，北方铲、镈多，用于田间除草，这些因地制宜的做法，都可使得在有限的条件下提高农业生产效率。③青铜农具耐用且可重熔改铸，所以在考古发现上显得比木、石、骨、蚌器少得多，当时青铜农具可能还是比较多的。④同样的木、石、骨、蚌器，也存在一个技术改进的问题，单从刃口是否采用青铜来看农具是否有大的发展本身就是片面的。⑤农业技术也能促进农业发展，农业发展并不单靠农具是否有革命性变化，科学技术也是一种不可低估的生产力。当时，大面积的农田虽然仍靠天吃饭，但已有一定的灌溉和抗旱能力，甚至掌握了一些消灭病虫害的办法，中耕作业的加强也在一定程度上提高了单位亩产。⑥组织生产的社会机制也同样可以提高生产力。首先，统治者重视农业，经常有求雨祈年的祭祀活动，甚至象征性地参加劳动，即所谓的“籍田礼”。国家设有专门的农官来管理农业生产，如《诗经》中屡次提及“田畯”，商周农业是以贵族组织的集体协作式生产方式为主，在商曰“协田”，在周曰“耦耕”，规模都很大，这比单一农户的分散式劳动更有优势。

二、青铜器冶铸业

与西周相比，东周时期青铜器冶铸业无论在铜矿开采、冶铸技术还是在装饰工艺等诸多方面都有明显的进步和创新，青铜器的使用更为广泛，并深入到社会生活的各个领域，逐渐形成地域特色。

东周时期重要的铜矿冶遗址多分布在长江流域，主要有湖北大冶铜绿山[②]、阳新港

① 张光直：《考古学专题六讲》，文物出版社，1986年。

② 夏鼐、殷玮璋：《湖北铜绿山古铜矿》，《考古学报》1982年第1期。黄石市博物馆：《铜绿山古矿冶遗址》，文物出版社，1999年。

下[①]，安徽南陵江木冲[②]、铜陵木鱼山、万迎山等7处[③]，江西瑞昌铜岭[④]和湖南麻阳九曲湾[⑤]等。其中瑞昌铜岭的开采时间可早到商代早期，延续至春秋。大冶铜绿山开采时间可早到商代晚期，经两周延续至西汉。这两处矿冶遗址相距仅百余千米，均经过大规模发掘，比较清晰地揭示了商周时期复杂的铜矿开采与冶炼流程。

采矿方面主要包括：①开采位置一般选择在矿石丰富、含铜品位高、岩石易碎处。②井巷系统由竖井、斜巷、平巷、盲井等组成，都有木架支护，盲井用以储存矿石。③提升装置用于运送人员、矿石和地下水，主要靠人力用辘轳分段提升，提升工具有竹筐和木桶等，有的矿井发现有球形或葫芦形提升石，可减轻人力负担和劳动强度。④排水系统，一般是用木槽将水引向储水坑，再用木桶提升至地面。⑤通风系统，有的是利用高低不同的井口，造成气压差，形成自然风流，有时采取关闭废井巷的方式，使气流通向采掘方向。⑥照明设备，发现过烧过的竹签子，应当还有油灯。⑦地面选矿设施，瑞昌铜岭发现有选矿槽和尾砂池，是利用流水冲洗矿石选取矿砂。⑧挖掘工具主要有青铜的斧、锛、凿，还有木槌、木锨（耜）等。

开采出来的矿石一般就地冶炼，半成品铜锭、锡锭运回都城附近的铸铜场所。冶炼通常使用炼炉，铜绿山炼铜竖炉分炉基、炉缸和炉身三部分。其建造方法：先在地面下的炉基部分挖一个便于通风的“T”字形沟，沟内还可点火，为炉体加温。炉缸筑在炉基之上，截面呈椭圆形或方形，内径在40 ~ 70厘米，内壁使用石英砂、高岭土等特殊耐火材料，外层用高岭土细泥涂抹。炉缸的侧壁设金门和鼓风口，金门位于炉缸近底处，是往外放铜液、排铜渣的通道。炼炉周围的工作面上还发现矿石、炉渣、铜块、碎矿石的砧石，生活用具如陶罐以及工棚的柱洞等遗物遗迹。

将木炭和矿石放入炉内，采用“内热法”进行冶炼。木炭在冶炼时既是燃料，又是还原剂。利用炉壁上的鼓风口进行人工鼓风助燃。当时的鼓风用具是用鼓风陶管对接一种大皮囊，文献中称“橐”，“東”字即其象形。通过模拟试验可知，运用这种竖炉炼铜，可以连续加料，连续排渣，间断放铜液。冶炼遗址发现有炼出的铜锭，一般为单个直径15厘米，重1.5千克左右的小圆饼，含铜量平均可达91%。地表上遗留大量残渣，大多冷凝成薄片状，表面有水波纹样，含铜量只有0.7%，说明炉渣排放时的流动性很好，炼得也很干净，当时的冶铜技术已达到相当高的水平。铜绿山炼渣总量估计有40万吨，说明其生产时间长、规模大。

---

① 港下古铜矿遗址发掘小组：《湖北阳新港下古矿井遗址发掘简报》，《考古》1988年第1期。

② 杨立新、李德文等：《南陵县江木冲古铜矿遗址》，《中国考古学年鉴（1990）》，文物出版社，1990年。

③ 安徽省文物考古研究所等：《安徽铜陵市古代铜矿遗址调查》，《考古》1993年第6期。

④ 江西省文物考古研究所铜岭遗址发掘队：《江西瑞昌铜岭商周矿冶遗址第一期发掘简报》，《江西文物》1990年第3期。江西省文物考古研究所等：《铜岭古铜矿遗址发现与研究》，江西科技出版社，1997年。刘诗中、卢本珊：《江西铜岭铜矿遗址的发掘与研究》，《考古学报》1998年第4期。

⑤ 湖南省博物馆等：《湖南麻阳战国时期古铜矿清理简报》，《考古》1985年第2期。

如前几节所述，目前在东周时期诸大国的都城内都发现了铸铜遗址，其中以侯马晋国铸铜遗址的发掘规模最大①，发现房址、水井、灰坑、窖穴、烘范窑以及熔炉、鼓风管、坩埚、陶范、铜锭、铅锭等遗存，其中陶范数量多达5万块，完整或能配套的近千件。陶范铸件种类有礼器、乐器、兵器、工具、车马器、货币和生活用具等，陶范纹饰繁缛，包括人形、蟠螭、兽面、龙、凤、虎、牛、花朵、垂叶、绹索、云纹、三角菱形纹等25种，以蟠螭纹最为常见（图6-41）。由此可以了解东周时期从选料、制范到合范、浇铸等铸造青铜器的工序流程与技术水平。

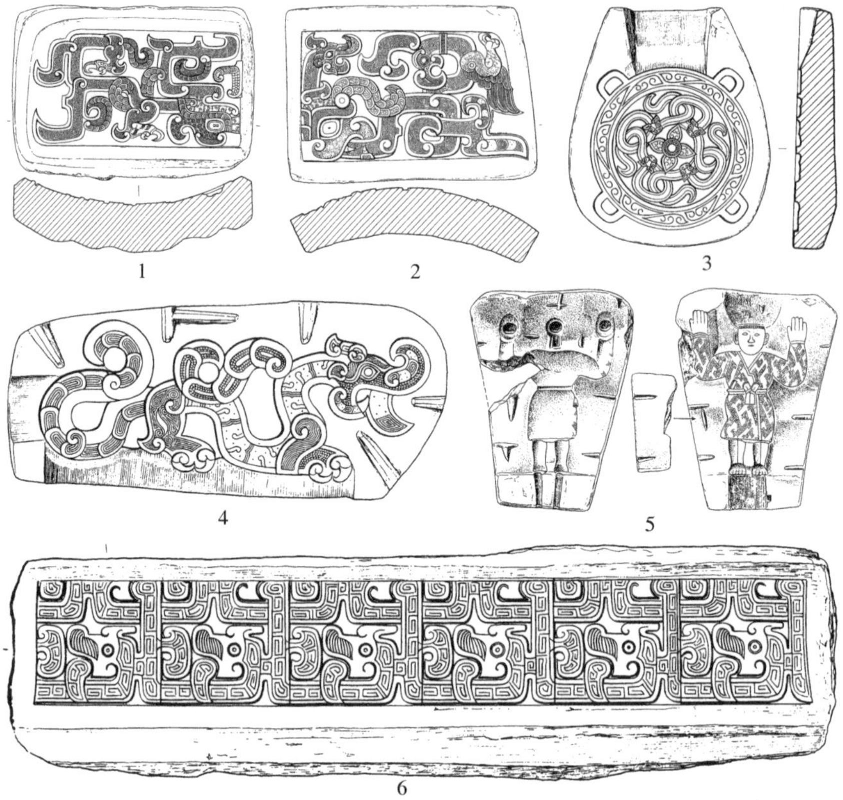

图6-41　侯马铸铜遗址出土陶范纹饰

1.半兽面纹（ⅡT81H126：101）　2.龙凤纹（ⅡT81H126：58）　3.虺蛇纹（Ⅱ96F7：1）
4.夔龙纹（78HPS：01）　5.立人形范（ⅡT13⑤：10）　6.蟠螭纹（ⅡT213H234：1）

东周时期铸造青铜器仍采用传统的陶范分铸法，但在技术上有了较大发展②。主要表现为：①统一预制附件，如足、耳等，即通用件。②模型上的花纹不用一件一件雕刻，以花纹模拍压印，不仅可以生产出纹饰规范的产品，而且使生产效率大大提高。③采取叠铸工艺，即将许多相同的陶范叠合组装，用同一个浇铸系统进行浇铸，这样即可节省金属和造型材料，又减少造型面积，从而提高了生产效率。此外，这一时期

① 山西省考古研究所：《侯马铸铜遗址》，文物出版社，1993年。

② 华觉明：《中国古代金属技术——铜和铁造就的文明》，大象出版社，1999年。

出现的失蜡法是冶金史上的重大进步。失蜡法又称熔模铸造法，工艺流程表现为：在模具上涂挂蜂蜡等材料制作蜡模，外面再浇淋细泥浆和耐火材料包敷，然后加热烤化蜡模，待蜡流出后，即形成铸型空腔，然后经过烘烤、浇铸、修整等工序，生产出成品。这样铸出的器物表面无铸缝（即合范缝），纹饰清晰，可铸造浮雕、镂孔等形制复杂的器物。如淅川下寺春秋中期楚墓所出铜鼎上的浮雕蟠螭纹附件、铜盏盖上的蟠虺纹捉手以及铜禁①（图版15：1）即是用失蜡法铸成的。由此可见，我国失蜡法的起始年代当不晚于春秋中期。

东周时期的青铜器装饰在继承传统镶嵌、填漆、包金等工艺的基础上，又有了很大发展，新出现了铸镶、错嵌、贴金、鎏金、刻纹、捶揲、錾花、掐丝、金珠等工艺，战国中晚期的青铜器常将多种工艺集于一身，显得无比华丽。铸镶工艺是事先把铸范和红铜花纹薄片制作好，然后把红铜花纹按一定图案排列放置于器外范的内侧，使红铜花纹的正面与外范内壁接触，再用不同形状的铜芯撑从红铜花纹的背面和器内范之间支垫（固定）不同部位的红铜花纹，以使红铜花纹在浇铸时不移位变形，同时也起到了控制青铜器壁厚度的作用，最后合上器内范芯进行浇铸，冷却后的青铜器体包容固定了红铜花纹，红铜花纹露出青铜器表，凸显其美观装饰作用②。目前考古发现铸镶红铜花纹的青铜器年代可早到春秋中期，主要流行于春秋晚期至战国早期（图版15：2）。错嵌工艺是将红铜、金、银丝或细条镶嵌于青铜器的纹槽内，经捶打坚实后再加以磨错。这种工艺大约在春秋中晚期出现，盛行于战国时期（图版15：3）。所谓贴金是将金箔贴在器物表面，贴金所用金箔较包金薄，可以节约贵重的黄金。贴金铜器主要流行于春秋晚期至战国早中期，战国中期以后贴金工艺逐渐被更先进的鎏金工艺所取代。所谓鎏金又称汞镀金，将黄金和汞按一定比例熔化成金汞合剂的“金泥”，然后涂抹在青铜器表面，再经烘烤使汞蒸发，薄层的金质便牢固地附着在铜器表面③。这种工艺大约出现在春秋战国之际，战国中晚期逐渐多见。所谓刻纹是在铜器上用锐利的刻刀刻出图案式的纹饰，这种工艺出现于春秋早期，盛行于战国时期。另有镀锡、镀铬工艺不仅装饰美观，还有防锈功能。

三、铁器冶铸业

目前所知，中原最早的人工冶铁制品出现于西周晚期。春秋时期，铁器冶铸业并不是很发达。冶铸遗址尚未发现，已发现的铁器数量较少，有的是块炼铁制品，有的是生铁铸件，甚至出现了个别的钢制品。块炼铁是在较低温度（800～1000℃）下，用

---

① 河南省文物研究所等：《淅川下寺春秋楚墓》，文物出版社，1991年。

② 黄克映、李京华：《淅川和尚岭、徐家岭楚墓青铜器铸造技术》，《淅川和尚岭与徐家岭楚墓》附录二，大象出版社，2004年。

③ 安志敏、安家瑗：《中国早期黄金制品的考古学研究》，《考古学报》2008年第3期。

木炭还原铁矿石而得到的质地疏松的固态铁块。如果温度提高到1146℃，用此方法就可得到含碳量较高的液态生铁，可以直接铸造各种器物。西亚和欧洲块炼铁技术出现的时间虽然早于中国，但迟至13、14世纪才掌握生铁冶炼技术，生铁在欧洲一直到14世纪才有，而中国在公元前五六世纪就能冶炼生铁，至少比西方提前了1800余年[①]。

到了战国时期，铁器冶铸业迅速发展起来。主要表现为：①已发现数处战国铁器冶铸遗址，它们多位于国都内，不仅规模大，而且出土遗物丰富，如熔炉、鼓风管、炼铁渣、炉渣、木炭、陶范、铁范、各种铁器等。②铁器大批量生产，广泛应用到社会生活的各个领域。已发现的铁器种类多样，有兵器、刑具、农具、工具、车马器及生活用具等，尤以农具和工具的数量最多，极大地促进了农业和各种手工业的发展。③冶炼技术与铸造工艺的进步突出表现在块炼渗碳钢和铸铁柔化退火工艺的推广，以及铁铸范的使用。所谓渗碳钢，是指对出炉的块炼铁经多次加热锻打增加含碳量而成的碳钢制品，如易县燕下都战国晚期M44出土的戟、矛、剑、镞[②]。铸铁柔化工艺是将铸铁件加热并持续保温，使铸铁中的自由渗碳体分解、脱碳或石墨化，从而改善铸铁的脆性，获得一定韧性，形成展性铸铁，被广泛使用于农具、兵器的铸造，如易县燕下都M44出土的铁䦆、六角锄等。展性铸铁在欧洲要到1720年之后才开始使用，晚于中国2000多年。铁铸范的发明使铸造工艺发生很大变化，铁范使用寿命长，用其铸造出的铁器表面不粗糙，无须再加工，使劳动生产率大为提高。此外这一时期还出现了淬火技术，上述燕下都M44出土的钢剑、戟等都是经淬火处理的，它们的发现将我国已知的淬火技术年代提早了两个世纪[③]。总之，战国时期的冶铁技术及加工工艺走在了世界前列，在世界古代冶金史上占有重要地位。

四、玉器、琉璃器加工业

东周时期社会制度发生了急剧变革，意识形态也相应发生重大变化。此时的玉石器加工业在承袭西周传统的基础上，雕琢工艺又有了新的发展，产生了许多富有新时代精神的佳作。

春秋早中期玉器延续了殷商和西周玉器遗风，常见种类仍以璧、环、瑗、璜等礼器，动物形佩饰和镯、玦、串饰为主，圭、璋、剑饰开始流行，传统器形有所创新；纹饰上除了继承饕餮纹、夔纹、凤纹、龙纹、云纹等外，还创造出了蟠螭纹、蟠虺纹等许多新的纹样；技法上多采用阴线一面坡的雕琢工艺。自春秋晚期开始，礼器逐渐减少，生活用具和各类佩饰明显增多，流行谷纹、蒲纹以及富于变化的各种龙纹、凤纹、几何

---

① 中国社会科学院考古研究所：《中国考古学·两周卷》，中国社会科学出版社，2004年，第409页。

② 河北省文物管理处：《河北易县燕下都44号墓发掘报告》，《考古》1975年第4期。

③ 北京钢铁学院压力加工专业：《易县燕下都44号墓葬铁器金相考察初步报告》，《考古》1975年第4期。

纹等，装饰繁缛华丽，综合运用单阴线、双阴线、隐起等工艺精雕细琢，刻划手法向减地浅浮雕方向发展。战国时期，由于琢玉技术和工具的进步，玉器透雕、镂空和连锁工艺流行，将玉器雕琢与镶嵌、错金银、鎏金等金属工艺巧妙结合，并广泛应用，创造出许多难度极大的艺术杰作，其中湖北随州曾侯乙墓出土的4节和16节龙凤玉佩饰[①]、河南辉县固围村战国墓出土的由铜条贯穿7节玉并且双首鎏金的龙形玉璜和包金镶玉琉璃珠银带钩[②]等（图6-42），可以代表东周时期南北地区玉器制作的最高成就。

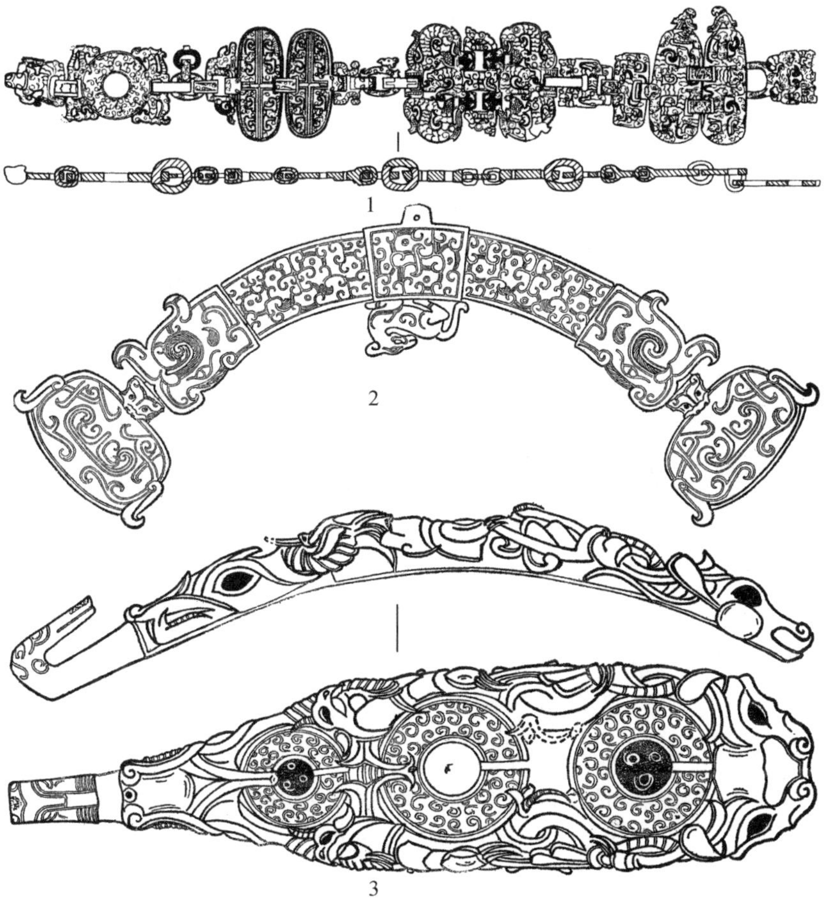

图6-42　战国玉器

1.龙凤玉佩饰（曾侯乙墓EC11：65）　2.大玉璜（辉县固围村M1：360）

3.包金镶玉银带钩（辉县固围村M5：9）

所谓“琉璃”是一种人工生产的早期玻璃，文献中或称陆离、颇黎等。琉璃器在中国境内的出现可以追溯到西周时期。西周之后，特别是战国时期，琉璃器无论在品种、数量上还是在分布地域上均有很大的发展。考古发现的东周琉璃器类以珠、管为主，另有璧、环、印章、剑饰等，其中以“蜻蜓眼”式圆珠最有特点。它们大多用于

① 湖北省博物馆：《曾侯乙墓》，文物出版社，1980年。

② 中国科学院考古研究所：《辉县发掘报告》，科学出版社，1956年。

装饰，呈乳白、米黄、深蓝、豆青、翠绿、淡紫、黑褐等多种色彩，有的还有纹饰。关于中国琉璃器的起源及其与西方的关系，学术界意见分歧很大。有学者认为中国自产的铅贝琉璃器最早出现于战国时期，已发现的战国之前的“蜻蜓眼式”琉璃珠可能是从西方（中国南方或经由印度）直接输入的①。也有学者认为最早的外来“蜻蜓眼式”琉璃珠是从黑海沿岸沿欧亚草原地带再由新疆和蒙古高原分两路进入中原的，时间不晚于春秋晚期；进入中国后，其本身的护符功能基本丧失，而是被用来作为彰显身份地位的珍奇之物②。

五、漆器制造业

考古资料显示，传统的漆器制造业在东周时期得到迅猛发展，其中以楚国漆器最具代表③。目前已发现的春秋漆器（或漆器痕迹）较西周明显增多，漆绘花纹的题材也更广泛，春秋晚期的漆器上开始出现描绘社会生活方面的内容。战国时期，由于铁制工具的普遍使用，漆器生产效率和质量都大为提高，当时的漆器品种和数量之繁多，造型和纹样之优美，分布地域之广泛，制作工艺之高超，都远远超过了前代。漆器也逐渐取代青铜器，在当时的社会生活中占有相当重要的地位。

制作工艺方面，漆器胎骨主要有木、竹、皮和夹纻胎四种，以木胎最多。木胎漆器在春秋至战国早期多厚胎，战国中晚期多薄胎，主要采用斫、雕、挖等制法，战国晚期还出现了捲制。竹胎漆器始见于战国早期，主要有锯、斫、编织三种制法。夹纻胎的纻即麻布，是以木或泥做成内胎，再以涂漆灰的麻布等裱糊若干层，干实后，去掉内胎，最后在麻布壳上髹漆，又称“脱胎”。这种轻巧的胎体初见于战国中期，秦代尚不多见，西汉中期以后逐渐流行，成为最普及的制胎方法。实际上，一件漆器的制作往往需要多种制法相互结合才能完成。有些还将漆器制法与金属工艺相结合，创造出复合型的“釦器”。此外，战国时期的一些铜镜、骨、角与陶器也髹漆衣，并用漆彩绘花纹图案。

品种造型方面，目前发现的春秋漆器种类有簋、豆、方壶、耳杯、瑟、兵器柄、甲衣、绕线棒、木俑、镇墓兽以及棺椁等10余种。战国漆器种类剧增，有60余种，生活用具有各类盒、豆、盘、壶、禁、樽、卮、耳杯、勺、俎、虎子、梳、篦、奁、扇、绕线棒、鞋等；家具有案、几、席、枕、匱、笥、衣架、座屏等；乐器有鼓、琴、瑟、笙、篪、排箫、钟磬的架、槌等；兵器及其附件剑鞘、剑盒、戈柲、戟柲、矛柲、殳柲、弓、弩、矢箙、甲、胄、盾等；交通工具有马车、肩舆等；文书用具有毛笔、削刀鞘、文具盒等；丧葬用具有镇墓兽、虎座飞鸟、鹿座飞鸟、笭床、棺椁等（图6-43）。其中雕

---

① 高至喜：《论我国春秋战国的玻璃器及有关问题》，《文物》1985年第12期。后德俊：《楚国的矿冶、髹漆和玻璃制造》第五章，湖北教育出版社，1995年。

② 赵德云：《中国出土的蜻蜓眼式玻璃珠研究》，《考古学报》2012年第2期。

③ 陈振裕：《楚文化与漆器研究》，科学出版社，2003年。

刻各种动物形象的日常生活用器占有相当大的比例，所雕动物各具姿态，形象逼真，使这些漆器既实用又美观。总体来看，生活用具不断增多，丧葬用具除棺椁外逐渐减少。

图6-43　战国漆器

1、2、8.曾侯乙墓　3、7.江陵马山M1　4.荆门包山M2　5.江陵九店M712　6.江陵望山M1

装饰艺术方面，主要采用写实与夸张变形两种装饰手法，纹样题材主要有各类动物纹、植物纹、几何纹和宴乐、狩猎、车马出行等反映贵族生活的画面，以及后羿射日等神话故事。构图方式多种多样，虚实巧妙配合，讲究均衡对称。

六、纺织业

东周时期，列国鼓励种植桑麻，大力发展纺织业，如齐国自建国就“劝以女工”，战国时齐国的纺织品已“冠带衣履天下”。东周时期的纺织产品丰富多样，考古发现的丝织品种大致有绢、纱、绮、罗、缣、绉、绨、组、绦、锦、绣等[①]，它们代表了这一时期纺织业的最高成就。

① 朱新予：《中国丝绸史》通论部分，纺织出版社，1992年。

目前所知春秋时期的丝织品实物不多，河南光山宝相寺春秋早期黄君孟夫妇墓中出土绛紫色绣绢残片2段，绢为平纹组织，经纬线匀称轻薄，以锁绣针法绣窃曲纹，绣线三色或四色；绢残片4段，为纬重平组织，经线多为双根，偶见3根，纬线多单根，经、纬线多加捻，经测定原料为蚕丝[①]。从该墓所出缣织物的经纬线并不固定的情况看，其纺织技术似乎还不甚成熟。

战国时期的丝织品实物多见于南方，北方的齐都临淄也有重要发现。绢的纺织技术大为提高，较春秋时期更细密，如战国早期曾侯乙墓出土残绢的经纬线密度最大为每平方厘米104根和36根，战国中期江陵马山M1出土绢面经纬线密度最大者为每平方厘米158根和70根[②]（图版16：1）。染色绢的品种也有所增加，如荆门包山M2出土的条纹绢黑色与褐色或土黄色相间。绨、组、绦是这一时期出现的新品种。绨为厚实、缜密而有光泽的平纹丝织物，多染成各种颜色，经纬线较粗。组无纬线，只用丝质经线斜向交叉纺织而成。绦是一种丝织窄带，有纬线起花和针织之分，前者纬线有两色或更多色，以其中一种为地纬，其他为花纬；后者是把丝线弯曲成线圈并串联起来，文献中又称扁绪或紃。作为提花织物的锦在这一时期不仅有二色还有三色，大体以黄、棕、红色丝线纺织而成，在传统的连续菱形纹的基础上，构图又有创新，使花纹图案的表现力更为增强，如江陵望山M1出土的对兽纹彩绦锦、马山M1出土的舞人动物纹三色锦等。刺绣多是以绢为地（有些以罗为地）、以绣花针添加各色丝线绣出漂亮的龙、凤、花、草等彩色花纹图案，构图自由，线条流畅。江陵望山M1出土的石字菱纹锦绣，证明锦上添花（绣）的出现不晚于战国中期。

上述发现表明，东周时期已有相当先进的织机和娴熟的纺织技术，从采桑、养蚕、缫丝、染色到纺织等一系列的生产流程都需要专人管理和专门的织造作坊才能完成[③]。可惜的是由于保存条件的关系，除了纺轮、绕线棒等遗物外，包括织机在内的织造作坊尚未发现。

七、商业

东周时期，农业和各种手工业之间的分工更加细化，促使了商业交换的兴盛，而交换又使各地区间的经济密切联系起来。为了适应商业交换的需要，各国都铸造了大量的金属货币，各国度量衡标准渐趋一致。

考古资料显示，真正的金属铸币大约始于西周晚期或两周之际。东周时期各国经济发展不平衡和政治上割据状态的长期存在，使列国铸币构成了不同的货币形态。最早出现的金属铸币是在王畿、三晋地区流行的、由农具铲演变而来的空首布，后来空首布逐

① 河南信阳地区文管会等：《春秋早期黄君孟夫妇墓发掘报告》，《考古》1984年第4期。

② 湖北省荆州地区博物馆：《江陵马山一号楚墓》，文物出版社，1985年。

③ 夏鼐：《我国古代蚕、桑、丝、绸的历史》，《考古》1972年第2期。

渐衍生出各种平首布。大约春秋晚期开始，燕、齐等地还铸行不同形制的刀币，并一直流行至战国时期。圆形有孔的圆钱出现较晚，大约自战国中晚期开始在各国流行，圆形方孔钱为后来历代所沿用，成为钱币的主要形式。南方楚国流行铜贝的同时，基于丰富的黄金矿源，还铸行过称量金币，表现出有别于中原地区的独特面貌①。

布币亦名“铲币”，可分为空首布和平首布两类。空首布的首部中空呈銎状，肩部有平肩、斜肩和耸肩之分，足部有弧足和尖足之别，面文多为地名，也有数目、干支等。根据出土地及面文地名，可以推知平肩和斜肩的弧足空首布为周王畿及邻近地区的铸币，耸肩尖足空首布可能是春秋晚期至战国早期晋国与卫国的铸币。平首布是由空首布简化而来的，个体小，重量轻，面文系地名或地名加其他文字，背无文或有数字，盛行于战国中晚期，流通于周王畿与韩、赵、魏、燕等国。平首布形制比较复杂，主要有尖足布、圆足布、方足布、桥足布、锐角布、三孔布和长布等（图6-44：1～8）。

刀币又称“大刀”，形制来源于工具刀，主要流通于燕、齐两国。燕国刀币分为尖首刀和明刀两类，两者在形制与年代上有早晚演变关系。燕尖首刀的刀首较长且尖锐，面文从无到有，多单字，晚期尖首刀上出现明字，是明刀的先导。燕明刀有弧背和磬折之分，明字写法多变。齐国刀币的出现晚于燕国刀币，刀背脊较薄，面文由地名或国名与“之法化”或“法化”结合组成，一行直下，如“齐之法化”“安阳之法

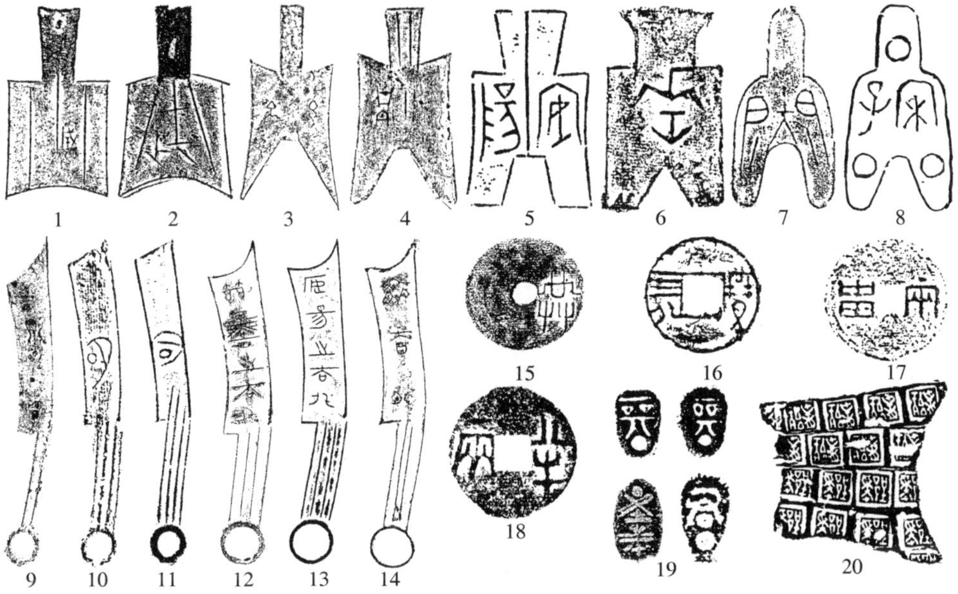

图6-44　东周时期金属铸币

1.平肩弧足空首布　2.斜肩弧足空首布　3.耸肩尖足空首布　4.耸肩尖足平首布　5.平肩方足平首布　6.平肩锐角平首布　7.圆肩圆足布　8.三孔布　9.燕尖首刀　10.燕弧背刀　11.燕磬折刀　12.节墨之法化　13.安阳之法化　14.齐法化　15.魏“共”圜金　16.齐“賹四化”　17.秦“两甾”　18.秦“半两”　19.楚铜贝　20.楚“郢爯”金版

① 唐石父：《中国古钱币》，上海古籍出版社，2001年。吴良宝：《中国东周时期金属货币研究》，社会科学文献出版社，2005年。

化”“即墨之法化”“齐法化”等（图6-44：9 ~ 14）。

圆钱中央有孔，圆孔者称圜金，方孔者称圆钱。根据面文内容可知，圜金曾流通于秦、魏、赵以及东、西周公国；圆钱曾流通于秦、燕、齐。目前来看，圆钱最早可能产生于秦国（图6-44：15 ~ 18）。

铜贝是楚国的金属铸币，俗称“蚁鼻钱”，其形制仿海贝，正面有阴文单字。战国时期楚国还流行金版与金饼的黄金铸币，金版多铸成不规整的方形或圆饼形，外有边框，中间有阳文文字印模凿打印出方格与文字，文字多见“郢爯”“陈”，使用时根据需要切割成小块，用天平称量支付。安徽阜南、六安曾出土“郢爯”5块，印数16 ~ 19，重262.8 ~ 280克，平均每块重268.8克；陕西咸阳出土“陈爯”8块，重230 ~ 260克，平均重248.38克，它们与实测长沙楚墓出土砝码所得楚一斤合251.53克数值相近（图6-44：19、20；图版16：2）。

度量衡方面，据1964年陈梦家先生统计，战国时期的1尺折合今天的23厘米左右，1升为200毫升左右，1斤当250 ~ 256克[①]。后来，各地又陆续新发现一些战国时期的度量衡器，列国之间虽有些差异，但总体标准是趋于一致的[②]。

秦统一六国后，废止各国形制不一、轻重有别的货币，改以黄金为上币，以镒（二十两）为单位；圆形方孔的“半两”钱为下币，重如其文。同时又颁布诏书，统一全国的度量衡。这些措施，为维护国家统一和促进经济发展提供了有力保障和便利条件。

八、文字

东周时期随着政治、经济和文化的发展，列国文字开始逐渐普及，铸、刻、书写文字的材料和范围有所扩大，除青铜器上的金文外，还有简牍、帛书、货币文、玺文、盟书、陶文以及石刻文字等，它们具有显著的区域风格和时代特点。这里仅择要介绍一下金文、简牍和帛书。

（一）金文

春秋时期的青铜器在继承西周风格的基础上，各诸侯国逐渐发展出自身的区域特色，其铭文内容丰富，形式多样。从春秋早期开始，基本不见西周金文中有关册命、廷礼之辞，内容以诸侯、卿大夫之间的婚姻和自作用器的记录为主，字体书写也没有原来规整了。至春秋中晚期，各国金文在形体上有了较大的差别，大致可分中原晋国、东方齐鲁、南方诸国和关中秦国四种区域风格，如晋国金文书体纷杂，有手写

---

① 陈梦家：《战国度量衡略说》，《考古》1964年第6期。

② 中国社会科学院考古研究所：《中国考古学·两周卷》，中国社会科学出版社，2004年，第463 ~ 473页。

体和艺术体之分；南方诸国金文常见艺术体和图案化的鸟虫书，字口多错金，装饰华丽；秦国金文字体规范严谨，接近小篆①。

进入战国，青铜器铭文又有新的变化，从铭文内容、字形结构到文字载体，区域性特征更加明显。除个别国家如田齐外，青铜容器上已少见颂扬先祖、光耀家族之类的套语，一般只有简单的铸器事由和器主名号。金文字形因国而异，出现减笔、增笔、借笔、合文、合文后再减省某些部首等各种复杂现象。战国中期以后，青铜兵器、度量衡等成为重要的铭文载体，铭文内容一般记录负责监造者、主造者的官职名号与铸造工匠名，即所谓“物勒工名，以考其诚”（《礼记·月令》）。它们为研究当时的官制与兵制、历史地理沿革、冶铸工业分布以及工官监造制度提供了非常重要的文字资料。从现有资料看，这种工官监造制度最早出现于三晋，其后燕、秦纷纷效仿，尤以秦国最为完善，也最严格②。

（二）简牍

简牍是指古代以竹、木制成的文字载体。具体来说，简由竹或木加工而成，通常削成长条形，将写字的一面磨光，竹质的还要在火上炙干，这道工序称“汗青”（或“杀青”），目的是使其易于着墨和防蠹。多枚简用麻绳或丝绳编连起来，称为“册”。牍多为木质，比简宽，呈长方形，故又称“版”。简牍始用于何时，尚无明确说法。考古出土实物中年代较早的简牍是战国时期的楚简，秦、汉时期的简牍数量最多，年代较晚者多在魏晋时期。

目前考古发现的战国楚简已有十余批（图版16：3），此外上海博物馆还收购一批来源不明的战国楚简③。战国楚简按内容可划分为卜筮祭祷、遣册、文书和典籍四大类。卜筮祭祷的记录格式通常先记卜筮时间，再记卜筮工具、所问事项、卜筮结果，最后载墓主卜问吉凶祸福及请求鬼神保佑的祭祷措施，对研究当时楚国的宗教巫术、风俗习惯具有重要的参考价值。遣册是分门别类记录墓中随葬品名称和数量的清单，许多器名不见于传世文献，对研究当时楚国的名物制度、丧葬礼俗具有重要的学术价值。文书涉及纠纷诉讼、明细账目、案情审理、户口管理等方面，为研究楚国司法、财务、行政等各项社会制度提供了第一手资料。典籍涉及近百种古书，含儒家、道家、墨家、兵家、杂家等学说，其中多数为佚书，它们不仅有助于研究楚文化，对研究先秦文献和先秦史亦具有重大意义。

（三）帛书

帛书又名缯书，是中国古代以丝织品作为记录载体的文书。由于所用的绢帛一般

① 朱凤瀚：《中国青铜器综论》上册，上海古籍出版社，2009年，第637～651页。
② 陈絜：《商周金文》，文物出版社，2006年。
③ 李均明：《古代简牍》，文物出版社，2003年。

为白色，故又有素书之称。与简牍相比，帛书既有优点也有不足，优点在于其质地柔软平滑，易于运笔及舒卷；分量轻，便于携带。不足之处在于帛很贵重，不易获得，从而限制了它的使用；文字一旦书写在帛上，不能像简牍那样随意删改。从文献记载来看，帛书至迟在春秋时期就已出现。

目前现存时代最早、真正属于书籍的帛书，是1942年于湖南长沙子弹库楚墓被盗出土的楚帛书。1973年考古人员重新发掘了这座墓葬，根据墓葬形制与随葬的陶鼎、敦、壶组合判断，此墓年代约为战国中晚期之交，由此可以确定楚帛书的年代下限①。据说，楚帛书出土时放置在一个竹篋内，除一件较为完整外，其他大多是碎片。后来除极少数的碎片留在国内外，其余辗转流入美国，现收藏于赛克勒美术馆。较完整的那件楚帛书书写在一幅长方形的丝织物上，长47、宽38.7厘米，整个幅面分为里、外两部分，里面是书写方向互相颠倒的两大段文字，一段13行，内容为《天象》；一段8行，内容为《四时》；外面绘有十二个神像，上下左右，每边各有三个，每个神像皆有题记，作左旋排列，依次转圈读，内容为《月忌》；四个方角还有用青、赤、白、黑四色画成的树木（图版17：4）。全书既无书题，也无篇题，但三部分文字彼此呼应，构成了一个整体。楚帛书自发现以来，引起了国内外学者的广泛关注与深入讨论，涉及文字考释、结构布局、图像含义、帛书性质及其所蕴含的学术思想等各个方面，比如性质问题就有文告、巫术品、月令、历书、阴阳数术、天官书等多种意见②。总之，楚帛书是一篇非常重要的出土文献，弥补了传世典籍的不足，为探讨战国时代楚国的神话传说、宗教巫术、天文历法、宇宙观念等课题提供了弥足珍贵的第一手材料，对于艺术史、思想史等研究有着不可低估的学术价值。

思　考　题

1. 名词解释：天子驾六、侯马盟书、赵王陵、中山兆域图铜版、田齐六陵、郢、凌阴、马家庄一号建筑、失蜡法、展性铸铁、夹纻胎、锦上添花、遣册、楚帛书。

2. 列举考古发现的东周列国都城遗址。

3. 简述洛阳王畿与三晋地区东周墓葬特征。

4. 简述东周齐、鲁文化的差异及其原因。

5. 简述东周楚墓的随葬品特点。

6. 简述东周秦陵的传承与演变。

7. 列举东周时期主要的金属铸币。

① 湖南省博物馆：《长沙子弹库战国木椁墓》，《文物》1974年第2期。

② 诸家观点参见刘国忠：《古代帛书》，文物出版社，2004年。

第七章　周边地区的青铜时代文化

在夏商周王朝统辖区域以外的周边地区，已发现的诸多青铜时代文化可谓异彩纷呈。它们在考古学文化面貌上与中原二里头文化、二里冈和殷墟商文化以及周文化差异显著，具有鲜明的时代与地域特色。从大的历史地理环境和区域文化风格考察，总体上可将它们划分为七大区。

第一节　东方地区

这里的“东方地区”，包括今山东省全部和安徽省内长江以北部分地区以及邻近的豫东、苏北等地。在被中原商周文化占领之前，当地的土著文化普遍流行夹砂褐陶、素面的鼎、鬲、甗、罐类器和泥质的浅盘豆、尊形器等。根据自然地理和考古资料，东方地区又可细分三个亚区，即山东半岛、安徽江淮和苏北淮海地区。从文献记载看，这三个亚区的土著居民分别是东夷和淮夷。

一、山东半岛地区

（一）岳石文化

岳石文化是以山东平度东岳石遗址[①]命名的，是继龙山文化之后分布于黄河下游地区的一支早期青铜时代考古学文化。其分布范围以山东半岛为中心，东临大海，西至鲁西南和豫东，南达淮北、苏北，北抵冀东南。

岳石文化的房址主要为方形或长方形地面式建筑，大多为单间，也有少数双间或多间者。灰坑中以圆形或椭圆形的锅底状坑占比较高，另发现有以集束棍为夯具的版筑城墙和专门储藏器物的木构架坑[②]。青铜器主要为锥、刀、镞等小件的工具和武器，

---

① 中国科学院考古研究所山东发掘队：《山东平度东岳石村新石器时代遗址与战国墓》，《考古》1962年第10期。

② 淄博市文物局等：《山东桓台县史家遗址岳石文化木构架祭祀器物坑的发掘》，《考古》1997年第11期。

可能还有容器[1]。石器以半月形双孔石刀、扁平石铲最具特色。陶器多夹砂红褐或灰褐陶、泥质黑灰陶，器表以素面、磨光为主，夹砂陶器表常见细道刮抹痕，泥质陶器表常以成组凸棱构成颇具特色的“竹节状”纹，以夹砂褐陶素面甗、深腹罐为主要炊器，鼎亦占有相当比重，此外内壁带凸棱或凹槽的浅盘豆、尊形器、大平底盆、蘑菇状纽器盖等也有一定数量，它们构成了岳石文化的典型陶器群（图7-1：上）。

根据区域性差异，岳石文化被划分为若干个地方类型，其中胶东半岛的照格庄类型、潍河—涨河—淄河流域的郝家庄类型、济水—陡骇河流域的王推官庄类型、沂沭流域的土城（或称下庙墩）类型、汶泗流域的尹家城类型、鲁西南的安邱堌堆类型[2]，已为学界所认同。

岳石文化可分为四期，年代介于山东龙山文化与商文化之间，约相当于二里头文化二期至二里冈上层时期[3]。它是在继承山东龙山文化的基础上发展起来的，同时还吸收了周邻文化（如下七垣文化、夏家店下层文化等）的一些因素。二里冈文化晚期，商人势力向东方发展，逐渐占据了潍河以西的山东大部，岳石文化衰落。

（二）珍珠门文化

珍珠门文化是以山东长岛珍珠门遗址[4]命名的，典型遗址还有烟台芝水[5]、潍坊会泉庄[6]，主要分布于胶东半岛的大部分地区，西界大致在白浪河一带。这里需要指出的是，鲁北东部淄潍流域的商周时期遗存中因含有一定数量以素面鬲为代表的珍珠门文化因素，以致有些学者直接将其归入珍珠门文化[7]。实际上，商文化大辛庄类型在二里冈上层晚段时就已经占据了潍河以西的大部分地区，这里显然不是珍珠门文化的分布区，只是受其一定程度影响而已。此外，将鲁东南沂沭流域和苏北地区的商代晚期遗存以及乳山南黄庄周代墓地笼统地归入珍珠门文化也是不可取的（详下）。

珍珠门文化的居址仅发现少量季节性的圆形棚屋遗迹，灰坑以圆形为主，多斜壁平底，有的灰坑内埋有人骨。陶器以夹砂和夹云母的红褐陶为主，器表多素面，常见

---

① 如1958年在山东黄县（今龙口市）出土1件与胶东地区岳石文化陶甗颇为相似的铜甗，其很可能属于岳石文化（李步青、林仙庭：《山东黄县出土一件青铜甗》，《考古》1989年第3期）。

② 严文明：《东夷文化的探索》，《文物》1989年第9期。栾丰实：《东夷考古》，山东大学出版社，1996年，第311～318页。方辉：《岳石文化区域类型新论》，《刘敦愿先生纪念文集》，山东大学出版社，2000年。

③ 中国社会科学院考古研究所：《中国考古学·夏商卷》，中国社会科学出版社，2003年，第440～456页。

④ 北京大学考古实习队等：《山东长岛县史前遗址》，《史前研究》1983年创刊号。张江凯：《长岛县珍珠门遗址》，《中国考古学年鉴（1984）》，文物出版社，1984年。

⑤ 北京大学考古实习队等：《烟台芝水遗址发掘报告》，《胶东考古》，文物出版社，2000 年。

⑥ 山东省文物考古研究所：《山东省高速公路考古报告集（1997）》，科学出版社，2000 年。

⑦ 刘延常：《珍珠门文化初探》，《华夏考古》2001年第4期。魏峭巍：《试论鲁北地区的珍珠门文化》，《中原文物》2015年第4期。

刮抹痕，以大口深腹鬲、细腰甗、敞口宽沿矮圈足簋等最具地方特色（图7-1：中）。生产工具有陶网坠、陶纺轮、石铲、石刀及部分骨器，其中用动物的肩胛骨或颌骨制成的骨铲较具特色。

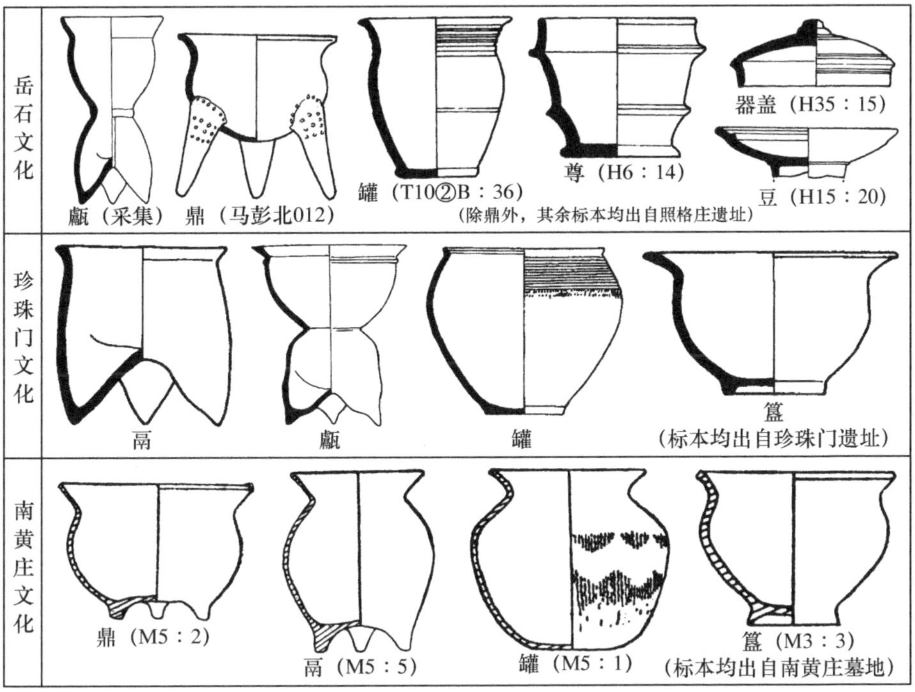

图7-1　山东半岛地区青铜文化典型陶器

珍珠门文化可分四期，根据共存的商周文化因素判断，其年代约当商代晚期至西周早中期[1]。它是在继承岳石文化的基础上，并接受商周文化的一定影响而形成的。以大口深腹素面陶鬲为例，其形制虽极具特色，但以鬲为炊器并非胶东地区的传统，显然体现了商文化与土著文化的融合。珍珠门文化应是被压缩到胶东沿海地带和部分岛屿的土著居民创造的，其族属可能为晚商夷人中的胶鬲一支[2]。

（三）南黄庄文化

南黄庄文化是以山东乳山南黄庄墓地[3]命名的，目前仅见于胶东半岛东南部的乳山市境内。遗址坐落于山坡或接近山顶的平地上，除居址和墓葬外，还发现一些出陶器的方形坑，性质不明。居址位于墓地附近，未见明确的房址，仅发现灰坑，有的灰坑四周有柱洞，可能用来居住。墓葬均为用不规则石块砌筑的石椁墓，有的墓内有木

① 张锟：《东夷文化的考古学研究》，中国社会科学院研究生院博士学位论文，2010年。

② 方辉：《胶东半岛地区商代土著文化——珍珠门文化》，《中国文物报》1997年8月10日第3版。

③ 北京大学考古系等：《山东乳山县南黄庄西周石板墓发掘简报》，《考古》1991年第4期。北京大学考古实习队等：《乳山南黄庄石椁墓》，《胶东考古》，文物出版社，2000年。

椁。少数墓室顶部用大块石板封盖，其上再积石。有木质葬具的墓室底部不铺石，无葬具的墓室底部一般用石块铺平。随葬器多放置在头端的平台上，台子用石块或熟土砌筑。墓葬多东西向，单人仰身直肢葬，头向多朝东。少数南北向者，墓主头朝北。随葬品以陶鼎、鬲、簋、罐为主，另有个别的铜镞和石饰件（图7-1：下）。发掘者认为南黄庄墓葬的年代为西周早、中期，也有学者认为其年代晚至西周晚期或春秋初年①。

南黄庄文化是由珍珠门文化发展而来的，属于比较单纯的东夷文化遗存，因受周人东征排挤而偏居狭小的胶东半岛东南一隅。文化上只能被动接受周文化的影响，在邻近的周文化遗址中也很少发现南黄庄文化的因素，至此东夷文化已进入尾声。

二、安徽江淮地区

（一）斗鸡台文化

斗鸡台文化是以安徽寿县斗鸡台遗址②命名的，其分布范围大致在安徽江淮之间、霍山—巢湖以北的地区。

斗鸡台文化陶器多为夹砂黑灰陶和褐陶，器表以素面为主，篮纹、绳纹较多，方格纹、箍状堆纹等亦占有一定比例。以扁足罐形鼎、深腹罐为主要炊器，锥足单把鼎、鸡冠耳曲腹盆、细柄浅盘豆等器类也都很有特色（图7-2：上）。根据多处遗址的地层关系和典型陶器的演变轨迹，一般将斗鸡台文化分为四期③，主体年代与二里头文化一至四期相当，下限或可延续至二里冈下层时期。

根据现有资料，目前大致以蚌埠至合肥南北一线为界，斗鸡台文化尚可划分东、西两个区域类型，其中西区受二里头文化影响明显，东区则有来自岳石文化和点将台文化的部分因素。

斗鸡台文化是在当地龙山时代土著文化的基础上形成的，在发展过程中还吸收了同时期周邻考古学文化的部分因素。譬如，陶器中的箍状堆纹鼎、花边口沿罐、鸡冠耳盆或甑、觚形杯以及铜铃等当是从二里头文化引入的，子母口鼓腹陶罐、尊形器、内壁带凸棱的盘形陶豆以及半月形双孔石刀等应是来自岳石文化，部分几何形印纹陶则可能受到了江南宁镇地区点将台文化的影响。伴随着二里冈文化向东南方扩张，斗鸡台文化逐渐融入商文化之中，形成了具有地方特色的商文化大城墩类型。

---

① 王迅：《东夷文化与淮夷文化研究》，北京大学出版社，1994年，第99、100页。

② 北京大学考古系商周组等：《安徽省霍邱、六安、寿县考古调查试掘报告》，《考古学研究（三）》，科学出版社，1997年。

③ 王迅：《东夷文化与淮夷文化研究》，北京大学出版社，1994年，第48～57页。中国社会科学院考古研究所：《中国考古学·夏商卷》，中国社会科学出版社，2003年，第457～461页。

（二）商文化大城墩类型

自二里冈下层晚段开始，商人势力在这一区域内得到很大发展，斗鸡台文化遂被商文化取代，但在商文化中保留了较浓厚的地方因素，形成了以含山大城墩遗址为代表的商文化大城墩类型（图7-2：中，详见第三章第三节）。

商文化向江淮地区扩张的动机，一般认为与商王朝企图控制和攫取皖南的铜矿资源有关。约当殷墟一期早段之时，商文化基本从环巢湖区域向北退缩至淮河沿线地带。与江汉平原东部的盘龙城类型相比，商文化在江淮地区的退却显得相对滞后而从容，这可能是商王朝对东南区经略模式主动转变的反映。

（三）周代淮夷文化

安徽江淮地区的西周时期文化遗存比较丰富，经过科学发掘的聚落遗址不少于20处[①]。这些遗址大都坐落在临近水源且高于周围平地的近圆形或长方形台墩上，有的由于受自然侵蚀或人为破坏而呈不规则形。台地边缘区域地层普遍较厚，向台地中央倾斜变薄，并渐趋平缓。主要遗迹如房址、灰坑、墓葬等多分布于边缘地带，其间分布大量杂乱无序的柱洞坑。房址一般为平地起建，多铺垫红烧土，经夯打，有的在其上挖槽砌墙。墓葬主要为小型的长方形土坑竖穴，多为东南—西北向，部分为东西向，墓主头向多朝东。在霍邱堰台遗址发现内外两道环壕环绕在居址周围[②]，在霍山戴家院遗址还有弧形排列的房址围绕中心祭坛的布局[③]。总体来看，这些台墩形遗址大都具有环居式聚落布局特点。出土的典型陶器主要有折（鼓）肩绳纹鬲、素面鬲、高圈足簋、敛口折盘豆、折肩盆、大折肩罐、曲柄盉等（图7-2：下）。它们普遍具有折肩或鼓肩的共性特征，其中高裆、深袋足、三足内聚且足尖较细的折（鼓）肩鬲极具地方特色而被称作“淮式鬲”[④]。

根据多处遗址的地层关系和典型陶器的演变轨迹，可将安徽江淮地区西周时期文化遗存分为三期，年代分别与中原西周早、中、晚期大致相当。文化因素分析表明，上述鲜明的地方性文化特征是在继承当地晚商文化的基础上，大量吸收深入此地的中原周文化因素，不断加以改造和创新而形成的。此外，当地部分素面鬲和素面甗、原始瓷和印纹硬陶器可能是分别受山东东夷文化、江南吴文化影响的结果。

安徽江淮地区的春秋时期文化遗存除了见于上述部分台墩形聚落遗址外，主要为

---

① 具体遗址资料详见赵东升：《论江淮地区西周时期考古学文化格局与政治势力变迁》，《安徽大学学报（哲学社会科学版）》2012年第5期。

② 安徽省文物考古研究所：《霍邱堰台——淮河流域周代聚落发掘报告》，科学出版社，2010年。

③ 安徽省文物考古研究所等：《安徽霍山戴家院周代遗址发掘报告》，《考古学报》2016年第1期。

④ 王迅：《东夷文化与淮夷文化研究》，北京大学出版社，1994年，第115、116页。

以青铜器为代表的墓葬或窖藏遗存，其中以舒城为中心的江淮西部分布最为集中[①]。典型铜器主要有平盖鼎、牺首鼎、小口鼎、折（鼓）肩鬲、曲柄盉、环耳缶、小方盒等（图7-2：下），主体年代为西周晚期至春秋中期。

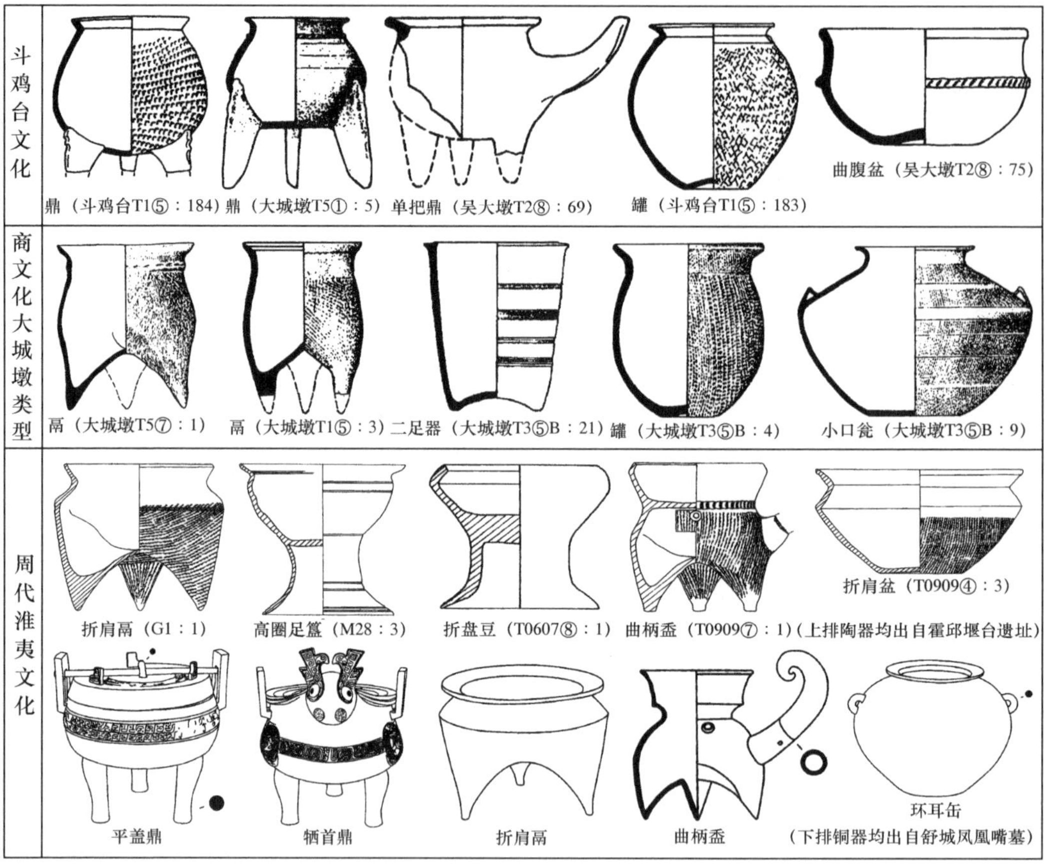

图7-2　安徽江淮地区青铜文化典型器物

据文献记载，西周至春秋时期安徽江淮地区分布着不少淮夷小国如舒、舒鸠、舒庸、舒龚、舒龙、舒蓼、舒鲍、英、六、蓼、宗、桐、巢等，统称“群舒”或“众舒”。西周铜器铭文中屡见周王朝征伐淮夷、南淮夷的记录，年代多在西周中晚期，与西周早期铜器铭文常见伐东国、东夷的情况形成鲜明对照[②]。这种现象可能反映了周王朝对东方夷人地区的经略重点由平定东夷作乱以稳固政局，开始转向征伐淮夷以攫取当地丰富的物产资源。春秋中期以后，这里又成为楚、吴争霸角逐的重点区域，淮夷诸国在大国的兼并战争中逐渐消亡。

值得一提的是，在淮河沿岸的蚌埠、凤阳一带还发现了钟离国遗存，包括3座春秋

① 具体铜器资料详见张爱冰：《群舒文化研究》，上海古籍出版社，2018年，第1～8页。

② 张懋镕：《西周南淮夷称名与军事考》，《古文字与青铜器论集》，科学出版社，2002年。

铜器墓和都城遗址。蚌埠双墩M1[①]与凤阳大东关M1、卞庄M1[②]东西相距约35千米，其中大东关M1遭到严重破坏，墓葬结构不明。另两墓均为圆形土坑竖穴墓，墓壁涂抹白泥层。主墓室基本居于墓底中央，周围东、南、西、北四个方向均有陪葬坑，坑内殉人，在南陪葬坑以南设有专门放置随葬品的器物箱，它们在墓底构成一个非常规整的十字形布局（图版17：1）。此外，蚌埠双墩M1墓上封土底部铺垫白土，墓坑有生土二层台，正东连接一条阶段状短墓道，二层台内缘上堆垒起一圈“土偶墙”，二层台以上的填土中自上而下还有3层由填土或“土偶”构筑的遗迹现象。如此奇特的墓坑形制与埋葬方式不见于中原及其他地区，颇具地方特色。

发掘者根据随葬铜器铭文判断，蚌埠双墩M1的墓主为童麗（钟离）君柏，凤阳卞庄M1的墓主为童麗（钟离）公柏之季子康，两墓的年代大约在春秋中晚期[③]。从铜器铭文看，“钟离君柏”与“钟离公柏之季子康”两人为父子关系，即“康”是“柏”的小儿子。两墓出土铜器无论形制、纹饰还是组合方式，多具有明显的楚文化风格，表明当时钟离国与楚国之间有着较多的联系。

钟离都城遗址位于今凤阳县临淮关镇东约2千米处，大东关M1和卞庄M1分葬其南北两侧附近。《左传·成公十五年》：“（前576年）十一月，会吴于钟离，始通吴也。”是年以晋为首的北方诸侯（晋、齐、鲁、宋、卫、郑、邾）会吴于此，共同对抗楚国。可见在此之前就有钟离城了。关于钟离国的历史，文献记载比较简略。嬴姓钟离可能旧居于鲁西南的曲阜或枣庄附近，后南迁于淮河中游沿线。钟离国先后为吴楚之附庸，约公元前445年前夕为楚所灭，楚以其地置钟离县[④]。

安徽江淮地区发现的春秋晚期至战国时期文化遗存多为墓葬，如寿县蔡侯墓[⑤]、舒城九里墩春秋墓[⑥]、六安城西窑厂墓葬[⑦]等，其文化面貌与江汉平原的楚文化渐趋一致。

三、苏北淮海地区

苏北淮海地区的岳石文化与山东地区的岳石文化大同小异，典型器物仍为素面甗、尊形器、子母口罐和蘑菇状纽器盖等陶器以及半月形石刀，另外本地还发现有极

① 安徽省文物考古研究所等：《钟离君柏墓》，文物出版社，2013年。

② 安徽省文物考古研究所等：《凤阳大东关与卞庄》，科学出版社，2010年。

③ 也有学者研究认为它们的年代应在春秋晚期前段。参见徐少华：《蚌埠双墩与凤阳卞庄两座墓葬年代析论》，《文物》2010年第8期。

④ 张志鹏：《“钟离氏”族姓考》，《考古与文物》2012年第2期。

⑤ 安徽省文物管理委员会等：《寿县蔡侯墓出土遗物》，科学出版社，1956年。

⑥ 安徽省文物工作队：《安徽舒城九里墩春秋墓》，《考古学报》1982年第2期。

⑦ 安徽省六安县文物管理所：《安徽六安县城西窑厂2号楚墓》，《考古》1995年第2期。六安市文物管理所：《安徽六安市城西窑厂5号墓清理简报》，《文物》1999年第7期。

少量的二里头文化因素（如鸡冠耳盆、觚形杯），方孔石锄也独具特色，据此有学者将其命名为岳石文化“苏北类型”①，或以考古发掘的沭阳万北遗址为代表命名为岳石文化“万北类型”②，区别在于后者认定的北界大致在今陇海铁路一线，不包括赣榆、邳州北部等个别区域。尽管目前材料尚不丰富，但作为岳石文化的一个地方类型应该是成立的。

苏北淮海地区商代文化遗存发现较少，主要分布于徐州、沭阳、连云港、洪泽、盐城等地。其中，在铜山丘湾遗址的中心区域发现一处商代祭祀场所，以矗立于地上的四块天然大石为中心，周围有人骨架20具、人头骨2个、狗骨架12具，头向都朝向着中心大石。人架大多俯身屈膝，双手反缚，性别、年龄可辨者有男6、女4，皆为中青年，都是被杀后就地用黄土掩埋的。全部人骨架中，一半左右头骨破碎，有的在头骨旁或腕骨旁放一石块，似表明主要是被砸死的。发掘者根据掩埋深度，把人骨架和狗骨架分为上下两层，有的同层叠压，有的分层叠压。另在祭祀场的北侧，还发现有与居址有关的地基、柱洞、火塘、窖穴等遗迹③。学界一般认为这是一处以石为社、杀人和狗祭祀的社祀遗迹④。沭阳万北遗址清理商代东西向长方形竖穴土坑墓11座，墓主仰身直肢葬，头朝东，随葬品多寡不一，种类包括鬲、甗、罐、簋、豆、觚等陶器，青铜戈、矛等兵器以及铲、锛等工具，尤其M20还有腰坑、殉狗及殉人等典型的商人葬俗⑤。此外，盐城龙岗遗址曾抢救性清理鬲、甗、簋、罐、盆、假腹豆、贯耳壶、器盖等18件完整陶器⑥，连云港大村遗址曾出土鼎、甗等7件晚商铜器⑦。

关于苏北淮海地区商代文化遗存的性质，以往存在两种不同认识。一是将其视为独立的地方性文化类型，不属于商文化系统⑧；二是命名中商文化“高皇庙类型”，殷墟一期之后商文化开始退出徐淮地区⑨。目前来看，该地区商代文化遗存所见日用陶器、生产工具、青铜礼器与占卜用具的形态与组合，墓葬埋葬方式及祭祀习俗大都属于商文化系统，且大体可分二里冈上层至殷墟一期早段、殷墟四期至西周初年两个

---

① 王迅：《东夷文化与淮夷文化研究》，北京大学出版社，1994年，第40页。

② 栾丰实：《海岱地区考古研究》，山东大学出版社，1997年，第341～343页。

③ 南京博物院：《江苏铜山丘湾古遗址的发掘》，《考古》1973年第2期。

④ 俞伟超：《铜山丘湾商代社祀遗迹的推定》，《考古》1973年第5期。王宇信、陈绍棣：《关于江苏铜山丘湾商代祭祀遗址》，《文物》1973年第12期。

⑤ 谷建祥、尹增淮：《江苏沭阳万北遗址试掘的初步收获》，《东南文化》1988年第2期。谷建祥：《沭阳万北新石器时代及商周遗址》，《中国考古学年鉴（1988）》，文物出版社，1989年。南京博物院：《江苏沭阳万北遗址新石器时代遗存发掘简报》，《东南文化》1992年第1期。王厚宇：《江苏沭阳出土商代铜鼎》，《文物》1990年第4期。

⑥ 王爱东、王金成：《盐城首次出土一批商代文物》，《中国文物报》1996年9月29日第1版。韩明芳：《江苏盐城市龙冈商代墓葬》，《考古》2001年第9期。

⑦ 江苏省文物工作队：《江苏新海连市大村新石器时代遗址勘察记》，《考古》1961年第6期。

⑧ 王迅：《东夷文化与淮夷文化研究》，北京大学出版社，1994年，第44页。

⑨ 唐际根：《中商文化研究》，《考古学报》1999年第4期。

阶段，中间尚存较大的年代缺环①。徐州高皇庙遗址中层遗存虽然发现早，但报道简略②。鉴于铜山丘湾遗址文化内涵丰富，年代跨度长，可以其为代表命名为商文化“丘湾类型”。

苏北淮海地区周代文化遗存发现更少，主要见于徐州、睢宁、邳州、东海等地。其中，东海焦庄③、庙墩遗址④均为小规模考古试掘，出土遗物少，所见陶器有弧腹鬲、折肩鬲、高圈足簋、圆腹罐等，年代大致在西周中晚期至春秋早期。

这里重点介绍一下邳州九女墩春秋墓群⑤。5座墓葬大致呈东北—西南走向分布在邳州市戴庄镇禹王山西北的山前坡地上，每座墓室上均有高大的封土（图7-3：1）。M2无墓道，墓室平面呈T字形，由南向北分为前室、主室以及前室东西两侧的侧室，前室放置主要的随葬品，并出有马骨；东侧室有2具人骨，西侧室有3具人骨，头向均朝北，仰身直肢；主室内有6具人骨，头向均朝东，仰身直肢。M3亦无墓道，墓室平面略呈方形，可分为前室、主室、侧室、兵器车马器坑、陪葬坑及生土祭祀台等部分，前室有4具人骨，头向均朝北，仰身直肢，出有乐器和大部分礼器，其中纽钟铭文显示铸器者为“徐王之孙”（图7-3：2）；主室位于前室北部，四周筑有土墙，室内有2具人骨；兵器车马器坑位于主室北部，另有1具人骨；4个陪葬坑内共有11具人骨，头侧放置简单物品（陶罐、纺轮等）；1个长方形生土祭台上堆放着大量烧过的兽骨，以上除主室内有棺椁外，其余人骨均用席包裹（图7-3：3）。M4、M5、M6均有一条斜坡墓道，M4和M6的墓道朝东，M5的墓道朝西，三墓均遭盗扰，出土遗物较少。根据出土遗物判断，以上5座墓的年代约为春秋晚期。九女墩墓葬形制与南方的吴、楚墓葬明显有别，再根据M3出土的纽钟铭文可知，这里很可能是春秋晚期徐国的王室墓地。此外，在九女墩墓群的东、西侧还有两个古城址，即“鹅鸭城”和“梁王城”，它们可能是春秋中晚期徐国的都城⑥。

根据文献记载及相关考证，徐国为徐夷所建，徐夷又称徐戎，嬴姓。商末周初时的徐国在今山东曲阜、泗水一带，本为东夷之属。大约西周早中期，徐国向南迁徙，与淮夷相杂处，因其实力较强，成为西周中晚期周王朝重点征伐的目标。春秋时期，徐国试图向江淮地区发展，后来受楚、吴、齐国攻伐，处境恶劣。至公元前512年，徐为吴所灭。

---

① 燕生东：《江苏地区的商文化》，《东南文化》2011年第6期。

② 江苏省文物管理委员会：《徐州高皇庙遗址清理报告》，《考古学报》1958年第4期。

③ 南波：《江苏省东海县焦庄古遗址》，《文物》1975年第8期。

④ 南京博物院等：《江苏东海庙墩遗址和墓葬》，《考古》1986年第12期。

⑤ 南京市博物院等：《江苏邳州市九女墩二号墩发掘简报》，《考古》1999年第11期。孔令远、陈永清：《江苏邳州市九女墩三号墩的发掘》，《考古》2002年第5期。徐州博物院等：《江苏邳州市九女墩春秋墓发掘简报》，《考古》2003年第9期。

⑥ 孔令远：《徐国的考古发现与研究》，中国文史出版社，2005年。

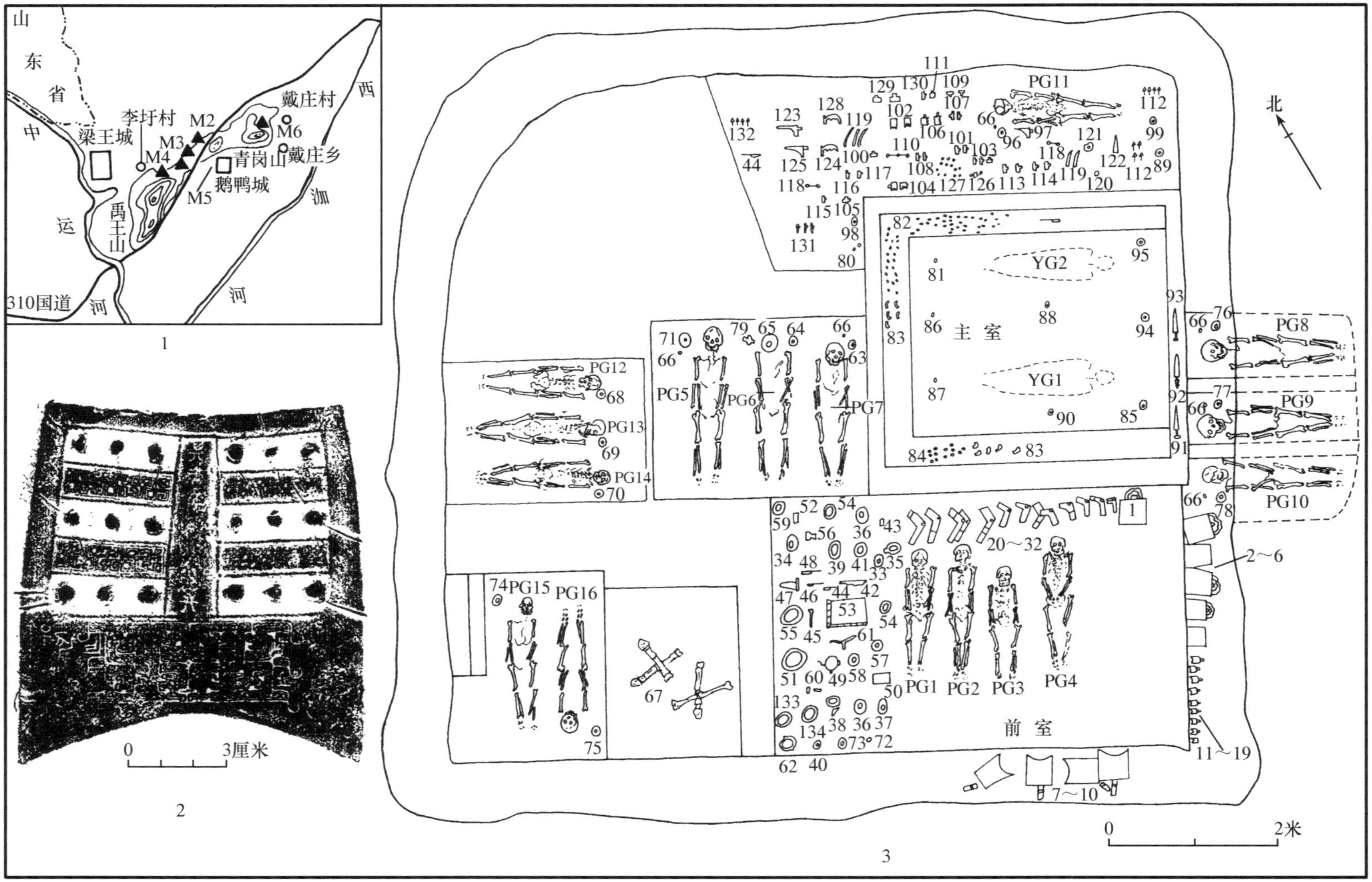

图7-3　邳州九女墩墓群位置与M3墓室平面图及其出土铜纽钟

1．墓葬位置示意图　2．“徐王之孙”铜纽钟（M3：16）拓本　3．M3墓室平面图

第二节　东南地区

东南地区以环太湖、鄱阳湖为中心，其大致范围北起苏南、皖南，南达闽、粤交界，东临大海，西至鄂、湘东部。大约自二里头文化阶段开始，这一地区即流行几何形印纹硬陶和原始瓷器，土著居民主要是文献所载的古越族。

根据文化面貌的差异，东南地区又可细分四个亚区。

一、宁镇—皖南地区

宁镇地区位于长江下游，属沿江平原和低山丘陵，是沟通江淮与环太湖地区的重要地带。皖南泛指安徽长江以南地区，这里基本不涉及九华山以西的皖南西部地区。

（一）点将台文化

点将台文化[①]是以江苏江宁点将台遗址下层遗存[②]命名的，比较典型的点将台文化遗存还有句容城头山遗址第6层[③]、丹徒团山遗址第11层[④]等，该文化主要分布在皖南水阳江以北、以东的姑孰溪流域、石臼湖和固城湖周围、秦淮河流域以及宁镇山脉一带，大致包括安徽马鞍山、当涂、芜湖和江苏南京、镇江、句容、溧水、高淳等地。

含有点将台文化遗存的遗址皆为台形遗址，已发现少量的灰坑和墓葬。陶器以夹砂红褐陶为主，泥质红、灰、黑陶也占一定比例。纹饰常见成组的凸弦纹、刻划纹、按窝纹、戳点纹以及拍印的篮纹、绳纹等。器类中以刻槽扁足鼎、鼎式甗、细柄豆、匜形器等最具特色（图7-4：上）。另有部分石、玉、骨、角、蚌器，青铜器目前尚未发现，仅在个别遗址中发现过青铜炼渣。

由于考古资料较少，尚不能对点将台文化进行分期，推测其年代大致相当于中原二里头文化时期。文化因素分析显示，点将台文化应来源于宁镇地区龙山时代晚期文化和豫东地区的“王油坊类型”，并受到了岳石文化和二里头文化的影响。值得注意的是，在江淮之间发现的“南荡遗存”[⑤]和“周邶墩遗存”[⑥]可分别视为“王油坊类型”、岳石文化与点将台文化之间的沟通桥梁，应是两种人群一度南下的文化反映[⑦]。

① 张敏：《试论点将台文化》，《东南文化》1989年第3期。

② 南京博物院：《江宁汤山点将台遗址》，《东南文化》1987年第3期。

③ 刘建国：《江苏句容城头山遗址试掘简报》，《考古》1985年第4期。

④ 团山考古队：《江苏丹徒赵家窑团山遗址》，《东南文化》1989年第1期。

⑤ 南京博物院考古研究所等：《江苏兴化戴家舍南荡遗址》，《文物》1995年第4期。

⑥ 南京博物院考古研究所等：《江苏高邮周邶墩遗址发掘报告》，《考古学报》1997年第4期。

⑦ 张敏：《宁镇地区青铜文化研究》，《长江流域青铜文化研究》，科学出版社，2002年。

（二）湖熟文化

湖熟文化因最初发现于江苏江宁湖熟镇附近而得名①，以1951年发掘湖熟镇老鼠墩遗址②为开端，典型遗存有江宁点将台遗址中上层、句容城头山遗址第5层和M15、丹徒团山遗址第8～10层及H9、H13等。其文化分布范围比点将台文化略有扩大，尽管其南缘已缩至固城湖以北，然其西缘已达漳河以东，北缘越过长江伸向蜀岗丘陵一带。

湖熟文化遗址绝大多数是一些高出地面的近圆形台墩状遗址，一般分布在河流或湖沼沿岸，周围傍以山冈。湖熟文化的陶器以夹砂红褐陶为主，夹砂灰陶次之，泥质灰、黑陶也占一定比例，印纹硬陶和原始瓷器数量较少。纹饰以绳纹为主，梯格纹次之，此外还有弦纹、方格纹、云雷纹、叶脉纹等。器类主要有绳纹或素面鬲、甗、鼎、盆、刻槽盆、鼓腹罐、豆、簋等，其中以深腹鼎、刻槽盆、圆腹罐、高柄豆最具特色（图7-4：下）。此外，石器有磨制的斧、锛、凿、刀、镰、镞等，以半月形石刀和双肩穿孔石斧最具特色。青铜器仍为小件工具或兵器，未见礼器。

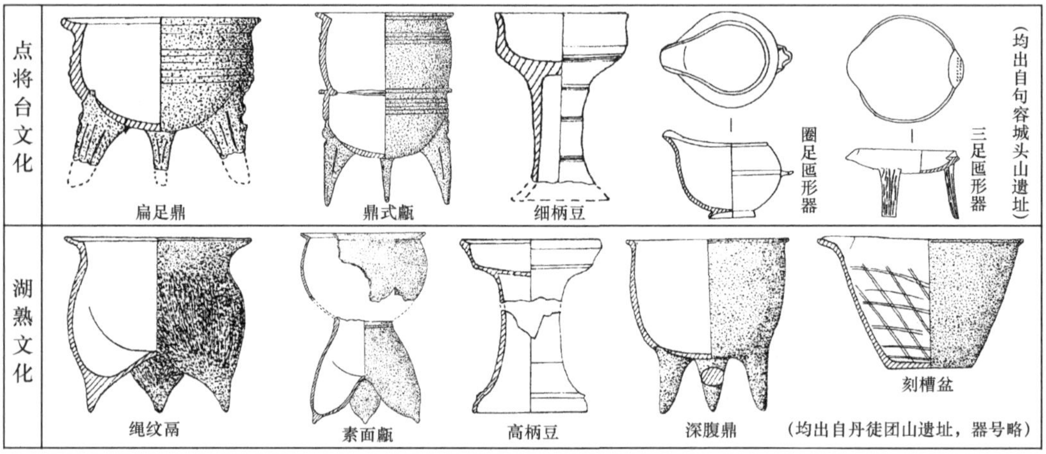

图7-4　宁镇皖南地区早期青铜文化典型陶器

根据典型遗址的地层关系和陶器形制演变，可将湖熟文化分为三期，总体年代与中原地区商文化约略同时，下限或进入西周初年③。文化因素分析表明，湖熟文化是在继承当地点将台文化的基础上，深受中原商文化的强烈影响，并吸收了岳石文化、马桥文化的部分因素而形成发展起来的。进入西周，随着吴国建立及其势力的不断壮大，湖熟文化遂发展演变成为吴文化。

① 曾昭燏、尹焕章：《试论湖熟文化》，《考古学报》1959年第4期。

② 南京博物院：《南京附近考古报告——江宁湖熟史前遗址调查记》，上海出版公司，1952年。

③ 张敏：《宁镇地区青铜文化研究》，《长江流域青铜文化研究》，科学出版社，2002年。

（三）吴文化

“吴”首次载于《左传》，事见鲁宣公八年（前601年）[①]。《史记·吴太伯世家》记载，周文王的伯父“太伯之奔荆蛮，自号句吴”。西周武王时，“是时武王克殷，求太伯、仲雍之后，得周章。周章已君吴，因而封之”。吴从周章受封立国至夫差亡国，共有21位国君，公元前585年“寿梦立而吴始大，称王”，寿梦以上世数可知而不纪其年。公元前473年，吴为越所灭。根据传世与出土的吴国铜器铭文，吴国本名“工獻”“攻敔”等，后来改作“攻吴”或省称“吴”[②]。

考古学意义上的吴文化，应该是指吴立国期间在其统治区域内由吴国人创造和使用的文化。它既不同于宽泛的“吴地文化”，也有别于笼统的“吴越文化”，应将湖熟文化、吴文化、越文化区分开来，各自命名[③]。虽然鼎盛时期的吴国政治势力西达皖西，北抵苏皖北部，南到浙北，但迄今为学术界普遍认可的与吴文化密切相关的主要考古遗存基本分布于长江以南，黄山、天目山以北，九华山以东的皖南、宁镇和环太湖地区。这些考古遗存主要由遗址和墓葬构成，彼此交错分布，相互关联。

吴文化遗址一般位于地势较高的台地上，如平地选址，则不惜人力堆土成台。这些台形遗址的选建，可能与南方水网密布、避免水患有关。不仅有普通的村落居址，也有专业化的矿冶址、作坊址，还有高规格的城址。其中丹阳葛城、无锡阖闾城和苏州木渎古城可能为吴国都城[④]。

丹阳葛城遗址处于宁镇丘陵山地与平原的过渡地带，北距长江约38千米。该遗址中心有一座面积约3万平方米的不规则长方形城址，堆筑的城垣四面各有1座城门，城内西部为建筑区。城垣外挖设多道壕沟，其中东西城垣外侧各有2道，南城垣外侧有4道[⑤]。位于葛城遗址近旁的神河头遗址是一处环壕高台祭坛，应为葛城遗址的重要组成部分。葛城兴建于西周中期，到春秋晚期时废弃，几乎贯穿整个吴国历史。这一带集中分布着大中型土墩墓和青铜器窖藏，或为吴国政治中心从宁镇地区迁往太湖平原的重要节点，可能为吴国早中期都城所在（图7-5：1、2）。此外，位于葛城东南约40千米的武进淹城系以开挖围壕的泥土平地堆筑四重城垣，外城、内城和子城三重城垣之外均有围壕，由此形成“三条环河四套城”格局，总面积约65万平方米（图7-5：3）。四重城垣约为西周晚期同时兴建，城址主要使用于西周晚期至春秋早期[⑥]。由于垣、壕以外可利用的空间所剩无几，并不适于大规模人群居住，且城址内也缺乏较

① “楚为众舒叛，故伐舒蓼，灭之。楚子疆之。及滑汭，盟吴、越而还。”杨伯峻：《春秋左传注》（修订本），中华书局，1995年，第696页。

② 曹锦炎：《从青铜器铭文论吴国的国名》，《东南文化》1991年第6期。

③ 徐良高：《吴文化考古主要成果及其评议》，《三代考古（四）》，科学出版社，2011年。

④ 张敏：《吴国都城初探》，《南方文物》2009年第2期。

⑤ 南京博物院等：《江苏丹阳葛城遗址考古勘探与发掘简报》，《东南文化》2010年第5期。

⑥ 南京博物院等：《淹城——1958～2000年考古发掘报告》，科学出版社，2014年。

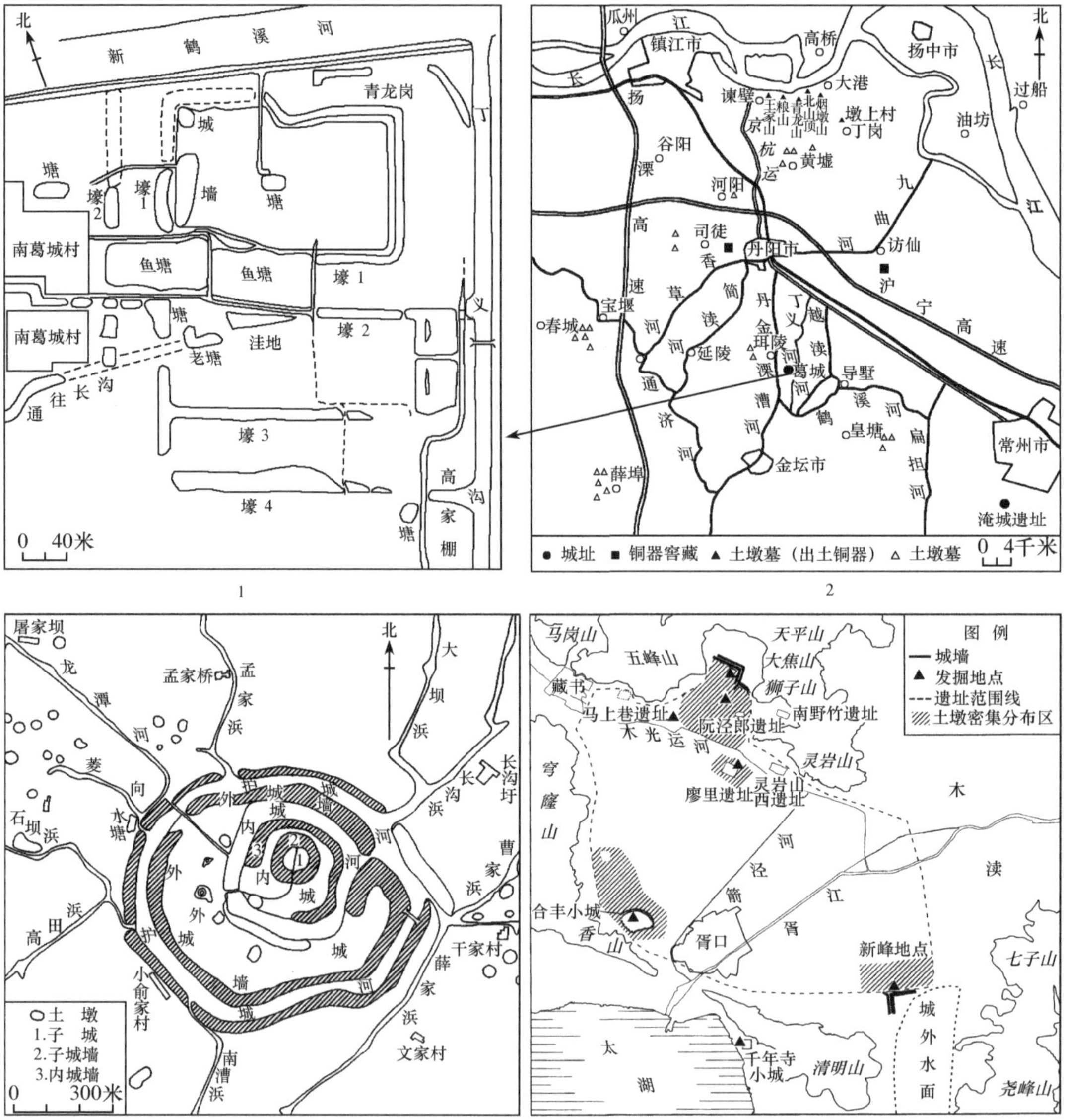

1　　　　2

3　　　　4

图7-5　与吴国都城有关的重要城址

1.丹阳葛城遗址平面图　2.丹阳葛城周边重要遗存分布图　3.武进淹城遗址平面图　4.苏州木渎古城遗址平面图

（1、2.采自《江苏丹阳葛城遗址考古勘探与发掘简报》图二、图八，《东南文化》2010年第5期；3.采自《淹城——1958～2000年考古发掘报告》图二，科学出版社，2014年；4.采自《苏州木渎古城2011—2014年考古报告》图二，《考古学报》2016年第2期）

多的生活遗存，有学者认为其很可能是吴国的一处礼制性场所“辟雍”，由外城到内城、子城不断增高的地势，正如辟雍所应有的周围环水的圜丘状高台①。

位于无锡、常州交界处的阖闾城遗址现存东、西两座堆筑小城，面积约50万平方米，年代上限晚于春秋中期，早于汉代。西城城垣发现城门5处，其中水城门2处。西

① 徐峰、施建刚：《武进淹城遗址功能新考》，《东方考古》第13辑，科学出版社，2016年。

城内北半部有一道东西向的墙，将西城分为南北两区，南区发现高台建筑遗迹4处，北区发现1处[①]。阖闾城北的龙山山脉自西南向东北分布着石墙和若干石冢，已确认的石墙依山势蜿蜒长达8千米，可能是吴国的长城。

苏州曾为春秋晚期吴王阖闾所徙之都城，屡见于文献记载，殆无异议。但关于其具体地望，则聚讼纷纭。以往有学者提出苏州西部山区存在一处以灵岩山为中心、山环水抱、呈不规则长方形的所谓“灵岩古城”，城址“三重套叠”，由南北相依的大、小两城和周围群山土岗构成的郭城组成，也即文献所载的“吴大城”[②]。2009年以来的大规模区域系统调查和重点发掘，已经排除了灵岩山及其以东区域属于城址范围的可能性，主要聚焦于灵岩山以西至太湖之间的木渎盆地，初步认定苏州西南部的木渎、胥口一带山间盆地内存在一处春秋晚期具有都邑性质的大型城址，而改称“木渎古城”[③]。在木渎盆地约25平方千米的区域内已发现235处土墩遗存以及数处包括南野竹制陶、马上巷石器加工在内的手工业作坊址，发掘确认了新峰村和五峰村南、北两段城垣、城壕遗迹，其中新峰村附近应有一处水城门。这两处城垣的南北间距长达6738米，二者关系尚不清楚，并且自西南侧西周晚期至春秋早期的合丰小城向北、沿穹窿山东麓区域经钻探也未发现城垣城壕线索。由此表明木渎古城有可能未构筑完整的城墙，而是在山口处因地制宜地构筑防御设施，利用周边山体作为天然屏障。在城址周边还发现一定数量的战国时期遗存，特别是南部太湖岸边战国早中期的千年寺小城应具有拱卫作用，暗示着木渎古城在战国时期仍在使用，并增添了新的防御设施。城外发现的战国墓具有鲜明的楚文化特征，可能与楚灭越有一定的关系[④]（图7-5：4）。文献记载，越灭吴时越王未曾居吴，此后越王翳三十三年（前379年）“迁于吴”。总体来看，木渎古城的考古发现与苏州先后作为吴、越两国都城的相关记载有暗合之处，不过，其整体布局与演变过程相当复杂，还需要做更多的考古工作才能确认。

在皖南东部地区，以大工山、凤凰山为中心的南陵、铜陵、繁昌等地已发现周代铜矿开采和冶炼遗址数十处。其中经考古发掘的遗址有南陵江木冲、铜陵木鱼山和师姑墩等，发现采矿井、炼铜炉等遗迹，出土各类采冶工具和大量冶炼废渣等遗物，时代最早可到西周早期。南陵牯牛山西周城址可谓是这一区域的中心性遗址，该城址近方形，城垣外有围壕，面积近70万平方米。城内北半部有5个高土台，发现大范围红烧

① 李鉴昭：《江苏无锡古阖闾城的调查》，《考古通讯》1958年第1期。张敏：《阖闾城遗址的考古调查及其保护设想》，《江汉考古》2008年第4期。

② 钱公麟：《春秋时代吴大城位置新考》，《东南文化》1989年第4、5期合刊。张照根：《苏州春秋大型城址的调查与发掘》，《苏州铁道师范学院学报（社会科学版）》2002年第4期。陆雪梅、钱公麟：《春秋时代吴大城位置再考——灵岩古城与苏州城》，《东南文化》2006年第5期。

③ 中国社会科学院考古研究所、苏州市考古研究所苏州古城联合考古队：《江苏苏州市木渎春秋城址》，《考古》2011年第7期。

④ 中国社会科学院考古研究所、苏州市考古研究所苏州古城联合考古队：《苏州木渎古城2011—2014年考古报告》，《考古学报》2016年第2期。

土堆积和夯土遗迹，可能是手工业生产和生活居住区，各台地间以水道隔开，相互独立，水道均与围壕沟通①。城外西南附近还分布有西周时期土墩墓群，二者应属一体。城址以西约20千米即是大工山古铜矿遗址群的中心地带，所以牯牛山城址或与当时铜矿的开发有关，很可能是吴国经营铜矿开采、冶炼等生产活动的管理机构所在②。

在宁镇地区的腹心地带，近年来发掘的镇江孙家村台形遗址虽然规模不大，仅8000平方米，但边缘不仅有土垣，外围还有环壕防护，已具备小型城址的布局。遗址中心堆筑长方形大土台，周围堆筑圆形或椭圆形小土台，台上分布有窑址、大面积红烧土以及陶范、石范、坩埚、炉渣等与铸铜有关的遗物，由此判断孙家村遗址应是一处青铜器铸造作坊③。另据调查勘探，谢家神墩遗址距孙家村遗址仅1千米，面积相近，布局类似，也有环壕、土垣、土台，可能为另一处手工业作坊。附近的断山墩、南神墩和葛西遗址外侧均发现了环壕，再结合周围发现的诸多贵族墓葬，它们的主体年代均与吴国年代一致，这一带可能为吴国的手工业园区。

吴文化墓葬以土墩墓为主，另有少量竖穴土（岩）坑墓。所谓“土墩墓”，是周代南方地区流行的一种比较特殊的埋葬形式，通常是在平地上掩埋死者堆土成墩，或在事先堆筑的熟土台上向下挖掘墓坑埋葬死者，因墓葬堆土多呈圆形或椭圆形的馒头状而得名。其与竖穴土坑墓在营建理念上存在根本区别，若造墓时先向地下深挖墓穴，即使墓上有高大封土，也不宜归入土墩墓，而应属于竖穴土坑墓④。

宁镇皖南地区是土墩墓的重要分布区之一，据对镇江及其周围区域运用遥感技术进行普查发现土墩墓3000余座⑤，皖南漳河流域的土墩墓多集中连片分布，如南陵千峰山土墩墓群尚存900余座。这些土墩墓规模有大、中、小之分，形制有一墩一墓和一墩多墓之别。大、中型土墩墓既有一墩一墓，也有一墩多墓，墓室围置石框、铺设石床或堆土挖坑，“一墩多墓”土墩内的墓葬布局一般呈现出主从关系明显的向心结构形式，中心主墓下常见“墓下建筑”遗存，可能与营建土墩墓之前进行祭祀活动有关。此外，有些土墩墓中也发现一些可能于丧葬过程中举行祭祀活动而专门放置的器物。大、中型土墩墓多随葬青铜礼乐器、兵器和车马器，少见原始瓷器。研究表明，墓向朝西、有人殉人祭和随葬青铜车马器，是吴国贵族墓区别于越墓的三个重要指征⑥。小型土墩墓无石无坑，一般平地掩埋堆土成墩，多随葬陶瓷生活用器，尤其随葬具有本

---

① 安徽大学、安徽省文物考古研究所：《皖南商周青铜器》，文物出版社，2006年。陆勤毅、宫希成：《皖南商周青铜器研究》，文物出版社，2016年。

② 毛颖、张敏：《长江下游的徐舒与吴越》，湖北教育出版社，2005年，第134页。

③ 南京博物院、镇江博物馆：《江苏镇江市孙家村遗址2015～2016年发掘简报》，《考古》2018年第6期。

④ 陈元甫：《越国贵族墓葬制葬俗初步研究》，《浙江省文物考古研究所学刊（9）》，科学出版社，2009年。

⑤ 南京博物院：《重构与解读——江苏六十年考古成就》，南京大学出版社，2009年。

⑥ 张敏：《吴越贵族墓葬的甄别研究》，《文物》2010年第1期。

地特色的夹砂素面陶鬲、鼎，少见青铜器。

需要指出的是，丹徒大港、谏壁一带沿江分布的大中型墓葬一般营建在山顶之上，多为竖穴土（岩）坑墓（如丹徒粮山M2、北山顶M1、青龙山M1和M2等），墓上有高大的（椭）圆形丘状封土，有的带墓道、二层台，有的还有人殉、人祭现象，这一带可能是吴国高级贵族或王室墓地[①]。宁镇地区土墩墓的族属应为吴国的主体人群，文献所载“荆蛮”和“句吴”似乎是指地名与国名，而非具体族称，不过这可能是从商代人名、族名、地名三位一体到西周人名、族名、地名开始分离，出现封国“异姓同名”现象[②]的具体写照，由此可将宁镇地区土墩墓的主体人群称作“句吴”族，从宏观角度讲，它应属于“百越”族群的一支。皖南东部早期土墩墓多为中小型的“一墩一墓”，随葬品并不丰富，根据常见的曲柄甗形盉、平裆鬲等实用陶器组合推测，可能与江淮地区的淮夷族群关系密切。皖南南部新安江上游的屯溪弈棋土墩墓以大中型居多，随葬青铜器、陶瓷器丰富且具有鲜明特色，族属可能为文献记载的“干越”，所建政治实体“干国”当在春秋早中期时为吴国所灭[③]。

根据典型遗址和墓葬出土资料，并参照中原地区两周考古学文化分期断代标准，吴文化的分期断代体系已初步建立起来，一般将其划分四期[④]，分别相当于西周早期、西周中期、西周晚期至春秋早期、春秋中晚期。总体上略显粗疏，尚不够细致。文化因素分析显示，吴文化是由宁镇地区湖熟文化发展而来的，西周早中期吴文化受到西周文化的强烈影响，主要体现在竖穴土坑墓、青铜礼乐器、车马器以及部分陶器上。平地掩埋的土墩墓形式、部分原始瓷器则可能是由太湖以南的东苕溪中下游地区传入的[⑤]。西周晚期至春秋早期吴文化向西南和东南大力拓展，分别抵达九华山一线和宜溧山地，皖南沿江平原丘陵地带富集的铜矿资源和太湖以东富饶的平原应分别是吸引吴国西进、南下的源动力，以满足对于战略物资和发展空间的迫切需求。丧葬礼制上不仅出现了向心结构形式的一墩多墓，各类祭祀性遗存也多见于大型土墩墓中，少量的土墩石室遗存则是受到越文化葬俗的影响。春秋中晚期吴国继续向东南挺进，逐步将太湖东北部的无锡、苏州等地纳入自身范围，形成与越国犬牙交错、南北对峙的争霸局面。在这种政治背景下，所受越文化的影响不仅表现为原始青瓷器的增多，更重要的是陶炊器如釜、浅盆形鼎（或称“越式鼎”）的流入。随着越灭吴和楚败越的历史

① 肖梦龙：《吴国王陵区初探》，《东南文化》1990年第4期。

② 李伯谦：《试说周初封国与商时方国异姓同名现象》，《两周封国论衡——陕西韩城出土芮国文物暨周代封国考古学研究国际学术研讨会论文集》，上海古籍出版社，2014年。

③ 郑小炉：《吴越和百越地区周代青铜器研究》，科学出版社，2007年，第177～179页。

④ 张敏：《宁镇地区青铜文化研究》，《长江流域青铜文化研究》，科学出版社，2002年。施劲松虽将宁镇地区土墩墓划分四期，但具体断代略有不同，前三期分别相当于西周早、中、晚期，第四期为春秋早中期（中国社会科学院考古研究所：《中国考古学·两周卷》，中国社会科学出版社，2004年，第153页）。

⑤ 郑建明：《夏商原始瓷略论稿》，文物出版社，2015年，第248～254页。

进程，宁镇皖南地区先后并入越、楚，土墩墓走向衰落而竖穴土坑墓逐渐流行，使用木质棺椁，随葬品多见楚式器物，显然是受到了楚文化的浓重影响。

二、衢江—杭州湾区

衢江、婺江是钱塘江上游的两大支流，分别流经衢州和金华（即金衢盆地）于兰溪马公滩汇合，经杭州湾注入东海。本区主要包括衢江—富春江—钱塘江流域、宁绍平原、杭嘉湖平原、环太湖平原及长江三角洲地区，行政区划涉及浙江省中北部、上海市和江苏省东南部的无锡、苏州等地。

（一）马桥文化

马桥文化是以上海闵行区马桥遗址第4层遗存①而命名的，主要分布在苏南太湖以东、以南地区和浙东北环杭州湾一带。

马桥文化陶器以泥质灰、黑陶为主，泥质红褐陶和夹砂红、灰陶次之。纹饰以弦纹、阶状弦纹、云雷纹、镂孔为主，几何形印纹（包括条纹、条格纹、叶脉纹、折线纹、方格纹和席纹等）次之，另有少量绳纹。主要器类中以釜形鼎、鼎式甗为炊器，鼎和甗足有舌形、圆锥（柱）形和凹弧形之分；盛贮器有凹底和圜底的罐、盆、刻槽盆、簋、豆、三足盘、器盖等，酒器有觯、觚、尊、鸭形壶等。石器以磨制为主，以穿孔钺、有段锛、斜柄刀、直柄刀最富特色（图7-6：上）。铜器数量很少且均为小件工具和武器，有刀、斧、镞等。

根据马桥遗址的地层关系与典型陶器的形制变化，发掘者将马桥文化分为三期，早期相当于中原二里头文化二至四期，中期相当于商代前期，晚期相当于殷墟文化早期，并指出马桥遗址发现得早、中期资料丰富，缺乏晚期典型遗存，认为晚期遗存在上海金山区亭林、查山等遗址有所发现，绝对年代约为公元前1900～前1200年②。也有意见认为马桥遗址第4层内涵复杂，其年代下限“大体不超过早商时代”③，或“约相当于中原地区的夏代至商代早期”④。我们同意后一种意见，发掘者所谓的“马桥文化”中、晚期遗存面貌差异较大，“晚期遗存”应从中剥离出来而归入“亭林类型”（详下）。

文化因素分析显示，以舌形足鼎、喇叭形细柄豆、单耳杯、圈状捉手器盖、有段

① 上海市文物管理委员会：《上海马桥遗址第一、二次发掘》，《考古学报》1978年第1期；《马桥1993—1997年发掘报告》，上海书画出版社，2002年。

② 宋建：《马桥文化的编年研究》，《长江流域青铜文化研究》，科学出版社，2002年。

③ 邹衡：《江南地区诸印纹陶遗址与夏商文化的关系》，《文物集刊（3）》，文物出版社，1981年。

④ 中国社会科学院考古研究所：《中国考古学·夏商卷》，中国社会科学出版社，2003年，第464页。

石锛、斜柄石刀等为代表的器物群与广富林文化的同类器相同或近似，应是本地区文化传统的延续。以凹弧足鼎、圆锥足鼎、鼎式甗、高柄镂孔豆、三撇足盘、觯、鸭形壶、直柄石刀等为代表的器物群个性鲜明，在别的文化中找不到源头，应是马桥文化自身创制的典型器。其他少量陶器大多是马桥文化受外来文化影响而产生的，如小口凹底罐、翻沿凹底盆应为来自浙西南地区肩头弄遗存的因素，觚、盉、尊、簋、三瓦足盘等可能为经由江淮地区而来的二里头文化因素，凸棱盆、蘑菇状纽子口器盖和半月形石刀等可能为经由宁镇地区而来的岳石文化因素等。总体来看，马桥文化主要是在继承本地区新石器时代晚期文化的基础上，发展出具有大量自身特色内涵、同时兼收其他地区文化因素的一支新的土著文化①。

需要说明的是，以往部分学者认为马桥文化的发源地在浙西南地区，江山市肩头弄遗址“第二、三单元”遗存与马桥文化面貌存在一定的相似性，或将其归入马桥文化②，或作为马桥文化的地方类型③，进而将肩头弄“第一单元”遗存视为马桥文化的主要源头之一。实际上，肩头弄遗存并不属于马桥文化④，而是分布于闽浙赣交界区域的马岭文化的重要组成部分（详见本节第四部分）。不过，马桥文化的确受到了肩头弄遗存的影响，如凹圜底陶器、施黑衣及几何形印纹装饰等因素。此外，根据文化内涵的地域性差异，有学者将马桥文化划分为环太湖地区的马桥类型和宁绍平原及邻近地区的塔山类型⑤。随着资料的不断丰富，马桥文化还有进一步划分类型的可能性。

（二）亭林类型

亭林类型是以上海金山亭林遗址上层遗存⑥命名的，此类遗存还见于金山查山、青浦寺前、萧山蜀山、常熟钱底巷⑦等遗址。由于该文化内涵与马桥文化关系密切且年代相衔接，有学者将其统称为“后马桥文化”⑧。我们认为“后马桥文化”不符合考古学文化命名原则，且容易引起误解，因此拟采用早已提出的“亭林类型”名称⑨，其分布范围与马桥文化大致相同，主体年代介于马桥文化与越文化之间，约相当于中原殷墟文化时期，下限当进入西周早期。

---

① 曹峻：《马桥文化再认识》，《考古》2010年第11期。

② 宋建：《马桥文化探源》，《东南文化》1988年第1期。

③ 陆建方：《初论马桥——肩头弄文化》，《东南文化》1990年第1、2期。

④ 焦天龙：《论马桥文化的起源》，《南方文物》2010年第1期。

⑤ 宋建：《马桥文化的分区和类型》，《东南文化》1999年第6期。

⑥ 孙维昌：《上海市金山县查山和亭林遗址试掘》，《南方文物》1997年第3期。

⑦ 南京大学历史系考古专业等：《江苏常熟钱底巷遗址发掘报告》，《考古学报》1996年第4期。

⑧ 宋建：《马桥文化的去向》，《中国考古学会第九次年会论文集（1993）》，文物出版社，1997年。

⑨ 黄宣佩、张明华：《上海地区古文化遗址综述》，《上海博物馆集刊（二）》，上海古籍出版社，1983年。

囿于现有考古发现和公布资料少，亭林类型的文化内涵尚不丰富，以往或将此类遗存与马桥文化相混，或将其与更晚的遗存合并。该文化类型的夹砂红陶和泥质红、灰陶所占比例很高，泥质黑陶和硬陶较少。纹饰主要有绳纹、梯格纹、席纹、折线三角纹、云雷纹、圆点纹以及堆贴的扉棱、凸圆饼等，绳纹主要施于夹砂红陶上，几何形纹样主要施于泥质红陶和硬陶上。典型器类釜形鼎、鼎式甗、簋、豆、鸭形壶、器盖等承袭于马桥文化，但形制出现显著变化，如出现带角形把手的鼎和甗、细柄豆装饰简化、鸭形壶尾部退化、刻槽盆激增、三撇足盘流行等（图7-6：下）。可见，亭林类型是在马桥文化的基础上发展起来的，其中包含有来自中原商文化因素（如三角划纹、贴附泥饼等装饰）和宁镇地区的湖熟文化因素（如梯格纹、羊角形把手、刻槽盆等）。

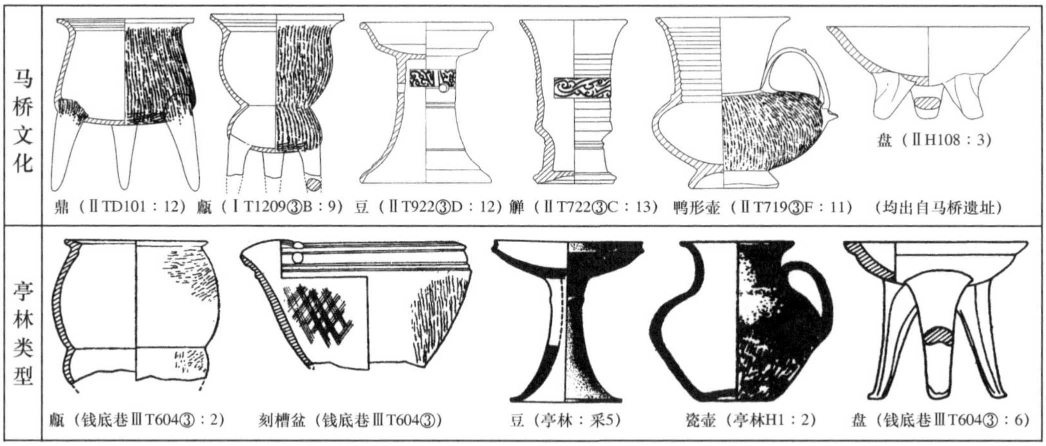

图7-6　衢江—杭州湾地区早期青铜文化典型陶器

值得一提的是，在杭嘉湖平原西部的东苕溪流域考古发现了大规模的先秦时期印纹硬陶和原始瓷窑址群[①]。其中，湖州瓢山、北家山和南山三个窑址年代均可早到夏代，它们早晚相继，产品类型由原始瓷与印纹硬陶合烧、比例以印纹硬陶为主逐渐过渡为以原始瓷为主、偶见印纹硬陶。从商代开始，原始瓷与印纹硬陶即分开烧造，窑址增多，逐渐形成了两大窑址群。北部的湖州青山片区有商代窑址20多处，依产品大致分为以烧造印纹硬陶为主、兼烧少量原始瓷的水洞坞类型和以烧造原始瓷为主的南山类型，后者主要产品有豆、罐、尊、簋、钵、盂、盘、盆等，历时整个商代。南部的德清龙山片区窑址有近120处，其中商代窑址有10多处，产品以印纹硬陶为主，原始瓷数量较少，可见器形均为豆。在德清小紫山土墩墓群考古发掘中，不仅发现了商代在基岩上开凿的长方形竖穴墓，还首次确认了商代中晚期平地掩埋形式的土墩墓，随葬的印纹硬陶和原始瓷器分别与德清龙山和湖州青山两大片区商代窑址群的产品相当。地处东苕溪下游左岸的湖州下菰城遗址现存内外两重城垣，外城平面呈不规则的圆角三角形，周长约1800米，内城位于外城南部居中，南

① 郑建明：《夏商原始瓷略论稿》，文物出版社，2015年。

墙部分重叠，原以为是西周或春秋时期城址[①]。而近年来的考古新发现表明，该城址出土遗物具有马桥文化特征，初步判断其开始使用的年代不晚于商代[②]。若果真如此，下菰城的兴建应与当时东苕溪流域密集分布的陶瓷窑群密切相关，很可能是当时经营陶瓷业生产与流通的管理机构所在，也不排除为夏商时期“马桥—亭林文化区”政治中心的可能性。

（三）越文化

今本《竹书纪年》有周成王十年“越裳氏来朝”及成王二十四年“于越来宾”的记载[③]。于越或写作於粤、於越，是百越的一支。“越”与“吴”同时始见于《左传·宣公八年》（前601年），鲁昭公三十二年（前510年）“夏，吴伐越，始用师于越也”。此后吴、越之间互有攻伐，至公元前473年，“越灭吴”[④]。司马迁相信越王勾践是夏禹后裔，自夏后帝少康封庶子于会稽奉守禹祀，成为当地于越族的首领，但也似吴太伯“文身断发”。对此史学界早有质疑，这一祖源追忆与“太伯奔吴”的故事一样，都是寻找或假借华夏的祖先以达到华夏认同之目的[⑤]，可能是越国灭吴前后为了北上参与争霸而提出的政治宣传而已。目前在比较可靠的史书中所见越君无余至允常之间的世系均残缺不全，历史相当简略。“允常之时，与吴王阖闾战而相怨伐。允常卒，子句践立，是为越王。”越灭吴后，挥兵北上称霸江淮。至越王无彊“释齐而伐楚”，惹来身死国破之祸。楚威王七年（前333年）楚兴兵败越，“尽取故吴地至浙江……而越以此为散，诸族子争立，或为王，或为君，滨于江南海上，服朝于楚”[⑥]。

考古学意义上的越文化概念与吴文化相似，是指周代以于越族为主体的人群创造和使用的文化。虽然勾践灭取强吴后，越国政治势力一度北抵鲁南，西至皖西，南达赣闽部分地区。但目前为学术界普遍认可的与越文化密切相关的周代考古遗存，基本分布于天目山以南、武夷山以东的衢江—富春江—钱塘江流域、环太湖—杭州湾地区。

越文化城址发现数量不多，且规模不大，缺乏与中原类似的大型都邑[⑦]。浙江安

---

① 劳伯敏：《湖州下菰城初探》，《中国考古学会第五次年会论文集》，文物出版社，1988年。劳伯敏：《从下菰城的兴衰看湖州治址的变迁》，《东南文化》1989年第6期。

② 郑建明：《夏商原始瓷略论稿》，文物出版社，2015年，第242～248页。陈元甫：《湖州下菰城的初步勘查与探索》，《“城市与文明”学术研讨会论文集》，上海古籍出版社，2016年。

③ 王国维：《古本竹书纪年辑校·今本竹书纪年疏证》，辽宁教育出版社，1997年，第83、84页。

④ 杨伯峻：《春秋左传注》（修订本），中华书局，1995年，第696、1516、1719页。

⑤ 王明珂：《华夏边缘：历史记忆与族群认同》，社会科学文献出版社，2006年，第163～184页。

⑥ （汉）司马迁：《史记·越王勾践世家》，中华书局，1959年，第1739～1751页。

⑦ 许宏：《先秦城邑考古》，西苑出版社，2017年，第309～318页。

吉古城（递铺城）、绍兴山阴大城（蠡城）和勾践小城，一般认为属于越国都城。萧山固陵城和余杭小古城分处钱塘江南、北两侧战略要地，可能属于越国的军事城堡。这些城址均未做过系统的考古工作，年代与性质问题都有待于进一步探究。宁波句章故城坐落在由余姚江—赶水河—横河—后河相连构成的梯形水网内，总面积约27万平方米，始建年代不晚于战国中晚期。传统认为句章故城的兴建缘于彰显越王勾践的霸功，考古分析表明它似乎更多是受楚越战争和楚文化东渐的影响①。总体来看，越文化城址的选建大都依山傍水，因地制宜，注重防御。城址规模小，承载能力弱，功能相对单纯。这些特点不仅与区域地理环境有关，也暗示出越国社会结构具有不稳定性。

越文化的印纹硬陶和原始瓷窑址集中分布于以德清为中心的东苕溪流域和以萧山为中心的浦阳江流域，其中又以前者为主体。近年来，通过对德清火烧山西周至春秋时期窑址②、德清亭子桥及长山战国时期窑址③以及上述湖州瓢山、南山等夏商时期窑址的考古发掘与区域性调查，发现了丰富的窑炉、作坊等遗迹，出土了大量的原始瓷标本，建立了先秦时期基本完整的原始瓷起源与发展序列，确立了以德清为中心的东苕溪流域在中国瓷器起源与发展史上的重要地位。浦阳江流域的窑址群以萧山进化镇为中心，包括绍兴、诸暨的相邻地区，主要窑址有萧山前山④和鞍山、绍兴长竹园、诸暨柁山坞等，时代从春秋中晚期延续至战国早中期，产品以印纹硬陶为主，有少量原始瓷器，不见大型的原始瓷礼乐器。此外，位于西苕溪下游的长兴县牌坊沟发现一处年代为晚商至西周中晚期的大型窑址⑤，产品以印纹硬陶坛、罐、瓿为主，还有少量的尊、瓮、罍以及原始瓷豆等，多数器物体形巨大、造型规整、纹饰繁缛，代表了印纹硬陶制作的最高水平。

墓葬是越文化遗存的主体，研究相对深入。考古发现与研究表明⑥，西周早中期的土墩墓既有一墩一墓，也有一墩多墓者，大中型土墩墓的墓底通常围置石框或铺设石床，小型土墩墓主要为平地掩埋，另有少量浅坑者。随葬品中以原始瓷豆、盂和印纹硬陶瓿、罐、坛、瓮等相配，构成比较稳定的器物组合，大中型墓或有可能属于礼器性质的原始瓷尊、筒腹罐，软陶种类和数量均较少，仅见夹砂陶鼎、釜和泥质陶罐、豆、盂、钵、纺轮等，不见青铜礼器。根据墓葬集群分布情况，这一时期的土墩墓又

---

① 宁波市文物考古研究所：《句章故城——考古调查与勘探报告》，科学出版社，2014年。

② 浙江省文物考古研究所等：《德清火烧山原始瓷窑址发掘报告》，文物出版社，2008年。

③ 浙江省文物考古研究所等：《德清亭子桥战国原始瓷窑址发掘报告》，文物出版社，2011年。

④ 浙江省文物考古研究所等：《浙江萧山前山窑址发掘简报》，《文物》2005年第5期。

⑤ 郑建明、梁奕建等：《浙江长兴：发现龙山西周早期印纹陶礼器窑址》，《中国文物报》2010年12月17日第4版。

⑥ 付琳：《江南地区两周时期墓葬研究》，吉林大学博士学位论文，2014年。

可细分四个相对独立的小区，即金衢盆地、宁绍平原、杭嘉湖平原、苏南平原东部及长江三角洲地区，其中位于杭嘉湖平原西部东苕溪中游的德清小紫山土墩墓经考古发掘确认年代可早到商代早中期，为探寻土墩墓的起源问题提供了重要线索。西周晚期至春秋早期仍以土墩墓为主，空间分布上环太湖平原与宁绍平原已连成片，金衢盆地仍相对独立。大中型墓的墓底在石构基础上增设人字顶木构建筑，新出现了土墩石室墓（土墩内部通常由石室和环绕石室1～3重不等的石构挡土墙，以及填充于石室与挡土墙之间的土石混筑的护坡组成）。随葬品除延续此前的常规组合和不随葬青铜礼器的传统外，新增原始瓷碗、垂腹小罐，软陶依然很少。综合来看，土墩石室墓或许是当时社会高阶层人群出于“事死如生”观念的影响，对葬制进行选择和规定的结果。春秋中晚期大中型土墩石室墓数量逐渐占据主流，小型土墩墓仍为平地或浅坑埋葬。随葬品仅在具体器型和器类选用方面呈现出阶段性变化，原始瓷碗和新兴的盅式碗逐渐取代豆、盂而成为日用器的主流，大中型墓常见的原始瓷尊、筒腹罐形制更为规整，部分造型精美的原始瓷鼎、提梁卣和垂腹罐也时有所见，随葬玉器不断丰富。战国早中期竖穴土（岩）坑墓占据了绝对优势，传统的土墩墓和土墩石室墓仍保留有一定比例。大型墓中，带墓道的竖穴土（岩）坑墓地表上有高大长方形覆斗状封土，墓底或采用石室，或构筑木椁。木椁有两种形式：一种以印山越王陵①为代表，横断面呈三角形、两面斜坡状窝棚式椁室（图版17：2）。另一种以长兴鼻子山M1②为代表，是矩形箱式平顶木椁。墓道均设在长方形墓坑的一头短边正中，以东向者居多，形式分斜坡状和平底状两种。带斜坡墓道的墓内木椁呈矩形，带平底墓道的墓内木椁呈两面斜坡状人字形，这种现象颇具规律性。墓外普遍设有陪葬器物坑，随葬品以陶瓷礼乐器和玉器为主，不见青铜礼乐器和车马器（图7-7）。中型墓以无墓道的竖穴土（岩）坑墓为主，另有少量土墩石室墓。随葬品方面，原始瓷与印纹硬陶器的组合仍在顽强延续，不过形制多样且异常精美的原始瓷与硬陶礼乐器占据了主流，诸多外来文化因素与本地原始瓷、硬陶制作传统有机结合，创生出兽面鼎、甗形鼎、附耳鼎、越式鼎、壶、盉、长颈瓶、镇、角形器、编钟、编磬、勾鑃、錞于、铎、钲等新兴器型，其中部分器型又被仿制出泥质陶礼器而随葬在中小型墓内。来自中原、楚、徐、吴、群舒等地的多种文化因素在此多有体现，不排除有些大型竖穴土坑木椁墓、个别随葬青铜礼乐与兵器的墓葬主人是由外地流入的，如绍兴狮子山M306墓主很可能是流亡越地的徐国贵族③。

为了进一步明晰越文化与吴文化的相同与差异，根据历史文献和考古材料，这里列出比较简表如下（表7-1）。

① 浙江省文物考古研究所等：《印山越王陵》，文物出版社，2002年。

② 浙江省文物考古研究所等：《浙江长兴鼻子山越国贵族墓》，《文物》2007年第1期。

③ 浙江省文物管理委员会等：《绍兴306号战国墓发掘简报》，《文物》1984年第1期。

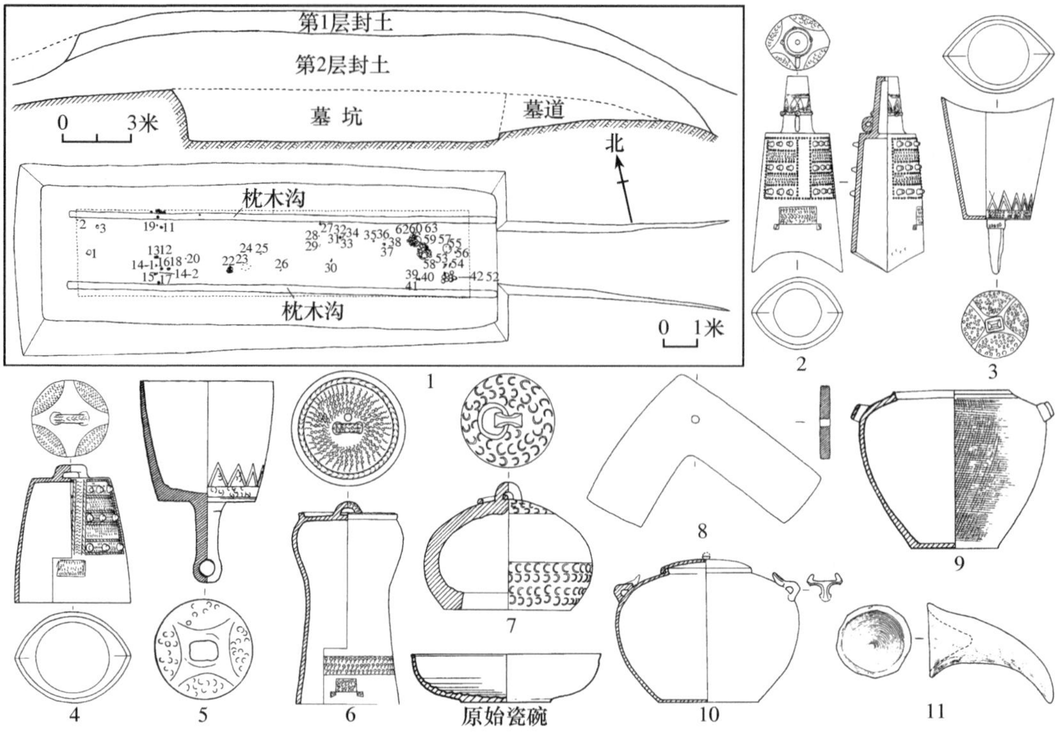

图7-7 长兴鼻子山M1平、剖面、墓内及墓外陪葬坑出土器物

1. 鼻子山M1 2. 原始瓷甬钟 3. 原始瓷勾鑃 4. 原始瓷镈钟 5. 原始瓷钲 6. 原始瓷錞于 7. 原始瓷悬铃 8. 硬陶磬 9. 印纹硬陶罐 10. 原始瓷瓿 11. 硬陶羊角形器

（采自浙江省文物考古研究所等《浙江长兴鼻子山越国贵族墓》，《文物》2007年第1期）

表7-1 吴、越文化比较表

类别		吴文化	越文化
文献资料	早期历史扑朔迷离	太伯奔吴，周章受封，族属句吴	越为禹后，无余受封，族属于越
		吴君寿梦以上世数可知而不纪其年	越君允常以上世数渺茫而以下有出入
	晚期历史以战争为主线，记载简略	寿梦称王，无庙谥、直呼其名	勾践称王，无庙谥、直呼其名
		晋联吴制楚，吴灭巢、灭徐，伐楚、入郢，伐越、败越	楚联越制吴，伐吴、灭吴，横兵江淮，伐齐、伐楚
		吴为越所灭	越为楚所灭
考古遗存	文化主源	点将台—湖熟文化	马桥—亭林文化
	核心地域	宁镇皖南地区，春秋中晚期占据太湖以北地区	太湖以南的环杭州湾地区，春秋末至战国早中期占有吴地
	城址特点	地势相对开阔，城垣堆筑，围壕环绕，水系相通	依山傍水，因地制宜，规模小，注重防御
	普通聚落	主要为台形遗址，沿水系呈集群分布，日用陶器以鬲、甗为代表	考古发现数量不多，分布规律不明，日用陶器以鼎、鼎式甗为代表
	手工业址	青铜业发达，皖南有铜矿采冶遗址，并设牯牛山城加以管理，宁镇有铜器铸造作坊	陶瓷业发达，东苕溪流域和浦阳江流域陶瓷窑址集群分布，以前者为主体，设湖州下菰城加以管理

续表

类别		吴文化	越文化
考古遗存	贵族墓葬	大中型墓流行围置石框、铺设石床、熟土深坑的土墩墓以及竖穴土（岩）坑墓，大型土墩中时见向心结构形式的一墩多墓，中心主墓下时见“墓下建筑”遗存，部分墓向西，有人殉、人祭或牺牲现象，随葬青铜礼乐器、兵器、车马器等，少见原始瓷器	大中型墓流行石室土墩墓以及竖穴土（岩）坑墓，封土多呈长方形覆斗状土墩中仅见不规则形的一墩多墓，未见“墓下建筑”遗存，部分墓向东，无人殉、人祭或牺牲现象，流行随葬原始瓷和印纹硬陶器以及玉器，排斥青铜礼乐器、兵器、车马器等，但有仿铜的陶瓷质礼乐器
	平民墓葬	流行平地或浅坑掩埋的小型土墩墓，随葬以鬲为代表的实用陶器，少见原始瓷和印纹硬陶器	流行平地、浅坑或石室掩埋的小型土墩墓，随葬原始瓷和印纹硬陶的日用器，少见软陶器，不用陶鬲

注：本表主要参考张敏《吴越文化比较研究》（南京出版社，2018年）绘制而成

最后还需说明的是，目前在浙江东南沿海的台州、温州一带也发现了少量的西周时期土墩墓。其中，瓯海杨府山土墩墓[①]的年代约为商末周初或西周早期，黄岩小人尖土墩墓[②]的年代属于西周中期，均为中型一墩一墓，且各自独占小山顶，随葬青铜礼乐器和兵器，前者不见陶瓷器，后者还随葬原始瓷豆、罐、簋、尊及夹砂陶鼎。有学者认为这两座西周土墩墓应是瓯越人的墓葬，墓内出土青铜礼乐器的现象不代表于越族墓葬有随葬青铜器的传统，更不能代表越国贵族墓的葬俗特点[③]。此外，与瓯海邻近的瑞安岱石山还发现一处支石墓群[④]。这类墓葬可分两类：一类采用多块较大的板石侧立或块石垒砌以支撑其上巨大的盖石，在地面营造出一定的墓内空间，也称为“石棚墓”。另一类数量很少，先向地下挖掘墓坑，再用较大的盖石完全覆盖墓坑，坑口仅用较小的立石支撑盖石，甚至不用支石，或称作“石盖墓”。岱石山支石墓群的年代从西周早期延续至春秋早期，随葬的原始瓷器釉料选配和硬陶器素面着黑装饰具有鲜明的自身特色。支石墓在东亚地区分布广泛，主要集中于朝鲜半岛、日本列岛和中国东北的辽东半岛[⑤]及

① 浙江省文物考古研究所等：《浙江瓯海杨府山西周土墩墓发掘简报》，《文物》2007年第11期。

② 浙江省文物考古研究所：《黄岩小人尖西周时期土墩墓》，《浙江省文物考古研究所学刊》建所十周年纪念专刊（1980 ~ 1990），科学出版社，1993年。

③ 陈元甫：《越国贵族墓葬制葬俗初步研究》，《东南文化》2010年第1期；《越国贵族墓葬制、葬俗初论》，《百越研究（第二辑）——中国百越民族史研究会第十四次年会论文集》，安徽大学出版社，2011年。

④ 浙江省文物考古研究所：《瑞安岱石山“石棚”和大石盖墓发掘报告》，《浙江省文物考古研究所学刊》第3辑，长征出版社，1997年。

⑤ 华玉冰：《中国东北地区石棚研究》，科学出版社，2011年。

浙东南沿海三门至苍南一线[1]。关于以瑞安岱石山为代表的浙东南沿海支石墓的来源与族属问题，目前尚不清楚。

三、赣江—鄱阳湖区

赣江—鄱阳湖区北依长江，南临南岭山脉，东有怀玉山、武夷山与浙、闽分界，西有幕阜山、罗霄山与鄂、湘相隔。赣江自南向北纵贯腹心地带，与抚、信、乐安、昌、修等江河共同汇入鄱阳湖，再注入长江，总体上构成了以鄱阳湖为中心，中间低、三面高且向北开口的大盆地。目前来看，该区域的先秦时期考古遗存主要分布于以赣江中、下游及以鄱阳湖为中心的江西省北部地区（简称赣鄱地区），南部地区丘陵山地连绵起伏，文化遗存发现很少。

（一）筑卫城类型

赣鄱地区的新石器时代晚期文化虽然内涵丰富，且与周邻文化联系密切[2]，但均未能改变该区域的文明化进程，以至于在中原地区已明确进入青铜时代的二里头文化早期，这里的文化仍然处于新石器时代末期。20世纪90年代以来，随着考古资料的不断丰富，在一些遗址中发现了类似于二里头文化中晚期的陶器因素（如卷沿深腹盘、凸棱深腹盆、封口盉以及白陶斝等），将夏时期文化遗存从新石器时代末期文化中辨识区分出来，应是赣鄱地区先秦考古的一大突破[3]。鉴于现有资料尚不丰富，我们拟以发掘时间早且性质相对明确的清江（今樟树市）筑卫城遗址第3层遗存[4]为代表，将赣鄱地区的夏时期文化遗存命名为“筑卫城类型”，主要分布于赣江中、下游地区。

陶器普遍流行灰（褐）陶、黑衣磨光陶等，红陶次之，另有少量白陶、硬陶。器表以素面为主，拍印的几何形纹饰主要有方格纹、编织纹、旋涡纹、叶脉纹、圆圈纹、重圈带点纹、云雷纹等，印痕深且粗犷，但较散乱，部分有重叠现象。器类以鼎、釜、豆、壶、罐、盆、钵、杯为主，另有鬶、盉、觚、斝等，角形把手和鸡冠形盖纽特色鲜明（图7-8：1）。

---

① 安志敏：《浙江瑞安、东阳支石墓的调查》，《考古》1995年第7期。金柏东：《浙南石棚墓葬研究》，《东方博物》2000年第5期。毛昭晰：《先秦时代中国江南和朝鲜半岛海上交通初探》，《东方博物》2003年第10期。陈元甫：《浙江石棚墓研究》，《东南文化》2003年第11期。

② 钟礼强：《闽江下游与赣鄱地区新石器时代晚期文化的比较研究》，《考古》2007年第9期。

③ 徐长青、翁松岭、李家和：《江西夏文化遗存的发现与研究》，《南方文物》1994年第2期。彭适凡：《稳步前进 硕果累累——江西考古五十年》，《南方文物》1999年第3期。彭适凡：《江西地区新石器时代末期与夏文化的南渐》，《南方文物》2007年第1期。

④ 江西省博物馆等：《清江筑卫城遗址发掘简报》，《考古》1976年第6期；《江西清江筑卫城遗址第二次发掘》，《考古》1982年第2期。

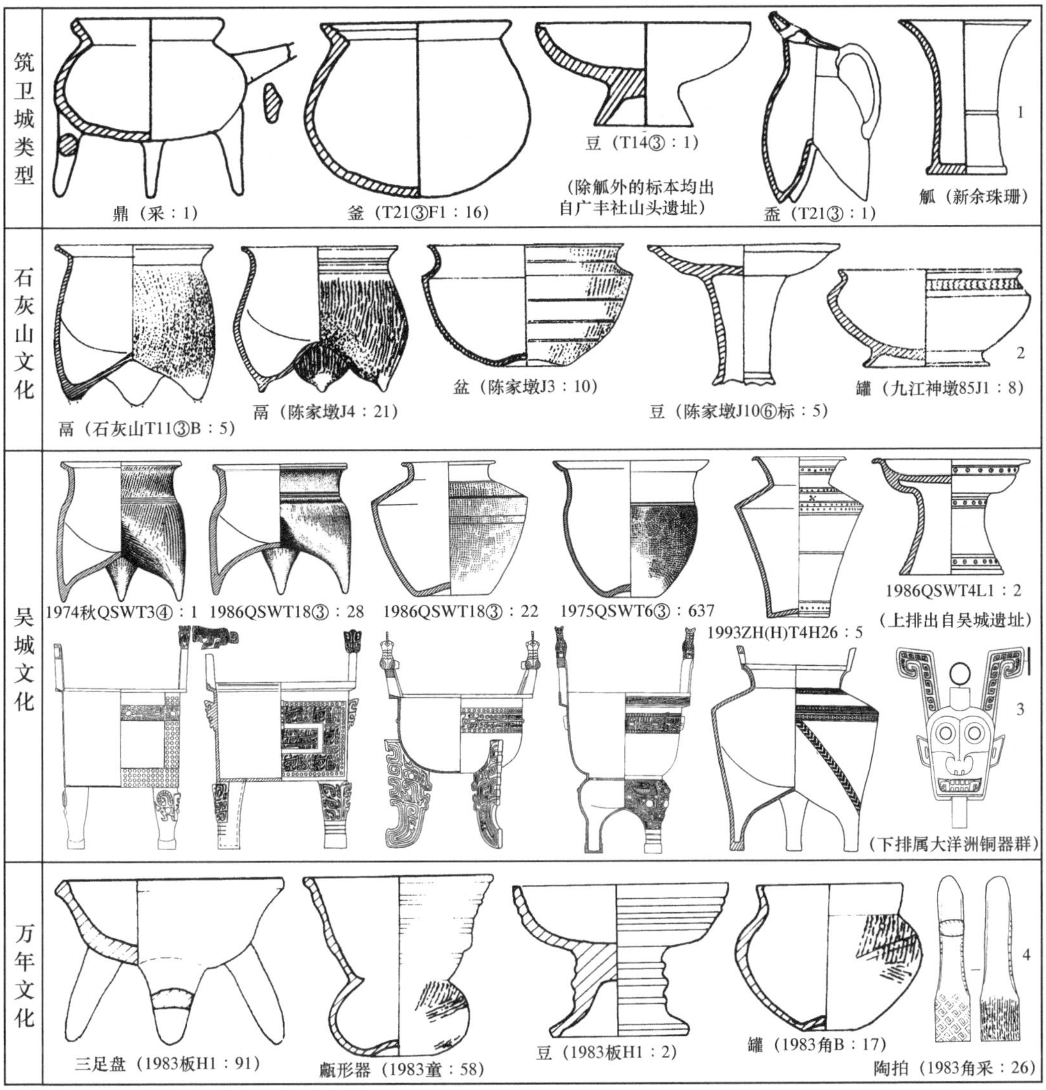

图7-8　赣鄱地区早期青铜文化典型器物

文化因素分析显示，筑卫城类型除了受二里头文化影响外，也明显受到相邻的马桥文化影响（如凹弧足鼎、平底觚、有段石锛等），甚至在一定程度上还可能受到岳石文化的影响（如凸棱杯、半月形石刀）。需要指出的是，偏于赣东北信江上游一隅的广丰社山头遗址第三期遗存①也进入了夏时期，除红陶和硬陶所占比例稍高外，总体陶器特征可归入筑卫城类型。如此看来，夏时期的赣鄱地区尚未出现明显的文化分野。

进入商代，赣鄱地区开始出现东西并立的二元文化格局，赣江以东区域分布着万年文化，赣江以西区域则有石灰山文化与吴城文化大体并行。

① 江西省文物考古研究所等：《江西广丰社山头遗址发掘》，《东南文化》1993年第4期。

（二）石灰山文化

石灰山文化是以德安石灰山遗址①命名的，主要分布在赣江下游以西、毗邻长江的九江、瑞昌、德安一带。以前由于该文化遗存发现较少，通常是作为吴城文化的一个地方类型来看待的②。后来《吴城——1973～2002年考古发掘报告》在结语中首次提出“石灰山文化”的命名③，但未做具体讨论。

石灰山文化大致分为两期，早期遗存以九江龙王岭遗址④为代表，晚期遗存以德安石灰山、德安陈家墩⑤、瑞昌檀树咀⑥、瑞昌铜岭⑦等为代表，年代约当中原二里冈下层二期至殷墟一期早段。

石灰山文化遗址多以台地形态的小型聚落为主，还发现一些冶铜遗址，尚未见以高等级建筑设施为代表的中心性聚落。石灰山文化陶器以泥质灰陶居多，且大多数施黑色陶衣，其次为夹砂红陶和泥质红陶，印纹硬陶和原始瓷数量较少。盛行绳纹和附加堆纹，少见几何形纹样。典型器类主要有鼓腹肥袋足鬲、弧腹甗、圜底高领罐、素面折肩罐、折肩盆、细柄浅盘豆、仿铜鼎、折肩圈足罐、小直腹杯等（图7-8：2）。石灰山文化发现的铜器多为小件的生产工具和兵器，尚未见青铜容器。文化因素分析表明，以折沿弧腹分裆鬲、大口缸、弧腹盆、假腹豆、大口尊、斝、罍等为代表，来自商文化盘龙城类型的因素在早期所占比重很大，以至于有学者将其单独命名为“龙王岭类型”，认为是由商文化盘龙城类型派生出来的⑧。以圜底罐、深腹豆、圈足盘、瓿形器、敛口钵、磨光或施黑衣陶器及马鞍形石刀为代表，属于本地的传统文化因素。以甗形器、高领鼓腹罐、圜底盆等为代表，属于万年文化因素。

总体来看，石灰山文化是在以上多种因素综合作用下形成的一支土著文化，其中以

① 江西省文物考古研究所等：《江西德安石灰山商代遗址试掘》，《东南文化》1989年第4、5期；《江西德安石灰山商代遗址发掘简报》，《南方文物》1998年第4期。

② 李伯谦：《试论吴城文化》，《文物集刊（3）》，文物出版社，1981年。宋新潮：《殷商文化区域研究》，陕西人民出版社，1991年，第171、172页。彭明瀚：《吴城文化》，文物出版社，2005年，第65、66页。

③ 江西省文物考古研究所等：《吴城——1973～2002年考古发掘报告》，科学出版社，2005年，第419页。

④ 江西省文物考古研究所等：《九江县龙王岭遗址试掘》，《东南文化》1991年第6期。

⑤ 邱文彬、魏华东、余志忠：《江西德安、永修界牌岭商周遗址调查》，《南方文物》1993年第2期。江西省文物考古研究所等：《江西德安县陈家墩遗址发掘简报》，《南方文物》1995年第2期；《陈家墩遗址第二次发掘简报》，《南方文物》2000年第3期。

⑥ 朱垂珂、何国良：《江西瑞昌檀树嘴遗址试掘》，《南方文物》1994年第4期。江西省文物考古研究所等：《江西瑞昌市檀树咀遗址发掘简报》，《考古》2000年第12期。

⑦ 江西省文物考古研究所等：《铜岭古铜矿遗址发现与研究》，江西科技出版社，1997年。刘诗中、卢本珊：《江西铜岭铜矿遗址的发掘与研究》，《考古学报》1998年第4期。

⑧ 豆海锋：《长江中游地区商代文化研究》，吉林大学博士学位论文，2011年，第197～199页。

陶鬲为代表的商文化因素强势来袭，部分替代了本地传统的鼎、釜类器，青铜铸造技术也由中原经盘龙城传入赣北，青铜小件与石范多有发现。瑞昌铜铃矿冶遗址的开采时间可早到二里冈上层二期，当地富集的铜矿资源应是商文化南下赣北地区的目标。

（三）吴城文化

吴城文化是以樟树市吴城遗址①命名的，发掘者将吴城遗址划分为三期7段，年代约当中原二里冈上层一期至殷墟四期早段（或稍早）②。也有学者认为“吴城文化”是指以吴城遗址第二、三期遗存为代表的赣鄱西部地区晚商时期考古学文化，而将吴城遗址第一期遗存排除在外③。根据我们实地考察吴城、牛城遗址新出土材料，以及九江荞麦岭等地点的最新发现，认识到吴城文化与石灰山文化是两支主体成分有别、年代大体并行的考古学文化，所以这里仍采纳《吴城——1973～2002年考古发掘报告》的分期意见。

吴城文化的典型遗存以吴城和牛城两座城址、中棱水库和大洋洲两处铜器群最具代表性。吴城遗址位于赣江支流萧江南岸的丘陵岗地上，面积约4平方千米，处于遗址中心区的城址平面近圆角长方形，堆筑的城垣周长2960米，城内面积61.3万平方米，城垣上有6个缺口被推断为城门，其中东南门为水门，垣外有城壕（图7-9：1）。城内中部的高等级遗存主要由红土台地、建筑基址、红土台座、柱洞群等组成，并由道路将它们连接构成一个规模宏大的公共（祭祀）场所。属于手工业生产的窑址和冶铸遗迹集中发现于城内北部，其中西北部有包括残长达7.5米的龙窑在内的14座陶窑址，出土了大量的原始瓷和陶片；东北部有7个灰坑，出土了较多的石范、铜炼渣、木炭屑及铜块等遗物。已发现的23座墓葬以城南正塘山相对集中，规格也较高，铜器墓均发现于此。此外，还出土有青铜兵器、工具、部分青铜容器和大量刻划于陶瓷器上的文字符号。鉴于上述发现，一般认为吴城遗址应是商代赣江流域最大的地域政治中心或方国都邑所在地。不过也有研究认为，现在尚不清楚吴城遗址在第一期时是否已修筑了整个城垣，第二期时虽修筑起完整的垣壕系统，遗迹也遍布全城，但城内的功能分区可能并不明确，发掘者所谓的城中心“祭祀遗迹”缺乏判明性质的证据，吴城遗址很可能是一个重要的陶瓷器生产中心④。

位于赣江东岸的新干牛城遗址西北距樟树吴城遗址约20千米，面积不小于4平方千米。遗址中心的城址整体呈北窄南宽的不规则梯形，面积32.2万平方米。城垣系夯筑，建造年代相当于吴城遗址第三期，已发现城门4座和瓮城遗迹，有一条内河自东南向西北斜穿大城。大城西南部还有个面积为12.4万平方米的小城，在小城内的天花会山发现了面积达5000平方米的大型夯土台基，台基上分布有面积不等、时段不同的建筑，这

① 李伯谦：《试论吴城文化》，《文物集刊（3）》，文物出版社，1981年。

② 江西省文物考古研究所等：《吴城——1973～2002年考古发掘报告》，科学出版社，2005年。

③ 王昌月：《赣江流域商时期文化格局变迁》，《江汉考古》2019年第2期。

④ 施劲松：《吴城遗址与商代江南》，《探古求原——考古杂志社成立十周年纪念学术文集》，科学出版社，2007年。

一区域可能为贵族居住区，延续时间至少从吴城遗址第二期开始，直到西周早期。此外，大城东部的湖头山发现了铜器墓，出土青铜容器和兵器等，西城外的老包庙地点应是一处制陶作坊区[①]（图7-9：3）。

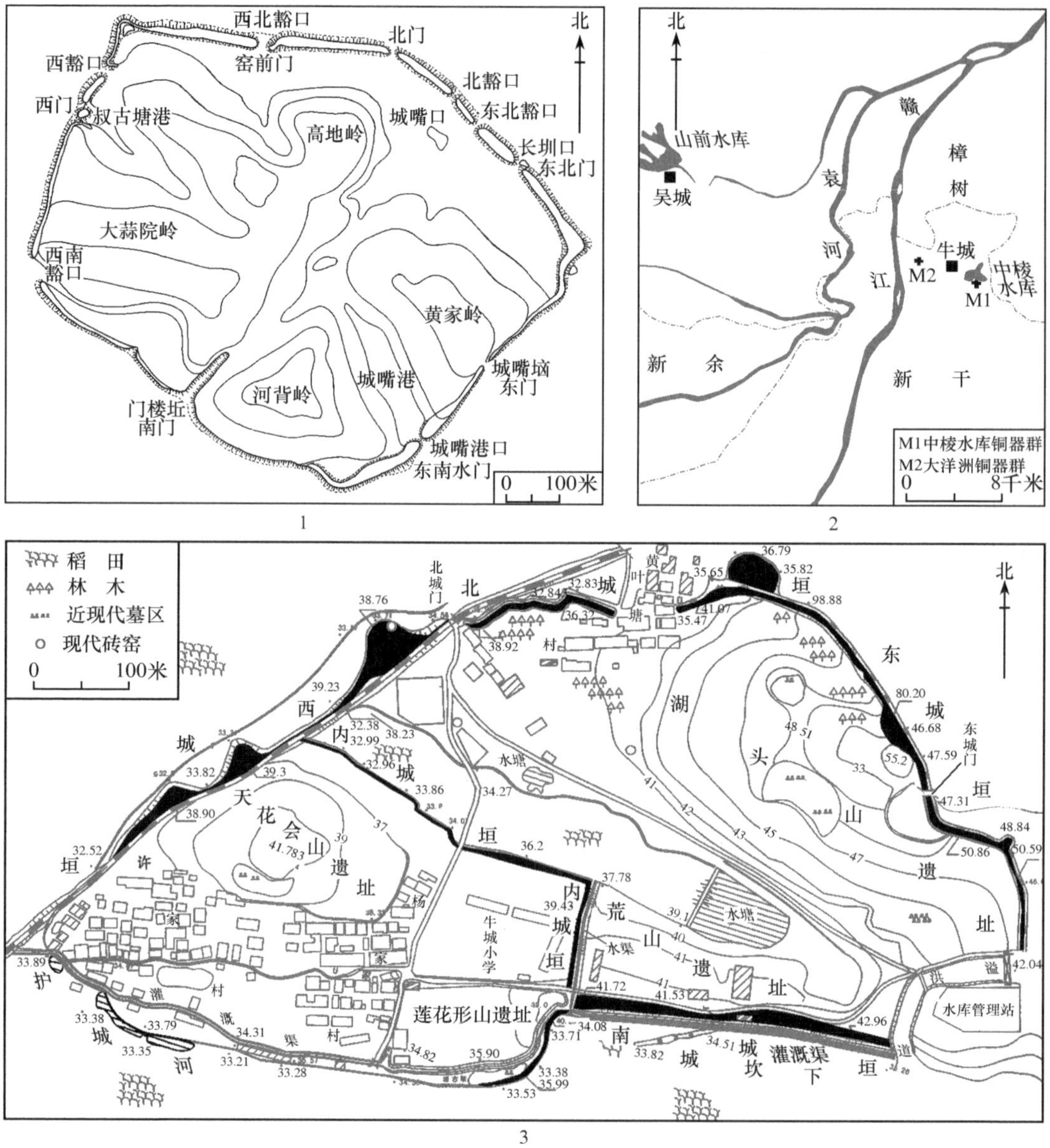

图7-9 吴城文化城址与铜器群的空间关系

1.樟树吴城城址平面图 2.城址与铜器群空间位置 3.新干牛城城址平面图

---

① 江西省文物工作队等：《江西省新干县牛头城遗址调查与试掘》，《东南文化》1989年第1期。朱福生：《江西新干牛城遗址调查》，《南方文物》2005年第4期。黄水根、周广明、朱福生：《吴城与牛城文化分析》，《纪念王懿荣发现甲骨文110周年国际学术研讨会论文集》，社会科学文献出版社，2009年。和齐、周广明：《城市文明与陶器制作——基于江西新干牛城遗址的观察》，《"城市与文明"学术研讨会论文集》，上海古籍出版社，2016年。

中棱水库和大洋洲两处铜器群分别位于牛城遗址东南和城西各约3千米处。中棱水库铜器群系1976年当地农民加固水库时发现，包括鼎、甗、爵等在内共9件铜器，当出自一座墓葬①。大洋洲铜器群系1989年当地农民取沙时发现的，后经抢救清理包括成套礼器、兵器、工具、生活用器在内的青铜器480余件，另伴出有玉石器、陶瓷器、骨镞、猪牙、象牙等，总数1900余件②。二者的年代大致属于晚商早期，中棱水库铜器群应早于大洋洲铜器群，均处于吴城和牛城的使用期内。从空间上看，中棱水库和大洋洲两处铜器群距吴城远而离牛城近，更有可能是从属于牛城的③（图7-9：2）。吴城与牛城分处于赣江两岸，从城垣始建年代来看，前者虽早于后者，但二者有相当长的并行使用期；从城址规模来看，前者虽大于后者，但后者的大型夯土建筑基址却未见于前者。总之，吴城与牛城显然并非一废一兴的简单替代关系，它们是同一共同体的不同时期的政治中心，还是分属两个共同体，目前都还只能存疑待解。

吴城文化的制陶技术达到了十分成熟的水平，陶器质地有软、硬之分，其中硬陶、原始瓷由早及晚呈递增趋势。印纹题材包括云雷纹、方格纹、人字纹、叶脉纹、圆圈纹、圆点纹、S形纹等40多种，绳纹、篮纹等中原常见的陶器纹样则呈递减趋势。器类以高领鬲、高领盆、折肩瓮、折肩尊、斜腹尊、折肩束腰尊、折肩罐、圜底甑、有纽器盖等为代表，具有强烈的时代和地域特色（图7-8：3上）。铜器方面，以新干大洋洲铜器群为例，大致分为两组：A组以蹄足深腹鼎、锥足鼎、方鼎、夔足鼎、鬲、甗、罍、贯耳壶、直内钺、直内戈、阔叶矛、翘首刀等为代表，数量较少，它们与商文化同类器基本相同，个别年代可早至二里冈上层二期。B组以耳上立有鸟兽的方鼎、夔足鼎、甗、折肩鬲、弧裆鬲、三足甂、虎形器、人面形器（图7-8：3下；图版18：1）、有銎钺、曲内戈、横纽矛、犁铧等为代表，它们具有鲜明的地域风格，数量多，年代属于晚商。

以上各方面特征表明，吴城文化是一支以土著因素为主并深受商文化影响的地域性青铜文化。从分布态势上看，越往北，吴城文化所含商文化色彩越浓；反之，则地方特色越鲜明。商代早期，商王朝政治、军事力量的扩张，使商文化迅速扩展。大规模南下的商人于长江北岸的黄陂设立了盘龙城军事重镇，不仅在江汉平原形成了自己的文化区（盘龙城类型），而且在很大程度上影响乃至改变了整个长江中游地区原有的政治格局，强烈影响了长江以南的土著文化。盘庚迁殷后，商文化政治重心北移，盘龙城被放弃，商王朝势力总体上从南方撤退至大别山以北。与此同时，各地区域文

① 彭适凡、李玉林：《江西新干县的西周墓葬》，《文物》1983年第6期。李朝远：《江西新干中棱水库铜器的再认识》，《长江流域青铜文化研究》，科学出版社，2002年。

② 江西省博物馆等：《新干商代大墓》，文物出版社，1997年。发掘者认为是一处墓葬，另有学者认为是祭祀坑，又可分为巫沙祭祀、沉浮祭祀和社祀三说。参见彭明瀚：《吴城文化》，文物出版社，2005年，第74、75页。

③ 唐际根、荆志淳：《商时期赣江流域的青铜文化格局》，《三代考古（三）》，科学出版社，2009年。

明兴起，在考古学文化上的表现是从殷墟一期开始，商文化因素迅速消退和地方青铜文化的迅速繁荣。吴城文化正是在这种大的时代背景下产生、发展起来的。

（四）万年文化

万年文化是在万年县诸遗址调查与试掘[①]的基础上命名的，用以指代商时期分布于赣鄱东部地区的青铜文化[②]。该文化主要分布在抚河、信江、乐安江的河谷阶地、河口冲积平原、丘陵的山前二级台地上，基本涵盖了赣东北地区。

万年文化的遗址一般规模不大，且分布稀疏，远没有吴城文化遗址密集，似乎还没有形成中心聚落。譬如，规模较大的余江城墙圈遗址尽管有垣壕设施，面积仅约4万平方米[③]。由于大部分遗址层位关系简单，目前万年文化存在着二期和三期两种划分法，这两种分期的起止年代均约当二里冈下层一期至西周初年[④]。

相比于赣鄱西部地区的兼容并包，万年文化自始至终保持自身强烈的地域风格，以几何印纹硬陶和原始瓷器为主要特征，鹰潭角山窑址的发掘表明了该文化陶瓷业的成熟与兴盛[⑤]。流行圜底器和带把器，支座发达，典型器类有甗形器、撇足鼎、高领罐、深腹盆、带棱座豆、带把钵、带把杯、印纹陶拍等（图7-8：4），罕见鬲、斝、假腹豆、大口缸等器。陶器上虽有刻划符号，但没有发现类似吴城文化陶文那样的象形文字。

文化因素分析显示，万年文化应是根植于本地的土著文化。发展过程中，主要与长江下游的湖熟文化交往密切，体现出一定的共性，而与商文化和吴城文化的关系较为疏远。尽管万年文化受到商文化的影响较弱，但以印纹硬陶与原始瓷尊为代表的陶瓷产品向中原地区的单向输出却显得十分抢眼。

关于赣鄱地区商时期文明兴衰的动因，多半与当地资源有关。东西两区呈现出不同的文化发展态势与其分别拥有的陶瓷和铜矿资源具有相关性，由此视角有助于揭示中原与地方文明之间的交流互动、融汇共通，并推及更远的地区。

（五）周代文化遗存

以往认为，赣江—鄱阳湖区西周时期的文化遗存分布密集。实际上，它们当中有

---

① 江西省文物管理委员会：《一九六一年江西万年遗址的调查和墓葬清理》，《考古》1962年第4期；《一九六二年江西万年新石器遗址、墓葬的调查与试掘》，《考古》1963年第12期。江西省文物工作队等：《江西万年类型商文化遗址调查》，《东南文化》1989年第4、5期。

② 李家和、杨巨源、刘诗中：《江西万年类型商文化研究》，《东南文化》1990年第3期。彭明瀚：《赣江鄱阳湖区商代文化的区系类型研究》，《考古》2004年第3期。

③ 李荣华、胡胜、余盛华：《余江县城墙圈商代遗址》，《中国考古学年鉴（2007）》，文物出版社，2008年。

④ 赵东升：《试论江西万年文化的年代、分期及相关问题》，《东南文化》2009年第2期。

⑤ 江西省文物考古研究院等：《角山窑址——1983～2007年考古发掘报告》，文物出版社，2017年。

些应归属商代的石灰山文化、吴城文化或万年文化，而年代晚些的又多为调查资料，真正典型的西周时期遗址并不多，且主要分布于赣鄱西部地区。除毗邻长江的赣北地区有少量遗址（如九江神墩、德安陈家墩、瑞昌铜岭）存在商与西周时期连续文化层外，赣江中游西部的西周遗存大都不与吴城文化遗存相衔接，空间分布上似有意避开吴城文化的影响。

根据现有资料，目前可将赣鄱地区西周时期文化遗存分为西周早期和中晚期①。西周早期，赣鄱西部地区陶器以灰色硬陶为主，有少量釉陶、软陶，纹饰以网结纹为主，器类以壶类器和罐类器为主，平底器和圈足器多见，少见三足器。较多的折肩风格当是继承了吴城文化因素，带附耳的甗形器与万年文化有关，带刻槽和圆窝纹的鼎足当是鄂东南地区的土著文化因素。西周中晚期，文化统一性明显加强，高锥状足的鼎和鬲、有些鬲足外侧带刻槽、内外附耳或贴耳的甗形器，以及矮圈足豆、高细喇叭形豆等，在各地都较普遍流行。赣鄱东部地区的西周遗存较少，且具有浓烈的万年文化传统，在上饶、玉山等地发现的少量土墩墓②年代为西周晚期或春秋早期，既随葬印纹硬陶和原始瓷器，也见有青铜礼器，墓葬特征与闽北地区趋同。

值得注意的是，在赣鄱地区曾发现一些西周青铜器，如西周初期的“应监甗”③、为数不少的乐器④等。尽管有的甬钟在纹饰风格上表现出一些地方特色，但其基本造型与中原一致，无疑是受到了西周礼乐制度的影响。关于中原王朝对赣鄱地区的经略，如果说夏仅止于文化“影响”，商试图武力“控制”，那么西周则似乎是礼制“渗透”。

东周时期，赣江—鄱阳湖区的土著文化步入低谷。这里被称为“吴头楚尾”地带，西方的楚与东方的吴、越先后在此交锋，或进或退⑤。至迟在春秋中期偏晚阶段，楚国势力已达赣西北地区，此后随着楚国以长沙为基地不断开发江南，开始渗入邻近的赣江中游西部地区，如1973年萍乡市郊曾出土春秋晚期的楚式铜鼎。公元前504年吴败楚⑥之后，赣江中下游地区一度被吴占据，如樟树市临江镇先后出土过者减钟、盥盘等吴国铜器。然而好景不长，公元前473年越灭吴后，该地区随之被越兼并。进入战国早期，楚国复又强盛，特别是楚败越后，整个赣江流域已基本归楚。总体来说，赣

---

① 彭适凡：《赣鄱地区西周时期古文化的探讨》，《文物》1990年第9期。赵东升：《论赣鄱地区西周时期的文化格局与势力变迁》，《江汉考古》2015年第4期。

② 江西省上饶县博物馆：《上饶县马鞍山西周墓》，《东南文化》1989年第4、5合期。江西省文物考古研究所等：《玉山双明地区考古调查与试掘》，《南方文物》1994年第3期。

③ 吴志刚：《吴城文化与周公南征》，《四川文物》2009年第3期。

④ 彭适凡：《赣江流域出土商周铜铙和甬钟概述》，《南方文物》1998年第1期。

⑤ 彭适凡：《“吴头楚尾”辨析——江西地区春秋战国时期归属问题的探讨》，《江西历史文物》1987年第1期。

⑥ 关于此次吴楚战争，文献记载略有出入。《左传·定公六年》：“吴太子终累败楚舟师，获潘子臣、小惟子及大夫七人。”而《史记·吴太伯世家》记载“吴王使太子夫差伐楚，取番”。

江—鄱阳湖以西地区更早更多地受到楚文化的影响，以东地区则受吴、越文化的影响较大。

这里还需提及两处东周时期的重要发现，一是位于赣西北的靖安李洲坳大墓，二是位于赣东北的贵溪崖墓群。

靖安李洲坳大墓[①]依山而建，修水最大的支流北潦河南支流经其东侧。该墓有高大封土，南北向长方形竖穴土坑，东壁南端有一斜坡墓道，墓主一棺一椁（G47），独木棺东端外侧钉有金棺饰（图7-10：右上；图版17：3），正对墓道，由此推测墓主头向可能朝东。主棺南侧的G48为空穴，未葬木棺，也不见其他迹象。其余空间密集排列46具陪葬棺，多为东西向，南北向者填缝（图7-10：左）。从发掘情况看，墓葬的营建次序是先在墓底平铺灰白膏泥，然后铺竹席，再一次性放置47具木棺；下葬后，先用青膏泥覆盖墓主棺椁，并用黄土夯打，形成独立的小冢，然后包裹覆盖陪葬棺；墓内填土分层夯打，之间用大石块隔开。22具陪葬棺内发现人骨，可供检测的个体均为女性，年龄在15～25岁。死者身上衣物种类丰富，有的似直接用纺织匹料裹体，发现各种不同密度的纱、绢、绮、锦、刺绣等在内的纺织品300余件。部分陪葬棺内发现甜瓜子、核桃等，可能系死者未消化的生前食物。陪葬棺内出土器物大都放置在死者足端的竹笥中，主要为各类纺织工具，也有一些生活用器。根据年代特征明显的越式铜鼎（图7-10：右下）和青瓷钵判断，该墓年代约当春秋晚期。

李洲坳大墓规模之大，殉人之多，葬制葬俗复杂，集多种文化因素于一身，在南方先秦考古中实属罕见。其中偏设东墓道、一坑多棺殉葬与鲁东南的莒南大店莒国墓[②]、苏北邳州九女墩春秋墓（详见本章第一节）非常相似，封土墩和填土分层夯筑、用膏泥铺设墓底和包裹葬具以及大量纺织品、纺织工具和生活用器等既有吴、楚因素，也有越式风格，尤其主棺与陪棺分区夯埋、主棺使用轮形黄金棺饰更具自身特色。该墓附近早年曾发现一处春秋晚期有铭徐器窖藏，出土“徐王义楚”盥盘、“徐令尹者旨型”炉盘及漏铲3件铜器[③]。公元前512年，“吴灭徐，徐子章羽奔楚”（《春秋·昭公三十年》）。综合来看，靖安李洲坳大墓墓主可能为楚国安置的流亡徐人。

贵溪崖墓群分布于信江中游支流上清河沿岸的悬崖峭壁上，利用天然崖穴加以修凿来安葬死者，随葬有印纹硬陶器、原始瓷器、仿铜陶礼器以及竹木器等，年代约为春秋中晚期至战国早中期[④]。目前来看，贵溪崖墓形制与武夷山东麓闽江上游九曲溪崖墓有一定的承继关系，而随葬的陶瓷器种类与组合则与越国中小型墓随葬情况相近，

① 江西省文物考古研究所等：《江西靖安李洲坳东周墓发掘简报》，《文物》2009年第2期。

② 山东省博物馆等：《莒南大店春秋时期莒国殉人墓》，《考古学报》1978年第3期。

③ 江西省历史博物馆等：《江西靖安出土春秋徐国铜器》，《文物》1980年第8期。

④ 江西省历史博物馆等：《江西贵溪崖墓发掘简报》，《文物》1980年第11期。林华东：《贵溪崖棺葬之我见》，《江西历史文物》1981年第3期。

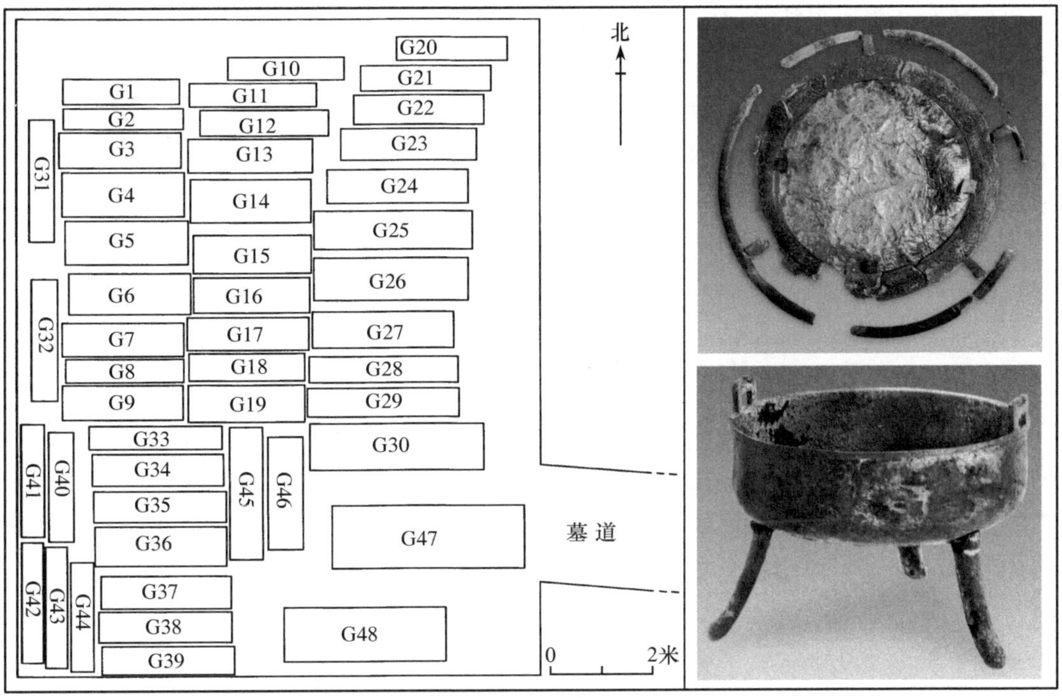

图7-10　靖安李洲坳东周墓平面图及出土金棺饰、越式铜鼎

（采自江西省文物考古研究所等《江西靖安李洲坳东周墓发掘简报》，《文物》2009年第2期）

其族属是干越还是于越[①]，尚存分歧。如此僻居一隅，可能与躲避战乱有关。

四、闽江—九龙江流域

福建号称“东南山国”，丘陵山地约占全省面积80%以上，主要有闽西武夷山、闽中戴云山等。考古资料显示，福建境内发现的青铜时代文化遗存主要分布于闽江、九龙江及其支流的河谷阶地、河口冲积平原、闽东沿海一带。根据自然地理单元和文化面貌差异，又可细分为闽西北、闽东沿海和闽南三个相对独立的小区。西周以前，闽西北区先后有马岭文化和白主段类型，闽东沿海区先后有庄边山文化和黄土仑文化，闽南区先后有松柏山类型和浮滨文化。西周春秋时期，闽江上游多见以土墩墓为代表的文化遗存，战国时期的考古遗存比较匮乏，暂不涉及。

（一）马岭文化

马岭文化是以福建光泽县马岭遗址M1、M2[②]为代表的考古学文化，比较重要的考

① 张仲淳：《江西贵溪崖墓族属初探——兼对“干越说”质疑》，《江西历史文物》1983年第2期。

② 福建省博物馆等：《福建省光泽县古遗址、古墓葬的调查和清理》，《考古》1985年第12期。

古遗存还有武夷山市葫芦山遗址第3～5层[①]、邵武市斗米山遗址第3～4层[②]、邵武市肖家坊乌石顶墓葬[③]、浦城县猫耳山窑址与墓葬[④]、社公岗二号墩外围墓葬[⑤]以及浙江江山市肩头弄墓葬[⑥]等。以往对该类文化遗存的命名有多种意见[⑦]，鉴于马岭遗址系福建地区首次发现此类典型器物组合，且处于文化分布核心区，我们同意将其命名为马岭文化。

马岭文化主要分布于闽江上游的富屯溪、崇阳溪、南浦溪流域，北抵浙江江山至江西广丰一带，西达闽西的九龙溪流域，南到闽中的建溪、沙溪一线。根据邵武斗米山遗址层位关系与典型器物排比判断，马岭文化晚于牛鼻山文化，而早于白主段类型，年代与前述马桥文化大体同时，大约相当于夏代至商代前期。

目前所见马岭文化遗迹以墓葬为主，另有居址、陶窑和灰坑等。出土陶器既有硬陶也有夹砂和泥质的软陶，二者比例约为2：1。器表多施黑衣或褐衣，以拍印的方格纹、席纹和云雷纹等几何形纹为主，组合纹饰较常见，还有少量镂空、戳印等。流行凹底器和圜底器，典型器类主要有高领尊、长腹罐、垂腹罐、鼓腹罐、曲腹盆、钵、鬶口壶、平底盉等（图7-11：1）。文化因素分析显示，马岭文化是在当地新石器时代晚期牛鼻山文化的基础上，吸收借鉴马桥文化的部分因素（如鸭形壶、三足盘、圈足尊等）而形成的，发展过程中还可能受到来自中原二里头文化的间接影响（如袋足盉、平底盉等）。

（二）白主段类型

白主段类型以光泽县崇仁乡白主段M1～M5、香炉山M1～M3[⑧]和池湖村外罩山M1、M2和积谷山M8、M9以及粮库后山M4～M6等[⑨]为代表，中心分布区与马岭文化重合，外围区域可能略有变化。其年代与前述吴城文化大体同时，大约相当于商代晚

① 杨琮、陈子文：《武夷山发掘商代居址和窑群》，《中国文物报》1991年12月8日第1版；《葫芦山古陶窑窑址发掘的初步认识》，《福建文博》1993年第1、2期。杨琮：《论福建史前时代的陶窑及陶瓷业的发展》，《东南亚考古论文集》，香港大学美术博物馆，1995年。

② 福建省博物馆：《邵武斗米山遗址发掘报告》，《福建文博》2001年第2期。

③ 福建博物院：《邵武肖家坊青铜时代墓葬发掘报告》，《福建文博》2004年第3期。

④ 福建博物院：《浦城仙阳商周窑址发掘的初步收获》，《福建文博》2006年第1期。

⑤ 福建博物院等：《福建浦城县管九村土墩墓群》，《考古》2007年第7期。

⑥ 牟永抗、毛兆廷：《江山县南区古遗址墓葬调查试掘》，《浙江省文物考古研究所学刊》，文物出版社，1981年。

⑦ 黄运明：《马岭文化的初步分析》，《百越研究（第四辑）——中国百越民族史研究会第十六次年会论文集》，厦门大学出版社，2013年。

⑧ 福建省博物馆等：《福建省光泽县古遗址、古墓葬的调查和清理》，《考古》1985年第12期。

⑨ 福建博物院：《福建光泽池湖遗址及墓葬》，《东南考古研究》第三辑，厦门大学出版社，2003年。

期，下限或已进入西周初年。

陶器以泥质灰硬陶为主，夹细砂灰硬陶次之，另有少量的泥质和夹砂的红、灰软陶。轮制、手制兼用，器型均较规整，常见细密的轮旋痕迹。纹饰以拍印的方格纹、曲折纹、云雷纹等几何形纹为主，流行组合纹饰。器类主要有折肩和广肩的尊、甗形器、高领罐、长腹罐、有鋬罐、矮柄豆、鬶口壶、盂、钵等（图7-11：2）。文化因素分析表明①，白主段类型是在当地马岭文化的基础上，分别吸收了来自西、北面的吴城文化、万年文化和南面的黄土仑文化的部分因素而形成的。

（三）庄边山文化

庄边山文化是以闽侯庄边山遗址上层遗存②命名的，典型遗存还有福清东张遗址中层③、霞浦黄瓜山遗址④等。该文化曾有过不同的命名，如庄边山上层类型⑤、东张中层类型⑥、黄瓜山文化⑦。鉴于庄边山遗址发掘时间早，且下层遗存属于昙石山文化，我们认为以其上层遗存为代表可迳称“庄边山文化”。

庄边山文化主要分布于闽江下游及闽东沿海地区，根据庄边山遗址、福清东张遗址的层位关系以及黄瓜山遗址出土遗物判断，该文化晚于昙石山文化，而早于黄土仑文化，绝对年代在距今4000～3500年，相当于夏代至商代早期。

庄边山文化的遗迹有干栏式建筑、水沟、灶坑等，日用陶器以泥质陶为主，其中又以泥质橙黄陶居多，次为灰硬陶，彩绘陶和黑衣陶也占一定比例，在晚期还出现了少量的釉陶。纹饰主要为拍印的斜线条纹、篮纹、方格纹以及少量绳纹、叶脉纹等，彩绘纹饰主要有赭彩的平行条纹、斜线三角纹、交叉网格纹、云雷纹等。器类以圜底、凹圜底为主，平底器、三足器较少，器形有釜、甗形器、尊、豆、碗、簋、钵、罐、壶以及陶支脚等（图7-11：3）。此外在生产工具方面，还有极具特色的彩绘硬质陶纺轮，新出现了石戈等。

目前来看，以几何线条组成彩绘图案，并以此作为陶器装饰特征的庄边山文化因素影响广泛，北部可达浙东南的瓯江流域，南抵闽南沿海地带，西近武夷山脉北段东翼地区，东部隔海相望的台湾西海岸凤鼻头等遗址中也有类似的发现。

---

① 林公务：《福建光泽先秦陶器群的研究——“兼论白主段类型”》，《东南考古研究》第三辑，厦门大学出版社，2003年。

② 福建省文物管理委员会：《闽侯庄边山新石器时代遗址试掘简报》，《考古》1961年第1期。福建省博物馆：《福建闽侯庄边山遗址发掘报告》，《考古学报》1998年第2期。

③ 福建省文物管理委员会：《福建福清东张新石器时代遗址发掘报告》，《考古》1965年第2期。

④ 福建省博物馆：《霞浦黄瓜山遗址调查简报》，《福建文博》1989年第1、2期；《福建霞浦黄瓜山遗址发掘报告》，《福建文博》1994年第1期。

⑤ 林公务：《福建史前遗存概论》，《福建文博》1990年增刊。

⑥ 陈存洗、杨琮：《福建新石器时代文化特征与年代初论》，《福建历史文化与博物馆学研究》，福建教育出版社，1993年。

⑦ 中国社会科学院考古研究所：《中国考古学·夏商卷》，中国社会科学出版社，2003年，第635～638页。

（四）黄土仑文化

黄土仑文化是以闽侯黄土仑遗址[①]命名的，典型遗存还有福清东张上层、闽侯古洋[②]等，集中分布于闽江下游地区，年代大约相当于商代晚期，下限可能已进入西周初年。

黄土仑文化流行几何形印纹硬陶，而橙黄陶、彩绘陶和黑衣陶已不复存在。器身拍印纹饰以变体雷纹和方格纹为主，口部多采用刻划的斜线三角纹、双线加锥点组成几何图案等，已发现较多的刻划陶文符号。器类以凹圜底、圈足及大圆饼底座器为显著特征，不见三足器。器形主要有甗形器、子母口豆、杯口双系（或带鋬）壶、罐、尊、杯等，另见有鸭形壶、陶鼓形器等（图7-11：4）。

黄土仑文化中的部分陶器如甗形器、尊、罐等及斜线三角纹装饰，可在庄边山文化中找到祖型，二者分布的中心区也基本一致，但目前尚看不出它们之间有直接的传承关系。尽管黄土仑文化陶器具有浓厚的地方特征，但某些因素显然受到了相邻文化的影响，如带泥饼的雷纹圜底罐、侈口凹圜底雷纹罐、鸭形小壶以及节状凸棱、角状鋬手等装饰风格，与赣东北万年文化的同类器十分相似，经由武夷山两侧的河谷地带，闽江上游的白主段类型应是这两种文化的交流中继站。

（五）周代文化遗存

福建境内发现的西周春秋时期土墩墓遗存主要分布于闽江上游的南浦溪、建溪和富屯溪流域，如浦城管九村[③]、建阳山林仔[④]、建瓯黄窠山[⑤]、武夷山兴田岗头[⑥]、光泽池湖等，大都集群处于溪流上游或支流旁的岗丘之上。大型土墩墓多铺设石床，随葬青铜盘、尊、杯、附耳短剑、戈、矛、镞及刮刀等，陶瓷器组合以原始瓷或印纹硬陶的盛食器与印纹硬陶盛贮器相配，其中原始瓷三足盘和印纹硬陶折肩大罐具有本地特色。小型土墩墓通常平地或浅坑掩埋，除随葬小件的原始瓷器外，还常见具有本地特色的硬陶甗形器和印纹软陶凹圜底罐类器。从武夷山市竹林坑原始瓷窑址[⑦]的考古发掘来看，以上土墩墓中随葬的原始瓷和印纹硬器应该是本地烧造的产品。关于本地土墩墓的族属问题，一般认为与闽越有关。

另需指出的是，在闽南九龙江流域已发现较多的商周时期考古遗存，比较重要的

---

① 福建省博物馆：《福建闽侯黄土仑遗址发掘简报》，《文物》1984年第4期。

② 陈龙、林忠干：《闽侯古洋遗址调查》，《福建文博》1994年第1期。

③ 福建博物院等：《福建浦城县管九村土墩墓群》，《考古》2007年第7期。杨琮、陈浩主编：《越魂闽魄》，福建教育出版社，2008年。

④ 福建省博物馆：《福建建阳市山林仔遗址的发掘》，《考古》2002年第3期。

⑤ 福建省博物馆：《福建建瓯黄窠山遗址发掘报告》，《福建文博》1995年第1期。

⑥ 福建博物院等：《武夷山市兴田镇岗头西周土墩墓发掘简报》，《福建文博》2017年第2期。

⑦ 福建博物院等：《武夷山市竹林坑一号原始瓷窑址发掘简报》，《福建文博》2012年第3期；《武夷山市竹林坑一号原始瓷窑址2014年度考古发掘收获》，《福建文博》2015年第1期。

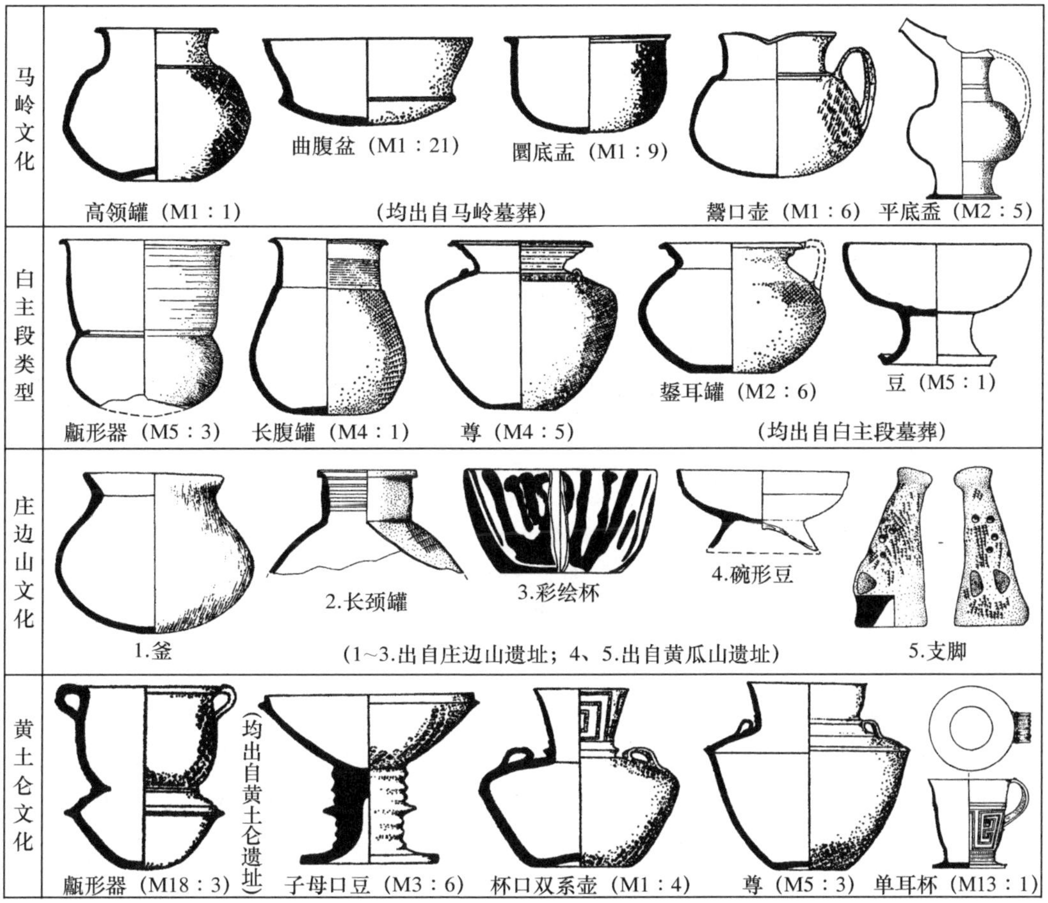

图7-11　闽江流域早期青铜文化典型陶器

有漳州松柏山、虎林山、鸟仑尾、狗头山四处墓地①。根据这四处墓地的考古资料，有学者将九龙江流域的古文化遗存分为七期，其中第二、三、四期墓葬出土陶器以夹砂和泥质软陶、网格纹、复线网格纹、刻划斜线三角纹等为特点，常见圜底、凹底、圈足的高领尊、罐、壶和高圈足浅盘豆，作为闽南乃至粤东地区处于新石器时代文化之后、浮滨文化之前、年代约当中原夏至商代早中期间的阶段性文化，暂命名为“松柏山一类遗存”；第五、六、七期墓葬的年代约当商代晚期至西周，文化内涵属于浮滨文化②。

第三节　南方地区

这里的“南方地区”，包括今湖北、湖南、广东、广西三省一区。自夏代开始，

① 陈兆善、杨丽华：《虎林山遗址》，海潮摄影艺术出版社，2003年。福建省文物局等：《鸟仑尾与狗头山——福建省商周遗址考古发掘报告》，科学出版社，2004年。

② 干小莉：《九龙江流域商周时期古文化分期初探》，《考古学报》2010年第1期。

本区的华夏化进程由北向南逐步推广。根据文化面貌的差异，本区又可细分四个亚区，主要土著居民可能是文献中所说的苗蛮、濮、越等古族。

一、江汉平原区

江汉平原位于湖北省中南部，西起枝江，东迄武汉，北至钟祥，南与洞庭湖平原相连。夏商时期，中原文化与土著文化在这里共处、交融，此消彼长，相互影响，文化面貌比较复杂。考古资料显示，以汉水下游为界，江汉平原东、西部的早期青铜文化面貌存在着明显的差异。江汉平原东部有商文化盘龙城类型，西部先后存在着荆南寺文化、周梁玉桥文化。

（一）荆南寺文化

荆南寺文化①是以湖北江陵荆南寺遗址②命名的，重要的遗址还有江陵张家山③，分布范围大体在北近荆山、西靠沮漳河的荆州地区，年代大约相当于二里头文化晚期至殷墟一期以前。

荆南寺文化陶器以夹砂灰陶为主，夹粗砂红褐陶亦占有较大比例，泥质灰陶次之，另有少量的硬陶和原始瓷。流行绳纹，方格纹和米粒纹也很常见，其他还有弦纹、附加堆纹、圆圈纹、云雷纹等，素面器很少。器类主要有鼎、釜、深腹罐、甑、鬲、盆、豆、大口尊、大口缸、长颈壶等，其中以圜底釜形高足鼎、釜以及大口缸等富有地方特色，且在陶器总数中占绝对优势。二里头文化风格的陶器如中口深腹罐、盆形鼎、带桂叶形孔的盆形甑，商式陶器如分裆鬲、假腹豆、大口尊等中原文化因素居次。此外，还可见小平底鼓肩罐、细高柄豆、长颈圆肩壶等，反映出峡江地区朝天嘴文化对当地的影响。另有少量的印纹硬陶罐、尊等，可能属于来自长江以南赣鄱地区商时期的文化因素（图7-12：上）。

（二）周梁玉桥文化

周梁玉桥文化是以湖北沙市周梁玉桥遗址④命名的，比较重要的遗址还有沙市官

---

① 何驽：《荆南寺遗址夏商时期遗存分析》，《考古学研究（二）》，北京大学出版社，1994年。

② 荆州博物馆：《荆州荆南寺》，文物出版社，2009年。

③ 陈贤一：《江陵张家山遗址的试掘与探索》，《江汉考古》1980年第2期。

④ 沙市市博物馆：《湖北沙市周梁玉桥遗址试掘简报》，《文物资料丛刊（10）》，文物出版社，1987年。彭锦华：《沙市周梁玉桥殷商遗址试析》，《江汉考古》1989年第2期。荆州市周梁玉桥遗址博物馆：《湖北沙市周梁玉桥遗址1987年的发掘》，《考古》2004年第9期。王宏：《论周梁玉桥文化》，《江汉考古》1996年第3期。

堤[①]、江陵梅槐桥[②]等。年代约当殷墟文化时期，上限与荆南寺文化相衔接，下限或延续至西周早期。可确认属于周梁玉桥文化的遗址，目前还只发现于江陵、沙市两地。

周梁玉桥文化遗迹已发现有吕字形房址、祭祀坑、窑址以及灰坑等。出土遗物主要为陶器，铜器有削刀、鱼钩等少量工具，骨器有锥、簪、针等，此外还有钻凿兼施的无字卜甲和卜骨。陶器以夹砂红（褐）陶为主，纹饰以方格纹、绳纹、篮纹最常见，其他有少量的弦纹、附加堆纹、乳丁纹等，素面陶极少。器类中釜、釜形鼎、小口鼓肩瓮不仅数量最多，而且富有地方特色，釜形甑、弧盘豆、深腹圈足杯等数量虽少，但形制也很有特点，也应视为该文化的典型因素。所含商文化因素如分裆绳纹鬲、弧腹簋等，与荆南寺文化相比大大减少。其他少量的器类如长颈罐、甗形器、凸肩杯等，当是受与之邻近的湘、赣和峡江地区土著文化影响的结果（图7-12：下）。从周梁玉桥文化分布的区域及所处时代看，其土著居民可能属于文献记载的"百濮"中的一支。

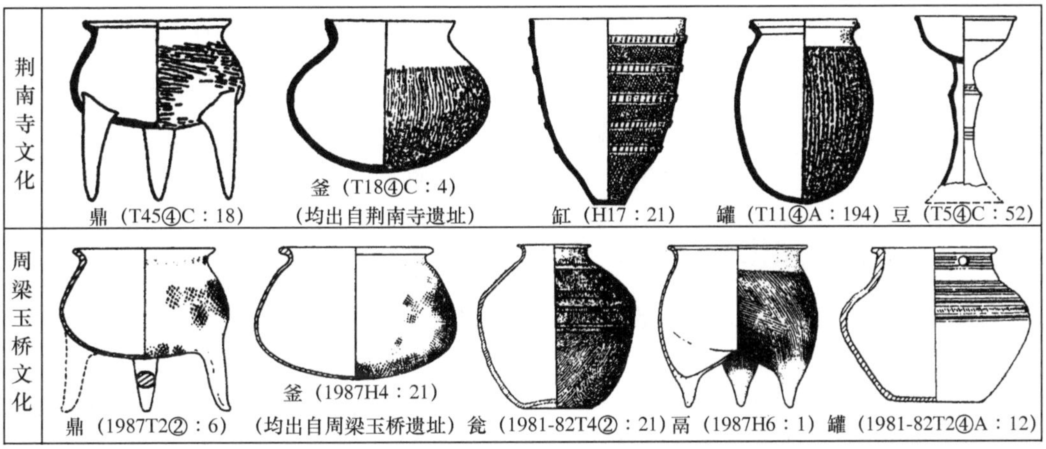

图7-12　江汉平原区早期青铜文化典型陶器

与江汉平原西部不同，江汉平原东部相当于二里头文化阶段的考古遗存较少，面貌尚不清楚。至迟于二里冈下层早段已纳入商文化的控制范围，以黄陂盘龙城商城为基地，商文化与土著文化因素迅速融合，形成了早商文化的一个地方类型，即盘龙城类型[③]。进入晚商，盘龙城商城遭到废弃，这里为土著文化所取代，已很少见到可与中原晚商文化直接类比的陶器，反映出该地区考古学文化面貌发生了重大变化，这可能与大批商人迁走有关[④]。西周时期，这里又成为周王朝重点经略的地区，曾在此设立多个封国（曾、噩等）。进入东周，随着楚国势力发展壮大，这里逐渐形成了独具特色

① 湖北省博物馆：《沙市官堤商代遗址发掘简报》，《江汉考古》1985年第4期。

② 湖北荆州地区博物馆等：《湖北江陵梅槐桥遗址发掘简报》，《考古》1990年第9期。

③ 王立新：《早商文化研究》，高等教育出版社，1998年。

④ 蒋刚：《盘龙城遗址群出土商代遗存的几个问题》，《考古与文物》2008年第1期。

的楚文化。

二、鄂东南区

鄂东南区多山地，其南与江西九江、瑞昌隔长江相望。该区已发现的商周时期遗址有百余处，但大多为调查资料，已发掘的遗址很少。从整体文化面貌看，在春秋早中期纳入楚国版图之前，鄂东南区应是一个相对独立的地方性青铜文化分布区，土著人群属于古越族。目前所知，这里的夏代文化遗存面貌尚不清楚，商代先后存在着意生寺类型和大路铺文化。

（一）意生寺类型

意生寺类型以湖北黄梅意生寺遗址[①]为代表，年代约当商代早期。

陶器以夹砂陶为主，泥质陶次之，大量的黑皮陶为其主要特色。纹饰以绳纹为主，另有云雷纹、方格纹、乳丁纹、附加堆纹等。器类主要有分裆鬲、弧裆鬲、弧裆甗、锥足鼎、小口罐、浅盘豆、敛口斝、斜腹盆、簋、器盖等（图7-13：上）。文化因素分析显示，意生寺类型具有明显的地域文化特色，与盘龙城类型的关系非常密切，以至于有学者将其视为商文化盘龙城类型之下的次级地方类型[②]。

（二）大路铺文化

大路铺文化是以湖北阳新大路铺遗址[③]命名的，经发掘的重要遗址还有大冶蟹子地[④]，年代约为晚商至西周时期。

大路铺文化的陶器以夹砂红（褐）陶为主，其次为灰、灰黑陶，黑皮陶和硬陶较少。纹饰以绳纹或弦断绳纹最为常见，另有弦纹、附加堆纹、云雷纹等。器类主要有鬲、鼎、甗、罐、豆、瓮、缸等，其中以刻槽足鬲和鼎、附耳甗、粗柄长方形镂孔豆、折肩罐、乳饼瓮具有明显的地域特色，厚胎、底部多饰有凸棱的缸似与冶炼有关[⑤]（图7-13：下）。从文化因素构成来看，陶鬲在一定程度上延续意生寺类型早商时期的特征，如弧裆或平裆特征，弧盘豆内壁所见凹弦纹，应受商文化因素影响。曲柄盉与附耳甗分别显示其与安徽江淮、赣鄱东部区保持着文化间的密切

---

① 湖北省文物考古研究所纪南城工作站：《湖北黄梅意生寺遗址发掘报告》，《江汉考古》2006年第4期。

② 豆海锋：《长江中游地区商代文化研究》，吉林大学博士学位论文，2011年，第56～60页。

③ 湖北省文物考古研究所等：《阳新大路铺》，文物出版社，2013年。

④ 湖北省文物考古研究所等：《湖北大冶蟹子地遗址2009年发掘报告》，《江汉考古》2010年第4期。

⑤ 周国平：《阳新大路铺遗址商周陶器浅析》，《江汉考古》1992年第3期。罗运兵、陈斌、丁伟：《大路铺文化土著因素的形成与传播》，《江汉考古》2014年第6期。

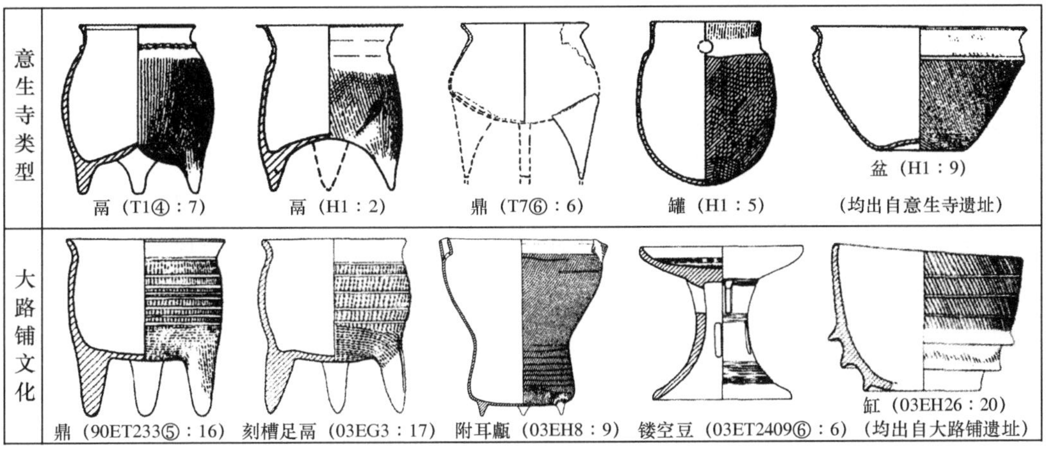

图7-13　鄂东南区青铜文化典型陶器

联系。

大路铺文化与鄂东南地区先秦矿冶开发紧密相连，各遗址均发现了堆积较厚的炼渣，是为该文化最重要的考古现象。鄂东南地区蕴藏有丰富的铜矿资源，大冶铜绿山遗址已有6个矿体做过考古发掘，共清理出地下采矿区、井巷结构、炼铜区、炼炉等遗迹，出土许多用于采掘、运载、提升、照明、排水等各类质料的生产工具，以及陶器、铜锭和青铜兵器等遗物，开采年代从商代晚期开始，经两周直至西汉，不间断地开采了千余年[①]。在阳新港下遗址发现的井巷内有呈口字形和曰字形的两种支护架，支护特征清楚，别具一格，出土有铜锛、铜削、木铲、木水槽及陶鬲、甗、罐等残片，年代约当西周晚期至春秋早期[②]。这两处重要的矿冶遗址与南面的江西瑞昌铜岭以及东面的安徽铜陵、南陵诸矿冶遗址距离不远，共同构成了长江中游庞大的铜矿采冶基地。

早商时期，商人在长江之滨建立的军事重镇黄陂盘龙城商城与它们仅一江之隔，其目的很可能就是控制和攫取铜绿山、港下、铜岭等地的铜矿资源。从蕲春毛家咀干栏式建筑聚落[③]和新屋塆中原系铜器窖藏[④]看，西周早期周王朝势力向此间渗透得更为深入，所设据点也更靠前沿。后来楚、汉相继在大冶设置的五里界春秋城、鄂王城战国城以及草王嘴西汉城[⑤]，已不仅是单纯的军事城堡，也是不同时期大冶地区与采矿、

① 黄石市博物馆：《铜绿山古矿冶遗址》，文物出版社，1999年。

② 港下古铜矿遗址发掘小组：《湖北阳新港下古矿井遗址发掘简报》，《考古》1988年第1期。

③ 中国科学院考古研究所湖北发掘队：《湖北蕲春毛家咀西周木结构建筑》，《考古》1962年第1期。

④ 湖北黄冈市博物馆等：《湖北蕲春达城新屋塆西周铜器窖藏》，《文物》1997年第12期。吴晓松、洪刚：《湖北蕲春达城新屋塆窖藏青铜器及相关问题的研究》，《文物》1997年第12期。

⑤ 湖北省文物考古研究所：《大冶五里界——春秋城址与周围遗址考古报告》，科学出版社，2006年。

冶炼等经济生产管理有关的城池。

三、湘江—洞庭湖区

湖南地处长江中游南岸，东、中、南、西多为山地丘陵地貌，湘江自南向北纵贯东部，与西部的资江、沅江、澧水等江河共同汇入洞庭湖，形成了地势开阔的湘北大平原—洞庭湖平原。

考古发现与研究表明，湘江下游—环洞庭湖区的商周时期考古学文化编年序列基本确立起来[①]。而湘江中上游、资江和沅江上游地区由于考古工作比较薄弱，早期青铜文化面貌还不是很清晰。

（一）铜鼓山类型

铜鼓山类型以岳阳铜鼓山遗址商代遗存[②]为代表，可分四期，年代约当二里冈下层晚段至殷墟一期，主要分布在长江以南、洞庭湖以东、幕阜山以西的岳阳地区，向南不越长沙、浏阳一线。

铜鼓山类型的陶器主要有鬲、甗、鼎、釜、罐、斝、簋、豆、盆、大口尊、大口缸、小口罐、爵、器盖、硬陶器等。按照文化因素的不同，可将其区分为五组：A组以分裆鬲、簋、爵、侈口斝、盆、簋、豆、大口尊、小口矮领鼓腹罐等，属于典型的商文化因素；B组以联裆鬲、甗、大口缸、敛口斝、小口深弧腹罐等为代表（图7-14：1），属于商文化因素在南方地区的变异或在南方形成的地方性商文化因素；C组以鼎、圈足罐、浅盘豆、器盖等为代表，属于本地文化因素；D组以高领壶为代表，属于来自澧水流域皂市类型的文化因素；E组以硬陶罐为代表，属于来自赣江及东南地区的印纹硬陶文化因素。比较来看，商文化因素自始至终所占比重较大，土著因素则有逐渐增多的趋势。

铜鼓山类型的性质，一般认为属于盘龙城类型商文化。实际上，从总体文化面貌上看其似乎不能归属商文化的一个地方类型，但含有较多典型商文化因素的现象表明，铜鼓山遗址可能是中原商人以盘龙城为基地向长江南岸开拓而设的一个有军事性质的据点。由于该遗址地处遏制长江中上游和湘江流域地方势力向东发展的咽喉之地，在此设置据点，对确保商文化在鄂东、赣西北地区的稳定和南方矿产资源北运线路的安全具有战略意义。

① 向桃初：《湘江流域商周青铜文化研究》，线装书局，2008年。豆海锋：《长江中游地区商代文化研究》，吉林大学博士学位论文，2011年，第99～192页。

② 湖南省文物考古研究所等：《岳阳市郊铜鼓山商代遗址与东周墓葬发掘报告》，《湖南考古辑刊（5）》，岳麓书社，1989年。

（二）费家河文化

费家河文化[1]是以岳阳费家河遗址[2]命名的，包括岳阳铜鼓山、对门山[3]、易家山[4]、温家山[5]、老鸦洲、樟树潭，汨罗玉笥山[6]等遗址，分布范围与铜鼓山类型大致相当或略有扩展，年代则与铜鼓山类型相衔接，约为商代晚期，下限可能进入西周初年。

费家河文化发现有窑址、墓葬以及可能与宗教祭祀活动有关的坑状遗迹等。其中窑址数量众多，仅费家河遗址就发现窑址61座，产品既有软陶也有硬陶和原始瓷，且后者占有相当的比重，说明费家河文化的陶器烧造业可能是其支柱产业之一，制陶工艺已达到相当高的水平。

费家河文化的陶器以夹砂红（褐）陶为主，硬陶由早及晚呈递增趋势。早期纹饰以绳纹、弦纹为主，方格纹较少，晚期则以方格纹为主。器类主要有釜、鼎、鬲、罐、豆、大口缸、盔形器、鬶形器、甗形器、硬陶瓿等。根据文化因素的不同，可将其大致分为五组：A组以鬲、簋、假腹豆、大口缸、尊形器、罍形罐等为代表，来源于铜鼓山类型的融合型商文化因素；B组以折沿釜、锥足釜形鼎、浅盘豆、鬶形器、鼓肩罐等为代表，属于本地的传统文化因素；C组以铲足釜形鼎、高领釜、硬陶瓿、圈足盘、圈形捉手的器盖等为代表，属于费家河文化的创新因素（图7-14：2）；D组以卷沿釜、折盘豆、折口豆、甑、喇叭形器盖等为代表，应是来自澧水流域的文化因素；E组以内耳釜、甗形器、无捉手器盖等为代表，应系来源于赣北的地方文化因素。总体来看，B、C组在费家河文化陶器群中居于主导地位，其余三组则是次要、从属的。由此判断，费家河文化是一支地方性青铜文化。发展过程中，与周邻同期文化保持着密切交往，且与中原殷墟文化也可能有一定的联系，如该文化富有特色的盔形陶器和硬陶瓿形器就曾出现在安阳殷墟。这种联系似乎主要体现在生产技术或贸易往来上，比如殷墟向本地输出铸铜技术或青铜器，并借此畅通与岭南地区的商贸通道，而本地则向殷墟地区出口盔形器、硬陶器和铜、锡矿料等。

长期以来，湘江下游一带屡有风格多样的晚商青铜器出土，既有带铭文的中原系

---

① 向桃初：《湖南商代晚期青铜文化的性质与殷商文化的关系》，《考古耕耘录》，岳麓书社，1999年。

② 吴洪：《岳阳费家河商代窑址调查》，《景德镇陶瓷》1984年总第26期。湖南省博物馆等：《湖南岳阳费家河商代遗址和窑址的探掘》，《考古》1985年第1期。

③ 岳阳市文物工作队：《岳阳县对门山商代遗址发掘报告》，《湖南考古辑刊（6）》，岳麓书社，1994年。

④ 岳阳市文物工作队：《岳阳县筻口镇易家山商代与东周墓发掘报告》，《湖南考古辑刊（7）》，岳麓书社，1996年。

⑤ 湖南省岳阳市文物管理处：《湖南岳阳温家山商时期坑状遗迹发掘简报》，《江汉考古》2005年第1期。

⑥ 岳阳市文物考古研究所：《湖南汨罗市玉笥山商代遗址发掘简报》，《巴陵古文化探索》，华夏出版社，2003年。

铜器，也有特色鲜明的地方式铜器，还有多种文化因素共存的混合型铜器，它们或与费家河文化存在着某种关系。

（三）皂市类型

皂市类型以石门皂市遗址[①]为代表。以往学者将皂市遗址出土的商代考古遗存视为一个整体，认为各期段之间是连续发展变化的[②]。近来豆海锋研究认为早晚期之间的文化面貌差异较大，应划分两个文化类型[③]。我们同意后一种意见，将分布于洞庭湖以西、澧水中下游的商代早、晚期遗存分别称为“皂市类型”和“斑竹类型”，前者除了皂市遗址外，还包括石门宝塔遗址[④]，具体年代约当中原二里冈下层晚段至二里冈上层晚段。

皂市类型已发现有灰坑、墓葬、熔炉等遗迹，遗物以陶器为主，石器次之，铜器仅有少量的镞、锥、鱼钩等小件兵器和工具，此外还有与冶铸有关的铜炼渣、石斧范等。其中，陶器以夹砂红褐陶和泥质红胎黑皮陶为主，绳纹、弦纹、篮纹、方格纹、附加堆纹较常见，重圈纹、云雷纹、S形纹、叶脉纹等几何纹样较少。根据文化因素的不同，可将主要器类大致分为三组：A组以釜、釜形鼎、细高柄豆、长颈罐、圈足壶、圈足碗、深腹甑等为代表，属于本地的传统文化因素；B组以分裆鬲、斝、簋、假腹豆、爵、大口尊、大口缸等为代表，属于商文化因素；C组以联裆鬲、高圈足的假腹豆和簋等为代表，属于借鉴商文化的创新因素（图7-14：3）。总体来看，A组数量多，由始至终传承发展有序，且呈递增趋势。B、C组大多存在于早中期，晚期B组几近绝迹。由此可见，皂市类型当是早期受到中原二里冈商文化影响、包含有一定商文化因素而以土著因素为主的一支地方性青铜文化。

（四）斑竹类型

斑竹类型以澧县斑竹遗址[⑤]为代表，包括澧县保宁桥、安乡子龙庵[⑥]等遗存，年代与皂市类型相衔接，约为商代晚期，下限或进入西周早期，分布范围则较皂市类型有

① 周世荣：《湖南石门县皂市发现商殷遗址》，《考古》1962年第3期。湖南省文物考古研究所：《湖南石门皂市商代遗存》，《考古学报》1992年第2期。

② 王文建：《商时期澧水流域青铜文化的序列和文化因素分析》，《考古类型学的理论与实践》，文物出版社，1989年。何介钧：《湖南商时期古文化研究》，《湖南先秦考古学研究》，岳麓书社，1996年，第146～150页。

③ 豆海锋：《长江中游地区商代文化研究》，吉林大学博士学位论文，2011年，第132页。

④ 王文建、龙西斌：《石门县商时期遗存调查——宝塔遗址与桅岗墓葬》，《湖南考古辑刊（4）》，岳麓书社，1987年。

⑤ 湖南省博物馆：《湖南沅江中下游古文化遗址调查》，《考古》1980年第1期。何介钧、曹传松：《湖南澧县商周时期古遗址调查与探掘》，《湖南考古辑刊（4）》，岳麓书社，1987年。

⑥ 席道合、雷芬：《安乡县子龙庵遗址发掘主要收获》，《湖南考古辑刊（7）》，岳麓书社，1999年。

所扩展，南达资水中下游[①]，北抵湖北松滋一带[②]。

与皂市类型相比，斑竹类型的陶器以灰陶为主，红陶数量较少，纹饰以弦纹为主，绳纹和方格纹次之。除了继承皂市类型的釜、长颈罐、深腹甑、折盘豆、圈足碗、大口缸等，斑竹类型还出现一组创新器形如矮足鼎、短颈罐、直领罐、圜底缸以及腹部有扉棱装饰的折腹鼎、尊、盆等（图7-14：4），几乎完全不见鬲、斝、爵、簋、假腹豆、大口尊等商文化因素。总体来看，斑竹类型与皂市类型虽然具有十分重要的文化传承关系，但其文化面貌更具有显著的本地特征，可以独立出来作为一个新的地方文化类型。

（五）炭河里文化

炭河里文化是以宁乡炭河里遗址[③]命名的，重要遗址还有望城高砂脊[④]，主要分布在洞庭湖以南、湘江下游支流——沩水流域。年代晚于费家河文化，约为西周时期。

炭河里遗址地处沩水上游黄材盆地的西部，由于改道后的黄材河和塅溪河自然冲刷以及近现代人为取土筑堤，残存约2万平方米。2001～2005年考古发掘取得重要成果：发现了规模较大的西周时期城址，城墙平面呈圆弧形，根据城墙的残存弧度对城址进行圆形复原，可计算出城内原有面积约14.5万平方米。城墙内外均发现壕沟，外侧1条，内侧2条。城内发现建筑基址6座，已整体揭露2座，根据黄土台规模及柱洞规格与排列布局，可判定为大型宫殿基址。在城外西北不足500米处发现并清理了7座随葬品以铜器和玉器为主的西周时期墓葬（图7-15）。2009年由于灰黄公路的非法修建，使炭河里遗址又遭到严重破坏[⑤]。经抢救性考古工作，对炭河里遗址的范围、布局等认识有较大突破，即黄材河北侧的城址可能只是当时的贵族居住区，而黄材河以南的山前台地则可能为一般平民区[⑥]。研究表明，炭河里城址的始建年代为西周早期，主要使用于西周早中期，西周晚期可能已废弃。它是目前我国南方地区西周时期城址的首次发现，城址结构与布局以及出土遗物均富有地方特色，可能是西周时期独立于周王朝之外的南方某一方国的都邑所在地[⑦]。

---

① 湖南省文物考古研究所：《湖南安化城埠坪遗址发掘简报》，《湖南考古辑刊（8）》，岳麓书社，2009年。

② 荆州地区博物馆：《湖北松滋博宇山遗址试掘简报》，《文物资料丛刊（10）》，文物出版社，1987年。枝柳铁路复线工程考古队荆州博物馆支队：《湖北松滋西斋汪家嘴遗址发掘报告》，《江汉考古》2002年第4期。

③ 高至喜：《湖南宁乡黄材发现商代铜器和遗址》，《考古》1963年第12期。湖南省文物考古研究所等：《湖南宁乡炭河里西周城址与墓葬发掘简报》，《文物》2006年第6期。

④ 湖南省文物考古研究所等：《湖南望城县高砂脊商周遗址的发掘》，《考古》2001年第4期。

⑤ 李政：《国保单位炭河里，就这样被毁了？！》，《中国文物报》2009年7月21日第1版。

⑥ 高成林：《宁乡灰黄公路考古发掘获重要成果——对炭河里遗址的范围、布局等认识有较大突破》，《中国文物报》2009年12月18日第4版。

⑦ 向桃初：《炭河里城址的发现与宁乡铜器群再研究》，《文物》2006年第8期。

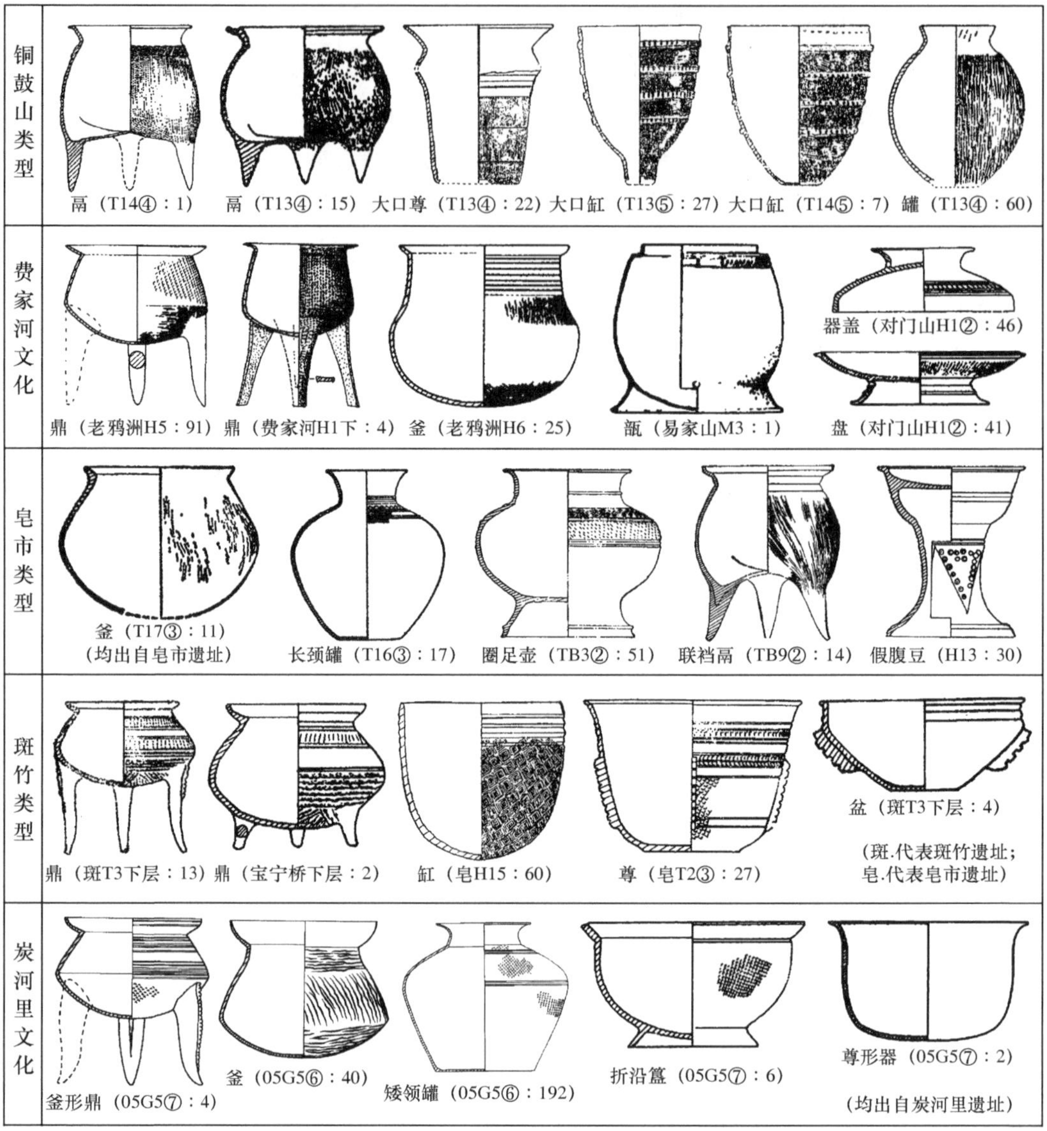

图7-14　湘江—洞庭湖区青铜文化典型陶器

高砂脊遗址地处湘江下游西岸、沩水入湘江河口处的条形冲积沙洲上，已清理墓葬19座、灰坑5个、陶窑1座，其中2座墓出土遗物主要为青铜器，有鼎、尊、戈、矛、翘首刀、刮刀、削刀、斧及套件等。发掘者认为该遗址年代上限有可能早到商末周初，鼎盛期应为西周早期，于西周中期开始衰落①。也有学者认为高砂脊铜器的年代主要在商末，除少数几件刮刀等外，大多是商末商式铜器，有可能直接来自中原②。

炭河里文化的陶器以夹砂灰（褐）和红（褐）陶为主，泥质灰陶次之，还有少量红胎黑皮、黄陶以及硬陶等。纹饰以方格纹为主，次为弦纹、篮纹和绳纹，另见少量云雷

① 湖南省文物考古研究所等：《湖南望城县高砂脊商周遗址的发掘》，《考古》2001年第4期。
② 施劲松：《对湖南望城高砂脊出土青铜器的再认识》，《考古》2002年第12期。

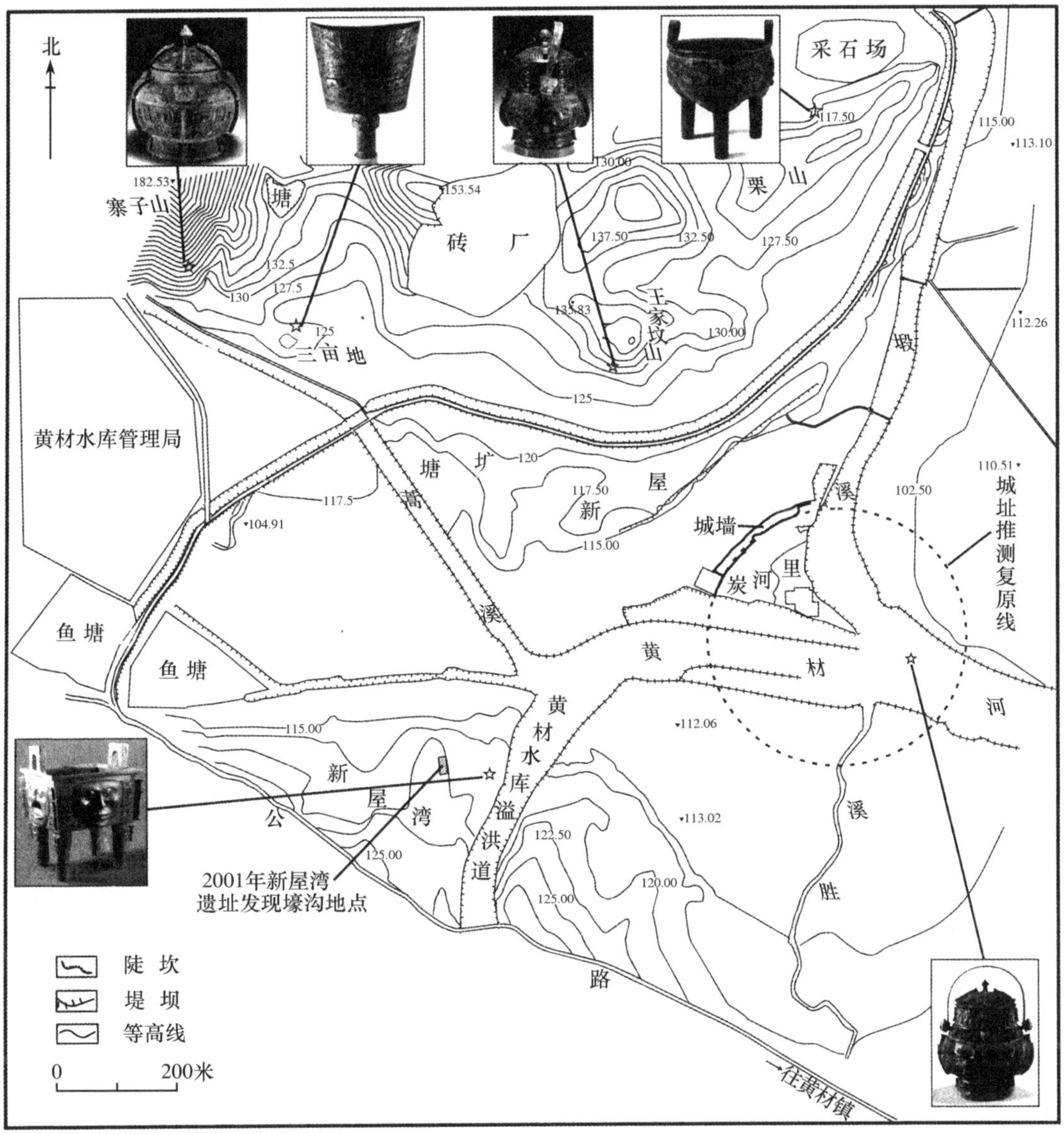

图7-15 炭河里城址位置及附近出土商周青铜器地点示意图

（采自湖南省文物考古研究所等《湖南宁乡炭河里西周城址与墓葬发掘简报》，《文物》2006年第6期）

纹、席纹、刻划纹、戳印纹和乳丁、镂孔、扉棱装饰等。器类以釜、鼎、罐数量最多，其次为盆、簋、豆、钵、器盖等，鬲、尊、瓮、碗等较少。根据文化因素的不同，可将其大致分为五组：A组以折沿釜、釜形鼎、折沿矮圈足簋、侈口矮领罐、尊形器、圜底钵、器盖等为代表（图7-14：5），为本地土著文化因素；B组以立耳仿铜陶鼎、分裆和弧裆绳纹鬲、簋、假腹豆等为代表，属于中原商周文化（或其变体）因素；C组以矮足鼎、短颈罐、圈足碗等为代表，属于来源于湘西北地区的文化因素；D组以联裆撇足鬲、带刻槽足鼎等为代表，属于来源于鄂东南地区的文化因素；E组以硬陶釜、罐、瓮等为代表，属于来源于赣北地区的文化因素。其中，A组在陶器群中居于主导地位。

总体来看，湘江—洞庭湖区西周时期的考古学文化面貌具有浓郁的地方色彩，文献记载显示，这一地区在历史上也不是西周王朝或其封国的控制范围。因此，以炭河里西周城址为代表的考古学文化应是一支地方性青铜文化。依此为基点，有学者认为“宁乡铜器群”可能属于以炭河里城址为代表的炭河里文化。但年代并不吻合，或许在本地区还存在着更早的区域性中心。

至迟春秋中期开始，随着楚人大规模开发江南，湘江—洞庭湖区被并入楚国版图。至春秋战国之际，湘江上游和湘西山地也基本纳入楚文化圈了。

四、岭南地区

岭南因在南岭之南而得名。南岭又称五岭，主要由越城岭、都庞岭、萌渚岭、骑田岭、大庾岭这5条山岭组成，是中国南部最大山脉，也是长江水系与珠江水系的分水岭，各岭之间的谷地自古以来就是南北交通要道。考古发现与研究表明，岭南大致可细分四个小区，即粤东的韩江—榕江流域、粤北的北江流域、粤中的珠江三角洲、粤西桂东的西江流域，以上四个区域青铜时代早期的考古学文化各有特点，发展、演变的途径也不尽相同①。目前岭南地区青铜时代考古学文化的区系类型体系尚未真正建立起来，这里仅以研究基础较好、具有代表性的青铜时代文化遗存加以介绍。

（一）后山类型

后山类型以广东普宁市池尾后山遗址②为代表，包括广东五华仰天狮山遗址早期遗存③、和平子顶山遗址④、揭阳仙桥戏院后和乌鸦插翼遗址⑤、揭东南塘山遗址⑥、梅州蕉岭东山和河岭遗址⑦等，主要分布于粤东及邻近的闽南部分地区。

后山类型遗址多坐落在低矮丘陵岗地上，聚落相对集中。已发现的墓葬为东西向长方形土坑竖穴，墓坑较浅，人骨腐朽不存，随葬陶器多为罐、钵或罐、豆组合，少数为罐、釜、钵或鸭（或鸡）形壶。

陶器为夹砂和泥质软陶，烧制火候不高，陶色不匀，有红、橙红、橙黄、灰、黑等色。纹饰主要有间断绳纹、梯格纹、方格纹、菱格纹等。器类主要有釜、凹底罐、

① 杨杰：《岭南地区青铜时期文化研究》，社会科学文献出版社，2011年。

② 广东省文物考古研究所等：《广东普宁市池尾后山遗址发掘简报》，《考古》1998年第7期。

③ 广东省文物考古研究所等：《广东五华仰天狮山遗址发掘简报》，《考古》1998年第7期。

④ 广东省文物考古研究所等：《广东和平县古文化遗存的发掘与调查》，《文物》2000年第6期。

⑤ 李岩：《揭阳市古遗址调查报告》，《揭阳考古（2003—2005）》，科学出版社，2005年。

⑥ 魏峻：《揭东县先秦两汉遗址调查报告》，《揭阳考古（2003—2005）》，科学出版社，2005年。

⑦ 广东省文物考古研究所等：《广东蕉岭县东山、河岭遗址调查发掘简报》，《南方文物》2006年第3期。

折肩罐、豆、钵、鸭形壶、杯、器座等，其中以泥质灰陶凹底罐数量最多（图7-16：1）。总体上，以折肩凹底罐、鸭形壶为代表的后山类型陶器与粤北和珠江三角洲地区同时期文化的陶器差异较大，应属于不同的文化系统。

后山遗址发掘者推断其年代“相当于夏商之际或商代早期”，早于本区的浮滨文化。也有学者认为后山类型年代上限在商代早期，下限到商周之际或更晚些，与浮滨文化有一段平行发展时期①。后山类型的鸭形壶与马桥文化的鸭形壶形态相仿，年代相近，前一认识或更可取。

（二）浮滨文化

浮滨文化是以广东饶平县浮滨古墓葬②命名的，此类重要遗存还见于揭阳地都蜈蚣山、油柑山③、普宁牛伯公山④以及大埔枫朗镇⑤等，主要分布于粤东的榕江、韩江和闽南的晋江、九龙江流域，范围较后山类型有所扩展。

浮滨文化遗址一般处于岗地，发现有柱洞、踩踏面、石构墙等房屋建筑遗迹，但具体结构尚不清楚。墓葬为长方形土坑竖穴，一般规模不大，少数有二层台和腰坑，随葬品数量多寡不一，其中陶器组合常见尊、壶、豆、釜，石器有戈、锛等。

浮滨文化陶器以泥质陶为主，有较多施釉，夹砂陶较少，纹饰主要为条纹或间断条纹，其次为方格纹、编织纹及绳纹，部分陶器上还有铆钉状小圆饼装饰和十余种刻划符号。器类流行敞口、高颈、折肩或折腹，器底则有凹底、圜底、圈足和小平底，不见三足器。器形主要有尊、壶、釜、罐、豆、杯等，以大口长颈尊、圈足尊、折腹豆、带流壶等和釉陶器最富特色（图7-16：2）。此外还发现了直内无胡铜戈，石器中的直内无阑戈、有肩铲和有段锛等也具有鲜明的地域特征。

关于浮滨文化的年代，学术界看法不一，多数学者认为其年代处在商至西周的范围内，也有些学者认为在西周中晚期至春秋时期⑥或春秋早期至战国早期⑦。根据与后山类型陶器比较，并参照牛伯公山遗址检测的5个^{14}C数据，浮滨文化的年代约当商代中晚期至西周早期。鉴于粤东和闽南地区的浮滨文化遗存存在差异，或可将其区分为两个地方类型，即“浮滨类型”和“浮山类型（或称虎林山类型）”⑧。粤东浮滨类型的

① 杨建军：《试论广东东部地区的后山类型》，《四川文物》2005年第3期。

② 广东省博物馆等：《广东饶平县古墓葬发掘简报》，《文物资料丛刊（8）》，文物出版社，1983年。

③ 广东省博物馆等：《揭阳地都蜈蚣山与油柑山墓葬的发掘》，《考古》1988年第5期。

④ 广东省文物考古研究所等：《广东普宁市牛伯公山遗址的发掘》，《考古》1998年第7期。

⑤ 黄玉质、杨式挺：《广东梅县大埔县考古调查》，《考古》1965年第4期。广东省博物馆等：《广东大埔县古墓葬清理简报》，《文物》1991年第11期。

⑥ 徐恒彬：《广东青铜器时代概论》，《广东出土先秦文物》，香港中文大学出版社，1984年。

⑦ 李龙章：《岭南地区出土青铜器研究》，文物出版社，2006年，第234页。

⑧ 陈兆善：《试论浮滨文化》，《南方文物》1996年第4期。福建博物院等：《虎林山遗址：福建漳州商周遗址发掘报告之一》，海潮摄影艺术出版社，2003年，第149页。

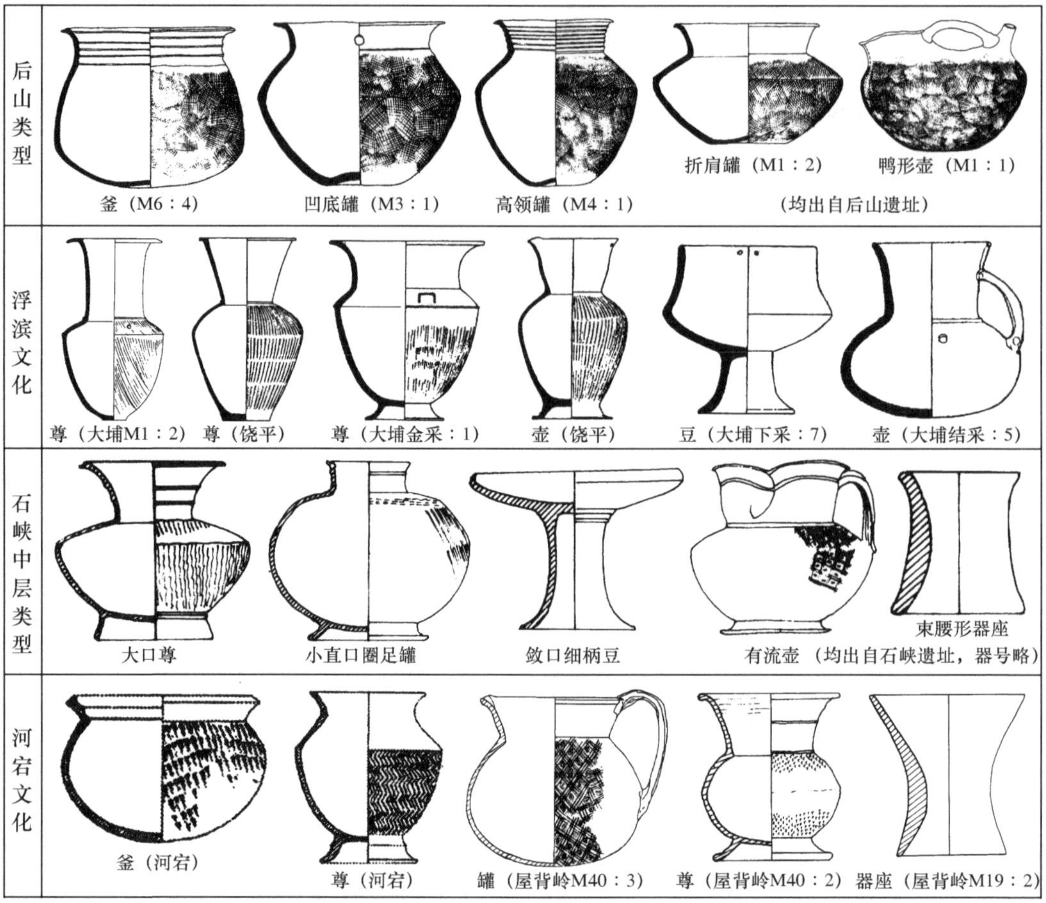

图7-16　岭南地区早期青铜文化典型陶器

黑釉陶可能受到了闽北地区马岭文化黑衣陶的影响，而粤中环珠江口商时期考古遗存（如石戈、石范等）应与粤东浮滨类型的西渐有着密切关系①。

（三）石峡中层类型

石峡中层类型②以广东曲江县石峡遗址中层遗存③为代表，同类遗存还见于曲江马蹄坪、鲶鱼转和韶关走马岗等遗址④，主要分布于清远、河源以北的北江和东江以西的粤北地区。年代与后山类型相当，约为商代早期，或再晚些。

石峡中层类型发现有房址、陶窑和墓葬等遗迹，墓葬大多为小型的长方形土坑竖穴，少数墓坑经火烤，以仰身直肢葬为主，随葬陶器有罐、壶、豆、釜等。

① 卜工：《环珠江口商时期考古学研究的几个问题》，《考古》2002年第2期。

② 李岩：《广东早期青铜时代遗存述略》，《考古》2001年第3期。

③ 广东省博物馆等：《广东曲江石峡墓葬发掘简报》，《文物》1978年第7期。

④ 广东省博物馆：《广东北部山地区新石器时代遗存》，《考古》1961年第11期。广东省文物管理委员会等：《广东曲江鲶鱼转、马蹄坪和韶关走马岗遗址》，《考古》1964年第7期。

石峡中层类型陶器以泥质灰陶和橙红陶为主，夹砂陶数量较少。纹饰盛行几何形印纹、曲折纹、方格纹、复线方格纹、复线方格凸点纹、叶脉纹、云雷纹、附加堆纹等。陶器常见圈足、圜底、凹底，还流行敞口、高领、折肩或广肩作风，有少许三足器、带流器，不见平底器。典型器物有敞口高领折肩圈足尊、直领鼓腹圈足罐、侈口束颈广肩凹底罐、敛口细柄豆、有流矮圈足壶、束腰形器座等（图7-16：3）。此外，还常见各种形制的石锛、窄援有穿戈、石斧等。

（四）河宕文化

河宕文化是以广东佛山河宕遗址[①]命名的，包括东莞村头遗址[②]、珠海的平沙棠下环[③]、淇澳岛东澳湾[④]、宝镜湾[⑤]，深圳的向南村[⑥]、屋背岭[⑦]、高要茅岗[⑧]、南海灶岗[⑨]等遗址，主要分布于粤中珠江三角洲及南部沿海地区。也有学者称为“村头类型”[⑩]。

由于海陆位置等原因，河宕文化表现出一定的复杂性，中北部以贝丘类遗址为特色，沿海地区则是大量的沙丘类遗址。二者主要差别表现在前者陶器中泥质陶比较多，而后者少；前者盛贮器数量多，后者少；石器中前者不像后者有大量的网坠。造成差异的原因主要是环境导致的不同生业活动在文化上的反映。如沙丘遗址面临广阔的滩涂，捕捞业发达，遗址中网坠大量存在；而贝丘遗址其他经济成分并举，居址延续时间长，陶器群中以泥质陶制成的盛贮器数量多。然而无论陶器还是石器，两者在器类及同类器物的形制方面没有大的区别。

河宕文化的陶器纹饰有方格纹、复线方格纹、复线菱格凸点纹、曲折纹、云雷纹、编织纹等，主要为拍印或压印而成，大都交错不规整。流行有流、折肩、凹底或圜底、圈足风格，少数为平底，不见三足器。常见器类有釜、罐、碗形豆、矮圈足盘、敞口高领折肩圈足尊、束腰形器座、钵、杯等，以圜底釜、单把釜形罐、矮圈足

---

① 广东省博物馆等：《佛山河宕遗址》，广东人民出版社，2006年。

② 邱立诚、刘成基：《东莞村头遗址发掘的初步收获》，《广东省博物馆馆刊（2）》，广东省博物馆馆刊编辑部，1991年。广东省文物考古研究所等：《东莞村头遗址第二次发掘简报》，《文物》2000年第9期。

③ 广东省文物考古研究所等：《珠海平沙棠下环遗址发掘简报》，《文物》1998年第7期。

④ 广东省博物馆等：《广东珠海市淇澳岛沙丘遗址调查》，《考古》1990年第6期；《广东珠海市淇澳岛东澳湾遗址发掘简报》，《考古》1990年第9期。

⑤ 珠海市博物馆：《广东珠海市宝镜湾遗址试掘简报》，《东南文化》1999年第2期。广东省文物考古研究所等：《珠海宝镜湾遗址第一次发掘》，《广东省文物考古研究所建所十周年文集》，岭南美术出版社，2001年。

⑥ 深圳市博物馆等：《深圳市南山向南村遗址的发掘》，《考古》1997年第6期。

⑦ 广东省文物考古研究所等：《深圳屋背岭遗址发掘报告》，《考古学报》2004年第3期。

⑧ 广东省博物馆：《广东高要县茅岗水上木构建筑遗址》，《文物》1983年第12期。

⑨ 广东省博物馆：《广东南海县灶岗贝丘遗址发掘简报》，《考古》1984年第3期。

⑩ 李岩：《广东早期青铜时代遗存述略》，《考古》2001年第3期。

尊、敛口浅盘豆为基本组合（图7-16：4）。典型石器有石范、窄援有穿戈等。

关于河宕文化的性质与年代，主要有新石器时代晚期①和青铜时代早期②两种认识，也有学者认为它分属于多个不同性质的青铜时代早期文化遗存③。近来有学者又对其进行深入研究，认为此类遗存应属于同一文化性质，可分四期，主体年代大致相当于中原夏商时期或稍早，绝对年代距今4300～3000年④。

（五）周代文化遗存

至迟于西周中期，岭南地区的考古学文化面貌开始整合趋同，以夔纹和米字纹为最典型纹饰的硬陶器先后流行于岭南大部分地区，与之相伴的是各地还普遍发现了青铜器。由于时代特征鲜明，以至于学术界长期以来沿用“夔纹陶类型”和“米字纹陶类型”概念，且是目前公认的岭南晚期青铜文化的两大发展阶段。尽管曾有学者试图按照考古学文化命名的一般原则将其分别改称为“大梅沙文化”和“西瓜岭文化”⑤，然而并未引起多少反响。甚至有的学者又将其提升到考古学文化“系统”层面，迳称为“夔纹陶文化”和“米字纹陶文化”⑥。这里我们仅将其作为时代标志，加以概述。

第一阶段约为西周中期至春秋时期，以夔纹陶为标志，是岭南地区几何纹陶发展的鼎盛期，典型遗存以广东博罗横岭山墓地第三、四期墓葬⑦为代表。陶器以泥质陶为大宗，质地有软、硬之分，纹饰以拍印的双F纹（即所谓“夔纹”）最为典型，夔纹有重钩、双头、圆头、钩形等多种形式，多数拍印规整，少数重叠错乱。还常见回字纹、菱格纹、云雷纹，另有篮纹、绳纹、弦纹、重圈纹、篦点纹等，普遍使用组合纹饰，罕见单一花纹。流行圜平底器，大型器较多，圈足器较少。器类主要有罐、釜、瓮、簋、瓿、豆、罍、壶、尊、盆、器盖、器座等，其中以罐最多，造型多样。另有原始瓷器，以豆占绝大多数。青铜器以兵器和工具为主，有戈、矛、短剑、镞、斧、锛、凿、刮刀等，礼乐器有鼎、罍、缶、尊、盉、鉴、甬钟、钲、铎等，其他杂器有柱形器、环等（图7-17：上）。文化因素分析表明，夔纹陶自西周中期开始出现，应源于本地土著文

---

① 杨式挺、陈志杰：《谈谈佛山河宕遗址的重要发现》，《文物集刊（3）》，文物出版社，1981年。李伯谦：《广东咸头岭一类遗存浅识》，《东南文化》1992年第3、4期。

② 李岩：《广东早期青铜时代遗存述略》，《考古》2001年第3期。卜工：《环珠江口新石器时代晚期考古学遗存的编年与谱系》，《文物》1999年第11期；《环珠江口商时期考古学研究的几个问题》，《考古》2002年第2期。

③ 杨杰：《广东早期青铜文化试析》，《华夏考古》2010年第3期；《岭南地区青铜时期文化研究》，社会科学文献出版社，2011年。

④ 陈斌：《河宕文化的分期与谱系关系研究》，吉林大学硕士学位论文，2012年。

⑤ 邱立诚：《论广东地区两周时期的考古文化》，《粤地考古求索》，科学出版社，2008年。

⑥ 杨杰：《岭南地区青铜时期文化研究》，社会科学文献出版社，2011年，第26～31页。

⑦ 广东省文物考古研究所：《博罗横岭山——商周时期墓地2000年发掘报告》，科学出版社，2005年。

化。博罗梅花墩龙窑址[①]与原始青瓷豆的出现，当是受到闽北地区的影响。青铜器的年代大都为春秋时期，除盘口扁腹鼎、钲、扇形斧、人首柱形器等少数铜器极富岭南特色外，与长江中下游地区相同或相似的铜器占绝大多数，它们不论是直接传入还是当地仿制，基本都是实用器，器物组合显得杂乱无章，似乎尚无礼制可言。

第二阶段的年代约为战国至西汉早期，以米字纹陶为标志，是岭南地区几何纹陶的衰落期，典型遗存以广东封开利羊墩战国至西汉早期墓葬[②]、始兴白石坪和增城西瓜岭战国窑址[③]为代表。陶器以泥质硬陶为主，纹饰以拍印的米字纹最多，其次为勾连云雷纹、方格纹，另有席纹、条纹、篦纹以及刻划水波纹等。釉陶有黄褐、灰黑等釉色，多为酱釉，厚而不匀。流行平底器，器类主要有瓮、罐、罍、盂、盆、碗、钵、杯、盒、鼎等（图7-17：下）。米字纹陶自战国早期开始出现，应是受长江下游尤其环太湖——杭州湾区越文化因素影响的结果[④]。青铜器的总体情况与上一阶段相仿，仅在具体器类、器型上有所差别。其中广东和广西东北部所见大部分铜器受到了湖南、江浙地区的影响，而后者对广西中西部地区的影响相当有限，所见铜鼓、人面纹弓形格剑等则可能受到了云南地区的影响[⑤]。

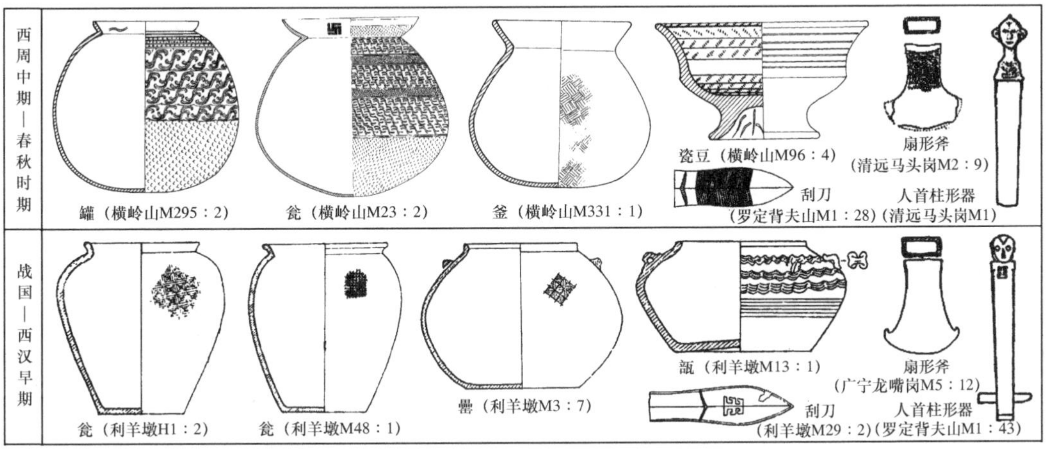

图7-17　岭南地区晚期青铜文化典型器物

总之，岭南地区青铜时代文化的演进历程与闽、赣、湘、浙地区关系密切。西周中晚期，随着夔纹陶逐渐扩散，基本实现了岭南地区文化系统的统一。春秋时期，由于楚人势力进入湘境，压迫土著越人生存空间，部分越人南下岭南。战国早中期，在勾践称霸和楚灭越国的历史背景下，浙北一带的越文化因素也大量流入岭南地区。但

① 广东省文物考古研究所等：《广东博罗县园洲梅花墩窑址的发掘》，《考古》1998年第7期。

② 杨式挺、崔勇、邓增魁：《广东封开利羊墩墓葬群发掘简报》，《南方文物》1995年第3期。

③ 莫稚：《广东始兴白石坪山战国遗址》，《考古》1963年第4期。广东省文物管理委员会：《广东增城、始兴的战国遗址》，《考古》1964年第3期。

④ 邱立诚：《百越文化传播与交流的考古学证据》，《粤地考古求索》，科学出版社，2008年。

⑤ 郑小炉：《吴越和百越地区周代青铜器研究》，科学出版社，2007年，第169～175页。

此后楚人势力并未真正进入岭南，以米字纹陶为代表的文化得以延续。直到汉武帝平南越之后，岭南地区迅速融入汉文化圈，成为中华文明的一个有机组成部分。

第四节　西南地区

西南地区以四川盆地为中心，涉及范围东起鄂西，西至青藏高原东南缘，北抵汉水上游，南达云贵高原东部。大约自二里头文化阶段开始，这一地区即流行小平底和尖圜底陶罐，主要土著居民可能是文献所载的巴、蜀、西南夷等古族。

根据相对独立的自然地理单元和文化面貌的差异，西南地区又可细分三个亚区。

一、峡江及汉水上游区

地理学上的“峡江”是指奉节至宜昌的长江三峡段，又称“川江”。考古学上涉及“峡江地区”大致介于华蓥山和巫山之间，具体指重庆市涪陵以东与湖北省宜昌以西的长江沿岸地区。该区是四川盆地通往江汉平原的必经之路，也是东西文化交流的主要通道。此外，汉水上游区与峡江东部区之间虽隔有大巴山，但两地的早期青铜文化却联系密切，故合二为一。

（一）朝天嘴文化

朝天嘴文化是以湖北秭归朝天嘴遗址B区夏商时期遗存①命名的，此类典型遗存还见于宜昌中堡岛、秭归何光嘴②等遗址。根据以上典型遗址的地层关系及主要器类的形制演变，朝天嘴文化可分四期，年代约当二里头文化三、四期至殷墟二期前后；主要分布于鄂西峡江地区，在不同的发展阶段还一度向东扩展至清江下游的宜都、长阳境内③。

朝天嘴文化所在的峡江地区为东西文化交流的通道，这使得该文化的陶器群面貌颇为复杂，其文化因素大致可分为五群：A群包括小平底有肩罐、灯形器、豆、圈足状捉手器盖、鸟头把勺、瓶等，也见于成都平原三星堆文化，但在具体器形的相似度上还有差异，其来源还有待探讨；B群包括釜、浅腹罐、深腹罐、矮领瓮等，为来自本地的土著文化因素；C群包括敛口缸形器、鸡冠状鋬耳盆、盉、鬶等，为来自中原的二里头文化因素；D群主要包括大口缸，当是来自江汉平原的石家河文化因素；E群包括敛口罐、尖底杯及陶器上的花边口沿作风，为来自渝东地区同期遗存的因素（图7-18：1）。其中A、B群占有最重要地位，说明朝天嘴文化是在受到三星堆文化的强烈冲击下，融合了大量的土著文化因素而形成的。

① 国家文物局三峡考古队：《朝天嘴与中堡岛》，文物出版社，2001年。

② 国务院三峡工程建设委员会办公室等：《秭归何光嘴》，文物出版社，2003年。

③ 于孟洲：《鄂西峡江地区朝天嘴文化研究》，《考古》2010年第3期。

（二）路家河文化

路家河文化是以宜昌路家河遗址二期后段遗存[①]命名的，同类遗存还见于宜昌三斗坪[②]、秭归何光嘴、长阳香炉石[③]等遗址，主要分布于鄂西宜昌至渝东奉节之间的峡江地区。

路家河文化陶器以夹砂褐陶为主，泥质灰黑陶次之；纹饰以绳纹为主，另有方格纹、戳印纹、S形纹、附加堆纹等；器类中以釜、小平底罐数量最多，另有大口缸、盆、豆、尖底杯、灯形器、鬶等，鼎、鬲数量很少，有的遗址甚至不见。铜器有镞、锥、鱼钩等。香炉石遗址出土占卜用的龟甲和鱼鳃盖骨，大都先钻而后灼。

研究表明，路家河文化可分四期，年代约当殷墟晚期至西周早期。该文化陶器群大致归纳为五群：A群包括釜、小平底有肩罐、大口缸、深腹罐、浅腹罐、高领壶、灯形器等，属来源于朝天嘴文化因素；B群包括小平底长颈罐、碟等，为来自成都平原十二桥文化因素；C群包括鬲、簋、豆、大口尊等，为来自中原商文化因素；D群包括部分形制的尖底器（杯、钵、盏等），为来自渝东地区石地坝文化因素；E群包括部分形制的大口缸、圈足碗、盂、簋、豆等，可能为来自江汉平原西部同期文化因素[④]（图7-18：2）。总体来看，路家河文化主要是在继承朝天嘴文化大量因素的基础上，又吸收了其他文化成分而形成发展起来的。

（三）石地坝文化

石地坝文化是以重庆丰都石地坝遗址商周时期遗存[⑤]命名的，同类遗存还见于忠县哨棚嘴[⑥]、邓家沱[⑦]，涪陵石沱[⑧]、镇安[⑨]等遗址，主要分布于渝东长寿至奉节之间的峡

① 长江水利委员会：《宜昌路家河》，科学出版社，2002年。

② 湖北省文物考古研究所：《1985—1986年三峡坝区三斗坪遗址发掘简报》，《江汉考古》1999年第2期。

③ 湖北省清江隔河岩考古队：《清江考古》，科学出版社，2004年。

④ 于孟洲：《峡江地区夏商时期考古学文化研究》，科学出版社，2010年，第177～180页。

⑤ 重庆市文物考古研究所等：《丰都石地坝遗址商周时期遗存发掘报告》，《重庆库区考古报告集·1999卷》，科学出版社，2006年。

⑥ 王鑫：《忠县哨棚嘴遗址分析》，《四川考古论文集》，文物出版社，1996年。北京大学考古文博院三峡考古队等：《忠县哨棚嘴遗址发掘简报》，《重庆库区考古报告集·1997卷》，科学出版社，2001年；《忠县哨棚嘴遗址商周时期遗存2001年发掘报告》，《成都考古发现（2001）》，科学出版社，2003年。北京大学考古学研究中心等：《忠县哨棚嘴遗址发掘简报》，《重庆库区考古报告集·1999卷》，科学出版社，2006年。

⑦ 李锋：《忠县邓家沱遗址西周时期文化遗存的初步认识》，《重庆·2001三峡文物保护学术研讨会论文集》，科学出版社，2003年。

⑧ 北京大学考古文博院三峡考古队等：《涪陵石沱遗址发掘报告》，《重庆库区考古报告集·1997卷》，科学出版社，2001年。

⑨ 北京大学考古文博院三峡考古队等：《涪陵镇安遗址发掘报告》，《重庆库区考古报告集·1998卷》，科学出版社，2003年；《涪陵镇安遗址发掘报告》，《重庆库区考古报告集·1999卷》，科学出版社，2006年。

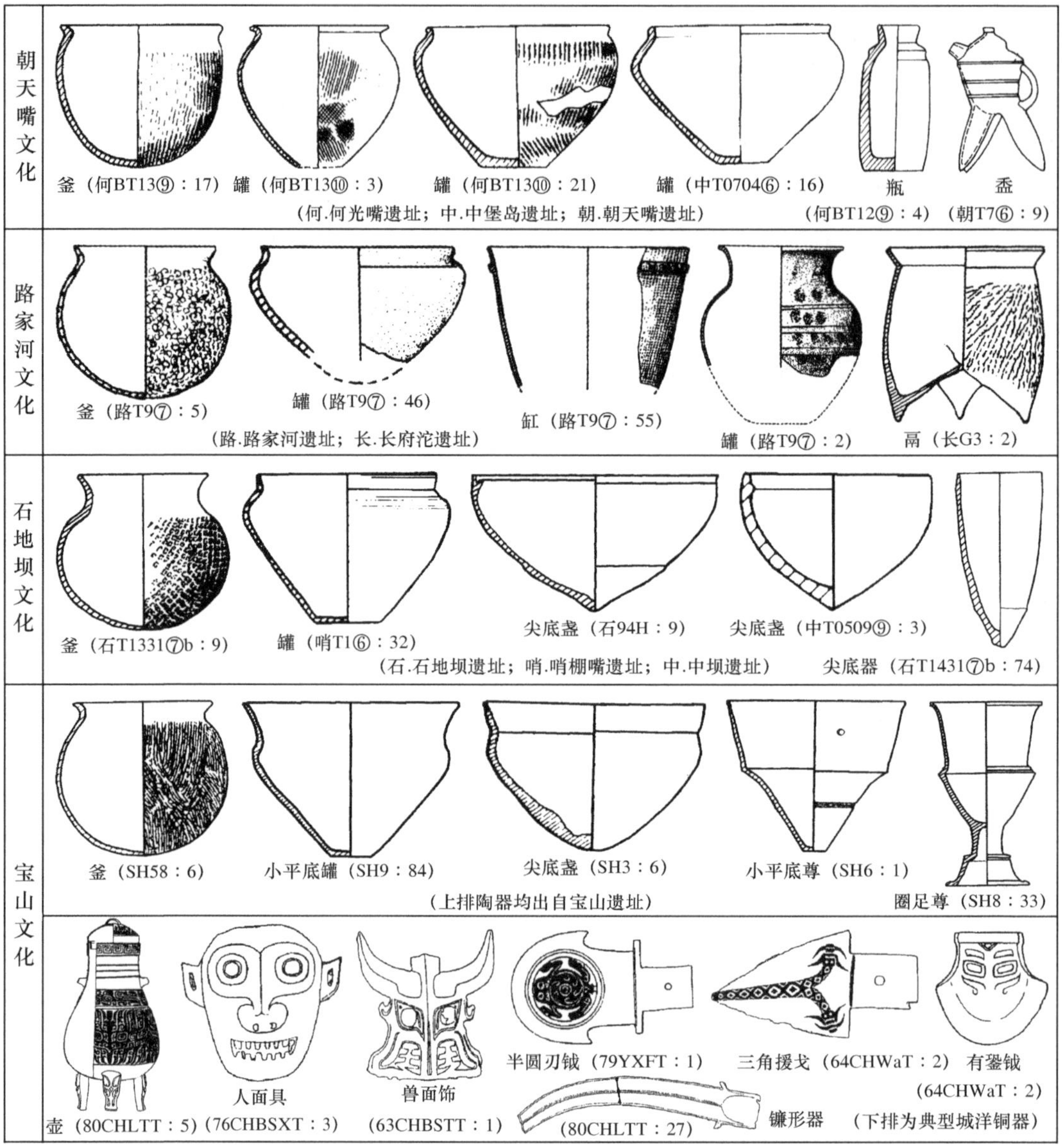

图7-18　峡江及汉水上游区早期青铜文化典型器物

江地区。

石地坝文化陶器以夹砂红褐陶为主，泥质黑褐陶次之；器表多素面，纹饰常见绳纹、方格纹、弦纹、压印花边装饰等；器类主要有釜、花边口沿罐、敛口罐、高领罐、小平底罐、尖底杯、尖底盏、小平底盆、灯形器、圈足器、瓮、细长纽器盖等。

研究表明，石地坝文化可分三期，年代约当殷墟一期至西周早期，与路家河文化有较长的时间重合。该文化陶器群大致归纳为四群：A群包括部分形制的小平底罐、敛口罐、灯形器、尖底器、圈足器等，属来源于当地早期的文化因素；B群包括釜、大口缸、部分形制的高领罐等，为来自鄂西的路家河文化因素；C群包括部分形制的小平底罐、盆、器盖等，为来自成都平原的十二桥文化因素；D群包括尖底盏、船形杯等，属于创新因素[1]（图7-18：3）。总体来看，石地坝文化主要是在继承当地大量文化因素的基础上，又受到了东面路家河文化的强烈影响，在吸收十二桥文化成分的同时又对其产生了重大影响。

（四）宝山文化

宝山文化是以陕西城固宝山遗址[2]命名的，同类遗存还见于紫阳白马石、马家营和汉阴阮家坝等遗址[3]，主要分布于汉水上游的陕南地区。

宝山文化陶器除素面外，纹饰以绳纹为主，弦纹次之，还有凸棱纹、折线三角纹、篮纹、方格纹等；器类以釜数量最多，豆、小底尊形杯、高领小平底尊、圈足尊、灯形器等也较多，还有罍、大口深腹罐、扁腹壶、鬲、鼎等（图7-18：4上）。研究表明，宝山文化可分三期，年代约当殷墟一、二期之际至四期或稍晚[4]。

宝山文化特征与路家河文化存在较多的相似性，尤其两者均以陶釜为主要炊器，并且宝山文化中的尖底尊形杯、灯形器等都可在路家河文化中找到形制相同或相近者，此外陶器制法也表现出较多的一致性，显示出两者有着内在的联系。发掘者指出，宝山文化在其文化分布区的汉水上游尚找不到直接的文化来源，其可能是由路家河文化较早时期分化迁徙而来，在吸收和揉进当地土著及邻近地区文化因素的基础上，发展形成的一支具有自身特色的考古学文化。

宝山遗址的发掘，不仅获得了丰富的陶器资料，而且出土了与所谓“城洋铜器群”风格相同的铜器，从而为历年来非科学发掘出自城固和洋县境内、多达700余件的商代青铜器找到了文化归属，它们应是宝山文化的重要组成部分[5]。这些青铜器的年代约当二里冈上层晚段至殷墟四期，其中相当于殷墟三、四期的铜器较少。总体上可将其分为三群：A群包括空足分裆鼎、甗、尊、罍、簋、鬲、卣、盘、觥、觚、爵、斝、长援直内或曲内戈、戚、双翼镞等，其造型与纹饰均与中原商文化的同类器相似，属于典型的商文化因素；B群包括三足壶、三角援戈、长胡四穿戈、弧刃直内钺、璋等，它们明显模仿中原商文化同类器，但又有自身特点，属于融合性因素；C群包括直口双耳罐、有銎钺、人面或兽面形面具、镰形器、泡、钩形饰、鸟形饰等，为土著因素（图7-18：4下）。统计显示，A群器物仅占总数的1/10略强，远远小于具有鲜明地方特色的B、C两群。这些铜器集中分布在湑水河及汉江两岸东西约40、南北约10余千米的范围内，主要埋藏在高出周围地面的土台上、少数出于自然高地或河岸边。依据铜器点的分布规律和埋藏形式，推测其性质主要与祭祀活动有关。

据文献记载，东周时期的巴人主要活动于川东一带。基于此，目前不少学者将

---

① 于孟洲：《峡江地区夏商时期考古学文化研究》，科学出版社，2010年，第180～183页。

② 西北大学文博学院：《城固宝山——1998年发掘报告》，文物出版社，2002年。

③ 陕西省考古研究所等：《陕南考古报告集》，三秦出版社，1994年。

④ 豆海锋：《城固宝山商时期遗存相关问题的探讨》，《考古与文物》2010年第4期。

⑤ 西北大学文博学院等：《城洋青铜器》，科学出版社，2006年。

峡江及汉水上游区的朝天嘴文化、路家河文化、石地坝文化和宝山文化视为早期巴文化。从文化面貌上看，本区巴文化有别于以成都平原为中心的蜀文化，最显著特征是陶釜类炊器的传统。

根据峡江地区发现的楚文化遗存分布态势，可以看出东周时期巴、楚在峡江地区交相攻伐，势力此消彼长的历史过程①。春秋早中期，楚文化扩张到三峡中的秭归、巴东一带。春秋晚期楚文化向西推进到奉节、云阳之间，云阳李家坝一带成了巴楚交锋的前沿。战国中期，楚人势力一度深入忠县、涪陵等巴的腹心地区。公元前316年秦灭蜀后，随即东进灭巴攻楚，设置巴郡。

二、川西平原区

川西平原区以成都平原为中心，西起龙门山—邛崃山，东到龙泉山，北抵绵阳江油，南至乐山五通桥，涪江、沱江、岷江、青衣江等自西北向东南流经此区。这个面积不大、相对独立的地理单元，自古以来就是四川盆地的文化和政治中心。

（一）三星堆文化

三星堆文化是以广汉三星堆遗址第二、三期遗存②命名的，主要分布于成都平原。三星堆遗址第一期遗存属于新石器时代晚期的宝墩文化，学界已达成共识。关于三星堆遗址第四期遗存的归属问题，关涉三星堆文化的年代下限，目前尚存争议③。考虑到三星堆遗址第四期遗存中出现较多尖底陶器，我们认为其不属于三星堆文化，而应归入十二桥文化（详下）。如此，三星堆文化的年代大致相当于二里头文化晚期至殷墟文化早期，可分两期4段，早期约当二里头文化三期至二里冈下层期，晚期约当二里冈上层期至殷墟二期，绝对年代或被推定为公元前1700～前1150年④。

三星堆遗址是三星堆文化的中心。从历时性角度看，属于宝墩文化的三星堆遗址第一期遗存的分布范围约为3.7平方千米，鸭子河南岸的真武宫、月亮湾一带是聚落中心所在⑤。三星堆文化早期时，开始出现月亮湾小城，由西城墙北段、青关山—真

① 赵炳清：《从峡江地区楚文化遗存看东周时期的巴楚关系》，《考古》2010年第4期。

② 四川省文物管理委员会等：《广汉三星堆遗址》，《考古学报》1987年第2期。四川省文物考古研究所：《三星堆祭祀坑》，文物出版社，1999年，第424～427页。

③ 代表性观点参见：中国社会科学院考古研究所：《中国考古学·夏商卷》，中国社会科学出版社，2003年，第492、493页。江章华、王毅、张擎：《成都平原先秦文化初论》，《考古学报》2002年第1期。

④ 成都市文物考古研究所：《金沙——再现辉煌的古蜀王都》，四川人民出版社，2005年，第5页。

⑤ 雷雨：《一年成聚 二年成邑——对于三星堆遗址一期文化遗存的两点认识》，《夏商都邑与文化（二）：纪念二里头遗址发现55周年学术研讨会论文集》，中国社会科学出版社，2014年。

武宫北城墙、东侧月亮湾城墙和南侧的马牧河合围而成，面积约47万平方米。在月亮湾小城的基础上，逐渐扩建起来的三星堆大城平面呈北窄南宽的不规则梯形，面积约3.24平方千米（图7-19）。东、西城墙的外侧均有壕沟，南北两端分别连通鸭子河和马牧河。南城墙在马牧河南岸的台地上，其外侧壕沟分别与马牧河上、下游相通。经解剖，城墙由主体墙和内外护坡组成，横断面呈梯形，可能受到了二里冈文化筑城技术的影响。东、西城墙上部都发现了使用土坯砖的迹象。城内发现的重要遗存有北部的月亮湾玉石器坑、西泉坎玉石器作坊、南部的三星堆一号和二号器物坑、西北角的青关山大型建筑基址群以及东北角的仓包包小城等[①]，城址以西不远处的仁胜村发现了三星堆文化的早期墓地[②]。此外，在三星堆遗址西北的鸭子河两岸还发现17处呈线性分布的中小型聚落址[③]。它们绝大多数与三星堆城址同时，由此构成了以三星堆城址为中

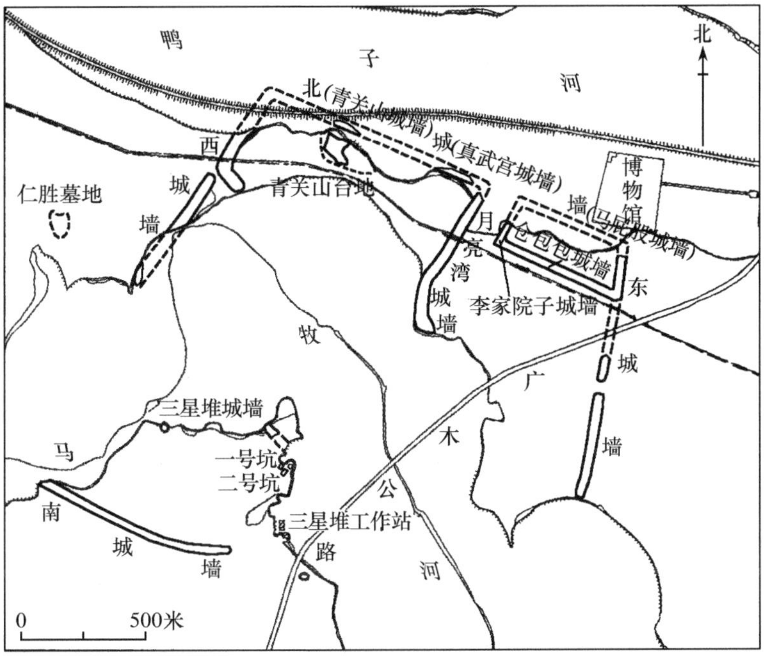

图7-19　广汉三星堆古城址平面图

（采自李伯谦《三星堆新发现、新成果、新认识》图二，《华夏文明》2016年第9期中）

---

① 四川省文物考古研究所：《三星堆祭祀坑》，文物出版社，1999年。雷雨：《四川广汉三星堆遗址2012～2013年考古新收获》，《中国重要考古发现（2013）》，文物出版社，2014年。陈德安、杨剑：《三星堆遗址商代城址的调查与认识》，《夏商周方国文明国际学术研讨会论文集（2014中国广汉）》，科学出版社，2015年。雷雨：《三星堆遗址考古的新突破》，《中国文物报》2016年3月25日第5版。

② 四川省文物考古研究所三星堆遗址工作站：《四川广汉市三星堆遗址仁胜村土坑墓》，《考古》2004年第10期。

③ 四川省文物考古研究院：《四川鸭子河流域商周时期遗址2011～2013年调查简报》，《四川文物》2014年第5期。

心、注重水域和水路交通的超大型城邑聚落群。

三星堆文化拥有超大型的城邑聚落群、结构复杂的城址、规模宏大的建筑基址、埋藏神秘的器物坑，形体巨大、造型独特的青铜人像、面具（图7-20：1下；图版18：2）、神树、眼形器、太阳形器以及各类金器、玉石器和大量的象牙、海贝等，表明当时存在一个具有凝聚力、控制力并充满宗教色彩的统治集团，成都平原已出现了早期国家。三星堆一、二号器物坑所见毁器掩埋现象，暗示着三星堆文化末期一定出现了较大的社会变故。发掘者认为，两座器物坑是两个宗庙被毁、庙内重器分别埋葬的结果，其被毁原因可能与统治阶级内部权力转移（即改朝换代）有关①。有学者根据层位关系和一号坑上层出土的陶尖底盏、器座等器物，指出两坑的下埋年代在十二桥文化一期早段，即正处于三星堆文化与十二桥文化交替之时，坑内珍贵物品为三星堆文化阶段国家宗庙中的重器，被取而代之的十二桥文化阶段的人们毁灭并掩埋②。由此，三星堆城邑走向衰落。

文化因素分析显示，三星堆文化是在宝墩文化的基础上，有选择地吸收融合了夏、商文化部分因素而形成的区域特征鲜明的一支青铜文化。该文化陶器以夹砂褐陶为主，泥质陶较少，流行素面，纹饰不发达，典型器类有小平底罐、高柄豆、瓶、长颈壶、圈足盘、鸟头把勺、盉、觚、器盖等（图7-20：1上）。三星堆文化中所见的中原夏、商文化因素主要为礼器，如陶盉与觚、青铜牌饰、尊、罍、盘以及玉石璋等。

（二）十二桥文化

十二桥文化由成都十二桥遗址③命名，是继三星堆文化之后成都平原青铜文化发展的第二个阶段。已经考古发掘的遗址有抚琴小区、方池街、指挥街、岷江小区、金沙村等，它们与十二桥遗址邻近，绵延10余千米，共同组成了一个庞大的遗址群。其中金沙遗址面积最大、堆积最丰富、出土遗物等级最高，应是十二桥文化的中心性聚落。

金沙遗址位于成都青羊区金沙村、龙咀村和金牛区黄忠村、郎家村等，东北距广汉三星堆遗址约38千米。1995年以来，已发现的重要遗迹主要有房址、墓葬、陶窑、成排圆形灰坑、象牙堆积坑（图版17：4）以及玉石分布区等，出土了包括金器、铜器、玉器、石器、骨器等重要遗物5000余件，以及数以千计的象牙、野猪獠牙、鹿角和数以万计的陶器、陶片等，其中金器主要有人面像、射鱼纹带、四鸟绕日饰（图版18：3）、喇叭形器等，铜器主要有立人像、牛首、曲刃戈形器、璧形器、方空锄形器、眼形器等（图7-20：2下）。目前已确认的金沙遗址面积在5平方千米以上，包括

---

① 四川省文物考古研究所：《三星堆祭祀坑》，文物出版社，1999年，第440～442页。

② 江章华、李明斌：《古国寻踪——三星堆文化的兴起及其影响》，巴蜀书社，2002年，第105～112页。

③ 四川省文物考古研究院等：《成都十二桥》，文物出版社，2009年。

大型建筑基址区、宗教祭祀活动区、一般居址区、墓地等在内的功能区划明确，每一区内又都具有一定的布局结构，而且出土了大量的礼仪性用器和一些与宗教祭祀活动密切相关的特殊遗迹，这些现象表明金沙遗址有可能是十二桥文化时期统治成都平原的古蜀国都邑所在地①。

除金沙遗址外，十二桥文化的重要遗存还有彭县（今彭州市）竹瓦街铜器窖藏，两个大陶缸内藏包括罍、觯、尊、钺、戈、戟、矛在内的青铜礼器和兵器共计38件②。埋藏年代约在西周晚期，埋藏原因可能与十二桥文化衰落所反映的历史事件有关③。另在成都市北郊的羊子山发现一处土台遗迹，复原为底边长140、通高约12米的三级方台，始建年代约在商末周初，可能是当时人们举行祭祀用以人、神沟通的圣地——祭坛④。

十二桥文化的房屋分为干栏式和木（竹）骨泥墙式两种木构建筑形式，除小型房屋外还发现有大型的地梁基础，地梁上有立柱的圆形和方形卯孔，可能是带廊庑的宫殿建筑。流行龟甲占卜，有圆钻无凿和圆钻方凿两种形式，明显是受中原商周文化的影响。陶器以夹砂褐陶、灰陶为主，流行素面，纹饰以绳纹为主，典型器类有尖底罐、尖底盏、尖底杯、盆、圈足罐、高领罐、喇叭口罐、瓮、釜、捉手呈∞形和三花瓣形的器盖等（图7-20：2上）。石器以通体磨制的小型斧、锛、凿为主，还有较多的不知用途的盘状器。骨器均磨制，有笄、针、锥、镞等。

目前学术界对十二桥文化的分期与年代尚未达成共识⑤。关于其年代上限，我们认同以尖底陶器的出现及其组合的变化作为区分三星堆文化与十二桥文化的标识物，十二桥文化与三星堆文化衔接无缺环。大约春秋早期，金沙聚落已明显衰落⑥。如此，十二桥文化的年代约相当于殷墟文化晚期至西周时期，下限应不晚于春秋早期。

文化因素分析表明，十二桥文化从三星堆文化中脱胎发展而来，受其影响是多层次的。早期早段承袭了大量的三星堆文化因素如盉、鸟头把勺、壶、瓶、小平底罐、高柄豆等，只因出现尖底杯、尖底罐、尖底盏，才使得其与三星堆文化相区别，同时出现的波浪花边口罐、圈足罐、盆、瓮等也是三星堆文化中不见的新器形。到了早期晚段，原从三星堆文化继承来的一套器物基本消失，尖底罐、尖底盏、尖底杯、喇叭

① 成都市文物考古研究所等：《金沙淘珍——成都市金沙村遗址出土文物》，文物出版社，2002年；《成都金沙遗址Ⅰ区“梅苑”地点发掘一期简报》，《文物》2004年第4期。成都市文物考古研究所：《金沙——再现辉煌的古蜀王都》，四川人民出版社，2005年。

② 王家祐：《记四川彭县竹瓦街出土的铜器》，《文物》1961年第11期。四川省博物馆等：《四川彭县西周窖藏铜器》，《考古》1981年第6期。

③ 江章华、李明斌：《古国寻踪——三星堆文化的兴起及其影响》，巴蜀书社，2002年，第186～194页。孙华：《彭县竹瓦街铜器再分析——埋藏性质、年代、原因及其文化背景》，《长江流域青铜文化研究》，科学出版社，2002年。

④ 江章华、李明斌：《古国寻踪——三星堆文化的兴起及其影响》，巴蜀书社，2002年，第208～215页。

⑤ 各家观点参见施劲松：《十二桥遗址和十二桥文化》，《考古》2015年第2期。

⑥ 江章华：《金沙遗址的初步分析》，《文物》2010年第2期。

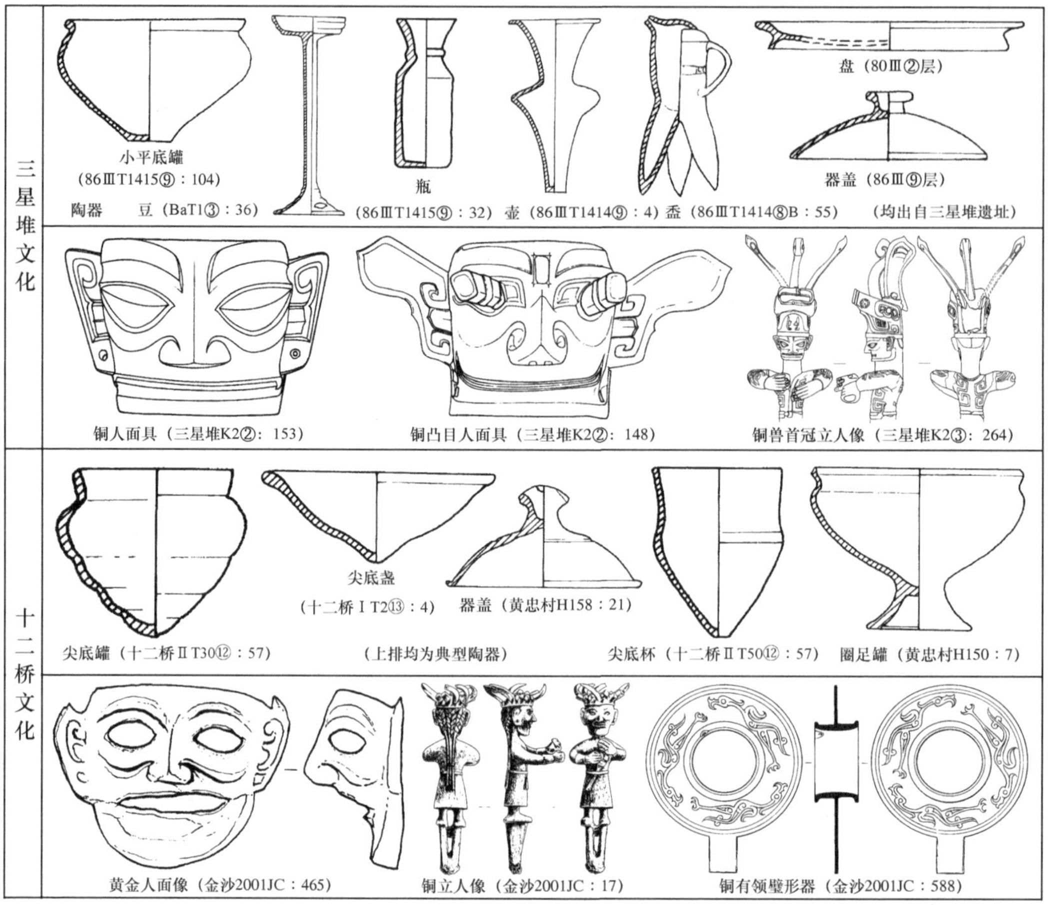

图7-20　成都平原区早期青铜文化典型器物

口罐、圜底釜、瓮、盆等数量增多，形成了以尖底陶器为代表的十二桥文化新的发展阶段[①]。尖底陶器大量出现在成都平原的十二桥文化中，可能与渝东峡江地区石地坝文化的部分人群西进有关[②]。除了陶器，金沙遗址祭祀区出土的金、铜、玉、石、象牙等珍贵器物与三星堆器物坑有同有异，体现了王权和神权并存的社会结构和统治方式[③]。这些重器只在特定场所用于具体的祭祀活动，并不作为随葬品埋葬。尽管金沙遗址发现多个墓地，却没有大型墓葬，仍保持不以贵重物品随葬的传统。以至于有学者认为，十二桥文化与三星堆文化并无太多实质性差异，若考虑金沙遗址祭祀区与三星

① 于孟洲、吴超明：《十二桥文化早期遗存初论》，《考古学报》2019年第2期。

② 江章华：《试论鄂西地区商周时期考古学文化的变迁——兼谈早期巴文化》，《考古》2004年第11期。白九江、李大地：《试论石地坝文化》，《三峡考古与多学科研究》，重庆出版社，2007年。于孟洲：《峡江地区夏商时期考古学文化研究》，科学出版社，2010年，第182页。

③ 施劲松：《三星堆器物坑的再审视》，《考古学报》2004年第2期；《金沙遗址祭祀区出土遗物研究》，《考古学报》2011年第2期。

堆器物坑出土遗物的共性，以及它们所反映的相同的价值体系等，不妨将这两种文化理解为同一文化传统的早晚两个发展阶段[①]。另外，金沙遗址西周晚期开始出现的船棺墓[②]，为东周时期四川盆地流行的船棺葬俗找到了源头。

（三）东周蜀文化

从三星堆文化到十二桥文化兴衰更替、传承有序的传统，到东周时期除了延续少量文化因素（如船棺葬、尖底陶盏、柳叶形扁茎剑、三角援铜戈等）外，其他方面似乎都中断了，尤其体现在中心遗址的废弃，王权与神权象征物的消失。目前成都平原发现的东周文化遗存主要是墓葬，遗址很少，经过发掘的成都市青羊宫和上汪家拐遗址的主体年代均为战国，不见春秋时期遗存。据此命名的“青羊宫文化”[③]或“上汪家拐遗存”[④]并未引起多少反响，学术界习惯上仍以族属称以成都平原为中心的四川盆地西部地区东周时期遗存为“晚期蜀文化”，以示与三星堆、十二桥等早中期蜀文化相区别[⑤]。这里我们拟分两大时段对成都平原东周墓葬加以概述。

春秋时期墓葬发现很少，散见于金沙遗址“黄河”“国际花园”“星河路西延线”等地点[⑥]。这些墓葬均为狭长方形竖穴土坑，独木船棺或未见葬具，主要为单人仰身直肢葬，也有双人合葬，头向东北。随葬陶器以尖底盏最常见，另有三足盏、盆、罐、器盖，石器有磨石、坠饰等，铜器既有成套的实用兵器（柳叶形扁茎剑、三角援戈、窄叶矛）和工具（椭銎斧、方銎斤、刮刀），也有小型的铜饰件和兵器形明器，未见容器（图7-21：上）。值得注意的是，金沙遗址“黄河”地点A组三座墓出土的陶三足盏与春秋中晚期楚文化区流行的铜三足盏相似，属于仿铜陶礼器；B组船棺墓M587随葬的有胡铜戈是典型的春秋早中期楚戈样式，可能是仿制品或直接传入[⑦]。这些文化因素表明，大约春秋中期成都平原已受到楚文化影响。

战国时期墓葬发现数量多，分布地域广，文化内涵复杂。流行长方形竖穴土坑墓，墓内多填塞膏泥，葬具有船棺、木椁、木棺、木板，有的两者搭配使用，如船棺

---

① 施劲松：《十二桥遗址和十二桥文化》，《考古》2015年第2期。

② 江章华：《金沙遗址的初步分析》，《文物》2010年第2期。陈云洪：《成都金沙遗址船棺葬的分析》，《南方民族考古》第10辑，科学出版社，2014年。陈云洪：《四川地区船棺葬的考古学观察》，《边疆考古研究》第17辑，科学出版社，2015年。

③ 孙华：《四川盆地的青铜时代》，科学出版社，2000年。

④ 江章华、王毅、张擎：《成都平原先秦文化初论》，《考古学报》2002年第1期。

⑤ 宋治民：《蜀文化与巴文化》，四川大学出版社，1998年。

⑥ 具体资料出处参见向明文：《巴蜀古史的考古学观察——以东周秦汉时期巴蜀文化墓葬为中心》，吉林大学博士学位论文，2017年，第122页。

⑦ 成都文物考古研究所：《成都市金沙遗址“黄河”地点墓葬发掘简报》，《成都考古发现（2012）》，科学出版社，2014年。

舱室放置装殓尸体的木棺①、木椁内放置船棺②，也有的船棺舱室分室③，这些设置显然受到了中原尤其是楚地棺椁葬具的影响。随葬品可分为土著式和外来因素两大类，土著式陶器多为釜、圜底罐和豆，尖底盏的地位呈下降趋势。土著式铜器包括容器、兵器、工具以及印章等杂器，容器有釜、环耳鍪、釜甑、尖底盒等，形制简单，大多素面；兵器种类仍为剑、戈、矛，型式增加且多有“巴蜀符号”；工具在原有斧斤和刮刀的基础上，也新增了凿、锯、削刀等（图7-21：下）。其中兵器和工具的随葬非常普遍，表现出鲜明的“尚武崇工”特征。外来因素既有青铜礼乐器（如鼎、甗、敦、豆、壶、簠、缶、罍、鉴、钟等），也有仿铜陶礼器（如盏、尊缶、浴缶、豆、壶等），它们大都具有楚文化风格，体现出“如沐楚风”的特点。

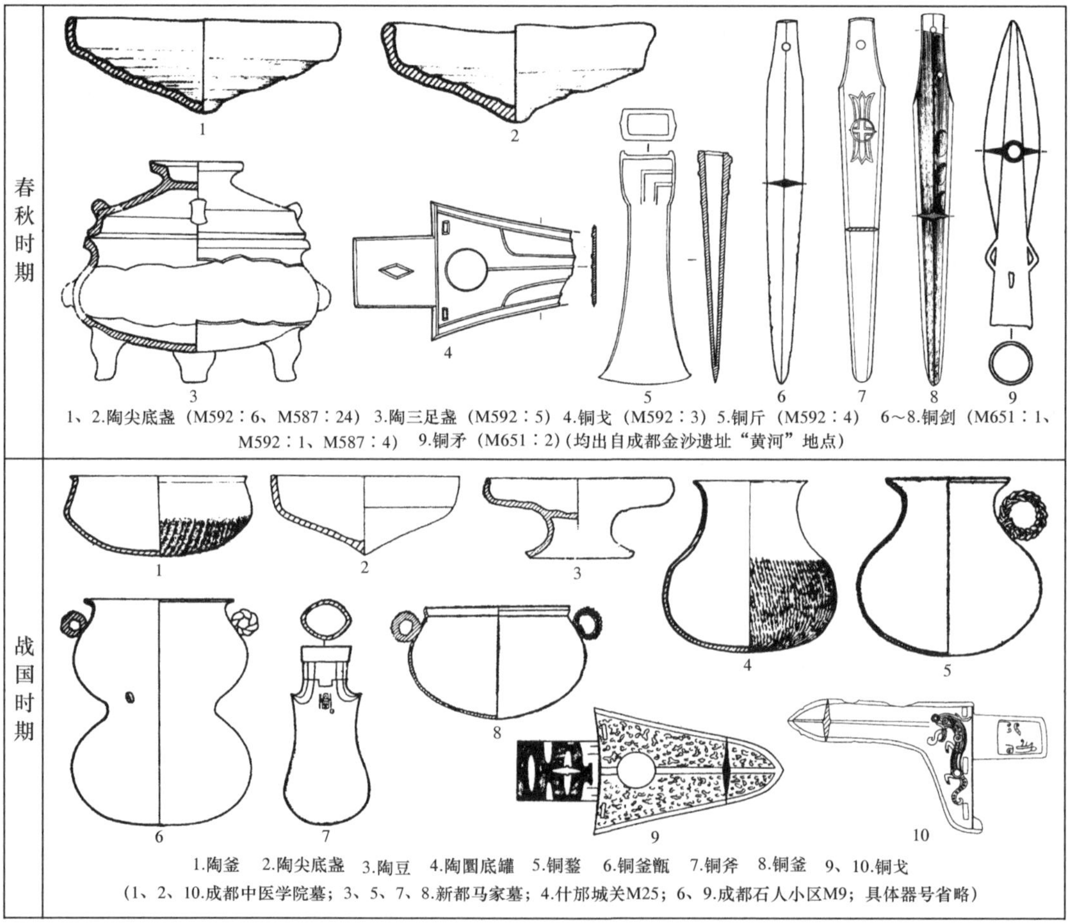

图7-21　成都平原区东周蜀文化典型器物

① 四川省博物馆：《四川船棺葬发掘报告》，文物出版社，1960年。四川省文物考古研究所等：《广元市昭化宝轮院船棺葬发掘简报》，《四川考古报告集》，文物出版社，1998年。

② 四川省博物馆等：《四川新都战国木椁墓》，《文物》1981年第6期。

③ 成都市文物考古研究所：《成都商业街船棺葬》，文物出版社，2009年。

总之，成都平原东周（尤其战国）时期墓葬在外力作用下出现了巨大变化。墓葬规模大小和随葬品多寡反映了当时社会阶层分化严重，墓葬中青铜兵器大量涌现，表明当时社会冲突和战争加剧，社会环境已不再似早期王权和神权共治下的那般和平安定①。文献记载，公元前316年秦人川灭蜀后，秦曾向蜀地移民。由此更多的外来文化因素大量涌入，加速了其土著文化的衰退。西汉以降，中原文化因素逐渐占据主导地位，随着汉武帝开发西南夷后，蜀文化已完全融入汉文化之中。

三、云贵高原区

云贵高原地理构造破碎，自然生态多样。大致以乌蒙山为界，可分为两部分。东部的贵州高原平均海拔约1000米，基本分为山原、盆地（坝子）和峡谷三级地貌。西部的云南高原地势西北高、东南低，大部分海拔在1500～2000米。在云贵高原区考古发现的古代文化遗存一般局限于山间盆地、河谷阶地和湖泊周围，地域上具有较强的封闭性，青铜文化的形成与发展明显滞后，大都晚到战国秦汉时期了。从文献记载看，这里的土著居民为西南夷。

根据自然地理和文化遗存面貌的差异，云贵高原又可划分为若干个区域特征鲜明的考古学文化区②。其中，黔西北—滇东北、滇东、滇西三个区域的考古资料比较丰富，研究相对深入，其他区域（尤其黔东）的青铜文化遗存发现很少，文化面貌尚不清楚。

（一）鸡公山文化

鸡公山文化③是以贵州威宁鸡公山遗址④命名的，包括威宁吴家大坪、营盘山，云南昭通闸心场、鲁甸马厂和野石山⑤等遗址，主要分布在黔西北的中水盆地和滇东北的昭鲁盆地。

鸡公山遗址发现大量祭祀坑，依山势呈三圈密集分布，彼此少有打破，坑壁与底均涂

---

① 江章华：《战国时期古蜀社会的变迁——从墓葬分析入手》，《四川文物》2008年第2期。施劲松：《成都平原先秦时期的墓葬、文化与社会》，《考古》2019年第4期。

② 王大道：《云南青铜文化及其与越南东山文化、泰国班清文化的关系》，《考古》1990年第6期。张增祺：《云南青铜文化研究》，《云南青铜文化论集》，云南人民出版社，1991年。王红光：《贵州考古的新发现和新认识》，《考古》2006年第8期。杨勇：《战国秦汉时期云贵高原考古学文化研究》，科学出版社，2011年。

③ 张合荣、罗二虎：《试论鸡公山文化》，《考古》2006年第8期。

④ 贵州省文物考古研究所等：《贵州威宁县鸡公山遗址2004年发掘简报》，《考古》2006年第8期。

⑤ 云南省文物考古研究所等：《云南鲁甸县野石山遗址发掘简报》，《考古》2009年第8期。刘旭、孙华：《野石山遗存的初步分析》，《考古》2009年第8期。野石山与鸡公山的陶器群既有相同也有差异者，我们暂将其归入鸡公山文化晚期。

抹青膏泥，多有火烧痕迹，坑内出土许多完整或可复原的陶器、石器、炭化稻谷等，部分坑内还见有人骨。墓葬为不规则的土坑竖穴墓，有些墓坑内或墓旁有一个内壁涂抹青膏泥的土坑，墓主身份可能较为特殊。另有与地面建筑相关的柱洞和火塘，结构尚不清楚。

鸡公山文化陶器以夹细砂陶为主，夹粗砂陶次之，泥质陶较少，陶色以红褐最多，还有一定数量的黄褐陶、黑陶和白陶等；纹饰少而简单，有瓦棱纹、戳刺纹、乳丁纹等；流行小平底器，有极少的圈足器，不见圜底器、三足器和尖底器，典型器类有折沿罐、敛口鼓腹单耳罐、高领罐、细颈瓶、单耳带流的盆和杯、凹壁器盖等（图7-22：1）。此外，该文化还出现了少量的青铜器，种类有斧、凿、耳环等。

多个^{14}C数据显示，鸡公山文化的绝对年代为距今3300～2700年，大致相当于中原商代晚期至春秋早期。该文化大体反映了云贵高原地区青铜时代早期的发展水平。

（二）红营盘类型

红营盘类型以贵州威宁红营盘墓地①为代表，包括云南昭通营盘村乙区墓地②等，分布范围与鸡公山文化大致相同。

墓葬多为小型的狭长形土坑墓，分布稀疏，随葬品较少。陶器常见长颈带流罐，另有折沿罐、圈足罐、圈足碗、杯等。铜器有銎柄带箍无格剑、柳叶形扁茎剑、矛、镞、削、镯、戒指等（图7-22：2）。其中折沿陶罐与当地早期的鸡公山文化存在传承关系，柳叶形扁茎铜剑、骹部带双耳的窄叶铜矛属于来自四川盆地的青铜文化因素。

发掘者推断红营盘墓葬的年代约当春秋晚期至战国早中期，昭通营盘村乙区墓葬的年代大致在春秋时期。考虑到銎柄带箍无格铜剑和柳叶形扁茎剑还见于银子坛类型（详下），但形制较为古朴，红营盘类型介于鸡公山文化与银子坛文化之间，应无太大问题。由于该类遗存材料较少，文化面貌尚不全面，暂且称作“红营盘类型”③。

（三）银子坛类型

银子坛类型以威宁银子坛墓地④为代表，包括云南昭通营盘村甲组墓地等，分布于黔西北的中水盆地和滇东北的昭鲁盆地。有学者曾提出“银子坛文化”⑤的命名，目前仅见不多的墓葬资料，仍有待充实。

墓葬为长方形或狭长形土坑竖穴墓，规模较小，排列有序。木质葬具多呈长方

① 贵州省文物考古研究所等：《贵州威宁县红营盘东周墓地》，《考古》2007年第2期。

② 营盘发掘队：《云南昭通营盘古墓群发掘简报》，《云南文物》1995年第41期。

③ 李飞：《夷汉之间——从考古材料看贵州战国秦汉时代的文化格局》，《贵州民族研究》2009年第6期。

④ 贵州省威宁中水联合考古队：《贵州威宁中水考古发掘取得重要收获》，《中国文物报》2005年1月5日第1版。李飞：《贵州威宁银子坛墓地分析》，四川大学硕士学位论文，2006年。

⑤ 孙华：《滇东黔西青铜文化初论——以云南昭通及贵州毕节地区的考古材料为中心》，《四川文物》2007年第5期。

形，另有井字形和目字形。葬式以单人仰身直肢葬为主，死者四肢放置多交叉曲折，形式多样，还发现2～6人不等的合葬和二次葬现象。随葬的典型陶器有钵形口单耳罐、粗柄浅盘豆、敞口深腹瓶、喇叭形杯等，多数陶器上有刻划符号。铜器有束腰贮贝器、柳叶形扁茎剑、銎柄带箍无格剑、蛇首扁柄无格剑、无胡戈、燕尾骹窄叶矛、有銎三翼镞、护膊以及带钩、镯、扣各类服饰品等（图7-22：3）。

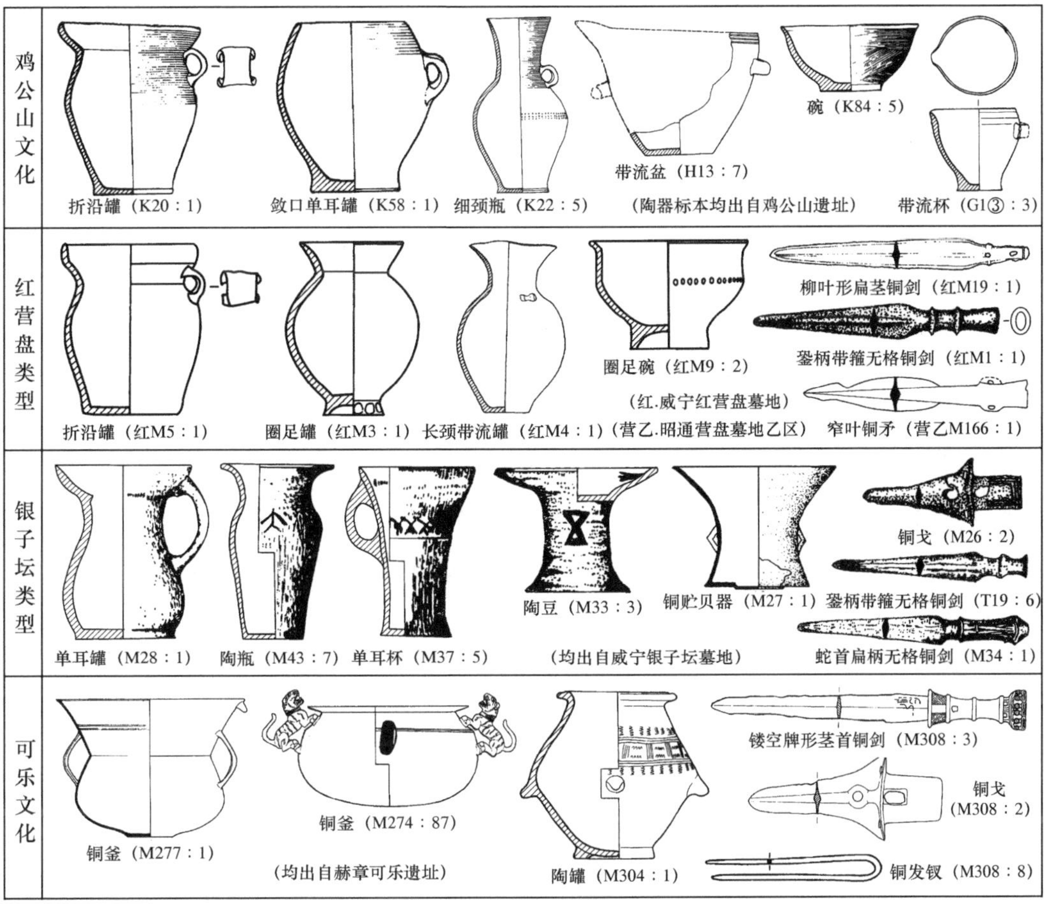

图7-22　黔西北—滇东北区青铜文化典型器物

该类遗存的年代约当战国中期前后至东汉初年，大致以公元前135年汉武帝开西南夷为界，分前后两个阶段。在发展过程中受到来自不同青铜文化因素的影响，尤其与北面的巴蜀文化和南面的石寨山文化的联系比较密切，晚段汉文化因素逐渐增多。

（四）可乐文化

可乐文化[①]是以贵州赫章可乐遗址[②]命名的，分布范围仅限于黔西北乌蒙山东侧一带。

① 杨勇：《试论可乐文化》，《考古》2010年第9期。

② 贵州省博物馆考古组等：《赫章可乐发掘报告》，《考古学报》1986年第2期。贵州省文物考古研究所：《赫章可乐二〇〇〇年发掘报告》，文物出版社，2008年。

已发掘的墓葬多成群分布，皆顺山势埋葬，头向山顶。多为圆角长方形土坑竖穴墓，口大底小。除少数墓坑内发现木棺漆皮痕迹外，大多未见葬具。均为单人葬，流行奇特的所谓“套头葬俗”，即用铜釜、铁釜或铜鼓像帽子一样套在死者的头顶，器身一律侧立，器内和口部附近发现头骨残片、牙齿和头饰。随葬品中铜器和铁器较多，陶器、玉石器和骨器较少，典型器物主要有鼓形和虎形双耳的铜釜、镂空牌形茎首的铜剑和铜柄铁剑、三角援柱脊无胡铜戈、发钗以及带鋬纽的折腹圈足小陶罐等（图7-22：4）。此外，还有来自中原汉文化因素如日光铜镜、“敬事”铜印章、四铢半两和五铢铜钱以及汉式铁剑等，巴蜀文化因素如铜鍪、柳叶形扁茎铜剑等，石寨山文化因素如铜贮贝器、内饰减地浮雕图案的铜戈等。

可乐文化的年代约当战国中晚期至西汉中晚期，其族属可能与文献记载的夜郎或夜郎“旁小邑”有关。

（五）石寨山文化

石寨山文化是以云南晋宁石寨山遗址[①]命名的，主要分布在以滇池、抚仙湖为中心的滇东地区。目前学术界对“石寨山文化”的时空范围存有争议，最初汪宁生提出的“石寨山文化”上起商代，下迄西汉，分布范围遍及云贵高原大部[②]。后来随着资料日益丰富，研究不断深入，蒋志龙将“石寨山文化”的空间分布范围压缩在滇中和滇东高原一带，年代上限在春秋早期或更早，向下延续至东汉初年[③]。这里我们基本采纳后一种意见，但在年代判定上持谨慎态度。

石寨山文化遗存以墓葬为主，遗址发现较少[④]。墓葬多为长方形土坑竖穴墓，有大、中、小之分，分布密集，排列有序，以东西向为主。大、中型墓多有木质棺椁葬具，部分有二层台、腰坑等设施。以单人葬为主，另有双人和多人合葬的二次葬。不同规格的墓葬在随葬品种类和数量上贫富差距明显，大、中型墓随葬铜器较多，除兵器、生产工具、装饰品等常见种类外，还出铜鼓、编钟、葫芦笙、贮贝器、俑等礼仪用器。代表性铜器主要有鼓、贮贝器、釜、釜形鼎、细颈壶、一字格剑、曲援戈、人或兽纽耳矛、有銎啄、新月形弧刃斧等，多装饰繁缛的人形或动物形图案以及具有浓郁写实风格的雕塑等；陶器主要有大喇叭口釜、高领罐、高圈足尊、釜形鼎等

---

① 云南省博物馆考古发掘工作组：《云南晋宁石寨山古遗址及墓葬》，《考古学报》1956年第1期。云南省博物馆：《云南晋宁石寨山古墓群发掘报告》，文物出版社，1959年；《云南晋宁石寨山第三次发掘简报》，《考古》1959年第9期；《云南晋宁石寨山古墓第四次发掘简报》，《考古》1963年第9期。云南省文物考古研究所等：《云南晋宁石寨山第五次抢救性清理发掘简报》，《文物》1998年第6期；《晋宁石寨山——第五次发掘报告》，文物出版社，2009年。

② 汪宁生：《试论石寨山文化》，《中国考古学会第一次年会论文集》，文物出版社，1980年。

③ 蒋志龙：《再论石寨山文化》，《文物》1998年第6期。

④ 具体资料参见杨勇：《战国秦汉时期云贵高原考古学文化研究》第四、五章，科学出版社，2011年。

（图7-23：上）。

关于石寨山文化的年代，学术界普遍认为其下限约在两汉之际，但上限却存在不同意见，或认为可早到春秋①，或在战国末年②。比较来看，年代上限定在战国时期比较稳妥。根据晋宁石寨山M6出土“滇王之印”金印，再结合相关文献记载，可知石寨山文化的族属应为古滇人。

需要提及的是，关于以曲靖八塔台与横大路墓地③为代表的滇东青铜文化的年代与归属问题。八塔台墓地的353座墓葬多为土坑竖穴墓，且多有随葬品，主要随葬铜兵器，种类有剑、钺、戈、矛、啄、弩机等，容器有鍪、簋、杯、碗、壶等，乐器有鼓，工具有斧、凿、削等，此外还有各种扣饰。横大路墓地的188座墓也大多为土坑竖穴墓，但随葬品以陶器为主，基本组合为鼎、罐、盘；铜器较少，主要是兵器戈、剑和装饰品镯、铃、扣饰等。它们与滇池区域发现的墓葬具有诸多共性，但也有些自身特点，如墓葬从早到晚层层叠压形成大土墩，有的墓带封土，陶器中有鼎和豆，铜兵器多钺，以及扣饰中以虎、狐等为装饰题材等。发掘者认为两地墓葬的年代约当春秋早期至西汉时期，属于滇文化的一个地方类型，即“滇文化八塔台—横大路类型”，得到了一些学者的认同④。但也有学者认为八塔台墓地的年代约当战国晚期至东汉早期，主张作为一支独立的考古学文化，应命名“八塔台文化”，其族属可能是与文献记载的“劳浸”人群有关⑤。我们认为曲靖八塔台与横大路墓地的年代上限不会早到春秋，定在战国时期比较合适，其与滇池区域石寨山文化墓葬的共性要大于差异性，可视作石寨山文化的一个地方类型。

（六）万家坝文化

万家坝文化是以楚雄万家坝墓地⑥命名的，其他重要发现有楚雄张家屯墓地⑦、祥云大波那墓地⑧等，主要分布在龙川江上游至洱海之间的滇西地区。

墓葬均为长方形土坑竖穴墓，以东北—西南方向为主，有的带二层台和腰坑。大、中型墓多使用木质棺椁，祥云大波那M1使用木椁铜棺，其中木椁和铜棺的棺盖

① 王大道：《滇池区域的青铜文化》，《云南青铜器论丛》，文物出版社，1981年。蒋志龙：《再论石寨山文化》，《文物》1998年第6期。

② 米歇尔·皮拉左里撰，吴臻臻译，莫润先校：《滇文化的年代问题》，《考古》1990年第1期。

③ 云南省文物考古研究所：《曲靖八塔台与横大路》，科学出版社，2003年。

④ 蒋志龙：《试论石寨山文化的两个地方类型——石寨山类型和八塔台类型》，《云南文物》2000年第2期。戴宗品：《论滇文化“八塔台—横大路类型”》，《云南文物》2003年第3期。

⑤ 杨勇：《战国秦汉时期云贵高原考古学文化研究》，科学出版社，2011年，第195～200页。

⑥ 云南省文物工作队：《云南省楚雄县万家坝古墓群发掘简报》，《文物》1978年第10期；《楚雄万家坝古墓群发掘报告》，《考古学报》1983年第3期。

⑦ 张家华：《楚雄张家屯出土青铜器初探》，《云南文物》1994年第38期。

⑧ 云南省文物工作队：《云南祥云大波那木椁铜棺墓清理报告》，《考古》1964年第12期。

做成人字形的屋顶状，棺下有支脚，非常有特色。随葬品以铜器为主，另有陶器、木器、玉石器、锡器等。代表性器物主要有三叉格剑、骹口分叉矛、亚腰形援无胡戈、饰兀字形和几字形的宽弧刃斧、方形和长方形的锄等，此外宽沿釜、星纹鼓、扁圆筒形钟等也有显著的区域特色（图7-23：下）。

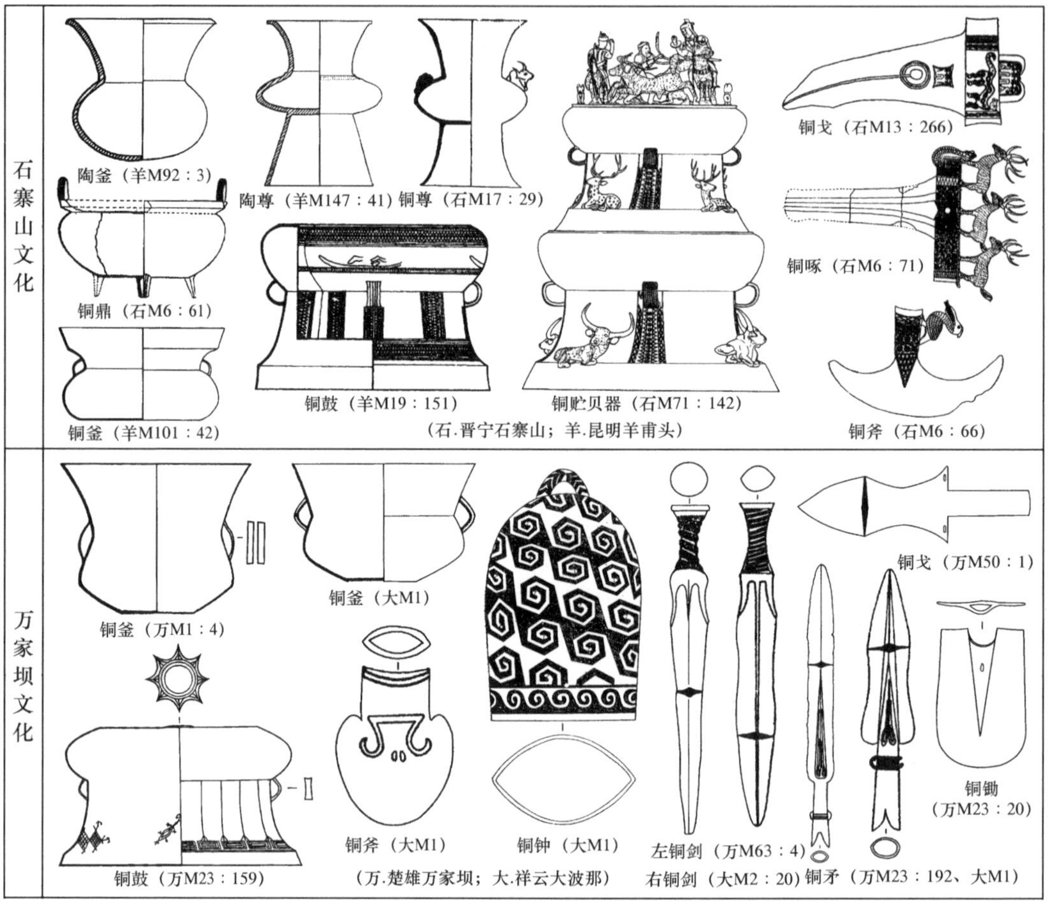

图7-23　云南地区青铜文化典型器物

关于万家坝文化的年代，学术界存在着不同的认识。如发掘者根据^{14}C测年数据将万家坝墓葬分为西周至春秋早期、春秋晚期至战国时期两大时期，大波那M1的两个^{14}C测年数据分别为距今2415年±75年和2350年±75年①；也有学者认为它们的年代应在西汉纪年内②。经与石寨山文化比较，万家坝文化的年代大致应在战国至西汉时期。

有学者主张以祥云大波那墓地为代表的“大波那遗存”应独立于万家坝文化之

① 中国科学院考古研究所实验室：《放射性碳素测定年代报告（四）》，《考古》1977年第3期。

② 徐学书：《关于滇文化和滇西青铜文化年代的再探讨》，《考古》1999年第5期。

外，认为它们都可能与文献记载的“靡莫”人群有关[1]。比较来看，祥云大波那墓地无论是墓葬形制还是随葬器物均与万家坝墓葬大同小异，族群推定亦相同，所以应属同一支考古学文化。此外，在洱海以东的宾川、祥云、弥渡一带还分布着石棺墓遗存，同一地点的石棺墓分布相对集中，但排列不很密集，都是先挖长方形竖穴土坑，再用石板拼砌石棺。流行二次多人合葬习俗，随葬铜器常见三叉格剑、曲刃矛、圆弧刃斧、宽叶形和条形锄、鸡（鸟）形杖首、镯及各种小件饰物，另有陶罐、绿松石珠等。综合来看，这些石棺墓遗存的族属可能与早期南下的西北地区氐羌系统人群有关。他们经川西高原迁到滇西高原，虽然历时千百年至汉代时已基本土著化，但某些特有的文化基因仍在顽强地延续，甚至融入当地的文化血脉之中而难以分辨了。

第五节　西 北 地 区

西北地区主要包括甘肃、宁夏、青海、新疆两省两区，是古代中西文化交流的重要通道。这一地区的青铜时代文化普遍流行有耳陶罐，彩绘陶器发达，主要土著居民可能是文献所载的羌、戎等古族。

根据相对独立的自然地理单元和文化面貌的差异，西北地区又可细分四个亚区。

一、河湟—陇东区

此亚区属黄土高原西端，西邻青藏高原，北接大漠，南濒渭水谷地。

（一）齐家文化

齐家文化是以甘肃广河县齐家坪遗址[2]命名的。1924年，由瑞典人安特生（J. G. Anderson）首先发现，当时认为该遗址出土遗物是甘肃古文化六期中最早的一期，称为“齐家期”，将其相对年代放在仰韶期之前。1945年，夏鼐根据在宁定（今广河）县阳洼湾墓地发掘的齐家文化墓葬填土中出土彩陶片，从堆积成因上推定齐家文化晚于马家窑文化，纠正了安特生分期的错误。迄今为止，已发现的齐家文化遗址有1100余处，其中发掘规模较大、收获颇丰的遗址有甘肃武威皇娘娘台[3]、永靖大何庄与秦魏

① 杨勇：《战国秦汉时期云贵高原考古学文化研究》，科学出版社，2011年，第254～257页。

② 甘肃省博物馆：《甘肃省文物考古工作三十年》，《文物考古工作三十年》，文物出版社，1979年。

③ 甘肃省博物馆：《甘肃武威皇娘娘台遗址发掘报告》，《考古学报》1960年第2期。

家[①]、天水师赵村与西山坪[②]、临潭磨沟[③]等，青海乐都柳湾[④]、民和喇家[⑤]等。齐家文化以渭河上游、洮河中下游与湟水中下游地区为分布中心，东起甘肃庆阳，西至青海湖北岸沙柳河，北抵内蒙古阿拉善左旗，南达甘肃文县，东西长800余千米[⑥]。

齐家文化遗迹有以白灰面为主的居址建筑群和众多的窖穴，其中民和喇家遗址的房屋大多是窑洞式建筑，已发掘的多座房屋内都保存有因突发地震灾难而死亡的人类遗骸，在F3内发现一对母子，而F4内则有多达14具人骨（图版19：1）。墓葬一般成组成排分布，以长方形或圆角长方形土坑竖穴墓为主，其次为偏洞室墓。偏洞室墓一般由长方形竖穴墓道和位置、数量不同的偏室组合而成，在墓道下部两端近偏室（或主偏室）一侧多建有封门用的竖槽，墓道部分多设有壁龛。竖穴土坑墓以单人仰身直肢葬为主，存在一定数量的合葬；偏洞室墓多见合葬，有的则为多人多次合葬[⑦]。另外还发现有人殉、人祭现象，以及由砾石围成的“石圆圈”祭祀遗存，附近放置卜骨或牛、羊骨骼。

齐家文化陶器以泥质红陶、夹砂红褐陶为主，典型器类有双大耳罐、双小耳罐、侈口高领罐、盆、豆等，除素面外，有的器表施以彩绘，以红彩或紫红彩绘成蝶形纹、蕉叶纹、菱形网格纹等几何图案（图7-24：1）。铜器以小件红铜器为主，器类主要有锥、刀、环、斧等。石器以磨制为主，有斧、铲、锛、刀、磨棒、磨盘等。

齐家文化可分三期8段[⑧]，相对年代晚于马厂文化而早于卡约文化，^{14}C测定数据显示其绝对年代为公元前2183～前1630年，中晚期大致与中原夏纪年相当。根据多个遗址的人骨鉴定结果，齐家文化的居民属于东亚蒙古人种类型[⑨]。

（二）卡约文化

卡约文化是以青海湟中县卡约遗址命名的。卡约遗址最早于1923年安特生在湟中县李家山下西河考察时发现，当时他错将该文化遗存归入寺洼文化。1949年，夏鼐首次将卡约文化从寺洼文化中分出来单独命名。目前考古发现的卡约文化遗址1700余

---

① 中国科学院考古研究所甘肃工作队：《甘肃永靖大何庄遗址发掘报告》，《考古学报》1974年第2期；《甘肃永靖秦魏家齐家文化墓地》，《考古学报》1975年第2期。

② 中国社会科学院考古研究所：《师赵村与西山坪》，中国大百科全书出版社，1999年。

③ 甘肃省文物考古研究所：《甘肃临潭磨沟齐家文化墓地发掘简报》，《文物》2009年第10期。

④ 青海省文物管理处考古队等：《青海柳湾》，文物出版社，1984年。

⑤ 中国社会科学院考古研究所等：《青海民和喇家史前遗址的发掘》，《考古》2002年第7期；《青海民和县喇家遗址2000年发掘简报》，《考古》2002年第12期。

⑥ 谢端琚：《甘青地区史前考古》，文物出版社，2002年，第111～136页。

⑦ 钱耀鹏、朱芸芸、毛瑞林、谢炎：《略论磨沟齐家文化墓地的多人多次合葬》，《文物》2009年第10期。

⑧ 张忠培：《齐家文化研究（下）》，《考古学报》1987年第2期。

⑨ 王明辉：《青海民和喇家遗址人骨及其相关问题》，《考古》2002年第12期。

处，其中发掘规模较大、收获颇丰的主要有循化县阿哈特拉①和苏呼撒村②、湟源县大华中庄③、大通县上孙家寨④等。卡约文化以青海湖与西宁、湟中之间的湟水上游和龙羊峡至积石峡之间的黄河两岸为分布中心，东起甘青交界，南达阿尼玛卿山北麓，西至青海湖沿岸，北抵祁连山南麓⑤。

卡约文化的房址有半地穴和地面起建两种，有的居址周围设置河卵石围墙。墓地一般选择在山脚下和山前台地上，以竖穴偏洞墓、带龛墓和二次扰乱葬最具特点，随葬陶器大多为小型明器，殉牲现象普遍，以羊为主，其他还有牛、马、狗、猪，并出现人殉现象。

卡约文化陶器以粗红陶为主，细泥红（灰）陶较少，陶土中常掺陶渣。主要器类有沿外或沿下饰附加堆纹的花边罐、大（小）双颈耳罐、腹耳壶、小双耳盆等，其他还有鬲、豆、碗等。彩绘早期少而晚期多见，纹饰有网格纹、锯齿纹和动物纹等。铜器基本出自墓葬，主要有钺、矛、镞、斧、刀等兵器和工具以及铃、联珠、泡、管等装饰品（图7-24：2）。另外，西宁鲍家寨卡约文化遗址曾出土一件铜鬲，形制与二里冈上层时期铜鬲接近⑥。

根据遗存面貌的差异，卡约文化可分为两个（即以阿哈特拉、上孙家寨墓地为代表⑦）或三个（即以潘家梁、阿哈特拉、大华中庄墓地为代表⑧）地方类型。^{14}C测定数据显示，卡约文化的绝对年代约为公元前1600 ~ 前600年。结合鲍家寨出土铜鬲推断，卡约文化的年代上限或可早到商代早期，其年代下限及分期问题，还需作进一步研究。卡约文化的族属，一般认为属于羌族系统。

（三）辛店文化

辛店文化是以1924年安特生发现的甘肃临洮辛店遗址命名的。目前发现的辛店文化遗址已有350余处，经过发掘的典型遗址有甘肃永靖姬家川、张家咀⑨和临夏莲花

① 许新国、桑格本：《卡约文化阿哈特拉类型初探》，《青海考古学会会刊》1983年第5期。

② 青海省考古研究所：《青海循化苏呼撒墓地》，《考古学报》1994年第4期。

③ 青海省湟源县博物馆等：《青海省湟源县大华中庄卡约文化墓地发掘简报》，《考古与文物》1985年第5期。

④ 高东陆：《略论卡约文化》，《考古学文化论集（三）》，文物出版社，1993年。

⑤ 谢端琚：《甘青地区史前考古》，文物出版社，2002年，第152 ~ 169页。

⑥ 赵生琛：《青海西宁发现卡约文化铜鬲》，《考古》1985年第7期。

⑦ 中国社会科学院考古研究所：《中国考古学·夏商卷》，中国社会科学出版社，2003年，第563、564页。

⑧ 谢端琚：《甘青地区史前考古》，文物出版社，2002年，第156 ~ 159页。

⑨ 黄河水库考古队甘肃分队：《甘肃永靖县张家咀遗址发掘简报》，《考古》1959年第4期；《甘肃临夏姬家川遗址发掘简报》，《考古》1962年第2期。中国社会科学院考古研究所甘肃工作队：《甘肃永靖张家咀与姬家川遗址的发掘》，《考古学报》1980年第2期。

台[①]，青海民和核桃庄[②]等。辛店文化主要分布在甘青交界处的黄河沿岸区，包括甘肃境内黄河南岸的大夏河和洮河下游，青海省黄河北岸的湟水中下游流域。

辛店文化的房址发现较少且形制单一，主要为长方形半地穴式建筑，但窖穴发现较多，且分布密集。墓葬主要为长方形土坑竖穴墓，还有部分竖穴偏洞室墓、带龛墓和石棺墓，流行仰身直肢葬和二次葬，少数为屈肢葬、俯身葬、侧身直肢葬，同时还有合葬墓。随葬品主要为陶器，常伴出小件工具和装饰品，另有牛、羊等牺牲肢体。

辛店文化陶器主要为夹砂红褐陶，有的夹陶渣。器形主要有分裆袋足鬲、双颈耳罐、盆、腹耳壶、单耳杯等，器表施彩绘现象普遍，其中彩绘双勾纹（羊角纹）是最典型的装饰风格（图7-24：3）。铜器有弧刃带柄刀、矛、锥、泡等。

根据遗存面貌的差异，辛店文化可分为姬家川、张家咀两个地方类型，其中姬家川类型鬲多矮领双耳，饰绳纹；罐粗矮，施单黑彩。张家咀类型鬲多高领无双耳、素面；罐瘦高，施复彩。彩绘均大量施于白色或红色陶衣之上，有动物形象、几何纹和符号。值得一提的是，根据民和山家头墓地出土资料，发掘者提出了辛店文化的一个新类型——山家头类型，无鬲、流行圜底陶罐、器表多饰绳纹、彩陶少，年代可早至早商[③]。也有学者直接称其为“山家头类遗存”，性质尚待进一步研究[④]。

根据姬家川、张家咀遗址的层位关系可知，辛店文化晚于齐家文化。^{14}C测定数据显示，辛店文化的绝对年代为公元前1400～前700年。民和核桃庄人骨鉴定结果表明，辛店文化的居民基本属于东亚蒙古人种，但同时含有某些接近北亚蒙古人种的体质因素[⑤]。辛店文化的族属，一般认为属于羌族或其支系。

（四）寺洼文化

寺洼文化是以甘肃临洮寺洼山遗址命名的。1924年安特生在该遗址发现了8座寺洼文化墓葬，当时称“寺洼期”。1949年夏鼐正式命名寺洼文化，首次提出寺洼文化为古代氐羌族的遗留。目前发现的寺洼文化遗址已有50余处，经发掘的典型遗址除寺洼

---

① 中国社会科学院考古研究所甘肃工作队：《甘肃永靖莲花台辛店文化遗址》，《考古》1980年第4期。甘肃省文物工作队等：《甘肃临夏莲花台辛店文化墓葬发掘报告》，《文物》1988年第3期。

② 青海省文物局考古研究所等：《民和核桃庄》，科学出版社，2004年。

③ 青海省文物管理处：《青海民和核桃庄山家头墓地清理简报》，《文物》1992年第11期。

④ 水涛、张学正、韩翀飞：《辛店文化研究》，《考古学文化论集（三）》，文物出版社，1993年。

⑤ 王明辉、朱泓：《民和核桃庄史前文化墓地人骨研究》，《民和核桃庄》附录，科学出版社，2004年。

山外，还有庄浪徐家碾[①]、西和栏桥[②]、合水九站[③]等。寺洼文化主要分布在甘肃中、南部的洮河、白龙江、西汉水，东部的泾河及其上游支流一带。

目前除在九站遗址发现寺洼文化的居址外，其余地点均为墓地。墓葬形制流行长方形土坑竖穴墓，葬式有仰身直肢葬、二次扰乱葬、火葬等多种，少数墓中还见有人殉现象。

寺洼文化陶器主要为夹粗砂或陶渣的褐陶，流行素面，另有短条状附加堆纹、划纹、绳纹等，有少量施黄、黑色简单图案的彩绘陶。器类主要有马鞍口双颈耳罐、平口双颈耳罐、单耳罐、无耳罐、分裆鬲、豆等，其中以马鞍口双耳罐独具特色。铜器有戈、矛、剑、镞、刀、斧等兵器和工具，以及铃、泡、镯等装饰品（图7-24：4）。

寺洼文化可分为三期，年代约从晚商至西周晚期。根据文化遗存的年代早晚与地域性差异，可将其划分寺洼山、九站、徐家碾—栏桥三个地方类型，寺洼文化中最显著的外来因素当属周文化因素，如联裆鬲、联裆甗、折肩罐、有胡戈等[④]。人骨鉴定结果表明，庄浪徐家碾寺洼文化居民的种族类型与南亚蒙古人种的联系较密切，同时在某些面部特征上与东亚蒙古人种也存在一定关系[⑤]。寺洼文化的族属，一般认为属于羌族或其支系。

（五）杨郎文化

杨郎文化以宁夏固原杨郎乡马庄墓地的发掘[⑥]而得名，经较大规模发掘的还有固原彭堡乡于家庄墓地[⑦]、九龙山与彭阳王大户[⑧]等，主要分布于以陇山为中心的宁夏中南部及其毗邻的甘肃省东北部，尤以宁夏固原和甘肃庆阳地区最为密集。

杨郎文化的遗存主要是墓葬，以土洞墓居多，另有长方形土坑竖穴墓。土洞墓通常先挖一长方形竖穴墓道，然后在其东壁或北壁掏出洞室，由于洞室开凿的位置不同而形成多种形制，有的居中呈凸字形、有的开在两角呈凹字形、有的开在一角呈刀形等。死者置于洞室内，多单人葬，仰身直肢，足高头低，一般无葬具。人骨两侧放置随葬品。墓内普遍殉牲，数量多寡不一，以马、牛、羊的头和蹄为主，也见有羊颌

---

① 中国社会科学院考古研究所：《徐家碾寺洼文化墓地——1980年甘肃庄浪徐家碾考古发掘报告》，科学出版社，2006年。

② 甘肃省文物工作队等：《甘肃西和栏桥寺洼文化墓葬》，《考古》1987年第8期。

③ 北京大学考古系等：《甘肃合水九站遗址发掘报告》，《考古学研究（三）》，科学出版社，1997年。

④ 周赟：《寺洼文化研究》，吉林大学硕士学位论文，2006年。

⑤ 王明辉：《甘肃庄浪徐家碾寺洼文化人骨研究》，《徐家碾寺洼文化墓地——1980年甘肃庄浪徐家碾考古发掘报告》附录二，科学出版社，2006年。

⑥ 宁夏文物考古研究所等：《宁夏固原杨郎青铜文化墓地》，《考古学报》1993年第1期。

⑦ 宁夏文物考古研究所：《宁夏彭堡于家庄墓地》，《考古学报》1995年第1期。

⑧ 宁夏文物考古研究所等：《王大户与九龙山——北方青铜文化墓地》，文物出版社，2016年。

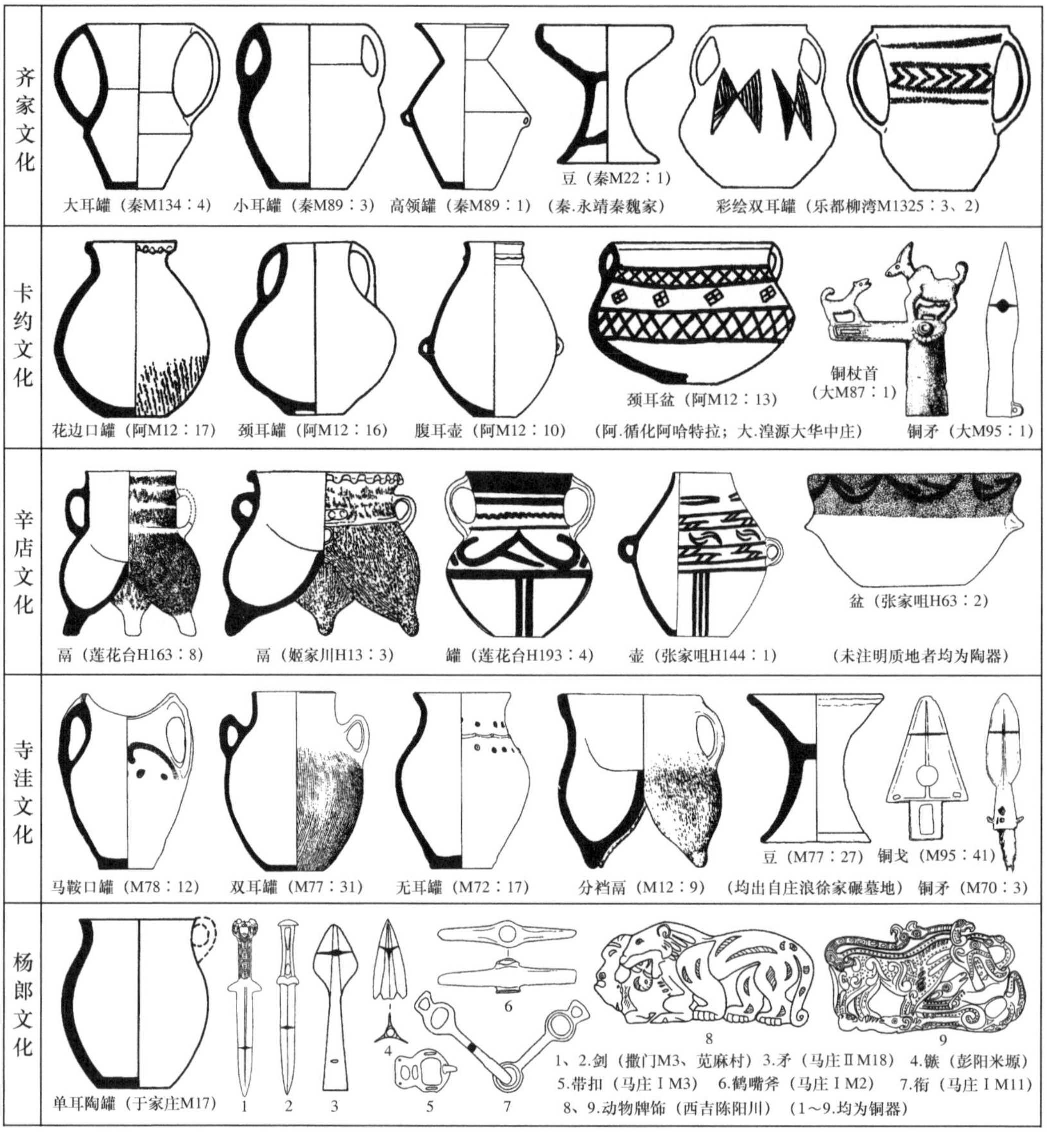

图7-24　河湟—陇东区青铜文化典型器物

骨。殉牲多放置在人骨的足端，洞室墓中的殉牲通常置于靠近洞室的墓道内。一般来说，土洞墓殉牲的数量要多于竖穴土坑墓。墓内随葬陶器很少，马庄49座墓出土陶器只有6件，于家庄28座墓的随葬品中陶器仅有7件。

杨郎文化陶器很不发达，器类有单耳罐和双耳罐，均为夹砂褐陶。青铜器包括兵器、工具、车马器、生活用具及各种装饰品，以双鸟回首短剑、管銎斧、啄戈、折叶矛、鹤嘴斧、双节衔、形式多样的带扣、各种动物纹带饰及圆雕动物形象等最为常见，尤其兵器、马具和动物纹装饰艺术基本构成了早期游牧人文化的主要内涵（图7-24：5）。

目前杨郎文化有两期3段和三期5段两种分期方案，年代的推断略有出入，前者认为年代相当于春秋中晚期至战国晚期[①]，后者则定在春秋晚期至秦代[②]。人骨鉴定结果显示，彭堡于家庄墓地出土头骨很接近现代北亚蒙古人种[③]。根据《史记》《汉书》等相关记载，杨郎文化的时空范围处于包括乌氏戎、义渠戎等在内的西戎族群的活动区域，由此推测杨郎文化的族属应为西戎的某一或多个支系。

这里还需提及的是，近年来西戎考古的重大发现——张家川马家塬战国墓地。

马家塬墓地位于甘肃东部天水市张家川回族自治县木河乡东北约3千米的马家塬上。2006年7月该墓地因被盗而连续发掘，截至2014年底已探明墓葬和祭祀坑69座，以规模最大的甲字形竖穴木椁墓M6为中心，其余墓葬呈半月形分布在其北部和东西两侧，面积约2万平方米[④]。已公布的墓葬以洞室墓为主，其中又以规模较大的阶梯竖穴墓道偏洞室墓为主流，方向大体一致，竖穴均为东西向，洞室位于竖穴北壁呈南北向与竖穴相交，墓主均头向北，墓道的阶梯级数不等，已发现的葬式绝大多数为仰身直肢，少量为侧身直肢，头向与洞室方向一致。除此之外，竖穴土坑木棺墓形制特殊，木棺置于竖穴北壁下所挖的坑内，棺呈东西向放置，虽然规模不大，但随葬遗存等级并不低。这种墓葬形式也许是竖穴偏洞室墓的变体，造成这种差别是时代原因还是属于同一族群的不同支系，还需深入研究。尽管这两种墓葬形制有别，但墓葬方向、殉牲葬俗和葬车装饰风格却是相同的。

墓中常见葬车，大多以髹漆、金银饰件、铜饰件以及料珠装饰车轮和车舆，这种装饰豪华的车辆基本无法行驶，因而车辆应该不是实用车辆，而是一种礼仪性质的用车，代表墓主人的等级和身份。此外，墓葬中还普遍存在殉牲现象，部分墓葬有墓祭现象，在墓地中部和东部还有专门的祭祀坑。殉牲和用于祭祀的动物主要为马、牛、羊，使用动物的头、蹄或肢骨。动物头向均朝东，肢骨多为左前肢。墓葬出土大量的金银饰品（如金耳环、金带钩、金人面形饰、金动物纹带饰、银项饰、金或银箔制成的鸟兽等）、青铜车马器（如軎、毂、盖弓冒、节约、带扣等）、锡器（如俑、羊、牛、壶等）、玉石器（如玛瑙珠、石髓珠、绿松石坠等）以及各式各样的早期玻璃制品（如蜻蜓眼玻璃珠、鼓形玻璃珠等），还有部分陶器（鬲、罐）、青铜容器（鼎、鬲、甗、壶、杯）和兵器（戈、镞）、铁器（剑、戈、矛、马衔）等。文化因素构成复杂，以土著文化因素为主体，其次为秦文化和北方草原文化，还有少量来自中原和

---

① 中国社会科学院考古研究所：《中国考古学·两周卷》，中国社会科学出版社，2004年，第541～547页。

② 杨建华：《春秋战国时期中国北方文化带的形成》，文物出版社，2004年，第36～41页。

③ 韩康信：《宁夏彭堡于家庄墓地人骨种系特点之研究》，《考古学报》1995年第1期。

④ 甘肃省文物考古研究所等：《2006年度甘肃张家川回族自治县马家塬战国墓地发掘简报》，《文物》2008年第9期。早期秦文化联合考古队等：《张家川马家塬战国墓地2007～2008年发掘简报》，《文物》2009年第10期；《张家川马家塬战国墓地2008～2009年发掘简报》，《文物》2010年第10期；《张家川马家塬战国墓地2010～2011年发掘简报》，《文物》2012年第8期；《甘肃张家川马家塬战国墓地2012～2014年发掘简报》，《文物》2018年第3期。

地中海地区（如掐丝、金珠工艺）的文化因素①。

根据墓中出土陶器和铜器判断，马家塬墓地的年代当在战国晚期至秦代。根据所处地理位置并结合相关文献记载，一般认为其族属可能是西戎诸部族的一支，或为绵诸戎②。被推断同属绵诸戎的考古遗存还有清水县白驼刘坪墓地③、秦安县王窑王家④、五营王洼墓地⑤等。此外，位于渭河上游谷地的甘谷毛家坪B组遗存可能与冀戎有关⑥，由此再向西，位于渭河上游支流漳河北岸的漳县墩坪墓地或为獂戎遗存⑦。总之，上述考古发现为研究西戎文化、秦与西戎关系以及中西方文化交流等课题提供了重要资料。

二、河西走廊区

位于黄河以西的甘肃省西北部，东起乌鞘岭，西至星星峡，介于祁连山和龙首山、合黎山、马鬃山之间，东西长约1200、南北宽100～200千米，为西北—东南走向的狭长平地，形如走廊，又称甘肃走廊，历代均为中国东部通往西域的咽喉要道。

（一）四坝文化

四坝文化是以甘肃山丹县四坝滩遗址⑧命名的，经较大规模发掘的遗址还有玉门火烧沟⑨、酒泉骨干崖⑩、民乐东灰山⑪等，主要分布于河西走廊西部，东界不超出山丹县，西至北山一带。

目前发掘的四坝文化居址材料不多，发现有土坯房址和砾石垒砌的院落残迹。墓

---

① 王辉：《张家川马家塬墓地相关问题初探》，《文物》2009年第10期。甘肃省文物考古研究所：《西戎遗珍：马家塬战国墓地出土文物》，文物出版社，2014年。

② 梁云：《考古学上所见秦与西戎的关系》，《西部考古》第11辑，科学出版社，2016年。

③ 甘肃省博物馆等：《甘肃清水县刘坪近年发现的北方系青铜器及金饰片》，《文物》2003年第7期。甘肃省文物考古研究所等：《清水刘坪》，文物出版社，2014年。

④ 秦安县文化馆：《秦安县历年出土的北方系青铜器》，《文物》1986年第2期。

⑤ 甘肃省文物考古研究所：《甘肃秦安王洼战国墓地2009年发掘简报》，《文物》2012年第8期。

⑥ 赵化成：《甘肃东部秦与羌戎文化的考古学探索》，《考古类型学的理论与实践》，文物出版社，1989年。

⑦ 甘肃省文物考古研究所：《甘肃漳县墩坪墓地2014年发掘简报》，《考古》2017年第8期。

⑧ 安志敏：《甘肃山丹四坝滩新石器时代遗址》，《考古学报》1959年第3期。

⑨ 甘肃省博物馆：《甘肃省文物考古工作三十年》，《文物考古工作三十年》，文物出版社，1979年。

⑩ 甘肃省文物考古研究所等：《酒泉干骨崖》，文物出版社，2016年。

⑪ 甘肃省文物考古研究所等：《民乐东灰山考古——四坝文化墓地的揭示与研究》，科学出版社，1998年。

地均位于聚落附近，因地域不同，在墓葬形制、丧葬习俗等方面显示出较明显的差异。如玉门火烧沟墓地流行竖穴土坑偏洞室墓，部分墓底挖有单侧生土二层台，墓内铺设草席，再用木棒封门。流行仰身直肢葬，也有侧身屈肢葬或俯身葬。酒泉干骨崖墓地流行竖穴土坑积石墓，墓穴内常摆放数量不等的大块砾石，有些砾石被摆成近石椁状，上肢被扰现象较为多见，也有不少被全部扰乱（发掘者称二次扰乱葬或乱骨葬）。合葬较多，较特殊的是将墓主上下叠压合葬。民乐东灰山墓地均为圆角长方形竖穴土坑墓，墓穴前端多挖有小龛，内置随葬品。也多见人骨被扰乱现象，男女合葬比例很大。

四坝文化陶器以夹砂红和红褐陶为主，其次为灰和黑灰陶。彩陶比例较大，常施红、紫红或黄白陶衣，绘黑彩或棕红彩，构图以几何线条为主，也有部分写生纹样。器类主要有各类带耳罐、腹耳壶、器盖等，其他还有鼎、豆、尊、盘、杯等。铜器数量较多，种类有礼仪用的杖首，锛、刀、骨柄锥等工具，矛、镞等武器以及耳环、镯、扣等装饰品（图7-25：上）。检测表明，四坝文化铜器中红铜占较大比例，也发现一定数量的砷青铜器。此外，还发现有小件金、银质装饰品。

多组^{14}C测定数据显示，四坝文化的绝对年代约在公元前1900 ~ 前1500年，与中原夏纪年大致相当，下限已进入早商。人骨鉴定结果表明，四坝文化居民的基本种系成分属于东亚蒙古人种，但也可能存在着北亚蒙古人种体质因素的影响①。四坝文化的族属，一般认为属于羌族系统②。

（二）沙井文化

沙井文化是以甘肃民勤县沙井遗址命名的。1923年安特生赴河西走廊考察时发现沙井遗址，次年在沙井村附近发掘了柳湖墩遗址。1948年裴文中再次调查民勤沙井、柳湖墩等遗址，首次提出“沙井文化”的命名③。后经考古发掘的重要遗址还有永昌三角城、蛤蟆墩④、西岗及柴湾岗⑤等，沙井文化主要分布于武威至张掖之间的河西走廊东部一带，中心地在石羊河和金川河下游及湖沼沿岸的绿洲上。

沙井文化的聚落可分三个层级：最高一级以三角城城堡为代表，面积2万余平方米，建有高大的城墙，具有良好的防御保护功能。其次为带围墙的土围子，以柳湖墩遗址为代表，四周建有土围墙，除安全防御外，也有利于畜群管理。第三级为家居房

---

① 朱泓：《东灰山墓地人骨的研究》，《民乐东灰山》附录二，科学出版社，1998年。

② 李水城：《四坝文化研究》，《考古学文化论集（三）》，文物出版社，1993年。甘肃省文物考古研究所等：《酒泉干骨崖》第八章结语，文物出版社，2016年。

③ 裴文中：《中国西北甘肃走廊和青海地区的考古调查》，《裴文中史前考古论文集》，文物出版社，1987年。

④ 甘肃省博物馆文物工作队等：《甘肃永昌三角城沙井文化遗址调查》，《考古》1984年第7期。甘肃省文物考古研究所：《永昌三角城与蛤蟆墩沙井文化遗存》，《考古学报》1990年第2期。

⑤ 甘肃省文物考古研究所：《永昌西岗柴湾岗——沙井文化墓葬发掘报告》，甘肃人民出版社，2001年。

舍，平地起建，呈圆形或椭圆形，室内建有灶坑、火墙或储物窖穴，屋外四周构筑散水。墓地位于聚落附近的漫坡土岗上，墓葬数量多达四五百座，排列有序，延续时间久。早期流行竖穴土坑墓，晚期出现偏洞室墓、土洞墓，流行单人仰身直肢葬，也有少量侧身屈肢、二次葬及合葬。流行殉牲，绝大多数竖穴墓在墓主头部一侧的填土中出有牛、羊、马头及蹄骨，有的还残留皮毛。

沙井文化陶器多为夹砂红褐陶，泥质陶极少见，制作较粗糙，流行素面，纹饰有附加堆纹、刻划纹、乳丁纹等。彩陶为数不多，流行施紫红陶衣，绘红彩横竖线条、三角、水波、网格等几何形纹组成的花纹带。器类主要有罐、鬲、杯、豆、盆和碗等，以双耳乳丁纹平底罐、带耳圜底罐、腹耳壶、带鋬袋足鬲、桶状杯最为典型（图7-25：下）。铜器多为小件工具和武器，以及装饰衣物、马具和皮革一类的饰件。沙井文化晚期出现铁器，种类有锸、铲、刀、剑等。

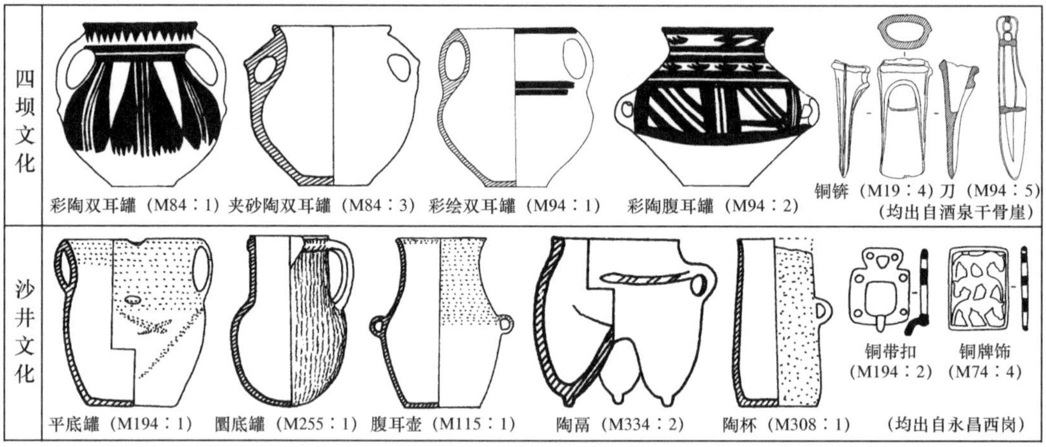

图7-25　河西走廊区青铜文化典型器物

沙井文化可分两期①，根据墓葬形制、袋足鬲、彩陶比例等因素早晚变化，并参考已有的^{14}C测年数据，可推定沙井文化的绝对年代约为公元前1000～前400年，约相当于中原西周早期至战国早期。沙井文化的族属，有大月氏②、乌孙③或羌戎支系等不同说法，尚未达成共识。

需要说明的是，近年来河西走廊地区史前考古学文化发展序列虽已初步建构起来，但具体到青铜时代尚有较大的年代缺环，且存在着明显的东、西文化差异。东部区域在沙井文化之前，有一个以夹细砂尖圜底彩陶罐为突出特征的“董家台文化”，年代大致在公元前2千纪的后半叶，相当于中原商代。西部区域在四坝文化之后，有一个以夹粗砂双耳乳突陶罐为主要特征的“骟马文化”，绝对年代约为公元前1000

① 李水城：《沙井文化研究》，《国学研究（二）》，北京大学出版社，1994年。
② 蒲朝绂：《试论沙井文化》，《西北史地》1989年第4期。
③ 赵建龙：《关于月氏族文化的初探》，《西北史地》1992年第1期。

年[1]。鉴于这两支文化的资料还很薄弱，暂以“类型”相称为宜。

三、柴达木盆地区

柴达木盆地位于青海省西北部，西宽东窄，四周高山环绕，为封闭的高原内陆盆地。该盆地分布着一支青铜文化，以最早发现且经考古发掘的都兰县诺木洪遗址命名为诺木洪文化[2]。调查资料显示，诺木洪文化的分布范围仅限于柴达木盆地，以盆地的东南部柴达木河流域分布较为密集。

诺木洪文化发现有土坯围墙、房址、圈栏、土坯坑及瓮棺葬等。陶器以夹砂灰陶和红褐陶为主，制作较粗糙，器表一般素面无纹，主要纹饰有压印纹、篮纹、锥刺纹、附加堆纹、弦纹、圆圈纹等，彩绘较少。铜器有带銎的钺、斧、弧刃刀、镞等。此外还发现用羊毛纺成的绳、线、带和织品，以及用牛皮制成的革履等。

目前所知，诺木洪文化的构成因素比较复杂，既有相当于齐家文化时期的遗存，又有卡约文化偏晚阶段的某些因素，还有与新疆相似的战国至西汉时期的文化因素[3]。可见诺木洪文化的年代跨度比较长，其文化内涵、具体分期等都有待深入研究。

四、新疆地区

新疆深居亚洲内陆腹地，东北依靠阿尔泰山脉，西南环列昆仑山脉，中部的天山山脉横贯东西，将新疆分为南北两部分，北部为准噶尔盆地，南部为塔里木盆地，因而新疆地形素有“三山夹两盆”之称。总体来看，天山南北地区以东方彩陶为基本元素的史前考古学文化发展序列基本连续，而准噶尔盆地西、北部和塔里木盆地西、南边缘地带的史前文化受西方文化影响较深，且具有明显的断裂性特征[4]。

（一）天山北路文化

天山北路文化是以哈密市天山北路墓地[5]命名的，正式发掘的还有哈密萨伊吐尔墓

---

① 甘肃省文物考古研究所等：《河西走廊史前考古调查报告》，文物出版社，2011年，第412～427页。

② 青海省文物管理委员会：《青海柴达木盆地诺木洪、巴隆和香日德三处古代文化遗址调查简报》，《文物》1960年第6期；《青海都兰县诺木洪搭里他哈拉遗址调查与试掘》，《考古学报》1963年第1期。

③ 张文立：《青海地区青铜时代文化研究》，吉林大学博士学位论文，2003年。

④ 韩建业：《新疆的青铜时代和早期铁器时代文化》，文物出版社，2007年。邵会秋：《新疆史前时期文化格局的演进及其与周邻地区文化的关系》，科学出版社，2018年。

⑤ 常喜恩：《哈密市雅满苏矿林场办事处古代墓葬》，《中国考古学年鉴（1989）》，文物出版社，1990年。

地[1]，主要分布在天山以南的哈密盆地，天山以北尚未发现该文化遗存。天山北路文化的主体年代约在公元前2000～前1500年，可能还存在部分更晚的遗存，但下限不会晚于公元前13世纪[2]。

天山北路文化的墓葬流行长方形竖穴土坑和竖穴土坯墓两种，多为东北—西南向，葬式以单人侧身屈肢葬为主，有少量二次葬。天山北路墓地通常一墓仅随葬1件陶器，以夹砂红陶为主，手制。平底器居多，器类主要有双耳罐、单耳罐、注流壶等（图7-26：1），其中双耳罐占陶器总量的半数以上。彩陶器超过1/3，多为红衣黑彩，纹饰有三角纹、波状纹、菱格纹、网状纹和叶脉纹等，其中最具有特色的是双贯耳彩陶罐，这类器物均通体施黑彩和红彩，流行折线纹、水波纹等，口沿外普遍安有双贯耳，多为平底桶形器和卵形深腹罐。大约1/3的墓葬出土铜器，种类有短剑、刀、锛、镰、凿、锥等武器和工具，饰品有耳环、牌饰、扣、珠、管等。该墓地出土的89件铜器检测表明，锡青铜占69%，红铜占12%，砷铜占10%，砷铜绝大部分是装饰品，锻造的比例略高于铸造器，其中铜扣、珠均为铸造品，铜管则均为热锻而成[3]。萨伊吐尔墓地随葬陶器中未见彩陶，有少量的铜锥、耳环。

文化因素分析表明，天山北路墓地的葬俗和陶器特征与甘青地区早期遗存联系密切[4]。其中绝大部分墓葬的单人侧身屈肢葬与半山、马厂文化时期的侧身屈肢葬有很大的相似性；陶器中的注流壶几乎不见于同时期的其他文化，但在马厂文化陶器中有类似的风格；双贯耳彩陶罐虽为天山北路文化特色，但贯耳因素在马厂文化陶盆上也比较常见；双耳彩陶和素面罐、单耳罐等陶器和大部分铜器都与四坝文化同类器非常相似，但也有少量器类如天山北路文化的镂空铜牌和三叉格护手短剑与四坝文化的铜斧、矛及权杖头是互为不见的，尤其三叉格护手短剑可能含有西来文化因素[5]。总体来看，天山北路文化与甘青地区马厂文化存在明显的亲缘关系，它和四坝文化同源且持续频繁交流，在其形成和发展过程中还受到了西来文化因素的影响。这一推断还得到了人种鉴定和DNA谱系研究的佐证，即天山北路墓地出土颅骨特征以蒙古人种为主，也有少量的欧罗巴人种，还存在混血现象[6]；线粒体DNA以东部谱系为主，且与甘青地区早期人群的遗

① 新疆文物考古研究所：《2013年哈密花园乡萨伊吐尔墓地发掘简报》，《中国国家博物馆馆刊》2014年第9期。

② 邵会秋：《新疆史前时期文化格局的演进及其与周邻地区文化的关系》，科学出版社，2018年，第78页。

③ 潜伟、孙淑云、韩汝玢等：《新疆哈密天山北路墓地出土铜器的初步研究》，《文物》2001年第6期。潜伟：《新疆哈密地区史前时期铜器及其与邻近地区文化的关系》，知识产权出版社，2006年。

④ 李水城：《半山与马厂彩陶研究》，北京大学出版社，1998年，第202～204页。水涛：《新疆青铜时代诸文化的比较研究》，《中国西北地区青铜时代考古论集》，科学出版社，2001年。

⑤ 杨建华：《东周时期新疆地区与周边地区的文化联系》，《庆祝张忠培先生七十岁论文集》，科学出版社，2004年。

⑥ 王博、常喜恩、崔静：《天山北路古墓出土人颅的种族研究》，《新疆师范大学学报（哲学社会科学版）》2003年第1期。

传距离最近[1]，表明天山北路文化的主要居民是由东方的甘青地区迁徙而来。

（二）焉不拉克文化

焉不拉克文化是以哈密市三堡乡焉不拉克墓地[2]命名的，另经发掘的墓地主要有五堡墓地[3]、寒气沟墓地[4]、艾斯克霞尔墓地[5]等，主要分布在天山以南的哈密盆地。

焉不拉克文化的墓葬形制有竖穴土坑、竖穴土坯和竖穴石室之分，有的墓上有卵石堆，葬式以侧身屈肢葬为主。陶器制作粗糙，主要为素面陶和彩绘陶，彩陶以红衣黑彩为主，常见曲线纹、锯齿纹、S形纹、十字双钩纹、倒三角纹等；代表性器类有腹耳壶、单耳钵、单耳豆、单耳杯、单耳罐等（图7-26：2）。铜器均为小件器物，种类有刀、镞、锥、针、镜、耳环、扣饰等。木器有桶、盘、碗、勺、梳、纺轮、人偶等，其中木偶雕刻简洁，性别特征分明，有的出土时还穿戴着衣帽。

焉不拉克文化可分为三期：早期年代应在公元前1300～前1000年，可能存在更早的遗存；中期年代约在公元前1000～前600年，晚期年代约在公元前600～前200年。该文化可分为以焉不拉克墓地为代表的焉不拉克类型和以寒气沟墓地为代表的寒气沟类型，前者墓葬地表未发现明显的标志，流行竖穴土坑和竖穴土坯墓室，绝大部分为侧身屈肢葬，彩陶和单耳器都较为发达；后者墓上一般有卵石标志，流行竖穴土坑和竖穴石室，彩陶比例相对较小，存在一定数量的鋬耳器。两类型的差别可能与其居民的生业方式有关，焉不拉克类型的居民主要是定居的农业人群，同时兼营着畜牧业。寒气沟墓地殉牲有马、牛和羊，其中马、羊个体较多，主要是头、腿和蹄，可见寒气沟类型所代表的人群主要从事的应是畜牧生产，可能存在少量的农业生产[6]。

文化因素分析表明，焉不拉克文化早期遗存中无论侧身屈肢葬俗还是以有耳罐为主体的陶器及铜器，都能在天山北路文化中找到相似者，具有特色的彩陶腹耳壶、单耳豆可能来源于甘青地区；中期出现的单耳有流罐属于察吾呼文化因素，晚期出现的无耳高颈壶属于索墩布拉克文化因素，等等。总之，焉不拉克文化是在当地天山北路文化的基础上产生的，在形成和发展过程中还吸收融合了东面甘青和西面中部天山乃至更西的伊犁河谷等地区的部分文化因素。焉不拉克文化的居民体质特征具有蒙古人

---

① 高诗珠：《中国西北地区三个古代人群的线粒体DNA研究》，吉林大学博士学位论文，2009年。

② 新疆维吾尔自治区文化厅文物处等：《新疆哈密焉不拉克墓地》，《考古学报》1989年第3期。陈戈：《略论焉不拉克文化》，《西域研究》1991年第1期。

③ 新疆文物考古研究所：《哈密五堡墓地151、152号墓葬》，《新疆文物》1992年第3期。

④ 新疆文物考古研究所等：《新疆哈密寒气沟墓地发掘简报》，《新疆文物》1996年第2期。

⑤ 新疆文物考古研究所等：《新疆哈密市艾斯克霞尔墓地的发掘》，《考古》2002年第6期。王永强、党志豪：《新疆哈密五堡艾斯克霞尔南墓地考古新发现》，《西域研究》2011年第2期。

⑥ 邵会秋：《新疆史前时期文化格局的演进及其与周邻地区文化的关系》，科学出版社，2018年，第63～66页。

种和欧罗巴人种之间的过渡状态，说明其祖先来源是多元的，在发展过程中可能也不断与其他文化居民有交流[①]。

（三）苏贝希文化

苏贝希文化是以鄯善县吐峪沟苏贝希遗址及墓地[②]命名的，比较重要的还有鄯善县洋海古墓群[③]，该文化遗存主要分布于中部天山的吐鲁番、昌吉和乌鲁木齐地区，以博格达山南北两侧的山前地带或山谷间最为集中。苏贝希文化可分三期，绝对年代上限约在公元前1000年，下限已进入西汉时期[④]。

早期流行长方形和椭圆形竖穴土坑墓，葬具有木床、草席、草垫、毛毡和地毯，其中木床最具特色，多单人屈肢葬，也有少量双人和多人合葬，基本不见仰身直肢葬。随葬陶器中彩陶占2/3或更多，流行竖条纹、锯齿折线纹、变体三角纹、水波纹、网格纹等。陶器种类丰富，以单耳圜底罐为主，另有双耳筒形罐、圈足罐、壶、盆、杯等（图7-26：3）。铜器有管銎啄戈、管銎斧、空首斧、环首刀、双节衔等，通常随葬于椭圆形竖穴单人男性墓中，基本不与陶器共存。木器主要有桶、撑板、纺轮、竖琴、取火板、碗、钵、盘、冠饰、耳杯、鞭、镳、梳等，其中饰动物纹的木桶、木盆和马镳很有特色。此外，复合弓、皮弓箭筒、皮靴以及毛、皮服饰等也很有特点。中期继续流行土坑竖穴墓，既有单人葬，也有双人或多人合葬，出现数量较多的仰身直肢葬。随葬彩陶虽相对减少，但仍能占到半数，器类仍以单耳罐为主，流行涡纹。晚期流行竖穴偏室墓，以双人或多人合葬为主，长方形竖穴土坑墓占比较小，单人屈肢葬非常少见。随葬陶器流行素面单耳罐、单耳杯，彩陶基本不见。铜器数量很少，铁器占主导地位。

文化因素分析表明，苏贝希文化的主源是焉不拉克文化，主要体现在典型陶器如腹耳壶、单耳罐、单耳豆、单（双）耳筒腹杯等。此外，彩绘涡纹或变体涡纹可能来源于甘青地区，单耳有流罐属于察吾呼文化因素，各种动物纹装饰风格应与中国北方和南西伯利亚地区早期游牧文化存在联系。从人种特征看，苏贝希文化的人群来源也

---

① 魏东：《新疆焉不拉克文化古代居民人种学研究》，《边疆考古研究》第8辑，科学出版社，2009年。

② 吐鲁番地区文管所：《新疆鄯善县苏巴什古墓群的新发现》，《考古》1988年第6期；新疆文物考古研究所等：《鄯善苏贝希墓群一号墓地发掘简报》，《新疆文物》1993年第4期；《鄯善苏贝希墓群三号墓地》，《新疆文物》1994年第2期；《新疆鄯善县苏贝希遗址及墓地》，《考古》2002年第6期。陈戈：《新疆史前时期又一考古学文化——苏贝希文化试析》，《苏秉琦与当代中国考古学》，科学出版社，2001年；《苏贝希文化的源流及与其他文化的关系》，《西域研究》2002年第2期。

③ 新疆文物考古研究所等：《鄯善县洋海一号墓地发掘简报》，《鄯善县洋海二号墓地发掘简报》，《鄯善县洋海三号墓地发掘简报》，《新疆文物》2004年第1期。新疆吐鲁番学研究院等：《新疆鄯善洋海墓地发掘报告》，《考古学报》2011年第1期。

④ 邵会秋：《新疆史前时期文化格局的演进及其与周邻地区文化的关系》，科学出版社，2018年，第121页。

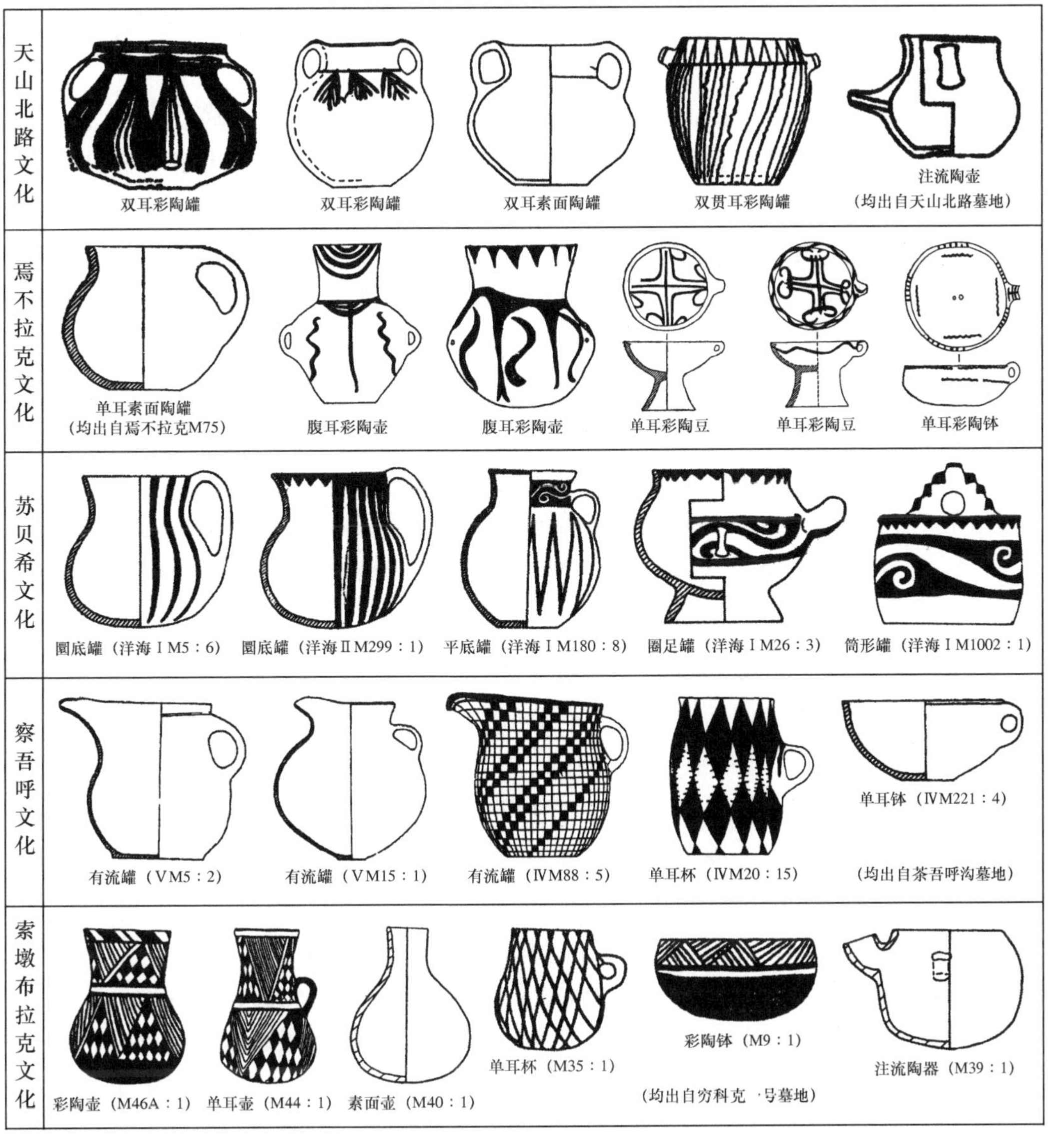

图7-26　新疆天山南北地区青铜文化典型陶器

是十分复杂的，欧亚谱系人种混杂现象十分普遍①。

（四）察吾呼文化

察吾呼文化是以和静县察吾呼古墓群②命名的，比较重要的还有轮台县群巴克墓

① 陈靓：《鄯善苏贝希墓葬人骨研究》，《新疆文物》1998年第4期。崔银秋：《吐鲁番盆地青铜至铁器时代居民遗传结构研究》，《考古》2005年第7期。

② 新疆文物考古研究所：《新疆察吾呼——大型氏族墓地发掘报告》，东方出版社，1999年。陈戈：《新疆察吾乎沟口文化略论》，《考古与文物》1993年第5期。

地[①]、拜城县克孜尔吐尔墓地[②]等，主要分布在天山山脉以南的塔里木盆地北缘，东起焉耆盆地，西至拜城地区。

察吾呼文化的墓葬地表有明显的石围或石堆标志，石围以弧腰三角形为主，墓口多棚盖石板或盖木，大量使用石室，流行多人合葬，葬式以仰身和侧身屈肢葬为主，头向西或西北，晚期出现了一定数量的仰身直肢葬。随葬陶器以夹砂红陶和灰陶为主，早中期彩陶比较发达，常见方格纹、网纹、三角纹、折线纹、回纹等，流行带流器，晚期彩陶和带流器均逐渐退化减少。器类主要有单耳有流罐、单（或双）耳罐、单耳壶、单耳圜底钵、单耳杯等（图7-26：4）。铜器多为小件器物，种类有短剑、矛、刀、斧、镳、衔、镜、梳、别针、带扣等。晚期出现铁器，墓中铁器、铜器和彩绘陶共存的特点与沙井文化相似。应当强调的是，目前所见的察吾呼文化遗存以墓地为主，随葬品中常见小铁刀、木盘和羊骨，居住址极少见，可能与经济类型以畜牧为主、定居不发达有关。察吾呼文化是我国目前发现最早使用铸铁的文化。该文化铁器的大量发现，使越来越多的学者接受了中国铁器西来说的观点。

陈戈曾将察吾呼文化划分为察吾呼、群巴克和扎滚鲁克三个地方类型[③]，后来拜城克孜尔墓葬的发掘者又提出了克孜尔类型。郭物强调群巴克墓地和克孜尔墓地有别于察吾呼文化，而将两者合并为群巴克文化[④]。邵会秋认为扎滚鲁克类型与其文化内涵差异较大，可以单独命名为一个新的考古学文化，将察吾呼文化划分为察吾呼、群巴克和克孜尔三个类型，综合分为三期，推断其绝对年代约为公元前1000～前400年[⑤]。

察吾呼文化形成之初，可能受到了安德罗诺沃文化晚期遗存（如素面平底罐）的影响。当带流陶器出现之后，迅即得到普及，不仅成为该文化的标志性器物，还对其他文化施加影响。与此同时，察吾呼文化还不断吸纳外来文化因素，如苏贝希文化的彩绘竖条纹单耳陶器、索墩布拉克文化的无耳陶壶、有柄铜镜等。线粒体DNA研究表明，察吾呼文化居民是一个欧洲和东亚人种混合的群体[⑥]。

---

① 中国社会科学院考古研究所新疆队等：《新疆轮台群巴克古墓葬第一次发掘简报》，《考古》1987年第11期；《新疆轮台县群巴克墓葬第二、三次发掘简报》，《考古》1991年第8期。

② 新疆文物考古研究所：《新疆拜城县克孜尔吐尔墓地第一次发掘》，《考古》2002年第6期；《新疆拜城县克孜尔吐尔水库墓地第二次发掘简报》，《新疆文物》2004年第4期。

③ 陈戈：《察吾乎沟口文化的类型划分和分期问题》，《考古与文物》2001年第5期。

④ 郭物：《新疆史前晚期社会的考古学研究》，上海古籍出版社，2012年。

⑤ 邵会秋：《新疆史前时期文化格局的演进及其与周邻地区文化的关系》，科学出版社，2018年，第168～198页。

⑥ 谢承志、刘树柏、崔银秋等：《新疆察吾呼沟古代居民线粒体DNA序列多态性分析》，《吉林大学学报（理学版）》2005年第4期。

（五）索墩布拉克文化

索墩布拉克文化是以察布查尔县索墩布拉克墓地①命名的，比较重要的还有尼勒克县穷科克一号墓地②、一级电站墓地③等，主要集中于伊犁河谷地区，另在天山北麓的乌苏、石河子等地也有少量分布。该文化可分三期，绝对年代约在公元前1000～公元元年④。

索墩布拉克文化的墓葬大多有土石结构的地面标志，墓室主要有竖穴土坑和竖穴偏洞室两种，偏室均开在墓室的北侧。以仰身直肢一次葬为主，头西脚东，随葬品一般非常少，流行无耳或单耳的圜底陶器，主要有单耳平（圜）底罐、单耳圜底杯、无耳圜底壶和钵（图7-26：5）。早期彩陶数量较多，红衣黑彩，常见三角纹、菱格纹、网格纹的通体构图。中期彩陶有所退化，不同墓地所见陶器种类的比例有所区别。晚期出现大型的土堆墓，一般使用木椁，合葬墓数量增加，不见彩陶，陶钵比例较高。

穷科克一号墓地是目前索墩布拉克文化中最早的遗存，其中竖穴偏洞室墓与河西走廊的沙井文化联系密切，少量的石棺墓葬俗则可能与南西伯利亚地区卡拉苏克文化的南下有关，单耳圜底罐、杯等彩陶器可能是苏贝希文化、察吾呼文化的西渐产物，管状流陶器则是中亚萨卡文化的东传结果。从人种特征看，索墩布拉克文化居民人种具有短颅特征的欧罗巴人种中亚两河类型，并含有蒙古人种北亚类型因素⑤，表明索墩布拉克文化应该是融入了多种不同文化的人群而形成的。

（六）小河文化

小河文化是以罗布泊小河墓地⑥命名的，经科学发掘的还有古墓沟墓地，其发掘者曾提出“古墓沟文化”的命名⑦，主要分布于塔里木盆地东部边缘的孔雀河和塔里木河下游地区，另在塔里木盆地南部的克里雅河流域也有发现⑧。

---

① 黄文弼：《新疆考古发掘报告（1957—1958）》，文物出版社，1983年。新疆文物考古研究所：《察布查尔县索墩布拉克古墓葬》，《新疆文物》1988年第2期；《新疆察布查尔县索墩布拉克古墓群》，《考古》1999年第8期。

② 新疆文物考古研究所：《尼勒克县穷科克一号墓地考古发掘报告》，《新疆文物》2002年第3、4期。

③ 新疆文物考古研究所：《尼勒克县一级电站墓地考古发掘简报》，《新疆文物》2012年第2期。

④ 邵会秋：《新疆史前时期文化格局的演进及其与周邻地区文化的关系》，科学出版社，2018年，第151页。

⑤ 陈靓：《新疆察布查尔县索墩布拉克墓地出土人头骨研究》，《考古》2003年第7期。张林虎：《新疆伊犁吉仁台库区墓葬人骨研究》，科学出版社，2016年。

⑥ 新疆文物考古研究所：《2002年小河墓地考古调查与发掘报告》，《边疆考古研究》第3辑，科学出版社，2004年；《新疆罗布泊小河墓地2003年发掘简报》，《文物》2007年第10期。

⑦ 王炳华：《古墓沟》，新疆人民出版社，2014年。

⑧ 伊弟利斯、胡兴军：《克里雅河北方青铜时代墓地》，《中国考古学年鉴（2009）》，文物出版社，2010年。

小河墓地位于一个椭圆形沙山上，墓葬分层埋葬，均为竖穴沙坑，多为东北—西南向，墓中均置木棺。棺具形制基本统一，均系截取完整的胡杨木制成弧形的侧板，个别的制成直板，两侧板相对并合，两端楔以竖向挡板，棺上盖多块横板，再覆以牛皮，牛皮中部放一把红柳枝。木棺前竖立不同形制的木柱，女性棺前立的木柱基本呈上粗下细的多棱形，上部涂红，缠绕毛绳、固定草束，象征“男根”；男性棺前的立柱外形似桨，大小差别很大，其上涂黑，柄部涂红，象征“女阴”（图版19：2）。在一些“男根”和“女阴”立木的顶端发现嵌有小铜片，而有些墓葬棺前立木的前端，还立有高大的粗木柱，木柱根部多用毛绳捆一把由芦苇、骆驼刺、麻黄等植物组成的草束。木棺内一般为单人葬，有少量的双人合葬，均为仰身直肢，头向东，所有尸体均头戴毡帽，毡帽上大多缀红毛绳、伶鼬皮、插羽饰。脚穿短靿皮靴，腰系腰衣，身裹宽大的毛织斗篷，斗篷开口处用木别针穿在一起，边缘捆扎小包，内包麻黄草枝、麦或粟粒。在一些棺内埋葬木雕尸体，除尸体躯干为木制外，其埋葬方式与其他尸骨并无明显区别。各墓随葬品种类非常相近，除随身衣物外，主要有草编篓、玉珠、皮囊和大量的木器，另有少量的铜、金器，主要是耳环和一些小的铜片，不见陶器随葬。各墓的随葬品都有相对固定的摆放位置，草编篓均放置尸体腰部右侧斗篷外，整体呈卵腹圜底，口部穿有提绳，一般器表编织出阶梯或折线等纹样。玉珠佩戴在颈部和右手腕处。木器有梳、祖、箭、别针、木雕人面像等，其中木祖只随葬于女性墓中（图7-27：上）。另外还有一些器物如嵌骨雕人面像的短矛形木器、蛇形木杆、带皮套的羽箭、刻弦纹的骨箭和夹条石的蹄状木器仅出土于随葬品较为丰富的墓中，这些器物可能显示墓主人特殊的身份和地位。

小河文化所处地理环境相对封闭，目前尚未发现或辨识出该文化的居住址。但从墓葬遗存看，文化内涵丰富，葬俗高度统一，普遍随葬草编篓、木器、骨器和玉器等，不见陶器。^{14}C数据显示，小河文化的年代可能在公元前2000 ~ 前1400年。古墓沟和小河墓地所出人骨具有明显的古欧罗巴人种特征，他们是一支迄今所知分布地域最东的古欧洲人①。关于小河文化人群的来源，林梅村认为最早一支印欧人群在公元前2000年或更早到了新疆北部的阿勒泰地区，形成了早期的切木尔切克文化，南西伯利亚地区奥库涅夫文化的兴起和辛塔什塔-彼得罗夫卡文化的东扩，导致切木尔切克人群的南下，发展成为小河文化②。林沄以草编篓和篓形陶器为线索，认为“古欧罗巴人从东欧到南乌拉尔，到南西伯利亚，向南从蒙古、俄国、中国三国兼有的阿尔泰山地经由额尔齐斯河谷进入准格尔盆地，更向南方进入罗布泊地区”③（图7-27：中）。线粒体DNA研究表明，小河文化古墓沟墓地所有谱系都属于欧洲单倍型谱系，且与现有的

① 韩康信：《新疆孔雀河古墓沟墓地人骨研究》，《考古学报》1986年第3期。

② 林梅村：《吐火罗人的起源与迁徙》，《丝绸之路考古十五讲》，北京大学出版社，2006年。

③ 林沄：《丝路开通以前新疆的交通路线》，《草原文物》2011年第1期。

西伯利亚中、南部人群关系最为密切，而小河墓地已经是东西方混合人群了，推测小河文化早期人群与西伯利亚南部青铜时代人群有密切关系[①]。

（七）安德罗诺沃文化

安德罗诺沃文化是由苏联考古学家C. A. 捷普劳霍夫根据1914年在米努辛斯克盆地阿钦斯克州安德罗诺沃村附近发现的墓地而命名的[②]，为公元前2千纪欧亚草原地区最重要的考古学文化之一。新疆西部的伊犁河谷、准噶尔盆地西缘的博尔塔拉和塔城以及塔里木盆地西南缘的塔什库尔干是安德罗诺沃文化的重要分布区，乌鲁木齐、阜康和吉木萨尔等地也有零星发现，这些遗存的主要年代范围为公元前1800～前1000年，大致以公元前1400年为界，早期遗存数量较少，晚期遗存则相对丰富[③]。

新疆地区发现的安德罗诺沃文化遗迹，既有居址也有墓地。居址包括房址、石灶、灰坑等，有的房址多间相连。墓葬地表大都有明显的圆形土堆、石堆或石围标志，近方形竖穴土坑，葬具有石棺、木椁或简易棚木。存在土葬和火葬两种葬俗，土葬死者皆为侧身屈肢，腿部弯曲幅度较大。随葬品以手制的小型日用陶器为主，器形主要有罐、杯，以折肩圈足或假圈足最具特色，流行素面或磨光。除陶器外，还有一些金属装饰品，如银、铜或包金铜质的喇叭形口耳环、铜手镯等（图7-27：下）。这些遗存与邻境的哈萨克斯坦七河地区安德罗诺沃文化特征非常相似，应是该文化自西向东扩张的结果。部分文化因素如喇叭形口耳环甚至向东影响到了辽西地区，“中国北方地区的喇叭口耳环（或鬓环）是源自西方的安德罗诺沃文化，今天大概已可定论”[④]。

总之，由于所处地理位置特殊，新疆成为早期东西方文化交流的前沿地带，东西方不同人群的迁徙所带来的不同文化之间的碰撞与融合，使得新疆史前文化面貌呈现出较强的多元性和区域不平衡性。公元前2千纪以前的新疆史前文化可能与西来的文化有关，分布范围也很有限。从公元前2千纪初开始，以彩陶为代表的东方文化人群进入新疆，并沿天山南北两侧由东向西不断推进，与南下和西来的境外文化不断碰撞融合，使得东西方文化接触的前沿地带不断西移。进入公元前1千纪，新疆史前文化进入繁荣期，尤其前半叶彩陶文化的西渐为后来天山通道的开启奠定了基础。到战国中晚期，从哈萨克斯坦七河地区沿天山山脉向东经伊犁、吐鲁番、哈密进入河西走廊，向

① 李春香、崔银秋、周慧：《利用分子遗传学方法探索新疆地区人类起源和迁徙模式》，《自然科学进展》2007年第6期。Li Chunxiang etc. Evidence that a West—East admixed population lived in the Tarim Basin as early as the early Bronze Age. *BMC biology*，2010（8）：15.

② 中国大百科全书总编辑委员会《考古学》编辑委员会：《中国大百科全书·考古学》，中国大百科全书出版社，1986年，第15、16页。

③ 相关考古发现参见邵会秋：《新疆史前时期文化格局的演进及其与周邻地区文化的关系》第二章，科学出版社，2018年。

④ 林沄：《夏代的中国北方系青铜器》，《边疆考古研究》第1辑，科学出版社，2002年。

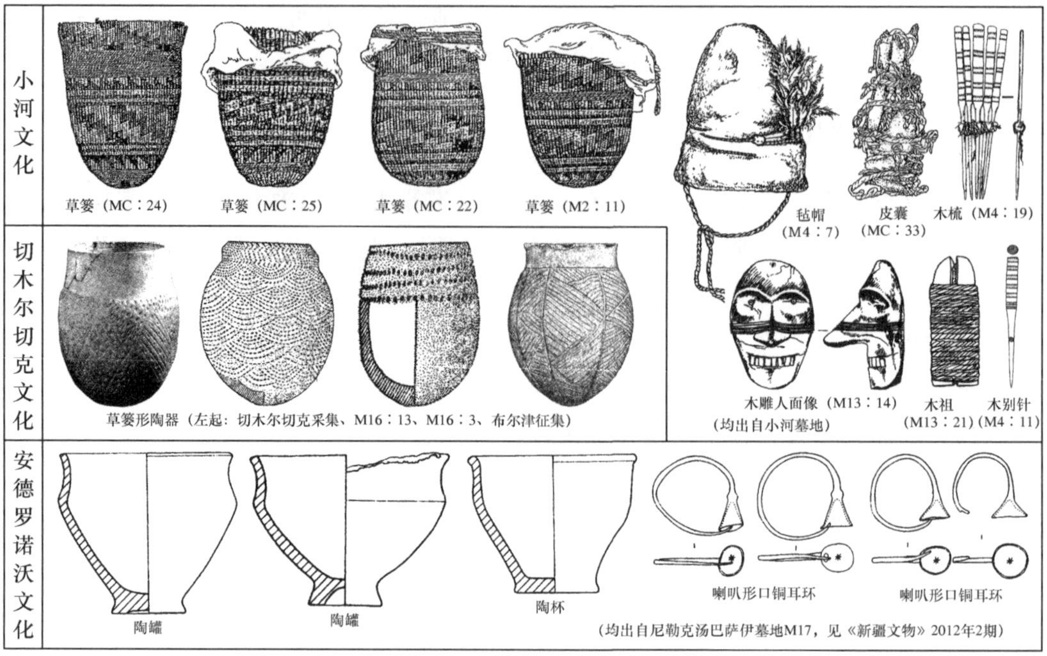

图7-27　新疆小河文化、切木尔切克文化与安德罗诺沃文化典型器物

东南一直进入渭河谷地，开通了连接中国关中平原和哈萨克斯坦草原的天山通道①，汉唐丝绸之路的雏形业已形成。

第六节　北方地区

这里的“北方地区”是狭义的文化地理范畴，主要包括内蒙古中南部、陕西北部、山西中北部、河北北部、北京、天津等地，属于古代中原农业居民与北方游牧人相互接触的中间地带②。本区的青铜时代文化普遍流行陶鬲，主要土著居民可能是文献所载的戎、狄、胡等古族。

根据相对独立的自然地理单元和文化面貌的差异，该地区又可细分三个亚区。

一、河套地区

本区北至阴山，南抵鄂尔多斯高原南缘，西起狼山，东达黄旗海左近，主要为黄河冲积平原。因黄河先沿贺兰山向北，再受阴山横阻向东，后依吕梁山脉南流，呈几

① 杨建华：《张家川墓葬草原因素寻踪——天山通道的开启》，《西域研究》2010年第4期。

② 林沄：《中国北方长城地带游牧文化带的形成过程》，《燕京学报》新十四期，北京大学出版社，2003年。

字形套，故称“河套”。长期以来，这里一直是中国北方农牧交错地带的一个重要组成部分。

（一）朱开沟文化

朱开沟文化是以内蒙古伊金霍洛旗纳林塔乡朱开沟遗址[①]命名的，分布范围大致包括阴山以南、陕北榆林北部和晋西北管涔山以西地区，中心区在伊金霍洛旗、准格尔旗、清水河县至凉城一带。

朱开沟遗址发现房址、灰坑、墓葬，出土各类器物千余件，发掘者认为其文化内涵一致，并分为五期，年代从龙山晚期延至商代二里冈上层时期。实际上，朱开沟遗址出土遗存并不单纯，可明确区分为两类：甲类遗存的陶器以鋬手鬲、敛口斜腹甗、单耳罐、双耳罐、单耳鬲、盉、折肩罐、大口尊为代表，流行方格纹、篮纹与绳纹，属于当地的新石器时代晚期文化；乙类遗存的陶器以带领鼓腹肥袋足鬲、带纽罐、敞口盆形甗、敞口盆、矮领罐为代表，流行细绳纹，有的还装饰蛇纹，属于当地的早期青铜文化[②]。

这里的“朱开沟文化”即指以朱开沟遗址乙类遗存为代表的考古学文化。房址有浅地穴式、木骨泥墙和黄土砸筑墙体的地面式三种建筑，平面形状有圆形、方形和长方形之分。墓葬形制以长方形土坑竖穴墓为主，有少量瓮棺葬。土坑墓多单人葬，也有双人或多人合葬，绝大部分为仰身直肢葬。随葬品以陶器为主，也有铜器、骨器、玉石器等，少数墓内发现猪、羊下颌等殉牲。

朱开沟文化可分三期4段，年代约当二里头文化三、四期至二里冈上层晚段。其文化因素构成可分六组：A组主要有带领鼓腹肥袋足鬲、带纽罐和梯形石刀等，数量多，特征鲜明，是该文化最具代表性的器物；B组主要有花边口沿鬲、三足瓮等，是继承朱开沟甲类遗存的因素（图7-28：上）；C组有形态多样的盆、敞口盆形甗、深腹罐、盆形钵、鸟形陶塑、石镰等，属于来自下七垣文化的因素；D组主要有双系罐、折腹盆、小方杯等，数量少，可能是来自二里头文化的因素；E组有高领鬲、侈沿深腹鬲、敛口钵等，属于来自晋中地区的夏商时期文化因素；F组有方唇鬲、折沿鼓腹盆、粗柄盘形豆、碗形簋、铜戈和鼎等，出现于朱开沟文化晚期，属于来自早商文化的因素[③]。

朱开沟文化是在继承当地文化传统的基础上，吸收、碰撞和融合了其他文化因素而形成的一支早期青铜文化。朱开沟文化结束后，其部分文化因素为本地后起的西岔文化所继承，并向南、向东分别流入李家崖文化、围坊三期文化和魏营子文化。

值得一提的是，朱开沟文化还发现有少量的早期北方系青铜器，器形有环首刀、

① 内蒙古自治区文物考古研究所等：《朱开沟——青铜时代早期遗址发掘报告》，文物出版社，2000年。

② 王乐文：《朱开沟遗址出土遗存分析》，《北方文物》2004年第3期。

③ 王乐文：《论朱开沟遗址出土的两类遗存》，《边疆考古研究》第3辑，科学出版社，2004年。

短剑、圆牌、耳环、臂钏等，其中实心体喇叭口形耳环也见于辽西区的夏家店下层文化，这类铜饰很可能是从中亚一带经中国新疆传入北方长城地带的①。朱开沟遗址出土的青铜短剑是迄今所知北方系青铜短剑中年代最早的，包括其他几类铜器在内，它们究竟是自己产生的，还是由北方大草原地带传播过来的，一直存在着争论。

根据人骨鉴定结果，朱开沟遗址古居民的体质特征与东亚蒙古人种最为接近，同时也含有某些北亚蒙古人种的因素②。

（二）西岔文化

西岔文化是以内蒙古清水河县西岔遗址第三期遗存③命名的，同类遗存还见于清水河县的四座塔、扑油塔、碓臼沟、老牛湾、埋坟墕④以及准格尔旗的龙不湾⑤等遗址，主要分布于内蒙古中南部的南流黄河两岸，分布范围不超出朱开沟文化的中心区。

西岔文化流行四周筑有夯土墙的方形半地穴式建筑。墓葬均为长方形土坑竖穴墓，葬式为单人侧身直肢或略屈肢葬，随葬品种类简单，以玛瑙或料石项链、铜耳环为主，个别见管銎斧及少量骨制品。

西岔文化陶器以泥质褐陶为主，泥质灰陶次之，夹砂褐陶较少，流行绳纹，作为辅助性纹饰的水波状划纹颇具特色。器类有双鋬鬲、小口曲颈罐、甗、鼎、豆、单耳罐、双耳罐、敛口小罐、盆、钵等，其中双鋬鬲和小口曲颈罐数量最多，最具代表性。铜器有管銎斧、空首斧、短銎戈、弹簧式耳环、有銎镞、锥、泡等（图7-28：下）。石器以斧、刀和砺石为主，骨器以铲最常见。另发现一些残陶范，所铸器形有管銎斧、直柄齿状格短剑、刀子等。

发掘者曾将该文化分为三期4段，推断其年代约在殷墟四期至西周中期前后⑥。综合考虑该文化陶鬲、管銎铜斧等典型器物的形制判断，我们认为西岔文化的主要年代约当商代晚期，下限可至西周早期⑦。

文化因素分析显示，西岔文化的部分陶鬲、鼓腹罐、敞口盆形甗、深弧腹盆等，可能属于继承朱开沟文化的因素；双鋬曲颈鬲、曲颈罐、绳纹柱足鼎等，可能源自吕

---

① 林沄：《夏代的中国北方系青铜器》，《边疆考古研究》第1辑，科学出版社，2002年。

② 潘其风：《朱开沟墓地人骨的研究》，《朱开沟——青铜时代早期遗址发掘报告》附录一，文物出版社，2000年。

③ 内蒙古文物考古研究所等：《清水河县西岔遗址发掘简报》，《万家寨水利枢纽工程考古报告集》，远方出版社，2001年。

④ 曹建恩：《清水河县碓臼沟遗址调查简报》《清水河县征集的商周青铜器》，《万家寨水利枢纽工程考古报告集》，远方出版社，2001年。

⑤ 崔璿：《河套地区东周以前含袋足器诸器群及相关问题》，《中国考古学会第七次年会论文集》，文物出版社，1992年。

⑥ 曹建恩：《西岔文化初论》，吉林大学硕士学位论文，2003年。

⑦ 王立新：《试论长城地带中段青铜时代文化的发展》，《庆祝张忠培先生七十岁论文集》，科学出版社，2004年。

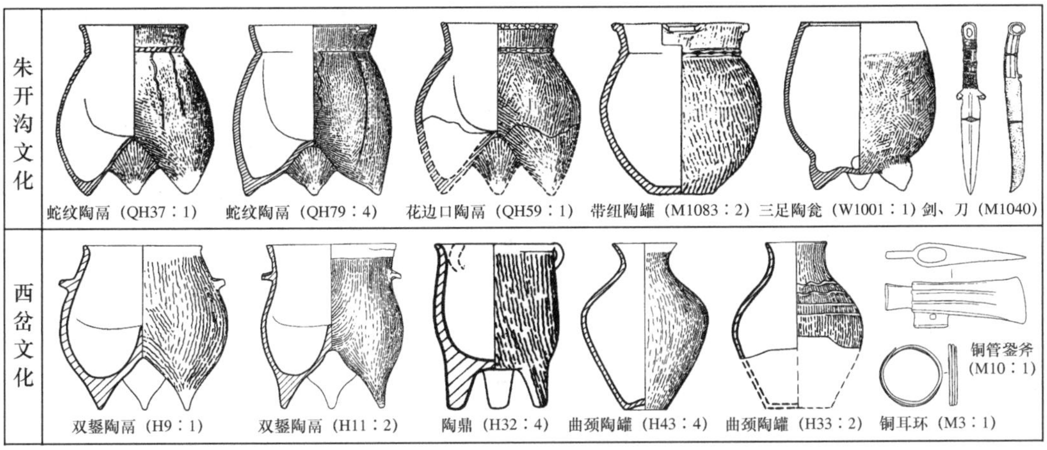

图7-28　内蒙古中南部早期青铜文化典型器物

（上：均出自朱开沟遗址；下：均出自西岔遗址）

梁山区的夏至早商时期遗存；青铜兵器和工具与整个北方西区殷周之际的北方系青铜器具有较大的共性特征，由陶范可知它们属本地铸造，这种陶范铸造技术很可能是由中原地区向北经晋陕高原传播而来，只是具体路线尚不十分清楚。

西岔文化结束之后，春秋晚期之前，本地区这一时期的考古遗存发现不多。目前仅在准格尔旗西麻青清理19座墓葬，葬式以仰身屈肢为主，仰身直肢次之，头向北，随葬陶器为鬲、罐、盆组合，多随葬羊的肢体，年代大致在西周晚期至春秋早期①。陶鬲为典型晋式，罐的形态多样，有肩上置单耳者，还出有北方系的铜带扣、弹簧式耳环以及中原式的圭首戈等。综合来看，该类遗存的文化面貌尽管略带个性，但更多表现出与周文化系统的趋同态势，结合所在地理位置和历史文献记载，其可能属于狄人的遗存。春秋晚期至战国时期，本地区出现了多元文化并行发展和经济形态多样并存的复杂局面，其中以畜牧业经济为特征的考古遗存主要分属于西园、崞县窑子、毛庆沟和桃红巴拉四种文化类型②。

（三）西园类型

西园类型以包头西园墓地③为代表，包括和林格尔新店子墓地④、清水河县阳畔及西嘴子墓地⑤等，大体分布于大青山南麓的土默川平原及其以南浑河流域的丘陵地带，年代范围约在春秋晚期至战国早期。

---

① 曹建恩：《西岔文化初论》，吉林大学硕士学位论文，2003年。

② 王立新：《秦统一前内蒙古中南部地区的文化多元化及其历史背景》，《边疆考古研究》第10辑，科学出版社，2011年。

③ 内蒙古文物考古研究所等：《包头西园春秋墓地》，《内蒙古文物考古》1991年第1期。

④ 内蒙古文物考古研究所：《内蒙古和林格尔县新店子墓地发掘简报》，《考古》2009年第3期。

⑤ 曹建恩：《内蒙古中南部商周考古研究的新进展》，《内蒙古文物考古》2006年第2期。

墓葬形制有土坑竖穴墓、偏洞室墓和洞室墓三种，以东北向为主，均未发现葬具。其中偏洞室墓是在竖穴的西北侧边掏出窄长的弧顶土洞，死者摆放于土洞之中，土洞底部稍低于竖穴底部；而洞室墓则是在竖穴的东北端向前挖出进深有限的土洞，将死者的上半身置于洞中，且往往头端较低，脚端稍高。葬式绝大多数为单人仰身直肢葬，仅有个别的单人侧身直肢、单人侧身屈肢葬和双人合葬。普遍流行殉牲，种类有马、牛、羊，以羊为主，次为牛、马。牲头多摆放在墓圹的填土内或竖穴底部的二层台上。一般牛、马的头骨居中或居前，羊头则多散置于周边与后部。牲头多侧置或倒置，吻部朝向均与墓主人头向相同。部分蹄骨散落在牲头间，还有部分墓葬在死者尸骨旁放置牛或羊的肩胛骨或少量蹄骨，这或许是向死者奉献的肉食。出土器物以各种质料的服饰品为大宗，罕见陶器。其中又以位于腰、腹部的小型铜泡、联珠饰、管状饰与长方形铜饰数量最多，应为上衣或腰带上的饰品。不过，除少量带扣之外，带饰中缺少形体较大的动物形饰牌。头、颈部则有耳环和由石珠、骨珠构成的项饰。兵器工具类有铜短剑、铜戈、骨镞、骨弓弭、铜刀、铜锥、骨针筒与骨针等，少见青铜车马具（图7-29：1）。

从殉牲及随葬品组合来看，西园类型的经济形态应是一种发达的专业化畜牧业，兼有少量的狩猎和捕捞。对新店子墓地出土人骨研究表明，居民属于古蒙古高原类型，饮食结构中肉食占有很高比例，其中男性上、下肢的粗壮程度存在明显差异，上肢的粗壮程度要明显强于下肢，同时股骨的骨干上部颇为扁平，显然与长期的骑马放牧生活有密切的关系①。

（四）崞县窑子类型

崞县窑子类型以凉城崞县窑子墓地②为代表，包括凉城忻州窑子墓地③，主要分布于蛮汗山南北地区，年代范围与西园类型相当，约在春秋晚期至战国早期。

墓葬均为土坑竖穴墓，约1/3强的墓有头龛或二层台。葬式明确者均单人仰身直肢葬，头向东或东北。除忻州窑子墓地1座墓有石棺外，余均未见葬具。流行殉牲，种类有马、牛、羊、猪、狗和马鹿。以羊最多，其次为牛，再次为马和猪，狗和鹿很少。牲头多成排摆放在死者头端上部的填土中，多下颌朝上，吻部朝前。部分蹄骨散置在牲头间。崞县窑子墓地还有部分墓葬随葬羊的下颌骨、矩骨和肩胛骨，当属随葬的肉食。随葬陶器的墓所占比例较高，一般每墓随葬1件，多位于头端或壁龛中。陶器以素面为主，流行双耳壶、绳纹罐、素面罐及少量单耳罐、双耳罐，还有个别四系罐和单耳杯。铜器以服饰品为大宗，尤以管状饰、铜泡、联珠饰和鸟纹牌饰为多，有少量带扣、环、铃、耳环、镜形饰、别针等，不见青铜兵器与马具。骨器数量不多，有骨镞、弓弭、扳指和带扣等，还有部分绿松石珠与玛瑙珠（图7-29：2）。

① 张全超：《内蒙古和林格尔县新店子墓地人骨研究》，科学出版社，2010年，第75页。

② 内蒙古文物考古研究所：《凉城崞县窑子墓地》，《考古学报》1989年第1期。

③ 内蒙古文物考古研究所：《内蒙古凉城县忻州窑子墓地发掘简报》，《考古》2009年第3期。

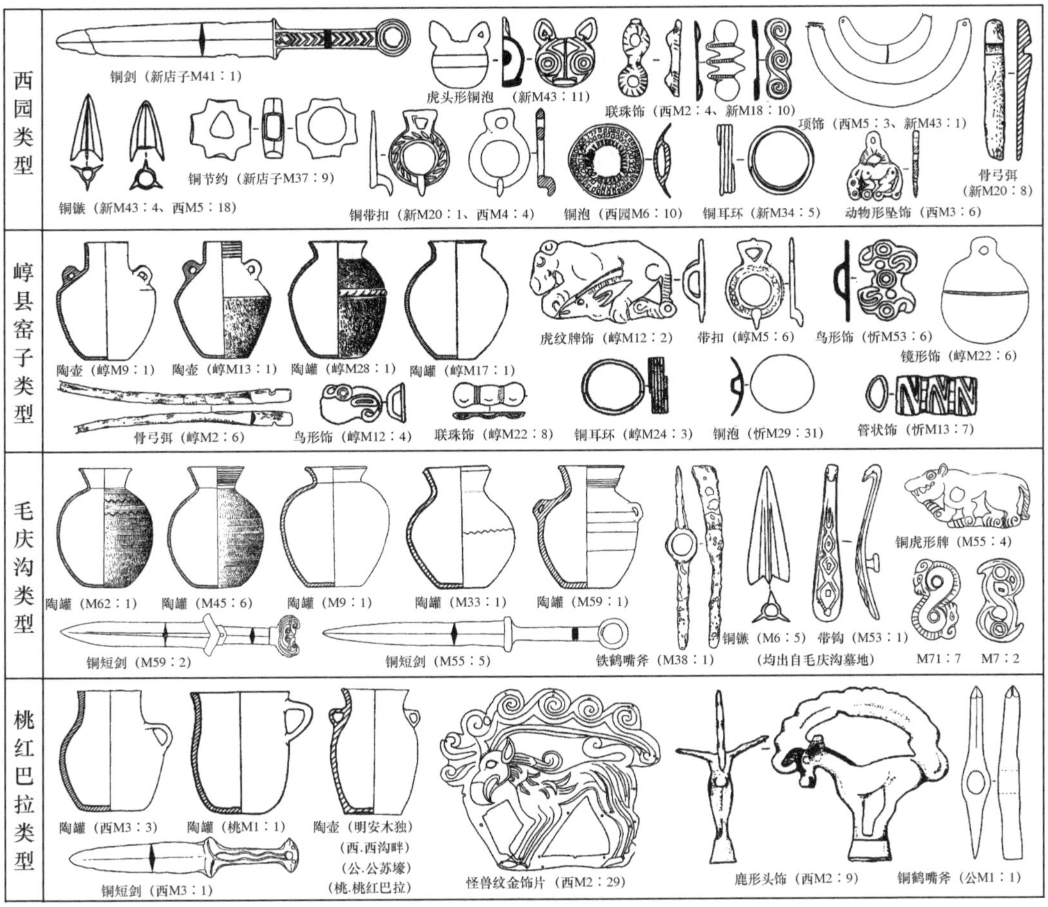

图7-29　内蒙古中南部晚期青铜文化典型器物

从殉牲及随葬品组合来看，该类型的经济形态亦应以畜牧业为主。而两个地点均发现少量以猪殉葬的现象，表明该类型或许存在一定的农业经济成分。男性墓中随葬骨镞和马鹿的情况显示出狩猎可能也是经济生活中的一项补充。人骨鉴定结果表明，该类型的居民种系构成比较复杂，在古人种类型中既有古蒙古高原类型，也有古华北类型，还有古中原类型。

（五）毛庆沟类型

毛庆沟类型以凉城毛庆沟墓地①为代表，包括凉城饮牛沟墓地②，两墓地均位于岱海西侧的蛮汗山南麓，相互距离仅约1千米。年代约在春秋晚期至战国末期。

墓葬皆为长方形竖穴土坑墓，分东西向和南北向两种。东西向墓少数有头龛；南

① 内蒙古文物工作队：《毛庆沟墓地》，《鄂尔多斯式青铜器》，文物出版社，1986年。

② 内蒙古自治区文物工作队：《凉城县饮牛沟墓葬清理简报》，《内蒙古文物考古》1984年第3期；《饮牛沟墓地1997年发掘报告》，《岱海考古（二）——中日岱海地区考察研究报告集》，科学出版社，2001年。

北向墓个别有生土二层台。东西向墓多与山坡等高线平行，头向东或东北；南北向墓则多与等高线垂直，头向朝北或西北。葬式绝大多数为单人仰身直肢葬。两种墓向的墓葬皆有部分木质葬具。殉牲墓中牲头多置于死者头端上部的填土中，下颌朝上，吻部朝前。而肩胛骨、肢骨、肋骨等部位多摆放在死者头端或足端的棺外。殉牲种类有马、牛、羊、猪、狗、狐等，总体上以羊为多，其次为牛。随葬陶器多见于东西向墓中，一般置于死者头端或头前壁龛中，毛庆沟79座墓有36座出土陶器，饮牛沟38座墓中只有5座墓出土陶器。陶器以绳纹鼓腹罐为主，有少量素面鼓腹或鼓肩罐及个别带耳罐。服饰品主要包括以珠、环组成的项饰和由带扣、带钩、环、双鸟纹牌饰、虎纹牌饰、联珠状饰、铜泡等构成比较复杂的带饰，带饰多出于东西向墓中。南北向墓只随葬带钩，且多将带钩打断后分置于死者头、足两端。兵器工具类有青铜或铁质的双鸟回首式短剑、鹤嘴斧、戈、矛、刀与镞，皆出于东西向墓中，另有少量青铜节约、马衔和弹簧式耳环（图7-29：3）。

毛庆沟类型的经济形态无疑体现出一些畜牧业经济的特点，但与上述西园类型、崞县窑子类型相比却有显著区别。首先，殉牲墓的比例及每墓平均的殉牲量明显低于西园类型和崞县窑子类型。其次，随葬肉食的墓从比例上又远多于典型的殉牲墓。以猪、羊下颌骨随葬的葬肉习俗在鄂尔多斯地区年代相当于龙山晚期至商代早期的朱开沟遗址中已占有一定比例，在西周晚期至春秋前期的准格尔旗西麻青墓地中以羊肢骨随葬的现象已经比较流行，表明以肉食随葬是延续当地此前源远流长的一种传统，从性质上与草原牧人以动物头蹄代表整牲来殉葬有很大不同。尤其到了偏晚的饮牛沟阶段，以猪、狗作为主要入殉对象，更与游牧文化异趣。再有墓地的较大规模，所对应居住址近1米厚的文化堆积以及陶窑群的存在，均昭示着该类型居民的定居生活。所以，毛庆沟类型的经济形态很可能属于一种农牧兼营的形式。人骨鉴定结果表明，该类型的居民种系分为古华北类型和古中原类型。

（六）桃红巴拉类型

桃红巴拉类型以杭锦旗桃红巴拉墓地①为代表，包括公苏壕M1②、玉隆太残墓③、西沟畔④、伊金霍洛旗明安木独⑤、陕北神木纳林高兔⑥等，分布范围大致在河套内的鄂尔多斯高原，年代约相当于春战之际至战国末期。

桃红巴拉类型尚未发现居住址，墓葬分布比较分散，也未发现成片的墓地。墓葬均为南北向长方形土坑竖穴墓，多单人仰身直肢葬，头向北或东北，未见葬具。墓内

---

① 田广金：《桃红巴拉的匈奴墓》，《考古学报》1976年第1期。
② 田广金：《桃红巴拉墓群》，《鄂尔多斯式青铜器》，文物出版社，1986年。
③ 内蒙古博物馆等：《玉隆太战国墓》，《鄂尔多斯式青铜器》，文物出版社，1986年。
④ 伊克昭盟文物工作站等：《西沟畔匈奴墓》，《文物》1980年第7期。
⑤ 伊克昭盟文物工作站等：《内蒙古伊金霍洛旗匈奴墓》，《文物》1992年第5期。
⑥ 戴应新、孙嘉祥：《陕西神木县出土匈奴文物》，《文物》1983年第12期。

普遍殉牲，主要为马、牛、羊的头和蹄，未见殉猪和狗的现象。牲头皆位于墓内填土中，由于数量多而层层叠压，摆放缺乏规律。

陶器多为素面夹砂灰褐陶，质地疏松，制作粗糙，器形有单耳筒腹罐、单耳鼓腹罐、双鋬罐、单把杯、碗等。各种质料的服饰品数量最多，包括以带扣、铜环、双鸟纹牌饰、管状饰、长方形牌饰、兽头饰、联珠状饰、铜泡等构成的腰部与胸部装饰，以及位于头、颈部的金冠饰（图版19：3）、耳环、耳坠、项圈与串珠。武器工具类有青铜短剑、鹤嘴斧、铜镞、铁制长剑、铜刀以及锥、斧、凿等，也有一定数量的车马器，包括马衔、马镳、节约、马面饰、杆头饰、盘角羊首辕头饰、车軎、喇叭形器、圆牌饰等（图7-29：4）。

值得注意的是，武器工具类中除青铜短剑、铁制长剑及刀子出土时位于腰际，是随身佩带之物外，鹤嘴斧、锥、镞及车马器出土时多靠近牲头，有的马衔甚至还在马嘴中，显然都是出行时所应配备的器具。服饰品、马具及武器上的饰品都有以金、银等贵重金属制成的。从殉牲墓的比例、殉牲种类与数量及随葬品组合来看，桃红巴拉类型也应是一种发达的畜牧业经济。人骨鉴定结果显示，桃红巴拉的居民种系属于古蒙古高原类型。

以上四个文化类型中，西园、崞县窑子和桃红巴拉类型的经济形态属于专业化的畜牧业，很可能是采用游动放牧的生产方式，可归属于游牧性质的遗存；毛庆沟类型的经济形态属于农牧兼营。除此之外，内蒙古中南部地区以畜牧业为特征的遗存还有3个地点，即凉城小双古城墓地[①]、乌拉特中后联合旗呼鲁斯太墓群[②]和兴和县沟里头墓葬[③]，它们均有自身特点，尚不宜归属于以上划分的任何一个类型中。另外，该地区还发现以农业经济为特征的文化遗存穿插在上述文化类型或遗存之中。自春秋晚期开始出现的游牧文化并未使这一地区实现全盘的游牧化，多元文化的并行发展和经济形态的多样并存的局面几乎在区域内贯穿始终。这一切之所以会成为可能，应当是来自不同方向的人群在此长期混杂、共存，社会又长期保持简单化、分散化的发展模式而未能实现统一的结果。

二、晋陕高原区

本区大致包括南流黄河两岸的陕东北和晋西黄土高原山地以及晋中北的断陷盆地。

（一）白燕文化

白燕文化得名于山西太谷白燕遗址，主要分布于以太原盆地和忻定盆地为中心的晋

① 内蒙古文物考古研究所：《内蒙古凉城县小双古城墓地发掘简报》，《考古》2009年第3期。

② 塔拉、梁京明：《呼鲁斯太青铜器墓葬》，《鄂尔多斯式青铜器》，文物出版社，1986年。

③ 崔利明：《内蒙古兴和县沟里头匈奴墓》，《考古》1994年第5期。

中地区。在白燕遗址发掘之前，邹衡曾根据太原光社遗址的试掘材料将太原地区发现的夏商时期考古遗存命名为光社文化①。后来，宋建忠又根据太原东太堡、狄村和许坦村三地墓葬材料将晋中地区夏时期的考古遗存命名为东太堡文化②。许伟以白燕遗址发掘资料为基础，详细讨论了晋中地区西周以前考古学遗存的文化特征、编年与谱系，其中夏商时期考古遗存分为两期8段（即第12～15段为夏代，第16～20段为商代），指出高领鬲和蛋形三足瓮是辨识晋中地区夏代早期遗存的重要标志，进而从谱系角度分析第12～18段传承有序，谱系结构稳定；第19、20段谱系结构发生变化，并认为杏花村墓地和柳林高红H1是性质不同的两类遗存③。严志斌在分析长治小神遗址时，建议用“白燕文化”来命名晋中夏至早商时期的考古遗存④。蒋刚将灵石旌介和汾阳杏花村墓地都归入白燕文化，认为白燕文化的年代跨度相当于许伟所分的第12～20段，即夏代早期至晚商晚期⑤。鉴于太原光社遗址试掘面积较小，狄村、东太堡、许坦等墓葬未经正式发掘，所获资料较少且零散，而白燕遗址出土遗存十分丰富，内涵明确，延续时间长，尤其第四、五期夏商遗存之间是一个前后连续、承接性较强的发展序列⑥，我们认为以白燕遗址第四、五期遗存为代表命名的白燕文化是可以成立的，但不宜将其内涵扩大。这里所说的“白燕文化”年代大约相当于二里头文化三、四期至早商时期，下限不晚于殷墟一期。它既不包括以汾阳峪道河H1和忻州游邀H2、H129及H584等单位为代表的夏代早期遗存⑦，也不包括以杏花村墓地为代表的商代晚期遗存。前者的绝对年代虽然可能进入夏纪年，但其性质仍属于当地龙山文化的延续。后者所见传统陶鬲形制不仅发生较大变化，还新出现周系瘪裆鬲等因素，应另立新的文化类型（详下）。

白燕文化陶器以夹砂和泥质灰陶为主，夹砂陶多掺细砂粒，泥质陶几乎都是粗泥，故二者不易区分。除灰陶外，另有部分灰褐、棕褐和红褐陶，少量褐胎黑皮陶仅见于早期早段。流行绳纹，早期以细绳纹为主，晚期常见中粗绳纹，另有弦纹、附加堆纹、圆圈纹、三角划纹等，素面陶很少。主要器类有高领鼓腹鬲、侈沿深腹鬲、盆形甗、蛋形三足瓮、盆、小口罐、豆、钵等（图7-30：上）。其中早期高领鼓腹鬲的实足根上往往有刻划的沟槽，侈沿深腹鬲介于高领鬲与商式鬲之间，是二者融合的产

① 邹衡：《关于夏商时期北方地区诸邻境文化的初步探讨》，《夏商周考古学论文集》，科学出版社，2001年。

② 宋建忠：《晋中地区夏时期考古遗存研究》，《山西省考古学会论文集（二）》，山西人民出版社，1994年。

③ 许伟：《晋中地区西周以前古遗存的编年与谱系》，《文物》1989年第4期。

④ 严志斌：《试析长治小神遗址二里头时期遗存》，《北方文物》1999年第1期。

⑤ 蒋刚：《文化演进与互动：太行山两翼夏商西周时期青铜文化研究》，科学出版社，2017年，第145、195页。

⑥ 晋中考古队：《山西太谷白燕遗址第一地点发掘简报》，《文物》1989年第3期。

⑦ 国家文物局等：《晋中考古》，文物出版社，1998年。山西省考古研究所等：《忻州游邀》，科学出版社，2004年。

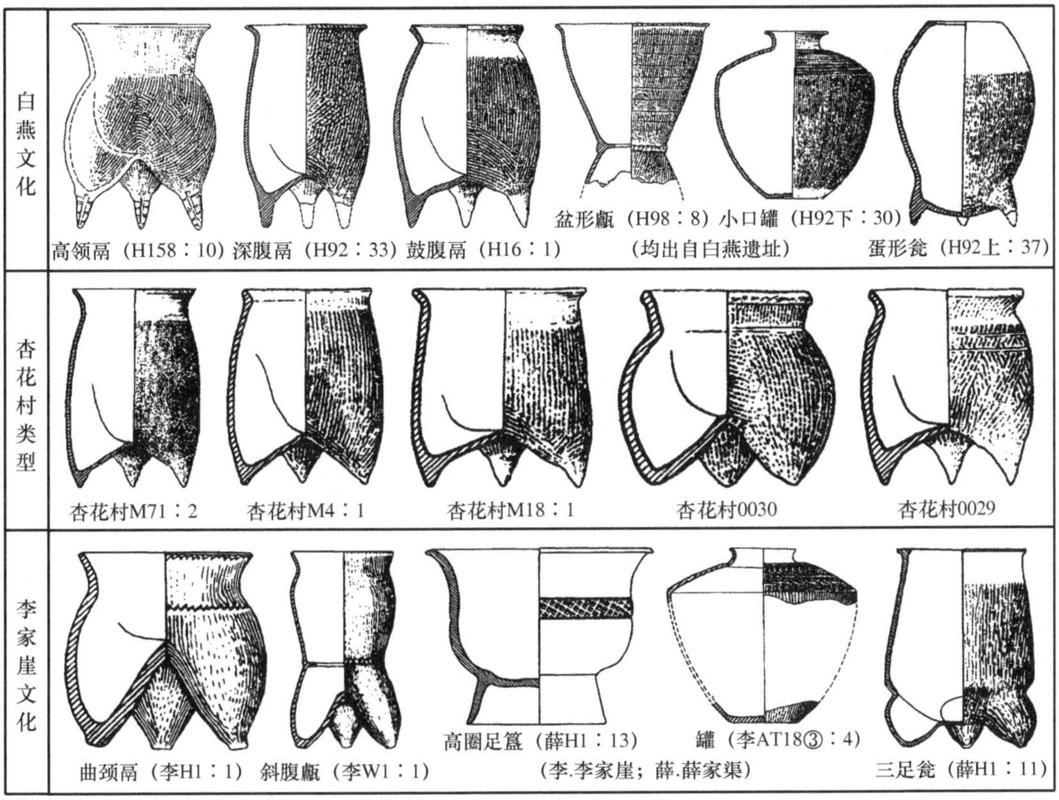

图7-30　晋陕高原区早期青铜文化典型陶器

物，或被称为“中间型”鬲。

文化因素分析显示，白燕文化是在当地龙山时代晚期遗存的基础上产生的，在形成和发展过程中，还吸收融合了东下冯文化、二里头文化因素（如扁三角足鼎、细柄浅盘豆、四足方杯、管流爵等）和下七垣文化、二里冈文化因素（如商式鬲、单把鬲式斝、深腹盆、粗柄真腹和假腹豆等）。值得注意的是，作为白燕文化代表性器物之一的三空足蛋形瓮初创于晋中地区，早期通常作为儿童瓮棺葬具，在宗教信仰上颇具特定含义[①]。若结合晚商玄妇罍铭文（《殷周金文集成》9794）和文献所载有娀氏之女简狄吞鸟卵感孕生商的神话故事（《诗・商颂》《史记・殷本纪》），从白燕文化和商文化的密切关系来看，白燕文化的族属或许与夏商时期狄族之有娀氏人群有关[②]。

（二）杏花村类型

杏花村类型以山西汾阳杏花村遗址第六期2段遗存和37座晚商墓葬[③]为代表。

遗迹有灰坑、墓葬两种，其中杏花村墓葬均为小型的长方形竖穴土坑墓，大部分

① 井中伟：《蛋形瓮研究》，《考古学报》2006年第4期。

② 蒋刚：《论白燕文化及其相关问题》，《考古与文物》2009年第5期。

③ 国家文物局等：《晋中考古》，文物出版社，1998年。

为南北向，仅墓地西部的4座为东西向，单人单棺，以仰身直肢葬为主，另有俯身直肢和侧身屈肢，2座墓有腰坑，坑内殉狗。19座墓各随葬1件陶鬲或豆，其余无随葬品。陶器以夹细砂和泥质灰陶为主，有少量褐陶。流行中粗绳纹，另有弦纹、划纹和附加堆纹。器类中以鬲的数量最多，形制也比较复杂，既有侈沿深腹鬲，也有小型化的“中间型”翻沿鬲，还有商式鬲、无实足根的矮领袋足“中间型”翻沿鬲以及侈沿弧裆鬲，其中以小型翻沿鬲为主（图7-30：中）。豆均为粗柄，柄有曲、折之分，腹有真、假之别。其他器类如盆、罐、瓮等数量较少。

根据鬲、豆形制变化，可将杏花村类型分为两期：早期以杏花村H309、M71、M5、M20、M21等为代表，年代约当殷墟文化早期；其余墓葬可以归入晚期，年代约当殷墟文化晚期。从文化因素构成上看，杏花村类型对当地白燕文化多有继承，但也有自身特点，除明显的殷商文化因素外，还有可能来自李家崖文化因素（如无实足根的矮领袋足鬲）和先周文化因素（如侈沿弧裆鬲）。值得关注的是，杏花村墓地呈现出浓厚的商文化习俗，而杏花村遗址则表现出更多的本地特色。由于地处太原盆地南口的灵石旌介晚商墓葬距离汾阳杏花村遗址不远，且随葬的侈沿深腹鬲与杏花村类型存在继承关系①，以至于有学者或将其纳入“杏花类型”②，或认为是白燕文化的延续而归入“白燕文化”③。实际上，这种趋于小型化的“白燕式”陶鬲不论在晋中南还是在安阳殷墟都有发现，甚至在西周乃至春秋晋文化中都有延续，所以不能单凭此因素来判定灵石旌介商墓的文化属性。根据考古遗存辨识商化的土著民还是土著化的商人，是需要综合多种因素谨慎研判的。

（三）李家崖文化

李家崖文化是以陕西清涧李家崖遗址④命名的，典型遗址还有绥德薛家渠⑤、清涧辛庄⑥、山西柳林高红⑦等。根据考古调查与发掘资料，李家崖文化主要分布在南流黄

---

① 林沄：《中国北方长城地带游牧文化带的形成》，《燕京学报》新十四期，北京大学出版社，2003年。

② 宋江宁：《区域社会的形成与发展——商代关中的考古学研究》，花木兰文化事业有限公司，2018年，第132～135页。

③ 蒋刚：《文化演进与互动：太行山两翼夏商西周时期青铜文化研究》，科学出版社，2017年，第145、195页。

④ 张映文、吕智荣：《陕西清涧县李家崖古城址发掘简报》，《考古与文物》1988年第1期。陕西省考古研究院：《李家崖》，文物出版社，2013年。

⑤ 北京大学考古系商周考古实习组等：《陕西绥德薛家渠遗址的试掘》，《文物》1988年第6期。

⑥ 陕西省考古研究院商周考古研究室：《2008～2017年陕西夏商周考古综述》，《考古与文物》2018年第5期。

⑦ 杨绍舜：《山西柳林县高红发现商代铜器》，《考古》1981年第3期。山西省考古研究所：《2004年柳林高红商代夯土基址试掘简报》，《三晋考古》第三辑，山西人民出版社，2006年。王京燕、高继平：《山西柳林高红商代夯土基址发掘取得重要收获》，《中国文物报》2007年1月5日第2版。马升、王京燕：《对柳林高红商代夯土基址的几点认识》，《中国文物报》2007年1月12日第7版。

河中段东西两岸的山西吕梁山脉以西黄土高原区和陕东北高原区，年代大约相当于商代晚期至西周早期，下限不晚于西周中期。从柳林高红、绥德薛家渠和清涧李家崖三个遗址出土遗存的年代来看，李家崖文化似乎存在由东向西发展的趋势。

遗迹主要有城址、房址、窖穴和墓葬等。李家崖城址东距黄河仅4.5千米，依地势而建，南、西、北三面环水，南、北两面以天然峭壁作屏障，东、西两面筑有土石结构的城墙，整个城址呈不规则形，城内面积约6.7万平方米。房址平面呈长方形或梯形，有地面式和半地穴式之分，有的院落四周建有夯土围墙，选址讲究，布局规整，可能具有宗庙性质[①]。在居住区范围内出有金珥形饰、铜蛇首匕、铜镞等，在城址北部的灰坑中还发现有陶范碎块[②]。已发现的墓葬均为小型的长方形土坑竖穴墓，有的有熟土二层台，填土多经夯打，葬式多为仰身直肢葬，葬具为木棺，有4座墓各出1件青铜兵器。另发现少量的瓮棺葬，有的葬具上用小石板围盖。柳林高红遗址发现20余处夯土建筑基址，形状有不规则形、长方形、回字形和曲尺形等，其中7号基址面积500多平方米，现存建筑群总面积近4000平方米。清涧辛庄遗址的建筑规模更大，分布在隔沟相望的两个峁顶上，其中“后老爷盖”峁顶上的整个建筑群由主体建筑和回廊两部分组成，现存总面积约4200平方米，主体建筑位于峁顶最高处中部，为下沉式长方形院落，面积不小于770平方米；回廊位于主体建筑外围，沿山峁缓坡而建，落差较大。由于其结构奇特，规模宏大，推测此建筑群应是举行礼仪活动的场所。至于居住建筑，则位于稍低的台地上。在其前面的坡地上还发现了花纹陶范等铸铜遗存，表明其近旁应有铸铜作坊，证明陕北以往发现的晚商铜器至少部分是在本地铸造的。这些足以证明辛庄遗址非同一般。另据调查，在清涧、绥德两县150平方千米的范围内，存在着4个以具有夯土建筑遗迹的遗址为中心的晚商遗址群，彼此间相互距离15～20千米，由此大致勾勒了陕北晚商时期聚落分布的基本格局[③]。

李家崖文化的陶器以夹砂和泥质灰陶为主，流行绳纹，另有云雷纹、方格纹、乳丁纹、弦纹、附加堆纹、压印纹等，器类主要有鬲、甗、罐、豆、簋、盆、瓮、碗、器盖等，其中以花边口曲颈鬲、敞口斜腹甗、敞口弧腹高圈足簋、小口折肩罐、斜腹三足瓮最具特色（图7-30：下）。文化因素分析表明，以花边口鬲、三足瓮为代表的一组因素与朱开沟文化有明显的承接关系[④]，不过此时陶鬲多已出现足尖平钝的作风或干脆制成柱状实足。以领腹无明显转折的曲颈鬲、小口广肩罐为代表的一组因素，可能是吕梁山脉及以西地区自身文化传统的延续。敞口弧腹高圈足簋及云雷纹、方格乳丁纹等，则是来自商文化或先周文化的因素。

---

① 吕智荣：《李家崖古城址AF1建筑遗址初探》，《周秦文化研究》，陕西人民出版社，1998年。

② 戴应新：《陕北和晋西北黄河两岸出土的殷商铜器及有关问题的探索》，《考古学研究》，三秦出版社，1993年。

③ 陕西省考古研究院商周考古研究室：《2008～2017年陕西夏商周考古综述》，《考古与文物》2018年第5期。

④ 吕智荣：《朱开沟古文化遗存与李家崖文化》，《考古与文物》1991年第6期。

由于李家崖城址中出土有带“鬼”字的陶片[①]，所处地理位置又与以往诸家考证的鬼方活动区域大体相合，所以学术界一般认为李家崖文化的族属可能为文献所载的鬼方[②]。李家崖文化的衰落，很可能与周初的大征伐有关。著名的小盂鼎铭文记载了周初一次伐鬼方的战果：“获馘四千八百□十二馘，俘人万三千八十一人，俘马□□匹，俘车卅两，俘牛三百五十五牛，羊卅十八羊。”足见打击之沉重。鬼方被征服后，部分遗民被迁入丰镐受周王直接管辖，或分封到晋等各诸侯国。《左传・宣公四年》记载周成王封叔虞于唐时曾赐予“怀姓九宗”。据考证，“怀”即“隗”或“媿”的假借字，“怀姓九宗”当为鬼方的部分宗族[③]。李家崖文化消亡后，具有该文化典型风格的分裆柱足鬲在西周文化中有突然增多的趋势，三（或四）足瓮、大口尊、小口广肩罐等陶器以及青铜管銎斧也出现在丰镐西周文化和天马—曲村遗址的早期晋文化中，尤其近年来在山西绛县横水镇还发现了媿姓倗国墓地[④]。考古资料显示的诸多现象与文献记载若合符节，足可互证。

以往陕北的绥德、清涧、子长、延川、延长、甘泉与晋西的保德、柳林、石楼、永和、隰县、吉县等地都曾发现过晚商至周初的青铜器，多系成群出土，有的地点甚至屡次发现。由于多是征集和清理，缺乏与陶器共存的实例，所以长期以来难以确定其文化归属。这些青铜器数量多，种类全，文化成分复杂。它们中既有典型的中原系青铜器（容器有鼎、甗、簋、盘、爵、斝、觚、卣、瓿、罍、壶等；兵器有片状的直内戈、曲内戈、直内钺等；工具有斧、锛、凿等），又有典型的北方系青铜器（兵器有铃首剑、管銎斧、管銎钺、条形有銎刀；用具有蛇首匕、铃首匕、羊首勺、形态多样的有柄小刀等；装饰品有弓形饰、金珥形饰等）（图版19：4），还有体现中原因素与北方因素相融合的“混合”式器物（容器有带铃的觚和豆、直线纹簋、龙形觥等；兵器有銎内戈、銎内钺等）。李伯谦曾提出“绥德—石楼类型青铜文化”的概念，将这些青铜器分为五期，年代约当商王盘庚至帝辛时期，并认为它们就是𢀛方的遗存[⑤]。后来有学者将其细分为石楼类型和保德类型，石楼类型铜器群分三期，年代约当商王武丁至帝辛时期，性质上可以归属李家崖文化；保德类型铜器群亦分三期，年代约当殷墟晚期至西周早中期，其所代表的人群与欧亚大草原青铜文化关系密切[⑥]。曹玮将陕

---

① 吕智荣：《陕西清涧县李家崖古城址陶文考释》，《文博》1987年第3期。

② 吕智荣：《鬼方文化及相关问题初探》，《文博》1990年第1期。

③ 王国维：《鬼方昆夷玁狁考》，《观堂集林》卷十三，中华书局，1961年。陈公柔：《说媿氏即怀姓九宗》，《古文字研究》第十六辑，中华书局，1989年。

④ 山西省考古研究所等：《山西绛县横水西周墓地》，《考古》2006年第7期；《山西绛县横水西周墓发掘简报》，《文物》2006年第8期。

⑤ 李伯谦：《从灵石旌介商墓的发现看晋陕高原青铜文化的归属》，《北京大学学报（哲社版）》1988年第2期。

⑥ 沃浩伟：《晋陕高原商周时期青铜器分群研究》、蒋刚：《南流黄河两岸出土青铜器的年代与组合研究》，均见《公元前2千纪的晋陕高原与燕山南北》，科学出版社，2008年。

北出土商代青铜器分为四期，年代约当盘庚至帝辛，个别器物的年代下限可能进入西周时期，认为南流黄河东西两岸地区出土的青铜器除了共性特征外，还各有特点，陕北出土的青铜容器、一部分兵器和工具可能是从安阳殷墟直接或间接输入的，二者关系密切；晋西所见的商代青铜器受殷墟影响的成分不占主导地位，大宗器物应是本地仿造和改造，还有受欧亚草原影响的成分；进而推测陕北和晋西地区商代青铜器的主人分别是鬼方和𢀛方[①]。韩炳华认为吕梁山脉以西的晋西高原商代青铜器的年代集中在殷墟二、三期，主要是殷墟青铜器和仿制殷墟文化铜器；保德林遮峪铜器组中的铃首剑和管銎斧属于战利品，除其之外属于“保德类型”的五组铜器都以铃首剑、长管銎斧和勺形镳组合，不见殷墟青铜礼器，因而应以吉县上东铜器墓为代表更名为“上东类型”，属于北方草原文化因素；晋西—陕北的“殷墟青铜器群”属于商文化地方类型，不能笼统地归入本土的李家崖文化[②]。综合来看，我们倾向于认为晋陕高原铜器群在文化性质上应该可以归属于李家崖文化。而且，陕北和晋西所见青铜器除了共性特征，确实还存在一定差异。

李家崖文化结束之后，春秋晚期之前，南流黄河西岸的陕北地区这一时期考古遗存发现不多。目前所知，在米脂张坪清理的4座墓皆为仰身直肢葬，头向北，随葬陶器为鬲、盆、豆、罐的周式组合，墓葬形制、陶器特征、随葬石圭等葬俗均具有晋文化的典型风格，年代大致在春秋早中期[③]。清涧草场坪、峰家塔和坟圪垯等地春秋晚期至战国早期的墓葬不仅出土铜鍑、带扣、马衔等，还常伴出中原文化特征铜带钩、仿铜陶礼器豆和鬲等[④]。此外，在延安、榆林所辖县市区还出土一些具有北方文化特色的铜器（如短剑、刀、有銎镞、虎形饰、环链带钩、镫形环马衔、高圈足鍑等），年代为春秋早期至战国早中期[⑤]。结合所在地理位置和历史文献记载[⑥]，上述遗存的族属可能为狄人。在春秋中期秦晋争霸战争进程中，处在夹缝中的狄人有些逐渐华夏化，有些迫于压力东迁到滹沱河流域、桑干河与洋河以及滦河中游流域[⑦]。到战国早中期，陕北

① 曹玮：《陕北的商代青铜器研究》，《陕北出土青铜器（第一卷）》，巴蜀书社，2009年。曹玮：《陕晋高原商代铜器的属国研究》，《古文字与古代史》第二辑，历史语言研究所出版，2009年。

② 韩炳华：《晋西商代青铜器》，科学出版社，2017年，第724～735页。

③ 北京大学考古系商周实习组等：《陕西米脂张坪墓地试掘简报》，《考古与文物》1989年第1期。

④ 陕西省考古研究院：《李家崖》，文物出版社，2013年。

⑤ 单月英、汪涛、曹玮：《陕北地区东周秦汉时期的铜器研究》，《陕北出土青铜器（第一卷）》，巴蜀书社，2009年。

⑥ 《史记·匈奴列传》：“晋文公攘戎翟，居于河西圁、洛之间，号曰赤翟、白翟。”《集解》引徐广曰：“圁在西河，音银。洛在上郡、冯翊间。”《括地志》：“近延州，绥州、银州，本春秋时白狄所居，七国属魏，后入秦，秦置三十六郡。”

⑦ 单月英：《东周秦代中国北方地区考古学文化格局——兼论戎、狄、胡与华夏之间的互动》，《考古学报》2015年第3期。

地区的文化面貌开始发生明显变化，中原文化基本占据主导地位，此时也有些西戎之人东越子午岭迁居于此，地处陕北高原南缘的黄陵县寨头河和史家河战国墓地即是明证①，为研究东周时期戎人的迁徙与流布、互动与融合提供了新的考古线索。

三、冀北—燕山南麓区

本区大致包括现行政区划的北京、天津以及河北唐山、承德、张家口等地区，西、北主要是山地丘陵，桑干河和洋河自西向东贯穿西部汇入官厅水库，中部主要是由永定河、潮白河、海河等冲积形成的平原，东部的滦河自北向南流经山地丘陵平原最终汇入渤海。

（一）大坨头文化

大坨头文化是以河北大厂县大坨头遗址命名的。由于大坨头遗址发掘时间早，出土遗物中有较多与夏家店下层文化相似的器类，发掘者曾将其归入夏家店下层文化的范畴②。后来随着考古资料的增多和研究的深入，韩嘉谷率先提出这类遗存与夏家店下层文化在文化特征与源流方面均不相同，建议命名为大坨头文化③，此后逐渐得到学术界的认同。目前来看，大坨头文化主要分布在潮白河、海河、滦河下游及其支流的京津唐地区，年代大约相当于夏代早期晚段至早商时期。

已发现的大坨头文化遗迹以居址为主，墓葬数量不多。陶器以夹砂褐陶为主，晚期夹砂红陶增多，最富特征的器类主要是鼓腹分裆袋足鬲和折肩斜腹分裆鬲，鬲的实足根不发达，其他还有甗、侈口鼓肩深腹罐、折肩罐、深腹盆、豆、钵、折肩瓮等。金属器有金臂钏、喇叭形铜耳环、小铜刀、铜镞等（图7-31：1）。

蒋刚将大坨头文化分为三期6段，并根据文化内涵的区域差异划分四个类型，其中官庄类型分布于潮白河上游，空袋足鼓腹鬲较多，从早到晚没有实足根，朱开沟文化因素明显；塔照类型分布于永定河以西，鼓腹鬲的实足根从早到晚都比较长，不见无实足根鬲，常见大口折肩瓮、假腹豆；大坨头类型分布于永定河以东，有实足根和无实足根的鼓腹鬲从早到晚都存在，常见敛口深腹钵、簋、三足罐；古冶类型分布于滦河下游一带，流行各类鼓腹鬲，鼓腹盆不见或少见于前两个类型；另外指出冀西北壶流河流域夏至早商时期遗存的文化内涵复杂，既不属于大坨头文化，也不属于夏家店

① 陕西省考古研究院等：《寨头河——陕西黄陵战国戎人墓地考古发掘报告》，上海古籍出版社，2018年；《陕西黄陵县史家河墓地发掘简报》，《考古与文物》2015年第3期。

② 天津市文化局考古发掘队：《河北大厂回族自治县大坨头遗址试掘简报》，《考古》1966年第1期。

③ 韩嘉谷：《京津地区商周时期古文化发展的一点线索》，《中国考古学会第三次年会论文集》，文物出版社，1981年。韩嘉谷：《大坨头文化陶器群浅析》，《北方考古研究（四）》，中州古籍出版社，1994年。

下层文化[①]。

文化因素分析表明，大坨头文化中包含有部分尊形鬲、折腹尊等燕山以北的夏家店下层文化因素，据此以往不少学者将其视为夏家店下层文化的一个地方类型。现在看来，二者的主体因素虽泾渭分明，但彼此间的文化联系在中晚期不断加强，在某种程度上构成了一个层次更高的“亲缘文化区”[②]。从涞水富位遗址出土的方唇高锥足鬲、假腹豆等较多早商文化因素[③]看，大坨头文化在晚期大致以拒马河为界与商文化南北分野。

（二）围坊三期文化

围坊三期文化是以天津蓟县围坊遗址第三期遗存[④]命名的，其分布地域与大坨头文化基本重合，年代则晚于大坨头文化，约当商代晚期，下限可能进入西周初年。

围坊三期文化的建筑遗迹发现很少，基本特征尚不清晰。墓葬也发现不多，有随葬青铜礼器的贵族墓和小型的平民墓。陶器以夹砂褐陶为主，另有少量的夹砂红陶和泥质褐陶。纹饰以绳纹为主，另有附加堆纹、压印纹及少量菱形纹、锯齿纹等。最具特色的典型器类是口沿均带有一周附加堆纹的鼓腹和深斜腹鬲（俗称“花边鬲”），其他还有甗、鼓肩或折肩罐、盆、敛口钵等。青铜器可分为殷墟式和土著式两种，前者主要是以鼎、簋等为代表的容器，后者则是以兽首短剑、管銎斧、有銎戈、弧背刀等为代表的武器和工具。此外，金耳环和两端呈扇面形的金臂钏也是该文化的特色器物（图7-31：2）。

蒋刚将围坊三期文化分为两期4段，以永定河为界划分为两个类型，西面的塔照类型存在于第1～3段，陶器胎体多夹云母，鬲的颈部多饰花边，少见凹沿鬲和敛口钵，存在一定的商文化因素；东面的围坊类型存在于第2～4段，陶器胎体少见云母，常见凹沿鬲和敛口钵，鬲的口沿多压印成花边，不见或少见商文化因素[⑤]。

文化因素分析表明，围坊三期文化主要是在继承大坨头文化的基础上发展而来的，与南面的中原商文化和东面的魏营子文化关系密切。有学者推测，围坊三期文化

① 蒋刚：《文化演进与互动：太行山两翼夏商西周时期青铜文化研究》，科学出版社，2017年，第28～55页。

② 王立新：《辽西区夏至战国时期文化格局与经济形态的演进》，《考古学报》2004年第3期。

③ 拒马河考古队：《河北易县涞水古遗址试掘报告》，《考古学报》1988年第4期。

④ 天津市文物管理处考古队：《天津蓟县围坊遗址发掘报告》，《考古》1983年第10期。

⑤ 蒋刚：《商末周初：围坊三期文化与张家园上层文化》，《公元前2千纪的晋陕高原与燕山南北》，科学出版社，2008年。蒋刚、王志刚：《关于围坊三期文化和张家园上层文化的再认识》，《考古》2010年第5期。

的族属可能与文献记载的土方有关[①]。

这里顺便提及的是，河北青龙抄道沟发现的北方系青铜器群[②]在年代上与围坊三期文化相当，其文化性质是否可归属于该文化，还有待进一步探索。

（三）张家园上层文化

张家园上层文化是以天津蓟县张家园遗址第3层为代表的遗存[③]命名的，分布范围向北不越怀柔—遵化一线，南抵涞水，东达唐山，西至桑干河南岸，主体年代约当西周早中期。

已发现的张家园上层文化遗迹以居址为主，墓葬数量较少。陶器中最具特色的是花边叠唇口筒状深腹鬲，其他器类还有甗、罐、盆、敛口钵等（图7-31：3）。同时也包含部分周式的鬲、罐和商式的鬲、簋等文化因素，前者尤为突出些。

文化因素分析表明，张家园上层文化是在围坊三期文化的基础上又吸收新的外来文化成分而形成的。该文化在由西向东的发展过程中，以永定河为界先后产生镇江营和张家园两个类型。在永定河以西，张家园上层文化镇江营类型明显承继了围坊三期文化塔照类型；而在永定河以东，前者的张家园类型和后者的围坊类型则主要表现为替代关系[④]。西周中期以后，张家园上层文化随着西周燕文化的强大而消亡了。

以往有学者将年代相当于西周中晚期的昌平白浮墓葬、兴隆小河南和延庆西拨子铜器群等都归入了张家园上层文化[⑤]，这种做法并不妥当。这些单位以北方系青铜器为主体，可能代表着来自北方草原文化的不同族群[⑥]。从共存的中原系青铜器和白浮墓葬结构、葬具、葬式及随葬陶鬲等情况[⑦]来看，他们与中原文化有着直接或间接的接触。

---

① 乌恩岳斯图：《北方草原考古学文化研究——青铜时代至早期铁器时代》，科学出版社，2007年，第136、137页。

② 河北省文物局文物工作队：《河北青龙县抄道沟发现一批青铜器》，《考古》1962年第12期。

③ 天津市文物管理处：《天津蓟县张家园遗址试掘简报》，《文物资料丛刊（1）》，文物出版社，1977年。天津市历史博物馆考古队：《天津蓟县张家园遗址第二次发掘》，《考古》1984年第8期。

④ 蒋刚：《商末周初：围坊三期文化与张家园上层文化》，《公元前2千纪的晋陕高原与燕山南北》，科学出版社，2008年。蒋刚、王志刚：《关于围坊三期文化和张家园上层文化的再认识》，《考古》2010年第5期。

⑤ 乌恩岳斯图：《北方草原考古学文化研究——青铜时代至早期铁器时代》，科学出版社，2007年，第252～275页。

⑥ 杨建华：《冀北周代青铜文化初探》，《中原文物》2000年第5期。杨建华：《燕山南北商周之际青铜器遗存的分群研究》，《考古学报》2002年第2期。

⑦ 韩金秋：《白浮墓葬的微观分析与宏观比较》，《边疆考古研究》第7辑，科学出版社，2008年。

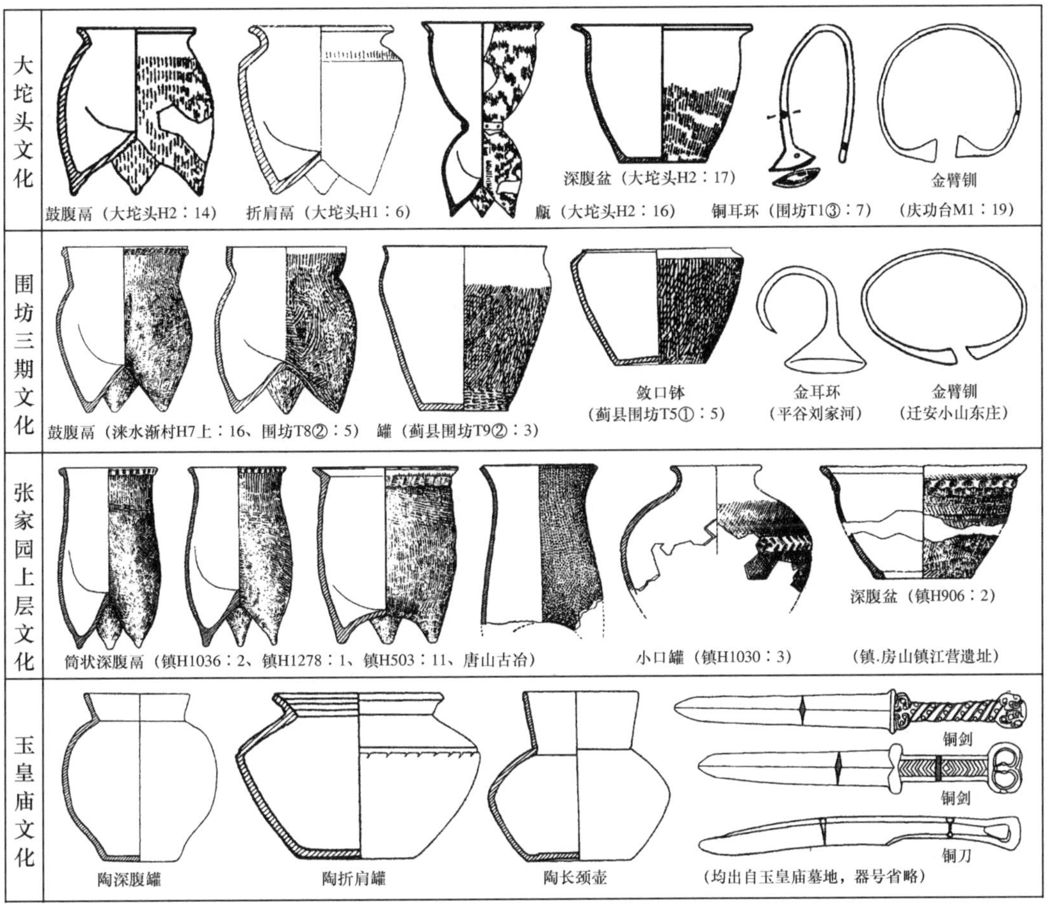

图7-31　冀北—燕山南麓区青铜文化典型器物

（四）玉皇庙文化

玉皇庙文化是以北京延庆军都山玉皇庙墓地①命名的，比较重要的墓地还有延庆葫芦沟和西梁垙②，主要分布在桑干河与洋河流域以及滦河中游地区，年代相当于春秋中期至战国早中期。

玉皇庙文化遗迹主要为墓葬，以长方形竖穴土坑墓为主，多东西向，有的大型墓平面呈抹角梯形或凸字形，葬具有木棺、一棺一椁、象征性石棺、木棺加象征性石椁等。死者流行覆面，多头东脚西，仰身直肢，少数为仰身或侧身屈肢，个别为俯身葬。墓内普遍殉牲，种类有马、牛、羊、狗和猪等，以牲头和肢体为主。随葬品的文化因素构成比较丰富，以本地文化特色器物为主，也有来自相邻的中原文化、夏家店上层文化、毛庆沟类型等因素。

玉皇庙文化的陶器以夹砂红褐陶和泥质灰陶为主，夹砂陶制作粗糙，流行素面，

① 北京市文物研究所：《军都山墓地——玉皇庙》，文物出版社，2007年。

② 北京市文物研究所：《军都山墓地——葫芦沟与西梁垙》，文物出版社，2010年。

器类主要有罐、壶、豆等。青铜器较发达，典型器类主要有以鍑、兽耳三足杯等为代表的容器（图版20：1），以短剑、刀等为代表的武器和工具，以各种动物纹和几何纹样的带饰和牌饰为代表的装饰品，以衔、镳为代表的马具等（图7-31：4）。此外，金质动物纹牌饰、璜形饰、耳饰等也富有特色。

关于玉皇庙文化的族属，主要有山戎说①和白狄建立的代国②两种意见。据《史记·赵世家》记载，公元前457年，刚登基的赵襄子利用代王迎娶其姊之机命人击杀代王，“遂兴兵平代地”。桑干河与洋河流域应为白狄建立的代国所在。代国灭亡后，其文化急剧衰落，部分狄人东迁至滦河中游地区。进入战国中期，随着燕国的强势扩张，燕山南北地区完全纳入燕国版图，最终导致了玉皇庙文化的消亡。

第七节　东 北 地 区

东北地区主要包括黑龙江、吉林、辽宁三省和内蒙古自治区的东部。在新石器时代，这一地区主要流行平底筒形陶罐。至青铜时代，东北的西部成为陶鬲、甗类空三足器的重要分布区，文化传统发生了断裂，显示了来自中原地区的强烈影响。而东北的东部仍流行陶罐、壶类平底器，文化传统比较连续。从宏观的角度看，它们分别构成了面向亚洲腹地的以大兴安岭及其延伸地带为轴心的大兴安岭—燕山文化带和面向海洋的以长白山地及其延伸地带为轴心的长白山—千山文化带③。

根据相对独立的自然地理单元和文化面貌的差异，东北地区又可细分六个亚区。

一、辽西地区

这里的“辽西地区”是一个文化地理区划，“指医巫闾山以西，北至西拉木伦河两侧，包括西拉木伦河、老哈河、大凌河、小凌河及它们的支流地区”④。区内以东北—西南走向的努鲁儿虎山为界，可再分为东、西两个相对独立的地理单元。夏至

① 北京市文物研究所：《北京延庆军都山东周山戎部落墓地发掘纪略》，《文物》1989年第8期。靳枫毅：《军都山玉皇庙墓地的特征及其族属问题》，《苏秉琦与当代中国考古学》，科学出版社，2001年。

② 韩嘉谷：《从军都山东周墓谈山戎、胡、东胡的考古学文化归属》，《内蒙古文物考古文集》，中国大百科全书出版社，1994年。林沄：《关于中国的对匈奴族源的考古学研究》，《林沄学术文集》，中国大百科全书出版社，1998年。

③ 张忠培：《黑龙江考古学的几个问题的讨论》，《北方文物》1997年第1期。乔梁：《吉长地区西团山文化之后的几种古代文化遗存》，《辽海文物学刊》1993年第2期。赵宾福：《中国东北地区夏至战国时期的考古学文化研究》，科学出版社，2009年，第303～305页。

④ 张忠培：《辽宁古文化的分区、编年及其他》，《辽海文物学刊》1991年第1期。

早商时期，辽西地区可确定的只有夏家店下层文化。晚商至春秋中期，努鲁儿虎山东西两侧的文化开始明显分化，东区继夏家店下层文化之后兴起了魏营子文化，随后又被凌河文化的早期所取代；西区后来成为夏家店上层文化的主要分布区。春秋晚期至战国中期，辽西地区的文化格局呈现了更为复杂的形势，目前能够辨识出来的文化遗存至少有四种：凌河文化（晚期）、水泉文化、井沟子类型和五道河子遗存。战国晚期，燕文化随着燕国势力的北进而广布于辽西地区①。

（一）夏家店下层文化

夏家店下层文化是以内蒙古赤峰市夏家店遗址下层遗存②命名的。在相当长时间内，学者们认为该文化分布范围很大，涵盖了燕山以南、西起壶流河流域、东至京津唐的广大地区。20世纪90年代以来，随着大坨头文化命名的提出和材料的日渐丰富，人们逐渐认识到燕山南北的这两种遗存是渊源有自、并行发展、性质不同的考古学文化。目前所知，夏家店下层文化的分布范围北至西拉木伦河两岸，南到渤海之滨，东西大致以医巫闾山和七老图山为界，西南不逾燕山山脉，其中老哈河中上游、教来河上游、大小凌河及其支流是该文化遗存分布较密集的区域。夏家店下层文化的年代约当夏至早商时期，具体可分为前后相继的五段，其中二至五段大体相当于二里头文化一期至二里冈下层或稍晚，一段略早于二里头一期，可至龙山期之末。据已公布的^{14}C检测数据，其绝对年代为公元前2000～前1400年③。

夏家店下层文化既有发达的成群成组分布的群体性防御设施——石城，也有少量防御设施相对简单的土垣或环壕聚落，还有成片分区的专门墓地。其中石城址群和土垣或环壕聚落遍布整个文化分布区内，而以老哈河支流阴河、英金河流域的山前台地最为集中④，可分为坡岗型（位于近河的缓坡台地，依山面水）、土丘型（位于开阔河川的凸出台地上，形制较规整）和山丘型（多位于远离河川的山丘顶部）三种类型，占地0.5万～10万平方米不等，可分三或四个层级⑤。尽管如此，其间级差却不很明显，无论规模还是分化程度都远不及中原腹地伊洛河流域的二里头文化，这一文化的社会可能仍属于一种前国家阶段的复杂社会，石城林立则暗示着当时的社会应处于一

---

① 王立新：《辽西区夏至战国时期文化格局与经济形态的演进》，《考古学报》2004年第3期。王立新：《探寻东胡遗存的一个新线索》，《边疆考古研究》第3辑，科学出版社，2004年。

② 中国科学院考古研究所内蒙古工作队：《内蒙古赤峰药王庙、夏家店遗址试掘简报》，《考古》1961年第2期；《赤峰药王庙、夏家店遗址试掘报告》，《考古学报》1974年第1期。刘观民、徐光冀：《内蒙古东部地区青铜时代的两种文化》，《内蒙古文物考古》创刊号，1981年。

③ 中国社会科学院考古研究所：《中国考古学中碳十四年代数据集》，文物出版社，1991年。

④ 详细资料参见许宏：《先秦城邑考古》，西苑出版社，2017年，第153～165页。

⑤ 王立新：《试析夏家店下层文化遗址的类型与布局特点》，《文物春秋》2000年第3期。

种动荡的、缺乏统一政治秩序的状态[①]。墓地以敖汉旗大甸子[②]为代表，已发掘的800余座墓葬有较明显的分区现象，各区墓葬规格和随葬品数量也存在较大差别，尤其高规格墓中随葬富有二里头文化特色的鬶、爵、角等陶礼器及漆觚，不仅表明二者之间发生过直接交往，而且意味着二里头文化的礼制曾对夏家店下层文化产生过强烈影响。

夏家店下层文化的陶器以夹砂或泥质灰陶为主，褐陶、黑陶其次，流行绳纹或弦断绳纹，特征鲜明的典型器类有尊形鬲、无腰隔甗、折腹尊、罐形鼎、中口深腹罐、双鋬深弧腹盆、大口鼓腹瓮、浅盘高柄豆等（图7-32：上）。墓葬随葬陶器以鬲、罐为基本组合，且多施复杂的彩绘纹饰（图版20：2），是为专门明器，风格亦独树一帜。另有青铜刀、锥、杖首、耳环等，而最引人注目的当属辽宁锦县（今凌海市）水手营子村出土的具有北方风格的青铜连柄戈[③]。

文化因素分析表明，夏家店下层文化陶器中颇为流行的尊及钵形鼎、浅腹平底盆、浅盘高柄豆等因素系源自当地新石器时代晚期的红山文化与小河沿文化，而以夹砂深腹罐、无腰隔甗、深腹双鋬盆等为代表的因素则源自豫北冀南地区的后冈二期文化。在形成与发展过程中，该文化还吸收借鉴了周邻地区的大坨头文化、高台山文化和地域上并不毗邻的二里头文化、先商文化、岳石文化、朱开沟文化以及境外同时期考古学文化的少量因素[④]。值得注意的是，那些来自南面和东面的文化因素在地域上一般多见于夏家店下层文化的偏东区域，而来自北面和西面的文化因素则多发现于偏西区域。加之在其他方面所呈现的一些区域性差异，可将该文化以努鲁儿虎山和教来河下游为界区分为东西两个地方类型。经济形态是以农业为主，并以畜牧业作为重要的辅助性手段[⑤]。人骨鉴定分析表明，夏家店下层文化的居民属于蒙古人种“古东北类型”[⑥]。

（二）魏营子文化

魏营子文化是以辽宁朝阳魏营子遗址[⑦]命名的，比较典型的遗存还有喀左后坟陶器群[⑧]、和尚沟A地点墓葬[⑨]等。1987年，郭大顺首次提出“魏营子类型”的命名，认

---

① 王立新：《夏家店下层文化综论》，《内蒙古文物考古文集》第四辑，科学出版社，2013年。

② 中国社会科学院考古研究所：《大甸子》，科学出版社，1996年。

③ 井中伟：《水手营子青铜连柄戈的年代与属性》，《边疆考古研究》第7辑，科学出版社，2008年。

④ 王立新、卜箕大：《对夏家店下层文化源流及与其他文化关系的再认识》，《青果集——吉林大学考古系建系十周年纪念文集》，知识出版社，1998年。

⑤ 王立新：《辽西区夏至战国时期文化格局与经济形态的演进》，《考古学报》2004年第3期。

⑥ 朱泓：《中国东北地区的古代人种》，《文物季刊》1998年第1期。

⑦ 辽宁省博物馆文物工作队：《辽宁朝阳魏营子西周墓和古遗址》，《考古》1977年第5期。

⑧ 喀左县文化馆：《记辽宁喀左县后坟村发现的一组陶器》，《考古》1982年第1期。

⑨ 辽宁省文物考古研究所等：《喀左和尚沟墓地》，《辽海文物学刊》1989年第2期。

为“是主要分布于大凌河流域南部、小凌河流域以至渤海海滨，时代在商周之际前后的一种青铜文化”①。后来又有多位学者改称魏营子文化②，多将努鲁儿虎山以东地区自夏家店下层文化之后出现的含“花边鬲”遗存归入其中。目前来看，魏营子文化的年代为商代晚期至西周早期，主要分布在医巫闾山和努鲁儿虎山之间的大、小凌河流域，南抵渤海之滨，其西、北界可能到达老哈河和西拉木伦河流域。

魏营子文化的遗迹发现有居址、墓葬以及出土中原式青铜礼器的窖藏等，但都不丰富。陶器以夹砂红陶、红褐和灰褐陶为主，器表先饰绳纹又经抹平，纹痕模糊不清。另有弦纹、压印纹、附加堆纹等。器类中最具特色的是口沿及领部饰附加堆纹的所谓“花边”口鼓腹鬲，流行敛口或敞口的绳纹钵、碗，其他器类还有甗、罐、壶、盆等（图7-32：下）。青铜器可分为中原式和土著式两种，前者主要是以鼎、簋、甗、罍等为代表的容器，后者则是以管銎斧、有銎戈、弧背刀等为代表的武器和工具。此外，镜形饰、耳环和两端呈扇面形的金臂钏也是该文化的特色器物。

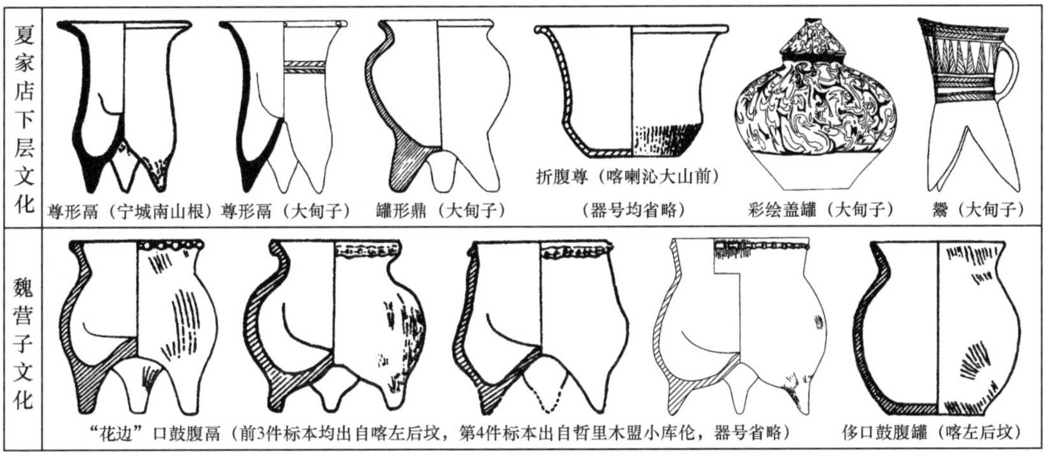

图7-32　辽西地区早期青铜文化典型陶器

由于资料较少，目前对魏营子文化进行详细分期和划分地方类型还比较困难。不过值得注意的是，近年来我们在西拉木伦河流域考古调查发现数处遗址中含有晚商遗存，采集的陶片属夹砂红褐陶系，突出特点是口沿和领部饰有戳印纹和泥条堆纹，有的还饰珍珠纹、带鸡冠状鋬，器形有直领和弧领的鬲、罐等③。克什克腾旗喜鹊沟遗址

---

① 郭大顺：《试论魏营子类型》，《考古学文化论集（一）》，文物出版社，1987年。

② 韩嘉谷：《花边鬲寻踪——谈我国北方长城文化带的形成》，《内蒙古东部区考古学文化研究文集》，海洋出版社，1991年。董新林：《魏营子文化初步研究》，《考古学报》2000年第1期。

③ 内蒙古自治区文物考古研究所、吉林大学边疆考古研究中心：《西拉木伦河流域先秦时期遗址调查与试掘》，科学出版社，2010年。

的考古发掘，出土陶器以鬲为大宗[①]，印证了相关调查认识。联系到以往在林西县、巴林右旗、科尔沁右翼中旗等地也采集过相同的器形和纹饰陶片，以及克什克腾旗天宝同、翁牛特旗头牌子发现过殷商青铜容器，可以在西拉木伦河流域专门划分出一类晚商时期的遗存。若如调查发掘者所说“其特点有别于魏营子类型”，从大的文化背景观察，可将其视为魏营子文化在努鲁儿虎山以西的地方类型，暂称“喜鹊沟类型”。相应地，努鲁儿虎山以东则属于该文化“魏营子类型”的分布区。实际上，夏家店下层文化消亡后的辽西地区文化呈现出多元纷杂的面貌和格局[②]，具体情况可能会更复杂些。

文化因素分析表明，魏营子文化是在夏家店下层文化的基础上，吸收和融合朱开沟文化、高台山文化等部分因素而形成的。在发展过程中，与中原文化、围坊三期文化关系密切。该文化陶器中的“花边”风格及北方系青铜器大概与围坊三期文化所含类似因素一样也是西来的，说明晚商时期，来自西部的文化因素传播势头很强劲。从现有资料看，魏营子文化的农业类型较之此前的夏家店下层文化明显落后，很可能是一种由不发达的粗放式农业所支持的定居文化，同时还存在着养猪和畜牧业成分，各自所占比重如何，尚不清楚。

（三）夏家店上层文化

夏家店上层文化是以内蒙古赤峰市夏家店遗址上层遗存[③]命名的，典型遗址有克什克腾旗龙头山[④]、宁城小黑石沟[⑤]等。以往对其文化内涵的认识不大准确，认为其分布范围应包含了大小凌河流域。现在看来，其分布范围大致在七老图山以东，努鲁儿虎山以西，南抵滦河中游，北达西拉木伦河北岸附近，中心区应在西拉木伦河和老哈河流域。年代约当西周早期至春秋中期。

夏家店上层文化的居址堆积较薄，房址多为圆形或圆角方形的半地穴式。灰坑以圆形袋状为主，有少量圆形直壁、圆形锅底状和不规则形坑，还有大坑套小坑的所谓“组合式坑”。墓葬既有长方形土坑竖穴，也有袋状坑套梯形土坑竖穴，较大型墓的

---

① 吉林大学边疆考古研究中心等：《内蒙古克什克腾旗喜鹊沟遗址发掘简报》，《考古》2014年第9期。

② 付琳、王立新：《夏家店下层文化消亡后的辽西》，《考古》2015年第8期。

③ 中国科学院考古研究所内蒙古工作队：《内蒙古赤峰药王庙、夏家店遗址试掘简报》，《考古》1961年第2期；《赤峰药王庙、夏家店遗址试掘报告》，《考古学报》1974年第1期。刘观民、徐光冀：《内蒙古东部地区青铜时代的两种文化》，《内蒙古文物考古》创刊号，1981年。

④ 内蒙古自治区文物考古研究所等：《内蒙古克什克腾旗龙头山遗址第一、二次发掘简报》，《考古》1991年第8期。齐晓光：《内蒙古克什克腾旗龙头山遗址发掘的主要收获》，《内蒙古东部区考古学文化研究文集》，海洋出版社，1991年。

⑤ 内蒙古自治区文物考古研究所、宁城县辽中京博物馆：《小黑石沟——夏家店上层文化遗址发掘报告》，科学出版社，2009年。

葬具为石椁木棺，小型墓用石棺或木棺，有些未发现葬具。此外，在林西大井还发现了大规模的铜矿采冶遗址①。

夏家店上层文化的陶器以夹砂红褐陶为主，质地粗疏，火候较低。多为素面，少量纹饰为圆涡纹、篦点纹、附加堆纹、动物纹、几何纹等，另有少量红衣和彩陶。器类中最具特色的是口沿及领部置对称双鋬和环耳的直腹鬲、鼓腹鬲、盆形鼎、钵形鼎，其他有甗、形态多样的罐、豆、豆形器、盆、碗、钵等（图7-33：1）。青铜器种类多样②，包括日用容器（如鬲、鼎、罐、豆、豆形器、勺等）（图版20：3）、兵器（如銎柄短剑、管銎斧、有銎戈、矛、柳叶形镞、盾、盔等）、工具（如齿柄刀、空首斧、锛、凿、锥等）、装饰品（如动物形牌饰、联珠饰、双尾垂饰、泡饰等）以及车马器（如衔、镳、銮、挂缰钩等），它们大多装饰丰富多彩的动物纹样。

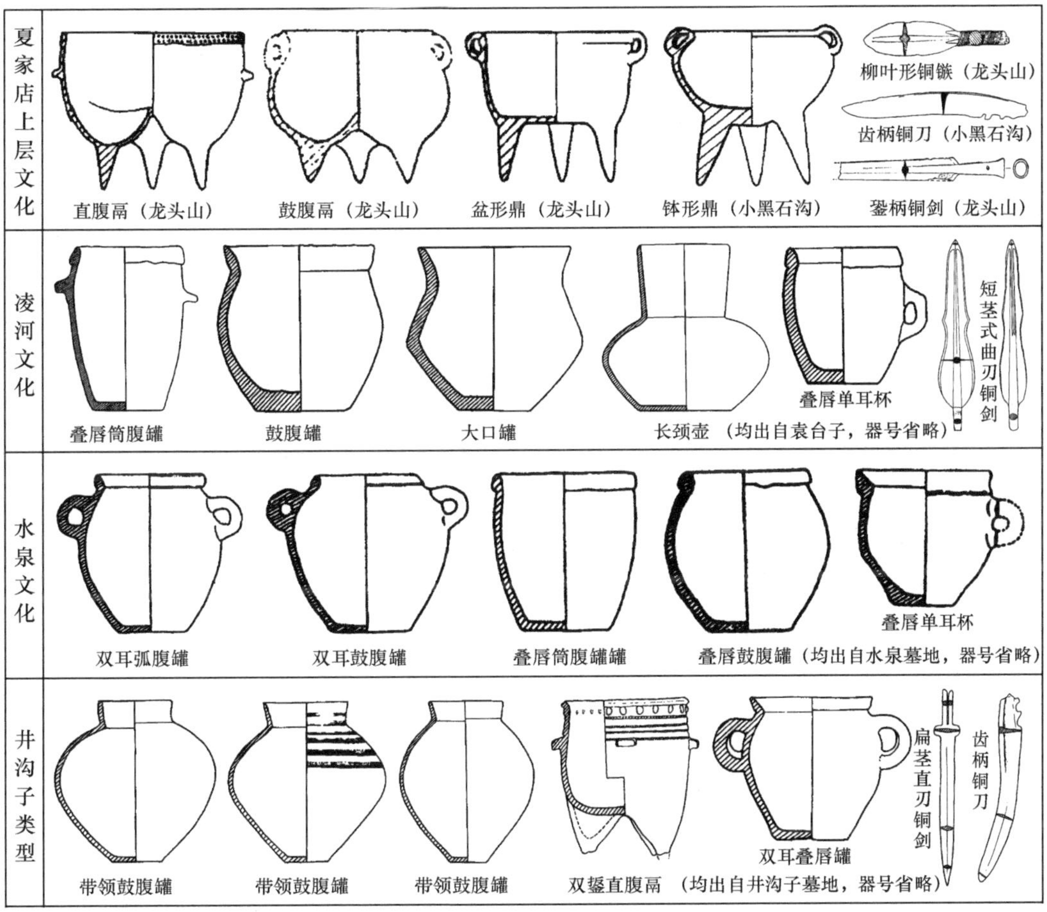

图7-33　辽西地区晚期青铜文化典型器物

① 辽宁省博物馆文物工作队：《辽宁林西县大井古铜矿1976年试掘简报》，《文物资料丛刊（7）》，文物出版社，1983年。

② 刘国祥：《夏家店上层文化青铜器研究》，《考古学报》2000年第4期。

夏家店上层文化可分四期，第一期遗存仅发现于以龙头山遗址为代表的西拉木伦河流域，第二期时夏家店上层文化开始向南逐渐扩展，进入第三期文化重心完全转移到了以宁城南山根和小黑石沟遗址为代表的老哈河流域。在由北向南的发展进程中，先后形成了龙头山、南山根和东南沟（分布于滦河上游地区）三个地方类型[①]。

夏家店上层文化可能是在魏营子文化“喜鹊沟类型”的基础上，吸收了魏营子类型、顺山屯类型、新乐上层文化、白金宝二期文化等多种文化因素而产生的，以直腹陶鬲为代表的高台山文化因素对夏家店上层文化的影响可能是间接的。年代为春秋晚期的敖汉旗周家地墓葬[②]不宜归入夏家店上层文化，不过考虑到两者的工具（如齿柄刀、匕形器、锥、针等）和装饰品（如铜耳环、鸟形饰、双尾形饰、联珠饰等）方面存在的相似性因素，周家地墓地很可能是夏家店上层文化在当地的直接继承者[③]。此外，夏家店上层文化与中原文化、玉皇庙文化等关系密切。

夏家店上层文化的经济形态与魏营子文化相似，主要经营欠发达的粗放式农业，并兼营畜牧业，且晚期时畜牧业比重有所增加，但并不发达，更非游牧。夏家店上层文化的人骨鉴定结果较多，总体上属于蒙古人种“古华北类型”[④]。其族属很可能是文献记载的“山戎”，其一度强大到足以威胁燕国的存亡，而最终灭亡很可能与齐桓公“北伐山戎”有关[⑤]。

（四）凌河文化

凌河文化是以大、小凌河流域西周晚期至战国中期的以青铜曲刃短剑为重要特征的考古遗存命名的。由于早年发现的这类遗存资料并不丰富，尤其早期遗存资料更为零散，以往有些研究者将其视为夏家店上层文化的一个地方类型。近年来随着新资料的不断增多，越来越多的学者认为大、小凌河流域的这类遗存确与夏家店上层文化有着鲜明的区别，应是一支独立的考古学文化。有学者迳称为“凌河文化”[⑥]，也有学者称为“十二台营子文化”[⑦]。

目前考古发现的凌河文化遗存以墓葬为主，居址较少。比较重要的遗存分别见于

---

① 朱永刚：《夏家店上层文化向南的分布态势与地域文化变迁》，《庆祝张忠培先生七十岁论文集》，科学出版社，2004年。

② 中国社会科学院考古研究所内蒙古工作队：《内蒙古敖汉旗周家地墓地发掘简报》，《考古》1984年第5期。王鹏：《周家地墓地研究——兼论夏家店上层文化的衰亡与流向》，中国社会科学院研究生院硕士学位论文，2008年。

③ 井中伟：《夏家店上层文化的分期与源流》，《边疆考古研究》第12辑，科学出版社，2012年。

④ 朱泓：《中国东北地区的古代人种》，《文物季刊》1998年第1期。

⑤ 林沄：《东胡与山戎的考古探索》，《林沄学术文集》，中国大百科全书出版社，1998年。

⑥ 卜箕大：《辽西地区青铜时代文化》，吉林大学博士学位论文，1998年。

⑦ 乌恩岳斯图：《北方草原考古学文化研究——青铜时代至早期铁器时代》，科学出版社，2007年，第224～251页。

朝阳十二台营子[1]、袁台子[2]，锦西乌金塘[3]、邰集屯小荒地[4]，喀左和尚沟B、C、D地点[5]等。陶器多为手制素面的夹砂红褐陶，典型陶器有筒腹罐、鼓腹罐、大口罐、牛角把罐、长颈壶、贯耳壶、单把杯、圈足碗、敛口钵等，口沿流行叠唇作风。青铜器以短茎式曲刃短剑最具特色，还有多纽镜、扇刃斧、挂缰钩、长条形马镳、马形牌饰等器类，其上多饰特色鲜明的几何形纹饰（图7-33：2；图版20：4）。

凌河文化可分三期：第一期相当于西周晚期至春秋早期，第二期相当于春秋中、晚期，第三期相当于战国早、中期[6]。从各期文化因素变化来看，凌河文化可能是在继承本地魏营子文化传统的基础上受到辽东地区双房文化早期的影响而形成的，在其发展过程中与努鲁儿虎山以西的夏家店上层文化、水泉文化及嫩江流域的汉书二期文化存在着不同程度的交流。从袁台子墓地凌河文化第二期墓葬开始即受到中原文化的影响，第三期墓葬中的燕文化因素影响更加明显[7]。

凌河文化的经济形态与魏营子文化相似，以粗放式农业为主，兼营畜牧业，后者在晚期时也有所增加。此外，从出土的石网坠、铜鱼钩以及鳐鱼形马具等来看，渔猎业在经济生活中也应占有一定比重。关于凌河文化的族属众说纷纭，尚无统一认识。林沄认为魏营子文化和凌河文化乃是先秦史上很著名的“貊”人的遗存[8]，期待得到新的考古发现证实。

（五）水泉文化

水泉文化是以内蒙古敖汉旗水泉墓地[9]命名的，同类遗存还见于敖汉旗山湾子[10]、宁城三座店[11]等遗址，主要分布在努鲁儿虎山以西的老哈河流域，年代约当春秋晚期至战国中期。

---

① 朱贵：《辽宁朝阳十二台营子青铜短剑墓》，《考古学报》1960年第1期。

② 辽宁省文物考古研究所等：《朝阳袁台子》，文物出版社，2010年。

③ 锦州市博物馆：《辽宁锦西县乌金塘东周墓调查记》，《考古》1960年第5期。

④ 吉林大学考古学系等：《辽宁锦西市邰集屯小荒地秦汉古城址试掘简报》，《考古学集刊》第11集，中国大百科全书出版社，1997年。

⑤ 辽宁省文物考古研究所等：《喀左和尚沟墓地》，《辽海文物学刊》1989年第2期。

⑥ 朱永刚：《大小凌河流域含曲刃短剑遗存的考古学文化及相关问题》，《内蒙古文物考古文集》第二辑，中国大百科全书出版社，1997年。

⑦ 付琳、王立新：《朝阳袁台子周代墓葬的再分析》，《北方文物》2012年第3期。

⑧ 林沄：《说“貊”》《中国北方长城地带游牧文化带的形成过程》，二文均收入《林沄学术文集（二）》，科学出版社，2008年。

⑨ 郭治中：《水泉墓地及相关问题之探索》，《中国考古学跨世纪的回顾与前瞻》，科学出版社，2000年。

⑩ 邵国田：《内蒙古敖汉旗发现的青铜器及有关遗存》，《北方文物》1993年第1期。

⑪ 宁城县文化馆等：《宁城县新发现的夏家店上层文化墓葬及其相关遗物的研究》，《文物资料丛刊（9）》，文物出版社，1985年。

水泉文化目前仅发现几处墓地，缺乏遗址材料，遗存分布稀疏。墓葬为长方形土坑竖穴墓，多见木质葬具，流行单人仰身直肢葬；用牲以猪的头、蹄为主，且多位于填土中；随葬陶器以素面夹砂红褐陶和口外叠唇为显著特征，器类以形体较小的双耳鼓腹罐、无耳弧腹罐和单把杯为主，其他还有长颈壶、牛角把罐等（图7-33：3）。

从器形上看，水泉文化与凌河文化存在着密切的联系，其相似因素可能是受凌河文化向西影响的产物。从殉牲特点看，水泉文化与凌河文化基本一致，经济形态也应大体相似。人骨鉴定分析表明，水泉文化的居民属于蒙古人种"古东北类型"①。

（六）井沟子类型

井沟子类型是以内蒙古林西县井沟子墓地②命名的，年代约当春秋晚期至战国前期。

井沟子墓地已发掘的58座墓葬分布稀疏有序，均为西北—东南向的土坑竖穴墓，平面多呈圆角长方形或窄梯形，未见二层台和葬具。既有单人葬，又有双人葬和多人葬，大部分墓葬经过不同程度的人为扰动。用牲现象非常普遍，牲畜种类有马、牛、绵羊、驴、骡、狗6种，其中以马最为常见，其次为牛和绵羊，其他种类较少，不见猪。随葬陶器绝大多数为素面夹砂的灰褐和红褐陶，烧制火候不高；器类以带领鼓腹罐为主，另有少量的叠唇罐、直腹筒形鬲、钵等。青铜器以装饰品居多，主要为铜泡，另有耳环、管状饰、S形饰、铃形饰等；武器工具类较少，有扁茎直刃短剑、镞、刀、锥、针、匕等（图7-33：4）。骨角器种类丰富，以无翼长铤镞最多，另有带翼镞、弓弭、匕、镳、锥、梳、钩等。

井沟子类型在墓葬形制、葬具、葬式、用牲、随葬器物等方面与水泉文化差别显著，二者应属于不同性质的考古学文化。从文化面貌上看，以往发现的敖汉旗铁匠沟墓地A区的3座墓葬③应归入井沟子类型。由此反映其经济形态是以畜牧业占据主导地位，渔猎可能是一项重要补充手段，制陶、青铜冶铸、骨器加工等在经济生活中也扮演着一定的角色。

人骨鉴定分析表明，井沟子类型的居民属于北亚蒙古人种④。该类型在年代、地域、文化内涵、经济形态等方面与文献记载东胡族的活动时间、地域与生活习俗均十分吻合，它应当就是东胡的遗存⑤。

---

① 朱泓：《中国东北地区的古代人种》，《文物季刊》1998年第1期。

② 内蒙古自治区文物考古研究所等：《林西井沟子——晚期青铜时代墓地的发掘与综合研究》，科学出版社，2010年。

③ 邵国田：《敖汉旗铁匠沟战国墓地调查简报》，《内蒙古文物考古》1992年第1、2期合刊。

④ 朱泓、张全超、李法军：《内蒙古林西县井沟子遗址西区墓葬出土人骨的人类学研究》，《人类学学报》2007年第2期。

⑤ 王立新：《探寻东胡遗存的一个新线索》，《边疆考古研究》第3辑，科学出版社，2004年。朱泓：《东胡人种考》，《文物》2006年第8期。

最后附带提及五道河子遗存，它是指辽宁凌源五道河子墓地清理的11座墓葬，墓穴一般前宽后窄，平面呈梯形，有的设二层台，墓底铺有一层桦树皮，底部和填土中出有成堆或成排放置的马牙，随葬品中未见陶器，而以青铜兵器、工具、车马具、装饰品和乐器为组合，其中长援长胡戈、柳叶形无格扁茎剑、盘形首椭圆茎一字格直刃剑、蟠螭纹纽钟等无疑属于中原文化系统，挂缰钩、马形和牛形牌饰、三角形和人形坠饰、联珠饰等则具有北方草原文化风格，年代大致在战国早、中期①。这批遗存的墓葬形制和葬俗相当独特，文化成分复杂，目前所见仅此一处，不宜归属辽西及其邻近地区目前所知的任何一种文化②。

二、辽河平原区

本区以辽河主河道为轴心，西至医巫闾山，东到浑河，南抵渤海辽东湾，北达东、西辽河交汇地带，大致包括今辽宁省中部和吉林省西南部的四平、辽源等地。夏至早商时期，该地区可确定的只有高台山文化。进入商代晚期，这里的青铜文化呈现出分化趋势，以往有高台山文化晚期、新乐上层文化、顺山屯类型、望花类型、湾柳遗存等不同叫法。后来有学者将法库湾柳遗存归入高台山文化晚期，将抚顺望花遗址及相关遗存纳入新乐上层文化③。目前来看，高台山文化的年代下限进入不了晚商，法库湾柳遗存和抚顺望花遗存均应并入新乐上层文化，它与顺山屯类型大体同时，年代约当晚商至西周早期。西周中期前后，辽东半岛的双房文化向北扩张，导致新乐上层文化和顺山屯类型消亡。战国中晚期，燕文化随着燕却东胡并设置辽东郡而分布到这里。

（一）高台山文化

高台山文化是以辽宁新民县高台山遗址④命名的，典型遗址还有新民公主屯后山⑤、彰武平安堡⑥、阜新平顶山⑦和勿欢池⑧等。该文化大致分布在医巫闾山以东、辽

① 辽宁省文物考古研究所等：《辽宁凌源县五道河子战国墓发掘简报》，《文物》1989年第2期。

② 王立新：《辽西区夏至战国时期文化格局与经济形态的演进》，《考古学报》2004年第3期。

③ 朱永刚：《东北青铜文化的发展阶段与文化区系》，《考古学报》1998年第2期。

④ 沈阳市文物管理办公室：《新民高台山新石器时代遗址和墓葬》，《辽宁文物》1981年第2期；《沈阳新民县高台山遗址》，《考古》1982年第2期。

⑤ 沈阳市文物管理委员会：《新民县公主屯后山遗址试掘简报》，《辽海文物学刊》1987年第2期。

⑥ 辽宁省文物考古研究所等：《辽宁彰武平安堡遗址发掘简报》，《辽海文物学刊》1989年第2期；《辽宁彰武平安堡遗址》，《考古学报》1992年第4期。

⑦ 辽宁省文物考古研究所等：《辽宁阜新平顶山石城址发掘报告》，《考古》1992年第5期。

⑧ 辛岩：《阜新勿欢池遗址发掘简报》，《辽海文物学刊》1997年第2期。

河主河道以西、秀水河以南、辽东湾以北，柳河流域是其中心区域。

高台山文化遗迹发现有房址、灰坑、窑址和墓葬。房址有长方形半地穴式和圆形地面式，后者居住面上有火烤草拌泥的倒塌堆积，且周缘有沟，可能与墙体和墙基有关。灰坑以圆形和椭圆形的筒状为主，少数设生土台阶。窑址的火道呈十字形，中间有圆形箅孔。墓葬均为长方形土坑竖穴墓，绝大多数不见二层台和葬具，葬式以单人侧身屈肢葬为主，少数为直肢葬，头向以北为主，随葬品以陶壶、圈足钵为基本组合，一般钵覆扣于壶上。

高台山文化居址和墓葬出土的陶器迥然有别，各有特点。居址所出陶器常见夹砂褐陶，因烧制火候不均而使器表颜色斑驳，有少量细砂质红衣陶，基本不见泥质陶；绝大多数为素面，器耳发达，主要有横鋬耳和竖环耳；器类中以筒腹鬲最具特色，其他有弧腹鬲、筒腹鼎、盆形甗、盆、罐、甑、瓮、平底碗、敛口钵等（图7-34：1-1～3）。墓葬所出陶器以夹细砂红褐陶为主，火候较高，多为素面，器表常施红色陶衣，器耳发达；典型器类主要为造型多样的壶、罐、圈足钵等（图7-34：1-4～6），绝不见居址中大量存在的鬲、甗、鼎等三足器。铜器发现较少，有喇叭形耳环、小刀等。

目前关于高台山文化的分期与年代问题，还存在着不同的意见。有的将该文化分为两期3段，年代分别相当于夏代早、中、晚期①；有的分为两期，年代分别相当于夏代中晚期至商代早期、商代晚期②；有的分为三期，年代分别相当于夏代晚期、商代早中期、商代晚期③。这里重点讨论高台山文化的年代上、下限问题。

关于高台山文化的年代上限能否早到夏代早期，取决于对彰武“平安堡二期”遗存的性质认定。这类遗存与高台山文化既有密切联系，也存在一定差别。有学者认为它“应该是处在该地区新石器时代结束之后，高台山文化形成以前的一种考古学文化遗存”④。有学者则将其归入高台山文化，视其为高台山文化的最早遗存⑤。事实上，“平安堡二期”遗存与高台山文化的关系类似于中原地区“新砦期”遗存与二里头文化的关系（参见第二章第七节），它应是岳石文化北上与当地偏堡子文化及其他近邻文化整合的产物，不宜归属于其前其后的任何一个考古学文化。鉴于高台山文化中缺乏与二里头文化因素共存的直接证据，^{14}C数据也仅供参考，目前将高台山文化的早期年代笼统地定在夏代是比较稳妥的。

关于高台山文化的年代下限能否晚到商代晚期，则涉及对法库县湾柳街和康平县

① 李晓钟、蔺新建：《下辽河流域早期青铜文化谱系研究》，《辽海文物学刊》1991年第1期。

② 赵宾福：《中国东北地区夏至战国时期的考古学文化研究》，科学出版社，2009年，第108～118页。

③ 董新林：《高台山文化研究》，《考古》1996年第6期。

④ 赵宾福：《中国东北地区夏至战国时期的考古学文化研究》，科学出版社，2009年，第105～108页。

⑤ 唐淼、段天璟：《夏时期下辽河平原地区考古学文化刍议——以高台山文化为中心》，《边疆考古研究》第7辑，科学出版社，2008年。

顺山屯这两个重要遗址的性质认定。目前学术界主要有五种意见：一是认为它们分别属于高台山文化的两个类型，即高台山类型和顺山屯类型①；二是认为它们不属于高台山文化，单独称为“顺山屯类型”，“二者的年代上是连续递进的承继关系”②；三是将以顺山屯遗址命名的顺山屯类型排除在高台山文化之外，认为湾柳街遗址属于高台山文化北区的地方类型③；四是将这两个遗址都归入新乐上层文化④；五是将这两个遗址与新乐上层文化一并纳入马城子文化⑤。目前来看，以顺山屯遗址命名的顺山屯类型作为一支独立的晚商时期文化类型是成立的。湾柳遗址出土遗物比较复杂，主体年代属于商代晚期，性质上应属于新乐上层文化（详下）。第三种意见将高台山文化分为三期4组，其中第三期第4组的典型材料就是湾柳遗址出土器物。若将湾柳遗址剔除出来，其关于高台山文化的第三期第4组也就不存在了，如此下限也就进入不了晚商。第五种意见在判定高台山文化晚期年代时，忽略了在阜新平顶山遗址发现的5座高台山文化墓葬均开口于魏营子文化地层下的层位关系。这组层位关系可解读为高台山文化不晚于魏营子文化。高台山文化晚期年代与魏营子文化同时约为商代晚期是一种可能，当然也存在着早于魏营子文化的可能，似乎后一种可能性更大些，如高台山文化晚期的彰武平安堡H1012：1鬲（图7-34：1-1）与湾柳88H2：2鬲（图7-34：2-6）属于同一形态，前者袋足要比后者深些，依据该型陶鬲袋足由深变浅的演变规律，前者的年代当早于后者。因此，我们认为高台山文化的晚期年代应早于晚商，下限不会晚于殷墟一期。综合来看，高台山文化的整体年代应大致相当于夏至商代早期，与朱开沟文化、大坨头文化、夏家店下层文化等大体并行。

人骨鉴定分析显示，高台山文化的居民属于蒙古人种“古华北类型”⑥。文化因素分析表明，高台山文化是在当地“平安堡二期”遗存的基础上产生的，在形成和发展过程中，吸收、融合了来自胶东半岛岳石文化和医巫闾山以西夏家店下层文化的部分因素，并反向对其施加影响，此外还对辽东山地的马城子文化和北面松嫩平原的小拉哈文化产生了不同程度的影响⑦。高台山文化消亡后，部分文化因素分别见于当地的新乐上层文化、顺山屯类型和医巫闾山以西的魏营子文化，并间接地延续到了夏家店上层文化。关于高台山文化消亡的原因，以往认为可能与辽东半岛双房文化的向北扩张

① 田耘：《顺山屯类型及其相关问题的讨论》，《辽海文物学刊》1988年第2期。

② 李晓钟、蔺新建：《下辽河流域早期青铜文化谱系研究》，《辽海文物学刊》1991年第1期。

③ 董新林：《高台山文化研究》，《考古》1996年第6期。

④ 赵晓刚：《沈阳地区新乐上层文化初探》，吉林大学硕士学位论文，2007年。

⑤ 赵宾福：《中国东北地区夏至战国时期的考古学文化研究》，科学出版社，2009年，第195～218页。

⑥ 朱泓：《中国东北地区的古代人种》，《文物季刊》1998年第1期。

⑦ 朱永刚：《论高台山文化及其与辽西青铜文化的关系》，《中国考古学会第八次年会论文集》，文物出版社，1991年。唐淼、段天璟：《夏时期下辽河平原地区考古学文化刍议——以高台山文化为中心》，《边疆考古研究》第7辑，科学出版社，2008年。

有关。若考虑到中国北方中东部地区在晚商时期普遍出现了文化分化和北方系青铜器自西向东呈带状分布的考古现象，高台山文化是否受到了来自西面人群的冲击，诸相关文化之间的进退消长过程究竟如何，都尚待深入研究。

（二）新乐上层文化

新乐上层文化是以辽宁沈阳新乐遗址上层遗存[①]命名的。近年来，先后有学者对其进行了专门研究[②]，但对康平顺山屯和法库湾柳两类遗存的归属问题以及新乐上层文化年代判定上还存在着明显的分歧。从考古发现来看，该文化主要分布在下辽河与浑河之间、以沈阳为中心的地区，北界可达辽河以西的法库县一带。

目前所见新乐上层文化的遗迹主要是居址，墓葬较少。陶器以夹砂红褐陶为主，流行素面，鋬手和桥形器耳比较发达，典型器类以鼎、甗、壶为主，鼎多敞口，浅腹或直或弧，底部或平或圜，鼎足有圆锥状、柱状、扁长方形等多种式样；甗均敞口、细腰、鼓腹、深袋足、短柱状实足根，腰部多饰附加堆纹，有的还置有两个对称的桥形竖耳；壶均小口、短颈、溜肩、深弧腹、平底，颈、腹部多置有两个或四个对称的桥形耳。其他还有罐、瓮、甑、盆、碗、钵、杯等（图7-34：2）。值得注意的是，鬲在新乐上层文化中数量较少，形态与高台山文化的弧腹鬲和筒腹鬲近似，但袋足很浅，当是继承高台山文化同类器而来的。

下面谈一下法库湾柳遗存[③]的文化属性问题。湾柳遗址出土陶器比较复杂，文化因素可以分为三组：A组有直腹鼎、腰部带双环耳的联体甗、小直口鼓腹壶等，属于典型的新乐上层文化因素；B组有带鋬手的直腹鬲、深腹盆、矮柄豆，为高台山文化因素；C组有带鋬耳的敛口鼓腹鬲、盆形甑、敛口钵、勺等，为顺山屯类型因素。尽管没有详细的统计数据，但就发表资料的整体情况看，A组所占比重最大，B、C组远少于A组，所以湾柳遗存应当归入新乐上层文化[④]。

关于新乐上层文化的年代，以往有夏至晚商和商末周初两种认识，前者主要是根据与高台山文化的比较而得出的。上面我们讨论了高台山文化的年代约当夏至早商时期，新乐上层文化的陶鬲袋足均较浅，年代上应晚于高台山文化。此外，在法库湾

---

① 沈阳市文物管理办公室：《沈阳新乐遗址试掘报告》，《考古学报》1978年第4期。沈阳市文物考古研究所等：《新乐遗址发掘报告》，文物出版社，2018年。

② 赵晓刚：《沈阳地区新乐上层文化墓葬初步研究》，《沈阳考古文集（1）》，科学出版社，2007年。霍东峰、华阳、付珺：《新乐上层文化研究》，《边疆考古研究》第7辑，科学出版社，2008年。付永平：《关于新乐上层文化相关问题的探讨》，《东北史地》2011年第2期。

③ 曹桂林、许志国：《辽宁法库县湾柳街遗址调查报告》，《北方文物》1988年第2期。铁岭市博物馆：《法库县湾柳街遗址试掘报告》，《辽海文物学刊》1990年第1期。辽宁大学历史系考古教研室等：《辽宁法库县湾柳街遗址发掘》，《考古》1989年第12期。

④ 井中伟：《夏家店上层文化的分期与源流》，《边疆考古研究》第12辑，科学出版社，2012年。

柳、新民大红旗、抚顺望花[①]等遗址曾采集到管銎战斧、方銎斧、铃首刀、鹿首刀、环首刀、镜等多件铜器，它们广泛流行于晚商至周初的中国北方地区[②]，由此推断新乐上层文化的年代约在商代晚期至西周早期。

（三）顺山屯类型

顺山屯类型是以辽宁康平县顺山屯遗址[③]命名的，主要分布在招苏台河和东、西辽河交汇的辽北地区。通过与魏营子文化和新乐上层文化的比较，并参照已有的^{14}C测年数据，顺山屯类型的年代大致相当于商代晚期至西周早期。

顺山屯类型的居址有房址和灰坑，房址均为半地穴式，灰坑既有椭圆形锅底状，也有不规则形。居址出土陶器以敛口鼓腹鬲最具特色，有带鋬耳和桥状竖耳之分；其次为侈口双耳罐，口有大、小之分，腹有弧腹、鼓腹和扁腹之别，不见筒腹鬲；其他还有瓮、盆、甑、钵、杯、勺等。所谓的“墓葬”与居址互有打破，呈不规则的圆形或椭圆形，死者葬式、头向不一，出土陶器有花边侈口弧腹贯耳鬲、侈口鼓腹无耳鬲、带鋬直腹鼎、罐、盆、壶、簋、钵、杯等（图7-34：3），无固定组合且成分颇杂，推测它们当属非正常埋葬。在过去的调查中，曾采集属于该文化类型的铜耳环、类似三棱形镞的残铜器等。

该类型陶器流行器耳作风，显然是继承了高台山文化的传统。此外，该类型的花边口鼓腹鬲、直腹锥足鼎等，应分别是来自魏营子文化和新乐上层文化的因素。人骨鉴定分析显示，顺山屯类型的居民属于蒙古人种“古华北类型”[④]。

（四）后太平类型

后太平类型以吉林省双辽市后太平遗址Ⅰ区F2、G8和Ⅱ区墓葬[⑤]为代表，主要分布于东辽河中下游地区。

后太平类型的遗迹以墓葬为主，另有少量房址、灰坑、灰沟等。墓葬皆为圆角长方形竖穴土坑墓，以西南—东北向为主，流行多人二次合葬，葬式多为仰身直肢，个别为侧身屈肢，一次葬中既有单人也有多人，个别墓室发现红烧面和人骨被烧现象，说明当时还有火葬。房址为圆角长方形的半地穴式建筑，有柱洞和门道。

后太平类型的陶器以夹砂红褐和黄褐陶为主，均为手制，并经慢轮修整。流行素面，纹饰中以压印篦点纹较常见，另有刻划纹、指甲纹、戳印纹、附加堆纹等。器类主要有直口袋足鬲、双耳罐、筒腹罐、长颈壶、矮圈足深腹豆、钵、单耳杯等，其中长颈

---

① 抚顺市博物馆：《辽宁抚顺市发现殷代青铜环首刀》，《考古》1981年第2期。

② 乌恩：《殷至周初的北方青铜器》，《考古学报》1985年第2期。

③ 辛占山：《康平顺山屯青铜时代遗址试掘报告》，《辽海文物学刊》1988年第1期。

④ 朱泓：《中国东北地区的古代人种》，《文物季刊》1998年第1期。

⑤ 吉林省文物考古研究所等：《后太平——东辽河下游右岸以青铜时代遗存为主的调查与发掘》，文物出版社，2011年。

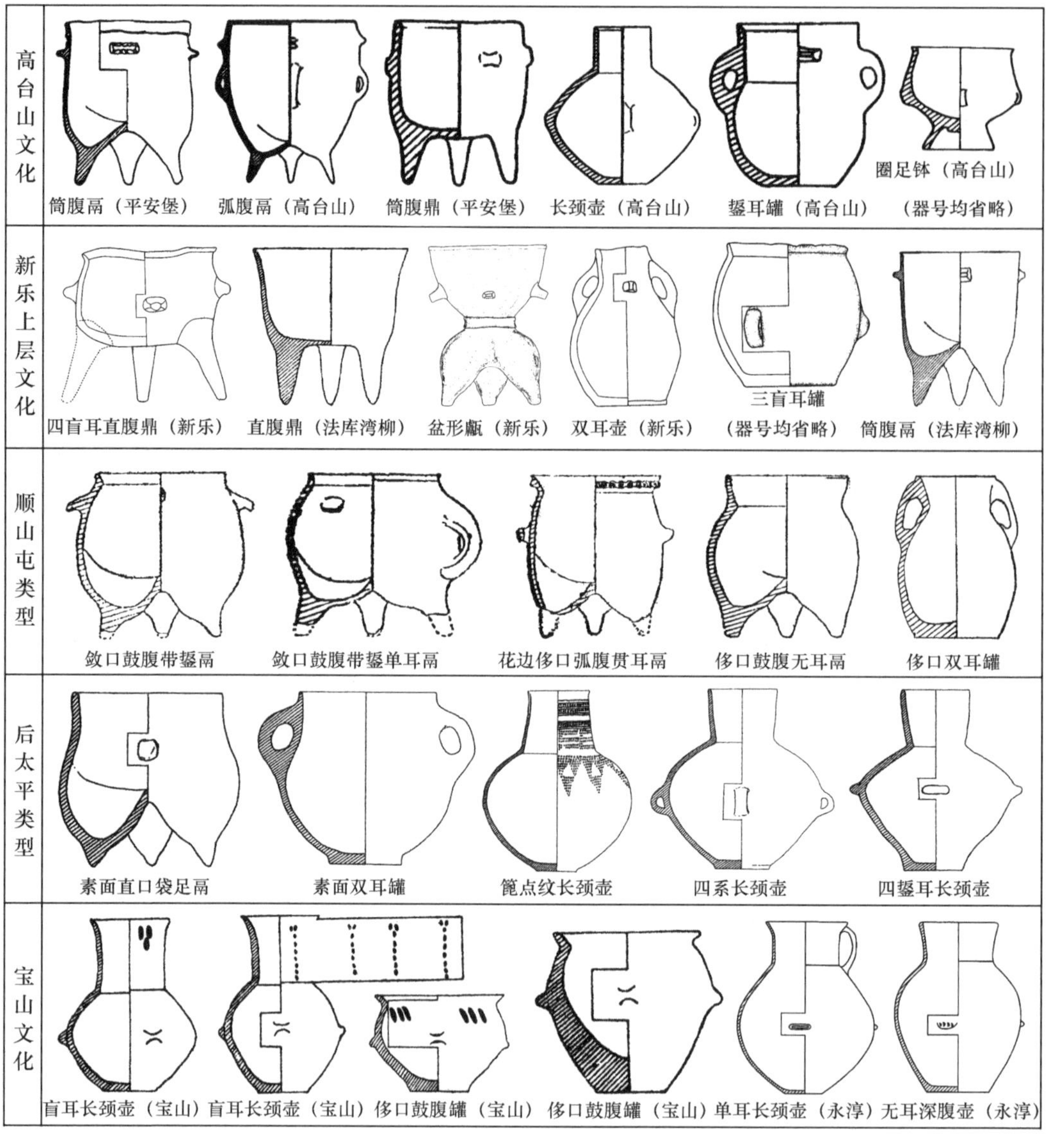

图7-34 辽河平原区青铜文化典型陶器

壶的数量最多，形式多样，也最具代表性（图7-34：4）。青铜器数量不多，主要为小件的工具（如齿柄刀、锥、镞等）和装饰品（如环、镯、泡、联珠饰、坠饰等）。

后太平类型可分两期，参考^{14}C测年数据，年代相当于西周中期至春秋中期①。文化因素分析显示，早期受北面的白金宝文化影响较深，陶器多有装饰，纹样丰富。晚期受到南面的双房文化（如素面陶器）、东面的西团山文化（以壶为主）和西面的夏

① 洪猛、魏明江：《略谈后太平遗址青铜时代遗存有关问题》，《北方文物》2012年第4期。梁会丽：《后太平墓地分期研究——以陶器的类型学分析为依据》，《边疆考古研究》第15辑，科学出版社，2014年。

家店上层文化（如齿柄刀、柳叶形镞、联珠饰等[①]）影响比较明显。

（五）宝山文化

宝山文化是以吉林省东丰县宝山遗址下层遗存[②]命名的，主要分布于吉林省西南部的东辽河流域、辉发河上游以及清河以北地区。有学者曾将辽北地区的此类遗存命名为“凉泉文化”[③]，事实上两者是同一文化。

宝山文化遗址虽然发现很多，但多为调查资料，正式发掘者较少，研究相对滞后。居址以东丰石大望[④]和大架山[⑤]为代表，一般选择在低山山顶和缓坡处，边缘地带往往经过一定修整。房址呈阶梯状成排分布，为圆角长方形或圆形的半地穴式建筑。墓地以东丰赵秋沟[⑥]和西丰永淳[⑦]为代表，墓葬既有长方形竖穴土坑的盖石墓，也有石棺墓，墓室宽大且较深，流行多人二次拣骨火葬，尸骨在墓室内焚烧。随葬陶器基本组合为壶、罐、豆，另有少量陶碗、钵、杯、纺轮以及弹簧式铜耳环、石（陶）枕状加重器等。

宝山文化陶器以夹砂红褐陶为主，均为手制。流行素面抹光，纹饰主要为戳点构成的三角、十字、条带等几何形纹，独具特色。常见在口沿下或腹部装置横贯耳、方形和舌状錾耳、乳丁状盲耳，器形主要有罐、壶、豆、碗、钵等，其中以侈口鼓腹罐、枣核形戳点纹高柄豆、长颈鼓腹壶最具地域特色（图7-34：5）。另外，在宝山文化分布区内曾采集到少量青铜短茎式曲刃短剑、扇刃空首斧等，由于缺乏共存关系，是否属于宝山文化尚不清楚。

以往认为，宝山文化的年代约为春秋至战国晚期[⑧]。根据近年来在双辽后太平、大金山和梨树长山遗址考古所获资料，宝山文化的年代上限大致与后太平类型相衔接，可推定在春秋晚期。至于其年代下限，不排除已进入西汉初年的可能。文化因素分析表明，宝山文化的盖石墓葬俗可能是辽东山地传统盖石墓向北传播的结果，石棺墓葬俗和以长颈鼓腹壶为代表的文化因素可能与西流松花江流域的西团山文化密切相关[⑨]。宝山文化晚期时开始向北扩张到长春以北、西流松花江以南的农安、德惠一带，甚至

---

① 梁会丽：《后太平遗址夏家店上层文化因素辨析》，《草原文物》2014年第1期。

② 吉林省文物考古研究所等：《1985年吉林东丰县考古调查》，《考古》1988年第7期。金旭东：《东辽河流域的若干种古文化遗存》，《考古》1992年第4期。

③ 辛岩：《辽北地区青铜文化初探》，《辽海文物学刊》1995年第1期。

④ 吉林省文物考古研究所等：《吉林东丰、海龙县考古调查与试掘简报》，《考古》1994年第6期。唐洪源、周传波：《东丰县石大望遗址考古调查》，《辽海文物学刊》1994年第1期。

⑤ 王侠、刘景文：《东丰大架山青铜时代及汉代遗址》，《中国考古学年鉴（1987）》，文物出版社，1988年。

⑥ 金旭东：《1987年吉林东丰南部盖石墓调查与清理》，《辽海文物学刊》1991年第2期。

⑦ 辽宁省文物考古研究所等：《辽宁西丰县永淳遗址及墓地的发掘》，《考古》2011年第3期。

⑧ 吉林省文物考古研究所：《吉林省文物考古的世纪回顾与展望》，《考古》2003年第8期。

⑨ 华玉冰：《中国东北地区石棚研究》，科学出版社，2011年。

影响到了嫩江中游地区[①]。

这里需要提及的是，梨树二龙湖古城的考古调查与发掘表明战国晚期燕文化已抵达东辽河中游地区，这是目前所见燕文化最北端的边城[②]。古城周边为宝山文化所环绕以及城内燕式陶器与宝山文化陶器共存的现象，或可说明此时燕文化在东北腹地的扩张主要是以单个城的点状楔入式布局为主，远未达到控制全局的程度。

三、松嫩平原区

松嫩平原地处大、小兴安岭与松辽分水岭及张广才岭之间，主要由松花江和嫩江冲积而成，包括今黑龙江省西南部、吉林省西北部和内蒙古东北部地区。目前区内已确认的夏商周时期考古学文化有四种，即小拉哈文化、白金宝二期文化、白金宝文化和汉书文化。它们属于同一文化系统，先后承接，构成了一个相对独立的亲族考古学文化区[③]。

（一）小拉哈文化

小拉哈文化是以黑龙江肇源县小拉哈遗址第二期遗存[④]为代表命名的，典型遗存还有肇源县白金宝遗址第一期遗存[⑤]。目前所知，该文化至少从嫩江下游分布到松辽分水岭以北、以东区域。

小拉哈文化的遗迹主要为居址，房址为（长）方形和圆角方形的半地穴式建筑，室内有柱洞和灶坑。灰坑有长方形、方形、圆形、椭圆形和不规则形，多直壁、平底，有的底部再挖小坑。

小拉哈文化陶器质地有夹细砂、泥质和夹砂陶，陶色斑驳不纯，多见黄褐色。以素面为主，常见在器物口沿或肩部贴附对称的乳丁、泥饼、盲耳，另有少量的篦纹、刻划纹和戳印纹。流行大口、深弧腹、平底器，主要器类有大口深腹罐、双耳罐、单耳杯、双系壶、橄榄形瓮、钵等（图7-35：1），其他还有盆、盂、鬲、带嘴器等，但数量很少。铜器有小刀、匕形器、节状饰等。

目前关于小拉哈文化的分期，有的分两期，有的分三段。根据白金宝遗址出土的

① 赵俊杰、金旭东：《吉林九台市关马山M1的时代、文化性质及相关问题》，《考古》2014年第3期。

② 朱永刚：《吉林省梨树县二龙湖古城址调查及年代认识》，《汉以前东北考古研究》，科学出版社，2017年。吉林省文物考古研究所：《田野考古集粹》“二龙湖古城”条目，文物出版社，2008年。

③ 张忠培：《肇源白金宝——嫩江下游一处青铜时代遗址的揭示·序》，科学出版社，2009年。

④ 黑龙江省文物考古研究所等：《黑龙江肇源县小拉哈遗址发掘简报》，《北方文物》1997年第1期；《黑龙江肇源县小拉哈遗址发掘报告》，《考古学报》1998年第1期。

⑤ 黑龙江省文物考古研究所等：《肇源白金宝——嫩江下游一处青铜时代遗址的揭示》，科学出版社，2009年，第7～52、205～207页。

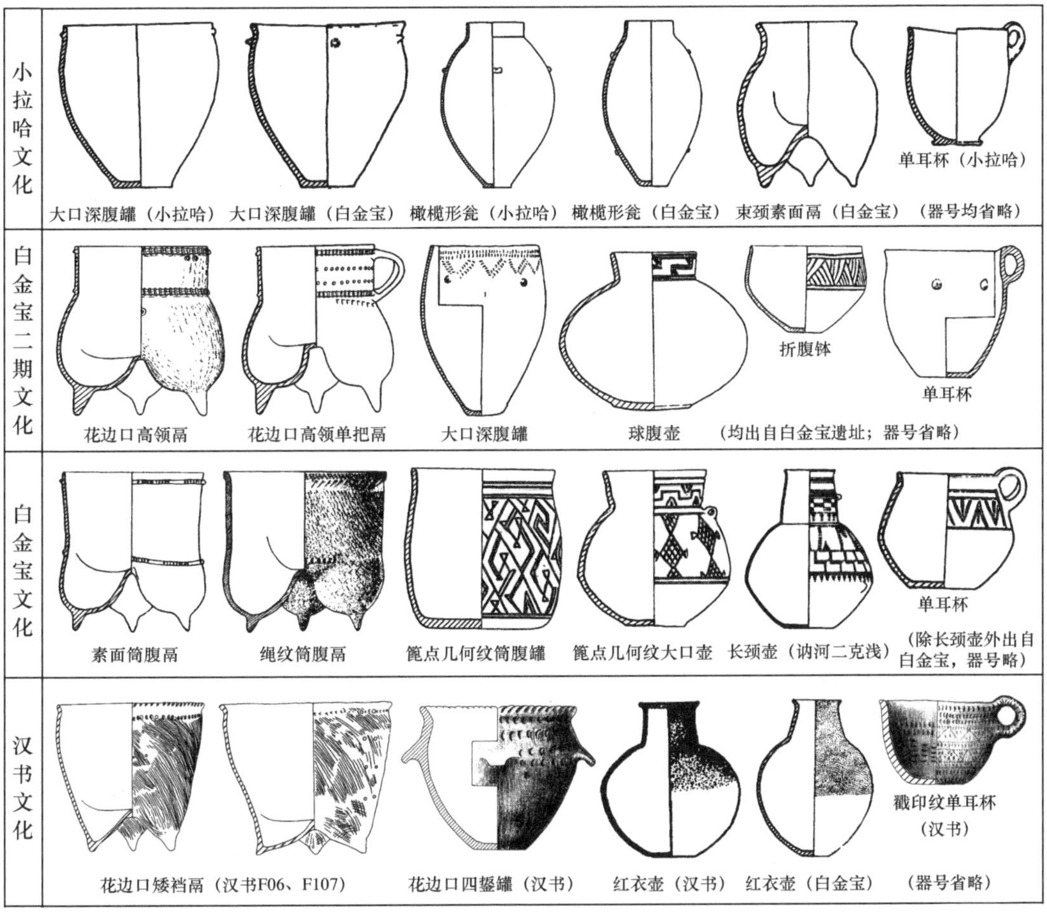

图7-35　松嫩平原区青铜文化典型陶器

束颈素面鬲（F3028：3）与夏家店下层文化和高台山文化同类器造型风格基本一致的特点，并参照相关测年数据，可将小拉哈文化的年代大致判定在夏至早商时期。

关于小拉哈文化的渊源，目前尚不清楚。不过值得注意的是，小拉哈文化的束颈素面陶鬲可能是夏家店下层文化沿大兴安岭东麓由南向北传播的结果，相同式样的陶鬲在吉林西部的通榆团结乡西坨子也有发现。单耳杯、敛口深腹罐上的四耳风格等似乎与高台山文化的北向传播有关，东辽河下游左岸的梨树风水山遗存①正是这一传播路径上的中间节点。

（二）白金宝二期文化

白金宝二期文化是以黑龙江肇源县白金宝遗址第二期遗存②命名的，同类遗存还见

① 吉林省文物考古研究所等：《吉林省梨树县风水山遗址2010年抢救性发掘》，《边疆考古研究》第12辑，科学出版社，2012年。梁会丽：《吉林省梨树县风水山遗址文化因素试析》，《草原文物》2012年第1期。

② 黑龙江省文物考古研究所等：《肇源白金宝——嫩江下游一处青铜时代遗址的揭示》，科学出版社，2009年，第53～82、207～209页。朱永刚：《论白金宝二期文化》，《北方文物》2009年第1期。

于肇源古城遗址H3，有学者据此提出“古城类型”[①]或“古城文化”[②]。从目前考古发现来看，该文化集中分布在嫩江下游沿岸的肇源、大安、镇赉县境内，包括洮儿河、霍林河中下游附近地带，向南可能越过松辽分水岭接近科尔沁沙地东缘。

白金宝二期文化遗存发现较少，与小拉哈文化既有相同点，又有明显的区别。房址虽仍为方形或长方形的半地穴式，但规模扩大，室内分区；灰坑形状虽仍有长方形、圆形、椭圆形，但以袋状坑体为主。陶器方面，尽管陶系和主要器类（如大口深腹罐、单耳杯、壶等）与小拉哈文化基本相同，但由于新出现了花边口高领鬲、单耳钵等器形和篦纹的图案化而使原有的文化面貌发生改观。其中以花边口高领袋足鬲最具特色，新增绳纹、压印篦点动物纹、几何纹等装饰风格，此外原有的器类也发生不同程度的变化，如口部造型多外侈、少见假圈足式的台底器等（图7-35：2）。由此可见，白金宝二期文化是在小拉哈文化的基础上，通过吸收外来文化因素而形成的。

白金宝二期文化的花边口高领袋足绳纹鬲与辽西地区魏营子文化的花边口高领鼓腹鬲在总体造型上非常相似，年代应大体相当。参照采自白金宝遗址属于该文化的F3012 ^{14}C测定数据，可知白金宝二期文化的年代约当商代晚期。

（三）白金宝文化

白金宝文化是以1974年发掘的黑龙江肇源县白金宝遗址[③]命名的，以往或称“汉书一期文化”。目前所知，该文化的分布范围以嫩江下游和哈尔滨以西的松花江流域段为中心，北抵富裕、讷河，向西曾一度渗透到西拉木伦河以北与夏家店上层文化相接触[④]，向南突入东辽河下游与北上的双房文化因素共存[⑤]。

白金宝文化的房址主要为圆角长方形半地穴式建筑，规模大，室内存在功能分区。灰坑以圆形袋状为主，还有椭圆形、长方形的直壁或袋状以及不规则形坑。另外还发现有隧道，用途尚不清楚。墓葬发现不多，为长方形土坑竖穴墓，多系年龄不同的异性多人二次合葬，大多不用葬具。

白金宝文化陶器以砂质黄褐陶为主，流行绳纹和篦纹，其他还有指甲纹、戳印纹、附加堆纹及各种贴塑装饰。居址出土器类主要有筒腹鬲、筒腹罐、折腹钵、单耳杯等，其他还有鼓腹罐、弧腹钵、壶、盆、支座等，另外发现有用于铸造斧、刀、锥、环、联

---

① 赵宾福、关强：《白金宝遗址四期说与白金宝文化三段论》，《庆祝张忠培先生七十岁论文集》，科学出版社，2004年。

② 张伟：《嫩江流域夏至东汉时期的五支考古学文化》，《北方文物》2010年第2期。

③ 黑龙江省文物考古工作队：《黑龙江肇源白金宝遗址第一次发掘》，《考古》1980年第4期。黑龙江省文物考古研究所等：《肇源白金宝——嫩江下游一处青铜时代遗址的揭示》，科学出版社，2009年，第83～192、209～211页。

④ 贾鸿恩：《翁牛特旗大泡子青铜短剑墓》，《文物》1984年第2期。

⑤ 吉林省文物考古研究所等：《后太平——东辽河下游右岸以青铜时代遗存为主的调查与发掘》，文物出版社，2011年。

珠饰等的陶范。墓葬随葬陶器组合为壶、筒形罐、单耳罐等，其他还有圆形铜扣、铜针、动物形牌饰、骨管等装饰品及骨鱼镖、骨锥等生产工具（图7-35：3）。

白金宝文化可分三期，年代约相当于西周早期至春秋中期前后①，与夏家店上层文化大体同时。文化因素分析表明，白金宝二期文化是白金宝文化的主要来源。在发展过程中，白金宝文化向西拉木伦河流域和东辽河流域输出诸如压印篦点动物纹、几何纹的壶、罐、钵及仿皮囊陶器等因素，可能暗示着白金宝文化的部分人群曾向西、向南有所迁移。

（四）汉书文化

汉书文化得名于吉林大安汉书遗址。1974年吉林大学历史系考古专业联合吉林省文物工作队对大安汉书遗址进行首次发掘，后来发表材料时发掘者将具有叠压关系的两类遗存分别命名为“汉书一期文化”和“汉书二期文化”②，其中汉书一期文化遗存属于白金宝文化，汉书二期文化是松嫩平原最晚的青铜文化为学术界广泛接受。2001年吉林省文物考古研究所对汉书遗址进行第二次发掘，其中第四期遗存属于原来的“汉书二期文化”③。鉴于此类遗存最早发现于汉书遗址，且为避免名称混淆，我们同意将其简称为“汉书文化”。典型遗存还有黑龙江肇源小拉哈遗址第三期遗存④、白金宝遗址第四期遗存⑤以及泰来县平洋墓葬⑥等，主要分布范围与白金宝文化大体相同。

汉书文化居址出土陶器仍以砂质黄褐陶为主，红陶占有一定比例，流行口沿饰切口的花边纹、器表拍印的细绳纹以及红衣陶、红色彩绘陶。器类主要有花边折沿低分裆鬲、花边口沿罐、壶、支座等，其他还有圜底鼎、单耳杯、碗等。墓葬所出陶器主要为造型多样且器表施红衣或绘红彩的壶，其他还有小型鬲、鼎、罐、碗、支座等（图7-35：4）。

汉书文化的主体年代相当于战国时期，上限可早到春秋晚期，下限或晚至西汉初年。文化因素分析表明，汉书文化是在白金宝文化的基础上产生的，该文化的陶鬲、罐、壶、单耳杯、支座等器物与白金宝文化同类器具有明显的传承嬗变关系，不过二

---

① 李学来：《白金宝文化研究》，《青果集——吉林大学考古系建系十周年纪念文集》，知识出版社，1998年。

② 吉林大学历史系考古专业等：《大安汉书遗址发掘的主要收获》，《东北考古与历史》第一辑，文物出版社，1982年。

③ 吉林省文物考古研究所等：《大安汉书——青铜时代遗址考古发掘报告》，科学出版社，2018年，第157页。

④ 黑龙江省文物考古研究所等：《黑龙江肇源县小拉哈遗址发掘简报》，《北方文物》1997年第1期；《黑龙江肇源县小拉哈遗址发掘报告》，《考古学报》1998年第1期。

⑤ 黑龙江省文物考古研究所等：《肇源白金宝——嫩江下游一处青铜时代遗址的揭示》，科学出版社，2009年，第193～204、211页。

⑥ 黑龙江省文物考古研究所：《平洋墓葬》，文物出版社，1990年。潘玲、林沄：《平洋墓葬的年代与文化性质》，《边疆考古研究》第1辑，科学出版社，2002年。

者之间尚有年代缺环。人骨鉴定分析显示，汉书文化的居民属于蒙古人种“古东北类型”，且与鲜卑最为接近①。由于汉书文化的影响已波及早期拓跋鲜卑分布的大兴安岭西侧，并与之存在互动关系，所以说考古学认定的汉书文化也是构成汉代拓跋鲜卑共同体的成分之一②。

四、辽东地区

辽东地区是以千山为骨干的山地丘陵地区，南面濒海，西邻辽河平原，北部与长白山脉毗连，东面以鸭绿江与朝鲜分界。以辽河口和鸭绿江口连线为界，本区又可分为辽东半岛和辽东北两个小区。夏商时期，辽东北区可确认的只有马城子文化，辽东半岛区则先后有双砣子二期文化和双砣子三期文化。西周至战国时期，兴起于辽东半岛的双房文化不断向北扩张，进而占据了辽东北、辽河平原东部和北部地区。

（一）马城子文化

马城子文化是以辽宁本溪马城子洞穴墓③命名的，最初称为“庙后山文化类型”④，后来改称“马城子文化”⑤。参照^{14}C测年数据，马城子文化的年代大致在夏代至西周早期。

马城子文化遗迹主要是墓葬，居址较少。墓葬分为洞穴墓和石棺墓两种。洞穴墓仅见于太子河上游地区，埋葬特点表现为将墓葬置于洞穴中，不挖穴，不封土，多为单人葬，既有一次葬，也有二次拣骨葬。一次葬均无墓圹，系将死者及随葬品直接放于洞内较平整处，葬式仰身直肢或屈肢，有的头部枕一扁平石块。墓葬排列较密集，洞内中心位置往往有骨骼重叠现象。无论一次葬还是二次葬，人骨大都经过焚烧，当为火葬习俗。早期多无葬具，晚期出现用石块或石板垒砌墓圹，个别石圹内发现木棺痕迹。随葬品主要是陶器和石器，男性墓多随葬石斧、镞，女性墓多随葬纺轮、装饰品。石棺墓不仅分布于太子河流域，晚期还向北扩展至浑河上游地区⑥。

马城子文化墓葬出土陶器以夹砂红褐陶为主，皆手制，流行素面，纹饰有附加堆纹、水波划纹、指甲纹等。器类以壶、罐、钵为基本组合，其他还有盆、碗、杯等，器耳比较发达（图7-36：1）。仅见个别的青铜小饰件。居址中出土陶器除见有墓葬中

---

① 朱泓：《中国东北地区的古代人种》，《文物季刊》1998年第1期。

② 朱永刚：《东北青铜时代区系考古学文化论纲》，《中国考古学会第十二次年会论文集》，文物出版社，2010年。

③ 辽宁省文物考古研究所等：《马城子——太子河上游洞穴遗址》，文物出版社，1994年。

④ 辽宁省博物馆等：《辽宁本溪县庙后山洞穴墓地发掘简报》，《考古》1985年第6期。李恭笃：《辽宁东部地区青铜文化初探》，《考古》1985年第6期。

⑤ 李恭笃：《本溪地区洞穴文化遗存的发现与研究》，《北方文物》1992年第2期。

⑥ 华玉冰：《中国东北地区石棚研究》，科学出版社，2011年，第195页。

随葬的器类外，还有鼎、甑、豆等，但不见鬲、甗等空三足器。

目前马城子文化的渊源尚不明确，不过在洞穴墓地的下层曾发现早于该文化的陶片，表明这些洞穴在该文化之前已有人居住，从而为探讨其渊源提供了线索。在发展过程中，马城子文化早期曾与西面的高台山文化和南面的双砣子二期文化存在着文化交流，如陶壶、饰附加堆纹的圆腹罐等部分器形具有很大的相似性；晚期则与新乐上层文化和顺山屯类型联系较为密切，如器耳均较发达，出现的少量鼎和甑可能是受到新乐上层文化影响的结果。马城子文化结束后，其文化因素分别融入了双房文化和西团山文化。

（二）双砣子二期文化

双砣子二期文化是以辽宁大连市双砣子遗址第二期遗存[①]命名的，包括大连大嘴子遗址二期遗存[②]，主要分布于辽东半岛南部。

双砣子二期文化陶器主要为夹砂灰褐陶和泥质黑灰陶，多轮制。流行素面磨光，纹饰有弦纹、附加堆纹、刺点纹等。器类可分为具有不同风格的两组：一组以深鼓腹罐、壶、瓮、碗为代表，属于土著文化因素（图7-36：2）；另一组以甗、子母口罐、尊形器、豆、盆、器盖为代表，属于岳石文化因素。

由于上述两种文化因素共存，双砣子二期文化的年代应与岳石文化大体相当。借助岳石文化的年代研究成果，可知双砣子二期文化的年代大致相当于夏代中晚期至早商时期。

鉴于岳石文化因素在整个陶器群占有相当大的比重，以致学术界在判定辽东半岛这一时期诸考古遗存的文化属性时出现三种不同的认识：一是认为它们应属于岳石文化，视其为岳石文化的一个地方类型[③]；二是认为它是受胶东半岛岳石文化强烈影响的一支地方性土著文化[④]；三是将双砣子二期与长海县上马石瓮棺葬[⑤]区别开来，认为以前者为代表、分布于辽东半岛南端的考古遗存属于岳石文化系统，以后者为代表、分

---

① 中国社会科学院考古研究所：《双砣子与岗上——辽东史前文化的发现与研究》，科学出版社，1996年。

② 辽宁省文物考古研究所等：《辽宁大连市大嘴子青铜时代遗址的发掘》，《考古》1996年第2期。大连市文物考古研究所：《大嘴子——青铜时代遗址1987年发掘报告》，大连出版社，2000年。

③ 王锡平、李步青：《试论胶东半岛与辽东半岛史前文化的交流》，《中国考古学会第六次年会论文集》，文物出版社，1990年。吴玉喜：《岳石文化地方类型初探》，《考古学文化论集（三）》，文物出版社，1993年。栾丰实：《辽东半岛南部地区的原始文化》，《海岱地区考古研究》，山东大学出版社，1997年。

④ 徐光辉：《旅大地区新石器时代晚期至青铜时代文化遗存分析》，《考古学文化论集（四）》，文物出版社，1997年。赵宾福：《中国东北地区夏至战国时期的考古学文化研究》，科学出版社，2009年，第129页。

⑤ 旅顺博物馆等：《辽宁长海县上马石青铜时代墓葬》，《考古》1982年第6期。

布于碧流河流域的考古遗存属于土著文化[①]。目前由于后者资料较少，文化面貌尚不明晰，我们暂时采纳第二种意见。不过，较多的岳石文化因素出现在辽东半岛很可能暗示着岳石文化人群的一支曾渡海到达这里，其目的与历史背景如何仍有待深入探讨。

（三）双砣子三期文化

双砣子三期文化是以辽宁大连市双砣子遗址第三期遗存[②]命名的，包括旅顺于家村上层[③]、大连大嘴子遗址第三期、大连于家砣头积石墓[④]等遗存，以往曾被称为“于家村上层类型”[⑤]或“羊头洼类型”[⑥]。该文化的分布范围与双砣子二期文化大致相同，年代约当商代晚期，下限进入西周早期。

双砣子三期文化遗迹有居址和墓葬，墓葬以积石墓、积石冢为主，其中于家砣头积石冢是以石块堆砌墓圹并彼此相连构成像蜂房状的积石墓地，现存的58个墓室自东向西排列，用大块垒砌墓室，各墓用小卵石封顶，隆起成小丘状，有的还在墓上中心部位放一排大石块。陶器主要为夹砂灰黑陶，流行素面，纹饰有纵向泥条堆纹、横向凹弦纹、水波纹、刺点纹、由平行线交叉而成的X纹、菱格纹等。流行圈足器，典型器类中以罐和壶出现频率最高，形式富于变化。居址出土陶器主要有小口鼓肩的罐和瓮、平底和圈足的壶、圈足簋、折盘豆、圈足碗等，墓葬出土陶器主要有溜肩罐、折腹罐、圈足簋、折盘豆、圈足碗、杯等（图7-36：3）。于家砣头积石墓中还出土有青铜镞、鱼钩、环、泡等小件制品。

文化因素分析表明，双砣子三期文化是在双砣子二期文化的基础上形成的，陶器群已基本摆脱岳石文化的制作风格。在发展过程中，该文化开始向北扩展，并与马城子文化发生了不同程度的交流。

（四）双房文化

双房文化是以辽宁大连新金县（今普兰店市）双房石盖石棺墓[⑦]命名的，以往被称

① 陈光：《羊头洼类型研究》，《考古学文化论集（二）》，文物出版社，1989年。朱永刚：《东北青铜文化的发展阶段与文化区系》，《考古学报》1998年第2期。段天璟：《胶东半岛和辽东半岛岳石文化的相关问题》，《边疆考古研究》第2辑，科学出版社，2004年。

② 中国社会科学院考古研究所：《双砣子与岗上——辽东史前文化的发现与研究》，科学出版社，1996年。

③ 旅顺博物馆等：《旅顺于家村遗址发掘简报》，《考古学集刊》第1集，中国社会科学出版社，1981年。

④ 旅顺博物馆等：《大连于家村砣头积石墓地》，《文物》1983年第9期。

⑤ 许玉林、许明纲、高美璇：《旅大地区新石器时代文化和青铜文化概述》，《东北考古与历史》第一辑，文物出版社，1982年。

⑥ 陈光：《羊头洼类型研究》，《考古学文化论集（二）》，文物出版社，1989年。

⑦ 许明纲、许玉林：《辽宁新金县双房石盖石棺墓》，《考古》1983年第4期。

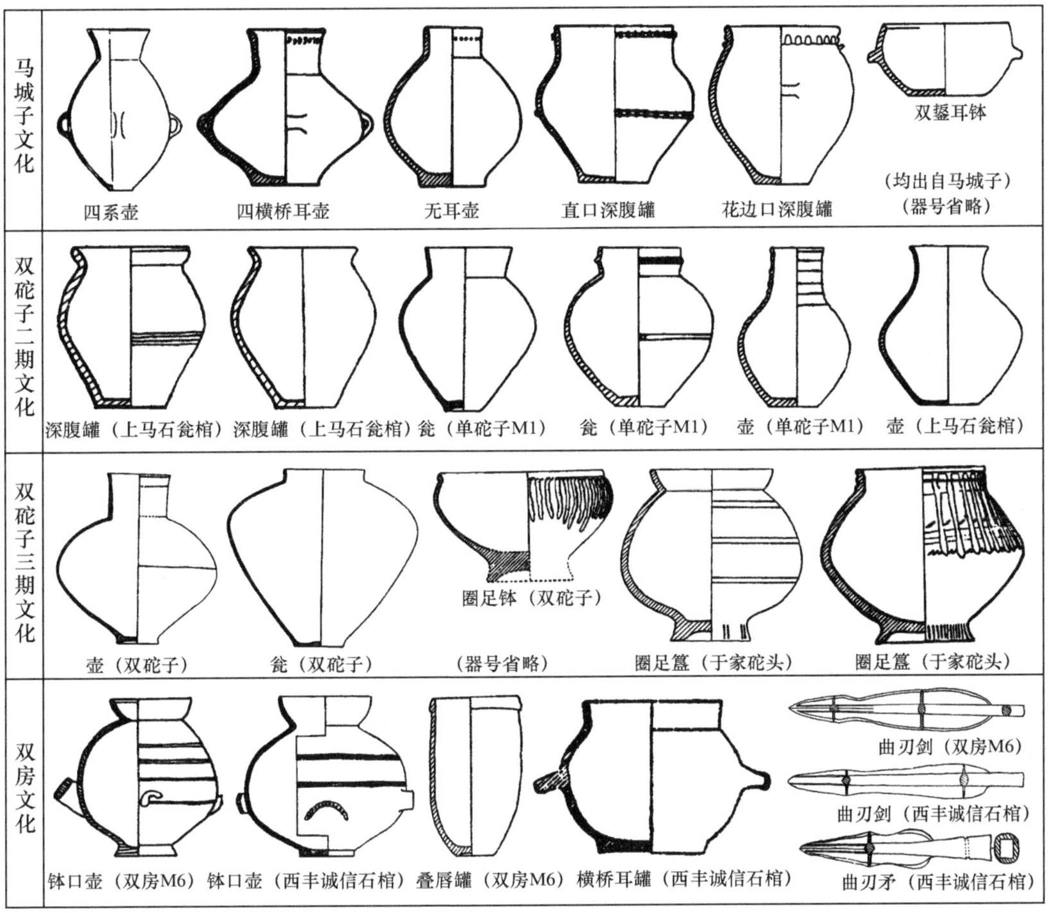

图7-36　辽东地区青铜文化典型器物

作“双房类型遗存”①或“双房遗存”②，或迳称“双房文化”③。近来，华玉冰认为以往的“双房文化”区划过大，细分出了“新城子文化”④。李新全也认为所谓的“双房文化”实际上至少是包含了两种考古学文化因素的混合体，双房M6应视为一种过渡性遗存，不具有典型性⑤。这里所说的“双房文化”包括华玉冰重新界定的“双房类型”和“新城子文化”，两者之间的差异似可划分为不同的地方类型。

“双房类型”主要分布于辽东半岛北部，以双房6号盖石石棺墓和碧流河盖石土坑墓M23⑥为代表，以弦纹钵口壶和叠唇筒形罐为基本组合，年代上限推定在西周中期。

---

① 朱永刚：《东北青铜文化的发展阶段与文化区系》，《考古学报》1998年第2期。

② 王巍：《双房遗存研究》，《庆祝张忠培先生七十岁论文集》，科学出版社，2004年。

③ 吴世恩：《关于双房文化的两个问题》，《北方文物》2004年第2期。赵宾福：《中国东北地区夏至战国时期的考古学文化研究》，科学出版社，2009年，第159页。

④ 华玉冰：《中国东北地区石棚研究》，科学出版社，2011年，第241页。

⑤ 李新全：《“双房文化”质疑》，《边疆考古研究》第25辑，科学出版社，2019年。

⑥ 旅顺博物馆：《辽宁大连新金县碧流河大石盖墓》，《考古》1984年第8期。

“新城子类型”主要分布于太子河、浑河流域，北侧的清河、寇河流域也有少量分布，以本溪新城子盖石石棺墓①、抚顺大伙房祝家沟石棺墓②为代表，以弦纹钵口壶和横桥耳圆腹罐为基本组合，年代大体在西周晚期至战国中期。

综合来看，双房文化墓葬以盖石墓、石棺墓为主，居址少见。陶器以夹砂褐陶为主，手制。流行素面，纹饰多见成组的凹弦纹，另有少量的刻划纹、附加堆纹等。器类主要是造型多样的壶、罐，其中以饰成组凹弦纹的横桥耳钵口壶、叠唇筒形罐、横桥耳圆腹罐最具特色，另有豆、钵、盆、甗等，但数量很少，不见鼎、鬲。青铜器常见短茎式曲刃剑、曲刃矛、方銎扇刃斧、镞等（图7-36：4）。从出土的滑石铸范来看，它们皆系本地铸造的。

双房文化的年代上限约在西周中期，根据辽东地区发现的燕文化遗存及文献中燕置辽东郡的相关记载，该文化下限年代大致在战国中期，局部地区可能会晚到战国晚期。从盖石墓、石棺墓在辽东地区由早及晚从南向北分布的总体态势来看，双房文化经历了由南向北逐渐扩张的进程。

文化因素分析表明，双房文化是在双砣子三期文化的基础上，并融合了马城子文化的部分因素而形成的。在发展过程中，双房文化对北面东辽河流域的后太平类型、宝山文化和西流松花江流域的西团山文化以及东面朝鲜境内的“美松里类型”均产生了重要影响。

五、西流松花江流域

该区主要指吉林省的中部地区，发源于长白山天池的松花江自东南向西北流经这一区域，辉发河、饮马河和伊通河分别是其上、下游主要支流③。这里自新石器时代左家山上层文化之后，除文化面貌高度统一且始于西周时期的西团山文化外，尚未发现属于夏商时期的考古遗存。

西团山文化是以吉林市郊西团山墓地④命名的，分布范围以吉林省的吉（吉林市）长（长春市）地区为重心，东至威虎岭，西到伊通河，北抵拉林河，南达东辽河一

① 辽宁省文物考古研究所等：《辽宁本溪县新城子青铜时代墓地》，《考古》2010年第9期。

② 佟达、张正岩：《辽宁抚顺大伙房水库石棺墓》，《考古》1989年第2期。

③ 松花江吉林省段，原称“第二松花江”，为沙皇俄国和日本帝国主义侵略中国的产物。中华人民共和国成立后，曾沿用。1988年2月25日，吉林省人民政府决定废止第二松花江的名称，恢复松花江原称。

④ 吉林大学历史系文物陈列室：《吉林西团山石棺墓发掘记》，《考古》1960年第4期。东北考古发掘团：《吉林西团山石棺墓发掘报告》，《考古学报》1964年第1期。

线[1]。西团山文化的居址多选在山冈的平缓地带，房基一般直接在山石上挖凿而成，多为长方形半地穴式或浅地穴式，常以石块垒砌墙壁和灶。墓葬绝大多数是由石块或石板垒砌而成的石棺墓，包括石板铺砌、石块石板混筑、石块砌筑、土石混筑等不同构筑形式，它们可能体现了年代上的早晚变化[2]。

西团山文化陶器为夹砂红褐陶系，素面，流行各种横桥耳和瘤状耳。居址和墓葬出土的陶器类型存在着明显的差异，但青铜器和石器则表现出较大的共性。居址中所见陶器以深腹圜底鼎为主，壶、罐次之，鬲、豆、钵较少。墓葬随葬陶器则以横桥耳壶为主，横桥耳罐、鋬耳钵次之，基本不见鬲、豆。个别墓中随葬的陶鼎局部残缺，有学者认为这是西团山文化独特的“毁器”葬俗[3]。青铜器主要有短茎式曲刃剑、曲刃矛、方銎扇刃斧等，石器主要有半月形双孔刀、有铤柳叶形镞等（图7-37）。

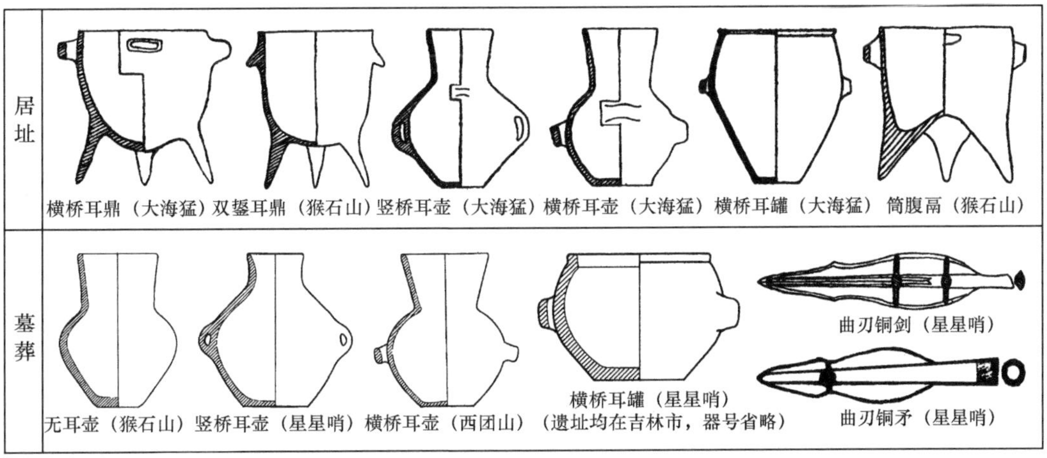

图7-37　西流松花江流域西团山文化典型器物

关于西团山文化的分期与年代，有学者将其划分为四期，年代界定在西周早期至战国中期[4]；也有学者分三期，年代分别相当于西周、春秋、战国时期[5]。人骨鉴定分析显示，西团山文化的居民属于蒙古人种“古东北类型”[6]。根据文献记载，战国晚期至汉代活跃于这一地区的人群被确认为夫余，夫余当属秽族的一支，其源头可追溯至西团山文化。换言之，西团山文化的人群可能属于秽族的一支。

目前西团山文化的渊源在当地尚不明确。不过，其石棺墓特征与马城子文化晚期有诸多相似处，居址所见陶器群与新乐上层文化大体相同，说明西团山文化与马城子

① 金旭东：《西团山文化辨析》，《青果集——吉林大学考古专业成立二十周年考古论文集》，知识出版社，1993年。

② 刘景文：《西团山文化墓葬类型及发展序列》，《博物馆研究》1983年第1期。

③ 张英：《从考古学看我国东北古代民族“毁器”习俗》，《北方文物》1990年第3期。

④ 朱永刚：《西团山文化墓葬分期研究》，《北方文物》1991年第3期。

⑤ 赵宾福：《西团山文化分期研究》，《考古学报》2009年第4期。

⑥ 朱泓：《中国东北地区的古代人种》，《文物季刊》1998年第1期。

文化、新乐上层文化存在着渊源关系。一般认为，由于双房文化北上扩张，迫使马城子文化、新乐上层文化及顺山屯类型不得不向北迁徙，促使它们发生碰撞、融合，进而形成了西团山文化。在发展过程中，西团山文化还受到了双房文化的强烈影响。

六、图们江—牡丹江流域

图们江发源于长白山主峰东麓，自南向北蜿蜒流经长白山、咸镜山脉之间，自图们市转折东流，最后注入日本海。牡丹江发源于吉林省长白山脉的牡丹岭，向北流经黑龙江省的宁安、牡丹江市、海林、林口，在依兰县城附近汇入松花江。两水系的流域包括了吉林省的东部和黑龙江省的东南部地区。这一广大地区在新石器时代结束之后的青铜时代至两汉时期，一直保持着使用筒形罐而排斥鬲、甗类空三足器的传统，显示了其落后性与保守性。

目前在图们江流域已确认的青铜时代文化有兴城文化和柳庭洞文化，而牡丹江流域的青铜时代文化面貌尚不明确，从宁安市莺歌岭遗址上层遗存[①]、海林市振兴遗址一期乙类遗存[②]所处时空范围及鲜明的自身特点来看，应属于青铜文化遗存，但由于其多为零星发现而缺乏典型遗址的发掘，故这里不做介绍。

（一）兴城文化

兴城文化是以吉林省和龙县兴城遗址第三、四、五期遗存[③]命名的，同类遗存还见于延边新龙墓地[④]、朝鲜会宁五洞遗址[⑤]。该文化主要分布于图们江及其支流海兰江、布尔哈通河流域。

兴城文化房址多为圆角长方形深地穴式建筑，居住面上多有两排间距大致相等且排列整齐的梁柱柱洞，近中部挖有椭圆形灶，少数用石块围砌。房内出土的陶器主要为筒腹罐、鼓腹罐、鼓腹瓮、盆、钵、碗等，以手制的素面夹砂陶为主，个别腹部饰有叶脉形的细线刻划纹和附加堆纹，器口唇外缘流行压刻的锯齿状和波浪状花边装饰（图7-38：上）。压制的黑曜石器（如镞、矛、刮削器、切割器等）比较发达，另有磨制石器如锄、铲、斧、锛、凿、半月形石刀等。

兴城文化可分三期，参照^{14}C测年数据，其年代约当夏至晚商时期。兴城文化是在当地

① 黑龙江省文物工作队：《黑龙江宁安县莺歌岭遗址》，《考古》1986年第6期。

② 黑龙江省文物考古研究所等：《河口与振兴——牡丹江莲花水库发掘报告（一）》，科学出版社，2001年。

③ 吉林省文物考古研究所等：《和龙兴城——新石器及青铜时代遗址发掘报告》，文物出版社，2001年。

④ 侯莉闽：《吉林延边新龙青铜墓葬及对该遗存的认识》，《北方文物》1994年第3期。

⑤ 朝鲜民主主义人民共和国科学院考古学与民俗学研究所：《会宁五洞原始遗迹发掘报告》，《遗迹发掘报告》第7辑，平壤，1960年。

新石器时代晚期文化的基础上形成的，在发展过程中曾受到辽东地区的一定影响。

（二）柳庭洞文化

柳庭洞文化是以吉林省延吉柳庭洞遗址[①]命名的。林沄最早将汪清新华间墓地、新安间遗址下层和延吉柳庭洞遗址等遗存从团结文化中分离出来，单独命名为“柳庭洞类型”，用以指称图们江流域早于团结文化的青铜时代文化遗存[②]。后来宋玉彬依据朝鲜会宁五洞遗址的层位关系，指出柳庭洞类型晚于兴城文化，初步确立图们江流域青铜时代考古文化序列[③]。柳庭洞文化主要分布于图们江及其支流嘎呀河、珲春河流域，朝鲜半岛北部也有不同程度的发现，年代大致相当于西周至战国时期。

柳庭洞文化陶器多直口或敞口，无卷（折）沿，平底。器类以筒腹罐、钵为大宗，鼓腹罐、豆、假圈足碗等数量较少。早期陶器素面无耳，晚期绝大多数陶器的口沿下置有对称的乳丁状小耳（图7-38：下）。

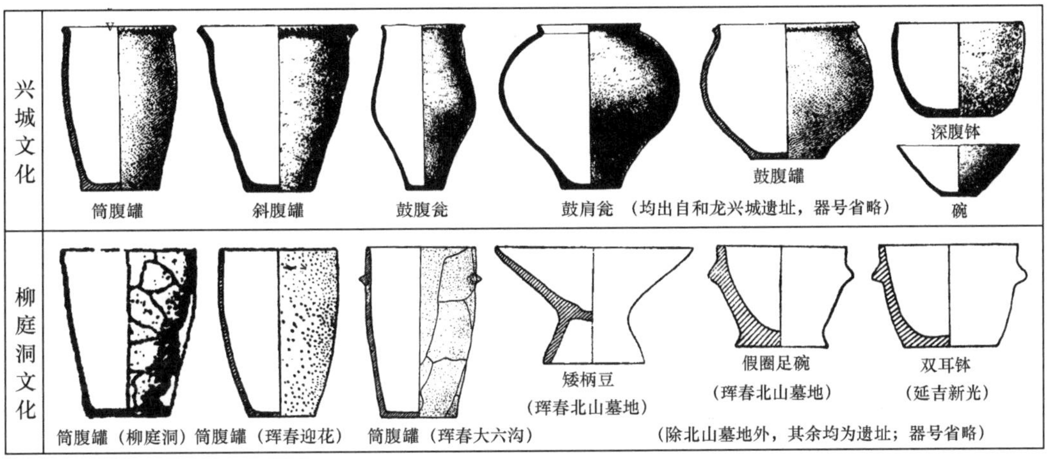

图7-38　图们江流域青铜文化典型陶器

柳庭洞文化与兴城文化在陶器上具有明显的亲缘关系，应该是由兴城文化发展而来的。至于其最终流向，除了在当地为汉代的团结文化部分继承外，还有一些可能西迁到了吉长地区[④]。

思　考　题

1. 名词解释：岳石文化、马桥文化、土墩墓、周梁玉桥文化、炭河里文化、吴城

---

① 延边博物馆：《吉林延吉柳庭洞发现的原始文化遗存》，《考古》1983年第10期。

② 林沄：《论团结文化》，《北方文物》1985年第1期。

③ 宋玉彬：《图们江流域青铜时代的几个问题》，《北方文物》2002年第4期。

④ 乔梁：《吉长地区西团山文化之后的几种古代遗存》，《辽海文物学刊》1993年第2期。

文化、三星堆祭祀坑、石寨山文化、偏洞室墓、小河文化、李家崖文化、石棚、西团山文化。

2. 列举峡江、成都平原、河湟陇东和松嫩平原四个地区青铜文化的时空框架。

3. 简述东周吴越贵族墓葬的一般特点。

4. 简述内蒙古中南部地区东周时期文化多元化及其历史背景。

5. 简述辽西地区青铜时代文化格局的演进。

第一版后记

这部教材的蓝本是吉林大学考古专业的《商周考古》讲义，曾先后由姚孝遂、林沄、许伟、王立新和井中伟五人主讲，可谓老中青三代教师薪火相传的结果。其中，林沄先生讲授的时间最长，后期曾编印过供学生利用的讲课内容提纲和简要的参考图册，最终出版的这部教材在体例、框架与诸多理念上都是秉承先生的讲课内容发展而来的，而书中贯穿的多元史料观以及关于夏商周时期方国联盟式的国家形态、戎狄非胡等方面的认识，更是他自身多年探研商周考古与历史的心血结晶。按理说，这部教材应该由先生主编才算合适。可是先生在主讲这门课的后半段，虽然已感到高校考古专业迫切需要出版新的《商周考古》教材，以适应新形势的发展，但仍是期待新的教材应该由北京大学考古专业编出。就这样一直等到由井中伟接替王立新主讲这门课时，方才下决心自编商周考古教材，而且决定直接由年轻教师任主编。先生这种不遗余力奖掖后学的做法，多年来已经体现在方方面面，每次总是令我们这些做学生的很感动，但感动之余也就慢慢习惯了。

另一位需要感谢的是许伟先生。许老师是吉林大学考古专业培养的第一批学生中的翘楚。毕业后即被选派到北京大学考古专业进修，师从邹衡先生研习商周考古。因而在他主讲商周考古时，深受邹衡先生的影响，是当时中国高校考古专业课堂中除北大之外最早支持郑亳说的。此外，许老师的讲义在内容上也有了大大扩充。

从1994年开始，该门课程主要由王立新主讲。在王立新带学生实习时就由林沄先生代为主讲。自2003年起，课程又改由井中伟主讲。由于有多年的增补积累，在井中伟接手时，打印出来的讲义文稿已有130页，内容分为上、下两篇。上篇包括绪论、二里头文化、二里冈文化、殷墟文化、西周文化、东周列国文化、周边地区诸考古学文化，计七章；下篇包括夏商周时期的生产与经济、中原系青铜器、墓葬、建筑，计四章。每章之后均列出了学习的重点、难点与基本要求。之所以这样安排讲义结构，目的就是通过系统讲授夏商周时期考古学文化的主要时空框架和部分有代表性的专题，使考古与博物馆专业的本科生能够在并不很长的课时中抓住夏商周考古的知识主脉，并感知夏商周考古在史学研究领域中所占有的重要地位。

随着21世纪考古工作的蓬勃开展，夏商周时期的重要考古发现如雨后春笋，无疑需择其要者编入讲义，各个时段的专题内容此期亦得以大幅充实和增补。2005年，在新的教学计划中，开始为本科生开设“中国古代青铜器”选修课，其中“中原系青铜器”是重点讲授内容。因此，从这年起，原先《商周考古》讲义中的其他专题和新增内容开始纳入到由早及晚的二里头文化、二里冈文化、殷墟文化、西周文化、东周列国文化各章节中进行讲授。2007年春，我们开始在原讲义框架的基础上系统扩充内容，着手编出教材。经过四年努力，《夏商周考古学》教材初稿基本完成。2012年夏秋，林沄先生认真审阅了教材第二稿，提出了诸多宝贵的修改意见，并欣然应允作序。

本书的顺利出版，得到了吉林大学边疆考古研究中心的大力支持，科学出版社宋小军先生积极组织，责任编辑刘能女士付出辛苦良多，同事邵会秋与博士生陈小三、林森、付琳、王涛诸君协助校对部分章节文稿，在此一并表示感谢！

限于编者的学识和水平，书中难免会有纰漏之处，恳请学界同仁不吝批评指正。

编　者

2013年2月23日

第二版后记

《夏商周考古学》教材于2013年5月由科学出版社出版后，得到了学术界的广泛好评，至当年10月即销售一空。为满足图书市场的需求，科学出版社于2014年1月进行了第二次印刷，后来采取按需订制的POD（Printing On Demand）出版模式又有多次印刷。中国社会科学院考古研究所夏商周考古研究室许宏教授在《中国文物报》（2013年9月13日第4版）上发表题为《从〈商周考古〉到〈夏商周考古学〉——由两本考古教材串联起的学术史》的书评，称“这本教材填补中国考古学教学体系一大空白的意义，是不言而喻的”。2014年，该书先后荣获长春市第六届社会科学成果著作类三等奖和吉林省第十届社会科学成果著作类二等奖。学界同仁们的认可，使我们备受鼓舞。一线读者们的教学信息，更是促使我们不断凝练这本教材的原动力。

6年来，我们本着“紧跟田野考古新进展，立足学术研究最前沿”的修订标准，不断充实完善，删繁就简，突出“中原”，兼顾“周边”，强调“著”而弱化“编”。我们秉持与时俱进、把握学术脉搏、融研究成果于教学之中的要求，以“夏商周考古课程建设与内容方法体系改革”为题申报了吉林大学2015年度本科教学改革研究项目并获得立项，该成果于2018年先后荣获吉林大学教学成果特等奖和吉林省高等教育教学成果二等奖。呈现在大家面前的《夏商周考古学（第二版）》，就是这一教学成果的集中体现。

与第一版相比，第二版的“新”主要体现在以下三个方面。

一是重新调整部分章节结构。譬如，将第二、三章的第二节标题变更为“王都与城邑”；将第二至五章的第四节标题变更为“礼制与信仰”，新设“宫室建筑”专题；将第四、五章第三节标题变更为“地方重要发现”，以四个方位梳理殷商与西周王都外围的地方重要考古资料；变更第六章第一、二节标题，对第四节之“薛文化”“莱文化”进行整合；将第七章第二节之“岭南地区”调整到第三节，对第五节之“新疆地区”诸文化做了调整和补充。

二是择要新增近年重大考古发现。譬如，第二章第二节新增郑州东赵二里头文化城址、平顶山蒲城店二里头文化城址，第五章第三节新增宝鸡石鼓山墓地、彭阳姚河塬遗址、长子西南呈西周墓地、澄城刘家洼芮国遗址、郑州洼刘西周墓地、南阳夏饷铺鄂国墓地，等等。内容虽有扩充，但我们删削了考古遗存的大量铺陈叙述性文字，尽可能为读者“减负”。

三是及时归纳最新研究成果。譬如，第二至五章第四节分别对夏商西周时期的宫室建筑、墓葬和宗教祭祀遗存做了归纳，从中可以了解它们的历时性变化。根据第

四、五章第三节“地方重要发现”的概述，有助于深入探讨殷商和西周王朝的政治地理格局、国家政体形式等重大历史问题。第六章各节分别总结了东周时期各区域以城址与墓葬为代表的文化特征。

尽管如此，本次修订仍有不尽如人意之处。限于编者的学识和水平，第二至六章之“生产与经济”部分涉及多学科研究成果，未能做到广征博引。原本设想在书末单设“余论”概述三代国家结构异同和演变、中国青铜文化体系的建构与特征等若干宏观问题，目前尚未成文。这些权且作为目标，期冀将来继续完善吧。

编　者

2019年11月12日

1. 一号基址复原

2. 七号基址（东→西）

图版2

1. 绿松石龙形器（02ⅤM3出土）

2. 绿松石牌饰（84ⅥM11：7）

3. 青铜鼎（87ⅤM1：1）

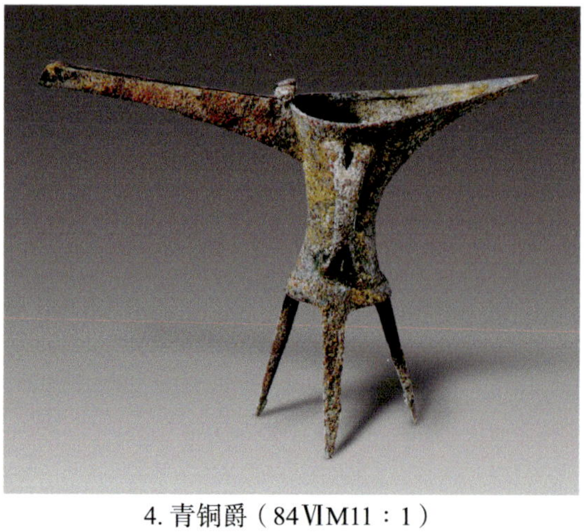

4. 青铜爵（84ⅥM11：1）

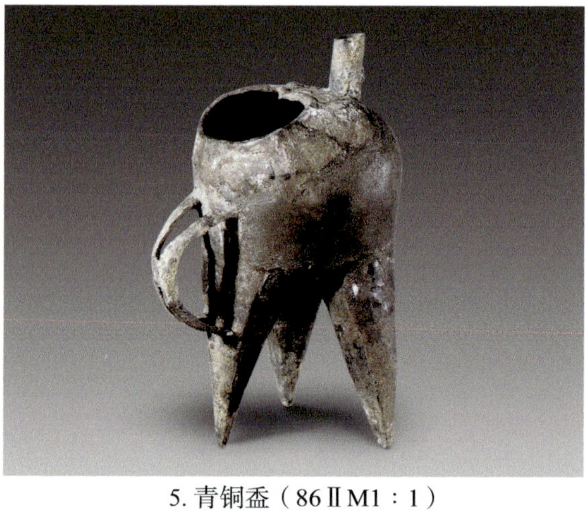

5. 青铜盉（86ⅡM1：1）

偃师二里头遗址出土绿松石器与青铜器

1. 宫殿区内石砌输水管道（东→西）

2. 宫殿区内填埋人头骨的壕沟（北→南）

3. 南顺城街窖藏坑上层铜器组合

图版4

1. 池苑遗址（西→东）

2. 八号宫殿基址

3. 四号宫殿基址

1. 小屯甲十二基址的仿建

2. 花园庄东地M54（东→西）

安阳殷墟小屯甲组建筑与花东54号墓

图版6

1. 刻辞龟甲（花园庄东地H3：52）

2. 司母戊大方鼎（1939年武官村出土）

3. 俏色玉石鳖（小屯F11：18、F11：5）

4. 象牙觚形杯（妇好墓M5：100）

安阳殷墟遗址出土遗物

1. 扶风云塘西周建筑基址（南→北）

2. 眉县杨家村西周窖藏铜器出土情况

西周建筑基址与铜器窖藏

1. 曲沃北赵晋侯墓地一号车马坑（东→西）

2. 三门峡虢国墓地M2001（南→北）

3. 长安张家坡M157（北→南）

西周贵族墓与车马坑

1. 利簋（临潼零口出土）

2. 克盉（房山琉璃河M1193：167）

3. 漆罍（房山琉璃河M1043：68）复制品

4. 漆觚（房山琉璃河M1043：14）

西周青铜器与漆木器

图版10

1. 洛阳王城广场东周车马坑ZK5西2号车

2. 邯郸赵王陵二号陵全景

东周王城“天子驾六”车马坑与邯郸赵王陵

1. 新郑郑韩故城T615K6青铜礼器坑（北→南）

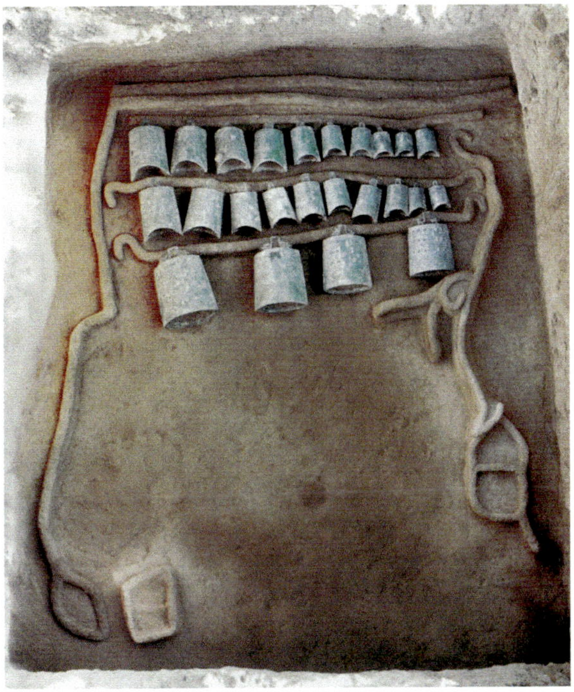

2. 新郑郑韩故城T615K16青铜编钟坑（南→北）

3. 平山中山国“兆域图”铜版（GSH：29）

郑韩故城青铜礼乐器坑与中山国“兆域图”铜版

图版12

1. 易县燕下都武阳台宫殿建筑夯土台基（北→南）

2. 易县燕下都西城南垣西段（南→北）

3. 临淄战国田齐王陵“四王冢”（北→南）

易县燕下都与临淄田齐王陵

1. 枣阳九连墩楚墓与车马坑全景

2. 王子午鼎（淅川下寺M2：38）

3. 虎座鸟架鼓（江陵望山M1：B1）
复制品

图版14

1. 秦公鼎（礼县大堡子山遗址出土）

2. 秦公簋（礼县大堡子山遗址出土）

3. 秦公鼎铭文

4. 秦公簋铭文

5. 凤翔三畤塬秦公一号大墓

秦公铜器与秦公大墓

1. 透雕铜禁（淅川下寺M2：65）

2. 镶嵌红铜龙纹、涡纹铜盥缶
（随州曾侯乙墓出土）

3. 错银双翼铜神兽
（平山中山国王墓出土）

图版16

1. 龙凤纹绣浅黄绢面棉袍
（江陵马山M1：N14）

2. 楚国黄金铸币“郢爯”

3.《老子》竹简（荆门郭店1号楚墓出土）

4. 楚帛书摹本（长沙子弹库战国墓出土）

战国楚绢衣、郢爯、竹简与帛书

1. 蚌埠双墩M1墓底布局（西→东）

2. 绍兴印山越王陵墓室（东→西）

3. 靖安李洲坳东周墓木棺

4. 成都金沙遗址象牙坑

图版18

1. 青铜双面神人铜头像（新干大洋洲XDM：67）

2. 金面罩青铜头像（广汉三星堆K2②：45）

3. 四鸟绕日金饰（成都金沙2001CQJC：477）

4. 青铜贮贝器（1972年江川李家山出土）

1. 民和喇家遗址F4（北→南）

3. 黄金冠饰（杭锦旗阿鲁柴登出土）

2. 罗布泊小河墓地南区（局部）

4. 黄金珥形饰（石楼后兰家沟出土）

图版20

1. 铜鍑（延庆玉皇庙YYM18：1）

2. 彩绘陶鬲（敖汉旗大甸子M612：14）

3. 夔龙纹环耳铜鬲（宁城小黑石沟M8501：16）

4. 马形铜饰牌（朝阳袁台子M123：3）